SHANXIJIAOTONGNIANJIAN

山西交通年鉴

2010

山西出版集团
山西人民出版社

图书出版编目（CIP）数据

山西交通年鉴：2010 / 山西省交通运输厅编. -- 太原：山西人民出版社，2010.12

ISBN 978 - 7 - 203 - 07005 - 4

Ⅰ. ①山… Ⅱ. ①山… Ⅲ. ①交通运输业—概况—山西省—2010 Ⅳ. ①F512.725

中国版本图书馆 CIP 数据核字（2010）第 199873 号

山西交通年鉴（2010）

编　　者：山西省交通运输厅
责任编辑：白玉梅
装帧设计：焦建华

出 版 者：山西出版集团·山西人民出版社
地　　址：太原市建设南路 21 号
邮　　编：030012
发行营销：0351-4922220　4955996　4956039
　　　　　0351-4922127　（传真）　4956038（邮购）
E - mail：sxskcb@163.com　发行部
　　　　　sxskcb@126.com　总编室
网　　址：www.sxskcb.com

经 销 者：山西出版集团·山西人民出版社
承 印 者：山西三和印刷有限公司

开　　本：787mm × 1092mm
印　　张：72.25
字　　数：1768 千字
印　　数：1-1000 册
版　　次：2010 年 12 月　第 1 版
印　　次：2010 年 12 月　第 1 次印刷
书　　号：ISBN 978 - 7 - 203 - 07005 - 4
定　　价：180.00 元

《山西交通年鉴》编审委员会

《山西交通年鉴》编撰人员

主　　编	师国梁
副 主 编	梁锦华
编　　辑	师国梁　梁锦华　赵国荣 陈瑞丽　王晴红　杜小鹏
特约编辑	王九存　郭琦鹏　徐媛丽　范彦军　张慧萍 王国忠　杨志强　张俊萍　高　睿　许艳红 刘素萍　宗庆文　马昕宇　武桂香　陈富根 卢永旺　张耀红　宋　蔚　景勿停　李宇洵
资料提供	张耀红　张　瑾
图片提供	郭　佳　贯晓辉　翟志峰　王国忠　张　宇 景勿停　仪振刚

► 2009年7月23日，交通运输部部长李盛霖（前右一）参观太原市小店治超点。

◄ 2010年6月21日，省委书记袁纯清（右一）在忻阜高速公路建设工地视察指导工作。

► 2009年6月11日，省委书记张宝顺在太佳高速公路吕梁段亲切慰问工程建设者。

◀ 2010年2月12日，省委副书记、省长王君（左三）在省交通运输厅党组书记、厅长段建国（左一）陪同下，深入太原东客站视察春运工作，并亲切慰问春运一线职工。

▶ 2010年5月13日下午，副省长牛仁亮（左四）在临吉高速公路建设工地调研时，和工地建设者合影留念。

◀ 2009年10月23日，省交通运输厅党组书记、厅长段建国深入忻保高速公路隧道建设工地调研

▶ 2010年7月19日，省交通运输厅党组副书记、副厅长、省交通战备办公室主任张润深入太佳高速公路太原段第四合同段中铁十七局承建的西凌井特长隧道检查指导工作。

◀ 2009年10月11日，省交通运输厅党组成员、副厅长王志民深入临吉高速公路建设工地调研工程进展情况。

▶ 2010年4月20日，省交通运输厅党组成员、省纪委驻厅纪检组组长韩日裕为玉树地震灾区人民捐款。

◀ 2010年5月6日，省交通运输厅党组成员、副厅长张志川代表厅党组宣布关于调整祁临高速公路公司主要领导的决定。

▶ 2010年7月20日，省交通运输厅党组成员、总工程师郜玉兰深入忻阜高速公路建设工地现场办公。

◀ 2009年9月3日，省交通运输厅党组成员、总会计师张德仪深入平榆高速公路狮子凹隧道建设工地现场办公。

► 2009年10月23日，省交通运输厅党组成员、省公路局党委书记赵振田陪同厅党组书记、厅长段建国在忻保高速公路建设工地调研。

◄ 2010年7月19日，省交通运输厅“送清凉、保安全”活动启动仪式在太佳高速公路太原段举行。图为厅副巡视员郭贵平为一线建设者赠送防暑用品。

► 2010年5月26日，省交通运输厅副巡视员杨俊威在太佳高速公路吕梁段调研。

◀ 2010年5月25日，省交通战备办公室专职副主任尹新平深入运城市平陆茅津渡渡口调研。

► 2009年8月25日，全省村村通水泥(油)路全覆盖阳泉现场推进会召开。

◀ 2010年7月20日，太佳高速公路太原段头号控制性工程——西凌井特长隧道贯通仪式举行。

► 2009年9月28日，“山西交通运输60年成就展”在太原开展。省交通运输厅领导段建国、张润、王志民、张志川、张德仪、赵振田、曹燎原、郭贵平在开展仪式上。

◄ 2009年9月28日，由中共山西省委宣传部和山西省交通运输厅共同主办的“山西公路建设60年成就展”开展。

► 2009年8月4日，省交通运输厅举行“09晋交投债”20亿元人民币企业债券发行信息发布会。

◀ 2009年9月28日，"歌颂祖国——全省交通运输系统庆祝建国60周年职工歌咏比赛"举行。

▶ 2009年1月，太原至佳县（吕梁段）高速公路建设推进会召开。

◀ 2009年9月，山西省跨度最大的钢管拱北深沟特大桥钢管拱肋合龙。

编辑说明

《山西交通年鉴》(2010 年版)为本年鉴系列第十七卷,由山西省交通运输厅资料信息中心组织编纂,收载文稿涵盖全省交通运输系统各单位、各部门改革与发展情况,时限为2009 年 1 月 1 日至 2009 年 12 月 31 日。

本版年鉴承接上年体例,设栏目、类目、条目三个层次。其中,栏目分为"特载、中共山西省交通运输厅直属机关第一次党员代表大会专辑、交通史志年鉴工作会议专辑、专文、大事记、各市交通局工作业绩、厅直单位工作业绩、公路系统单位工作业绩、征稽系统单位工作业绩、高管系统单位工作业绩、重点公路工程建设单位工作业绩、交通开发单位工作业绩、山西汽车运输集团工作业绩、部领导调研摘记、省领导调研摘记、厅领导调研摘记、援川抗震救灾、重点公路工程建设、全省交通建设成就、交通行业管理、精神文明建设、统计资料、政策·法规辑录、文件选登、表彰决定、光荣榜、领导干部名录、图片资料"等 28 个栏目,各栏目下又根据情况分若干类目和条目,全面、完整地记述和反映了全省交通运输系统各单位工作情况,突出展示了全省交通运输建设各条战线、各行各业辉煌成就,重点突出,结构合理,体例得当,层次清楚,内容丰富,表述准确,是一部资料翔实、开卷有益的工具书。

《山西交通年鉴》(2010 年版)在编纂过程中,得到全省交通运输系统各级领导和有关编写人员大力支持与热忱帮助,及时提供了许多有价值的资料和稿件。在此,谨表示衷心感谢。

《山西交通年鉴》(2010 年版)经厅资料信息中心全体同志辛勤努力,圆满完成了全书组稿、修改、编辑、校对、审定等工作,由山西人民出版社公开出版发行。鉴于编者水平有限,不妥之处在所难免,诚恳希望广大读者及全省交通运输系统有识之士提出宝贵意见,以便续编时进一步改进和完善。

目录

特 载

中共山西省交通运输厅直属机关第一次党员代表大会专辑

交通史志年鉴工作会议专辑

专　文

大　事　记

各市交通运输局工作业绩

厅直单位工作业绩

公路系统单位工作业绩

征稽系统单位工作业绩

高管系统单位工作业绩

重点公路工程建设单位工作业绩

交通开发单位工作业绩

山西汽车运输集团工作业绩

部领导调研摘记

省领导调研摘记

厅领导调研摘记

援川抗震救灾

重点公路工程建设

全省交通建设成就

设计监理

公路建设

公路养管

水上安全

交通科技

交通行业管理

运输管理

应急管理

超限超载治理

交通安全

交通战备

规划统计

财务审计

交通公安

人事管理

精神文明建设

党团建设

纪检监察

交通教育

资料宣传

新闻宣传

工会工作

离退休人员管理

统计资料

政策·法规辑录

文件选登

表彰决定

光 荣 榜

领导干部名录

图片资料

▲2009年7月23日，交通运输部部长李盛霖（前右一）参观太原市小店治超点。

▲2010年6月21日，省委书记袁纯清（右一）在忻阜高速公路建设工地视察指导工作。

▲2009年6月11日，省委书记张宝顺在太佳高速公路吕梁段亲切慰问工程建设者。

▲2010年2月12日，省委副书记、省长王君（左三）在省交通运输厅党组书记、厅长段建国（左一）陪同下，深入太原东客站视察春运工作，并亲切慰问春运一线职工。

▲2010年5月13日下午，副省长牛仁亮（左四）在临吉高速公路建设工地调研时，和工地建设者合影留念。

▲2009年10月23日，省交通运输厅党组书记、厅长段建国深入忻保高速公路隧道建设工地调研。

▲2010年7月19日，省交通运输厅党组副书记、副厅长、省交通战备办公室主任张润深入太佳高速公路太原段第四合同段中铁十七局承建的西凌井特长隧道检查指导工作。

▲2009年10月11日，省交通运输厅党组成员、副厅长王志民深入临吉高速公路建设工地调研工程进展情况。

▲2010 年 4 月 20 日，省交通运输厅党组成员、省纪委驻厅纪检组组长韩日裕为玉树地震灾区人民捐款。
▲2010 年 5 月 6 日，省交通运输厅党组成员、副厅长张志川代表厅党组宣布关于调整祁临高速公路公司主要领导的决定。
▲2010 年 7 月 20 日，省交通运输厅党组成员、总工程师部玉兰深入忻阜高速公路建设工地现场办公。
▲2009 年 9 月 3 日，省交通运输厅党组成员、总会计师张德仪深入平榆高速公路狮子凹隧道建设工地现场办公。
▲2009 年 10 月 23 日，省交通运输厅党组成员、省公路局党委书记赵振田陪同厅党组书记、厅长段建国在忻保高速公路建设工地调研。
▲2010 年 7 月 19 日，省交通运输厅“送清凉、保安全”活动启动仪式在太佳高速公路太原段举行。图为厅副巡视员郭贵平为一线建设者赠送防暑用品。
▲2010 年 5 月 26 日，省交通运输厅副巡视员杨俊威在太佳高速公路吕梁段调研。
▲2010 年 5 月 25 日，省交通战备办公室专职副主任尹新平深入运城平陆茅津渡渡口调研。
▲2009 年 8 月 25 日，全省村村通水泥（油）路全覆盖阳泉现场推进会召开。
▲2010 年 7 月 20 日，太佳高速公路太原段头号控制性工程——西凌井特长隧道贯通仪式举行。
▲2009 年 9 月 28 日，“山西交通运输 60 年成就展”在太原开展。省交通运输厅领导段建国、张润、王志民、张志川、张德仪、赵振田、曹燎原、郭贵平在开展仪式上。
▲2009 年 9 月 28 日，由中共山西省委宣传部和山西省交通运输厅共同主办的“山西公路建设 60 年成就展”开展。
▲2009 年 8 月 4 日，省交通运输厅举行“09 晋交投债”20 亿元人民币企业债券发行信息发布会。
▲2009 年 9 月 28 日，“歌颂祖国——全省交通运输系统庆祝建国 60 周年职工歌咏比赛”举行。
▲2009 年 1 月，太原至佳县（吕梁段）高速公路建设推进会召开。
▲2009 年 9 月，山西省跨度最大的钢管拱北深沟特大桥钢管拱肋合龙。

▲全省跨越汾河最长公路桥——全长 2381.5 米的太佳高速公路东段汾河特大桥。（封面）
▲2008 年 12 月 26 日，太原至古交、太原至佳县（东段）高速公路建设推进会召开。（封底①）

▲2009 年 6 月 25 日，平遥至榆社高速公路建设推进会召开。（封底②）

▲2009 年 8 月 5 日，临汾至吉县、临汾市北环、京昆与青兰临汾联络线高速公路开工仪式。（封底③）

▲2009 年 8 月 6 日，闻喜至合阳（陕西省）、运城至灵宝（河南省）、河津至运城高速公路开工奠基。（封底④）

特　　　载

在全省交通运输工作会议上的讲话

（2010年1月22日）

□牛仁亮

同志们：

今年的会议意义非常不同，刚才段建国厅长代表厅党组和厅领导班子做了工作报告。2009年是我们国家经济不平凡的一年，也是非常困难的一年，在这种情况下，中央出台了应对金融危机的“一揽子”政策计划。山西省经济第一季度是-8.1%，第二季度是-4.4%，前三季度经济只增长了0.5%，到年底很可能是5%—6%之间，外贸减少50%，增长速度很可能是全国倒数第一。面对这样一种严峻的形势，省委、省政府提出围绕“三个发展”、坚持三个“千方百计”、三个“坚定不移”的一系列解决方案，大力推进基础设施建设。年初省里敲定了两年6500亿元重点项目的盘子，拉动全社会投资1万亿，现在可以肯定地说，这个计划正在稳步推进。2009年全国固定资产投资增长30.2%，全省的固定资产投资完成5090亿元，增长40%，比全国的增长率高出近10个百分点，这个成绩的产生和我们交通战线有很大的关系，在去年5000多亿元的投资中，交通占了560亿，在所有的领域排第一位，在全国排第3位。全年我们共开工27条高速公路，从1993年到2008年，我们在15年的时间里共建设了20条高速公路，里程为1965公里，而去年一年我们就开了27条2000多公里，GDP在全国排第18位。这一切表明：省委、省政府的决策是正确的，表明省交通运输厅带领全省交通系统，在市县政府的支持下，在各厅局的支持下取得了辉煌的成绩。

去年，我省大力开展煤炭资源整合，安全形势有了明显好转，事故死亡人数比上年减少1018人，降低了1/4。交通安全随着交通管理水平的提高，尤其是治超工作的不断深入开展，交通事故的死亡率明显下降，少死亡600人，占全省的一半还多。由此，全国的治超现场会在山西召开，总结、推广山西的治超经验，张德江副总理还做了重要批示。取得这么大的成绩，应该大奖，今天的奖还不算，包括金融部门，省里还要大奖、重奖为交通事业作出突出贡献的单位和个人。交通在山西经济极其困难的时期作出了突出贡献，在此，我代表省政府，向省交通运输厅以及全省交通系统在2009年做出的突出成绩表示衷心的感谢。

我们要推动2010年的工作，就必须总结2009年的工作经验，我想简单的做一下分析，有以下几个大事需要我们大家共同回顾。第一，筹资。在年初政府常务工作会做出投资560亿修建高速公路的决议之后，有好多同志不相信，560亿从哪来的？但结果是我们做到了，一是盘活20条已建成的高速公路，用20亿元的优质资产获得200亿元的资本金，这是筹资中的重中之重，在省政府的直接指挥下，交通运输厅财务系统的工作人员千方百计和金融系统沟通，最后获得了资本金的大头；二是交通规费结余；三是发行交通债券。还有BOT、BT，市级政府主动投资修建高速公路。第二，体制创新。下放体制，省筹省建、省筹市建、省市共建、市筹市建、BOT建设五种体制，充分调动了地方政府的积极性。第三，交通运输厅党组班子成员在这个特殊时期分片包干、责任到人，厅党组一班人团结协调、公正用人。正因为我们有这么几条经验的存在，我们才能把这样一件前所未有的工程完成好。

下面我对2010年的工作强调4个方面的意见。第一，明确任务。除过我们要抓好养护工作、场站建设等工作之外，我突出强调四大任务，“四个一”，第一个“1”是建成1000公里高速公路，第二个“1”是开工1000公里高速公路，第三个“1”是改造1000公里国省干线，第四个“1”是建设10 000公里通村水泥路，我们2010年的任务最主要的就是这四个“1”，要完成这四个“1”，任务比2009年更艰巨；第二，抓住三个关键。即：质量、安全、规范。这是老生常谈，正是因为它关键，所以要年年讲、月月讲。比如说质量问题，我们要建立公路建设质量的终身责任制，百年大计，质量为本。我们的公路标段这么多，能不能保证质量是一个关键；二是安全，施工的安全，最近我们发生了好几件事情，有些原因在我们自身，有些在外部，但是工程建设期的安全一定要放在极其重要的地位去看待，杜绝事故。我们的目标就是要杜绝重大事故，少死人，不死人。这个要有制度和措施作为保障。三是规范。规范征地，环保，水保，绿化等，不仅规范已开的27条高速公路，还要规范要开工的1000公里高速公路，2010年国家要控制新开工项目，就是从这些方面控制。第三，突破两大难点。一是筹资，二是廉政。今年的工作量比去年大，资金的需求量也大于去年，但是今年资金的供给环境比去年差，比如说470亿资本金，按说我们可以贷4倍，即：1800多亿，去年我们用了500亿，还有1000多亿，不是绰绰有余吗？但情况不是这样的，中央政府，中央银行已经开始对货币政策进行适度调整，中央讲适度的货币政策和财政政策，这是从大的方面来讲，具体是根据经济发展情况，政策要更具针对性和灵活性。今年全国的贷款规模比去年少了四分之一，山西省必须符合这个大的政策环境，应对我们的资金需求，必须早动手，早计划。我们盘子这么大，中央收缩银根，提高准备金率，还会有进一步的手段，怎么突破这一难点，就是要从现在开始，和全年所有金融机构签订意向的变成合同，签订合同的排出时间表，没签订的继续突破。我们今年还要打开保险公司这一大门，《保险法》已经启动，保险资金可以向基础设施投资，去年我已和他们做过铺垫。我们近期要召开金融巨头对山西交通支持的表彰大会，凡是对山西交通给予100亿以上的银行进行重奖，同时制定2010年的奖励办法。突破BOT和BT融资的区域，比如去年中铁三局放弃了一个BOT项目，经过王君省长批示，将它转为BT，争取到50亿和100亿；再比如说，中信集团是全国最大的信托投资集团，去年，集团董事长来到山西，王君省长会见座谈，与我省搞了一个联合战略合作空间协议，事后，他们派出一个同志与我们进行谈判，这个项目应该在100亿以上。第二个难点是廉洁廉政问题，我们非常重视这个问题，交通的工作做的比较好，历史上最高投资是100亿元，而去年是560亿元，27个项目、百十个标段，工程招投标、设计变更，资金拨付，每个环节都有巨大的风险。前一段时间，宝顺书记也跟我讲，发改委86纪要慎重使用，保证安全，同样适用于交通，这是政治要求，要做到修好一条路、不倒一个人；不是查不出问题，而是没问题可查。具体来讲，要注意以下几点：一是我自身，秘书长、秘书四处及身边工作的人员要约法三章，做到“三不”，即不介人工程、不打招呼、不写条子。总而言之，这一层面的人不能在工程招投标、资金拨付等核心环节中有任何私利行为。二是招投标要研究，进一步抵制围标、分标、转包的办法，不断完善、细化、深化，在国家规定招投标法的基础上研究创新招投标、设计变更、资金拨付。三是我们厅纪检系统要全过程跟踪工程，并且拿出办法，在事前介入，事中跟踪。希望大家重视起来，我不希望在山西经济最困难的时候出现不好的现象，不希望在交通发展最快的时候有人倒下，希望大家把廉洁工作做好，廉洁要从制度入手，从事前防范。第四，要强化两个动力。一是体制机制的创新，2009 年我们交通厅的工作做了重大的创新，今年我们要在原来的基础上做更大的文章。首先把政府公路转化为经营性公路，这样可使融资的空间和渠道变大；其次是我们今年已经快要建成的 1000 公里高速公路要早点着手，和原来的 20 条路整合，把这些质量高的路整合到公司里面去，以公司的名义到银行去融资，到民间去融资，到资本市场去融资。现在是三大公司，一是路桥集团，让路桥不仅能修路，还能够经营道路，作为一个融资平台。二是交通开发投资公司，将这个公司变成股份公司，已有的资产可以通过上市投资的办法获得更多的资本，可以融到 100 亿元、200 亿元甚至更多。三是更多的优质资产要整合到高管局开发公司去，建立三个融资平台。大的方面就是从政府还贷性公路变成经营性公路，三个企业平台用体制机制来扶持和支撑。第二个方面要强化重点公路领导组办公室，重点办原来是属于交通厅兼职的一个机构，现在要强化这个机构，我们争取设专职的主任或副主任，增加处室，要把重点办的职能进一步完善、提升、强化。第三个方面，进一步强化责任制，从厅党组到建管处，要有责任制，厅里面要拿出一个办法来。对于承建单位来讲，要有黑名单制，对做的好的企业单位，要奖励工程，但是要走适当的程序。要奖罚分明。第二个动力就是干部队伍的建设，这是一个非常重大的问题，也是非常复杂和现实的问题。我认为，一是在工作中发现人才，在工作中发现干部，在实践中发现人才，启用人才，二是要公正用人。希望交通厅像上次干部调整一样，公开、公平、公正。我作为分管领导，为交通厅创造更多职数，交通厅把好关，多向省委、省政府领导汇报，争取支持。

希望我们在座的各位，按照省委省政府经济工作会议的部署，按照段建国厅长的工作安排，在 2010 年上下齐心，团结一致，攻坚克难，把 2010 年的工作做得好上加好。

最后，我向全省交通系统的全体干部职工和你们的家属致以春节的问候，祝大家在新的一年里，有个好身体，有个好心情，家庭幸福，一切如意。

谢谢大家！

坚定信心　乘势前进
为实现“十一五”规划目标而努力奋斗

——在2010年全省交通运输工作会议上的讲话

（2010年1月22日）

□段建国

同志们：

今天的会议，是省交通运输厅组建后召开的第一次全省交通运输工作会议。会议的主要任务是：认真贯彻落实党的十七大和十七届三中、四中全会精神，按照全省经济工作会议及全国交通运输工作会议的部署要求，总结2009年全省交通运输工作，分析面临的形势，安排2010年的工作，动员全省交通运输系统广大干部职工坚定信心，再鼓干劲，乘势前进，全面完成“十一五”规划目标，为全省经济社会发展作出新贡献。

一、2009年工作回顾

2009年，全省交通运输系统坚决执行省委、省政府的决策部署，积极应对国际金融危机，适应国家体制的新要求，再掀公路建设新高潮，加强公路养护管理、运输组织和安全监管，积极推进行业重大改革和发展方式转变，全力维护行业稳定，在改革发展稳定三大方面取得了新的成绩，为全省“保增长、保民生、保稳定”做出了积极努力。

（一）全力以赴保增长，公路建设再掀新高潮

面对扩大内需保增长的历史责任，厅党组一马当先，发扬改革创新的精神，凝聚全行业的力量，争取各方面的支持，千方百计加大投资规模，再掀公路建设新高潮，公路建设成为拉动全省经济增长最重要的力量之一。全年公路建设完成投资563亿元，为2008年的2.8倍，在全国排名第3。其中，高速公路建设完成投资392亿元，为2008年的9.7倍，在全国排名第2，太原至佳县、忻州至阜平等27个项目开工建设，在建里程达到2086公里。国省干线公路完成投资82.25亿元，开工新改建工程85个项目1905公里，竣工1284公里，108国道介休至霍州段一级公路改造工程和大运二级公路山阴至太原段、侯马至运城段改造工程竣工通车，省道临午线一、二级公路路基桥涵工程基本完成。农村公路完成投资85.8亿元，开工县乡公路改造工程5533公里，完工4686公里，太行大峡谷、万荣至后土祠等一批旅游公路开工建设，315基地出口公路等国防公路项目建成通车；完成村通水泥（油）路“全覆盖”工程15 180公里，新增通水泥（油）路的建制村2240个，全省96%的建制村通了水泥（油）路，阳泉、太原、大同、运城4个省辖市在全省率先实现了具备条件的建制村通水泥（油）

路"全覆盖"。运输站场建设完成投资2.8亿元,太原公路主枢纽武宿货运中心等一批重点运输站场开工建设或投入运营。到2009年底,全省公路通车里程达到12.73万公里,增长2557公里,公路密度达到81.3公里/百平方公里。另外,对口援建四川茂县地震灾区项目进展顺利,全省第一个援茂重大项目黑虎羌寨旅游公路建成通车,淜门至永和通乡公路开工建设。

(二)坚持不懈抓养管,公路公共服务能力不断提升

完成了太原东环高速公路桥梁防撞护栏安全加固改造和晋阳、运三、夏汾3条高速公路大修工程。在高速公路管理中全面推广精细化管理,大大提升了高速公路服务能力,全年通行费收入69.92亿元,日通行费收入由金融危机影响最严重时的1400万元回升到2500万元。圆满完成了为期三年的第一轮国省干线公路安保工程,累计实施安保工程2904公里,危桥改造555座,标志标线、安全防护设施得到完善;通道绿化提档升级,受到了全国造林绿化长治现场会代表的高度评价。进一步完善了路况信息服务系统和紧急救援系统,开展了干线公路小型服务区建设试点。启动了农村公路安保工程和危桥改造工程,改造加固危桥213座8319延米。进一步落实了农村公路养护责任、养护资金和养护机构、养护队伍,基本做到了有路必养。

依法加强经营性公路监管,建立了省厅依法履行职责,省公路局、省高管局、各市交通局分类实施的经营性公路监管体制。对养护管理不达标的太原柴化公路、乡宁朝龙公路、省道赵克线3条经营性公路做出了责令停止收费、限期整改的处理。

牢固树立"治超也是养护"的理念,坚持"政府主抓、部门联动、依法治理"的工作格局,突出源头治理,强化路面执法,严格责任追究。各级政府公示的10 665个货源企业全部纳入运管机构巡查监管范围,巡查监管率达100%;治超站点增加到186个,覆盖了所有高速公路、干线公路和主要县乡公路;不停车检测系统在高速公路和重点干线公路全面推广。2009年,全省共检测货运车辆5123万辆,查处超限超载车辆4377辆,卸载7811吨,查处违法装载配载案件148件,货运车辆超限超载率下降到0.2%,高速公路杜绝了车货总重55吨以上的非法超限超载车辆,长途运输中的非法超限超载车辆基本消除,交通事故明显减少,公路桥梁得到有效保护。国务院领导对山西省治超工作专门作出批示:"山西治超工作取得了显著成绩,经验值得总结推广。"7月,全国治超领导小组在山西召开了治超现场会,全面推广山西治超经验。全国治超领导小组组长、交通运输部部长李盛霖赞扬全省治超经验"管用有效、可学可鉴"。

(三)不失时机调结构,城乡公共交通服务体系得到完善

面对国际金融危机对全省道路运输业特别是货运业的严重冲击,省厅积极研究制定应对措施,扶持运输企业,道路运输业随着全省经济回升向好。2009年,全省道路运输完成客运量3.11亿人、旅客周转量210.3亿人公里、货运量5.48亿吨、货物周转量906.4亿吨公里,分别比2008年下降0.9%、13.3%、17.9%、17.8%,但从下半年以来开始呈企稳回升态势,12月份运输量达到历史最好水平,完成客运量2686万人、货运量5413万吨,同比分别增长0.3%、6%。

加强运输市场建设,建立企业诚信体系,组织对52家客运企业、64家旅游客运企业进行了信誉质量考核,对6家旅游客运企业进行了整合重组,并取缔了4家不符合条件的驾驶员培训机构。

大力发展城市公共交通和农村客运,支持城乡公共交通基础设施建设,鼓励城乡客运公交化。新建乡镇汽车站80个,安装候车亭和招呼站牌各1000个,并在长治、新绛等市县开展了农村客运公交化改造试点,全省96%的建制村通了客车。严格落实国务院整车运输鲜活农产品"绿色通道"和省政府化肥运输季节性"绿色通道"政策,去年共减免通行费2.66亿元。

(四)千方百计筹资金,金融创新成效明显

按照省委、省政府要求,2009年、2010年全省公路建设开工项目总投资2500亿元,其中高速公路和一级公路的2200亿元不靠省政府投资。这对我们来讲是一个非常大的压力,而且国家成品油价格和税费改革后公路建设失去融资平台,资金短缺的问题更加突出。面对这一难题,省厅通过争取交通运输部投资、资本运作,走出了一条盘活路产、以路建路、滚动发展的新路子。省厅充分运用国家收费公路政策和省政府批准的高速公路通行费结余资金用于新的公路建设的政策,加大金融创新力度,以现有高速公路通行费结余未来收益为资本,采取搭桥贷款和信托投资等方式,向银行筹集到高速公路建设资本金457亿元,并签订项目贷款763亿元;与此同时,采取多种方式加大招商引资力度,实行省投省建、省投市建、市投市建、省市共建、BOT、BT等建设方式改革,积极鼓励社会资本进入全省公路建设领域,鼓励地方投资建设高速公路项目,阳泉至盂县、汾阳至平遥、高平至陵川3个高速公路BOT项目和1个地方投资项目开工建设,解决了120亿元的项目建设资金;支持交通企业在债券市场融资,成功发行了全省最大的一笔企业债券——总额20亿元的"山西交投债",开创了全省交通运输系统在资本市场直接融资的先河。另外,通过资本运作,筹到了国省干线建设资金80亿元。具备条件的行政村通水泥(油)路"全覆盖"工程在中央补助的基础上,争取到省政府地方国债资金30亿元,使中央和省补助标准由10万元/公里提高到了20—25万元/公里,大大减轻了地方财政压力,调动了地方政府的修路积极性。

(五)多措并举保安全,安全质量管理形势稳定

组织开展了重点公路建设质量安全年活动,加大对施工、监理企业履约考核和项目管理单位业绩考核力度,每月对高速公路建设工程质量抽检一次,每半年综合检查一次,发现问题,及时纠正,保证了工程质量处于有效受控之中。省交通质监站抽检结果表明,2009年高速公路在建工程总合格率91.4%。农村公路建设在资金有限的情况下,对路面、桥梁等关键工程推广机拌机铺、机械化施工,有效提升了工程质量。

认真组织实施了道路运输、水上交通、交通基础设施建设施工三个安全生产专项整治,省、市、县三级联动,条块结合,对重点行业、重点领域、重点项目、重点时段的安全生产隐患进行了拉网式排查,共排查各类生产经营单位14 954个,排查出各类隐患1440个,除6项正在整改外,其余全部得到整改,并结合交通运输实际,制定出台了安全生产八项制度、高速公路建设高危工程施工安全强制性要求60条、道路运输安全源头管理20条、小型客船运输经营资质管理暂行办法等。同时加大科技投入,提高行业生产力水平,促进了全省交通运输安全形势继续好转。2009年,道路运输事故死亡人数下降28.4%,公路养护管理和水上交通没有发生死亡事故,高速公路建设发生4起事故,共造成9人死亡,没有发生重特大事故。

(六)有力有序抓改革,管理体制进一步理顺

根据国家体制改革部署和交通运输发展要求,2009年主要成功实施了以下五项改革。一是实施了国家成品油价格和税费改革,从去年1月1日起取消了养路费等六项交通规费,并从5月31日起,取消了政府还贷二级公路收费,共计取消收费站156个,涉及收费里程6551公里。二是按照省政府批准的机构改革方案,完成了省交通运输厅的组建与内设机构设置,以及城市客运管理职能和机构、人员移交,太原、晋城、阳泉3个省辖市实行了城乡交通运输交通部门"一家管"。三是以省政府名义出台了高速公路建设体制改革意见，并开始试行。四是依托原交通征稽机构，组建了省交通运输执法局。五是稳步推进企业改革，中北、吕梁、太行三个路桥企业政策性破产工作有了新进展，省交通建设开发投资总公司改制工作启动。

（七）高度重视保民生，行业基本保持稳定

始终把解决好人民群众最关心、最直接、最现实的利益问题作为第一责任，积极改善民生、化解矛盾、维护稳定。一是行业突出问题得到较好解决，省厅积极支持省路桥企业承揽高速公路建设养护工程，企业得到发展、职工队伍保持稳定。成品油价格和税费改革人员待遇得到落实，分流安置工作已经启动。近万名农民养路协议工的养老保险问题得到解决。省交通运输执法局在成品油价格和税费改革实施带来的原有业务大部分丧失、职工思想波动较大的情况下，围绕转型发展组织职工开展政治学习和业务培训，加强思想政治工作，严格纪律保证，保持了队伍稳定，做到了组织不散、秩序正常。与此同时，各级领导深入基层、深入贫困家庭，开展了送温暖、听民意、解民忧活动，解决了一批职工群众的切身利益问题。2009 年，省厅来信来访总量下降 50.1%，特别是群体访批次和人数大幅下降，国庆六十周年等敏感时期没有发生赴省进京上访事件。二是应急救援成绩显著，在去年 11 月份应对强降雪工作中，省厅紧急启动Ⅰ级预警和应急响应，迅速抢通道路交通，疏导救援被困车辆 6811 辆、人员 15 020人，没有出现任何人员伤亡事件。三是按照省委、省政府统一部署，继续扎实开展了定点扶贫工作。开展了社会主义新农村结对帮扶、困难企业帮扶活动。

（八）统筹兼顾抓基础，科技法制建设取得新进展

在科技创新方面，围绕交通科学发展急需的关键技术，组织开展了 31 项科技项目攻关，有 8 项科技成果获省、部科技进步奖。石太高速公路山西段、大运二级公路、大运高速公路雁门关隧道、晋焦高速公路丹河特大桥四项工程入选建国六十年全国 60 项公路勘察设计经典工程。交通运输部西部交通建设科技项目忻阜高速公路科技示范工程实施顺利。柔性基层沥青路面结构技术等 8 项具有山西省特色的公路修筑技术得到广泛推广应用，产生了显著的经济和社会效益。“以路建路战略构想的创新与实践”等一批软科学研究成果，为厅党组提供了科学的决策支持。省交通科研院被交通运输部确定为全国黄土地区公路建设与养护技术重点实验室。完成了“1166”信息化工程通信专网建设。开展了“煤层气替代汽（柴）油在道路交通领域技术研究”示范工程，实施了汽车空调制冷维修行业 CFCS 淘汰项目和营业性车辆燃料消耗准入与退出专项行动计划。支持厅属三所学校扩大规模、提档升级，山西交通技师学院被人力资源和社会保障部确定为“全国一体化课程教学改革”试点院校。

在法制建设方面，开展了《山西省民用运力国防动员办法》、《山西省机动车维修管理办法》等立法准备工作。制定了交通运输行政处罚自由裁量权基准制度，对公路路政、道路运输、海事管理、交通建设工程管理等 12 个方面 300 多个行政处罚条款进行了量化和细化，为规范执法行为提供了依据。建立了行政复议报备系统和行政复议信息管理系统，完成了交通执法人员岗位培训和执法制式服装统一更换工作。

（九）围绕主题抓创建，行业文明建设再结硕果

以庆祝新中国成立 60 周年为主题，举办了“山西公路建设 60 年成就展”、“国庆 60 周年山西交通建设成就展”和“奋进中的山西交通摄影展”，组织开展了庆祝新中国 60 周年歌咏、书法、绘画、摄影等比赛，开展了老战士、老同志、革命烈士遗属、伤残军人、先进模范人物走访慰问。老厅长廉平同志入选“60 位新中国成立以来感动交通人物”。深入开展文明和谐单位创建活动，加强老干部工作和工会工作，省厅被省文明委授予“省级文明和谐单位标兵”称号和“精神文明建设特别贡献奖”，交通运输系统进入全省“文明和谐行业”行列。

（十）扎扎实实抓党建，政治保证作用进一步发挥

根据省委统一部署，厅党组分三批组织厅直属单位开展了深入学习实践科学发展观活动，并组织第一、二批单位对整改工作进行“回头看”，进一步提高了各级领导班子和党员干部坚持改革开放、推动科学发展、促进社会和谐的能力。群众对厅领导班子提出的5类25个问题全部得到整改。厅党组制定出台《巡视工作办法》，并组织在两个厅属单位开展巡视试点，取得良好效果。组织开展行风评议和“公款出国境”、“小金库”等专项治理，特别是针对全省公路建设规模大、项目多的实际，认真开展建设领域突出问题专项治理，制定出台招标代理机构、跟踪审计单位、项目文件编制单位比选办法和设计变更管理办法、概算审查办法等一系列制度，形成了较为完善的反腐倡廉制度体系，并建立了省直六部门联合监督、纪检书记和总会计师全程监督、审计机构跟踪监督、社会公开监督“四道防线”，有效克服了工程建设中的腐败现象。注重利用信访举报，加大案件查办力度，全年共受理举报105件，案件处理率100%。

过去的一年，全省交通运输工作取得了显著的成绩，这是省委、省政府正确领导的结果，是省直各部门、地方各级党委政府和全省人民大力支持的结果，是全省交通职工团结奋斗、艰苦拼搏的结果。在此，我代表省交通运输厅，向长期以来热情关心和支持交通运输工作的各级领导、各级党委政府、各有关部门表示衷心的感谢！向奋战在全省交通运输战线上的广大干部职工表示亲切的慰问！

二、全省交通运输工作面临的新形势

2010年是深入贯彻落实党的十七大和十七届三中、四中全会精神，努力克服国际金融危机影响、巩固经济企稳回升良好势头的关键一年；是乘势前进、狠抓落实，全面完成“十一五”规划目标的决战之年，也是开拓视野、创新思路、谋划布局“十二五”发展的重要一年。同时，是经济形势更好的一年，也是交通建设难度更大的一年，更是需要全省交通运输行业干部职工更加奋斗的一年。做好今年的交通运输工作，事关全局、意义重大。

总体上看，2010年交通运输发展面临的形势可以概括为五句话：任务更重、挑战更多、压力更大、要求更高、机遇更好。

（一）任务更重

巩固经济回升向好基础的历史责任、实现“十一五”交通建设目标的艰巨任务以及“十二五”科学发展的紧迫需求，使全年的交通运输工作任务更加繁重。当前，无论是全国还是全省，经济回升向好的势头很好，但基础仍不稳固。为此，省委、省政府从全省能源原材料基地和投资拉动型经济的特点出发，结合“十一五”规划的交通建设目标，明确要求进一步加大公路建设力度，最艰巨的任务有两项：一是高速公路在2009年开工2000多公里的基础上，2010年再开工1000公里，并建成1000公里，使全省高速公路达到3000公里，2013年达到5000公里，基本建成“三纵十一横十一环”高速公路网；二是全省实现具备条件的建制村通水泥（油）路“全覆盖”。无论是高速公路建设和投资规模，还是全省公路建设投资总规模，都将大大超过去年，前所未有。另外，即将跨入“十二五”之际，我们还必须以宽广的视野和世界眼光，科学谋划“十二五”交通运输发展，从战略全局上推动交通运输转变发展方式，实现科学、快速、安全、协调发展。可以说，今年承前启后、继往开来，任务比去年更繁重、更艰巨。

（二）挑战更多

最近以来，国家宏观经济政策微调的迹象越来越明显，对交通运输最明显的影响主要体现在两个方面：一是国家对转变发展方式的要求不断增强，资源、环境以及程序等的约束进一步加大，政府投资项目建设要求更加严格，项目上马将从严控制。可以说,今年再开工1000公里高速公路的难度比去年开工2000公里的难度还要大。二是今年全国贷款总规模计划控制在7.5万亿元以内,比去年实际放贷总额9.8万亿元压缩了1/4。最近,人民银行又调高了存款准备金率,控制放贷规模和速度,这将进一步加大公路建设项目贷款的难度和风险。加之去年国家逐步取消政府还贷二级公路收费后,国省干线二级公路、县乡公路和农村公路不能再用收费公路政策建设,仅靠政府投资来源十分有限,资金短缺成为制约普通公路发展最大的"瓶颈"。

(三)压力更大

随着全省公路建设规模不断扩大和建设难度不断加大,新旧矛盾相互交织、日益突出,工程建设管理压力和廉政风险越来越大。主要表现在:

一是公路建设规模大与有效施工监理力量不足的矛盾突出。在国家宏观经济政策指导下,去年以来,全国范围内公路建设尤其是高速公路建设规模不断扩大,战线越来越长,建设需求与施工、监理能力不足的矛盾十分突出。如果考虑其它行业建设特别是铁路建设的需要,这种矛盾会更加突出。在这种情况下,各种队伍素质参差不齐、鱼龙混杂,转包、分包、借资质等问题愈加凸显。

二是建设战线过长、项目过多与管理力量不足的矛盾突出。目前全省仅高速公路就已开工27个项目,建设规模已达2086公里,今年1000公里开工后,建设项目在40个以上,建设规模将突破3000公里,项目总投资2000多亿元。这是全省交通建设历史上任何一年都没有的规模。虽然这些年省厅锻炼了一批中青年技术干部,但面对3000公里的建设规模,项目管理尤其是技术管理的力量明显不足。随着项目的增加、规模的扩大,资金运作量越来越大,滋生腐败的概率也越来越大,尤其是招标投标、工程变更、资金拨付等环节最容易出问题,还可能出大问题。

三是项目建设难度大与有效工期紧的矛盾突出。从难度来讲,这一轮公路建设新高潮实施的项目,无论是高速公路,还是国省干线公路新改建工程,大都进入山区、矿区、林区,穿山越岭、沟壑纵横,地质地形条件复杂,桥梁隧道工程多、采空区多,施工难度越来越大。目前已开工的27个高速公路项目桥梁和隧道占路线总里程的比例平均在40%左右。如果3000公里全部开工后,桥隧里程1000多公里,桥梁可从太原架到秦皇岛,隧道可从太原打到运城。从工期来讲,省委、省政府确定今年要建成1000公里高速公路,一些项目的有效工期紧张。要保证这些项目优质安全按期完成项目建设,对质量安全管理工作是一个严峻的挑战。工程质量安全和廉政事关人民生命安全、事关社会和谐、事关党和政府形象,是一个永恒的话题,今天不出事不等于明天不出事。什么时候不重视,什么时候放松监管,什么时候疏于管理,什么时候就有可能发生问题。必须以对党负责,对人民负责,对历史负责,也是对自己负责的态度,始终保持高度的责任感和警惕性,警钟长鸣,常抓不懈,决不能有丝毫的侥幸心理和麻痹思想。

(四)要求更高

深入贯彻落实科学发展观,对交通运输转变发展方式、加快发展现代交通运输业,建设畅通、高效、安全、绿色的综合交通运输体系的要求越来越高、越来越紧迫。中央经济工作会议强调,加快转变经济发展方式,是深入贯彻落实科学发展观的重大战略举措。刚刚召开的全国交通运输工作会议,要求围绕建设畅通、高效、安全、绿色的综合交通运输体系的目标,转变发展方式,加快发展现代交通运输业,并提出从发展综合运输体系、提高交通运输设施装备技术水平和信息化水平、发展现代物流业、建设资源节约型环境友好型行业、提高安全监管和应急保障能力五个方面努力。对于我们来讲,转变发展方式,发展现代交通运输业,是一项全新的课题和长期的任务,虽然一些工作已在探索中起步,但尚无破题。特别是与沿海发达地区相比，差距还很大。因此，无论是建设、运输，还是行业管理，都必须按照现代交通运输业的要求，从现在做起，从现在正在做的事抓起，落实到新一轮公路建设高潮中，落实到应对金融危机的各项措施中，落实到“十二五”规划编制中，努力使其成为全省交通运输行业的共同意志与自觉行动。

（五）机遇更好

在看到面临严峻形势的同时，也应当看到，随着应对金融危机成效的不断扩大，交通运输科学发展的内外部环境总体上向好的方向转化，有利因素不断增多。一是随着应对金融危机的一揽子计划及政策措施的实施，我国在全球率先扭转经济下滑，全省经济总体回升向好，对交通运输的需求不断增强，这为交通运输企业摆脱困境和交通运输发展、促进高速公路通行费收入稳定增长创造了有利的外部环境，也使我们利用现有高速公路资产融资的难度相对减弱。二是由于经济回升的基础还不稳固、经济增长的内在动力不足，中央保持宏观经济政策的连续性和稳定性，继续实施积极的财政政策和适度宽松的货币政策。省委、省政府针对全省投资拉动型经济特点，继续将扩大投资规模作为保持经济平稳较快增长的重要动力，并在土地审批等方面对重点工程建设继续给予倾斜，这为我们进一步加快公路建设、完成“十一五”建设目标创造了相对宽松的政策环境。只要抓住并用好机遇，就能大有作为。三是交通运输部提出转变发展方式、发展现代交通运输业的“五个努力”，为我们贯彻落实科学发展观、推进发展方式转变指明了方向。四是去年我们开工了一大批高速公路和国省干线项目，并储备了一批新的建设项目，特别是在资金筹措方面取得了重大突破，为今年更大规模推进公路建设奠定了坚实的基础。五是在积极应对国际金融危机的实践中，锤炼了队伍，提高了本领，积累了许多好的经验。

机遇难得，稍纵即逝，时不我待。面对新形势新任务新挑战，各级领导干部既要充分看到有利条件和积极因素，进一步坚定信心、沉着应对；又要保持清醒头脑，增强紧迫感和责任感，下定决心，克服困难，以必胜的信念、超常的思维、决战的姿态和强有力的措施，全面完成省委、省政府交给的各项任务，推动交通运输更好更快发展。

三、2010年工作安排

根据全省经济工作会议、全国交通运输工作会议精神，2010年全省交通运输工作的总体要求是：深入贯彻落实科学发展观，紧紧抓住转变发展方式、加快发展现代交通运输业、提升交通运输服务保障能力这条主线，进一步加快公路建设力度，加强公路养护管理，深化行业改革，强化市场监管，推进结构调整，全面完成“十一五”规划目标任务，为“十二五”科学发展打好基础。

发展目标是：

——公路建设完成投资550亿元；

——高速公路再开工1000公里，使在建高速公路达到3000公里，并建成1000公里，使高速公路通车里程达到3000公里；

——完成国省干线改造1000公里，国道基本实现二级化，省道80%达到二级及以上公路标准；

——新改建农村公路10 000公里，新增通水泥（油）路的建制村932个，全省实现具备条件的建制村通水泥（油）路“全覆盖”；

——运输站场体系进一步完善，实现市市有一级站、县县有二级站、50%的乡镇有等级客运站，具备条件的建制村通客车“全覆盖”；

——道路运输客运量、旅客周转量、货运量、货物周转量分别增长5%，高速公路通行费收入增长5%、力争10%。

根据上述总体要求与目标，今年要重点抓好以下十项工作：

（一）全面完成交通基础设施建设任务

继续把公路建设作为今年全省交通运输

工作的重中之重，同时推进运输枢纽站场建设和水运设施改造。

高速公路建设抓“两头”，一方面要继续集中精力抓好27个在建项目尤其是今年竣工项目的建设，牢牢抓住特大桥梁、特长隧道等制约工程，科学制定施工组织计划，倒排工期、卡死工期，组织强有力的施工、监理队伍和管理技术人员强力攻坚，确保项目建设整体推进，确保各个项目按期建成；另一方面要进一步加强新开工项目前期工作，组织专人集中攻克土地审批等关键程序，完善项目建设手续，力争使各个项目早日开工。

国省干线公路改造抓扫尾，在继续抓好省道临大线、沿黄干线、省道340线等续建项目和重点项目的同时，抓紧新建项目的开工和建设，力争到年底基本完成对所有干线公路的新一轮改造，并结合实施国省干线公路标准化建设，进一步提升国省干线公路的服务能力。届时，全省国省干线公路要基本实现“条条畅通、路路平坦，走到哪里都是好路”的目标。从今年开始，国省干线公路新改建项目统一纳入厅重点项目管理。

农村公路建设抓重点，省级层面突出抓好村通水泥(油)路“全覆盖”工程，省厅继续保持投资补助政策不变，并加强巡查指导。吕梁、忻州等任务较重市的交通局要积极争取政府支持，将目标责任分解到县长、乡长头上，落实配套资金、落实目标责任，加强技术指导与行业监管，跟踪督查，狠抓落实，确保任务完成。“全覆盖”任务已经或即将完成的阳泉、太原、大同、运城等市，重点加强危桥改造和安全、防护、排水设施的完善，有计划地解决2005年之前“通返不通”、“通未连通”问题。要多方筹措资金，把县乡公路的重点放在解决断头路、“瓶颈”路、危桥险路上，同时加快旅游路、运煤路、国防路的建设，改善县乡公路技术状况。沿黄扶贫旅游公路今年必须扫尾，决不能无限期拖延下去。继续抓好援茂交通项目建设，年内完成援建任务。

运输站场枢纽建设抓布局，全面开工建设太原公路主枢纽武宿货运中心，抓好临汾、大同等国家、省级枢纽站场建设。继续推进县、乡两级汽车站建设。支持地方政府搞好城市公交站场规划建设，构建覆盖城乡、功能配套的运输站场体系。

水运基础设施改造抓弱点，继续加大农村渡口改造和渡改桥力度，集中用三年时间，完成全省所有渡口码头的改造，消灭自然坡岸渡口。抓好晋豫两省共建黄河小浪底库区文明航道工程。

要密切关注我国经济发展走势和宏观调控的力度、节奏、重点变化，准确把握时机，适时作出相应调整，使我省的公路建设始终在国家宏观经济政策内有力有序地推进。

(二)扎实抓好公路养护管理和治理车辆超限超载

以迎接全国公路大检查为契机，进一步加强公路养护。完成高速公路编号及标志标牌更换工作，做好新建成高速公路联网运营工作，继续深入开展公路安保工程、灾害防治工程和预防性养护。集中完成三年危桥改造任务，基本消灭国省干线现有危桥和县道中桥以上、乡道大桥以上危桥。今年省厅对农村公路养护的补助资金，要首先用于县乡公路危桥改造和大中修工程。启动国省干线公路标准化建设，出台标准化建设技术规范，并在每个公路分局选一条干线公路先行开展示范工程，取得经验后全面组织实施。加强路政管理，继续开展公路沿线环境综合整治，改善行车环境。充分利用政府还贷二级公路收费站，开展普通公路服务区建设试点，为车辆和行人提供良好的休息、购物等服务。依法加强对经营性公路的监管，督促经营管理者履行公路养护等义务，保证公路技术状况良好。对拒不履行养护义务的单位，依法责令停止收费，直至路况恢复到规定标准。

坚持“治超也是养护”的理念，坚持“政府主抓、部门联动、依法治理”的治超格局，坚持源头治理、路面执法、责任追究“三位一体”，推进综合治理，落实治超经费，加强队伍建设，建立长效机制。加快治超站点信息化建设，今年所有高速公路治超点和一半以上的干线公路治超点要统一安装不停车检测系统。对新增治超站点，要按照部颁标准，统一进行标准化、信息化改造，尽快纳入整体监控网络，实现省、市、县三级联网。集中加强对短途非法超限超载车辆的治理，巩固已有成果，坚决防止反弹。今年货运车辆超限超载率必须控制在0.2%以内。

（三）努力推进综合运输体系发展和结构调整

发展综合运输体系，充分发挥各种运输方式的整体优势和组合效率，是交通运输部门的重要职责。要合理配置资源，调整优化通道资源，促进综合运输枢纽合理布局和各种运输方式优势互补，实现各种运输方式“无缝衔接”。要加强多式联运等综合运输政策和标准规范的研究制定和推广应用，推进全省综合运输管理和公共信息服务平台建设。要依靠科技创新，提升运输装备水平，逐步形成综合运输体系框架下集约的基础设施系统、现代的运输装备系统和科学的组织保障系统。公路运输是我省综合运输体系的基础。要把加快运输结构调整、提升产业素质作为应对国际金融危机冲击的有效举措和推进综合运输体系发展的重要内容，完善政策导向和市场体系，充分发挥公路运输的比较优势，强化公路运输在综合运输体系中的基础性作用。开展道路货物甩挂与网络化运输试点，探索区域运输便利化体制机制。加强运输与物流服务的融合，鼓励交通运输企业功能整合和服务延伸，加快向现代物流企业转型，积极发展甩挂运输、集装箱联运等先进运输组织方式。积极拓展站场枢纽服务功能，新建站场枢纽运输功能和物流功能要统一规划、同步建设，现有站场枢纽改造植入物流服务功能。制定物流相关技术标准，提高货运的标准化、组织化水平。落实公交优先战略，有序发展城市出租，规划建设城际、城市、城乡、镇村四级客运网络，研究推进建立扶持农村客运发展的公共财政奖励制度，做到路通车通。引导农村客运线路公交化改造，加快公交客车向农村延伸，不断提高城市公交的出行比重。进一步完善鲜活农产品运输和季节性化肥运输“绿色通道”网络建设，严格执行整车合法装载鲜活农产品和季节性化肥运输车辆免收通行费政策。做好煤炭、化肥等重点物资运输和抢险救灾物资、农副产品、城乡居民生活必需品的运输。加强春运、“十一”黄金周等客运高峰时段的运输组织协调。

（四）依法加强建设运输市场监管

以建设项目为载体，以从业单位业绩信用等级评定为主线，严厉打击围标、串标、虚假招标、转包、违法分包等行为，加强公路建设市场诚信管理，推动信用体系建设。今后，省厅每年公布一批重合同、守信用、讲诚信的施工、监理、设计企业，同时曝光一批诚信不良特别是“黑名单”企业，推动形成重资质、更重业绩表现的市场导向。加强信息化建设，建立全省统一的公路建设信用评价体系平台，并逐步与交通运输部和其它省联网，实现资源共享。严格合同管理，加强对中标单位的动态监管和履约考核。积极推进试验检测市场建设，培育、发展独立公正的第三方检测市场，探索业主单独招标、选择通过等级评定的试验检测机构进行工程质量控制的管理模式，严肃查处试验检测数据、资料造假等违规行为。

加快形成企业自律、社会监督、行业考核、信息公开的道路运输市场诚信管理体系和市场退出机制，引导道路运输企业诚信经营、优质服务；加强源头管理和动态监管，对违法营运车辆和从业人员实行告诫制和“黑名单”制。完善促进出租汽车行业规范发展的相关政策和措施，建立出租汽车行业诚信考核制度，提升管理水平和服务效能。加快建立以道路危险货物运输从业人员、长途客运和出租汽车驾驶员为重点的行业职业资格制度。

进一步完善交通运输地方法规体系，配合做好道路运输管理条例、水路交通运输管理条例、公路管理条例、治超条例、城市客运管理条例等地方性法规的修制定工作。抓好交通运输行政处罚自由裁量权基准制度的培训和实施，全面推进执法案卷评查工作，加强执法监督，规范执法行为，严肃查处违规执法、越权执法、以职谋私行为。做好交通运输执法部颁新证件的换发工作。搞好行政复议、行政应诉工作。做好"五五"普法总结和"六五"普法的启动工作。

（五）积极推进交通运输体制改革和行业稳定

今年重点抓好以下七项改革：一是按照省厅《关于实施成品油价格和税费改革人员安置工作实施方案》，有序推进人员安置工作。新增治超站点和新建成高速公路用工，优先从成品油价格和税费改革人员中录用，力争今年底完成大部分人员安置任务。二是全面实施省政府批准的《山西省高速公路建设体制改革意见》，创新和规范建设体制，调动政府、行业、社会的力量共同推进高速公路建设。三是进一步扩大开放，加大交通基础设施项目招商引资力度。研究探索县乡公路发展融资政策。各市交通局要争取政府设立农村公路建设专项资金，通过开发利用金融新产品，创新融资渠道，解决县乡公路建设资金来源。四是按照省政府要求，稳步推进厅属事业单位分类改革和人事制度、分配制度改革。五是抓好厅属企业改革，强力推进中北、吕梁、太行三个路桥企业政策性破产工作，集中培育3－5个骨干路桥企业，鼓励路桥企业逐步由建设型向建设养护型企业转型。支持省交通开发投资总公司等厅属企业通过改制搞好搞活、做强做大。六是深化人事制度改革。坚持党管干部原则，坚持德才兼备、以德为先的用人标准，让能干事者有机会，干成事者有舞台，不让老实人吃亏，不让投机钻营者得利。建立健全提名制度，试行公开选拔、竞争上岗等竞争性选拔干部方式，健全干部选用监督机制和责任追究制度。七是指导地方交通部门搞好机构改革。

高度重视维护稳定工作，健全维护群众利益机制，坚持把解决实际问题与教育疏导结合起来，把应急救助与日常帮扶结合起来，继续解决好路桥企业稳定、养路协议工保险、农民工工资、成品油价格和税费改革涉及人员安置及待遇等关系群众利益的突出问题。省公路局要切实加强对路桥企业的全方位管理，坚持责、权、利相统一，坚持管人与管事、管资产相结合，保证省政府和省厅扶持路桥企业的各项政策用于路桥企业发展上。加强和改进信访工作，认真组织开展矛盾纠纷大调研、大排查、大化解活动，领导干部要定期下访、带案下访、定期接访、阅处群众来信，注重分析网络舆情，注重从源头上预防和减少矛盾纠纷，严防各类矛盾叠加升级，有效防止群体性事件发生。

（六）进一步健全交通运输安全监管和应急保障体系

牢固树立安全发展理念，落实企业安全生产和行业安全监管两个主体责任。继续深入开展安全生产专项整治活动，完成所有已经排查出的安全隐患整治，做到硬件上消除投入欠账，制度上堵塞盲点漏洞，管理上及时排查隐患，工作上严格落实责任，不放松一时，不放过一处，确保各个生产环节和各种安全隐患都在可控范围内，坚决杜绝群死群伤重特大事故。道路运输重点做好旅客运输、危货运输的安全监管，严格落实"三关一监督"职责。公路施工要严格落实安全准入制度、勘察设计方案安全风险评估制度及高危工程安全生产强制性要求，严格施工规范，严格执行项目经理、专职安全人员和特殊工种持证上岗制度，做好地质灾害防治工作。继续加强海事装备建设，做好重点时段、重点船舶、重点水域和重点环节的水上交通安全监管。

加强应急体系建设，进一步完善《公路水路交通突发事件应急预案》配套体系，使各种预案能够具备可操作性。开展风险源调查评估。组建水上搜救指挥系统和救援队伍，建立完善搜救工作协调机制、预测预警机制、搜救区域联动机制。加强重要干线公路运行监测网络建设，落实桥梁管理责任制。加强交通战备工作，抓好国防交通物资储备基地建设，加强应急物资储备，组织开展公路水路交通应急演练，完成长途客车和危险品运输车辆 GPS 系统向县级延伸。要建立突发公共事件预测预警机制、应急协调机制和专群结合、军地结合的应急保障机制。建立应急运力储备和征用制度，完善应急车辆、船舶登记备案制度，推进建立应急资金保障制度，提高社会各方面参与应急救援的积极性。

（七）切实抓好科技创新和节能减排

信息技术是当今世界创新速度最快、通用性最广、渗透性最强的高新技术之一。要积极推进安全监管与应急处置平台建设，开发道路运输信息管理和信息服务系统，启动地市级出租车运行监管与服务信息平台示范工程建设，推进交通电子口岸建设。建设国家、省公路运输枢纽、城市综合客运枢纽管理与服务信息系统、经济运行分析信息监测与预警体系、区域公共物流信息服务平台试点工程。推进行政许可网上办理。完成“1166”信息化工程通信专网联网，加快各个业务平台、公众平台建设和联网，初步构建起交通运输信息化框架。

继续加强重点实验室建设，整合科研经费和科研资源，集中开展黄土山区公路建养关键技术的攻关。加强科研成果转化平台建设和已有成果的推介推广应用，建立成果推广奖励制度，不断提高科研成果转化率与贡献率。继续深化厅属职业院校教育教学改革，整合教育资源，全面提升办学质量，创建交通职业教育示范院校，推进交通运输人力资源支持保障体系建设。

坚定不移地走资源节约、环境友好交通发展之路，将资源节约、环境友好贯穿于交通运输规划、建设、管理全过程，通过理念创新、科技创新、规划指导、政策约束、市场监管等措施，促进交通运输发展方式转变。今年主要抓好节能减排示范工程：工程建设领域，继续推进忻阜高速公路科技示范工程的实施，集中推广和示范现有科技成果，展示科学技术对交通发展的带动作用；选树一批高速公路和国省干线新改建项目，实施基础设施集约发展示范工程，探索节约集约用地、减少生态破坏、促进公路与自然和谐共处的新途径，降低公路建设的资源环境代价。公路运营领域，选树一批特大隧道，实施节能示范工程，推广节能技术、节能产品，因地制宜开发利用风能、太阳能等清洁、经济能源，降低公路运营成本。公路养护领域，选树一批大中修工程，实施路面材料再生与循环利用示范工程，推广沥青、钢材等资源再生利用技术和利用粉煤灰等工业废物筑路技术，提高资源循环利用率，降低养护成本和环境污染。道路运输领域，选树几个市县，实施汽车减排示范工程，进一步完善车辆排放标准和强制性要求，严格执行排放量监测和市场准入制度，坚决淘汰技术落后、污染严重、效能低下的运输装备。在城市客运领域，选树几个大中城市，开展公交车、出租车推广使用煤层气、天然气等洁净燃料示范工程，减少汽车污染排放。

（八）大力推广和实施精细化管理

精细决定品质，细节决定成效。精细化管理是科学管理发展到现阶段的具体形式，是“精”的管理观念和“细”的运作方式的有机整合。它所追求的是做精做细、追求卓越的工作理念，崇尚的是精、准、细、严的工作标准，遵循的是事事有制度、事事有标准、事事有人管、事事有考核的工作流程，形成的是人人规范、事事规范、处处规范、时时规范的工作秩序，提升的是执行力，解决的是薄弱环节和衔接配合问题，实现的是管理效率、管理效益最大化。从我省交通运输行业管理的实际出发，省厅决定以公路建设和养护为重点，全面推广精细化管理，以精细化管理提升工程质量和公路养护，提升行业科学管理、科学发展水平。

工程管理是一个系统工程。高质量是对工程的每个环节、各个层面的严格控制,是业主、设计、施工、监理、科研单位和相关人员共同努力的成果和结晶。哪一个单位、哪一个人在任何一个环节出了问题,都会给质量带来损害,缩短工程使用寿命,甚至导致质量事故。在工程建设中实施精细化管理,要从施工组织和施工控制入手,从细节抓起,抓工程的各道工序、工艺的各个环节、管理的各个要素。树立全过程、无缝隙的工程管理理念,形成一环扣一环的管理链,严格遵守质量技术规范与操作规程,优化施工工艺,强化过程控制。在质量管理的链条中出现任何薄弱环节和管理死角,在工程的任何细部出现缺陷,都要以"零容忍"的责任心予以防范。要按照对主体工程管理的要求严格要求附属工程,按照对重点项目管理的要求严格要求一般项目,使公路工程整体质量水平得到进一步提升。要依靠科技创新,认真解决好公路建设质量通病和重大技术难题,增加耐久性,提高内在品质,使工程真正经得起历史的检验、经得起人民的检验。

在公路养护中实施精细化管理,要从推进养护标准化入手,大处着眼、小处着手,从每一个防护墩、每一个标志牌抓起,对照部颁养护规范,逐条逐项严格检查,不放过一个细小要求,不放过一个细微之处,不放过一个公众反映,真正把养护规范的每一条要求落实下去,让养护管理的每一根"软肋"硬起来,全面提升公路养护水平,推动养护管理步入健康运行的良性循环。

精细化管理是管理创新的重要成果,不仅适用于公路工程建设管理和公路养护,在收费、服务区管理、运输管理、资金管理等方面同样适用。只要牢固树立和落实精雕细琢、精打细算、精益求精的理念,整个行业的管理就会大大提升一步,整个行业的形象就能更好。省厅将制定下发具体实施方案,并选择适当时机召开现场会推动落实。

(九)科学规划"十二五"交通运输发展

认真落实中央和省委、省政府提出做好"十二五"规划纲要编制工作的要求,在科学合理确定发展思路的基础上,抓紧组织编制"十二五"交通运输发展规划。

编制"十二五"规划,总的要求是,深入贯彻落实科学发展观,体现山西"三个发展"战略的要求,符合公路水路发展阶段性特征和体现自身发展要求,体现交通运输结构调整、转变发展方式的要求。通过实施"十二五"规划,促进公路水路交通基础设施网络进一步完善,结构更趋合理,运输装备现代化程度进一步提高,服务效率和质量明显提升,安全和应急保障能力显著增强,资源节约、环境友好水平明显提高,基本形成畅通高效安全绿色的现代交通运输,基本适应经济社会发展需要。

当前重点做好三项工作:一是围绕准确把握"十二五"宏观经济形势和政策环境,加强对关系全局重大问题的前瞻性研究,重点抓好"十二五"交通运输服务与管理突出问题、交通运输规划实施政策、干线与农村公路发展融资政策等综合性基础课题的研究,为规划编制提供理论支撑。二是在全面总结"十一五"发展经验的基础上,确定具体的发展目标、发展重点和政策措施。三是在编制总体发展规划的同时,组织编制好公路养护管理、道路水路运输、科技教育、信息化建设、安全应急、节能减排、交通战备、行业文明建设等专项规划,尽快完成综合运输体系、公路运输枢纽、县(市)绕城公路、旅游公路建设等规划。

(十)深入推进党的建设和行业文明建设

认真贯彻党的十七届四中全会精神,坚持"五位一体"的党建工作布局,切实加强各级领导班子建设和党员干部队伍建设,优化干部队伍知识结构、年龄结构、专业结构,提高干部队伍总体素质,努力形成领导有力、责任明确、运转有序、保障到位的党建工作格局,把党的建设各项部署落到实处。继续抓好第三批科学发展观学习实践活动。认真贯彻落实中纪委四次、五次全会精神，围绕中心、服务大局、狠抓落实，着力推进反腐倡廉制度建设和制度执行力建设，构建具有交通特色的惩防体系。深入开展工程建设领域突出问题专项治理，继续完善制度体系，强化“四道防线”，加强对招标投标、设计变更、材料采购、资金拨付、工程监理、工程验收等关键环节的监督，更好地发挥市场在资源配置中的基础性作用。加强对重点公路建设和专项资金的内部审计和巡视，扩大审计和巡视工作面，建立健全预防腐败信息系统，探索建立信息共享和腐败预警机制。建立和完善预防“小金库”长效机制。严格执行领导班子议事决策规则，完善决策等监督机制，健全决策失误纠正机制和责任追究制度，实行党政领导干部问责制，加大教育、监督、改革、制度创新力度，更加有效地预防腐败。加强对党员干部特别是“一把手”的监督，创新监督形式，提高监督实效。各级党员领导干部要深入学习理解《中国共产党党员领导干部廉政准则》，严格遵照执行，认真自查自纠，真正做到为民、务实、清廉。各级纪检监察机关要协助党委抓好督促检查，严肃查处违纪案件。各级党委要支持纪检监察机构开展工作，加强对纪检监察干部的培养、使用和管理。加强行风建设，开展行风评议，从今年开始每年选树一批行风建设先进单位。

深化文明和谐创建活动，继续开展文明和谐单位、文明道班、文明服务区、文明收费站、文明客运班线、文明航道创建活动。深入开展“创建五型机关、促进四个发展”主题实践活动。认真实施交通运输部行业文化建设“十百千”工程，打造全国交通文化品牌，创建全国交通文化建设示范单位，培养一批全国交通运输先进典型。加强新闻发言人制度建设和突发事件新闻宣传工作，加强离退休人员管理工作和工会工作，支持社团组织依法开展工作，继续做好交通扶贫工作，构建交通运输和谐发展新局面。

同志们，决战“十一五”、进军“十二五”的号角已经吹响，任何困难都阻挡不住我们前进的步伐。让我们在省委、省政府的领导下，凝聚全省13万交通运输职工的智慧和力量，认真履行“三个服务”的行业责任，群策群力，不辱使命，全面完成“十一五”规划目标任务，为全省转型发展、安全发展、和谐发展作出新的贡献！

谢谢大家！

在纪念“七一”暨深入开展创先争优活动和推进学习型党组织建设动员大会上的讲话

（2010年6月30日）

□段建国

同志们：

今天，我们在这里召开大会，隆重纪念中国共产党成立89周年，表彰一年来厅直系统党的工作中涌现出来的“先进基层党组织”、“优秀共产党员”和“优秀党务工作者”，动员和部署厅直系统深入开展创先争优和推进学习型党组织建设两项活动，这次会议对于巩固和深化深入学习实践科学发展观活动成果，充分发挥基层党组织的战斗堡垒作用和共产党员的先锋模范作用，进一步加强和改进厅直系统党的建设，推动全省交通运输科学快速安全协调发展具有十分重要的意义。在此，我代表厅党组向受到表彰的“先进基层党组织”、“优秀共产党员”和“优秀党务工作者”表示热烈的祝贺！并通过你们向辛勤工作在第一线的厅直系统全体共产党员致以节日的问候和崇高的敬意！省直工委对我们今天的会议非常重视，省直工委副书记贾明建同志在百忙中专门抽出时间参加今天的大会。借此机会，我代表交通运输厅党组，对长期关心支持我厅工作的省直工委领导表示热烈欢迎和衷心的感谢！

中国共产党从诞生到现在，已经走过了89年的奋斗历程。89年来，我们党从小到大，由弱到强，历经风风雨雨，饱尝千辛万苦，不断从胜利走向胜利。实践证明，我们的党是富于创新精神，不断开拓进取、与时俱进的党，是经得起各种考验，勇于在困难和挫折中奋进的党，是脚踏实地为人民群众根本利益奋斗不息的党。

伴随着我党89年的前进步伐，厅直各级党组织和广大党员充分发挥战斗堡垒和先锋模范作用，团结带领广大干部职工解放思想，开拓创新，真抓实干，实现了山西交通运输业的跨越式发展。特别是去年以来，各级党组织坚决执行省委、省政府的决策部署，紧紧抓住应对国际金融危机、扩大国内需求的机遇，以巨大的勇气再掀公路建设新高潮，以创新的精神解决好改革发展稳定面临的突出问题，为全省“保增长、保民生、保稳定”作出了积极贡献，并涌现出一批先进基层党组织、优秀共产党员和优秀党务工作者。这次受表彰的先进集体和先进个人，就是厅直系统528个基层党组织、5684名共产党员和上千名党务工作者的优秀代表。他们在不同的工作岗位上，忠诚实践党的宗旨，把人生的坐标定位在为党建功立业、为人民真诚奉献上，勤奋工作，淡泊名利，开拓进取，在平凡的岗位上创造了不平凡的业绩，展现了新时期共产党员的风采，为党旗增添了光彩，为群众作出了表率。他们的先进事迹和崇高精神，具有鲜明的时代特征，集中体现了当代共产党人的先进性。

当前，我省交通运输工作进入加快发展、科学发展的新的历史时期，新一轮公路建设高潮正在全面推进，交通运输改革发展稳定的各项任务非常繁重。要完成好这些任务，是对各级党组织和广大共产党员的严峻挑战和现实考验。厅直各级党组织和广大共产党员，要以这次受表彰的先进集体和个人为榜样，结合深入开展创先争优和推进学习型党组织建设两项活动，按照中央、省委的总体部署，站在时代前列，勇挑历史重担，团结和带领广大干部职工，万众一心，合力攻坚，奋力开创我省交通运输各项工作的新局面。

下面，我就厅直系统深入开展创先争优活动和推进学习型党组织建设，讲四点意见。

一、提高思想认识，增强开展好创先争优活动和建设学习型党组织工作的责任感

开展创先争优活动和推进学习型党组织建设，是新形势下党中央加强党的建设而作出的重大决策，中央和省委进行了统一部署和安排。最近，省直工委也召开了动员会，对这两项活动提出了明确要求。厅党组对这两项活动高度重视，专题进行研究；按照中央、省委及省直工委关于加强系统指导的要求，下发了《关于在基层党组织和党员中深入开展创先争优活动的实施意见》和《关于推进学习型党组织建设的实施意见》两个文件，分别对这两项活动进行了全面系统的部署。

今年，是全面落实“十一五”规划的最后一年，也是谋划好“十二五”规划的关键之年。当前，全国、全省仍处于夺取应对国际金融危机冲击全面胜利、加快经济发展方式转变、保持经济平稳较快发展的关键节点。在这种形势下，开展创先争优和推进学习型党组织建设两项活动，对于巩固和拓展学习实践科学发展观活动成果、转变干部队伍作风、加强基层党组织和党员队伍建设、推动交通运输事业又好又快发展，具有非常重要的意义。厅直各级党组织要切实增强责任感和紧迫感，统筹安排创先争优活动和推进学习型党组织建设，把建设学习型党组织贯穿于创先争优活动的全过程，做到思想更重视、行动更坚决、方法更科学、工作更扎实。

二、明确目标任务，扎实推进创先争优活动和建设学习型党组织工作

深入开展创先争优活动和推进学习型党组织建设，就是要把全行业的力量和智慧凝聚起来，将党的政治优势、思想优势和组织优势转化为推动交通运输行业科学发展的强大力量，为全省交通运输事业科学快速安全协调发展提供坚强的政治保证。围绕这一目标，我们的具体任务：

一是争创“五个好”党组织、争做“五带头”共产党员。争创“五个好”党组织，即：领导班子好、党员队伍好、工作机制好、工作业绩好、群众反映好；争做“五带头”共产党员，即带头学习提高、带头争创佳绩、带头服务群众、带头遵纪守法、带头弘扬正气。按照中央、省委的工作部署，创先争优活动要紧紧围绕迎接建党90周年和党的十八大两个重大节点展开。从2010年6月开始，着重围绕迎接建党90周年开展活动。到建党90周年时，全省将树立一批基层党组织和党员的先进典型，厅党组也要表彰一批全省交通运输系统涌现出的优秀基层党组织和优秀共产党员，同时，要整顿转化一批后进基层党组织，使党组织的生机与活力进一步增强，广大党员学先进、赶先进、做先进的意识明显提高。从2011年7月开始，着重围绕迎接党的十八大开展活动。主要任务是，对照先进典型和

工作标准,查找差距,明确方向,完善基层党组织和党员创先争优的工作机制,健全务实管用的工作规范标准,以创先争优的活动成果向党的十八大献礼。

二是巩固和扩大深入学习实践科学发展观活动成果。活动中,要持续抓好整改任务的落实,切实落实好全省交通运输科学发展规划、思路和措施;要结合交通运输工作实际,有针对性地做好群众工作,主动排查矛盾纠纷,持续深入做好理顺情绪、化解矛盾、维护稳定的工作;要帮助群众解决生产生活中的实际问题,让党员服务和带动群众,群众信服和支持党员,进一步密切党群干群关系,促进社会和谐。

三是进一步加强基层党组织建设。创先争优和学习型党组织建设两项活动,延续了先进性教育活动和学习实践科学发展观活动的精神,同时又赋予了新的内涵,反映了基层党组织和党员队伍建设的时代要求。实际工作中,要着眼于增强党员队伍的生机活力和充分发挥基层党组织的战斗堡垒作用,按照“目标定位清楚、任务明确具体”的要求,认真把握,努力实践,把这两项活动抓紧抓好。

三、注重方法实效,稳步推进创先争优活动和学习型党组织建设

我们要充分学习借鉴深入学习实践科学发展观活动的成功经验,以更加丰富的活动内容、更加多样的活动形式、更加有效的活动载体,保证两项活动取得实实在在的效果。具体来讲,要坚持做到“五个贯穿始终”。

第一,要把服务大局贯穿始终。开展创先争优活动和推进学习型党组织建设,必须着眼于全省交通运输工作大局,并结合各单位的实际来谋划和推动。一要找准定位。活动内容要紧扣交通运输工作大局。二要设计载体。按照有利于组织开展活动、有利于党员参加的原则,精心设计活动载体。三要务求实效。要用开展活动的措施推动交通运输事业发展,用服务全省经济社会发展的成果检验活动成效,真正发挥基层党组织推动发展、服务群众、凝聚人心、促进和谐的作用。

第二,要把典型带动贯穿始终。要注意选树先进典型,使基层党组织和广大党员学有标杆、赶有目标。一要充分发挥舆论的引导作用。深入宣传各单位在创先争优活动中的好经验、好做法,层层进行思想发动,营造浓厚的舆论氛围,形成正确的舆论导向。二要充分发挥典型的引领作用。近年来,全省交通运输系统涌现出了许多基层党建领域的先进集体和个人,这是我们推动工作的宝贵财富。这次开展创先争优活动,我们要精选一批带动效应强的先进基层党组织和优秀共产党员,为全省交通运输系统树立比学赶超的榜样,引导基层党组织和党员找差距、抓提高。三要充分发挥表彰的激励作用。采取自下而上、逐级表彰的方式,对活动中涌现出来的先进典型分批分层进行表彰,不断激发基层党组织和党员创先争优的动力。

第三,要把学以致用贯穿始终。文以载道,学以致用,学习的目的是为了更好的实践。因此,要坚持实践第一观点,推进学习创建工作。一要在推动本部门本单位的工作上下工夫。各级党组织要坚持学以致用,紧密联系工作实际开展学习创建,进一步找准本部门本单位工作与交通运输工作的切入点和结合点,明晰工作思路和推进措施,自觉把建设学习型党组织与研究解决改革发展稳定进程中的突出矛盾和问题结合起来,与研究解决人民群众最关心最直接最现实的利益问题结合起来,与夺取应对国际金融危机冲击全面胜利、保持经济平稳较快发展的任务结合起来,在联系实际、促进发展中学习知识,提高能力,研究新情况、解决新问题、推出新举措,在破解发展难题、推进交通运输事业又好又快发展上取得新成效。二要在推动本部门本单位党的建设上下工夫。认真查找和解决影响发挥党组织的领导核心作用、基层党组

织的战斗堡垒作用、党员的先锋模范作用的主要问题,认真查找和解决影响党群、干群关系的突出问题,认真研究解决反腐倡廉建设方面存在的突出问题,以良好的学风来促进党风、促进政风。三要在提高党员干部思想政治素养上下工夫。坚定不移地用中国特色社会主义理论体系武装党员头脑,进一步加强理想信念教育、党性锻炼和党性修养,保持党的先进性,为交通运输科学发展提供坚强的思想保证。要立足提升党员干部履职尽责能力确定学习内容,加强对党员干部的培训,切实提高党员干部思想政治素养。要重点学好三个方面的内容,即学通"必修课"。各级党组织和党员干部要把党的基本知识、基本理论特别是科学发展观、社会主义核心价值体系以及党风、党纪、党性作为必修课,学深学透,不断增强贯彻执行党的路线方针政策的自觉性、坚定性,进一步增强党的意识、宗旨意识、执政意识、大局意识和责任意识。学精"专业课"。要立足工作岗位,坚持"干什么学什么、缺什么补什么"的原则,有针对性地学习掌握推动工作、履行岗位职责所需的各种知识。学好"选修课"。要着眼于改善知识结构和提高自身综合素质,在学通必修课、学深专业课的基础上,根据工作需要,广泛学习经济、科技、法律、信息技术等方面的知识,做到专兼并进、全面发展,成为"复合型"人才。

第四,要把整改落实贯穿始终。狠抓整改落实是学习实践科学发展观活动的一条重要经验。在创先争优活动和推进学习型党组织建设中,要把这条好的经验做法坚持下去。一方面,要坚持不懈地抓好学习实践科学发展观活动整改任务的落实,对列入整改方案而尚未完成的工作,要逐项抓好落实,切实兑现好向群众做出的庄重承诺。另一方面,对创先争优活动中梳理查找出来的问题和学习型党组织建设中发现的具体问题,要坚持一边创建、学习,一边整改落实。在争创、学习的过程中解决突出问题,在解决问题中深化活动的效果。

第五,要把完善制度建设贯彻始终。按照中央和省委要求,厅直各级党组织要结合实际,在建立制度、完善制度、执行制度上下工夫,进一步建立健全学习培训教育制度、调查研究制度、述学评学考学机制、考核评价机制等制度,把创先争优和学习型党组织建设纳入科学化、制度化、规范化轨道。

四、加强组织领导,切实贯彻落实好创先争优活动和建设学习型党组织工作

开展创先争优活动和推进学习型党组织建设,是加强党的建设的经常性工作,是各级党组织必须肩负的重大政治责任,是对各级党组织和党员领导干部贯彻落实科学发展观能力的重要检验。各级党组织和党员领导干部务必高度重视,加强组织领导,抓出成效。

第一,要加强领导。按照省厅的部署要求,各单位要成立组织领导机构,各级党委、人事、宣传部门,要从各自的职能出发,从多方面深入做好工作,形成推进活动开展的合力。各单位党政"一把手"要认真履行"第一责任人"职责,主动担负起领导和指导责任,认真抓好贯彻落实工作。

第二,要迅速行动。各单位各部门要把创先争优活动和推进学习型党组织建设作为必须认真完成的重大政治任务,精心组织、周密部署、统筹谋划、迅速行动。当前,正是各项交通运输工作特别是交通建设全面铺开的时候,各单位各部门要统筹安排活动各个阶段和各个环节的工作,做到有机衔接、前后呼应。要正确处理好完成正常工作与开展活动的关系,把这两项活动作为推动各项工作的重要动力,作为党的建设一项重要的经常性工作,不断激发我厅广大党员干部的积极性、主动性、创造性,努力做到两不误、两促进。

第三,要抓好督查。要加强对开展创先争优活动和推进学习型党组织建设工作的具

体指导和督促检查,通过召开座谈会、经常性督查、随机抽查等方式,了解活动进展,通报活动情况,总结交流经验,研究解决问题,总结推广经验等做法,推动活动顺利开展。对思想上不重视、工作上不得力的,要及时提出批评,要求限期整改。

第四,要形式多样。各单位各部门要根据不同类别、不同层次、不同岗位党组织和党员干部实际,研究制定具体的工作方案,确定符合实际的工作主题和载体,开展富有特色的学习创建活动。在学习对象上,既要突出各级领导班子和领导干部这个重点,也要着眼于全体党员。在方式方法上,一方面要继续采取中心组学习会、报告会、培训班、主题宣讲等传统学习方式;另一方面,要坚持开拓创新,多运用互动式、研讨式、案例式等形式开展学习。要多利用报刊、电视、网络等传播媒介,采取多种形式丰富学习内容,打造学习新平台。要把握新形势下组织开展学习的特点和规律,积极探索体现时代特点、贴近党员需求、富有实际成效的学习方法和载体,增强学习的积极性、主动性和实效性。

第五,要加强宣传。充分运用广播、电视、互联网、板报、横幅、标语等方式手段,以及《山西交通》报、山西交通网站、手机短信平台等媒介和工作简报,采取喜闻乐见的方式,大力宣传开展创先争优活动和推进学习型党组织建设的重要意义,迅速形成强大声势。要积极发现、总结和推广好做法、好经验,培养树立一批先进典型,充分发挥典型的示范引导作用,不断把活动引向深入,努力在全系统形成学习先进、崇尚先进、争当先进的良好风气。

谢谢大家!

扎实做好行业安全生产工作
努力实现交通运输安全发展

——在2010年全省交通运输安全工作会议上的报告

(2010年1月22日)

□张　润

同志们:

受建国厅长委托,现在我向大会作安全生产工作报告。

一、2009年全省交通运输安全工作回顾

2009年,是交通运输大建设、大发展之年,也是安全生产专项整治之年。一年来,全省交通运输系统深入贯彻落实科学发展观,全面实施省委、省政府确定的"转型发展、安全发展、和谐发展"的战略,始终坚持"安全第一、预防为主、综合治理"的方针,紧紧围绕保障交通运输从业人员安全、保障人民群众安全便捷出行、保障公路安全畅通的目标,深入开展安全生产专项整治和安全生产"三项行动",不断夯实安全生产管理基础,努力提升安全生产监管能力和保障水平,保持了较为稳定的安全生产形势,全省未发生水上交通死亡事故和公路养管死亡事故,除道路运输重大事故一项指标外,其余各项安全生产指标均完成了省政府下达的目标任务。

回顾一年来的全省交通运输行业安全生产工作,概括起来有以下五个特点。

(一)组织领导逐步加强,"一岗双责"有效落实

省厅在完善厅安全生产委员会工作机制基础上,按照"管生产必须管安全"和"谁分管谁负责的原则",落实厅领导安全生产工作职责,建立厅领导班子安全生产责任体系。借新一轮政府机构改革的时机,设立了厅安全监督处,专门负责行业安全监管工作,做到了机构落实、人员落实。省交通运输管理局、省地方海事局、省交通质监站以及大部分高速公路建设管理处设立了安全监督机构,11个市全部建立了市级地方海事机构。一年来,省厅先后召开安全生产方面的会议50多次,先后印发、转发100多份安全生产方面的文件,对全省交通运输行业安全生产工作做出部署和要求。段建国厅长和其他厅领导经常深入道路水路运输和公路建养一线督查指导安全生产工作,把安全生产工作放在更加突出的位置,有力地推进了全行业安全生产工作深入开展。各市交通局、厅直各单位也都不断加强对安全生产工作的组织领导,落实省厅及地方政府的工作部署,使2009年成为安全生产活动最多、工作最忙、效果最为显著的一年。

(二)教育培训深入开展,安全意识全面提升

一年来,省厅认真贯彻省委、省政府《关于进一步加强安全生产工作推进安全发展的意见》,从安全培训教育入手,强化广大干部职工的安全意识,筑牢安全生产的思想基础。组织34名公路建设管理部门负责人赴长沙理工大学进行安全集中培训,并在湖南、湖北学习考察安全生产工作的经验和吸取凤凰桥垮塌事故教训;组织620多名高速公路建设、施工、监理单位的安全负责人进行施工安全强化培训;组织300多名干部进行了道路运输、水上交通、交通基础设施建设安全生产专项整治培训;采用全省重点公路建设质量安全现场交流会的形式,对500多名高速公路建设管理人员进行现场安全教育和重特大事故警示教育培训;组织开展了安全生产月活动和安全生产集中咨询日活动。各级交通运输主管部门、交通企业也都普遍开展安全生产宣传教育培训。省交通运输管理局组织200多名危险货物运输企业经理进行危险化学品运输安全培训,并组织1040名运政管理人员进行道路运输安全执法培训;省交通质监站组织522名公路施工企业安全管理“三类人员”教育培训;太原市交通局组织650余名客货运输业户负责人和全市营运驾驶员进行安全知识培训,并编印了《道路运输安全学习手册》;厅重点办还编印10万册《高速公路施工安全从这里抓起》,并分发到每一个农民工,图文并茂,通俗易懂;省公路局组织编印了《公路建设养护管理安全生产常用法律法规汇编》;省厅及省公路学会翻制并发放650余盘重特大事故警示教育光盘;省地方海事局、山西汽运集团等单位组织开展安全生产知识竞赛活动。

(三)安全制度逐步完善,管理基础不断夯实

全省交通运输系统认真贯彻落实省政府制定的安全生产“八项制度”,省厅及省公路局、省运管局和临汾、长治市交通局等单位结合实际相应制定出台了安全生产“八项制度”,建立运管、路政、交警联合执法打击“黑车”和治理车辆超限超载长效机制,实行安全生产奖励制度和安全隐患举报奖励制度、重点公路重大危险源识别与管理制度、安全生产专项督查制度等。省厅3次组织事故约谈,3次组织厅(局)际联系会议,专门安排安全生产奖励资金100万元和隐患举报奖金45万元,制定出台了《高速公路建设高危工程施工安全强制性要求》60条、道路运输安全源头管理20条、《山西省小型客船运输经营资质管理暂行办法》、《山西省水上搜救应急预案》、《山西省城市公共交通突发事件应急预案》等,协调省质监局加强了危险化学品运输车辆罐体和重点公路施工特种设备的安全检验。省厅还7次召开高速公路建设调度会,重点督查和部署公路施工安全。省公路局、省运管局、省高管局、省地方海事局等单位定期召开安全生产工作例会,阳泉市、长治市交通主管部门把安全生产工作例会开到基层、开到企业。忻州市交通局投资63万元加强道路旅客运输站场安全基础管理工作,并建立水上交通安全监督台账、重大危险源台账、安全生产事故台账、安全隐患举报台账、安全隐患治理台账等。省高速公路管理局还全面推进ISO18000职业健康安全生产体系认证工作。

(四)专项整治广泛深入,三项行动成效显著

按照省政府的要求,全省交通运输系统开展了为期一年的道路运输安全、水上交通安全、交通基础设施建设施工安全三个专项整治,同时开展了安全生产宣传教育、安全生产执法、安全生产治理“三项行动”。在安全生产专项整治中,全省交通运输行业共排查各类生产经营单位14 954个,其中:无证经营的一类企业2444个,证照不全的二类企业1064个,证照齐全需要加强监管的三类企业11 446个。排查各类安全隐患1440个,其中:一般安全隐患1421项、重大隐患19项,一般安全隐患已整治完毕,重大安全隐患已整治13项,限期整改6项。太原市组织11个交通运输安全检查组,出动检查人员8100余人次,对全市交通运输业户进行全面检查,取缔黑发车点3个,查扣牌证2928套、“三无”黑车379辆,纠正违章3206次,督办违章行为42件;临汾市排查交通运输安全隐患和突出问题250余条,对13户企业进行停业整顿,对69户企业下发限期整改通知书;运城市先后组织9次道路水路运输安全生产交叉检查和8次督查,排查整治安全隐患29处,戒勉谈话1人;晋中市组织270多名干部组成34个安全生产检查组,对全市交通运输企业全面排查,54个企业予以取缔关闭,174个企业实施停业整顿,并发现和整改安全隐患401项;吕梁市交通、水利、国土、电力、公安、新闻等部门联合开展打击非法采砂行动,对257公里河道上非法采砂作业点上的101艘无证采砂船实施强制取缔。

(五)安保能力持续提升,装备建设快速推进

从保障公路安全畅通出发,不断加大公路养护及改造的资金投入。全年投入公路养护资金29.4亿元,其中:高速公路10.7亿元、国省干线公路11.9亿元、农村公路6.8亿元。实行了高速公路及国省干线公路桥梁安全定期检查制度、一桥一档制度、一桥一人管理制度,建立了高速公路和国省干线公路两支桥梁检测队伍。安排投资5984万元,实施国省干线公路安保工程2683处、504公里;投入1.07亿元实施高速公路安保工程55项;投资3.2亿元对151座国省干线公路危桥进行改造;投资5000万元,进行农村公路危桥改造;投资1000万元,进行公路灾害防治。被列为重大安全隐患的太原东山过境高速公路桥梁防撞护栏更新改造工程全部完成,安全防护能力大大提升。太原市对全市33座四类危桥全部安装了安全警示标志,对23座五类危桥中的4座实施封堵,8座进行加固改造、11座安装警示标志标牌并落实监管责任。进一步加强了安全装备建设。由1个省级平台、11个市级平台、195个企业平台以及8360多台车载终端设备组成的全省道路运输卫星定位应用系统全面建成并投入使用,实现了运管机构对企业、企业对驾驶员及车辆的实时动态安全监管,有效遏制了驾驶员超速行驶、疲劳驾驶等不安全行为;由1个省级中心和9个片区中心以及344个视频摄像头、226块可变情报板组成的全省高速公路监控系统运行良好,实现了重点路段的实时监控和路况安全信息实时发布;投资450万元新增15套汽车客运站行包安检仪,79个一级和二级汽车客运站实现了行包安检自动化;投资269万元,为重点水域配备了一批水上监督艇、海事执法车和救生器材;太原市、晋中市建立了市级运管机构连接汽车客运站和综合性能检测站的视频网络监控系统,实现了联网联控。高速公路建设施工实行了《安全专项资金计量支付办法》,工程造价的1%用于安全生产管理工作,保证了安全装备的投入。特别是隧道施工中,在采取传统超前钻探探测措施的同时,推广使用地质超前预报和动态视频监控系统,设置逃生管道和救生通道,配备声光报警系统、安全帽芯片监控系统和人员出入洞口刷卡登记系统,强化了隧道施工现场安全管理。

2009年,全省道路水路运输以及公路建养安全生产工作虽然取得明显成效,特别是高速公路建设安全管理工作迈出了重大步伐,但离安全发展、科学发展的要求还有一定差距,需要全省交通运输行业各单位、各部门、各企业更加努力地谋划和推进安全生产工作,并不断迈上新台阶。

二、交通运输安全工作面临的形势和任务

交通运输行业是国民经济的基础产业和服务性行业,也是安全生产的重点行业和重点领域,承担着保障公路水路交通安全畅通和保障交通运输安全生产的重任。随着经济和社会的快速发展,特别是我国正处于各类

事故的高发期和易发期，交通运输安全生产工作既面临着前所未有的巨大压力，又面临前所未有的严峻挑战。

首先，广大人民群众重视和期盼安全生产，社会和舆论关注安全生产，党和政府对交通运输行业安全生产工作提出了更加严格的要求。随着科学发展观的全面落实，以人为本、安全发展的理念更加深入人心，对保障人身安全的要求越来越高，对事故责任的追究越来越严。胡锦涛总书记、温家宝总理以及张宝顺书记、王君省长等领导多次就安全生产工作做出重要批示和指示，省委、省政府专门出台了《关于进一步加强安全生产工作推进安全发展的意见》，省政府做出了《关于进一步加强道路交通安全工作的决定》。2008年以来，国务院对省内几起特别重大生产责任事故做出了严肃的处理。省政府也对5起重大道路运输事故进行了调查处理，63名交通运输行业的干部职工及从业人员受到党纪、政纪处分，其中：行业管理部门人员33人、企业人员30人。体现了省委、省政府依法治安、从严治安的决心。

其次，道路运输安全监管的范围越来越广，数量越来越多，特别是随着经济趋暖向好，道路运输日益繁忙，运输安全风险概率增大，道路运输安全工作的任务更加繁重。从2009年11月底开始，省厅正式接管城市客运管理工作，全省交通运输行业安全监管的车辆增加了4.59万辆，其中：增加公交客车8920辆，增加出租汽车3.7万辆，全省营运汽车总数达到38.89万辆，增加了13.4%。加之，农村公路不断延伸，客运线路不断增加，而全省道路运输经营主体存在散、小、弱的问题，市场组织化程度很低，个体车辆、挂靠车辆所占比重很大，从业人员整体素质不高、安全意识不强，安全管理的基础仍然薄弱，粗放型管理仍然突出，给道路运输安全提出了更大的挑战。

第三，公路建设的规模越来越大，里程越来越长，项目越来越多，地质地形越来越复杂，桥隧比例越来越高，安全生产的任务越来越重。目前，全省在建高速公路已经达到27条、2000多公里，今年还将开工建设1000公里，建设里程达到3000公里。到今年底，全省高速公路通车里程达到3000公里。2010年全省高速公路建设里程是1993年以来16年建成高速公路里程的1.5倍，而且大部分工程分布在太行山、吕梁山的崇山峻岭之中，施工难度大，技术要求高，建设工期紧。加之，在公路、铁路建设超常规、大跨度发展的背景下，工程建设、施工、监理资源短缺问题较为突出，安全生产保障和监管能力薄弱，施工现场特别是重大危险源安全管理措施尚未全面落实，成为公路施工安全的潜在问题。此外，全省交通系统还承担着12.5万公里的公路养护管理工作，其安全生产任务也十分繁重。

第四，交通运输行业安全生产管理措施落实得还不够，安全生产形势仍然比较严峻，道路运输群死群伤事故和公路建设伤亡事故仍有发生，给人民群众生命财产造成很大损失，影响着行业与社会的和谐稳定。2009年全省道路运输行业发生17起死亡事故，其中：9起一次死亡1—2人一般事故、6起3—9人较大事故、2起10人以上重大事故。死亡事故起数与上年持平；重大事故起数较上年减少1起；死亡人数63人，同比下降28.4%；受伤人数154人，同比上升29%；全年发生4起公路建设施工死亡事故，其中：2起一次死亡1—2人一般事故、2起3—9人较大事故，事故起数同比增加3起；死亡人数9人，同比增加7人。每一起生产安全事故都暴露出安全生产管理“严格不起来、落实不下去”的问题，暴露出安全生产监管力度由上而下逐级衰减的问题，暴露出基层单位、部门和企业干部职工安全生产责任意识、防范意识淡漠的问题。

全省交通运输行业各级领导要认清新形势，明确新任务，针对行业安全工作的新情况、新问题，不断探索安全生产的规律和特点，投入足够的精力和时间研究安全生产、推进安全生产，把安全生产工作贯穿于交通运输发展的全领域、全过程。

三、2010年全省交通运输安全工作安排

2010年是经济回暖向好、道路运输恢复增长的一年，是高速公路建设超常规、大跨度发展的一年，也是决战“十一五”、全面完成《山西省交通行业安全生产“十一五”发展规划》的一年。搞好全年交通运输安全工作，对于推进全省交通运输事业科学发展意义重大。全省交通运输安全工作的总体要求是：认真贯彻党的十七大精神，以科学发展观为指导，始终坚持“安全第一、预防为主、综合治理”的方针，大力实施“转型发展、安全发展、和谐发展”的战略，全面落实省安全生产工作会议和省交通运输工作会议的部署，以道路水路旅客和危货运输安全、公路建设施工安全、公路桥隧运营安全为重点，以深化安全生产专项整治为载体，以强化生产经营单位安全生产“主体责任”和现场安全管理为切入点，有效落实基础管理和基层工作的各项制度和措施，不断提升交通运输行业本质安全水平，努力实现安全生产形势总体稳定受控，为全省交通运输事业又好又快发展创造良好的环境。

1.切实做好安全生产基础管理和基层工作，强化“六个保证”，打牢管理基础，增强广大从业人员的安全防范意识和各级领导干部的安全责任意识。基础管理和基层工作十分重要。要强化思想保证。继续认真贯彻省委、省政府有关决定精神，深入开展安全生产宣传教育和“全国安全生产月”活动，创新宣传教育方式方法，注重经常性教育，注重警示教育，注重班前教育，注重民工教育，用省内外和行业内外各类生产安全事故血的教训教育干部职工，做到警钟长鸣，夯实安全生产的思想基础。要强化领导和组织保证。各市交通局、厅直各专业局、各高速公路建设管理处、各运输企业要在机构设置上体现“安全第一”思想，设立专门的安全生产管理机构，配齐和配强专职安全管理人员，并有一名熟悉业务的行政副职分管安全生产工作，做到机构落实、人员落实、经费落实、装备落实。要强化制度保证。进一步完善安全生产管理制度，制定并实施公路施工安全检查标准、交通企业安全生产承诺制度等，研究制定安全生产“十二五”发展规划。认真贯彻落实安全生产法律法规，特别是道路运输安全源头管理“二十条”措施和公路建设高危工程施工安全“六十条”强制性要求以及安全生产“八项制度”。要强化资金保证。继续加大公路安保工程、危桥改造工程、事故多发路段整治工程以及公路养护改造工程的投入，继续加强交通运输安全装备建设特别是信息化、自动化建设，进一步落实道路水路运输企业安全保证金制度和公路施工企业安全经费提取使用制度等，真正把安全经费监管好、使用好，使其在交通运输安全生产工作中发挥应有的作用和效果。要强化技术保证。无论是道路水路运输行业还是公路建养行业，都要高度重视并切实做好全员安全技术培训工作，做到层层培训、定期培训、全员培训、重点培训，让广大交通运输从业人员懂安全、会安全、保安全，让广大民工及临时用工人员都具有较强的自我保护意识和能力。特别是要在交通运输生产和管理中，大力推广应用安全生产新技术、新工艺、新装备。要强化纪律保证。坚持“谁主管谁负责”、“谁审批谁负责”、“谁检查谁负责”、“谁受益谁负责”的原则，落实安全责任，特别是落实生产经营单位的主体责任，依据国家有关规定对违章作业、违章指挥、违反劳动纪律的“三违”行为进行处罚，对发生生产安全事故的有关责任单位、责任人进行责任追究，并做到“四不放过”（事故原因没有查清不放过、干部职工没有受到教育不放过、安全隐患没有得到治理不放过、有关责任人的责任没有受到追究不放过）。

2.切实做好公路施工安全管理工作，严

把“五个关口”，突出高危工程安全防范，创建“零死亡”安全工程。2010年以至今后几年，公路建设规模之大是空前的，必须以超常的手段和创新的办法加强安全生产管理工作，采取切实有效的措施落实施工安全的各项措施。要严把公路建设市场准入关。严格执行公路建设施工企业安全生产许可证制度、“三类人员”（企业负责人、项目经理、安全管理人员）持证上岗制度、安全生产事故企业“黑名单”制度和公路施工企业信誉质量考核制度，把企业安全业绩作为工程招标和资格审查的重要条件。要严把施工企业进场关。对进场企业的“三类人员”、施工设备、技术力量等情况进行全面复查，落实施工合同的约定要求，严禁非法转包和违规分包，坚决清理和查处使用假冒“三类人员”合格证的行为，确保“三类人员”的数量和质量。要严把施工现场管理关。施工现场管理是安全管理的重点所在，没有好的现场管理，就不可能有好的质量和安全，因此，要大力推广忻保、忻阜、太古、闻垣等高速公路施工现场安全管理的做法，把施工现场管理特别是施工安全管理放在更加突出的位置，从规范施工现场秩序入手，合理布局场地，确保施工现场人流、物流、交通流组织有序，严禁乱拉乱铺电线、管道，严禁乱堆乱放建材设备，严禁乱搭乱建工棚设施，严禁非施工车辆和人员进入施工工地。特别是要加强重大危险源识别和管理，每个工程建设、施工、监理单位都要建立重大危险源识别和监管制度，并实行动态识别、动态监管、挂牌监管，明确重大危险源监管的责任部门、责任人，明确重大危险源的特点、危害和防范措施。要加强公路改造路段的交通管制，落实限行措施，安排看守人员。没有交工验收的路段要严格禁止社会车辆通行。要把贯彻实施《公路工程施工安全技术规程》和《高速公路建设高危工程施工安全强制性要求》以及省公安厅禁止施工路段车辆通行公告作为规范施工现场管理的抓手，切实做好施工现场防坠落、防打击、防坍塌、防洪汛、防雷电、防煤气中毒、防冰冻、防交通事故的各项工作，切实做好冬季施工安全工作。要严把施工安全监督检查关。采取施工和监理企业自检、建设单位检查、质监机构监督、专家组巡检巡查、上级主管部门重点督查的办法，多层次、多形式、全方位地开展公路施工安全大检查，实行安全生产大检查情况反馈制度、问题通报制度、重大隐患举报奖励制度、重大隐患整改跟踪督办制度，提高安全检查的针对性、有效性，力戒形式主义。要严把安全事故问责关。公路施工伤亡事故较道路交通事故性质更加严重。要严格执行国家有关事故调查处理的规定，在落实省、市、县人民政府事故调查处理决定的基础上，还要按照“四不放过”的原则，对项目建设单位、监管单位的有关领导和责任人进行问责，给予党纪政纪处分，绝不姑息迁就。同时还要追究迟报、漏报、隐瞒不报事故责任单位和责任人的责任。

3.切实做好道路水路运输安全管理工作，落实生产经营业户安全生产“主体责任”，狠抓“四个源头”，用转型发展推进安全发展。道路水路运输行业具有点多、线长、面广、量大、流动、分散的行业特点，必须坚持重心下移、关口前移、源头管理的思路，改进和加强道路水路运输安全管理工作。要严格“企业头”管理。企业是市场主体，更是安全生产责任主体，只有做强做大企业才能提升企业的本质安全水平，也才能提升行业的安全生产服务水平。所以，必须严把道路水路运输市场准入关，严格企业信誉质量考核和安全状况评估，结合深化安全生产专项整治工作，对现有企业的资格条件和安全管理状况进行一次“回头看”，对不符合安全生产条件和存在重大安全隐患的企业要进行整改、重组。大力推广山西汽运集团晋龙捷泰运输贸易有限公司资源整合、结构调整的做法，积极引导企业走规模化经营、集约化管理的路子。重点落实企业对营运车辆、营运驾驶员、押运员安全管理的责任和措施，真正把企业每一辆营运汽车、每一位从业人员管好、管到位，不论是自有的还是挂靠的，不论是自营的还是租赁经营的。对于发生道路运输较大及其以上责任事故的企业要进行半年到一年的安全生产整顿，整顿期间严格实行新增运力限批措施。2010年各级交通运输主管部门及运管机构要把旅游客运企业作为安全生产整顿的重中之重。要严格"车头"和"船头"管理。加快客运车船、危险化学品运输车辆更新步伐，淘汰老旧车船以及"大吨小标"等不符合安全要求的车辆。推进各市综合性能检测中心和二级维护中心建设，加强车辆二级维护和例行保养工作，严格车辆综合性能检测、安全例检和船舶检验，严肃查处出具虚假二级维护证、综合性能检测合格证、安全例检证的行为，确保车辆维护和检测质量。要严格"人头"管理。主要是严格营运驾驶员和船员管理。各级运管机构、海事机构要进一步规范营运驾驶员、船员培训、考核、发证工作，全面落实营运驾驶员和船员信誉质量记分考核办法，把安全行车、安全行船作为驾驶员和船员计分考核的重要内容，对发生安全生产责任事故的驾驶员和船员要进行集中培训教育，直至取消从业资格。各运输业户要加强营运驾驶员和船员的考察考核，建立企业内部上岗证制度和安全抵押金制度，严格驾驶员和船员安全教育，充分发挥全省道路运输卫星定位应用系统在驾驶员动态安全考核管理中的作用，严防驾驶员超速和疲劳驾驶等严重不安全行为。要严格"客货源头"管理。也就是汽车客运站、货运站及货物装载点的安全管理。各级交通运输主管部门及运管机构要督促汽车客运站实行严格的车辆安全报班制度、行包安全检查制度、车辆安全例检制度、出站检查制度，真正做到"三不进站、五不出站"，即：危险品不进站、无关人员不进站、无关车辆不进站、超员客车不出站、车辆安全例检不合格不出站、驾驶员资格不符合要求不出站、客车证照不齐全不出站、出站登记表未经审核签字不出站。要加大对货运站和货源企业的监管力度，严禁为证照不全的车辆装载货物和超过车辆额定载重量规定装载货物。此外，还要建立公安交警、交通运政联合打击"黑车"非法营运和治理超速、超员的长效机制，建立地方政府、地方海事联合打击"黑船"非法营运和治理非法采沙、超员、人畜共载的长效机制，联合作战，长期治理，务求实效。

4. 切实做好公路水路养护管理工作，落实保障安全畅通的各项措施，实施"四项工程"，提升交通基础设施安全保障服务能力。由注重自身生产安全到自身安全与交通安全并重，是交通运输部门观念的重大转变，也是对"负责任行业"的现实要求。要继续实施公路水路安保工程。把国省干线公路安保工程与农村公路安保工程结合起来，加大急弯、陡坡、临崖、临水路段治理力度，采取削弯、降坡、增设防护设施和标志标线等工程措施，有效改善公路通行条件。进一步加快渡口改造步伐，逐步消除自然坡岸渡口，提高渡口的安全保障能力，并以渡口为依托，加强船舶安全管理，规范水运市场秩序。要继续实施危桥改造工程。把危桥改造与治理车辆超限超载结合起来，把国省干线公路危桥改造与农村公路危桥改造结合起来，把桥梁安全检测与安全管理结合起来，决战一年消灭国省干线公路现有危桥，确保车辆安全通行。要继续实施事故多发路段整治工程。积极与公安、安监等部门建立事故多发路段评价机制，科学分析事故原因，合理制定整治方案，加快事故多发路段整治工作，增设和完善临时停车区、降温水池、防护设施、紧急避险车道、减速振动标线、交通标志及标线等，并积极做好事故多发路段整治的报告、报道工作。要继续实施"双超"治理工程。认真执行省政府和交通运输部有关治理"双超"的规定，坚持路面治超与源头治超相结合，依法治超与科技治超相结合，建立健全多部门联合治超长效机制，严格责任倒查和责任追究，保持治理"双超"的高压态势，严防超限超载运输反弹,确保公路桥梁安全运行。此外,还要加强公路日常养护管理,特别是加强桥梁和隧道养护管理,及时填补坑槽、消除路障、打冰清雪、完善设施、保障照明、发布信息,为过往车辆提供良好的交通服务。

5. 切实做好2010年春运及"两会"期间安全工作,强化冰雪道路运输安全管理和保障,围绕"三个目标",确保春运及"两会"期间行业安全稳定。今年的春运工作从1月30日开始至3月10日结束,历时40天,期间又正值全国"两会"。一年一度的春运工作,客流量大,持续时间长,运输任务十分繁重。"两会"期间安全生产工作又更加重要。做好2010年春运及"两会"期间交通运输安全工作,既关系到党和政府的形象,又关系到人民群众能否过一个喜庆祥和的新春佳节,同时也是对我们交通运输部门执政能力的考验和检验。要围绕"安全运行"目标,加强道路水路运输组织。春运开始之前,要对所有参加春运的车辆、船舶进行一次维护和检查,对所有参加春运的驾驶员、船员进行一次安全教育和培训,不符合安全要求的车船和人员不得从事春运工作。春运开始之后,要加强运力组织和调配,落实防滑防冻防雾等安全措施,组织开展春运安全大检查,严禁客车、客船超员,严禁车辆"带病"行驶、超速行驶和疲劳驾驶,严防各类运输事故发生,让人民群众走得了、走得好、走得安全、走得有序。要围绕"安全畅通"目标,加强公路养护管理。冬季公路养护重在打冰清雪、抛撒防滑料。要认真总结去冬以来全省公路部门抗击暴雪灾害的经验,备足融雪剂和防滑料,配齐清雪机械和器材,组建强有力的清雪保畅队伍,做到以雪为令,及时做好清雪保畅工作,特别是要建立急弯陡坡路段清雪保畅责任制,及时打冰清雪和布撒防滑料,及时设置临时安全警示标志,为春运车辆创造安全畅通的交通环境。要围绕"安全稳定"目标,加强安全生产工作。全省交通系统各部门、各单位、各企业都要把春运及"两会"期间的安全稳定工作作为头等大事来抓,主要领导要亲自过问、亲自组织、亲自检查,狠抓落实,建立安全稳定领导责任制,认真排查和消除影响安全稳定的隐患。特别是要加强冬季施工项目和人员聚集场所安全管理,严防各类事故发生。

同志们,安全为天,责任重大,任务艰巨,使命光荣。让我们在省委、省政府和交通运输部的坚强领导下,深入贯彻科学发展观,全面落实厅党组的工作部署,深化安全生产专项整治和安全生产"三项建设",聚精会神搞建设,一心一意谋发展,突出重点抓安全,以超常规的组织措施、管理措施、保障措施,抓好交通运输安全生产工作,确保道路水路春运安全,确保公路建养冬季施工安全,确保交通生产生活用车安全,确保全年交通运输行业安全,以良好的安全管理秩序和优异的安全发展业绩,推进全省交通运输事业又好又快发展。

谢谢大家!

建设具有交通特色的反腐倡廉新体系 扎实推进全省交通运输系统党风廉政建设

——在2010年全省交通运输系统党风廉政建设工作会议上的报告

（2010年1月22日）

□韩日裕

同志们：

今天召开的全系统党风廉政建设工作会议主要任务是：总结2009年全省交通系统党风廉政建设和反腐败工作，安排部署2010年反腐倡廉建设任务。下面，我受厅党组委托，向大会作党风廉政建设和反腐败工作报告。

一、2009年党风廉政建设和反腐败工作回顾

2009年，全省交通运输系统的反腐倡廉建设在省纪委和厅党组的正确领导下，按照中纪委十七届三次、四次全会，省纪委四次全会和全省交通运输系统党风廉政建设工作会议的部署，紧紧围绕落实党中央"三保"政策措施，坚持标本兼治、综合治理、惩防并举、注重预防的工作方针，以工程廉政建设为重点，大力加强领导干部廉政教育，狠抓制度建设与创新，切实加强对权力运行的监督制约，稳步推进惩防体系建设，努力把反腐倡廉贯穿于推进交通建设与发展的各项改革措施和具体实践当中，为交通运输改革发展提供了坚强的政治保障。

（一）创新教育模式，反腐倡廉教育有了新起色

一是扎实开展廉政教育。反腐倡廉教育以树立正确的权力观为重点，先后组织了中纪委十七届三次、四次全会，省纪委四次全会精神和机关作风建设的学习教育，深入开展正反两方面的典型教育。元旦春节期间，集中开展廉政文化活动，组织开展了群发廉政短信，安排部署了"扬正气、促和谐"廉政公益广告展播活动，在全系统营造反腐倡廉的良好环境。二是强化专题廉政培训。2月份，组织重点工程建设单位党政领导、纪委书记、总会计师、工程管理部部长等共计100余人开展了深入学习实践科学发展观预防职务犯罪警示教育活动；3、4、8月份分三次组织厅属单位纪检监察干部150余人进行了纪检监察业务培训；6月，配合省纪委和省监察厅举办了全省第一期建设领域重点工程管理干部廉政教育培训班，省厅机关、厅属各单位主要领导、各市（县、区）交通局长、各有关工程建设单位重要岗位负责同志290余人参加了为期四天的廉政教育培训；12月份，利用冬闲时间组织举办了为期9天的全省重点公路工程领导干部廉政教育强化班，200余人参

加了太原的集中授课培训，还特别组织厅机关有关处长、厅重点办处长、各高速公路建管处处长、纪委书记等重点岗位的60多名干部到中国井冈山干部学院进行了革命传统教育的培训。三是推进廉政文化创新。组织开展了反腐倡廉建设与“三个发展”主题研讨活动理论征文活动，通报表彰了全系统33篇优秀研讨论文，选送7篇研讨论文上报省纪委、交通运输部纪检组参加评选，有4篇论文被省、部评为优秀论文受到表彰奖励；组织了厅党组廉政建设“六项承诺”和部关于工程建设“八个不准”的宣传教育，创造了清正廉洁的环境和氛围。

（二）推进制度建设，机制创新有了新突破

一是完善工程廉政监督制度。进一步贯彻落实《关于进一步加强交通基础设施建设领域廉政工作的实施意见》、《山西省交通厅工程廉政建设监督管理十项制度》，新研究出台了《关于加强全省公路建设项目招标投标活动监督管理的意见》、《交通建设工程招标代理机构实行公开比选实施办法》、《关于加强公路建设市场监督管理工作的通知》、《山西省交通厅交通建设项目委托审计监督管理办法》、《山西省高速公路工程设计变更管理办法》、《山西省高速公路工程建设管理绩效考核办法（试行）》等6个《意见》和《办法》，这些制度涵盖从项目的立项审批到经营权转让各主要环节。二是建立巡视工作制。为了健全和完善党内监督和行政监察机制，保证党的路线、方针、政策和决议以及省委、省政府和厅党组决策的贯彻执行，去年年初厅党组制定出台了《中共山西省交通厅党组巡视工作暂行办法》，先后用两个多月时间抽调专人派出巡视组，对运城高速公路公司和临汾公路分局的工作进行了巡视，全面细致地了解了这两个单位的工作情况，也发现了一些问题，同时为厅党组决策提供参考意见和建议，保证了厅党组决策在基层单位的贯彻执行。三是构建反腐败的长效机制。厅党组和所属单位进一步完善了议事规则、决策程序和规章制度，对“三重一大”的各个环节进行强有力的监督，重点对大额度资金投入的工程项目招投标及建设过程中物资采购、设计变更、资金拨付、所有权转让、质量验收等环节实施全程监控，规范权力运行和执法行为，做到了制度前置、关口前移、预防为主、源头治理。四是推进干部选拔任用监督机制。按照《党政领导干部选拔任用工作条例》和《党政领导干部选拔任用工作监督检查办法（试行）》的要求，加强了对党员干部考察、考核、推荐、选拔、任用等各个环节的监督，以经常性考察与年度考核相结合、日常工作考察与承担急难险重任务考察相结合、工作圈考察与社会圈、生活圈考察相结合，对考察对象实行全方位考察，保证了干部提拔使用的公平、公正。厅党组成员和处级以上领导干部都建立了个人重大事项申报登记和述职述廉制度，有效地促进了监督机制的创新。

（三）推行阳光操作，工程廉政建设有了新成效

一是完善工程建设监督机制。坚持把预防腐败工作全程介入工程建设的各个环节，做到事前、事中、事后监督相互结合。加强对重点工程派驻纪委书记的管理，配合交通运输部对我省公路工程质量和安全进行了监督抽查，部检查组在听取我厅关于纪委书记派驻情况汇报后，驻交通运输部纪检组监察局给予了充分肯定，并在局《情况简报》上刊登了我省交通系统在工程建设领域实行“纪委书记派驻制”的做法。继续推行重点工程建设联合监督机制，高速公路建设项目邀请省人大、省检察院、省重点办、省监察厅等七部门联合实施监督，强化对招投标全过程的监督，杜绝规避招标、虚假招标，打击串通投标、出借资质、低价抢标、暗箱操作等违法违规行为。二是改进招投标评标办法。在原有办法基础上，主要针对发现的围标、串标、陪标、恶意竞标行为，对高速公路工程项目招标代理机构试行比选，严格对评审专家的管理，强化对招投标全过程的监督。并利用信用评价体系,对从业单位和主要从业人员的表现进行考核评价,建立信用档案,形成诚信激励和失信惩戒机制;严格资格审查,认真落实投标单位行贿犯罪档案查询制度,创造公平竞争、规范秩序的良好氛围;坚持放开限制投标单位数量的要求,增加投标队伍家数,有效防止串通投标行为;对招投标方法反复改进,提高抽取的各种系数的层次和科学性,最大限度减少专家在评标中的人为因素,促进评标公平公正。三是推进工程建设阳光操作。严格按照省厅《关于开展"推行公路建设阳光操作,打造优质安全廉政工程"活动的实施意见》的要求,积极推进工程建设阳光操作,从项目建设计划、项目审批结果、招标过程、征地拆迁管理、建设资金使用情况、施工过程管理、工程设计变更、质量检查结果、履约管理考核情况、交工竣工验收结果等10多项全过程公开,打造"阳光工程",防止和杜绝腐败问题发生。四是开展专项治理工作。按照省、部要求,组织开展了工程建设领域突出问题专项治理工作,成立了厅治理工程建设领域突出问题工作领导组和工作机构,制定下发了《山西省交通运输厅开展工程建设领域突出问题专项治理工作实施方案》,组织召开了全省交通运输系统专项治理工作电视电话会议,专门对专项治理工作进行了周密部署。厅属各单位和各市交通局积极行动,也分别成立了领导机构,制定了工作实施方案,展开了治理工作;太古、忻阜、忻保、高陵、临吉、大同等高速公路建管处建立了工程廉政预警机制和预防职务犯罪联动机制,促进了工程领域专项治理。目前正处在深入排查阶段。同时,结合专项治理,深入开展了治理商业贿赂工作。

(四)开展纠风治乱,政风行风建设有了新进展

一是治超责任追究成效明显。严格落实华北五省(市、区)《关于治理非法超限超载车辆、确保道路交通安全通告》和省政府《实施意见》、《源头治理暂行办法》、《责任倒查与追究暂行办法》等,制定出台了《全省运管系统源头治超工作考核办法(试行)》。继续实行全省"无缝隙"、"拉网式"治超,收效明显,车辆超限超载率由治理前的11%下降到0.01%。在去年4月份全国交通运输系统纠风工作会上,我厅介绍的治理超限超载管理监督经验,得到了与会领导的肯定。为了学习推广我省在治超方面的经验做法,7月份交通运输部又在太原召开了全国车辆超限超载治理工作现场会,会上我厅交流了经验做法,与会领导和参会代表参观了货运源头检测点、治理超限超载检测点,观摩了治超调度中心等,得到了一致好评。二是政风行风建设工作深入推进。省厅在全省交通系统党风廉政建设工作会议上专门对政风行风评议工作进行部署,明确行风工作责任制,提出具体要求和落实措施。厅领导、农村路网处和厅属相关主管局领导5次进入山西人民广播电台《政风行风热线》直播节目解答群众关心的行政审批、客运班线、农村公路等热点问题,对群众反映的26个问题进行了及时的解决。根据省政府的部署,撤销了太原市小店收费站等155个政府还贷二级公路收费站,为确保撤站工作的顺利进行,省厅分6个督导组对11个地市撤站工作进行了全程督察,保证了路况良好、安全畅通。省行评办对我厅政风行风建设的做法和取得的成绩给予了充分肯定,省运管局被省行评办表彰为"全省政风行风评议工作先进单位"。组织召开了交通运输系统民主听证对话会,解答了7个代表提出的10个问题。全系统各参评单位累计举办听证对话会38次,参加单位257个,参加群众1182人,群众现场提出问题191个,已全部得到解决。厅政风行风领导组成员多次带队对基层单位进行明察暗访,全系统共进行明查暗访132次,明察暗访单位125个,发现问题97件,并及时全部处理。三是治理"小金库"工作有序进行。省委、省政府决定在全省党政机关和事业单位开展

“小金库”专项治理以来，我厅扎实推进厅属单位“小金库”自查自纠工作，对厅属事业单位进行了督查，配合省治理“小金库”督查组对厅属单位和二级单位进行了全面检查。从目前检查结果看，未发现存在大的问题。四是廉洁自律监督检查常抓不懈。严格执行《关于领导干部进一步改进工作作风、严肃工作纪律的若干规定》，紧密结合交通运输工作实际，坚决克服形式主义、官僚主义；改进会风和文风，精简会议和文件，认真执行会议、公务接待和差旅费管理有关规定；认真执行中央有关厉行节约、反对铺张浪费的规定，严禁用公款大吃大喝、游山玩水和进行高消费娱乐活动；坚决纠正以学习考察、招商引资等名义公款旅游特别是出国(境)旅游的不正之风。

(五)重视信访和案件查处，违规违纪查处有了新力度

省厅高度重视信访工作，积极完善联合办案机制，通过执法、治贿、纠风治乱、“小金库”治理等工作发现案件线索，加大对违纪违法问题的发现力度和查办案件的组织协调力度。驻厅纪检组全年共受理群众举报和来电来访105件次，信访处理率达100%。对有关当事人和责任人我们按照干部管理权限分别做出了处理，对经查实确有问题的有关单位、当事人和责任人进行了责任追究，初核涉及处级干部的7件，对5名处级干部进行了诫勉谈话。对重大交通事故中的4名相关责任人给予党纪政纪处分，1名副处级干部被免职；对一个班子6名成员集体进行了诫勉谈话。去年还受理工程招投标、质量验收等方面的举报、投诉14件，全部进行了核实、澄清，对属实的一一进行了查处，清退1个施工队伍、取消了2个路基和1个机电投标人的中标资格；对不属实或有偏差的也进行了反馈，为建设单位创造了公平竞争的环境。在处理信访和案件过程中，注重树立大局意识，坚持把握政策界限，配合省纪委、省直纪工委对有关省路桥集团举报案件进行了核查。

过去的一年，在省纪委的正确领导下，在厅党组的大力支持下，在全系统纪检监察干部的共同努力下，全省交通运输系统的反腐倡廉建设做到了思路清晰、措施有力、监督到位、成效明显。但也要清醒地看到，交通运输领域的腐败现象虽然在一定程度上得到了遏制，但是所属单位反腐倡廉工作发展不平衡、落实不到位的情况仍然存在；党员干部廉洁自律行为还有待于从制度上进行规范和完善；工程建设市场诚信体系有待进一步健全，从业监管力度有待进一步加强；交通建设市场的围标、串标，工程转包、违法分包问题需要很好地解决，有的环节、有些方面甚至还有新的表现形式，违纪违法者的手段不断翻新，形式变化多样，更具有隐蔽性、复杂性。这些问题必须在今后的工作中下大力气解决。由此可见，反腐败斗争形势依然严峻，任务依然艰巨。我们要充分认识反腐败斗争的长期性、复杂性和艰巨性，按照中央纪委和省、部的部署和要求，加大工作力度，提高工作水平，切实做到反腐倡廉常抓不懈，拒腐防变警钟长鸣。

二、2010年党风廉政建设和反腐败工作主要任务

2010年，是实施“十一五”规划的最后一年，也是“十二五”规划启动实施的重要一年，党风廉政建设和反腐败工作任务十分艰巨。党的十七届四中全会和中纪委四次、五次全会对加快推进惩治和预防腐败体系建设、深入开展反腐败斗争提出了新的要求。中纪委领导结合当前派驻机构表现出的监督工作仍然比较薄弱、查办案件工作力度不大、对驻在部门及其所属系统的党风廉政建设方面存在的一些问题视而不见等问题，提出了4项主要任务：一是加强对领导班子及其成员贯彻落实科学发展观、贯彻执行中央重大决策部署和维护党的政治纪律的情况的监督；二是加强对贯彻执行民主集中制，尤其是

要加强对重大决策、重要干部任免、重大项目安排和大额度资金使用情况的监督;三是加强对领导干部廉洁自律和贯彻执行党风廉政建设责任制情况的监督;四是加强对驻在部门人财物管理使用和关键岗位的监督。省纪委金道铭书记要求我们派驻机构在发挥监督职能时必须注意把握监督权力行使的敏感点、重点部位和要害岗位,加大查办案力度,严肃办案,严肃执纪,既要管机关,也要管系统,更要管行业。另外,交通运输部在刚刚结束的全国交通运输系统廉政工作会议中强调,要求我们在工作中处理好"五个关系",即:一是要正确处理纪检监察工作与交通运输发展的关系,紧紧围绕交通运输中心工作,维护和促进交通运输改革发展稳定大局。保证纪检监察工作的正确方向;二是要正确处理惩治与预防的关系,牢固树立惩处腐败是成绩、有效预防腐败也是成绩的工作理念,坚持做到惩治和预防两手抓、两手都要硬;三是要正确处理监督与协调的关系,达到监督要有力,协调要有效,形成反腐倡廉建设的整体合力;四是要正确处理抓机关与抓行业的关系,坚持条块结合,齐抓共管,同步抓好机关和全行业的反腐倡廉建设;五是要正确处理查处与保护的关系,既要严肃查处违纪违法行为,又要关心爱护党员干部,支持和保护他们改革创新、勇于实践的积极性。这对今后加强行业党风廉政建设将起到重要指导作用。

根据中纪委十七届五次全会精神和省纪委关于新年度党风廉政建设的总体思路,今年全省交通运输系统党风廉政建设和反腐败工作总的指导思想是:以邓小平理论和"三个代表"重要思想为指导,深入贯彻落实科学发展观,紧紧围绕扩大内需、改善民生、促进发展的要求,积极推进具有交通特色的反腐倡廉制度创新,坚持突出"一个重点"(工程建设领域突出问题专项治理),努力在抓好"四个加强"上实现新突破(即:加强党员干部廉洁自律、加强反腐倡廉制度建设、加强交通行政执法监督、加强纪检干部队伍建设),使全省交通运输系统的反腐倡廉建设实现统筹兼顾、整体推进,为交通运输事业又好又快发展提供坚强的政治保证。完成以下五项主要任务:

(一)以专项治理工作为重点,突出对交通工程建设的监督检查

1. 扎实开展自查自纠。按照省厅《实施方案》统一部署,要在全省交通建设领域扎实开展自查自纠工作,坚持"标本兼治、综合治理"的原则,按照"统一部署、突出重点、分级实施"的要求,重点整治商业贿赂、工程转包、违法分包等行为。各建设单位要迅速行动,争取主动,认真查找监管的薄弱环节和漏洞,通过制度建设加强防范和治理,对查找出来的问题,认真督查整改。

2. 注重解决突出问题。要进一步理清工作思路,采取有力措施,把专项治理工作引向深入。要把专项治理与扩内需促增长政策落实检查结合起来,准确把握两者的有机联系,统筹安排,协调推进;要抓住重点环节,着力解决项目决策、土地出让、规划管理、招标投标、质量安全等方面的突出问题;要坚持改革创新,整合利用好现有资源,加快推进统一规范的工程建设市场体系建设,建立互联互通的诚信体系,形成良好的市场秩序和公平竞争环境;要积极推进制度建设,及时总结经验,不断健全完善法规制度,在建立健全长效机制上迈出新步伐。

3. 完善工程监督检查体系。各监督部门要根据法定职责,严格按照法律法规的规定,加强工程建设、设计、施工、监理单位和工程建设各个环节的监督。省厅要成立检查组,重点对2008年以来规模以上的政府投资扩大内需项目和使用国有资金项目,尤其是目前已开工的27个高速公路建设项目和今年新开工项目进行排查,找出存在的突出问题,分析原因,提出治理对策。对不符合有关法律法规和政策规定的,要督促相关单位认真整改;对违反法律法规情节严重的,要依法予以处理。对组织领导不到位、方法措施不得力、治理效果不明显的单位要提出整改要求，重点督查，限期整改，确保专项治理工作达到预期目标。要把专项治理工作与深入学习实践科学发展观活动、与扩大内需促进经济增长政策落实情况监督检查、与加强日常监管相结合，既要注重解决当前存在的突出问题，又要注重建立健全完善工程建设监督的长效机制。

4. 加强市场秩序治理。要重点监督建立和完善项目立项、融资、招投标、工程转包分包、材料设备采购、工程设计变更、计量支付、竣工验收等环节的监管制度，坚持用制度管权、管事、管人、管物，着力形成有效制约权力运行的制度体系。要强化对工程招投标的监督管理，改变重事前审批、轻事后监管的倾向，加强对招标、投标、开标、评标、中标的全过程监管和后续监管。要监督推进信用档案制度建设，健全招标人、投标人、招标代理机构以及评标专家库的信用档案，对有不良行为记录的评标专家，取消其评标资格。要监督完善信息公开制度，及时将违规违纪招投标行为的处理结果以及招投标活动当事人的不良行为记录等信息向社会公布，将行政监管与社会监督有机结合起来。要进一步规范和完善工程建设招投标和商业贿赂行为举报投诉处理机制，畅通信访、举报、投诉渠道，充分发挥厅长信箱、投诉举报信箱和留言咨询信箱的重要作用，对举报投诉所反映的问题要认真受理，严肃查处，切实维护公开、公平、公正的建设市场秩序。

5. 坚决查处违规违纪行为。重点工程建设是职务犯罪高发、多发的领域。要拓宽案源渠道，加强协作配合，形成办案合力，按照“发现一个，查处一个，决不手软”的要求，严查一批工程建设领域违纪违法案件。严肃查处领导干部违法违规插手干预工程建设的行为；严肃查处隐藏在规避招标、虚假招标、围标串标、转包挂靠等违法违纪行为背后的商业贿赂问题。通过典型案件的查处活动，进一步监督完善交通建设市场诚信体系，健全相关制度，有效遏制腐败现象，确保工程建设安全、优质、廉洁。

（二）扎实推进惩防体系建设，加强党员干部廉洁自律

厅党组制定的《贯彻落实〈建立健全惩治和预防腐败体系2008—2012年工作规划〉的实施意见》，结合省纪委赋予省厅的惩防体系建设任务，对建立健全具有交通特色的惩治和预防腐败体系建设进行了周密部署，我们必须坚持突出重点，在惩治腐败的同时加强源头治理。

1. 落实党风廉政建设责任制。坚持以科学发展观为指导筹划安排全系统的反腐倡廉建设，修订、完善厅党组《关于实行党风廉政建设责任制规定的实施办法》。年初抓好责任制分解，将党风廉政建设和反腐败斗争的重点工作进行责任分工，分别明确到厅党组成员和牵头、参与部门及单位，提出落实标准、时限和要求。将贯彻厅党组制定的惩防体系《实施意见》纳入到党风廉政责任制体系，共同部署、共同检查、共同考核。6月份组织一次党风廉政责任制检查，年终进行考核和领导干部述职述廉，配套责任追究，及时通报情况，促进党风廉政建设责任制的扎实落实。

2. 深化廉政教育文化活动。继续深入开展理想信念教育、党章和法纪教育、廉洁自律教育和正确的事业观、工作观、政绩观教育，结合案例深入开展警示教育，组织重点工程建设单位党政领导和全系统纪检干部开展反腐倡廉培训。制定全省交通运输系统加强廉政文化建设的具体意见，逐步探索并建设具有交通特色的廉政文化，采取廉政书画展览、征集群发短信、组织文艺节目、举办廉政论坛、典型报告会等多种形式，让廉政文化进机关、进基层、进工地、进站所、进家庭，在全系统营造反腐倡廉的良好环境。一季度组织一次惩防体系建设论文征集活动。

3. 突出“三重一大”监督。监督落实重大事项集体研究决定制度，规范“三重一大”

(重大问题决策、重要干部任免、重大项目投资决策、大额资金使用)决策议事程序,加强对集体研究决策情况的监督检查,保证党组(党委)、行政议事规则、决策程序的贯彻执行,反对和防止个人或少数人专断。加强对领导机关、领导干部特别是领导班子主要负责人的监督,加强对人财物管理使用、关键岗位的监督,在实现岗位责、权、利相统一的基础上,推行政府绩效管理和行政问责制度。加强对财政资金和国有资产的监管,开展对部门预算、国库集中支付、政府采购、非税收入和"收支两条线"规定执行情况的监督检查,继续对"小金库"进行专项清理。加强对重大决策、重大项目安排、大额资金运作事项等关键环节的监督。加强对重点专项资金的审计,强化审计结果运用,促进审计结果落实,推进全系统企业的反腐倡廉建设。

4. 强化干部选拔任用的监督。严格落实《党政领导干部选拔任用工作条例》和《党政领导干部选拔任用工作监督检查办法(试行)》,认真监督执行个别酝酿、民主推荐、组织考察和党组讨论决定领导干部任用的有关规定。继续执行干部选拔任用前征求同级纪委意见的制度,加强对干部选拔任用中推荐提名、考察考核、任前公示、廉政谈话等关键环节的监督,有效防范考察失真和干部"带病提拔"。

5. 严格执行廉洁自律规定。按照党的十七届四中全会的要求,以思想教育、完善制度、集中整顿、严肃纪律为抓手,着力解决党员干部在作风建设、廉洁自律方面存在的突出问题。重点治理领导干部违反规定收送现金、有价证券、支付凭证和收受干股,参与企业经营和入股分红,违反规定插手市场交易活动,以及在住房、用车上以权谋私的问题。加强对领导干部落实廉洁自律规定情况的监督检查,抓好对民主生活会、述职述廉、诫勉谈话、函询质询和领导干部报告个人重大事项等制度执行情况的落实。及时提醒、批评、制止党员干部社会交往、休闲娱乐、生活作风方面的不良现象。

6. 高度重视信访案件工作。在抓好预防工作的同时,认真贯彻党要管党、从严治党的方针,进一步加大查处案件工作力度。要拓宽群众参与反腐倡廉工作渠道,监督完善信访举报机制和举报督办机制,坚决纠正瞒案不报、压案不查的现象。要严格责任追究,认真落实"一案双查"制度,既要查直接的违纪违法者,也要查相关领导的责任。严肃查办工程建设领域领导干部违规插手干预工程建设、以权谋私的案件;严肃查办发生在领导机关和领导干部中滥用职权、贪污贿赂、腐化堕落、失职渎职案件;严肃查办利用行政审批权和行政执法权谋取非法利益的行为;严肃查办严重侵害群众利益案件、群体性事件和重大责任事故背后的腐败案件;严肃查办产权交易、资本运营和经营管理中隐匿、私分、侵占、转移国有资产造成国有资产流失的案件;严肃查办严重违反政治纪律和组织人事纪律的案件;严肃查办违反财经纪律私设"小金库"的案件;深入开展商业贿赂专项治理,严肃查办商业贿赂案件。坚持严格依纪依法办案,加强案件审理工作。大力推进查办案件工作方式方法和机制制度创新,不断提高综合运用政策、法律、纪律以及科技手段突破案件的能力。各级党委要为纪检监察部门查办案件创造条件,充分发挥各级纪检监察部门的监督检查和案件查处职能,进一步发挥查办案件的治本功能。

(三)着眼规范监督运行机制,加强反腐倡廉制度创新

1. 监督落实各项法规制度。近年来,针对工程建设领域的重点部位和关键环节,省厅制定了大量规章制度,对规范从业人员行为、保证工程质量、加强资金监管、促进干部廉洁发挥了积极作用。但是,由于抓制度落实的监督机制不健全,对违反制度的行为处罚不到位等原因,制度的执行力较弱,有的制度没有得到真正落实。在今后的工作中,厅有关职能部门和各单位要结合深入开展"制度落实年”活动，进一步清理工程建设领域的规章制度，及时做好废止和修订完善工作，适用的继续坚持，过时的要及时废止，有缺陷的抓紧修订，需要出台的抓紧起草。要注重做好制度设计，提高制度的科学性和系统性，尽可能做到明确具体，简便易行，符合实际，具有可操作性，使各项制度管得住、行得通、做得到，以改革创新精神推进反腐倡廉建设，提高反腐倡廉工作科学化、规范化、制度化水平。

2. 深化巡视制度落实。认真落实厅党组出台的《巡视工作暂行办法》，在去年开展巡视工作的基础上，总结经验，制定巡视工作计划，全面开展对厅属单位的巡视工作，年内组织巡视4至6个厅属单位。切实把巡视工作作为履行监督职能、加强行政管理的重要措施，作为建立健全监督监察体系的一种长效机制。通过对厅属单位全面工作或专项任务完成情况的巡查，了解厅属单位工作中的主要经验、薄弱环节，为厅党组决策提供意见和建议，保证上级和厅党组的决策在基层贯彻执行，进而促进交通运输事业的科学发展。

3. 创新重点环节监督制度。监督完善在决策和执行中实行民主集中制的各项具体制度，细化运行规则，监督建立和完善“三重一大”事项党委集体研究决定的有关制度，推进民主科学决策。严格实行“收支两条线”财务预算管理，按《政府采购法》监督控制采购行为，监督健全依法理财承诺制度和经济责任审计制度。围绕干部人事制度改革，监督建立公开、公平、竞争、择优的科学选人用人机制，落实领导干部重大事项报告、述职述廉、民主评议、谈话诫勉、选拔任用等制度规定。监督修改完善工程建设招投标、材料采购、工程分包、计量支付、经营权转让等关键环节管理的规章制度，监督制定出台高速公路环评、水评等四个办法。

4. 积极推行行政问责制度。制定出台全省交通运输系统《行政问责规定和实施办法》，严格执行领导干部问责制，通过严格要求、严格教育、严格管理、严格监督，促使领导干部自觉加强党性修养和作风养成。对不能认真履行职责、贻误工作、造成事故的；对铺张浪费、攀比享受、挥霍国家和集体资财的；对无视组织原则，有令不行、有禁不止的；对办事拖拉、推诿扯皮、敷衍应付等失职、渎职行为；对弄虚作假、欺上瞒下、误导公众而造成不良后果的行为，都要按照有关规定追究责任人和单位领导的责任，依法依纪进行严肃处理。要把制度建设与深化改革结合起来，进一步监督深化行政审批制度、招投标制度、行政管理体制等改革，把专项治理的要求寓于重大改革措施之中。要按照有关规章制度的规定，加强对工程建设项目的监管，加大行政执法和责任追究力度，坚决维护制度的权威性和严肃性，提高制度的执行力。

（四）继续开展纠风治乱工作，加强交通行政执法监督

纠风治乱工作是推进依法行政、创优发展环境、树立行业形象的一项十分重要的工作，也是构建和谐交通的重要保障。厅属单位和各市（县、区）交通部门，都必须按照“管行业必须管行风”的要求，不断提高执法水平、行政效率和服务质量，以解决严重损害群众利益的不正之风为着眼点，以人民群众满意为标准，树立优质文明的交通行业形象，力争扭转全系统政风行风评议的低层次徘徊现象。

1. 强化治超责任追究。加大对治理公路超载超限工作的监督力度，理顺治超组织领导和监督体系，明确岗位职责，强化源头治理，建立长效机制，形成规范的监控网络。坚持不懈地进行明查暗访，严格治超站点和源头驻站人员的监督管理，诚恳接受群众举报，强化责任倒查与追究。对查获的非法超限超载车辆按照倒查、问责、追责程序，一查到底，逐级追究监管责任。

2. 治理行业不正之风。在全部取消政府还贷二级公路收费站点后，进一步监督规范经营性收费公路管理，坚决监督纠正违规设置收费站、擅自提高收费标准、任意延长收费期限等群众反映强烈的问题。继续监督实行快速反应机制，广泛运用无线监控、视频监控、网络监控等高科技手段，及时处置和治理公路“三乱”行为。认真监督落实鲜活农产品运输和应急抢险救灾“绿色通道”通行费减免政策，确保“绿色通道”畅通。

3. 深入开展行风评议。坚持“管行业必须管行风”，督促各级落实纠风工作责任制，深入开展民主评议政风行风活动，引导全省交通运输系统各级、各部门切实加强自身建设、改进工作方式、提高工作效率，年底省厅将对政风行风建设先进单位和个人进行表彰和奖励。继续通过行风热线、民主评议、承诺兑现活动，开好相关单位协调会、听证对话会、行评监督员咨询座谈会，广泛听取社会各界意见和要求，及时解决群众合理诉求，主动接受社会各界和新闻媒体的监督。注重通过纠风工作，及时解决群众关心的行政审批许可、交通运输执法行为、公共交通服务等方面的热点和难点问题，坚决打击“黑客运”、“黑出租”等行为。完善纠风案件处理程序，厅纠风办与厅属单位、市县交通局建立案件移送和联合查处机制，严格查处和纠正行业不正之风。

4. 加强行政效能建设。按照增强交通公共服务能力的要求，加强对政务公开的监督，积极推进政府上网工程，监督健全信息发布制度，实行社会听证、专家咨询等制度，促进行政权力公开透明运行。行政审批要通过监督健全管理制度，严格办事程序，明确业务流程，减少审批环节，合理规划审批大厅，扩大集中审批范围，落实首办责任制、限时办结制和服务承诺制，坚决纠正办事推诿、拖拉现象。建立网上远程管理和视频监控系统，推行行政审批项目的网上审批和联网监督，提高行政审批效率，按照责任追究办法，纠正和查处在公共管理、服务过程中缺位、越位和不作为、乱作为等行为。

5. 开展治理商业贿赂工作。切实加大商业贿赂案件的查办力度，特别是要查处重点工程建设领域违背中央关于保增长、保民生、保稳定各项政策措施的商业案件；加快推进以市场诚信体系建设为主要内容的长效机制建设；严格监督规范行业组织、中介机构及其工作人员的行为。

（五）适应履行职能职责需要，加强纪检干部队伍建设

纪检干部队伍建设是党风廉政建设的关键所在。当前部分单位纪检部门和干部在发挥纪检监察作用方面还存在着一些亟待解决的突出问题，主要表现在三个方面：一是有的监督工作仍然比较薄弱，甚至存在怕得罪人，不敢或不愿监督的问题。发现领导班子成员苗头性的问题不向上级纪委报告，或不及时报告。二是有的对查办案件的工作抓得不紧，力度不大，存在着畏难情绪，不敢或不愿查办案件。三是有的对本单位党风廉政建设方面存在的一些问题视而不见，有的对新形势下出现的新情况、新问题分析不够，协助本单位党委（组）发现问题解决问题的能力和水平都需要提高。对于这些问题，既有体制机制方面的原因，也有规章制度不健全，特别是有了规章制度不能够很好落实、执行不得力的问题，还有纪检干部队伍建设自身素质需要提高的问题。这些都需要我们在实践当中不断地去解决。

1. 深化纪检监察干部业务培训。按照党中央建设“学习型”机关的要求，加强新时期纪检监察干部队伍素质建设，以党性党风党纪教育为重点，在培训内容、模式、方法上，进一步深化纪检监察干部业务培训。按照中纪委五次全会要求，组织全系统纪检监察干部深入学习中纪委五次全会精神。按照省厅建设“五型机关”的要求，拓宽教育和培训模式，抓好纪检监察干部的教育和培训，认真学习纪检监察工作的理论和业务知识，不断提高理论素养、完善知识结构、增强业务本领。

2. 认真履行监督与协调职能。按照党章和交通运输部关于“监督与协调”要求，各级纪检监察部门要牢固树立“敢于监督是本职、疏于监督是失职、不善于监督是不称职”的观念，理直气壮地开展监督工作，坚决维护党的纪律，切实保证政令畅通。要在党组(委)的领导下，充分发挥组织协调作用，做好反腐倡廉建设的牵头工作，着力构建资源共享、沟通便捷、规范有效的反腐败协调机制，及时发现和解决工作中的矛盾和问题，为党组(委)当好参谋。要在协调中强化监督，在监督中抓好协调，做到牵头不包办，监督不取代，协调不越位，充分调动各方面的工作积极性和创造性。

3. 积极为纪检监察干部履职尽责创造条件。厅属各单位党组织要高度重视纪检监察工作，进一步建立健全纪检监察机构，配齐配强工作人员。要支持纪检监察部门开展工作，及时听取纪检监察工作汇报，研究和解决纪检监察工作中遇到的困难和问题，鼓励和支持纪检监察部门放手开展工作，为他们履行监督职责、惩治违规行为撑腰壮胆。要积极采取措施，加大保障力度，为纪检监察部门日常工作、行使监督、查办案件提供必要的经费、器材、车辆等保障，为纪检监察工作创造一个良好的工作氛围。纪检监察干部要忠于职守，履行职责，对于监督工作不到位，对发现的违规违纪行为不制止、不处理的，要追究纪检监察部门和干部的责任。

4. 加大对纪检干部的关心、使用、交流力度。按照中组部干部管理新要求，研究出台《纪检监察干部管理办法》，进一步建立健全纪检监察部门内部管理制度和制约监督机制，切实抓好培养、教育、选拔、管理和监督。各级交通运输部门要加强对纪检监察干部的培养，在政治上信任、工作上支持、生活上关心，加大轮岗和交流力度，及时选拔优秀干部充实到纪检监察战线上来，及时把优秀的纪检监察干部交流到其他更重要岗位上去，为他们健康成长和全面提高创造条件，充分调动广大干部投身纪检监察工作的积极性和创造性。

同志们，2010年全省交通运输系统全面落实科学发展观、推进反腐倡廉建设的任务十分艰巨，让我们坚持以科学发展观为指导，恪尽职守、求真务实、开拓进取，以更加坚决的态度、更加有力的措施、更加扎实的工作，创新具有交通特色的反腐倡廉制度体系，扎实推进全省交通运输系统反腐倡廉建设，为我省交通运输事业又好又快发展作出新的更大的贡献。

最后，春节即将来临，在此，我向全省交通运输系统纪检监察部门的广大干部表示节日的慰问，并通过大家向你们的家人致以亲切的问候，祝与会的各位领导和同志们节日愉快，万事如意！谢谢大家！

中共山西省交通运输厅直属机关第一次党员代表大会专辑

在中共山西省交通运输厅直属机关第一次党员代表大会上的讲话

（2010年3月30日）

□段建国

中共山西省交通运输厅直属机关第一次代表大会的召开，是厅直机关广大党员政治生活中的一件大事、喜事。这次大会，是在经过全厅上下团结奋斗，积极应对国际金融危机新挑战，主动适应成品油价格和税费改革新变化，紧紧抓住扩大内需新机遇、再掀公路建设新高潮，改革、发展、稳定三大方面都取得较好成绩的形势下举行的，对于深入贯彻落实党的十七大和十七届四中全会精神，深入学习实践科学发展观，以改革创新精神加强和改进厅直机关党的建设，服务全省交通运输事业又好又快发展，具有十分重要的意义。参会代表本着高度负责的精神，认真履行职责，会议开成了一次团结鼓劲、务实创新、和谐奋进的大会。在这里，我代表厅党组，对大会的成功召开和新产生的厅直机关党委、纪委表示热烈的祝贺！向长期以来始终关心、支持全省交通运输工作的省直工委各位领导表示衷心的感谢！希望新一届厅直机关党委、纪委不负重托、不辱使命，围绕中心、服务大局，团结和引领广大党员在推进全省交通运输科学快速安全协调发展中作出更大贡献。下面，我讲三点意见。

一、充分肯定厅直机关党建工作在促进交通运输发展中发挥的作用

近年来，特别是“十一五”以来，全省交通运输工作深入贯彻落实科学发展观，牢牢把握坚持科学快速安全协调发展、提升交通运输服务保障能力的主题，大力实施高速公路加密开放、干线公路改造提升、农村公路网化完善、公路养管治超保畅、枢纽站场布局配套、运输产业转型提质和交通信息化“七大”工程，努力实现基础设施网络化、城乡区域交通一体化、公路养管长效化、运输服务综合化、行业管理智能化、部门行为规范化的“六化”目标，为我省转型发展、安全发展、和谐发展提供了强有力的交通运输服务与保障。特别是2008年以来，全省交通运输系统紧紧抓住应对国际金融危机、扩大国内需求的机遇，以巨大的勇气再掀公路建设新高潮，以创新的精神解决好改革发展稳定面临的突出问题，为全省“保增长、保民生、保稳定”作出了积极贡献，树立了负责任部门、负责任行业的新形象。省厅被中共中央、国务院、中央军委授予“全国抗震救灾英雄集体”，被中华全国总工会授予“全国五一劳动奖状”，被省委、省政府命名为“文明和谐单位标兵”，全省交通行业首批整体进“全国交通文明行业”行列。

在交通运输跨越式发展和历史性巨变的过程中,厅直机关党委和各基层党组织坚持围绕中心、服务大局,不断加强党的思想、组织、作风、制度和反腐倡廉建设,在全面推动交通运输改革发展稳定的重大任务中,尤其是在应对国际金融危机、适应国家体制改革的新要求、推进行业重大改革和发展方式转变、深入开展学习实践科学发展观活动和加强机关效能建设、推进精神文明建设、行业文明建设等方面,充分发挥了党组织的政治核心、战斗堡垒作用和党员的先锋模范作用,为交通运输科学发展提供了有力的政治保证。与此同时,厅直机关党的先进性建设得到进一步加强,广大党员干部的思想政治素质得到进一步提高,践行科学发展观的能力得到进一步增强。

这些成绩的取得,是省委、省政府正确领导和省直工委正确指导的结果,是全省交通运输系统广大干部职工锐意进取、顽强拼搏的结果,更凝结着厅直机关各级党组织、广大党员干部的汗水和智慧。实践充分证明,厅直机关党建工作必须放在交通运输工作的大局中去谋划,必须围绕交通运输改革发展的部署去推进,必须放到促进交通运输发展、推进机关效能和职工素质进一步提升的要求中去思考,必须联系党员队伍建设和机关建设的实际去落实,必须与时俱进地改革创新,才能使厅直机关党建工作有所作为,充满生机活力。这是我们进一步抓好厅直机关党建工作的基础所在,也是我们促进党建工作上水平的信心所在。

二、准确把握厅直机关党建工作面临的新任务新挑战新要求

当前和今后一个时期,是推进交通运输发展的关键阶段,交通运输恰逢发展政策交变期、发展环境机遇期、发展方式转型期、深层矛盾凸显期,需要我们深刻分析和科学判断面临的新形势,又要担负起历史赋予的新使命和新任务,在找准所处方位与现实要求中谋划发展、推进发展。在这样一个大背景下,进一步加强厅直机关党的建设,对于发挥党建工作的优势和作用,促进交通运输科学发展具有非常重要的意义。

首先,加强厅直机关党的建设,是完成新任务、促进交通运输快速高效发展的客观要求。当前,全省交通运输事业正处于新一轮建设高潮全面推进的关键阶段。宏观环境总体上有利于交通发展,全国人代会提出,今年中央继续实施积极的财政政策和适度宽松的货币政策。省十一届人大三次会议明确提出,要进一步扩大投资规模,今年继续抓好2000公里高速公路在建项目,再新开工1000公里高速公路,同时确保今年年底建成1000公里、达到3000公里高速公路;今年还要改造、新建1000公里国省干线公路;全省实现具备条件的建制村通水泥(油)路"全覆盖"。可以说,今年全省公路建设投资总规模,将大大超过去年,前所未有。同时,道路运输管理的任务也很重,2010年,全省农村要实现具备条件的行政村村村通客车,努力建设城乡客运一体化,构建高效畅通安全绿色的综合交通运输体系,建立统一、高效、公正的交通运输执法体系等等,任务繁重、责任重大。因此,必须着眼为交通运输加快发展提供强有力政治保证的要求,以改革创新精神推进厅直机关党的全面建设,更好地为交通运输发展大局服务、为完成全厅中心任务服务,努力使党建工作在发挥服务保证作用中增强动力和源泉。

其次,加强厅直机关党的建设,是迎接新挑战、促进交通运输安全稳定发展的迫切需求。最近以来,国家宏观经济政策微调的迹象越来越明显,对政府投资项目建设上马控制更加严格,公路建设项目贷款的难度加大。同时随着我省公路建设规模不断扩大和建设难度不断加大,新旧矛盾相互交织、日益突出,工程建设管理压力和廉政风险越来越大。今年再开工1000公里高速公路后,仅高速公路建设项目就在40个以上,在建规模3000

公里以上，加上国省干线和农村公路，项目数量上千个，建设里程2万余公里，项目总投资2000多亿元。公路建设规模扩大与有效施工监理力量不足的矛盾，建设战线过长、项目过多与管理力量不足的矛盾，工程建设难度大与有效工期紧的矛盾日益突出，加上近几年自然灾害增加，我们既面临着完成任务的严峻挑战，更面临着保质量、保安全、保廉政的巨大压力。今年以来，重点公路工程建设连续发生事故，虽然每次事故的伤亡都不大，但事故频发、此伏彼起，教训发人深省，着实让人感到担心。

另一方面，成品油价格和税费改革、路桥企业划归交通管理、养路协议工以及城市公交客运、出租车管理职能划归交通运输系统管理等新旧矛盾叠加，直接关系6万余人的稳定，这些问题目前虽然正在逐步解决，但随时都有可能发生新的不稳定问题。特别是新划归交通运输系统管理的城市公交客运、出租车，也是一个容易引发社会群体性事件的行业。厅直机关党建工作必须紧紧围绕改革发展稳定的大局，始终把迎接新挑战、确保交通运输安全发展作为重中之重，充分发挥基层党组织的战斗堡垒作用和广大党员的先锋模范作用，切实加强党的思想、组织、作风、制度和廉政建设。

第三，加强厅直机关党的建设，是适应新要求、促进交通运输科学、协调发展的有力保证。转变经济方式是当前全国全省的一项重大任务，也是贯彻落实科学发展观的重大举措和核心要求，更是我国在应对国际金融危机中得出的重要结论。2010年初，在中央党校省部级干部培训班上，胡锦涛、温家宝、习近平、李克强四位中央领导同志分别就转变经济发展方式发表重要讲话，系统论述了我国转变发展方式的重大意义、紧迫要求和实现途径。张宝顺书记、王君省长也在多次会议上就我省转变发展方式作了全面阐释。对于交通运输来讲，转变发展方式，加快发展现代交通运输业，建设畅通、高效、安全、绿色的综合交通运输体系，是对我们提出的一项全新课题和长期任务。厅直机关党建工作必须适应交通运输发展的新要求、新任务，进一步创新思路、创新机制、创新方法，提升协助监督能力，以党的先进性保证交通运输生产力的先进性。

三、在新的更高的起点上推进厅直机关党的建设

胡锦涛总书记指出："机关党建工作必须适应新形势新任务的要求，走在党的基层组织建设的前头"。党的十七届四中全会《决定》指出："把服务中心、建设队伍，贯穿机关党组织活动始终，发挥党组织在完成本部门各项任务中的协助和监督作用。"这是对新形势机关党建工作的新定位、新要求，为我们加强和改进厅直机关党建工作指明了前进方向。厅直机关各级党组织要以胡锦涛总书记的重要讲话精神和党的十七届四中全会精神为指导，按照省委、省政府和省直工委的部署要求，全面落实这次大会的各项任务，以厅直机关党建工作的新成效推动全省交通运输事业的新发展。

一是坚持把围绕中心、服务大局作为厅直机关党建工作的基点和方向，着力促进交通运输科学发展。要牢固树立围绕发展抓党建、抓好党建保发展的理念，坚持用促进发展的成效检验党建工作，用保证业务工作的开展作为党建工作的着眼点和着力点，推进工作思路创新，努力形成服务大局更加主动、融入中心更加自觉、发挥作用更加有力、联系党员群众更加紧密的党建工作新格局。当前，要紧紧围绕落实中央和省委、省政府加快经济发展方式转变的战略部署，密切关注宏观政策调整的方向，找准政策机遇与实际的结合点，加紧谋划与实施今年及"十二五"时期交通运输发展布局，更加自觉地走科学发展之路，真正实现好字当头、又好又快。

二是坚持把队伍建设作为厅直机关党建工作的关键，努力为交通运输科学发展提供根本保证。在全省交通运输行业，厅直机关是执掌政权的领导机构,是坚持改革开放、推动科学发展、促进行业和谐的指挥部、参谋部;与基层单位相比,厅直机关共产党员最集中、执政骨干最集中、权力与责任最集中。厅党组的执政能力更多地体现在厅直机关,厅党组的重大决策和意图,更多地依靠厅直机关去推动落实。现在,我们厅直机关党员干部的年龄比较轻,文化程度比较高,尤其是省厅掀起新一轮公路建设高潮以来,一大批年轻干部走上了领导岗位,他们的成长进步相对较快,同时阅历比较单一,具体实践不多,经受严格的党内组织生活锻炼不够;知识比较单一,专业理论知识多,党的理论知识相比少一些。因此,加强对厅直机关党员干部队伍的培养、教育、管理和监督,一刻也不能放松。要大力推进学习型党组织建设,深化理论武装,加强厅直机关党员干部党的理论学习,使其掌握马克思主义理论武器,引导他们加快知识更新,优化知识结构,丰富知识储备,进一步开阔眼界、开阔思路、开阔胸襟,提高理论思维、战略思维和决策能力,不断增强工作的主动性、创造性和预见性;引导他们向实践学习,向群众学习,向基层学习,总结提炼鲜活经验,不断提升指导行业发展的水平和应对复杂局面的能力。组织引导厅直机关党员干部特别是年轻干部到基层一线去,到重点项目去,到问题和矛盾比较集中的地方去,在艰苦和复杂环境中经受磨练、增长才干、提高本领。

三是坚持把加强党的执政能力建设和先进性建设作为厅直机关党建的主线,着力推进服务型政府机关建设。要把建设学习型、创新型、服务型机关摆在进一步加强党的执政能力建设和先进性建设的战略高度来认识,以保持党同人民群众的血肉联系为核心,以建设高素质的干部队伍为关键,以加强作风建设为重点,推进党建与机关建设共同进步、共同发展,切实提高统筹机关党的全面建设与建设学习型、创新型、服务型机关两个大局的能力。要以改革创新的精神状态、思想作风和工作方法全面加强和改进基层党组织建设,大兴密切联系群众、求真务实、艰苦奋斗、批评和自我批评四种良好风气,高度重视和切实解决好影响行业稳定的突出问题,关系百姓生活的敏感问题,全社会关注的焦点问题,不断提高基层党组织的创造力、凝聚力和战斗力,充分发挥基层党组织推动发展、凝聚人心、维护稳定、促进和谐的作用。要坚持党要管党、从严治党,加强作风建设和反腐倡廉建设,深入开展讲党性、重品行、作表率活动,努力建设为民、务实、清廉的机关。广大党员领导干部要严格执行中央颁发的《中国共产党党员领导干部廉洁从政若干准则》,对照准则反思自己,对照准则规范行为,做贯彻准则、执行准则、维护准则的模范。我刚才讲了,厅直机关党员最集中、骨干最集中、权力最集中,这一特殊的位置,决定了这里也是腐败攻击最为严重的地方,我们每个人都处在腐蚀与反腐蚀的最前沿,必须高度警醒、防微杜渐、保持淡定。在这里,我与大家"约法三章",共同遵守:

1. 不准插手干预工程建设,做到不打招呼、不写条子、不介绍队伍,一切按规矩办;

2. 不准对基层单位和办事人员吃拿卡要,要依法办事,限时办结;

3. 不准在自己分管业务范围内经商办企业,或为亲属、亲朋好友经商办企业提供职务上的便利。

四是坚持把落实党建工作责任制作为厅直机关党建的抓手,着力完善机关党建工作长效机制。要正确把握党的十七届四中全会决定明确的机关党组织的"协助"和"监督"的功能定位,找准机关党建工作与业务工作的结合点,认真落实"一岗双责"要求,完善机关党建工作责任制,进一步发挥厅直机关党组织协助行政负责人完成任务、改进工作,以及对包括行政负责人在内的党员干部进行监督的作用。要紧紧围绕服务中心、建设队伍这两大任务,切实加强和改进机关党的建设,推动形成厅党组负总责、厅直机关党委综合协调、行政负责人“一岗双责”、有关单位齐抓共管的机关党建工作新格局。要巩固和扩大学习实践科学发展观活动成果，建立健全学习实践科学发展观的长效机制。要完善机关党建制度体系，积极探索符合交通运输实际的机关党建考核评价和督促检查机制，推动用制度规范建设、用责任约束行为。

同志们，做好新形势下厅直机关党建工作责任重大，任务艰巨。让我们高举中国特色社会主义伟大旗帜，深入学习实践科学发展观，以高度的政治责任感、良好的精神状态和扎实的工作作风，不断推进厅直机关党的建设各项工作，为实现推动交通运输科学发展、更好地服务全省“三个发展”作出新贡献！

谢谢大家！

在中共山西省交通运输厅直属机关第一次党员代表大会上的讲话

（2010年3月30日）

□郭康锋

今天，我们在这里隆重召开中共山西省交通运输厅直属机关第一次党员代表大会，这是交通运输厅全体党员政治生活中的一件大事。在此，我谨代表省直工委向大会的胜利召开，并向新当选的新一届机关党委委员、纪委委员表示热烈的祝贺！

会议开始的时候，胡钢成同志向大会作了机关党委工作报告，王亚虎同志向大会提交了机关纪委工作报告，两个报告分别总结了过去几年机关党委和机关纪委的工作，明确了指导思想，安排部署了今后的工作。刚才，段建国厅长代表厅党组作了重要讲话，结合交通运输厅的工作实际，对新一届机关党委和机关纪委提出了明确要求和殷切希望。希望新一届机关党委和机关纪委，认真学习，深刻领会，并按照报告要求和讲话精神，认真做好今后一个时期机关党建工作。

下面，我借今天会议之际，对省交通运输厅机关党委、纪委和全体党员同志们提几点意见和希望，与大家共勉。

一、提高政治意识，努力实现十七届四中全会提出的新要求

党的十七届四中全会，深刻分析党的建设面临的新情况、新问题，认真总结了我们党作为马克思主义执政党在加强自身建设上的基本经验，明确提出了新形势下加强和改进党的建设的总体要求、目标任务、重要举措。牢固树立政治意识，把全体党员的思想和行动统一到全会的重大决策部署上来，对于深入贯彻落实科学发展观，全面推进机关党的各项建设具有重大而深远的意义。要深刻领会建设马克思主义学习型政党的新要求，不断推进马克思主义中国化、时代化、大众化；要深刻领会坚持和健全民主集中制的新要求，突出党员主体作用，健全党内民主机制，不断营造党内民主氛围；要深刻领会建设为民务实清廉机关的新要求，大兴密切联系群众之风、求真务实之风、艰苦奋斗之风、批评和自我批评之风；要深刻领会加快推进惩治和预防腐败体系建设的新要求，认真落实党风廉政建设责任制，抓好机关反腐倡廉建设，要深刻领会提高党的建设科学化水平的新要求，联系实际，深入研究，积极探索，大胆实践。

二、增强创新意识，不断推进机关党建工作迈上新台阶

创新才能增强活力，创新才能加快发展。党的十七大提出要以改革创新精神加强党的建设，对抓好机关党的建设具有很强的现实针对性。新一届机关党委要按照中央和省委

关于加强党的执政能力和党员先进性建设的总体要求，科学谋划机关党建工作。要创新工作思路，按照有利于加强党的领导，有利于加强党的教育管理，有利于发挥基层党组织作用的原则，在认真总结近一年来党建工作好的做法、好的经验的基础上，认真研究加强各部门党的建设的新思路、新方法，健全完善机关党建工作新机制。要创新学习方法，按照抓重点带一般，分层次分类别，理论联系实际的原则，完善学习制度，丰富学习内容，提高学习质量，特别是领导干部要作真学真懂真信真用的表率。要创新活动形式，按照便于开展工作，便于组织活动，便于发挥党员作用的原则，积极开展多种主题活动和文明和谐单位创建活动，培育文明风尚，倡导和谐理念，增强党组织的凝聚力和吸引力，营造积极进取、团结向上的浓厚氛围。

三、树立大局意识，在服务中心、建设队伍上开创新局面

机关各级党组织和广大党员干部要从党和国家工作大局的高度，从推进党的建设新的伟大工程的高度，从机关党的建设走在前头的高度，深刻领会十七届四中全会提出的新要求、新举措。新一届机关党委要把服务中心、建设队伍贯穿机关党组织活动始终，围绕省委省政府推进“三个发展”和“保增长、保民生、保稳定”一系列决策部署，结合交通运输厅的中心工作，积极发挥党组织战斗堡垒作用和党员先锋模范作用，为全省经济又好又快发展提供坚强有力的服务保障。要切实增强党员干部保持先进性的内在动力，按照守信用、讲奉献、有本领、重品行的要求，落实党员教育培训制度；加大党务干部培养、教育、选拔和使用力度，促进党务干部在实践中学习新知识，积累新经验，增长新本领；改进党员发展工作，建立健全教育、管理、服务党员的长效机制，始终保持先进性内在动力。要加强指导，统筹推进基层党组织建设，按照便于党员参加活动，便于党组织发挥作用的要求，不断完善机关基层党组织设置形式，结合工作实际，加大对基层党组织工作的指导力度。

四、强化责任意识，在履行职能、发挥作用上取得新成效

新一届机关党委和机关纪委，要充分认识肩负的责任，不辜负全厅党员的重托，不辜负领导的信任，认真履行职责，深入研究机关党建工作面临的新情况、新问题，把握机关党建工作的规律。机关党委委员和机关纪委委员要以身作则、率先垂范，带头参加组织活动，带头接受群众监督，以实际行动影响和推动机关党建工作。要结合业务工作特点和党员干部实际情况，坚持一岗双责，既要抓好自身业务工作，争当优先的交通运输工作者，又要按照分工抓好机关党建工作，争当称职的党务工作者。要以强烈的事业心和高度的责任感，认真钻研业务，努力提高工作本领，尽心尽责抓好工作，紧紧团结和依靠广大党员共同推动全厅党建工作取得新成效。

同志们，我相信，新一届机关党委和机关纪委一定会在省交通运输厅党组及全体党员的大力支持下，认真落实党的十七届四中全会提出的新要求、新任务、新举措，不断推动机关党建工作更好地为基层和群众服务，为全省“三个发展”和“三保”工作大局服务。

谢谢大家！

继往开来和谐奋进创新跨越科学发展 努力开创厅直系统党的工作新局面

——中共山西省交通运输厅直属机关委员会工作报告

(2010 年 3 月 30 日)

□胡钢成

各位代表,同志们:

今天,我们召开中共山西省交通运输厅直属机关第一次党员代表大会,主要任务是:高举中国特色社会主义伟大旗帜,以邓小平理论和“三个代表”重要思想为指导,深入贯彻落实科学发展观,全面总结近年来厅直系统党的工作,提出今后的目标任务,选举产生山西省交通运输厅第一届直属机关党委、纪委,动员厅直系统全体党员围绕中心、服务大局,改革创新、求真务实,为实现全省交通运输事业科学快速安全协调发展而努力奋斗。

2009 年 12 月,经省直工委批准,“中共山西省交通厅直属机关委员会”更名为“中共山西省交通运输厅直属机关委员会”。现在,我受上届直属机关党委委托,向大会作工作报告,请予审议。

一、近年工作回顾

近年来,在省直工委的正确领导和厅党组的直接指导下,厅直各级党组织认真贯彻党的十六大、十七大精神,以加强党的执政能力和先进性建设为主线,紧紧围绕交通运输发展大局来谋划和推进厅直系统党的建设,扎实抓好“三基”工作,充分发挥党组织的政治核心、战斗堡垒作用和党员领导干部的表率作用、党员的先锋模范作用,为全省交通运输事业又好又快发展提供了思想、组织和作风保证。厅直机关党委连续 20 年被评为省直机关“先进党组织”,并荣获“红旗党委”称号。

(一)深入开展学习实践科学发展观活动,保障和促进科学发展的能力有了新提高

厅直各级党组织在开展了“三讲”、“保先”等重大学习教育活动之后,根据省委统一部署,分三批认真开展了学习实践科学发展观活动。在活动中,厅直各级党组织牢牢把握“坚持科学快速安全协调发展,提升交通运输服务保障能力”这个主题和载体,始终贯彻“坚持解放思想,突出实践特色,贯彻群众路线,正面教育为主,注重改革创新”的指导思想,经学习提高、调查研究,分析检查、找准问题,解决问题、完善机制三个阶段 17 个环节,圆满完成学习实践活动的各项任务,达到了“党员干部受教育、科学发展上水平、人民群众得实惠”的预期目的。

在学习实践活动中,一是坚持强化领导,注重分类指导。成立了厅学习实践活动领导组及办公室内设机构,并向参学单位派出了指导检查组。二是坚持全员参与,保证活动效果。针对行业特点,采取深入一线、强化指导,结合实际、送学上门等措施,保证了学习实践活动纵向到每个基层党支部,横向到每一名党员。三是坚持领导带头,发挥表率作用。厅直各级党员领导干部充分发挥模范带头作用,带头参加各个环节的活动。四是坚持群众路线,勇于开门纳谏,广泛征求社会各界的意见和建议。五是坚持舆论引导,把握正确方向。高度重视宣传和舆论导向工作,并努力贯穿于活动始终。六是坚持实践特色,推动科学发展。在厅机关率先组织开展了“创建五型机关,促进四个发展”主题实践活动,并以学习实践活动为契机,认真抓好中央和省委保增长、保民生、保稳定决策部署的贯彻落实。

通过开展学习实践活动,广大党员干部进一步深化了对科学发展观的理解和认识,增强了贯彻落实科学发展观的自觉性和坚定性,提高了贯彻科学发展观的能力。通过体制机制创新,解决了一批制约交通运输发展的突出问题,进一步完善了保障和促进科学发展的制度体系。群众对厅领导班子提出的5类25个问题全部得到整改。

(二)坚持用科学的理论武装党员干部队伍,党的思想建设有了新突破

厅直各级党组织立足我省交通运输发展实际,解放思想、开拓创新,坚持把党的思想政治工作落实到交通运输工作的各个环节,为全省交通运输事业又好又快发展提供了坚强的思想保证。

一是切实抓好中心组理论学习。坚持以厅党组理论学习中心组为龙头,以处级干部和青年干部教育为重点,带动全系统干部职工的学习。各级党组织每年都制定中心组学习计划,明确学习内容和方式,注重实效,做到中心组学习有计划、有考勤、有材料、有笔记。特别是十七大以来,组织党员干部重点学习了科学发展观、构建社会主义和谐社会、加强党的执政能力建设和先进性建设等重大战略思想,把理论武装工作不断向深度和广度拓展。

二是认真开展专题学习活动。组织开展多种形式的专题学习活动,深入学习贯彻中央重大理论、重大方针政策。先后开展了建设有中国特色社会主义理论教育、在职干部正规化理论教育、“双学”(学理论、学党章)、“学习‘三个代表’、理清发展思路”等大型理论学习活动。通过专题学习活动,达到了提升思想境界、改进工作作风、推动工作开展的目标。

三是扎实推进党员干部的教育培训工作。在坚持不懈地抓好各项日常教育培训工作的基础上,专门成立了厅直党校,开辟了党员领导干部理论教育长期、稳定的阵地。各级党组织通过党校集中学习、专家重点辅导、专题报告会等形式,有效提高了党员干部的政治理论素质,年平均培训干部达800人次以上。

(三)坚持以改革创新精神推进“三基”工作,基层组织建设得到了新加强

坚持把加强和改进党的组织建设作为基层党建工作的着力点,狠抓“三基”工作,积极构建与交通运输改革发展相适应的党的基层组织格局,实现了基层党组织和党的工作的“全覆盖”,保证了基层党组织政治核心和战斗堡垒作用的发挥。

一是协助党组加强领导班子建设。在为厅党组民主生活会提供优质服务的同时,及时督促指导厅直单位党委(总支、支部)的民主生活会,确保会议质量,切实加强班子、促进工作;积极配合人事部门,做好厅直单位领导班子配备和管理工作,充分了发挥基层党组织的核心作用。

二是积极推进基层组织建设。为了充分发挥党的政治优势,对全省高速公路管理系统、重点工程在建单位党的工作实行了垂直管理。重点工程建设管理单位在进驻工地的同时就健全党组织,把党的基层组织建到了工队、班组,把党的保障、监督作用落实到基层。截至去年底,厅直机关党委辖基层党组织528个,党委53个,党总支27个,党支部

448个。

三是着力抓好基础管理。从规范基层党组织工作机制、党务干部选拔配备等入手,严格落实“一课三会”制度、党日活动制度、民主评议党员制度等,努力提高基层党组织工作的规范化水平。为全面加强基层党的建设,进一步落实党建工作目标责任,修订完善了厅直党的工作责任制考核办法。完成了全系统基层党组织和全体党员基础信息采集、录入与审核等工作,建成了党组织及党员的信息库,严密了党的组织体系。

四是切实提高党员基本素质。按照“坚持标准、保证质量、改善结构、慎重发展”的方针,将发展党员计划向建设、生产、教育、科研一线倾斜,从严把好党员发展的“入口关”,共在一线培养发展党员1000余名,为厅直各级党组织注入了新鲜血液。通过党员先锋岗、党员突击队、劳动竞赛等形式,为党员服务群众、加强党性锻炼搭建了平台,有效提高了党员队伍的整体素质。目前,厅直系统党员总数已达5684名,党员队伍成为全行业的中坚力量,在交通运输改革发展中发挥着越来越重要的作用。

(四)坚持以做好“三个服务”为重点,作风建设取得了新进展

坚持认真学习贯彻中央、省委有关作风建设的会议精神,紧紧围绕做好“三个服务”,始终把作风建设摆在突出位置,以优良的作风促进各项工作的顺利开展。

一是抓住作风建设的核心问题,进一步密切与人民群众的血肉联系。各级党组织始终做到认真贯彻执行党的群众路线,深入基层、深入群众,开展调查研究,听取各方面的意见和建议,切实解决群众普遍关心的热点、难点问题。围绕省厅推进路桥企业发展、实施成品油价格和税费改革等一系列重大举措,各级党组织抓重点、破难点、保稳定,路桥企业稳步发展,税费改革人员和近万名农民养路协议工相关问题得到妥善解决。

二是坚持贯彻民主集中制原则,领导班子作风建设进一步加强。各级党组织认真按照“集体领导、民主集中、个别酝酿、会议决定”的原则,不断增强集体领导意识,把充分民主和正确集中结合起来,进一步完善党委内部的议事规则和决策程序,形成了各司其职、各尽其责、相互协调、相互支持、共同推进全局工作的整体合力,有效提高了决策的科学化、民主化水平。

三是加强党风廉政建设,保持清正廉洁的作风。各级党组织坚持从自身做起,从领导干部的作风抓起,始终重视加强党风廉政建设,全面落实党风廉政建设责任制。制定下发了《建立健全惩治和预防腐败体系2008—2012年实施方案》,修订完善了公路建设领域领导干部廉洁自律有关规定,并按照中央和省委、省政府要求,深入开展了工程建设领域突出问题专项治理工作。通过采取一系列有效措施,有力地促进了交通运输系统反腐倡廉工作,有效保障了交通运输事业健康发展。

四是大力创新活动载体,扎实推进机关作风建设。认真开展了“作风建设年、狠抓落实年”活动。各级党组织紧紧抓住作风和效能建设这个根本,强化工作落实,集中解决了一批关系群众切身利益的热点、难点问题,机关作风不断改进,行政效能显著提高。

(五)坚持以提高行业文明程度和职工队伍素质为目标,行业文明和谐建设再上新台阶

紧紧围绕“提高行业文明程度、提高职工队伍素质”的总目标,坚持以机关党建工作推动行业文明和谐建设,优化发展环境,增强行业合力。

一是积极推进交通运输文化体系建设,不断提高干部职工队伍综合素质。始终把提高干部职工队伍综合素质、促进人的全面发展作为行业发展的基础工程和首要任务,深入广泛地开展了弘扬和培育民族精神和时代精神、推进交通运输文化建设等活动,铸就了“自力更生、艰苦奋斗、不屈不挠、勇于奉献”

的太旧精神和“与时俱进、勇于奉献、讲求科学、争创一流”的大运精神，全行业职工队伍思想道德修养、科学文化水平、民主法制观念、业务工作技能等得到显著提高。

二是广泛开展文明和谐创建活动，努力提升行业文明和谐程度。在全行业广泛深入地开展了切合交通行业特点的文明职工、文明路、文明车（船）、文明和谐示范窗口、文明和谐单位（行业）的“五个文明”创建活动，共建成文明路8120多公里、文明车（船）541多辆（条）、文明和谐示范窗口154个、省部级文明和谐单位100多个、有600余人荣获“文明职工”称号。大运高速公路被省政府和交通部联合命名为“千里文明高速路”。省厅被省文明委授予‘‘省级文明和谐单位标兵”称号，交通运输系统被授予“文明和谐行业”称号。交通系统及所属公路、征费、高管系统也全部跨入“全国交通文明行业”之列。

三是深入拓展共建共享范围，不断开创“文明和谐行业人人共建、文明和谐成果社会共享”的新局面。在省文明办组织开展的省市“文明和谐单位”和“社会主义新农村建设重点推进村”结对帮扶、共建文明和谐村活动中，厅机关和公路、运管、高管三个局积极参加，取得了明显的社会效益。在抗震救灾献爱心活动中，厅直系统广大党员干部和群众踊跃捐献，共捐款280万元，缴纳特殊党费284万元，彰显了厅直系统广大干部职工“一方有难，八方支援”的优良传统和爱国精神。

四是切实抓好长效机制建设，进一步推动文明和谐创建向纵深发展。坚持把文明和谐创建工作摆在突出位置，制定和实施了“十一五”和“大运千里文明路创建”等精神文明建设规划，出台了创建文明和谐行业实施办法等一系列规章制度，逐步建立起分级管理、分类指导、条块结合、权责分明的目标责任体系，使行业文明建设工作纳入了制度化、规范化、科学化、经常化的轨道，形成了上下联动、整体推进、齐抓共创的良好局面。

实践证明，厅直各级党组织是坚强有力的，广大党员干部在关键时刻是能够打硬仗的。在反对邪教及抗击非典、雨雪冰冻、特大地震等重大突发事件和自然灾害的战斗中，各级党组织充分发挥了领导核心作用和战斗堡垒作用，真正成为坚强的指挥部；各级领导干部率先垂范、身先士卒、全力以赴，充分发挥表率作用，真正成为群众的主心骨；广大党员勇于争先、勇挑重担，充分发挥先锋模范作用，真正成为了带领群众前进的先进分子。

以上成绩的取得，是省直工委、厅党组正确领导和指导的结果，是厅直各级党组织积极支持的结果，是广大党员、党务干部团结协作、尽职尽责、努力工作的结果。在此，我代表厅直机关党委，向所有重视、关心、支持和从事厅直党建工作的领导和同志们表示衷心的感谢！向多年来为厅直党建工作付出心血和努力的委员们致以崇高的敬意！

总结过去几年的工作，我们的主要体会是：必须把围绕中心、服务大局作为厅直系统党建工作的根本任务，联系交通运输特点和实际，找准定位，强化功能，体现价值，主动作为；必须把以人为本的理念贯穿党建工作全过程，着眼于提高党员队伍综合素质和能力，尊重党员主体地位和首创精神，发挥党员先锋模范作用，发挥工青妇组织的作用，形成有利于干事创业的和谐环境；必须以改革创新精神推动党的建设，深化党建工作认识，把握党建工作规律，健全和落实党建工作责任制，推进党建工作科学化、规范化、制度化。

在总结和肯定成绩的同时，我们也应当清醒地看到，当前厅直党建工作还存在一些问题和不足，主要表现在：一些党员干部贯彻落实科学发展观的能力还有待进一步提高；各级党组织推动科学发展、促进交通运输和谐的能力仍须进一步增强；在制度建设、机制完善和理论研究成果转化等方面仍有待加强。对此，我们一定要有足够认识，正视差距和问题，以奋发有为的精神攻坚克难，以求真务实的作风抓好落实，努力在新的起点上不断把厅直系统党的工作推向前进。

二、今后一段时期的工作任务

同志们,2010年是我国夺取应对国际金融危机全面胜利、保持经济平稳较快发展、确保“十一五”规划顺利完成、为“十二五”规划启动实施奠定良好基础的重要一年,也是全省交通运输事业抢抓机遇、加快发展的重要一年。在这承前启后、继往开来的关键时期,历史赋予了厅直机关党委新的责任。各级党组织必须积极探索新形势下党建工作的特点和规律,把党建工作放在交通运输发展的全局中找位置、谋创新、尽责任,真正使党建工作与交通运输中心工作融为一体,为促进交通运输科学发展提供更有力的保证。

今后一段时期厅直系统党的工作的指导思想和总体要求是:坚持以邓小平理论和“三个代表”重要思想为指导,深入贯彻落实科学发展观,认真落实党的十七大和十七届四中全会精神,紧紧围绕交通运输工作大局,以提高党的执政能力、保持和发展党的先进性为核心,以继续解放思想、推动科学发展、促进社会和谐为关键,全面推进党的思想建设、组织建设、制度建设、作风建设和反腐倡廉建设,努力开创厅直系统党的工作新局面,为全省交通运输科学发展提供坚强的政治保障。

按照上述总体要求,主要做好六方面工作。

(一)着眼于提供精神动力和思想保障,强力推进学习型党组织建设

思想政治建设是党的建设的根本任务,加强理论武装是厅直党建工作的重中之重。党的十七届四中全会要求,要把建设马克思主义学习型政党作为重大而紧迫的战略任务抓紧抓好。当前和今后一个时期的一项重大任务就是进一步坚持用中国特色社会主义理论体系武装党员头脑,深入开展社会主义核心价值体系教育,努力建设学习型党组织。

一要组织党员干部系统掌握中国特色社会主义理论体系。组织党员干部深入学习马克思列宁主义、毛泽东思想、邓小平理论、“三个代表”重要思想以及科学发展观,系统掌握中国特色社会主义理论体系,增强促进交通运输科学发展的自觉性和主动性,切实转变发展方式,加快发展现代交通运输业,提升交通运输服务保障能力。

二要组织党员学习践行社会主义核心价值体系。要把社会主义核心价值体系教育贯穿到党的思想、组织、作风、制度和反腐倡廉建设的各个方面,融入到党员日常工作学习生活之中,自觉用社会主义核心价值体系指导主观世界的改造,始终保持党员蓬勃朝气、昂扬锐气、浩然正气。

三要广泛开展创建学习型机关活动,努力营造良好的学习环境,形成浓厚的学习氛围。首先要以厅党组中心组学习带动面上的学习。认真贯彻省委《关于进一步加强和改进党委(党组)中心组学习的实施意见》和省直工委《实施意见》精神,把学习作为各级干部的政治责任、第一需要。其次要创新学习方法和途径。坚持综合运用个人自学、集中研讨、专题辅导、心得交流、演讲比赛等多种方式,调动广大党员干部的参学热情;充分发挥厅直党校的主渠道作用和网络、手机等新型媒体的作用,扩大学习覆盖面;积极创建学习型党组织示范点,强化党组织学习功能,研究制定推进学习型党组织建设的实施办法。第三要健全科学的学习机制。积极探索把理论素养和学习能力作为干部选任依据的有效做法,切实把建设学习型党组织的任务落到实处。四要加强思想政治教育。坚持不懈地抓好党的路线方针政策和形势任务教育,通过形势报告会、主题党日活动等形式,引导党员干部深刻理解和把握省委、省政府和省直工委的重大决策部署,增强政治意识、大局意识、责任意识,自觉在厅党组的具体要求下统一思想、统一行动,确保政令畅通、令行禁止。

(二)着眼于提高战斗力、凝聚力和创造力,切实加强党的基层组织建设和党员队伍建设

党的基层组织是党全部工作和战斗力的

基础，是落实党的路线方针政策和各项工作任务的战斗堡垒。按照拓宽领域、强化功能的要求，以夯实基础为着力点，不断提高党组织的凝聚力、创造力和战斗力，充分发挥党员的先锋模范作用。

一要争创一流党组织。优化组织设置，扩大组织覆盖，强化组织功能，积极探索党员流动管理机制，改进党员和党费管理，严格党员发展程序和要求，深入开展“创先争优”活动，用先进典型带动党的工作上水平，进一步形成基层党建工作新格局。

二要推进基层党组织工作创新。紧紧围绕交通运输发展的中心工作，努力探索党建工作与业务工作的结合点，做到中心工作在哪里，党的战斗堡垒和党员先锋模范作用就延伸到哪里。要进一步建立健全教育、管理、服务党员的长效机制，保持党员先进性的内在动力。要充分运用信息化、网络化等先进手段，广泛开展贴近实际、党员喜爱、群众欢迎的活动方式，增强党的活动的吸引力。要结合我省交通运输发展的形势，积极探索不同类型基层党组织设置形式，扩大组织覆盖面，实现党的组织和党的工作的全覆盖。

三要积极推进党内民主。严格执行民主集中制，改革和完善民主决策机制，提高民主决策、科学决策的水平。加强对厅直单位党员领导干部民主生活会的指导和管理，提高民主生活会质量，提高领导班子解决自身问题的能力。尊重党员主体地位，真正落实好党员的知情权、参与权、选举权、监督权。积极推进党务公开，营造党内民主讨论的氛围，为党员参与党内事务提供平台，使党员真正成为党内民主的实践者和推动者。

（三）着眼于提高效能和改进服务，不断强化作风建设

优良的作风，高效的服务，是新形势、新任务对广大党员干部提出的重大实践课题，也是充分发挥党员先锋模范作用的具体体现。各级党组织要以效能建设为抓手，以讲党性、重品行、作表率为载体，以转变作风、改进服务为基本要求，下大气力解决突出问题，以优良的党风促政风带行风。

一要大兴密切联系群众之风。深入基层，调查研究，创新服务，提升效能，下移工作重心，努力为全省经济的发展和人民群众提供优质高效的交通运输服务。

二要大兴求真务实之风。把求真务实贯穿到工作的各个方面、各个环节，建立健全工作责任制，营造求真务实良好氛围，使党员干部真正把心思用到干事业上，把工夫下到察实情、出实招、办实事上，努力在推进交通运输又好又快发展上取得新实效。

三要大兴艰苦奋斗之风。倡导艰苦奋斗、厉行节约，力戒形式主义、铺张浪费、奢靡享乐，永葆共产党员政治本色。

四要大兴批评与自我批评之风。增强党内生活原则性和实效性，完善领导干部双重组织生活会制度，提高党内组织生活质量，充分发挥民主生活会开展思想交流、提高党性修养、增强党内团结的重要作用。

五要以作风建设成果推动效能建设深入扎实开展。紧紧围绕交通运输发展、改革、服务三大任务，深化效能建设主题实践活动，突出实践主题，落实整改时限和要求，为加快全省交通运输科学发展提供动力支持。

（四）着眼于加强制度建设和完善组织监督，深入推进反腐倡廉建设

加强党风廉政建设，是党必须始终抓好的重大政治任务。反腐倡廉建设作为厅直党建工作的一个重点，必须持之以恒地抓紧抓好，确保党员干部廉洁自律。

一要坚持教育在先、预防在先。以学习贯彻《中国共产党党员领导干部廉洁从政若干准则》为契机，狠抓以领导干部为重点的党风廉政教育。有针对性地开展正面典型示范教育和反面典型警示教育，增强廉政教育的说服力。大力加强廉政文化建设，逐步探索并建立具有交通运输特色的廉政文化，营造廉洁从政的浓厚氛围，教育引导党员干部打牢廉洁从政的思想道德基础，筑牢拒腐防变的思想道德防线。

二要加强制度建设。针对新形势下交通运输领域党员干部违纪违法的特点和规律，继续完善制度体系，强化“四道防线”。要用不断创新的制度规范招标投标、设计变更、材料采购、资金拨付、工程监理、工程验收等关键环节的工作，更好地发挥市场在资源配置中的基础性作用。严格执行领导班子议事决策规则，完善决策监督机制，健全决策失误纠正机制和责任追究制度，实行党政领导干部问责制，加大教育、监督、改革、制度创新力度，进一步形成反腐倡廉制度体系和权力运行监控机制。

三要强化监督职能。认真落实党风廉政建设责任制，强化监督责任，推动党内监督贯穿到各项业务工作之中，与日常教育管理有机结合起来，拓宽监督渠道，创新监督手段，提高监督实效，确保党风廉政工作和“一岗双责”要求的真正落实。

（五）着眼于提升行业形象和优化发展环境，努力构建和谐交通

如何发挥党建工作提升形象、营造和谐、凝聚人心、保障有力的作用，是我们共同面临的重大课题。各级党组织要充分发挥思想政治工作优势，注重从源头上化解不和谐因素，努力将各方面的力量凝聚到实现交通运输科学发展的战略目标上来。

一要强化思想政治工作。要把思想政治工作的重点放在推进发展、维护稳定、促进和谐上，针对交通运输改革发展中出现的热点、难点问题，通过深入细致的思想政治工作，做好宣传引导工作。同时注重对干部职工特别是困难职工的人文关怀和心理疏导，建立帮扶机制，帮助干部职工理顺情绪，化解矛盾，把思想政治工作与服务基层群众、解决实际问题结合起来，努力做好维护稳定、化解矛盾和防范处理邪教等工作。

二要推进文明创建深入扎实开展。以文明施工、文明工地建设为重点，广泛开展“和谐生态工程”创建活动。继续加强对交通运输文化的探索与研究，使交通运输文化真正成为团结队伍、凝聚人心、集聚活力、提升动力的精神纽带。认真实施交通运输部行业文化建设“十百千”工程，努力打造全国交通文化品牌，创建全国交通文化建设示范单位，培养一批全国交通运输先进典型。同时要积极推动典型宣传，大力宣传文明和谐单位、文明和谐行业创建活动的先进典型，进一步推动文明和谐创建工作上水平、见实效。

三要充分发挥群团组织的重要作用。进一步加强对群团工作的领导，积极为群团工作创造条件，继续推进统战工作“凝聚力工程”，做好帮扶助困送温暖、青年文明号创建、巾帼建功活动、关心下一代工作等。各级群团组织要充分发挥桥梁纽带作用，聚焦党的中心工作，组织开展各种竞赛活动，引导干部职工把思想、时间和精力集中到谋事、干事、成事上来，在交通运输大发展中发挥重要作用。

（六）着眼于强化责任和提高队伍素质，不断创新厅直党建工作新格局

狠抓责任落实，不断提高队伍素质，是有效推进各项工作的关键和根本保证。当前，厅直系统党的建设各项任务艰巨而繁重。各级党组织要严格按照会议部署，增强责任意识，加大执行力度，在提升队伍素质上下工夫，在完善责任落实机制上求实效。

一要认真落实厅直党建工作责任制。按照省直工委和厅党组赋予的直属机关党建职责，完善党建制度体系，探索党建考核评价和督促检查机制，深入贯彻落实保持共产党员先进性四个长效机制文件，巩固和扩大学习实践科学发展观活动成果，进一步形成学习实践科学发展观的整体合力。

二要进一步增强工作主动性。紧紧围绕党组确定的工作大局和中心任务，自觉做到“三个主动”。即主动汇报，争取党组及时研究和解决党建工作的重要问题；主动服务，做到党组重点抓什么，厅直党建就着力推什么；主动作为，力求在落实党组重大决策部署中有声音、有行动、有作为。

*三要切实加强党务干部队伍建设。*加强和改进机关党的建设,必须充分调动党务工作者的积极性、创造性。要继续把建设政治强、业务精、作风好的党务干部队伍作为重要任务来抓,配齐配强党务干部队伍,关心党务干部的成长进步,通过集中培训、轮岗交流、实践锻炼等途径,不断提高党务干部的综合素质和能力。

同志们,机关党建工作是党的建设新的伟大工程的重要组成部分,加强和改进厅直党建工作意义重大而深远。我们要在省直工委的领导和厅党组的指导下,坚持围绕中心,服务大局,团结带领广大党员顽强拼搏、迎难而上、锐意进取、开拓创新,以改革创新精神全面加强厅直系统党的建设,努力为实现全省交通运输事业又好又快发展提供坚强的政治和组织保证。

谢谢大家!

深入开展党风廉政建设与反腐败工作为全省交通运输科学快速安全协调发展提供坚强保证

——中共山西省交通运输厅直属机关纪律检查委员会工作报告

（2010 年 3 月 30 日）

□王亚虎

各位代表、同志们：

2009 年 12 月，经省直工委批准，“中共山西省交通厅直属机关纪律检查委员会”更名为“中共山西省交通运输厅直属机关纪律检查委员会”。现在，我受上届直属机关纪委委托，向大会作工作报告，请予审议。

一、近年工作回顾

近年来，厅直机关纪委坚持以邓小平理论和“三个代表”重要思想为指导，认真贯彻落实科学发展观，在上级纪委和厅党组的领导下，在厅直各级党组织、全体共产党员和广大干部职工的支持下，紧紧围绕交通运输发展这个中心，认真履行党章赋予的各项职责，贯彻党的基本路线，积极推动党风廉政建设和反腐败工作深入开展，为促进全省交通运输科学快速安全协调发展提供了坚强的政治保证。

（一）加大反腐倡廉宣传教育力度，不断促进党员干部廉洁自律

厅直机关纪委坚持教育、预防为主的方针，把经常性的反腐倡廉教育作为基础性工作来抓，结合“三讲”教育、保持共产党员先进性教育、社会主义荣辱观教育、学习实践科学发展观等活动，在各级领导干部中持续开展了以坚定理想信念、树立正确的权力观和遵纪守法为主要内容的反腐倡廉教育。通过举办专题廉政培训、开展征文活动、征集廉政书画、群发短信等方式，多层次地开展廉政文化建设，努力强化廉政意识，倡导廉政道德，全面增强反腐倡廉教育的针对性和说服力，形成了较为完善的反腐倡廉宣传教育工作格局，广大党员干部的党纪政纪和法制观念普遍增强，拒腐防变能力显著提高。

（二）加快推进反腐倡廉制度建设，着力从源头上预防和治理腐败

落实领导干部重大事项报告、述职述廉、民主评议、谈话诫勉、选拔任用等制度规定，配套建立了廉政档案，强化管理监督，从源头上预防腐败。着重修改完善了《重点公路联合监督办法》、《公路工程招投标管理监督实施意见》、《政务信息公开办法》等规章制度，制定出台了《关于加强全省公路建设项目招标投标活动监督管理的意见》、《山西省交通厅交通建设项目委托审计监督管理办法》、《山西省高速公路工程设计变更管理办法》等,进一步提高了反腐倡廉工作科学化、规范化、制度化水平,有效遏制了腐败现象。

(三)着眼于重点部位和关键环节,进一步增强监督工作的针对性

把交通基础设施作为建设和谐交通、廉洁交通的重点环节,推行项目法人制、招标投标制、纪检人员派驻制、双合同制、农村公路巡查制,做到事前、事中、事后监督相互结合,加强对工程建设概算控制、招标投标、转包分包、设计变更、资金拨付、物资采购等关键环节的监督检查。

(四)坚决推进纠风治乱工作,大力加强政风行风建设

坚持以"树立行业新风,优化发展环境"为主题,深入推进政风行风建设工作,先后将私设小金库、商业贿赂、公路"三乱"、非法超限超载等问题作为不同阶段纠风工作的重点,集中部署,专项治理。每年,厅领导和厅直相关主管局领导都要走进山西人民广播电台《政风行风热线》直播节目,解答群众关心的交通运输热点问题;组织召开民主评议政风行风听证对话会,接受群众监督。特别是在治理车辆超限超载方面成效显著,全省车辆超限超载率下降到0.1%,高速公路杜绝了车货总重55吨以上的非法超限超载车辆,长途运输中的非法超限超载车辆基本消除。去年7月,全国治超领导小组在山西召开了治超现场会,全面推广山西治超经验。国务院领导对我省治超工作专门作出批示,给予充分肯定。

(五)落实党风廉政建设责任制,确保完成反腐倡廉各项任务

坚持标本兼治、综合治理、惩防并举、预防为主的方针,按照"一岗双责"和"谁主管、谁负责"的原则,认真执行党风廉政建设责任制。及时制定下发了建立健全惩治和预防腐败体系2008—2012年实施方案,细化目标责任和制度措施,进一步完善和健全党委统一领导、党政齐抓共管、主要领导亲自抓、分管领导分工抓、业务部门参与抓的党风廉政建设工作格局,确保了党风廉政建设责任制各项任务的落实。严格执行厅党组公开作出的"六项廉政承诺",尤其是严禁领导干部违规干预和插手工程招标投标、工程分包、物资设备采购、资金拨付、设计变更等活动;严禁领导干部接受与行使职权有关系的单位、个人的财物;严禁领导干部的配偶、子女及其配偶,在领导干部管辖业务范围内个人从事与工程建设有关的经商办企业、社会中介服务活动。对违反规定的,一律先免职、后处理,决不手软。

(六)加大信访和案件工作力度,坚决查处违规违纪行为

高度重视信访工作,积极完善联合办案机制,通过执法、治贿、纠风治乱、"小金库"治理等工作发现案件线索,加大对违纪违法问题的发现力度和查处力度,每年信访处理率达100%。同时结合案件和倾向性问题,及时堵塞漏洞,完善制度,发挥了查办案件治本作用。通过正确处理,教育了广大党员干部,纯洁了行业风气。

总之,几年来通过各级党组织和广大党员的共同努力,厅直系统党风廉政建设和反腐败工作取得了一定成绩,但与新形势新任务的要求相比还有一定的差距,主要表现在:反腐制度和政策落实力度仍然不够;惩防体系仍然不够完善;工作机制和工作能力还不能完全适应反腐败斗争的需要。对此,我们应当高度重视,认真思考,以更加奋发有为的姿态、更加坚决的态度、更加有力的措施做好工作。

二、主要认识和体会

多年的实践,使我们对反腐倡廉工作规律的认识不断深化,在探索中获得四点认识和体会。

(一)必须坚持党的领导,自觉用马克思主义中国化的最新成果指导反腐倡廉新的实践

我们党是以马克思主义科学理论武装起

来的、以全心全意为人民服务为宗旨的先进政党，是中国特色社会主义事业的领导核心。各级党组织对反腐倡廉工作高度重视，实行了坚强有力的领导，特别是坚持用马克思主义中国化的最新成果指导反腐倡廉工作，坚决贯彻落实中央和省委的各项决策部署，开创了党风廉政建设和反腐败工作的新局面。实践证明，纪检工作只有坚持在各级党组织的领导下，自觉以马克思主义中国化的最新成果指导实践，才能保证正确的政治方向；才能顺应时代发展的潮流，推进反腐倡廉理论和实践的创新；才能更好地为加强党的执政能力建设和先进性建设服务，促进党的执政使命的实现，保持党的性质，使党永远立于不败之地。

（二）必须坚持围绕中心、服务大局，实现反腐倡廉与交通运输发展良性互动

发展是党执政兴国的第一要务，是解决中国一切重大问题包括党风廉政建设问题的基础。只有正确处理反腐倡廉与交通运输发展的关系，把反腐倡廉工作放在交通运输改革发展的全局中去谋划，立足服务发展、促进发展、保障发展，自觉以交通运输中心工作为重点，以人民群众关注的焦点和社会反映的热点为着力点，切实解决党风政风方面存在的妨碍改革发展稳定的突出问题，营造鼓励、支持干事业的良好氛围，激发各方面的创造活力，才能使反腐倡廉与改革发展同步推进、良性互动，始终保持纪检工作旺盛的生命力。

（三）必须坚持把解决损害群众利益的突出问题作为党风政风建设的工作重点，切实维护人民群众的根本利益

实现好、维护好、发展好最广大人民群众的根本利益，是科学发展观和构建社会主义和谐社会的本质要求，也是反腐倡廉工作的重要任务。只有始终牢记党的宗旨，坚持以人为本，时刻关注人民群众最直接、最现实、最突出的利益问题，着力纠正损害群众利益的不正之风，维护社会公平正义，才能通过反腐倡廉推进党风政风建设，进一步密切党同人民群众的血肉联系，促进社会和谐稳定，巩固党执政的群众基础，更好地落实立党为公、执政为民的要求，切实做到发展为了人民、发展依靠人民、发展成果由人民共享。

（四）必须坚持反腐败领导体制和工作机制，增强反腐倡廉的整体合力

反腐倡廉是全党的一项重大政治任务。只有充分发挥党的政治优势和组织优势，坚持和完善党委统一领导、党政齐抓共管、纪委组织协调、部门各负其责、依靠群众支持和参与的反腐败领导体制和工作机制，认真执行党风廉政建设责任制，全面履行党的纪律检查和行政监察两项职能，才能充分调动各方面的积极性，为深入开展反腐败斗争提供组织保证。

三、对今后一段时期党风廉改建设与反腐败工作的建议

当前全省的交通运输发展正处在关键时期，党风廉政建设和反腐败斗争的任务十分艰巨。今后一段时期厅直系统党风廉政建设和反腐败工作的指导思想是：高举邓小平理论和“三个代表”重要思想伟大旗帜，深入贯彻落实科学发展观，以服务保障全省交通运输工作大局为己任，以完善惩治和预防腐败体系为重点，以落实党风廉政建设责任制为抓手，以加强纪检监察干部自身建设为保证，奋发进取、务实创新，着力加强反腐倡廉制度建设和制度创新，努力开创厅直系统党风廉政建设和反腐败工作新局面，为全省交通运输又好又快发展提供坚强有力的政治和纪律保障。

（一）坚持维护稳定、促进发展，为交通运输又好又快发展营造良好环境

围绕发展的关键环节，认真研究制定纪检监察工作服务改革发展稳定的政策措施，促进全省交通运输科学发展。大力营造务实环境，推动建立符合科学发展观要求的领导班子和领导干部综合考核评价制度，形成正确的政绩导向，促进各级领导干部改进作风、

真抓实干、务求实效;大力营造廉洁环境,加强对权力运行的监督制约,积极拓展从源头上防治腐败工作领域,保证权力正确行使;大力营造稳定环境,有效预防和化解各类矛盾,努力消除不稳定、不安全因素,保持和谐、安定、团结的大好局面。

(二)坚持党要管党、从严治党,进一步加大查办案件力度

要拓宽群众参与反腐倡廉工作渠道,监督完善信访举报机制和举报督办机制,坚决纠正瞒案不报、压案不查的现象。要严格责任追究,认真落实"一案双查"制度,既要查直接的违纪违法者,也要查相关领导的责任。严肃查办工程建设领域领导干部违规插手干预工程建设、以权谋私的案件;严肃查办发生在领导机关和领导干部中滥用职权、贪污贿赂、腐化堕落、失职渎职案件;严肃查办利用行政审批权和行政执法权谋取非法利益的行为;严肃查办严重侵害群众利益案件、群体性事件和重大责任事故背后的腐败案件;严肃查办产权交易、资本运营和经营管理中隐匿、私分、侵占、转移国有资产造成国有资产流失的案件;严肃查办严重违反政治纪律和组织人事纪律的案件;严肃查办违反财经纪律私设"小金库"的案件;深入开展商业贿赂专项治理,严肃查办商业贿赂案件。坚持严格依纪依法办案,加强案件审理工作。大力推进查办案件工作方式方法和机制制度创新,不断提高综合运用政策、法律、纪律以及科技手段突破案件的能力。

(三)坚持惩防并举、注重预防,扎实推进惩防体系建设

要坚持以建立健全惩治和预防腐败体系各项制度为重点,以制约和监督权力为核心,以提高制度执行力为抓手,加强整体规划,抓紧重点突破,逐步建成内容科学、程序严密、配套完备、有效管用的反腐倡廉制度体系。要结合单位部门实际,在反腐倡廉制度建设、监督制度建设、预防制度建设、惩治制度建设上有新举措、新突破。要继续深入推进惩防体系《实施纲要》和《工作规划》的落实,按照制定的实施方案,结合新形势、新任务,进一步抓好任务分解和落实。要认真落实党风廉政建设责任制,积极实施"一岗双责",充分发挥班子成员及有关部门的主观能动作用,形成合力,共同落实好反腐倡廉任务。

(四)坚持弘扬正气、抵制歪风,切实加强领导干部作风建设

认真学习十七届中纪委四次、五次全会精神和胡锦涛同志重要讲话精神,深入开展党性党风党纪教育,使党员干部特别是领导干部牢固树立忠诚党的事业的新境界、新理念,常怀忧党之心,恪尽兴党之责,谨铭守党之纪。加强廉洁从政教育,认真组织党员干部学习《中国共产党党员领导干部廉洁从政若干准则》,着力解决涉及党员领导干部廉洁自律的突出问题;创新主题教育活动载体,综合运用宣传栏、电子屏、群发短信、网络等平台和手段,丰富教育活动内涵,切实引导党员领导干部讲党性、重品行、作表率。

(五)坚持增强能力、提高水平,建设高素质的纪检监察干部队伍

认真贯彻落实党的十七届四中全会关于加强干部建设的总体要求,进一步加强纪检监察干部队伍建设,以"做党的忠诚卫士、当群众的贴心人"主题实践活动为载体,大力学习和弘扬右玉精神,不断提高政治素质、业务素质和执纪能力,切实增强全面履行党章赋予的职责的能力。要把先进性建设贯穿于各级纪检组织自身建设的始终,深入学习科学发展观和构建社会主义和谐社会等重大战略思想,站稳政治立场,坚定正确方向,与党中央保持高度一致。要加大学习培训力度,积极组织纪检监察干部参加各种培训教育,深入钻研纪检监察业务知识,广泛学习经济、科技、法律、金融等知识,增加知识储备,完善知识结构,努力提高业务本领。要健全完善制度,加强内部管理,严格纪律约束,自觉接受监督,努力建设一支政治坚强、公正廉洁、纪律严明、业务精通、作风优良的纪检监察干部队伍。

各位代表、同志们,让我们以更加坚定的信心、更加坚决的态度、更加有力的措施、更加扎实的工作,坚定不移地把厅直系统党风廉政建设和反腐败斗争推向前进,以党风廉政建设和反腐败斗争新成效,为推动全省交通运输科学发展、促进社会和谐、开创新形势下党的建设新局面提供强有力的保证。

谢谢大家!

交通史志年鉴工作会议专辑

坚定信心　乘势前进
为全面完成交通史志年鉴任务而努力奋斗

——在2010年全省交通史志年鉴工作会议上的讲话

（2010年3月9日）

□ 韩日裕

同志们：

这次全省交通史志年鉴工作会议，回顾总结2009年工作，研究部署2010年任务，对于全面推进全省交通史志年鉴工作，很重要也很必要。

过去的一年，是全省交通史志年鉴事业大发展的一年。在厅党组的正确领导和省地方志办公室的精心指导下，在厅机关各处室和厅属各单位、各部门的大力支持下，通过广大交通史志年鉴工作者的共同努力，全省交通史志年鉴工作取得显著成绩，实现新的突破。省厅先后编撰出版了《山西交通志》（1978～2008）（上、中、下三卷）、《大路人生—山西交通改革发展30年回顾与展望》、《山西路谱》、《山西交通年鉴》（2009年版）四部书籍。厅直单位中，山西省交通建设开发投资总公司完成了《山西省交通建设开发投资总公司志》的编辑出版工作；省公路局完成了《山西省公路志》的编辑出版工作；由山西省交通运输管理局组织编撰的《山西省交通运输管理志》已经通过省地方志办公室及有关专家评审，即将正式出版。这些成绩的取得，为新中国成立60周年献上了一份厚礼，是非常不容易并值得高度评价的。借此机会，我代表厅党组，向在交通史志年鉴工作岗位上付出辛勤汗水的同志们表示亲切的问候和衷心的感谢！向今天受到表彰的先进单位和先进个人表示热烈祝贺！

关于今年的交通史志年鉴工作，刚才国梁同志已经作了很好的安排部署，我完全同意。希望各单位、各部门认真抓好贯彻落实工作，圆满完成目标任务。下面，我讲几点意见。

一、认清形势，进一步增强做好工作的责任感和使命感

编史修志是中华民族的优良文化传统，是党和国家的一项重要社会事业，也是各单位和各部门的一项重要工作职责。编修地方志，既可以为各级各部门领导提供翔实可靠的地情资料，又能为促进经济发展提供科学的决策依据。为此，党和国家一直高度重视、支持和关心编史修志事业。2008年11月召开的第四次全国地方志工作会议，从战略和全局的高度，深刻阐明了在新的历史条件下推进编史修志事业发展和繁荣的重大意义；2009年12月3日召开的全省地方志工作会议，也为我们进一步作好今后一个时期的史志年鉴工作指明了方向。在新的历史时期，

我们对交通史志年鉴工作的性质、任务和作用要有新的认识。

第一,编史修志是一项社会主义文化建设事业,是一项系统工程,是两个文明建设的重要组成部分,是承上启下、继往开来、服务当代、有益后世的重要事业。因此,史志年鉴工作是造福后代的百年大计,应该引起我们的高度重视。

第二,修志是官书官修、官职官责,是指令性任务,是各级领导的职责,必须保证完成。史志年鉴工作不是一项可有可无的工作,而是必须办且一定要办好的工作。

第三,盛世修志是历史发展的必然。只要人类的社会实践不停息,记录这一活动的史志年鉴工作就不能停止。无论对一个国家和民族来讲,还是对一个单位和部门而言,最可宝贵的是自己的实践。自己走过的路,是自己走向未来的宝贵财富。史志年鉴工作是记录人们的奋斗实践和前进足迹的工作,是一项光荣而艰巨的历史使命。

所以,我们一定要认真学习领会第四次全国地方志工作会议和省地方志工作会议精神,从贯彻落实科学发展观、促进社会主义文化大发展大繁荣的高度,从更好地服务交通运输经济发展大局的高度,深刻认识新形势下做好交通史志年鉴工作的重要性和紧迫性,以对党负责、对人民负责、对子孙后代负责的责任感和使命感,振奋精神,埋头苦干,开拓进取,乐于奉献,推动交通史志年鉴工作又好又快发展。

二、严把质量,扎实推进交通史志年鉴工作再上新水平

质量是史志年鉴的价值所在。要坚持高起点、高标准、高质量,把精品意识贯穿到史志年鉴工作的全过程和各个环节,严格把好质量关,真正把我们编撰的每一本交通史志年鉴书籍修成经世致用、流传千古的名志佳作。今年,全省交通史志年鉴的编修任务十分繁重,越是这样,越要强化精品意识,正确处理好进度与质量的关系,决不能为了赶进度而放松对质量的要求。

一要确保交通史志年鉴的政治质量。交通史志年鉴不是一般的地情资料,是代表厅党组编写的大型资料性文献著作,属于意识形态范畴,不仅具有资料性、学术性,而且具有政治性。在编撰中要以“三个代表”重要思想和科学发展观为指导,以2010年交通中心工作为出发点和落脚点,严格遵守党和国家的宣传纪律。要坚持解放思想、实事求是的思想路线,以辩证唯物主义和历史唯物主义的基本立场、观点、方法观察问题、分析问题,编修出反映时代变化、体现时代精神、展示时代风貌的交通史志年鉴书籍。

二要注重交通史志年鉴的内容质量。《山西交通年鉴》作为省厅的年度资料汇总,是各部门和各单位宣传展示自己的阵地,是各级领导的案头工具书,是了解山西交通、宣传山西交通的窗口,也是将来研究山西交通运输发展历史的重要史料,其质量是马虎不得的。《山西交通年鉴》质量的高低,主要取决于文稿质量的优劣。在座的各位撰稿负责人,都是从事文字工作的人,大家了解政策,知晓情况,业务娴熟,文笔过硬,要认真下工夫,选择本部门、本行业、本地的大事、新事、要事、特事来进行记述,做到内容广博,信息含量高,选材精当,题材开掘深刻,文字表述准确。我相信今年的年鉴文稿质量会更高。在年鉴内容上,一定要坚持贴近实际、贴近生活、贴近群众,树立“编为用”、“读者至上”的理念,要站在第三者的角度看问题,要考虑历史要留什么,当代人要看什么,后人要查什么。这样,我们写概况、立条目才能真正做到“三贴近”。要忠于史实,坚持创新,无论是《山西交通年鉴》,还是《山西交通文化资料集锦》或《辉煌的历程—山西交通建设60年回顾》,撰稿中都要忠于史实,内容不加水分,不能有虚假的东西。在反映我们事业取得成绩的同时,还应突出反映前进中出现的重点、热点和难点问题。一个单位、一个部门

都有各自的实际情况，每年的运转情况也各具特点。只有准确把握住了这些时代特征、地方特色和行业特点，才能撰写出高质量、有新意的稿件，才能给读者提供更多的有效信息，才有存在的价值，才能发挥存史、借鉴的作用。我们要不断提高自己的认识能力，努力成为一个称职、冷静而客观的历史记录者，使我们编撰的交通史志年鉴能给人以鼓舞、激励、警示、启迪，给人以经验、知识和智慧，从而振奋人们的精神，为全面建设和谐交通服务。

三要提高交通史志年鉴的编撰质量。厅资料信息中心要加强业务指导和督促检查，严格执行审查验收制度，切实把好政治关、保密关和史实关，对不合格的稿件要坚决驳回进行重修。对于遇到的新情况、新问题，要及时向省地方志办公室的领导和专家请教；要通过举办培训班、专题辅导等方式，全面提高编撰人员素质，为提高史志年鉴书籍质量打下良好的基础。

三、责任考核，采取有力措施把“一纳入、五到位”落到实处

为把交通史志年鉴工作落到实处，从2010年起，在省厅与各市交通局、厅直单位签订的目标责任书中，将史志年鉴工作纳入工作目标责任制考核范围。具体要求是：建立健全编撰机构，确保必需经费和人员；按照省地方志办公室及省厅要求，及时报送文字和图片资料；责任落实到人，认真做好史志年鉴资料的搜集整理、修改完善及编辑出版工作；积极创造条件，努力完成先进典型宣传及发行任务。希望各单位和部门分管领导要严格按照目标责任书的要求，认真履行职责，完成任务。像在编撰《山西路谱》工作中，长治市、临汾市、忻州市、大同市交通局缺项很多，厅资料信息中心多次催要，也没有补全，造成资料不完整，影响书籍整体质量，希望有关单位一定要引起高度重视，再也不能出现这种情况了。决不能因为一个单位或部门缺少资料，影响全系统的工作。要切实落实好中国地方志领导小组“一纳入、五到位”，组织各方力量，为交通史志年鉴工作提供必要的支持和条件，保证交通史志年鉴任务的完成。一纳入：即把史志年鉴工作纳入经济社会发展计划和年度工作任务之中。分管领导每年至少要听取两次史志年鉴工作的情况汇报，掌握工作情况，了解存在问题，及时协调解决。五到位：一是领导到位。各单位、各部门要有领导分管史志年鉴工作，要了解掌握工作进展情况，研究落实编撰工作中的部署和措施，解决交通史志年鉴工作中遇到的困难和问题；二是机构到位。要注意根据实际情况调整充实委员会成员及办公室人员，有修志任务的单位要成立领导小组，组建精干的编撰班子，明确工作职责和任务，确保有稳定的人员开展修志工作；三是经费到位。《地方志工作条例》明确规定了修志经费要列入同级政府财政预算，为解决落实修志经费提供了法律依据，各单位要有足够的经费保证交通史志年鉴工作的正常开展；四是队伍到位。要挑选政治思想过硬、具备专业知识、熟悉情况、热爱本职工作、团结依靠同志、作风深入扎实、乐于吃苦奉献的同志从事交通史志年鉴工作，并注重在实践中锻炼提高，使他们尽快成为内行，确保交通史志年鉴事业人才辈出、持续发展；五是条件到位。交通史志年鉴部门是辛苦、清苦、艰苦的“三苦”单位，他们默默无闻的工作不为大家知晓，工作成果体现在厚厚的书籍中。各级领导要为交通史志年鉴工作创造良好的内外部环境和条件，关心交通史志年鉴人员的政治、福利待遇，解除交通史志年鉴工作者的后顾之忧。同时，要认真解决好史志年鉴部门办公用房、用车和必要的办公设备等问题，为他们开展工作创造必要的条件，提供必要的保障。与此同时，各市交通局、厅重点办、省公路局、省交通运输执法局、省运管局、省高管局、省地方海事局，也要按照省厅的要求，把交通史志年鉴工作列入对各重点公路建设管理处、各

公路分局、各市交通运输执法局、运管处(局)、各高速公路公司、海事局的工作目标责任考核内容,真正把交通史志年鉴工作落到实处,取得满意效果。

同志们,过去的成绩是我们再创佳绩的基石,存在的问题是我们改进工作的动力,面临的困难是我们不断进取的机遇,既定的目标是我们铸造辉煌的号角。让我们团结一致,振奋精神,积极响应厅党组号召,为出色完成本单位交通史志年鉴编撰任务作出更大贡献。

最后祝大家在新的一年里身体健康,工作顺利。

谢谢大家!

凝心聚力　攻坚克难
不断提升交通史志年鉴编撰水平

——在2010年全省交通史志年鉴工作会议上的总结报告

(2010年3月9日)

□师国梁

同志们：

今天的会议，是在全省交通快速稳定发展的大好形势下召开的。会议的主要内容是：总结2009年全省交通史志年鉴工作；表彰《山西交通志》、2009年版《山西交通年鉴》编撰工作先进单位和先进个人；部署2010年交通史志年鉴工作任务和交通史志年鉴工作目标责任百分考核实施方案。希望全省交通史志年鉴工作者以此次会议为契机，凝心聚力，攻坚克难，认真工作，努力进取，爱岗敬业，拼搏奉献，为全省交通史志年鉴工作再作新贡献。

一、2009年工作：齐心协力，真抓实干，圆满完成全省交通史志年鉴编撰任务

2009年，在省交通运输厅党组的正确领导下，在省地方志办公室的精心指导下，在厅机关各处室和厅属各单位、各部门的大力支持与配合下，全省交通史志年鉴工作者以"三个代表"重要思想为指导，深入贯彻落实科学发展观，紧紧抓住发展机遇，不断拓展发展空间，努力开创发展新局面，较好地完成了厅党组部署的各项任务，为宣传交通、服务交通做了大量工作，得到各级领导充分肯定。

(一)编撰出版2009年版《山西交通年鉴》

《山西交通年鉴》(2009年版)为年鉴系列丛书第16本，记事时限为2008年1月1日至2008年12月31日，收载范围包括全省交通运输系统各单位、各部门2008年工作情况。内容包括"特载6篇、交通史志年鉴会议专辑2篇、大事记、各市交通局工作业绩11篇、厅直单位工作业绩22篇、公路系统单位工作业绩14篇、征稽系统单位工作业绩11篇、高速公路系统单位工作业绩18篇、重点公路工程建设单位工作业绩5篇，交通开发单位工作业绩3篇，山西汽车运输集团工作业绩16篇、部领导调研摘记、省领导调研摘记、厅领导调研摘记、深入学习实践科学发展观活动专辑、援川抗震救灾、治理超限超载、全省交通建设成就、交通行业管理、精神文明建设、统计资料、政策·法规辑录、光荣榜、领导干部名录、图片资料、先进典型集锦26个栏目。其中，"深入学习实践科学发展观活动专辑"旨在突出反映全省交通系统认真开展学习实践科学发展观活动的全过程；

"援川抗震救灾"重点反映2008年5月12日汶川特大地震后,厅党组果断决策,派遣公路抢通保通抢险突击队,开赴灾区,帮助灾区人民重建家园和捐款捐物的典型事件,具有强烈的时效性和年度特色。全书共收录照片196幅,165.4万字,内容全面、涵盖面广,真实、全面、系统地反映了全省公路交通建设的辉煌成就及全省交通系统各单位、各部门2008年改革与发展和各项建设成就,突出了全年交通中心工作,体现了年度特色。

(二)圆满完成《山西交通志》出版发行任务

作为全省交通文化建设的系统工程,第二轮修志工作的重中之重和改革开放30年的真实记录,自2006年6月始,历时三年,省厅全面完成了《山西交通志》(上、中、下三卷)编撰出版工作。

《山西交通志》在编撰中认真抓了五个方面的工作。一是认真做好与1999年12月出版的《山西通志·交通志·公路水运篇》(总第21卷)的体例承接工作,尽可能做到承上启下,互相衔接;二是根据1978年以来全省交通事业改革建设发展的实际情况将内容进行调整。如"道路设施"部分,增加了互通式立交、服务区、交通工程、机电设施内容,将综合规划、前期工作、资金筹措、法制建设、交通审计、安全生产等内容分设章节重点记述;在"公路运输"中,增加危险货物运输、相关服务业管理、行业管理等内容;三是紧紧围绕厅党组中心工作,突出重点内容。如改革开放以来,全省交通建设辉煌成就之一的高速公路建设;作为全国农村公路建设试点的农村公路建设;全国独占鳌头的交通战备工作,都在志书中独立成章,详细记述;四是与时俱进,大胆创新,增设新的篇章。为了做到全面、完整、系统地反映每一个单位工作职责和工作业绩,专门设立"管理机构篇",把全省交通系统所有单位分门别类囊括进去;专门设立"行业文明建设篇",集中记述全省交通系统行业文明建设成绩。专门设立"廉政建设篇",充分反映全省交通系统反腐倡廉和"修好多条路,不倒一个人"取得的突出成绩;五是延伸空间,扩展载录内容,将山西汽车运输集团等大型企业集团和一些学术团体列入篇目。

内容方面突出了"四个体现"。一是体现了历届省交通厅党组带领全省交通系统广大职工艰苦奋斗、开拓创新的发展历程,客观地反映了交通事业发展的延续性;二是体现了交通系统各行各业的发展进程和取得的重大成就,客观地反映了交通事业发展的现实性;三是体现了交通系统在现代化建设中所创造和积累的有益经验和作法,客观地反映了交通事业发展的时代性;四是体现了在建设和谐社会、实践科学发展观过程中的创举,客观地反映了交通事业发展的独特性。质量方面,体现了"客观、准确、科学、创新",做到了志书内容与形式的与时俱进,使志书具有更强的时代特征。

全书分为8编32章,前有序、概述,后缀文献辑存、图表资料、后记,厅党组书记、厅长段建国作序。全书还收集整理了全省交通系统各个历史时期的具有代表性和典型意义的图片资料138幅,更加直观、鲜明地印证了30年改革开放的伟大成就。该书共分上、中、下三卷,562.88万字,于2009年4月由山西人民出版社出版发行。

(三)编撰出版《大路人生—山西交通改革发展30年回顾与展望》

2008年,省厅以晋交办字〔2008〕145号文印发通知,决定编撰《大路人生—山西交通改革发展30年》一书。文件下发后,各市交通局、省公路局、省征稽局、省运管局、省高管局、省交通设计院、省交通科研院、山西交通职业技术学院、山西交通技师学院、省交通干部学校、省交通建设开发投资总公司、厅重点办等单位都高度重视,均成立了编撰机构,确定了党政主要领导负总责、分管领导分工负责、专职或兼职人员具体负责的稿件征集的责任体系,迅速行动起来,采取有力措施,积极完成任务。省公路局为激发大家踊跃写稿的积极性，以征文形式开展活动，收回稿件120多篇；山西交通技师学院、山西汽车运输集团也认真组织，分别报送稿件36篇和63篇；省交通科研院院长、书记亲自审读本单位收回的征文稿件，同时认真写稿，起了很好的带头作用；省交通质监站和厅新闻中心领导也全部按照要求交回了稿件。阳泉市交通局、省征稽局、省运管局、省交通设计院、厅规划中心等单位也精心组织，及时上报资料，保证了稿件征集工作顺利进行，共报回稿件320篇。

内容方面有以单位的发展壮大为落脚点的；有以某个历史事件为切入点的；还有以个人的成长为背景，展现交通发展成就的；有对比现在和过去，反映发展变化的；更多的是个人的体会及对改革开放带来巨大变化的感激之心，激动之情。稿件的作者有厅领导；有单位或部门的一把手、厅机关处级干部；有退下来的老领导；有考任到其他厅局的厅局级干部等等，更多的是各个岗位上的中层干部和技术骨干，是交通事业发展的中硫砥柱。每位作者都用个人眼光和亲身经历讴歌和赞美了改革开放以来山西交通建设的辉煌成就，述说了改革开放30周年人民生活发生的巨大变化，大都感情充沛，文字朴实，其中不乏优秀之作，读之尤如置身于交通发展变化的大舞台，生动、形象、真实感人。经过厅资料信息中心全体编撰人员全力以赴，认真审稿和修改，共采用稿件205篇。全书分为改革纵横16篇、公路建设67篇、规划发展4篇、舆论宣传8篇、农村公路4篇、汽运集团42篇共100万字。2009年10月由山西人民出版社出版发行。

（四）出版发行《山西路谱》大型资料书籍

为总结回顾全省公路交通历史沿革，弘扬和保存珍贵的文化遗产，集中展现当代山西公路建设的技术进步和巨大成就，2009年6月，省厅编撰出版了《山西路谱》。该书分县级公路、乡级公路、村级公路、专用公路4编43章375节。其中，县级公路编分11章114节，记述了全省11个市的县级公路739条；乡级公路编分11章114节，记述了全省11个市的乡级公路4419条，村级公路编分11章114节，记述了全省11个市的村级公路12 638条；专用公路编分11章29节，记述了全省11个市的旅游公路、煤运公路、国防公路及其他公路104条。该书前有序言、概述，后有后记，共145万字。详细记载了全省各市、县、区公路建设情况，是全省第一部以农村公路为主要记载内容的资料性、专业性很强的工具书，是《山西交通志》的很好补充，填补了全省公路专业书籍的空白。

（五）第二轮修志工作又有新进展

在全省第二轮修志工作中，省厅承担着《山西省志·交通志》的编撰任务。为了及早完成，厅资料信息中心在完成《山西交通志》组稿任务的基础上，根据省地方志办公室要求及篇目安排，重新整合内容，编排顺序，多次和省地方志办公室领导、省直处和有关编辑沟通，召开座谈会确定篇目，最终完成180多万字的《山西省志·交通志》送审稿，成为全省第一批完成《山西省志》编撰任务的单位，受到省地方志办公室和厅领导高度评价。厅资料信息中心、山西省交通建设开发投资总公司被省地方志办公室评为《山西省志》承修先进单位，张岐山、梁锦华、赵国荣被评为先进个人。

年内，山西省交通建设开发投资总公司完成了46万字的《山西省交通建设开发投资总公司志》出版任务。该书印制精美，内容丰富，翔实记录了山西省交通建设开发投资总公司从无到有、从摆脱困境到多元发展，从资本积累到资本运营不平凡的发展历程，为社会主义市场经济条件下企业独辟蹊径，创新经营并取得成功提供了一个范例。对研究企业经营、部门和谐乃至行业发展、地方经济、人文社会均有启发。成为厅直单位中继《山西交通征稽志》后第二家完成志书工作任务的单位。

年内，由省公路局组织编撰的《山西省公路志》全部完成，送交人民交通出版社出版。该书大16K，220万字，分为10编，详细记述了自省内有路至2005年山西公路发展历程，篇幅宏大，内容翔实，资料丰富，语言准确，是一部不可多得的专业志书。

年内，山西省交通运输管理局召开了《山西省交通运输管理志》初稿审稿会，参加审稿的省地方志办公室副主任刘益龄、省直二处处长任小燕对该书给予很高评价。

（六）完成其他史志年鉴资料报送工作

2009年，厅资料信息中心负责分别向《中国交通年鉴》、《山西年鉴》、《中共山西年鉴》、《山西经济年鉴》报送反映山西省2008年交通建设成就的资料近百万字及300余幅照片任务。

根据交通运输部、山西省政府办公厅及厅领导要求，为了圆满完成《汶川特大地震抗震救灾志》资料报送任务，省厅及时成立编撰领导组和办公室，下发文件，召开会议安排布置，在规定时间内，分别向交通运输部、山西省民政厅报送资料30万字，图片资料300余幅。

在交通运输部网站开办的“辉煌60年·交通巡礼”系列访谈节目中，协助厅办公室完成了综合部分、大事记部分稿件准备工作，参与审定了其他部分稿件，很好地完成了任务。此外，还协助厅办公室完成了“建国60周年交通建设成就展”文字资料准备工作。

2009年，全省交通史志年鉴工作取得的显著成绩，是厅党组高度重视，省地方志办公室精心指导，厅机关各处室和厅属各单位、各部门大力支持的结果，更是全体交通史志年鉴工作者默默耕耘，甘于奉献的结果。《山西交通年鉴》先进典型宣传起到了宣传一个，带动一片的效果，让越来越多的人通过先进典型宣传增强了干好交通工作的信心，通过《山西交通年鉴》了解山西交通工作，理解了交通，给予了交通工作更多的支持和帮助。晋中市交通局、阳泉市交通局、山西省交通运输执法局、山西省交通运输管理局、山西省交通规划勘察设计院、山西省交通科学研究院、山西省交通建设开发投资总公司、长治公路分局、太原公路分局等单位给予一如既往的支持和重视，圆满完成各项任务。曹宏昇、张慧萍、范彦军、高睿、许艳红、宗庆文、张夏玲等同志对工作兢兢业业、一丝不苟、克服困难，值得大家很好地学习。

在《山西交通志》的编撰工作中，各单位专、兼职编撰人员更是不怕辛苦，加班加点，以高度负责和严谨求实的精神与作风，反复推敲，再三修改稿件，心中只有一个目标，就是不管受多少劳累，费多大辛苦，也要保证志书稿件质量。涌现出一大批修志先进单位和先进个人。

为了进一步激发编史修志的积极性，充分肯定大家做出的工作成绩，省厅经过研究，决定对在2009年《山西交通年鉴》编撰工作中做出突出成绩的20个先进单位和19名先进个人，对在《山西交通志》编撰工作中做出突出成绩的31个先进单位和114名先进个人进行表彰。希望大家以被表彰的先进单位和先进个人为榜样，再接再厉，取得更大成绩。

在充分肯定成绩的同时，我们也要清醒地认识到存在的问题和不足，主要是一些单位领导对交通史志年鉴工作重视不够，组织协调工作不力，提供史志年鉴资料和稿件不够及时，质量不高，消极应付。尤其是在《山西路谱》的编撰中，长治市交通局、临汾市交通局、忻州市交通局、大同市交通局缺项很多，影响了《山西路谱》资料的完整性，受到通报批评，希望各单位引以为戒，在今后的工作中努力加以解决。

二、2010年目标：爱岗敬业，勇于奉献，为全省交通运输系统13万职工编撰更多佳作名志

2010年，全省交通史志年鉴工作总的要求是：深入贯彻落实党的十七大和十七届三

中、四中全会精神，坚持以邓小平理论和“三个代表”重要思想为指导，深入学习实践科学发展观，按照全省交通运输工作会议确定的目标和任务，加强领导，精心组织，全面完成2010年版《山西交通年鉴》、《辉煌的历程—山西交通建设60年回顾》、《山西交通文化资料集锦》编撰出版任务；振奋精神，再鼓干劲，与时俱进，开拓创新，再创交通史志年鉴事业新辉煌。

（一）编辑出版2010版《山西交通年鉴》

经过20年的积累和发展，《山西交通年鉴》早已成为全省交通运输系统两个文明建设的重要组成部分，是交通文化建设的重要成果，成为各级领导进一步熟悉交通发展情况，了解山西交通发展历史的重要窗口和平台，为此，做好《山西交通年鉴》的编撰出版工作至关重要。

2010年版《山西交通年鉴》共设特载、专文、交通史志年鉴工作会议专辑、大事记、各市交通局工作概况、厅直各单位及公路、征稽、高速公路系统、交通开发单位、各重点公路工程建设单位、汽车运输集团所属各单位工作业绩、部领导调研摘记、省领导调研摘记、厅领导调研摘记，援川抗震救灾、全省重点公路工程建设、全省交通建设成就、交通行业管理、精神文明建设、统计资料、政策法规辑录、光荣榜、领导干部名录、图片资料等栏目，为此，各市交通局、厅属各单位、厅机关各处室分管领导要以积极的态度和高度负责的精神，按照省厅晋交办〔2010〕68号文件要求，认真抓好资料报送工作，要明确专人负责，在规定时间内，保质保量，圆满完成资料报送任务。

（二）编撰出版《辉煌的历程—山西交通建设60年回顾》

2009年，省厅以晋交办字〔2009〕60号文印发《关于认真做好<辉煌的历程—山西交通建设60年回顾>一书编辑出版工作的通知》。文件下发后，各单位积极响应，迅速指定专人负责，开始了资料征集任务。至年底，收回稿件100余篇。由于征稿范围仅限于厅直各单位，范围狭窄，不能全面反映山西交通建设60年全貌。为此，向厅领导进行专题汇报后，省厅决定2010年继续征集稿件，完成《辉煌的历程—山西交通建设60年回顾》一书编撰工作。

此次稿件征集对象为各市交通局及所属各县、市、区交通局；直管的地级市汽车站；厅直各单位；各公路分局及所属公路段；各市运管局（运管处）；山西汽车运输集团，各分公司、子公司及省辖地级市汽车站。

内容方面，从1949年山西全境解放以来，以每一个单位60年的沧桑巨变为线索，具体、形象、生动地反映交通运输事业改革、建设和发展取得的辉煌成就（与国家五年发展计划和大的社会经济发展时段相同），对当地经济社会发展起到的有力推动作用，探讨和总结出一些带有规律性的经验教训，并对今后工作提出若干建议及思路。文章内容截至时限为中共建立新政权以来至2009年12月31日。

各市交通局、厅直各单位在资料征集工作中要高起点、高质量、高标准，千方百计，精心布局谋篇，以对历史负责，为现实服务，替未来着想的精神，发扬昂扬务实、团结协作的作风，克服困难，跨跃障碍，取得编撰工作的新胜利。

（三）编辑出版《山西交通文化资料集锦》

从中共建立新政权以来及新中国成立以来，特别是中共十一届三中全会以来，在交通运输部和省委、省政府正确领导下，全省交通运输事业得到快速发展，发生了翻天覆地的变化。60多年来，各有关单位和部门为配合交通改革建设发展撰写了大量的格言警句、标语口号，记述公路建设艰难历程的碑文及对联、诗歌，有力地发挥了不同文学形式的激励鼓动作用，充分反映了全省人民对党富民政策的感激之情，极大地丰富了交通文化的建设内容，集中体现了广大干部群众喜闻乐见的文学作品旺盛的生命力、较强的感染力和深刻的教育意义。为此,省厅决定编辑出版《山西交通文化资料集锦》一书。

为了加强领导,高水平、高质量完成资料征集及编辑任务,省厅成立编审委员会。由厅党组书记、厅长段建国任主任,厅党组成员、省纪委驻厅纪检组组长韩日裕任常务副主任,其他厅领导担任副主任,委员由厅机关各处室、各市交通局、厅直各单位的一把手共34人担任。

稿件征集对象为各市交通局及所属各县、市、区交通局;厅直县处级以上单位;各公路分局及公路段;各交通运输执法分局及所(站);各高速公路(公司)及收费站;各市地方海事局、县、市、区海事处及港口、渡口、码头;各重点公路工程建设管理处及项目部;山西汽车运输集团,各分公司、子公司及汽车站。

编辑出版《山西交通文化资料集锦》一书,是厅党组引深行业文明创建工作、推进交通文化发展的一项宏大工程。其目的,就是要更好地总结经验,传承历史,用不同的文学形式向全省人民充分展示交通建设的辉煌成就,激励和鼓舞全系统广大干部职工同心同德、脚踏实地,坚定信心,乘胜前进,在党的十七大精神指引下,再掀公路建设新高潮,奋力开创交通工作新局面,为推动全省经济实现全面、协调、可持续发展,再创新业绩,再作新贡献。为此,各市交通局、厅重点办、省公路局、省交通运输执法局、省运管局、省高管局、省地方海事局、省交通开发总公司等单位均需要成立交通文化资料征集机构,由党政主要领导负总责,明确一名分管领导具体负责,抽调专职或兼职人员,具体负责资料的征集及修改工作;其他厅直各单位及厅机关各处室要明确一名分管领导和专人具体承办。

各市交通局、厅直各单位要将此项工作放在重要位置,要提高认识,加强领导,建立机构,精心组织,认真负责,上报资料,圆满完成稿件征集任务。

(四)组织编撰《山西省交通战备志》

新中国成立以来,特别是中共十一届三中全会以来,在省委、省政府及省国防动员委员会的正确领导下,省交通厅党组精心组织,坚强指挥,在全力推进交通建设的同时,积极适应全省改革开放新形势的需求,不断加强交通战备工作,实现"平时应急、战时应战"的目标。截至2008年年底,全省已建立12支战略物资运输应急保障车队、11支旅客运输应急保障车队、38支公路工程应急保障中队和覆盖全省的汽车维修救援网络。全省交通战备专业保障车队在历次抢险救灾及军交演练和整训点验中发挥了重要作用。2006年6月28日,北京军区作出推广学习山西省交通战备全面建设经验的决定,"国防大运"成为交通基础设施贯彻国防要求的样板。

为了更好地总结全省交通战备工作经验,进一步提高"双应一体化"建设水平,为全省转型发展、安全发展、和谐发展作出新的更大的贡献,省厅拟组织编撰《山西省交通战备志》一书。全书分"交通战备体制体系建设,交通战备基础设施建设,交通战备装备技术,交通战备应急运输保障,交通战备管理机制建设"等5章20节。目前,篇目已经报省地方志办公室领导和有关专家审定。按照各位领导和专家意见,进一步修改完善后,将进入资料收集阶段。为此,中心将积极协助省国防交通协会做好编撰组织工作,主动向省地方志办公室汇报工作进程,协调解决遇到的困难和问题,力求编成一部重点突出、结构合理、内容翔实、语言精炼,对全省交通战备工作有一定指导意义的一流专业志书。

(五)认真做好《沧桑·工作版》杂志组稿及发行工作

由省地方志办公室主办的《沧桑》杂志,创办于1980年5月,截至2010年3月,已连续编辑出版105期。先后被评为中国方志理论核心期刊、山西省一级优秀期刊、中国北方优秀期刊。在全省第一轮修志工作中,发挥了积极的指导作用。

单月出版的《沧桑·工作版》融思想性、

科学性、指导性、资料性为一体，设置的栏目主要有“会议辑要”、“领导讲话”、“方志论坛”、“续志编修”、“年鉴工作”、“经验交流”、“口述历史”、“三晋风物”、“方志资料”、“史料考辩”、“史海钩沉”、“志林书讯”、“志苑信息”、“新志评价”、“读志用志”、“读史札记”等。

根据省地方志办公室晋志发〔2009〕12号文件精神和厅领导要求，各市交通局、厅属各单位要明确专人，认真做好《沧桑·工作版》杂志的编辑和发行工作，结合工作实际，及时提供有一定指导意义的稿件，圆满完成发行任务。各市交通局及厅属县处级以上单位每月提供一篇稿件，每个单位订阅两份杂志；各县、市、区交通局半年提供一篇稿件，每个单位订阅1份杂志。

三、措施方法：加强领导，责任考核，为搞好全省交通史志年鉴编撰工作提供有力保证

编修交通史志年鉴书籍，是建设交通先进文化的基础工程，是省厅长期坚持的文化建设传统。2010年我们的目标已经确定，要完成如此繁重的任务还必须要有切实可行的措施方法。

一要切实加强领导。各市交通局、厅直各单位、厅机关各处室分管领导要把交通史志年鉴工作放在心上，拿出一定的时间和精力来抓好这项工作。特别是落下步子的单位，分管领导必须切实负责，大力加强交通史志年鉴工作，迅速改变落后面貌。

二是创造保障条件。所谓保障条件，即“有人修志，有钱修志”。要继续贯彻落实全国地方志工作“一纳入、五到位”要求，既要确保一定的经费，也要确保有稳定的机构和人员。

三是进行目标考核。从2010年起，省厅将把交通史志年鉴工作纳入对各市交通局、厅属各单位年度目标责任制的考核内容。根据2010年交通史志年鉴工作任务，中心制定了具体的考核办法。希望各市交通局、厅直各单位要对照目标和任务，认真组织实施。中心将定期检查督促，年底考核打分。

同志们，2010年交通史志年鉴工作任务重，时间紧，难度和压力很大。我们一定要以这次会议的召开为契机，振奋精神，埋头苦干，统一思想，深化认识，切实增强做好交通史志年鉴工作的责任感、紧迫感和自觉性、主动性，用实际行动打造精品佳作，为更好地发展全省交通史志年鉴事业再作新贡献，再创新业绩。

谢谢大家！

专　　　文

2009年山西省道路运输业发展现状及分析

□ 山西省交通运输管理局

2009年，全省各级运管机构坚持以科学发展观为指导，围绕做好“三个服务”，积极应对国际金融危机对全省经济和道路运输的严重影响，以公路网络为支撑，转变发展方式，提升产业素质，勇克时艰，求新图变，全省道路运输业发展态势良好。

客运市场稳步发展 服务水平继续提升

截至2009年底，全省共有道路旅客运输经营业户955户（均为汽车运输），比上年末下降23.4%。平均每个旅客运输经营业户拥有从业人员50.1人和21.7辆客车，分别比上年末增加12人和4.7辆客车，客运市场主体集约化、规模化程度明显提高。

全省积极引导客运企业整合重组，同时加大清理挂靠个体班车力度。截至年底，全省共有班车客运经营户867户，比上年末下降25.8%，其中从事班车客运个体户从2008年891户减少到608户，下降31.8%。

截至2009年底，全省共有营运客车2.08万辆，总客位42.1万个，分别比上年末下降2.2%和增长1.2%，平均客位从19.6增加至20.3，客车条件和旅客运输水平继续提升。

截至2009年底，全省共有班车客运车1.46万辆，客位34.4万个，分别为上年末的96.5%和102%，平均客位达到23.6个，比上年末增长1.3个。

高中级、大型班车增幅明显，旅客出行条件大为改观。全省以推进客运行业文明创建为抓手，严把市场准入关，积极推进客运公司化管理，运力结构进一步优化，文明客运线路创建成效显著。截至2009年底，全省高级、中级班车分别达到2660辆和4268辆，两者合计占至营运班车总数47.5%；31座以上大型班车达到2857辆，比上年末增长12%，其占班车总数比重由2008年底16.9%上升到19.6%，增长2.7%。旅客出行条件明显改善。

个体班车数量继续减少。近年来，全省客运企业大力推行公司化经营和规范化管理，个体班车占班车总数的百分比持续下降，截至2009年底，全省共有个体班车959辆，占到班车总数6.6%，比上年末降低1.7%。

加强货运市场监管 运输能力增长迅速

自2007年12月19日，全省启动了新一轮“无缝隙、拉网式”治超总行动以来，全省运管部门对道路货物运输市场监管力度大大增强，通过两年多艰苦努力，全省治超工作取得重大阶段性成果，严重超限超载得到有效控制和扭转，货运经营户数量和营运货车数量均大幅增长。截至2009年底，全省共有道路货物运输经营业户23.5万户，比2008年底增长10%，其中普通货运20.7万户，比2008年底增长17.9%，货物专用运输178户，比上年末下降13.2%，集装箱运输2户，大件运输13户，危险品运输179户，比上年末增加9户,拖拉机及其他机动车运输经营户2.83万户,比上年末下降29%。

近年来,全省营运载货汽车数量逐年保持稳步增长,特别是自2007年12月19日“无缝隙、拉网式”治超总行动以来,连续两年全省营运载货汽车保有量增长迅猛,截至2009年底,已突破35万辆,创下历史新高。

截至2009年底,全省共有营运货车38.7万辆,255万个吨位,其中92.1%是汽车,0.63%是轮胎式拖拉机,7.27%是其他载货机动车,分别为年末110.7%、37.5%和59.2%。

治超行动成效显著,营运载货汽车车数和吨位总量增长迅猛,货物运输能力大幅提升。山西是全国公路煤炭运输的主要区域,也是车辆超限超载运输的重灾区。自2007年11月19日,代号为“利剑”的华北五省(市、区)联合治超拉开序幕,全省坚决打击车辆超限超载运输违法行为,全省禁止车货总重超过55吨的非法超限超载货车上路过桥行驶。由于道路货物运输市场运力相对不足,运价上扬,2008年营运载货汽车数量迅猛增长,2009年受燃油税费改革影响,纳入行业管理的营运载货汽车继续大幅增长,截至年底已突破35万辆大关,总吨位达到252万个,分别比上年末增长10.7%和15.6%,再创历史新高。

大吨位重型柴油货车发展迅速。随着全省公路网络的进一步优化,适合高速公路、干线公路运输,单位油耗较为节省的重型柴油货车近年来发展迅速,特别是自治超以来,全省众多“大吨小标”的违法营运货车被迫退出运输市场,更换大型货车。

截至2009年底,8吨以上重型载货车达到11.6万辆,比上年末增长15.9%。4吨以上的大型货车占到营运载货汽车总量45.9%,8吨以上重型货车占营运载货汽车总数和大型货车比重分别达到32%和71%,全省营运载货汽车平均吨位达到7.06个。全省共有柴油营运载货汽车30.8万辆,比上年末增长12.2%,占营运载货汽车总数的86%。

2吨以下小型货车所占比重加大。小型货车投资少、见效快,在短途货运和货物集散领域中发挥着重要作用,特别是在农村,大量小型货车正逐步替代拖拉机,成为城乡商品流通的载体。截至2009年底,全省共有小型载货汽车15.9万辆,比上年末增长16.5%,占到营运载货汽车总量44.5%。

从车型结构来看,栏板车、厢式车和罐车数量增长迅速。山西是全省能源大省,大吨位的栏板车和厢式车以其适宜煤炭、矿粉等能源物资运输特点,倍受运输经营户青睐,数量发展迅速。截至2009年底,全省共有栏板车32万辆,厢式货车3.2万辆,分别比上年末增长9.6%和21.6%。同时,全省对危险品运输企业、车辆和从业人员,也加强监管力度,促使企业对不合格运输车辆进行更新换代,罐车数量比上年末增长19%,达到4641辆。

安装GPS的营运货车数量增长较快。全省加大对危险品运输车辆安装GPS力度。全省安装GPS和行驶记录仪的营运载货汽车达到10 049辆和25 107辆,分别占营运载货汽车总数2.8%和7%。危险货物运输车中,除因特殊原因不允许安装GPS外,全部进行安装,安装率达到96%,行驶记录仪安装率达到65%。

营运班线班次数量增加
客运通达深度不断提高

全省共有辐射27个省、市、自治区和省内各市、县、乡、村的各类营运班线5220条(其中高速公路客运线路511条,比上年末增长8.3%,占班线总数9.8%),比上年末减少1.6%,包括跨省线路630条,跨地(市)线路850条,跨县线路1119条,县内线路2621条,年平均日发3.1万个班次,基本上能够满足人们出行需求。

道路运输站场进一步规范
运输服务能力和质量继续提升

2009年全省共完成客运站投资3293万元,其中政府投资占到21%,站场数量、设施和规模均有所改善,服务能力和质量全面提高。全省共有客运站23 488个(含农村客运站23 353个),包括一级站17个,二级站56个,三级站26个,四级站28个,五级站177个,简易站及招呼站23 184个。客运站平均日发班次和旅客发送量分别达到3.3万班次和50万人次。

为了巩固治超成果,形成公路运输治超长效运行机制,省政府颁布的《山西省道路货物运输源头治理超限超载暂行办法》自2009年7月1日起正式实施。此办法的实施,进一步强化运管部门对货运源头单位的监督和管理力度,全省货运站数量增长迅速。截至2009年底,全省共有货运站55个,是上年末的1.5倍。其中一级站2个、二级站7个、三级站4个,四级站42个。货运站平均日换算货物吞吐量达到5.6万吨。

机动车维修市场逐步规范
维修质量和服务水平普遍提高

2009年,全省加大对维修市场的整治力度,特别是对三类维修企业进行规范,全省机动车维修质量和服务水平普遍提高,为确保道路运输市场安全畅通和国民经济持续快速发展,提供了强有力技术支撑和有力保障。截至2009年底,全省共有汽车维修企业9569户,其中一类214户,二类1493户,三类7311户,摩托车维修551户,分别为上年末的109%、104%、105%、111%和99%。平均每个业户拥有从业人员8.2人,全省共完成维修量295万辆次,完成维修救援5.45万辆次。全省共有汽车综合性能检测站67个,年完成检测量46.6万辆次。

驾驶员培训学校健康发展
村村通班车工作稳步推进

近年来,随着汽车保有量快速增长、驾驶员培训学校发展迅速。2009年,全省大力开展驾培市场整顿,重新核定全省机动车驾驶员培训机构级别和培训费用。深入开展驾培行业"上星级,创品牌"活动,加强教练员资格管理。截至2009年底,全省共有机动车驾驶员培训学校230所,比上年末增长2所,其中一级23所、二级151所,三级56所,全年共培训学员28万人,培训合格率为94%,其中从业资格培训7.6万人次。

近年来,全省农村客运发展迅速,通达深度不断提高,服务能力和水平大幅提升,全省99.2%的乡镇和95.7%的建制村通了班车。

2009年,全省继续推进农村客运网络化建设,以"乡镇有站、大村有棚、小村有牌"的农村客运站点网络和以县城为中心、以乡镇为节点、辐射行政村的农村客运线路网络初具规模。全年共完成农村客运站投资815.75万元,其中政府投资507.75万元,全省共拥有农村客运站23 353个。现已开通农村客运线2792条,投放农村客车6819辆(主要为中小型客车),平均日发2万个班次。全年共完成农村公路客运量8344.71万人,旅客周转量20.3亿人公路,分别占到全部营运客车公路客运总量的26.8%和9.6%,平均运距为24.3公里。

为社会提供更多就业机会
城市客运事业稳步发展

2009年底,全省拥有道路货物运输从业人员61.5万人(占道路运输行业从业人员总数80%),旅客运输从业人员4.8万人,汽车维修7.9万人,分别比上年末增长3.6%、0.8%和4.2%;驾校1.25万人,其他相关业务经营4424人,比上年末下降1.3%和3.6%,总共为社会提供就业岗位76.8万个,同比增长3.3%。道路运输从业人员执证上岗54.4万人,同比增长4.9%。

截至2009年底,全省拥有城市公共汽电车运营车辆8130辆、7931标台,出租汽车运营车辆37 912辆。全省拥有城市公共汽电车运营线路网11 904公里,公交专用车道42公里。城市公共交通全年运送旅客20.95亿人次。其中公共汽电车完成11.06亿人次,占52.8%;出租汽车完成9.89亿人次,占47.2%。

综上所述,2009年全省道路运输业发展态势良好。但是,随着全省经营社会发展和人民群众运输需求的日益增长和道路运输改革进程的逐步推进,对道路运输行业管理水平的要求也越来越高。为此,全省运管系统高度重视并采取切实有效措施,充分发挥道路运输比较优势,不断提升交通"三个服务"能力和水平,促进全省道路运输业又好又快发展。

大事记

1 月

1月1日 省交通厅党组印发《关于做好厅管领导班子和领导干部2008年度考核工作的通知》。主要包括7项内容。即指导思想、考核原则、考核对象、考核内容、考核组织、考核程序、考核结果的运用。

1月1日 省交通厅向交通运输部李盛霖部长呈报《关于山西省治理车辆非法超限超载工作情况报告》。

1月1日 省交通厅向省政府呈报《关于成立山西省实施成品油价格和税费改革领导组的请示》。

1月1日 省交通厅向省政府呈报《关于全省高速公路工程建设实行各市政府责任制的请示》。

1月4日 省交通厅党组印发《关于对厅机关工作人员进行2008年年度工作考核的通知》。主要包括7项内容。即考核目的、原则,考核对象,考核内容、标准、等次,考核方法及组织领导,考核程序,考核时间。从2009年1月10日开始,2月10日前结束。

1月4日 省交通厅印发认真做好2008年全省道路水路春运工作通知。提出5点要求:①加强组织领导,周密安排部署;②加强运输市场监管,提高运输服务质量;③加强公路养护管理,确保交通安全畅通;④严格春运值班制度,做好信息报送工作;⑤加强春运工作宣传,营造良好春运环境。

1月4日 省交通厅印发《关于认真做好2009年全省道路水路春运工作的通知》。

1月5日 大同至呼和浩特高速公路大同至右玉段开工奠基。省委副书记、代省长王君,省人大常委会副主任靳善忠,省政协副主席令政策,原省人大常委会副主任杜五安出席。副省长牛仁亮作重要讲话。省政府秘书长王清宪主持。省交通厅领导段建国、张润、韩日裕、张志川,省直有关部门、金融部门负责同志,厅机关、厅直有关单位负责同志,大同、朔州市四大班子及市直有关部门领导,沿线各级党政领导和群众代表,项目、施工、监理单位代表参加。

项目起于大同市新荣区,与已建成的得大高速公路相接,途经大同市新荣区、左云县和朔州市右玉县10个乡镇63个自然村,终于右玉县右卫镇杀虎口村,与内蒙古自治区和林格尔至杀虎口新规划的高速公路相接,全长103公里,双向四车道,概算37.41亿元。建设工期2年。

段建国在讲话中,要求交通各有关部门和单位牢牢抓住“安全零事故、质量保部优、生态文明好、概算不突破、廉政无违法、全面创一流”目标,在省委、省政府正确领导和全省人民大力支持下,充分发挥全体建设者的聪明才智和创造性,圆满实现既定目标,早日建成通车,让广大人民群众享受高速公路带来的方便和实惠,为山西改革开放和现代化建设作出新的历史性贡献。

牛仁亮在讲话中,要求沿线地市及有关部门要充分认识公路建设特别是高速公路建设的重要意义,高度重视,精心组织,密切配合,协同行动,积极做好项目建设中土地、环保、拆迁等相关工作,为高速公路建设创造良好条件。全省交通部门和各参加建设单位要继续发扬特别能吃苦、特别能战斗、特别能奉献精神,加强管理,保证质量,努力打造高速公路精品工程,为推动全省转型发展、安全发展、和谐发展,加快新基地新山西建设作出新的更大贡献。

大同市长耿彦波、朔州市长冯改朵、大呼高速公路建管处负责人分别作表态发言。

1月5日 省交通厅向省安委办报送2008年度安全生产目标责任制完成情况的报告。

1月6日 省交通厅召开全省交通春运暨安全生产工作视频会议,贯彻落实国家发改委、交通运输部和省政府有关会议精神，全面部署春运和安全生产工作。厅党组书记、厅长段建国，厅党组成员、副厅长王志民出席并讲话，厅党组副书记、副厅长张润主持。

王志民在讲话中，要求高度重视春运工作，加强组织领导；落实各项措施，确保安全生产；周密组织，平稳有序；体现以人为本理念，搞好文明优质服务；加强春运统计，做好信息报送和宣传。他特别强调，春运期间，各级交通运输主管部门及运管、海事机构要积极配合宣传部门和新闻单位，利用各种传媒手段，广泛宣传改革开放30年交通建设成果在春运工作中发挥的巨大作用，宣传组织方案和有关政策规定，宣传各项便民措施，及时通报进展情况。要通过印制安全手册、出行指南等资料，广泛宣传安全注意事项，向社会公布出行信息。要及时汇总上报各地春运特点和亮点，及时编报信息，为新闻媒体提供具体、生动、新颖和有价值材料。全省交通系统各有关单位要以优秀组织、优良秩序、优质服务，保证春运任务圆满完成。

段建国在讲话中，要求提高思想认识，增强责任感、使命感和紧迫感；要突出重点，落实各项措施；要把安全生产放在一切工作首位，把稳定工作抓在各级党政主要领导手上，抓实抓好服务；要加强组织管理，确保“安全、畅通、文明、和谐”目标胜利实现；要完善保畅通、保运输、保安全的应急预案，增强针对性、有效性和可操作性，做好应急物资及运力储备，加强春运及“两节”、“两会”期间的值班工作，做好春运检查和慰问，明察暗访各项措施特别是安全生产措施落实情况。各市交通局、省公路局、省高管局、省运管局、省地方海事局都要建立春运工作重点联系企业制度，实行分工包片监管责任制，明确监管责任，加大监管力度。

张润在总结讲话中，提出3点要求。一是认识要提高、提高、再提高。真正摆在重要议事日程，做到加强领导，周密安排，精心组织；二是措施要落实、落实、再落实。把落实各项措施作为保障春运工作有序开展的重大举措，采取明察暗访、督察督办等多种方式，加大落实力度，确保工作实效；三是安全要突出、突出、再突出。要牢固树立“以人为本”、“安全发展”理念，始终坚持“安全第一，预防为主，综合治理”方针，落实行业管理部门安全监管主体责任。

2009年春运工作从1月11日开始，2月19日结束，春节前15天，春节后25天，为期40天。省公路局、省高管局、省征稽局、省运管局、省地方海事局、省道路运输协会、厅新闻宣传中心、省交通建设开发公司、山西汽运集团等单位的领导、厅有关处室负责人参加。各市交通局、运管局(处)、海事局、当地客货运输企业、各市汽车客运站、公路分局、当地高速公路公司等单位领导及相关负责人在各市分会场参加。

1月6日 省交通厅向省发改委报送《关于〈山西省高速公路网调整规划〉的请示》。

1月7日 太原至佳县高速公路西段建设推进会在吕梁市临县境内召开，原省人大常委会副主任杜五安按下控制性工程启动按钮，省政府副秘书长崔国红受牛仁亮副省长委托讲话。厅领导韩日裕、部玉兰、郭贵平，省直有关部门、金融部门负责同志，厅机关、厅重点办、厅直有关单位负责同志，吕梁市四大班子及市直单位部门领导，沿线各级党政领导和群众代表，项目设计、施工、监理单位代表参加。部玉兰总工程师主持。郭贵平副巡视员介绍工程概况。

项目起于岚县郭家庄，途经岚县、方山、临县3县11个乡镇52个村，终于临县克虎镇高家湾村东南、晋陕两省交界黄河大桥，全长120公里，双向4车道，概算89亿元。目前，工可、环评、水保、初步设计、地震评价、资源压覆等文件均已批复，施工招标完成，具备开工条件。

段建国在讲话中，要求大力发扬吕梁精神，牢牢抓住“安全零事故、质量保部优、生态文明好、概算不突破、廉政无违纪、全面创一流”目标，广泛吸收和借鉴国内外高速公路建设管理先进技术和成功经验，建立健全工程质量保证体系和责任体系，合理安排工期，科学组织施工，严格工程管理，加强现场监控，确保工程质量，确保安全生产。坚持人与自然和谐共处，在公路建设中最小程度地破坏生态，最大限度地保护生态，最强力度地恢复生态，建环保路，建生态路，建资源节约之路，切实加强反腐倡廉建设，坚决克服腐败现象，圆满建成太佳高速公路，为山西改革开放和现代化建设作出新的历史性贡献。

崔国红在讲话中，要求沿线各市及有关部门要充分认识公路建设特别是高速公路建设的重要意义，高度重视，精心组织，密切配合，协同行动，积极做好项目建设中土地、环保、拆迁等相关工作，为高速公路建设创造良好条件。全省交通部门和各参建单位要继续发扬特别能吃苦、特别能战斗、特别能奉献的精神，精心设计，科学施工，加强管理，保证质量，努力打造高速公路精品工程，为推动全省转型发展、安全发展、和谐发展，加快新基地新山西建设作出新的更大贡献。

吕梁市市长董洪运，临县县委书记、县长刘永平，太佳高速公路西段建管处负责人分别作表态发言。

1月7日 省交通厅党组副书记、副厅长张润主持召开重点公路建设项目冬季施工安全生产工作专题会议，厅运管处（安委办）、厅公路处、厅重点办、省交通质监站负责同志参加。

张润在讲话中，要求各级交通主管部门、公路建设部门、质量监督部门要充分认识当前严峻形势，充分认识做好重点公路建设施工安全生产对于交通大建设和大发展的重要意义。一要认真学习贯彻省厅印发的安全生产八项制度，结合实际，制定相应管理制度和实施细则；二要抓住交通机构改革机遇，理顺全省交通建设工程质量安全监督机制，增编扩能，增加安全生产监督人员编制，进一步强化安全监督职能；三要组织开展重点公路建设项目冬季施工安全督察；四是省交通质监站要认真组织好企业负责人、项目经理、专职安全管理人员“三类人员”安全生产继续教育培训工作；五要建立公路施工事故责任追究制度和施工企业黑名单制度，并与公路施工企业信誉质量考核相结合，安全管理混乱、安全生产许可证、安全管理人员不符合规定的企业和发生安全生产责任事故的企业不得参加公路建设项目招投标；六要组织在建重点工程项目负责人、安全管理人员等进大学进行短期安全质量集中培训，理论学习和现场观摩相结合，提高业务素质和管理能力；七要开展公路建设项目高危工程施工安全强制性标准研究，组织省内外专家重点对隧道施工、高墩大跨径桥梁、石方爆破、高填深挖路段、高边坡防护等重点路段施工安全措施进行研究，制定切实可行、操作性、实用性强的对策措施，确保施工安全；八要按照省政府要求组织开展好为期一年安全生产专项整顿，采取切实有效措施，排查整治事故隐患，营造稳定的安全生产环境。

1月7日 省政府副秘书长、省应急办常务副主任孙跃进率检查组深入省交通厅调研。厅党组成员、副厅长张志川出席并汇报应急管理工作。

近年来，省交通厅应急管理工作按照“一案三制”建设总体要求，贯彻安全畅通、预防为主、积极应对、综合治理的方针，不断完善和加强交通应急管理工作，取得一定成效。认真落实《山西省突发公共事件总体应急预案》要求，印发《关于全面加强交通应急管理工作的实施意见》，提出指导思想，确定“十一五”工作目标；为进一步加强领导，强化部门与行业应急管理协调联动，全面提高全省交通行业应急反映和处置能力，成立由厅领导和厅直有关单位、厅机关相关处室负责人组成的应急管理工作领导小组和办公室；不断健全应急预案体系，目前纳入应急预案体系管理的预案共21个，其中，总体应急预案2

个,专项应急预案6个,系统应急预案13个;为了全面提高应急反应和处置能力,交通应急指挥中心按省、市、县三级体制建设,省厅设省公路(水路)交通应急指挥中心,应急指挥平台建设列入山西公路交通信息资源整合与服务工程,工程已于2008年11月正式启动。厅直单位中,省公路局、省高管局、省运管局都成立相应工作机构,省公路局建有省级应急储备库2个,市级物资储备库20个,省高管局有基层应急储备库17个,省地方海事局水上应急反应机制和体系也日趋完善。同时,不断加强危险源排查、风险评估及对危险源整改工作,不断加强全省交通系统应急队伍建设,组建交通应急抢险、应急救援、应急维修、水上搜救、应急客运保障等多支专业化应急救援保障队伍,努力构建适应交通突发事件特点的交通应急救援体系,并成立省交通厅应急管理专家组。在2008年南方冰雪灾害、汶川地震、奥运会的有关应急保障工作中发挥积极作用,受到社会各界好评。

孙跃进在讲话中,对省交通厅应急管理工作给予肯定。要求提高认识,把应急能力提升到执政能力高度;加强风险源排查和风险评估工作,做到心中有数;加强应急队伍建设,整合应急资源,打造一支高效应急管理指挥救援队伍,提升预防与应急准备、监测与预警、应急处置与救援能力。

1月9日 省交通厅召开学习实践科学发展观活动整改落实阶段动员会,总结分析检查阶段的工作,安排整改落实阶段各项任务。厅党组书记、厅长段建国作动员报告,省委第三指导检查组组长吕德功出席并讲话。厅党组副书记、副厅长张润主持。厅领导韩日裕、张志川、张德仪,厅学习实践活动领导组成员,厅机关各支部书记,厅各指导检查组组长、副组长参加。

活动自12月5日转入分析检查阶段以来,严格按照学习实践活动的指导思想、目标要求和分析检查阶段"四个环节"方法步骤,紧紧围绕"坚持科学快速安全协调发展,提升交通运输服务保障能力"这个主题,突出处级以上领导干部和领导班子这个重点,高度重视,精心组织,加强领导,扎实推进,在省委第三检查指导组有力指导下,圆满完成分析检查阶段各项任务,较好地实现思想认识上有新提高、解决问题上有新举措、推动工作上有新成效。

段建国指出,整改落实阶段是学习实践活动最出成果、最见实效的阶段,也是广大党员干部群众最为关注的阶段,必须下工夫抓好抓实。要把保持经济平稳较快发展作为当前学习实践科学发展观最具体的实践,紧紧围绕促进交通科学发展、快速发展、安全发展、协调发展,抓住制订整改落实方案、集中解决问题和创新体制机制3个环节,统筹做好当前各项工作,下工夫解决影响制约科学发展的突出问题、影响行业和谐的突出问题和党员干部党性党风党纪方面群众反映强烈的突出问题,办几件群众迫切希望办的好事实事,制定完善一批当前迫切需要的制度政策,体现学习实践活动成果,努力创建群众满意工程。

段建国在讲话中,要求加强领导,统筹安排,确保学习实践活动取得实效。各部门各单位要继续深化学习,统筹推动各项工作,强化舆论宣传,及时总结好做法、好经验,把学习实践活动中激发出来的精神力量转化为强大的物质力量,推动交通科学快速安全协调发展,确保群众生活安定,促进行业和谐稳定。各级领导班子和领导干部要充分发挥模范带头作用,按照省厅提出的要求,尽职尽责,带头制订整改落实方案和措施,自觉接受群众监督,要求干部职工做到的,自己首先做好;要求下级机关做到的,上级机关首先做到。要通过领导干部和各单位带头整改、示范引导,推动学习实践活动及各项工作深入开展,确保各项任务按期圆满完成。

吕德功在讲话中,要求抓好制订整改落实方案、集中解决问题、创新体制机制3个环节工作。制订方案要做到“四明确一承诺”，即明确整改落实项目，明确整改落实目标和时限要求，明确整改落实措施，明确整改落实责任，对整改落实作出公开承诺。集中解决环节问题，要紧紧围绕省委提出的转型发展、安全发展、和谐发展和交通科学发展、快速发展、安全发展、协调发展这一主题，紧密联系影响群众生产生活和社会和谐稳定的突出问题，要实事求是，避免短期行为。要按照科学发展观要求，更加注重推进体制机制创新工作，充分借鉴调研成果，充分运用领导班子分析检查报告，充分听取各方面意见和建议，做好“废、改、立”的工作。

1月9日 上午，省交通厅党组成员、副厅长张志川深入省交通建设开发投资总公司就引资融资有关情况进行调研。听取总经理魏庆飞汇报后，张志川对该公司不平凡的发展历程所取得的成绩给予充分肯定，要求公司以中央扩大内需拉动经济增长加大基础建设为契机，继续解放思想，创新思路，以求真务实作风深化体制机制改革，以发行债券、中期票据、盘活资产等方式加快引资融资力度，拿出切实可行的方案加快体制改革速度。要建立专业队伍抓引资融资工作，科学评估对企业发展的整体影响，作出明确详细规划，在新一轮交通建设高潮中再立新功。

1月9日 省交通厅转发省纪委、省委组织部《关于领导干部进一步改进工作作风严肃工作纪律的若干规定》。主要包括8项内容。认真履职，守土有责；坚持原则，依法办事；真抓实干，务求实效；秉公用权，廉洁从政；深入基层，服务群众；勤于政务，忠于职守；端正形象，注重修养；强化监督，严肃纪律。

1月9日 太原市小店区与忻州市忻府区签署治超工作友好协议书。省治超办主任李顺通、副主任张志川等出席签字仪式。

忻府区是太原北大门，是非法超限超载车辆进入省城重要关口；小店区是太原南大门，是保障交通畅通、杜绝非法超限超载车辆进入省城重要咽喉。签约后，双方将充分发挥各自优势，调动各方力量，综合运用经济、行政、法律和技术手段，严厉打击非法超限超载行为，为省城创造安全、畅通的交通环境。

1月9日 《山西交通》报道：近日，阳泉市委常委、常务副市长王旭明带领市交通、国土等部门负责人，深入阳五高速公路工地现场办公，要求各级各部门全力做好征地拆迁工作，确保工程有序推进。

1月11日 省运管局在太原隆重举行全省推进文明客运创建暨2009年春运启动仪式，旨在通过全省运管系统和客运企业共同努力，落实交通运输部和省交通厅要求，推进文明客运创建，启动春运各项工作，以“和谐社会、以人为本”为抓手，为全社会提供优质、高效的道路旅客运输服务。省交通厅党组成员、副厅长王志民出席并宣布全面启动。省道路运输协会会长任景春出席。运输企业、汽车站、司乘人员代表分别作表态发言。

1月11日 山西长兴路桥工程有限公司举行揭牌仪式。省交通厅党组成员、副厅长张志川与长治市副市长尚宪芳揭牌。

根据省政府2008年5月12日会议精神，全省路桥企业划归省交通系统监管。受省公路局委托，长治公路分局对太行路桥有限公司进行监管。面对公司濒临破产的严峻状况，分局经过广泛调研论证并得到省交通厅、省公路局批准，成立山西长兴路桥工程有限公司。苗宏宇局长表示，作为国有独资企业，公司将进一步解放思想，更加团结一致，紧紧抓住国家扩内需、保增长的战略机遇，加强管理，创优服务，力争1年打开新局面，3年内树立新形象，让长治路桥在全省乃至全国，有脸有面有尊严，有名有望有业绩。

张志川代表省交通厅对长兴路桥成立表示祝贺，对长治市委、市政府及全市各相关部门对公路事业的关心、支持表示衷心感谢。希望长兴路桥干部职工认真学习实践科学发展观，求真务实，开拓进取，将事业做大做强，像自己的名字一样长远地兴旺发达。

1月12日 省交通厅印发《关于签订

2009年度坚持依法理财杜绝屡查屡犯承诺书的通知》。

1月12日 省交通厅印发《关于采用BOT方式建设高平至新乡高速公路高平至陵川段的通知》。

1月12日 省交通厅印发《关于做好防范应对雨雪冰冻以及强暴风雪等灾害工作的紧急通知》。

1月12日 省交通厅向省政府呈报《关于为全省高速公路建设申请项目资本金贷款有关问题的请示》。

1月12日 省高管局召开学习实践科学发展观活动第二阶段总结暨第三阶段动员大会，总结分析检查阶段工作，安排整改落实阶段各项任务，李万定书记作动员讲话。厅副巡视员、第一指导检查组组长郭贵平出席。

1月12日至14日 省交通干部学校、厅定额站、省海事局、山西交通技师学院、太原征稽分局、省征稽局先后召开学习实践科学发展观活动整改落实阶段动员会，就做好有关工作安排部署。厅第五指导检查组组长王晓光在讲话中提出3点要求。即抓住突出问题，制订整改方案；集中解决问题，认真进行整改；立足科学发展，完善体制机制。

1月13日 省交通厅专门召开会议，安排部署全系统“改进作风、文明过节”工作。厅党组成员、驻厅纪检组组长韩日裕出席并讲话，要求加强节日期间作风建设，过一个文明、和谐、清廉节日。

会议传达省纪委、省直工委关于加强节日期间廉政建设精神，要求深化廉政教育，进一步增强廉洁自律意识，切实加强对广大党员干部理想信念、党风党纪、廉洁从政和艰苦奋斗教育，不断增强法纪观念和勤俭节约、廉洁从政意识。加强廉政文化建设，注重选取廉政先进典型开展示范教育，运用违纪违法案件加强警示教育，组织开展喜闻乐见寓教于乐活动，大力宣传和弘扬廉洁、诚信、守法、节俭意识，努力营造良好氛围。切实改进作风，严格执行领导干部廉洁自律有关规定。要大力发扬勤俭节约、艰苦奋斗作风，坚决制止奢侈浪费行为。严禁用公款搞相互走访、相互送礼、相互宴请等拜年活动，严禁用公款大吃大喝、游山玩水和进行高消费娱乐活动，严禁收受与行使职权有关的单位和个人的礼品、礼金、有价证券和支付凭证，严禁以赌博和交易等形式收受财物，严禁利用婚丧嫁娶等事宜收钱敛财。严肃财经纪律，严禁以各种名义突击花钱和滥发实物，严格控制年终各种评比表彰活动，减少、简化各种茶话会和联欢会。

韩日裕组长在讲话中，要求各单位要心系百姓冷暖，认真解决涉及群众利益的突出问题；要加强监督检查，防止发生公路“三乱”和水上行政执法乱收费、乱罚款行为，确保“绿色通道”等涉农优惠政策落实；要深入基层，深入群众，开展各种形式送温暖、献爱心活动，帮助贫困职工解决实际困难。

1月13日 省交通厅向交通运输部呈报《山西省交通厅信访工作总结及信访形势分析》。

1月13日 省政府办公厅转发全省道路运输安全生产专项整治工作方案。主要包括6项内容。即指导思想和工作目标、组织领导、专项整治检查的内容、专项整治的方式、专项整治和检查的步骤、工作要求。领导组组长：段建国；常务副组长：王志民；副组长：各市分管副市长、戴飞、李华中、董新品；办公室主任：李华中；副主任：张翼、李灵、胡志勇、王联明及各市交通局分管副局长。

1月13日 省政府办公厅转发全省交通基础设施建设安全生产专项整治工作方案。主要包括6项内容。即指导思想和工作目标、组织领导、专项整治检查的内容、方式、步骤、工作要求。领导组组长：段建国；常务副组长：张润；副组长：各市分管副市长，郜玉兰、戴飞、董新品、牛世骏、常二栋；办公室主任：常二栋；副主任：李新杰，各市交通局分管副局长、张翼、丁吉喜、赵玉生、马东强、穆俊有、杨绍波、李俊青。

1月13日 省政府办公厅转发全省水上交通安全生产专项整治工作方案。主要包括6项内容。即指导思想和工作目标、组织领导、专项整治检查的内容、方式、步骤、工作要求。领导组组长:段建国;常务副组长:王志民;副组长:各市分管副市长,牛世骏;办公室主任:牛世骏;副主任:张翼、孙印,各市交通局分管副局长。

1月14日 省委宣传部和省政府治超办召开治理车辆超限超载新闻发布会。经过各级政府及相关部门一年艰苦努力,全省治理超限超载取得重大阶段性成果,特别是在源头治超方面,取得突破性进展。

2008年,全省各级运管部门共出动运政执法人员65.12万人次,出动源头巡查车辆23.19万辆次,以进驻和巡查、明察与暗访相结合方式,对全省范围内政府公示的9114家货运源头企业依法进行监管。其中:进驻监管货运源头企业845家,巡查监管货运源头企业8269家。共查处违反政府令案件406件,罚款1602.46万元;下发治超整改通知书76份;下发明传电报21份;全省通报源头治超不力单位5次;向相关部门移送案件37件;抄报、告知案件150件,有力地震慑超限超载违法行为,收到良好社会、经济效益,得到政府、社会、百姓认可和支持。

1月15日 省交通厅印发《关于成立太古高速公路建设管理处的通知》。

1月16日 省交通厅印发《关于表彰农村公路质量年活动优胜单位和优秀项目的决定》。其中,优胜建设单位11个,优胜养护单位11个,优秀项目11个。

1月16日 省交通厅转发省政府《关于2009年安全生产工作的意见》。

1月16日 山西汽运集团召开2009年度工作会议,分析当前新形势,研究部署应对新挑战的工作任务,继续全面推进集团从传统道路运输业向现代服务业转型发展。省交通厅党组成员、副厅长张志川,省国资委副主任朱成基,省道路运输协会会长任景春出席。胡鲜朝董事长作了题为《坚持科学发展,促进企业转型,为全面实现集团"十一五"发展目标而努力奋斗》的工作报告;郭鹏飞书记作了题为《深入学习实践科学发展观,全面推进企业转型发展安全发展和谐发展》的讲话。

2008年,各项工作取得可喜成绩,全年完成营业收入40亿元,超年计划43.88%,实现利润1600万元,连续4年位列全国服务业500强,继续列入全国道路50强、交通企业100强行列。

张志川在讲话中,充分肯定汽运集团2008年坚持科学发展观、围绕企业发展定位,不断深化企业机制改革和创新各方面工作所取得的可喜成绩。希望在新的一年里,继续坚持以科学发展观为统领,解放思想,开拓创新,克服来自多方面的不利因素,努力实现集团转型发展战略目标,在全省道路运输市场中发挥积极的主导作用。

1月16日至18日 省交通厅巡视员曹燎原深入长治市、晋城市,对困难职工、困难劳模、离退休老干部进行春节慰问,并对春运和人员聚集场所安全进行检查。

慰问中,曹燎原关切地询问老干部们的身体健康情况及离退休后的生活状况,向他们表达厅党组的关心和问候,并送上春节慰问品。希望老干部们能继续发挥余热,为推动全省交通事业发展提供宝贵经验,为全省经济社会发展、稳定作出积极贡献。

在困难职工家中,曹燎原详细询问家庭生活及子女就业情况,并送上慰问金和慰问品,鼓励他们克服困难,利用自身优势,早日致富。

在晋城、长治汽车站春运安全检查中,曹燎原现场听取汽车站负责人情况汇报,对两个汽车站春运工作安排、班次组织、各类应急预案,全力保春运表示满意,要求切实把服务进一步上水平,提档次,真正使旅客来得了,走得好,进满意站,乘放心车,并要求把消灭安全隐患和优质服务有机地结合在一起,坚决打好春运这一仗。

1月17日 下午,在新春佳节即将到来之际,四川省阿坝州副州长、茂县县委书记尼玛木一行8人,代表阿坝州委、州政府和11万茂县人民赴省交通厅慰问。他深情而诚挚地邀请:"山西交通系统的领导们、朋友们、恩人们,春暖花开的时候一定要去阿坝看看!山西交通人,视灾区人民为亲人,11万茂县人民将永远铭记你们的大恩大德。"

座谈会上,尼玛木满怀感激之情。他说,5·12汶川地震发生后,从省委书记到普通民众,山西人民给予茂县巨大的支持和帮助。在抢险救援阶段,大量的交通、建设、卫生工作人员深入灾区,大显身手,解了燃眉之急。国务院安排对口援建后,更是把茂县当作山西的"第120个县",调动大量的人力、物力、财力、智力等多种力量,大力支持灾后恢复重建工作。茂县人民不幸遇上天灾,茂县人民万幸与山西对口。交通人更是视灾区人民为亲人,段建国厅长时刻牵挂着交通援建工作,亲临一线检查指导;张润副厅长先后5次赶赴茂县,几乎走遍了茂县的山山水水和每一个村寨,使交通援建推进速度最快、力度最大、效果最好,成为所有援建工作中的先行者。党中央、国务院提出了"三年任务两年干"的目标要求,而茂县交通技术力量薄弱,施工队伍和管理人才匮乏,他希望山西省交通厅能在这几方面进一步支持的同时,2009年的交通建设项目能够以代建制的方式全力推进。最后,尼玛木深情地说,地震前的阿坝是美丽的,地震后的阿坝依然美丽,山西交通系统的恩人们春暖花开的时候一定要去阿坝看看,茂县人民随时恭迎!

张润在讲话中表示,茂县交通恢复重建任重道远,一定要抓住当前恢复重建和应对金融危机这两个机遇。他建议,要分层次,抓重点。即干线公路标准要适当提高,县乡公路是民生工程需好好规划,通村路要尽快恢复,运输场站建设也要一并考虑。关于茂县提出的几个要求,他表示,当前乃至今后几年内,全省公路建设任务之繁重史无前例,5年仅高速公路就要新增3000公里;资金需求前所未有,仅今明两年每年就各需1200多亿元,但这绝不会影响对茂县的援建工作,省交通厅将一如既往,全力以赴,像张宝顺书记讲得那样,把茂县当作山西的"第120个县",在规划、技术、资金、设备、智力等5个方面给予支持。

1月19日 省交通厅党组印发《中共山西省交通厅党组巡视工作暂行办法》。主要包括5项内容。即指导思想、主要任务、组织领导、工作规范、保障措施。

1月19日 省交通厅印发《关于表彰2008年度全省交通安全生产管理工作先进单位和先进个人的决定》。其中,先进单位48个,先进个人200名。

1月19日 省交通厅印发《关于表彰2008年度完成工作目标责任制优秀单位和先进单位的决定》。其中,优秀单位12个,先进单位21个。

1月20日 上午,全省交通工作会议隆重召开。会议主题是:全面贯彻落实省十一届人大二次会议和全国交通运输工作会议精神,促进交通运输又好又快发展,总结2008年交通工作,安排部署2009年工作任务。省人大常委会副主任靳善忠、省政协副主席韩儒英出席,副省长牛仁亮作重要讲话,省政府副秘书长崔国红,省人大财经委主任赵建平及省直有关部门负责同志参加。

厅党组书记、厅长段建国作了题为《抢抓机遇,奋力进取,开创交通科学发展新局面》的工作报告,厅党组副书记、副厅长张润主持会议,厅党组成员、副厅长王志民宣读《关于表彰2008年度完成工作目标责任制优秀单位和先进单位的决定》,厅党组成员、副厅长张志川宣读《关于表彰农村公路质量年活动优胜单位和优秀项目的决定》。厅党组成员、驻厅纪检组长韩日裕,厅党组成员、厅总工程师郜玉兰,厅党组成员、厅总会计师张德仪,厅党组成员、省公路局党委书记赵振田,厅巡视员曹燎原,厅副巡视员郭贵平参加会议。

2008年,在省委、省政府正确领导下,省交通厅新一届党组带领全省交通干部职工同心同德,踏实苦干,抢抓机遇,勇于创新,肩负时代使命,积极应对挑战,全力推进交通各项事业实现新发展、新跨越,省政府提出的各项交通工作目标圆满完成,省厅承诺为民办的8件实事全部兑现。全省公路建设完成投资200.3亿元。其中,高速公路完成40.4亿元,干线公路完成68.9亿元,农村公路完成88.4亿元,运输站场完成2.46亿元。新增公路通车里程4904公里,高速公路72公里,一二级公路988公里;新增通水泥(油)路建制村951个。道路运输完成客运量4.1亿人、旅客周转量213.2亿人公里,分别比2007年增长3.5%、3%;完成货运量8.64亿吨、货物周转量460.4亿吨公里,分别增长5.26%、7.71%。交通规费征收完成168.6亿元,比2007年增长18.5%。其中,汽车养路费及货附费44.5亿元,增长18.9%,在全国分别排第8位、第2位;拖拉机养路费及货附费2.46亿元,增长1.9%;运管费及客附费8.37亿元,增长38.8%;车辆通行费113.3%亿元,增长17.4%。

一年来,全省交通系统深入贯彻落实科学发展观,主要抓了6个方面工作。

首先,抓大事,应急事,全力做好抗灾救灾和奥运交通保障。一年中,厅党组4次组织厅直单位干部职工共向灾区捐款440余万元、捐物9700余件,组织党员交纳特殊党费284.6万元,组织向南方雨雪冰冻灾区抢运电煤6.75万吨,向四川地震灾区运送救灾物资7.8万吨、过渡板房33 448套、返乡民工9000余人。各公路收费站点及时开通抗灾救灾通道357条。高速公路免费放行救灾车辆3万辆次,免收通行费566万元。在抗震救灾关键时刻,厅党组派出突击队火速入川参加公路抢通保通战斗,为灾区人民打通了一条条震不塌、摧不垮、冲不毁的交通"生命线",保证了救灾物资和人员运输畅通,突击队被中共中央、国务院、中央军委授予"全国抗震救灾英雄集体"光荣称号,被中华全国总工会授予"全国'五一'劳动奖状"和"工人先锋号",一批干部职工受到交通运输部和四川省政府表彰。抗震救灾转入恢复重建后,省厅第一家向援建灾区茂县派出公路测设队,帮助茂县完成交通恢复重建规划编制和重点项目勘察设计工作;厅公路抢通保通突击队第一家转战茂县参加援建工作,首个援建项目黑虎羌寨旅游公路开工建设。在保障北京奥运会交通畅通中,认真组织实施基础设施改善提升、进京货车绕行组织、进京客车尾气改造、公路标志标线完善配套、交通设施绿化清洁、"奥运快速通道"六项工程,圆满完成奥运火炬传递大运高速公路转场和奥运期间交通保障任务,并派出奥运应急车队进京服务,安全准时运送奥运志愿者7.4万人,受到奥组委高度评价。组织编制交通应急2个总体预案、6个专项预案、13个系统预案,涵盖高速公路、国省干线、道路运输、水上搜救、重点工程建设、安全生产、交通战备等各个方面。同时加强应急救援及保障队伍建设,经过整合、重组,建立12支战略物资运输应急保障车队、11支旅客运输应急保障车队、38支公路工程应急保障中队和覆盖全省的汽车维修救援网络,共有专业保障人员8000多人、保障车辆1400余辆、战备钢桥41座、冲锋舟4艘、浮箱128节、机械设备1600余台(件)。全年紧急运送物资21万吨、旅客8万余人,紧急救援车辆7万余辆次。参加山西省"联动—2008B"军警民联合演习。

其次,抓重点,攻难点,全力加强公路建设。一是加强交通发展战略规划和研究工作。制定并经省政府批准实施高速公路网调整规划,路网布局由"人字骨架、九横九环"调整为"三纵十一横十一环",路网规模由4050公里调整为6300公里;完成旅游公路建设规划,开展干线公路网、公路运输枢纽、红色旅游公路建设、太原城市圈公路建设等规划的编制工作,开展交通与经济社会发展适应性等重大课题研究。二是集中力量推进高速公路建设。晋城至济源、运城南环两条高速公路胜利建成，阳城至翼城高速公路进展顺利；新一届厅党组多次召开专题会议，研究高速公路建设前期工作，厅领导对高速公路建设项目分片包干、各把一关，九牛爬坡、个个出力，使高速公路前期工作滞后问题取得重大突破，省政府提出的开工1000公里目标基本实现，今后两年开工2000公里项目的前期工作也全部启动，为全省抓住机遇、迎接新一轮公路建设高潮做了充足项目储备。三是全面实施国省干线公路改造提升工程。启动108国道、307国道、309国道等48个2283公里交通量较大的经济干线、旅游干线和出省公路项目的建设改造，完成1498公里；沿黄干线除57公里因改线未完工外，其余路段500余公里建成通车。四是注重发挥地方政府和广大农村的积极性、主动性，大力加强农村交通建设。全省完成县乡公路改造4678公里、通村水泥(油)路18 291公里，全长1200公里的沿黄扶贫旅游公路基本贯通；建成一二级汽车站12个、乡镇汽车站90个；省厅调整汽车客运站建设补助奖励办法，并安排专项资金500万元，支持农村物流配送网络和信息网络建设。五是开工建设315基地进出道路等国防交通基础设施项目，进一步完善国防交通网络。六是切实加强工程建设监管。省厅与省重点办先后组织2次重点公路建设质量安全综合检查，所有在建项目工程质量均处于良好受控状态；开展干线公路建设质量创优活动和农村公路建设质量年活动，组织多次公路建设质量抽查，及时发现和解决问题，消除安全、质量隐患，保证全省公路建设健康发展。

再次，抓管理，上台阶，推动交通全面协调可持续发展。2008年，省交通厅用于公路养护的投入达32亿元，用于治超4.13亿元，用于科技教育3110万元。在公路养护方面，高速公路养护投资7.85亿元，分批分期对"瓶颈"路段和拥堵站点进行拓宽改造，完成太原至旧关高速公路爬坡车道拓宽改造和所有三类以上桥梁加固，完成收费站扩容改造27个、安全整治和预防性养护300公里，并在所有收费站和服务区经营网点建立非现金交易系统，实现刷卡交费、刷卡消费。国省干线公路完成危桥改造253座、安保工程886公里、公铁立交安全整治20座、综合治理2400公里、大中修710公里、GBM工程500公里，大大提高公路通行能力和服务品位。农村公路建立省、市、县"三级抬"的养护经费渠道和县、乡、村分级负责的管理体制，所有计入通车里程的农村公路都纳入养护里程。开展农村公路危桥改造试点，完成71座。省交通厅出台《农村公路管理养护实施细则》，并按国务院规定标准提高农村公路养护补助资金，补助总额比2007年提高3倍。在治理超限超载方面，共查处非法超限超载车辆7万辆次，卸载11.3万吨。运管机构派出4000多名运管人员对政府公示的9000多个货运源头企业全部实施现场监管，查处违法案件406起，罚款1602万元，有效控制超限超载车辆出场。全省2/3以上高速公路出入口安装不停车检测系统，所有收费公路实行计重收费。严格落实省政府治超责任追究办法和考核奖惩办法，对上半年治超成绩显著的3个县(市、区)分别奖励1个环城公路项目，对3个优秀治超站点分别奖励10万元。同时对治超不力的3个县(市、区)实行交通项目限批。经过各级政府、各有关部门的共同努力，全省货运车辆超限超载率由8%至11%下降到0.2%，高速公路消除车货总重55吨以上的非法超限超载车辆，交通事故明显减少，公路和桥梁得到有效保护，通行效率明显提高。在科技教育方面，围绕交通科学发展急需的关键技术，先后组织开展《高等级路面大纵坡路段路面典型结构和材料研究》等40余项科技项目攻关，共获省科技进步奖8项，占全省同类奖项总数10%。省交通科研院研制的具有自主知识产权和核心技术的汽车自动变速器检测台、液体聚合物沥青改性等产品初步投入规模化生产。围绕走资源节约、环境友好之路,大力加强节能减排工作,尽量减少高速公路建设项目占地,环保直接投资增加20%。汾煤灰、煤矸石筑路技术和废旧沥青再生利用、隧道照明节能技术在公路建养中得到推广应用。交通职业技术教育立足行业创特色、创优势,不断推进教育创新,毕业生就业率达到90%以上。在依法治交方面,争取省政府出台源头治理、责任追究两部治超政府规章。建立法律顾问制度,依法处理一批多年沉积的公路建设债务纠纷案件。加强行政复议、行政诉讼工作,依法撤销了3起违法或不当的具体行政行为,严肃查处一批不作为、乱作为的交通执法人员,出台统一交通执法服装方案。建立公路养护、高速公路工程招标代理市场体系,调整公路建设项目定额标准和概预算编制办法。开展公路勘察设计、施工、监理企业履约考核和运输、维修、驾培等企业信用考核,对履约和考核不合格的企业分别作出停业整顿、取消投标资格等处理。

第四,抓改革,激活力,创新交通管理体制机制。2008年,新一届厅党组坚持用改革创新的办法化解交通发展中面临的难题,大力推进重点公路建设体制改革,积极探索省市共建共管建设模式,已在榆次至祁县、晋城环城两条高速公路和108国道介休至霍州段、临汾至大宁一二级公路、省道304等国省干线公路上试行。不断深化投融资体制改革,8个高速公路BOT项目建设全面启动。省厅与开发银行等五大银行签订总额1750亿元战略合作框架协议,已有一批贷款到位。积极推进城乡交通管理体制改革试点,省厅安排500万元,支持试点县(市)城市公共交通基础设施建设,全省已有晋城、阳泉2个省辖市和78个县(市)实现城乡交通运输统一管理。认真落实国家实施成品油价格和税费改革决策,提出交通征稽与收费人员转岗安置意见和取消政府还贷二级公路初步方案。积极稳妥推进企事业单位改革,在确保稳定前提下,组织制定全省路桥企业三年发展规划和吕梁、中北、太行3个路桥公司破产方案,并报省国资委和省劳动厅审查。厅属事业单位改革完成清理规范的调查摸底工作。

第五,抓安全,保民生,努力营造和谐稳定发展环境。一年来,省交通厅认真贯彻落实以人为本、安全发展理念,建立和完善"一把手"负总责,分管领导具体负责,班子成员分工负责,"一岗双责"的安全生产责任制。组织制定安全生产管理8项制度和道路运输安全"三关一监督"源头管理"十项措施",设立安全生产奖励资金。组织开展安全生产"隐患治理年"等活动,督察整改国务院和部省提出的20多项安全生产重大隐患,协调有关市政府健全水上交通安全监管机构。建成全省道路运输卫星定位应用系统,7634辆营运长途客车、旅游客车、危险化学品运输车辆全部安装卫星定位终端,实现实时监控。为绝大部分一二级汽车站配齐安检仪;为地方海事机构配备安全监督与搜救装备。严格事故责任追究,对发生群死群伤责任事故的企业分别做出了限期整顿、停业整顿、取消客运线路经营权、客运线路限批等处理。与此同时,积极帮助困难企业职工解决生活和"三险一金"拖欠,出台一系列扶持路桥企业、监理企业发展政策,力促企业稳定。积极协调劳动部门和地方政府,解决养路协议工养老保险,在1/3县取得实质性进展。加强劳动监察,在重点公路建设领域建立由农民工工资专户、保证金和巡查回访、信用考核等制度共同构成的农民工工资防欠机制,全年未发生因欠薪引发的农民工集体上访。认真落实鲜活农产品"绿色通道"政策,并按照省政府要求开通季节性化肥运输"绿色通道",全年共免收通行费2.5亿元。

第六,抓党建,树新风,创建廉洁文明交通行业。2008年,各级党组织认真贯彻落实党的十七大和十七届三中全会精神,坚持用科学发展观武装党员队伍,指导工作实践,提高执政能力。根据中央和省委部署,厅党组认真组织开展深入学习实践科学发展观活动,厅领导班子成员带头学习科学发展观,带头实践科学发展观,带头领题调研,带头分析检查,形成11个专题调研报告。厅领导班子分析检查报告得到广大党员干部一致认可。厅援川突击队临时党委坚持把党组织建设放在首位,领导干部靠前指挥,共产党员冲锋在前,党支部、党小组集体攻坚,为完成公路抢通保通任务提供坚强政治保证。省交通征稽局党委坚持抓党建不松劲,努力锻造一支听党指挥、勇于负责的职工队伍。交通征稽机构22年历经3次改革,特别是在这次成品油价格和税费改革中,广大征稽人员始终信念不移、思想不散,以实际行动和优异成绩塑造了忠于责任、勇于开拓、甘于奉献的交通征稽精神。厅党组认真贯彻落实中央建立惩防体系工作五年规划,结合交通实际制定《实施意见》,按照"一岗双责"要求层层分解细化廉政责任,层层抓落实。不断加大源头防腐力度,将反腐倡廉寓于推进交通改革发展的各项政策措施之中,坚持和落实廉政责任制、廉政合同制、纪委书记派驻制、总会计师委派制等,在高速公路建设领域完善招投标机制和办法,组织开展"坚持八严格、落实十公开、创建阳光廉洁工程"活动,并与省人大财经委、省高检等六部门共同下发《高速公路建设招标投标联合监督办法》,每个建设项目招投标都邀请六部门全程监督。不断加大对领导干部的财务审计监督力度,各市交通局、厅直各单位、所有高速公路建设管理处(公司)均向省厅作出严肃财经纪律、杜绝屡查屡犯承诺,省厅先后组织22次内部审计,有效预防重大违纪问题发生。建立交通行政许可(审批)管理系统,严格落实规范性文件前置审查、政府信息公开和新闻发言人制度。从2008年5月1日起,所有政府交通信息均在政府网站公开。巩固和发展千里大运文明高速路、全国交通文明行业成果,认真开展"迎奥运、讲文明、树新风"、纪念改革开放30周年等系列活动和社会主义劳动竞赛。开展节日慰问活动。各级工会以困难帮扶中心和大病医疗救助中心为载体,积极倡导和开展多种形式的互帮互助活动,弘扬民族精神,融洽党群、干群关系。注重发挥老干部作用,厅直系统老干部活动场地达到人均2平方米。大力加强行业文化建设和宣传工作,着力培育具有行业特色的核心价值体系,省交通征稽局承担的交通征稽文化和交通征稽文化手册研究成果通过交通运输部组织评审,并出版发行。

截至2008年底,全省公路通车里程达到12.48万公里,公路密度达到79.62公里/百平方公里,分别比1978年增长4.6倍;高速公路从无到有,达到1965公里,特别是建成了以仙神河桥、雁门关隧道为代表的一批在全国有影响的特大桥梁和隧道;农村公路总里程达11万公里,是改革开放前6.4倍,全省100%乡镇、88%建制村通水泥(油)路,具备条件建制村通公路,100%乡镇、94%建制村通客车。民用汽车拥有量是1978年的40倍,公路客运量、旅客周转量、货运量和货物周转量分别比1978年增长16倍、17倍、12倍和40倍。

根据省十一届人大二次会议和全国交通运输工作会议精神,全省交通工作的总体要求是:全面贯彻党的十七大和十七届三中全会精神,以邓小平理论和"三个代表"重要思想为指导,深入学习实践科学发展观,按照全省转型发展、安全发展、和谐发展要求,抓住国家扩大内需机遇,再掀公路建设新高潮,积极推进产业结构调整和发展方式转变,提升交通运输服务保障能力,为全省经济平稳较快发展作出贡献。

省十一届人大二次会议批准的2009年、2010年全省基础设施建设6500亿元投资计划中,涉及公路交通项目总投资2500亿元,占1/3还强,建设规模4.8万公里。无论建设里程,还是投资规模,均是全省历史上规模最大的一次公路建设。其中,高速公路规模3180公里,项目总投资2000亿元,分40个项目实施。两年建成1040公里,2013年全部建成。到2010年，全省高速公路达到3000公里,2013年达到5000公里。到2015年，"三纵十一横十一环"高速公路网基本建成，全省实现省会到省辖市三小时、相邻省辖市之间两小时通达,全部县(市、区)半小时上高速。国省干线公路两年建设规模2500公里,总投资320亿元。其中一级公路1500公里,二级公路1000公里(含国道二级化420公里)。两年内项目全部竣工。届时,国省干线走到哪里都是好路,全省一二级公路达到16 800公里。农村公路两年建设规模4.2万公里,总投资160亿元。其中,县乡公路改造1.2万公里;建制村通水泥(油)路3万公里,危桥改造4万延米,两年内全部竣工。届时,全省70%的县道、乡道实现油路化,实现具备条件建制村通水泥(油)路、通客车全覆盖。运输站场两年建设项目177个。其中,公路主枢纽物流园区1个,一二级汽车客运站16个,乡镇汽车站160个,项目总投资5亿元,两年内全部竣工。届时,全省实现市市有一级客运站、县县有二级客运站、50%以上乡镇有等级客运站。

2009年主要任务是:①抢抓机遇,再掀公路建设新高潮;②养管结合,继续加强公路养护和治超工作;③调整结构,努力提高运输产业素质和服务保障能力;④改革开放,建立充满活力的交通运输管理体制;⑤统筹兼顾，积极推进综合运输体系建设和法制建设;⑥着眼未来,切实做好科技创新和节能减排工作;⑦以人为本,继续加强安全监管和应急维稳工作;⑧围绕中心,加强党组织建设、党风廉政建设和行业文明建设。

2009年,省交通厅继续为民办好六件实事。①实施村村通水泥(油)路工程15 000公里,全省90%的建制村通水泥(油)路,让老百姓出行更方便;②新建乡镇汽车站80个,新安装候车亭和招呼站牌各1000个,让老百姓候车更方便;③实施村村通客车工程,全省95%的建制村通客车,让老百姓乘车更方便;④实施干线公路安保工程500公里,改造加固农村公路危桥2万延米，让老百姓出行更安全;⑤严格落实鲜活农产品"绿色通道"和化肥运输季节性"绿色通道"政策,让老百姓得到更多实惠;⑥逐步有序取消政府还贷二级公路,年内先撤一批公路收费站点,让老百姓行路更畅通。

牛仁亮在讲话中,围绕"十一五"交通规划调整、路桥集团回归、超限治理等方面,简要回顾2008年交通工作,对全省交通系统所取得的成绩给予肯定,代表省委、省政府对全省交通系统广大干部职工对全省经济发展作出的贡献表示感谢，对受到表彰的先进集体和个人表示祝贺。对于全年交通工作,牛仁亮副省长提出3点意见。一要立足新形势。站在新起点,把握全省经济发展全局,做好交通发展工作。面对全球经济危机，国家扩大内需,加大投资,从而使交通公路建设进入一个新的发展时期。2009年任务艰巨,责任重大，全省交通系统广大干部职工要迅速掀起高速公路建设新高潮,为城市现代化建设、经济迅速发展打造物资运输通道。二要突出五个要点。首先是做好前期工作，做好项目建设中资金、土地、环保、拆迁等工作,责任落实到人,加大前期工作力度;其次是加大筹资力度,省政府已通过省交通厅的融资思路,可利用通行费结余、BOT方式、国家资助、出售路权、上市、发债券等方式筹融资金,为公路建设做好资金保障;第三是尽量争取把所建公路变为国网路,可以得到国家帮助;第四是治超工作力度不减,依法治超,源头治超,科学治超,奖罚并举;第五是针对燃油税改革,要稳定队伍,转变职能。三是加强队伍建设。面对艰巨重大的公路建设任务，要有一支能战斗的队伍。首先要向老同志、老领导、老前辈学习,向外省学习,向基层学习,向市县学习,学习先进经验,好的做法;其次要防止腐败,警钟长鸣,加强制度建设,透明、公开、公正进行招投标;第三要管理好干部,培养选拔肯干活、能干活,能担负重任的好干部,投入到新的公路建设高潮中。牛仁亮最后强调,面对全年艰巨任务，全省交通系统广大干部职工要在省委、省政府正确领导下，团结一心，齐心协力，圆满完成各项任务，为全省经济发展再立新功。

张润在总结讲话中，特别针对目前春运工作，要求进一步加强组织协调，合理调度运力，确保运输安全，道路桥隧安全，满足旅客出行需要。尤其要注重各类突发应急事件的应对和处置，注重重点行业和重点地区的运输保障，落实国家对农村客运的优惠政策，保障正常运营，同时要客货兼顾，在保障煤电油运基础上，安排好节日物资运输和地震灾区灾后重建物资运输，努力营造平安畅通、和谐有序的春运环境。

会议还对2008年度完成工作目标责任制优秀单位和先进单位、农村公路质量年活动优胜单位和优秀项目进行表彰。段建国厅长代表省交通厅与各市交通局及厅直单位签订2009年度工作目标责任书。

厅老领导，各市交通局局长、运管处处长、海事局局长，厅直各单位党政主要负责同志，各公路分局、各征稽分局、各高速公路建设管理部门、路桥各企业的党政主要负责人，厅机关各处室主要负责人参加会议。会议还特邀山西汽运集团主要领导参加。

1月20日 下午，全省交通系统2009年安全生产和党风廉政建设工作会议召开。省交通厅党组副书记、副厅长张润，厅党组成员、驻厅纪检组长韩日裕分别向大会作安全生产工作、党风廉政建设和反腐败工作报告。厅领导段建国、张志川、张德仪、赵振田、曹燎原、郭贵平出席，王志民主持。郜玉兰宣读《关于表彰2008年度全省交通安全生产管理工作先进单位和先进个人的决定》。省纪委副书记、省监察厅厅长杨森林，副厅长刘蓉华应邀出席。

张润副厅长作了题为《全面实施交通运输安全发展战略，扎实推进交通行业安全生产工作》的工作报告，对2008年全省交通安全生产工作进行总结回顾。2008年，全省交通系统坚持“安全第一、预防为主、综合治理”方针，紧紧围绕保障交通从业人员安全、保障人民群众安全便捷出行、保障交通安全畅通目标，深入开展“安全隐患治理年”、“安全生产百日督查”和“全国安全生产月”等活动，突出抓好道路旅客运输、道路危货运输、水上交通、桥梁运营、重点公路施工5个领域安全监管，保持了较为稳定的安全生产形势。一年来，交通系统安全生产工作呈现出5个鲜明特点：组织领导进一步加强，安全生产基础不断夯实，安全隐患治理取得明显成效，安全装备建设快速推进，安全宣传培训效果明显。张润指出，交通运输行业是国民经济的基础产业和服务性行业，也是安全生产的重点行业和重点领域。随着经济和社会发展，交通运输安全生产工作面临着更加严峻的挑战。搞好交通运输安全生产，是贯彻落实科学发展观要求，是贯彻落实省委、省政府及厅党组“安全发展”战略要求，是保障交通大建设、大发展要求。全系统对此必须有清醒认识。

2009年全省交通安全生产工作的总体要求是：认真贯彻党的十七大精神，以科学发展观为指导，牢固树立“以人为本”、“安全发展”理念，坚持“安全第一、预防为主、综合治理”方针，全面实施“转型发展、安全发展、和谐发展”战略，强化生产经营单位安全生产和行业管理部门安全监管“两个主体责任”，搞好道路运输安全、水上交通安全、交通基础设施建设施工安全“三项整治”，突出道路旅客运输安全、危险化学品运输安全、水上交通安全、公路桥隧运营和施工安全、人员聚集场所消防安全“五个重点”，夯实安全生产管理基础，不断提高交通运输行业本质安全度，努力实现各类生产事故起数稳定下降、死亡人数稳定下降、杜绝重特大事故“两下降一杜绝”目标，为全省交通事业又好又快发展创造稳定的安全生产环境。全系统要从5个方面加强交通生产安全工作：一是进一步加强安全生产宣传教育和培训，增强广大从业人员的安全防范意识，夯实安全生产的思想基础；二是进一步落实安全生产“两个主体责任”，严格执行安全生产法律法规，夯实安全生产的法制基础；三是进一步加大安全投入，加快安全装备和设施建设，提升交通运输安全保障服务能力；四是进一步深化安全生产专项整治，有效排查治理事故隐患，提高行业本质安全度；五是进一步加强安全生产组织领导，完善体制机制，形成齐抓共管、综合治理的安全生产工作新格局。

韩日裕组长作了题为《深入贯彻落实科学发展观，不断推进全省交通系统反腐倡廉建设》的工作报告。2008年，全省交通系统的反腐倡廉建设在省纪委和厅党组正确领导下，落实改革创新、惩防并举、统筹推进、重在建设的基本要求，突出抓好以工程建设领域为重点的源头治理，以治理超限超载为重点的执法监督，以纠风治乱为重点的行风建设，以履职尽责为重点的领导干部作风建设，配套建立具有交通特色的惩防腐败体系，为促进全省交通事业又好又快发展提供了坚强有力的政治保证。他指出，在当前新形势下，坚持以科学发展观为统领、加强交通行业反腐倡廉建设，必须全面把握反腐倡廉建设的基本内涵，主要是：在领导核心上，坚持党的领导；在指导思想上，以发展着的马克思主义指导反腐倡廉实践；在工作方针上，坚持标本兼治、综合治理、惩防并举、注重预防；在战略目标上，建立健全惩治和预防腐败体系；在实现途径上，拓展防治腐败工作领域；在工作格局上，根据形势不断发展的要求适时加以丰富和完善；在战略部署上，坚持战略上整体规划，战术上分阶段实施；在战略部署上，坚持战略上整体规划，战术上分阶段实施；在政策策略上，做到宽严相济，注重综合效果；在领导体制和工作机制上，坚持党委统一领导、党政齐抓共管、纪委组织协调、部门各负其责、依靠群众的支持和参与。

2009年全省交通系统党风廉政建设和反腐败工作总的指导思想是：以邓小平理论和“三个代表”重要思想为指导，深入贯彻落实科学发展观，紧紧围绕扩大内需、改善民生、促进发展要求，坚持围绕一个主题（党性党风党纪建设），突出一个重点（抓好新一轮交通建设高潮中的工程廉政建设），实现一个突破（政风行风建设提高到新层次），完善一个体系（具有交通特色的惩治和预防腐败体系），强化四项监督（“三重一大”、廉洁自律、人事使用、财务资金的监督），使全省交通系统的反腐倡廉建设实现统筹兼顾、整体推进，为交通事业又好又快地实现大发展提供坚强的政治保证。要完成6项主要任务：一是紧紧围绕加强党性党风党纪建设，努力改进领导干部作风；二是突出新一轮交通大发展中的工程廉政建设，努力打造廉洁工程；三是进一步加大政风行风建设力度，努力实现纠风治乱工作的新突破；四是完善具有交通特色的惩防腐败体系，努力从源头上防治腐败；五是强化对重点环节、敏感部位的监督，努力形成规范的权力运行机制；六是加强纪检监察干部队伍建设，努力树立可信、可敬、可亲的良好形象。

省纪委副书记、省监察厅厅长杨森林在讲话中，充分肯定近年来全省交通建设在全省经济社会发展中所起的重要作用和作出的重大贡献。要求在抓好当前扩大内需、促进经济增长良好机遇的同时，全省交通系统一定要加强党风廉政建设和反腐败工作，认真贯彻落实胡锦涛总书记在中纪委三次全会上的讲话精神，强化工程建设领域的廉政建设，以源头治理为重点，推进有交通特色的惩防体系建设，继续抓好纠风治乱工作，在全社会树立良好的交通形象。

会议还对2008年度全省交通安全生产管理工作先进单位和先进个人进行表彰，张润副厅长代表省交通厅与各市交通局、厅直各单位签订2009年度安全工作目标责任书。

1月21日 上午，全省道路运输工作会议召开，回顾总结2008年工作，安排部署2009年工作，表彰先进集体和先进个人。省交通厅党组书记、厅长段建国，厅党组成员、副厅长王志民出席并讲话。厅机关有关处室负责人参加。省运管局局长李华中作工作报告。

2008年，全省运管系统各项工作取得优异成绩：治理非法超限超载成效明显，服务社会主义新农村建设的能力显著提高；保障国民经济建设和社会发展的能力有效提升；公共服务能力有效增强；道路运输市场秩序明显改善；精神文明和队伍建设不断加强。2009年重点做好5项工作：一是强化公共行政，促进道路运输全面协调发展；二是坚持依法治运，进一步加强市场监管；三是提升公共服务，进一步提高道路运输保障能力；四是强化基础工作，进一步提高道路运输管理水平；五是加强队伍建设，进一步提高运管人员素质。

王志民在讲话中，充分肯定全省运管系统2008年工作。即运输应急保障体系发挥巨大作用；运管机构源头治理超限超载取得重大成果；道路运输服务"三农"工作迈出新步伐；道路运输业行业管理得到不断加强。要求2009年着力抓好5项重点工作。即推进道路运输结构调整；加强道路运输安全生产；做好城乡客运一体化工作；加快乡镇汽车站建设和运营；推进运管队伍建设。

段建国在讲话中，对一年来各级交通主管部门和运管机构所取得的成绩给予充分肯定，尤其是对年初南方冰冻灾害期间抢运电煤、北京奥运会期间提供运输服务、源头治超工作等方面展示山西运管队伍能力和形象给予赞誉。提出3点要求。一要紧紧抓住国家扩大内需，基础设施超常发展机遇，加快道路交通全面、协调、可持续发展。二要紧紧抓住全省实施转型发展、安全发展、和谐发展战略机遇，加快发展现代交通运输业。主要是做好转变交通运输发展方式，加快以现代物流业为核心的现代服务业发展，抓好节能减排，加强安全监管，继续抓好源头治超等工作。三要紧紧抓住行政管理体制改革机遇，加快建设综合交通运输体系。要充分发挥比较优势；要注重各种运输方式衔接；要及早做好城市公交车和出租车管理的接收准备工作；紧紧抓住"费改税"机遇，加快道路运输管理上档升级。"费改税"改革，是2009年对运管机构带来深远影响的又一项重大改革，面临新形势、新变化，要转变思想观念；要加强新型运管人才队伍建设；要加强机关作风建设。道路运输发展的任务既光荣又艰巨，要深入贯彻落实科学发展观，尽快适应新形势提出的新要求、新挑战，凝聚行业的力量和智慧，以更加昂扬精神，更加务实工作，全面提升发展水平，努力开创新局面。

1月21日 下午，全省地方海事工作会议召开，总结2008年工作，表彰先进集体和个人，安排部署2009年工作任务。省交通厅党组书记、厅长段建国，厅党组成员、副厅长王志民出席并讲话，省交战办副主任史荣和、厅机关有关处室负责人参加。省地方海事局局长牛世骏作工作报告。

2008年，全省海事系统不断强化基础管理，深入开展队伍建设、装备建设、正规化建设和法制建设，圆满完成省厅下达的各项任务，保持连续4年全省水上交通安全无事故的好成绩。2009年，全省海事系统要以科学发展观为统领，以"坚持安全发展，全面提升全省海事管理水平"为主题，以"航行更安全、人民更满意"为目标，深入开展水上安全专项整治和隐患排查治理、海事管理正规化建设和文明创建活动，着力在转变思想观念，创新工作思路，加强法制、制度、装备、队伍、执法能力建设和绩效管理上下工夫，努力实现科学发展、安全发展、和谐发展。

王志民在讲话中，充分肯定2008年地方海事工作，特别是对连续4年全省海事系统水上交通安全没有发生事故表示祝贺。在新的一年里，希望海事系统认清形势，不断推进地方海事工作又好又快发展。要把水上监管安全放在中心位置统筹其他工作，要把安全生产专项整治活动作为全年海事工作的一项重要工作来抓，切实做到责任落实到人，监督整改到位，确保专项整治活动取得实效，确保不发生重特大事故。要组织完成好渡口码头建设改造任务，认真解决在建设过程中存在的问题，确保“十一五”期间渡口码头建设改造项目按期圆满完成。

段建国在讲话中，代表厅党组对受到表彰的先进集体和个人表示祝贺，向辛勤工作在全省海事战线的广大干部职工表示亲切慰问，提出3点要求。一要把保障水上交通安全工作作为海事工作的重中之重，认真汲取事故教训，特别是要加强重点时段、重点环节、重点水域和重点船舶的安全管理，采取得力措施和有效手段，防止群死群伤事故发生。二要加强海事应急能力建设。各级海事机构要结合实际，制订切实可行的水上交通应急预案，明确职责，规范程序，落实责任，并适时组织实际演练，做到关键时刻“拉得出，用得上”，提高应对突发事件的能力。三要加强海事执法能力建设。大同、朔州市交通局要抓紧时间完成海事机构的组建工作，争取将全省所有重点水域纳入到海事监管范围，确保全省水上安全形势稳定。

1月21日 省交通厅党组副书记、副厅长张润深入大同市，慰问交通系统困难职工、困难劳模和离退休老干部，为他们送上慰问品及慰问金。先后慰问大同公路分局特困职工郑凯、老干部任振华、大同市交通局特困职工单庆瑞、大同高速公路公司特困职工赵希会、大同征费分局老干部董祥及大同高速公路公司云冈收费站收费人员。

张润还专程到大同新南客运站检查春运安全工作，到大同高速公路养护处检查公路养护物资储备和应急准备情况。

在大同新南客运站，张润查看乘客进站、安检和文明服务情况，登上客运车辆询问乘客对大同春运的意见和建议，并表示对举报倒客、甩客和乱涨价的车辆，一经核实坚决取消其客运资格，清理出客运队伍。要求客运站负责人一定要把安检放在首位，让每位乘客都能安全回家过年，把服务放在心上，让每位乘客都能感到宾至如归的感觉。

在大同高速公路养护处，张润对物资储备充足表示满意，要求公司领导一定要做好应急保障工作，为广大司乘人员春节期间出行创造安全畅通的出行环境。

1月21日 省交通厅印发《关于开展2008年度交通行政执法证件和执法监督车辆示警灯使用证审验工作的通知》。

1月21日至22日 省交通厅党组成员、厅总工程师部玉兰，厅党组成员、省公路局党委书记赵振田深入晋中、阳泉、吕梁市交通局和公路、征费分局，听取工作汇报，慰问困难职工、劳模和离退休老干部，并认真检查3市春运安全工作。要求坚持不懈，狠抓落实，严防死守，善始善终，坚决杜绝重特大交通安全事故的发生，力争万无一失，在全社会树立负责任行业、负责任部门的良好交通形象。

1月22日 省交通厅向省审计厅报送关于对王晓林同志任期经济责任的审计报告(征求意见稿)的反馈意见。

1月22日 下午，太原卫星发射中心副主任伍细平少将一行到省交通厅慰问并赠送铜鼎，对帮助解决交通问题表示感谢。

厅党组副书记、副厅长、省交战办主任张润，省交战办副主任史荣和参加座谈。伍细平一行希望忻州至岢岚公路能够及早通车，并表示要支持工程建设，早日解决交通问题。张润表示，省交通厅把解决太原卫星发射中心交通问题作为一项政治任务来抓，一定要加快工程建设，给部队服务好，满足部队需要。

1月22日 上午，北京军区第七分部张金星副部长一行慰问省交通厅、省交战办全体干部职工，并赠送锦旗一面。

1月23日 上午，省交通建设开发投资总公司召开2009年度工作会议，总结2008年工作，表彰先进集体和先进个人，安排部署全年工作任务。厅党组书记、厅长段建国，厅党组成员、厅总工程师部玉兰出席并讲话，厅机关相关处室负责人参加。公司总经理魏庆飞作工作报告。

2008年，公司以服务全省交通建设，加快企业转型发展为根本目的，紧紧围绕“三大目标”抓落实，实施“五大突破”促发展，创新管理机制，顺应市场形势，努力提高效益，不断提升形象，圆满完成省厅下达的各项工作任务，实现既定目标。经营收入再创新业绩，全年实现营业收入22.65亿元，较年计划增长6.83%，高速公路实行合作管理，运营有序，社会效益、经济效益良好；公路管养安全畅通；总公司及各实体单位顺利通过质量、环境、职业健康安全三标一体化管理体系认证，基础管理进一步夯实；企业在和谐发展、协调发展、快速发展中迈出新步伐。

部玉兰在讲话中，要求公司要一如既往地发挥好省交通厅引资融资平台作用，广开发展思路，开辟多种渠道，为公路建设多筹资金；要理顺体制机制，加快转型发展，提高发展质量。要加强公路建设运营管理，特别是要抓好高陵高速公路建设，认真总结过去建设中的有利经验和成功做法，确保进入实质性建设阶段。要紧紧抓住新一轮交通大发展、大建设的极好机遇，立足交通，服务交通，在原有发展基础上，有所创新，为全省交通发展出力。

段建国在讲话中，对公司一年来取得的令人瞩目的成绩，对公司多年来在引资融资、公路建设、公路经营管理等方面对山西交通发展作出的贡献表示衷心感谢。要求认清形势，勇挑重担，继续发挥好省厅引资融资平台作用，为全省公路建设提供资金保障。在明确企业定位的同时，要继续解放思想，更新观念，加快发展，要有把企业做大做强的责任感和使命感。他强调，单一的产品、单一的产业结构很难适应、承受复杂多变的市场环境和竞争压力，要走跨行业、跨地区、跨所有制的多元化发展之路，多与其他有经验、有实力的企业合作，开阔新视野，吸取一切有利于企业发展的要素，加强巩固自身建设。同时要加强企业内部管理，突出重点，狠抓难点；要进一步推进企业文化建设，提升整体形象，在新一轮交通发展中大显身手，为全省公路建设再创佳绩，作出新贡献。

1月23日 下午，省交通厅党组书记、厅长段建国，副巡视员郭贵平在忻州慰问交通系统困难职工和离退休老干部，为他们送上慰问品及慰问金。省公路局局长戴飞，省运管局局长李华中及厅机关相关处室负责人陪同。

在忻州退休厅级老领导胡玉珍家，段建国关切询问病情和治疗情况，叮嘱家人要悉心照顾，要求有关领导要多关心，克服各种困难解决好医治问题，让老人健健康康地欢度晚年。在忻州公路分局88岁离休干部韩风棋家，段建国了解到子女工作难解决后，嘱咐分局领导切实安排好子女具体问题。段建国还慰问中北路桥公司特困职工艾连科及忻州高速公路公司忻州收费站收费人员。

与此同时，段建国还专程到忻州汽车客运站检查春运安全，在忻州收费站了解高速公路节日期间的应急准备情况。

在检查中，段建国听取汽车站负责人情况汇报后，查看乘客进站、安检和文明服务情况，登上客运车辆询问乘客意见和建议，并表示对举报倒客、甩客和乱涨价的车辆，一经核实坚决取消其客运资格，清理出客运队伍。要求客运负责人一定要把安检放在首位，让每位乘客都能安全回家过年，真正使旅客走得了、走得好，进满意站、乘放心车，把服务放在心上，让每位乘客都能有宾至如归感觉；要把消灭安全隐患和优质服务有机结合起来，坚决打好春运这一仗。

在忻州收费站，段建国对应急准备情况安排有序表示满意，要求公司领导一定要做好节日期间的应急保障工作，为广大司乘人员及游客春节期间出行创造安全畅通环境。

1月23日 下午，省交通厅机关五楼会议室张灯结彩，喜气洋洋，厅机关全体干部职工与离退休老同志欢聚一堂，共迎新春到来。厅党组副书记、副厅长张润代表厅党组向大家送上新春祝福。他在新春贺词中回顾了一年来交通建设成就和今后两年交通工作安排部署，并代表厅党组向厅机关所有干部职工和离退休老同志及家属表示衷心感谢。

团拜会由厅党组成员、副厅长王志民主持,厅领导韩日裕、曹燎原出席。

1月24日 上午,厅党组书记、厅长段建国,副巡视员郭贵平及厅机关有关处室负责同志深入省交通建设工程监理总公司进行调研和慰问,并听取公司情况汇报。

段建国在讲话中,充分肯定公司2008年各方面工作所取得的可喜成绩。希望公司抓住全省高速公路迎来新一轮建设高潮的有利契机,在省厅大力支持和指导下,打好翻身仗,迎来大发展。一要继续坚持以科学发展观为统领,继续解放思想,进一步加快机构改革步伐,拓宽领域,开拓市场,改革创新,建立现代企业管理制度;二要把省厅给予的扶持政策用足、用好,使其转化为推动企业改革发展的现实生产力;三要广拓市场,严格管理,提升效益。进一步加大项目前期工作力度,提早参与,抢占市场。在选择项目时,要以省内项目为主,争取最大份额地占有市场;有选择地巩固省外市场,要依托现有项目,把资质信誉高、监理环境好、中标几率大、监理利润高的项目作为重点,使有限的资源得到最充分的利用和发挥,有效规避市场风险;四要加强领导班子建设,思想要统一,班子要团结,拧成一股劲,要让企业尽快摆脱困境;五要进一步加大咨询、房建、桥梁加固、设计资质就位和升级工作力度,注重引进和培训咨询、房建监理和设计人才,充分利用现有条件,抓住有利机遇,在拓展业务方面有所突破;六要关心职工,爱护职工,解决好"三险"问题,解决好后顾之忧;七要提高监理人员待遇,吸引和留住人才。郭贵平也对监理公司工作提出具体要求。

调研结束后,段建国、郭贵平到该公司特困职工杨红丽家中进行慰问。

1月26日 牛年的第一天。一大早,厅党组书记、厅长段建国冒着严寒,深入太原高速公路滨河收费站,向坚守工作岗位的一线职工拜年。

整洁的滨河收费站广场,寒风刺骨。段建国厅长在省高管局局长董新品、党委书记李万定及厅机关有关处室负责同志陪同下,走到身着统一服装的收费人员面前,一一握手祝福,并送上干鲜水果等慰问品。他代表厅党组向全省交通系统干部职工及亲属表示感谢!衷心祝愿大家在新的一年里工作顺利,身体健康,全家幸福!

1月29日 省交通厅向省发改委报送《关于临汾公路分局业务用房工程可行性研究报告的请示》。征地23.4亩,总建筑面积8996平方米,控制投资2100万元,建设工期2年。

1月31日 凌晨1时20分,1辆车号为晋K45352的红岩牌四轴大货车,在庄子超限超载检测站受检时,司机未按车辆操作规范停车,将检测站出口处的验票厅撞毁,正在厅里执勤的郝建文同志不幸殉职。

当日下午,省治超办、省交通厅治超办先后派人赶赴检测站,在吕梁市有关部门负责人陪同下,实地察看案发现场,听取汇报,了解事故查处进展情况,对事故处理和善后工作提出明确要求。吕梁公路分局和汾阳市政府积极督促,协调各部门处理事故及善后事宜。

副省长牛仁亮、刘维佳,省治超办主任李顺通,省交通厅厅长段建国、副厅长张润、副厅长张志川等领导获悉情况后,立即作出批示,向郝建文家属表示慰问,并要求迅速查明事故原因,进行严肃处理。同时要求各市治超办和相关部门对所有治超点的防撞设施进行检查加固,防止类似情况发生。

肇事司机于2月2日向汾阳市公安局交通警察大队投案自首。

2月

2月1日 省交通厅印发《关于认真做

好〈辉煌的历程—山西交通建设60年回顾〉一书编辑出版工作通知》。

2月2日 上午,省交通厅党组成员、副厅长张志川深入省高管局调研,与省局领导班子成员就高速公路建设筹融资进行座谈,要求统一思想,挖掘潜力,组织专人完成对高速公路预期收入的测算工作,找准收费还贷的平衡点,既保证运营管理工作,又更好地支持新建高速公路建设,为省厅筹融资工作科学决策提供有力的依据,促进全省高速公路事业又好又快发展。

2月3日 省交通厅党组印发《关于吕梁高速公路公司和汾离高速公路建设有限责任公司机构及领导班子整合的通知》。根据工作需要,经厅党组2008年12月2日会议研究决定,撤销汾离高速公路建设有限责任公司,将汾离、离军高速公路划归吕梁高速公路公司管理,并重新任命吕梁高速公路公司领导班子,总经理:张启星;党委书记:高存厚;副总经理:贺月年、李耀峰;纪委书记:刘宝宁;调研员:逯伍尔。免去李新喜董事长职务。

2月3日 省交通设计院召开2009年工作会议暨七届二次职代会,总结2008年工作,表彰先进集体、先进班组和先进个人,安排2009年工作任务,动员全院干部职工抢抓机遇,创新进取,为再掀公路建设新高潮作出新的更大贡献。厅党组书记、厅长段建国,厅党组成员、总工程师郜玉兰出席并讲话。

2008年,省交通设计院全年完成勘察设计规模折合里程945公里。其中高速公路预可185公里、工可132公里、初步设计236公里、施工图设计391公里。完成钻探实进尺11.5万米,高速公路和汽车厂站房建设面积25万平方米。所完项目都是全省交通2008年开工和“十一五”规模先期实施的重点项目,为省厅推进高速公路建设提供前期保证。2008年全年签订合同3.15亿元,是目标值1.75倍;完成产值2.9亿元,是目标值1.81倍;经营产值1.35亿元,是目标值1.35倍。创利税2800余万元,是目标值1.75倍;新增固定资产800万元,实现保值增值。多种经营实体完成产值6725万元,是目标值1.20倍。2009年,省交通设计院将围绕省厅提出的今明两年在建40个项目3180公里高速公路目标,确保承担项目前期工作全部到位;实现合同产值1.8亿元,完成产值1.8亿元,实现利税1600万元;多种经营完成产值6000万元。

郜玉兰在讲话中,要求面对挑战,抓住机遇,不断完善技术质量管理,严格标准,提高水平,特别要提高设计的准确度和深度,维护设计严肃性,从源头上把好工程造价关,抓好各个环节的工作;要提高创新能力,突出自身优势,加强人才培养,提高核心竞争力,在激烈的市场竞争中打造出自己的品牌。

段建国在讲话中,要求抓住国家扩大内需机遇,继续当好设计主力军,围绕省厅下达的公路建设任务,合理安排各项工作,环环相扣,精心组织,提高水平,在保证质量前提下,顺利完成设计任务,为全省经济建设再立新功。要以创新为动力,吸取国内外先进经验,统筹兼顾,科技为先,以人为本,以新理念、新技术,设计出高水平工程项目,创造一流品牌。

2月5日 省交通厅印发《关于成立晋城环城高速公路建设管理处的通知》。

2月5日 省交通厅向省政府呈报《关于在风陵渡黄河大桥桥南实行限载的请示》。

2月5日 省交通科研院2009年工作会议暨五届八次职代会上召开。厅党组书记、厅长段建国,厅党组成员、厅总工程师郜玉兰出席并讲话。

2008年,省交通科研院实现持续快速发展,研发和产业完成的总产值达到4.6亿元,科研、勘察设计、试验检测和高技术含量产业产值超过60%,人均收入明显提高,超过6万元,4项科研成果获得省科技进步二等奖,两项获得省科技进步三等奖;在科技产业的发展方面,多元化与专业化的协同度进一步提升,新增固定资产1474万元,科技产业结构得到进一步优化;继续保持“省直文明单位标兵”和省交通厅“先进基层党组织”等称号；连续9年荣获省厅完成工作目标责任“优秀单位”称号。

2009年，省交通科研院实现年产值超5亿元，利润指标保持在8%以上，固定资产增加值达到1500万元以上；员工收入在原有基础上的增加值不低于8%。

郜玉兰在讲话中，要求科学把握分析形势，抢抓发展先机，用科学发展观指导工作，切实担负起新一轮交通发展赋予的责任。一要解决新一轮公路建设中的关键技术问题；二要狠抓科技创新，提高自主创新能力；三要切实做好公路建养中的环保生态工作；四要解决制约产业发展的问题，争取各方支持；加快完成质检中心国际一流的各种仪器设备的配置；继续做大做强勘察设计工作；加大试验研究经费的投入；以可持续发展的战略理念关注科学研究领域的变化，加强管理，提高整体技术水平。

段建国在讲话中，提出4点要求。即突出重点，着力突破关系交通快速发展、转型发展的关键技术；面向行业，打造行业科技创新的企业平台；立足眼前，为再掀公路建设新高潮提供前期工作支持；着眼长远，大力加强创新型人才队伍建设。

2月6日 下午，省人大常委会副主任、省总工会主席郭海亮等一行深入忻阜高速公路凤凰岭隧道工地，亲切慰问春节期间坚守岗位职工，授予中铁十二局忻阜项目部“工人先锋号”旗帜。省交通厅党组书记、厅长段建国，厅党组成员，厅总工程师郜玉兰，省总工会常务副主席高凤平，省总工会副主席、巡视员郭争荣，忻州市人大常委会副主任、市工会主席智俊德，省公路运输工会主席王晓光等出席慰问活动和授旗仪式。

郭海亮在讲话中，希望筑路员工再接再厉，不断掀起工程建设高潮和劳动竞赛热潮，保安全、保质量、保工期，以优异成绩迎接新中国成立60周年。

段建国代表厅党组和全省13万交通职工，向省总工会表示感谢，向战斗在工程建设一线的施工人员表示亲切慰问。要求以“工人先锋号”授旗为契机，在全省高速公路建设中掀起创建活动热潮，掀起大干快干加巧干热潮，充分发挥典型示范作用，不断扩大“工人先锋号”的效果和影响。

2月6日 上午，厅党组书记、厅长段建国，厅党组成员、副厅长张志川，厅党组成员、厅总会计师张德仪与来访的中国银行山西分行行长魏国斌及中国银行总行公司部客户关系总监唐茂恒、风险部专业审批人牟云清等进行座谈。双方表示，将进一步加强金融合作，努力实现双赢，共同促进山西交通建设及全省经济社会发展。中国银行山西分行副行长冷杰、张天民，省高管局局长董新品及厅机关有关处室领导参加。

座谈会上，段建国向魏国斌一行重点介绍全省高速公路建设及融资工作情况。今明两年全省要新开工建设高速公路3000公里共40个项目，总投资约2000亿元，需要资本金700亿元。和建设用地指标一样，资金也是制约山西高速公路建设的另一个重要因素。希望中国银行山西分行能加大力度予以进一步的金融支持。他说，虽然山西高速公路里程不是很长，但年公里收费近460万元，效益不次于东部发达省份；此外，山西交通有个优良传统，向来是一分钱掰成两半花，不仅公路建设质量高，资金使用监管力度大，而且使用效益高，资金运行很安全。他表示，不管哪个项目，所有资金由省交通厅统贷统还，绝对保证银行资金安全和收益。

魏国斌表示，中国银行山西分行会认真考虑省交通厅提出的要求，尽最大努力支持全省公路建设。

唐茂恒对全省交通建设成就予以高度评价，十分看好建设前景和未来预期收益，表示借款人优先选择交通，项目优先考虑高速，其他银行能够做到的中国银行一定能够做到。希望能与山西省交通厅进一步加强合作，在信贷、债务风险管理及其他金融产品方面展开更深层次的合作，全力为全省交通建设提供优质、高效的金融服务，为推动山西经济社会发展作出新贡献。

2月6日 全省重点公路工程建设技术咨询专家座谈会召开。技术专家委员会主任、厅党组成员、厅总工程师郜玉兰出席并讲话。

2008年10月下旬，省交通厅出台全省重点公路工程建设技术咨询专家试行办法，选聘全省公路建设领域的佼佼者成立技术咨询专家委员会，目的就是要充分发挥交通各类专家在交通建设中的作用，搭建一个施展个人才能和集体智慧的平台，参与全省重点公路的技术咨询活动，及时解决出现的重大技术问题，为全省重点公路工程建设可持续发展提供保证。

会议介绍成立专家委员会机构组成及有关事项，并给各位专家颁发聘书。

郜玉兰在讲话中，阐述成立专家委员会的意义，分析当前和今后一个时期全省重点公路工程建设面临的新形势、新任务，希望各位专家客观公正履行职责，主动接受技术咨询任务，在工程建设中贯彻环保、服务、安全、资源和忧患意识，为完成"到'十一五'末高速公路通车里程达到3000公里，2013年达到5000公里"这一宏伟目标，为实现交通率先发展作出新的更大的贡献。

2月6日 省交通厅向省政府呈报《关于成品油价格和税费改革有关问题的建议》。

2月9日 省交通厅转发省政府《关于在全省开展安全生产专项整治的通知》。主要包括7项内容。即指导思想与工作目标、组织领导、专项整治的范围和分工、检查的内容、方式、步骤、工作要求。领导组组长：陈川平；副组长：王成、张根虎、杜建荣；成员包括省直有关厅局负责人、各市分管副市长。办公室主任：张根虎；副主任：唐晋等。

2月10日 副省长牛仁亮在郝建文生平事迹报告上批示："优秀治超员郝建文同志的事迹十分感人，应进一步宣传"。

2月10日 下午，省交通厅党组副书记、副厅长张润专程前往山西路桥一公司，为对口支援四川茂县公路建设的22名工程施工人员送行。要求继续发扬连续作战的优良作风，不畏艰险，科学管理，文明施工，早日建成茂县黑虎羌寨旅游路，向四川灾区人民、向山西人民交一份满意答卷。施工人员要注意身体，注意安全，做到施工、安全两不误，早日平安归来。

2月10日 晚8时，省交通厅与省城金融系统在太原南宫举行《大路通天》文艺晚会。乘着春节和元宵节的喜气，再度奏响双方合作新曲。省委副书记、省长王君，省委常委、宣传部长胡苏平，副省长牛仁亮等领导与交通和金融系统干部职工一同观看演出。自编自演的节目，充分展示交通、金融系统干部职工积极向上的精神风貌和携手奋进的坚定决心。

2月10日 省交通厅向省发改委报送《关于批复太原环城高速公路太谷连接线工程可行性研究报告的请示》。路线全长33.6公里，一级公路标准，路基宽24.5米，设计时速100公里，估算投资64 290万元，建设工期1年半。

2月10日 省交通厅向省发改委报送《关于批复山西平定至阳曲高速公路可行性研究报告的请示》。路线全长约131公里，起点至原太高速公路段（约114.1公里）拟采用6车道高速公路标准，设计时速100公里，路基宽33.5米；原太高速公路至终点段（约16.4公里），拟采用4车道高速公路技术标准，设计时速80公里，路基宽24.5米，投资估算150亿元，建设工期3年。

2月10日 省交通厅批复长邯高速公路东阳关服务区改扩建工程可行性研究报告。新建建筑面积4870平方米，拆除原建筑面积515平方米，总投资1978万元，建设工期1年。

2月11日 上午，全省公路工作会议在太原召开。副省长牛仁亮，省交通厅党组书记、厅长段建国出席并讲话，省政府副秘书长崔国红，厅党组副书记、副厅长张润出席。省公路局局长戴飞作了题为《抓住新机遇，迎接新挑战，开创公路事业科学发展新局面》的工作报告。省公路局党委书记赵振田主持。

2008年，全省公路系统完成建养投资74.1亿元，创历史新高。完成新改建工程1498公里，沿黄干线公路除57公里地方国债项目需续建外，其余500公里建成通车；208国道太原至长治、307国道汾阳至离石等一批长期制约路网功能发挥、影响行业形象的“老大难”项目竣工通车。完成危桥改造253座，大中修710公里，安保工程886公里，完成路线环境综合治理3400公里。累计检测运输车辆717万辆，查处超限车辆3200辆。收取车辆通行费14.9亿元，同比增长27%。农村公路完成建设投资86.2亿元，新增通车里程4752公里，新增高级次高级路面里程7007公里，完成通村水泥(油)路1万余公里，沿黄扶贫旅游公路基本贯通。圆满完成省政府和省交通厅下达的各项目标任务。

2009年目标是：投资100亿元，完成路网改造1200公里，完成公路大中修300公里，危桥改造100座。同时，力争养护优良路率达到75%，把“双超”车辆控制在1%以内。要完成既定的目标任务，必须深入贯彻落实科学发展观，围绕全面发展、转型发展、和谐发展，着力加快路网改造，加速养护转型，加强科学管理，深化公路改革，维护行业稳定，增强领导能力，从更高层次和水平上做好“三个服务”。具体讲，就是要围绕科学发展一条主线，抓好8个着力点。即着力化解制约性难题，再掀公路建设新高潮；着力找准突破口，加快推进养护转型；着力推进农村公路事业快速协调健康发展，为新农村建设作不懈努力；着力用先进科学指导管理，不断提高全面管理水平；着力用好成品油税费改革政策机遇，打造更为宽广稳定的发展平台；着力抓好安全生产和行业稳定，为科学发展创造和谐稳定环境；着力加强党风廉政建设和行业文明建设，保障公路事业又好又快发展；着力加强干部队伍建设和政风行风建设，为圆满完成全年目标任务奠定坚实基础。

段建国在讲话中，要求全省公路系统正确把握当前面临的形势，振奋精神，抢抓机遇，以求真务实的精神创造性地开展工作，推进公路新一轮改革和发展。一要抓重点，切实抓好干线公路改造升级、“双超”治理、养护管理、路桥改革发展稳定等工作；二要抓落实，所有工作必须科学安排，层层分解，加强督察；三要抓改革创新。一定要在人、财、物上继续支持“村村通”工程建设，确保目标任务完成。省交通厅将继续为省公路局各项工作创造有利的环境和条件。

牛仁亮在讲话中，充分肯定2008年全省公路系统各项工作，要求认真落实省政府有关交通的重大部署，抓好公路建设资金落实，加快公路建设进度，确保公路建设质量，建立公路建设质量终身问责制，建设一支能干事、干成事、不出事的公路干部队伍，确保全省公路建设任务的圆满完成。

2月11日 下午，全省公路系统党风廉政建设暨安全生产工作会议召开。省交通厅党组副书记、副厅长张润，厅党组成员、驻厅纪检组组长韩日裕出席。厅党组成员、省公路局党委书记赵振田主持。省监察厅副厅长刘蓉华应邀出席。省公路局党委副书记、纪委书记李铁山，副局长胡志勇分别在会上作党风廉政建设和安全生产工作报告。

张润在讲话中，要求提高认识，加强领导，以公路施工、公路桥梁运营、企业生产、集体场所消防等安全生产工作为重点，加强基础工作，提升监管与保障能力；要深入开展安全生产专项整治活动，建立健全安全生产问责制，坚持不懈地把安全生产工作抓细、抓实、抓好，努力推动全省公路事业又好又快安全发展。

刘蓉华在讲话中，希望全省公路系统进一步加大力度，深入开展党风廉政建设和反腐工作；进一步加强纠风治乱工作，巩固“三乱”治理成果；进一步加大案件查处工作力度，发挥查办案件的治本作用；进一步高度重视纪检监察工作，推动党风廉政建设，为全省公路改革发展稳定保驾护航，作出更大贡献。

会上还分别签订廉政与安全生产目标责任书。

2月11日 省交通厅印发《关于成立晋城高速公路有限责任公司的通知》。为进一步完善和规范高速公路运管管理体制，加强行政区域集中统一管理，着力推进运营管理一体化，充分发挥路网整体功能，经研究决定，对晋城高速公路建设管理处和省高管局晋城管理处进行整合，成立晋城高速公路有限责任公司。

2月11日 省交通厅批复夏汾高速公路路面改造工程设计。路线全长53.925公里，核准预算315 988 614元。

2月11日至17日 省交通厅举办公路工程安全质量管理干部培训班，参加培训的33名人员在厅党组副书记、副厅长张润带领下，赴湖南、湖北进行学习培训，现场参观考察。

此次培训主要内容是公路工程安全质量有关法律法规，公路工程安全经营管理技术及规范，湖南、湖北公路工程安全质量管理经验和做法。省公路局、省交通质监站、厅重点办分管领导和处室负责人，各高速公路建设管理处处长或分管领导，厅机关有关处室负责人参加。

在湖南期间，先后听取长沙理工大学刘辉教授《公路工程施工安全技术》，陈万求教授《公路工程安全生产法律法规》，李佳升教授《施工质量控制》等讲座；与湖南省交通厅有关人员进行座谈，听取湖南省高速公路建设管理情况介绍，并就公路工程安全质量进行沟通交流。在湖北期间，与湖北省交通厅有关人员进行交流座谈，并赴沪蓉西高速公路施工工地进行参观学习。

张润在讲话中，提出5点要求。一是各级领导要树立强烈的安全责任意识。严格执行安全第一、预防为主、综合治理安全方针，长大隧道、高挡墙、爆破工程等，要在开工前制定强制性操作标准、操作规程，并以简易手册形式下发到现场每个施工人员手中；在健全完善各项安全生产规章制度、规范规程的基础上，将安全管理贯穿到整个工程建设的全过程。二要强化现场安全管理。全面落实自查自纠，加强各级检查指导和考核，重点对施工单位“三类人员”、特种作业人员持证情况、特种检验情况和施工现场管理进行检查，对重点部位或环节进行重点跟踪；要确定工程建设中的危险源，对发现的安全隐患督促落实，确定整改责任人、整改时间、整改措施，要有效保证隐患排查治理的效果。要把好安全生产措施关、交底关、教育关、检查关、改进关。三要加大安全生产投入。工程施工招标文件必须明确安全生产条件要求，确保安全生产经费专款专用，确保用于购买安全生产工具、设置安全警示标志、安全生产人员培训等。四要奖惩到位。要落实监管措施，严防安全事故，要针对重点项目、重要工序和关键部位推行安全岗位责任制、挂牌销号制，实现全过程监督检查，及时发现问题，及时消除隐患，做到奖惩到位。五要树立依靠科技、尊重规律的科学观念。要建立安全责任风险评估制度，对影响安全的施工难点进行分析论证；要采用先进仪器设备，对施工中要害部位实施监测、监控，超前预报险情，用科学技术支撑安全质量。全年开工的每个项目都要开通网站，反映工程情况，接受社会监督。省交通厅将加大监督检查力度，组织省交通质监站等有关部门采取明察暗访、定期不定期上路检查方式，对各开工项目的安全生产制度、安全生产专项技术方案、安全专项经费、安全警示标志设置情况等进行检查，选取正反两个方面典型，召开现场会，解决重生产轻安全的问题。

2月12日 忻阜高速公路开工建设动员大会在忻州召开。厅党组成员、厅总工程师部玉兰出席并讲话。

会议明确忻阜高速公路建设的五大任务

目标，即“质量保部优，安全无事故，廉政不倒人，投资不突概，两年小循环，三年全线通”，对2009年度建设工作进行安排部署并对第一阶段任务进行动员。

会议要求，2009年要坚持以科学发展观为指导，认真贯彻落实省委、省政府和省交通厅党组的决策部署，紧紧抓住国家实行积极政策、扩大内需拉动经济的历史机遇，发扬太旧精神，弘扬大运精神；要落实好“创新科技、传承文化、保障安全、构建和谐”的建设主题和“依法筑路、科技筑路、优质筑路、安全筑路、廉洁筑路”的建设理念，以确保工程质量和安全检查生产为重心，以强化精细管理为主线，依靠信息化管理系统提升管理效率和管理水平，实施并实践好科技示范工程，力争全年完成投资35亿元，实现除特大桥、长大隧道以外所有路基桥隧工程全部建成的任务目标。

会议强调，要做好5项重点工作。一要强化管理，突出“三个创建”，即创建优质工程、安全检查工程和廉洁工程；二要精心组织，打造“三个亮点”，即组织实施好科技示范工程，做好施工总承包试点工作，建设好、利用好项目建设管理信息化系统；三要统筹兼顾，处理好“三个关系”，即处理好质量、安全与进度的关系，处理好项目建设与地方经济的关系，处理好工程施工与环境保护的关系。

郜玉兰在讲话中，锁定“两年小循环，三年全线通”总目标，紧紧围绕各阶段建设任务，以省总工会授予忻阜高速建设者“工人先锋号”旗帜为契机，在项目全线迅速掀起建设高潮和劳动竞赛热潮。要加强对参建单位的履约考核评价管理，加强施工过程中的生态环境保护，组织实施好交通部科技示范工程，出成果，出人才，创品牌，全力打造优质工程、安全工程和廉洁工程。

2月13日 省交通厅深入学习实践科学发展观活动整改落实阶段推进会召开。通报前段工作情况，提出近期工作重点。厅领导组办公室主任、副主任，厅指导检查组组长，厅直各单位领导组组长，厅机关党支部书记参加。杨俊威主持。

会议要求，各单位、各部门要尽快安排整改落实阶段后两个环节的工作，及早考虑满意度测评工作，科学确定测评内容，合理确定参加测评人员的规模、范围和测评方式，让广大党员群众及早了解学习实践活动的开展情况和所取得的成效，为做好满意度测评奠定良好基础。要坚持边整改、边总结，按照中央和省委提出的学习实践活动的目标要求，认真总结宣传学习实践活动尤其是整改落实阶段的好做法、好经验，以有效、深入的宣传，扩大活动影响，推进活动深入广泛开展。厅各指导检查组要再接再厉，进一步加大对各单位的督促检查力度。

会议还学习传达习近平同志在中央深入学习实践科学发展观活动领导小组第四次会议上的讲话精神。

2月13日 省交通厅后勤服务中心召开2009年度工作会议。全面总结2008年工作，表彰先进集体和先进个人，安排部署2009年任务。厅巡视员曹燎原出席并讲话。要求每个同志要以主人翁姿态对待后勤服务工作，进一步加强责任意识和创新意识，并以深入学习实践科学发展观活动为契机，解放思想，团结拼搏，扎实推进厅机关后勤服务工作，为全省交通科学快速发展做好后勤保障服务工作。

2月13日 省交通厅向省援建办公室报送《关于支持茂县渭永线等三条公路建设的请示》。共计90公里，其中，渭永路12公里，安乡路52公里，松坪路26公里。

2月14日 省交通厅召开全省道路运输安全生产紧急视频会议。通报2009年以来全省发生的6起道路运输事故情况，并就全省道路运输安全生产及春运后期工作进行安排部署。主会场设在省运管局，分会场设在各市道路运输管理局(处)。会议由省运管局局长李华中主持。厅党组成员、副厅长王志民出席并讲话。

厅运管处通报2009年以来全省6起道路运输事故情况，特别是2月12日一天连续发生的3起交通事故给人民群众的生命财产安全造成的巨大损失以及在社会上造成的恶劣影响。王志民结合省政府召开的全省预防重特大道路运输事故电视电话会议精神，并就全省道路运输安全生产及春运后期工作进行安排。

王志民在讲话中，提出3点要求。一要吸取教训，切实增强搞好道路运输安全工作的紧迫感和责任感；二要强化监管，认真落实安全工作各项措施；三要加强值班和应急管理，切实做到对各类事故情况及时组织处置。

会议决定，从2月15日开始，全省开展为期1个月的道路运输安全生产大检查。山西汽运集团总经理张海清代表集团和全省道路运输企业作表态发言。表示一定要以事故为教训，加大和加强监管、整改力度，采取强有力措施，克服车头、人头、管理过程中的不足，以更加完善的制度开创全省道路运输安全生产新局面。

省运管局、省公路局、省高管局、省征费局、省道协、厅运管处以及山西汽运集团主要领导及厅直有关单位负责人在主会场参加；各市交通局、公路分局、运管局(处)、高速公路公司、各县运管所及各市客货运输企业、汽车站等主要领导及相关负责人分别在分会场参加。

2月17日 省交通厅转复2009年厅直单位收支预算。收入征收计划837 448.81万元，省级支出预算873 543.87万元，项目支出预算816 049.71万元。

2月18日 上午，2009年全省高速公路管理工作暨"双百佳"表彰大会在太原召开。厅党组书记、厅长段建国，厅党组成员、副厅长张志川出席并讲话，厅机关有关处室负责人参加。省高管局局长董新品作了题为《抢抓机遇，迎难而上，开创高速公路管理事业科学发展新局面》的工作报告。省高管局党委书记李万定主持。

2008年，全省高速公路管理系统各项工作取得显著成绩。道路通行环境不断优化，公路技术状况指数MQI平均值达到95.8，优良路率达到99.4%；通行费收入持续攀升，全年共征收87.16亿元，同比增长14.79%，通行量9752万辆次，同比增长13.87%；服务区经营成效突出，共完成营业额17.12亿元，同比增长62%；路政管理规范有力，全年案件发现率、查处率、路产恢复率分别达99.9%、100%、99%；超限超载治理效果明显，连续半年未发现55吨以上非法超限超载货运车辆驶入高速公路；信息服务及时准确，受理服务咨询电话136万人次，实施紧急救援1100多次，发布路况信息1.98万条；文明创建成果丰硕，获"全国五一劳动奖状"、"全国模范职工之家"、"全国交通行业抗灾保通先进集体"、"山西省创建文明和谐行业活动先进行业"等称号。通行保障能力取得新突破，分期分批对拥堵严重瓶颈路段和站点进行拓宽改造；全省高速公路联网收费的130个收费站全部实现刷卡收费，57个堵车严重治超检测点推广治超不停车快速检测系统运行；加固维修18座三类桥，增设完善大运、青银等路段的标志标线，集中处治省政府重点督办的汾离高速公路行车隐患；圆满完成奥运圣火传递转场接待和奥运期间通行保障任务。

2009年主要目标是：要完成既定的目标任务，必须深入落实科学发展观，紧紧围绕"三个服务"，转变发展理念，加快推进高速公路新型产业向现代服务业转型；创新发展方式，以信息化推进管理现代化，以精细化推进行业规范化，以运营一体化推进路网效能最大化，以发展集约化推进资产经营规模化，以服务最优化推进社会效益最大化；全面提升发展能力，着力抓好高速公路安全保畅能力、公共服务能力、突发事件处置能力和行业创新能力建设，推动全省高速公路管理事业的科学发展。具体讲，抓好9个重点：勇挑重担，服务大局，推动高速公路建设与运营管理大发展；加强指导，提供服务，全面提升行业监管水平;超前谋划,及早动手,认真做好全国公路养护大检查的各项准备工作;整体推进,协调高效,努力形成科学发展强大合力;巩固成果,常抓不懈,坚定不移抓好超限超载治理工作;着眼未来,注重创新,进一步提升科技在运营管理工作中的贡献率;以人为本,狠抓落实,大力提高安全生产和应急管理能力;依托载体,丰富内涵,树立行业文明新形象;围绕中心,激发活力,全面加强党的建设。

张志川在讲话中,要求抓好5方面工作。一是确立“公路姓公、交通在通、运营在营”理念;二是研究区域化整合后的高速公路管理体制;三是做好高速公路融资;四是加强治超工作;五是提高服务水平。特别是在强化安全、加大养护力度、完善标志标识、提升信息化程度、规范路政管理、探索服务区管理新模式、加强党的建设、巩固文明建设、深化人才建设方面有新的突破和发展。

段建国在讲话中,要求正确把握形势,以奋发有为精神状态推进公路建设新高潮。一是抓重点,促全面,推动高速公路管理工作再上新台阶。要进一步强化高速公路收费管理,挖潜堵漏,降低成本,提高收费效益;要强化高速公路管理,毫不动摇地行使行业管理职能;要进一步提升公共服务能力,着力提高惠民便民、突发事件应急处置和公路防灾抗灾能力,继续组织实施好公路安保工程,继续加强桥梁隧管理;进一步加强治超工作。二是抓改革,促创新,进一步增强高速公路发展动力。要进一步推动融资创新,重点抓好利用高速公路通行费结余收入融资创新工作;要积极推进高速公路管理体制创新,建立有利于促进高速公路建设和运营协调发展的新体制、新机制;要积极推进科技创新,借助世界最新技术,提升全省高速公路管理水平。三是抓落实,确保全年各项任务完成。要建立完善的工作责任制,加强督察,推动工作落实,严格责任追究,层层追究相关单位和领导责任。

会议对先进单位和“双百佳”先进集体及个人进行表彰,并签订2009年度工作目标责任书和安全生产目标责任书。

2月18日 省交通厅新闻宣传中心2009年度工作会议召开。总结2008年工作,表彰先进集体和先进个人,安排部署2009年工作。厅党组成员、驻厅纪检组组长韩日裕出席并讲话,厅机关有关处室负责同志出席。

2008年,厅新闻宣传工作紧紧围绕厅党组中心工作和交通行业的热点和焦点,全面宣传全系统学习贯彻十七大精神及深入开展学习实践科学发展观活动,取得较为显著成绩。在省级以上媒体刊播新闻稿件420余篇(条)。同时,还组织策划“众志成城、抗震救灾”、“迎奥运保安全”、“治理超限超载”、“全省普通公路计重收费”等重大活动以及省部领导视察交通、厅领导现场办公、交通战备成果展示及五保高速、太古、太佳、大呼高速公路等重点工程开工建设、晋济高速公路竣工通车、交通建设项目计划调整新闻发布会、省交通厅与五大银行战略合作贷款等重大交通新闻宣传活动。主动向新闻媒体通报全年交通工作热点和重点,组织策划召开全省农村公路建设新闻发布会,集中组织开展治超工作宣传活动;四川汶川发生特大地震灾害后,迅速开辟《心系同胞、情满川蜀、众志成城、抗震救灾》等专栏,及时宣传全省交通系统情牵灾区,踊跃捐款捐物的动人事迹;省交通厅派出抢通保通突击队后,中心3位领导先后入川奔赴抗震救灾一线及时采写来自四川德阳以及对口援建四川茂县一线的报道,并采写《悠悠岷江情》等一批大型通讯报道,制作“战地黄花分外香”抗震救灾主题宣传展板,大力宣传突击队员先进事迹。一年来,组织中央和省城新闻媒体记者及摄影艺术家赴晋济、阳侯等重点工程建设工地集体采访、采风共5次。认真做好省厅各项政务活动和有关会议新闻报道工作,全年共派出记者244次532人次;出版《山西交通》100期,并赠送90余万份。

2009年,交通新闻宣传工作将按照全省交通工作会议要求,运用深入学习实践科学发展观成果,为再掀公路建设新高潮,积极推进产业结构调整和发展方向转变,提升交通运输服务保障能力,做好新闻舆论宣传工作。具体工作任务是:紧紧围绕厅党组确定的新目标、新任务、新思路三个重点,加大十个方面的新闻宣传力度,即加大新中国成立60周年、再掀公路建设新高潮、对外以及应急宣传报道能力、公路养护和治超、提高运输行业素质和服务保障能力、公路养护和治超、提高运输行业素质和服务保障能力、建立充满活力的交通运输管理大部制体制、推进综合运输体系建设和法制建设、做好科技创新和节能减排、加强安全监管和应急维稳工作、对交通为民办6件实事的宣传力度。同时,要进一步做好加强对全省交通新闻宣传工作的组织领导,进一步完善运行机制,进一步强化对外信息服务和公众传播机制建设及应急宣传报道力度,建立有效的交通新闻宣传工作表彰激励和考核机制等6项工作,继续为交通科学、快速、安全、协调发展鼓与呼。

韩日裕在讲话中,要求不断创新新闻宣传工作思路。抓住国家扩大内需机遇,着力抓好重点交通基础设施建设宣传,着力抓好“建国60周年”主题宣传活动,着力抓好运输市场监管和安全生产宣传。希望交通新闻工作者创造良好舆论环境,发挥好舆论导向和监督作用,为建设和谐交通和促进全省交通事业又好又快发展作出新贡献。

会前,韩日裕一行察看厅新闻宣传中心办公场所,听取情况汇报,并对新闻宣传经费保障、设备更新、体制机制建设等提出指导性意见和解决办法。

2月18日 省交通厅批复全省交通系统1166信息传送网通信光缆工程设计。共布光缆224.74公里,核准预算5 666 692元,建设工期两个月。

2月18日 太佳高速公路吕梁段建设动员大会召开。吕梁市委书记聂春玉,市委常委、常务副市长丁雪峰,省交通厅副巡视员郭贵平出席。

项目全长119.55公里,途经吕梁市岚县、方山、临县3县11个乡镇62个村,批复概算89.9亿元,建设工期两年,2010年全线建成通车。项目建设对于拉动东西富吕梁、建设山西新基地、实现经济新跨越起着十分重要意义。项目前期工作超常规推进,工程招投标规范有序,征地拆迁调查初显成效,工程临建势态良好,各施工、监理单位已全部进场开工。

郭贵平在讲话中,要求建管处一定要紧紧依靠各级地方政府、部门,正确处理好各方利益;要扎实有效地抓好征地拆迁和各项基础工作,及时拨付征地拆迁费用,专款专用,及时把征地拆迁补偿费用发到农民手中。各建设管理和施工单位一定要牢固树立科学发展观,坚持“百年大计、质量第一”方针,广泛吸收国内外高速公路建设管理的成功经验,建立健全工程质量保证体系和责任体系,合理安排工期,科学组织施工,严格质量管理,扎实做好全过程质量控制,确保工程万无一失。要坚持安全施工不动摇,确立“以人为本,安全第一”的施工理念,创新制度和手段,建立安全施工预警机制和安全施工长效机制,稳步推进安全施工技术创新,建立健全各项工作制度,完善企业自我约束机制。要坚持可持续发展方针,施工中要最小限度地破坏生态,最大限度地保护生态,最强力度地恢复生态,努力把太佳高速公路建设成为公路与自然和谐发展的示范工程,高标准、高质量、具有国内一流水平的精品工程。

聂春玉在讲话中,要求精心组织,密切配合,协同行动,做到政策落实到位、包干负责到位、协调配合到位、工作措施到位。

丁雪峰在讲话中,要求地方工作坚持公开、公平、公正、公示,做到零报告、零距离、零干扰、零上访;工程建设管理做到高起点、严要求、保安全、促进度、创精品。

会上，岚县、方山、临县政府负责人和施工监理单位负责人分别作表态发言。省交通厅与吕梁市政府签订征地拆迁及建设环境总承包合同书，吕梁市政府分别与岚县、方山县、临县签订征地拆迁及地方协调工作目标责任书。建管处处长刘子兴与各施工监理单位签订责任书。

2月18日 省征稽局召开各分局党委书记、局长会议。省征稽局党委书记、局长张晋鹏对当前和今后一段工作进行安排部署。

春节以来，各级征稽机构以"两学一活动"为载体，学习实践科学发展观，学习法律、基础知识和综合知识，大力开展各项竞赛活动，认真做好养路费各项结尾工作，保持良好职业品格和高度责任意识。但是，针对事关职工利益和行业前途发展的问题，如何在思想上保持和谐稳定局面、如何在工作上取得实效、如何在队伍建设上取得新突破，是当前省征稽局着力解决的课题。

会议提出3点要求。一要分析和认清形势，教育和引导好职工，为今后发展奠定良好思想基础。要正确认识费税改革的重大意义，认识改革发展的历史性、规律性和必然性，相信组织，相信自己，无论是对单位和个人，都要把思维调整到打好基础、做好积累、增强适应能力和可持续发展能力上来。二要严肃纪律，强化管理，创建优秀队伍，树立良好形象。越是在过渡期间，越是对各级领导干部和职工的考验，越要做好基础和基本工作，要从我做起，做好表率，坚守岗位，严肃工作纪律，严格工作作风，加强值班考核，对出现违纪现象的单位和个人，要认真追究责任，对因旷班、脱班而造成重大影响的，采用责任倒查制度，追究主要领导责任。三要总结工作，确保有所作为。要抓好当前工作，认真研究对策，发挥优势，努力开拓新的发展空间。总结工作，就是要做好养路费征管的结尾工作，树立有作为、负责任的意识，对过去的工作进行全方位梳理，一方面做好档案归类等历史性工作，另一方面彻底解决遗留问题，重点做好欠费清理、滞留车辆处理、基本建设和财务处理，做到依法办事，依规结账，一清二白。抓好当前，就是要管理好、教育好职工队伍，确立工作载体，抓好培训学习，提高队伍素质，特别是要提高队伍的凝聚力，解决防止各种涣散现象和不稳定、不和谐因素的发生。发挥优势，就是要发挥征稽系统的管理优势、执法优势、资源优势和人力优势，加强调研，群策群力，为征稽未来发展赢得空间，为交通发展尽心竭力。

2月18日 上午，省运管局、省公安厅交管局听取2008年、2009年以来发生"6·3"、"2·12"等重大交通事故运输企业的安全生产整改情况汇报。发生事故企业所在市的运管局(处)分管安全的局(处)长、交警支队分管安全的支队长以及发生事故企业的总经理和分管安全经理参加。

省公安厅交管局局长边智慧在讲话中，肯定6家运输企业安全生产整改成果，认为认识深刻，措施得当。要求各企业要认清严峻的安全形势，认真吸取沉痛教训，牢固树立"安全发展"理念，坚持不懈地把安全生产工作抓紧、抓细、抓实。交警、运管、企业要建立道路运输安全预警机制，联防联动机制，及时通报掌握信息，采取强有力措施，杜绝重大交通事故发生。

省运管局局长李华中在讲话中，要求运管机构要履行好三关一监督职责；运输企业要承担起道路运输安全生产主体责任；交警、运管、企业要互动，要建立驾驶员黑名单制度，对黑名单上的驾驶员要定期公布，促进驾驶员自觉守法。

2月18日 下午，忻州市九大工程建设推进会暨忻州客运中心奠基仪式隆重举行。忻州市及省交通厅有关领导出席。

新址位于忻州市大运高速公路出口约700米处，108线过境线路东、高速公路连线与忻黑线两个转盘之间，用地131.44亩，投资约9572万元，总建筑面积13 455.3平方米，其中主站房10 831平方米，司乘公寓

1502.65平方米，附属用房876.6平方米，辅助用房244.42平方米。按一级汽车规模设计，功能齐全，造型新颖别致，呈A字形造型。项目建成后，将是忻州市标志性建筑物之一，被忻州市人民政府列为2009年实施的九大重点工程之一。将有利于忻州市城市建设、交通发展和人民群众出行，为实现忻州乃至全省交通率先发展、又好又快发展起到积极推动作用。

2月19日 省交通厅党组书记、厅长段建国作出批示："请新闻宣传中心与省内外媒体联系予以报道，同时在厅里的刊物和网站上报道。并发文号召向郝建文同志学习，以激励全省交通干部职工"。

2月19日 省交通厅向省政府呈报全省道路运输安全和水上交通安全以及交通基础设施建设施工安全3个专项整治工作经费预算。分别为418.08万元、288.72万元、418.08万元。

2月20日 省运管局对2009年道路运输行业春运工作进行总结表彰，并对道路运输安全专项整治活动进行动员。

春运期间（1月11日至2月19日），全省共投放客车47.6万辆次，日均发送班次3万个，组织客运包车1314辆，加班车3241辆，累计运送旅客1831.8万人次，总量与上年同期基本持平，为100.6%。春运期间，没有出现电煤运输紧张状况，未发生旅客和鲜活农产品滞留。受雨雪恶劣天气影响，发生一起死亡10人伤16人的重大道路运输安全责任事故。

2009年春运呈现出"总体平稳、局部增长，未出现连续性较大客流高峰"的特点。

2月7日，王君省长在省运管局《关于2009春节运输工作情况汇报》上批示："华中同志：春运工作抓得很好，向同志们致以新春的祝福和良好的祝愿"。王君省长的批示，充分肯定全省运管系统和道路运输行业广大干部职工在春运工作中所做出的成绩，并对全省运管人员和运输战线广大干部职工致以亲切的问候和良好的祝愿。

省运管局局长李华中在讲话中，肯定全年春运工作成绩，并总结好的做法。即领导重视，认识到位；科学安排，周密部署；加强监管，确保安全；以人为本，文明服务；加强宣传，营造氛围。李华中还就省政府2009年开展为期1年的道路运输安全生产专项整治进行动员，要求全省各级运管机构认真学习省政府、及省政府办公厅两个文件，真正从指导思想和目标任务上领会《通知》精神，建立相应工作机构，配齐人员，结合本地实际，制定具体实施方案。

2月23日 下午，省交通厅党组书记、厅长段建国，厅党组成员、副厅长王志民在厅机关有关处室负责同志陪同下，就全省道路运输安全工作情况深入省运管局调研。

王志民在讲话中，提出5点要求。一要认真落实道路运输安全生产专项整治工作，切实履行好"三关一监督"职责；二要对道路运输安全监管工作存在的问题提出具体解决办法和建议；三要继续推进对重点事项的解决；四要解决挂靠问题；五要将运输企业安全管理纳入质量信誉考核，加大份额占有率，基本上达到一票否决的目的。

段建国在讲话中，提出5点要求。一是厅运管处要对这次会议提出来的合理性问题和建议全面梳理，逐条研究解决；二是对于交通系统内部的问题，要大胆解决，从自身上寻找解决问题的办法；三是运管部门要与交警部门建立联动机制，做到信息共享，有力打击非法营运车辆；四是运输企业要针对此次会议提出的问题进行自查，找出解决问题的根本；五是厅运管处要尽快制定出道路运输安全问责制。

2月23日 交通运输部综合规划司副司长于胜英带领部检查组一行8人，对全省公路交通信息资源整合与服务工程建设进行检查指导。省交通厅党组成员、副厅长张志川介绍情况并参加座谈。

项目总投资2028万元，建设工期18个

月。2008年11月11日开工建设,1月15日,各系统软件第一轮原型开发完成,目前正在进行各系统原型测试和各系统间接口测试。预计7月完成,8月正式上线运行。

座谈会上,张志川向检查组介绍"十五"以来全省交通建设基本情况、今后一个时期山西交通发展总体规划、山西省交通信息化建设现状及存在问题、全省公路交通信息资源整合与服务工程建设简要情况,以及近期山西省交通信息化建设的主要任务。厅办公室副主任苏敏汇报山西省公路交通信息资源整合与服务工程各阶段工作情况,详细介绍工程建设目标与任务、组织机构、进度情况、存在问题、保障措施、工作体会及下一步计划。浙江协同数据系统有限公司、北京北大千方科技有限公司、北京中交通信科技有限公司和中国软件与技术服务股份有限公司4个机关软件开发单位作项目情况演示。省高管局汇报交通通信专网建设情况。

检查组充分肯定省交通厅对交通信息化建设的认识、决心和力度,特别是对省厅"拿出建设3公里高速公路的钱进行信息化建设,为全省12万公里公路综合管理服务"的理念拍手叫好。他们对示范工程推广项目目前进展情况表示满意,认为在工程建设中坚持统一规范、统一标准、统一接口、统一体系的统一性原则富有特色,有利于建成后的横向共享和纵向接连,并提出不少建议,希望进一步加强与软件开发商协调、融合,培养复合型人才,最终实现对内提升管理水平、对外提升服务水平的项目推广目标。

2月23日 省交通厅印发《山西省国省干线公路小修保养费用标准》。

2月24日 省交通厅党组成员、副厅长张志川在厅机关有关处室负责人陪同下,深入山西交通技师学院调研并参加学院2009年度工作会。

上午8时50分,张志川一行赶到学院,直奔教室听课,并与学生对话交流。随后,听取校长张文才关于学院情况的汇报。中午,张志川一行在学生食堂就餐后,视察学院环境、教学设施和基础设施,下午3点,出席学院工作会议。

2008年,学院学生实训课时数占总时数57.8%;毕业生就业率97.9%;就业实习一次性安置率95.1%;招收新生1042人,在校生规模3200人;短期培训完成5848人;教职工年平均收入稳中有升;学院连续第五年被评为省交通厅"完成工作目标责任优秀单位"、第六年被评为"省直文明和谐单位标兵";被交通部授予"全国交通行业文明单位"称号。

2009年工作目标是:实训楼、学生综合服务楼年内建成并投入使用;实施好北校区的维修改造并确保正常运转;初步建立任务引领型项目课程体系;学生规模保持在3000人以上;年社会培训人数不低于2000人;毕业生就业率不低于96%;争取再获得省厅完成工作目标责任优秀单位称号。

调研会上,张志川对学院各项工作取得的突出成绩给予充分肯定,认为学院有切实可行的改革发展思路,有完整系统的治校理念,有科学的管理体系,有适合的教学模式,有稳定的就业渠道,有扎实的科研工作,有干事创业的良好氛围。希望学院能全面贯彻落实科学发展观,坚持以服务为宗旨,以就业为导向,以提高质量为重点,破解发展中的师资队伍、专业设置、基础设施、政策导向等难题,加强宣传,全面促进学院职业教育工作又好又快发展。

工作会上,张志川在讲话中提出3点要求。一要抢抓发展机遇,加快学校发展。要看到经济危机影响实体经济,但对高技能人才需求没有变;国家促内需,保增长,交通进入新一轮大干快上对高技能人才需求没有变这两个事实,抓住机遇,加快发展。二要把握职业教育规律,注重科学发展,提高办学质量。要注重对学生进行职业道德教育,要注重培养学习的工作任务胜任力、工作关系适应力、职业生涯发展力、职业道德重塑力;要坚持以市场为导向,打破传统学科体系,创新求发展，开门办教育；要加强师资队伍建设，一是让教师走出去，到高等院校、建设工地、科研院所学习锻炼提高；二是从外面请进来，请学者、专家、专业技术人才，提高教师队伍素质；三是加强领导班子建设，鼎力打造学院品牌。要立足交通，面向社会，适应市场，服务顾客，心往一处想，劲往一处使，力争出成绩、出经验、出品牌，成为职业教育名校。

张志川还就学院提出的就业和培训支持问题、主校区与北校区之间建设过街天桥问题、建设公路专业实训场问题等进行协调解决。

2月24日 《山西交通》刊发吕冯庄采写的通讯《情系治超 血染公路——郝建文同志生平事迹纪实》。

2月24日 省征稽局召开党委扩大会议，安排部署当前工作。

会议要求省征稽局全体干部职工要继续遵循“以纪律树形象，以责任定品性，以素质创未来”的思路，做好4项工作。一要彻底肃清“无事可做”的错误思想，树立“有为有位”的正确理念，坚持“忠于责任”的征稽精神，加强自我约束，严格纪律考核；二要以党支部为单位，广泛开展“两学一竞赛”活动，把科学发展观和法律、文化、综合知识的学习竞赛作为凝聚人心的良好载体，变被动为主动；三要继续履行职责，扎实做好收尾工作。各对口部门要认真做好资产、账务的清理核资、财务监管、审计监督、滞留车辆处理、车辆欠费清理、通行费征管以及资料整理和宣传工作，克服不利影响，树立良好形象；四要抓住时机，积极自学“充电”，形成浓厚的学习氛围和工作作风，为未来发展赢取素质优势、形象优势和队伍管理优势。

2月25日 省交通厅副巡视员郭贵平听取厅定点扶贫工作队情况汇报并传达厅党组关于交通扶贫的指示，认为工作队连续5年在石楼县罗村镇扶贫，确实为老百姓办了一些事情，为改善当地群众生产生活条件，增加农民收入，起到积极推动作用。当他听说还有3个行政村涉及2000多人的十几个自然村还没有通油(水泥)路时，动情地说：“交通扶贫，首先应该考虑的是老百姓的行路难问题，除公路组完成寄宿制宿舍楼配套工程外，今年一定要把这个问题解决好，把几个组的资金集中起来使用，不够的话厅里再增加一些。到时候厅里要检查和验收。具体施工要和当地政府、县交通部门联合起来一快搞，要格外注意质量，不能图快而出现豆腐渣工程”。

2月25日 省交通厅转发国务院办公厅关于将大学生纳入城镇居民基本医疗保险试点范围的指导意见。

2月26日 省交通厅党组书记、厅长段建国带领厅机关有关处室负责人深入阳泉市调研。段建国一行先后深入307国道复线坡头至水峪段一级公路、郊区新北大街工程和阳五高速公路平定维社隧道等已建成或正在施工的公路建设现场，并与市领导座谈。

阳泉市委书记谢海、市长白云及市委常委、常务副市长王旭明、市人大常委会副主任荆东生、市政协副主席马文建陪同调研。

座谈会上，白云首先代表阳泉市政府要求全市各级各部门要从大局出发，克服困难，努力为正在实施的或即将实施的公路建设工程提供优质、高效服务，保证工程建设如期、有序进行。

段建国在讲话中表示，省交通厅将一如既往地支持和帮助阳泉交通事业发展。并对307复线补助资金和307国道坡头至桃河桥、郊区214省道改造、307复线二期水峪至娘子关段等市、县重点项目及村村通全覆盖提出具体的支持和指导意见。希望在阳五高速公路等工程建设中，阳泉市各级政府、各部门能继续转变作风，加大对工程建设的协调、服务力度，为工程建设创造良好施工环境，确保工程如期开工建设和竣工通车。

2月26日 下午，省交战办召开全体工作人员会议。省交通厅党组副书记、副厅长、省交战办主任张润传达、学习当日上午召开的省委议军会议暨省国动委第四次全会有关文件，要求重点抓好五方面工作。一是315基地公路改造。要落实张宝顺书记的重要指示，把这条路建成国防样板路，发挥其最大的国防效益和社会效益。二是抓好两支队伍建设。要着力抓好公路工程抢修大队和战备物资运输保障大队建设，重点优化队伍结构，提高队伍素质。省公路局要组织一次钢桥架设演练，省运管局要组织一次战略物资保障运输大队跨区机动演练。三是抓好4条国防公路建设。偏关县窑寨至舍身崖国防公路、晋中市东太国防公路寿阳黄岭至太安驿段、繁峙县砂河镇至金峰店国防公路砂河至峰青岭段、阳泉市娘子关驻地部队大桥工程项目要按期开工。各项目部要明确责任，落实到人，做到精心设计，精心组织，精心施工，保质、保量、保安全、保概算，坚决杜绝不合格工程。四是成立高速公路重点工程军地领导协调组。这是交通战备为交通建设服务的一个创新，要研究一套机制把它固定下来，为省交通厅全面完成建设任务作出贡献。五是加强交通战备自身建设。要结合厅“1166”信息化工程，建成省交战办与各市交战办、大型交通企事业单位一体化交通战备信息控制体系，实现交通信息资源为交通战备日常业务工作和进行各种交通保障任务，提供及时、高效的信息服务和数据支撑。

省交战办副主任史荣和围绕重点工程作出具体安排；省军区后勤部副部长、省交战办副主任林保江参加会议并讲话。

2月26日 下午，省交通厅召开全省交通信访工作会议，传达全国交通运输信访工作会议精神，总结2008年全省交通信访工作，认真研究分析目前面临的形势和问题，全面部署2009年工作。厅直各单位分管领导和办公室主任参加，厅巡视员曹燎原出席并讲话。

2008年，全省交通系统各单位大力采取稳控手段和扶助扶持等有力措施，信访工作为保持行业稳定、实现交通运输又好又快发展起到十分重要的作用。省交通厅共接待群众来信来访151件次，同比下降3%，路桥企业监管、拖欠工程款、农民工工资以及养路协议工上访等突出问题得到有效缓解。

曹燎原在讲话中，要求全省交通系统各单位要认清形势，切实加强信访工作的紧迫感和责任感。要精心组织，加强沟通，并启动信访“零报告”和信访预警制度，建立健全排查调处机制和信访工作责任制，认真做好交通信访工作，尤其是全国“两会”期间的信访工作，确保做到在“两会”期间零上访。广大交通信访干部要增强政治意识和大局意识，进一步搞好调查研究，最大限度减少不安定因素的发生；要依据国家法律法规，不断提高信访工作的能力和水平，重点做好全年节假日、重大活动、敏感时期等重要时段的交通信访工作，为促进全省交通科学、安全、协调、快速发展作出新贡献。

2月26日 省地方海事局在全系统选派的23名海事执法人员赴广西进行为期1年的专业学习培训。在省交通厅大力支持下，广西交通运输学校专门为山西海事人员设置一个班，抽调专业老师授课，进行有针对性的业务培训。学习内容主要包括船舶制造、运输管理和海事管理三大类。

2月26日 省交通厅印发《关于表彰2008年度〈山西交通年鉴〉工作先进单位和先进个人的决定》。其中，先进单位17个，先进个人22人。

2月26日 省交通厅印发《关于认真做好2009年度〈山西交通年鉴〉资料报送、发行及先进典型宣传工作的通知》。

2月27日 省交通厅召开深入学习实践科学发展观活动总结大会。厅党组书记、厅长段建国作总结报告，省委第三指导检查组组长吕德功出席并讲话，厅党组副书记、副厅长张润主持。厅领导王志民、张志川、部玉兰、赵振田、曹燎原、郭贵平等出席。厅机关全体党员干部、厅直单位党政主要负责人、厅指导检查组全体同志、党外人士、离退休老干部、行风监督员及群众代表130余人参加。

按照全省统一部署，省交通厅第一批深入学习实践科学发展观活动从2008年9月开始，共24个单位5060名党员参加。学习实践活动开展以来，在省委的正确领导和省委第三指导检查组的强有力指导下，厅直系统各级党组织经过近半年努力，圆满完成3个阶段17个环节工作任务，较好地实现了"提高思想认识、增强发展能力、解决突出问题、创新机制体制、推动科学发展"的目标要求，群众满意度达99.2%。

段建国在报告中，认为省交通厅学习实践活动的做法和特点主要体现在六个方面。一是坚持强化领导，注重分类指导。为加强对活动的组织领导，省厅成立厅学习实践活动领导组及办公室，并向参加第一批学习实践活动的24个单位派出5个指导检查组，同时还及时成立新建高速公路建设管理处党组织，加强对高速公路建设单位的领导。二是坚持全员参与，保证活动效果。针对行业特点，省交通厅采取深入一线、强化指导，结合实际、送学上门等措施，保证学习实践活动纵向到每个基层党支部，横向到每一名党员。省厅在学习实践活动中"不留一个死角，不落一名党员"的做法，受到省委指导检查组的充分肯定。三是坚持领导带头，发挥表率作用。学习实践活动开展以来，厅直各级党员领导干部充分发挥模范带头作用，带头学，带头讲，带头深入到党员群众中去，带头参加各个环节的活动。四是坚持群众路线，勇于开门纳谏。为把影响和制约交通科学发展的问题找准摸透，参加学习实践活动的各单位坚持走群众路线，吸收群众参与，广泛征求社会各界的意见和建议。五是坚持舆论引导，把握正确方向。各单位高度重视宣传和舆论导向工作，并努力把这项工作贯穿于学习实践活动的始终。六是坚持实践特色，推动科学发展。在厅机关率先组织开展"创建五型机关，促进四个发展"主题实践活动，并紧紧抓住国家实施积极的财政政策、适度宽松的货币政策和扩大内需、促进经济增长十项措施这一难得的发展机遇，突出实践特色，用足用好政策，加大投资力度，扩大建设规模，以思想大解放推动交通大发展。同时各级党组织广泛开展"进万家门、解万家难、暖万人心"活动和向南方灾区"送温暖、献爱心"捐款捐物活动。

段建国强调，经过近半年的扎实工作，省交通厅学习实践科学发展观活动取得阶段性成果，成效明显。一是在加深理解和自觉贯彻落实科学发展观上实现新提高。通过学习实践活动，广大党员干部在破除思维定式、陈旧观念，克服自满心理、畏难情绪，增强大局意识、责任意识等方面取得明显进步。厅党组在认真总结经验、全面分析形势的基础上，形成5点共识。二是在解决突出问题、创新体制机制上取得新成果。坚持突出实践特色，坚持边学边改，着力在解决影响和制约交通科学发展及群众反映强烈的突出问题上下工夫，对征集到的5个方面25个主要问题逐项进行整改或部署。三是在推动全省交通运输科学发展上开创新局面。坚持把学习实践活动的成果转化为推进交通工作的强大动力，在圆满完成学习实践活动任务的同时，交通基础设施建设、交通运输生产、交通行业管理、机关作风建设以及行业文明创建各项工作，均取得重要进展。四是厅领导班子和干部队伍建设得到新加强。增强贯彻落实科学发展观的自觉性和坚定性，提高决策的科学化、民主化水平和领导干部的战斗力，加强反腐倡廉工作，进一步匡正用人风气，端正用人导向。段建国最后强调，学习实践科学发展观既是当前一项重大的政治任务，也是一项需要常抓不懈的重要工作，要继续推进思想大解放，继续推进交通科学快速安全协调发展，继续抓好整改落实，继续建立完善长效机制，继续加强干部队伍建设，进一步巩固和扩大学习实践活动的成果，进一步推进交通改革和发展。

吕德功在讲话中，对省交通厅的学习实践活动给予充分肯定。认为厅党组严格按照省委部署，围绕“党员干部受教育、科学发展上水平、人民群众得实惠”总体要求，紧密联系交通实际，扎实开展深入学习实践科学发展观活动，圆满完成各项任务，并把学习成果快速转化为实践。活动中，厅党组参与广度、研讨深度、实践速度、整改力度都很有特色，主要领导率先垂范，班子成员态度认真，分管领导和办公室同志尽心尽责，保证学习实践活动取得明显成效。他希望各级领导干部在以后的工作实践中，始终不懈地深入学习科学发展观，继续深化对科学发展观的理解与认识，不断提高落实科学发展观的水平，在践行科学发展观的道路上开辟新的通道。

2月27日 经省交通厅党组同意，并报请省检察院、省监狱管理局批准，厅重点办党委、纪委组织全省重点公路工程建设系统各单位在晋城监狱举行“开展深入学习实践科学发展观预防服务犯罪警示教育”活动。厅党组成员、驻厅纪检组组长韩日裕，厅监察室主任胡建新，厅重点办机关全体工作人员及全省重点公路工程建设单位党政主要负责人、纪委书记、总会计师、工程管理部部长等共计100余人参加。

大家首先参观服刑人员监舍及学习、生活场所，在晋城监狱大礼堂召开全省重点公路工程建设系统警示教育大会。监狱负责同志介绍基本情况；两名服刑人员现身说法；同时，举行帮教活动仪式，韩日裕代表省交通厅向晋城监狱爱心助春蕾基金会捐款。

韩日裕在讲话中指出，厅党组一贯高度重视反腐倡廉工作，段建国厅长亲自批示，要求搞好警示教育，提高干部队伍素质，进一步加强工程廉政建设。举办如此大规模的警示教育活动，是全省交通基础设施建设领域第一次以警示教育为主要内容的预防职务犯罪的主题活动，也是进一步加快以教育、制度、监督并重的惩治和预防腐败体系建设的一项重要举措。全省重点公路工程建设系统各单位要将此类警示教育活动作为建立预防腐败体系工作的一个重要抓手，积极探索建立预防教育的长效机制，防患于未然，切实加强干部队伍思想政治教育，切实抓好反腐倡廉制度建设，切实加强对领导干部的监督制约，切实把党风廉政建设责任制落到实处。要通过此次警示教育活动，深刻吸取教训，进一步增强广大党员领导干部廉洁从政意识和知法、懂法、守法的自觉性，以更加饱满工作热情，更加良好工作状态投身到重点公路工程建设中，为实现2010年全省高速公路达到3000公里，2013年达到5000公里的宏伟目标提供坚强的政治保证。

庄严的国徽，森严的高墙，冰冷的铁窗，让每一位与会人员都真切、直观、生动地上了一堂警示教育课。对每位同志感触很大，感受很深，决心始终保持清醒头脑，时刻警惕权利和金钱诱惑，堂堂正正做人，清清白白做官，踏踏实实做事，决不辜负党组织信任和人民群众重托，积极推行工程建设“十公开”，打造“阳光工程”，防止和杜绝腐败问题发生，争做建设优质工程典范、廉政工程楷模。

2月27日 省交通厅党组印发《关于在全省交通系统开展向郝建文同志学习活动的决定》。

2月27日 省交通厅党组作出决定，授予郝建文同志“优秀治超员”荣誉称号并号召全省交通系统开展学习活动。

郝建文同志自参加治超工作以来，8年如一日，坚守在治超工作第一线，忠实履行着法律赋予的神圣职责。他勤奋好学、爱岗敬业、恪尽职守、刚正不阿，在平凡的治超工作岗位上做出不平凡的业绩。

决定指出，郝建文同志是近年来全省交通系统涌现出来的一个先进典型，是全省13万交通职工的杰出代表，是交通系统治超队伍的楷模和典范。他以自己的实际行动，忠实履行了一个普通治超员的神圣职责，用自己的生命谱写了交通人忠于职守、勇于奉献的不朽篇章。他的先进事迹，充分体现了交通治超队伍爱岗敬业、不辱使命的优良品质；充分体现了新时期交通人求事务实、昂扬向上的精神风貌;充分体现了当代青年服务群众、奉献社会的价值取向和时代精神。

决定号召,向郝建文同志学习,就是要学习他大公无私、助人为乐的思想境界,在市场经济大潮中独守着自己的一片净土;学习他临危不惧、刚正不阿的大无畏精神,在最平凡岗位上坚守着维护路产路权的崇高使命;学习他勤奋好学、自强不息的意志品德,始终保持交通人勇往直前、昂扬向上的精神风貌;学习他任劳任怨、乐于奉献的处世情怀,把社会主义荣辱观渗透到日常生活和工作中去;学习他爱岗敬业、默默奉献的职业精神,把远大理想和人生追求落实到平凡的工作岗位上,在为社会和他人奉献的过程中体现个人价值。

决定要求,在开展向郝建文同志学习活动中,要注重与深入学习实践科学发展观活动结合起来;与建设交通行业核心价值体系结合起来;与加强领导机关作风建设结合起来;与做好本职工作结合起来。鼓励和引导广大职工爱岗敬业、勇于奉献,为全省交通事业科学、快速、协调、安全发展建功立业。全省广大交通职工要以郝建文同志为榜样,结合各自的工作特点,从一点一滴做起,干一行、爱一行、钻一行、精一行,争当一流职工,争创一流业绩,为实现交通事业又好又快发展作出更大贡献!

2月27日 运城市市长王安庞一行深入闻垣高速公路建设工地调研,听取闻垣建管处有关情况汇报后,提出5点意见。即正确处理好建设与地方的关系,将安全生产放在突出位置,确保工程质量,调集一切积极力量推进工程建设,安排好员工生活。

3月

3月2日 为进一步服务全省高速公路建设,确保重点工程涉军征地拆迁工作的顺利推进,省交通厅与省军区联合成立重点公路工程协调领导组。并于下午召开第一次座谈会。省交战办主任、厅党组副书记、副厅长、军地协调领导组组长张润,省交战办副主任史荣和,省军区后勤部副部长林保江出席,厅党组成员、厅总工程师部玉兰主持,厅重点办及全省在建高速公路建管处负责人参加。

军地协调领导组办公室的主要职责是:协调解决全省重点公路工程建设项目前期工作涉及部队的有关事宜,受理、审核军事部门及有关单位提出的国防要求,对全省重点公路工程建设提出贯彻国防要求的意见。座谈会上,各建管处负责同志就所在路段涉及部队的国防光缆、电缆、人防等军事设施作了详细汇报。

张润在讲话中,要求各建管处征地拆迁进度要快,千方百计节省资金,保证不突破概算,确保工程建设质量和安全施工。省交战办要切实做好服务工作,对上报的涉军项目要尽快协调,加强联系,随时报告,努力为全省重点工程建设保驾护航。

3月2日 上午,临汾市交通工作会议召开。全面总结2008年交通工作,根据新形势和新任务要求,安排部署2009年工作,动员全市上下积极行动起来,抓住有利机遇,克服一切困难,大上交通,上大交通,彻底扭转基础设施建设落后局面,全面推动全市交通事业再上新台阶。

临汾市委副书记、代市长罗清宇,省交通厅党组书记、厅长段建国,市委常委、常务副市长成洪才,市人大常委会副主任梁天运出席。

段建国在讲话中,要求努力把国家政策带来的机遇转化为临汾交通奋起直追、再上台阶的动力和结构调整、产业转型的现实生产力,再掀公路建设新高潮,推动临汾交通事业快速发展、安全发展、和谐发展。要制定中长期规划,积极推进公路建设、投资体制创新,积极探索治超长效机制,切实加强安全、质量、廉政三项基本工作,促进交通事业的大发展。要同心同德,再接再厉,抢抓机遇,乘势前进，圆满完成扩内需、保增长的使命，为促进经济平稳较快发展，构建新型交通格局作出新的更大贡献。

3月2日 省交通厅向省发改委报送临汾市绕城高速公路北环段工程可行性研究报告。路线全长18.8公里，4车道高速公路标准，设计时速100公里，路基宽26米，投资估算86 149万元，建设工期2年。

3月2日 省交通厅向省发改委报送《青岛至兰州国家高速公路山西境长治到临汾段可行性研究补充报告》。路线长167.3公里，设计时速100公里，路基宽26米，投资估算86.89亿元，平均每公里5193.47万元。

3月3日 省交通厅向省发改委报送《关于确认山西汾平高速公路经营性质的请示》。由政府还贷公路变更为经营性收费公路，建设工期3年；业主变更为山西汾平高速公路有限公司。股权比例为：江苏悦达集团持股70%；省高管局持股30%。

3月3日 省交通厅印发《关于加强企业投资建设高速公路项目管理工作的通知》。主要包括建立健全组织管理机构、明确建设管理职责权限、严格执行基本建设程序3项内容。

3月3日 省交通厅向省发改委报送《关于山西省黄河小浪底库区航运建设工程勘察设计不采用招标方式的请示》。

3月3日 省交通厅向省政府呈报《关于协调太原至佳县高速公路太原段跨汾河桥方案的请示》。

3月4日 下午，省政府召开全省交通行业安全生产专项整治电视电话会议。省政府副秘书长崔国红讲话，厅党组书记、厅长段建国就全省道路运输安全、水上交通安全、交通基础设施建设安全3项专项整治工作进行部署，厅党组副书记、副厅长张润主持。省安监局、省建设厅、省质监局、省公安厅交管局、省水利厅、省国防工办、山西汽运集团有关负责同志应邀出席。省公路局、省运管局、省高管局、省征稽局、省地方海事局、省交通质监站、省交通设计院、厅重点办、厅新闻宣传中心主要负责同志及相关部门负责人和厅机关有关处室主要负责人在太原主会场参加。各市分管副市长、交通局长、公路、征稽、运管、海事、高速公路负责人在11个市分会场参加会议。

此次专项整治工作将采用“生产经营单位全面自查自整、县级人民政府组织全面排查整治、省市县三级联动分类整治”方式进行，对交通行业各类生产经营单位进行分类整治。对非法生产经营的，坚决关闭取缔；对不具备安全生产条件的，一律停业停产整顿，整顿验收合格后方可恢复生产；对证照齐全、具备安全生产条件的，加强安全监管。通过此次专项整治，进一步推动政府监管主体责任和企业安全主体责任的落实，完善安全生产责任体系和事故预防控制体系，彻底消除非法生产经营活动，提升生产经营单位本质安全水平和行业整体安全水平，有效预防各类生产事故特别是群死群伤事故发生，促进全省交通行业安全生产状况稳定好转。

这次整治分四个阶段进行。即总体部署和宣传发动阶段（2月至3月）；生产经营单位自查自整和县级人民政府排查摸底阶段（3月至5月）；省市县三级联动分类整治阶段（5月至10月）；“回头看”再检查及总结阶段（11月至12月）。

段建国在讲话中，提出6点要求。一要切实加强领导，落实安全生产专项整治工作责任。各市县要相应成立交通行业专项整治领导组和办公室，省公路局、省高管局、厅重点办也要结合各自的职能相应成立专项整治领导组及办公室，各类生产经营单位要认真落实法定代表人履行安全生产第一责任人的责任，制订具体方案，通过层层签订专项整治目标责任书，把专项整治各项工作落实到各部门及各单位直至人头上。二要规范检查，严格安全生产行政执法工作。在专项整治检查期间，要严格检查程序。发现重大事故隐患和问题或违法行为时，要向被检查单位下达整改通知等执法文书，并责成其主管部门和当地政府督办。对于不认真组织专项整治工作的一些市、县,存在应当关闭取缔的非法生产经营单位而未彻底取缔的、应停产停业整顿而未依法停产停业或检查后仍然发生事故的,要建议监察部门追究有关人员的责任。三要广泛宣传,完善安全生产群众奖励机制。各地、各部门要充分利用广播、电视、报纸、互联网等媒体,加大对专项整治工作的宣传力度,对专项整治工作认识不到位、工作不认真、整治工作走过场的单位要予以公开曝光。同时,要进一步完善群众举报受理工作机制,设立举报电话、电子信箱等,保证24小时有人受理。接到举报案件后,要进行认真查证核实,需要省政府或省有关部门处理的要及时报告。四要统筹安排,保障安全生产专项整治工作设备和资金投入。各市、县人民政府及交通系统各部门、各单位、各企业要高度重视此次专项整治工作。要根据工作需要,抽调本部门有关负责人和业务骨干,并聘请专家和相关专业技术人员,切实把专项整治检查工作人员配足配强,对所需资金要认真核算确保到位,保障此次专项整治工作顺利开展。五要严格要求,确保安全生产专项整治工作人员清正廉洁。各级政府和交通主管部门、运输机构、海事机构、公路管理机构要加强对专项整治有关工作人员的廉政教育,严格细化廉政纪律,健全廉政监督机制。在专项整治中,各级检查工作人员不得收受任何单位和个人的礼金、礼券和礼物等,一经发现,要严肃追究有关人员的责任。六要搞好总结,及时上报安全生产专项整治工作情况。省、市、县交通行业专项整治领导组要于每月10日前将上月专项整治情况汇总并上报上一级专项整治工作领导组办公室。

崔国红在讲话中,代表牛仁亮副省长提出3点要求。首先,要牢固树立安全发展理念,进一步提高对安全生产专项整治工作重要性的认识。全省交通行业安全生产责任大,任务重,要求高,各级有关部门、单位和企业一定要高度重视,精心组织,周密安排,扎实推进。各交通主管部门要组织运管、海事、交通质量监督、公路管理机构全面落实安全生产专项整治的各项具体工作。其次,要制定详细方案,提出具体要求,抽调精干人员,投入足够财力物力,确保工作顺利开展。再次,要以此次活动为抓手,全面提升交通行业安全生产水平,建立健全长效机制,通过全面推进各项工作,有效防范各类重特大事故发生,努力创造稳定安全生产环境,为新基地、新山西建设和交通大建设、大发展作出积极贡献。

3月4日 省交通厅印发《关于转发〈国务院办公厅关于进一步规范招投标活动的若干意见〉试行高速公路建设项目招标代理公开比选的通知》。

3月5日 上午,全省纪念交通战备恢复30周年暨2009年交通战备工作会议在太原隆重召开。省委常委、省国防动员委员会常务副主任、省军区司令员方文平,北京军区联勤部军交运输部副部长、北京军区交战办副主任庄联营,省交通厅党组书记、厅长段建国出席并讲话。应邀出席会议的还有省人大常委会原副主任杜五安,省人大城乡建设环境保护委员会主任王晓林,原厅党组成员、省交战办主任杨金泉。出席会议的还有省交通战备办专职副主任史荣和,省军区后勤部副部长、省交通战办副主任林保江。

厅党组副书记、副厅长、省交战办主任张润作了题为《抢抓机遇,奋力进取,在新的起点推进交通战备工作新发展》的工作报告,会议由省军区后勤部部长、省交战办副主任马彦和主持。

30年来,全省交通战备事业在各级党委、政府和国动委的正确领导下,在各成员单位和社会各界、广大人民群众的大力支持下,认真贯彻中央军委战略方针,积极主动适应改革开放和现代化建设的新形势,实现了从小到大、由弱到强的发展和壮大。在服务军事斗争准备,促进经济社会发展中发挥了十分重要的作用,取得显著成效。国防交通基础设施建设得到较大发展,建立比较完善的交通战备体制机制,“三位一体”交通保障力量体系基本形成,交通战备基础工作建设扎实推进,交通战备物资储备管理和开发利用上台阶,圆满完成各项交通保障任务。全省组建公路运输专业保障队伍13支,编组车辆1116辆,队员2200人;组建公路工程专业保障队伍38支,编组机械装备1600台(件),队员5250人;铁路工程专业保障队伍23支,编组机械装备600台(件),队员3320人;组建民航专业保障队伍7支,编组机械设备30台(件),队员700人。各市、县根据承担的任务,组建规模不等的各类交通保障队伍。一个与战区军事战略部署相适应,与全省交通力量分布相协调,精干管用、工种配套、互相衔接、平时服务、急时应急、战时应战的交通保障力量体系初步形成。先后完成“北国利剑”、“黄河93”、统一2000、挥戈-01、猎豹-04、渤海-05、砺剑-06、攻坚-06、联动-08等60余次重大军事活动的交通保障任务。共组织出动保障人员20 000多人次,动用机械设备2000台次,整修路面500多公里,抢建、抢修便道200余公里。

30年来,交通战备工作在丰富实践中积累许多宝贵经验。一是必须增强做好交通战备工作的使命感和责任感;二是必须坚持落实科学发展观;三是必须坚持平战结合、统筹规划的方针;四是必须坚持“三位一体”的建设方向;五是必须坚持以正规化建设为突破口;六是必须坚持军队提需求、国动委搞协调、政府抓落实的工作格局。

2008年,全省交通战备系统认真学习贯彻党的十七大精神,以科学发展观为指导,坚持以军事斗争交通保障准备为牵引,以正规化建设为突破口,以国防交通基础设施建设为重点,交通战备各项工作和建设取得新的成绩。即进一步加强对工作的筹划和指导,增强军事斗争交通保障能力,推动交通战备基础设施建设,圆满完成应急保障任务,协会工作起步良好。

2009年,全省交通战备工作要高举邓小平理论和“三个代表”重要思想伟大旗帜,认真学习实践科学发展观,以军事斗争和非军事行动交通保障需求为牵引,以应对多种安全威胁、完成多样化交通保障任务为基点,按照平时服务、急时应急、战时应战的总要求,进一步加强基础设施建设、保障力量建设、工作机制建设、信息化建设和交通动员准备、努力提高紧急情况下交通战备平战转换能力、快速动员能力、持续保障能力、综合防护能力和联合保障中的综合协调能力,实现交通战备水平整体跃升,为有效维护国家安全利益、实现打赢目标提供有力保障。重点抓好八方面工作:加强统筹规划,按计划完成各项国防工程建设任务;加强队伍建设,提升保障能力;加强指导力度,完善各种应急预案;加强监督管理,做好战储器材应急应战准备;加大资金投入,积极推进交通战备信息化建设;加强组织领导,深化交通战备正规化建设;加强理论研究,增强保障手段;强化功能,服务高速。

段建国在讲话中,对加强交通战备工作提出指导性意见。要求全省各级领导和从事交通战备工作的同志必须站在战略全局高度,认清形势,统一思想,以强烈的使命感、责任感和紧迫感,科学筹划,科学组织,科学实施交通战备工作,凝聚全交通系统力量,在新的起点上推动交通战备工作的开展。要努力抓住机遇,主动有所作为,不折不扣地贯彻中央军委战略决策和省国动委部署,奋发进取,扎实工作。要以科学发展观为指导,切实把交通战备建设的发展思路、发展方法理清楚,实现交通战备科学发展、快速发展、协调发展、持续发展目标。一要坚持在交通基本建设中贯彻国防要求;二要稳定和完善交通战备工作机构;三要强化重点保障力量建设。随着交通费税改革,交通保障队伍面临许多新情况、新问题。各级交通战备部门和交通行政主管部门要面对现实,迎接挑战,不等不靠;要积极探索交通费改税后交通保障队伍建设的对策、措施和方法，使保障队伍建得起来，坚持下去，真正能够在关键时刻拉得出、用得上、起作用。同时要进一步落实工作职责，搞好统筹协调，强化交通战备办公室自身建设，在省国动委的统一筹划、指导和协调下，切实加强领导，采取有效措施，使交通战备各项工作落到实处。

庄联营在讲话中，对山西30年来交通战备工作取得的突出成绩给予充分肯定，提出3点要求。一要建立科学高效的现代化工作运行机制，确保各项工作顺利开展和有效落实；二要构建立体完备的现代化国防交通网络体系，确保部队执行多样化任务机动顺畅；三要打牢交通运输和通信动员各项准备基础，确保各项急难险重任务圆满完成。要结合新的任务要求，抓好已有重点科研成果的应用检验和技术改进；要在现有基础上，继续推进和完善大运高速公路国防功能配套设施建设，为在全省其他高速公路规划建设中贯彻国防要求提供有益借鉴。

方文平在讲话中，回顾了自1978年恢复交通战备机构以来，全省交通战备工作发生的翻天覆地变化。30年来，全省交通战备工作实现历史性转变，专业队伍成长壮大，国防交通四通八达，完成任务更加出色，先后完成60多次大型军事活动的交通保障任务和抗击自然灾害等应急保障任务。他要求全省各级交通战备系统要始终坚持以科学发展观为指导方针，努力实现全省交通战备工作创新发展、安全发展、持续发展。一要继续发扬优良传统，以强烈的责任感、使命感和紧迫感，扎实干好本职工作；二要不断提高创新能力，要在体制机制创新上有新思路，在人才培养和引进上有新进展，在推进科技进步上有新成果，进一步改进工作观念，拓宽工作思路，增强自主创新能力，推动交通战备工作创新发展；三是全省各级政府和相关部门要加强对本级交通战备工作的组织领导，要以军事斗争准备和应对重大突发事件交通保障需求为牵引，坚持平战结合、军民结合、统筹规划、协调发展的原则，及时研究解决交通战备工作中的重点难点问题，把交通战备工作纳入国民经济社会发展规划，不断推进全省交通战备工作健康持续发展。

会议还对30年交通战备工作中作出突出贡献的先进个人、2008年度交通战备工作先进单位和先进个人进行表彰。

省交战办老领导，各市、县两级交战办主任，厅直相关单位行政主要负责同志，厅机关各处室主要负责人参加会议。会议还特邀山西汽运集团领导参加。

3月5日 省交通厅印发《2009年交通法制工作要点》。

3月5日 省交通厅向交通运输部呈报2008年度公路养路费收支决算报表。

3月6日 省交通厅党组书记、厅长段建国在运城市市长王安庞、市人大常委会副主任张道中陪同下，深入闻垣高速公路建设工地调研。

段建国一行先后察看中铁二十四局南昌分公司LA1合同段路基施工、中交二工局三公司LA3合同段的桥梁和预制梁场以及中铁十一局LA5合同段的隧道施工等现场。在LA1视察时，称赞中铁二十四局是老队伍，一定要带个好头，要求注意施工安全，保安全、保进度。在LA3项目部座谈时，段建国询问钢材使用量、价格和采购情况，LA3项目经理以及公司董事长介绍了工程施工管理及进度情况，合同段所需钢材1.2万吨，在建管处支持下，已经采购8000吨，保证在6月30日前完成路面施工任务。在LA5隧道施工现场，段建国还询问隧道施工人数、每个班作业人员、每天进度以及完工的时间等。LA5项目经理介绍说，整个项目有700人，其中隧道施工500人，要完成投资1.8亿元；每个班20人，其中负责掘进7人至8人。

段建国在总结讲话中，要求加倍努力，保证工程进度，完成省委、省政府赋予的建设任务。要高度关注工程质量，隧道、桥梁等既是控制性工程，也是关键工程，要确保建成优质工程。安全问题是事关人民生命的大事,是事关工程建设成败的大事,也是关系到构建和谐社会的大事,既要防止群体性安全事件发生,也要防止个体安全事件,要把安全工作确实放在心上,确保工程建设施工安全无事故。

3月6日 省交通厅党组书记、厅长段建国带领厅办公室、厅公路管理处、厅重点办、省交通质监站负责人,在闻垣高速公路建设一线调研和督察质量安全工作时,发现LA5合同段中条山隧道右线施工二次衬砌跟进不及时,违反公路隧道施工技术规范及安全工作规程,存在重大安全隐患。段建国当即对承担施工任务的中铁十一局有限公司和承担监理任务的北京泰克华诚技术咨询有限公司提出批评,责令立即停止掘进,限期整改,二次衬砌达到安全要求后方可掘进,并不得再次出现类似情况。同时要求开展一次全省高速公路建设隧道施工安全大检查,建设、施工、监理、质监等单位各负其责,严格检查地质超前预测预报情况、初期支护情况、二次衬砌情况、通风及瓦斯检测情况、民爆物品管理情况、现场安全管理情况,严格落实安全施工各项措施。

此后,段建国先后在厅长办公会议和全省交通建设质量安全监督工作会议上两次通报闻垣高速LA5合同段中条山特大隧道施工二次衬砌不及时造成的重大安全隐患,要求全省高速公路建设系统举一反三,提高认识,结合全省交通基础设施建设施工安全专项整治,采取切实有力有效措施,排查整治事故隐患,严防各类生产事故发生,以稳定的安全生产工作成绩,保障施工人员生命安全,保障工程建设顺利进行。

3月9日,省交通质监站对闻垣高速公路建设管理处发出《公路工程安全监督指令》,要求该处负责LA5合同段中条山特大隧道施工、监理单位,立即进行安全整顿,消除事故隐患,切实加强施工现场安全管理工作。接到指令后,当天下午,闻垣建管处立即做出停止隧道掘进、加快二衬施工的决定,制定了切实可行的《整改方案》,不折不扣落实省厅指示精神。段建国厅长看了之后,又作出批示:“闻垣高速建管处举一反三,对所有工地安全情况进行严格检查,并制定了整改措施,态度积极。”

根据省交通质监站指令要求,闻垣建管处把全线隧道施工、高填深挖和大跨高墩作为排查整治重点,分四个小组包片蹲点积极治理整改。3月30日,中条山隧道完成二衬跟进施工,具备恢复掘进条件后,再次申请省交通质监站进行掘进面复工验收。

3月6日 下午,省交通厅召开全系统庆“三八”女职工座谈会。厅党组副书记、副厅长张润出席并讲话,来自全系统各条战线的女职工代表40余人参加,会议由省公路运输工会主席王晓光主持。

座谈会上,女工会主席、女工委主任、女先进工作者、优秀女职工代表敞开心扉,畅所欲言,畅谈了她们对工作的体会和对人生的感悟,同时还相互勉励和相互祝福,气氛欢快而热烈。大家纷纷表示:感谢厅党组的关心和厚爱,决心不辜负厅领导的殷切希望,珍惜荣誉,牢记使命,与时俱进、开拓创新,在今后的工作中继续发扬“半边天”的作用,以良好的精神面貌和出色的工作业绩,为全省交通事业取得更大成绩作出积极贡献。

张润代表厅党组向全系统广大女职工、女职工工作者致以节日问候。他说,近年来,全系统女职工立足本职,爱岗敬业,充分展示了女职工的能力和风采。各级工会组织和女工委员会在履行职责、服务女职工、维护女职工合法权益上取得了一系列新成果,有力地推动了全系统女职工事业的健康发展。全系统女职工要坚定信心,迎难而上,勇挑重担,努力掌握各种新理论、新知识、新技能,继续发挥好公路建设和改革发展中当之无愧的“半边天”作用,为交通事业发展作出新贡献。各级工会的女工委员会要担负起代表女职工利益、维护女职工权益、促进女职工平等的重任,建立健全维护女职工权益工作机制,根据工作中出现的新情况、新问题，探索解决问题的办法和路子。广泛开展“倾听女职工心声”活动，认真倾听要求，了解意愿，竭诚为她们办实事，解难事，做好事，及时把党组织的温暖送到她们心中，努力做好女职工的“代言人”、“贴心人”和“娘家人”，为促进和谐交通建设而共同努力。

3月6日 太旧高速公路管理有限责任公司召开二届三次职代会，听民意，汇民智，谋发展。

今后两年，公司主要工作要求和任务是：围绕“一条主线”，着力“两个提升”，搞好“三个协调”，抓好“十大工程”。“一条主线”，就是围绕迎接全国干线公路养护与管理大检查这条线；“两个提升”，就是提升路况水平，提升设施功能；“三个协调”，就是搞好工程建设与安全保畅、资金利用、工期进度之间的协调；“十大工程”，就是收费站扩容改造、监控系统改造、收费“三大系统”改造、服务区改造、入口治超点改造、桥梁安保、路面病害处治、路基边坡安全防护、沿线设施改造等十项工程。2009年，要全面落实科学发展观，紧紧围绕“三个服务”，扎实推进“五大工程”，继续坚持“科学发展是第一要务，综合效益是第一追求”的经营理念，突出“和谐、节约、精细、创新”的管理主题，加快路网改造，加速服务转型，加深科学管理，加强统筹协调，加大执行力度，努力打造“道路优良、服务优质、环境优美、员工优秀”的太旧品牌。通行费收入完成9.6亿元，力争实现10.9亿元，优良路率达100%，超限超载率控制在0.5%以下；重点抓好提升公共服务能力，提高运管管理水平，追求综合效益最大化，建立治超长效机制，构建新型的人力资源管理体系，营造安全运营环境，引深企业文明建设7项工作。

3月8日 参加第二批深入学习实践科学发展观活动的山西交通职业技术学院召开动员大会。省直工委副书记郭康锋出席，院党委书记孟科作动员报告。

报告指出，开展学习实践科学发展观活动，组织学院全体党员特别是学院两级领导班子，以学习领会宣传实践科学发展观推动学院和谐稳定健康发展为主体，以“突出办学特色，强化内涵发展，提高教育质量，提升服务水平，创建和谐稳定健康发展的高等职业技术学院”为载体，进一步解放思想、实事求是、改革创新，切实增强贯彻落实科学发展观的自觉性和坚定性，着力解决影响和制约学院发展的突出问题，解决党员干部在党性、党风、党纪方面师生反映比较强烈的突出问题，着力构建有利于学院科学发展的体制机制，提高两级领导班子促进学院科学发展、和谐发展能力，提高党员干部科学发展、和谐发展理念，激励全院师生实干精神，进一步增强各级党组织的凝聚力和战斗力。

报告强调，学院深入学习实践科学发展观活动要在解放思想上有新飞跃，在推动科学发展上有新作为，在解决问题上有新成效，在创新机制上有新突破，在服务社会上有新贡献。在学习实践活动中要始终把握好“坚持解放思想、突出实践特色、坚持群众路线、正面教育为主”的四个基本原则，根据省委和学院的总体部署，不折不扣地完成学习实践活动。

报告要求，要加强组织领导，层层抓好落实，搞好宣传引导，营造浓厚氛围。广大党员干部要统筹兼顾、合理安排，把这次学习实践活动当作推动工作的重要机遇和强大动力，把开展好学习实践活动和做好各项工作有机结合起来，把学习实践活动的成效体现到更好地完成当前工作中去，做到“两手抓、两不误、两促进”，用推动学院发展的实际成果来衡量和检验学习实践活动的成效。

3月8日 省交通厅向省政府呈报《关于审批省道阳休线汾阳至介休一级公路收费期限的请示》。

3月9日 省交通厅、省财政厅、省发改委向交通运输部公路司、财政部基建司、国家发改委基础产业司报送《关于锁定政府还贷二级收费公路债务及里程有关事宜的通知（征求意见稿）的建议》。

3月10日 全省交通建设质量安全监督工作会议召开。全面总结2008年工作,对2009年全省交通工程质量与安全监督工作提出新要求。会议强调,要认真贯彻落实全省交通工作会议精神,以科学发展观为指导,始终把质量和安全放在首位,坚持从业行为监管和工程质量与安全监督相结合的工作原则,明确落实各方责任,完善工程质量安全监管机制,全面提升监督工作水平、服务能力和工作绩效,为实现全省交通建设又好又快发展作出新贡献。厅党组书记、厅长段建国,厅党组成员、厅总工程师郜玉兰出席并讲话。厅机关有关处室负责同志,各市交通局、各市质监站及各在建高速公路建管处有关负责人参加。

2008年,全省交通工程质量与安全监督系统不断加大质量与安全监督力度,努力提升建设市场监管水平,转好地完成全年各项工作任务。2009年,将着力抓好五方面工作。一是创新工作机制,转变监督方式,突出监督重点,推进质量通病专项治理工作,进一步提高监督工作实效。二是完善交通建设工程安全生产监督机制,做好全省交通基础设施安全生产专项整治工作,加强交通建设工程项目安全生产监督。三是落实信用评价工作,加强等级检测机构管理,继续深入开展试验检测数据打假活动,并加强从业人员的培训。四是继续开展"农村公路建设质量年"活动。五是强化质监队伍建设,加强党风廉政教育。

郜玉兰在讲话中,要求充分认识质量安全形势的严峻性,采取有力措施,加大工作力度,进一步提升工程质量,有效预防和减少安全事故。以"零容忍"的理念指导工作,增强工作有效性。要"理性监督"、"铁面监督"、"规范监督"、"阳光监督"、"廉洁监督",发扬不屈不挠、连续作战的精神,力争把质量安全隐患消除在萌芽状态。

段建国在讲话中,要求严格监督,敢于动真"刀子"。特别是隧道建设是容易发生群死群伤的重要地段,安全问题一点都不能放松。要严格监管,决不手软。宁听骂声,不听哭声。每一个质量安全监督工作者,特别是领导干部,要有压力感、危机感、责任感、使命感。对施工队伍要加强技术水平监管,严格把好质量关,绝不能有丝毫麻痹思想、侥幸心理,努力把各项工作做实、做细、做好。要站在经济社会发展全局高度,不做表面文章,不搞花架子,不搞面子工程。必须以高度的责任感履行职责,严格落实安全生产责任制、工程质量责任制、党风廉政建设责任制,认真组织开展安全生产整治活动、公路建设质量年活动和反腐倡廉活动,不断创新安全质量管理和反腐倡廉的体制机制,确保工程优质安全廉政,开创全省交通质量和安全监督工作新局面。

会议还表彰2008年度完成工作目标优秀和先进单位、2008年度完成工作目标责任制优秀、先进市级质监站。

3月10日 上午,全省交通史志年鉴工作会议召开。省交通厅党组成员、驻厅纪检组组长韩日裕出席并讲话。厅机关有关处室、各市交通局、厅直各单位有关负责同志参加。

会议全面总结2008年交通史志年鉴工作取得的成绩和经验,表彰先进单位和先进个人,安排部署2009年交通史志年鉴工作任务。2008年,厅资料信息中心和全省交通史志年鉴工作者以科学发展观为指导,自加压力,争创一流,圆满完成《山西交通年鉴》、《山西交通志》、《大路人生》等重要资料文献编撰出版任务,为宣传交通、服务交通"三个文明"建设做了大量工作。

韩日裕在讲话中,要求充分认识做好交通史志年鉴工作的重要性和必要性。他说,史志年鉴是保存历史、传承交通的重要载体,具有"资政、存史、育人"的重要功能,是一项功在当代、利在千秋的伟大事业。编撰全省交通史志年鉴,既是对全省交通事业过去历史的真实记载和全景式的描绘,也是对未来发展的一种启迪和借鉴,更为科学决策,推动交通科学发展,促进交通文化建设发挥着重要作用,是一项系统性的复杂工程,与修路架桥的意义同样重要。全系统广大史志年鉴编修工作者要进一步解放思想,开拓进取,爱岗敬业,无私奉献,做好本单位史志年鉴编撰工作;各级领导干部,尤其是各单位党政一把手要高度重视此项工作。要认真抓好组织机构、资金等的落实工作,为修志工作者创造良好的工作环境和条件;要从讲政治的高度,把史志年鉴工作作为一项重要的政务工作切实抓紧抓好,分管领导要亲自过问,并明确专人负责。全系统各单位都要有高度的政治责任感和历史使命感,全力做好史志年鉴编撰工作,把史志年鉴工作放在建设和谐交通大局中审视、谋划、落实和安排。广大交通史志年鉴编修工作者要正确处理好进度与质量的关系,要以科学发展观为指导,不断创新,多出精品,为推动全省交通事业科学发展作出新的贡献。

3月10日 省交通厅向省发改委报送《关于变更山西高平至新乡高速公路高平至陵川段高速公路经营性质的请示》。由政府还贷公路变更为经营性收费公路,建设工期3年,由山西省交通建设开发投资总公司独资建设。

3月10日 全省海事系统水上交通安全专项整治动员大会召开,传达全省交通行业安全生产专项整治电视电话会议精神和《全省水上交通安全专项整治方案》,宣布《实施细则》。牛世骏局长对专项整治活动进行安排部署。

省地方海事局与各市地方海事局以及朔州市交通局负责水上交通安全专项整治工作的负责人签订《全省水上交通安全专项整治工作目标责任书》,各市地方海事局负责人作表态发言。

3月11日 省交通厅印发2009年农村公路工作要点。

3月11日 省交通厅印发《关于对山西省交通建设开发投资总公司发行20亿元企业债券提供偿债支持的决定》。

3月11日 省交通厅批复太佳高速公路吕梁段施工图设计。路线全长119.57公里,双向4车道高速公路标准,设计时速80公里,路基宽24.5米;方山连接线为二级公路标准,设计时速80公里,路基宽12米,核准预算8 130 213 855元。

3月11日 省交通厅批复大呼高速公路大同至右玉段施工图设计。路线全长103.405公里,双向4车道高速公路标准,设计时速100公里,路基宽26米;右玉互通至终点段,设计时速80公里,路基宽24.5米,核准预算3 453 374 218元。

3月11日至12日 以省交通厅副巡视员郭贵平为组长的厅安全质量廉政检查组一行7人,对太佳高速公路吕梁段的安全质量廉政工作进行专项督促检查。

两天时间里,郭贵平一行冒雨深入部分合同段,听取工作汇报,召开座谈会,查阅资料,与施工监理单位负责人和施工人员进行交谈,检查建设进度,了解工程质量,现场查看安全隐患,询问遇到的困难和问题,并与沿途三县政府负责人协调解决有关事宜,提出指导性意见和建议。

郭贵平在讲话中,要求采取强有力措施,确保不发生重大伤亡事故,把目标落到实处。即定期召开安全专题会议,加强安全培训,明确责任人,完善制度,进行安全风险评估,及时足额落实安全经费,对应急预案进行演练,严格管理火工材料和防火、防汛等十项保证措施。关于工程质量,首先要自查。发现隐患后,要坚决更正,不能满足于照图施工。其次,对施工中发现的问题要及时更正,及时解决。凡是对工程质量有影响、对将来技术标准有影响、对节约工期保安全保环保有影响的工程项目要坚决进行调整。在施工的同时,要把文化和环保考虑进去,既要保质量,又要优化设计。三要严把原材料关。四是把党风廉政建设摆在与工程建设同等重要的位置来抓,与工程建设同安排同部署。要慎重用好手中的权力,做到大事会前协商,会上决策,不能私下决策,个人决策;难事要共同商量,统一思想。要尽可能地保护群众利益,尽量不给当地居民生产生活带来不便；要处理好与当地的关系,尊重民风民俗,宁肯自己吃亏,也不能与当地发生摩擦,体现以人为本的理念。

3月12日 省高速公路管理局、省公安厅交通管理局召开第一次联席会议,讨论通过《联席会议制度》,建立高速公路管理的协调、协作、沟通长效机制。省高管局领导班子成员、有关处室负责人,省交管局分管领导、高管处及有关科室负责人参加。议定联席会议今后每季度召开一次,由双方轮流组织。

3月12日 全省道路运输安全生产工作会议在晋城召开。

2008年，全省道路运输万车死亡率3.7人，达到考核指标万车死亡率15人要求,呈现7个特点。即组织领导进一步加强;安全生产基础不断夯实；安全生产隐患排查治理工作取得明显成效；进一步深化和落实承运人责任险工作;安全生产宣传培训效果明显;道路运输安全装备建设快速推进；应急管理组织机构逐步健全,应急求援能力不断加强。

3月13日 省交通厅向省发改委报送《关于大同至浑源公路可行性研究报告的请示》。路线全长44.5公里,4车道高速公路标准,设计时速100公里,路基宽26米,投资估算23.8亿元,建设工期3年。

3月13日 省交通厅批复国道207线长治针漳至高平县路面改造工程可行性研究报告。投资估算7250万元。

3月13日 省交通厅省发改委报送《关于忻州汽车客运中心工程可行性研究补充报告》。总用地124.8亩，建筑面积13 455.3平方米,投资估算9573万元。

3月16日 省交通厅、省发改委、省财政厅向省政府呈报《关于尽快正式启动全省取消政府还贷二级公路收费工作的紧急请示》,并附《山西省取消政府还贷二级公路收费工作方案》。

3月16日 省交通厅向交通运输部呈报《关于组织山西太原至长治高速公路竣工验收的请示》。

3月16日 省交通厅向省政府呈报《关于全省高速公路建设用地指标的请示》。共计1758公里,拟通车里程1183公里,总投资1033亿元,占用土地162 884亩。

3月16日 省交通厅向省发改委报送《关于批复得大高速公路御河西路互通工程可行性研究报告的请示》。投资估算8830万元,建设工期1年。

3月16日 省交通厅向交通运输部综合规划司上报山西省农村公路基础数据和电子地图更新数据的报告。

3月17日 省交通厅转发交通运输部《交通行业服务体系表》,共计6个类别16个专业领域。

3月18日 太原公路分局2009年工作会议暨七届二次职代会召开。省交通厅党组副书记、副厅长张润出席并讲话,提出3点要求。一要抢抓机遇,加快改造。全局上下要团结一致，加快项目前期工作，保证质量和深度;要创新建设体制,充分调动地方各级政府积极性,走路地共建路子;要加大资金落实力度。二要科学养护,严格治超。做到路面无坑槽,走到哪儿都是好路,成为全省公路系统的榜样;治超要加大投入,严格问责,要把落脚点放在让政府满意、人民群众高兴上。三要强化管理，适应改革。在税费改革与取消政府还贷二级公路两项大的政策给公路部门带来影响的情况下,要勒紧裤带,共渡难关,精打细算,厉行节约,提倡精细化管理。四要转变作风,力抓基层。要高度重视路桥企业的稳定和发展,利用政策,使路桥发展上新台阶。五要精心组织,搞好科学发展观教育活动。

3月18日 上午,省交通厅巡视员曹燎原及厅机关有关处室负责人一行深入山西交通安居置业管理中心调研。

曹燎原认真听取交通小区建设情况及计划开发的长风东街新建项目进展情况汇报后,详细询问交通小区冬天取暖、长风东街土地手续办理情况，并仔细查看长风东街小区规划及小区建成的配套情况，充分肯定小区的规划及设计方案，认为各种户型都做到了“以人为本”，考虑了住户居住的各项需求以及私密性。同时，他还提出了一些修改意见，并要求充分考虑住户入住后停车等情况。

曹燎原在讲话中，要求中心一定要认真贯彻落实科学发展观，开拓思路，假如有困难和问题，及时向厅里汇报，取得厅里支持，争取使交通安居事业有更大发展。

调研期间，曹燎原一行还参观交通小区一期、二期工程及长风东街新建项目。

3月18日 省交通厅向省财政厅报送《关于为全省公路建设筹集项目资本金有关问题的报告》。

3月18日 省交通厅向省政府呈报《关于全省2009年道路水路春运工作总结的报告》。

3月18日 上午，长安高速公路建设协调领导组第三次协调会议举行。长治市委副书记、市长张保，副市长尚宪芳，市政协副主席、市政府秘书长秦跃晋出席。

针对现阶段急需解决的问题，沿线地方政府和相关单位负责人作出承诺：一定坚持依法办事、依法行政，及时为长安高速公路建设提供用地保障，按时完成各自辖区的征地拆迁任务，切实维护被征地农民的合法权益，努力把长安高速公路建成一条造福路、致富路、和谐路。

3月19日 上午，省交通厅党组成员、副厅长张志川带领厅机关有关处室负责同志深入山西交通职业技术学院调研。

认真听取学院党委书记孟科工作汇报后，张志川在讲话中要求立足交通，面向交通，依靠市场，辐射社会，为山西交通行业科学发展服务。争取3至5年内把学院建成区域性行业性名校。即有自己灵魂、自己文化、优秀教师团队、完整信息获取系统和名人或大师。

当天下午，张志川出席学院2009年度工作会议。要求进一步明确职业教育的特点和任务，深刻认识交通职业教育形势，增强紧迫感和责任感。围绕学院制定的创建一流高职院校一条主线，狠抓学生思想道德培养和实践技能培养两个培养，推进人事制度改革、教学教研管理体制改革、产学结合与实训体制改革三项改革，实施校区建设优化工程、名师队伍锻造工程、重点专业和精品课程建设工程、和谐文明单位创建工程等“1234工程”，在科学发展观统领下，进一步解放思想，勇于开拓，有序推进学院建设，扎实提升教育质量，实现各项工作的和谐、健康、持续发展。

3月19日 省交通厅党组成员、厅总工程师郜玉兰带领有关工程技术专家在闻垣高速公路建设工地调研。

郜玉兰一行先后查看闻垣高速公路LA1和LA2路基桥梁施工现场、LA3试验室、梁场以及LA5隧道。在视察LA3试验室时，仔细查看试验记录、混凝土养生室内温度以及重要检测设备，还到施工现场实地勘察LA3沿河路堤施工现场，对闻垣高速现场管理规范、施工进度迅速给予肯定。就如何提高工程建设综合水平，郜玉兰提出5点要求。一是建设管理单位要努力做好工程设计的优化工作，使工程建设更加完善、安全，有利于未来运营管理。二是工程变更应从保证运营安全、提高技术指标、降低工程造价、满足结构耐久性、降低养护成本等方面进行全寿命理念综合评价。三是注意保护环境，尽量避免在山体取土，保护植被。四是长大纵坡路段尽可能设置爬坡车道、避险车道、停车港湾、车辆降温水池等，为大型车辆安全营运提供更加有利的条件。工程竣工后，运营期应加强管理，保证运营安全。五是应对闻垣高速LA3原设计沿河路堤防护进行进一步的优化设计。

3月19日 省交通厅举行《山西省行政机关规范性文件制定程序暂行办法》知识讲座，邀请省政府法制办备案审查处处长李世俊讲解。厅党组成员、副厅长王志民主持。厅直各单位相关负责同志和厅机关处室负责人听讲。

3月19日 省交通厅转发省发改委《山西省交通厅政务大厅和交通数控信息中心初步设计批复》。省发改委2月13日晋发改设计发〔2009〕198号文批复，总建筑面积8476平方米，框架结构，地上6层，局部7层，地下1层，概算核定为2991万元。

3月20日 省高管局党风廉政建设工作会议召开。省交通厅党组成员、驻厅纪检组组长韩日裕出席并讲话。要求充分认识党风廉政建设和反腐败工作的重要意义，从制度建设与创新入手，从细节做起，加强源头治理，创新工作机制。纪检工作者一定要以高度的责任感、使命感、良好的精神状态和工作作风，履行好自己职责，为全省交通事业又好又快发展保驾护航。

3月20日 省交通厅向省发改委、交通运输部报送《关于对运煤集疏通道洪洞至乔家湾公路投资建设的报告》。路线全长37.1公里，二、三级标准，设计时速60公里、30公里，路基宽7.5米，投资总金额8580万元，平均每公里造价233万元。

3月20日 省机动车驾驶员培训管理暨驾培市场清理整顿动员会召开。3月20日至3月31日动员部署，4月1日至4月30日自查自清，5月1日至8月31日清理整顿，9月1日至10月1日总结评比。清理整顿主要内容是：依法打击和查处严重扰乱机动车驾驶员培训市场秩序的行为；严格查处并规范机动车驾驶员培训机构的违规教学行为。

省运管局党委书记、局长李华中，省公安厅交管局副局长刘敏出席会议并讲话。

3月21日 上午，临吉高速公路建设管理处揭牌仪式举行。省交通厅党组成员、副厅长王志民，临汾市委常委、常务副市长成洪才出席并讲话。

王志民在讲话中，要求临吉建管处加快前期工作进度，建立健全工程质量保证体系和责任体系，合理安排工期，科学组织施工，严格质量管理，抓好全过程质量控制和安全生产，加强廉政建设，按期建成通车。同时要坚持人与自然和谐共处，在公路建设中最大限度地保护生态，最强力度地恢复生态，建环保路、生态路、资源节约之路。

3月23日 省交通厅向省政府并牛仁亮副省长呈报《关于湖南省解决高速公路建设资本金有关情况的报告》。

3月23日 省交通厅印发2009年人事工作要点。

3月23日 省交通厅印发《关于朔州汽车客运北站综合验收结果的通知》。

3月23日 省交通厅向省财政厅报送2008年地方政府性债务报表。

3月23日 省交通厅批复运城高速公路信息监控指挥中心和公司档案室工程施工图设计。占地面积7980平方米(12亩)，建筑面积2918平方米，核准预算8 641 203元。

3月23日 省交通厅批复大同电煤集运公路三屯至镇河堡段初步设计。主线全长40.325公里，支线全长9.75公里，共计50.075公里，二级标准，设计时速60公里，路基宽8.5米，核准概算148 036 755元。

3月23日 省交通厅批复大同市电煤集运公路塔山至里八庄段初步设计。路线全长13.067公里，设计时速60公里，路基宽8.5米，核准概算26 852 805元。

3月24日 省交通厅向省财政厅报送《关于全省高速公路建设申请项目资本金贷款相关事项的说明》。

3月24日 省交通厅向交通运输部公路司呈报《关于三类超限运输车辆行驶公路如何许可的请示》。

3月24日 省交通厅向省财政厅报送《关于全省高速公路建设申请项目资本金贷款相关事项的说明》。

3月25日 上午，省交通厅党组书记、厅长段建国带领厅办公室、厅人事处、厅科教处、厅直机关党委等有关处室负责人深入省交通干部学校调研，就学校全面协调可持续发展及需要省交通厅解决的问题进行深入探讨。

段建国在听取校长肖毓恺有关情况汇报

后，要求抓住机遇，适应形势，以干部培训和成人学历教育为平台，主动适应交通事业飞速发展对交通高层次人才需求，加强培训阵地建设，认真执行省厅干部培训规划。不断创新培训内容，整合教育资源，尝试创造学术论坛，营造浓厚的学术氛围，广泛地同本系统各单位、同各高校进行学术探讨，实现资源共享。要注重培养名师，采取“送出去、请进来”的办法，要有计划、有目的地选派教师外出进修学习和到一线施工单位进行实践锻炼，聘请有实践经验、有理论创新的交通技术专业人才作为兼职专业教师，最终实现专职、兼职、聘用相结合的教师队伍，绝不能闭门搞教育。要完善学校内部管理体制，形成竞争机制。要创新干部教育培训方式，增强干部培训的实效性和实践性，增强学校发展后劲。

3月25日 全省交通系统工会工作会议召开。省交通厅党组副书记、副厅长张润，省总工会副主席梁若洁出席，王晓光主席作工作报告。

2008年，全省交通系统工会积极履行工会各项职能，围绕“抓重点、树品牌、上水平”思路，以提高职工队伍整体素质、维护职工合法权益、深入开展社会主义劳动竞赛和创建劳动关系和谐企业等为着力点，团结动员广大职工奋发进取，圆满完成年度各项任务。

2009年，全省交通系统工会要以团结动员交通职工推动产业经济平稳较快增长为首要任务，以发展和谐劳动关系、维护职工合法权益为工作重点，努力完善工会的民主管理、集体协商、劳动纠纷调处等各项维权机制建设，紧紧把握“稳定、发展、特色”要义，继续抓好工会系统“八大工程”建设，大力激发基层工会活力，为构建和谐社会、和谐交通作出积极贡献。

重点抓好5项工作：一要认真贯彻落实中国工会十五大、省总常委(扩大)会议和全省交通工作会议精神，把保稳定与促发展统一到服务开创交通科学发展新局面上来；二要大力开展具有交通特色的建功立业劳动竞赛，充分发挥广大交通职工在促进经济平稳较快增长中的主力军作用；三要以职工为本，主动依法科学维权，切实维护和保障职工劳动经济权益和民主安全权利；四要以增强工作活力为着眼点，在强基固本、规范完善、发挥作用等方面展示新作为；五要进一步加大帮扶困难职工的工作力度，努力为职工群众办好事，办实事，解难事。

张润在讲话中，提出5点要求。一要围绕工程建设，深入开展社会主义劳动竞赛活动；二要为维护行业稳定作出新贡献；三要继续关心职工的生产生活，要抓住以人为本这个核心，采取积极协调、源头参与、依法维权等措施，确保职工在就业、安全、家庭和社会保障等方面的合法权益得到实现；四要继续抓好工会工作创新，要重点抓好工程建设安全、公路桥梁运营安全、水上运输安全、客运运输安全、危货品运输安全、集体场所消防安全的创新；五要切实加强工会自身建设，高举旗帜，围绕大局，讲政治，讲团结，为加快构建和谐社会作贡献。

会议还传达了全国总工会主席王兆国在全总十五届二次执委会议上的讲话精神，并表彰先进集体和先进个人。

下午，省公路运输工会举办辅导讲座，邀请省总工会干校副校长、教授张安顺作了《国际关系与国内形势的分析报告》和《工会组织在应对金融危机中应发挥的作用》专题讲解。

晚上，参会人员观看全省交通系统“运管杯”职工卡拉OK比赛颁奖晚会，省交通厅党组副书记、副厅长张润，省运管局局长李华中，省公路运输工会主席王晓光等为获奖选手颁奖。

3月25日 省交通厅党组成员、副厅长张志川带领厅规划处、厅公路处、厅财务处、厅重点办有关负责同志深入晋城、长治，对高陵、晋城环城、长安3条高速公路建设情况进行调研。听取建设单位情况汇报后，提出4点要求。一是要尽快完成征地拆迁清点工作，做出核算，尽快上报土地手续；招投标要加快速度，交叉作业，平行推进。二是省政府确定2010年全省高速公路通车1000公里，其中高陵高速23.5公里，晋城环城高速29公里，长安高速55公里，这是政治任务，不能动摇。三是做好各项具体工作。高陵高速公路要加快施工图评审，尽快确定古郊互通位置，严格按照厅党组要求进行招投标；晋城环城高速公路重点做好矿产资源，拆迁标准、失地农民保险工作；长安高速公路要加快前期工作，解决好资金问题。四是抓好管理。首先是领导重视，主要领导要亲临一线；其次要建章立制，用制度来管人管事；第三是实行计划管理，倒排工期。省交通厅长治、晋城片区协调工作组要建立旬计划报告制度，10天一落实。要实行网上办公，实现信息联动；要建立重大事件报告制度，群策群力，全力以赴做好工程建设和管理。

3月25日 省交通厅向省发改委报送《关于省道崞五线神池县城段公路工程可行性研究报告的请示》。路线全长12.3公里，一级标准，设计时速80公里，路基宽24.5米。分两期实施。第一期工程估算投资11 311万元，建设工期1年。

3月25日 全省高速公路服务区现场观摩会在运城高速公路公司运城服务区召开。

会议主要就运城服务区如何进行规范化管理和智能化管理进行现场观摩。首先由保安人员表演保安工作“八步曲”和服务台人员进行英语口语对话情景展示。接下来，与会人员参观“特色餐厅”、信息化管理软件应用情况、银联卡刷卡系统、PDA巡检系统，公厕保洁人员工作“十步曲”、公厕热水装置。最后参观服务区监控室及信息化管理系统的一级平台和二级平台。规范的管理、智能的应用、整洁的环境、周到热情的服务给与会代表留下了深刻的印象。

3月25日至26日 在省高速公路重点工程军地协调领导组办公室的协调下，总参赴山西工作组专程深入忻阜高速公路建设沿线，就工程施工与军用设施交叉跨越有关事项进行现场踏勘和专题协调。省交战办副主任、省高速公路重点工程军地协调领导组常务副组长史荣和，驻忻部队有关负责人和忻阜高速建管处主要领导参加。

总参工作组一行本着服务地方经济建设、确保国防设施安全的原则，深入忻阜项目沿线和涉军路段就具体路线方案和保护措施进行了现场办公，军地双方按照“顾全大忆，相互支持，友好协商，互谅互让”的原则，就推进忻阜高速公路工程建设和确保国防设施安全达成共识，形成初步方案和实施意见。

史荣和在讲话中指出，忻阜高速公路建设项目是全省与军用设施交叉跨越最多的项目，也是省交通厅成立军地协调领导组以来第一个协调解决的重点项目，总参工作组一行带着对山西革命老区的深情厚谊，坚持支持山西经济发展和交通建设的原则，发扬优良作风，深入一线关心基层，实事求是地就如何推进工程建设并保护国防设施进行专项协调并达成一致意见。他要求忻阜高速建管处要进一步加强对全体参建单位和建设者的国防教育与现场管理，在工程施工过程中对军用设施采取切实有效的保护措施，军地双方明确责任人，加强沟通，密切配合，确保国防设施安全，确保忻阜高速公路建设进展顺利。

3月26日 省交通厅印发《关于对政府还贷二级公路收费许可证到期情况监督检查的紧急通知》。

3月26日 太原市政府常务会议决定，将管理城市客运出租和公交的职能由建管委移交到交通局，其他改革举措等省政府改革方案出台后再定。5月13日，太原市城市建设管理委员会和太原市交通局举行交接仪式，将两个单位的组织、人事、业务整体移交给交通局。对此，省交通厅表示，将在公交停车场、始末站建设和其他方面不断加大对太原市交通业的支持力度，提高“三个服务”的能力和水平。

3月27日 下午，省交通厅党组书记、厅长段建国，厅副巡视员郭贵平及厅有关处室负责同志深入忻保高速公路工程建设工地考察。

在米家寨1#隧道洞口施工现场,段建国在分别听取忻保建管处工程进展和路桥一公司项目部隧道施工情况汇报后,给予充分肯定。要求建管处一定要根据路桥企业实际情况,加强管理,科学组织,合理安排工期,优化设计方案,在保证安全和质量的前提下,加快工程建设步伐。本着"节约成本、方便施工"原则,制定科学合理施工方案,完善各项安全突发事件应急预案,确保安全。路桥单位一定要抓住机遇,精心组织,科学施工,安全、优质地完成工程建设任务,在忻保工程建设中,重振路桥雄风,再塑路桥形象。

3月27日 上午,晋中市交通工作会议召开。市委副书记、市长张璞出席并讲话,市委常委、副市长马彦平作动员报告。省交通厅党组成员、厅总会计师张德仪及厅有关处室负责同志应邀出席。

会议明确2009年交通工作目标:公路建设投资完成70亿元,其中:高速公路37亿元,国省干线20亿元,农村公路13亿元,新增公路通车里程200公里,全面推进汾邢、龙城、东纵三条高速公路建设,重点抓好十条干线公路改造,完成县乡公路二级化改造400公里,村村通水泥(油)路和新农村街道硬化1200公里,新增通水泥(油)路行政村23个,建制村通达率达到99%,启动晋中客运总站建设。

张德仪在讲话中,提出5条建议。即晋中交通要继续大发展,应有一个中长期规划,积极推进公路建设体制、投资体制创新,积极探索治超长效机制,切实加强安全、质量、廉政3项工作。

3月27日至28日 全省重点公路工程建设系统办公室工作培训班在顿村省交通职工培训中心举办。全系统各重点公路工程建设单位办公室主任、信息员、档案管理员(含工程档案管理人员)、文秘人员及厅重点办机关全体工作人员共计60余人参加。为了保证培训效果,厅重点办党委专门邀请省委办公厅信息处、省档案局业务指导处、省厅办公室等部门负责同志就如何做好信息工作、公路工程建设项目档案管理办法、如何开展信访工作、公文如何写作等方面进行专题讲座。达到了解政策法规、熟悉标准制度、明确工作程序、掌握方法技能的目的,收到显著预期效果。

3月28日 上午,太原高速公路有限公司新址揭牌仪式举行。厅党组成员、副厅长张志川,太原市副市长王建生,省高管局局长董新品参加。

近年来,公司以科学发展观统领全局,以实现"三个服务"和"六高"目标为中心,以创建千里大运文明高速公路为契机,以"规范管理,服务基层,树好形象,奉献社会"为重点,全力提升高速公路安全保畅能力、公共服务能力、便民利民能力和管理创新能力。与此同时,大力提升服务质量,不断加强基础设施建设和对外形象,积极推进员工"素质工程"建设,通过"走出去、请进来、练内功",举办军事业务培训班、岗位技能比武等活动,大力提升员工素质,努力营造安全、畅通、文明、和谐的高速公路通行环境,先后荣获"全国交通行业文明单位"等国家级荣誉7项、省级荣誉25项、市县级荣誉54项,累计收取通行费37亿元,实现两个文明建设双丰收,有力促进社会经济发展。

3月30日 省交通厅向省政府应急办呈报《关于提请山西省人民政府印发〈山西省水上搜救应急预案〉的请示》。

3月30日 省交通厅向省发改委报送《关于青兰高速公路山西境黎城至长治段拓宽改造工程可行性研究报告的请示》。路线长约65.1公里,原则上加宽为6车道高速公路;设计时速分别为80公里、100公里,路基宽分别为32米、33.5米。

3月30日 省交通厅转发省政府办公厅《关于转发全省学校安全专项整治工作方案的通知》。

3月30日 省交通厅向国家环境保护部呈报《关于对国道主干线二连浩特至河口公路山西境侯马至禹门口段竣工环保验收的请示》。

3月30日 省交通厅向省政府呈报《关于对省经委〈关于将“山西省机动车辆铁路道口安全管理费”列入财政预算的请示〉的意见》。

3月30日至4月1日 省地方海事局在吕梁市召开第二季度安全例会。会议的主题是:“打好专项整治攻坚战,全面提升水上交通安全监管水平”。会议提出3点要求。一要充分认识重要性和必要性,把思想统一到专项整治上来,把工作重点放到专项整治上来,做到认识到位、领导到位。二要精心组织,周密安排,确保各项监管责任落到实处,各项工作扎实推进,取得实效。三要以专项整治为抓手,全面提升水上交通安全监管水平。达到“一个彻底(安全隐患彻底消除),六个明显(安全意识明显提高、安全制度明显完善、安全责任明显加强、安全基础管理明显规范、安全制度明显落实、安全管理水平明显提高),一个确保(确保全省水上交通安全形势平稳,杜绝重特大水上交通事故的发生)”。

3月31日 由省委宣传部与省交通厅共同举办的沿黄公路建设新闻采风活动正式启动。厅党组副书记、副厅长张润,省委宣传部新闻处处长张晋斌出席启动仪式并讲话。厅公路处、厅农村路网管理处、省公路局、厅新闻宣传中心有关负责人及山西日报、山西人民广播电台、山西电视台、山西经济日报、山西晚报等主流新闻媒体记者参加。

沿黄公路指沿黄干线公路与沿黄扶贫旅游公路。沿黄干线公路起点为偏关万家寨黄河大桥,途经忻州、吕梁、临汾、运城四市,终点为平陆县曹川镇,全长957公里。沿黄扶贫旅游公路起点为偏关老牛湾,终点为垣曲县寨里,全长1065.6公里。从2007年7月开工以来,已累计完成路基工程90%,完成路面工程60%,年底将全线建成通车。该建设项目是全省“十一五”公路建设重点项目,也是全省实施“两区”开发战略的重要项目,是西部地区的一条脱贫路、旅游路,也是重要的经济动脉。建成通车之后,对增加沿线群众收入,改善群众生活,完善路网结构,加快全省社会主义新农村建设,都具有十分重要的意义。

本次采风活动由张润亲自带队,从3月31日至4月6日,从北至南经忻州、吕梁、临汾、运城4市19个县,行程近2000公里,主要围绕沿黄公路对沿线农业、旅游业等经济的拉动作用,对沿线城镇改建与建设及城乡一体化建设进程的促进作用进行深入采访和宣传报道。

张晋斌在讲话中,希望参加采风活动的记者创新思路,贴近生活,采写出受众既喜闻乐见又有一定影响和深度的新闻稿件,进一步把沿黄公路的重要作用展现给社会和广大人民群众。

张润在讲话中,介绍了沿黄干线公路与沿黄扶贫旅游公路的建设情况及重要作用。

3月31日 省运管局召开2009年全省源头治超座谈会,对2008年源头治超工作进行总结,对下一步工作进行安排部署。

自2007年12月19日全省新一轮“无缝隙、拉网式”治超行动开展以来,作为首次参与治超的运管部门,全省运管系统倾全系统之力,积极主动地、创造性地开展工作,基本形成“源头卡住、路口堵住、路面打击”的治超局面。一年多来,对政府公示的10 075家货运源头企业进行监管,共出动执法人员75.99万人次,进驻企业395家,巡查企业9680家。政府令实施以来,共查处违反政府令案件412件,罚款1604.16万元,告知、移送、抄报案件193件,省运管局共组建督察组7个,不间断地对全省119个县(市、区)明察暗访。先后督察215次、1450家,移送案件37件,抄报、告知案件156件,源头治超工作取得明显成效。

会议提出6点要求。一要继续加大对政府公示源头企业的进驻、巡查监管,特别是对拒绝接受检查的企业进行重点督察。二要继续加强对源头企业生产经营状况的监管。建立公示货运源头单位停产、复产报备制度。三要保持治超工作思想不松、力度不减、政令畅通。对照省政府治超办大检查所提出的问题，认真整改，确保运管机构源头治超履职到位。四要加强源头监管，全面落实政府令。对煤炭生产、经营、加工转化企业和煤炭用户购买、运输、销售使用无煤炭销售票的违法行为，对危险化学品生产经营单位未按行驶证核定载质量装载的违法行为，加大监管力度，及时移送相关行政主管部门。五要坚持依法行政，规范源头治超执法行为。坚决制止乱处罚、乱罚款，防止因治超产生新的“三乱”，做到文明执法、规范执法、依法治超。六要继续开展科技治超，提高源头治超信息化监管水平。要积极探索，勇于实践，大力推广科技治超的好措施、好做法，以科技手段推动治超工作规范化、科技化、长效化。

座谈会上，晋中市运管局、太原市小店区运管所、临汾市尧都区运管所、晋城市沁水县运管所4家治超成效明显的基层单位作经验介绍。与会人员还对《全省运管系统源头治理超限超载工作考核办法、评比标准》征求意见稿进行讨论，提出修改意见。

3月31日 忻阜高速公路建管处与忻州市人民检察院联合召开预防职务犯罪工作启动大会，对全线开展预防职务犯罪工作进行动员和部署。忻州市五台山至保德高速公路建设协调领导组副组长、市政府副市长杨晋生以及市纪委、市监察局、市检察院、市审计局领导出席并讲话。

随着工程建设的全面展开，忻阜高速建管处把反腐倡廉建设放在更为突出的位置，积极与忻州市人民检察院研究高速公路建设预防职务犯罪工作面临的新形势、新任务，按照“惩防并举、注重预防”的方针，共同制定联合预防职务犯罪工作《实施意见》。建管处加强内部监管，在机关和施工监理单位中开展预防工作，加强内部防范。忻州市人民检察院履行检察职能，在沿线县乡村开展预防活动，为工程建设创造良好的外部环境。双方共同履行教育、监督职责，通过制订预防计划、落实预防责任、建立联席会议制度、联络员和信息通报机制、案件协查整改制度、行贿档案查询制度、预防调查、预防建议、咨询工作和宣传教育等多项措施，加强内外合作，形成预防合力，有效地预防贪污贿赂、失职渎职等职务犯罪的发生。

杨晋生在讲话中，要求全线各级各部门要进一步统一思想、提高认识，创新方式、加强教育，健全制度、强化监督，统一协调、全力配合，切实增强开展预防职务犯罪工作的责任感和紧迫感，增强广大干部的廉洁自律意识，构建预防职务犯罪的“防火墙”，为忻阜高速公路建设创造良好的法制和廉政环境。希望忻阜高速公路能够出一批科技成果，带出一支过硬队伍，交出一项干干净净工程，为忻州经济社会跨越式发展作出应有贡献。沿线县、乡、村代表、施工、监理单位代表作表态发言。会议还组织参观忻州市人民检察院预防职务犯罪展厅，并向各单位赠送《国家工作人员预防职务犯罪实务手册》。

4月

4月1日 交通运输部、全国总工会联合召开出租汽车行业文明创建活动动员视频会议，深入组织动员在全国出租车行业进一步深入开展精神文明创建活动。以全国地市级以上城市为重点，覆盖出租车数量超过100辆的县级城市和乡镇。

会议由交通运输部政策法规司司长何建中主持，高宏峰副部长出席会议并作重要讲话。中国海员建设工会主席李铁桥宣读交通运输部、全国总工会《关于印发出租汽车行业进一步开展精神文明创建活动意见的通知》。

目的是在出租汽车行业深入开展以规范管理、守法经营、诚信服务为主要内容的精神文明创建活动，充分发挥其规范、引领和促进作用，切实将出租汽车行业打造成窗口服务行业中的城市形象名片，促进出租汽车行业健康稳定发展。

会上，北京首汽（集团）股份有限公司第三运营公司于凯车队队长于凯、浙江省宁波光大汽车服务公司、太原市客运管理处、浙江省交通厅分别代表出租汽车驾驶员、出租汽车企业、城市出租汽车管理机构和省级交通运输主管部门发言。

省交通厅党组成员、副厅长王志民，省建设厅、省总工会、省文明办、太原市总工会、市文明办和市交通局、市客运办、市各出租公司、出租车驾驶员代表以及厅机关有关处室负责人参加山西视频分会场会议。

4月1日 省交通厅党组批转《山西省公路局党委公路工程项目党风廉政和效能监督检查组工作方案》。包括主要工作职责和任务、工作方法和程序两项内容。

4月1日 省交通厅印发《关于表彰2008年度交通统计工作先进单位、先进集体和先进个人的通报》。其中，先进单位10个，先进集体48个，先进个人182名。

4月1日 省交通厅批复太原东环高速公路8座桥梁防撞护栏安全加固工程设计。核准预算26 995 718元。

4月1日 省交通厅批复山西交通技师学院综合服务楼可行性研究报告。建设面积1540平方米，总控制投资330万元，建设工期1年。

4月1日 省交通厅、省财政厅、省物价局向省政府呈报《关于灵石县三湾口至交口县双池一级公路设置隧道收费站的请示》。

4月1日 省交通厅批复改进城乡客运招呼站牌样式。其制作及安装费暂定为550元/个。

4月1日 省交通厅向省发改委报送《关于大运高速公路原平至太原段路面专项处治工程可行性研究报告的请示》。投资估算14 180万元。

4月1日 省交通厅向省发改委报送《关于青银国家高速公路山西境罗城至义望段拓宽改造工程可行性研究报告的请示》。路线长约33.6公里，建设工期2年。

4月1日 省交通厅向省发改委报送《关于给予山西省交通高级技工学校实训楼建设项目资金支持的请示》。尚有资金缺口167万元。

4月1日 省运管局召开全省运管系统《道路运输管理工作规范》局、处、所长宣贯会。交通运输部道路运输司副处长刘美银应邀出席会议，并进行宣贯和讲解。

省运管局局长李华中在讲话中，要求全省各级运管机构要以此为契机，加强依法行政，扎实推进全省道路运输管理工作，进一步提高管理水平。

4月2日 省交通厅印发《关于加强高速公路服务区经营管理的通知》。

4月2日 省交通厅印发《关于开展交通执法制式服装和执法监督车辆检查的通知》。

4月2日 省交通厅印发《山西省高速公路工程设计变更管理办法》。主要包括总则、变更分类、范围和原则、程序和方法、奖励和责任追究、附则6章38条，自颁布之日起实行。

4月2日 省交通厅印发《山西省高速公路工程建设管理绩效考核办法（试行）》。主要包括总则、组织与程序、内容和指标、考核评价、附则5章22条，自发布之日起试行。

4月2日 省交通厅党组印发《关于加快高速公路建设的意见》。主要包括4项内容。即认清形势，统一思想；细化目标，统一工期；严格责任，狠抓落实；严格奖惩，严格问责。

4月2日 省交通厅、省总会计师协会印发《关于召开全省交通行业财务管理学术交流研讨会的通知》。

4月1日至2日 省公路局局长戴飞带

领局有关处室负责人深入长治公路分局调研。长治市副市长尚宪芳陪同。

戴飞一行先后深入山西长兴路桥工程公司、太行路桥工程公司指导工作,深入省道长安线长治至长子县城一级路改建工程和208国道潞安集团段道路加宽施工一线进行实地察看,提出5点要求。

4月2日 上午,省运管局召开机关作风建设动员大会。要求全局干部职工振奋精神,开拓创新,树立负责任、有作为、讲文明、讲法制的新形象,保证全年目标任务圆满实现,推动道路运输事业又好又快发展。

4月2日 省科技厅组织国内有关专家对省道路运输协会和省运管局共同完成的《山西省道路旅客运输行业发展小件快运对策研究》项目进行评审。

与会专家听取项目组汇报,审查技术资料,经质疑、讨论后一致认为,项目组提交的技术资料齐全、完整,完成项目合同规定的任务,符合评审要求。

项目组通过对省内外小件快运业发展的调研,研究了全省道路客运小件快运业现状和存在问题,提出利用现有客运资源,促进道路客运小件快运发展的思路和对策。

项目的主要创新之处在于提出了山西省道路客运小件快运发展模式和《全省道路客运小件快运微机联网》建议方案;提出营运客车行李舱"空舱率"的概念及计算公式。

专家组认为,该研究成果对于全省发展道路客运小件快运具有重要的应用价值,对国内其他地区发展道路客运小件快运具有重要借鉴意义,研究成果在同类研究中达到国内领先水平。

4月2日 上午,阳泉市委副书记、市长白云和市委常委、常务副市长王旭明带领阳泉市规划局、国土局、园林局、交警队等相关单位人员赴太旧高速公路坡头、平定两个收费站,就收费站扩容改造工程进行调研。

白云在讲话中,希望各相关业务单位积极沟通,密切配合,立足长远,综合考虑,切实搞好这两项工程,为打造阳泉市对外形象,促进阳泉地方经济发展作出积极贡献。

4月2日至5日 由山西交通技师学院具体承办的全国交通职业教育教学指导委员会汽车(技工)专业指导委员会工作会议暨课题工作会议在太谷举行。来自全国17所交通职业学校的校长、汽车系主任和交通职业教育教学指导委员会、人民交通出版社的有关领导以及上海景格、上海鹏达有限公司的企业代表共计32人参加。

会议期间,与会代表参观学院驾校、汽车实训中心、修理厂和校园网信息网络平台,高度评价学院校园文化独具特色,信息化水平先进,汽车实训室标准高,处于全国同类院校前列,完全具备进一步扩大汽车专业规模的能力。

4月3日 下午,大同市政府召开大同市高速公路建设征地拆迁协调会。省交通厅党组书记、厅长段建国,厅党组副书记、副厅长张润出席并讲话,大同市委副书记、市长耿彦波,大同市直有关部门、涉及征地拆迁的县、区及省厅有关处室负责人参加。

会议听取荣乌高速公路灵丘至山阴段和大同至呼和浩特高速公路大同至右玉段工程进展情况汇报。

耿彦波在讲话中,要求各县区要立即成立高速公路协调服务领导组,把高速公路建设相关各项工作做扎实。尤其是征地拆迁工作要做深做细,做到和谐拆迁。要通过无障碍、无阻力、无条件、无理由的良好执行力和工作效率,保证高速公路建设快速有效推进,与建设单位携手,共同完成好高速公路建设任务。各级政府及相关部门要切实承担起相应责任,发扬事不过夜、事必躬亲、事无巨细的精神;要树立强烈的责任感和时间效率意识,把应该办的事情办好。要敢于负责,敢于创新,简化程序,快速办理,特别要抓好征地拆迁等前期工作,推动工程早日开工。高速公路沿线的灵丘县、浑源县、新荣区、左云县会后要立即安排部署征地拆迁工作,必须保证在4月15日前完成,保证两条高速公路工程按时顺利开工。在征地拆迁过程中,一定要做到执行标准不走样、坚持原则不让步、服从大局不讲价、快速推进不耽误,要坚持全省征地拆迁工作的统一标准,保证政策的统一性、严肃性和原则性。各县区工作一定要工作到位,认真负责,一竿子插到底。各相关部门要开辟"绿色通道",提高办事效率,限时办理完毕,提供优质服务;通信、电力、线务部门线路的拆迁工作,必须在4月15日前完成。

张润在讲话中指出,2010年大同境内要通车170公里高速公路,时间紧,任务重,根据大同地区施工期短实际,必须抓好4月至10月施工黄金时间。在工程建设中,要抓住2010年竣工和桥涵等控制性工程的重点,加强宣传,全面动员,让沿线老百姓支持公路建设;征地拆迁要坚持标准,一视同仁,补偿足额,及时兑现,确保高速公路建设任务的完成。

段建国在讲话中,要求各建设单位要紧紧依靠地方各级政府强力推进征地拆迁工作,严格执行补偿标准,补偿必须及时到位,确保人民群众的切身利益。业主、施工、监理单位在工程建设过程中,必须高度重视安全、质量、廉政工作,要把安全和质量放在第一位,科学组织,合理施工,进一步加强监管,确保将项目建设成为环保型、生态型、资源节约型的高速公路。各建设单位要进一步强化责任感和紧迫感,敢于创新,敢于负责,超常态、超常规工作,确保"十一五"建设目标实现。

会上,大同高速公路建设管理处与浑源县政府、灵丘县政府签订征地拆迁总承包合同;大呼高速公路建设管理处与新荣区政府、左云县政府签订征地拆迁总承包合同。沿线县、区以及市直有关部门代表作表态发言,一致表示,要服从大局,全力支持,超前协调,主动服务,简化办事程序,提高办事效率,为高速公路建设开通绿色通道,提供一流的服务,创造一流的工程建设环境。

4月3日 省交通厅向省发改委报送《关于闻喜东镇至临猗孙吉高速公路可行性研究报告的请示》。路线全长79.2公里,4车道高速公路标准,设计时速100公里,路基宽26米,投资估算36.25米,建设工期3年。

4月3日 省交通厅向省发改委报送《关于五台门限石至河北县(平山县)旅游公路可行性研究报告的请示》。路线全长约14.5公里,三级标准,设计时速40公里,路基宽8.5米,投资估算5441万元,建设工期2年。

4月3日 省交通厅批复永和县东征旅游公路可行性研究报告。路线全长15公里,四级标准,设计时速20公里,路基宽6.5米,投资估算1840万元,建设工期1年。

4月3日 省交通厅批复太谷县大佛山旅游公路可行性研究报告。路线全长8.4公里,三级标准,设计时速40公里,路基宽8.5米,投资估算1455万元,建设工期1年。

4月3日 省交通厅向省发改委报送《关于青兰国家高速公路山西境长治至临汾段建设资金的承诺函》。共计305 774.9905万元。

4月3日 省交通厅向省发改委报送《关于芦芽山旅游公路五寨县城至芦芽山段可行性研究报告的请示》。路线全长约26.2公里,三级标准,设计时速30公里,路基宽7.5米,投资估算3957万元,建设工期2年。

4月3日 省交通厅向省发改委报送《关于万荣县李家大院至后土祠旅游公路工程可行性研究报告的请示》。路线全长约27.6公里,二级标准,设计时速60公里,路基宽12米,投资估算5405万元,建设工期2年。

4月3日 省交通厅向省发改委报送《关于芦芽山旅游公路宁武坝门口至芦芽山段可行性研究报告的请示》。路线全长约23公里,三级标准,设计时速20公里、30公里,路基宽7.5米,投资估算4267万元,建设工期2年。

4月3日 省交通厅批复永济市万固寺至鹳雀楼旅游公路工程可行性研究报告。路线全长约13.9公里,三级标准,设计时速60公里,路基宽12米,投资估算2119万元,建设工期2年。

4月3日 省交通厅批复平遥至南良旅游公路建设项目可行性研究报告。路线全长8.5公里,其中新建6.1公里,二级标准,设计时速60公里,路基宽10米,投资估算2951万元,建设工期2年。

4月3日 省交通厅印发《高速公路通行费预算管理试行办法》。主要包括总则、事业经费、养护工程、偿还贷款本息、附则5章18条,自印发之日起执行。

4月3日 省交通厅向省发改委报送《关于国道209线隰县曹城至午城、大宁小冯村至前楼底段改建工程可行性研究报告的请示》。路线分别长18.4公里、8.5公里,全长26.9公里,原路拓宽22.6公里,改建4.3公里,设计时速60公里,路基宽12米,估算投资22361万元,建设工期1年。

4月7日 省交通厅向省发改委重新报送2009年交通重点工程项目投资建设计划。计划安排30个项目,建设里程2289公里,项目总投资1400亿元。2009年计划安排512亿元。其中申请交通运输部补助5.5亿元,省煤炭可持续发展基金52亿元,通行费25.5亿元,省交通厅自筹93.45亿元,地方自筹2亿元,开行贷款63.6亿元,工行贷款75.6亿元,交行贷款6亿元,银行贷款45.1亿元,贷运附加费2亿元,企业自筹(BOT项目)144.3亿元。

4月7日 省交通厅向省政府呈报《关于郜玉兰总工程师率团赴美国参加第四届橡胶改性沥青大会的请示》。拟于2009年5月出访,在外停留6天,费用自理。

4月8日 省委常委、省纪委书记金道铭带领省纪委副书记李正印,省监察厅副厅长刘蓉华,省纪委常委、秘书长贾毓杰,省纪委监察厅执行室副厅级主任因新中,省纪委监察厅效能室主任郭宏魁深入省交通厅调研。对全省交通工作提出坚持发展第一要务、坚持全面履行职责、坚持搞好反腐倡廉建设的"三个坚持"要求。厅领导段建国、张润、王志民、韩日裕、张志川、郜玉兰、张德仪、赵振田、曹燎原、郭贵中陪同调研。

在省交通科研院,金道铭一行参观沥青材料实验室,MTS实验室、钢绞线松弛实验室、车辙实验室、沥青实验室、水泥实验室、化学分析实验室、固结——直剪室、地下工程(隧道)检测室、环境监测室,了解全省交通科研最新成果。

在省科研院调研后,金道铭一行赴省交通厅听取工作汇报。厅党组书记、厅长段建国从谋划发展、公路建设、公路养护管理、道路运输、治理车辆超限超载、交通规费与车辆通行费征收、改革创新、安全生产专项整治、党风廉政和行业文明建设、维护稳定、抗震救灾和奥运保障等方面汇报了2008年以来的全省交通工作情况;厅党组成员、驻厅纪检组长韩日裕从教育培训、建立完善规章制度、重视信访案件三方面汇报廉政建设和反腐倡廉工作。

金道铭在讲话中,对全省交通工作给予充分肯定。他说,近年来,全省交通系统干部职工在厅党组坚强有力领导下,很好地贯彻了国务院、省委、省政府加强基础设施建设要求,以高度的工作责任感和自觉精神,战胜很多困难,很好地履行自己职责,出色完成各项工作任务,取得显著成就。事实证明,全省交通系统干部职工能够承担起光荣历史使命,勇挑工作重担,能以坚定信心应对挑战,并以此作为难得的发展机遇,积极推动全省交通事业发展。在基础设施相对薄弱、自然环境相对恶劣、地质条件也不太好、资金长期困难的情况下,能做出这样的成绩,十分不易。太旧路的建设展示山西交通人的风貌;农村公路建设在全国带了好头;治超工作取得明显成效,尤其是建立长效机制,受到交通运输部部长李盛霖好评与肯定;在路桥企业接管上,替省委、省政府分忧解愁;加快对公路管理体制和运输管理体制探索;同时,重视队伍建设、党的建设和反腐倡廉建设,工作积极、平稳、有效。

金道铭在讲话中，提出3点要求。一要坚持发展为第一要务，千方百计完成拉动内需的各项任务。要抓住促内需机遇，千方百计创造条件，不遗余力加快发展；要按照科学发展观要求，做到又好又快发展。一定要把各项工作周密规划，系统安排，扎实推进，特别要处理好效益与质量的关系、重点工程建设与农村公路建设的关系、重点工程建设与农村公路建设的关系、推进重点项目建设与发挥已建成项目效益的关系，要调动方方面面的积极性，完成好各项工作任务。二要坚持全面履行职责，扎实推进改革发展稳定工作。省交通厅是省政府重要的职能部门，当前最繁重的是建设任务，但管理、改革、稳定、自身建设的任务也很重，在突出建设重点的同时，要注重发挥好其他职能。要使已建成的道路发挥最大效益，把增加运输能力作为目的；要搞好道路养护；要通过治超长效机制，巩固治超成果；要继续积极探索，提高行业管理水平；要在实践中有效解决交通安全生产问题；同时，要着手完成省交通运输厅的组建工作。三要继续高度重视加强队伍建设，坚持不懈地搞好反腐倡廉建设。要使全系统广大干部牢固树立立党为公、执政为民理念，抓好法律、规章制度落实工作；工程建设要坚持公开、公平、公正的原则，成为阳光工程；要对敏感、易发、多发腐败问题的环节加强监管，防止问题发生，使用好建设资金。同时，对执法队伍要严格要求、严格管理，进一步搞好行风建设，并创造出好的经验。

段建国作表态发言。一是进一步加强领导，加快项目前期工作；二是加大创新力度，千方百计突破资金和土地制约；三是突出重点，加强监管，确保“十一五”末全省高速公路达到3000公里；四是紧紧依靠地方政府，加快推进国省干线和农村公路建设；五是大力推进交通改革；六是切实抓好质量、安全、廉政三项基本工作。全省交通行业干部职工将从全省经济发展全局和战略高度出发，在保增长、保民生、保稳定中作出交通人应有的贡献，向省委、省政府、向全省人民交一份满意的答卷。

4月8日 省交通厅印发《关于2009年交通系统会计人员继续教育工作安排的通知》。

4月8日 晋阳高速公路开始实施交通管制，采取半幅封闭施工、半幅限制通行措施。大修工程原则上以路面加铺为主，包括路基、路面、桥梁、隧道、交通工程等，沿线总长36公里，起点与长晋高速公路相接，终点阳城，总投资2.26亿元。改造设计建设规模及技术标准维持原有路况，为全幅双向四车道和半幅双向两车道。共设两个施工合同段，建设工期约6个月，10月1日前主体完工，10月20日前工程全部竣工。

4月9日 全省道路客运管理工作会议召开。厅党组成员、副厅长王志民出席并讲话。要求充分认识新形势、新情况对运输管理、运输企业的挑战，把挑战变为机遇，变为发展动力，学习和借鉴铁路、民航的先进管理经验及运营模式，进一步提高服务意识，创建老百姓认可的品牌，把安全生产装在心里，落实在行动上。要认真落实道路客运安全各项生产措施，警钟长鸣，继续抓好安全生产隐患排查整治活动，组织专项检查，落实安全生产主体责任、安全监管责任、安全领导责任和安全岗位责任，加大安全责任追究，为全省科学发展、安全发展、和谐发展作贡献。

4月9日 省交通厅向省发改委报送《关于批复省道临夏线涧上至新风村段改建工程可行性研究报告的请示》。路线全长7.1公里，一级标准，设计时速80公里，路基宽32米，新开路线5.3公里，旧路利用1.8公里，估算投资19 285万元，建设工期1年。

4月9日 省交通厅向省发改委报送《关于批复国道309线屯留常村口至官庄段改造工程可行性研究报告的请示》。路线全长7.1公里，二级标准，路基宽12米，估算投资3000万元，建设工期1年。

4月9日 省交通厅转发干线公路、电煤集运公路和公铁立交项目投资计划。

4月9日 省交通厅向省政府报送《关于协调高速公路建设项目压覆矿产资源的请示》。

4月9日 省交通厅向省发改委报送《关于批复国道208线秀女村至安荣段改建工程可行性研究报告的请示》。路线全长60.7公里，二级标准，设计时速80公里，路基宽12米，估算投资23 245万元，建设工期2年。

4月9日 省交通厅向省发改委报送《关于批复国道207线东木口至白岩沟段公路改建工程可行性研究报告的请示》。路线全长23.8公里，二级标准，设计时速60公里、40公里，路基宽10米，估算投资18 091万元，建设工期2年。

4月10日 全省重点公路工程建设工作会议在太原召开。会议全面贯彻落实党的十七届三中全会和全国、全省"两会"精神，按照全省重点工程建设动员会议和全省交通工作会议部署，总结2008年工作，安排部署2009年任务。副省长牛仁亮出席会议并讲话。省交通厅党组书记、厅长段建国出席并讲话，厅党组成员、副厅长张志川主持。厅党组成员、厅总会计师张德仪传达王君省长在山西省重点工程建设动员大会上的讲话精神。厅党组成员、厅总工程师部玉兰作全省重点公路工程建设工作报告。厅领导赵振田、曹燎原、郭贵平、省公路局局长戴飞出席。

2008年，在省委、省政府和厅党组正确领导下，全省重点公路工程建设工作紧紧围绕"十一五"末全省高速公路达到3000公里目标要求，全面推进理念、科技、机制、融资、管理五项创新，圆满完成年度工作目标任务，为实现重点公路工程建设又好又快发展打下坚实基础。阳翼、晋济、运城环城3个续建高速公路项目完成投资19.59亿元，为年度计划18.66亿元105%；汾平、闻垣、阳盂3个新开工高速公路项目完成投资13.47亿元，为年度计划31亿元44%；晋城至济源、运城环城两个续建项目72公里竣工通车，全省高速公路通车里程达到1965公里，出省口达到10个。

2009年任务有4项：一是完成高速公路建设投资520亿元；二是新开工平遥至榆社、灵丘至山阴、山阴至平鲁、临汾至吉县、长治至临汾、榆社至和顺、榆次至祁县、平定至阳曲、长治至平顺、大同至浑源、临汾环城、天镇至大同、三门峡黄河二桥、运城至芮城、平鲁至朔城区、闻喜至合阳16个1331公里高速公路建设项目；三是抓好已开工的阳城至翼城、汾阳至平遥、闻喜至垣曲、阳泉至盂县、五台山至忻州、忻州至保德、太原至佳县东段、太原至佳县西段、太原至古交、晋城环城、陵川至高平、大同至右玉12个项目979公里高速公路建设管理；四是纳入2010年全线或部分路段竣工的18个项目，除特大桥梁、特长隧道等控制性工程外，路基桥涵工程完成工程总量80%以上，力争基本完成。

段建国在讲话中，充分肯定2008年全省重点公路建设工作。他说，2008年全省公路建设完成投资200.3亿元。其中，高速公路40.3亿元，虽然仅占全省公路建设投资总额20%，但是为再掀公路建设新高潮奠定基础。2009年是新一轮公路建设高潮的起步之年，也是打基础之年。最关键的有两条：一是高速公路建设完成投资520亿元；二是基本完成1000公里路基工程。要完成全年任务，必须有敢于负责、勇挑重担的勇气和责任感。一要抓住重点，加快建设；二要抓住重点，科学施工；三要严格责任，奖勤罚懒。同时，要加强班子队伍建设和党风廉政建设，用组织措施和政治纪律保证高速公路建设顺利推进。全省重点公路工程建设目标任务已经明确，发展思路也已明晰，关键是狠抓落实。要坚定信心，振奋精神，抢抓机遇，乘势前进，迅速掀起轰轰烈烈的建设新高潮，为新中国成立60周年献礼。

牛仁亮在讲话中，要求全省交通系统干部职工要充分认识形势，把思想统一到省委、省政府的决策上来，抓好五项工作。一要抓好创新工作。首先是资金创新。面对建设资金紧张问题，要多渠道筹融资，充分利用已建好的高速公路进行经营权转让、抵押贷款、路权置换等方式方法进行融资，为公路建设打好资金基础。其次是土地创新。在出口路土地审批工作中可以利用国家政策，与外省联系，变为省际公路，加快审批。第三是体制创新，充分调动各市县的积极性，加快地方公路建设速度。一要抓好前期工作。环保、土地、林业及拆迁等前期工作，相关部门要合力，重点工程要特事特办，以最快速度办理；二要抓好质量安全关。“安全质量，百年大计”，安全工作一定要落实到实处，落实到每一条路上、每一个施工点上；三要抓好廉政关。面对如此大的投资额度，一定要阳光操作各个环节，制定合理的程序和制度，做到落实到人，奖罚分明。重点公路工程建设是全省扩大内需、经济平稳发展的“领头雁”，全省交通系统广大干部职工一定要团结一心，按照要求，把工作做实做好，向省委、省政府交一份满意答卷。

会议还签订2009年度重点公路工程建设工作目标责任书。忻保高速公路建设管理处、太佳高速公路（太原段）建设管理处、阳五高速公路公司主要负责人作表态发言。

省发改委、省财政厅、省国土资源厅、省林业厅、省审计厅、省水利厅、省环保局、省物价局、省公安厅交管局以及省重点办等有关单位领导、厅机关各有关处室负责同志、厅直有关单位负责人、各重点公路工程建设单位党政主要负责人、纪委书记、办公室主任参加会议。

4月10日 省交通厅重点办召开全省重点工程建设土地林地报批工作协调推进会，听取土地、林地、地质灾害、压覆矿产、被征地农民社保报批工作进展情况汇报，研究部署近期工作重点和任务。要求全省重点工程建设管理单位要集中精力，扑下身子，加大进度，攻坚克难，忍辱负重，把进展不平衡的各项前期工作往前赶，除闻垣、忻保、阳翼三条高速公路外，确保省内项目6月底前完成土地林地报批工作；国网项目完成工可、初步设计工作，以争取更多的土地指标。土地林地报批工作是重点工程建设前期工作中至关重要的核心问题，如果进展缓慢，将制约着一系列后期工作。不仅仅是一个项目不能按时开工的问题，更严重的是影响全省重点公路工程建设的全局和大局。各建设单位要锁定目标，倒排工期，通力合作，责任到人，讲究方法，确保前期工作如期完成，为加快推进高速公路建设又快又好发展开好局。

4月10日 为宣传沥青路面维修养护新理念，促进沥青路面养护应用技术交流，由省交通厅主办、省公路学会承办、山西宇通高速路面材料有限公司协办的沥青路面应用技术讲座在太原举行。厅党组成员、厅总工程师部玉兰主持，全省交通系统200多名工程管理和技术人员听讲。

部玉兰在讲话中指出，此次讲座，对于提高全省公路建设中新技术、新材料、新工艺的应用水平，有着积极的促进作用；对于新建路面及旧路面维修养护，提供成套实用技术及整体解决方案，也具有非常重要意义。

培训会上，华南理工大学教授张肖宁，长安大学教授郝培文，壳牌公司沥青部产品应用技术经理、博士徐世法，壳牌公司工程师贾晓云，美德维实伟克公司博士黄文元以沥青路面技术与施工为题，就沥青路面技术的现状与进展、高等级沥青路面养护关键技术、沥青路面整体解决方案、沥青路面冷再生技术方案及施工控制、沥青混合料温拌技术研究和应用等方面内容进行系统讲解与具体指导，并就学员提出的问题详细解答。讲座理论结合实际，深入浅出，受到工程技术人员热烈欢迎。

4月10日 省交通厅印发《关于2009年交通系统会计人员继续教育工作安排的通知》。

4月11日 下午，省人大常委、省人大城乡建设环境保护委员会主任王晓林，厅党组副书记、副厅长张润，省交战办副主任马健在阿坝州副州长、茂县县委书记尼玛木等领导陪同下，深入黑虎旅游公路施工一线检查指导。王晓林和张润每到一处都仔细检查，对目前黑虎路的进度、质量给予很高评价。当看到项目部用卵石和石英石在挡墙上设计镶嵌成的融合晋羌特色的景观墙和勾缝美观大方的挡墙后，张润高兴地竖起大拇指对项目经理杜建政说："小杜，干得漂亮"！

在施工现场，王晓林和张润亲切地与施工人员交谈，张润再三叮嘱工人们一定要注意安全、注意身体，并要求施工单位在危险地段增设挡墙。王晓林特别提出在工程建设过程中，一定要保护好周边生态环境，确保不污染河道。

王晓林一行进入黑虎旅游公路项目部后，看到驻地建设简洁大方，干净整洁，非常高兴，并为职工们发放慰问品。张润在讲话中，要求省交通厅对口援建领导组驻茂县代表姚望科一定要帮助搞好施工单位和当地政府及相关部门的协调工作，为工程顺利推进作出贡献。路桥一公司一定要保证职工身体健康，生活愉快，帮助解决家庭困难，让所有参加援建的职工们没有后顾之忧，全力以赴搞好施工建设工作。

茂县县委书记尼玛木要求当地政府以及相关部门一定要协调配合好施工单位工作，确保工作顺利进展。

4月12日 省交通厅对口援建四川茂县渭门乡至永和乡公路工程举行开工仪式。该工程由山西路桥一公司承建，是继黑虎羌寨旅游公路开工后第二个启动的援建项目，公路全长11.79公里，工程造价2829.6万元。

省人大常委、省人大城乡建设环境保护委员会主任王晓林，厅党组副书记、副厅长张润，阿坝州副州长、茂县县委书记尼玛木及茂县县委副书记、县长高加军等出席开工仪式。

高加军致开工贺词，县委常委、副县长阎献忠简要介绍工程概况。张润在讲话中指出，"5·12"地震给茂县带来重大损失，省交通厅积极捐款捐物，尤其对茂县公路建设给予全力支持。黑虎旅游公路于2008年开工建设，今天渭永公路开工，九顶山旅游公路也将开工。张润希望茂县基础设施建设尽快恢复起来，经济尽快恢复起来，人民早日从地震的阴影中走出来。全体筑路员工要发扬太旧、大运精神，自力更生，艰苦奋斗，不屈不挠，勇于奉献，把公路建设成高标准、高质量、高速度的公路。为茂县经济发展、社会进步作出新的更大贡献。

项目经理杜建政代表所有参建人员作出郑重承诺，王晓林和尼玛木共同启动引爆器破土。渭永公路正式开工建设，必将成为山西交通人和茂县人民深厚友谊的见证，成为继黑虎羌寨旅游公路之后的又一条晋羌友谊之路。

4月13日 省交通厅转发交通运输部《关于印发交通行政执法风纪等5个规范通知》。从8月1日起，全省统一使用《通知》所附的文书格式。主要包括：①交通行政执法风纪(共计17条)；②交通行政执法用语规范(共计23条)；③交通行政执法检查行为规范(共计13条)；④交通行政处罚行为规范(包括总则、简易程序、一般程序、听证程序、执行程序、监督程序、附则7章81条)；⑤交通行政执法文书制作规范(包括总则、文书制作基本要求、具体文书适用及制作、文书归档及管理4章64条，并附交通行政执法文书式样36种)。均自公布之日起实施(2008年12月30日)。

4月13日 省交通厅印发《关于调整厅治理非法超限载车辆工作领导组及办事机构的通知》。组长：段建国；副组长：张润、王志民、韩日裕、张志川、郜玉兰、张德仪、赵振田；成员有：各市交通局局长，戴飞、张晋鹏、李华中、董新品、魏庆飞、杨原平。办公室主任：田根；副主任：张立承。

4月14日 全国县(市、区)交通局长培训项目研发工作会议在太原召开。交通运输部管理干部学院院长丘建华，省交通厅党组成员、副厅长张志川出席并讲话。来自全国10个省市交通干部学校的校长、培训部主任参加。

张志川在讲话中,对大家的到来表示热烈欢迎并向参会者简要介绍全省及交通发展情况,希望专家学者能在山西多走走,多看看,多为山西发展提宝贵意见。

4月14日 上午9时,省总工会、省交通厅、省高管局、太原高速公路公司机关干部职工400多人在大运高速公路太原服务区内进行义务植树活动。省人大常委会副主任、省总工会主席郭海亮,省总工会常务副主席高凤平,省交通厅领导段建国、王志民、张德仪,省公路运输工会主席王晓光、省高管局局长董新品与大家一起培土、浇水,一上午共栽植胡杨、松柏2100多株。

为了打造绿色交通走廊,营造良好生态环境,让山西天更蓝、水更清、山更绿,近年来,全省交通系统坚定不移地倡导"绿色交通"理念,"路修到哪里,树载到哪里"已成为全系统广大干部职工的共识。大力治理高速公路沿线环境,推进高速公路区域性连片绿化,搞好植绿护绿工作蔚然成风。

4月14日 省交通厅下达2009年科研项目计划。共计专项经费900万元,其中用于新立项目经费435万元,接转项目经费465万元。

4月14日 省交通厅向省发改委报送《关于国道207线天水岭至省界段复线工程可行性研究报告的请示》。路线全长25.2公里,二级标准,设计时速60公里、40公里,路基宽10米,估算投资48 763元,建设工期3年。

4月15日 省交通厅向交通运输部呈报《关于荣乌高速公路山西境灵丘至山阴段初步设计的请示》。路线全长154.429公里,双向4车道高速公路标准,设计时速100公里,路基宽26米,核定概算85.05亿元。

4月15日 省交通厅批复晋阳高速公路大修工程设计。路线全长36.119公里。其中全幅双向4车道27.673公里,路基宽21.5米;半幅双向两车道8.446公里,路基宽12米,核准预算201 599 757元。

4月15日 省交通厅向省信托投资有限责任公司报送《关于为全省公路建设筹集项目资本金搭桥贷款的申请》。申请60亿元。

4月15日至16日 省交通厅党组成员、厅总工程师郜玉兰在厅科教处、厅重点办有关负责人陪同下,深入忻阜高速公路调研,就工程建设提出要求。一同调研的交通运输部公路科学研究院党委书记黄卫津对忻阜高速科技示范工程进展情况给予肯定。

郜玉兰一行实地查看忻阜高速古峪沟特大桥、凤凰山隧道工程及火焰山隧道的弃石填石路基工程,听取工程进展情况汇报,详细询问高架桥建设、植被保护等情况。在凤凰山隧道,郜玉兰仔细检查安全管理制度和各项施工工艺流程,并就仰供厚度、隔水板、钢材、水泥、沙子等原料提出要求。在火焰山隧道的弃石填石路基现场,她要求一定结合有关技术标准科学施工,切实做好填石路基工程项目。

郜玉兰在讲话中,要求把安全放在首位,把质量放在心上,责任到人,认真查找薄弱点,防患于未然,力争以最小的投入、最低成本达到优良工程。根据忻阜高速公路是交通运输部科技示范工程这一特点,加大环保力度,杜绝资源破坏行为发生,把忻阜高速公路建设成为一条绿色长廊,建成一条幸福路、小康路。

4月16日 交通运输部财务司司长杨省世、副处长卢尚艇、副调研员程侃一行3人赴晋调研。工商银行总行公司业务一部副总崔勇、山西分行副行长吕晋铭等有关人员,省交通厅党组书记、厅长段建国,厅党组成员、副厅长王志民,厅党组成员、厅总会计师张德仪,厅规划处、厅财务处、厅核算中心负责人,省高管局有关领导参加。

座谈会上,段建国着重介绍全省交通建设筹融资工作情况。他说,近几年来,全省公路建设筹融资工作比较成功的做法主要体现在并购重组、盘活路产，招商引资、合作共赢，资本运作、滚动发展这三点上。在筹融资方面，本着力求融资规模大、时效快的原则，突出资本金筹措，多渠道探索运作。一是未收先用，搭桥贷款。利用高速公路通行费资源筹集资本金；用好"四个不变"，将中央转移支付中的未来公路建设基金，采取搭桥贷款方式变现；二是扩大开放，招商引资。通过一系列有效举措，目前已有6个新建高速公路项目通过公开招投标采用BOT方式建设。三是企业改造，股份融资。此外，还积极探索如发债、股权转让、中期商业票据、信托融资、并购贷款等新的筹资方式，尽最大力量挖掘筹融资潜力。

段建国在讲话中指出，争取多方面支持是筹融资基础，强化管理是筹融资必要条件，增强资金监管能力是保证资金安全需要。当前，公路建设筹融资工作面临的形势是，机遇与挑战并存，但总体上机遇大于挑战，有利因素多于不利因素。今后两年建设的高速公路和一级公路，需资本金800亿元，资金需求不仅数量大，而且需求紧，省厅正通过多渠道探索运作，逐步落实。在资本金逐步落实的前提下，项目贷款也正逐步落实。

调研组一行对全省交通工作取得的成绩，对省交通厅在筹融资方面所采取的举措和进行的有益尝试给予充分肯定，表示要将省交通厅的经验和做法带回去，进行很好的总结。并表示，将会在资金方面对山西给予全力以赴支持，为山西交通建设作出财务司应有的贡献。

座谈会上，参会人员还就修订收费管理条例、转让公路收费权程序等有关问题提出意见和建议，双方就此进行了有益的探索和交流。

4月16日 省交通厅副巡视员郭贵平一行在长治调研信访及维稳工作。长治公路分局、长治高速公路公司、长治征稽分局等有关单位负责人参加座谈。郭贵平在讲话中，要求广大干部职工要认清形势，统一思想，用科学发展观理论指导工作；要高度重视信访及维稳工作，一把手亲自抓；要以预防为主，把工作做细，各项措施要落实到位；要当成长期任务来抓，注重建立长效机制。

4月16日 省交通厅向申维辰书记报送《关于协调解决影响全省路桥企业改革发展稳定的经济诉讼问题的请示》。

4月17日 下午，省交通厅领导段建国、王志民、韩日裕、赵振田、郭贵平及厅机关有关处室、厅直有关单位负责同志赴太原市，与省委常委、太原市委书记申维辰，太原市委副书记、市长张兵生等举行会谈，就正在太原市实施的交通工程中存在的问题进行研究，并就计划新建的交通项目予以确定。双方还对有关交通项目的方案、资金、征地拆迁等问题进行逐一充分讨论。市委常委、秘书长张贵元，副市长吉久昌、王建生及有关部门负责同志参加座谈。

2009年，太原市交通工作将抓住国家扩大内需和推进大部制改革的机遇，以实现"在进一步解放思想上取得突破；在交通行政体制改革上取得突破；在建立统一、开放、协调、有序的综合运输体系上取得突破；在综合交通规划上取得突破；在交通安全发展上取得突破"等"五个突破"为重点，大力加强交通基础设施建设，推进交通行政体制改革，调整运输产业结构和发展方式转变，加快综合运输体系建设，加快发展现代交通业，提升交通服务保障能力。段建国一行听取太原市交通工作情况介绍，并重点就扩内需交通项目和省、市重点工程进展情况，以及太原市2009年需省厅支持的重点项目进行研究，提出加大支持力度的措施和办法。

太旧高速公路复线工程是中央拉动内需的投资项目，目前路线走向正在进行最后选定。省、市重点工程方面，西山货运专线、太古高速公路、太佳高速公路都将加大力度取得重要进展。国省道改建工程项目主要涉及太原环城高速公路太谷一级公路连接线，该项目起点设于小店区圪垯营北，对于加快构建太原经济圈，推进太原与晋中一体化建设具有重要作用，将尽快启动建设。

2009年，太原市还将重点实施晋源西山旅游及森林防火循环公路项目，建设里程约118公里，在促进西山旅游开发等方面将产生显著效应。除此之外，由于太原市北部路网结构不完善，特别是东西通道不畅，为了改善阳曲县和娄烦县路网结构，太原市提出建设黄寨至柳林至庙湾公路建议；目前，在太原境内的三条国道都是借市区道路和高速公路通过，由于受高速公路和市区设置的车辆通行限制，挂车和农用车都不能上高速公路，也不能在市区道路通行，造成南北运输车辆无法通行。为了解决国道断头路问题，太原市建议在108国道石岭关至阳曲镇按一级公路进行改造的基础上，尽快修建阳曲镇至太输路108国道复线工程，该工程也是规划建设的太原环城货运专线的东环部分。对于以上2009年需要重点支持的公路建设项目，以及太原市公路主枢纽建设、公交停车场建设项目，省厅也确定了支持办法。

段建国在讲话中指出，近几年来，太原市交通建设显著加快，有力地支持了全省重点交通项目建设。今后一大批项目实施后，省城交通面貌将会发生更加深刻的变化。省交通厅将按照省城率先发展要求，进一步加大支持力度，加快推进一系列项目的开工建设进度，促进太原又好又快发展。他希望太原市进一步加大建设力度，争取2009年在全省率先实现具备条件的行政村“村村通”全覆盖目标。同时，进一步加大对太原物流中心建设各项前期工作的支持和协调力度，确保交通运输部和全省的这一重点项目早日开工建设。

申维辰、张兵生在讲话中表示，太原市要进一步统一思想，从改善民生、构建和谐社会出发，从促进城市经济社会发展、加快构建太原经济圈出发，加快解决省城交通建设与城市发展需求不相适应的矛盾，大力推进重点交通项目建设。要按照中央和省里要求，按照促进交通事业发展和以交通项目拉动内需要求，排除一切困难和障碍，在省交通厅支持下，抓紧落实有关项目，力争在新中国成立60周年的大庆之年，推动省城交通建设事业迈上新的台阶。

4月17日 省交通厅向省政府呈报《关于汾阳至邢台高速公路平遥至榆社段、榆社至和顺康家楼段项目路按政府还贷公路建设的请示》。2月16日，中铁三局集团有限公司提交《关于请求退出BOT建设模式的报告》；3月4日，省交通厅正式复函，明确表示不同意其退出；4月11日，中铁三局集团有限公司向省厅提交《关于退出和榆平高速公路项目的函》；4月15日，山西和榆平高速公路有限责任公司向省厅提交《关于退出和榆平高速公路项目的函》。

4月17日 高平至新乡高速公路高平至陵川段路基、桥梁、隧道施工、监理招标评标中标候选单位见面会召开。高陵高速公路公司要求拟中标单位要迅速进入临战状态，施工、监理单位表示，要服从山西交通建设大局，以只争朝夕速度开展工作，为山西交通建设建功立业，为企业发展增光添彩。

4月18日 由省运管局和长安大学共同完成的《山西省道路运输业节能减排规划研究》、《山西省道路运输行业节能减排管理对策研究》两个项目通过评审，评审委员会专家组一致认为，两个课题的研究成果在同类研究中均达到国内领先水平。省交通厅党组成员、厅总工程师部玉兰出席评审会并讲话。

《山西省道路运输业节能减排规划研究》课题主要结合全省道路运输业实际情况，提出全省道路运输业节能减排规划的指导思想、工作重心、目标和重点措施，并根据交通运输部有关节能减排的指导思想和发展规划，提出2015年及2020年全省道路运输业节能减排分项指标。课题成果对全省道路运输行业节能减排工作具有重要指导意义。

《山西省道路运输行业节能减排管理对策研究》项目提出全省道路运输行业节能减

排以项目应用推广为核心的工作重点。该项目研究的创新点不仅对交通运输部13个节能减排示范项目进行深入分析，结合全省道路运输业实际，进行推广应用分析，提出实施建议，还从政府主管部门角度提出推广节能减排项目应用的政策保障措施，为全省道路运输主管部门制定行业节能减排政策提供科学依据。

部玉兰在讲话中，对课题组取得的成果表示赞赏，认为两个课题选题较好，理念超前，方法科学，对引领和指导全省道路运输行业节能减排工作，提高全省道路运输行业节能减排管理水平，都具有重要意义。课题组要与时俱进，根据新形势下道路运输发展的新情况、新问题、新需要，对课题做进一步完善和补充。

4月20日 省交通厅印发对张三宏实施离任经济责任审计通知。

4月20日 省交通厅印发对杨转科实施离任经济责任审计通知。

4月20日 省交通厅印发对乔中实施离任经济责任审计通知。

4月20日 省交通厅印发《关于做好全省交通运输行业建国60周年庆祝活动的通知》。

4月20日 省交通厅转发交通运输部、全国总工会《关于印发汽车出租汽车行业进一步开展精神文明创建活动的意见的通知》。

4月20日 省交通厅向省属国有企业改革领导组办公室报送山西中北路桥建设有限公司《破产预案》和《职工安置预案》。

4月20日 省交通厅向省政府并牛仁亮副省长呈报《关于在2009~2010年交通建设计划中优先安排治超奖励补助的请示》。其中，优秀市3个，奖3000万元项目补助；先进市3个，奖2000万元项目补助；成绩突出县13个，奖1000万元项目补助。共计2.8亿元。

4月20日 省交通厅下达2009年交通审计计划。

4月20日 省交通厅印发《关于内部审计人员岗位资格证书办理年检注册的通知》。

4月20日 省交通厅向省政府法制办报送《关于提请审查〈山西省交通厅建设项目委托审计监督管理(暂行)办法〉的函》。主要包括总则，委托审计管理，招标，投标，开标、评标和中标，法律责任6章52条，自下发之日起执行。附件有：①交通建设项目委托审计管理审批表;②社会审计组织资质备案表;③招标公告形式;④评标办法;⑤强制性资格标准。

4月20日 省交通厅向省属国有企业改革领导组办公室报送山西吕梁路桥有限公司《破产预案》和《职工安置预案》。

4月20日 省交通厅向省属国有企业改革领导组报送山西太行路桥有限公司《破产预案》和《职工安置预案》。

4月20日 省交通厅印发《关于进一步规范全省交通建设项目委托审计管理工作的通知》。

4月21日 全省治理超限超载工作会议召开。自2007年12月19日启动新一轮“无缝隙、拉网式”治超总行动以来，全省车辆严重超限超载的势头得到有效遏制，治超工作取得重大突破和阶段性成果。一是超限超载率大幅下降。2008年，全省共检测货运车辆5823万辆，查处非法超限超载车辆6.9万辆，卸载货物11.5万吨，取缔非法储(售)煤场和非法改装厂2057处，拆解非法改装车辆934辆，没收并销毁拼装车辆108辆。全省超限超载率由治超前8%至11%下降到0.2%，为国家挽回路桥经济损失9.8亿元。2009年一季度，全省超限超载率继续下降，已控制在0.1%以内，高速公路未发现55吨以上非法超限超载车辆。二是公路运输环境得到改善。从道路畅通率看，2008年客车正点率达到90%，比上年提高30%。车辆通行数量最高时提高1.01倍，长时间大面积堵车现象基本消除。从货车通行量看，2008年全省高速公路货车日通行量10.4万辆，比上年增加5.3万辆，同比提高1.03倍；干线公路货车通行量高峰时达到4.6万辆，比上年增加2.4万辆，同比提高1.09倍。从公路路桥毁损情况看，2008年全省国省干线公路好路率86.6%，比上年提高1%；全省县乡公路好路率82.8%，比上年提高5.8%。全省没有发生一起道路、桥梁坍塌事故。与此同时，公路“三乱”问题得到有效遏制，2008年全省举报比上年下降38%，其中涉及治超的举报数下降66%。三是交通规费征收创历年新高。随着大吨位车辆拆解和新增车辆增加，2008年前三个季度公路通行量显著提高。全省共征收公路养路费、货运附加费和车辆通行费46.14亿元，比年计划超收6亿元，比上年增长16.5%。

为此，省交通厅对获得治超工作优秀县(市、区)的孝义市、忻府区、阳泉市郊区分别安排国省干线绕城公路的路面和桥梁工程或辖区内国省干线改建工程项目3000万元补助奖励；对获得治超工作先进县的泽州县、清徐县、和顺县分别安排国省干线绕城公路的路面和桥梁工程或辖区内国省干线改扩建工程项目2000万元补助奖励；对获得治超工作先进县(市、区)的大同县等13个县(市、区)分别安排村村通水泥(油)路新建工程或改造工程项目1000万元补助奖励。

4月21日 上午，由省编办、省交通厅委托山西财大开展的《全省高速公路运营管理体制研究》课题初步完成，取得阶段性成果。厅党组成员、副厅长张志川参加课题报告初稿讨论并提出具体要求。他说，课题开展以来，课题组做了大量工作，报告总体上思路清晰，但在针对性和重点上还有待加强。理顺高速公路运营管理体制的目的就是要职能合理化，解决公共管理职能缺失问题。要从全省高速公路体制现状、对6300公里高速公路网形成后带来的影响、对政策需求等方面进一步分析和完善，尽快形成正式报告提交厅党组讨论，与厅“三定”工作同步进行。

4月21日 全省机动车维修行业管理暨二级维护专项整治工作总结会议在太原召开。会议对在2008年二级维护专项整治工作中成绩突出的优秀集体、先进县所、规范企业以及机动车维修“星级服务企业”、“诚信综检站”和35户二氟二氯甲烷制冷剂回收定点单位进行表彰、授牌。先进单位代表作经验介绍。省道路运输协会会长任景春、省环保局、省质监局有关领导出席。

4月21日 下午，省高管局召开全省高速公路收费稽查拉网式排查专题会议，安排漏费隐患专项排查行动。会议决定，成立专项稽查领导组，从4月22日起，分三组对全省高速公路16个运营单位、27个路段、31个服务区进行拉网式排查。

4月21日 省交通厅转复2009年厅直单位基本支出预算。共计64 752.14万元。

4月21日 省交通厅向省政府呈报《关于请求协调重点公路工程建设火工用品供应问题的请示》。

4月21日至22日 省监察学会交通分会一届四次理事会在晋城召开。来自全省交通系统的100余名纪检监察干部参加。省监察学会副会长黄福莲，晋城市委副书记、纪委书记石正民出席并讲话，省交通厅党组成员、驻厅纪检组组长韩日裕发来书面讲话。会长赵龙代表分会作工作报告。

会议回顾2008年取得的成绩，安排部署2009年各项工作，并对优秀会员单位、先进会员单位和优秀理论文章作者进行表彰。授予省公路局纪委、监察室等5个单位“优秀会员单位”称号；授予太原征稽分局纪委、监察室等8个单位“先进会员单位”称号。

黄福莲副会长、韩日裕组长在讲话中，对学会的工作给予充分肯定，并提出新的希望和要求。希望各理事单位今后要认真学习贯彻本次会议精神，以科学发展观为指导，围绕交通工作大局的新任务和新要求，进一步推进学会各项工作，努力提高到一个新水平，为全省交通建设又好又快和谐发展作出更大贡献，提供更好的服务和保障。

4月22日 由省交通厅定额站与省县际及农村公路改造工程领导组联合编制的《山西省农村公路日常养护预算定额》评审会在太原召开。厅党组成员、厅总工程师郜玉兰出席并讲话。评审会邀请部分地市交通局和厅有关处室负责人及省内相关领域专家参加。

会议听取编制单位对定额的编制背景、编制过程、编制内容、成果以及农村公路日常养护预算编制办法的详细汇报。与会领导及专家对定额编制子目划分、定额水平、工料机消耗以及编制方法等有关方面进行讨论。

郜玉兰在讲话中指出，在当前公路建养体制改革大背景下，编制的《山西省农村公路日常养护预算定额》很及时，很有必要。她要求编制单位要深入分析农村公路养护工作发展的规律与趋势，定额的编制应注重当前，着眼长远，为今后工作开展做好提前储备。要继续认真测算定额水平，力求能够反映全省当前生产力的真实水平，达到促进生产力发展的目的。要细化定额的适用范围、适用条件，定额编制成果以简便、易操作为原则，更好地指导农村基层工作，为农村公路养护工作提供良好服务。

4月22日 全省道路运输协会第三届理事会在太原召开。回顾第二届理事会工作开展情况，选举产生新一届协会领导机构，安排部署下一阶段协会工作。省交通厅党组成员、副厅长王志民出席并讲话。厅运管处、省运管局、山西汽运集团及理事单位负责人出席。

自2003年第二届理事会成立以来，该协会以“三个服务”为主线，通过与众会员单位的共同努力，紧紧围绕行业协会宗旨，强化服务意识，完善服务机构，培育服务功能，建立自律机制，加强自身建设，努力开拓服务领域，不断探索行业协会的工作特点和办法，服务于全省交通运输行业，各项工作都取得丰硕成果。

今后，协会将继续围绕交通改革发展中心，联系交通运输行业工作实际，忠实履行职责，充分发挥参谋、桥梁纽带和协调服务、咨询等作用，维护好行业内部公平竞争和市场秩序；致力于开展好交通协作、课题研究等各类活动，不断提高协会凝聚力，千方百计做好服务工作，使协会真正能成为道路运输工作者温暖的大家庭。

王志民在讲话中，充分肯定协会近几年来所做的工作，并对新一届理事会产生表示祝贺。他说，交通运输行业作为国民经济中重要的服务业，日益提到国家发展战略地位。在下一阶段工作中，要适应道路运输发展新形势和新需求，把道路运输优势充分发挥出来，创造性地结合新任务、新问题开展工作；要继续充当好政府与企业的桥梁纽带作用，不断加强行业自律，开拓新的服务领域，树立良好的行业内部和社会形象，为实现道路运输事业又好又快发展作出应有贡献。同时，希望各理事单位能一如既往地支持协会工作，按时缴纳会费，创造良好条件，使协会能更好发挥“润滑剂”作用，把一个企业不能做、做不好的工作，通过协会在全行业推动，使全省道路交通运输行业健康快速发展。

4月22日 省交通厅向省发改委报送《关于批复太原市东环高速公路南内环互通工程可行性研究报告的请示》。投资估算20 783万元，建设工期1年。

4月22日 省交通厅向省发改委报送《关于批复平鲁至朔城区段高速公路可行性研究报告的请示》。其中，西纵平鲁至朔城区段长约37公里，朔州环城段长约30.6公里，四车道高速公路标准，设计时速100公里，路基宽26米，投资估算36.8亿元，建设工期2年。

4月22日 省交通厅向省发改委报送《关于批复洪洞广胜寺至上村遗址旅游公路广胜寺至辛南段可行性研究报告的请示》。路线全长16.6公里，一级公路标准，设计时速80公里，路基宽24.5米，投资估算25 270万元，建设工期2年。

4月22日 省交通厅向省发改委报送《关于批复天镇至大同高速公路可行性研究

报告的请示》。路线全长99.7公里，另有大同县西互通、阳高互通、天镇互通连接线19.9公里；设计时速80公里、100公里，路基宽24.5米、26米；连接线采用一、二级公路标准，路基宽24.5米、12米；建设工期3年，分两期建设；投资估算50.0188亿元。

4月22日 省交通厅印发《关于举办“阳泉公路杯”第八届老干部运动会的通知》。

4月22日 省交通厅向省发改委报送《关于国道209与国道108河津互通立交工程可行性研究报告的请示》。估算投资3555万元，建设工期1年。

4月23日 省交通厅印发《公告》。全省交通系统行政执法证件2008年度审验工作现已全部结束。经审验合格后，由交通部颁发的《交通行政执法证》和山西省人民政府颁发的《行政执法证》均贴有“山西交通行政执法证件2008年度审验合格”专用标志。从2009年4月25日起，全省交通系统执法人员持有的未经山西省交通厅年审的上述行政执法证件均为无效证件，该持证人不得代表部门从事交通行政执法工作。对持无效证件执行公务的交通行政执法人员，任何人有权拒绝接受检查和处罚。

4月23日 省交通厅转复交通运输部2009年车辆购置税用于公路建设项目支出预算指标。共计93 602万元。

4月23日 省交通厅向省政府呈报《关于中国建筑总公司董事长孙文杰拜会省政府领导的请示》。

4月24日 省交通厅党组书记、厅长段建国带领厅机关有关处室负责人深入晋中市，就信访、维稳工作进行调研，先后听取晋中公路分局、晋中征稽分局、山西交通技师学院、晋中路桥集团公司、祁临高速公路公司、晋中市交通局关于信访、维稳工作的专题汇报。

段建国在讲话中，对晋中片区六家单位的信访、维稳工作给予充分肯定和赞许。要求各级领导干部一定要将信访、维稳工作列入议事日程，高度重视。一是一把手要真正负责，亲自抓好，切实解决关系人民群众切身利益的问题；二是要带着感情接访，带着感情解决问题。群众利益无小事，对群众反映的应该解决而且可能解决的问题，要切实加以解决；对一时解决不了的，要做好解释并积极创造条件，争取尽早解决；三是要出以公心，实事求是，依法、依政策办事。要积极主动下访，加大排查力度，捕捉信访苗头，做好超前化解工作；要勇于承担责任，多站在对方的角度想问题，但要严把政策关；四是要畅通渠道，一级抓一级，一级对一级负责，坚持矛盾排查，耐心细致地做好思想工作，确保不发生群体上访事件；五是要加强信息报告制度。对重大的信访问题、集体访、越级集体访等信息要及时上报，防止因迟报、漏报、误报信息造成群体性上访事件。

4月24日 太佳高速公路（太原段）建设管理处召开加快工程建设步伐暨安全生产专项整治动员大会，省交通厅副巡视员郭贵平出席并讲话，提出3点要求。首先要认清形势，统一思想，明确目标。把思想统一到省委、省政府和省厅的决策上来。其次要高度重视，全力以赴，迎难而上，想方设法排除各种困难，尽全力完成目标任务。要加强管理，狠抓落实，细化考核，切实加强施工质量控制和资金监管。要制定奖惩制度，严格责任，奖勤罚懒。在抓进度、保质量的前提下，确保安全第一。施工中要开动脑筋，积极化解矛盾，文明施工，维护社会稳定；要严格落实党风廉政责任制，保证廉洁高效，搞好工程建设。

4月24日 运城市人大常委会主任黄有泉对闻垣高速公路垣曲段建设情况进行调研。要求通过组织人大代表视察等方式，加快施工进度，优化施工环境，把闻垣高速建成精品工程。

4月25日 省交通厅党组副书记、副厅长张润一行在忻州公路分局召开忻州交通系统矛盾隐患排查调研会议。忻州公路分局、忻州征费分局、忻州高速公路公司、忻阜高速公路管理处、忻保高速公路管理处、忻州市交通局有关领导参加。

张润在听取各单位汇报后，对忻州交通系统在稳定工作中做出的成绩表示充分肯定。要求各单位领导干部要深入基层调研，努力解决职工的实际问题和困难，化解各类不稳定因素。要进一步认识做好稳定工作的重要性和必要性，以科学发展观统领稳定工作全局，坚持科学决策、民主决策、依法决策，避免越级上访、非正常上访等事件的发生。若发现苗头，立即化解，并及时上报上级有关部门。面对目前金融危机形势，各单位要全面落实厅党组要求，做到抓项目，促进度，全力以赴保增长；抓基层，大排查，集中精力保稳定；抓民生，送温馨，全心全意保民生。

4月25日 省交通厅向省管局印发《关于大同高速公路公司增加人员编制的批复》。同意大同收费站增加人员编制106名，由厅统一调剂。

4月25日 晋城环城高速公路路基、桥涵工程施工合同正式签订。

晋城环城高速公路是全省高速公路规划网“三纵十一横十一环”的重要一段，是省委、省政府确定的152项重点项目、15项重点交通项目之一。晋城环城高速公路也是晋城市委、市政府高度关注、全力推进的重点工程项目，是关系到晋城市城市建设规划、城市规模扩张和经济社会发展的一项具有战略意义的民心工程。它的建设，对进一步完善晋城市高速公路网络，建设经济发达、人民富裕、生态良好、社会和谐的新兴现代化城市，提升晋城市的中心城市功能和城市品位，促进城乡一体化和新农村建设具有重要意义。

项目一期工程建设里程29.475公里，路基宽24.5米，双向四车道，设计时速80公里，概算总投资14.137亿元。全线共有大桥2130米/4座，中桥688米/12座，小桥213米/9座，涵洞56道，互通立交枢纽6处，通道41道，天桥15座，收费站4处，服务区(含监控)1处，土方283.7万立方米，石方70.7万立方米，防护工程19.54万立方米。建设工期2年，

4月25日至26日 省交通厅党组成员、省公路局党委书记赵振田一行对运城交通系统各单位信访工作进行督察，并对不稳定因素进行排查。运城市交通局、运城公路分局、运城征稽分局、运城高速公路公司、南环高速公路建设管理处、闻垣高速公路建设管理处、三门峡黄河公路大桥山西管理处7个单位汇报有关情况。

赵振田在讲话中，对运城交通系统信访和稳定工作给予充分肯定。要求高度重视面向社会大众、关注民生的交通客运线路问题。采取得力措施，解决好路桥公司历史遗留问题；要严格加强对路桥公司的监管工作，加强对招投标工程和在建施工项目管理，坚决杜绝转包分包工程；要加强对施工项目资金支付的管理，采取得力措施，保证资金安全。要一如既往地做好信访和不稳定因素排查工作，把工作做深做细，把不稳定因素的苗头消灭在萌芽之中，切实维护稳定。既要做好思想政治工作，又要严格把握政策界限，依法依规办事；要以对厅党组高度负责的精神，做好运城交通系统的稳定工作。

4月27日 省交通厅向省政府呈报《关于以省政府名义上报〈关于请将山西省纳入2009年一次性取消政府还贷二级公路收费省份的函〉的紧急请示》。

4月27日 省交通厅印发《关于联合收割机及指挥服务车辆免费行驶公路的通知》。

4月27日 省交通厅向交通部环保中心、厅环保中心站报送《关于委托编制山西省高速公路网调整规划环境影响报告书的函》。

4月28日 下午，省政府召开全省重点公路工程建设推进会，副省长牛仁亮主持并讲话。他强调，高速公路建设是全省重点工程建设的重头戏，必须全力建设，加快推进，为全省扩大内需，拉动增长，走出困境作出应有的贡献。省政府副秘书长崔国红，各市分管副市长，省发改委、省交通厅、省劳动厅、省

国土厅、省水利厅、省林业厅、省环保局、省文物局、省重点办主要负责同志参加。

2009年，全省安排高速公路建设项目26个，建设里程近2300公里，总投资近1400亿元。其中，在建项目12个，建设里程979公里，总投资570亿元。分别是阳城至翼城、汾阳至平遥、闻喜至垣曲、阳泉至盂县、五台山至忻州、忻州至保德、太原至佳县东段、太原至佳县西段、太原至古交、大同至右玉、陵川至高平、晋城环城。截至目前，累计完成投资86.92亿元，为总投资的15.5%。2009年已完成50.93亿元，为年计划9.8%。其中一季度完成34.3亿元。安排年内开工项目14个，建设里程1273公里，共投资825亿元，分别是灵丘至山阴、山阴至平鲁、临汾至吉县、长治至临汾、榆社至和顺、榆次至祁县、平定至阳曲、长治至平顺、大同至浑源、临汾环城、天镇至大同、运城至芮城、平鲁至朔城区、闻喜至合阳。目前，各个项目前期工作正在紧锣密鼓进行中。

会议对在建项目、计划年内开工项目建设和前期工作中存在的主要问题逐一进行落实，尤其是对14个计划年内开工项目的工可、环评、水保、初设、土地预审、地质灾害评估、压覆矿产评估、林地审批、被征地农民社保工作，要求相关单位和部门负责人现场拍板，承诺办理期限。根据确定的时间表，原计划年内开工的14个项目全部有望于上半年开工建设。

牛仁亮在讲话中指出，2009年一季度全省经济运行情况并不乐观，主要经济数据仍然继续下滑，特别是GDP增幅全国倒数第一，"保增长"压力很大。在全省6500亿元的扩大投资、拉动内需、提振信心的一揽子举措中，高速公路等重点公路工程建设是重头戏，达到2500亿元，必须全力建设，加快推进，从而达到刺激经济增长的目的。在全力建设、加快推进的过程中，一定要高度重视质量、安全、节约、环保、廉政工作；依法行政，严格遵守国家的各项法律、法规和有关规定，按程序办事。同时，要认真研究交通建设体制改革。

省交通厅党组书记、厅长段建国在会上介绍目前在建项目和待建项目工程进展、前期工作进展情况及存在的主要问题。厅领导王志民、郜玉兰、张德仪、赵振田、郭贵平参加会议。

4月28日 忻阜高速公路建设涉及军用通信线路迁改及防护协议在五台签订，标志着忻阜高速公路建设涉及军用通信线路9处跨越的地段近期内可全面展开施工。总后勤部黄伟业、总参谋部朱杰等部队首长，省交战办副主任、省高速公路重点工程军地协调领导组常务副组长史荣和与驻忻部队有关领导及忻阜高速公路建管处主要负责人出席。忻阜高速建管处处长冯建刚与驻忻部队领导李保艳分别代表军地双方签字。

为确保忻阜高速公路顺利建设和军事通信安全畅通，总参组织工作组深入忻阜高速公路建设沿线，就工程施工与军用设施交叉跨越有关事项进行现场踏勘和专题协调。军、地双方按照"顾全大局，相互支持，友好协商，互谅互让"原则，经过双方共同勘察、论证，就推进忻阜高速公路工程建设和确保国防设施安全达成共识，并对军用通信线路受忻阜高速公路影响改迁工程设计方案进行评审，达成并签署协议。双方商定，部队负责军事通信设施的迁改防护工作，忻阜建管处给部队提供一条高速公路专用通信管道，真正把忻阜高速建成军民共建路、国防通信通道和国防路。

史荣和在讲话中指出，忻阜高速公路建设项目是全省与军用设施交叉跨越最多的项目，也是省厅成立军地协调领导组以来第一个协调解决的重点项目，通过总参工作组和工程技术人员紧张工作，双方本着友好合作、军地共建的目标，达成一致协议。因此，军地双方要严格履行协议，忻阜高速建管处要进一步加强对全体参建单位和建设者的国防教育及现场管理，在工程施工过程中对军用设施采取切实有效的保护措施，军地双方要明确责任人，加强沟通，密切配合，确保国防设施安全，确保忻阜高速公路建设进展顺利。

4月28日 省交通厅批复长安高速公路长治环城段初步设计。路线全长58.032公里，双向4车道高速公路标准，设计时速100公里，路基宽26米；长治连接线长9.8公里，一级标准，设计时速100公里，路基宽26米，核准预算32 319.7766元（含长治东连接线省厅配套4350万元）。

4月29日 省交通厅党组书记、厅长段建国致信祝贺省交通厅"五一"劳模先进代表座谈会召开。对全系统劳动者致以崇高敬意和衷心感谢。《贺信》指出："劳动光荣，劳模伟大。劳动模范和先进人物是工人阶级和广大劳动群众的杰出代表，是全省交通系统的一支重要的生力军和中坚力量，是交通的品牌和形象。同志们用自己对事业的追求、对工作的奉献获得了这一崇高的荣誉，你们不愧为我们交通系统广大劳动者的楷模。希望同志们继续发扬劳模精神，以科学的态度、奉献的精神、务实的作风和过硬的本领，团结带领广大职工在各自的岗位上体现主力军的本色，发挥主力军的作用。""同志们，我们生逢盛世，重任在肩。加快交通科学发展、构建和谐安全交通，需要凝聚方方面面的力量，需要同志们继续作出不懈地努力，谱写出更加壮美的劳动之歌！"祝同志们节日愉快，身体健康，取得更大成绩，获得更高荣誉。"

4月29日 全省交通系统"五一"劳模先进代表座谈会在太原召开，在外地调研的厅党组书记、厅长段建国发贺信，厅党组副书记、副厅长张润，厅党组成员、纪检组长韩日裕，厅巡视员曹燎原，厅副巡视员郭贵平及机关有关处室负责人出席。省公路运输工会主席王晓光主持。受到表彰的全国"工人先锋号"和山西省"工人先锋号"获得单位代表、2009年全国五一劳动奖章获得者、2009年省五一劳动奖状获得单位代表、2009年省五一劳动奖章获得者、2009年山西省集体功获奖单位代表、2009年省职工技术创新能手及受到表彰的省五一劳动奖章和个人一等功的省厅抗震救灾抢险保通突击队22名同志和曾获得全国、省部级劳模和先进的代表，工人、女职工、青年、科技工作者代表参加。

座谈会上，劳模代表们畅所欲言，结合自己工作实际，交流经验和感受，并表示作为一名劳模一定会做好表率作用，起好步，带好头。特别是受到表彰的抗震救灾突击队队员们更是对能有一次这样一生难忘的经历深感荣幸，纷纷表示会将顽强的抗震救灾精神发扬光大，在本职工作岗位上继续努力奋斗，为全省新一轮交通建设再立新功。

张润在讲话中，首先代表厅党组向参加座谈会的劳模代表致以崇高的敬意。同时也向战斗在交通战线上的劳动者致以节日的问候。他说，交通发展和进步有赖于大力弘扬劳模精神。劳模是群众的杰出代表，劳模精神就是乐于奉献、甘于吃苦、勤于钻研、勇于争先，把工作当事业，把付出当追求，在平凡岗位上干出了不平凡的业绩。弘扬劳模精神，要靠社会舆论的广泛宣传，要靠劳模自身的带头示范，要靠劳动群众的广泛参与，要在各个层面广泛开展学习劳模、争当劳模的活动，教育广大职工进一步增强责任感和使命感，自觉地立足本职工作，增强竞争能力和创业能力，为交通的科学发展作贡献。同时，各级党和行政部门特别是各级工会组织都要关心、爱护劳模，多为劳模办实事、办好事，要从政治上、生活上关心劳模，要积极为他们创造良好的工作条件，为他们全面发展、贡献才智、再立新功当好后盾，搞好服务。特别是对那些困难企业、破产企业的退休老劳模，要千方百计为他们排忧解难，确保基本生活。要进一步弘扬劳动模范和先进代表的优秀品质与崇高精神，广泛团结全省交通系统广大干部职工群众，艰苦奋斗，扎实工作，为全省交通事业的科学、快速、安全、和谐发展作出新的更大贡献。

4月29日 省交通厅印发《关于确保五

一和端午节期间公路运输安全畅通的通知》。

4月29日 省交通厅向省政府办公厅报送《关于太原环城高速公路冶峪收费站有关问题的报告》。

4月29日 省交通厅转复省财政厅2009年上半年石油价格提升财政补贴经费。

4月29日至30日 省交通厅党组书记、厅长段建国轻车简从，深入临大改建公路建设工地调研。要求以务实高效态度，周密组织，科学施工，把临大路建成一条高标准、高质量的致富路、小康路，早日使临汾西山各县过上小康生活。

项目始于临汾马务桥，终点大宁县，全长104.5公里，其中一级公路71.5公里，二级公路33公里，概算投资24.266亿元，2009年4月开工建设。

段建国先后查看岔道口大桥、一平垣大桥、核桃凹大桥、碾腰大桥建设工地。要求大桥建设者一定要牢记安全第一、质量第一的原则，在确保安全前提下，按流程科学施工；对建设材料，要严格把关，绝不能以次充好、偷工减料，确保大桥质量万无一失。工程监理人员要铁面无私，严格监理，绝不能因私忘公，出现豆腐渣工程。对征地拆迁问题，段建国也十分关心。每到一处，他都要详细了解拆迁情况，同当地干部交流。在岔口村、蒲县城关，他都实地查看拆迁情况，对拆迁进度表示满意。他说，我们修路的目的是让群众过上幸福生活，给当地群众带来好处，绝不能因修路损害群众利益，让群众骂我们。对群众提出的要求要尽量满足，不符合政策的要耐心解释，多做思想工作，确保稳定。并强调，一定要有好的施工环境，工程进展才能顺利。

段建国还十分惦记公路施工人员的生活。他先后深入山西路桥一公司、二公司、太原路桥、晋中路桥、平阳路桥、运城路桥、长兴路桥、晋城路桥等项目部了解施工人员饮食、住宿、卫生等情况。他说，公路建设者夏天斗酷暑，冬天战严寒，舍小家，为大家，工作特别辛苦，一定要让他们吃饱、住好，还要丰富业作生活，让他们安心工作，更好地为公路建设服务。山西路桥集团公司作为总承包，要以临大线建设为新起点，严格管理，科学施工，创新发展模式，建设品牌工程，再树昔日雄风。

在座谈会上，临汾市代市长罗清宇对省交通厅多年来的大力支持表示感谢，要求沿线各县区领导高度认识临大线改建的重大意义，要以此为契机，扎实开展工作，大力支持公路建设，对工作消极、不作为影响公路建设的相关领导要追究责任。

段建国在讲话中指出，临大公路建设意义深远，从目前看，公路建设征地、拆迁进展顺利，公路建设者要继续发扬不畏艰辛、改打硬拼的优良传统，迎难而上，力争2010年8月全线通车，让临大路早日为临汾西山各县脱贫致富奔小康作出交通人应有的贡献。

4月30日 为应对金融危机，拉动内需，促进山西经济结构调整，省交通厅投资在太原高速柴村收费站建成全省首个超宽车道治超检测点。该检测点车道可通过最宽7米的超宽车辆，解决了以往大型超宽货车无法通过检测通道的弊端，大大方便了人民群众出行，得到广大司乘人员特别是大型企业的广泛好评。

4月30日 省交通厅向新农办报送《全省社会主义新农村建设街道硬化阶段性总结评估报告》。

4月30日 省交通厅印发2009年交通财务工作计划。

4月30日 省交通厅批复省公路局同意办理国有土地使用公开转让与建设用地规划设计条件手续。

5月

5月4日 省交通厅批复晋城环城高速公路西北段施工图设计。路线全长29.475公里，4车道高速公路标准，设计时速80公里，路基宽24.5米，核准预算1 403 223 877元。

5月4日 省交通厅批复长城岭（冀晋界）至忻州高速公路施工图设计。路线全长124.254公里，其中起点至河边段81.009公里，河边至终点段43.245公里，设计时速80公里、100公里，路基宽24.5米、26米，核准预算6 067 610 415元。

5月5日 四川省副省长王宁在四川省交通厅副厅长鲜雄、省农业厅厅长付志康等陪同下，深入山西交通援建茂县黑虎旅游公路项目部检查指导工作，省发改委副主任、山西对口援建茂县领导组组长段进存等陪同。

省交通厅对口援建领导组驻茂代表姚望科同志向王宁副省长等领导详细介绍工程进展情况。目前该工程路基工程、防排水工程除个别地方为了兼顾农房重建没有完工外，其余全部完毕，5月10日前进入路面施工作业。他表示：有信心、有能力在保证质量、安全前提下，力争在7月底完工，保证8月底正式通车。

在黑虎路安全隐患最大、施工最艰难、变更设计最多的K3+400–800大滑坡处，王宁详细听取项目经理杜建政汇报后，叮咛相关人员："参加山西交通援建的工人们，冒着生命危险来帮助我们搞建设，一定要保证他们的生活条件和安全！"他代表四川省委、省政府感谢大家的无私援助。

5月5日 省交通厅向省政府呈报《关于采用BOT方式建设经营长治至临汾高速公路的请示》。路线全长176.3公里，估算投资87.36亿元。

5月5日 省交通厅向中国民生银行太原分行报送申请综合授信贷款的函。共计57亿元。

5月5日 省交通厅向省财政厅报送《关于申请执行2008年财政拨款结余资金支出预算的请示》。

5月6日至8日 省征稽局举办驻楼单位第四届联谊运动会。省征稽局机关、省征稽局职工教育培训中心、厅新闻宣传中心、省交通质监站、交通征稽杂志社、省征稽局资讯中心、省治超办、晋征印刷厂等8家单位参加此次联谊运动会。省交通厅党组成员、驻厅纪检组组长韩日裕，省公路运输工会主席王晓光等应邀出席开幕式。省征稽局党委书记、局长张晋鹏致词。

韩日裕在讲话中，希望以此次联谊运动会为契机，进一步增强以人为本意识，切实加强职工文化建设，最大限度地激发职工积极性、创造性，为交通事业又好又快发展注入生机和活力。

开幕式后，韩日裕参加有关项目的比赛。

此次运动会共设比赛项目11项。在比赛过程中，各单位参赛选手你争我夺、顽强拼搏，赛出风格，赛出友谊，充分展现交通人蓬勃向上的精神风貌。

5月7日 上午，运城绕城高速公路西南段建成通车仪式在运城市盐湖区池南举行。副省长牛仁亮，省交通厅党组书记、厅长段建国，厅党组成员、副厅长王志民，省直有关部门领导，厅机关有关处室、厅直有关单位负责人以及运城市四大班子领导出席。省政府副秘书长崔国红主持。

项目起于盐湖区金井乡长江府村，与运风高速公路相接，终于东郭镇南界滩村，与运三高速公路相连，主线全长41.51公里，概算投资10.7亿元。2007年4月开工，2008年11月竣工，19个月完成全部工程，刷新全省高速公路建设工期新纪录，打造高速公路建设"品牌工程"。

段建国在讲话中指出，项目建成通车，对于完善全省路网结构，提高路网整体服务水平，加快现代化建设步伐，必将起到重要推动作用。建设期间，省领导多次亲临一线视察指导，慰问筑路员工；省直有关部门给予大力支持和帮助，提供优质高效服务；沿线各级党委、政府和广大人民群众顾全大局、不计得失，大力改善投资环境和建设环境，保证工程建设顺利进行，圆满实现质量、投资、工期、安全、廉政五大控制目标,为全省进一步创新公路工程管理、转变交通发展方式提供现成经验和有益借鉴。他希望环城高速管理单位加强管理,精心养护,文明服务,提高效率,打造文明高速公路。

牛仁亮在讲话中,代表省政府表示热烈祝贺!向工程建设者和有关单位表示衷心感谢!他说,项目建成通车,使运城市成为继太原、大同之后完成环城高速公路建设的第三个省辖市,对改善运城市区及周边地区交通条件,推动“黄河金三角”国家区域协调发展综合试验区建设,促进经济平稳较快发展,都将发挥重要作用。全省交通部门和参建单位要继续发扬特别能吃苦、特别能战斗的优良传统,精心设计,科学施工,严格管理,确保质量,努力打造更多的高速公路精品工程,为推动转型发展、安全发展、和谐发展,加快新基地新山西建设作出新的更大贡献。

运城市市长王安庞也讲了话。

5月7日 省交通厅党组书记、厅长段建国深入阳翼高速公路工程建设工地调研,要求在确保质量和施工安全前提下,尽可能地加快工程建设进度,为拉动内需、促进全省经济平稳较快增长作出应有贡献。厅党组成员、副厅长张志川,厅公路处、厅重点办、省交通质监站、厅新闻宣传中心、阳翼高速建管处主要负责同志,晋城市市委常委、副市长赵学梅以及阳城、沁水两县政府领导陪同调研。

从当日上午开始,沿着已经基本成型的路基或施工便道,段建国一行进隧道,上桥梁,跨路基,用一整天时间饶有兴致地对阳翼高速公路20多个标段逐一进行实地考察。段建国边走边听边看,对质量控制、施工安全、现场管理尤为关注,每到一处都认真听取建管处领导和施工单位负责人汇报,对施工实体进行仔细察看。

段建国在讲话中,对阳翼高速所取得的成绩给予充分肯定。并对较为扎实的管理、各项目建设单位表现出来的顽强拼搏、奋发向上的奉献精神表示赞赏。要求建管处和广大建设者一定要严把工程质量关,高度重视施工安全,抓住国家扩大内需、着力扶持重点工程建设的机遇,又好又快地完成工程建设任务,为促进全省经济平稳较快增长、实现“十一五”末全省高速公路通车里程达到3000公里的目标作出积极贡献。

调研期间,段建国还详细了解晋城环城高速公路西北段线路走向和高平至陵川高速公路建设情况,并对正在大修中的晋阳高速公路进行检查。

5月7日 大同至呼和浩特高速公路大同至右玉段掀起建设高潮动员大会在左云县召开。明确2009年路基贯通,2010年正式通车总目标。省交通厅党组副书记、副厅长张润要求全线参战人员要抓住当前黄金施工季节,严格管理,科学施工,做到安全零伤亡,质量零缺陷,廉政零投诉,在保质保量保进度的情况下,把大呼高速公路打造成塞外精品工程。

项目是全省高速公路网规划中的重要路段,也是西通蒙、陕、宁、甘、青、藏、疆,东达京、津、冀的重要通道。路线全长103.4公里,工程概算37.4亿元。建设工期两年。

张润一行从东自西沿线实地察看工程进展情况,并现场研究解决施工中的问题。要求广大公路建设者高度认识重要意义,精心组织,科学施工,瞄准目标,确保年底路基贯通不动摇。希望施工单位,特别是路桥公司要继续弘扬太旧精神、大运精神,起模范带头作用,创造出精品工程。建管单位要组织劳动竞赛,加大奖惩力度,对工程质量好的要重奖,对次的要重罚,对偷工减料、以次充好的一定要推倒重来,决不手软。

施工、监理单位做表态发言,大呼高速建管处还与各施工单位签订目标责任书。大同市副市长郝月生、朔州市政府有关领导表示:要全力以赴支持工程建设,为按期完工创造条件。

厅重点办、省交通质监站、省交通科研院等有关单位负责人参加动员会。

5月8日 下午,晋中市政府召开汾邢高速公路平遥至榆社段征地拆迁协调会。省交通厅党组成员、厅总会计师张德仪出席并讲话。市委常委、副市长马彦平，晋中市直有关部门、项目沿线各县市政府代表及厅机关有关处室负责人参加。

项目全长83.066公里，总投资概算57.43亿元，是《山西省高速公路网规划》中的“三纵十一横十一环”高速公路网主骨架中第七横的重要组成部分，是西通陕、甘、宁三省，东达京、津、冀三省市的重要战略通道。路线起点西接汾平高速公路，终点与太长高速公路连接，沿途经过介休、平遥、祁县、武乡、榆社等5个县(市)。

张德仪在讲话中，要求准确把握政策，紧紧依靠地方各级政府，加强组织领导，强化目标责任，严格资金监管，严格执行补偿标准，补偿必须及时到位，确保人民群众的切身利益得到保护，确保征地拆迁各项工作依法依规进行，为工程顺利建设营造良好环境。

马彦平在讲话中，要求严格执行国家政策和省、市相关规定，切实维护被征地单位、农村集体经济组织和农民个人合法权益，将支持修路与保增长结合起来，扎扎实实搞好协调配合，限时完成任务。

会上，沿线各县(市)政府的代表作表态发言。一致表示要服从大局，全力支持，超前协调，主动服务，为高速公路建设开通绿色通道，提供一流服务，创造一流建设环境。

5月8日 省交通厅向省政府办公厅报送《关于对孙吴线设站收费及工程质量调查的情况报告》。

5月8日 省交通厅印发省公路局2008年上半年通行费征收入库情况、资金拨付及还贷情况的审计意见。

5月8日 省交通厅批复山西交通学院太榆路人行天桥、排污管网及高压线路改造工程设计。人行天桥征地0.6亩，全长35.2米，宽4.5米，核准预算2 569 850元；排污管网1123米，核准预算1 100 760元；供电高压线路改造预算214 660元。共计3 885 270元。

5月8日 省交通厅批复大同新荣至大窑山煤炭运输公路初步设计。主线长8.209公里，甘庄支线长6.478公里，全长14.687公里；设计时速80公里、60公里，路基宽12米、8.5米，核准预算55 917 549元。

5月10日 省交通厅批复陵川县夺火至玛琅山旅游公路可行性研究报告。路线全长12.2公里，三级标准，设计时速30公里，路基宽7.5米，路面宽6.5米，估算总投资2185万元，建设工期1年。

5月10日 省交通厅向省重点办报送《关于申请协调京昆高速公路山西省界平定至阳曲段跨越石太高铁有关事宜的函》。

5月10日 省交通厅向省政府办公厅报送《关于对省财政厅〈关于对“关于申请将全省纳入2009年一次性取消政府还贷二级公路收费省份的函”的修改意见〉的意见》。

5月11日 上午，省交通厅在省公路局召开支援茂县交通建设人员家属代表座谈会，对支援茂县建设人员家属进行慰问。厅党组副书记、副厅长、省交通援川领导组组长张润，厅党组成员、省公路局党委书记赵振田，省公路运输工会主席王晓光，省公路局副局长、省交通援川领导组副组长惠高峰等出席座谈会，并为支援茂县建设人员家属们发放慰问信和慰问品。

援川建设队员杜建政妻子褚雅先、张东海父亲张全贵、于根波妻子张晓梅、王波妻子王娜、李有德妻子权利、王智平妻子李清、杨晋太妻子张秀萍参加座谈，并对自己的亲人写下了最想说的一句话。

座谈会上，省公路局副局长惠高峰介绍了对口援建情况，山西路桥一公司总经理裴太昌介绍援建情况，省公路运输工会主席王晓光宣读厅党组给全体援川职工及家属同志们的慰问信。

座谈会上，张东海父亲张全贵说，能参加今天的座谈会非常高兴，也非常激动，充分体现了厅党组对支援茂县建设人员及其家属的极大关心，作为一名援建人员的父亲感到十分自豪和骄傲。他说,最初的日子里,他担心儿子的生活和安全,现在,他希望儿子能继续努力工作,为灾区人民作出自己的贡献,为山西交通增光添彩。于根波的妻子张小梅在感谢厅党组关怀的同时也表示,作为妻子她会当好后勤,全力照顾好老人、照顾好家、照顾好孩子,让丈夫减少牵挂,安心工作。

赵振田在讲话中,对一公司抢通保通及对口援建工作给予充分肯定。要求继续发扬路桥好的传统和作风,再接再厉,不仅要做到管理一流,质量、进度、安全、廉政也要一流,要以援建工程为契机,打出品牌,为今后更好进入全国公路建设市场争一席之地。

张润在讲话中,代表厅党组、代表段建国厅长对所有援川人员特别是奋战在援建茂县一线的干部职工,向默默奉献在后方的家属同志们表示诚挚的慰问并致以崇高的敬意。希望省公路局和省路桥一公司,在三年对口援建工作进入攻坚的关键时期,抓好两方面工作。首先要加大力度,加强指导,特别是在安全生产方面,要在平时严格管理基础上,组织专家深入工地排查隐患,科学指挥,给予全力保证;其次要继续搞好后勤服务,解决后方家属们生活、工作上的困难;同时希望援建家属们继续奉献爱心,关心灾区建设;用心关爱亲人,关心他们的工作情况和身体健康;管好孩子、管好家、管好老人,当好贤内助,让一线职工安心、放心、专心地工作,以实际行动支持援建工作,为山西交通争光,为一公司添彩。

5月11日 省交通厅党组向全体援川交通职工及家属同志们印发《慰问信》。主要内容有:抗震救灾、恢复重建,是一场用生命抢救生命、用生命支援生命的特殊战斗。在这特殊的三百多个日日夜夜里,灾区余震不断、险象环生,气候异常恶劣、条件十分艰苦,每个人的生命随时随处受到威胁。英雄的山西交通援川人员不畏险阻、不怕牺牲,在余震中重建交通,在重建中抗震救灾,战严寒、斗酷暑、抗洪水,越是艰险越向前,始终战斗在抗灾救灾的最前沿,用信念和意志架起了一座抗震救灾的"钢铁长城",用鲜血和汗水抒写了一曲"一方有难、八方支援"的光辉乐章,树立了山西交通人顾全大局、英勇善战、忠于人民、勇于奉献的形象。广大援川职工家属默默奉献、无怨无悔,以宽广的胸怀,义无反顾地承担起家庭重负,为前线将士提供了坚强后盾和精神支撑。全省交通抗震救灾和援建工作取得的每一项成绩和荣誉,无不凝聚着广大家属的无私奉献和辛勤劳动。值此5·12四川汶川大地震一周年之际,厅党组向所有援川人员特别是奋战在援建茂县一线的干部职工,向默默奉献在后方的家属同志们,表示诚挚的慰问并致以崇高的敬意!

为期三年的对口援建工作已经进入攻时阶段,今后的任务更艰巨、条件更艰苦、历程更艰辛。希望全体援建人员大力弘扬伟大的抗震救灾精神和以太旧精神、大运精神为代表的行业精神,再接再厉,再鼓干劲,科学施工,科学管理,确保人员安全,确保工程质量,全面完成交通援建任务,向省委、省政府和灾区人民交一份满意的答卷。希望全体职工家属继续理解、关心援建工作,当好"贤内助",当好"服务员",让一线职工安心、放心、专心工作,以实际行动支持援建工作。厅党组将一如既往地为同志们搞好后勤服务、提供生活保障。

祝同志们身体健康、家庭幸福!

5月11日 省委、省政府印发《关于表彰全省援川抗震救灾先进集体和先进个人的决定》。为弘扬万众一心、众志成城,不畏艰险、百折不挠,以人为本、尊重科学的伟大抗震救灾精神,激励全省人民加快推进新基地、新山西建设,省委、省政府决定表彰在援川抗震救灾中涌现出的先进集体和个人,全省交通运输系统一批援川抗震救灾先进集体和个人受到表彰。省交通运输厅、太原市交通局、省战略物资道路运输保障车队大同总队、忻州市交通局运输管理处、阳泉市交通局5个单位被评为先进集体;张润(省交通厅副厅长、省交通战备办主任)、惠高峰(省公路局副局长）、俞杰（晋中市道路运输管理局科长）、阎献忠（省公路局阳泉分局副局长）4位同志被评为先进个人。

四川汶川大地震发生后，全省交通运输系统各单位充分发扬“一方有难，八方支援”的协作精神，投入大量人力、物力支援灾区，积极协助开展抗震救灾和灾后重建工作。特别是灾区一线广大交通干部职工顽强拼搏、众志成城、奋不顾身、夜以继日地奋战在抗震救灾第一线，全力投入抗震救灾工作，为夺取抗震救灾阶段性胜利作出重要贡献。

5月11日 省交通厅印发2009年信访工作要点。

5月11日 省交通厅、省发改委向省政府呈报《关于取消全省政府还贷二级公路收费的紧急请示》。

5月11日 省交通厅批复太佳高速公路太原段施工图设计。路线全长94.878公里，双向4车道高速公路标准，设计时速80公里，路基宽24.5米，核准预算6 213 837 575元。

5月11日 省交通厅向省发改委报送《关于霍州至永和关高速公路东段可行性研究报告的请示》)。路线全长80公里，4车道高速公路标准，设计时速80公里，路基宽24.5米，投资估算67.2亿元，建设工期4年。

5月11日 省交通厅向省发改委报送《关于霍州至永和关高速公路西段可行性研究报告的请示》。路线全长48公里，4车道高速公路标准，设计时速80公里，路基宽24.5米，投资估算31.44亿元，建设工期4年。

5月11日 省交通厅向省劳动和社会保障厅报送《关于太原至佳县太原段高速公路被征地农民社会保障资金承诺的函》。共计3458.0824万元。

5月11日 省交通厅调整纠风和政风行风评议工作领导机构成员。组长：段建国；副组长：韩日裕、张志川；成员有：戴飞、张晋鹏、董新品、李华中、尹新平、曹居月、杨吉平、田根、杨俊威、胡建新、牛世骏、刘清平；办公室主任：胡建新；副主任：田根、李征远、秦培兰。

5月11日 省交通厅印发《关于深入开展民主评议政风行风工作实施方案》。主要包括指导思想、评议对象、评议内容和重点、评议方法和步骤、工作要求5项内容。

5月11日 省交通厅向省发改委报送《关于省道马走线天镇至赵家沟段改建工程可行性研究报告的请示》。路线长33.571公里，连接线长0.72公里，共计34.291公里；一、二级标准，设计时速80公里，路基宽24.5米、12米；分两期工程实施。一期工程投资估算22 421万元。

5月11日 省交通厅向国家开发银行山西分行报送《关于申请增加高速公路项目贷款的函》。需新增贷款50亿元。

5月12日 省交通厅向省政府呈报《关于高速公路申请国家按国防战备项目立项的请示》。

一是横线五台长城岭（省界）至保德（省界）；主要控制点：五台县、定襄县、忻府区、岢岚县、保德县；里程：路线全长315公里。推荐理由：该路线横穿全省东西，东连河北沧州、保定，接国高京珠线，西至陕西府谷、神木，接国高包头茂名线。该路线途经军事战略要地太原卫星发射中心，连通军方战时重要通信指挥枢纽，对建设军地国防大通道，增强国防能力具有重要意义。同时，该项目穿越佛教圣地五台山、轻工食品旅游城市忻州和晋西北老区，并直达国家重要能源基地神府煤田，对于加快区域旅游、矿产资源开发、发展老区经济、提高能源运输能力具有重要作用。2009年、2010年的项目有：五台山至忻州124公里，投资61.6亿元；忻州至保德191公里，投资105亿元。

二是横线平定杨树庄（省界）至临县克虎寨（省界）；主要控制点：盂县、阳曲、娄烦、临县；里程：路线全长348公里。推荐理由：该项目横穿全省东西，东段杨树庄至阳曲与太旧高速（国高青银线与京昆线重复路段）并行，向东至河北石家庄接国家京珠线，是北京战区战储物资的重要运输通道，也是太原东向第二通道，对缓解该区域国高青银线交通压力具有重要作用。西段阳曲至克虎寨填补全省高速公路空白区域，经克虎寨至陕西榆林接国高包头茂名线，是进一步完善高速路网、增强通行能力的需要。2009年、2010年的项目有：平定至阳曲131公里，投资150亿元；太原至佳县东段95公里，投资64.4亿元；太原至佳县西段119.4公里，投资89.1亿元。

三是纵线右玉杀虎口（省界）至芮城刘堡（省界）；主要控制点：右玉县、平鲁区、朔城区、神池县、五寨县、岢岚县、兴县、临县、离石区、中阳县、交口县、隰县、大宁县、吉县、乡宁县、河津市、万荣县、临猗县、芮城县；里程：路线全长735公里，其中待建里程728公里。推荐理由：该路线纵贯全省南北，北与国高京乌线相连，向南接国高连霍线、可至河南、陕西，穿城山西西部吕梁山革命老区22个县（区、市）。该路线是总装备部某基地进出口的重要通道，对完善全国路网，提高网络可靠性和国防机动性具有重要作用。同时，该项目的建设对于进一步完善山西西部贫困地区路网，充分发挥西部地区丰富的煤焦铝铁及黄河文化、红色旅游等资源优势，形成一条新的产业积聚带，促进经济发达地区对欠发达地区的辐射带动，促进区域协调发展，均具有重要意义。2009年、2010年的项目有：大同至右玉103公里，投资37.4亿元；平鲁至朔城区67.6公里，投资36.8亿元；岢岚至临县93公里，投资53亿元；临县至离石70公里，投资40亿元；离石至隰县80公里，投资50亿元；隰县至吉县100公里，投资61亿元；运城至芮城31.3公里，投资25亿元。

四是纵线天镇马市口（省界）至泽州道宝河（省界）；主要控制点：天镇县、阳高县、大同县、浑源县、繁峙县、五台县、盂县、阳泉市区、平定县、昔阳县、和顺县、左权县、黎城县、潞城市、屯留县、长治县、高平市、晋城市；里程：路线全长806公里。推荐理由：该路线纵贯全省南北，向北与京乌国家高速公路相连，直达河北张家口、内蒙集宁、呼和浩特，向南连接国高连霍高速公路。该路线是部队北防机动的重要通道，对提高网络可靠性和国防机动性具有重要作用。同时，该路线沿线经山西东部太行山革命老区15个县（区、市），连通云冈石窟、五台山两个5A级旅游景区（世遗），北岳恒山、阳泉翠峰山等4A级旅游景区及昔阳大寨、左权八路军总部旧址等红色旅游景点，贯穿山西东部主要旅游景区，对推进革命老区经济发展及促进区域协调发展具有重要意义。2009年、2010年的项目有：天镇至大同104公里，投资51亿元；大同至浑源42.4公里，投资23.8亿元；五台山至盂县75.2公里，投资64.8亿元；盂县至阳泉41公里，投资32亿元；阳泉至和顺71.24公里，投资43.3亿元；左权至黎城70公里，投资45亿元。

5月12日 省交通厅印发《山西省公路工程“监理企业树品牌监理人员讲责任”行业新风建设活动实施方案》。主要包括活动依据、活动目标、领导小组、主要内容、时间安排、其他6项。

5月12日 省交通厅成立监理行业新风建设活动领导小组。组长：郜玉兰；副组长：蒋品、常二栋；成员有：蔺建煌、胡建新、刘清平、李俊生、丁吉喜、李新杰；办公室主任：李新杰。

5月12日 四川省交通厅致送山西省交通厅《感谢信》。值此纪念5·12特大地震一周年之际，四川省交通厅及灾区各级交通部门，谨向交通运输部、全国交通运输系统各兄弟单位的领导和同事们，致以衷心感谢和崇高的敬意！

5月12日 省交通厅向省民航局、太原市规划局印发《关于征求太原武宿机场快速路线方案意见的函》。

5月12日 省交通厅向省劳动和社会保障厅报送《关于太原至佳县太原段高速公路被征地农民社会保障资金落实到位的承诺》。共计3458.0824万元。

5月12日 省交通厅向省劳动和社会

保障厅报送《关于太原至佳县吕梁段高速公路被征地农民社会保障资金落实到位的承诺》。共计3145.765万元。

5月12日 省交通厅向省劳动和社会保障厅报送《关于汾阳至平遥高速公路被征地农民社会保障资金落实到位的承诺》。共计2194.0857万元。

5月12日 省交通厅向省发改委上报2009年第一批基本建设项目投资建议计划。共计18 874万元。

5月12日至13日 省委副书记、省长王君，副省长牛仁亮深入忻保、忻阜高速公路建设工地，实地查看忻保高速公路云中河大桥，忻阜高速公路路基填筑、凤凰岭隧道、清水河大桥，详细了解工程进展情况，慰问广大工程建设者。王君强调，各级各部门、各建设单位要抓住当前施工的大好时节，加快推进重点工程建设，确保各项重点工程建设任务圆满完成，促进全省经济平稳较快发展。省政府秘书长王清宪，副秘书长崔国红，副秘书长、研究室主任陈永奇，省发改委主任李宝聊，省安全厅厅长李洪，省建设厅厅长王国正，忻州市委书记董洪运、市长李平社，省交通厅党组书记、厅长段建国，厅党组成员、厅总工程师部玉兰，厅党组成员、省公路局党委书记赵振田等陪同调研。

5月12日下午，忻保高速公路第二合同段建设现场红旗招展，机声隆隆。在忻保高速公路路线走向图前，王君一行听取工程建设情况汇报，了解建设难度、全线控制性工程、工期及目前进展情况，特别询问存在的问题，以及参与工程建设的路桥集团情况。

5月13日上午，王君一行从忻阜高速公路第二合同段沿施工便道进入四川武通路桥建设的第三合同段，向施工武警部队了解有关情况，对他们为忻阜高速公路出力流汗保进度的精神和造福三晋人民的行为表示敬意，希望继续顽强拼搏，加快进度，高质量完成建设任务。同时，要求建管处关心职工生活，搞好后勤服务。在总承包S合同段凤凰岭隧道出口，王君一行了解隧道施工工艺流程等，观看机制砂加工点，特别强调隧道施工安全。在清水河11大桥工地，看到墩柱林立、机场轰鸣的建设场面，王君十分高兴，认为五台县委、县政府支持重点工程建设认识高，力度大，效果好，希望山西日报、山西电视台采访报道，在全省推广他们的经验。

在听取汇报并实地视察后，王君对全省高速公路建设所取得的成绩给予充分肯定，高度赞扬广大建设者特别能吃苦、特别能战斗的拼搏精神，希望他们发扬成绩、再接再厉，为加快重点工程建设作出新的贡献。

王君指出，加快重点工程建设，是应对当前国际金融危机、保持经济平稳较快发展的重要举措，又是激发全省经济发展活力、增强发展后劲的重要基础，也是“保增长、保民生、保稳定”的重要抓手。省政府确定全年全省重点工程开工建设项目152个，包括铁路、机场、公路、水利、电力、住房等方面，仅高速公路项目就有26个，总里程2259公里，总投资1395亿元，是全省高速公路建设史上规模最大、投资最多、里程最长的一年。由于建设时间紧、任务重，各级各部门要切实加强领导，加大力度，精心组织，扎实推进，努力完成全年重点工程建设任务。

王君在讲话中，要求各级领导干部要深入施工一线调查研究，经常了解工程进展，及时解决建设中的困难和问题，保证工程建设顺利进行。各有关部门要密切配合，齐心协力，积极主动为重点工程建设提供优质高效服务。各施工单位要抓住当前大好时机，科学施工，倒排工期，加快进度，加强质量管理，建设精品优质工程。要大力宣传重点工程建设中涌现出的先进事迹和先进人物，在全社会营造关心、支持重点工程建设的良好氛围。

5月13日 上午，省委常委、纪委书记金道铭深入大呼高速公路建设一线进行调研。要求一定要树立保护生态环境、建设和谐公路、和谐环境的意识，采取有效措施保护生态环境。右卫出口的规划和设计一定要与当地生态环境衔接好；在工程施工过程中，要抓好安全生产和廉政建设，抓好环境保护工作，特别是在右玉这颗塞外明珠，要更加珍爱这里的秀美山川。最后，金道铭预祝大呼高速公路早日建成、早日通车、早日使沿线百姓受益。他还表示，大呼高速公路通车时，一定前来为大家庆功。

工程全长103.4公里，概算投资37.4亿元，2009年1月5日开工奠基，建设工期2年，年底完成路基工程。

金道铭一行调研结束后，大呼高速公路建管处立即召开紧急会议，传达金道铭书记指示精神，并就贯彻落实做了具体安排部署。

5月14日 国家交战办主任、总后军交运输部部长赵占平少将一行检查全省交通战备工作时指出，近年来，省交战办坚持以"三个代表"重要思想和新时期军事战略方针为指导，以科学发展观为统领，坚持新理念，实践新要求，围绕军事斗争交通保障准备，在平时服务、急时应急、战时应战的"三位一体"交通战备建设方面做了积极探索和实践，三个方面工作走在全国前列。组织建设、国防交通基础设施建设和运输保障机制队伍建设，在全国交通战备系统树立榜样和标杆。特别是在交通基础设施建设中，充分考虑国防建设的实践和理念，值得全国交通战备系统学习。他代表国家交战办向为全国交通战备工作作出贡献的省交通厅、省交战办表示感谢，希望省交战办进一步创新思路，开拓进取，实现交通战备工作新发展。他还就省厅提出的有关建议表示，国家交战办将和国家有关部委积极协调，努力支持山西交通建设和国防交通基础设施建设。

5月15日，赵占平少将在省交战办主任、厅党组副书记、副厅长张润，省交战办副主任史荣和，省高管局局长董新品以及省军区有关领导陪同下，赴大运高速公路进行检查指导。

5月14日 下午，省交通厅召开全省重点公路工程建设项目第二次调度会议。认真贯彻落实王君省长5月12日、13日视察忻保、忻阜高速公路时的指示精神，4月28日牛仁亮副省长主持召开全省重点公路工程建设推进会议精神，4月17日、18日省交通厅重点公路工程建设项目第一次调度会议精神，再掀重点公路建设新高潮，动员全体参建员工抢抓机遇，加快建设，鼓足干劲，再掀高潮，确保全年重点公路工程建设任务顺利完成，为实现"十一五"末高速公路达到3000公里的宏伟目标奠定坚实基础。厅领导段建国、张润、王志民、张志川、郜玉兰、张德仪、赵振田、曹燎原、郭贵平及厅机关有关处室、厅直有关单位负责人，各重点公路工程建设管理处党政主要负责人参加。

厅党组副书记、副厅长张润主持会议。厅党组成员、厅总工程师郜玉兰传达王君省长视察重点公路工程建设时的指示精神。厅重点办汇报全省重点公路工程建设项目进展情况，省交通质监站通报全省重点公路工程建设质量检查情况，12个建管处汇报工程进展情况，运城市介绍推进高速公路建设的经验和做法。各位厅领导就分管项目提出要求。

段建国在讲话中，充分肯定前一阶段各建管处卓有成效工作，并就抓好黄金施工季节，认真落实王君省长视察忻保、忻阜高速公路工程建设时的指示精神，进一步加快工程建设步伐提出4点要求。一是各建设单位必须高度重视，加大工作力度，未开工项目要加快前期工作，确保早日开工；二是已开工但进展缓慢的项目要看到差距，向先进学习，奋力直追，确保全年重点公路工程建设任务顺利完成。三是各建管处要严把质量关，进一步夯实安全生产基础，确保施工安全。对质量和安全方面存在的问题，要高度重视，及时整改，不断完善各项管理制度。四是加强对监理队伍管理，充分发挥监理效能，确保各项工程如期完成。

张润在总结讲话中，要求统一思想，提高认识；围绕目标，强化责任；突出重点，强化监督。一要继续跟踪，加快项目审批；二要确保农民补偿金落实到位；三要在抓好工程前期工作的同时，做好地方材料调查；四要搞好图纸审查和技术交底；五要严防超限超载，进一步保护好农村公路；六要抓好汛期的各项安全工作。

5月14日 忻保高速公路建设管理处与忻州市人民检察院召开预防职务犯罪活动启动大会，省交通厅党组成员、驻厅纪检组组长韩日裕，厅党组成员、省公路局党委书记赵振田出席并讲话。忻州市人大、市政府、市检察院、省检察院预防职务犯罪处有关领导和忻州市预防职务犯罪领导组有关领导，忻保高速公路沿线五县（区）、乡（镇）政府，检察院、村委会负责人，30个施工合同标段，4个监理办有关负责人参加。

赵振田在讲话中，要求进一步增强预防职务犯罪意识，提高自觉性；增强从业人员廉洁自律意识，提高学法、知法、守法、依法办事，维护公路建设市场秩序的自觉性；对预防工作的重点部位、关键环节制定有针对性的治理措施，确保预防工作取得实效。

韩日裕在讲话中，要求紧紧抓住腐败现象易发多发重点领域和关键环节，把惩防措施落实到重点领域和重点部位。一要加强对工程建设项目落实情况的监督检查；二要加强对工程项目招标投标和合同履约情况的监督检查；三要加强对建设资金管理使用的监督检查；四要加强对工程质量与安全的监督检查；五要加强对工程廉政建设和“阳光操作”情况的监督检查。同时，要严格落实廉政建设责任制，扎实开展预防职务犯罪教育文化活动，积极推进制度创新，坚决纠正和严肃惩处违规违纪行为，不断完善具有交通特色的惩防腐败体系，努力从源头上防止腐败，坚定信心，扎实工作，通过开展党风廉政建设和预防职务犯罪工作，为忻保高速公路建设营造廉洁、高效的法制环境。

会议还宣读了《关于在忻保高速公路建设中联合开展预防职务犯罪工作手册》，沿线县（区）、乡（镇）、村、施工单位、监理单位代表作表态发言。

5月14日 全省公路工程监理行业新风建设活动动员会议召开，省交通厅党组成员、总工程师郜玉兰出席并讲话。要求以“监理企业树品牌，监理人员讲责任”为抓手，加大体制创新、机制创新、管理创新、科技创新的力度，打造高素质的监理队伍，为全省新一轮交通建设高潮到来服务。

会上，监理单位还进行经验交流。驻厅纪检组、厅公路处、厅重点办、省公路局有关负责人参加。

5月14日 省交通厅向省重点办报送《关于调整全省高速公路重点项目的报告》。

5月14日 省交通厅印发《关于阳翼高速公路建设项目的审计意见》。

5月14日 省交通厅印发《关于运风高速公路改造工程的审计意见》。

5月14日 省交通厅印发《关于征集建设项目委托审计招投标专家的通知》。

5月15日 省交通厅成立厅事业单位改革领导组。组长：段建国；常务副组长：张润；副组长：王志民、韩日裕、张志川、郜玉兰、张德仪、赵振田、曹燎原、郭贵平；成员有：蔺建煌、杨俊威、胡建新、尹新平、曹居月、王京荣、郭全英、王晓光、戴飞、张晋鹏、董新品、李华中；办公室主任：蔺建煌；副主任：杨俊威、曹居月、胡建新、侯一方。

5月15日 国防大学副教育长于国华少将率国防大学交通战备专题班教学组人员和学员50余人，省交战办主任、厅党组副书记、副厅长张润，省交战办副主任史荣和，省高管局局长董新品及省军区有关领导陪同下，在大运高速公路进行为期一天的现地教学活动。正在山西检查指导工作的国家交战办主任、总后军交运输部部长赵占平少将会见专题班学员，并代表国家交战办向为这次现地教学活动提供服务和方便的省交通厅、省交战办、省高管局表示感谢。

5月15日 省交通厅转发省财政厅《关于压缩2009年省级一般性经费预算支出的

通知》。

5月15日 省交通厅向省财政厅报送2009年成品油价格和税费改革中央转移支付交通专项资金项目支出预算。共计24 345.07万元。

5月15日 省交通厅转发财政部《2009年地方政府债券资金项目安排管理办法》。

5月15日 省交通厅向省发改委报送《关于省际高速公路申请国家立项的函》。共计11条,即闻喜至垣曲、忻州至保德、太原至佳县吕梁段、大同至右玉、陵川至高平、榆社至和顺、平定至阳曲、长治至平顺、天镇至大同、运城至芮城、霍州至永和关。

5月15日 省交通厅向省财政厅报送《关于请求调拨报废轿车用于山西交通技师学院汽车实训教学的函》。

5月16日至18日 为贯彻落实全民健身和中国老龄事业发展计划纲要精神,进一步推动老干部健身和文化体育活动的开展,促进全系统精神文明建设,构建和谐交通,鼓励和吸引更多的老同志"走出户外,运动健身,享受阳光,愉悦身心",进一步推动全省交通系统各项工作又好又快发展。省交通厅在阳泉市举办第八届老干部运动会暨第十五届门球赛。5月16日,厅党组成员、副厅长王志民宣布运动会开幕。厅巡视员曹燎原出席开幕式、闭幕式并讲话。省委老干部局副局长郑兰珍,阳泉市委常委、常务副市长王旭明,阳泉市政协副主席赵永红和原厅级老领导刘乾、任景春、部学文出席开幕式。

来自全省交通系统27个单位的300多名老干部参加比赛,队员中年龄最大的91岁,最小的50岁。运动会秉承"增进友谊、加强团结、锻炼身体、健康长寿"宗旨和"风格第一、友谊第一、健康第一、安全第一"口号,安排门球、乒乓球、台球、中国象棋、中国麻将、拱猪等6个比赛项目,是历届运动会中参赛人数最多、比赛项目最多、参赛水平最高的一届。比赛中,选手们发扬团结、进取精神,不畏强手,敢于拼搏,一起切磋球艺,交流技术,展现了交通职工良好的精神风貌和精湛的技术水平。

曹燎原在开幕致词中,希望各单位进一步创造条件,积极开展健康、科学、文明的健身活动,满足老同志精神文化生活需求,推动交通系统老年体育事业不断发展。希望老同志们强身益智,老有所为,老有所乐,一如既往地关心和支持交通的改革与发展,为加快交通发展、构建和谐社会作出新的贡献。

5月18日上午举行闭幕式。曹燎原在讲话中指出,此次运动会的成功举办,不仅丰富离退休老干部们的文化生活,让他们在活动中体验到运动快乐,更重要的是通过这届运动会,必将进一步推进全系统体育活动开展,会有更多老年人参加到体育健身行列中来,老年人身体素质会有进一步提高,晚年生活会更加充实幸福。

5月17日 下午,副省长牛仁亮深入省道临午线改建工程建设工地调研。省政府副秘书长崔国红,省交通厅党组书记、厅长段建国,临汾市代市长罗清宇,副市长赵建民等领导陪同。

项目跨越临汾4县9个乡镇,起点位于临汾市滨河西路马务村,经尧都区刘村、土门、一平垣、蒲县黑龙关、县城、薛关、井沟、隰县午城,终点至大宁县城,实际建设里程104.546公里,其中一级公路71.524公里,二级公路33.022公里,批复概算24.26亿元。已全面开工建设,2010年7月1日前完成主体工程,8月竣工通车。

牛仁亮听取情况汇报后,提出6点要求。即确保安全生产,杜绝发生事故;确保工程质量,不得随意降低建设标准;文明施工,做好文物、环境保护及水土保持工作;做好工程进度计划和安排;加强工程成本核算管理,做到投资不超概算;搞好公路绿化,工程主体完工时,要同步实施公路两侧绿化林带的建设。

段建国在讲话中,要求临汾公路分局作为项目主管单位,要认真落实牛仁亮副省长的指示精神,依靠地方政府,加强工程管理,确保实现工程质量、安全、进度和效益目标。

5月17日 省交通厅向省政府呈报《关于召开全省村通水泥(油)路"全覆盖"工程建设推进会和灵山至山阴、长治至平顺、平遥至榆社三条高速公路开工奠基仪式的请示》。

5月18日 上午,省交通厅召开安排部署庆祝建国60周年系列活动会议。厅党组副书记、副厅长张润主持并提出具体要求,厅直有关单位主要领导和厅机关有关处室负责人参加。

厅直机关党委书记杨俊威通报省厅庆祝建国60周年活动领导组及办公室人员组成和前期准备工作情况,明确贯彻落实省委、省政府和交通运输部系列庆祝活动需要做好的10项工作及责任分工,参会人员对活动内容与具体安排情况进行了认真讨论。

张润在讲话中,提出4点要求。一是充分认识活动的重要意义,站在讲政治高度认真抓好各项工作落实;二是按照职责分工,精心筹划,科学组织,密切配合,积极支持和参加上级部门组织的各项庆祝活动,全面展示全省交通行业形象和60年来所取得巨大建设成就;三是认真开展好行业内部庆祝活动,抓好"六个一"工程。即召开一个庆祝大会,举办一场歌咏比赛,开展一期书画摄影大赛,召开一次老党员、老干部、老劳模座谈会,举行一次山西交通建设成就展,策划一次青少年爱国主义教育活动;四是注重节俭,在保证宣传教育效果的同时,要节约经费,坚决杜绝铺张浪费。

5月18日 省交通厅印发《全省交通运输行业安全生产宣传教育行动实施方案》。主要包括指导思想和工作目标、组织领导、工作措施和活动内容、工作要求4项。领导组组长:张润;副组长:杨吉平、胡志勇、王联明、李灵、孙印、李新杰、杨绍波、杨原平;成员有:张翼、曲俊荣、杨毅、段权、张国民、马冬云、贾晓峰;办公室主任:杨吉平;副主任:张翼。

5月18日 省交通厅印发《全省交通运输行业安全生产执法行动实施方案》。主要包括指导思想和目标、组织领导、主要任务、工作步骤、工作要求5项。领导组组长:张润;副组长:杨吉平、胡志勇、王联明、李灵、孙印、李新杰、杨绍波、杨原平;成员有:张翼、曲俊荣、杨毅、段权、张国民、马冬云、贾晓峰;办公室主任:杨吉平;副主任:张翼。

5月18日 省交通厅印发《全省交通运输行业安全生产治理行动实施方案》。主要包括指导思想、总体目标、组织领导、主要内容、进度安排、工作要求6项。领导组组长:张润;副组长:杨吉平、胡志勇、王联明、李灵、孙印、李新杰、杨绍波、杨原平;成员有:张翼、曲俊荣、杨毅、段权、张国民、马冬云、贾晓峰;办公室主任:杨吉平;副主任:张翼。

5月18日 省交通厅印发《关于开展山西水上安全新闻采风活动的通知》。时间为5月25日至6月5日。

5月18日 省交通厅批复太行山大峡谷旅游公路南线初步设计。路线全长66.725公里,四级标准,设计时速20公里,路基宽7.5米,核准概算392 637 747元。

5月18日 省交通厅印发《关于做好企业国有资产产权登记2008年度自查工作的通知》。

5月18日 省交通厅印发《关于开展公路和水路交通基础设施资产管理状况调查的通知》。

5月18日 省交通厅印发《关于编报2010年交通运输固定资产投资建议计划的通知》。

5月18日 省交通厅批复左权县沐池至梁峪旅游公路可行性研究报告。主线长约12.2公里,二级标准,设计时速40公里,路基宽10米;连接线长3.6公里,三级标准,路基宽7.5米;投资估算2932万元,建设工期1年。

5月18日 省交通厅批复太旧高速公路通信系统改造工程设计。核准预算12 994 274元。

5月18日 省交通厅印发《关于认真做好交通防汛工作的通知》。

5月18日 省交通厅批复山西交通技师学院主校区与北校区连接工程可行性研究报告。人行天桥主桥总长29米,桥宽3.5米,估算投资105万元,建设工期3个月。

5月18日 省交通厅向省发改委报送《关于省道214阳泉过境公路白猫梁至李家庄段改建工程可行性研究报告的请示》。路线长7.833公里,其中大桥2座404米,连接线0.8公里,一级标准,设计时速60公里,路基宽23米,投资估算35 117万元,建设工期2年。

5月18日 省交通厅向省发改委报送《关于209国道乡宁境内碾塔至罗毕沟段公路改线工程可行性研究报告的请示》。路线全长11公里,二级标准,设计时速60公里,路基宽12米,估算投资16 135万元,建设工期2年。

5月19日 省交通厅党组书记、厅长段建国,厅党组成员、厅总会计师张德仪,省高管局局长董新品及厅机关、省高管局机关有关处室负责同志,与中信银行上海分行行长左伟国、中信信托有限责任公司信托业务五部负责人就有关融资事宜进行座谈。中信银行上海分行和中信信托公司将合作发行50亿元信托理财产品,筹集到的资金将全部用于山西高速公路建设。

座谈会上,中信银行上海分行投行部介绍融资方案的规模、结构、期限及特点,表示将严格按照合作主体省高管局的时间、金额、结构、比例、期限等需求进行产品设计,尽最大努力降低融资成本,并列出精确的时间表做好后续工作,争取6月初签订正式合作协议,6月底具备提款条件。

段建国在讲话中,对中信银行多年来对山西交通建设的支持表示衷心感谢,并希望双方进一步加强和拓宽合作领域,募集更多资金,共同推动山西高速公路建设。

5月19日 省交通厅党组书记、厅长段建国专程赴太原东环高速桥梁防撞护栏加固改造工地调研。为了改善东环高速公路八座桥梁的安全运营环境,增强桥梁防撞护栏的防撞力度,保护人民群众生命财产安全,5月10日,改造工程全线开工。

段建国在讲话中,要求一定要严把质量关,监量人员要"严"字当头,同时在施工中要注意安全,把各条道路封闭好,禁止一切无关车辆进入工地,争取工程提前竣工。

5月19日 省交通厅印发2009年治理商业贿赂专项工作实施方案。

5月20日 由省国土资源厅副厅长高博带队的一行7人来到省交通厅,就2009年、2010年国家土地资源使用计划安排及进展情况进行走访。厅党组书记、厅长段建国,厅党组成员、厅总工程师部玉兰,厅党组成员、驻厅纪检组长韩日裕和厅机关有关处室、厅重点办负责人参加座谈会。

段建国在讲话中,首先代表省交通厅对省国土资源厅采取上门解决实际问题的做法表示感谢,希望省国土资源厅能在土地审批等方面继续给予支持和帮助,并介绍全省2009年、2010年高速公路建设项目用地审批情况,特别对截至5月20日,26个高速公路建设项目的用地审批进展情况进行说明,并提出目前在土地审批中存在的困难。

高博认真听取介绍,并对26个高速公路建设项目逐个进行分析研究,对下一步工作提出建议。他在讲话中表示,省国土资源厅要配合省交通厅工作,简化预审程序,缩短时间,加快速度,为公路建设腾出更多时间;对26个高速公路建设项目所需的20.7万亩用地,除充分利用好国家、省政府已批复的土地外,其余缺口采取分段报批、先行用地等措施解决;对已使用的国家用地要优化设计,节约使用;同时在修路的过程中要进一步做好土地复垦工作。高博希望省国土资源厅和省交通厅通力合作,为加快全省交通基础设施建设作出新贡献。

5月20日 省交通厅转发省政府《印发山西省安全生产工作考核评价体系的通知》。共计三类8个子标准。主要包括:一类安全生产综合工作考核评价标准；二类①煤矿安全考核评价标准;②非煤矿山及尾矿库安全考核评价标准;③道路交通安全考核评价标准;④危险化学品安全考核评价标准;⑤消防安全考核评价标准;⑥建设施工安全考核评价标准;三类安全生产创新工作考核评价标准。

5月20日 省交通厅转发省委、省政府《关于进一步加强安全生产工作推进安全发展的意见》。共包括9方面内容28条。

5月20日 省交通厅印发《山西省"全覆盖"工程村通水泥(油)路工程施工指南》。共计10条。

5月20日 省交通厅转发偏关县客运汽车站工程可行性报告的批复。二级标准,占地16 339平方米(约25亩),核定总建筑面积2865平方米,其中候车楼2361平方米,附属设施504平方米,估算投资981万元,建设工期2年。

5月20日 省交通厅转发盂县客运汽车站工程可行性研究报告的批复。二级标准,占地16 660平方米(约25亩),核定总建筑面积2539平方米,其中候车楼2159平方米,附属设施380平方米,估算投资1091平方米,建设工期2年。

5月20日 省交通厅转发黎城县客运汽车站工程可行性研究报告的批复。二级标准,占地26 600平方米(约40亩),核定总建筑面积2704平方米,其中候车楼2200平方米,附属设施504平方米,估算投资1355万元,建设工期2年。

5月20日 省交通厅转发沁源县客运汽车站工程可行性研究报告的批复。二级标准,占地20 105平方米(约30亩),核定总建筑面积4195平方米,其中候车楼3691平方米,附属设施504平方米,估算投资1909万元,建设工期2年。

5月20日 省交通厅转发屯留县客运汽车站工程可行性研究报告的批复。二级标准,占地20 001平方米(约30亩),核定总建筑面积3489平方米，其中候车楼3045平方米,附属设施444平方米,估算投资1600万元,建设工期2年。

5月20日 省交通厅批复襄垣县客运汽车站工程可行性研究报告的批复。二级标准,占地23 621平方米(约35.4亩),核定总建筑面积4727平方米，其中候车楼4076平方米,附属设施651平方米,估算投资1951万元,建设工期2年。

5月20日 省交通厅印发《关于厉行节约的通知》。提出8条要求。

5月20日 省交通厅印发《全省道路运输安全和水上交通安全专项整治第三阶段工作实施方案》。主要包括指导思想和工作目标、组织领导、整治内容、工作步骤及时间安排、工作要求5项。督导组组长:王志民;副组长:戴飞、李华中、董新品、牛世骏、杨吉平;成员有:张翼、曲俊荣、杨毅、段权、张国民、靳茂林、常卫平;并抽调各有关单位和部门人员组成11个专项整治检查组开展工作。

5月20日 省交通厅印发《全省交通基础设施建设安全生产专项整治第三阶段工作实施方案》。主要包括指导思想和工作目标、组织领导、整治内容和方式、工作步骤和时间安排、工作要求5项。督导组组长:张润、郜玉兰;副组长:戴飞、董新品、蒋品、杨吉平、常二栋、刘清平、牛世骏;成员有:杨增梅、丁吉喜、杨绍波、李俊生、常卫平;并抽调各有关单位和部门人员组成11个专项整治检查组开展工作。

5月20日 省交通厅印发《关于对厅直单位2008年度治安综合治理工作考核验收情况的通报》。

5月20日 省交通厅印发2009年治安综合治理工作要点。

5月20日 省交通厅向省劳动和社会保障厅报送《关于晋城环城建设项目被征地农村社会保障资金落实到位的承诺》。共计1488.9589万元。

5月20日 省交通厅批复省道340线

汾阳至柳林段改建工程初步设计。路线全长111.229公里，另有孝义连接线5.9公里，李家湾连接线5.472公里，新阳煤矿东西出口连接线0.564公里，本项目建设里程123.685公里。一二级标准，设计时速80公里、60公里、40公里。路基宽24.5米、23米、13.5米，核准预算1 530 381 501元。

5月20日 省交通厅批复省道河潞线河口至微子镇改建工程初步设计。路线全长62.561公里，二级标准，设计时速40公里，路基宽12米、10米，核准概算383 434 432元。

5月20日 省交通厅印发《关于在全省交通系统开展民用爆炸物品安全管理专项整治工作的通知》。包括指导思想和重要意义、主要内容、时间安排、工作要求4项。

5月20日 迅速掀起高陵高速公路施工高潮誓师动员大会召开。坚定目标，攻克难点，自加压力，鼓舞士气。同时，在常乐互通举行奠基仪式，标志着高陵高速公路建设全面展开。

根据省交通厅下达的年度工作目标，高陵高速公路在本年度要完成建设投资21.96亿元，其中起点常乐互通至窑相大桥23.5公里路基桥梁贯通，桥面铺装完成50%以上，窑相大桥至终点路基工程完成60%，桥梁下部、梁板预制、隧道掘进均完成70%。

5月21日 省交通厅召开全省村通水泥(油)路全覆盖工程建设推进会。会议认真贯彻落实党的十七届三中全会精神，按照中央和省委、省政府保增长、保民生、保稳定的部署，总结近年来农村公路建设工作，部署2009年、2010年的村通水泥(油)路“全覆盖”工程建设，动员全省各级政府、交通部门进一步发扬成绩，一鼓作气，展开村通水泥(油)路“全覆盖”工程建设大会战，向全省人民交一份满意的答卷。副省长牛仁亮，省政府副秘书长崔国红，省农业厅副厅长、新农办常务副主任关建勋出席会议。

省交通厅党组书记、厅长段建国作了题为《政府推动，行业促动，为实现村通水泥(油)路“全覆盖”而奋斗》的动员报告，并与各市交通局签订专项目标责任书。厅党组副书记、副厅长张润主持。

段建国在对“十一五”以来全省农村公路建设进行总结回顾后指出，实施村通水泥(油)路“全覆盖”工程是党中央、国务院从全局出发做出的重大战略部署，是贯彻中央“保增长、保民生、保稳定”政策的重大举措。当前，正面临着一个实施村通水泥(油)路“全覆盖”工程非常实惠的政策环境，时间紧，任务重，难度大，要精心组织，扎实推进，全面实施村通水泥(油)路“全覆盖”工程大会战。

为实施好“全覆盖”工程，省政府专题研究配套政策，决定从中央批准全省发行的53亿元地方国债中拿出30亿元，主要用于村通水泥(油)路建设。根据中央和省政府投资政策，省交通厅会同省发改委、省财政厅提出国债资金使用办法。中央和省里两级补助标准，国贫县提高到25万元/公里，其他县提高到平均20万元/公里。这是全省历史上支持力度最大、含金量最高的一次。

根据省委、省政府提出的2010年实现具备条件建制村通水泥（油）路的目标要求，2009年全省总的任务是：完成2169个建制村通水泥(油)路，建设规模15 000公里。全省建制村通水泥（油）路率达到95%以上。2010年完成剩余1025个建制村通水泥(油)路。届时，全省28 107个建制村中，除173个建制村不具备条件外，其余27 934个建制村全部通水泥(油)路。

会议要求，要全力以赴完成上述目标，重点做好6方面工作。首先，加强前期工作，加快项目开工。一是按照“注重实效、确保质量，因地制宜、就地取材，保护生态、改善环境”原则，加快项目设计；二是科学安排，提高效率；三是加快项目开工。忻州、吕梁、临汾三市项目集中，建设规模大，工程难度大，是实现“全覆盖”的重中之重、难中之难，三市的一切工作都要立足于一个“早”字，早安排，早动手，早开工，一切工作往前赶，决不能拖了全省后腿。其次，落实配套资金，保证工程建设需要。一是厅机关各处室要转变作风，面向基层搞好服务，为公路建设提供一切便利；二是各市政府要尽快研究制定地方配套资金落实渠道，确保足额、及时到位；三是引导和发挥好农民的修路积极性；四是严肃财经纪律，加强资金管理。第三，继续开展质量年活动，提升工程质量水平。一要加强工程管理，健全质量管理制度，严格落实“政府监督、专业抽检、群众参与、施工自检”的质量保证体系，探索和建立农村公路建设资质制度，用制度管理人，靠制度管事；二要搞好技术指导；三要坚持和落实政府为主、群专结合的监管模式。第四，加强安全管理和廉政建设，建设廉洁安全工程。要切实加强安全生产现场监管，对任何工程、任何环节都要按照“零死亡率”的标准严格要求，督促施工企业落实安全生产保障措施，提倡文明施工，纠正违章作业，加强地质灾害防治工作，确保施工安全。廉政建设方面，一要把廉政要求贯彻落实到加强工程管理的各项制度和措施之中；二要严格按照《廉政准则》办事；三要主动接受来自社会各界和广大人民群众的监督；四要切实保护农民利益。第五，注重节约环保，打造和谐公路。要牢固树立“不破坏就是最大的保护”建设理念，落实“耐久、安全、环保、经济”的具体措施，尽量利用旧路资源，尽量节约用地，保护生态环境。在总体设计上，要坚持“四个结合”。即与社会主义新农村建设相结合，与生态环境建设相结合，与城乡一体化建设相结合，注重与地方经济社会发展需求和农民出行的实际需要相结合，避免造成浪费和重复建设。在技术标准选择上，坚持因地制宜，尽量避免大开大挖，走出一条资源节约型、环境友好型农村公路发展之路。第六，坚持建养站运全面发展，巩固和扩大建设成果。各级政府、交通部门要认真贯彻落实党的十七届三中全会精神和张德江副总理指示，在加快推进村通水泥（油）路“全覆盖”工程建设的同时，有计划地推进县乡公路、旅游公路建设和危桥改造工程，进一步完善农村公路网。继续加强农村公路管理养护，落实资金，落实责任，创新机制，加强治超，保持公路完好畅通。继续深入推进农村客运网络、农村物流网络建设，建立交通“六费”取消后的农村客运政策性补贴制度，做到路通车通，促进人通财通，逐步实现城乡交通一体化和公共交通服务均等化，让更多农民更好地享受到交通带来的文明和实惠。

会议要求，各级政府和交通部门要把这一事关全局、事关民生的重大工程作为2009年、2010年重要工作来抓，切实抓紧抓好抓出成效。一要加强领导，层层发动，各级政府要把“全覆盖”工程切实抓在手上，落实在对“全覆盖”工程的建设推进上、资金配套上、政策措施上。省交通厅2009年将把运城、阳泉、太原、大同四个市作为全省率先实现“全覆盖”的典型来抓。二要分解任务，落实责任。各级政府和各市交通局要按照已经明确的目标和任务，层层分解下去，层层签订目标责任状，将目标和责任层层落实到县、乡、村，落实到每一级领导头上，一级管一级，一级对一级负责，一级向一级交账。三要严格考核，奖优罚差。省交通厅将组织由厅领导带队的督导组，分赴各地专项督察“全覆盖”工程，督导结果在全省排队，并通报全省。年底全面验收考核，考核结果与省交通厅对各市政府的年度考评挂钩，作为对各市交通局年度评优的主要依据。对不能按计划完成任务、拖了全省后腿或出现质量、安全、廉政问题的市，暂停公路建设项目投资；对超额完成计划，对全局工作发挥带动作用的市，省厅在今后公路建设项目立项和投资补助等方面给予奖励。

牛仁亮在讲话中指出，具备条件的建制村通水泥（油）路“全覆盖”是省政府为民办的十件实事之一，各级政府和有关部门要高度重视，精心组织，严格项目程序，加快建设进度，严密组织验收，确保工程质量，细化政策措施，完善激励机制，把这项深受农民欢迎的德政工程落到实处，把这项惠及农民群众的好事办好。

会议印发《山西省"全覆盖"工程村通水泥(油)路施工指南》。

会前,副省长牛仁亮在省交通厅领导段建国、张润陪同下,与各市分管副市长、交通局长一起赴太原市小店区县乡公路改建工程郝南线路基工程施工现场进行实地察看。

各市分管交通副市长,交通局局长、副局长、公路处(科)长,厅机关相关处室负责人,省公路局、省交通质监站行政主要领导、分管领导和相关处室负责人,"全覆盖"任务50公里以上的县(市、区)分管交通副县(市、区)长、交通局局长参加会议。

5月21日 省交通厅向省发改委报送《关于青兰国家高速公路山西临汾至吉县段建设资金的承诺函》。共计24.75亿元。

5月21日 省交通厅向国家开发银行山西省分行报送《关于申请循环使用短期贷款的函》。共计30亿元。

5月21日 省交通厅党组印发通知。根据工作需要,经研究决定,和榆平高速公路建设服务监管处更名为和榆平高速公路建设管理处。

5月22日 省交通厅印发《关于闻垣高速公路在建项目审计的通知》。

5月22日 省交通厅转发国家监察部、人力资源社会保障部、统计局《统计违法违纪行为处分规定》。共计15条,从5月1日起施行。

5月22日 省交通厅印发《关于在全省交通系统继续开展2009年"博爱一日捐"募捐活动的通知》。

5月23日 省交通厅党组书记、厅长段建国利用休息日,深入太古高速公路西山特长隧道建设工地调研。强调指出,西山特长隧道工程是太古高速公路的控制性工程,地质条件十分复杂,一定要切实加强工程监管,工程进度服从施工安全,认真落实好各项安全防范措施,确保安全生产。

太古高速公路全长23.15公里,其中西山隧道为两座双行单洞,左线长13.65公里,右线长13.57公里,是目前全国在建公路中最长的隧道,位居世界第四。该工程作为交通运输部风险评估试点工程,突水涌泥、瓦斯、塌方、岩爆大变形、洞口失稳、隧道纵坡、排水等安全隐患,给施工作业带来极大风险,而且施工作业要穿越煤层、采空区17条断层破碎带等不良地质,最大埋深达452米,极易引起岩爆、突水涌泥、瓦斯等安全事故。

西山隧道太原端与古交端分别由中铁十二局和中铁一局承建,目前正在进行隧道洞身掘进工程。在由中铁十二局承建的太原端工地和1#斜井工地,整洁有序的施工现场一派生机,在阳光的照射下,"西山特长隧道"标志格外引人注目。段建国深入掘进88米的左线洞内,实地查看工程进度和地质情况,叮嘱施工人员注意安全,反复强调进度一定要服从安全。在1#斜井20米洞底,技术人员用瓦斯测试表进行测试,段建国亲自察看测试表,测试表显示出0.4的瓦斯浓度,段建国当即要求,如瓦斯量超过0.5,要立即启动应急措施,确保施工安全,并要求在掘进工程作业中不仅注意作业面情况,同时也注意两侧,防止塌方。在洞口处,段建国看到三位穿橘黄色工作服的施工人员,详细询问"你们是哪里人?是否参加过专业培训?是否参加过安全培训等?都得到明确答复。

在听取太古高速公路建管处负责人关于1#斜井瓦斯处置的具体措施汇报后,段建国在讲话中,要求尽快请国土部门、地质部门和煤矿专家进行论证,根据专家意见进一步细化施工方案和安全生产措施;要加快安装防爆通风设备,并对施工人员增加专业知识培训。他特别对驻地监理代表反复交代,一定要强化工程监理,技术、监理人员要深入施工面及时掌握情况,逐项落实应急措施,确保安全生产。

段建国还与太原市交通局局长张建刚就制约隧道工程的鑫磊建材厂搬迁和太原福利院拆迁等问题进行现场研究及部署。

厅副巡视员郭贵平,厅机关有关处室、厅

重点办、厅直有关单位负责同志陪同调研。

5月25日 由省委宣传部和省交通厅联合举办的“山西水上交通安全新闻采风活动”启动仪式在太原举行，厅党组成员、副厅长王志民出席启动仪式并讲话。

山西属于典型的非水网地区，水运业务不发达，但具有点多、线长、面广特点。全省通航总里程1234公里，其中黄河通航里程971公里。渡口、码头143道，监管船舶1000余艘，水运企业35个，大中型封闭通航水域51处，安全监管责任重大。

王志民在讲话中指出，近20年来，山西发生过三起重大特大沉船事故，造成254人死亡，给人民群众生命财产带来巨大损失。这充分说明，在全省开展为期一年的水上交通安全专项整治活动，是省委、省政府为进一步推进社会主义和谐社会建设、保障人民群众生命财产安全、促进经济平稳较快发展作出的重大战略决策。专项整治的目标，就是使水上交通事故隐患得到有效治理，水运企业（业户）及船舶、船员的管理得到明显加强，水上交通秩序得到明显改善，水上交通安全管理水平得到明显提高，促进全省水上运输事业安全稳定发展。

5月25日 省交通厅、省财政厅、省物价局向省政府呈报《关于确认阳济二级公路为经营性公路的请示》。

5月25日至26日 省人大常委会副主任安焕晓、秘书长朱明带领部分省人大代表视察全省重点公路工程建设情况。

省人大代表们先后深入太古、阳五、忻阜高速公路视察工程建设情况。在太古高速西山隧道建设工地，代表们听取建设单位负责人汇报，得知该隧道是全国目前在建高速公路里程最长的隧道后，无不兴奋，齐赞山西交通人确实了不起。在阳五高速维社隧道、桃河特大桥，代表们得知是招商引资BOT项目时，更是好奇，详细询问该项目投资、建设及将来运营管理情况。在忻阜高速凤凰岭隧道，代表们得知忻阜高速依靠高科技注重植被保护、土地节约，被交通部确定为全国四项“高速公路科技示范工程”之一时，齐声称赞山西交通不仅是一支敢打敢拼、具有奉献精神的队伍，更是一支用高科技武装，注重环境保护、土地节约，讲科学、讲管理、讲文化的文明之师。

省交通厅党组书记、厅长段建国向代表们汇报了新一届厅党组成立以来，在新的起点上谋划和推动交通新发展取得的各项新成绩及当前工作中存在的问题、困难及下一步工作重点。安焕晓副主任在讲话中指出，多年来，山西交通事业蓬勃发展，为全省经济快速增长作出不可估量的贡献。当前，面对世界金融危机的影响，省委、省政府拿出6500亿元用于拉动经济增长，公路投资是最大的一笔。如何用好这笔钱，更好地发挥拉动作用，使各个项目如期实施是一个重要任务。她表示，需要人大解决的省人大将尽快研究解决，为交通建设创造良好的施工环境，并希望全省交通系统要以学习科学发展观为契机，化危机为机遇，争取资金，争取项目，总结经验，鼓舞干劲，增强信心，团结一致，为省委、省政府提出的转型发展、安全发展、和谐发展作贡献，同时为全省各条战线树立新榜样。

厅领导段建国、韩日裕、张志川、郜玉兰、张德仪、曹燎原、郭贵平参加汇报会或陪同视察。

5月26日 全省交通防汛暨安全生产专项整治第三阶段动员大会召开，省交通厅党组副书记、副厅长张润出席并讲话，厅党组成员、副厅长王志民主持。会议传达国家和省防汛工作会议精神，安排部署全年全省交通防汛工作，并就交通行业安全生产专项整治第三阶段工作进行安排。忻州市、阳泉市、长治市交通局和省运管局、省地方海事局、省交通质监站分别就安全生产专项整治第一、第二阶段工作作了汇报。

张润在讲话中，要求提高认识，认清形势，牢固树立安全发展理念，进一步增强责任感和紧迫感；要深刻吸取省内外各类生产事故血的教训，坚决克服消极厌战情绪、轻视麻痹思想和做表面文章，真正形成政府行动、强力推动，部门行动、上下联动，企业行动、全面落实，职工行动、广泛参与的交通行业安全生产专项整治良好局面，显著提升整体水平，有效预防各类事故发生，为交通运输事业科学发展创造稳定有序的安全生产环境。

5月26日 省交通厅巡视员曹燎原深入厅劳动服务公司护栏护网厂调研。在听取情况汇报后，要求尽快完善各种质检手续，取得合格证，争取在省内新建的高速公路上扩大销售业务；一定要把好质量关，为后勤建设及交通建设作出更大的贡献。

5月26日 省总工会副主席王兴旺、省重点办副主任刘继承深入阳翼高速公路工程建设一线进行调研，听取阳翼工程建设和开展社会主义劳动竞赛情况汇报，并进行检查指导。

5月26日 省交通厅印发《关于开展“小金库”专项治理工作的实施方案》。主要内容包括：范围和内容、方法和步骤、政策规定、组织领导、工作要求。领导组组长：张德仪；副组长：韩日裕；成员有：曹居月、郭全英、田根、胡建新、郭贵堂、戴飞、张晋鹏、董新品、李华中、牛世骏。办公室主任：郭全英；副主任：胡建新，郭贵堂。

5月26日 省交通厅、省国土资源厅向省政府呈报“关于提高公路建设耕地开垦费标准的请示”。拟由5000元/亩提高为一般耕地8000元/亩，基本农田10 000元/亩的标准执行。

5月26日 省交通厅向省财政厅、省审计厅送达《关于征求对〈交通建设项目委托审计监督管理（暂行）办法（初稿）〉意见的函》。主要包括：①总则；②委托审计管理；③招标；④投标；⑤开标、评标与中标；⑥法律责任。共计52条，自下发之日起执行。

5月27日 省政府印发《关于取消山西省境内政府还贷二级公路收费的通告》。决定自2009年5月31日24时起，取消山西省境内全部政府还贷二级公路收费。取消收费的收费站点，其设站许可证、收费许可证同时作废。对经营性二级公路，仍按现行政策，在批准的收费期限内由企业继续经营。在经营期内，企业要进一步加强管理，规范经营行为，确保路况良好，方便通行。为便于社会各界监督，同时公布取消收费的政府还贷二级公路收费站名单。

5月27日 下午，省交通厅党组书记、厅长段建国接受新华社、人民日报、经济日报、山西日报、山西经济日报、山西卫视、山西人民广播电台、山西新闻网、黄河新闻网等9家新闻媒体集中采访。厅办公室、厅新闻宣传中心、厅农村路网处主要负责同志参加采访活动。

在2009年省人代会上，王君省长代表省政府提出新农村建设五个“全覆盖”新要求，其中具备条件的建制村通水泥（油）路“全覆盖”就是最重要任务之一，并把全年完成15 000公里通村水泥（油）路作为省政府为民办的十件实事之一。5个月来，省政府多次召开专题会议进行部署，牛仁亮副省长亲自抓，在省委、省政府和国家发改委、交通运输部的大力支持下，全省村通水泥（油）路“全覆盖”工程建设计划和省级配套资金基本落实，5月21日召开全省村通水泥（油）路“全覆盖”建设推进会，对此项目工作进行再动员、再部署。

段建国向新闻媒体记者介绍目前全省村通水泥（油）路“全覆盖”工程建设完成情况和下一步的目标任务。截至2008年底，全省有3367个建制村尚未通水泥（油）路，除173个建制村不具备条件外，两年内需完成通水泥（油）路建制村3194个。根据省委、省政府提出的2010年实现具备条件的建制村通水泥（油）路的目标要求，2009年全省总的任务是：完成2169个建制村通水泥（油）路，建设规模15 000公里，全省建制村通水泥（油）路率达到95%以上。2010年完成剩余1025个建制村通水泥（油）路。届时，全省28 107个建制村中，除173个建制村不具备条件外，其余27 934个建制村全部通水泥（油）路。目前已开工990个项目，开工里程3806公里；完工91个项目，完工里程957公里，完成投资32 959万元。另外，一大批项目前期准备工作已完成，将于近日开工建设。为此，省交通厅主要通过抓领导、抓计划、抓资金、抓重点、抓典型、抓督促落实，确保全省村通水泥（油）路“全覆盖”目标的顺利实现。

段建国还就大家普遍关心的村村通工程建设资金补助、农村公路养护管理等问题回答记者提问。他说，村通水泥（油）“全覆盖”工程是贯彻中央、省委、省政府“保增长、保民生、保稳定”政策的重大举措，也是社会主义新农村建设的现实需要，需要全社会支持，尤其是各级政府大力支持。省交通厅已与各市交通局签订目标责任书，我们将加大行业促动作用，继续发扬“艰苦奋斗，迎难而上”的良好作风，确保按时完成“全覆盖”建设任务，向省委、省政府和全省人民交一份满意答卷。

5月27日 省交通厅向省发改委报送《关于平定至阳曲高速公路路线方案调整的意见》。路线里程长度由131公里调整到122公里，估算投资由1 499 891万元调整为1 474 550万元，技术标准不变，设计时速100公里，路基宽33.5米。

5月27日 省交通厅印发《关于开展2009年节能宣传日活动的通知》。时间为6月14日至20日。

5月27日 省交通厅批复大运高速公路原太段杨兴河桥特大桥病害处治及维修加固工程可行性研究报告。总投资2786万元，建设工期1年。

5月27日 省交通厅向省发改委报送《关于国道307线白家庄至张家河段改建工程可行性研究报告的请示》。改造路线全长36.15公里，二级标准，设计时速60公里，路基宽12米、10米，估算投资25 240万元，建设工期2年。

5月27日 阳泉市委副书记、市长李栋梁，市委常委、常务副市长王旭明，副市长王敬瑞等领导在市规划、交通、国土、水利等部门负责人陪同下，深入太旧高速公路坡头、平定收费站及阳五高速公路建设工地，与省高管局局长董新品等领导及相关部门负责人进行座谈研讨，就高速公路阳泉段出入口改造、迁址整合和交通枢纽建设等事宜进行专题调研。

5月28日 省交通厅向交通运输部呈报《关于取消全省政府还贷二级公路收费的请示》。经5月27日省政府第39次政府常务会议研究决定，5月31日24时起取消。

5月31日 省交通厅党组印发《关于2009年省交通厅党风廉政建设和反腐败工作任务的分解意见》。共计44条。主要内容包括：①紧紧围绕加强党性党风党纪建设，努力改进领导干部作风；②突出新一轮交通大发展中的工程廉政建设，努力打造廉政工程；③进一步加大政风行风建设力度，努力实现纠风治乱工作的新突破；④完善具有交通特色的惩防腐败体系，努力从源头上防治腐败；⑤强化对重点环节，敏感部位的监督，努力形成规范的权力运行机制。

5月31日 24时，全省一次性取消全省境内政府还贷二级公路收费。取消收费的收费站共155个，包括106条二级公路，总里程6551公里，分别由省公路局、省征费局、省交通建设投资开发总公司以及各市、县人民政府管理。省交通厅党组书记、厅长段建国，厅党组副书记、副厅长张润，厅党组成员、厅总会计师张德仪及省公路局局长戴飞、省交通征稽局局长张晋鹏、省高管局局长董新品、省交通建设开发投资总公司总经理魏庆飞等在大运二级公路小店收费站参加停止收费仪式，段建国宣布停止收费令。至此，收费人员全部撤出收费岗亭。

这一决定是根据《国务院办公厅关于转发发展改革委交通运输部财政部逐步有序取消政府还贷二级公路收费实施方案的通知》精神，经省政府常务会议研究决定的。省政府于5月27日发布《关于取消山西省境内政府还贷二级公路收费的通告》。5月28日,省交通厅召开全省交通系统取消政府还贷二级公路收费工作电视电话会,厅党组书记、厅长段建国作重要讲话,厅党组副书记、副厅长张润对有关工作进行动员部署。5月30日,厅党组副书记、副厅长张润主持,省厅再次召开取消政府还贷二级公路收费工作部署会,并成立财务审计、人员安置、政策咨询宣传三个工作小组和5个指导检查组,5个指导检查组已于5月31日一早分赴全省各地督促检查。取消收费的收费站点,其设站许可证、收费许可证同时作废。任何地方、部门、单位和个人,不论以任何理由、任何名义继续收取或变相收取政府还贷二级公路通行费,将被严肃查处并追究责任。监督举报电话:0351-4663058 7026470。

张润在小店收费站现场接受媒体采访时表示,取消政府还贷二级公路收费是经济发展、社会进步的必然。实施这项改革,对于进一步细化收费公路结构,完善收费公路发展政策,构建以高速公路为主体的收费公路网络和以普通公路为主体的提供普通服务的公路网络,降低道路运输成本和社会负担,促进全省经济发展,均具有重要意义。对于人们普遍关注的收费人员安置,他表示,这是顺利推进取消收费改革工作的重要保障,将坚持以人为本原则,按照"谁主管、谁负责",依法依规、分类安置,平稳过渡、确保稳定的具体要求,多渠道、多领域进行妥善安置。

5月31日 省交通厅印发《关于督导检查取消政府还贷二级公路收费工作的通知》。

5月31日 省交通厅印发《关于认真做好取消政府还贷二级公路收费近期有关工作的通知》。

5月31日 省交通厅向交通运输部呈报《关于调整二河国道主干线大同绕城公路西段概算的请示》。拟增加数额9805.5万元。

6月

6月1日 省交通厅党组书记、厅长段建国深入太原市晋源区海事处和晋阳湖水域调研水上交通安全工作,并现场接受省城新闻媒体记者采访。他说,山西属于典型的非水网地区,水运业务不发达,具有点多、线长、面广特点,安全监管责任重大。目前,全省海事机构仍然存在着一些不容忽视的问题。一是体制机制不顺。很多沿黄河县,海事工作经费难以保证,不具备独立执法能力。二是法制不健全。主要表现在农用船没有管理主体,对小型船、挖沙船、餐饮船的安全监管缺少法律依据,全省60%的渡口码头为自然坡岸,存在安全隐患。三是应急能力不强。海事装备建设相对滞后,一旦发生水上事故,海事机构不能做到在第一时间赶赴现场,实施救援。为此,省交通厅将采取4项措施加以解决。一是借机构改革东风,争取省政府支持,进一步理顺海事管理体制。二是争取省人大出台《山西省水上交通管理条例》,为水上交通安全监管提供可靠法律保障。三是加强水上应急能力建设,尽快组建山西省水上搜救中心,不断提高全省水上应急搜救水平。四是加大安全监管和水上基础设施投入,全面加强海事队伍建设、装备建设和基础设施建设,为确保全省水上交通安全提供坚强保障。

6月1日 从零时起,山西省155个政府还贷二级公路收费站正式撤销,停止收取车辆通行费。其中包括省交通征费稽查局所管辖的11个收费站。省征稽局采取3项措施,确保撤站工作顺利进行。一是成立局长任组长的领导组;二是召开全系统视频会议、分局长会议,进行安排部署;三是省局领导包片负责,监督指导收费站做好财务控制、资产清理登记封存、安全稳定等工作。

6月1日 省交通厅印发召开全省交通系统老干部工作会议有关事宜的通知。

6月1日 省交通厅批复得胜口治超检测工程施工图设计。核准预算19 836 147元。

6月2日 省交通厅、省财政厅、省物价局向省政府呈报《关于确认阳济公路属性核定收费期限的请示》。建议收费期限确定为24年(至2020年底)。

6月2日 省交通厅向省发改委报送《关于省道盂榆线盂县城至西南庄改建工程可行性研究报告的请示》。路线长17.79公里,设计时速60公里、30公里、20公里,路基宽10米、7.5米,投资估算7260万元,建设工期2年。

6月2日至3日 省交通厅党组成员、副厅长张志川深入吕梁高速公路公司调研。省高管局局长董新品陪同。

6月2日下午,张志川一行先后对夏汾高速公路路面改造工程、汾离和离军路段建设期的遗留缺陷工程进行实地察看,详细了解公司整体运营管理情况。6月3日上午,在听取公司汇报后,张志川对吕梁高速公路整合后的各项工作给予充分肯定,认为整合过程稳定,保持工作连续性,各项制度正在完善,重点工程全面展开,职工认同感和公司凝聚力不断增强,发展势头良好。

张志川在讲话中指出,夏汾高速公路作为全省第一条全面大修的水泥混凝土高速公路,一定要充分认识重要意义,切实加强施工管理,建立监理抽查和考核、奖罚制度,在保证质量前提下,加快工程进度;同时要作为一个科研课题认真总结经验,为全省公路发展提供借鉴。要认真处理好汾离、离军高速公路遗留缺陷工程,公司要与建设管理单位加强沟通,责成专人组成工作组,实地调查,与原设计图纸进行核对,对遗留缺陷工程和新增工程区分明确;遗留缺陷工程,可由建管单位组织施工,也可由建管单位委托吕梁高速公路公司施工,由建管单位验收,做到责任明确,限期修复。公司要注重规范化管理和管理创新,加强企业文化建设,大力培育社会主义核心价值观,规范行为准则,增强凝聚力和向心力。

调研期间,张志川一行还就完善吕梁高速公路排水防护设施,加强重点部位的排水防洪工作和解决离军段站区用水、服务区建设等问题提出具体要求。

6月3日 省交通厅印发《山西省道路水路运输行业防控甲型HINI流感工作方案》。主要包括组织领导、重点防控领域及部位、防控体系建设、应急响应、落实措施5项。领导组组长:王志民;副组长:李华中、牛世骏、张海青、尹新平、杨吉平、时晋杰;成员有:张翼、苏敏、张海珠、孙印、王建民、武艺。办公室主任:张翼;副主任:张海珠、孙印、王建民。

6月4日 省交通厅印发《关于报送农村公路改造工程省补助投资计划的通知》。

6月4日 省交通厅印发《关于认真做好〈汶川特大地震抗震救灾志〉资料搜集和志稿编纂工作的通知》。编委会主任:段建国;副主任:张润、王志民、张志川、韩日裕、郜玉兰、张德仪、赵振田、曹燎原、郭贵平;委员有:尹新平、王京荣、蒋品、蔺建煌、杨俊威、王晓光、史荣和、李俊生、戴飞、李华中、师国梁、杨原平、杨海龙。办公室主任:尹新平、师国梁;副主任:石建高、张岐山、梁锦华。

6月4日 山西省第十一届人民代表大会常务委员会第十次会议任命段建国为山西省交通运输厅厅长。

6月5日 省交通厅转发交通运输部《交通基础设施建设领域领导干部八项规定》。

6月5日 省交通厅印发《关于筹备成立山西省交通运输摄影家协会的通知》。名誉主席:段建国、王志民;主席:张德仪;副主席:戴飞、张晋鹏、李华中、董新品、牛世骏、王晓光、杨吉平;秘书长:王建功。

6月8日 省交通厅印发《关于深刻吸取成都市"6·5"公交车燃烧重大事故教训切实做好道路旅行社运输安全工作的紧急通知》。提出5点要求。即深刻吸取成都"6·5"

事故教训,增强做好道路旅客运输安全工作的责任感与紧迫感;举一反三,深化安全生产隐患排查整治;严格日常安全管理,夯实安全工作基础;强化行业安全监管,维护安全生产形势稳定;加强人员培训教育,提高应对突发交通公共事件能力。

6月8日 省交通厅向省政府呈报《关于申请启用山西省交通运输厅印章的请示》。

6月8日 省交通厅印发《公路建设项目高危工程施工安全强制性要求》。主要包括总则、安全生产管理、隧道工程、爆破工程、高墩大跨径桥梁工程、高填深挖路基及其防护工程6章。

6月8日 省交通厅向省发改委报送《关于批复临汾城西客运站工程可行性研究补充报告的请示》。占地135亩,总建筑面积19 177平方米,总投资估算16 406万元。

6月8日 省交通厅印发《关于报送应急管理工作动态和信息的通知》。

6月9日 省交通厅党组副书记、副厅长张润,厅党组成员、省公路局党委书记赵振田一行深入汾(阳)平(遥)高速公路中铁四局13标段和中铁十局14标段建设工地,详细了解工地安全防汛工作,并就各项制度落实和物资储备情况听取情况汇报。

张润在讲话中,提出5点要求。一是加强领导,强化管理,确保工程质量安全,千万不能麻痹大意;二是扎扎实实狠抓落实,根据特点,结合防汛重点,制订应急预案,完善和优化应急预案体系,做好预防预警、应急处置和善后处置各项工作;三是结合实际,突出重点,明确任务,落实责任,严防死守,对施工现场重点防范,雨天责成专人负责,一旦出现险情立即启动抢险预案;四是精心组织,全面排查,切实做到心中有数,求严,求细,求精,求实,全力确保施工安全;五是对于存在的隐患,摸清情况,查明原因,限期整改,为交通大建设和大发展营造稳定的安全生产环境。

6月9日 省交通厅、省发改委、省财政厅、省审计厅、省物价局印发《关于锁定政府还贷二级公路债务及里程等有关事宜的通知》。主要包括关于政府还贷二级公路认定、债务余额认定、认定依据、审计组织形式和工作要求、资产清查5项内容。

6月9日 经过1年多的考察谈判及工程建设,世界500强企业韩国SK公司联手兆华国际(香港)投资有限公司、山西省公路局沥青库共同投资建设的目前全省规模最大的沥青仓储及深加工企业——山西爱思开振华沥青有限公司开业庆典仪式在平遥隆重举行。投资总额2500万元,注册资金2000万元,主营沥青仓储及沥青深加工业务。目前,已建成库容1.2万吨储罐,并依托先进SK技术建设年产50万吨改性沥青加工厂,对外销售SK品牌优质道路改性沥青。该企业的建成,将为全省及华北、西北地区高速公路及市政道路建设提供可靠的沥青供应。

SK能源特殊制品部朴焌吉常务、兆华国际(香港)投资有限公司董事长毋一兵先生,省交通厅党组副书记、副厅长张润,厅党组成员、省公路局党委书记赵振田以及平遥县委、县政府主要领导出席开业庆典仪式。

6月9日 省高管局召开视频专题会议,就全省高速公路通行费征管联合稽查工作进行具体部署。从6月10日起,省高管局派出四个联合稽查组分赴全省各高速公路,开展为期1个月的专项联合稽查,从通行费稽查工作覆盖面、稽查工作质量和发现问题整改落实情况等3个方面,通过查阅资料,现场抽查等形式进行检查。

6月9日至12日 由交通运输部质监总站站长李彦武为组长,部质监总站、监察局、吉林、安徽、湖北、甘肃、上海、新疆等地10位专家组成的交通运输部督察组,在厅总工程师郜玉兰陪同下,对闻垣、太佳高速公路(吕梁段)及吕梁沿黄扶贫路柳林段工程建设进行质量安全综合督察。

此次督察工作分外观组、桥隧组、路基组和内业组共4个小组,采用现场检查、实体检测、内业资料检查和询问等方式,对项目建设程序、参建各方的质量安全行为、实体工程质量等情况进行检查。

6月13日,督察组在太原就督察情况进行意见反馈。省交通厅党组书记、厅长段建国,厅党组成员、厅总工程师部玉兰参加座谈会。督察组对质量安全状况表示非常满意,认为科学化管理、规范化施工、精细化作业,安全设施设备到位,标志标示齐全明显,安全措施多管齐下,成绩显著。

段建国在讲话中,代表厅党组对督察组表示感谢,提出5点要求。一要正确处理好保增长、保民生、保稳定与尊重客观规律的关系;二要正确处理好质量、进度和安全的关系;三要正确处理制度与监管的关系;四要始终坚持细节决定成败的理念;五要严格按照技术规范要求,确保安全生产,加快施工进度。各建设单位都要以这次督察为契机和起点,认真抓好各项工作,有效防止本次督察中发现问题的再次出现,推动全省重点公路工程建设又好又快发展。

6月10日 荣成至乌海高速公路灵丘至山阴段开工仪式在大同市浑源县小辛庄村隆重举行。省委副书记、省长王君出席并宣布项目开工,副省长牛仁亮讲话。省政府秘书长王清宪、副秘书长陈永奇,省直有关部门及金融部门负责同志,大同市、朔州市四大班子领导出席。厅党组书记、厅长段建国主持,厅党组副书记、副厅长张润介绍工程概况。

项目是国家规划建设的“7918”高速公路网的重要组成路段,国家发改委于2009年3月30日正式批准立项。位于大同市和朔州市境内,起于晋冀交界灵丘驿马岭隧道,经灵丘县、浑源县、应县、山阴县,终点接大运高速公路立交枢纽,全长153.96公里。双向4车道,时速100公里,路基宽26米,概算投资83.2亿元。根据规划,2009年完成浑源至山阴段路基、桥涵工程,2010年部分路段通车,2011年全线建成通车。

副省长牛仁亮在讲话指出,该项目开工建设,对拉动山西经济平稳较快发展,优化和完善公路路网结构与布局,提升山西对外形象,将发挥重要作用。项目沿线市县政府和各有关部门要高度重视,精心组织,密切配合,协同行动,积极做好项目建设中的土地、环保、拆迁等相关工作,为工程建设创造良好外部环境;交通部门和各参建单位要继续发扬特别能吃苦、能战斗、能奉献精神,精心设计,科学施工,强化管理,努力打造高速公路精品工程,为推动山西转型发展、安全发展、和谐发展,加快新基地新山西建设作出新的贡献。

大同市市长耿彦波、朔州市市长冯改朵,大同高速公路建设管理处处长李应怀分别代表地方政府和参建单位作表态发言。他们表示,要树立全方位服务意识,强化全过程协调配合,创造良好施工环境,把灵丘至山阴段打造成经得起人民评判和历史检验的精品工程。

6月10日 省交通厅党组印发《关于表彰模范离退休人员暨老干部工作先进单位、先进活动中心(室)及先进个人的决定》。其中,先进单位16个,先进活动中心(室)15个,先进工作者41名。

6月10日 省交通厅向省政府呈报《关于修建太原武宿机场快速路有关事宜的请示》。估算投资4.6亿元。

6月11日 省交通厅向省发改委报送《关于太原武宿机场快速路可行性研究报告的请示》。路线全长3.214公里,其中桥梁2.66公里,设计时速60公里(匝道40公里),路宽2×10米,估算总金额46 427万元,建设工期1年。

6月10日至13日 由省交通厅党组成员、驻厅纪检组组长韩日裕担任组长的省重点工程建设监督检查第三组对长治市、晋城市重点工程项目进行监督检查。

在长治市,检查组详细听取长治市政府对铁路、机场、公路等重点工程项目有关工程管理、质量安全、财务管理、党风廉政方面的工作汇报后,要求长治至临汾高速公路项目按照国家有关规定尽快理顺建设主体问题，加快前期工作，尽快开工建设。长治至平顺高速公路项目加快清表等准备工作，组织施工、监理单位尽快进场，长治市政府要做好征地拆迁后续工作，协调解决平顺芦芽煤矿开采后，影响虹梯关隧道安全问题，确保施工单位进场施工的顺利开展，为工程建设创造良好外部环境。

在晋城市，韩日裕率领督察组全体成员深入一线检查晋城环城全线和阳翼高速公路部分标段建设情况，听取晋城环城、高平至陵川、阳城至翼城有关工程建设情况汇报，要求3个项目部抓住当前施工黄金季节，加快工程施工进度，当地政府要做好相关服务工作。

6月12日下午，检查组一行在当地政府和项目业主负责人陪同下，对阳翼高速公路19合同段沁水西港煤业公司从2007年11月至今阻拦西岭沟大桥施工问题进行实地察看，现场办公，当场听取项目业主和煤矿负责人的详细汇报后，与晋城市、沁水县领导进行沟通。最后，晋城市召集国土、城建等部门研究决定由市政府另选址安置阳翼高速压覆西港煤矿土地资源，阳翼高速与西港煤业现场签订补偿协议，施工单位当即进场施工，圆满解决阳翼高速西岭沟大桥桩基不能开挖，制约大桥如期建成及工程进度问题。

6月11日至13日 太长高速公路顺利通过交通运输部组织的竣工验收，被评为优良工程。省交通厅党组副书记、副厅长张润参加验收。

项目2003年10月18日开工建设，2005年11月8日正式通车。在建设中，坚持“科技、人文、生态、景观”新太长理念，充分借鉴先进经验，用创新手段解决难题，提高品位。全线利用边角废地等共修建11处小景点，别出心裁地设计建设了服务区大通道；在桥梁设计中，成功解决目前桥面系与梁体衔接技术难题；在勘察设计中，除运用GPS外，还运用卫星地质遥感技术和DTM数模技术，极大提高勘察设计质量和功效；按照“多见绿、少见灰、不见黄”原则，建设生态、景观太长等。

验收组通过听取汇报、现场检查验收、小组汇总讨论、小组通报检查结果等议程，对工程进行认真验收和总结。一致认为：该工程投资少，效果好，对最终设计效果表示满意，对工程质量给予高度评价，综合评定为优良工程。

张润在讲话中指出，太长高速公路的成绩来之不易，太长高速公路公司在圆满完成竣工验收后还应努力，完成好加快工程余款的结算工作、资料归档、总结推广等后续工作。要确实加强管理，特别是采空区管理。要加强隧道管理和高边坡防护检查观测，处理好路面车辙和服务区路面破损等；对验收组提出的意见和问题，要认真贯彻，整改落实，努力把太长路经营好、管理好，为山西经济社会发展作出新的更大贡献。

6月12日 全省交通系统老干部工作暨“双先”表彰会召开。回顾过去两年来全系统老干部工作，总结经验，分析形势，研究部署下一阶段工作。厅党组成员、副厅长、厅老龄工委主任王志民主持会议，厅巡视员、厅老干部领导组副组长、厅老龄工委常务副主任曹燎原作工作报告，省委老干部局省直处处长张利邦出席并讲话。厅老领导廉平、任先泉、杨继刚、部学文及厅机关有关处室负责人、厅直各单位主要领导、老干部工作部门负责人、模范离退休人员代表及老干部工作先进个人代表出席。

近两年来，全系统各级党组织和老干部工作部门在维护老干部利益，服务老干部生活，保持老干部工作队伍稳定方面做了大量工作，取得显著成绩。2006年省厅老龄工委被评为“全国老年维权示范岗”，2008年被省直工委评为“老龄工作先进单位”，2008年省厅关工委被评为山西省“关心下一代工作十佳先进集体”。全系统各级党组织共表彰30多个老干部工作先进集体和118名先进个人，有两个集体、两名个人受到省委组织部表彰，有1人受到中组部表彰。厅党组还研究决定：从2009年起，为每一位过生日的老同志送上鲜花和蛋糕，对90岁的老同志厅党组专程上门祝寿，给他们送去组织温暖。厅党组还为厅属各单位老干部处（科）老龄工作委员会专门赠阅《山西交通》两份，鼓励老同志为交通发展建言献策。厅属各单位基本做到定期向老干部通报单位情况和主要工作，主动接受老同志监督。同时，还组织形式多样的文体活动，丰富老干部生活。在保证“两费”按时足额发放前提下，各单位领导对老同志都坚持“生病住院必访，家有困难必访，重大节日必访”的送温暖制度，把关心和爱送到老同志身边。

曹燎原在讲话中，要求认真组织引导离退休干部开展学习实践科学发展观活动，加强离退休干部党支部建设和思想政治建设，认真落实离退休干部政治待遇各项制度，积极开展丰富多彩的庆祝活动。

王志民在讲话中，要求从小抓起，从细抓起，注重点点滴滴，注重感情投入，统筹各方利益，多做一些订报纸、作汇报、送鲜花、送健康工作，努力把老干部思想疏通，情绪理顺，让老干部始终保持健康身体、快乐心态，让他们安度晚年、发挥余热。

会议对模范离退休人员、老干部工作先进单位、先进活动中心（室）和先进个人进行表彰。

6月14日 省交通厅向省财政厅报送《关于预拨省交通厅所属政府还贷二级公路取消收费后应急维稳保障资金的紧急请示》。总计约需21 647.9万元。

6月15日 省交通厅党组转发《中共山西省委关于加强领导干部党性修养大力树立和弘扬良好作风的意见》。

6月15日 为了进一步激发广大筑路员工建设热情，确保全省重点公路建设目标任务顺利实现，为建国60周年献上一份厚礼，省公路运输工会和厅重点办组织文艺演出队开始赴全省已开工的高速公路建设工地和部分在建的国省道重点工程建设工地进行巡演。

6月16日至17日，演出队分别赴太古、太佳高速公路进行慰问演出。演出节目丰富多彩，有歌唱、舞蹈、小品、杂技、诗朗诵等，节目精彩纷呈，演出高潮迭起，博得筑路员工们阵阵掌声。厅党组副书记、副厅长张润，厅副巡视员郭贵平出席太佳高速公路演出活动并慰问演职人员。

演出队由太原高速公路公司文艺队和交通系统的文艺骨干以及省军区宣传队联合组成。演出队将赴全省13个重点公路工程建设工地进行慰问演出，活动于7月底前结束。

6月15日 省交通厅印发《关于贯彻执行国家防总防汛抗旱值班规定的通知》。《规定》共计66条。

6月15日 省交通厅印发2009年全省交通教育工作要点。

6月15日 省交通厅印发《山西省农村公路日常养护作业指导意见》。主要包括总则、路基、路面、桥梁与涵洞、交通安全设施、绿化、公路养护巡查、水毁预防和治理、附则9章49条，自发布之日起施行。

6月16日 以省交通厅党组成员、驻厅纪检组组长韩日裕为组长的全省重点工程建设第三监督检查组一行8人，对运城高速公路、铁路、民航等重点工程项目建设进行检查。

督察组一行听取大同至西安高速铁路运城段及新车站建设、运三铁路建设、运城机场候机楼扩建等项目的进展情况汇报；闻喜至合阳、运城至灵宝、河津至运城三条高速公路的进展情况全面汇报及闻垣高速建设进展情况汇报，并现场检查运城机场候机楼扩建工程进展情况。

韩日裕在讲话中，对运城区域重点工程建设进展情况给予充分肯定。他说，运城在地方征迁方面有成功的经验和好的做法，运城市委、市政府要继续支持重点工程建设，要继续为重点工程建设创造良好的外部环境和有利条件，推动工程项目建设顺利进行。涉及到省级对接的工程项目，采用省厅负责协调，市政府负责项目建设，高速公路负责建设施工管理的模式。要加紧推进重点工程项目建设，力争在三年左右的时间内，基本形成高速公路、铁路、航空为主干的立体交通网络，拉动和促进区域经济社会的发展。要在确保工程质量和安全前提下，加快工程建设，为全面完成“十一五”规划的高速公路建设任务努力奋斗。

6月16日 省交通厅副巡视员郭贵平带领有关部门负责人，深入太佳高速公路吕梁段项目施工现场进行认真检查，并主持召开由管理、施工、监理、设计、试验等单位参加的整改落实会议。要求采取“六项措施”，抓好整改落实。即提高思想认识，切实增强责任感与紧迫感；加强组织领导，进一步落实安全责任体系；抓住主要矛盾，突出重点工作；加强综合基础设施建设，做好汛期应急准备工作；认真履行职责，加强安全监管力度；严格隐患排查，建立责任追究制度。同时，太佳高速公路太原段建管处、太古高速公路建管处也要吸取教训，对自身项目认真梳理，举一反三，注重关键环节、关键工序，抓住主要矛盾，特别是对高危工程、存在易发、高发安全问题工序进行认真排查，做到早发现，早解决，早落实。

6月16日 省交通厅向省政府呈报长治至平顺、太行大峡谷旅游公路开工仪式方案和平遥至榆社高速公路建设推进会方案的报告。

6月16日 省交通厅印发《关于表彰2008年度综合治理工作标兵单位、先进单位、先进集体、先进个人的决定》。其中，标兵单位5个，先进单位7个，先进集体6个，先进个人66名。

6月16日 晚上，在黑虎旅游公路项目部职工食堂，参加交通援建工作的山西路桥一公司四位职工赵杰明、李友德、任建华、于根波度过了一个终生难忘、欢乐开怀的生日。

阿坝州副州长、茂县县委书记尼玛木，委托茂县副县长刘文忠，代表茂县委、县政府及他本人来参加同志们的生日宴会，并带来四个生日蛋糕、四箱红酒以及猪肉蔬菜等慰问品。黑虎乡党委书记殷金香为四位同志送上具有羌族特色的鞋垫。席间，省交通厅对口援建领导组驻茂县代表姚望科给大家转达尼玛木祝福短信，并向四位同志一一敬酒，致以美好祝福。刘文忠向大家一一敬酒，祝愿：“祝生日快乐！祝所有参加援建的弟兄们生活快乐，身体健康！茂县人民感谢你们！”

6月17日 上午，省交通厅举行全省交通基础设施建设安全生产专项整治培训会。会议安排部署专项整治第三阶段工作，对新组建的专项整治检查组成员进行培训。厅党组副书记、副厅长、厅安委会常务副主任张润出席并讲话。

省厅新组建11个专项整治检查组，将用6个月时间，通过省、市、县政府及部门联动，以在建高速公路、国省干线公路、农村公路新建改建及大中修项目和水运渡口码头建设项目工程为载体，按照专项整治方案要求，对所有建设、施工、监理单位和主管部门进行全面细致的检查，重点是对高速公路、国省干线公路建设项目进行分类专项整治检查。

会议要求，各检查组要根据工作任务，进行有侧重点的分工，按照“谁检查、谁签字、谁负责”的原则逐项检查。对检查工作不负责任，不认真履职，造成严重后果的，要追究相关检查人员的责任。

张润在讲话中，要求各检查组成员要清醒认识当前安全生产形势，进一步增强紧迫感、责任感；认真负责，全力以赴，坚决完成分类整治各项目标和任务，为全面提升全省交通基础设施建设安全管理总体水平，切实维护广大人民群众切身利益，为山西交通基础设施建设又好又快发展作出新的贡献。

参训人员还观看了湖南凤凰桥、尖山铁矿、襄汾溃坝、6·3特大交通事故等安全生产事故警示教育片。

6月17日 上午，省交通厅召开“小金库”治理自查自纠工作推进暨业务培训会议。厅党组成员、厅总会计师、厅“小金库”治理工作领导组组长张德仪出席并讲话。

会议传达省纪委、监察厅、省财政厅、省审计厅《关于在全省党政机关和事业单位开展“小金库”专项治理工作的实施意见》,厅治理工作领导组办公室主任郭全英就厅属单位整治工作前期开展情况及反映的问题作了说明,并提出具体要求。省财政厅有关专家对与会相关业务人员就有关知识进行专业培训。

张德仪在讲话中,要求全省交通系统各单位要进一步增强政治意识、责任意识、纪律意识,统一思想,提高认识;明确工作任务,把握工作重点,确保治理取得实效;要加强组织领导,不折不扣执行省厅要求,明确工作责任,切实把自查自纠落到实处,以认真负责态度,求真务实作风,圆满完成“小金库”专项治理任务。

6月17日 省公路局局长戴飞、忻州市副市长杨晋生深入忻保高速公路,对全线工程建设情况进行调研指导。

6月18日,针对存在和影响制约工程建设的具体问题召开座谈会。忻保高速公路建设管理处汇报工程建设情况,重点通报保德境内8个标段所涉及的土地征用、房屋拆迁、林木砍伐、神华压矿、弃土场确定等情况。

戴飞在讲话中,就掀起高速公路建设新高潮提出10点要求。一是明确目标,落实责任,制定出台完成目标任务的责任书,前线指挥部要严格审核各施工单位组织计划,制定保证措施。二是层层负责,分工明确,细化工作目标,把任务落实到人头上。三是进一步提高领导决策预见能力。把工程建设中可能出现的新问题估计到,力求避免不必要浪费。同时,建管处还要为路桥企业提供良好服务。四是工程建设中出现的问题,采取先易后难,逐个解决,稳步推进。五是结合安全生产专项整治工作,强化安全责任意识,把安全生产作为工程建设的头等大事来抓,并抓好防汛管理。六是狠抓廉政建设,把预防职务犯罪工作抓实抓细,保证建好一条路,不倒一个人。七是工程变更做到随报随批,不得因变更时间贻误和影响工程建设进度。八是对于在地方协调中出现的难以解决的客观困难,要争取从多种渠道寻求解决办法。九是确实加强对工程建设资金早日到位,当前要把工程预付款尽快拨付到施工单位,省局驻忻保高速公路效能督导组要强化资金监督管理,保证重点工程建设资金运行安全。

6月17日 省交通厅批复原则同意泽州县人民政府《关于天水岭煤焦营业站与晋济高速公路天水岭互通入口连接事宜的请示》。

6月17日 省交通厅印发《关于切实加强政府还贷二级公路债务及里程锁定审计配合工作的通知》。

6月17日 省交通厅印发《关于对定襄县大南邢至龙门公路质量问题的通报》。

6月17日 省交通厅印发《关于加强旅游公路建设与管理的通知》。

6月18日 上午,全省重点工程劳动竞赛现场推进会在晋城至侯马高速公路阳城至翼城段黄龙圪梁隧道施工现场隆重举行。省人大常委会副主任、省总工会主席郭海亮,省交通厅党组书记、厅长段建国,晋城市委副书记、市长王茂设,省重点办副主任赵建宏,省总工会副主席王兴旺,各市总工会、部分产业工会分管领导以及各在建重点工程项目单位代表出席。会议由省劳动竞赛委员会副主任、省总工会常务副主席高凤平主持。

段建国致欢迎词。他代表东道主对会议召开表示热烈祝贺,对前来参加会议的各重点工程建设兄弟单位致以诚挚问候和崇高敬意,并表示将乘推进会东风,再掀重点公路工程建设新高潮,实现全省“十一五末”高速公路通车里程达到3000公里奋斗目标。

阳翼高速公路建设管理处、阳翼高速公路L21合同段、太原火车南站项目部代表向大会介绍以劳动竞赛为载体、全力推进重点工程建设的经验和做法。

王兴旺宣读《山西省劳动竞赛委员会关于为阳翼高速公路建设管理处颁发“五一”劳动奖状的决定》；高凤平宣读《山西省总工会关于命名山西路桥二公司阳翼高速L16项目部等20个单位“山西省工人先锋号”的决定》，大会为上述单位举行颁奖、授旗仪式。

会上，省政府工程事务管理局局长赵友亭代表出席会议的全体代表宣读倡议书。

郭海亮在讲话中，对阳翼高速公路建设所见所闻概括为工程建设管理好、劳动竞赛组织好、沿线党委百姓支持得好、有关部门配合得好，并向所有为重点工程建设作出贡献的先进集体和个人致以亲切慰问与崇高敬意。他说，为确保重点工程建设又好又快扎实推进，各参建单位积极开展“保质量、保工期、保安全、保节能，比安全文明施工、比奉献创新精神，创一流管理、创优质工程”的“四保两比两创”竞赛活动，哪里有重点工程建设，哪里就有火热的劳动竞赛场面，哪里就有“工人先锋号”旗帜在飘扬，重点工程建设实现大突破、大发展，成为拉动全省经济增长的火车头。各级工会都要把组织开展重点工程劳动竞赛作为重点来抓，以优质高效为目标，以创建“工人先锋号”为载体，凝聚职工力量，激发劳动热情，推动重点工程建设上台阶、上水平。要通过劳动竞赛，进一步提高职工素质，发扬劳模精神，维护职工合法权益，创建和谐的劳动关系。要进一步探索新形势下劳动竞赛的新形式、新做法，探索规律，总结经验，使劳动竞赛在重点工程建设中发挥积极作用。他希望各重点工程建设单位，在省委、省政府的正确领导下，以出色的建设成就向国庆60周年大庆献礼，向全省人民交上一份满意答卷。

晋城市市长王茂设、省重点办副主任赵建宏也在大会上作了讲话。

会议结束后，与会代表集体参观了阳翼高速施工现场。

6月18日 上午，省交通厅党组书记、厅长段建国深入晋城公路分局调研。先后实地察看分局交通智能信息中心、公路规划勘察设计院、老干部活动中心、机关图书阅览室和办公大楼大院整体环境建设，与分局干部职工和离退休人员亲切交谈，详细询问工作、生活情况。晋城市委常委、副市长赵学梅陪同调研。

听取汇报后，段建国对分局整体工作给予充分肯定。他说，分局能够认真分析形势，理清思路，抓住重点，全力加快推进长晋线高平至晋城、陵沁线晋城至阳城两条一级路前期工作，想方设法化解项目融资、用地指标、征地拆迁等难题，充分利用地方政府优惠政策和沿线工矿企业的大力支持，积极推进项目进程，非常值得肯定。省厅将对这两条一级公路的前期工作给予关注和支持。

段建国在讲话中，要求继续强化公路养护管理工作，养好路、管好路、建好路，树立良好行业形象；坚持不懈地抓好治超工作，强化执法队伍的管理、教育，坚决杜绝公路“三乱”发生；工程招投标要严格按程序办事，防止、杜绝公路建设领域的腐败现象。希望晋城市委、市政府继续支持晋城公路事业发展，不断创造更加宽松、良好外部环境。

赵学梅在讲话中，代表市委、市政府对省交通厅表示衷心感谢，希望一如既往地支持晋城市地方交通事业，努力实现双方共同发展。

6月18日 中国城市公交行业政研会华北片第七次年会在阳泉召开。省交通厅党组成员、副厅长王志民，阳泉市四大班子领导，中国城市公交行业分会理事长郑树森出席。

本次会议的主题是：贯彻城市公交行业六届一次年会精神，研讨交流各地城市公交企业深入学习实践科学发展观，加强党建工作、思想政治工作、企业文化建设，打造公交优势，推动公交企业科学和谐发展的经验和做法，各市落实公交优先发展政策情况。来自北京、天津、石家庄、秦皇岛、唐山、张家口、承德、保定、衡水、呼和浩特、巴彦淖尔、乌海、太原、长治、临汾、晋城、阳泉等华北地区17

个城市交通战线、公交战线的近200名代表出席。

北京、天津、河北、内蒙古，山西阳泉公交总公司在会上作经验交流。

王志民在讲话中，希望会议指导和推动全省城市公交行业政研工作发展，为城市公交行业科学发展提供重要政治保证和智力支持，进而规范城市公共交通管理，提高城市公共交通服务质量和形象，满足人民群众出行需求，促进城市经济社会协调发展。

6月18日 下午，长晋高速公路公司“工人先锋号”揭牌仪式暨第五届军事会操在长晋高速公路高平服务区举行。省交通厅党组书记、厅长段建国，晋城市委常委、副市长赵学梅出席揭牌仪式。

下午3时整，随着现场总指挥一声令下，队列会操比赛正式开始。来自长晋高速公路公司的7支代表队迈着整齐步伐，喊着“内强素质、外树形象、团结奋进、再创辉煌”、“保护路产、维护路权”等响亮口号，依次通过主席台接受检阅。炎炎烈日下，各参赛队伍士气高昂，队容严整，步伐整齐，动作划一，全面诠释山西交通人飒爽英姿和良好形象。随后，各方队结合岗位特点，进行太极拳、交通手势、擒敌拳、韵律操及广播操项目汇报表演。在表演中，参赛队员整齐划一动作、铿锵有力口号和高昂气势，不时赢得现场观众阵阵掌声。

观摩比赛后，公司党委书记刘玉怀致欢迎辞，并就创建工作做简要介绍。段建国、赵学梅共同为“工人先锋号”揭牌并讲话。段建国在讲话中，要求全体员工努力践行“以人为本、服务为民”理念，不断创优服务环境，创新服务内容。同时，要以创建“工人先锋号”活动为契机，进一步激发职工工作热情和创造活力，全面提高工作效率，认真履行“三个服务”崇高使命，努力构建和谐高速。

6月18日 省交通厅向省政府呈报《关于交通运输部等三部委〈关于开展收费公路权益转让项目清理整顿工作的请示〉反馈意见的报告》。

6月19日 迅速掀起灵丘至山阴高速公路建设高潮誓师动员会召开。省交通厅党组副书记、副厅长张润出席并讲话。要求咬紧目标不放松，全力以赴抓进度，为2010年西段通车、2011年全线贯通打基础。

项目是国家规划建设的“7918”高速公路网的重要组成路段，起于晋冀交界灵丘驿马岭隧道，经灵丘县、浑源县、应县、山阴县，终点接大运高速公路立交枢纽，全长153.96公里，概算投资83.2亿元。根据规划，2009年完成浑源至山阴段路基、桥涵工程，2010年部分路段通车，2011年全线建成通车。

张润在讲话中，要求施工单位认真编制实施计划，按合同要求保证投入；创造优良施工环境，组织劳动竞赛，形成争优创先氛围；坚持精细化管理，落实项目建设责任，坚决实现质量、安全、管理、廉政零投诉。广大施工技术人员要充分发挥聪明才智，依靠科技攻关，进一步提高自主创新能力，把项目建设成一流的示范工程，并按时通车。

中铁十七局、中铁十五局、中交一局项目部河北四方公路工程有限公司分别代表施工单位、监理单位作表态发言。

6月19日 省科技厅组织省内有关专家，对太原高速公路公司研发的“高速公路治超不停车快速检测系统”进行成果鉴定。

与会专家代表认真听取项目组研发报告，详细审阅项目技术资料，观看系统运行专题片。经质询和充分讨论后一致认为，该研究项目针对目前国内高速公路运输治超检测工作中存在着检测速度慢、人工可干预检测、一线治超人员劳动强度大、检测设备故障率高、易造成交通拥堵、诱发公路“三乱”等问题，运用高速弯板称重、车辆识别、可变显示、声光报警、远程监控、计算机网络等技术，将高速公路入口治超检测与收费放行系统有机结合，实现对进入高速公路的货运车辆进行智能不停车自动快速检测。该研究成果属于国内高速公路治超手段的重大突破，达到国内领先水平。该成果已在山西省得到全面应用，效果显著，建议尽快在国内推广。

会后，专家们到小店治超检测点现场详细了解和察看系统动行情况，给予高度评价。认为该研究成果不仅技术先进，达到国内领先水平，而且是全国治超手段重大突破，解决国内治超工作中遇到的难题，为山西能在华北五省，乃至全国率先治住非法超限货运车辆作出积极贡献。山西的治超经验，特别是太原高速公路公司研发的“高速公路治超不停车快速检测系统”，效果显著，应尽快在全国推广应用。

全国治超办专门派员出席会议。省交通厅党组成员、厅总工程师郜玉兰及国内治超、机电、计算机、交通运输等方面专家参加。

6月19日 省交通厅向省发改委报送《关于确认沿黄干线公路概算投资估算的请示》。增加投资98 476万元，共计31.486亿元。

6月21日 省交通厅向省发改委报送《关于批复国道209线中阳万年饱至石宝庄段公路改建工程可行性研究报告的请示》。改建路段全长15.8公里，二级标准，设计时速40公里，路基宽10米，投资估算7772万元，建设工期1年。

6月22日 省交通厅批复万家寨等30个渡口改造工程初步设计。共计30个渡口，其中管理站房18处，面积919平方米，核准概算1531万元，建设工期1年。

6月22日 省交通厅向省政府呈报《关于举行省交通运输厅揭牌仪式的请示》。

6月22日 省交通厅、省财政厅、省物价局向省政府呈报《关于运城绕城高速公路西南段设置车辆通行费收费站的请示》。路线全长41.511公里，2007年2月开工建设，2008年11月完成交工验收。拟设解州、常平、运城南、东部收费站，收费期限20年。

6月22日至25日 省纪检委在省委党校举办全省第一期建设领域重点工程管理干部廉政教育培训班，省委常委、纪委书记金道铭，省纪委副书记、监察厅厅长杨森林，省委党校常务副校长李高山，省纪委常委弓跃、荀志坚，省交通厅领导段建国、张润、郭贵平等出席开班仪式。

金道铭书记在讲话中，要求学员们一定要坚定理想信念，自觉树立大局意识、责任意识，自觉地坚持发展是第一要务思想，不断探索加强监督有效形式，增强交通系统党员领导干部的凝聚力、战斗力，努力自觉地落实科学发展观，为实现山西交通健康发展作贡献。全省各市县交通局长、厅直属单位、厅机关、各重点公路工程建设管理处、各高速公路公司等单位领导和工程负责人近300余人参加。

在开班仪式上，段建国作了题为《充分认识交通领域反腐倡廉新形势，进一步加大从源头上防治腐败工作力度》的辅导报告。他说，近年来，全省交通系统广大领导干部认真贯彻中央决策部署，认真履行“一岗双责”，加强软环节治理，深入开展交通基础设施建设领域廉政工作，深化反腐倡廉宣传教育，坚决纠正损害群众利益不正之风，严肃查处违纪违法案件，积极构建具有交通特色的惩治和预防腐败体系，为建设廉政交通、推动交通改革发展做了大量深入细致工作，交通廉政各项工作取得新的明显进展，真正做到“修好一条路，不倒一个人”的目标。对照中央和省、部反腐倡廉要求，还有不小差距和不足。主要是对交通反腐倡廉工作认识，还需进一步深化；党员干部的思想、领导作风等不完全适应新形势、新任务要求，也不能完全适应交通又好又快发展需要；党员领导干部自律意识，还需加强，从政行为还需规范；从源头上防止腐败的体制、机制还需不断创新，规章制度还需不断完善；损害群众利益的突出问题还时有发生；查办案件还需加大力度，始终保持惩治腐改的高压态势。他说，从全国已揭露出的一些案件看，交通系统腐败现象，大多发生在基础设施建设上。因此，一定要强化领导干部廉洁自律，加大从源头上预防和惩治腐败工作力度，筑牢拒腐防变的思想防线；一定要完善招投标等关键环节的制度，确保施工队伍质量,加快从业资格信用体系建设,切实规范交通建设市场;加强对工程建设关键环节的监督,防止以权谋私行为发生;发挥廉政建设典型经验的示范教育,营造浓厚的廉政氛围;要认真落实交通运输部《交通基础设施建设领域领导干部八项规定》,洁身自好,为山西交通健康发展、科学发展、又好又快发展服好务。

金道铭在讲话中,对全省交通系统反腐倡廉工作给予充分肯定。要求党员领导干部一定要守住底线,管理住小节,勇于向腐蚀和诱惑作斗争,严把招投标、大宗材料选购、资金拨付、设计变更等关口,严查串标、围标、假借资质、转包等违法违规问题,切实做到两手都要硬,始终不渝地与各种腐败行为作斗争,为山西交通又好又快发展作贡献。

学员们都十分珍惜这次培训,在四天的集中学习中,认真听取有关学者专家辅导,观看警示教育资料片;听取太原市第一监狱服刑人员现身警示教育,更加深刻地理解立党为公、执政为民,权为民所用、利为民所谋的重要内涵。纷纷表示,此次教育收获多、震动大、提高快,更加坚定跟党走信念和与腐蚀诱惑作斗争决心。学员代表李华中、乔忠、王四小、郭迎平、李建勋、贾承健结合自身工作实际,就心得体会作了发言。

省纪委常委弓跃,省委党校副校长高建生,省交通厅党组成员、副厅长王志民等出席结业仪式。

6月23日 上午,山西省交通运输厅正式挂牌。这是山西交通运输发展史上具有里程碑意义的一件大事,标志着山西交通运输事业从此进入一个崭新历史阶段。副省长牛仁亮,厅党组书记、厅长段建国共同揭牌。厅领导张德仪、赵振田、郭贵平,厅机关全体公务员,厅直单位主要领导出席揭牌仪式。厅党组成员、副厅长张志川主持。

根据中央批准的《山西省人民政府机构改革方案》,省委、省政府决定撤销省交通厅,组建省交通运输厅。履行原省交通厅职责和省建设厅指导城市客运职责。

段建国在讲话中指出,从省交通厅到省交通运输厅,不仅仅是机构名称的变化,更重要的是政府职能转变和行业发展方向的科学定位,符合科学发展观根本要求,符合交通运输发展规律,对于优化交通运输总体布局、发挥各种运输方式组合效率、建立综合运输体系具有重要意义。顺应科学发展,加快城乡客运一体化建设,建立完善综合运输体系,为全省转型、跨越、崛起提供更高层、更安全、更惠民的交通运输服务,是今后省交通运输厅的重要职责。他表示,全厅上下坚决贯彻省政府机构改革方案,支持改革,投身改革,勇于改革,按照精简、统一、效能和决策权、执行权、监督权既相互制约又相互协调的原则,整体设计,分步实施,转变职能,转变观念,转变作风,着力构建行为规范、运转协调、充满活力、廉洁高效的交通运输管理体制和运行机制,为全省交通运输科学发展提供体制机构保障。

省交通厅作为省政府组成部门,新中国成立60年来特别是改革开放30年来,在党的领导下,带领全省交通职工锐意进取,艰苦奋斗,全省交通事业得到长足发展。到2008年底,全省公路通车里程达到12.48万公里,公路密度达到79.62公里/百平方公里,分别比1978年增长4.6倍。高速公路从无到有,达到1965公里;一、二级公路大幅跃升,达到14 809公里;农村公路迅猛发展,全省100%乡镇、94%建制村通水泥(油)路,100%乡镇、71%建制村通客车。2008年公路运输完成的客运量、旅客周转量、货运量和货物周转量分别比1978年增长16倍、17倍、12倍和40倍。交通运输为全省经济发展、社会进步、民生改善注入强劲动力和新的活力。

6月24日 省交通厅党组印发《关于选派机关干部到重点公路工程建设一线培养锻炼的通知》。主要包括6项内容。即选派对象、选派条件、职务安排、方法及程序、管理办法及要求、其他。

6月24日 省交通厅向常务副省长申联彬呈报《关于成品油价格和税费改革有关情况的报告》。

6月24日 省交通厅向交通运输部呈报《关于阳济二级公路阳城至省界段确认为经营性公路有关情况的报告》。

6月24日 省交通厅批复长邯高速公路东阳关服务区改扩建工程施工图设计。占地4167平方米，新建服务用房4870平方米，拆除原建筑515平方米，核准概算18 922 773元。

6月24日 省交通厅向省发改委报送《关于2009年第二批客运站基本建设项目可行性研究报告的请示》，共计6个，估算投资9918万元。

6月24日 省交通厅向省发改委报送《关于晋城环城高速公路二期工程建设有关事宜的请示》。路线全长41公里，一期工程于2009年4月25日开工建设，二期工程一级公路10公里拟开工建设。

6月24日 省交通厅向省发改委报送《关于省道崞五线崞阳至红池公路改建工程可行性研究报告的请示》。路线全长26.85公里，二、三级标准，设计时速60公里、30公里，路基宽12米、10米、7.5米，投资估算14 689万元，建设工期1年半。

6月24日 省交通厅向省发改委报送《关于广灵至浑源高速公路可行性研究报告的请示》。路线全长约80公里，设计时速100公里，路基宽26米，投资估算45亿元，建设工期3年。

6月25日 省交通厅党组印发《关于表彰厅直系统2009年度先进基层党组织、优秀共产党员和优秀党务工作者的决定》。其中，先进基层党组织40个，优秀共产党员204名，优秀党务工作者50名。

6月25日 上午，平遥至榆社高速公路建设推进会召开。动员沿线各级政府、有关部门和全省交通运输系统进一步统一思想，提高认识，坚定不移地贯彻落实中央和省委、省政府扩内需、保增长、保民生、保稳定的政策措施，抓住机遇，优化环境，全力加快高速公路工程建设，促进全省经济平稳较快增长。省委副书记、省长王君出席并启动开工按钮，副省长牛仁亮讲话。省政府秘书长王清宪，省直有关部门、金融部门负责同志，晋中、长治两市四大班子领导等参加推进会。省交通运输厅党组书记、厅长段建国主持会议，厅党组成员、副厅长张志川介绍工程概况。

项目是全省"三纵十一横十一环"高速公路网的第七横，是汾阳至邢台高速公路的重要组成部分。起于平遥县侯冀村南，经介休、平遥、祁县、武乡、榆社5个县市，终点接太长高速公路立交枢纽，全长83公里，其中晋中境内64.5公里，长治境内18.5公里。双向4车道，路基宽26米、24.5米。全线共设桥梁64座，隧道3座，互通立交5处，服务区两处。概算总投资57.43亿元，工期目标为一年实现小循环，两年完成山岭区，三年打通宝塔山隧道，2012年全线建成通车。它的建设，对于完善全省高速公路网，优化产业布局，改善投资环境，扩大对外开放，促进全省中西部地区乃至全省的资源开发，具有十分重要意义。

牛仁亮在讲话中，要求沿线市县政府及各有关部门，要积极做好土地、环保、拆迁等相关工作，为工程建设创造良好外部环境；交通部门和各参建单位要继续发扬特别能吃苦、能战斗、能奉献的精神，精心设计，科学施工，加强管理，努力打造精品工程，为全省转型发展、安全发展、和谐发展作出应有的贡献。

晋中市市长张璞、长治市市长张保、平榆高速公路建管处处长杨建红分别代表地方政府和参建单位作表态发言。表示要竭尽全力提供服务，搞好协调，创优环境；科学组织施工，严格精细管理，争创精品工程。

6月25日 省交通厅、省发展改革委员会下达2009年公路养护工程计划。2009年成品油消费税中央转移支付（替代原养路费部分）363 355万元（其中公路建设基金121 178万元）。支出为：缴纳水利基金10 900万元，划拔公安经费5701万元，安排干线公路养护工程支出69 666万元，农村公路养护工程支出69 605万元，国防公路建设配套补助6798万元，偿还养护工程贷款本息83 709万元，安排养护房屋建设20 065万元，交通事业发展等其他支出87 833万元。

2009年省安排公路养护工程投资1 371 464万元，其中省成品油消费税153 336万元，车辆通行费25 370万元，省交通运输厅筹措600 000万元，国家开发银行贷款403 794万元，其他银行贷款18 049万元，自筹170 915万元。公路养护质量为：好路率年末达到80%，年均达到76%；综合值年末达到72，年均达到70。

6月25日 省交通厅印发《关于围绕庆祝新中国成立60周年在全省交通系统深入开展群众性爱国主义教育活动的实施意见》。包括指导思想、主要内容、具体活动、工作要求4部分。

6月25日 太旧高速公路公司纪念建党88周年暨"一先两优"表彰大会召开。截至6月24日，全年通行费收入已达4.43亿元，太旧路建成通车13年来，累计征收通行费70.36亿元。

为纪念太旧高速全线通车13周年，公司第六届职工文化艺术节于当日下午开幕。

6月25日 16时30分，省交通援建四川茂县黑虎旅游公路全线8.532公里沥青混凝土面层全部铺筑完毕。

6月14日水稳基层铺筑完毕后，为了保证施工质量、进度和工程的连续性，省厅驻茂代表和项目部相关人员积极与当地政府协调，要求在沥青砼铺筑阶段实行交通管制。在茂县县政府、县公安局、县交通局大力支持下，对黑虎旅游公路进行为期8天的交通管制，早8点至晚8点禁止一切车辆通行。当地电台、电视台循环播出黑虎路交通管制告示，项目部在沿线张贴告示。从6月20日起，黑虎旅游公路沥青混凝土面层开始试铺，项目部领导整天蹲守在施工现场，认真指导施工，不放过一点瑕疵，确保沥青路面质量。施工人员更是齐心协力，负责监督沥青质量的同志凌晨4点起床，赶往拌和场。现场施工人员6点30分准时在现场做铺筑前的准备，晚上9点左右才结束施工。后勤内业人员全力保障，送水送饭，积极协助。在保证铺筑质量前提下，日均铺筑1.4公里以上，不到6天高效优质地完成面层施工，比原计划提前1个月，比合同工期提前5个月。

6月26日 上午，长治至平顺高速公路开工建设，这是全省当年开工建设的第15条高速公路。至此，全省高速公路开工建设里程已突破1300公里。省委副书记、省长王君出席并宣布工程开工，副省长牛仁亮讲话。省政府秘书长王清宪，省直有关部门负责同志，长治市四大班子领导出席开工仪式。厅党组书记、厅长段建国主持，厅党组成员、副厅长张志川介绍工程概况。

项目是全省"三纵十一横十一环"高速公路规划网"十一"环和长治至河南安阳高速公路重要组成部分。全长108公里，其中主线全长40公里，环城段全长58公里，长治连接线全长10公里。主线起于山西、河南两省交界河坪辿，终于壶关县逢善村，双向4车道，设计时速80公里；环城段起于潞城西贾村接长邯高速公路，在长治县官道村与长晋高速相接，设计时速100公里；长治接连线起于壶关逢善，终于长治市北天桥，设计时速100公里。概算总投资79亿元，建设工期4年。除与长晋、长邯高速相连外，长治至平顺高速公路还与国道207、309、325、324、226及省道、县乡道路沟通。它的建设，将形成长治市层次分明、功能强大、运输高效的公路运输网络，进一步完善长治乃至全省高速公路网络，促进区域经济社会发展。

牛仁亮在讲话中，要求沿线各级政府和有关部门，高度重视，紧密配合，搞好协调，为工程建设创造良好外部环境；交通部门和各参建单位要精心设计，科学施工，强化管理，努力打造精品工程，推动全省公路建设和旅游产业发展再上新台阶，为扩大内需、促进经济增长作出新的贡献。

长治市市长张保、长治高速公路公司总经理杨勇、壶关县县委副书记李全心分别作表态发言。

同日开工的太行山大峡谷旅游公路也是全省2009年的重点建设项目，起点位于壶关县桥上乡丁家岩村，终点在树掌镇树掌村，全长66.725公里，路面宽7.5米，全线设计时速20公里，总投资概算4.5亿元，预计2011年全线建成通车。

6月26日 上午，山西省、浙江省海事局正式签署山西平陆海员发展合作备忘录，省交通运输厅党组成员、副厅长王志民出席并致词，浙江海事局副局长王长勇、省地方海事局局长牛世骏在备忘录上签字。

王志民在讲话中指出，通过两地海事部门海员发展合作，开辟贫困县发展海员新路子，为全省52个贫困县、950万贫困人口提供一条新的致富之路，这一定会吸引更多有识之士加入到海员队伍中来，为推动经济社会发展起到积极作用。

从2009年开始，用三年时间，两地海事部门共同促进国家级贫困县平陆海员事业开创性发展，为海员资源中西部战略转移和新农村建设作出贡献。

6月26日 省交通厅向省发改委报送《关于太原长风街互通工程可行性研究报告的请示》。新征土地470.85亩，12个进口车道和16个出口车道，投资估算23 933万元，建设工期1年。

6月28日 上午，山西省摄影家协会交通分会、山西省交通运输摄影家协会成立。中国摄影家协会副主席、省摄影家协会主席王悦出席并讲话。省交通运输厅党组书记、厅长段建国，厅党组成员、副厅长王志民任协会名誉主席，厅党组成员、总会计师张德仪当选为协会主席。

近年来，随着全省交通运输事业的快速发展，全省交通系统的摄影事业蓬勃发展，摄影爱好者队伍不断壮大，并先后在国际国内各种摄影大赛中获奖。为团结全省交通系统摄影工作者和摄影爱好者，繁荣交通文化建设，经山西省摄影家协会批准，省交通运输厅决定成立“山西省摄影家协会交通分会”、“山西省交通运输摄影家协会”。

分会将遵循党的新闻工作基本方针，围绕全省交通中心工作和交通行业文化建设重点，团结全省交通系统摄影工作者和摄影爱好者，为弘扬交通行业精神文明建设主旋律，繁荣交通行业文化建设事业，打造具有山西交通特色、交通风格、交通内涵的摄影事业努力工作。

张德仪在讲话中表示，将从文化本源上定位摄影事业发展；围绕中心，服务大局，有针对性地举办大型摄影活动，提升声望；发挥理事会作用，推动理论与实践相结合，推动专业化建设，逐步形成交通特色摄影理论体系；整合资源，练好内功，建立传媒，提高竞争力；广泛开展对外交流，构建与省内外主流摄影机构合作的业务渠道，传播山西交通的优秀摄影文化；尽快健全制度，完善机构，开展行业规范建设；重视摄影教育，打造高水平摄影队伍，开创交通摄影文化新局面。

段建国在讲话中指出，交通正处于跨越发展的关键时期，伟大的事业为摄影艺术腾飞创造前所未有机遇，火热生活为广大摄影艺术家施展才华提供广阔舞台。希望协会能以高度政治责任感，奋发有为精神，求真务实作风，牢牢把握繁荣社会主义先进文化前进方向，大力弘扬积极向上时代精神；始终坚持以人为本，更好地贴近实际、贴近生活、贴近群众；继承传统，勇于创新，进一步增强摄影家队伍；齐心协力，大力营造团结和谐良好氛围；围绕中心，立足大局，为交通科学快速发展服务，努力创造交通摄影艺术事业新成就。

大会结束后，与会领导和参会代表观看“交通人摄影艺术联展”作品。

6月27日 省交通厅批复风陵渡黄河公路大桥加固工程设计。核准预算47 879 609

元。

6月27日 省交通厅印发《关于加强高速公路施工期环境保护工作的通知》。

6月28日 省交通厅向省发改委报送《关于河津至运城高速公路可行性研究报告的请示》。路线全长80.95公里，另有万荣西互通连接线5.4公里，阎景互通连接线0.8公里，临猗南互通连接线2.9公里。4车道高速公路标准，设计时速100公里，路基宽26米；连接线一、二级标准，设计时速80公里、60公里，路基宽24.5米、12米；投资估算403 927万元，建设工期3年。

6月28日 省交通厅向省发改委报送《关于京昆与青兰两条国家高速公路山西临汾联络线可行性研究报告的请示》。路线全长18.93公里。主线和临汾北环线段共1.3公里，6车道高速公路标准，设计时速100公里，路基宽33.5米；和临汾北环线分离后的17.63公里，4车道高速公路标准，设计时速100公里，路基宽26米；投资估算142 440万元，建设工期2年。

6月29日 省交通厅印发《关于编制2010年省级部门预算建设计划的通知》。要求7月15日前，用统一软件和报表并附详细事宜说明，报厅综合规划处。

6月29日 省交通厅转发省财政厅《关于以前年度滚存结余资金支出预算的通知》。共计59 336万元。

6月30日 上午，省交通运输厅召开纪念建党88周年暨“创先争优”表彰大会，深入学习贯彻党的十七大、十七届三中全会精神，纪念伟大的中国共产党建党88周年，总结2008年以来党建和精神文明建设工作，安排部署下一阶段主要任务，表彰“创先争优”活动中涌现出的先进基层党组织、优秀共产党员、优秀党务工作者。厅党组书记、厅长段建国出席会议并讲话；省直工委副书记郭康锋应邀出席；厅党组副书记、副厅长张润主持；厅党组成员、副厅长王志民宣读厅党组《关于表彰厅直系统2009年度先进基层党组织、优秀共产党员和优秀党务工作者的决定》。厅领导张志川、郜玉兰、赵振田、曹燎原、郭贵平及厅直系统各单位党政主要领导、党办主任；厅机关各党支部书记；受表彰的先进基层党组织、优秀共产党员、优秀党务工作者代表参加。

段建国在讲话中，首先代表厅党组向奋战在全省交通运输战线上的广大党员表示节日慰问，向受到表彰的先进基层党组织、优秀共产党员和优秀党务工作者表示祝贺。他说，2008年以来，在省委和省直工委正确领导下，厅直各级党组织认真学习贯彻党的十七大和十七届三中全会精神，紧紧围绕交通运输工作大局，坚持抓党建、促发展、保稳定，特别是10月份开始，按照中央和省委统一部署，厅直系统24个单位、5060名党员参加第一批深入学习实践科学发展观活动，在精心组织、严格程序基础上，集中解决一批与科学发展不符合、不适应及涉及群众切身利益的突出问题，较好地实现“党员干部受教育、科学发展上水平、人民群众得实惠”的预期目标，有力地促进了交通运输科学发展。

段建国指出，当前和今后一个时期，各级党组织特别是各级领导干部，一定要坚持把党的执政能力建设和先进性建设作为主线，努力做到在理论上不断有新发展，在实践上不断有新创造，在发挥作用上不断有新提高，在推进发展上不断有新举措。一是不断深化理论武装，着力解放思想，提振信心，为交通运输科学发展提供思想保证。要将学习实践科学发展观活动不断引向深入，真正用科学发展观武装头脑，指导实践，推动工作；要着力抓好经常性的学习教育，提高党员干部队伍整体素质；要理论联系实际，提高运用科学理论分析解决问题的能力。二是切实加强基层组织，着力固本强基，增强活力，为交通运输科学发展提供有力保障。加强组织建设，保证基层党的工作“全覆盖”；切实发展党内民主，不断完善党内制度建设；创新方法载体，不断增强基层组织工作活力。三是大力加强机关建设，着力优化服务，改进作风，为交通运输科学发展创造良好环境。要从端正从政理念、提高执政能力、增进团结和谐入手，切实加强各级领导班子建设；要立足于提高综合素质、培养年轻干部这两个基点，进一步激发干部队伍的活力。要认真实践清廉、高效、务实要求，进一步改进工作作风。四是切实加强文明和谐建设，着力化解矛盾，凝聚人心，为交通运输科学发展营造和谐氛围。强化思想政治工作，化解矛盾促进和谐；深化文明和谐创建活动，营造和谐发展环境；发挥群团组织作用，努力构建和谐交通。五是全力落实"三保"要求，着力深化改革，加快建设，为交通运输科学发展作出积极贡献。加强领导，千方百计突破项目前期制约；突出重点，抓好各项工作落实；推进改革，建立有利于交通运输科学发展的体制机制。段建国强调，围绕交通运输中心工作，加强党的先进性建设，服务交通运输科学发展，是新形势下各级党组织的重要任务，一定要全面贯彻落实科学发展观，以改革创新精神全面推进党的建设，坚定信心，迎难而上，为确保全年交通运输改革发展各项任务的顺利完成、促进经济平稳较快发展作出新的更大贡献，以更加优异的成绩迎接新中国成立60周年。

张润在总结讲话中，提出4点要求。一要抓统筹，统筹抓，注重统筹性。各级党组织一定要把围绕第一要务抓党务，抓好党务促要务的工作思路贯穿到党的工作的各个环节，落实到各个方面。二要抓重点，重点抓，突出关键性。以重点求突破，力争在亮点上求精、在弱项上着力、在关键点上布局，有组织、有重点地推进各项工作，推出一些叫得响、拿得出、具有鲜明特色的品牌和亮点。三要抓深入，深入抓，提高实效性。在真抓实干中全面推进党的工作。四要抓创新，创新抓，增强创造性。要敢于突破，大胆创新，在党的工作实践中体现时代性，把握规律性，富有创造性，进一步创新工作制度，创新工作方法，创新工作机制，不断解放思想，实事求是，与时俱进，以新的理念、新的方法、新的手段开展党的工作。在新时期新阶段，要坚持围绕中心任务、服务发展大局，坚持党要管党、从严治党，继续强化"三基"工作，充分发挥"四个作用"，同心同德干事业，一心一意谋发展，奋力开创交通运输事业新局面，以优异成绩迎接新中国成立60周年。

6月30日 下午，省高管局纪念建党88周年暨"一先两优"表彰会召开。省交通运输厅党组成员、副厅长张志川出席并讲话。省高管局局长董新品进行安排部署。

张志川在讲话中，要求全省高管系统各级党组织要与时俱进，开拓创新，凝聚力量，真抓实干，努力开创党建工作新局面，为公路事业又好又快发展提供坚强的组织保证。

6月30日 省运管局组织《中华人民共和国道路运输条例》颁布实施5周年暨山西省223号、224号政府令颁布实施1周年庆祝活动。省治超办主任李顺通应邀出席。省运管局党委书记、局长李华中讲话。基层运管源头治超工作人员及货运源头企业负责人作表态发言。与会人员参观全省"源头治超三晋行"观摩活动图片展，并向群众散发宣传资料。

6月30日 省交通厅下达2009年国防公路建设计划。共计6个项目，110.6公里，投资14 246万元。

6月30日 省交通厅下达2009年农村公路养护工程计划。2009年省安排农村公路养护工程投资135 742万元。养护质量为：好路率年末达到73%，年均达到71%；综合值年末达到65，年均达到62。补助标准为：县道7000元/公里，乡道3500元/公里，村道1000元/公里。

6月30日 省交通厅向交通运输部呈报《关于批复青兰国家高速公路山西临汾至吉县壶口段初步设计的请示》。路线全长99.274公里，黄河大桥采用(48+91+3×175+96)米刚构—连续的布孔方案，概算总额94.44亿元。

6月30日 省交通厅批复省道长原线东马至古城段改线工程可行性研究报告。路线全长3.173公里，二级标准，设计时速60公里，路基宽12米，核准概算2002万元，建设工期1年。

6月30日 省交通厅批复省道台忻线黄土坡至古城段改线工程可行性研究报告。路线全长4.392公里，二级标准，设计时速60公里，路基宽12米，估算投资2605万元，建设工期1年。

6月30日 省交通厅批复国道208线大同境内羊坊至古店钢厂段改建工程可行性研究报告。路线全长3.9公里，二级标准，设计时速60公里，路基宽10米，估算投资1304万元，建设工期1年。

6月30日至7月1日 省地方海事局组织局机关25名党员干部赴革命圣地延安和文水县刘胡兰纪念馆参观学习，接受革命传统教育。先后参观宝塔山、中共中央书记处驻地枣园、中共七大会址杨家岭、文水县刘胡兰纪念馆等地，重温入党誓词，唱响《团结就是力量》、《东方红》等革命歌曲。

通过这次活动，大家表示，一定要继承和发扬延安精神和刘胡兰精神，加强学习，努力工作，深入学习实践科学发展观，充分发挥党员先锋模范作用，以良好的大局意识、创新意识和责任意识，在各自的岗位上艰苦奋斗，勤奋工作，拼搏奉献，为全省海事事业健康发展作出积极贡献。

6月30日至7月4日 浙江省公路学会理事长、原浙江省交通厅厅长郭学焕一行赴晋，就全省公路学会工作进行交流，并在省高管局进行座谈。省公路学会第一副理事长、厅党组副书记、副厅长张润，省公路学会理事长杨继刚、秘书长冯尔刚，省高管局局长董新品参加座谈。

张润介绍近年来全省交通发展和高速公路建设情况，浙晋双方就公路学会工作进行深入交流，相互介绍学会运作与发展情况和搞好学会工作经验。

考察期间，郭学焕一行还赴省高速公路信息监控中心、太旧、太祁、太长、长治等高速公路参观。

7月

7月1日 上午，省运管局召开庆祝建党88周年暨“一先两优”表彰大会。省交通运输厅党组副书记、副厅长张润出席会议并讲话，提出4点要求。一要抓好学习教育，坚持抓好科学发展观学习，深化理论体系实践工作。二要抓好党性修养，组织党员干部继续学习胡锦涛总书记建国60周年重要讲话，增强自我学习、自我教育、自我约束、自我改造、自我完善的自觉意识。三要抓好作风建设，严格党组织教育，加强思想政治教育工作。四要抓好廉政建设，党员干部的党性、党风、党纪教育。建立健全反腐倡廉各项制度措施。

7月1日 省人大常委会内务司法委员会主任李顺通，省交通厅党组成员、副厅长、省治超办副主任张志川视察太原东环高速公路防撞护栏改造工地。他们听取太原高速公路公司负责人汇报后，与监理人员、施工单位人员、项目经理就工程质量、工程进度、安全等进行详细交谈。

7月1日 下午，省交通运输厅党组成员、副厅长张志川在厅有关处室负责人陪同下，深入省高管局就全省高速公路突发事件准备金支出项目进行现场办公。要求做好摸底工作，明确哪些列入应急处置范围，按工作重要程度排出顺序，用好突发事件准备金；项目确定后，要责任到人，立即实施，危桥、高边坡、沉陷房屋以及电力设施等在汛期前必须处置，确保高速公路运营安全和道路畅通。

会议还就高速公路突发事件准备金的资金规模和程序进行具体研究。

7月1日 省交通厅印发《关于表彰1999年至2009年依法治交工作先进单位和先进个人的决定》。其中,先进集体80个,先进个人100名。

7月1日 省交通厅印发《山西省公路工程混凝土质量通病治理活动实施方案》。包括治理目标、治理范围和主要内容、有关要求和主要措施、实施步骤4部分。

7月1日 闻垣高速控制性工程蒲掌隧道左洞胜利贯通。由青岛公路建设集团有限公司闻垣高速LA14合同段承建,为分离式短隧道,左洞长358米。比原计划提前15天。

7月2日 上午,全省重点公路工程建设项目第三次调度会议召开。全面总结上半年各项建设工作,对完成后半年建设任务进行再动员、再部署。省交通运输厅领导段建国、张志川、郜玉兰、张德仪、赵振田、郭贵平出席,张润主持会议。厅机关有关处室、厅直有关单位负责人、全省各重点公路工程建设管理处党政主要负责同志参加。

2009年以来,全省重点公路工程建设系统进一步统一思想,提高认识,抓住机遇,优化环境,加快高速公路工程建设。全年全省共安排高速公路建设项目26个,建设里程2259公里,总投资1395亿元。截至6月30日,累计完成投资155亿元,占总投资11%,26个建设项目在上半年实际完成123亿元,完成计划75%。

会上,大呼、忻保等15个在建项目管理处与临吉、长临、朔州3个拟建项目负责人分别汇报目前项目进展情况,省交通质监站通报各建设项目质量安全检查情况,并对太古、太佳西段、汾平等个别在建项目技术交底、工艺流程、安全质量隐患等存在问题作了详细通报。会议还总结汇报全省重点工程建设项目总体情况,并对存在的开工不足、投资完成不够、项目资金短缺和质量与安全等问题进行研究。

郜玉兰通报交通运输部6月12日至19日对全省公路质量和安全工作检查情况,并对在建项目工程规范化管理及施工工艺监理工作等作了详细技术要求和具体安排。

会议还就各建设项目存在的征地拆迁、资金管理、资金安全保障等问题进行集体研究,并围绕2010年通车1000公里目标,特别针对89个隧道建设项目中存在的安全隐患作了教育、安全培训、现场监督、惩罚等措施的安排部署,并决定在7月开展"重点工程服务月"活动。

段建国在讲话中,要求各建设项目管理处要认清形势、坚定信心,倒排工期、加班加点,确保高质量高速度推进各项工程进展。各有关单位要统一思想,用保开工、保质量、保安全、保进度、保廉政"五个保证"来确保全年开工1000公里和2010年建成1000公里目标。厅重点办和各建设单位要加大新闻宣传力度,组织新闻采访团赴工程一线进行广泛宣传,对存在的问题要敢于抓典型,并在新闻媒体曝光,尽快营造良好舆论宣传氛围,促进各项目顺利有序进行。

7月2日 下午,省治超办主任李顺通在省交通运输厅党组成员、副厅长张志川陪同下,深入晋中市视察治超工作。

李顺通一行首先了解晋中治超综合信息管理系统建设情况,并实地观看市治超监控中心和源头监控系统现场演示。听取工作汇报后,提出3点要求。即防止松懈,继续保持高压态势;做好公路"三乱"预防工作;预防短途超载现象。

张志川在讲话中,要求加快信息系统整合步伐,完善数据分析功能,做好站点建设的验收、审计等工作。

7月2日 省交通厅向省财政厅报送申请追加2009年晋城高速公路公司支出预算。共计2530.36万元。

7月2日 省交通厅印发《关于榆社县交通局未按规定完成执法制式服装换装工作的通报》。

7月2日 省交通厅印发《关于忻州市交通局驾管处和忻府区运管所违反执法监督

车辆管理规定的通报》。

7月3日 省交通运输厅召开纪念依法治交十周年暨法治交通建设动员大会。会议贯彻落实省委纪念依法省工作十周年暨法治山西建设动员大会、全国交通运输法制工作会议和省政府法制工作会议精神，总结依法治交十年来的工作和经验，表彰先进集体和先进个人，安排部署下一阶段工作。

省人大财经委主任赵建平，省政府副秘书长兼省政府法制办主任崔国红，省委依法治省领导组办公室常务副主任、省司法厅副厅长王华善应邀出席。厅党组书记、厅长段建国出席并讲话，厅党组副书记、副厅长张润主持会议，厅党组成员、副厅长王志民传达省、部会议精神，厅党组成员、副厅长张志川作依法治交十年工作报告，厅巡视员曹燎原宣读表彰决定。

十年来，在全系统广大干部职工和社会各界广泛参与下，全省依法治交工作取得显著成效，地方交通立法取得重大突破，行政职能转变成效显著，交通行政执法逐步得到加强和改善，依法行政、依法管理的能力明显提高，法制宣传教育效果明显。

会议强调，为保障和促进全省交通运输事业又好又快发展，营造良好法治环境，重点抓好五个方面工作。一要以提高立法质量为着力点，进一步完善地方交通运输法规体系；二要以改革创新为制高点，进一步转变政府职能；三要以规范行政执法行为为关键点，进一步推进依法行政；四要以领导干部、公务员和执法人员为着重点，加强法制宣传教育，提高全行业法律素质；五要以强化法制机构职能为保障点，充分发挥法制机构的作用。

段建国在讲话中，提出3点要求。一是充分认识推进依法治交的重大意义，进一步增强加快建设法治交通进程的自觉性。二是围绕中心，扎实推进，努力做好新时期“法治交通”建设工作。要加强交通立法工作，进一步夯实“法治交通”的法律基础；加强法制学习教育，大力提高各级交通运输部门干部职工依法行政的意识和能力；完善决策机制，确保决策的合法性、科学性和民主性；加强执法管理和监督，严格责任追究。三是加强领导，强化组织，完善机制，全面加快推进“法治交通”进程。要进一步加强对交通法制工作的领导，狠抓“法治交通”建设各项要求的落实，高度重视法制机构和工作队伍建设。

他特别强调，换装后的执法人员要从思想上、行为上更规范、更严格，不仅要规范执法行为，还要规范做人行为。各单位主要领导作为依法治交和行政执法第一责任人，要切实加强对依法治理和行政执法领导，认真落实执法过错责任追究制度。各级交通运输部门要强化人大意识，自觉接受人大监督、政协民主监督和司法机关依法实施的监督，同时也要更加注重接受社会舆论和人民群众的监督。

赵建平在讲话中，充分肯定十年来全省依法治交取得的成绩。他说，这是一次非常有意义和生动的法制教育会，使全省交通运输系统有了新的更高的开端和起点。要进一步解放思想，开拓创新，齐心协力，努力开创法治交通建设新局面，为交通运输事业持续、健康、快速发展提供坚实法律基础和坚强法治保障。

会议对获得省厅依法治交工作先进集体和先进个人进行表彰，运城市交通局局长王健康、省交通建设开发投资总公司总经理魏庆飞分别作经验交流。

各市交通局和厅直各单位行政正职、分管法制工作领导、法制机构负责人；各公路分局、征稽分局、高速公路分管领导、法制机构负责人；厅机关各处室、厅重点办各处室负责人以及部分先进单位和先进个人代表200多人参加会议。

会前，与会领导和参会人员共同观摩交通执法人员着新式执法服装队列表演。

7月3日 下午，省交通运输厅在省征稽局召开交通行政执法规范宣贯会，邀请北京交通管理干部学院副院长黄克清对上午参会的所有交通法制机构工作人员进行培训，使执法人员熟练掌握《交通行政执法规范》各项要求，规范执法程序、执法用语和执法文书等执法行为，进一步增强执法人员自信心和责任感。

7月3日 省交通厅印发《关于建立全省交通突发事件基本情况季度报告制度的通知》。

7月3日至4日 省交通运输厅和省总会计师协会在顿村省交通职工培训中心联合召开全省交通运输行业财务管理学术交通研讨会。会议主题是：在金融危机和成品油税费改革新形势下，积极探索全省交通行业财务管理工作创新，保证全省交通事业快速、健康、科学发展。

省交通运输厅党组成员、厅总会计师张德仪，省总会计师协会会长卢振基、常务副会长王秀森出席会议。

参会人员就金融危机对企业的影响及应对措施、燃油税费改革后收费公路管理相关问题研究、交通建设资金运作、交通运输财务监督等有关问题分别阐述各自观点；邀请省财政税务专科学校校长申长平教授作了《认识金融危机、采取有效策略》专题讲座。

张德仪在讲话中强调，在目前新形势、新机遇、新挑战下，交通运输财会工作面临着更高目标要求。要不断提高交通运输财会理论水平，增强财会队伍素质，使交通运输财会队伍成为一支政治性强、业务精、作风好、能打硬仗的队伍，为实现全省交通运输事业快速、健康发展作出更大贡献。

各市交通局、厅直各单位、山西汽运集团、山西路桥集团分管财务工作的领导、财务审计部门负责人、财务审计人员等参加会议。

7月4日 省交通运输厅党组成员、副厅长张志川赴祁临高速公路高边坡现场调研。省高管局局长董新品陪同。

张志川一行边走边看，边听边问。在座谈会上听取祁临高速公路公司汇报后，对整体运营管理给予充分肯定，提出3点要求。一要充分认识防汛形势，增强责任感和使命感，切实做好队伍建设、物资储备、防洪预案等各项工作，全面提高防灾抗灾和安全保畅能力。二要把高边坡作为防汛重点，全面排查安全隐患，尽快完善防排水设施，确保安全度汛。三要排查整治各种安全隐患，有效预防各类事故发生，确保公路安全、畅通。

7月5日 省交通运输厅党组为廉平同志90岁生日送上祝福。厅领导段建国、张润、王志民、曹燎原出席，祝廉平同志健康长寿，并送上鲜花和寿桃。厅级老领导任先泉、刘俊谦、王晓林等也到场祝贺。

由厅老干部处组织的生日活动热烈喜庆，廉平及家人对厅党组的关心表示衷心感谢。廉平同志1936年参加革命工作，曾任省交通厅厅长。

7月5日 省交通厅向省发改委报送《关于五台至盂县高速公路可行性研究报告的请示》。路线全长74.7公里，4车道高速公路标准，设计时速80公里，路基宽24.5米，投资估算682 321万元，建设工期3年。

7月6日 下午，大呼高速公路完成第一阶段目标任务表彰会举行。省交通运输厅党组副书记、副厅长张润出席并为受到表彰的施工、监理单位颁奖。

随后，张润在大呼建管处有关人员陪同下，对大呼高速公路全线进行调研。充分肯定取得的成绩，并结合沿线实地察看后，提出5点要求。一要着力解决路基稳定、混凝土施工工艺、无拱砌体、试验、原始资料造假等质量通病问题；二要抓好典型引路示范工作，要用正面典型促进引导整体工作，用反面典型教育警示整体工作；三要确实保证原材料质量，对不合格的各类材料坚决不能入场，一经发现做出严肃处理；四要抓好现场管理，加大检查、指导、服务和帮教力度，确保施工现场文明、规范；五要抓好安全生产工作。切实抓好汛期桥下施工、民工宿舍、原材料堆入和桥梁吊装安全等问题，对存在安全隐患的部位、环节，要措施到位，严防死守，决不能出现和发生群死群伤事件。

同日,省军区、省交通运输厅文艺演出团对大呼高速建设者进行慰问演出。7月7日,慰问演出团赴山阴至灵丘高速公路建设工地进行慰问演出。节目丰富多彩,有歌唱、舞蹈、小品、杂技、诗朗诵等,精彩纷呈,高潮迭起,不时博得筑路员工阵阵掌声。

7月7日 省交通运输厅党组书记、厅长段建国,厅副巡视员郭贵平,在厅直有关单位、厅机关有关处室负责人和沿线地方政府领导陪同下,深入太佳高速公路太原段调研。段建国一行钻隧道,上桥梁,亲临建设一线视察、慰问建设者,并耐心询问存在的困难。要求严把工程质量关和安全生产关,努力把项目建设成为能够拉动沿线经济增长的富民路;让政府放心,让群众满意的安全路,充分体现科学发展观理念的资源节约和环境友好工程。要进一步增强大局意识、忧患意识、责任意识,全力打造优质、廉政、精品工程,将省委、省政府转型发展、安全发展、和谐发展的重大战略部署落到实处。

7月7日 全省海事系统行政执法人员岗位培训班举办。省交通运输厅党组成员、副厅长王志民出席开班典礼并作动员。牛世骏局长主持,150余人参加。

王志民在讲话中,要求学员充分认识水上交通安全的重要性,学好本领,认真履行水上交通安全监管职责,努力做到让航行更安全,让水域更清洁,让人民更满意。希望大家能够珍惜这次培训机会,遵守课堂纪律,认真听讲,认真记笔记,认真交流,做到学有所获,学有所思,学有所用。

7月8日 省交通运输厅党组书记、厅长段建国一行冒雨深入太佳高速公路吕梁段施工现场调研。吕梁市委副书记、市长张九萍出席汇报会。吕梁市委常委、常务副市长丁雪峰,厅副巡视员郭贵平陪同调研。

太佳高速公路吕梁段开工以来,工程建设取得阶段性成果,截至6月底,全线累计完成投资27.71亿元,占总投资33.1%。

段建国一行冒雨先后来到第三标段宝塔山隧道、第八标段架梁山隧道和第十三标段湫水河特大桥施工现场,慰问一线工人,听取工作汇报,了解工程进度,叮嘱施工人员要在注意安全、保证质量前提下,加快工程进度。在随后的座谈会上,段建国在听取有关情况汇报后,对工程进展充分肯定,并对吕梁市、县两级政府大力支持表示感谢。希望吕梁市、县两级政府继续加大支持和帮助,加大协调力度,对遗留问题尽快解决;建管处要加大建设力度,在保安全、保质量前提下,加快工程建设进度;要加强对工程质量自查和整改力度,源头把好质量关,采取有力措施,建成精品工程、示范工程。

郭贵平在讲话中,要求加快工程建设,个别地段要加紧协调,加大力度,尽快予以解决。要注意营造文化氛围,征地拆迁款要及时足额发放到老百姓手中。

7月8日 盂县运煤专线公路竣工通车。路线全长9.823公里,总投资5297万元,二级标准,分两期建设。第一期工程全长6.326公里,总投资2897万元,2006年开工建设,2007年10月竣工;第二期工程全长3.497公里,总投资2400万元,2008年7月开工建设,2009年7月1日竣工。

7月9日 副省长牛仁亮在省交通运输厅党组书记、厅长段建国,厅党组副书记、副厅长张润等领导陪同下,深入灵丘至山阴高速公路现场办公。省发改委副主任王赋、省林业厅总工程师任建中、省电力总公司副总经理曹福成和朔州市及应县党政主要领导、有关部门负责人参加。要求各级政府及有关部门、单位,要加快工作节奏,迅速解决问题,确保顺利推进建设。

在第13合同段施工现场,牛仁亮详细询问项目设计、招标、前期工作和施工进展情况,对工作给予充分肯定和高度评价,对目前全线尚需协调解决的杨树林砍伐、电力线路改迁、天然气防护工程等问题,当场责成有关部门、单位限期解决,为工程建设创造更加宽松环境。

7月9日 省交通运输厅向省政府呈报《关于将山西路桥建设集团及相关企业列为省重点帮扶企业的请示》。共有14个企业，其中省公路局监管3个，各分局监管11个。现在职工13 366人，其中，在职职工11 416人，离退休人员1950人，注册资本25.64亿元，实收资本7.27亿元。截至2008年5月12日，资产总额40.99亿元，负债总额54.06亿元，负债率128.9%，所有者权益合计-11.91亿元。企业亏损共计23.79亿元。其中，审计账面亏损(未分配利润)21.16亿元，潜亏2.63亿元。

7月9日 省运管局召开全省运管系统源头治超工作推进会，省人大内司委主任委员，省治超领导组副组长、省治超办主任李顺通，省交通运输厅党组成员、副厅长、省治超办副主任张志川出席并讲话。省运管局局长李华中作专题动员。

2009年上半年，全省运管系统共投入近4000名运管人员，对经政府公示的10 477家货运源头企业实施进驻巡查。其中，运管进驻424家，巡查10 053家，出动运政执法人员33万人次，抄报、抄告、移送案件53件，处罚超限超载案件15件，共处罚金52.4万元。下半年将继续加大对源头企业的巡查监管力度，对移送、告知、抄报相关部门未得到处理反馈的案件进行核查，建立公示货运源头企业停复产报备制度，同时加大督察力度。省运管局将不定期对各市的源头企业进行明察暗访，继续开展“无双超示范县”和“无双超示范乡镇”创建活动，开展“诚信企业”评比活动。

李顺通在讲话中，对全省运管系统在源头治超工作中所取得的成绩给予肯定。要求认清形势，总结经验，深化宣传，加大监督；要发扬连续作战精神，再接再厉，再创佳绩，为促进全省经济社会的转型发展、安全发展、和谐发展，作出新的更大的贡献，以实际行动迎接全国治超工作现场会的胜利召开。

张志川在讲话中，要求全省运管系统发挥“先有作为、后有地位”的行业精神，更进一步抓好源头治超工作。对当前运管系统面临的税费改革挑战、经济危机车辆减少、部分运管人员思想出现松懈等诸多因素，要在关键时期严防死守，确保超限超载车辆不出场、不上路；把好处罚关、移交关；加大宣传稽查力度；为迎拉全国治超工作现场会胜利召开做好充分准备工作。

会上，小店区运管所、沁水县运管所、吕梁市运管处、忻州市运管处分别做典型经验介绍。

7月9日 省交通运输厅印发《关于加强城乡道路和水路运输安全防范及民爆物品管理工作的紧急通知》。

7月10日 省交通运输厅党组书记、厅长段建国轻车简从，深入汾平高速公路调研。吕梁市委副书记、常务副市长丁雪峰以及孝义市、汾阳市、平遥县领导就建设中涉及的河道施工对防洪影响、电力拆迁以及移路移渠等方面问题进行现场办公解决。项目全长41.7公里，2007年8月30日开工建设。

段建国一行沿施工辅道，从汾阳一直到平遥，沿路不断下车察看工程进展情况。要求建设单位抓住大好施工季节，加快推进建设步伐，抓住主要矛盾，解决突出问题。沿途市县要加大对重点工程建设支持配合力度；汾平高速公路服务监管处要积极协助，及时解决建设过程中出现的问题，确保按期完工。

厅重点办工管处处长杨绍波、省交通质监站站长常二栋陪同调研。

7月10日 省交通运输厅安全生产委员会会议召开，传达学习交通运输部《关于进一步开展桥梁安全隐患排查和治理工作的紧急通知》精神，研究讨论《全省公路桥梁安全隐患排查治理工作方案》(草案)。厅党组副书记、副厅长、厅安委会常务副主任张润主持并讲话。

按照交通运输部要求，2009年7月开展为期一个月的桥梁安全隐患排查治理工作。指导思想是：以科学发展观为指导，牢固树立以人为本、安全发展理念,始终坚持“安全第一、预防为主、综合治理”方针和突出重点、标本兼治、重在治本原则,把公路桥梁安全隐患排查整治和正在开展的“安全生产年”、安全生产“三项行动”和全省交通基础设施建设、道路运输安全专项整治结合起来,在前两年以桥梁为重点的交通基础设施安全隐患排查治理工作,从设计、施工、养护、治超等多环节入手,以在建和在用的公路桥梁为重点,以建立安全生产监督管理长效机制和遏制交通建设重、特大安全事故为目标,采取切实有效措施,全面提高全省公路桥梁安全运行和建设管理水平。

此次公路桥梁安全隐患排查的重点有7个方面,即《2008年公路养护统计年报》以及2009年新增的所有技术状况评定等级为四类和五类的桥梁;所有双曲拱桥;使用年限长、设计荷载标准低的桥梁,以及系杆拱桥、桁架拱桥、刚架拱桥、扁壳桥、带桂梁的桥梁等易突然破坏的桥梁;特大桥梁和特殊结构的桥梁;交通繁忙特别是超限超载车辆行驶较为集中的桥梁;正在建设中的桥梁以及正在实施的危桥改造项目;治理超限超载工作开展情况。

此次桥梁安全隐患排查的对象为已经投入使用的桥梁、在建桥梁和危桥改造项目、超限超载车辆治理三个方面。已经投入使用的桥梁检查的主要内容有7个方面,在建桥梁和危桥改造项目检查的主要内容有6个方面,超限超载车辆治理检查5个方面。

张润在讲话中,要求各单位、各部门要认真贯彻落实交通运输部及省交通运输厅的工作部署和要求,切实加强公路桥梁安全隐患排查治理工作。一要统一思想,提高认识。深刻吸取黑龙江“6·29”铁力西大桥垮塌事故教训,切实做好隐患排查治理,全面提升全省公路桥梁安全运行和建设管理水平。二要加强领导,狠抓落实。以危桥、拱桥、特大桥梁和特殊结构的桥梁为重点,从设计、施工、养护、治超等多个环节入手,迅速开展排查治理。三要强化管理,严格治理,全面巩固和发展治超成果。在2007年桥梁排查治理基础上,认真排查,摸清底数,多管齐下,完善措施,狠抓落实,务求实效,为交通大建设、大发展营造稳定安全环境,促进全省交通运输事业又好又快发展。

7月10日 省交通运输厅党组向省机构编制委员会呈报《山西省交通运输厅主要职责、内设机构和人员编制规定(草案)》的报告》。附件有:①山西省交通运输厅主要职责、内设机构和人员编制规定(草案);②关于《山西省交通运输厅主要职责、内设机构和人员编制规定(草案)》说明;③山西省交通运输厅机关内设机构对照表。

7月10日 省交通运输厅印发《关于成立和榆高速公路建设管理处的通知》。

7月10日 省交通运输厅印发《关于成立平阳高速公路建设管理处的通知》。

7月10日 省交通运输厅印发《关于深入开展全省重点公路工程建设项目“服务月”活动的通知》。包括组织领导、时间要求、主要任务三部分,时间为7月1日至31日。厅领导分片包干,成立9个服务指导工作组。组长分别是:张润、王志民、韩日裕、张志川、郜玉兰、张德仪、赵振田、曹燎原、郭贵平。

7月10日 省交通运输厅印发《关于成立长平高速公路建设管理处的通知》。

7月10日 省交通运输厅印发《关于成立榆平高速公路建设管理处的通知》。

7月10日 省交通运输厅向中国工商银行山西分行报送《关于申请天镇至大同高速公路贷款的函》。主线全长99.73公里,估算投资50亿元。双向4车道高速公路,设计时速80公里、100公里,路基宽24.5米、26米。另有大同县西互通连接线0.7公里,阳高互通连接线17.5公里,天镇互通连接线1.7公里,分别采用一级、二级公路标准,设计时速100公里、80公里,路基宽24.5米、12米。建设工期3年。拟申请贷款37.5亿元,年限20年(宽限期3年),2009年至2011年分3

年到位。

7月10日 省交通运输厅下达2009年第一批汽车客运站基本建设项目投资计划。共计18 874万元。

7月10日 省交通运输厅印发《全省公路桥梁安全隐患排查治理工作方案》。主要包括指导思想、组织机构和工作分工、重点、主要内容、时间安排、工作措施、工作要求7项。领导组组长:段建国;副组长:张润、张志川、部玉兰;成员有:蒋品、王京荣、杨吉平、田根、惠高峰、王联明、聂保平、李新杰、杨绍波、李俊生。办公室主任:蒋品;副主任:丁吉喜、车雄伟、常卫平、秦林清、王健。

7月11日 省交通运输厅巡视员曹燎原冒着酷暑,深入阳盂高速公路检查指导工作。

曹燎原巡视员一行在阳五高速公路投资管理有限公司总经理何瑞华陪同下,深入阳盂高速公路A1-1标平定枢纽、维社隧道、A1-2标桃河特大桥施工现场进行检查指导。在现场,他认真听取施工进展情况汇报,详细查看桥梁、隧道施工情况,了解遇到问题,并与地方政府领导协调解决相关问题。要求阳盂高速公路建管处认清形势,坚定信心,倒排工期,加班加点,确保高质量、高速度推进工程进展,确保2010年10月建成通车。

7月12日 省交通运输厅向省发改委报送《关于确认国道207线、国道309线改建工程概算投资超估算的请示》。共计12040万元,其中国道207线4232万元,国道309线7808万元。

7月13日 省交通运输厅向全省交通运输系统评选推荐工作领导组报送《关于拟推荐全国交通运输系统先进集体、劳动模范和先进工作者的报告》。其中,先进集体5个,劳动模范和先进工作者11名。

7月13日 省交通运输厅向省公安厅报送《关于请求支持全省高速公路建设项目火工品供应的函》。

7月13日 省交通运输厅向省安监局、省国土资源厅报送《关于请求支援全省高速公路建设项目石料开采的函》。

7月13日 省交通运输厅批复运城至三门峡高速公路路面大修工程可行性研究方案。投资估算3532万元。

7月13日 省交通运输厅批复省道桃临线木瓜沟至马务桥段改建工程初步设计。路线总长113.962公里。其中,一级公路7.725公里,其余二级标准,设计时速40公里、60公里、80公里,路基宽10米、12米,核准概算613 639 980元。

7月13日 省交通运输厅向交通运输部呈报《关于申请将部分收费站改建治超站点补助经费的请示》。申请给予每站200万元,共计9600万元补助。

7月13日 省交通运输厅向省政府呈报《关于增设和调整部分超限运输检测站的请示》。

7月13日至15日 全国第15届"中华魂"主题教育读书活动总结表彰暨经验交流会召开。省交通运输厅关工委荣获"先进集体奖",这是厅关工委自2006年以来连续第4年获此奖项。此外,晋中公路分局职工子女王瑜获先进个人一等奖;太原高速公路公司青年职工牛帅获二等奖;长治高速公路公司青年职工吉孟夏、忻州高速公路公司青年职工李明获三等奖;山西交通技师学院关工委秘书长张艳芬获优秀辅导奖;厅关工委副主任兼秘书长安正义获先进工作者奖。

7月14日 忻阜高速公路6·30总结表彰暨9·30动员大会召开。会议总结上半年特别是6·30以来工程进展情况,表彰劳动竞赛中取得优异成绩的各施工单位和监理单位,安排部署下半年及9·30工程建设目标任务。省交通运输厅党组成员、厅总工程师部玉兰出席并讲话。

部玉兰在讲话中,提出4点要求。一要统一思想,明确目标,始终把质量、安全工作放在首位;二要勇挑重担,自加压力,把握好工程紧迫性与协调性;三要奋力拼搏,建功立业,充分发挥各参建单位在工程建设中的主力军作用；四要科技创新，和谐发展，打造一条科技示范之路。她希望建管处和各参建单位继续发扬特别能吃苦、特别能战斗、特别能奉献的精神，努力打造高速公路精品工程，为推动全省转型发展、安全发展、和谐发展，加快新基地建设作出新贡献。

当日下午，郜玉兰与省交通质监站、厅科技处、厅重点办以及省交通设计院、省交通科研院、忻阜建管处主要负责人就省交通运输厅提出的“服务月”活动进行座谈。座谈会上，建管处向服务组汇报当前遇到的问题，服务组成员立即进行研究、探讨，并逐条解答，表示尽快协调解决。

会后，郜玉兰与忻州市副市长杨晋生、忻府区征迁领导组常务副组长阎琳瑛就存在的有关问题进行协商。

7月14日 省交通运输厅党组成员、厅总会计师张德仪带领省厅第六服务组，深入汾阳至平遥、平遥至榆社、榆次至祁县三条高速公路现场办公，并与晋中市副市长马彦平及相关部门座谈，以协调解决工程建设中遇到的困难和问题为重点，想办法，出主意，服务一线，携手地方政府共同为重点公路工程建设创造良好的外部环境。

省厅第六服务组一行一大早就来到榆社平榆高速公路第十五合同段，沿施工便道行驶到浊漳河畔，了解榆社枢纽的建设情况，听取和榆平高速公路建管处处长杨建红汇报开工以来项目整体的进展情况，与晋中市政府进行座谈，共同协调解决重点公路工程建设和群众生产生活中遇到的实际困难及突出问题。张德仪总会计师代表第六服务指导组向各建设单位表示，厅财务处、结算中心保证建设资金到位，厅重点办、省交通设计院、省交通科研院、省交通质检站等相关部门保证服务到位，服务指导组保证协调解决问题措施到位。各建设单位一定要在确保安全、质量、廉政前提下，加快建设速度，保证完成年度投资计划。

7月14日至15日 省委副书记、省政协主席薛延忠，全国政协人口资源环境委员会副主任、原省政协主席刘泽民，省政协常务副主席郭良孝，省政协副主席、省工商联主席韩儒英，省政协副主席李雁红、令政策，省政协副主席、九三学社省委主委刘滇生和部分省政协委员20余人，在省交通运输厅党组书记、厅长段建国，厅党组成员、厅总会计师张德仪，厅副巡视员郭贵平等陪同下，赴正在建设中的全省重点公路工程建设项目太原至佳县（东段）、太原至古交、汾阳至平遥高速公路施工一线调研。

薛延忠在讲话中，充分肯定三个项目目前所取得的建设成绩，要求进一步加快进度，确保工程质量、安全生产和廉政建设，在依法依规履行相关程序，充分发挥市场机制的同时，要尽可能使用当地劳动力、原材料，带动农民增收就业，促进相关产业发展。他说，太佳、太古、汾平等重点公路工程建设项目是改善人民群众生产生活的重要基础设施，在当前经济形势下，更是拉动内需、促进经济增长、应对金融危机的有力举措，一定要加快进度，确保投资尽快形成工作实物量，确保经济增长；在项目推进过程中，要依法依规，充分发挥市场调配机制，不搞地方保护主义。但在同等条件、质量情况下，要尽量使用当地农民工，使用本省水泥、钢材，带动农民增收就业，带动相关产业发展。不论地方政府、交通系统还是项目承包商，都要牢固树立强化这一意识。工程质量是千年大计，责任重于泰山，决不能有丝毫的放松。同时，要注意安全生产，时刻敲响安全警钟。他特别强调，地方政府一定要创优建设环境，帮助交通部门和施工企业解决协调好推进中的问题；交通部门和施工企业要注意保护好征地拆迁农民利益，确保农民合法权益不受侵害，共同服务全省“保增长、保民生、保稳定”大局，为全省“转型发展、安全发展、和谐发展”作出应有的贡献。

7月15日 省委常委、省军区司令员方文平，省军区参谋长姬亚夫一行在省交通运输厅党组副书记、副厅长、省交战办主任张润，省交战办副主任史荣和，省公路局局长戴飞等陪同下，视察吕梁公路分局承建的省道祁方线、古吴线文水开栅至温家庄段全长29.016公里国防公路。项目2008年11月开工，2009年7月10日竣工。改造后的公路主要是对原先路面进行补强，弯道加宽并同步实施安保工程。

方文平一行视察省道祁方线安保工程，查看吕梁公路分局在省道祁方线上完成的一段钢筋砼护栏。

方文平在讲话中，认为改造工程质量好，水平高，并给予很高评价。要求全省各级交通战备系统继续发扬优良传统，以强烈责任感、使命感和紧迫感，努力实现全省交通战备工作创新发展、安全发展、持续发展，坚持平战结合、军民结合、统筹规划、协调发展原则，不断推进全省交通战备工作健康持续发展。

张润在讲话中，要求进一步完善绿化和美化环境，加强管理，保护路产，维护路权，确保公路不受破坏。要进一步完善标识标志，发挥最大国防效益和社会效益。

7月15日至16日 天镇至大同高速公路初步设计外业验收会议召开。省交通运输厅党组成员、厅总工程师郜玉兰，大同市副市长郝月生出席并讲话。厅有关处室、项目建设管理、勘察设计、咨询审查单位、大同市沿线地方政府主要负责人参加。

外业验收期间，与会专家深入项目主要控制点腹地进行实地踏勘，随后听取勘察设计单位汇报，并审阅有关资料。会议结合大同长远发展规划，针对路线方案进行论证。专家组一致认为，各专业设计所需外业资料收集较齐全，基本满足初步设计需要，同意通过该项目初测外业验收。

郜玉兰在讲话中，要求充分考虑眼前与长远的关系，分轻重缓急，合理利用有限资源；要把基础调查资料搞扎实，加强团结地质勘察深度，做到数量与质量相匹配。

7月16日 省交通运输厅批复108国道太榆段公铁交叉设计方案等相关事宜。

7月17日 省交通运输厅向省政府呈报《关于郜玉兰总工程师率团赴台湾地区进行学术交流的请示》。拟于2009年10月出访，在台湾地区停留6天，费用由煤沥青课题组承担。

7月17日 省交通运输厅印发《关于认真做好〈山西交通60年〉画册图片征集工作的通知》。主要包括指导思想、组织领导、图片内容、选用标准、报送要求5项。编委会主任：段建国；常务副主任：韩日裕；副主任：张润、王志民、张志川、郜玉兰、张德仪、赵振田、曹燎原、郭贵平、胡鲜朝；委员有：尹新平、曹居月、王京荣、郭全英、蒋品、杨吉平、李贵顺、田根、史荣和、蔺建煌、杨俊威、胡建新、李爱和、王晓光、刘清平、师国梁、戴飞、张晋鹏、董新品、李华中、牛世骏、聂承凯、赵队家、孟科、张文才、肖毓凯、魏庆飞、段素宏。编辑部主任：师国梁。

7月18日至19日 由中交规划设计院主办，省交通科研院协办的《公路水泥混凝土路面设计规范》修订技术研讨会在忻州召开，省交通运输厅党组成员、厅总工程师郜玉兰及多位专家参加。

会上，郜玉兰就山西交通发展现状、高速公路三纵十一横十一环规划、十一五交通发展及全省公路水泥混凝土路面发展现状和存在问题作了详细介绍。省交通科研院作为主要参编单位作了发言。

随后，与会专家对目前全国公路水泥混凝土路面设计施工中存在问题进行深入探讨，课题组成员对前段时间工作进行总结，并对全国各地专家函审意见进行技术研讨。

7月20日 省农业副厅长董希德带领慰问团赴重点工程建设一线，对阳翼高速公路建设者进行慰问。在阳翼高速L12A等合同段，慰问团看望筑路员工，详细了解工程进展，认真询问工人们生活待遇和存在困难，表示要急重点工程建设所急，想重点工程建设所想，千方百计为重点工程建设排忧解难。

慰问团还向阳翼高速赠送价值3万余元毛巾、香皂、汗衫、茶叶、象棋等生活文化用品。

同日，省军区、省交通运输厅组织重点公路建设慰问演出团向广大工程建设者进行慰问，当晚进行精彩演出。歌舞、小品、杂技、独唱、戏剧、诗朗诵等节目异彩纷呈，高潮迭起，台上台下热情互动，更是激起阵阵喝彩，极大地丰富了建设工人文化生活。

7月20日 省交通运输厅批复交通信息化"1166"工程通信专网项目设备安装工程设计。核准预算40 951 668元。

7月20日 省交通运输厅下达2009年农村客运站项目建设计划。项目80个，年度计划总投资3235万元。

7月20日 省交通运输厅转复省财政厅专项支出预算。共计5698.37万元。

7月20日 省交通运输厅向省发改委报送《关于晋城市汽车客运东站工程可行性研究补充报告的请示》。总建筑面积调整为21 579.13平方米，总投资估算调整为16 780.42万元。

7月20日 省交通运输厅下达2009年农村公路渡口改造（渡改桥）工程建设计划。2009年安排30个农村公路渡口改造，1个渡改桥工程建设项目，安排投资2431万元。

7月20日 省交通运输厅向国家开发银行报送《关于申请忻州至保德等5个高速公路项目搭桥贷款的函》。共计50.1亿元。

7月20日 省交通运输厅发布《农村公路日常养护工程预算编制办法》、《农村公路日常养护工程预算定额》（试行），日常解释和管理工作由厅公路交通工程定额站负责。

7月20日至25日 全省高速公路施工安全高级管理人员第一期和第二期强化培训班，先后在忻州和太原举办。此次培训，由省交通运输厅主办，省交通质监站、厅重点办协办，省公路学会承办。邀请中国矿业大学博士生导师、国家安全生产专家组成员傅贵教授，石家庄铁道学院安全工程系主任王景春教授等，围绕施工安全管理技术、重大施工隐患及安全分析、公路工程施工安全生产技术措施、《山西省交通运输厅公路建设项目高危工程施工安全强制性要求》进行讲授和解读，并观看安全生产重特大事故警示教育片。来自15条在建高速公路各建设单位、施工单位、监理单位分管安全的领导和部门负责人共630余人参加。省交通运输厅党组副书记、副厅长张润出席开班仪式并作动员讲话。要求全省在建高速公路建设单位、施工单位、监理单位要充分认识安全生产工作在高速公路大建设、大发展时期的重要性，做好三方面工作。一要认清形势，明确任务，充分认识做好高速公路建设施工安全工作的极端重要性；二要规范管理，严格管理，把各项措施落到实处；三要突出重点，严防严控，创造稳定的安全环境。参训人员要提高认识，集中精力，端正态度，认真参加培训，掌握技术规范和要求，学用结合，学以致用，有效指导工程建设安全生产工作，保障全省高速公路大建设、大发展任务的胜利实现。

7月21日 全省地方海事工作上半年暨第三季度安全例会召开。总结上半年全省地方海事及水上交通安全监管工作，分析研究海事发展中存在的问题，安排部署下半年工作。省交通运输厅党组成员、副厅长王志民出席会议并讲话。要求清醒认识当前面临的严峻形势，不断加强海事机构建设和队伍建设，消除各类安全隐患，确保水上交通运输安全。

7月21日 省交通运输厅印发《关于切实做好防范强降雨和汛期灾害工作的紧急通知》。

7月21日 省交通运输厅呈报省政府《关于国家交通运输部李盛霖部长一行赴晋有关事宜的请示》。

7月21日 省交通运输厅印发《关于全省经营性公路技术状况评定结果的通报》。

7月21日至23日 省交通运输厅副巡视员郭贵平带领厅机关有关处室负责人和厅重点办、省交通质监站、省交通设计院等单位领导及专家深入太佳高速公路东西段，为工程建设进行服务协调，现场解决存在的困难和问题。

郭贵平一行现场查看工程进展情况，仔细询问遇到的问题和困难，认真听取工作汇报。要求两个建管处一定要认清形势、统一思想，细化目标、量化管理，科学安排、责任到人，千方百计加快工程建设。一要对工程质量进行回头看，仔细查找存在问题，及时整改，确保质量无缺陷；二要严格按省厅制度实行，对安全施工风险再次进行评估，做到安全生产万无一失；施工要讲究科学。对路基和特大桥、隧道等控制性工程，要科学对待，严格按照程序施工；严格按规矩办理，修放心路，办放心事，真正把太佳高速公路修成经得起历史考验的精品工程。

7月22日 下午，赴晋参加全国治理超限超载山西现场会的交通运输部部长李盛霖、副部长冯正霖听取全省交通运输工作汇报。副省长牛仁亮主持座谈会，省政府副秘书长崔国红出席。省交通运输厅党组书记、厅长段建国作全省交通运输工作汇报，厅领导张润、王志民、张志川、郜玉兰、张德仪、赵振田、郭贵平及省公路局、省征稽局、省运管局、省高管局、省地方海事局、省交通建设投资开发总公司主要负责同志及厅机关各处室负责人参加。

段建国就全省交通运输发展现状、治理超限超载工作及自2008年以来全省交通运输工作情况进行汇报，并针对高速公路农村公路和煤炭集疏运公路、运输枢纽、普通国省干线标准化建设及危桥改造和治超站点建设等六个方面工作提出建议。

在听取汇报后，李盛霖部长在讲话中，首先对全省治超工作所取得的经验和成绩给予肯定，对目前公路交通运输建设发展给予赞誉。表示交通运输部会继续支持山西交通运输工作，并提出3点要求。一要做好“十二五”规划编制前期工作，要特别注意综合运输体系的建设规划；二要做好二级公路撤站后的人员安排工作，尽快安排人员新的岗位上岗，做好保障工作；三要抓好安全工作，任何时候都不能麻痹大意，不能施松思想。

牛仁亮对交通运输部对山西交通运输事业发展的支持表示感谢。

会后，李盛霖、冯正霖在牛仁亮副省长及厅领导陪同下，驱车赶到正在进行桥梁钢护栏改造的太原东山过境高速公路施工现场，听取太原高速公路公司负责人有关工程进展情况介绍。要求施工人员一定要注意施工安全，提高工程质量。同时，李盛霖还就公路危桥改造提出要求。

7月22日 下午，省交通运输厅再次召开防汛工作会议。传达王君省长检查指导全省防汛工作时的讲话精神，通报全系统防汛值班检查情况，对下一阶段防汛工作进行部署。厅党组副书记、副厅长张润出席并讲话。要求各单位高度重视，加强值班检查督促，抓好24小时有人值班，保证值班人员到位，通讯畅通；要采取有效措施，严加防范，对所有高速项目责任人进行强化培训，增强防汛意识；要密切关注天气预报，让大家提前知道天气情况，做到心中有数，及时防范；厅重点办要采取不定期抽查检查，发现问题及时整改，保证全系统平安度过汛期。

7月23日 上午，交通运输部道路运输司副司长王水平、安全监督司副司长翁垒深入省运管局调研，省交通运输厅党组成员、副厅长王志民陪同。省运管局党委书记、局长李华中就全省道路运输业发展和省运管局近年来的主要工作进行汇报。

在听取汇报后，王志民提出当前山西运管急需解决的三个问题：一是如何解决车辆挂靠，消除安全隐患；二是如何解决好道路运输和安全监管协调发展；三是如何从综合运输角度，解决好城市个体出租车归口管理。

王水平在讲话中，充分肯定山西运管近年来工作所取得的成绩，高度赞扬山西运管在源头治超中取得的先进经验与良好效果。他说，源头治超是一项长期而艰巨的任务，山西的经验值得推广与借鉴。他还就如何站在综合运输角度，科学发展道路运输以及交通运输部近期开展的新时期道路运输发展大调研活动提出要求。

翁垒从安全、稳定、规范、提升四方面，对道路运输管理工作提出要求，并特别强调一定要做好60周年大庆期间道路运输安全监管工作，确保行业稳定。

7月23日 省征稽局召开全系统党风廉政建设工作会。省交通运输厅党组成员、驻厅纪检组组长韩日裕出席并讲话。对交通征稽系统多年来党风廉政建设取得的成绩给予充分肯定。要求认真学习全国纪委书记座谈会议精神，抓好四个重要法规制度的贯彻落实，深刻把握国际国内形势，认清交通系统面临的机遇和挑战，高度重视党风廉政建设和反腐败工作，严格落实党风廉政责任制，继续推进惩防体系建设，加强纪检监察干部队伍建设，为交通征稽事业顺利转型和二次创业提供有力政治保证，以优异成绩迎接建国60周年。

7月23日 省交通运输厅召开会议，安排部署编辑出版《山西交通60年》画册具体事宜。厅党组成员、驻厅纪检组长韩日裕出席并讲话。他说，编辑出版《山西交通60年》画册，是厅党组纪念新中国成立60周年的一项重要文化工程。其目的就是向全省人民充分展示交通建设的辉煌成就，激励和鼓舞全系统广大干部职工同心同德、脚踏实地，再掀公路建设新高潮，奋力开创交通工作新局面，为推动全省经济实现全面、协调、可持续发展，再创新业绩，再作新贡献。他强调指出，由于此项工作时间紧，任务重，各单位一定要高度重视，要下辛苦，组织专人，认真搜集有价值的图片资料，要把最能体现时代发展变化和进步的东西，图文并茂地报回来。要通过大家的努力，编撰出一本有留存价值、能充分反映山西交通60年发展巨变的精品，增强人们对交通基础设施建设的理解和支持。

会议还就《山西交通60年》编辑出版的组织机构、图片征集内容、选用标准、报送要求作了具体安排和部署。

7月23日 省交通运输厅下达2009年农村公路和路网结构改造建设计划。主要包括农村公路通达工程（2000公里，总投资39 682万元，其中中央投资20 000万元，省自筹19 682万元）、干线公路安保工程（隐患2683处，504公里，总投资4522万元，其中中央1744万元，省自筹2778万元）、农村公路安保工程（隐患898处337公里，总投资2903万元，其中中央投资1056万元、市县自筹1847万元）、干线公路危桥改造（桥全长7150.5延米，总投资13 727万元，其中央投资4700万元，省自筹9027万元）、农村公路危桥改造（桥全长2026.6延米，总投资5013万元，其中中央投资2000万元，市县自筹3015万元）、干线公路灾害防治建设计划（93.89公里，总投资7146万元，其中央投资1000万元，省公路局自筹6156万元）。

7月23日 省交通运输厅转发交通运输部2009年农村公路改造工程建设计划。共计5452.6公里，总投资154 167万元，其中中央投资73 000万元，地方自筹81 167万元。

7月23日 省交通运输厅向省理“小金库”领导小组办公室报送《关于自查阶段“回头看”工作的报告》。

7月23日至24日 2009年全国车辆超限超载治理工作现场会在太原召开。会议认真学习和深入贯彻国务院领导批示精神和国务院安委会文件要求，全面总结近两年全国治超工作，交流各地有效经验，分析研究当前面临的形势，研究部署当地及今后一段时期的治超工作任务，进一步推动全国治超工作深入开展和治超长效机制逐步完善，努力开创治超工作新局面。

全国治超工作领导小组组长、交通运输部党组书记、部长李盛霖出席会议并讲话。省委副书记、省长王君出席会议并致欢迎词，省委常委、纪委书记金道铭，省治超领导组顾问兼总监督员吕日周出席会议，副省长、省治超领导组组长牛仁亮介绍全省治超工作的做法和经验。会议由全国治超领导小组副组长、全国治超办主任、交通运输部副部长冯正霖主持。省人大内务司法委员会主任委员、省治超领导组副组长、省治超办主任李顺通，省交通运输厅党组书记、厅长、省治超领导组副组长段建国，厅党组成员、副厅长、省治超办副主任张志川也出席会议。

冯正霖指出，这次会议之所以选在山西召开，是因为山西省近几年治超工作成效显著，在地方政府主导、部门齐抓共管、区域协同作战等各方面积累很好经验，值得各地学习和借鉴。特别是2007年年底开始的新一轮全省“无缝隙”、“拉网式”治超总行动成效显著。截至6月30日，山西省车辆超限超载率由治理前11%下降到0.2%，为国家挽回公路基础设施直接经济损失10亿多元。作为资源大省，山西省治超工作取得如此成绩十分不易。

李盛霖在讲话中指出，从会议交流和现场考察情况看，山西的经验受到与会代表一致好评，大家普遍反映，山西省委、省政府对治超工作高度重视、认识深刻，体制有效、机制灵活，力度大，措施硬，手段多，抓得实，效果好，山西经验管用有效、可学可鉴。他说，山西省组织开展了声势浩大的治超总行动，力度前所未有，效果前所未有，坚持政府治超、依法治超、源头治超、科技治超，责任倒查、重奖重罚、经济调节、机构保障等综合治理措施，内涵丰富，既完全符合九部委政策要求，又结合山西实际，是治超工作的新创造、新做法、新举措、新经验。

李盛霖在讲话中，提出2009年、2010年全国治超工作总体要求是：以科学发展观为指导，全面学习推广山西治超经验，坚持政府主导，加强部门联动和区域联动，坚持路面执法与源头监管并重，综合运用法律、行政、经济、技术手段强化责任追究，建立完善治超长效机制，坚持遏制反弹，努力推动治超工作再上新水平，促进交通运输快速发展、科学发展、安全发展、协调发展。

省委书记、省人大常委会主任张宝顺在会议期间会见李盛霖部长。表示山西的治超工作一刻也不能放松。王君代表省委、省政府对会议的召开表示热烈祝贺，并简要介绍山西省情。他表示，治理车辆超限超载是一项长期任务，山西将以这次会议为契机，进一步做好下一阶段工作。

大会进行交流发言时，副省长、省治超领导组组长牛仁亮介绍全省治超工作的做法和经验。

在7月24日上午召开的座谈会上，厅党组书记、厅长段建国作表态发言，向与会代表全面介绍全省交通运输系统在治超工作中所取得的成绩和做法，并对下一步治超工作提出一些合理化建设性意见。

7月24日 省交通建设开发投资总公司发行20亿元企业债券经国家发改委批准后，省内外14家投资机构的20余名经理来公司对债券发行主体和项目投资效益进行实地考察，并与公司领导就有关情况和债券发行相关问题作了面对面交流与深入沟通。省交通运输厅党组书记、厅长段建国出席考察交流会。

公司是省交通运输厅直属的集投资、建设、经营、服务为一体的新型国有企业。经过10多年发展，公司业务涉及公路建设、经营、养护和国际贸易、房地产开发、酒店服务、物业管理、绿色生态开发等7大领域，形成以投融资为主体，以公路产业和多种经营产业为两翼的经营发展格局。目前，公司核心业务是高速公路投资、经营和管理，公司参控股的高速公路有太长高速、长晋高速、晋焦高速和太原东山过境高速公路，都是国家高速公路网在山西的重要组成部分，在全省交通网络布局中具有突出地位。公司资产质量良好，盈利能力较强。截至2009年底，公司合并资产总额161.5亿元，实现主营业务收入15.2亿元，净利润8.1亿元。特别是近三年，利润一直保持在较高水平。

段建国在致词中说,此次发行的20亿元山西交投债券,既是企业扩大再生产资金,也是全省高速公路建设的资本金来源之一,将全部用于目前正在建设和即将开工的3000公里高速公路建设,具有良好投资前景和稳定预期收益。作为政府交通运输主管部门,省厅支持开发公司选好投资项目,保证债券资金用于最好项目。他希望开发公司加强建设项目管理,提高效益;加强债券资金监管,按期还本付息,保证投资者实现预期收益。他表示,省厅将对本期债券还本付息提供偿债保障。

段建国还真诚地邀请各位机构投资经理在山西交通运输系统多走走,多看看,了解山西交通,投资山西交通。他充满激情地说,"今日借君一碗水,明日还君一桶油"。

总经理魏庆飞介绍公司主要经营情况、本次债券发行项目基本情况及未来收益保障情况。此次债券主承销商中信建投证券分司介绍债券基本情况。此次发行的债券主要用于高平至陵川段高速公路建设。该路是全省"三纵十一横十一环"高速路网中第十一横的重要组成部分,已于2008年12月开工,预计2011年建成通车。

7月24日 省交通运输厅召开治理"小金库"重点检查工作组进点会。厅党组副书记、副厅长张润,厅党组成员、省公路局党委书记赵振田出席,厅党组成员、总会计师张德仪主持。厅直各单位负责人参加。

会上,张德仪传达全省"小金库"治理重点检查组实施方案。第一阶段从7月20日至8月31日,主要检查驻并省直单位;第二阶段从9月1日至9月30日,主要检查驻并以外的省直单位。

检查组组长武瑛在讲话中,强调治理"小金库"工作的重要性和这次检查程序及重点项目,安排第一批进驻省厅重点检查单位,进一步明确"小金库"表现形式,并对其主要表现形式进行详细解释。

张润在讲话中,代表厅党组对省治理"小金库"检查组正式进驻省厅表示热烈欢迎,要求各单位要把配合检查作为一项重要的政治任务来完成,积极做好各方面配合工作。一要高度重视。以诚恳态度接受检查,做到组织安排精心,人员分工明确,工作责任落实。要真实提供相关资料,实事求是反映有关情况和意见,认真回答检查人员询问。二要狠抓落实,明确责任。明确重点检查工作负责部门和联络人,积极做好组织协调,做好与检查组对接。三要以政策法规为依据,认真抓好发现问题整改,确保治理取得实效。

7月24日 《山西省道路运输条例》修订工作汇报座谈讨论会在太原举行,省交通运输厅党组成员、副厅长王志民,省政府法制办党组成员、副主任王卫星等及相关部门负责人参加。

会议首先听取省运管局有关《山西省道路运输条例》修订前期工作情况汇报,然后座谈讨论。王志民从七个方面就做好《山西省道路运输条例》修订工作提出要求。一是要充分考虑《中华人民共和国道路运输条例》中有关规定。通过《山西省道路运输条例》修订,加以完善;二是在《山西省道路运输暂行条例》中没有规范的道路运输中出现的新情况、新问题,纳入《山西省道路运输条例》范畴;三是在维护道路运输市场秩序、保护道路运输市场各方合法权益、保障道路运输安全运输中与其他部门存在矛盾的要尽量解决;四是要鼓励道路运输管理创新,鼓励利用科技手段加强道路运输市场监管;五是要科学界定《山西省道路运输条例》规范调整范畴;六是涉及运管机构职能转变和分级管理问题,要严格分清;七是要广泛征求意见,使修订后的《山西省道路运输条例》更科学,更具有操作性,要能促进山西省道路运输事业又好又快发展,更能让人民群众享受到安全便捷优质高效的道路运输服务。

7月24日 省交通运输厅下达2009年度第一批交通建设科技项目计划。共计5项,总经费990万元,2009年度安排285万元。

7月24日 省交通运输厅向省发改委报送《关于忻州汽车客运中心初步设计的请示》。

7月27日 省交通运输厅向省政府呈报《关于太旧高速公路并购资金不应缴纳营业税的请示》。

7月27日 省交通运输厅向省发改委报送《关于省道长晋线南王庄至司徒段公路(凤凰山隧道)工程可行性研究报告的请示》。路线全长35.8公里,其中凤凰山隧道长1300米,车渠隧道长500米,一级标准,设计时速80公里,路基宽24.5米,投资估算14.4亿元,建设工期2年。

7月27日 省交通运输厅向省发改委报送《关于国道209线隰县县城过境公路改建工程可行性研究报告的请示》。路线全长9.2公里,二级标准,设计时速60公里,路基宽15米,投资估算11 689万元,建设工期1年。

7月27日 省交通运输厅批复309国道长治北寨至安泽县段等4个项目调整概算。309国道长治北寨至安泽县段核定调整后总概算186 391 462元;307国道汾阳至离石段核定调整后总概算403 240 760元;省道岚古线岚县至古交段核定调整后总概算329 059 779元;省道孝石线总镇至交口、桃临线桃红坡至木瓜沟段调整后总概算381527507元。

7月27日 省交通运输厅批复沿黄干线公路调整概算。累计增加概算885 113 475元,最终核定总概算3 129 695 957元。

7月27日 大同高速公路建管处举办灵丘至山阴高速公路施工安全管理人员强化培训班,6个监理单位17个合同段的总监、项目经理、分管安全负责人及建管处各驻地组长、专职安全员70多人参加。

7月27日至29日 全省高速公路第四届收费业务技术比武竞赛决赛举行。此次竞赛活动作为全省第二届女职工职业技能大赛的重要组成部分,从5月启动以来,历时3个月,参赛人数多,覆盖范围广,领导关注高,打破纪录人数多,都超过上一届。参赛选手们以饱满热情和严肃认真态度,顽强拼搏,团结协作,展示精湛技能和良好精神风貌,展现高速公路行业职工"团结、求实、奋进、奉献"职业精神,赛出成绩,赛出水平,赛出风格,赛出山西高速收费队伍风采,代表了山西交通运输行业职工的素质和形象。在决赛中,共有13人分别打破上届点钞、点卡和客车、货车放行记录,其中最高纪录为:点钞速度19"00/200张,点卡速度16"47/200张,客车放行速度13"00/辆,货车放行速度14"13/辆,个人总分前6名将由省人力资源和社会保障厅颁发中级职业资格证书。同时,竞赛优胜选手将被省总工会授予"山西省五一劳动奖章"和荣记一等功,被省妇联授予"三八红旗手"。

比赛期间,省人大常委会副主任、省总工会主席郭海亮,常务副主席高凤平,副主席王兴旺、安娜,中华全国总工会女职工部副巡视员钟霞,省交通运输厅党组书记、厅长段建国,厅党组副书记、副厅长张润在长风收费站观摩通行能力操作比赛。厅党组副书记、副厅长张润,省总工会副主席安娜,省妇联副主席韩红及省人力资源和社会保障厅培训处处长李小珠等还在省高管局机关观看成果汇报演出并颁奖。

张润在讲话中,希望全省高管系统将提高收费人员业务技能和文明服务水平作为一项长期工作,今后着重在以下三个方面下工夫。一要牢固树立"职工素质的提高是全省高速公路事业发展的决定因素"的理念。全面总结经验,推进技能竞赛制度化、规范化,建立完善有关制度和激励措施,将技能竞赛与技能培训、岗位练兵紧密结合,将学、练、赛融为一体,把职工技术练兵比武活动更加广泛、深入、持久地进行下去;二要大力营造尊重知识、尊重劳动、尊重技能良好氛围,让学习成为高速公路事业发展中持续向上的主潮流,让技术能手成为人人羡慕、人人尊重、人人学习的榜样和力量，推动全系统职工整体技术水平提高；三要不负重托，不辱使命。省高管局、各单位要以这次大赛为契机，把做好高速公路收费工作、树立良好窗口服务形象，作为提升公众信心、应对危机挑战的具体举措，收好费，收更多的费，承担起省厅赋予的千方百计融资、实施以路建路的重任，促进全省交通运输事业又好又快发展，为全省保增长、保稳定作出新的更大贡献。

7月27日至8月1日 由省委宣传部、省交通运输厅共同组织的全省交通重点工程建设新闻采访活动举行。来自省城15家新闻媒体记者、摄影艺术家、书画家40余人参加。省委宣传部常务副部长杨波、新闻处处长张晋斌，省交通运输厅领导段建国、王志民、郜玉兰、张德仪、赵振田、曹燎原、郭贵平出席启动仪式。

此次采访活动共计6天。先后对大呼、忻阜、忻保、太佳（东西段）、太古等在建高速公路工地现场采访，进一步推动地方政府和各建管处征地拆迁、施工质量、安全监管等工作，有力促进各重点工程建设的顺利进行。

段建国在讲话中，希望采访团成员按照宣传报道要求，从各自不同角度，全面深入报道交通重点工程建设中涌现出的感人事迹，为交通事业发展鼓劲加油。

杨波在讲话中，要求各媒体新闻工作者要以饱满热情和崇高使命感，深入建设工地一线，完成好此次采访任务，为全省重点工程建设创造良好舆论环境。

7月28日 省交通运输厅批复全省干线公路收费站计重收费改造工程追加预算。109个收费站，原核准预算22 693.26万元，核准追加46 520 418元。

7月28日 省交通运输厅印发《关于做好2009年度交通运输工程高级专业技术职务任职资格评审工作有关事项的通知》。主要包括组织管理、评审程序两项内容。

7月28日 省交通运输厅印发《关于做好2009年度交通运输工程中级专业技术职务任职资格评审工作有关事项的通知》。主要包括评审范围、条件、程序、申报材料要求4项。

7月28日 省交通运输厅向省政府呈报《关于成立山西省交通运输厅治超处的请示》。

7月28日 省交通运输厅向省政府法制办报送《关于推荐山西省地方海事局等3个单位为省级依法行政示范单位的报告》。

7月28日至31日 省交通运输厅党组成员、副厅长王志民先后就分片包干的阳城至翼城、闻喜至垣曲、长治至临汾、临汾至吉县、临汾环城、闻喜至合阳、运城至芮城7个高速公路项目进行“服务月活动”重点帮扶，协调解决工程建设中遇到的困难和问题，为项目开工建设创造良好建设环境。要求阳城至翼城、闻喜至垣曲两个项目要在保证工程建设质量和安全前提下，科学组织施工，严格合同管理，严格计量支付，严格财经纪律，严格按程序、按政策规矩办，切实解决好工期与质量、工期与安全的关系，确保高速公路按期建成通车。长治至临汾、临汾至吉县、临汾环城、闻喜至合阳、运城至芮城5个高速公路项目要继续争取地方政府支持，加快项目前期工作审批进程，力争早日开工建设。

7月29日 上午，平阳高速公路建设管理处在盂县揭牌成立。省交通运输厅党组成员、厅总工程师郜玉兰，厅重点办有关负责人和盂县县委、县政府领导出席揭牌仪式。处长郭迎平介绍项目进展情况并作表态发言。

项目起点位于平定县岔口乡神水泉东，与河北省拟定的南线走廊带相接，终于太原市尖草坪区阳曲镇北山头村，设太原枢纽与太原环城、原太高速公路相接，采用双向六车道高速公路标准建设，设计时速100公里，路基宽33.5米，是全省第一条标准六车道高速公路。路线全长123.32公里，有特大桥、大中桥1.86万米/52座，隧道4.53万米/12座，涵洞88道，互通式、分离式立体交叉14处，通道80道，天桥28座，服务区2处，收费站

6个,概算投资147亿元,建设总工期3年。

郜玉兰在讲话中,对平阳高速公路建设管理处成立表示祝贺,并从质量、安全、廉政、工期、责任等方面提出明确要求。希望广大建设者精心组织,加强领导,依法合规,确保廉洁,树立以人为本、安全为天、质量第一的责任意识,把平阳高速公路早日建成一条经得起时间检验的精品工程;希望沿线各级政府通力合作,优化建设环境,要像当年支持太旧路建设一样支持平阳高速公路建设,为全省经济腾飞再作新贡献。

7月29日 省交通运输厅批复临汾公路分局综合业务用房工程可行性研究报告。

7月29日 省交通运输厅批复晋城至侯马高速公路晋城至侯马段翼城服务区位置。

7月29日 省交通运输厅批复长安高速公路逢善至河坪辿段初步设计。路线全长39.558公里,双向4车道高速公路标准,设计时速80公里,路基宽24.5米,核准概算7 801 854 401元。

7月29日 省交通运输厅批复祁临高速公路临汾市北环段的初步设计。路线全长19.255公里,双向4车道高速公路标准,设计时速100公里,路基宽26米,核准概算894 783 466元。

7月29日 山西建筑工程集团总公司路桥二分公司正式挂牌成立,为全省公路建设再添新军。

总公司是全省规模最大的综合性建筑企业,具有建设部批准的房屋建筑工程总承包特级资质和外经贸部批准的直接对外承包经营权,是建设部确定重点扶持的全国33家大型建筑企业之一,现由山西省人民政府国有资产监督管理委员会直接监管。2004年,总公司入选"中国承包商60强",排名第30位。2005年入选"中国企业500强"。为继续拓宽业务范围,增加竞争实力,总公司依据"集团做大,母公司做强,子公司搞活"的总体发展目标,组建成立路桥二分公司,再次进军全省交通公路建设领域。

公司现有员工200余人,注册资本300万元,主要以公路、桥梁、隧道、土石方工程建设为主,自有运输、机械以及检测设备50台(件),本着"与时俱进、大胆创新、精心经营"理念,全力打造优质精品工程,并向"一年起好步,两年求发展,三年上台阶,四年创先进"的发展目标奋斗。目前,该公司已与安徽水利联合中标临吉高速公路21标,吹响进入全省交通建设行业的第一声号角。

7月30日 省交通运输厅向省促进"三保"工作办公室报送《关于深入基层促"三保"帮扶工作方案的报告》。领导组组长:张志川;副组长:曹居月、刘清平、郭建中;组员:车鸿宾、刘初平、薛立跃、吉燕峰。

7月30日 省交通运输厅向省促进"三保"工作办公室报送《关于请求省政府帮扶路桥企业具体事项的报告》。主要包括:①工程项目上继续给予支持;②新成立的4个公司在申办资质上给予政策倾斜;③路桥企业职工按照特殊工种提前退休;④三个路桥企业破产中存在的其他政策性问题;⑤帮助解决拖欠职工工资及三险一金问题。

7月30日 晋中市交通建设项目推进会在寿阳县召开,省交通运输厅党组副书记、副厅长张润出席并讲话。充分肯定近年来晋中农村公路建设所取得的成绩,特别对寿阳县在农村公路建设施工、质量监管标准化、规范化、大投入给予很高评价,提出3点要求。即抢抓机遇,加快发展;在建设过程中,要重规划,讲标准,严管理,保质量;加强领导,深化改革,做好管理养护,保护好农村公路建设成果。

7月30日 省交通运输厅向省发改委报送《关于阳泉至和顺高速公路可行性研究报告的请示》。路线全长71.241公里,4车道高速公路标准,设计时速80公里,路基宽24.5米,投资估算44.10亿元,建设工期3年。

7月30日 省交通运输厅批复国道207线平定至昔阳杜庄段等项目调整概算。

其中,国道207线平定至昔阳杜庄段改建工程增加42 320 821元,总概算为189 408 931元;309国道临汾刘村至吉县窑渠段改建工程增加78 076 382元,总概算为518 193 039元。

7月30日 省交通运输厅批复沿黄干线公路直接利用路段升级改造工程初步设计。核定概算371 459 194元。

7月30日 省交通运输厅批复省道马走线天镇至赵家沟段改建工程初步设计。路线全长33.571公里,另有连接线0.72公里,实际建设里程34.291公里,一级、二级标准,设计时速80公里,路基宽24.5米、12米,核定一期工程概算219 500 062元。

7月30日 为了深入实践科学发展观,响应省红十字会、省文明办、省直文明办有关文件精神,省公路运输工会积极组织"博爱一日捐"募捐活动。截至当日,全省交通系统共捐款335 903元。

7月31日 下午,省交通运输厅组织厅机关及厅直各单位处级以上复转军人在太原高速公路服务区欢聚一堂,共同庆祝建军82周年。厅党组书记、厅长段建国出席并致词,厅党组副书记、副厅长张润主持,厅党组成员、总会计师张德仪,厅副巡视员郭贵平出席。

段建国在讲话中,代表厅党组向全省交通系统转业退伍军人表示亲切问候。希望军转干部要继续保持发扬人民军队的优良传统和作风,努力学习专业知识,不断提高素质和能力,增强政治意识,在维护稳定、抢险救灾、应急保障中发挥更大作用。

太原高速公路公司准备精彩文艺节目。有舞蹈、独唱、情景剧、配乐诗朗诵、歌伴舞等,精彩节目赢得阵阵掌声。能歌善舞的复转干部纷纷上台表演节目,共同回顾难忘的军旅生涯。他们一致表示,在今后工作岗位上,要继续发扬部队优良传统,把好的作风带到工作中,以更加饱满热情投入到交通事业中去,为全省交通事业又好又快发展贡献力量。

座谈会前,所有参会的复转干部到太古高速公路S2标西山特长隧道参观。太古高速公路S2标项目部经理介绍了西山隧道工程的施工情况。

7月31日 省交通运输厅向省政府呈报《关于在临汾、运城举行临汾至吉县、闻喜至临猗等6条高速公路开工仪式的请示》。

7月31日 省交通运输厅批复部分干线公路路网改造项目调整概算增加投资资金。

7月31日 省交通运输厅向省政府呈报《关于中宣部安排制作介绍山西治超经验新闻栏目的报告》。

8月

8月1日 经过两个多月的封闭施工,太原东山过境高速公路桥梁防撞护栏加固改造工程比原计划提前10天竣工。当日9时,全线开通。省交通运输厅党组成员、副厅长王志民出席竣工通车仪式。工程5月10日开工,采用SS级钢护栏对原有桥梁护栏进行替换。加固改造后基本没有增加桥梁自重,没有减少桥梁宽度。并据各桥不同情况,分别在钢护栏外设置隔音墙和防抛网,受到附近居民和有关单位好评。

8月2日 省交通运输厅向省政府安委办报送《关于全省交通运输行业安全生产专项整治工作经费问题的请示》。共计1124.88万元。

8月3日 省交通运输厅印发省运管局2007年度财务收支情况的审计意见。

8月3日 省交通运输厅印发对2006年至2008年6月全省道路运输管理费、客运附加费征收使用及管理情况的审计意见。

8月3日 省交通运输厅、省供销合作社印发《关于延长季节性化肥运输"绿色通道"试行期限的通知》。继续试行一年半时间。即2009年8月15日至10月15日;2010年2月15日至5月15日;8月15日至10月

15日。

8月3日 省交通运输厅批复闻喜东镇至临猗孙吉高速公路初步设计。路线全长76.067公里,4车道高速公路标准，设计时速80公里,路基宽26米,核定概算3 433 203 721元。

8月4日 榆次龙白至祁县城赵高速公路初测外业验收会议召开,经专家组审查后顺利通过。省交通运输厅党组成员、厅总工程师郜玉兰,晋中市委常委、副市长马彦平出席。

郜玉兰在讲话中，提出6点要求。一是设计单位要尽快补充完善初步设计,确保项目早日开工;二是处理好管线交叉、沿线地方政府要求和当地群众出行习惯与项目路线方案的争议；三是注重城市环线功能性，既要满足城市需要,又要符合高速公路建设标准;四是最大限度精细优化路线方案,加深局部路段平纵面设计,在确保交通运行安全的同时降低整体造价;五是认真贯彻公路建设新标准,合理运用新理念、新要求,把握新旧标准差异;六是明确项目管理模式,立足长远,充分考虑服务区、养护工区、停车区等未来扩容改造需要,用最少投入,造最好环线。

8月4日 上午,首届全国交通行业“宇通杯”机动车驾驶员节能技能竞赛山西选拔赛在太原市圆梦驾校拉开帷幕。本次比赛共有24名选手参加,竞赛内容分综合理论知识考核与节油驾驶实际操作技能考核两部分。比赛将选出三名优胜选手代表全省参加全国总决赛。

8月4日 运城绕城高速公路西南段正式运营。是太原、大同环城高速之后全省建设的第三条环城高速公路。东与运三高速公路相接,西与运风高速公路相连,主线全长41.51公里,概算投资10.7亿元,2007年4月开工,2008年11月竣工,工期19个月,刷新全省高速公路建设工期新纪录,打造高速公路建设“品牌工程”。

8月4日 省交通运输厅向省发改委报送《关于批复国道208线金家湾至秀女河段改建工程可行性研究报告的请示》。路线全长54.856公里，一级标准，设计时速80公里,路基宽24.5米,建设工期2年。

8月4日 省交通运输厅向交通运输部呈报《关于全省公路和水运交通基础设施资产管理状况调查的报告》。

8月4日 省交通运输厅向省政府呈报《关于张德江副总理对治超工作批示的报告》。

8月4日 省运管局组织召开《太原市客运联网售票》项目需求调研座谈会。太原市客运总站、东客站、西客站、建南站、迎宾站五个一级汽车站负责人以及山西同昌、山西移动、晋通达科技有限公司等相关单位技术人员30余人参加。

8月4日 吕梁市市委副书记、市长张九萍深入太佳高速公路吕梁段建设工地现场办公。省交通运输厅副巡视员郭贵平陪同。

张九萍深入第七标段和第八标段架梁山隧道施工现场,与一线工人亲切交谈,询问施工条件和装备工艺，了解工程进度。表示吕梁市委、市政府将继续加大支持力度,全力配合工程建设。对一些工作量大、涉及环节多,急需加强部门之间、市县之间统筹配合的,有关部门要加强协调,实实在在地解决问题,为工程建设创造良好环境。

8月5日 青岛至兰州高速公路临汾至吉县段、临汾市北环、京昆与青兰高速公路山西境临汾连接线开工仪式举行。省委副书记、省长王君出席开工仪式并宣布开工，副省长牛仁亮作重要讲话。省交通运输厅党组书记、厅长段建国主持开工仪式。省政府副秘书长陈永奇,厅党组成员、副厅长王志民,省直有关部门及金融部门负责人、临汾市四大班子领导出席。

临吉高速公路是国家高速公路网青岛至兰州公路和山西省“三纵十一横十一环”高速公路网第九横的重要组成部分,也是全省“十一五”规划重点建设项目之一。起于临汾市南辛店,与拟建的长治至临汾高速公路相接,经襄汾、乡宁、吉县，终于晋陕交界壶口黄河大桥，全长99.27公里。双向4车道，设计时速80公里，路基宽24.5米，估算投资约91.7亿元。工期安排为2010年建成襄汾南辛店至乡宁光华段20公里，实现小循环；2012年建成乡宁光华至吉县壶口段79公里，全线贯通运营。该项目的建设，对完善国家和山西省高速公路网，贯彻落实国家中部崛起战略部署，改善区域交通条件，促进沿线地区资源开发和经济社会协调发展，均具有十分重要意义。

临汾市北环段是山西省高速公路网"三纵十一横十一环"规划中"临汾环线"的重要组成部分。起点为洪洞县曲亭镇，终于大运高速龙马枢纽，全长19.255公里，投资估算8.57亿元，建设工期2年。

京昆与青兰高速公路山西境临汾连接线是国家高速公路网连接线工程，也是全省"十一五"规划重点项目之一，超点接青兰高速公路长临段曲亭互通，终于京昆高速公路山西祁临段明姜互通西南，全长16.03公里，投资估算14.11亿元，建设工期2年。两项目均由省政府投资，临汾市政府承建。

牛仁亮在讲话中，要求临汾市政府及沿县各级政府和部门要高度重视，精心组织，密切配合，协同行动，积极做好项目建设中土地、环保、拆迁等相关工作，为工程建设创造良好外部环境。交通部门和各参建单位要优化设计，精心组织，加强管理，科学施工，全力打造一条优质、安全、生态、文明的一流高速，为全省"三个发展"作出积极的贡献。

厅党组成员、副厅长王志民，临汾市副市长徐树荣介绍工程概况。临吉高速建管处处长郭锁记，临汾市市长罗清宇分别代表参建单位和地方政府作表态发言。

8月5日 省交通运输厅召开交通信息化"1166"工程专网设备工程协调会，厅党组成员、副厅长、厅信息办主任张志川出席并讲话，厅直各单位、各市交通局及运管局(处)、各公路分局、各征稽分局有关负责人参加。

2006年，厅党组提出交通信息化"1166"工程建设总体规划，目前已进入光缆敷设和设备安装阶段。总体计划是，9月20日前光缆施工完毕，9月21日开始安装设备，10月底进行联网调试。

会议要求根据厅里规划，依托高速公路主干通信管道，自主建设从高速公路到市交通局及各个交通部门管线，即解决入城一公里问题，实现全省联网，建成通达全省交通专网。"1166"信息化工程，依托高速公路通信专网，充分发挥规模效应，防止资金浪费，防止重复建设，形成以省厅为核心，辐射全省各市交通、公路、运管、高管等各业务单位的交通专网，实现全省交通信息高度共享，实现全省交通系统内数据、语音、视频信号联网，做到实时沟通工作情况，互传信息，既能减少资金，又能提高效率，为交通管理现代化奠定坚实基础。

张志川在讲话中，提出3点要求。一要充分认识信息化在转型发展中的作用，以信息化促进全省交通行业现代化发展；二要加强信息基础设施建设，促进全省交通事业信息化建设再上新台阶；三要按照统筹规划、分级负责原则，有领导、有组织、有计划地做好交通信息化建设，以避免信息资源不能共享、系统相互独立等问题发生。

8月5日至7日 经国家发改委批准，省交通建设开发投资总公司成功发行总额为20亿元人民币的2009年山西省交通建设开发投资总公司企业债券。中信建投证券有限责任公司担任本期债券主承销商及上市推荐人，全面负责本期债券发行的相关工作。

8月6日 上午，闻喜至陕西合阳、运城至河南灵宝、河津至运城高速公路奠基开工。至此，全省当年开工的高速公路建设项目已达21个，总里程达1600公里。省委副书记、省长王君出席开工奠基仪式，宣布工程开工，副省长牛仁亮作重要讲话。运城市委书记高卫东主持，省交通运输厅党组书记、厅长段建国就三个项目建设提出明确要求。省直有关部门和金融部门领导,三个项目沿线市县负责同志及河南省三门峡市、陕西省渭南市领导出席。

闻喜至合阳、运城至灵宝、河津至运城高速公路都是全省高速公路网规划“三纵十一横十一环”的重要组成部分。闻喜至合阳为第十一横组成部分,起点闻喜东镇,终点临猗孙吉镇,接拟建的黄河特大桥,与陕西西禹高速公路相连,主线全长76.2公里,项目总投资33.98亿元,建设工期3年。运城至灵宝高速公路是中纵的重要组成部分,起点运城市盐湖区解州镇,终点芮城县陌南镇,接拟建的黄河特大桥,路线全长31.3公里(包括芮城连接线19.5公里)。项目总投资25.4亿元,建设工期4年。河津至运城高速公路为西纵的组成部分,全线位于运城市境内,起点河津市,终点盐湖区,主线全长80.95公里。项目计划投资39.1亿元,建设工期3年。三个项目纵横河东大地,承接豫陕两省,都是全省对外开放、区域交流的重要出口公路,对完善运城市高速公路网络,提升城市品位,改善投资环境,拉动区域经济发展,促进产业结构布局,加快打造黄河金三角地区率先崛起的工贸旅游中心城市,均具有重大战略意义。建成后,运城境内高速公路总里程将近600公里,出省口将达到6个。

段建国在讲话中指出,闻喜至合阳、运城至灵宝、河津至运城三个高速公路项目实行省政府投资,运城市政府承建的高速公路建设新体制,不仅对施工组织提出新挑战,项目管理任务也十分艰巨。在工程建设中,一定要认真贯彻落实科学发展观,牢牢抓住“安全零事故、质量保部优、生态文明好、廉政无违纪、概算不突破、全面创一流”目标,广泛吸收和借鉴国内外高速公路建设的先进技术和成功经验,建立健全工程质量保证体系和责任体系,合理安排工期,科学组织施工,严格工程管理,加强现场监控,确保工程质量,确保安全生产。要把环境友好、资源节约要求贯穿于工程建设全过程,切实加强反腐倡廉建设,坚决克服腐败现象。特别要切实加强对市政府包干建设项目和BOT项目的监管与服务,创新监管模式,提高服务能力,确保各个项目建设顺利进行。

牛仁亮在讲话中,要求牢固树立“百年大计、质量第一”理念,加快工程建设进程。项目沿线市县政府和各有关部门要高度重视,努力为工程建设创优环境;交通部门和参建单位要发扬特别能吃苦、能战斗、能奉献的精神,努力打造高速公路精品工程,共同为加快新基地、新山西建设作出更大的贡献。

8月6日 省交通运输厅向省政府呈报《关于邀请省军区、省交通运输厅赴全省重点公路工程暨太古高速公路慰问汇报演出活动的请示》。

8月6日 忻保高速公路第一座隧道圪料沟隧道左洞3时18分全部贯通。位于忻保高速第五合同段,为双洞分离式双向4车道山岭隧道,全长96米,由山西长兴路桥工程有限公司承建。

8月7日 傍晚,省委副书记、省长王君深入太古高速公路西山隧道施工现场,亲切慰问工程建设者。省委常委、太原市委书记申维辰,省委常委、省军区司令员方文平,省军区政委张少华,副省长牛仁亮,省政协副主席令政策,省政府秘书长王清宪等一同慰问。省交通运输厅领导段建国、张润、郜玉兰、郭贵平陪同。

太古高速公路西山隧道全长13.65公里,是全国在建公路中最长的隧道,也是太古高速制约性工程,24小时连续施工作业。王君省长一行与建设者一一握手,致以亲切慰问。王君省长代表省委、省政府和全省人民感谢工程建设者的辛勤劳动和无私奉献,赞扬他们是新时代最可爱的人,希望全省广大建设者继续发扬特别能吃苦、特别能战斗的精神,迎难而上,再接再厉,为全省重点工程建设作出新的成绩。一要注意通风安全。打通隧道新斜井,要穿过煤层,不能忽视瓦斯等有害气体的排放;二要注意施工过程中顶板支护安全；三是注意对复杂地质情况充分掌握和准确判断。各级各部门要关心广大建设者的工作生活，搞好后勤服务，保障他们的身心健康和施工安全。

省军区和省交通运输厅文艺演出队在现场举行慰问演出。厅党组副书记、副厅长张润代表全省交通运输系统12万干部职工向各位领导和首长表示热烈欢迎，向战斗在全省重点公路工程建设一线的建设者们表示亲切慰问，向不辞辛苦的慰问团演职人员表示感谢。他希望全省重点公路工程广大建设者们以此次慰问活动为契机，把省委、省政府、省军区领导的关怀化作强大精神动力，进一步增强大局意识，责任意识，群策群力，攻坚克难，发扬艰苦奋斗、无私奉献精神，抓质量，保安全，加快工程进度，加强廉政建设，为创建精品工程、按期完成工程建设目标任务而奋斗，向省委、省政府交上一份满意答卷。

演出丰富多彩，有舞蹈、歌伴舞、小合唱、独唱、情景剧、配乐诗朗诵等。精彩节目赢得在场所有建设者和观众的热烈掌声。这已是省厅组织的第16场工地慰问演出。

在慰问演出活动开始之前，省交通运输厅举行《施工安全从这里抓起》安全宣传手册发放仪式。太古高速是发放仪式主会场，全省其他各在建高速公路也在同一时间举行发放仪式。厅领导向建设者发放安全宣传手册，并向太古高速公路建设者赠送慰问品。

8月7日 为期68天的全省运政执法人员军事训练暨执法培训在代县圆满结束，共完成10期全省11个市1040人培训任务。

此次培训以队列动作及内务整理、冲锋枪射击、执法业务培训为主要内容，严格按照“管理班排化，训练士兵化”要求对参训人员实施封闭式管理。通过培训，全省运政执法人员整体素质得到进一步提升，工作作风明显改善，精神面貌明显改观，集体凝聚力明显增强，法律、法规意识明显提高，为塑造一支“政治可靠、业务精通、作风过硬、廉洁高效、挑得起重担、经得起考验”的真正为人民服务的运政执法队伍奠定良好基础。

8月7日 省交通运输厅批复太原环城高速公路太谷连接线初步设计。路线全长34.242公里，一级标准，设计时速100公里，路基宽24.5米，核定概算645 414 447元。

8月8日 省交通运输厅向省编办报送《关于成立山西省水上搜救指挥中心的请示》。拟定为正处级全额拨款事业单位，编制20名，主任1名，副主任2名，科级职数6名，内设值班室、信息与安全通信科、搜救管理科。

8月10日 太佳高速公路吕梁段首座大桥吊装完成。大马河大桥由中铁十一局集团有限公司承建，全长157米，左右幅各5跨，预应力混凝土连续箱梁，下部结构桥墩为柱式墩，桥台为肋板台和柱式台，墩台基础均为钻孔灌注桩基础。

8月11日 原省人大常委会副主任杜五安深入忻阜高速公路建设一线视察指导工作。省交通运输厅党组书记、厅长段建国，厅党组成员、厅总工程师郜玉兰及忻州市人大常委会副主任智俊德、副市长杨晋生一同视察指导。

每到一处，杜五安都详细了解工程进展、安全生产、现场管理情况。特别是对继武宿立交枢纽后，全省又一个连接大运和五保高速公路的大型枢纽秦城枢纽设计高科技含量以及采用钢筋混凝土箱梁工艺确保大运高速公路畅通的做法、古峪沟特大桥的施工难度和生态保护，全省首条双向6车道隧道长城岭隧道的建设难度作了更深入了解和关注，并向段建国、郜玉兰询问与河北省交界处长城岭隧道建成后运营管理的协调情况。

杜五安在讲话中，要求忻阜高速公路建管处要扎实有效组织全体参建单位和建设者，继续坚持以科学发展观为指导，认真落实省委、省政府和省交通厅党组的决策部署，紧紧抓住历史机遇，发扬太旧精神，弘扬大运精神，确保工程质量和安全生产；倒排工期，强化精细管理，确保年度投资目标顺利完成，强化质量、投资、工期三大环节，建立健全各项档案和基础资料，坚持依法筑路、环保筑路，把忻阜高速公路建设成为经得起历史考验的优质工程、民心工程。杜五安对忻州市委、市政府高度重视和支持重点工程建设的各项做法，五台县"零干扰"创优施工环境的做法给予高度肯定。希望沿线各级党委、政府和有关部门继续加大支持力度，密切配合，努力把项目建设成为精品高速公路。

8月11日 下午17:00，参加"跨越-2009"军演的某摩托化部队跨越黄河进入山西境内，拉开全省交通保障序幕。

此次保障活动，省委、省政府、省军区、省交通战备办公室、省交通运输厅领导非常重视。12日上午，省委常委、省军区司令员方文平，省军区政委张少华，省交通战备办公室第一主任、厅党组书记、厅长段建国，省交通战备办公室主任、厅党组副书记、副厅长张润等领导在太原慰问参演官兵。

省交通战备办公室高度重视，严密组织，积极协调各有关部门发挥军地联合保障的优势，确保每条线路、每个路口、每个收费站都有专人负责。为了万无一失，省军区副司令员何永才，省国防动员委员会综合办主任车瑞金，省交通战备办公室主任张润，省交通战备办公室副主任史荣和等领导伴随保障，保证参演部队机动道路全线畅通。各级交通战备办公室按照属地保障原则，积极调用沿途国防交通专业保障队伍和相关单位，做好交通疏导和道路抢修维护等保障工作。在这次交通保障工作中，全省担负保障里程600余公里，动用千余名交通保障人员，机械设备50余台(件)。

8月11日 省交通运输厅、省财政厅、省物价局向省政府呈报《关于取消省道陵沁线陵川杨寨河至西河底段公路营礼收费站的请示》。

8月11日 省交通运输厅批复运三高速公路平陆服务区改扩建工程施工图设计。占地136亩，总建筑面积3760平方米，核准预算27 604 966元。

8月11日 省交通运输厅批复太原环城高速公路长风西互通和南内环互通设计。其中，长风西互通收费站车道设置为12进16出，核准预算218 189 931元(不含长风西街主线投资)；南内环互通收费站车道设置为10进10出，核准预算204 589 667元。

8月11日 省交通运输厅印发《安全生产工作责任分解意见》。

8月12日 上午，省道长晋线高平至晋城一级公路开工奠基仪式在晋城市城区七岭店新村举行。副省长牛仁亮致贺信。晋城市委副书记、市长王茂设出席并宣布工程开工；省公路局局长戴飞、晋城市委常委、副市长赵学梅出席并讲话。路线全长35.775公里，一级标准，双向4车道，路基宽24.5米，设计时速60公里，估算投资14.6亿元，建设工期2年。

牛仁亮在贺信中，要求省公路局和晋城市政府加强配合，搞好协调，认真组织，科学施工，把项目建成精品工程、廉政工程、德政工程，为促进全省经济社会平稳较快发展作出贡献。

戴飞在讲话中指出，高平至晋城一级公路是新一轮拉动经济以来全省开工建设的第一条一级公路，也是近年来省交通运输厅、省公路局与晋城市联合建设的第一条高标准、高等级公路。晋城公路分局要瞄准两年完成建设任务目标，创新建设管理，合理制定施工组织计划，科学调度资金，搞好协调服务，强化督促指导，确保早日完成任务。要重视加强科技创新，积极组织开展科技攻关，推广应用各类新技术、新工艺、新材料，促进施工安全、质量、效率，增加工程科技含量。为其他一级公路项目建设提供可借鉴的经验，进一步带动提高全省公路建设整体水平。

赵学梅在讲话中，要求沿线各级政府和有关部门，高度重视，紧密配合，搞好协调，为工程建设创造良好的外部环境；沿线群众要顾全大局，全力支持工程建设。

高平市市委书记、市长谢克敏，城区区长

张玉宏和施工单位代表分别作表态发言。

8月12日 省交通运输厅印发《关于安排环氧沥青桥面铺装试验工程的通知》。

8月13日 下午，全省重点公路工程建设项目第四次调度会议召开。省交通运输厅领导段建国、韩日裕、张志川、部玉兰、张德仪、赵振田、郭贵平出席，张润主持。厅机关有关处室、厅直有关单位负责人、全省各重点公路工程建设管理处党政主要负责人参加。

会上，厅重点办、省公路局分别汇报1月至7月全省高速公路和国省干线公路建设进展情况，省交通质监站通报上半年质量、安全检查结果，大呼、忻保等16个在建项目管理处与长临、朔州和太阳等3个拟建项目管理处以及5个地方政府承建项目负责人分别汇报目前进展情况、存在问题及今后打算与措施，厅有关处室负责人就相关问题提出解决办法和意见。

段建国在讲话中，充分肯定取得的成绩，希望广大建设单位要正确把握形势，充分认识和正确处理好工程建设管理中出现的新情况、新问题，强调本年后5个月重点做好六项工作。一要抓建设，加快投资完成量。厅机关对各参建单位要在资金、技术、人才等要素配置上给予倾斜，厅财务处要改进资金拨付方式，尽快落实项目周转资金，给予项目法人更多资金分配权和临机处置权。二要抓管理，保证质量，保证安全。省交通质监站要进一步加大监督检查力度，加大抽检频率。不要光发现问题，不进行处罚；一旦发现问题后，要从重从快处罚。三要抓前期，加大项目开工力度。列入当年开工计划的项目力争尽早开工，加快推进未开工项目前期工作。四要抓难点，努力突破土地、资金关。厅重点办要会同有关部门加快压覆矿产协议签订，加快用地手续审批等工作。省公路局要进一步加强与金融机构沟通合作，千方百计落实国省干线公路建设资金，满足建设需求。五要抓廉政，创建廉洁工程。要进一步加强资金管理，实施“阳光工程”，让权力在阳光下运行，坚决杜绝“暗箱操作”。六要抓稳定，促进和谐发展。要认真贯彻落实好中央“三保”政策，做好公路建设项目征地拆迁补偿和农民工工资支付监督工作，保护农民合法权益。在同等条件下，优先使用本地产品和民工队伍，促进农民就业增收。

段建国在讲话中，要求全厅上下、各建设单位要加强领导，乘势而上，真抓实干。一要领导抓，抓领导。厅领导对包片项目，要加强督察力度，对督察中发现失职、渎职的项目，领导有权做出将其停职检查处理的决定。对于情节严重或对工程建设造成严重后果的，或连续两个月完不成当月投资进度计划的项目，厅党组将从严追究项目责任人的责任，该免职的免职，该调整的调整，绝不姑息。二要转作风，重落实。厅机关有关处室、厅重点办要进一步转变作风，搞好服务。坚决克服纸上谈兵、电话指挥的形式主义，主动深入工程建设一线调查研究，在一线指导工作，在一线解决问题，当好工程建设的服务员。三要严考核，真兑现。省厅要抓好对项目法人的绩效考核，不仅要考核质量、安全、进度、廉政建设，还要考核项目法人组织施工、改进工艺和重大技术方案的合理性、科学性，一月一考核，一事一考核，考核结果与单位评先、个人奖惩挂钩。对严重违约、贻误工程的单位，坚决清理出场，并将其列入“黑名单”，在《山西交通》公布，取消其在晋公路投标资格。现在正值公路建设黄金季节，各单位、各级领导干部要把思想统一到省委、省政府、厅党组决策部署上来，万众一心，真抓实干，确保全年各项建设任务圆满完成，向新中国60华诞献上一份厚礼。

8月13日 天镇至大同高速公路建设管理处挂牌仪式举行。大同市副市长郝月生等有关领导和大同高速公路公司领导出席。

项目是全省规划的“三纵十一横十一环”高速公路网中第三纵东纵最北部路段，起点河北省张家口市怀安县境内马市口村，与已建成的国道主干线北京至拉萨高速公路形成立交枢纽，并与规划的北京至乌鲁木齐高速公路相连接，路线途经天镇县、阳高县、大同县3县58个行政村，终点位于大同县官堡村东，与拟建的大同至浑源高速公路连接，采用双向四车道沥青混凝土路面高速公路技术标准，路线全长101.478公里，投资概算50亿元，建设总工期3年。

8月13日 汾阳至邢台高速公路和顺至榆社段项目初测外业顺利通过省厅组织的验收。项目是全省高速公路规划网中"三纵十一横十一环"高速公路网主骨架第七横的重要组成部分，路线全长89.564公里，是西通陕、甘、宁三省，东达京、津、冀三省市的重要战略通道。

8月13日 省交通运输厅下达2009年交通运输重点工程建设项目投资计划。共计27个项目，建设里程2070公里，项目总投资1328亿元。2009年计划安排投资450.47亿元。

8月13日 省交通运输厅印发《关于认真做好〈山西交通志〉、〈山西路谱〉宣传发行工作的通知》。

8月13日 省交通运输厅向中国工商银行山西分行报送《关于申请平定至阳曲高速公路贷款的函》。路线全长120公里，投资估算1 474 550万元，申请工行贷款110亿元，年限为20年（宽限期3年），贷款分3年到位（2009年开工，2011年建成通车）。

8月13日 省交通运输厅向中国工商银行山西分行报送《关于申请运城解州至陌南（黄河桥头）高速公路贷款的函》。路线全长31.1公里，其中中条山特长隧道9820米，另有芮城互通连接线19.5公里，投资概算25.4亿元。申请工行贷款19.05亿元，年限20年（宽限期4年），分4年到位（2009年开工，2012年建成通车）。

8月13日 省交通运输厅向中信银行太原分行报送《关于申请河津至运城高速公路贷款的函》。路线全长80.95公里，另有互通连接线10.45公里，投资估算39.1亿元，申请贷款29.3亿元，年限20年（宽限期3年），分3年到位（2010年开工，2012年建成通车）。

8月13日 省交通运输厅向中国工商银行山西分行报送《关于申请祁临高速公路临汾市北环段贷款的函》。路线全长18.77公里，投资估算8.572亿元，申请贷款6.4亿元，年限20年（宽限期3年），贷款分2年到位（2009年开工，2010年建成通车）。

8月13日 省交通运输厅向中信银行太原分行报送《关于申请京昆与青兰高速山西境临汾联络线贷款的函》。路线全长16.03公里，投资估算14.1亿元，申请贷款10.5亿元，年限20年（宽限期2年），贷款分2年到位（2009年开工，2010年建成通车）。

8月13日 省交通运输厅向省政府呈报《关于举行"09晋交投债"20亿元人民币企业债券发行信息发布会的请示》。

8月13日 省交通运输厅、省国土资源厅印发《关于提高公路建设耕地开垦费标准的通知》。经省政府批准，从6月16日起，高速公路建设造地费5600元/亩提高为一般耕地8000元/亩，基本农田10 000元/亩。

8月13日 省交通运输厅向省政府呈报《关于请求协调高速公路建设项目压覆矿产资源的请示》。

8月13日至14日 全国部分省市运管机构加强车辆超载超限源头治理工作座谈会在太原召开。交通运输部道路运输司副司长徐亚华、货运与物流管理处处长谢家举出席；省治超办副主任、省交通运输党组成员、副厅长张志川出席并致欢迎词。北京、天津、内蒙古等12个省市（区）运管局负责人参加。

张志川在讲话中，代表省交通运输厅对各省参会代表表示诚挚欢迎，并简要介绍山西省情及治超工作有关情况。省运管局局长李华中具体介绍山西运管系统源头治超的背景和主要做法。

徐亚华指出，山西运管在源头治超工作上思想认识到位，办法、措施对头，成效显著，经验丰富，值得各地学习和借鉴。

参会人员充分讨论《关于加强车辆超限超载源头治理有关工作的通知》（讨论稿），现场参观清徐县亚鑫焦化厂的源头治超、小店运管所治超情况、晋中市运管局科技治超监控平台。

8月14日 上午，省交通运输厅在并召开“09晋交投债”20亿元人民币企业债券发行信息发布会。牛仁亮副省长发贺信。省政府副秘书长崔国红，省发改委主任李宝卿，厅党组书记、厅长段建国，厅党组成员、厅总工程师部玉兰及有关部门负责人和中介机构、投资机构负责人出席。厅党组成员、厅总会计师张德仪主持。

经国家发改委批准，山西省交通建设开发投资总公司于8月5日至7日，成功发行总额为20亿元人民币的企业债券，期限10年，第5年末付发行人上调票面利率选择权和投资者回售选择权，票面年利率5.8%，本期债券为无担保债券，省交通运输厅对本期债券提供偿债支持。经评定，本期债券信用等级为AA级。本期债券采用实名制记账式，按债券面值平价发行，发行结束后即申请上市交易。中信建投证券有限责任公司担任本期债券主承销商及上市推荐人。

此次发行的债券募集资金拟投入高平至陵川等高速公路建设。高陵高速公路是全省新规划的“三纵十一横十一环”高速公路网中第十横的重要组成部分。路线全长63公里，总投资36.3亿元。此次发行企业债券是山西交通企业首次在国内资本市场进行债券融资，也是公司第一次在国内资本市场进行债券融资，也是2009年以来全省第一笔获准发行的企业债券，是截至目前山西省内单笔发行金额最大、首只无担保企业债券。

部玉兰在讲话中，代表段建国厅长对此次债券成功发行表示祝贺。希望公司认真总结成功发行债券经验，继续以开拓创新精神，有效吸纳社会资本，为股票早日上市发行创造条件；要继续加强与投融资中介机构合作，创造共赢新局面。

8月14日 国家高速公路网山西灵丘至山阴段初步设计。获交通运输部批准。交公路发〔2009〕422号文批准该项目初步设计。路线起于灵丘县招柏村东驿马岭（冀晋界），接河北省拟建的徐水至涞源高速公路，止于山阴县合盛堡东，接已建成的大同至运城高速公路和拟建的山阴至平鲁（晋蒙界）公路，全长154.429公里。全线在灵丘、平型关、王庄堡、浑源、应县、山阴东6处设置互通式立交。同步建设互通式立交连接线7.3公里。初步设计总概算核定为87.79亿元。

8月14日 省交通运输厅向环境保护部、交通运输部环保办公室呈报《关于青岛至兰州国家高速公路山西长治至临汾段环境影响报告书的请示》。

8月14日 省交通运输厅向省政府呈报《关于举行天镇至大同、大同至浑源、广灵至浑源3条高速公路开工仪式的请示》。

8月14日 省交通运输厅向省发改委报送《关于国道208线城上至阳明堡公路改建工程可行性研究报告的请示》。路线全长16公里，二级标准，设计时速60公里，路基宽10米、15米，估算投资9215万元，建设工期2年。

8月14日 省交通运输厅批复省道崞五线神池县城过境公路初步设计。路线全长12.281公里，一级标准，设计时速80公里，路基宽12米、24.5米，核准概算107 745 796元。

8月14日 省交通运输厅批复国道307线清徐段改线工程初步设计。路线全长15.334公里，一级标准，设计时速60公里，路基宽23米，核定概算398 676 531元。

8月16日 早8时，参加跨区军演的某摩托化部队跨越太行山脉进入山西境内。省委、省政府、省军区、省交通战备办公室、省交通运输厅领导高度重视。上午11时，省委常委、省军区司令员方文平，省军区政委张少华，省交通战备办公室主任、省交通运输厅党组副书记、副厅长张润，省交通战备办公室副主任史荣和等领导在太原慰问参演官兵。

省交通战备办公室对过境山西演习部队的交通保障工作高度重视。根据部队机动路线和时间，积极协调各有关部门发挥军地联合保障优势，确保每条线路、每个路口、每个收费站都有专人负责。各级交通战备办公室按照属地保障原则，采取伴随保障方式，积极调用沿途国防交通专业保障队伍和相关单位，做好交通疏导和道路抢修维护等保障工作，保证参演部队机动道路全线畅通。在这次交通保障工作中，全省担负保障里程500余公里，动用千余名交通保障人员，机械设备30余台(件)。

8月17日 省交通运输厅向交通运输部公路局呈报《关于全省公路桥梁安全隐患排查和治理工作情况的报告》。截至7月底，全省在用的县公路以上桥梁7862座。其中，特大桥24座，大桥840座，中桥1750座，小桥5248座。高速公路桥梁1900座，其中，特大桥24座，大桥451座，中桥406座，小桥1019座；普通干线公路桥梁3274座，其中，大桥240座，中桥692座，小桥2342座；县道公路桥梁2688座，其中，大桥149座，中桥652座，小桥1887座。此次排查出的四五类危桥725座，其中，干线公路149座，农村公路576座。在建公路桥梁1374座，其中，高速公路桥梁1212座，干线公路桥梁162座。

8月17日 临汾市委副书记、市长罗清宇就农村公路建设深入洪洞县调研。要求各级各部门要通力合作，加快农村公路基础设施建设，全力推进"全覆盖"工程，争取按时、保质完成各项惠民工程。

8月18日 省交通运输厅党组书记、厅长段建国在省公路局、长治公路局有关负责人及长子县领导陪同下，深入长治至长子过境段一级公路改建工程视察指导工作。项目线路全长25.85公里，跨越长子县、长治市郊区、长治县"两县一区"，其中，一级公路16.579公里，二级公路9.27公里，概算总投资22 260万元，该项目由长子县人民政府组织实施。正在建设的长子县境内一级路和县城连接线9.4公里，2008年8月开工，已完成投资12 600万元。

段建国认真听取情况汇报后，要求全体参建人员一定要高度重视工程建设质量，切实加强工程精细化管理，牢固树立"宁当恶人、不当罪人"的质量意识，严把原材料进场和施工试验检测等各道关口，努力建设精品工程和优质工程；要加强施工组织管理，在保证质量、确保安全前提下，全力以赴加快工程建设进度；要进一步抓好施工组织，加紧土地征用报批，多方积极筹措资金，确保该项目按计划全面完成。

8月18日 省交通运输厅印发《关于举办"建国60周年山西交通建设成就展"活动的通知》。主要包括指导思想、组织机构、展览时间、展览地点、展览内容及具体安排、具体要求6项。领导组组长：段建国；常务副组长：张润；副组长：王志民、韩日裕、张志川、郜玉兰、张德仪、赵振田；成员有：史荣和、戴飞、张晋鹏、李华中、董新品、孟科、尹新平、曹居月、王京荣、郭全英、蒋品、杨吉平、李贵顺、田根、蔺建煌、杨俊威、王晓光、刘清平、李俊生、牛世骏、聂承凯、赵队家、张文才、肖毓凯、杨原平、师国梁、安小平。办公室主任：尹新平；副主任：苏敏、贾勇、杨原平、师国梁、渠刚。展览时间为9月20日至10月10日。

8月18日 省交通运输厅印发《关于对全省在建高速公路项目进行专项审计调查的通知》。主要包括指导思想、目的、依据、对象、内容及重点、方式、组织、时间安排、要求9项。领导组组长：张德仪；副组长：郭贵堂、贾福志、郜建刚；成员有：刘江涛、宋莉丽、魏晓菁、刘悦、茹雷、张占斌。

8月18日 上午，阳泉市委书记白云深入平定县岔口乡杨白线县乡公路黄统岭、杨树庄等地，对全市农村公路建设"村村通"全覆盖工作进行调研。市委常委、常务副市长王旭明及阳泉市交通局领导一同调研。要求继续立足于"大交通、大生态、大发展"理念，扩大“村村通”全覆盖成果，进一步加大各级公路建设力度，为全市经济又好又快发展奠定良好基础。

8月18日 临汾市委书记谢海深入市区内环一级公路西北环工程、省道临大线工程调研。要求抓住当前国家扩内需、促“三保”有利时机，合理安排，科学组织，有序进行，加快公路建设，推动交通事业再上新台阶。临汾市市委常委、常务副市长徐树荣及市交通局、临汾公路分局负责人陪同调研。

8月19日 省交通运输厅党组书记、厅长段建国，厅党组成员、副厅长张志川深入长安高速公路建设工地调研。

段建国、张志川在长治市政府副市长尚宪芳及长治市交通局、长治高速公路公司等有关人员陪同下，认真察看沿线各标段施工情况，听取施工单位介绍。每到一处，段建国都要详细了解工程进展和面临的困难，并多次强调要在确保安全、确保质量前提下，科学安排工期，加大人力设备投入，精心组织施工，确保年内完成路基施工任务，为2010年环城段通车做准备。

张志川在讲话中，提出两点要求。一要与当地政府，特别是与县乡政府及沿线群众搞好关系，形成良好沟通机制；二要充分调动施工单位积极性，为工程顺利进行奠定坚实基础。

8月19日 省交通运输厅向渤海银行太原分行报送《关于申请朔州环线西南段高速公路贷款的函》。路线全长67.2公里，双向4车道高速公路。设计时速100公里，路基宽26米，投资估算38.5亿元，申请贷款28.85亿元，年限20年（宽限期3年），分3年到位（2009年开工，2011年建成通车）。

8月19日 省交通运输厅批复山西交通技师学院学生综合服务楼初步设计。总建筑面积1418平方米，核定概算351.93万元，建设工期1年。

8月20日 下午，副省长牛仁亮带领省政府办公厅、省发改委、省交通运输厅、省国土厅、省旅游局、省电力公司等有关部门和单位负责人深入长治市调研。牛仁亮深入长安高速公路（长治至平顺段）施工一线实地察看工程建设情况，研究解决有关问题。

座谈会上，张志川介绍长治高速公路建设情况，杨勇汇报工程进展及存在的问题。省直有关部门及长治市、县领导发言。

牛仁亮在讲话中，要求全省各级各有关部门要抓住高速公路施工大好季节，加大力度，加快进度，依照有关法律法规和既定程序，加快建设进程，千方百计筹集资金，严把质量关、安全关，对高速公路建设进行全过程质量安全管理。省相关部门和单位要进一步加强配合，形成合力，确保全省高速公路建设保质保量按期完成。

8月21日 上午，省交通运输厅党组书记、厅长段建国，厅党组成员、副厅长张志川在晋城市市长王茂设，市委常委、副市长赵学梅陪同下，深入高陵高速公路施工现场调研。段建国在讲话中要求各级各有关部门要切实增强责任感和紧迫感，全力以赴推进工程建设；各施工单位和监理单位要严格标准，加强监管，保证质量，加紧施工，确保工程如期竣工通车。厅直有关单位领导、厅机关相关处室、高陵高速公路建管处主要负责人及高平市、陵川县政府领导等陪同调研。

项目全长62.975公里，总投资371 569万元，由省交通开发投资总公司投资建设。2008年12月30日奠基开工，计划2011年底竣工通车。

8月21日 全省在建高速公路项目专项审计调查工作动员会在忻州顿村省交通职工培训中心召开，省交通运输厅党组成员、厅总会计师张德仪出席并讲话。

目前，经批准列入全省交通建设投资计划并已开工建设的政府还贷性高速公路建设项目共18个，即阳城至翼城、闻喜至垣曲、忻州至保德、五台山至忻州、太原至佳县（西）段、太原至佳县（东）段、太原至古交、大同至右玉、晋城西北环、灵丘至山阴、长治至平顺、平遥至榆社、临汾至吉县、临汾环城、运城至灵宝、闻喜至合阳、运城至河津、京昆与青兰临汾连接线，此次审计共分15个小组，主要是对工程立项至2009年7月底的建设项目管理情况进行审计，审计时间自8月25日至9月30日，审计内容主要包括建设程序、工程招投标、费用支付、财务管理、工程造价控制、内部控制制度、工程非法转包非法分包、合同管理、招标代理、质量控制、农民工管理等方面内容是否符合相关法律法规。

张德仪在讲话中，希望各建设管理单位和审计小组成员一定要站在讲政治的高度，充分认识重要意义，扎实做好审计调查，切实建立起高速公路重点工程建设的免疫体系；工程建设单位要充分认清肩负使命，把握机遇，在交通大发展中保持清醒头脑，做廉洁自律楷模；对发现的问题、漏洞及时改正弥补，在确保建设安全、质量安全、工程安全、廉政安全的同时，也要抓好资金安全，为交通大发展创造良好的健康工作环境。

8月21日 上午，省交通运输厅召开治安综合治理工作会议。通报厅直单位2008年度治安综治工作考核验收情况，表彰2008年度先进单位和先进个人；在下发2009年《治安综合治理工作要点》基础上，对强化下一步治安综合治理工作进行安排。

会议重点就全省交通运输系统开展为期4个月的民用爆炸物品安全管理专项整治工作进行部署。一是全面排查全系统所涉及民用爆炸物品的单位在安全管理工作中存在的问题和漏洞；二是重点整治公路施工单位在购买、运输、储存、使用民用爆炸物品等环节中存在的安全隐患；三是发挥长途汽车站、公路收费站、治超检测点、码头等公路场所的优势，积极配合地方公安机关开展全省民用爆炸物品安全管理专项整治；四是对整治中发现的任何隐患和问题，要一查到底，彻底消除，确保万无一失。

会议要求各单位加强领导，周密部署，统筹安排，分类整治，规范检查内容，严格报告制度，强化督导，狠抓落实。

8月21日 省交通运输厅印发《关于网民留言办理工作流程的通知》。包括接收收集、编号登记、报批、督办或转办、反馈5项。

8月21日 省交通运输厅转复省财政厅2009年煤炭可持续发展基金、基建支出预算指标。共计100万元（山西交通技师学院）。

8月21日 省交通运输厅向交通运输部环保办公室呈报《关于京昆高速公路山西省界平定至阳曲段环境影响报告书的请示》。

8月21日 省交通运输厅向水利部呈报《关于京昆高速公路山西省界平定至阳曲段水土保持方案报告书的请示》。

8月21日 省交通运输厅下达2009年旅游公路建设计划。共计91 237万元，2009年45 388万元。

8月21日 省交通运输厅转复省财政厅2009年第一批成品油价格和税费改革中央转移支付交通专项资金项目支出预算。共计23 768.47万元。

8月22日 全省交通运输系统庆祝建国60周年暨第四届职工书画摄影作品展在省高管局开幕。省交通运输厅党组书记、厅长段建国，厅党组副书记、副厅长张润，厅党组成员、厅总会计师张德仪及省公路运输工会、省高管局有关负责人共同为作品展剪彩。

来自全省交通运输系统的书画摄影作品513件参加了此次征集活动，进入最后参展的作品有420件（书法138件、绘画65件、摄影217件）。省交通运输厅特聘专家评出一等奖12个、二等奖23个、三等奖35个、优秀奖34个、特别奖9个。

段建国在讲话中指出，这些作品从各角度、各个方面反映了山西交通人的创业历程，展示了山西交通人热爱祖国、热爱党、热爱交通运输事业的高涨热情和飒爽英姿，反映交通运输事业的飞速发展。这些作品将进一步激励广大干部职工爱岗敬业，振奋精神，为交通事业作出新的贡献。

8月24日 省交通运输厅印发《关于农

村公路建设质量检查情况的通报》。

8月24日 省交通运输厅转发省委老干部局《关于举行全省老干部工作人员业务知识竞赛的通知》。

8月24日 省交通运输厅印发《关于加强在建高速公路建设项目计量支付周转资金管理的通知》。

8月24日 省交通运输厅向省政府呈报《关于成品油价格和税费改革中央转移支付交通专项资金管理维持原预算下达和资金拨付方式的请示》。

8月25日 下午，全省村通水泥（油）路"全覆盖"现场推进会在阳泉召开。会议通报全省村通水泥（油）路"全覆盖"工程进展情况，并对今后工作进行安排部署。副省长牛仁亮出席并作重要讲话，省交通运输厅党组书记、厅长段建国讲话，厅党组副书记、副厅长张润，厅党组成员、省公路局党委书记赵振田以及省直有关部门领导、各市、县代表参加。省政府副秘书长崔国红主持。阳泉市委书记白云介绍阳泉市基本情况和经济社会发展情况。

会议指出，村通水泥（油）路是省政府承诺的"五个全覆盖"的一项重要内容，全年共安排15 000公里、2169个建制村。自5月21日动员大会以来，截至8月15日，已完工1072个项目，完工里程5277公里；在建825个项目，在建里程3024公里，在建工程总合格率84.77%，较往年有新的提高。

2009年8月，阳泉市在全省率先完成农村公路村通水泥（油）路"全覆盖"，比原定两年时间提前一年零四个月，总投资16.2亿元，共完成村村通硬化路3164公里，户户通硬化路2270公里。

会议要求，要以学习推广阳泉"政府主导、真抓实干"经验为新的动力，继续坚持政府主导、行业指导，依靠群众，加大项目开工力度，加强项目建设管理，全面完成今明两年的任务，加紧推进全省村通水泥（油）路"全覆盖"工程。

段建国在讲话中，通报全省村通水泥（油）路"全覆盖"工程进展情况，并对今后工作进行安排部署。要求各级、各部门要正确把握当前面临的新形势，努力解决公路建设开工率不高、地区发展不平衡、质量管理存在隐忧、地方配套资金不到位等问题；要认真学习借鉴阳泉等地先进经验，学习阳泉坚持政府主导、依靠群众、规划先行、严格标准、建养并重的工作方法，对照先进找差距，扎实推进工程进展，力争圆满完成全年既定目标；要继续推进村通水泥（油）路"全覆盖"工程，在政府主导、项目开工、工程管理、统筹规划等方面下工夫；要继续开展"农村公路质量管理年"活动，进一步加强物流网络建设，促进路通、人通、财通，让农民充分享受到交通发展带来的实惠。

牛仁亮在讲话中指出，阳泉市在全省率先实现村通水泥（油）路"全覆盖"目标，为全省加快农村公路建设提供经验，做出表率。全省各级、各部门要充分认识村通水泥（油）路"全覆盖"工程的现实意义，多方筹措资金，严格工程预算，加快推进工程建设工期，把这项深受农民欢迎的德政工程落到实处，把这项惠及农民的好事办好。各市、县要认真梳理农村公路建设工作，尽快把下一步推进"村村通"的计划付诸实施。在工程建设方面，要严格按照标准，做好工程预算、决算，加快未完工程的建设进度，将村通水泥（油）路"全覆盖"纳入规范、健康轨道；要实行以政府为主导，村为主体，交通牵头，部门联动，因地制宜，规范运行，社会参与，机制创新的工作方法，创新工作机制，健全责任体系；在公路管理养护方面，要落实好养管责任，加大资金投入，加强管理，将建设是基础、养管是保障落到实处；在运营方面，要以方便群众为宗旨，合理布局汽车站，制定合理票价，规范客运市场秩序；要进一步完善激励机制和奖励制度，对已建的农村公路要加强维护，探索出行之有效的养护办法，使农村公路发挥出最大效益，为全省经济社会又好又快发展再作新贡献。

会上，阳泉市、忻州市、临县、平顺县作经验介绍。

8月25日 上午10时，随着平定县东回镇西回村最后10米油路铺就，市委书记白云宣布阳泉市村通水泥(油)路“全覆盖”工程全面竣工。副省长牛仁亮参加竣工仪式并剪彩。省政府副秘书长崔国红，省交通运输厅党组书记、厅长段建国，厅党组成员、省公路局党委书记赵振田以及省直有关部门领导，各市、县代表出席竣工仪式。厅党组副书记、副厅长张润出席并讲话，阳泉市市长李栋梁介绍全市基本情况和农村公路建设情况。

竣工仪式后，与会代表实地观摩平定县石门口乡、东回镇孟家掌村、张庄镇浮山村村通水泥(油)路工程建设情况。

8月25日 由省公路学会主办的创新治超模式学术座谈会在太原举行。省交通运输厅党组成员、副厅长张志川出席并讲话。他说，山西是全国重要的煤炭生产基地和运输大省，高速公路承担着晋煤外运的重要任务，但由于非法超限超载车辆在高速公路上行驶，造成许多严重问题。为此，从2007年开始，政府在全省开展“无缝隙、拉网式”治超行动，通过采取政府治超、依法治超、源头治超、科技治超、经济调节、责任倒查、重奖重罚、社会举报等8项措施，高速公路治超工作取得胜利，有效地遏制非法超限超载车辆，超载率由13%降到0.2%，杜绝55吨以上货运车辆在高速公路上行驶，确保高速公路安全畅通。

太原高速公路公司、省科协、太原市治超办、省交通规划勘察设计院有关人员分别结合单位的实际情况，从不同角度谈了超限超载带来的影响，提出治超要建立长效机制，建立车辆档案管理制度等建议。

8月25日 省交通运输厅向交通运输部海事局上报2009年全国海事工作会议交流材料。

8月26日 省交通运输厅在阳泉召开贯彻阳泉现场推进会精神座谈会，研究探讨完成全年村通水泥(油)路“全覆盖”任务中的突出问题，制定有效措施，进一步加快“全覆盖”工程建设，确保按时完成任务。厅党组副书记、副厅长张润出席并讲话，省公路局、省交通质监站，各市交通局及厅机关有关处室负责人参加。

截至7月底，全省县乡公路改造工程路基成型1320公里，基层完工718公里，路面完工775公里。2009年全省“全覆盖”工程建设任务为2637项13 180公里，通水泥(油)路建制村2169个。截至8月15日，已开工1897项8301公里，完成1072项5277公里，开工率63%，完成率40%，完成投资145 048万元。

会上，厅农村路网管理处通报全省质量检查情况，11市交通局负责人就完成全年村通水泥(油)路建设任务工程进展情况、存在的问题及下一步计划进行汇报。厅有关处室负责人就相关问题提出解决办法和意见。

会议要求，各级交通部门要进一步提高认识，认真贯彻落实阳泉现场会和座谈会精神，把各项工作抓好、抓实。要深入学习阳泉先进经验和做法，针对问题想办法，制定积极有效工作措施，并落实到工程建设实践中去，努力解决存在的问题，加快工程开工建设，确保按时完成。要进一步加强工程管理，正确处理好质量与进度之间关系。质量监管部门要切实担负起责任，加强监管，确保工程质量。要探索科学有效的解决措施，为全面实现村通水泥(油)路“全覆盖”奠定良好基础。

张润在讲话中，提出8点要求。即正视不足，充分认识重要意义；深入基层调研，做好一切准备；学习先进经验，迅速掀起决战高潮；争时间、抢速度，确保优质完成全年建设任务；加强廉政工作，切实保证工程优质，建设高效，干部廉洁；强化管理，精心管护，保护建设成果，确保桥梁施工安全、危桥运营安全、农村客运安全，切实增强施工单位和人员的质量安全责任意识，有效保证工程建设质量；稳定农村客运票价问题；研究“全覆盖”工程奖励政策。

8月26日 省交通运输厅向省编办报送《关于山西省城市出租汽车客运管理处划转省交通运输厅管理的请示》。编制由11人增加到25人,增加编制从省交通征稽局编制中划转,领导职数1正2副。

8月26日 省交通运输厅向省编办报送《关于成立山西省交通运输执法局的请示》。省局编制66名,副厅级建制,领导职数7名(2正5副),内设14个职能处室,为副处级;局直属培训中心、信息中心、督查总队,编制为27名、17名、16名,领导职数分别为3名。全系统编制2345名,整体划转。另外,霍侯路征费管理处保持机构规格和职能不变,正处级自收自支事业单位,编制296名,领导职数5名(2正3副)。

8月27日 省交通运输厅党组成员、驻厅纪检组长韩日裕深入省地方海事局调研。先后参观政务大厅,详细了解行政许可等情况,在听取工作汇报后,对近几年来工作给予充分肯定,提出4点要求。一要理顺管理体制,加强正规化建设。特别是对新组建的海事机构,要加大力度,克服上紧下松问题,夯实基层海事机构管理基础,确保各项海事工作到位。二要加强立法工作。要把海事立法作为一项长期任务,争取尽快出台《山西省水上交通管理条例》,切实解决采砂船、餐饮船、小型船监管缺少法律依据、农用船管理主体不明确问题,不断提升依法行政能力。三要加强日常监管和应急能力建设,努力提升水上交通安全监管和应急救助水平,全力保障广大人民群众的生命财产安全,做到让航行更安全,让人民更满意。四要加强党风廉政建设。首先是预防为主,警钟长鸣,保护好干部;其次是建立健全党风廉政建设工作机制,做到机构、人员、工作三落实;同时要加强制度建设,按制度办事,做到阳光作业,切实把党风廉政建设各项要求落到实处,全面推进海事事业科学、安全、和谐发展。

8月27日 省交通运输厅转发省委老干部局、团省委《关于组织老干部、老战士、老专家、老模范在青少年中深入开展爱国主义教育的通知》。

8月27日 省交通运输厅印发《关于对全省交通运输建设资金进行审计检查的通知》。

8月27日 省交通运输厅、省财政厅、省物价局向省政府呈报《关于省道石凉线砂河至应县公路收费使用税务专用票据的请示》。

8月28日 省交通运输厅党组书记、厅长段建国深入省交通设计院调研。认真听取有关情况汇报后,给予充分肯定。他说,在新一轮高速公路建设高潮中,省交通设计院承担50%勘察设计任务,切实从"三保"大局出发,面对困难,没有退缩,真抓实干,资金落实,艰苦奋斗,不屈不挠,充分发扬了山西交通人特别能吃苦,特别能战斗的优良传统,起到了山西交通建设前期工作主力军的作用。

段建国在讲话中,提出3点要求。一是加强后续服务,建立回访机制,保障工程质量和进度;二是遵从科学严谨的工作态度,把好工程质量、造价控制关,做到质量可信,技术过硬,工作放心;三是站在更高层面,谋全局,从路网规划、区域经济、群众需求和安全运营等社会效益考虑设计方案。四是围绕全省公路建设"十二五"规划,提前介入,及早准备,搞好"三个延伸",即专业延伸、资质延促和向省外市场延伸;五是发挥核心技术优势,积极谋求轨道交通、城市建设设计和公路项目建管的发展途径。

8月28日 在全省道路水路运输安全生产专项整治第三阶段省市县三级联动工作检查汇报会上,省交通运输厅党组成员、副厅长王志民听取11个检查组情况汇报后,提出6点要求。一是抓住机遇,摸清底数,做到横向到边,纵向到底;二是检查要细,明确责任,督促整改;三是加强站内安检,"三品"检查要到位。对进入北京方面的车辆要把好安全关,严格检查;对站外拉客、半路拉客的客运车辆进行坚决打击；四是对三类企业进行公布，对举报者要进行奖励，这项工作由各市拿出一套奖励办法；五是加大力度，扎实做好安全监管，严防各类事故发生；六是认真负责，求真务实，善始善终，圆满完成专项整治，为厅党组交一份满意答卷。

8月28日 省交通运输厅印发《关于认真做好国庆治安维稳工作的紧急通知》。

8月28日 省交通运输厅印发《关于做好建国60周年庆祝活动期间信访工作的通知》。

8月28日 省公路局在晋中分局下白岩集训基地举行山西省参加首届全国交通运输行业“厦工杯”筑养路机械操作手技能竞赛选拔赛。

选拔赛四个竞赛项目分别按操作技能和理论知识测试考核。测试成绩分别为：挖掘机班总成绩平均87.05分，最高分91.1分；装载机班平均成绩92.4分，最高分98.35分；压路机班平均成绩70.2分，最高分82.7分；补坑槽班理论知识成绩平均90.5分；技能操作作为表演项目未记入考核成绩。

经过严谨认真的选拔测试，选拔赛确定16名队员参加下一阶段的强化训练，9月底将从中选拔出12名队员赴江苏省镇江市参加全国技能竞赛。

8月30日 省交通运输厅向省发改委报送《关于吕梁环城高速公路可行性研究报告的请示》。路线全长37.35公里，双向4车道高速公路技术标准，设计时速80公里，路基宽24.5米，投资估算279 774万元，建设工期4年。

8月30日 省交通运输厅向省政府呈报《关于国家青岛至兰州高速公路山西长治至临汾段项目有关情况的报告》。路线长171.6公里，设计时速80公里，路基宽26米，估算投资64.43亿元。

8月30日 省交通运输厅向省发改委报送《关于临县至离石高速公路可行性研究报告的请示》。路线全长约73.8公里，另设临县连接线3.3公里，双向4车道高速公路，设计时速80公里，路基宽24.5米；连接线一级标准，设计时速80公里，路基宽24.5米。投资估算668 811万元，建设工期4年。

8月30日 省交通运输厅印发《关于认真做好〈山西省交通运输厅老干部志〉编辑出版工作的通知》。编委会主任：段建国；副主任：张润、王志民；常务副主任：曹燎原；委员有：尹新平、蔺建煌、杨俊威、王晓光、李爱和、张补才、张岐山。编辑部主任：李爱和；副主任：田书平；总纂：张岐山；工作人员：刘光汉、武清梅、李艳青、王亚丽、杜志平。

8月31日 全省国防交通公路运输保障队伍机动远程指挥演练现场会在阳泉市召开。省委常委、省军区司令员方文平，北京军区交通战备处处长王景耀，省交战办主任、省交通运输厅党组副书记、副厅长张润，阳泉市委书记白云，各市交战办、太原铁路局负责人参加。

与会人员通过视频现场观看阳泉市国防交通运输专业保障队伍跨区机动演练，包括队伍点验、道路抢修、桥梁架设、人员救治、轮胎更换、车辆灭火等演练科目，共有100人、50台车辆参加。

改革开放以来，阳泉市交战办把全市公路建设与国防交通建设全盘谋划，同步考虑，同步实施，先后完成巨龙、东太、白娘国防公路以及部队进出口道路等，建设总里程达110公里，完成总投资约1.5亿元。这些国防公路的建设，与全市道路建设构成一个整体网络，在促进地方经济发展的同时，进一步巩固、扩大、提升全市的交通战备保障能力。

张润在讲话中，提出3点要求。即在队伍建设上，要按照有利于完成战时保障任务、应对突发事件、促进企业发展要求，优化结构，提高素质，强化训练，不断提升远距离保障能力；狠抓队伍规范和质量建设，统筹规划，分类建设，工种配套，有序组建，相互衔接；把信息化引进保障队伍建设，充分贯彻军民融合的指导思想。

方文平在讲话中，要求继续增强国防观念、忧患意识，高度重视国防和军队建设，努力实现富国和强军的统一；要继续加强军事化管理，在思想政治上实现军事化；要对国防交通运输专业保障队伍在政策上给予适当倾斜。

8月31日 省交通运输厅向省政府呈报《关于增设公路超限检测站的请示》。拟增设一平垣、东梁、车轮、长直、石城、军渡、禹门口、石咀8个公路超限检测站。

8月31日 省交通运输厅向省政府呈报《关于召开"全省重点公路建设质量安全管理现场会"的请示》。

8月31日 云台山特长隧道贯通，单洞总长6800多米。阳翼高速公路穿行于崇山峻岭之中，桥隧密集，其中设置隧道13座，单洞总长23 530米。至此，隧道开挖任务全部完成。

9月

9月1日 上午，榆次龙白至祁县城赵高速公路奠基仪式在太谷县水秀乡南郭村举行。这是全省首条由市级政府投资建设的全省首条全标准双向六车道高速公路项目，是全省高速公路建设投资体制改革的一次尝试。省委副书记、省长王君出席仪式并宣布开工奠基，副省长牛仁亮，省政府秘书长王清宪，省交通运输厅领导段建国、张德仪、赵振田，晋中市委副书记、市长张璞等出席，晋中市委常委、副市长马彦平主持并介绍工程概况。

项目是全省"三纵十一横十一环"高速公路网的重要组成部分，也是全省首条采用双向六车道技术标准设计的高速公路。起点位于榆次龙白与太旧高速公路连接处，经北合流、修文工业园区、巩村、任村、小常村、白村、杜村、牛家堡，终点位于祁县城赵，接大运高速公路太原与祁县段，建设里程71.496公里，设计时速100公里，估算投资36.9894亿元，建设工期3年。它的建设，对于完善全省高速公路网布局，缓解汾河谷地交通压力，扩大对外开放，促进沿线旅游、农业资源开发，提升晋中城市品位和区位优势，促进晋中、太原两地共同发展，具有十分重要意义。

段建国在讲话中，要求晋中市政府和项目建设单位要全面贯彻落实科学发展观，坚持国家"依法修路、依法办事"的方针，严格建设程序，加强项目前期工作，坚持"百年大计、质量第一"方针，严格落实项目法人、招标投标、工程监理、合同管理四项制度，广泛吸收国内外高速公路建设管理的先进理念、先进技术和成功经验，建立健全工程质量保证体系和责任体系，合理安排工期，科学组织施工，扎扎实实抓好全过程的质量控制，争创优质工程。坚持"安全第一、预防为主"方针，切实加强特大桥梁等控制性工程的现场管理，提倡文明施工，纠正违章作业，坚决杜绝重特大事故。坚持"可持续发展"方针，把环境保护、资源节约贯穿于工程设计、建设、管理全过程，依靠科技进步与严格管理，以最低资源环境代价，换取最大建设成果和投资效益。

张璞在讲话中，要求各级、各部门和沿线人民群众要全力以赴支持高速公路建设，扎实做好征地拆迁和施工环境保障工作，确保工程顺利实施。表示有信心建成全省一流的精品工程、生态工程和民心工程。

牛仁亮在讲话中，希望晋中市政府、省交通运输厅以及项目建设单位按照科学发展观要求，正确处理交通与环境、速度与质量、依法办事与提高效率的关系，严格基本建设程序，加快项目前期工作，确保工程尽快开工建设；在工程建设中，要严格质量，注意安全，把好资金关，精心组织，科学施工，把龙城高速公路建设成为高速公路精品工程。省直有关部门、晋中市四大班子领导及市直有关部门负责同志，沿线各县市（区）党政领导、厅机关、厅直有关单位负责同志参加。

9月1日 山西汽运集团晋龙捷泰运输贸易有限公司举办40华诞庆典，省交通运输厅党组成员、副厅长王志民出席并致辞祝贺。

公司的前身是山西省太原汽车运输有限公司，诞生在备战备荒的历史年代，是全省道路运输行业的一支骨干力量。40年来，公司以道路客货运输为中心，以服务经济建设、国防建设和人民生产生活为宗旨，不断强化管理，深化改革，加快发展，取得重大经济效益和社会效益，在支工支农、保钢保化、晋煤外运、抗震救灾、"非典"防控中发挥重要作用。特别是在北京奥运会期间，出色完成运输保障任务，赢得良好社会声誉。

"十五"以来，公司以科学发展观为指导，以企业发展为主题，以结构调整为主线，以改革创新为动力，以安全生产为保障，大力推进道路旅客运输公司化经营，大力发展专线物流与客运快件物流，大力实施客运站场建设改造工程和职工安居工程，大力加强现代企业管理和品牌创建，企业改革发展步入快车道，走上一条持续快速健康的发展之路，正在向全国"品牌企业"、"龙头企业"迈进。目前，公司拥有客货车辆1700多辆，总资产已达3.76亿元，年营业收入7.86亿元。

王志民在致辞中，希望公司以建企40周年为新起点，作为企业再改革、再发展的巨大动力，把握历史机遇，勇敢搏击市场，延伸产业链条，发挥比较优势，优化企业结构，拓宽服务领域，提升经营水平；继续在道路旅客运输、公司化经营、站场建设与管理、现代物流发展、企业文化建设、运输安全管理等方面走在全省前列，为全省交通运输发展作出新贡献。

厅机关有关处室、省征稽局、省运管局、省海事局等单位负责人参加庆典活动。

9月1日 省交通运输厅转复省财政厅第二批成品油价格和税费改革中央转移支付交通专项资金项目支出预算。

9月1日 省交通运输厅下达大同市村通水泥(油)路改造工程省补助资金计划。共计8900万元。

9月1日 省交通运输厅向水利部呈报《关于青兰高速公路山西境黎城至长治段拓宽改造工程水土保持方案报告书的请示》。

9月1日 省交通运输厅向交通运输部、环保部呈报《关于青兰高速公路山西境黎城至长治段拓宽改造工程环境影响报告书的请示》。项目长约54.4公里，投资估算20.5亿元。

9月1日至2日 省交通运输厅党组成员、厅总工程师部玉兰带领厅重点办、省高管局、省交通设计院、省交通科研院相关负责人，先后深入离军高速公路、太佳高速公路东段，就离军高速公路对柳林县穆村镇堡上村小学的影响问题和太佳高速公路东段西庄2#隧道及柳林段路基改线问题进行深入调研，提出3点要求。一是施工、管理单位要尽快完善未完工程，确保工程实体安全可靠；二是建设和运营管理单位要尽快完善该段防排水体系及防撞墙、隔音墙等解险降险、降噪设施设置，把对学校师生安全、教学等方面可能造成的不利影响降到最低；三是对西庄2#隧道、柳林段变更方案，设计、管理单位要认真进行比选，在综合考虑道路使用功能、施工运营安全、生态环境保护和社会、经济效益同时，充分论证改线方案的必要性和可行性。此外，她还就加快工程建设，狠抓安全生产，确保工程质量，维护治安稳定提出具体要求。

9月2日 由山西和江西两省交通运输厅共同承担的交通运输部"十二五"规划重大课题《"十二五"期交通运输服务与管理突出问题研究》开题报告通过专家评审。厅党组成员、副厅长王志民出席并讲话。

2008年，交通运输部组织进行公路水路交通发展"十二五"规划全国性重大课题和区域性重大课题遴选，最终选定23个全国性重大研究课题题目和若干区域性重大研究课题题目。其中，中部地区研究题目6个，涉及山西的两个。一是《"十二五"期国省干线投融资政策研究》，由河南省交通运输厅牵头、山西省交通运输厅配合完成；二是《“十二五”期交通运输服务与管理突出问题研究》，由山西省交通运输厅牵头，江西省交通运输厅配合完成。交通运输部充分考虑了山西作为中西部省份和资源性省份的特点，把山西作为切入点和突破口，通过研究解决山西交通运输存在的实际问题，为制定“十二五”规划交通运输政策提供决策依据。

山西省交通运输厅非常重视此项规划工作，在全国率先开展“十二五”规划基础研究课题题目设计，取得良好效果。在“十一五”规划第二年，就着手研究分析影响交通发展的重大问题，谋划“十二五”交通运输发展，先后组织开展《山西省公路水路交通发展“十二五”规划中期评估》、《山西省公路交通与经济社会发展适应性研究》等基础研究和《山西省公路运输枢纽规划》、《山西省红色旅游公路建设规划》及《太原经济圈公路交通发展规划》等专项规划的编制工作，为编制“十二五”规划提供科学依据和系统思路。

王志民在讲话中，要求课题研究要充分吸收包括专家在内的各方面意见，进一步细化研究内容，创新研究思路和方法，选好角度，准确定位，以山西为主，兼顾其他省份，突出中部特色，系统研究中部地区道路城市公交、城市出租，兼顾民航、铁路等运输方式，突出综合运输服务，借鉴典型国家和地区的先进经验，切实找准道路运输服务与管理的突出问题，提出有前瞻性、有针对性、有可操作性的对策措施。他强调，省厅“十二五”规划要以部重大课题项目为龙头，突出形势变化，突出发展思路，突出结构调整，突出重点领域，为各级交通运输部门科学制定“十二五”交通运输发展规划提供智力支持和决策依据。

9月2日 省交通运输厅印发《公告》，决定从全省交通运输系统公开选调事业单位工作人员。分别为省交通基本建设工程质量监督站、省交通厅公路交通工程定额站，选调在职专业技术人员各6名。同进，省交通质监站从2009年全日制高等院校本科及以上应届毕业生中招聘2名专业对口的毕业生。选调和招聘人员全部通过考试的方式确定。

9月2日 省交通运输厅转发《关于对全省国家工作人员中登记备案人员因私出国(境)证件进行集中保管的通知》。

9月2日 省交通运输厅印发《关于编报治超奖励公路建设项目计划的通知》。

9月2日 省交通运输厅批复国道208线羊坊至古店段改线工程可行性研究报告。路线全长5.1公里，二级标准，设计时速80公里，路基宽12米，估算投资2896万元，建设工期1年。

9月3日 平定至阳曲高速公路初步设计评审会召开，省交通运输厅党组成员、厅总工程师郜玉兰出席并讲话。

项目是全省高速公路网“三纵十一横十一环”主骨架第五横的重要组成部分。采用双向六车道高速公路标准，全长123.321公里，总投资估算147.455亿元，建设工期3年。

郜玉兰在讲话中，要求勘察设计工作要在落实科学发展观、建设山西重点工程上有新作为，要在建设标准、服务功能与社会需求、设计指标选用等方面进行深入探索。同时，对初步设计中的用地指标、工程概算等方面提出具体要求。

专家对项目建设规划和主要技术标准、路线方案、路基路面、桥隧及概算等方面提出具体意见。专家们认为，设计单位所提供的初步设计文件基本达到有关要求；设计、审查单位都较好地完成了初步勘察设计、审查工作，充分考虑到了促进当地经济发展。在工可的基础上提出多个比较方案，并经充分论证比较，确定最优K线方案。与会专家原则同意设计单位推荐方案，希望下一阶段能根据专家组的建议和意见，继续优化路线设计方案，进一步修编完善后上报国家有关部委审批。

9月3日 省交通运输厅向省国土资源厅报送《关于2009年至2010年高速公路建设项目用地情况的函》。2009年拟申请阳城至翼城等29条高速公路用地指标，总占地222 124亩，其中占用国家指标61 800亩，占用省指标160 324亩；2010年拟申请黎城至长治拓宽改造工程等16条高速公路用地指标，总占地87 043亩，其中占用国家指标5500亩，占用省指标81 543亩。

9月4日 上午，全省交通运输系统维护稳定暨信访工作电视电话会议召开。会议贯彻落实中央和省维护稳定暨信访工作第二次电视电话会议精神，分析当前面临的形势和任务，安排部署今后一个时期的工作。省交通运输厅党组书记、厅长段建国，厅党组成员、副厅长张志川，厅党组成员、省公路局党委书记赵振田，厅巡视员曹燎原在主会场出席，厅机关各处室、厅重点办各处室负责人，厅直各单位主领导和信访机构负责人，太原市交通局分管领导、信访机构负责人、运管局长参加。

曹燎原通报交通运输系统近期维稳和信访情况，安排部署了当前和今后一个时期的维稳和信访作。

2008年以来，全省交通运输系统认真贯彻落实中央和省委、省政府关于维稳信访工作的部署要求，坚持“信访、安全、治安”三项工作一起抓的工作格局，坚持“防控并举、预防为主”的方针，不断强化落实“一把手”的第一责任，增强工作主动性，抓早抓小抓细，扎实开展矛盾纠纷和积案排查化解、安全生产专项整治、内部治安综合治理，在预防重特大安全事故、预防重大破坏和治安事件、预防重大信访事件等方面取得新的进展，行业稳定形势不断好转。矛盾纠纷和积案排查化解取得实效，信访总量和集体访、越级访全面下降，安全生产和内部治安形势稳定，工作力量得到新的充实和加强。

曹燎原在讲话中，要求各单位主要领导要认真贯彻中央和省委、省政府的各项部署要求，真正把维护稳定作为硬任务，担负起第一责任；继续坚持信访、安全检查、治安三项工作一起抓的工作格局，进一步创新思路，完善措施，狠抓落实，确保国庆、十七届四中全会以及2010年“两节”、“两会”期间全省交通运输行业稳定。一是进一步加大矛盾纠纷排查化解力度，确保问题解决在基层，矛盾纠纷化解在萌芽状态；二是切实推动“事要解决”，着力维护群众的合法权益；三是切实加大接访工作力度，进一步畅通信访渠道；四是切实加强教育稳控措施，维护正常信访秩序；五是全面加强内部治安管理与安全防范工作；六是切实加强交通运输安全生产监管；七是认真开展民用爆炸物品安全管理专项整治；八是加强组织领导，保证工作落实。

段建国在讲话中，要求把握形势，提高认识，进一步增强责任感和紧迫感，以更加有力举措、更加实务作风、更加扎实工作，努力保持交通运输系统维稳和信访工作良好势头，为保持经济平稳较快增长、推进全省“三个发展”创造更好和谐稳定的社会环境。要集中时间，集中精力，集中开展矛盾纠纷排查化解工作；要突出职责，突出协调，突出抓好维稳信访工作责任制的落实；要创新形式，创新方法，创新解决稳定信访问题的体制机制；要注重实践，注重实效，注重把维稳信访工作落到实处；要提高素质，提高能力，提高新形势下做好维稳和信访工作的水平。

各市交通局分管领导、信访机构负责人、运管处(局)长，各公路分局、征稽分局、高速公路公司行政“一把手”、分管领导和信访机构负责人在10个市分会场参加会议。

9月4日 省交通运输厅印发《关于进一步加强高速公路建设项目财务管理的通知》。提出26条要求。

9月4日 省交通运输厅印发《关于进一步加强高速公路建设项目资金合同管理的通知》。提出17条要求。

9月4日 省交通运输厅印发《关于进一步加强高速公路建设单位会计核算的通知》。提出20条要求。

9月4日 省交通运输厅向省发改委报送《关于审批山西交通学院综合教学楼初步

设计的请示》。建筑面积9090平方米,5层框架结构,高度20.1米,估算总投资2041.83万元,建设工期2年。

9月4日 省交通运输厅下达2009年高速公路养护计划。

9月4日 省交通运输厅批复交口县汽车客运站初步设计。占地面积22亩,二级标准,核定总建筑面积2613平方米,其中候车楼2370.12平方米,附楼194平方米,门房48.88平方米,核定概算8 789 871元,建设工期2年。

9月4日 省交通运输厅批复静乐县龙家庄至北小店公路改建工程可行性研究报告。路线全长8.958公里,四级标准,设计时速20公里,路基宽6.5米,估算投资830万元,建设工期1年。

9月4日 省交通运输厅批复汾西县涧底至连村(灵石界)公路改建工程可行性研究报告。路线全长8公里,四级标准,设计时速20公里,路基宽6.5米,估算投资510万元,建设工期1年。

9月4日 省交通运输厅向省政府呈报《关于重新确定高速公路交警经费来源的请示》。

9月4日 省交通运输厅印发《关于认真做好〈山西省志·交通志〉先进典型宣传工作的通知》。

9月5日 省交通运输厅向省政府安委办报送《关于对舆情摘要144期有关问题调查情况的报告》。

9月5日 省交通运输厅向牛仁亮副省长呈报《关于对〈舆情摘要〉114期反映大同同泉路"拉煤车成串停留,斜拉桥颤颤悠悠"问题的调查和处理报告》。

9月7日 省交通运输厅党组成员、驻厅纪检组长韩日裕一行冒雨到省运管局调研指导。省运管局党委书记、局长李华中就全省道路运输业发展中面临的机遇和挑战作全面汇报。

听取李华中局长汇报后,韩日裕在讲话中对运管工作近年来取得的瞩目成绩给予充分肯定,对今后的工作思路和安排表示赞成,并提出6点希望和要求。一是继续贯彻落实科学发展观,推进道路运输业转型发展、安全发展、和谐和发展;二是认清形势,把握大局,扎实推进党风廉政建设和精神文明建设;三是加强制度建设,业务部门要按制度办事,做到阳光作业,切实把党风廉政建设的各项要求落到实处;四是理顺运管体制,加强队伍正规化建设,积极向省政府、省编办请示汇报,争取早日升格为副厅级单位,把山西的运管事业做大做强;五是强化宣传,做好公交、出租市场的调研工作,做到顺利交接,确保稳定;六是加强安全监管,保证"十一"黄金周道路运输市场稳定有序。

9月7日 下午,省行政审批制度改革工作检查第二组逯泽峰书记等一行3人,在省交通运输厅党组成员、副厅长张志川及省纪委驻厅纪检组、厅法规处负责人陪同下,对省运管局政务大厅进行现场检查。

逯泽峰一行对省运管局实施的道路运输许可事项的公开依据、条件、程序、承诺时限以及收费依据、收费标准和办事结果等公示工作给予充分肯定,特别是对政务大厅开展多项便民、利民服务措施工作给予表扬,对省运管局政务大厅近年来获得的省部级颁发的各种荣誉给予祝贺。希望省运管局政务大厅继续深化创新改革,积极探索,推进审批工作法制化、规范化、制度化,为老百姓提供更加快捷便利的服务。

9月7日 省交通运输厅向交通运输部质监总站报送《关于对交通运输部督察组公路工程质量安全综合督察意见整改落实情况的报告》。

9月8日 在第25个教师节来临之际,省交通运输厅党组书记、厅长段建国,厅党组成员、副厅长张志川和厅机关有关处室负责人,与山西交通职业技术学院、山西交通技师学院和省交通干部学校的教师代表欢聚在山西交通职业技术学院,共同庆祝教师节。段建国代表厅党组向多年来在交通运输教育工作战线上为人师表、教书育人、辛勤工作、默默奉献的广大教师及教育工作者表示节日问候和诚挚谢意。

座谈会上，山西交通学院党委书记孟科、山西省交通技师学院副校长孙宗斌和省交通干部学校校长肖毓凯分别进行汇报，来自三校的教师代表也分别结合实际作了发言，畅谈感想和未来。

段建国在讲话中，要求各单位和各级领导一定要把推进素质教育、加快教育事业发展作为重要职责，千方百计增加教育投入，千方百计为广大师生创造良好工作和学习环境，千方百计为广大教育工作者办实事、办好事，努力在全系统营造重视教育、支持教育、崇尚教育的氛围，进一步形成关心和支持交通运输职业教育工作的新局面。要关心广大教师工作、学习和生活，关心政治进步，尊重劳动成果，提高社会地位，激发工作热情。要认真落实有关提高教师待遇、改善办学条件的一系列政策、规定；要注重培养学科带头人，产生"名师效应"；要通过增加教师总量、调整教育结构、提升教师素质、强化教师管理四个途径，努力建设一支政治思想坚定、业务水平精通、教育理念先进、能熟练运用现代化教学手段和方法的教师队伍。

最后，段建国向全省交通运输系统广大教师提出四点希望：加强学习，提高素质；为人师表，教书育人；爱岗敬业，勇于奉献；与时俱进，勇于创新。

厅机关有关处室负责人也分别作了发言。

中午，段建国、张志川在山西交通学院学生食堂与师生们共进午餐。

9月8日 省交通运输厅邀请中央保健局原局长王敏清教授作"健康长寿，养生保健"为主旨的健康讲座。厅副巡视员郭贵平、厅机关以及厅直单位离退休老干部聆听讲座。

讲座主要包括饮食养生、运动养生、精神调养等内容。80高龄的王老理论联系实际，列举中共元老注重保健的生动事例，向大家详细介绍了长寿秘诀，并结合自身一生的医疗保健工作经验，现身说法，提出许多富有独创性和宝贵的保健观点。均衡饮食，适时锻炼，保持良好心态，是保持身体健康的重要因素。

郭贵平对王老的精彩讲授表示感谢，并向王老敬献鲜花，同时祝王老和全系统及在座的老干部们健康长寿。

王老系山西洪洞县人，1954年7月毕业于山西大学医学院，长期从事中共中央和国家领导人的医疗保健工作。

9月8日 省地方海事局在太原举办庆祝建国60周年"海事杯"知识竞赛，全省海事系统共选派12支代表队36人参赛。通过两场预赛，共有6支代表队进入最后总决赛。

这次竞赛内容涵盖海事业务知识、党建知识、法律知识、社会知识等方面，充分展示全省海事系统广大干部职工热爱祖国、现身海事的精神风貌。通过激烈角逐，省地方海事局代表队获一等奖，临汾、朔州海事局代表队获二等奖，晋城、大同、吕梁海事局代表队获大赛三等奖。厅副巡视员郭贵平，省交通战备办公室副主任史荣和，厅机关有关处室负责人出席竞赛并为获奖代表队颁奖。

9月8日 全省第六届干线公路养护技术比武在长治举行。来自全省公路系统11个公路分局的近两百名队员参赛。省公路局领导戴飞、李铁山、陈运生、胡志勇、惠高峰、周文全以及有关处室负责人亲临比赛现场观摩指导。长治市副市长尚宪芳应邀出席开幕式并致欢迎辞。

本次比武分为理论测试和现场操作两部分。现场操作比赛科目有三项，分别为公路技术状况评定、养护机械操作和沥青路面灌缝。技术比武现场设在省道长平线壶关境内。在比武过程中，参赛队员们以饱满热情和严谨认真态度，发扬团结协作精神，沉着应对遇到的各项难题，体现精湛技术和良好精神风貌，赛出成绩，赛出水平，赛出风格，充分展示全省公路系统养护从业人员素质和形象。

通过激烈角逐，晋中分局、太原分局、长

治分局及忻州分局分获沥青路面灌缝比武第一至第三名;晋中分局、长治分局、忻州分局和太原分局分获公路技术状况评定比武第一至第三名;晋中分局、长治分局、晋城分局和太原分局分获养护机械操作比武第一至第三名;晋中分局、长治分局、太原分局分获全能前三名;李小东等60名队员获得“技术能手”称号。

戴飞局长在讲话中,希望全省各单位、各部门要认清形势,统一思想,进一步提高认识,使公路养护技术比武紧扣时代特色和行业特点,不断向纵深方向发展。要将养护技术比武作为推进科学养护的重要载体,推动公路养护由传统产业向现代化转变,坚持科学化、机械化、信息化并举,预防性养护、日常性养护和工程性养护并重的方针,加快推进科学养护步伐。

9月9日 大同至天镇,大同至浑源、浑源至广灵、朔州至平鲁4条高速公路开工建设。省委副书记、省长王君分别出席在大同、朔州举行的开工仪式并宣布开工,副省长牛仁亮作重要讲话。

2009年,省委、省政府为贯彻落实中央决策部署,应对全球金融危机,保持全省经济较快发展,部署重点工程建设投资6500亿元。其中公路建设项目投资最多,达2500亿元。省交通运输厅牢牢把握这一难得的历史机遇,超常规展开项目前期工作,下大力气加强与有关部门的沟通协调,再次掀起全省新一轮公路建设高潮。包括这4个项目,目前全省高速公路在建项目达到26个,建设里程达到2000公里,实现全年开工建设2000公里高速公路目标。同时,为了加快建设步伐,调动地方政府积极性,实施高速公路建设投资体制改革。这4条高速公路加上已开工的临汾北环、京昆与青兰高速公路临汾连接线、闻喜至临猗、运城至芮城、河津至运城5条高速公路,全省由省里投资、地方政府承建的高速公路达到9条。

大同至天镇、大同至浑源、浑源至广灵、朔州至平鲁4条高速公路都是全省高速公路网“三纵十一横十一环”规划的重要组成部分。其中,大同至天镇、大同至浑源、浑源至广灵总里程224公里,总投资122亿元,建设工期3年。项目建成后,将形成晋北连接京、津、冀地区和山东半岛的高速通道,大同市的11个县(市、区)将实现高速公路县县通、全覆盖,并形成1小时市县经济圈。朔州至平鲁高速公路由西、南两段组成,全长67.6公里,是贯通全省西北部与中南部地区的重要通道,也是继大同西北环、太原、运城环城3个建成通车项目,晋城、长治、临汾3个新开工环城项目之后的新7个开工建设的环城高速公路项目。它的建设,对完善全省高速公路网布局,缓解当地交通压力,扩大对外开放,促进沿线旅游、农业资源开发,提升朔州经济实力,具有十分重要的意义。

牛仁亮在4个项目的开工仪式上作重要讲话。他说,在全省上下千方百计促“三保”,坚定不移谋发展,全省经济企稳向好的关键时期,大同至天镇高速公路等四个项目开工建设,全省高速公路建设里程达到2000公里,这不仅是大同、朔州两市的大事,也是全省社会经济发展中的一件大事。全省经过15年努力,建成高速公路1965公里,而今后三年则要建成2000公里,使命光荣,任务艰巨。大同市、朔州市政府、省交通运输厅以及项目建设单位,在建设中一定要按照科学发展观要求,强化服务意识,切实履行职责,严格基本建设程序,加强廉政建设和安全顺利推进。公路沿线各级党委、政府和各有关部门要精心组织,密切配合,协同行动,积极做好公路建设的征地拆迁和施工保障工作,为高速公路建设创造良好外部环境,共同打造一流高速公路,为全省“三个发展”和新山西、新基地建设作出应有贡献。

省交通运输厅党组书记、厅长段建国出席4个项目的开工仪式并讲话。他说,像当前如此大规模的高速公路建设,在全省还是第一次,不仅对施工组织提出新的挑战,对项目的科学管理也提出更高要求。他希望各个项目的建设管理做到合理安排工期，科学组织施工，严格工程管理，确保工程质量，确保安全生产，确保廉政建设，圆满完成建设任务。让广大人民群众早日享受高速公路带来的方便和实惠，为全省转型发展、安全发展、和谐发展作出新的更大贡献。

9月9日 上午，晋城市委书记张茂才在相关部门负责同志和晋城公路分局负责人陪同下，先后走访慰问该局新中国成立前参加革命的离休干部、原晋东南公路总段党委书记梁广霖和老红军袁金生，把党和政府温暖送到他们心中，并向他们致以崇高敬意和美好祝福。

90岁高龄的梁广霖老人精神矍铄，身体硬朗，思路清晰，谈起今后愿望时，他显得格外兴奋，表示非常感谢党和政府这些年来对自己无微不至的关怀，现在虽然年龄大了，但还是要做一些力所能及的工作，要永远听党话，永远全心全意为人民服务。

在88岁的老红军袁金生家里，当得知老人因不慎摔伤，行动不便的情况后，张茂才书记叮嘱他要多保重身体，听从医生安排，特别要注意用药和饮食，并嘱咐其家人在生活中如遇到困难，要及时告知有关部门。

慰问中，张茂才叮嘱市委老干部局和分局领导，要多到老干部家里走一走、看一看，经常关心生活起居，切实帮助解决实际困难，让他们安度晚年。

9月10日 省委宣传部、省交通运输厅印发《关于举办“山西公路建设60年成就展”的通知》。筹备领导组组长：胡苏平、牛仁亮；副组长：崔国红、段建国、李海渊、戴飞、王悦；常务副组长：张润；成员有：李渊、陆东、史荣和、杨俊威、王晓光、刘清平、李俊生、赵玉生、杨原平。

9月10日 省交通运输厅党组印发通知。根据工作需要，经厅党组8月31日会议研究，同意省公路局党委意见，成立平朔高速公路建设管理处。处长：李树平；党委书记：聂奇聆。

9月10日 省交通运输厅印发《关于对列入责令改正范围的经营性公路进行整改检查的通知》。

9月10日 省交通运输厅批复运城高速公路公司增加人员编制。共计217名。

9月10日 经交通运输部基本建设质量监督总站审查，山西省交通建设工程质量检测中心符合《公路水运工程试验检测管理办法》规定的条件和标准，被评定为交通运输部“桥梁隧道工程专项等级”资质。

中心隶属于省交通科学研究院，2007年11月取得全省唯一的交通运输部“公路工程综合甲级”资质。

9月11日 省交通运输厅印发《关于进一步做好甲型HINI流感疫情防控工作的通知》。

9月11日 省交通运输厅向省编委报送《关于省交通运输管理局更名升格的请示》。拟更名为山西省道路运输管理局，并升格为副厅级，职数、编制不变，全额事业单位，领导职数7名（1正6副），其中局长、党委书记1名（副厅级），副局长3名、总工程师1名、总会计师1名、纪委书记兼工会主席1名，均为正处级，内设9个处室。

9月12日 上午10点，省交通运输厅党组成员、副厅长张志川深入四川茂县慰问渭永通乡公路一线干部职工，并转达厅党组书记、厅长段建国和山西交通人对交通援茂人员问候。

在听取省交通运输厅对口援建驻茂代表姚望科、渭永公路项目经理张东海情况汇报后，张志川充分肯定黑虎路安全无一事故、比合同工期提前近半年竣工通车的骄人成绩，对在建的渭永公路寄予期望，要求比黑虎路干得更漂亮。他说，对口援建工作，是省委、省政府交给的重大政治任务，根据中央三年援建两年基本完成的思想，目前援建工作已进入关键时期，任务繁重艰巨。希望大家继续发扬不怕苦、不怕累、不怕难的工作精神，再接再厉，严把安全质量关，把渭永路打造成精品工程。援茂项目部要积极和当地有关部门多沟通，多联系，共同解决影响施工进度的各种不利因素，更好更快地推进援建工作。针对灾区余震不断、塌方、泥石流、飞石等自然灾害频繁的情况，张志川特别叮嘱项目领导，一定要保证交通援茂人员安全，把大家平平安安带回家乡。

中午，张志川在项目部简陋的食堂与职工共餐，并代表厅党组把慰问品发给大家，在两节来临之际表示诚挚问候和真诚祝福。要求在艰苦的环境中不断磨砺自己，学习茂县灾区群众艰苦奋斗、自强不息的精神，尽最大努力，完成援建茂县的各项工作，造福茂县人民，交出一份让灾区人民和3400万山西人民都满意的答卷。午饭后，张志川没有休息，直接驱车走完黑虎路全线段后，又徒步爬山走入羌寨，了解羌族同胞生活情况。当随行的茂县徐副县长向老乡介绍张志川的时候，老乡们对山西人民的感激之情、对山西交通人的感恩之心溢于言表。

9月12日 省交通运输厅组织举办桥隧设计、施工技术讲座培训班。9名在国内外桥梁、隧道界造诣精深、享有很高威望的专家就国内外桥梁隧道设计施工及运营管理中的相关问题、上海近期的大型桥梁工程的理念与技术、汶川地震对桥梁结构设计及施工的启示等10个方面课题进行为期两天的讲授。厅党组成员、厅总工程师郜玉兰与全省交通运输系统直属单位的技术部门及施工单位等200余名技术人员一起认真听讲。

郜玉兰在讲话中指出，提高交通基础设施质量和效益，提升运输效率和服务水平，比以往任何时候都需要技术支撑和保障。希望参加培训的全体人员认真听讲，努力学习，在桥隧设计、施工和管理上有新突破，不断提升设计、施工和管理理念。

9月12日 全国唯一的第一至第十一届人大代表、长治市人大常委会副主任申纪兰视察长(治)至平(顺)高速公路。

年逾80岁的申纪兰在长平高速公路建管处、平顺县地方协调领导组有关负责人陪同下，深入标段驻地施工一线视察。在钢筋笼施工现场，她希望吸取好的经验和做法，充分利用现代化新技术，把长治东枢纽工程建设成为最好的工程。修好高速路，我们才能迈大步。我文化水平不高，但我知道施工图纸就是标准，就是规范。只要照着标准和规范干，工程就能干好，就能向党和人民交上满意的答卷。希望以科学发展观为指导，把长平高速公路建设成为一条造福平顺以及长治人民的科技路、生态路、致富路。

9月14日 全省重点公路工程建设质量安全管理现场会在忻州召开。副省长牛仁亮出席并讲话，省交通运输厅党组书记、厅长段建国作了题为《科学管理，严格落实，推动全省重点公路建设质量安全工作再上新台阶》的报告，厅党组成员、厅总工程师郜玉兰，厅党组成员、厅总会计师张德仪，厅党组成员、省公路局党委书记赵振田，厅巡视员曹燎原以及省直相关部门领导，厅机关有关处室负责人、厅直有关单位负责人，各市分管副市长，各高速公路建设管理处负责人，设计代表、总监、项目经理以及中央驻晋新闻单位、省级新闻媒体记者约470人参加。省政府副秘书长崔国红主持。忻州市委副书记、市长李平社致辞并介绍忻州市经济发展和重点工程建设情况。

2009年以来，全省紧紧抓住国家扩大内需的政策机遇，调动和争取各方面积极因素，千方百计加快公路建设，重点项目建设取得重大进展，质量安全管理得到加强。截至9月份，全省重点公路在建项目102个，其中高速公路项目26个，建设里程2010公里；国省干线公路新改建项目76个，建设里程1762公里。截至目前，高速公路有15个项目形成实体工程，阳翼高速公路路基工程基本完成，桥梁转入上部工程，13座隧道全部打通；闻垣、汾平、阳盂等高速公路项目圆满完成进度计划。国省干线公路新改建工程完工427公里，高速公路工程总合格率91.5%，国省干线新改建工程总合格率90%，没有发生重大及以上事故，102个在建项目有100个未发生任何事故。

会议要求，全省高速公路、干线公路在建工程总体上质量控制良好，安全形势稳定，质量安全工作面临新的挑战。为了应对这个挑战，保证公路建设不出事故，全省要在今后三年中开展质量安全年活动，保证全省高速公路建设质量，建立和完善质量安全责任体系，把每个项目的质量安全责任层层细化分解下去。全省各高速公路建管部门都要严格审查，严防有诚信不良记录特别是“黑名单”记录的企业包装、借牌混入市场；要严格执行安全准入制度，没有安全施工许可证的企业，不得进入省重点公路建设市场。

段建国在讲话中，要求各级、各部门要正确把握当前面临的形势与挑战，努力解决一个不牢，即质量安全意识树得不牢；五个不到位，即质量安全责任落实不到位、合同管理不到位、过程控制把关不到位、设计创新不到位、安全生产投入不到位的问题。要从四个方面着力抓好重点公路工程质量安全工作：一是认真开展“一项活动”，推动质量安全工作再上新台阶；二是坚持“四个严格”，即要严格责任、严格把关、严格管理、严格监督，强化过程控制；三是加强“四项建设”，即要进一步加强市场建设，加强科技示范工程建设，加强专业监督和项目管理队伍建设，加强反腐倡廉建设，建立长效机制；四是正确处理“两个关系”，即要正确处理质量、安全与工期的关系，正确处理公路建设与资源环境的关系，促进科学发展。

牛仁亮在讲话中，要求各部门必须树立百年大计、质量第一、加快进度、安全创新的理念，按照科学发展观要求和省委、省政府部署，统一认识，完善制度，确保质量和安全。在宏观管理上，一要强化业主、设计、施工和监理四大主体责任，做到责任明确、责任细化、责任到人；二要建立完善六项制度，即安全和质量控制制度、安全质量问责制度、隐患排查制度、督察验收制度、培训制度和奖励制度，努力做到安全事故少之又少、工程质量好之又好。在微观管理上，一要注意处理好质量安全和施工进度的关系；二要牢固树立“百年大计质量第一、加快进度安全为先”理念；三要在工程质量和安全工作上切实强化“零容忍”、“零缺陷”意识；四要在质量和安全问题上坚持标准不能降低、要求不能放松。全面提升全省交通基础设施建设安全质量的工作水平，圆满完成新一轮公路建设高潮的各项建设任务，为山西转型发展、安全发展、和谐发展作出更大贡献。

会上，忻保、忻阜、太古、闻垣四个高速公路建设管理处介绍经验。

会前，厅党组成员、省公路局党委书记赵振田，厅巡视员曹燎原率与会人员分两路观摩忻保、忻阜高速公路施工与管理现场，听取质量安全情况介绍。

9月14日 省交通运输厅向省发改委报送《关于临汾城西客运站初步设计的请示》。一级标准，总建筑面积21 690平方米，占地135亩，其中候车楼72 261平方米，司乘公寓5830平方米，附属设施3599平方米，核准概算15 709.57万元。

9月14日 省交通运输厅向中信银行上海分行报送《关于申请广灵至浑源高速公路贷款的函》。路线全长约78.43公里，另设互通连接线9.62公里，投资概算47.11亿元，申请贷款35.3亿元，年限20年（宽限期3年），分三年到位（2010年开工，2012年建成通车）。

9月14日 省交通运输厅印发《关于在〈山西省志·交通志〉中集中刊发各市运管局（处）、地方海事局及部分县（市、区）运管所、地方海事处先进典型业绩的通知》。

9月15日至16日 省委常委、统战部长李政文在运城市委书记高卫东、临汾市委书记谢海，省交通运输厅党组书记、厅长段建国及有关部门负责人陪同下，深入闻垣、临吉高速公路建设工地调研。

9月15日,李政文一行先后调研闻垣高速运城路桥LA2合同段、中交二分局三公司LA3合同段、山西路桥一公司LA6合同段。在调研中,李政文指出,闻垣高速公路作为运城区域一条在建高速公路,首先应该感谢省交通厅在项目立项、资金筹集等方面所做的工作。在工程建设中,运城市委、市政府在地方征迁中也做了大量工作,沿线人民群众在征迁工作中付出很大牺牲,作出突出贡献。

李政文在讲话中,提出4点要求。一要严把质量关,修出一条高水平、高质量的高速公路;二要正确处理好工程建设与当地人民群众之间的关系,通过修建高速公路给他们带来幸福,带来文明,提升沿线人民群众的生活水准;三要在确保工程质量和安全前提下,加快工程建设进度,给晋、陕、豫三省以及垣曲、闻喜、绛县打开通道,加快区域经济社会的发展;四要进一步加强环保工作,特别要提前开始着手绿化工程,充分利用秋季多雨的大好时节,加快绿化工程。

9月16日上午,李政文一行察看临吉高速公路施工场面,听取情况汇报后,要求省交通运输厅和临汾市各级政府针对上述困难,加大协调力度,尽快予以解决。尤其是公安系统要在符合条件情况下,特事特办,加快火工品审批程序,为高速公路建设"开绿灯"。同时,建设单位要切实加强火工品使用、保管过程中安全管理,杜绝安全事故。

段建国在讲话中,要求临吉高速公路建管处要卡死工期,抢抓时间,在保证质量、安全前提下,加大人力、物力投入,想尽一切办法往前赶,力争2010年路基全部完工,2011年全线竣工,为实现省委、省政府"扩内需、保增长、保民生、保稳定"目标作出积极贡献。

9月16日 省交通运输厅与省工行在太原工人文化宫举行乒乓球联谊赛,增进了解,加强沟通,共迎新中国60华诞。厅领导段建国、张德仪、曹燎原挥拍上阵,并为参加对抗赛的选手助威。

这次比赛分三个组别进行,分别为领导干部组、中层干部组和混合团体组。比赛采取11分、三局两胜制。在友谊第一、比赛第二的友好氛围中,双方进行认真比赛。尤其是混合团体对抗赛,场面热烈,精彩纷呈,高潮迭起,赢得阵阵掌声。经过一下午的紧张比赛,省厅三个组别分别以3∶1、3∶3、4∶1的较大优势获胜。

省公路运输工会主席王晓光在赛前代表省交通运输厅致辞,对省工行多年来特别是再掀新一轮公路建设新高潮以来给予全省公路建设大量的资金支持表示谢意。

9月16日 省交通运输厅批复山西交通技师学院主校区与北校区连接工程设计。核准预算972 423元,建设工期3个月。

9月16日 省交通运输厅批复大运高速公路原平至太原段路面专项处治工程设计。核准预算140 786 897元。

9月16日 省交通运输厅印发《关于在全省交通运输系统组织开展〈中华人民共和国行政复议法〉实施十周年纪念宣传活动的通知》。

9月17日 省交通运输厅党组转发省纪委、省委组织部《关于在干部选拔任用工作中认真治理拉票行为的通知》。

9月17日 省交通运输厅印发《小型客船运输经营资质管理暂行办法》。主要包括总则、条件、审批、监督检查、法律责任、附则6章26条。2009年10月1日起施行。

9月17日 省交通运输厅向省发改委报送《关于调整干线公路四期开行贷款路网改造工程建设规模及投资的请示》。共计20个项目。

9月17日 省交通运输厅向中国工商银行山西分行报送《关于申请晋城环城高速公路西北段新增贷款的函》。总投资207 495万元,申请新增工行贷款62 620万元(共贷款155 620万元),期限20年,宽限期3年,2009年开工,2011年建成通车。

9月17日 省交通运输厅向省发改委

报送《关于撤销青银国家高速公路山西境罗城至义望段拓宽改造项目的请示》。

9月17日 省交通运输厅下达2009年厅属事业单位人事计划。共计92名。

9月17日 省交通运输厅印发“关于开展学习贯彻《机构编制违纪行为适用〈中国共产党纪律处分条例〉若干问题的解释》的通知”。

9月17日 省交通运输厅印发《关于加强公路建设市场监督管理工作的通知》。

9月17日 省交通运输厅批复运城解州至陌南(黄河桥头)高速公路初步设计。路线长39.947公里,陌南至芮城县城连接线19公里;双向4车道高速公路标准,设计时速80公里,路基宽24.5米、12.25米,核准概算2 593 342 304元。

9月18日 上午,省交通运输厅召开电视电话会议,对全省“十一”黄金周期间道路水路运输行业安全稳定工作提出要求并作安排部署。厅党组成员、副厅长王志民出席并讲话,省运管局局长李华中、省地方海事局局长牛世骏分别进行安排部署。

王志民在讲话中,提出3点要求。一是认清形势,增强紧迫感和责任感。切实高度重视,加强领导,精心组织,狠抓落实。二是明确目标任务,突出做好保运输、保安全、保稳定工作。要加强应急管理,强化安全生产;加强汽车站、码头、客车、危险化学品运输车辆、船舶的安全防范和安全保卫工作;做好不稳定因素排查、化解、处置工作和甲型H1N1流感防控工作。三是采取切实有力有效措施,圆满完成道路水路运输任务。要加强领导,精心组织;认真检查,严格稽查;突出重点,狠抓落实。要继续发扬交通人“辛苦我一个,方便千万人”的精神,以高度的政治责任感和使命感,投入“十一”黄金周道路水路工作之中,以优异的工作成绩,庆祝新中国成立60周年,让人民群众过一个安全、舒心、放心的“十一”假期。

省运管局、省地方海事局有关处室负责人,省城市出租汽车客运管理处,省道路运输协会及厅机关有关处室负责人在主会场参加会议。各市交通局、运管局(处)、地方海事局及各市客货运输企业、汽车客运站等主要负责人在11个分会场参加会议。

9月18日 省交通运输厅向省政府呈报《关于协调解决全省国省干线公路原养路协议工缴纳养老保险有关事宜的请示》。截至2008年,为60个公路管理段3763名养路协议工办理养老保险,垫资5722.5万元;仍有51个公路管理段6087名协议工未办理。

9月18日 省交通运输厅批复祁临高速公路霍州连接线拓宽改造工程可行性研究报告。路线长3.78公里,另有连接线0.45公里,一级标准,设计时速60公里,路基宽23米,投资估算3474万元,建设工期1年。

9月18日 省交通运输厅向交通运输部呈报《关于申请山西省地方海事工作经费补助的报告》。

9月18日 省交通运输厅印发《关于核定部分高速公路建设管理处人员编制的通知》。共计15个高速公路建设管理处。

9月18日 省交通运输厅向省政府呈报《关于呈请下发〈山西省高速公路建设体制改革意见〉的请示》。《意见》主要包括6项内容,即建设模式、建设职责、建设程序、工程管理、廉政建设、运营管理。

9月18日 平阳高速公路建设管理处在盂县驻地组织举办廉政建设警示教育培训班。驻厅纪检组、阳泉市检察院预防职务犯罪处、政策研究室有关人员应邀出席,并为全体培训人员授课。建管处全体人员参加。

9月19日 《奋进中的山西交通》在2009中国平遥国际摄影大展中精彩亮相。作品展区整整占满平遥古城一条街,内容涵盖交通行业的各个领域,交通建设的方方面面。一幅幅精彩的充满纪实性的巨幅图片,展示和记录了全省交通事业不同时期的发展变化和交通建设过程中的点点滴滴,展出了山西交通人锐意改革、奋发图强的精神面貌。特别是正在建设的重点公路工程建设图片，引起广大参观者的浓厚兴趣,大家纷纷驻足观看。

厅党组书记、厅长、省交通运输摄影家协会名誉主席段建国,厅党组成员、厅总会计师、省交通运输摄影家协会主席张德仪及厅机关各处室、厅直有关单位主要负责人与交通职工代表共同观看展览。

段建国仔细观看每一幅图片,并不时进行点评，对作者的精心创作表示肯定和赞许,还不时与摄影人员在他们的作品前合影留念。他希望广大交通摄影人在今后的创作中能够再接再厉,创作出更多优秀作品,打造出更多具有山西交通特色、风格、内涵的摄影艺术作品,为弘扬交通行业精神、繁荣交通行业文化建设事业继续贡献各自的力量。

9月21日 上午,江苏省盐城市委副书记、市长李强率江苏悦达集团董事会一行来省交通运输厅拜访,对省厅近几年对悦达集团的关心和支持表示感谢。厅党组书记、厅长段建国以及在家的厅领导韩日裕、张志川、张德仪、郭贵平在省城迎泽宾馆与客人座谈。段建国表示,悦达集团和山西的合作有七八年了,并建立长期友谊,京大高速是合作的第一条高速公路,我们要继续支持汾平高速路的建设,希望悦达集团在山西高速公路建设中能够再有所作为,并对悦达集团长期以来对山西交通的支持表示感谢。

9月21日 和榆高速公路建管处在左权县正式揭牌,省交通运输厅巡视员曹燎原出席揭牌仪式并讲话。

项目是全省高速公路规划网中“三纵十一横十一环” 主骨架第七横的重要组成部分,是西通陕甘宁、东达京津冀的重要战略通道。路线起于榆社县赵道峪村,止于和顺西段省界,途经榆社、左权、和顺 3 个县,建设工期 3 年。它的建设,对于完善全省高速公路网,改善革命老区的投资环境,促进晋中社会经济发展和旅游开发,有着十分重要的战略意义。

曹燎原在讲话中,要求切实增强责任感和使命感,把施工、设计、监理单位组织好、协调好,把建设资金管理好、使用好,科学指挥,统筹规划，营造和谐施工环境。建管处要依法管理,狠抓落实,搞好服务,特别要把好安全质量关,为老区人民交一份满意的答卷。

9月21日 省交通运输厅印发《关于确保“十一”黄金周公路安全畅通的通知》。

9月21日 省交通运输厅印发《关于成立治理工程建设领域突出问题工作组织领导机构的通知》。组长:段建国;副组长:张润、韩日裕;成员有:尹新平、曹居月、王京荣、郭全英、蒋品、李贵顺、胡建新、戴飞、董新品、刘清平、李俊生、常二栋。办公室主任:胡建新;副主任:杨增梅、李征远、冀常军。

9月21日 省交通运输厅向省政府呈报《关于尽快明确山西省交通运输执法局机构的紧急请示》。

9月22日 下午,省政府与中信集团公司在太原签署《全面战略合作协议》。省委副书记、省长王君,省委常委、副省长李小鹏,副省长牛仁亮出席。

中信集团创办于 1979 年 10 月,经过 30 年发展，现已成为规模巨大的国际化大型跨国企业集团,业务集中在金融、实业和其他服务业多个领域。截至 2008 年底,集团总资产达 1.6 万亿元，并于 2009 年 7 月以年营业收入 222 亿美元的业绩,在美国《财富》杂志公布的 2009 世界 500 强排行榜上名列第 415 位。

多年来，中信集团为全省经济社会发展提供大量资金支持,在全省新一轮公路建设高潮中,将再度予以 200 亿元信贷支持。

省交通运输厅党组书记、厅长段建国与中信银行太原分行行长王晖分别代表双方签署《金融合作协议》。

9月22日 全省交通运输系统庆祝建国 60 周年“三老”座谈会在太原召开。来自全省交通运输系统的老党员、老战士、老同志及全国劳动模范、先进模范人物代表共计 40 余人欢聚一堂,追忆峥嵘岁月,畅谈发展历程,共谋交通发展之路。

省交通运输厅领导张润、韩日裕、张志川、张德仪、曹燎原、郭贵平和厅机关有关处室负责人以及厅直有关单位负责人出席。厅党组成员、厅总会计师张德仪主持,厅巡视员曹燎原宣读《中共中央组织部关于表彰全国先进离退休干部党支部和离退休干部先进个人的决定》和省委组织部《关于梁广霖等4位同志享受副省级医疗待遇的通知》。厅党组成员、副厅长张志川向与会老党员、老战士、老同志通报全省交通运输工作发展情况、存在问题和困难,以及今后全省交通发展的努力方向与目标任务。

座谈会上,老党员、老战士、老同志们踊跃发言,气氛十分热烈。廉平、任先泉、杨继刚、虞文景、李万定等多名老同志激情洋溢,他们结合亲身经历,回顾交通发展峥嵘岁月,畅谈改革开放以来交通发生的翻天覆地变化。大家一致认为,只要坚持走党领导的改革开放道路,今后全省交通运输事业的发展一定会越来越好。他们表示,虽然已经不在岗位上,但思想不会“下岗”,将继续认真履行职责,积极建言建策,发挥余热,做一些力所能及的事情,真正做到老有所学、老有所乐、老有所为。同时,对今后全省交通运输事业又好又快发展提出许多建设性意见和建议。

张润在讲话中,首先代表厅党组向为全省交通运输事业发展和今天成绩奠定坚实基础的“三老”和先进模范人物致以崇高敬意,并在国庆节、中秋节到来之际向他们致以节日问候。他说,近年来,全省交通事业成就显著,特别是公路建设取得令人瞩目的辉煌业绩,高速公路、国省干线、农村公路通车里程以及全省路网密度,都跃居全国先进行列。这是全系统广大干部职工共同奋斗的结果,更是倾注了一代又一代老党员、老战士、老同志的汗水和智慧。当前,公路建设任务十分繁重,各位老领导、老同志党性强,阅历广,威望高,有着丰富的革命和建设经验,也有着驾驭各种复杂局势、处理各种事杂情况的胆识和能力,希望各位老领导、老同志能在今后的交通大发展中,一如既往地支持交通事业的发展,给予关心指导和帮助,多提意见和建议,进一步推进全省交通运输事业科学发展的新局面。

座谈会上,厅领导还给与会的“三老”同志及先进模范人物发放慰问金。

9月22日 省交通运输厅向交通运输部综合规划司上报全国公路水路运输量专项调查和第三次全国港口普查部级先进推荐材料。其中,先进集体分别为5个、2个,先进个人分别为13名、6名。

9月22日 省交通运输厅向省发改委报送《关于京昆高速公路山西平定至阳曲段可行性研究方案局部调整的请示》。6车道高速公路标准建设,设计时速100公里,路基宽33.5米,投资估算1 487 605万元。

9月22日 省交通运输厅批复省道盂榆线盂县城至西南庄段初步设计。路线全长17.823公里,二级标准,设计时速60公里,路基宽10米、8米、7.5米,核准概算69 871 827元。

9月22日 省交通运输厅批复国道207线东木口至白岩沟段改建工程初步设计。路线全长23.879公里,二级标准,设计时速60公里、40公里,核准概算194 454 185元。

9月23日 省交通运输厅召开传达贯彻党的十七届四中全会精神大会,厅党组书记、厅长段建国主持并讲话,厅党组副书记、副厅长张润传达胡锦涛总书记在党的十七届四中全会上讲话的主要精神,厅党组成员、副厅长王志民传达省委书记张宝顺在省委传达贯彻党的十七届四中全会精神大会上的讲话精神,厅领导韩日裕、张志川、张德仪、赵振田、郭贵平出席会议,厅机关全体干部职工,厅直各单位党政主要负责同志参加。

段建国就学习贯彻十七届四中全会精神提出4点要求。一要充分认识学习贯彻十七届四中全会精神的重大意义。全省交通运输系统各级党组织和广大党员干部一定要以强烈的政治责任感和历史使命感，认真学习贯彻全会精神，切实把思想和行动统一到中央的部署要求上来，全面推进党的思想建设、组织建设、作风建设、制度建设和反腐倡廉建设，努力提高各级党组织的科学化水平和执政能力，为实现全省交通运输事业又好又快发展提供坚强思想和组织保证。二要全面理解和准确把握十七届四中全会精神。要深刻理解加强和改进新形势下党的建设的重要性和紧迫性，增强贯彻全会精神的自觉性和坚定性；深刻理解我们党作为马克思主义执政党自身建设的基本经验，是党极为宝贵的财富，必须作为加强和改进新形势下党的建设的重要指导原则长期坚持，并在实践中不断丰富发展；深刻理解加强和改进新形势下党的建设的总体要求和目标任务，全面把握提高党的建设科学化水平这个重大命题和重大任务；深刻理解做好当前工作的部署要求，切实增强在应对挑战中创造新的发展机遇、取得新的发展成就的信心决心；深刻理解做好民族工作的重大意义和面临的形势任务，更加坚定自觉地巩固和发展平等团结互助和谐的社会主义民族关系；深刻理解党风廉政建设和反腐败斗争的决策部署，明确全会对反腐倡廉的各项要求和各级党组织肩负的重大责任，推动反腐败斗争不断取得新成效。三要切实加强对学习贯彻十七届四中全会精神的组织领导。各单位、各部门要结合实际，制定具体的学习贯彻意见，明确任务，严格要求，确保学习时间、人员、内容落实。要采取党委(党组)中心组学习、集中学习培训、举办报告会等多种形式，分专题组织广大党员干部学习研讨。各级领导干部要把集中学习与个人自学结合起来，把握精髓，领会实质，以表率作用带动广大党员干部学习。《山西交通》报和山西交通网要开设一批专栏、专题，着力宣传十七届四中全会的重大意义，着力宣传新论断、新观点、新做法、新成效，营造学习浓厚氛围。要加强督促检查，一级抓一级，层层抓落实，不断把学习贯彻活动引向深入。四要贯彻落实十七届四中全会精神推进当前工作。要按照中央和省委的部署要求，把“保增长”作为当前工作的首要任务，继续加快公路建设，加快已开工项目建设速度，具备条件的项目要尽快开工，加大筹资力度，保证资金尽快落实，积极配合地方政府做好征地拆迁工作。要加大工程督察力度，大力推进交通改革，进一步抓好质量、安全、廉政工作，确保完成全年目标任务。特别是国庆、中秋“两节”即将来临，要集中精力抓好党风廉政建设，杜绝奢侈浪费行为；抓好安全稳定工作，积极维护生产安全和行业稳定；抓好值班制度落实，认真履行值班职责，为欢度“两节”营造文明、欢乐、祥和的社会氛围。

9月23日 第三届中国高速公路服务区管理年会在太原召开。省交通运输厅党组成员、副厅长张志川出席并致词。省高管局局长董新品，交通运输部公路局路网管理处副处长顾志峰，中国公路学会副秘书长巨荣云以及全国各省市高速公路服务区管理工作的代表200多人参加。

此次年会以“标准化管理提升服务质量”为主题，由中国公路学会主办，省高管局协办，中国公路学会服务区工作委员会承办，是继2007年江苏南京、2008年辽宁沈阳两次年会之后的又一次重要会议，对于推进高速公路服务区的标准化管理、提高管理服务水平具有积极的意义。

张志川在致词中，代表省交通运输厅对会议召开表示热烈祝贺，向出席本届年会的各位领导、各位专家以及来自全国高速公路服务区行业的同志们表示热烈欢迎。他向与会代表介绍全省经济社会发展概况和交通事业发展情况，并就高速公路通车运营里程、新建高速公路建设、高速公路服务区管理等方面情况作详细介绍。他说，年会在太原举行，为山西与全国高速公路同仁沟通交流搭建平台，提供难得的学习机会，必将有力地促进山西高速公路管理事业的发展。

省高管局以及广东、宁夏、湖北、江苏、上

海、台湾等省市代表，分别从高速公路行业战略管理、可持续经营策略、租赁经营模式、服务品牌创建、设计与运营管理、标准化连锁经营、创意经营等方面作交流发言。

会议还邀请长安大学、中国连锁经营协会、交通管理干部学院等单位专家学者就高速公路服务区运营管理中的热点话题做了专题讲座。

会议期间，与会代表还参观太旧、大运高速公路的服务区。

9月23日 省交通运输厅向省发改委报送《关于明确省道340汾阳至柳林段改建工程项目管理的请示》。项目全长123公里，估算投资14.899亿元，其中吕梁市政府负责筹措4.11亿元，省厅负责1.115亿元，其余通过银行贷款解决。

9月23日 省交通运输厅批复山西省交通信息化“1166”工程应急指挥中心会商室、综合机房及配套工程设计。核准概算6 381 449元。

9月23日 省交通运输厅向省联席会议办公室报送《关于请求将平遥县郭村等8村个别闹访村民稳控在当地政府管辖范围内的报告》。

9月24日 省交通运输厅党组书记、厅长段建国，厅党组成员、副厅长王志民在厅运管处、厅公安处、省运管局、山西汽运集团等单位有关领导陪同下，深入太原长途客运总站、太原建南汽车站就国庆期间客运安全保障工作进行检查。

段建国在讲话中，要求一定要加强对建国60周年大庆活动的特殊认识，结合道路安全运输专项整治，强化事故隐患排查，确保国庆客运安全。安检人员一定要落实岗位责任制，尽职尽责，严把“三品”的检查和防范工作，绝不能让一件违禁品上车，严格执行“三不进站、五不出站”规定，确保国庆60周年庆典活动期间全省客运安全和人民群众出行安全。在候车大厅，厅领导对车站内环境整洁表示满意。段建国要求车站领导要提高工作人员综合素质，继续开展“微笑服务人性化、贴心服务亲情化、真诚服务品牌化”创建活动，有针对性地组织上门订票、加开班车等活动，方便人民群众出行。同时，做好突发事件应急准备，建立完善应急预案，制定严密防范措施，制定周密运输方案，确保运输安全，并做好甲型H1N1流感防控工作。

9月24日 省交通运输厅向省发改委报送《关于国道108线神堂堡至砂河段公路工程可行性研究报告的请示》。路线全长50.55公里，一级标准，设计时速60公里、80公里，路基宽23米、24.5米，投资估算162 287.4万元，建设工期2年。

9月24日 省交通运输厅向省发改委报送《关于省道忻黑线岚县舍安至界河口段公路工程可行性研究报告的请示》。路线全长52.82公里，一级标准，设计时速60公里，路基宽23米，投资估算195 994万元，建设工期2年。

9月24日 省交通运输厅向省发改委报送《关于沿黄干线公路平陆至曹川段可行性研究报告的请示》。路线全长51.575公里，实际建设里程49.985公里；二级标准，设计时速60公里、40公里，路基宽12米、10米、8.5米，估算投资43 098万元，建设工期1年。

9月24日 省交通运输厅下达村村通水泥路(油)路奖励补助资金计划。共计12 270万元。

9月24日 省交通运输厅下达2009年度太原市外军转干部分配计划。共计12名，其中团职2名，营职以下及技术干部10名。

9月25日 省交通运输厅党组书记、厅长段建国深入正在紧张封闭施工的太原西北环高速公路调研，并代表厅党组亲切慰问全体建设者。他说，举世瞩目的新中国60华诞即将来临，象征团圆的中秋佳节也将结伴而至，今年的“黄金周”意义非比寻常。全体管理人员和建设者一定要继续发扬交通人攻坚克难、连续作战的优良作风，确保西北环主线国庆节恢复通行。厅副巡视员郭贵平、厅机关有关处室、太原市交通局负责同志陪同调研。

段建国一行还赴太古高速公路西山特长隧道1#竖井和1#斜井建设现场,慰问看望建设者,检查工程质量和进展情况,要求千方百计做好国庆期间的安全生产工作。

9月25日 全省交通运输系统民主评议政风行风听证对话会在厅五楼会议室召开。来自社会各界的群众、普通车主、运输企业的从业人员代表及行风监督员共100多人汇聚一堂,相互对话,答疑解问,共谋发展。省交通运输厅党组成员、驻厅纪检组组长、厅政风行风评议领导组副组长韩日裕出席并讲话。

此次听证对话会主要围绕治理公路“三乱”、治理超限超载、撤销收费站、提高高速公路服务区服务质量、依法行政、政务公开等方面工作进行对话,省公路局、省征稽局、省高管局、省运管局主要领导和相关业务处室负责人作为答疑人员接受大家提问。对大家提出的如何建立治超工作长效机制、如何加大旅游客运市场规范性、在服务区实行客货车分区停放、在客运市场建立应急保障基金、“村村通”水泥路全覆盖后能否施行城乡公交化和如何加强高速公路信息服务管理等一些与人民群众出行息息相关的问题作详细解答,赢得在场所有人员掌声,大家对回答结果表示满意。

韩日裕在讲话中,对大家的到来表示感谢,认为提出的意见非常有价值,非常宝贵,希望这样的听证对话会能多多举办,能够提出更尖锐的问题,齐心协力,同舟共济,共商交通发展大计。他要求各大局高度重视提出的问题,在整合意见的同时,节约时间,提高效率,迅速制定出台切实可行、科学合理的政策措施。

9月25日 《公路水运工程试验检测信用评价办法》及《关于进一步加强公路水运工程工地试验室管理工作的意见》宣传贯彻会议在太原召开。省交通运输厅党组成员、厅总工程师部玉兰出席并致辞,交通运输部质监总站副站长黄勇讲话。

此次会议以贯彻两个文件为主题,主要是从规范工地实验室入手,建立现场质量检测规范化运行程序,建立试验检测诚信体系,为逐步建立第三方检测制度探索经验打好基础,不断提高交通运输行业工程建设试验检测能力和水平,为交通建设又好又快发展提供强有力的技术保证。

部玉兰向与会代表介绍全省经济社会发展概况和交通事业发展情况,并就高速公路通车运营里程、新建高速公路建设等方面的情况作详细介绍。她指出,工地试验室工作是公路水运工程质量试验检测的重要组成部分,工程质量管理的一项基础性工作。会议在太原举行,必将有力地促进山西公路工程安全质量监督管理事业的发展。

省交通质监站在会上介绍山西在试验检测管理工作方面的经验和成绩。

9月25日 《山西交通》报道:日前,由交通运输部在全行业组织开展的“60位新中国成立以来感动交通人物”评选取活动揭晓,省厅原老厅长廉平当选。

为大力颂扬新中国成立60年来交通人的感人事迹,增强交通运输职工的历史责任感和使命感,同时配合中宣部开展的“双评”活动,交通运输部在全行业组织开展了评选“60位新中国成立以来感动交通人物”活动。自6月初启动以来,广大交通运输职工积极参与,纷纷通过各种形式提名推荐候选人。7月22日至8月10日,根据提名情况确定的90位新中国成立以来感动交通人物,向社会公布并接受交通运输职工投票。20天时间内,群众参与投票总数近800万张。在群众投票基础上,经组委会评审组专家投票等程序,最终评选出60位新中国成立以来感动交通人物。

9月27日 上午,省委副书记、省长王君,省委常委、常务副省长申联彬,省委常委、纪委书记金道铭,省委常委、宣传部长胡苏平专程来到省高管局宿舍区,亲切慰问被中央授予荣誉称号的先进模范李万定同志。

在家里，王君与李万定夫妇亲切交谈，询问生活情况，听取他对全省经济社会发展等方面的意见和建议，代表省委、省政府对他在社会主义建设和改革开放等历史时期作出的贡献表示感谢与敬意，并将鲜花和慰问金送到他手中。希望他发挥余热，在国家扩大内需，掀起又一轮建设高潮时期，继续为全省公路建设献计献策，作出新贡献。

李万定向省领导介绍自己的经历和工作情况，感谢省委、省政府的关心爱护，对山西60年翻天覆地的变化感到由衷欣慰，表示会尽自己最大努力，发挥余热，为全省经济社会发展和公路建设作出更大贡献。

李万定曾在大西北核试验基地戎马20年，将自己的青春献给了祖国的国防科研事业，1984年转业后，他选择公路事业。1995年被授予“山西省劳动模范”；1996年被国务院军转办、人事部、总政治部授予“模范军转干部”，受到党和国家领导人的亲切接见。同年被省委、省政府授予“山西省重点工程建设功臣”；1997年获得“山西省五一劳动奖章”；1998年获“全国五一劳动奖章”；2000年被省劳动竞赛委员会荣记个人一等功；2001年又荣获“山西省特级劳模”称号和“山西省五一劳动奖章”。李万定原任省高管局党委书记，2009年5月光荣退休。

省交通运输厅党组书记、厅长段建国，厅巡视员曹燎原，省高管局局长董新品等陪同。

9月27日 省交通运输厅党组书记、厅长段建国，厅党组成员、省公路局党委书记赵振田，厅巡视员曹燎原深入山西路桥一公司慰问。

一公司有在建工程项目28个，8月前完成产值9.0151亿元，在建工程多数走在各项目前列、成本控制在掌控之中，闻垣项目部、阳翼项目部、灵山项目部、大呼高速公路第一标段项目部、临午项目部、忻保L2合同段项目部等多次受到业主的奖励，全年共获奖金247万元。与此同时，公司高度重视安全生产，做到居安思危，警钟长鸣，常抓不懈，防患于未然，以稳定安全形势确保生产经营快速发展。段建国首先询问工程建设方面的详细情况和存在的困难与问题，并对公司回归省厅一年多来所做的成绩和在四川援茂项目中的贡献给予肯定，认为公司前景是美好的，发展是有前途的。要利用有利资源和优势进行第三产业开发，根据公司实际情况，正确对待一些历史遗留问题。对公司目前存在的突出问题或重大隐患进行逐一排查，特别是要做好国庆期间维稳信访工作，安抚好职工和施工队伍，保证过一个祥和的节日。

当日上午，段建国一行前往退休职工、建国前入党的老党员齐世英，退休老干部王际杰家中慰问，代表厅党组向他们致以节日问候和祝贺，并送上慰问金。

9月27日 省交通运输厅转发财政部《关于加强扩大内需投资财政财务管理有关问题的通知》。

9月28日 上午8点30分，省交通运输厅举办的《山西交通运输60年建设成就展》在省征稽局二楼大会议厅开展，厅领导段建国、张志川、张德仪、赵振田、曹燎原、郭贵平剪彩，厅党组副书记、副厅长张润致词，厅党组成员、副厅长王志民主持。

新中国成立60年来，全省交通运输部门和广大干部职工认真贯彻党和国家的各项方针政策，自力更生，艰苦奋斗，在战争的废墟上恢复交通、建设交通、发展交通，为推动全省经济社会发展提供坚强的战略支撑。特别是党的十一届三中全会以来，全省交通运输系统坚持改革开放，依靠科学进步，高起点、大跨度推进交通运输事业发展，全省交通面貌发生翻天覆地变化。截至2008年底，全省公路通车里程达到12.48万公里，公路密度达到79.62公里/百平方公里，分别是解放初期的97倍，高速公路、一级公路、二级公路从无到有，分别达到1965公里、1407公里、13 402公里，全省实现省会到省辖市“三小时通达”，所有乡镇通油路，具备条件的建制村全部通公路，88%的建制村通水泥（油）路，形成从省城到市高速路、县际连接高等路、乡乡镇镇通油路、村村通公路的路网格局，大大提高全省交通运输生产力水平，全省交通率先跨入“全国交通文明行业”行列。

这次展览，以图文并茂、声像结合的手法，全面展示新中国成立60年来全省交通运输事业创业发展的光辉历程和辉煌成就，集中反映交通职工团结拼搏、艰苦奋斗、与时俱进、勇于创新的精神风貌。展区设1个综合展和在建高速、高速公路、干线公路、农村公路、交通征稽、运输管理、地方海事、交通战备、科研设计、交通教育、文明创建11个专题展，是全省交通运输60年发展历程的一个缩影，对于交通运输今后的发展具有重要的借鉴、指导和推动作用，也是爱国教育、革命传统教育的重要平台。

张润在致词中强调，山西交通运输60年建设成就展是全国推进新世纪新阶段交通运输发展的新起点，全省交通运输系统要在党的十七大和十七届四中全会精神指引下，同心同德，脚踏实地，抓住机遇，乘胜前进，再掀公路建设新高潮，全面推进交通运输结构调整，推动交通运输由传统产业向现代服务业转型，不断提升交通运输服务保障能力，开创交通运输工作新局面，在山西转型发展、安全发展、和谐发展的道路上再创新业绩，再作新贡献。

厅机关各处室负责人，厅直各单位党政负责人，省公路局领导班子成员及各处室负责人，驻并厅属单位党政负责人，各高速公路建设管理处党委负责人参加开展仪式。

9月28日 上午11时40分，由省委宣传部和省交通运输厅联办，省交通运输厅承办的山西公路建设60年成就展在省展览馆开展。省委书记、省人大常委会主任张宝顺，省委副书记、省政协主席薛延忠，省委常委、常务副省长申联彬，省委常委、太原市委书记申维辰，省委常委、政法委书记杜玉林，省委常委、宣传部部长胡苏平，省委常委、省军区司令员方文平，省委常委、组织部部长汤涛，省人大常委会常务副主任杨安和，省人大常委会副主任安焕晓，省人大常委会副主任、省总工会主席郭海亮，副省长牛仁亮、副省长刘维佳参观展览，并启动成就展开展按钮。

此次展览依托新媒体传播技术平台，采用音视频、沙盘展示、影像资料、摄影图片等表现手段，分为领导关怀篇和山西公路建设60年历程展示厅、高速公路建设成就展示厅、在建高速公路风采展示厅、干线公路展示厅、农村公路展示厅、远景规划及展望厅6个展厅，以上千张珍贵图片、文献资料和丰富多彩的音、视频为充分素材，全景展示新中国成立60年来特别是改革开放30年来山西公路建设取得的辉煌成就和宝贵经验，充分展现山西人民为实现中华民族伟大复兴的豪迈气概和崭新风貌，全面反映全省公路建设发展历程、科学规划、筹资融资、管理创新、拉动经济、科技环保、质量安全、文明和谐、地方支持、人民贡献等主题内容。同时，通过电视和影像的有效传播，让大家切身感受到公路贯南北，巨变到山乡，一串串数字诠释着全省交通30多年的沧海桑田。

省交通运输厅领导段建国、张润、王志民、张志川、张德仪、赵振田、曹燎原、郭贵平以及厅机关各处室负责人，厅直各单位党政负责人，省公路局领导班成员及各处室负责人，驻并厅属单位党政负责人，各高速公路建设管理处党委负责人参观展览。

9月28日 由省征稽局组织的全省交通征稽系统法律知识竞赛落下帷幕，晋中代表队荣获一等奖，运城和晋城代表队并列二等奖，长治、临汾、朔州代表队获三等奖，吕梁、省局机关、太原、忻州、大同、霍侯路代表队分获优秀组织奖。省交通运输厅党组成员、厅总会计师张德仪，省征稽局党委书记、局长张晋鹏等为获奖单位颁奖。来自全省征稽系统的职工代表240余人观看比赛。

竞赛分必答题、抢答题、网络题、加时赛四个环节，内容涉及《公路法》、《道路运输条例》、《路政管理规定》以及征稽法律综合知识等。

本次活动的目的，旨在进一步增强全省交通征稽执法人员的法律意识，全面提高执法人员素质和执法水平，充分调动广大征稽员工自觉学法、守法、用法的热情，大力推进全省执法队伍依法行政、依法治交的进程。

9月29日 省交通运输厅党组书记、厅长段建国，厅党组成员、厅总工程师部玉兰带领厅综合规划处、厅公路管理处、厅科技教育处、厅重点办有关负责同志深入省交通科研院调研。

段建国一行先后参观榆次工业园区科研院生产基地，看望交科公路勘察设计院勘察设计人员，听取院长赵队家工作汇报。他在讲话中，希望省交通科研院继续坚持科学技术研究和科研成果服务于工程建设，以推进交通系统整体科技进步为己任，坚持科研和生产相结合，重大科研项目和科研成果应用以顺利完成重点工程建设任务为目标；要根据人才和设备等方面资源优势，继续向新技术领域拓展，积极当好各建设单位的技术参谋。在勘察设计方面，要建立快速反应的后续服务和长效服务机制，主动加强设计回访，建立多方听取意见和反复论证机制，把设计工作做深做细，确保勘察设计质量，全面提升公路设计水平。

部玉兰在讲话中，提出4点要求。即着手考虑“十二五”规划中科技引领需求问题，及早拿出调研提纲；考虑大规模高速公路建成后的管养问题，建立养护科学决策机制；考虑科技公共服务贡献问题，建立科技共享平台；走打造科技集团之路，力争有板块上市。

9月29日 省交通运输厅在太原高速公路公司举行赴重点公路工程建设一线慰问演出活动总结表彰会。厅党组副书记、副厅长张润出席并讲话。省军区国动委主任车瑞金、省交战办副主任史荣和、省高管局局长董新品、省公路运输工会主席王晓光等出席。

为迎接建国60周年，将省委、省政府、省军区及厅党组的关怀送到全省重点公路工程建设一线，进一步激发广大筑路员工建设热情，促进全省重点公路工程建设又好又快发展，省军区、省交通运输厅组织省军区宣传队、太原高速公路公司文艺队和交通系统部分文艺骨干50余人组成慰问演出团，6月16日至17日，7月6日至24日，分别赴全省15个已开工的高速公路和临午一级公路改造工程建设工地慰问演出。慰问团途经全省11市，行程4500余公里，演出舞蹈、独唱、红歌联唱、曲艺、小品、杂技、器乐合奏、情景剧、合唱及诗朗诵等节目260余个，慰问施工一线人数达两万余人，沿线地方政府有关部门及人民群众两万多人观看演出，极大地鼓舞了一线筑路员工士气，为重点公路工程建设各项目标任务完成提供强大精神动力。

张润在讲话中指出，此次慰问演出意义重大而深远。优质、按时、安全、高效完成建设任务，是全系统面临的一个重大课题，除了资金、土地等主要制约因素外，工程建设中也有不少难题，在全系统上下千方百计克服这一系列困难的过程中，慰问演出团深入一线鼓舞士气，效果出乎所料，对再掀建设高潮起到不可替代的作用。他说，全省新一轮公路建设任重道远。根据规划，全省要建成“三纵十一横十一环”高速公路网，建成后全省119个县市半小时都可上高速，对山西经济发展、社会进步意义重大。厅党组有决心、有信心把这一宏伟蓝图变为现实。在这个伟大的过程中，技术工人在建设一线奋战是出力，文艺工作者鼓劲助威也是出力。他希望抓好这支队伍建设，不断改革创新，强化精品意识，排练出更多为筑路工人喜闻乐见的好节目，深入一线鼓劲加油，为全省公路建设和交通运输事业全面发展作出新贡献。

太原高速公路公司获“特殊贡献奖”，全体演职人员获省厅、省公路运输工会颁发的“荣誉证书”，省军区演出队获省厅5万元慰问金。

9月29日 省交通运输厅批复大运高速公路原太段杨兴河特大桥病害处治及维修加固工程设计的批复。核准预算26 946 853元。

9月29日 省交通运输厅向中国银行山西分行报送《关于申请长安高速公路长治至平顺段、大呼高速公路大同至右玉段新增贷款的函》。共计97 996万元，其中，长治至平顺段67 415万元，大同至右玉段30 581万元。

9月29日 省交通运输厅向中国工商银行山西分行报送《关于申请太原至佳县高速公路新增贷款的函》。其中，太原段65 300万元，吕梁段89 200万元。

9月29日 省交通运输厅向省发改委报送《关于申请调整荣成至乌海国家高速公路山阴至平鲁段可行性研究报告的报告》。路线全长108.15公里，连接线18公里，投资约59.28亿元。

9月29日 省交通运输厅印发《关于"1166"工程通信机房建设情况的通报》。

9月30日 下午，省交通运输厅召开国庆期间有关工作安排电视电话会议，安排部署国庆期间有关工作。厅党组书记、厅长段建国传达9月30日上午省政府第51次常务会议精神及省委副书记、省长王君在会上的讲话精神，厅党组副书记、副厅长张润主持，厅党组成员、副厅长王志民就国庆期间有关工作进行安排部署。厅党组成员、省公路局党委书记赵振田，厅机关各处室及厅直各单位主要负责人参加太原主会场会议，各市交通局及驻市交通运输单位在10个分会场参加会议。

段建国在讲话中，要求各级各部门要进一步加强领导，明确职责，突出重点，狠抓落实，统筹安排好国庆期间的有关活动和各项工作，确保人民群众度过欢乐、祥和、平安的节日。一是客运站场要进行安全检查，要进行明察暗访；二要确保施工安全，领导要对自己分片包干的单位进行检查；三要高度重视稳定工作；四要严格值班制度，一把手亲自带班；五要及时报送信息；六要严抓甲型流感防范工作。

9月30日 省交通运输厅批复国道208线秀女村至安荣段改建工程初步设计。路线全长60.66公里，二级标准，设计时速80公里，路基宽25米、18米，核准概算254 420 740元。

9月30日 省交通运输厅批复2009年国省干线公路养护机械设备购置预算。共计112台，总预算4635万元。

9月30日 省交通运输厅印发《交通运输建设项目委托审计监督管理暂行办法》。主要包括总则、管理、招标、投标、开标评标与中标、法律责任6章54条，自下发之日起执行。

9月30日 省交通运输厅下达2009年太原东山过境高速公路车辆通行费收支考核计划。

10月

10月1日至8日 全省交通运输系统高度重视，认真组织，措施到位，安全有序，圆满完成国庆中秋期间道路水路运输工作。"十一"期间，全省道路旅客运输行业共运送旅客535万人次，同比增长12%；全省水路运输旅客5万余人次，未发生旅客滞留及运输安全、安保责任事故。

首先，全省道路运输安全畅通有序平稳。"十一"黄金周正值新中国60华诞和中秋佳节，做好运输组织保障及安全生产意义重大。为发挥山西"护城河"作用，省运管局要求各运输企业和汽车客运站切实增强安全责任意识和防范意识，立足源头，突出重点，全面排查，切实加强安全管理。

全省各大汽车站从9月29日开始客流出现明显增长，尤其是9月30日、10月1日为黄金周期间客流最高峰。9月30日下午5点以后，太原市各大汽车站客流开始聚集，直到当晚11点才将旅客疏散完毕。面对这一情况，省运管局党委作出全省运管系统1.5万名干部职工全部不休息，坚守岗位，由省局领导分片包干、带队深入全省 11 个市汽车客运站及重点旅游区停车场进行督导检查，确保国庆期间广大旅客出行安全、便捷，确保重要物资运输高效畅通，确保道路运输行业稳定。

10月1日一早，省运管局领导带队，分六组对太原市各大汽车站进行明察暗访。省运管局党委书记、局长李华中深入太原市长途客运总站进行检查。总站客流从日常 6000 人增加到 2 万人，由于客流量大，强化了行包安检。

各级运管机构和运输企业、汽车站把安全生产放在节假日道路运输工作首位，采取多项有效措施，确保不发生重特大安全事故，坚决遏制一般事故。一是各大汽车站配备安检仪，严格执行“三不进站”、“五不出站”制度，充分利用 GPS 卫星定位系统，严禁客运车辆超速、超载违章行驶；二是加强旅客及其行李“三品”检查，特别是对北京方向旅客实行实名制售票和登记，进行更加严格“双检”，并在进站、检票、上车及途中认真核查；三是对营运客车(含旅游客车)技术状况、运营证照进行全面检查，严禁不合格车辆投入运营；四是根据交通运输部门新增的城市客运管理职责，针对出租车不稳定因素进行排查，派专人赴重点市县进行指导和控管；五是结合全省道路运输安全专项整治工作，以“迎国庆、创文明、保安全、促和谐”活动为契机，认真开展好道路运输安全生产检查和事故隐患排查工作。

各部门除在安全方面做了充分准备外，还进一步强化服务，提高道路运输行业窗口形象。各汽车站在原有售票窗口基础上，增加售票窗口、增派工作人员，并设专线售票窗口，方便旅客购票，及时调派应急车辆加班运送聚集的旅客，保证每位旅客走得了、走得好、走得安全；坚持“以人为本、旅客至上”，各大汽车站均配备饮水设备、免费小推车、免费开水、残疾人车、手机充电器、图书报刊等各项便民服务设施。省运管局团委组织 20 余名团员在长治、太原各站帮助站务人员疏导旅客、推拿行李、发送安全乘车选车单；在全省道路运输行业开展“迎国庆、创文明、保安全、促和谐”优质服务月活动，为广大旅客提供高品质、个性化、文明优质服务；在全省设立运政服务举报投诉热线 96566，24 小时为社会公众服务，接受社会各界监督。

为积极做好甲型 H1NI 防控工作，省运管局为各汽车站配备体温测量仪，要求各级运管部门、运输企业及汽车站要按照省政府“外堵输入、内防扩散”的防控策略，严格执行检查、报告制度，定期对车站设施及车辆进行清洁消毒，并对车站职工和司乘人员加强防控知识教育，做好自身防护工作。

其次，全省干线公路道路安全畅通。

国庆假日期间，全省干线公路部门早动手、早安排，确保了国庆期间道路安全畅通。局党委书记赵振田、局长戴飞主持召开会议，研究部署“两节”国省干线公路保畅工作。一是思想重视，先后两次下发文件部署节日期间工作，要求各单位从讲政治和大局高度，按照省政府、省交通运输厅安排，做到“四个坚决防止”，维护和谐稳定的社会局面。二是坚持每天上路巡查，对危桥险路、重要旅游路线、重点工程施工路段，以及通往大河、水库及重点工程的道路等进行重点巡查、重点防护，做到不留死角，不留空当。三是科学合理组织施工，确保安全生产。在抓紧新改建项目施工的同时，认真做好施工现场的安全管理，在施工路段设立明显的导向、绕行等安全标志，安排人员疏导交通，做到施工保畅两不误。四是文明执法，热情服务，展示良好行业风貌。在公路养护、施工和路政执法、超限检测过程中，坚持文明、依法、按程序作业和执法，有效防止和杜绝野蛮作业及新的公路“三乱”发生。五是严格执行 24 小时专人值班、领导带班制度和“零报告”制度，落实值班责任制，要求值班人员坚守岗位，恪尽职守，带班领导和值班责任人保持 24 小时手机开机。节日期间，未接到任何重大突发事件、安全责任事故和大规模群体性事件报告，全系统安定和谐。

再次，全省高速公路通行费、车流量持续增长。

"十一"期间，全省高速公路各管理单位采取有力措施，确保人民群众安全便捷出行。全省高速公路通行量达232.27万辆次，通行费收入15 288.78万元。全省高速公路安全、畅通，未发生顾客投诉事件和安全生产责任事故，全系统各项工作井然有序。

为了保证"十一"、"中秋"期间人民群众安全出行和各项庆典活动的顺利进行，省高管局要求全省高速公路各管理单位认真贯彻落实省厅有关会议和通知精神，加强组织领导，落实工作责任，养护、收费、路政、经营开发、信息等有关部门认真履行职责，完善工作措施，强化各项管理。假日期间，全省高速公路路容路貌的保洁、美化、绿化工作进一步加强，高速公路桥梁全方位、全天候监管，隧道照明、通风、监控、消防设施功能完好；收费站开启全部车道，车辆快速放行能力进一步提高，严格执行"绿色通道"政策，确保鲜活农产品运输畅通；路政部门加大巡逻力度，对易发生交通事故并造成车辆堵塞的高速路段增加巡逻次数，救援和清障及时；加强服务区物价管理，餐饮服务质量进一步提高，各类商品、油品供应充足；高速公路客服热线12122全天24小时为顾客提供查询、咨询、紧急救援、投诉受理等服务，为社会公众出行提供安全、快捷的行车环境和温馨、舒适的服务，树立山西高速公路良好社会形象。

为方便国庆期间人民群众出行，缓解太原地区交通压力，10月1日上午10时，太原西北环高速公路主线正式恢复通行，迎西、柴村、向阳3个收费站开通。从8月1日起，因长风西互通、太古高速公路东社互通枢纽、太佳高速公路西堝枢纽三个与太原西北环高速公路相接的项目同时开工建设，太原西北环从阳曲互通至罗城互通之间进行全线封闭施工。经过科学组织、连续作战，参建单位在不到两个月的时间里，提前1个月完成了上述三个项目的控制性工程。

第四，全省水上交通安全形势稳定。

"十一"黄金周期间，全省共投入客运船舶810艘（次），完成客运量5万余人（次）。全省海事系统广大干部职工严格按照省厅统一部署，进一步提高认识，加强领导，落实责任，细化措施，狠抓安全监管，确保全省节日期间水上交通安全形势稳定。

节日前夕，省地方海事局按照"早准备、早检查、早安排、早落实"的工作思路，召开专题会议，下发文件，安排部署"十一"期间的水上交通安全监管工作，并组织有关人员，在全省范围内进行了为期一周的水上交通安全大检查，特别是对重点水域、重点船舶、重点人员、重点环节进行详细检查，严厉打击船舶超载、混载、冒险航行、带病作业等违章行为，确保船舶适航、船员适任。认真贯彻《山西省水上搜救应急预案》，落实应急队伍和应急装备，确保应急措施到位。严格领导带班、24小时值班制度和现场安全监管制度，确保各项安全制度的落实，为节日期间广大游客水上安全便捷出行提供保障。

节日期间，全省海事人员始终以饱满热情，认真态度，严格监管，热情服务，为"两节"营造欢乐、祥和、安全、畅通的水上交通环境。10月2日，省地方海事局局长牛世骏带队，深入晋阳湖检查指导水上交通安全监管工作。

10月9日 上午，省运管局召开全省源头治超推进会。会议总结2009年1月至9月全省运管系统源头治超工作取得的主要成效和存在的突出问题，提出具体要求，就近期督察情况进行通报，同时安排部署源头治超检查考核工作。

省运管局党委书记、局长李华中在讲话中，提出4点要求。即抓好治超宣传工作；抓好运管队伍建设；确保源头监管到位，每月巡查率、监管覆盖率要定量考核；市运管局（处）要加大督导力度。

10月10日 下午，省交通运输厅党组书记、厅长段建国，厅党组成员、省公路局党委书记赵振田带领厅机关有关处室负责人、省公路局有关负责人深入省公路物资供应总公司进行调研。

段建国在讲话中,要求充分认清形势,分析2010年市场,研究应对如何做好公路建设物资供应工作,尤其是公路建设所需沥青供应,有责任、有义务做好保障工作,为2010年全省高速公路建设完成1000公里通车任务做好储备。面对沥青需求市场,公司要按照市场运作来办事,与建管处提前沟通,了解情况,做好沥青储备工作,省厅将给予一定支持。要立足市场,强化企业信誉质量,提高竞争能力,依托公路建设发展,不断壮大企业,取得社会效益和经济效益双丰收。

段建国还就公司提出的有关招投标、沥青储备资金等相关事项作了答复。赵振田及厅机关有关处室负责人分别也就沥青储备工作提出意见和建议。

10月10日 由省交通设计院等设计单位承担的国家高速公路网荣成至乌海高速公路山西境灵丘至山阴段施工图设计通过省交通运输厅组织的评审。与会领导和专家一致认为:项目定测及施工图设计较好地贯彻执行了交通运输部对本项目初步设计的批复精神,主要技术指标满足部颁标准、规范规定,路线、路基路面、桥涵、隧道、互通等主要工程方案较为合理,建设规模的总体控制适当,施工图设计深度较合适,图表内容较齐全,满足了施工建设需要。

项目起点晋冀界驿马岭,途经灵丘、浑源、应县,终点与大运高速公路相交,接拟建的山阴至平鲁段高速公路,设计路线全长153.877公里。全线采用双向四车道标准,路基宽26米,设计时速100公里,其中设特大桥1座,隧道19 040米/9座,互通式立交6处,服务区4处,主线收费站1处。

10月10日 省交通运输厅批复榆社至和顺高速公路榆社至左权段初步设计。路线全长40.497公里,4车道高速公路,设计时速80公里,路基宽24.5米,核准概算2 760 329 480元。

10月10日 省交通运输厅批复天镇至大同高速公路初步设计。路线全长101.478公里,4车道高速公路标准,设计时速80公里、100公里,路基宽24.5米、26米;连接线22.18公里,一、二级标准,路基宽24.5米、12米,核准概算4 848 452 506元。

10月10日至13日 省交通运输厅党组成员、副厅长王志民在厅综合规划处、厅财务处、厅公路处和厅重点办有关负责人陪同下,冒着绵绵秋雨,踏着泥泞路基在临汾、运城两市高速公路建设工地调研。他多次强调,保证施工安全,狠抓工程质量是工程建设中的首要任务,早建成、早通车、早日造福群众是我们的责任和义务。

10月10日至11日,王志民先后赴临汾环城高速公路建设工地、临吉高速公路建设工地调研。每到一处,他都要详细了解工程进展情况,仔细询问征地拆迁、资金到位、施工、监理工作是否存在问题等事项并现场办公。在临汾环城高速第二合同段,当看到施工单位已入场,施工机械已到位,各种管理体系已健全,清表工作已完成40%以上时,表示满意。在临吉高速松卜岭隧道入口,当得知该隧道瓦斯含量较高时,叮嘱建管处有关人员一定要做好防控,做好通风工作,加大投入,配齐检测设备,24小时全天监控并组织有关专家对瓦斯处理拿出切实可行的应急预案,防患于未然,确保工程安全施工。

10月12日至13日,王志民在运城环城高速、闻垣高速、闻合高速等工程项目进行调研。在闻垣高速东镇互通工程建设工地,他看过已横跨南同蒲的跨线大桥后对工程进展表示满意。在东镇互通立交桥设计图前,要求搞好周边绿化,打造精品工程。在中条山隧道,王志民叮嘱工程施工人员,要施工、安全一齐抓,隧洞掘进得越深越要抓安全,绷紧质量、安全这根弦,切不可掉以轻心。在垣曲互通,要求充分考虑环境保护,做好复耕、复垦工作,保护好自然生态环境。在闻合高速公路,王志民还察看了北张大桥、石佛沟特大桥、万荣互通等建设项目。

王志民在讲话中,要求各建管处要充分认识项目重要性,把握发展机遇,切实精心把关,控制工程质量。要以人为本,抓好安全生产。要科学管理,保证工期,科学组织,周密安排,在不影响质量、安全的前提下赶工期,力争早通车,早受益。要文明施工,打造生态工程。同时,他还对廉政建设、和谐建设提出要求。

临汾市市长罗清宇、常务副市长徐树荣、运城市人大常委会副主任张道中陪同调研。

10月11日 上午,省交通运输厅原任厅长杜五安、王晓林在厅长段建国、副厅长张润等陪同下,参观正在省展览馆展出的山西公路建设60年成就展。杜五安欣然题词"喜看交通绘新图"。

10月12日 省交通运输厅党组书记、厅长段建国,厅党组成员、厅总会计师张德仪深入平榆高速公路施工现场,就工程进展情况进行调研。

段建国在讲话中,要求各级各有关部门要切实增强责任感和紧迫感,全力以赴推进工程建设;各施工单位和监理单位要严格标准,加强监管,保证质量,加紧施工,确保工程如期竣工通车。厅办公室、厅公路处、厅重点办、省交通质监站以及晋中市政府、晋中市交通局有关负责人陪同调研。

段建国一行由第一合同段柳根河大桥施工现场进入工地,听取平榆建管处处长杨建红情况介绍后,先后察看第一合同段柳根河大桥、第二合同段梁坡底大桥、第三合同段宝塔山隧道进口、第四合同段宝塔山隧道出口、第六合同段南风沟1#特大桥、第七合同段路基填筑现场、第十五合同段浊漳河特大桥等工程建设现场。每到一处,他都要与施工人员亲切握手,详细询问施工进度、工程材料来源、质量控制及安全管理工作等情况,特别询问了30公里一年实现小循环路段的建设任务完成情况;在宝塔山隧道,段建国询问隧道地质情况、围岩类别、掘进手段及措施,希望进行隧道施工的中铁隧道有限公司、中铁十四局集团有限公司在保进度、保安全的前提下,狠抓质量管理,力夺鲁班奖;途经第五合同段时,段建国看到吕梁公路建设公司的职工在路边挥手致意,便停下车来,与他们进行交谈,询问他们作为路桥企业参与工程建设的情况,希望严格管理,保安全,保质量,保效益,抓住机遇,发展自己,干出样子,再振雄风。

段建国一行对平榆高速公路建设取得的成绩给予充分肯定。希望建管处在保质量、保安全的前提下,合理制定施工计划,加快工程进度;希望施工单位尽量使用沿线地材与民工,拉动当地经济发展和百姓致富;希望省交通质监站加强质量监督与管理,全力打造优质、精品工程,确保小循环通车目标实现,确保全线早日建成通车,早日发挥效益。针对个别未完成的征地拆迁问题,段建国希望晋中市加大地方协调力度,不因个别地方的征迁影响整个工程进度。

项目是全省高速公路网规划中"三纵十一横十一环"高速公路网主骨架中第七横的重要组成部分,全长83.066公里,沿线大部分路段地处山区,地形、地质条件十分复杂,桥隧长度占总里程比例达41.3%,主要施工难度大、技术复杂的控制性工程有宝塔山特长隧道、狮子凹特长隧道、惠济河大桥、南风沟1#特大桥和榆社特大型枢纽等工程。承担路基、桥隧工程的15家施工单位和6家监理单位于6月15日进驻工地。

10月12日 上午,山西建美建材有限公司20万立方米粉煤灰砌块项目举行开工奠基仪式。省交通运输厅党组成员、省公路局党委书记赵振田,晋中市委常委、副市长马彦平出席。

粉煤灰砌块是新型墙体材料,是国家鼓励发展的节能环保建筑材料产品,能替代实心黏土砖,实现保护土地、节约能源、减少环境污染的目的。项目分三期实施。赵振田在讲话中,希望晋中公路分局要以此为契机,积极引导分局所属企业向高科技、高附加值的产业方向发展，为全省公路系统的企业转型发展、长远发展做有益尝试，探索创新发展新路子，积累更多的好经验、好办法。

10月12日至21日 省效能办对全省各厅(局)落实《关于在行政审批大厅公布投诉电话及设立投诉箱的通知》的情况进行检查，并将检查情况在全省通报。受到全省通报表扬的单位共有两家，省运管局政务大厅就是其中一家。检查组对省运管局政务大厅在效能建设工作中积极探索，大胆创新，公开行政效能投诉电话、效能监察举报箱、许可事项、办事流程等采取的多种措施，以及服务意识上所做的工作给予充分肯定，并在10月21日《山西省行政效能建设与监察动态》第十五期进行通报表扬，还将政务大厅的工作经验作为典范向全省介绍推广。

10月13日 上午，全省重点公路工程建设项目第五次调度会议召开。大呼高速公路建管处等17个在建高速公路项目，太阳高速公路建管处等4个拟建高速公路项目与临汾环城等9个地方政府承建高速公路项目党政负责人以及厅机关相关处室、厅直有关单位和厅重点办负责同志参加会议并先后发言，省交通运输厅领导段建国、张润、韩日裕、郜玉兰、张德仪、赵振田、曹燎原、郭贵平出席。

8月13日第四次调度会议召开以来，全省重点公路工程建设系统充分调动和争取各方面积极因素，各工程建设项目取得重大突破，保持强劲发展势头。截至9月底，全省高速公路在建项目26个，建设总里程达到2000公里，项目总投资1193亿元，省政府确定当年开工2000公里高速公路的目标已经提前实现，已完成高速公路建设投资266.2亿元，为上年同期的10倍；全省公路建设完成总投资364亿元，为上年同期的3倍，全国名列第四，位居中部地区第一，为拉动全省经济发展作出巨大贡献。闻垣、阳翼、大呼、晋城环城、忻阜、太佳西段6个2010年通车的建设项目路基、桥梁工程已完成工程总量的70%以上，隧道工程完成50%，忻保、灵山、高陵3个项目平微区路段工程进展顺利，为2010年全线或部分路段建成全省高速公路通车里程达到3000公里打下较好基础。

调度会上，厅重点办汇报目前全省高速公路建设项目进展情况，省交通质监站通报在建高速公路质量安全检查情况，各建管项目就目前存在的质量、征地拆迁、地方协调等问题作了汇报，厅规划处、厅公路处、厅运管处、厅审计中心负责同志就重点工程项目审批、安全监管、招投标管理等事项作了说明。

厅领导韩日裕、郜玉兰、张德仪就土地审批手续、廉政监督、设计变更、工程质量和资金管理等方面工作进行安排部署。厅党组副书记、副厅长张润主持会议，并就冬季施工质量、特别是隧道和混凝土施工、消防安全、交通安全以及队伍、设备、机械等准备与业务技术培训工作方面提出详细要求。

厅党组书记、厅长段建国在讲话中，充分肯定了各建设项目取得的成绩，并就存在的完成投资目标、质量、安全等方面问题作了强调。要求全省重点工程建设项目每个干部职工要居安思危，未雨绸缪，突出重点，突破难点，统筹做好每一项工作，决战第四季度，全面完成全年各项目标任务。一要坚定信心，抓住全年完成520亿元投资目标不松手；二要找准冬季施工和材料储备等突破口，千方百计增加投资；三要加强项目设计、审批等前期工作，加快开工速度；四要坚持不懈抓好质量、安全、廉政三项基本工作，为确保2010年全省高速公路通车里程达到3000公里而努力。

10月13日 省交通运输厅向交通运输部呈报《关于晋陕交界忻黑公路长时间堵车情况报告》。

10月13日 阳泉市委书记白云、常务副市长王旭明一行深入阳五高速公路项目工地，就项目建设进展情况进行实地调研。听取情况汇报后，要求建设单位一定要加强现场管理，高度重视施工安全，严把工程质量关，并保证投资额度能如期实现。各县区领导要积极配合，搞好协调工作，为工程建设创造良好的施工环境。

10月14日 省交通运输厅党组书记、厅长段建国陪同牛仁亮副省长深入晋城视察工作结束后，连夜调研晋城环城高速公路建设，晋城市委常委、副市长赵学梅陪同调研。

听取情况汇报后，段建国对晋城环城高速公路建设者在短短5个多月时间里，精心组织，加大投入，争分夺秒，艰苦奋战取得的建设成绩给予充分肯定，要求建管处和各参建单位要高度重视工程质量，牢牢控制关系工程耐久性、安全性的关键质量指标，切实抓好环节控制，提高质量管理水平；要采取有力措施，严格履约考核，重奖严罚，奖罚分明，努力加快工程进度，确保实现工期目标；要切实加强安全生产，吸取全省其他项目安全生产事故的教训，严格管理，严格检查，确保安全；要认真搞好工程廉政建设，做到修好一条路，不倒一个人；要解决好农民工工资和地方有关问题，加强检查考核，确保和谐稳定；要加快推进连接线一级公路前期工作，争取早日开工建设；要高度重视绿化工程，在经济适宜的基础上提高晋城环城高速公路绿化的水平和品位。

此前，段建国还陪同全国人大常委会内务司法委员会副主任刘振华视察晋济高速公路。

10月14日 省交通运输厅向交通运输部综合规划司报送山西省农村公路基础数据和电子地图完善数据。

10月15日 为了督促做好事故善后处理工作，保持行业和社会稳定，分析查找原因，深刻吸取教训，有效遏制事故多发势头，维护稳定的高速公路建设施工安全形势，根据《山西省交通运输安全生产责任事故约谈制度》的有关规定，省厅对“9·5”及“9·20”事故有关单位进行约谈。厅党组副书记、副厅长张润讲话并安排部署下一步安全管理工作。厅公路处、厅运管处、驻厅纪检监察室、厅重点办、省交通质监站及厅机关有关处室负责人参加。

进入9月以来，全省高速公路建设出现事故多发态势。9月5日，运城至河津高速公路发生设计单位地质勘探挖孔人员窒息死亡3人事故；同日，高平至陵川高速公路发生施工单位安装塔吊民工坠落死亡1人事故；9月20日，临汾至吉县高速公路发生模板坠落砸死民工1人事故。

约谈会议上，承建单位及建设管理处等相关部门就事故的具体情况、主要原因、快速反应、善后处理、存在的主要问题、如何进一步加强监管和吸取教训进行深刻反思和检讨。省交通质监站、厅有关处室负责人也就如何采取整改措施，防止再次发生事故进行发言。

张润在讲话中，要求正确认识约谈制度作用，严格报告，严格调查，严肃处理，充分认识安全教育、现场管理、安全措施等方面差距。要认真分析原因，明确责任，进一步强化有关部门管理。一要以厅重点办、厅安委会为牵头，继续深化安全生产的教育宣传工作。要以安全事故作为反面典型开展警示教育，引以为戒，加强安全管理，加大隐患排查治理力度，严格执行各项安全规定，积极开展岗前培训，全面提高一线施工人员的安全防范和防护意识。二要吸取教训，举一反三，突出重点，狠抓落实，认真解决安全生产管理方面的问题。要科学组织，规范管理，强化现场监管，切实建立严格的安全生产责任制和问责制。三要以安全专项整治活动和解决工程突出问题为契机，全面排查安全质量工作突出问题。要切实处理好五个问题，即研究治理转包和违法分包问题，公路建设市场信用体系建设问题，加强施工安全管理问题，落实安全生产资金问题，各施工企业抓好当年冬季施工安全问题。要警钟长鸣，把安全生产工作抓紧、抓细、抓实、抓好，进一步提升全省高速公路工程建设的安全管理水平，确保工程质量保持平稳健康发展。

10月15日 省交通运输厅向省编办报送《关于理顺山西省公路运输工会机构编制的请示》。现下辖747个基层工会，共有会员近12万人，专职工会干部197人，兼职工会干部936人。拟增加人员编制9名，共核定编制20名，领导职数3名，设主席1人（副厅级），副主席2人（正处级），内设办公室、组织工作部、维权部、女工部、宣教部，核定副处级领导职数5名。

10月15日 省交通运输厅向省编办报送《关于山西省地方海事局主要领导高配的请示》。全省通航总里程1234公里，港口（渡口、码头）143道，水运企业35家，各类运输、旅游、客渡船舶2000余艘。全省涉及海事港航业务的11个市、56个县（区）均设置相应的海事管理机构。拟申请局长高配为副厅级，副局长高配为正处级。

10月15日 省交通运输厅、省住房和城乡建设厅印发《关于出租汽车客运管理有关问题的通知》。

10月16日 全省道路旅客运输座谈会召开。重点针对太原至石家庄、太原至北京动车组开行带来的冲击，探讨应对措施，妥善解决道路旅客运输业面临的困难和问题。副厅长王志民出席会议并讲话。省运管局局长李华中、省道路运输协会会长任景春，厅运管处、省运管局、太原市交通局、山西汽运集团有关领导，晋龙捷泰公司、并州运业公司等6家全省重点汽运公司主要负责同志参加。

4月1日，太原至石家庄、太原至北京动车组开行，对公路客运造成巨大冲击，全省部分客运企业经营效益大幅下降。以晋龙捷泰公司为例，在太原至北京线路上，票价虽然从149元降到99元，但客流锐减。原太原至北京方向，日发班次约50个，运输旅客约2000人，现日发班次仅10余个，运输旅客仅维持在200人左右。客票收入大幅下滑，车辆停驶严重，给企业经营带来很大困难。除阳泉公司因火车站移到盂县未受影响外，其他公司都是如此。

王志民在讲话中，要求各级行业管理部门和企业，一定要站在发展战略高度，统一认识，准确定位，充分发挥道路运输在综合运输体系中的比较优势，应对各种运输方式的竞争。机动灵活、通达度高、覆盖面广、“门对门”服务是道路运输的优势，500公里甚至300公里以上的超长距离运输，道路客运都不具备优势。为此，他建议线路规划重点要放在巩固中短途上，车程控制在4小时之内，并据此引导运力调节，改变运营模式。运管机构要确保道路旅客运输业为社会提供安全便捷服务，同时要为企业经营发展、提高行业竞争力提供尽可能服务，毫不含糊地支持企业创品牌、树形象。运输企业既要从发展、效率的角度谋划未来，更要履行好社会职责，充分发挥主观能动性，想方设法创新，提升服务能力，在安全、便捷、舒适上狠下工夫。总之，各级行业管理部门和企业只有不拘一格，共同努力，才能确保全省道路旅客运输业健康发展。

10月16日 为庆祝新中国成立60周年，厅直机关党委组织机关党员干部40余人到八路军太行纪念馆参观学习，接受爱国主义和革命传统教育。

八路军太行纪念馆是全国首批爱国主义教育示范基地、中国红色旅游经典景区、国家一级博物馆、山西省党风廉政教育基地，也是挖掘与弘扬伟大太行精神的重要文化阵地。纪念馆以2500件珍贵文物资料、870幅历史图片、12个历史场景，采用声、光、电、雕塑、绘画、幻影成像等手段，全方位、多视角地再现了英勇无畏的八路军将士同仇敌忾、浴血奋战、前仆后继的英雄壮举和光辉历程，讴歌了八路军将士为中国人民抗日战争做出的重大牺牲和卓越贡献。通过聆听解说员的讲解，观看图片、实物及平型关大捷、黄崖洞兵工厂等模拟场景，大家深受教育，纷纷表示，要继承发扬革命先辈艰苦奋斗、顽强拼搏、无私奉献的精神，继续巩固和扩大学习实践科学发展观活动成果，进一步解放思想，创新思维，不断加强党性修养，转变工作作风，扎实细致做好每一项工作，为实现全省交通运输科学、快速、安全、协调发展而努力奋斗。

10月16日 省公路运输工会组织召开

全省交通运输系统职工书法绘画摄影作品展总结表彰会，对全省交通运输系统庆祝建国60周年暨第四届职工书画摄影作品展中涌现出的优秀作品进行表彰。

此次大赛是省交通运输厅为庆祝新中国成立60周年举办的十项系列活动中的第三项，从8月22日开展至10月9日结束，无论从参赛人数、参赛规模和展出时间长度上都创下历史新高。参赛作品形式多样，内容丰富，作品水平得到专家的普遍认可。从这些作品中，不仅能够享受到艺术魅力，更能感受到交通人的时代风采。

一幅幅技艺精湛、充满激情的作品反映了山西交通60年来的发展变化，展示了山西交通人热爱祖国，热爱党，积极投身于火热交通运输事业的高涨热情和交通人锐意进取、蓬勃向上的精神风貌，对弘扬交通精神、讴歌时代新风，激励广大交通干部职工进一步爱岗敬业，振奋精神，为交通事业作出新的更大贡献发挥了积极作用。

大赛共评出组织奖35个，一等奖12个、二等奖23个、三等奖35个、优秀奖34个、特别奖9个。

10月16日 省交通运输厅向省发改委报送《关于批复省道董榆线和顺董坪沟至部家庄段改建工程可行性研究报告的请示》。路线全长50.031公里，一级标准，设计时速60公里，路基宽23米，估算投资150 258万元，建设工期2年。

10月16日 省交通运输厅下达厅属单位2009年城镇退役士兵安置计划。共计22人。

10月16日 省交通运输厅批复大同高速公路公司增加人员编制。共计90名。

10月16日 省交通运输厅向省政府呈报《关于解决忻(州)黑(峪口)线交通堵塞的请示》。

10月16日 《山西省道路旅客运输一体化研究》项目调研座谈会在省运管局召开。参会人员根据调研内容，结合各自业务管理实际，展开热烈讨论，就项目研究工作建言献策。一要充分结合山西省道路旅客运输特点，明确全省道路旅客运输的行业定位和管理定位；二要体现道路旅客运输与其他运输方式的比较优势；三要重点对山西省客运量预测、运力投放计划、线路及客运场站规划等方面的研究；四要综合研究山西省道路旅客运输内部一体化与外部一体化的问题，真正体现道路旅客运输"零换乘，无缝隙"的一体化思想。

10月16日 吕梁市委书记聂春玉深入太佳高速公路吕梁段建设工地，察看工程建设，了解工程进度，慰问一线工人，听取工作汇报，并对工程建设取得的成绩予以充分肯定。要求各级地方政府要高度重视工程建设，继续加大协调力度，主动介入，主动服务，及时解决相关问题，路地紧密结合，全力支持工程建设，力求地方工作"零干扰"；建管处要加强管理，加快进度，严把质量，确保安全；要充分考虑到吕梁经济发展和将来车流量多的实际，超前规划高速出口和连接线建设，确保工程如期建成通车，为吕梁经济平稳较快发展提供良好的交通环境。

10月16日 太原市人大常委会副主任张丁山、副市长王建生及部分市人大代表在市交通局领导陪同下，深入太原至古交二级汽车专用公路调研，就大修改造工程提出具体要求。

项目是太原市与香港新世界基建有限公司合作的第一个商品收费路项目，按汽车专用二级公路标准于1999年10月建成通车。因地质灾害严重，加之运营时间长，已严重影响到行车安全。2008年，市人大将人大代表关于加快维修太古二级公路的提案列为重点督办案，市交通局高度重视，积极与香港新世界基建有限公司协调，使太古公路大修改造工程于2009年4月13日正式开工，目前，工程主体部分已全部完工。

调研途中，市人大代表对太古公路大修改造工程非常满意，要求加快养护和安保工程实施，加大治理非法超限超载车辆力度，进一步发挥交通服务地方经济、服务人民群众安全便捷出行的能力。

王建生副市长就工程建设提出 4 点要求。即尽快完成地质稳定路段的施工工程，地质灾害路段要有防护设施；做好工程完工验收工作；研究太古公路养护问题；加强安保工程实施，未达到要求之前，不能运行。

10 月 19 日 省交通运输厅党组印发《关于任先泉等 47 位同志提高医疗待遇的通知》。接省委组织部晋组干字〔2009〕367 号文件和省委老干部局晋老待字〔2009〕74 号文件通知，经中央批准，任先泉、梁广霖、张儒、袁金生 4 位同志享受副省长级医疗待遇；经省委老干部局批准，王长才等 43 位同志享受副司局级医疗待遇。

10 月 19 日 省交通运输厅印发《“三保”帮扶实事办理实施方案》。领导组组长：张志川；副组长：曹居月、刘清平、郭建中；组员有：车鸿宾、刘初平、薛立跃、吉燕峰。

10 月 19 日 省交通运输厅印发《关于提供“十二五”期农村公路建设规划有关资料的通知》。

10 月 20 日 省交通运输厅党组转发《中共山西省委关于大力学习弘扬“右玉精神”的决定》。主要内容包括：①学习和弘扬“右玉精神”，就是要切实加强执政为民的宗旨思想；②学习和弘扬“右玉精神”，就是要牢固树立科学的发展理念；③学习和弘扬“右玉精神”，就是要大力培养百折不挠的优秀风格；④学习和弘扬“右玉精神”，就是要继续发扬艰苦奋斗的优良作风。

10 月 20 日 省交通运输厅批复榆次龙白至祁县城赵高速公路初步设计。路线全长 71.496 公里，设计时速 100 公里，路基宽 33.5 米；另设榆次东互通连接线 3.2 公里，太谷连接线 5.207 公里，一级标准，设计时速 80 公里，路基宽 24.5 米，核定概算 3 983 614 966 元。

10 月 20 日 省交通运输厅批复运城绕城高速公路西南段运城连接线补充设计。路线全长 5.66 公里，双向 4 车道一级公路标准，设计时速 80 公里，路基宽 24.5 米，核准增加预算 75 248 821 元。

10 月 20 日 省交通运输厅批复大同至浑源高速公路初步设计。路线全长 43.616 公里，K0+000~K36+622.407 段采用 4 车道高速公路标准，设计时速 100 公里，路基宽 26 米；K36+622.407~K42+770.268 段与浑源至广灵高速公路重复段采用 6 车道高速公路标准，设计时速 100 公里，路基宽 33.5 米。核准概算 2 530 810 130 元。

10 月 20 日 省交通运输厅印发《关于质量立省目标责任分解的通知》。领导组组长：段建国；副组长：张润、王志民、韩日裕、张志川、郜玉兰、赵振田；成员有：戴飞、董新品、李华中、牛世骏、常二栋、王京荣、郭全英、蒋品、杨吉平、胡建新、刘清平。办公室主任：常二栋。

10 月 20 日 为全面落实“安全生产年”各项工作要求，强化企业主体责任意识，普及安全生产法律法规和安全生产知识，切实增强企业各类从业人员的安全法制和责任意识，山西汽运集团举办“责任在我心、安全伴我行”安全知识竞赛。

此次竞赛分个人必答、集体必答和抢答三种答题方式，答题内容涉及国家、全省有关安全生产的各种法律法规和集团的各项规章制度，来自全省的 12 支代表队经过激烈角逐，最终侯马代表队以 360 分的成绩获得第一名。

省交通运输厅巡视员曹燎原，省运管局局长李华中，厅运管处处长杨吉平及集团党委书记郭鹏飞，总经理张海青，省直相关部门领导出席知识竞赛活动并为优胜者颁奖。

该知识竞赛由山西电视台现场录制，并近期播出。

10 月 21 日 上午，省高管局与夏店村结对帮扶共建文明和谐村五项工程竣工剪彩仪式在长治市襄垣县夏店镇夏店村隆重举行。这是全省1078个省级文明单位与1078个重点推进村结对帮扶共建文明和谐村活动启动以来,第一个按项目实施方案全部完成规划任务后举行的剪彩仪式,省高管局也成为全省第一个完成结对帮扶任务的文明单位。省交通运输厅党组副书记、副厅长张润,省文明办创建处处长李永和,长治市委常委、宣传部长范丽霞,厅直机关党委书记杨俊威,省高管局局长董新品、副局长周存信及五项工程承建单位长治高速公路公司总经理杨勇等出席剪彩仪式。

帮扶活动启动以来,省高管局高度重视,成立"结对帮扶"领导组,多次组织人员赴夏店进行调研。通过实地考察、走访村民,结合夏店实际,详细制定了《结对帮扶共建文明和谐村活动实施方案》,提出"大力实施五项工程,共建文明和谐新夏店"共建目标。"五项工程"为街道硬化工程、文化广场建设工程、道路绿化工程、兴教助学工程和科技文化知识普及工程。在实施过程中,先后硬化环村路3条、主干道1条、南场街4条,硬化健身场地300平方米,铺设草坪1100平方米,捐赠新课桌100张,捐赠600余本社会主义新农村系列图书,累计投入资金150万元,全面提升了夏店村的基础设施建设和文明和谐创建水平。

张润在讲话中,希望夏店村做好这些基础设施的管理养护工作,珍惜成果,保护成果,使其能够长久地保持良好使用状态;同时,充分利用这些成果,使之能够真正为文明和谐村创建发挥积极作用。他还希望夏店村以此次"结对帮扶"工作为契机,发展生产,坚持创建,把夏店村建成"生产发展、生活富裕、乡风文明、村容整洁、管理民主"的社会主义新农村。

在剪彩仪式之前,张润一行还到村民桑启富、邢先果等特困户家中慰问,为他们送去食用油、面粉和慰问金,鼓励他们保重身体,自强不息,在党和政府的帮助下早日脱贫致富。

10月21日 省交通运输厅印发《关于大运高速公路介体至霍州段改建工程的审计意见》。

10月21日 省交通运输厅转复省发改委晋发改交通发〔2009〕1500号文《关于2009年岢岚县等6个汽车客运站(第二批)基本建设项目可行性研究报告的批复》。包括岢岚、榆社、原平、永济、灵石、娄烦6个汽车站,估算投资9918万元。其中,成品油消费税1800万元,地方自筹8118万元。

10月21日 省交通运输厅向省发改委报送《关于申请批复14个高速公路项目贷款的请示》。总投资13.7636亿元,其中,申请国家开发银行9.1362亿元。

10月21日 省交通运输厅、省财政厅、省物价局向省政府呈报《关于太旧高速公路峪头、坡头收费站及侯运高速公路运城收费站更名的请示》。拟更名为晋中北收费站、阳泉收费站、运城北收费站。

10月21日 省交通运输厅印发《关于转发永济市汽车客运站工程可行性研究报告的批复的通知》。二级标准,占地面积26 668平方米(约40亩),核定总建筑面积3893平方米,其中候车楼3414平方米,附属设施479平方米,估算投资2138万元,建设工期2年。

10月21日 省交通运输厅印发《关于转发榆社县汽车客运站工程可行性研究报告的批复的通知》。二级标准,占地面积26 668平方米(约40亩),核定总建筑面积2480平方米,其中候车楼2016平方米,附属设施464平方米,估算投资1354万元,建设工期2年。

10月21日 省交通运输厅印发《关于转发娄烦县汽车客运站工程可行性研究报告的批复的通知》。二级标准,占地面积20 010平方米(约30亩),核定总建筑面积2429平方米,其中候车楼2056平方米,附属设施373平方米,估算投资1150万元,建设工期2年。

10月21日 省交通运输厅印发《关于转发岢岚县汽车客运站工程可行性研究报告的批复的通知》。二级标准,占地面积19 632平方米(约30亩),核定总建筑面积2701平方米，其中候车楼2237平方米，附属设施464平方米，估算投资1423万元，建设工期2年。

10月21日 省交通运输厅印发《关于转发灵石县汽车客运站工程可行性研究报告的批复的通知》。二级标准，占地面积33 330平方米(约50亩)，核定总建筑面积4149平方米，其中候车楼3695平方米，附属设施454平方米，估算投资1789万元，建设工期2年。

10月21日 省交通运输厅印发《关于转发原平县汽车客运站工程可行性研究报告的批复的通知》。二级标准，占地面积33 673平方米(约50亩)，核定总建筑面积3948平方米，其中候车楼3479平方米，附属设施469平方米，估算投资2064万元，建设工期2年。

10月21日至23日 省交通运输厅党组书记、厅长段建国率厅办公室、厅公路处、厅重点办、省公路局、省交通质监站等部门负责同志先后赴340省道改建工地、沿黄公路吕梁与忻州段、忻保高速公路建设工地一线调研，检查质量，督促进度，现场解决征地拆迁、资金、技术等难题，并亲切慰问广大筑路员工。厅党组成员、省公路局党委书记赵振田一同调研。

10月21日下午，在340省道孝义互通建设工地，段建国在讲话中要求吕梁公路分局要千方百计加快施工进度，确保按期完工；要精心施工，确保质量，把340省道建成一条标准路、精品路；要统筹考虑，增加完善停车区、加油站等服务功能。吕梁市委常委、常务副市长吴志国陪同调研。

10月22日，段建国视察已建成的沿黄公路临县段和正在建设的兴县、保德沿黄扶贫公路时，要求未完工的吕梁市、忻州市交通局主要负责人要有大局意识，在保证安全和质量的前提下，千方百计加快工程进度，力争11月底前完成全部路基工程，确保2010年全省沿黄公路全线竣工通车；已竣工的路段一定要加强养护和管理，采取有效措施控制超载超限车辆驶入。10月22日中午，段建国一行来到晋陕交界处的兴神黄河大桥桥头，与河北运煤司机亲切攀谈，仔细询问煤炭运输情况，并慰问疏导交通的兴县执勤交警。特别要求交通部门与当地交警部门要通力协作，加大晋陕煤运主通道交通管理力度，确保畅通。

10月23日，在山西路桥一公司承建的芦芽山隧道和芦芽山大桥建设工地，段建国向现场施工人员仔细询问隧道掘进速度、工艺、桥梁施工技术等情况，当听到施工队伍采取先进的光面爆破掘进技术和大桥在12月底就能全部吊装完毕时，露出满意笑容。在平阳路桥十八沟大桥建设工地，段建国嘱咐施工人员要注意施工安全，规范施工，并鼓励他们抓住机遇，科学组织，千方百计啃下这块硬骨头。他说，只有积累施工经验和业绩，才能更快发展。在运城路桥承建的十四标岚漪河大桥建设工地与宁武互通建设工地，段建国了解到征地拆迁工作遇到阻力时，要求建管处和当地政府负责人要尽快妥善协调解决，并专人限期督办，为工程建设创造良好施工环境，确保2010年小循环通车目标实现。

在晋中路桥工地食堂刚吃过午饭，段建国不顾连日劳累，来到由山西路桥二公司承建的云中山隧道和吕梁路桥承建的里吉沟隧道建设工地考察。当看到井然有序的现场管理和高科技的安全监控管理系统时，段建国十分高兴。他兴高采烈地说，忻保高速公路的建设证明路桥队伍不仅能干，而且能干好，是全省筑路队伍的铁军。忻保高速公路建管处与各路桥施工队伍一定要抓住机遇，认清形势，在确保安全和质量前提下，只争朝夕抢进度，要加大科研攻关和创新力度，加强施工组织管理，争创一流的现代化施工企业，为全省经济转型发展、科学发展作出更大贡献。

10月22日 省交通运输厅召开新社会组织深入学习实践科学发展观活动动员会。厅党组副书记、副厅长张润对新社会组织第三批深入学习实践科学发展观活动进行动员和部署。省交通勘察设计协会会长杨金泉、各有关交通行业协会主要负责人、协会秘书长，各有关行业协会主管部门分管领导、党办主任参加会议。

省厅依法登记的社会团体有8个，即省国防交通学会、省道路运输协会、省交通征稽管理协会、省高速公路服务区协会、省交通勘察设计协会、省交通企业协会、省汽车维修与检测行业协会、省物流学会。会议要求各协会或学会于月底前成立党组织，以加强对学习实践活动的领导，尽快召开动员大会，制订实施方案，扎实做好学习实践活动的各项工作。

张润在讲话中，要求从三个方面抓好相关工作。一要深刻认识在新社会组织开展学习实践活动的重要意义。即是促进新社会组织科学发展的重大举措，是加强新社会组织党建工作的迫切需要，是发挥新社会组织积极作用的现实需要，是在新社会组织领域扩大党的群众基础的必然要求。二要明确新社会组织学习实践活动的目标要求。即明确指导思想、参加对象、目标任务和具体要求。通过这次学习实践活动，要努力实现党的建设有新突破，自身建设有新加强，功能作用有新发挥。要按照学习调研、分析检查、整改落实三个阶段进行。同时，要保证集中活动时间不少于4个月，并安排两个月时间用于充分做好准备工作和巩固扩大学习实践活动成果。三要扎实有序开展好学习实践活动。即加强领导和指导，落实工作责任；突出特色，正面教育；搞好宣传，营造氛围；合理安排，协调推进。要以饱满政治热情，以神圣政治使命感和高度政治责任感投入到学习实践活动当中，全力以赴，尽职尽责，扎实工作，通过卓有成效的学习实践活动，不断开创全省交通运输新社会组织建设与管理工作新局面。

10月23日 省交通运输厅党组成员、厅总会计师张德仪带领厅机关及厅直单位有关负责人深入汾平高速工程建设工地调研。要求抓工期，赶进度，确保工程如期完工。省高管局局长董新品及厅重点办、省交通设计院、江苏悦达集团有关领导陪同调研。

项目全长41.7公里，总投资14.49亿元，途经汾阳、孝义、介休、平遥三市一县。路基宽28米，建设工期3年，由省高管局同江苏悦达集团合作建设。2007年8月31日开工。

张德仪一行首先来到汾阳境内的第11标段，就工程建设情况听取汇报，随后视察汾孝大道、汾介互通桥、孝义停车区、瓷窑河桥、汾河大桥、南同蒲铁路桥等施工工地，现场查看工程建设，听取情况汇报，了解进度，问询困难，并与筑路工人亲切交谈，叮嘱施工人员要在注意安全、保证质量前提下，加快工程进度。汾平高速公路公司总经理王龙琪介绍工程进展情况以及存在的困难和问题。

进行实地查看后，张德仪一行召集有关人员在平遥进行座谈。汾平高速公路公司、吕梁、汾阳、介休、平遥县政府分别汇报工程进展情况及当前需要解决的问题和难题。

张德仪在讲话中，要求加快工程建设步伐，在保安全、保质量前提下加快工程建设进度。要加强对工程质量检查力度，严把质量关，把项目建成精品工程、示范工程。吕梁市、县两级要继续加大对汾平高速公路的支持和帮助，加大协调力度，对遗留问题尽快解决，为工程建设创优环境，确保工程顺利进行。建设施工监理单位和沿线政府要全力支持，各负其责，抓紧时间，加快进度，做好保障，创优环境，实现零干扰，确保工程按时完工。江苏悦达集团来山西投资不容易，一定要加大对重点工程建设支持配合力度，创造良好施工环境，确保汾平高速公路早日建成通车。

10月26日 上午，在省交通运输厅机关五楼会议室，厅领导段建国、张润、王志民、韩日裕、张德仪、曹燎原、郭贵平，原厅老领导、离退休老干部及厅机关有关处室领导欢聚一堂，共庆佳节。

段建国代表厅党组向出席座谈会的老领导、老干部及全系统离退休老同志致以诚挚问候和美好祝福，对老同志们关心支持并参与全省交通运输建设表示崇高谢意和真诚敬意，希望老同志们一如既往地关注交通运输工作，为全省交通转型发展、安全发展、和谐发展献计献策。

段建国重点就当前备受关注的全省公路建设情况向老同志们作了介绍。他说，截至9月底，全省开工建设高速公路项目达26个，总里程2020公里，项目总投资达1200亿元，提前完成省政府提出的高速公路开工目标；国省干线当年在建项目达79个，建设里程1807公里，目前已有875公里完成路面铺装；县乡公路改造工程开工2846公里，完工1238公里；村通水泥（油）路"全覆盖"工程开工12 650公里，到2010年，全省具备条件的建制村将实现水泥（油）路"全覆盖"。通过一系列金融创新和千方百计努力，2009年、2010年新开工建设3000公里高速公路所需的580亿元资本金已基本落实，2010年建成1000公路高速公路也很有把握，希望老同志们放心。他还表示，下一步事业单位改革、企业改革，以及因成品油税费改革带来的一系列问题，新一届厅党组也一定会做好，保证职工利益不受损害，保证全系统和谐稳定。

段建国指出，老干部是党和国家的宝贵财富，山西交通运输事业能取得今天的成就，与历届老领导、老前辈的辛勤劳动、无私奉献密不可分。希望老同志们继续为全省交通改革发展稳定建言献策，为和谐山西交通作出新贡献，厅党组会一如既往地在生活上、政治上关心大家，并做得更好。

王志民向老领导、老干部们详尽全面地介绍了2009年全省交通运输工作情况。

原厅老领导任先泉、赵俊文、任景春先后代表在座离退休老干部发言，对新一届厅党组带领全系统广大干部职工取得的成绩表示祝贺，对厅党组对老干部政治上关心、生活上照顾表示感谢，并祝山西交通明天更好。

10月26日 一大早，吕梁路桥公司的职工代表、协议工代表来到省交通运输厅，将一幅"情系困难企业、心连路桥职工"的锦旗，送到厅巡视员曹燎原、厅办公室主任尹新平、厅公路运输工会主席王晓光手中，并连声说谢谢，感谢共产党，感谢厅党组。

近几年来，吕梁路桥公司由于经济效益差、管理模式陈旧、连年亏损资不抵债已到破产的边缘，一千多名职工长期不能按时领到工资，生产、生活不能维持，因而多次到省有关部门上访，在社会上造成不良影响。自2008年路桥集团重归省厅管理后，厅党组多次主动找有关部门协商解决遗留问题，并多次召开有关路桥系统如何发展的协调会议，在国家法律法规允许的范围内，多方筹措资金，制定优惠政策，并组织人力、物力给予支持和帮助，使山西路桥在近一年的时间里又显现勃勃生机。近期省厅又筹措大笔资金用于路桥职工"三险一金"交纳，解决职工后顾之忧，路桥职工多年忧愁的脸上露出笑容。

曹燎原在讲话中，希望吕梁路桥要以此为新的起点，抓住全省大搞交通建设的有利时机，形成合力，拧成一股绳，真正使企业走出困境，发展壮大，为公路建设作贡献。职工要遵守国家法律法规，正常渠道反映情况，为今后发展创造良好形象，厅党组将倾听群众呼声，为职工排忧解难。

10月26日 运城市交通局举行交通综合执法业务比武活动，全市680余名交通综合执法人员参加。省交通运输厅党组成员、副厅长张志川亲临现场指导并颁奖。

当日，来自13县（市、区）的13支交通综合执法大队分别进行理论考试、组织执勤、执法行为督察、队风队纪演练和现场案例处置五个项目比赛。经过激烈角逐，永济市、万荣县和平陆县交通综合执法大队分别荣获队风队纪演练单项一、二、三等奖；永济市交通综合执法大队荣获综合比武一等奖，万荣县、平陆县交通综合执法大队荣获综合比武二等奖，河津市、夏县、绛县三县（市）交通综合执法大队荣获综合比武三等奖。

张志川在讲话中，要求市、县（市、区）交通执法部门要继续发扬成绩，扎实工作，严格、公正、文明执法，以改革创新为动力，以强化队伍建设为目标，积极推进交通综合行政执法工作，努力开创交通事业文明和谐、进步发展的大好局面。

10月26日 省交通运输厅转复省财政厅《关于追加晋城高速公路公司2009年度预算外通行费收支预算的通知》。追加收入预算2285万元,支出预算2216.1万元。

10月26日 省交通运输厅向省发改委呈报《关于2009年第二批汽车客运站基本建设项目投资建议计划的请示》。主要有晋城汽车东站、忻州汽车客运中心、临汾城西汽车站及交口县、偏关县、盂县、沁源县、黎城县、屯留县、襄垣县汽车站、五台山停车场。总投资20 950万元，其中：成品油消费税8450万元,地方自筹12 500万元。

10月26日 省交通运输厅向省发改委报送《关于批复岢岚至临县高速公路可行性研究报告的请示》。路线全长116.5公里,另有兴县西互通、康宁互通连接线6.909公里。主线采用双向4车道高速公路标准,设计时速80公里,路基宽24.5米;连接线采用二级标准,设计时速60公里。投资估算757 589万元,建设工期3年。

10月26日 省交通运输厅下达2009年沿黄干线公路补充计划。共计143 290万元,其中厅筹措58 517万元,国家开发银行贷款84 773万元。

10月26日 由交通运输部科技司、交通职业教育教学指导委员会、路桥工程专业指导委员会联合举办的2009年全国交通高职高专“南方杯”工程测量技能竞赛在杭州落下帷幕。山西交通学院组团参加此次大赛,并获得好成绩,展示了较高的技能水平和良好精神风貌。

本次大赛注重高职学生职业性、技能性、实践性培养,提高综合能力,增强专业技能。比赛内容涉及测绘理论、全站仪导线测量、三等水准闭合导线测量3个项目。全国50多所交通类高职高专院校组团参加,经过选拔，共有27所院校81名选手进入决赛阶段。山西交通学院获得大赛团体优秀奖,赵陶同学获个人全能二等奖、全站仪导线测量二等奖、三等水准闭合导线测量三等奖,郝宝龙同学获个人全能三等奖、全站仪导线测量二等奖,齐秀廷、赵文娇两位老师获优秀指导教师称号。

10月26日 平阳高速公路路基、采空区招标限价和监理招标限价分别通过省交通定额站和省交通质监站评审。

10月27日 上海大众汽车与山西交通技师学院SCEP项目签约仪式隆重举行。省交通运输厅党组成员、副厅长张志川,厅科教处及省人力资源和社会保障厅、上海大众总部、省内汽贸代表、兄弟院校、合作办学单位有关负责人出席,山西汽运集团总经理张海清应邀出席。上海大众代表钟仲秋与山西交通技师学院党委书记徐利民握手签约。

张志川在讲话中，首先对签约成功表示祝贺,对近年来交通技师学院多方位办学取得的成绩给予充分肯定，广大师生付出的辛劳表示感谢。希望学院继续创新办学思路,充分发挥特色鲜明的办学优势,打造品牌,传承经验,提高水平,培养国际化技能人才。

张志川还为上海大众汽车实训中心揭牌。

10月27日 省交通运输厅转发财政部《关于加快落实中央扩大内需投资项目地方配套资金有关问题的通知》。

10月27日 省交通运输厅批复209国道乡宁碾塔至罗毕沟段路线工程初步设计。路线全长10.943公里,二级标准,设计时速60公里,路基宽12米,核准概算164 042 060元。

10月27日 省交通运输厅批复太原高速公路小店高架桥加固维修工程可行性研究报告。估算投资2996万元,建设工期1年。

10月27日 省交通运输厅向省发改委呈报《关于离军高速公路柳林东互通改造工程可行性研究报告的请示》。估算投资4306万元,建设工期1年。

10月27日 省交通厅下达2009年收费公路养护计划。其中,日常养护费2241.27万元,大中修工程2044万元,收费站改造工程217万元。

10月27日 省交通运输厅向省财政厅报送《关于2009年取消政府还贷二级公路收费中央补助资金预算的请示》。共计13.3亿元,其中人员经费补助9025.1万元,养护工程支出16 719.3万元,还贷支出107 255.6万元。

10月27日 省交通运输厅向省财政厅报送《关于调整2009年政府还贷二级公路通行费收支预算的请示》。2009年通行费收入原计划征收175 258万元,截至5月31日,实际完成44 295万元。

10月27日至28日 由交通运输部主办、河南省交通运输厅承办、宇通客车股份有限公司协办的首届全国交通运输行业"宇通杯"机动车驾驶员节能技能竞赛总决赛在郑州举行。省运管局从各市选送的23名节油高手中选出6名选手,通过综合评比,最终确定晋中市公交旅游公司周帅与省运晋龙捷泰运输公司张勇两名选手参加决赛,并以总分全国团体第五名的成绩喜获二等奖。周帅获得个人第9名、张勇获得个人第16名,两人同时被交通运输部授予"全国交通技术能手"称号。

10月28日 省交通运输厅党组书记、厅长段建国深入省交通建设开发投资总公司,对企业改制进行调研。要求通过企业改制,适应市场竞争,把公司不断发展壮大,更好地为全省交通建设作出贡献。

公司成立于1993年,目前已发展成为拥有注册资金37.5亿元、资产总额198亿元、净资产62亿元的新型国有独资企业,构建"一体两翼"格局,即以投融资管理为主体,以发展公路产业、多种经营产业为两翼的发展战略格局。累计为全省交通建设引资融资和提供贷款担保193.9亿元,目前公司管养公路里程达到510公里,同时,还涉足房地产产业、国际贸易、酒店服务、绿色生态的多元化经营发展道路。企业发展已达到一定规模,进入再发展、再扩张、进一步做大做强新阶段。但作为传统企业,要想进一步做大做强,存在三大主要障碍:一是公司现行管理体制机制陈旧落后,缺乏市场参与意识和竞争活力;二是筹资融资渠道不畅;三是在市场化运作中规格较低。因此,实施改制是企业自身发展的内在需要,是支持全省公路建设的根本要求。

座谈会上,段建国听取总经理魏庆飞、书记李平就公司目前发展情况和企业改制方案的汇报及山西经济改革策划设计中心有关人员就公司改制的工作汇报后指出,企业改制势在必行,是公司进一步发展所必需的,不仅仅是一个企业变更名字的问题,也不仅仅是有了董事长和总经理的问题,而是企业制度的一个变化问题。目前,公司发展受到制约,影响更大规模发展。根据改制方案,厅党组将尽快上会研究。在改制过程中,公司一定要选择好的战略合作关系,一定要控股,维护好本公司职工利益,可对公司所属子公司进行整合,更有利于公司发展。通过企业改制,适应市场竞争,把公司不断发展壮大,更好地为全省交通建设作出贡献。同时,段建国还就公司归属和规格问题谈了自己的意见及建议。

厅政策法规处处长曹居月、厅财务征费处处长郭全英也分别就公司改制问题提出了建议和意见。

会后,段建国一行及公司主要领导还与来自香港的实地资本投资有限公司、中信资本投资有限公司和澳新银行上海分行的有关部门负责人进行座谈,在简要介绍公司目前发展情况和改制后的一些情况后,双方还就一些合作问题进行深入洽谈。

10月28日 省交通运输厅印发《关于编报2010年交通建设计划的通知》。

10月28日 省交通运输厅批复高速公路大同北等13处收费站入口治超检测工程设计。征地146.8亩,核准预算61 599 005元。

10月28日 省交通运输厅批复运三高速公路路面大修工程设计。核准预算34 210 832元。

10月28日至29日 省交通运输厅副巡视员郭贵平带领厅规划处、厅公路处、厅财务处、厅重点办主要负责人及相关人员组成的检查组赴太古、太佳东西两段施工工地就工程进展情况进行检查,并于10月30日在太古高速公路建设管理处召开太古、太佳高速公路东西两段建设推进会,对检查结果进行通报,研究解决存在的问题,安排部署下一步工作。

推进会上,太古、太佳高速公路东西两段建管处负责人就工程进度、完成投资情况、工程质量控制、冬季施工措施、施工过程中存在的困难和下一步工作计划进行汇报。检查组通报三条路的检查结果,并分别对工程质量、安全管理和当前重点做好的几项工作提出意见和建议。

郭贵平在讲话中,要求把思想统一到厅党组的战略部署上来,抓好路基施工的有利战机,全力以赴完成好最后冲刺阶段的施工任务。在施工过程中,要讲程序,讲制度,抓质量,重安全,特别是在施工进入高空作业阶段,要尤其注意施工安全。在天气不断转冷情况下,要制定出科学合理的冬季施工方案,为2010年路面施工做好前期准备工作。要进一步抓好廉政建设和财务管理,妥善解决好农民工工资发放问题。

10月29日 省交通运输厅党组书记、厅长段建国与阳泉市委书记白云,市长李栋梁,市委常委、市委秘书长樊盛武,市委常委、常务副市长王旭明等领导深入阳五高速公路阳盂段建设现场进行调研。

项目是全省东纵干线公路的重要组成部分,全长182公里。采用BOT模式,由国家特大型中央A级企业中国建筑工程投资总公司投资建设。其中,阳泉市至盂县段是阳五高速公路的一期工程,起于平定县西郊村以西,与太旧高速公路相接,止于盂县元吉村,与石太高速铁路阳泉北客运站连接线相接,主线全长41.2公里,概算投资32亿元,桥隧比例占35%。2008年12月开工,2010年建成通车。

调研中,段建国和阳泉市领导先后来到A1-1合同段平定枢纽互通立交桥、维社隧道现场,详细询问建设工期、安全质量、隧道施工技术等情况。随后,他们沿施工便道,对桃河特大桥簸箕掌大桥、章召大桥和荫营河特大桥等进行检查指导。对制约工程建设的跨石太铁路施工、部分电力设施移拆、个别路段村民干扰等控制性工程和存在的问题进行协调沟通。

段建国在讲话中,希望阳泉市委、市政府与投资方加强合作,周密安排,科学施工,狠抓工程质量和进度,力争早日建成通车,使阳五高速公路早日发挥出更大的社会效益和经济效益。市委、市政府要全力以赴支持和帮助施工单位,努力为工程建设提供优良环境和全方位服务,确保工程早日完工。施工单位要在保证安全情况下,采取有效措施,加快进度,努力克服条件差、作业环境艰苦等困难,把好安全关,确保项目顺利进行。段建国表示,不管问题大小,如需要出面协调,省交通运输厅将义不容辞,全力支持工程建设。

10月29日 上午,晋中市祁县昭馀镇丰泽村举行省运管局与丰泽村"结对帮扶"共建文明和谐村6项工程竣工剪彩仪式。

按照省文明办和厅党组安排,省运管局与晋中市祁县昭馀镇丰泽村开展帮扶共建活动。帮扶活动启动以来,省运管局党委高度重视,成立领导组,及时与村委会协商,并多次组织人员赴丰泽村进行调研,通过实地考察、走访村民,结合实际,详细制定《结对帮扶共建文明和谐村活动实施方案》,提出"大力实施六项工程,共建文明和谐新农村"的共建目标。仅用3个多月时间,完成总长2.2公里的道路硬化、改造工程,2000平方米的学校操场硬化、绿化工程,解决村民法律文化书籍不足、学校信息化教育设施落后问题,有效改善丰泽村交通环境、学校教学条件。

10月29日 山西援建四川灾区首个公路建设项目茂县黑虎羌寨旅游公路交工验

收。省交通运输厅党组副书记、副厅长张润专程赴茂县参加验收仪式并慰问坚守在施工一线的山西路桥一公司施工人员。

路线总长8.532公里，设计时速20公里，双向两车道，路基宽6.5米，沥青混凝土路面。2008年10月22日开工，2009年6月25日竣工。

张润一行还认真察看第二个启动项目，即茂县渭门乡至永和乡公路。要求精心组织施工，确保“零伤亡”，安全无事故，确保工程质量“零缺陷”，建成精品工程。在冬季暂停施工期，要组织回头看，查隐患，采取措施，确保质量，做好竣工准备，做好技术、材料、设备、思想上的准备工作，力争“5·12”完工。省路桥一公司董事长杨海龙表示，决不辜负全省人民重托，按照厅党组要求，坚决把渭永路这一民生工程按时保质保量完成，向省委、省政府、省交通运输厅、省公路局交一份满意答卷。

阿坝州副州长、茂县县委书记尼玛木对山西交通人在加快茂县重建发展战场上所作的贡献给予高度评价。他表示，茂县11万干部群众会永铭援助恩情，倍加珍惜今天来之不易的建设成果和发展环境，感恩奋进，以优异成绩报答3400万山西人民的似海深情。

10月29日至31日 全省交通系统行政执法高级培训班举办。各市交通局、厅直执法单位、各公路分局、各征稽分局、各高速公路管理公司分管法制工作的领导、法制部门及执法部门负责人共140余人参加。

省交通运输厅党组书记、厅长段建国出席开班典礼并作动员。要求全系统执法单位要准确把握和认真审视交通执法队伍现状，正确认识交通改革发展形势和任务，进一步增强交通行政执法队伍建设的紧迫性和自觉性；要加强领导、完善机制，强化措施，全面推进行政执法队伍建设。

培训邀请交通运输部、北京市交通管理干部学院、省委党校的一些专家、学者系统讲解城市公交、出租车移交后的管理问题、交通运输行政处罚自由裁量权、突发性事件应对问题、关于交通立法的若干思考及国内外经济形势分析等与交通法制工作特别是行政执法工作密切相关的几个热点问题。

厅党组成员、副厅长张志川出席总结大会并讲话。要求全系统认真贯彻落实段建国讲话精神，以此次学习为契机，针对目前执法实践中存在的问题，进一步加强交通运输立法，加强行政执法规范化建设，提高执法人员素质和执法水平，为加快交通发展创造良好法制环境和秩序提供坚强法制保证。

10月30日 省交通运输厅向省政府呈报《关于印发〈交通运输建设项目委托审计监督管理暂行办法〉的通知》的备案报告。

10月30日 省交通运输厅向省政府呈报《关于上报〈国务院办公厅关于规范发展出租汽车行业的若干意见(代拟稿)〉修改意见的请示》。

10月30日 14时整，太佳高速公路吕梁段难度最大的控制性工程第十三合同段湫水河特大桥顺利实现贯通。全长1057米。

11月

11月1日 从今天起，沁源县凡年满70周岁以上的农村老年人凭《免费乘车证》，可免费乘坐县内鸿运公司的40辆城乡公交客车。这是沁源县政府全面落实科学发展观，实现“六大和谐”战略目标，以人为本的又一项惠民政策。也是沁源县运管机构统筹城乡客运发展，利民、便民的一个具体体现。

11月1日 上午8时，改造一新的东社枢纽收费站正式开始运营。加宽改造路段总长2.3公里，新建匝道9条，加宽中桥3座，新建及接长小桥涵19座，收费车道由8车道改为15车道，总投资约9000万元。

11月2日 下午，省交通运输厅在太原召开庆祝新中国成立60周年系列活动总结表彰大会，全面总结活动中的成功做法、显著成效和有益启示，表彰涌现出的先进集体和先进个人，进一步激发广大干部职工爱党爱国热情，努力把工作成果转化为推动全省交通运输事业又好又快发展的强大动力。厅庆祝活动领导组办公室成员、公路建设成就展活动领导组办公室成员、厅直单位与高速公路建设系统党组织负责人、党办主任参加。厅党组副书记、副厅长张润出席并讲话。省委宣传部宣传处处长李渊应邀参加。

2009年以来，厅党组对围绕庆祝新中国成立60周年在全省交通运输系统深入开展群众性爱国主义教育活动高度重视，成立领导组，专门下发实施意见进行安排部署，先后组织开展《山西公路建设60周年成就展》、《建国60周年山西交通建设成就展》、《职工书画摄影作品展》、“歌唱祖国——全省交通系统庆祝建国60周年歌咏比赛”、“百题万人竞赛”等12项国庆系列庆祝活动，取得圆满成功，营造欢乐喜庆氛围，收到良好效果，在全省产生积极反响，为新中国成立60周年献上一份厚礼。

会议由厅直机关党委书记、庆祝活动领导组办公室主任杨俊威主持，厅办公室主任尹新平宣读表彰决定，授予省公路局等17个单位和集体“优秀组织奖”，杨志强等41名工作人员“先进个人”。厅重点办党委书记刘清平、省公路运输工会主席王晓光和先进个人代表李栋、肖家谦先后发言。

张润在讲话中，认为这次省厅庆祝系列活动办得很出色，很成功，主题突出，特色鲜明，隆重热烈，充分展示全省交通运输事业60年来取得的辉煌成就，充分展示广大干部职工蓬勃向上、开拓进取的精神风貌，充分展示交通行业的良好形象，极大振奋干部职工精神，进一步增强交通运输队伍凝聚力和战斗力。要求认真总结提炼这次筹办国庆系列活动中形成的宝贵经验，努力把这些成功经验转化为长效机制，进一步提升交通运输科学发展水平，并把这次系列活动中激发的爱国热情转化为团结奋斗、干事创业的强大动力和实际行动，努力推动全省交通运输事业又好又快发展。

11月2日 长治市人民检察院与长平高速公路建设管理处联合召开预防职务犯罪动员大会。会议宣读《关于在长平高速公路建设中联合开展预防职务犯罪专项工作的实施意见》；沿线各乡镇负责人、村委、参建监理、施工单位代表作表态发言；会议还向全体参会人员赠发《长平高速公路建设项目预防职务犯罪宣传手册》。

11月3日 省政府召开全省重点公路工程建设推进会，协调解决当前制约全省重点公路工程建设进展的突出问题，研究安排下一阶段工作。副省长牛仁亮出席会议并讲话，省政府副秘书长崔国红主持。省交通运输厅党组书记、厅长段建国汇报全省公路工程建设情况。

2009年以来，特别是4月28日省政府重点公路工程建设推进会以来，全省高速公路建设速度突飞猛进，安全质量控制良好。根据省政府和省重点办安排，全年计划开工建设高速公路项目26个，计划完成投资354亿元。截至10月底，开工目标圆满实现，26个项目全部开工，年内还将有2-3个项目开工。完成建设投资317亿元，为上年同期的10倍，加上干线与农村公路建设投资，全省公路建设完成投资453亿元，为上年同期的2.9倍。交通运输部统计表明：1-9月，全省公路建设完成投资364亿元，在全国排第四位，在中部地区排第一位，其中，高速公路完成投资在全国排第二位。为确保2010年建成1000公里高速公路，全省安排16个项目，2010年全线或部分路段通车。目前，工程建设进展顺利，阳翼、闻垣、大呼、晋城环城、忻阜、太佳西6个项目路基、桥梁工程已完成工程总量80%以上，部分路段通车项目路基工程完成总量86%。同时，安全质量控制良好，1-10月在建项目综合检查工程总合格率为

91.5%,没有发生群死群伤事故。特别值得一提的是，省厅向省政府做出的高速公路建设不靠政府投资的承诺圆满兑现；通过争取交通运输部投资、采用BOT方式、发行企业债券、金融创新等多种方式运作,2009年、2010年全省开工3000公里高速公路所需投资2000亿元的资本金近600亿元基本落实。

副省长牛仁亮做重要讲话。他说,2009年是不同寻常的一年,金融危机波击全球,省委、省政府根据党中央、国务院的一揽子计划出台了一整套应对措施,扩大内需,促进经济增长。重点公路工程建设,尤其是高速公路建设,作为这一恶仗、硬仗中的龙头工程,开工建设2000公里,完成投资300余亿元,为全省经济发展、社会稳定作出重大贡献。针对下一阶段工作,牛仁亮提出五点要求。一是加大力度,各方配合,加大重点公路推进力度。在加快工程建设进度的同时,严把质量关,严防豆腐渣工程,实行质量责任终身负责制,狠抓安全生产,努力做到全过程控制。相关部门要提前介入,加强配合。二是依法依规,规范建设。加大力度,在尽可能地完成工程实物量的同时,还要按照有关法律法规和政策规定,规范工程建设。当年开工的建设项目,年底前必须完备所有手续。三是多方筹资,尽快到位。尽管适度宽松的货币政策保持不变，尽管资本金基本到位,但敲定资金要落到实处,哪怕闲着多付利息。四是反腐倡廉,领导带头。要严格按要求把招投标、预决算、资金管理等相关法律制度落到实处，规范有序地推进工程建设;要更新一个理念,用“不是查不出问题,而是没问题可查”取代“修好一条路,不倒一个人”的提法;各级各部门领导要带头廉洁自律,不打招呼,不批条子,管理好亲属和身边工作人员。五是早做准备,全面评价。要在全面评估2009年工程建设同时，及早做好2010年准备工作。

省监察厅厅长杨森林就重点公路工程建设的效率、质量、安检、廉政建设监察工作提出要求；省国土资源厅厅长李建功对制约工程建设的矿产压覆和土地审批问题作了解释,并提出指导意见。各地市分管副市长、省重点公路工程建设领导组成员单位主要负责同志,在并厅领导、厅机关各处室负责人,各建设单位主要领导参加会议。

11月3日 山西省道路运输管理第二届专家咨询委员会第二次会议在太原召开。省交通运输厅党组成员、副厅长王志民出席并讲话。省运管局党委书记、局长李华中回顾总结一年来专家咨询委员会所做的工作,介绍全省道路运输业现状及2009年度运管主要工作,从运管队伍建设、城乡客运一体化规划、源头治超、安全监管、应急保障和基础研究等方面提出今后工作思路和重点。

来自省内外10位专家学者,围绕“改革创新、科学发展”这一主题,分别从道路运输业转型发展、运输市场结构调整、道路客运一体化、道路运输信息化建设、依法治运、安全管理、节能减排等方面作了专题发言,分析目前道路运输发展形势，研究探讨全省道路运输发展对策。

王志民在讲话中指出,专家的发言,既有实践经验，又有理论深度，基本上勾画出了2010年和“十二五”期间全省道路运输的发展思路和发展目标,为编制好全省“十二五”规划提供重要参考。各级运管机构领导要从战略高度，坚定做好道路运输管理工作的信心,勇担责任,开拓创新,进一步发挥专家的作用,将年会的成果利用好、转化好,进一步推进全省道路运输业又好又快发展。

11月3日 庆祝新中国成立60周年全国职工摄影大赛评选在京揭晓，省交通运输厅参赛作品取得优秀成绩,获得二等奖1个,三等奖3个,优秀作品奖1个。

本次比赛是中华全国总工会和中国职工文化体育协会为庆祝新中国成立60周年,展示全国职工风采而举办的一次规模空前的摄影大赛。共有来自全国30多个省(市、自治区)各行各业的近3万幅作品参加比赛。比赛在每个省设立分赛区，由省总工会负责初评和上交作品，并统一制作成电子文档报全国总工会大赛组委员，历时近2个月。经过在京专家认真评选，经过复评和总评，最终确定获奖作品。省交通运输厅选送的忻保高速公路建管处崔庆云的《夜战忻阜》获得二等奖；厅公路运输工会郝钦杰的《合铜黄高速》、厅新闻宣传中心崔鸣原的《桥韵》、厅后勤中心郭慧森的《亲切关怀》获三等奖；太原公路分局李培彪的《工地桑拿》获入围奖。在2009年平遥国际摄影节上，获奖作品进行了展示。

11月3日 省交通运输厅向省政府呈报《关于举行榆社至和顺高速公路建设推进会和太原至阳泉高速公路开工仪式的请示》。

11月3日至5日 省高管局召开全省高速公路精细化管理推进会，进一步落实科学发展观，为全系统形成相互交流学习、共同提高的良好氛围搭建平台，提前部署迎接2010年全国干线公路养护与管理检查工作。会议采取现场观摩、观看展览、典型发言、专家点评、分组讨论、大会等形式，展示精细化管理阶段性成果。

11月3日上午至4日上午，全省高管系统200余名参会代表沿大运高速公路，自北向南现场观摩近千公里高速公路上的收费站文明礼仪服务、路面脱空灌浆处治技术、路政应急联动处置、治超不停车检测系统、服务区跟踪管理及餐饮规范、信息监控应急指挥调度、“提高收费站通行能力”QC成果以及基层管理单位综合管理等13个基层参观点的精细化管理情况，在运城观看全系统18个单位选送的精细化管理成果展示。11月4日下午，长治、运城等8个高速公路公司结合工作实际，作典型发言，来自山西财经大学、省科学技术协会、省质量与名牌协会、省社情民意调查中心的专家们分别对8个单位的典型发言进行现场点评。专家点评切中肯綮，语语中的；现场听众深受启发，获益匪浅。11月4日晚上，与会代表不顾连日旅途疲惫，结合连日所看所想和2010年全国干线公路养护与管理检查方案，集思广益，对推进全系统精细化管理及下一步思路进行认真讨论。

11月5日，省高管局在运城市组织召开全省高速公路精细化管理推进会，进一步加强新时期、新形势下的高速公路管理工作，不断总结实践经验，全面推进高速公路的精细化管理，构建安全、畅通、和谐、高效的高速公路交通网络，更好地满足经济社会发展和人民群众出行需求。省交通运输厅党组书记、厅长段建国作书面讲话，厅党组成员、副厅长张志川出席并讲话，运城市副市长王健康出席会议并致词。省高管局局长董新品在会上就如何进一步推进精细化管理进行安排部署。

会议提出3点要求。一是充分认识当前发展新形势，进一步增强推进精细化管理紧迫感和责任感；二是准确把握精细化管理的内涵实质，明确今后发展方向；三是抓住高速公路管理发展主要任务，全面推动精细化管理再上新台阶。会议强调，推行精细化管理是一项长期性的工作，各部门要结合自身工作实际，把精细化贯穿于工作过程始终，在全系统努力形成人人追求精细、个个注重细节的良好氛围。

张志川在讲话中，对此次会议给予高度评价。认为规格高，规模大，有准备，有创新，有导向，是重大转折时期以管理为核心走内涵发展创新的动员大会，是特许经营条件下公共产品管理模式的探索，是落实科学发展观的重大举措，是一个里程碑式的会议。他充分肯定全省高速公路精细化管理工作取得的初步成效，并就精细管理的认识及内容、为什么推行、怎样推行等问题作了详细讲解。

段建国在书面讲话中，认为省高管局专门研究部署精细化管理工作，抓得好，抓得对，抓得及时，具有十分重要意义。在高速公路运营中实施精细化管理是一项创新性很强的工作，希望大家深入贯彻落实科学发展观，在现有工作基础上，按照精细化管理要求，勇于实践，勇于创新，不断开创高速公路管理新局面。

11月3日至6日 代表全省参加全国

首届交通运输行业"厦工杯"筑养路机械操作手技能竞赛的8名参赛队员，在总领队胡志勇、副领队陈文带领下，在江苏镇江参加为期3天的技能大赛。省公路局局长戴飞、办公室主任王晋、人事处处长常仙玲、法规处处长曲俊荣和晋中分局局长王四小亲临赛场为队员鼓劲、助阵。在四个竞赛项目中，参赛队以团体总分674.65分的优异成绩，一举夺得团体第二名，实现"保三争一"最终目标。在个人单项成绩中，8名队员全部进入前20名。同时荣获交通部授予的"全国交通技术能手"称号。8名队员中，有6人进入前八名。山西路桥二公司李澈获挖掘机组个人第三名；晋中公路分局李志星获压路机组个人第三名，赵鹏瑞获第四名，房启福获装载机组个人第五名，晋城分局刘海江获装载机组个人第六名，晋中分局王海生获补坑槽机组个人第八名。

11月4日 上午，四川省委副书记、省长蒋巨峰在四川省交通厅厅长高烽，阿坝州藏族羌族自治州州委书记侍俊，阿坝州副州长、茂县县委书记尼玛木，县长高加军等领导陪同下，视察山西省对口援建的茂县黑虎旅游公路。

省厅对口援建工作组驻茂代表姚望科向蒋巨峰省长等领导详细汇报项目进展情况。蒋巨峰参观"晋羌友谊路"、"晋茂路相连"两处景观挡墙和黑虎路从建设初期到完工的图片展示。当看到施工过程中，一幅幅塌方、滑坡等危险场面时，蒋巨峰省长不禁感叹到："不容易，真的不容易！山西援建人员不远千里，远离家乡亲人，在余震不断灾区，冒着生命危险为灾区人民早日走上致富路，艰苦奋斗，付出常人难以想象的艰辛。非常不容易！"并与参建人员一一握手，对省厅提出的政治任务与企业行为相结合，综合重建与交通重建相结合，财力、人力、智力相结合，短期支援与长期服务相结合的援建宗旨给予高度评价与充分肯定。并代表四川省委、省政府感谢山西省委、省政府及省交通运输厅对四川灾区的大力支持和无私奉献。蒋巨峰省长要求阿坝州、茂县要大力支持和提升服务力度，为全面加快援建项目建设创造良好条件。

视察结束后，蒋巨峰省长再三叮嘱省厅驻茂代表，灾区次生灾害较多，天气渐冷，一定要注意援建人员的身体健康和生命安全。要求当地政府一定要关心照顾好援建人员生活，确保大家生活愉快，工作顺利。

11月4日 省交通运输厅印发《关于申报2010年厅科技项目的通知》。

11月4日 省交通运输厅批复平定至阳曲高速公路初步设计。路线全长122.466公里，双向6车道高速公路标准，设计时速100公里，路基宽33.5米；盂县南互通连接线长3.43公里，一级标准，路基宽24.5米；郊区河底镇互通连接线长2.04公里，二级标准，路基宽12米。核准概算14 374 578 441元。

11月5日 阳翼高速公路建管处隆重召开会议，对路基工程建设作全面总结，对路面、房建、机电、交通安全和绿化工程建设作开工动员，号召所有后续工程参建单位牢固树立"完美超越"的建设理念，继续发扬"阳翼精神"，确保2010年实现通车目标，把阳翼高速打造成一条科技、生态、和谐、利民的阳光大道。省交通运输厅党组成员、副厅长王志民出席会议并讲话。晋城市副市长赵学梅，省总工会副主席王兴旺，省重点办副主任刘继承及厅机关有关处室负责同志出席。

项目是全省"十一五"重点工程，是山西省高速公路网规划"三纵十一横十一环"第十横的重要组成部分，全长64.8公里，概算投资41.6亿元，建设工期3年。2000年12月全面开工建设。

王志民在讲话中，要求新进场的路面、房建、机电、交通安全、绿化工程建设各单位，一定要加强管理，做到严上加严，细上加细，圆满完成既定目标。后续工程量虽然不大，但都是面子工程，更容不得一点马虎。要继续抓好质量、安全工作，绝不能有一丝一毫含糊和麻痹大意；要继续抓好廉政建设，确保"修好一条路，不倒一个人"廉政目标的实现，在全省新一轮高速公路建设中带个好头，做出表率。

王志民一行还对基本贯通全线的路基、桥隧工程进行检查，“人走场清”、整洁有序的现场管理受到大家高度评价。

11月5日 省交通运输厅、省质量技术监督局印发《关于进一步做好重点公路建设施工特种设备检验工作的通知》。

11月5日 省交通运输厅向省委、省政府呈报《关于本省忻州至黑峪口公路交通堵塞有关情况的报告》。

11月6日 上午，省交通运输厅党组成员、副厅长张志川深入山西交通学院，就甲型流感防控工作进行调研，提出7点要求。一是学院党委要进一步贯彻落实省委、省政府及省厅对甲流防控工作的部署，采取各种可能措施，确保甲型流感各项防控措施认真落实，确保学院安全稳定，确保教职工身体健康，确保教学秩序稳定。二是加强领导，明确责任，确保各项工作落到实处。学院党委是甲流防控责任主体，党委书记为第一责任人。在院党委集体领导下，院领导要包系，系主任要包班，班主任和辅导员要包学生，层层抓落实。出现问题，要逐级追究有关责任人。三是根据学院甲流防控形势，从即日起提前启动应急预案，学院要全体动员，全力以赴，把甲流快速扩散势头遏制下去。院党委要根据防控工作情况变化，当机立断采取断然措施。如需教学调整，学院党委要统筹考虑，精心组织，保持好教学秩序。四是加大投入，保证各类防控措施费用。保证医务室有能力正常检测，防控药物、饮食秩序、饭菜质量、伙食标准、病号饭供应、隔离设施等要尽可能改善，因控制疫情所发生的费用，厅里会给予支持。五是按照属地管理原则，及时向小店区防疫站汇报每天的防控情况，一个班同时发生聚集性发热现象要打报告上报，请求他们进行医学检测和防控指导。六是加强宣传，加强学生自我保护意识。通过板报、广播、班主任课前宣传和印发手册、戴口罩、消毒等方式进行有效防控。七是提高防控效率，做到思想上既不能麻痹也不能恐慌，稳扎稳打做好防控工作。

张志川还深入到学校医务室看望医务工作者和正在接受治疗被隔离的学生。

11月6日 根据厅党组书记、厅长段建国批示精神和厅党组成员、副厅长张志川具体要求，省交通运输厅新闻宣传中心邀请省城部分媒体记者召开新闻通气会，通报陕西神木通往兴县路段出现严重堵车情况。

8月以来，该路段多次出现堵车，引起社会和媒体高度关注。张志川带领有关部门负责人组成保畅协调组，协调省政府治超办、省交警总队、吕梁市治超办有关人员前往兴县现场办公。通过启动紧急预案，采取交通管制等措施，忻黑公路交通堵塞问题得到初步解决。

会议指出，造成忻黑公路交通堵塞的原因是多方面的。为解决拥堵问题，省委、省政府和省厅高度重视，积极采取措施，加速忻黑公路二级路改建为一级路前期工作，力争2010年开工，同时加快太佳、忻阜高速公路建设。

在新闻通气会上，厅办公室、厅公路处、厅规划处、厅公安路政处以及省公路局、省高管局有关部门负责同志分别就发生堵车的现象、主要原因、采取措施、协调事项和近期规划等逐一作了说明。

11月6日 省交通运输厅印发《关于组织厅直各单位离退休人员管理处(科)工作人员外出学习的通知》。

11月6日 省交通运输厅下达2009年第一批汽车客运站建设补助投资计划。共计3155万元。主要包括清徐、左权、太谷、大同、天镇、永和、浮山、曲沃、大宁、霍州、安泽、武乡、沁水县级汽车站，省运管局9个智能化售票系统、15个行包安检系统。

11月6日 省交通运输厅向省发改委报送《关于晋城市汽车客运东站初步设计补充报告的请示》。总建筑面积调整为21 284平方米，增加4228平方米，概算调整为16 780万元,增加 6709 万元。

11 月 6 日 省交通运输厅批复屯留县汽车客运站初步设计。占地面积 30 亩,二级标准,总建筑面积 3498.85 平方米,其中候车楼 3045 平方米,附楼 169.42 平方米,核准概算 1521.65 万元,建设工期 2 年。

11 月 6 日 省交通运输厅批复黎城县汽车客运站初步设计。二级标准,占地面积 40 亩,核定总建筑面积 2725.68 平方米,其中候车楼 2224.6 平方米, 附楼 193.72 平方米,检测车间 307.36 平方米,核定概算 1262.1 万元,建设工期 2 年

11 月 6 日 省交通运输厅批复襄垣县汽车客运站初步设计。二级标准,占地面积 36.7 亩,核定总建筑面积 4510.36 平方米,其中候车楼 4009.28 平方米,附楼 193.72 平方米, 检修车间 307.76 平方米, 核定概算 1624.11 万元,建设工期 2 年。

11 月 6 日 省交通运输厅批复盂县汽车客运站初步设计。二级标准, 占地面积 26.4 亩, 核定总建筑面积 2546.3 平方米,其中候车楼 2226.3 平方米, 附楼 193.72 平方米, 检测车间 126.28 平方米, 核定概算 1082.8 万元,建设工期 2 年。

11 月 6 日 省交通运输厅批复沁源县汽车客运站初步设计。二级标准, 占地 30 亩,核定总建筑面积 4204.08 平方米,其中候车楼 3735.95 平方米,附楼 169.42 平方米,机修车间 208.75 平方米,公厕 61.36 平方米,门房 28.6 平方米。核定概算 1722.04 万元,建设工期 2 年。

11 月 6 日 省交通运输厅批复偏关县汽车客运站初步设计。二级标准, 占地 22 亩,核定总建筑面积 2865 平方米,其中候车楼 2405.75 平方米,安检车间 358.75 平方米,水泵房 40.5 平方米,门房 60 平方米。核定概算 926.01 万元,建设工期 2 年。

11 月 6 日 省交通运输厅转复省财政厅《关于下达 2009 年第三批交通待分配项目支出预算的通知》。共计 366 170.23 万元。

11 月 6 日 省交通运输厅向省发改委报送《关于国道 307 线张家河至杨家峪段改建工程可行性研究报告的请示》。路线全长 13.98 公里,二级标准,设计时速 40 公里,路基宽 10 米,估算投资 13 028 万元,建设工期 1 年。

11 月 6 日 《山西交通》报道:近日,中国建筑业协会 2009 年度中国建筑工程鲁班奖(国家优质工程)评选结果揭晓,由山西侯禹高速公路公司建设、中铁大桥局集团股份有限公司承建的龙门黄河特大桥工程,以其典雅、新颖的外部造型和质量可靠、满足需求的内在功能获此殊荣。

桥全长 4566 米,是目前全国第一座高矮塔组合式斜拉桥,也是全省里程最长、科技含量最高、投资最大的公路桥梁,被称为“三晋第一桥”、“黄河第一跨”。在工程建设中,采用大量新技术、新工艺和新材料,进行多项技术创新,工程一次成优,成为全省交通建设的标志性工程。2004 年 10 月开工建设,2006 年 12 月竣工通车。

11 月 6 日 经交通运输部五方面综合评估,认定山西省交通科研院黄土地区公路建设与养护技术交通行业重点实验室为交通运输部“十一五”第三批交通行业重点实验室,表明该院已成为黄土地区集科研、生产、人才培养与交流为一体的“产学研用”基地。

2004 年以来,实验室按照“创新、竞争、开放、协作”原则和“自主创新、优势互补、联合攻关”运行模式,联合国内外一流的黄土地区公路工程研究的专家、学者,充分调动行业和区域资源, 开展黄土地区重载路面结构等 30 余项研究, 参与国内 20 余条高速公路建设,解决黄土地区公路工程领域多项关键技术问题,起到地区科学技术研发和科研成果转化龙头作用,为交通行业公路工程建设提供科学技术支持和专业人才培养。

11 月 7 日至 9 日 省交通运输厅党组副书记、副厅长张润带领厅公路处、厅重点办、省交通设计院、省交通科研院有关负责同志,

深入大同市、朔州市全程查看正在建设的灵(丘)山(阴)高速公路和大(同)呼(市)高速公路,要求坚定信心,克难攻坚,坚持质量、安全、廉政、环保、和谐五位一体,全力加快高速公路建设,实现"内实外美、精优致胜"建设目标。

11月7日至8日上午,张润一行一大早从太原出发,直奔灵山高速。从山阴县大运高速立交枢纽连接线一直到河北省涞源县交界的驿马岭隧道,时而上路基,时而走便道,逢桥必停看,逢隧道必进掌子面,全程查看灵山高速。在马家庄立交枢纽工地,张润对浑源至山阴大运连接线64公里2010年底通车充满信心,一直叮嘱建设管理处有关人员,要进一步完善路基工程,为第二年开春后路面工程打好基础,确保年底通车。在恒山隧道内,听取该项目常务副经理徐彦军汇报并实地查看后,要求严格执行省厅下发的高危行业强制标准,丁是丁,卯是卯,在安全上决不能含糊,决不能拐弯抹角,二衬一定要及时跟进。张润还就恒山水库与隧道的高差距离等情况进行询问,要求项目部与水库管理部门搞好协调。在郝家湾特大桥施工现场,特别强调要按规程操作,一定要确保安全。在驿马岭隧道、云彩岭隧道,张润都亲自深入洞底,看望掌子面工作人员,认真检查通风、二衬跟进以及安全措施。对云彩岭隧道监控室电话不通、监控室无人值守提出批评,要求安全措施一定要认真落实,来不得半点含糊,安全费一定要投入用在安全上。在十标路桥一公司六处建设工地,张润仔细询问施工情况,要求路桥企业作出表率,把冬闲变冬忙,在冬季不能施工情况下,认真组织施工备料,为来年施工做好准备,并要安排好职工生活,做好防寒防冻工作。

灵山高速全长153.96公里,6月10日开工建设。

张润还为大同高速公路建设管理处揭牌并参加灵山高速建设管理处第二批精品样板工程表彰会。

11月8日下午至9日,张润一行又马不停蹄直奔大呼高速公路大同至右玉段。项目是全省"三纵十一横十一环"高速网规划的第一横,全长103公里,1月5日开工建设。张润一行从大呼高速与得大高速连接线开始,对连接线点、护坡设计问题进行认真察看,并要求省交科院设计人员留下来,对设计进行回头看,协调施工人员解决实际问题。在二标杨树湾大桥,张润向施工方天津大港油田工程建设者详细了解建设情况。在大呼高速终点杀虎口古长城旁,张润认真察看与内蒙古连接线工程,要求与内蒙古交通部门搞好协调,确保两省高速公路连接顺利。

11月9日中午,张润在右玉县主持召开同朔地区高速公路建设项目情况汇报会,听取已开工建设的灵山高速和大呼高速情况汇报,听取大同至浑源、朔州环城、山阴至平鲁、天镇至大同和广灵至浑源5个项目前期准备工作汇报。要求充分认识加快推进高速公路建设的重要性,抢抓机遇,加快建设;要充分做好打硬仗、打攻坚战的思想准备。同朔地区施工期相对较短,要科学合理安排好各项工作。工程管理十分重要,要研究创新建设理念;要重程序、重审批,依法组织建设,坚持质量、安全、廉政、环保、和谐五位一体。质量上要精细化,零缺陷,创品牌,做到"内实外美,精优致胜";安全上要加大投入,安全费必须全部用在安全上,抓安全毫不含糊,强制性标准要严格执行;廉政上管好自己,带好队伍;和谐上交明施工,保护好生态环境。农民工工资不能拖欠,做到"建成一条路、不欠一分钱"。张润还对隧道冬季施工、路面工程准备、冬季技术人员培训等作了具体安排部署。

11月9日 下午,由驻交通运输部监察局副局长马小峰一行5人组成的检查组莅晋,对全省扩大内需农村公路建设项目情况和工程建设领域突出问题专项治理工作进行专项检查。副厅长王志民向检查组作情况汇报,驻厅纪检组长韩日裕出席座谈会。

为贯彻落实十七届四中全会精神,按照中央要求,交通运输部以专项检查形式,对全国扩大内需的投资、公共建设资金使用等问题进行专项检查。专项检查组一行对全省农村公路建设项目和扩大内需、保增长方面进行为期两天的专项检查。

王志民就全省关于中央预算内投资安排项目建设情况和工程建设领域突出问题专项治理开展情况向检查组作了详细介绍，并提出目前存在的问题及建议，希望检查组能够给予协调解决。

11月9日 由省重点办、省交通运输厅重点办和省交通质量监督站联合组成的检查组，开始对全省在建高速公路工程开展综合检查。省交通运输厅党组成员、厅总工程师郜玉兰要求把质量和安全放在首位，确保全省高速公路建设质量、安全、按计划有序推进。

这次综合检查以质量安全、工程管理和绩效考核为主要内容。重点检查项目为：质量保证体系的建立与运行情况；质量管理制度落实情况；工程实体质量、工程进度管理、文明施工管理情况；安全生产、安全隐患排查治理和安全制度落实情况；工程变更管理、试验检测、概算控制和内业资料管理；从业单位履约管理、农民工管理和廉政建设情况；冬季施工项目措施到位情况等。

郜玉兰在讲话中指出，2009年全省高速公路建设投资大，开工项目多，厅党组对这次检查非常重视。当前，特别要严格冬季施工管理，不符合冬季施工条件坚决不准施工，保证全省高速公路建设又好又快实现预期目标。检查组要高度负责，严格把关，廉洁自律，做到公正客观，实事求是，发现问题及时予以纠正。

综合检查组首先利用两天时间对大呼高速和灵山高速分组进行检查。总体评价两个项目工程进度有保证，质量均处于良好控制状态，制度健全，施工文明。

11月10日 早上，全省大部分地区出现强降雪天气，暴雪对道路交通运输和农牧业造成严重影响，对中部部分地区造成不同程度灾害。

截至11月11日晚，全省除京大高速公路北京方向开通外，其他所有高速公路全部封闭。晋中境内省道太长线、南太线、董榆线、盂榆线部分路段封闭交通；晋城境内207国道衙道至省界、省界至天水岭、杨寨河至省界、杨河桥至东坞岭封闭交通；忻州境内大石线台山境内、长原线台山境内、台忻线台山境内封闭交通；临汾境内坪曲线隆北至沁水段封闭交通。部分高速公路和国省干线公路存在车辆和人员被困情况。

高速公路车辆人员滞留主要集中在青银高速公路太旧段和吕梁段，共计有1300余辆车、2400余人滞留，其中两条路段服务区还滞留车辆近640辆、1670人；国省干线公路共滞留车辆3211辆、人员5500人。

11月10日晚上，省政府组织召开部署强降雪应急减灾工作紧急会议后，厅长段建国立即召集省公路局、省高管局、省运管局等有关单位负责人连夜召开会议，传达省政府紧急会议精神，并按照省政府领导要求，对道路交通保通畅通和客运安全应急工作做了进一步安排部署，同时启动《山西省公路交通突发公共事件应急预案》一级预警和响应，全面响应省政府暴雪灾害一级预警和道路交通安全一级红色预警。并紧急印发《关于做好应对暴雪灾害确保道路畅通和客运安全工作的紧急通知》，要求各级交通运输主管部门、各级公路管理机构立即调集人员、机构设备、防滑融雪物料，全力以赴开展清雪融冰工作。

一是厅领导深入一线，现场指挥抢通救援。灾情发生以后，省厅紧急召开党组会议研究部署应对强降雪工作，并迅速成立了前线救灾指挥部，全天候指挥抢通救援工作。厅长段建国，副厅长张润、张志川带领有关部门人员冒雪深入太原汽车客运总站、太原环城高速公路、太旧高速公路检查指导旅客疏散、运输安全、清雪保畅等工作，并慰问一线干部职工。副厅长王志民紧急安排省运管局利用全省卫星定位应用系统短信平台向长途客车、高速客运车辆、旅游客车、危险化学品运输车辆司乘人员发布大雪道路运输安全警示信息,要求严格执行雪地安全行车规定,做到该停运的停运、该慢行的慢行。

二是加大人员机械投入,采取超常措施应急处置。迅速动员养护、路政、服务区人员全员出动,24小时进行融冰除雪工作,做到人停机不停。调集附近施工单位20辆装载机支援融冰除雪,运管部门调运150名维修人员携带应急燃油上路进行车辆维修和救援。针对救援中遇到的各种困难,采取路政车带路、单车道通行、间断放行、控制车速等措施保证车辆安全通行,特别是对青银线车辆滞留点采取切割中央护栏、巡查车疏导、清障车牵引、调头逆行等措施,有效提高救援效率。省公路局对各类抢险物资、机械设备进行全面检查检修,及时补充更新,保证应急抢险需要,同时组织全系统30余辆越野车,不间断上路解救疏散受困滞留司乘人员。

三是千方百计为被困人员提供服务。沿线服务区、收费站、治超站点积极为司机和乘客提供食品、饮水及御寒物资,对老人、病人、小孩、孕妇等特殊人员提供特殊照顾。截至目前,全省高速公路系统已为滞留的车辆及司乘人员累计送水3800余人次,送食品3690余份,送防寒衣被200余套。

四是积极争取地方政府支持。在省应急办协调下,晋中市交通局、阳泉市政府、寿阳县政府派出30辆救援车辆参与救援。对于降雪量较大的大同、朔州、忻州、太原和阳泉5市,公路部门及时报告当地政府,请求驻军、武警及社会力量共同抗击冰雪灾害,尽快恢复道路通行。

冰雪灾情发生以来,全省高速公路共投入除雪机具647台次,抛撒融雪剂1790吨,国省干线公路共出动除雪设备1705台次,人员8844人次,抛撒防滑材料33 533立方米,融雪剂619.7吨。从11月10日晚8时至今,青银高速公路共计分流车辆1700余辆,解救分流人员5200余人。其中,吕梁高速公路分流车辆1500余辆,解救分流人员近4000人;太旧高速公路分流车辆220余辆,解救分流人员近1200人。国省干线公路共救援疏导滞留车辆1191辆,安置滞留人员300余人。

11月10日 《山西省水路交通管理条例》立法座谈会在省地方海事局召开。会议紧紧围绕《山西省水路交通管理条例》立法的目的、意义,以及立法需要解决和明确海事机构的体制、机制、经费、装备、监管范围和执法地位等实际问题进行讨论,对进一步明确各级政府、交通部门、海事机构、水运企业、船主、船员责任进行研究。各市地方海事局局长、省局中层以上干部分别进行发言,提出许多建设性的意见和建议。

会议议定,要广泛征求意见和建议,加强调研并积极与省交通运输厅法规处、省政府法制办、省人大财经委和法工委协调,进一步完善草案,力争在2010年列入省人大立法计划。

11月10日 下午,省运管局、省公安交管局联合召开"10·30"事故通报暨加强冬季道路客运安全管理会议。省运管局局长李华中、省公安交管局副局长刘敏参加。

11月10日 平阳高速公路建设管理处与盂县拆迁指挥部召开征地拆迁协调会。

平定至阳曲高速公路是全省高速公路网"三纵十一横十一环"主骨架第五横的重要组成部分,起点平定县岔口乡神水泉村东,与河北段以隧道相连,终点与原太高速公路和太原西北环相接,全长123.446公里,是全省第一条山岭区六车道高速公路。设2处服务区、2处养护工区、4处隧道管理站、5处匝道收费站、1处主线收费站,核定概算143.745亿元。

11月11日 下午,交通运输部对全省暴雪灾害影响道路交通的情况高度重视,副部长冯正霖代表部党组打电话给省交通运输厅党组书记、厅长段建国,详细询问公路受灾情况及被困车辆、人员救援情况。

冯正霖要求,要在省委、省政府领导下,迅速动员全系统力量,加大对被困人员的救援解困服务力度,保证被困人员有饭吃、有水喝,不能冻死冻伤一人;要全力以赴清雪除冰，力争在最短时间内具备通车条件；要统筹安排，抓紧准备运力，保证全省人民生产、生活必需品的运输。如有困难，请立即向交通运输部报告，部里将组织周边省份力量给予支援。

冯正霖副部长还请段厅长转达交通运输部对在抗灾一线奋战的干部职工表示慰问。

11月11日 省交通运输厅印发《关于做好应对暴雪灾害确保道路畅通和客运安全工作》的通知。一是各级交通主管部门和公路管理机构，要按照《山西省公路交通突发公共事件应急预案》要求，立即组织调集机械、人员、融雪防滑材料，开展对所辖路段的清雪除冰，保障道路畅通工作，采取机械除雪和人工除雪相结合、专业除雪和社会动员相结合等方式，领导带头到一线，机关干部上公路，随时下随时清，防止冰雪灾害的蔓延和发展。同时要加强对道路的巡查，及时发现和处置阻碍道路畅通的情况。二是各级公路管理机构要做好所辖路段内因暴雪灾害滞留车辆、人员的救助工作，提供必要的饮水、食品、防寒衣物、燃油等，协助当地政府做好滞留人员的疏散工作，确保不发生冻伤、冻亡事件，维护社会稳定。三是各部门、各单位在清雪除冰和应急救援过程中，要强化组织管理，确保自身安全。各级运管部门要加强对客运车辆的管理，及时掌握运行情况。对路面状况差、确受雨雪天气影响大的班车，通知其就地停运，确保乘车旅客和车辆运行安全；同时协调各汽车客运站做好滞留旅客的疏散和安置工作。对尚能营运的线路，要督促营运车辆做好防滑器材配备。特别要加强对农村和山区客运车辆管理，确保运行安全。动员和组织各应急保障车队做好应急运输准备。各级海事部门要加强航运船舶管理，对达不到营运条件的一律停航、停渡。四是厅直各单位、各重点工程建设管理处要根据本单位实际情况，积极做好暴雪灾害的应急工作，确保人员、设施等的安全。五是各单位要加强值班工作，坚持领导带班、24小时值班制度，保证通讯畅通。要加强信息上报工作。暴雪灾害期间，每日两次（上午8：30，下午16：30）向厅应急办报送冰雪灾害造成的影响、公路路况、客车营运及应急处置情况（包括投入的人力、物力、机械设备、典型事件等）。联系电话：4663003，4663004，传真：4663100。同时，积极做好暴雪灾害的应急处置宣传报道工作，通过各种媒体及时宣传报道交通运输行业应对暴雪灾害的各项工作。

11月11日 由驻交通运输部监察局副局长马小峰带队的中央扩大内需交通基础设施建设项目和专项治理工作组对临汾市村村通公路建设工作进行检查。厅党组成员、驻厅纪检组组长韩日裕及临汾市交通部门负责人陪同。

检查组一行冒雪对尧都区村村通公路建设进行实地检查后，召开工作会议，听取临汾市村村通公路建设汇报，详细查阅资金使用、工程质量、廉政建设、监督机制、养护办法等有关资料，充分肯定临汾市农村公路建设尤其是在农村公路养护方面所取得的成绩，并对今后的工作提出指导性意见和建议。

11月11日 省交通运输厅印发《关于加强在建重点公路工程项目冬季施工质量安全管理的通知》。

11月11日 省交通运输厅向省政府呈报《关于改设和新增公路超限检测站的请示》。拟新增东岗超限检测站（大同市南郊区口泉乡），改设固定桥超限检测站（大同县吉家庄乡）。

11月11日 省交通运输厅向省发改委报送《关于太旧高速公路护栏及防眩板一期改造工程可行性研究报告的请示》。估算投资8398万元，建设工期1年。

11月12日 省交通运输厅批复祁临高速公路K909+085至450、K910+060至500段高边坡工程处置方案。估算投资2110万元。

11月13日 省委副书记、省长王君在省委常委、政法委书记杜玉林、省政府秘书长王清宪等陪同下，带领有关市和部门负责人赴太旧高速公路，看望滞留的部分司乘人员以及战斗在一线的广大干部职工，并就高速公路清雪除冰、确保畅通等应对强降雪工作进行实地调研。省交通运输厅领导段建国、张润、张志川，省高管局及太旧高速公路公司相关领导陪同。

在太旧高速公路寿阳段，王君一行实地查看路面积雪积冰状况，并向省交通运输厅及太旧公司详细了解滞留车辆疏导、人员救助等情况，向顶风冒雪、不畏严寒坚持奋战在清雪除冰一线的交通以及地方、部队等单位工作人员表示感谢和慰问，希望大家发扬不怕困难、连续作战的精神，战胜强降雪，打通运输线。在阳泉服务区，王君省长走到滞留车辆前，向滞留司乘人员详细询问这几天来的饮食、保暖等情况，嘘寒问暖，他请大家放心，省委、省政府非常关心，已经组织动员各方力量争分夺秒清雪除冰，道路很快就会恢复通行，交通部门也会保证大家不挨饿不受冻。王君省长还走进服务区餐厅厨房，和后勤人员一一握手，当得知大家已经连续几天24小时不休息坚持工作，为司乘人员以及抢险工作人员服务的情况后，他代表省委、省政府感谢大家的默默奉献和辛勤工作，鼓励大家发扬交通战线的优良传统，为清雪除冰确保畅通做好后勤保障工作。

王君在讲话中，要求各级各部门要以对人民群众高度负责的精神，把保民生、保运输、保生产放在突出位置，迅速打胜防范应对强降雪这场硬仗。目前首要任务是清雪除冰，确保高速公路尽早恢复畅通。各级地方政府、部队要给予大力支援，积极配合交通管理部门协同作战，赶时间，抓速度，周密部署，统筹安排，保证太旧高速公路以最快速度恢复正常通行。与此同时，要以高度责任心，认真解决好滞留人员后勤保障问题，解决好他们的特殊需要。

11月13日　上午，天镇至大同高速公路开工建设动员大会隆重召开。大同市委副书记、市长耿彦波出席并讲话。

会议要求，各施工、监理单位要全面落实质量、安全、廉政、环保、和谐的建设管理要求，力争各项指标均优于设计和规范要求，攻坚克难，以质取胜，打造行业精品工程，实现优良率100%，优质率100%质量目标。

耿彦波在讲话中，要求在保证质量前提下，各有关部门要快速组织、快速进场、快速铺开，确保建设进度。天镇、阳高、大同县要积极创造条件，全力以赴为高速公路建设保驾护航。

大同高速公路公司总经理、天镇至大同高速公路建管处处长尉继廷作动员报告，并与施工单位签订《阶段目标责任书》、《廉政合同》和《安全合同》。沿线三县县长、施工单位、监理单位代表分别作表态发言，会议还宣读《天镇至大同高速公路路基桥隧工程劳动竞赛方案》。

11月13日　省交通运输厅向省财政厅报送《关于追加2009年高速公路服务区租赁收入收支预算的请示》，共计6259.5万元，返还用于汾平高速公路建设。

11月16日　省交通运输厅印发《关于责令太原富通公路工程有限公司等三个公司停业收费的通知》。主要包括柴化公路（太原市交通局）、朝龙公路（临汾市交通局）、省道赵克线（省公路局）。

11月16日　省交通运输厅印发《关于对部分经营性公路检查结果的通报》。

11月16日　省交通运输厅转发省财政厅《关于下达2009年第一批车辆购置税用于一般公路建设专项资金项目支出预算的通知》。共计52 650万元。

11月16日　省交通运输厅批复广灵等6个公路段业务用房工程可行性研究报告。其中：①广灵公路段，征地10亩，总建筑面积2450平方米，控制投资539万元，建设工期2年；②兴县公路段，拆旧新建，建筑面积2220平方米，控制投资404万元，建设工期2年；③霍州公路段，拆旧新建，建筑面积2254平方米，控制投资400万元，建设工期2年；④

绛县公路段，拆旧新建，建筑面积2180平方米，建设工期2年；⑤稷山公路段，拆旧新建，建筑面积1985平方米，控制投资365万元，建设工期2年；⑥长治县公路段，征地10亩，建筑面积2284平方米，控制投资498万元，建设工期2年。

11月16日 省交通运输厅批复太原高速公路小店滨河收费站站房可行性研究报告。建筑面积2800平方米，控制投资757万元，建设工期2年。

11月16日 省交通运输厅批复朔州高速公路朔州收费站生活区改扩建工程可行性研究报告。新增占地7.15亩，建筑面积1500平方米，其中收费人员宿舍1026平方米，附属设施474平方米，控制投资746万元，建设工期2年。

11月16日 省交通运输厅批复平鲁等8个交通征费稽查所业务用房可行性研究报告。其中：①平鲁征稽所，占地10亩，建筑面积1492平方米，其中业务用房1230平方米，附属用房262平方米，控制投资479万元，建设工期2年；②岢岚征稽所，置换土地5亩，建筑面积1480平方米，其中业务用房1300平方米，附属用房180平方米，控制投资367万元，建设工期2年；③灵石征稽所，征地9.54亩，建筑面积1658平方米，其中业务用房1476平方米，附属用房182平方米，控制投资567万元，建设工期2年。④汾阳征稽所，征地10亩，建筑面积1462平方米，其中业务用房1226平方米，附属用房236平方米，控制投资590万元，建设工期2年；⑤孝义征稽所，征地7.5亩，建筑面积1505平方米，其中业务用房1360平方米，附属用房145平方米，控制投资680万元，建设工期2年；⑥柳林征稽所，当地政府划拨土地4.93亩，建筑面积1300平方米，其中业务用房1130平方米，附属用房170平方米，控制投资377万元，建设工期2年；⑦安泽征稽所，新征土地2亩，建筑面积1116平方米，其中业务用房955平方米，附属用房161平方米，控制投资293万元，建设工期2年；⑧永济征稽所，征地10亩，建筑面积1570平方米，其中业务用房1321平方米，附属用房249平方米，控制投资483万元，建设工期2年。

11月16日 省交通运输厅向省发改委报送《关于2009年交通业务用房基本建设投资建议计划的请示》。总投资9197万元。其中，省成品油消费税付6831万元，车辆通行费1214万元，单位自筹1152万元。

11月16日 省交通运输厅向省发改委报送《关于2009年交通业务用房基本建设项目可行性研究报告的请示》。

11月17日 上午，全省重点公路工程建设项目第六次调度会议召开，对年前各项工作进行安排部署。要求在今后两个月的时间内，抓前期，抓开工，抓建设，抓管理，全面推进高速公路建设。省交通运输厅领导段建国、张润、张志川、郜玉兰、张德仪、赵振田、郭贵平出席。

截至10月底，全省开工建设项目26个，在建里程2000公里，提前完成省政府确定的目标任务；完成投资317亿元，为上年同期10.5倍，位列全国第二、中部第一，为拉动全省经济发展作出巨大贡献。阳翼、闻垣等计划2010年竣工项目工程建设进展顺利，安全质量控制良好，为2010年实现通车1000公里目标打下较好基础。

调度会上，大呼高速等17个在建项目、长临高速等4个拟建项目以及9个地方政府承建项目管理处汇报工程建设、前期准备工作进展及存在的问题。省交通质监站通报高陵、平榆高速公路两个项目和阳翼高速公路北深沟特大桥质量检查情况；厅审计中心通报全省28个政府还贷高速公路建设项目审计调查情况。厅规划处、厅运管处、厅纪检监察室分别就重点工程项目审批、安全监管及廉政建设等作了说明。厅领导郜玉兰、张德仪、郭贵平分别就分管工作作了安排部署。要求抓好冬季施工质量安全，完善项目审批手续，利用冬闲认真开展专业人员技术培训；

抓好突出问题整改，抓好施工队伍和农民工工资发放等工作。副厅长张润主持会议，要求厅重点办、厅公路处牵头成立BOT项目高层协调服务组和公路、公铁专项协调组，以推进部分突出问题的解决。

段建国在讲话中，充分肯定各项目取得的成绩，并就存在问题提出明确要求。他说，目前是全省高速公路建设的非常时期，开工项目之多、建设里程之长、投资规模之大，在全省公路建设史上绝无仅有，对每个参与者来说机遇难得，一定要扑下身子，全身心投入。特别是领导干部，务必要以必胜信念，昂扬斗志，踏实作风投入到工程建设之中，主动到施工一线了解问题、发现问题、解决问题；要抓重点、抓难点，学会抓主要矛盾，不能眉毛胡子一把抓；要调动班子成员、干部职工积极性。同时，一把手要亲力亲为，抓好各项管理工作，争取做到精实细严，确保工程建设质量、安全、进度、投资、廉政各个目标实现。

11月17日 省交通运输厅党组成员、副厅长王志民主持召开"10·30"重大道路旅游客运事故约谈会，督导善后处理工作，分析原因，吸取教训，研究加强道路旅客运输特别是旅游客运安全管理工作。会议听取太原市金佳通旅游服务有限公司、太原市小店区运管所、太原市小店区交通局、太原市运输管理局有关事故救援、善后处理、举一反三、吸取教训、安全整顿等情况汇报。

王志民在讲话中，要求全省交通运输主管部门及运管机构、运输企业特别是"10·30"事故有关单位、部门、企业要深刻吸取事故教训，从今后预防类似事故考虑，举一反三，认真思考，研究办法，确定对策。一要按照省委、省政府"三个发展"要求，进一步明确、强调、落实"两个主体责任"；企业对道路运输安全管理负主体责任，是安全生产第一责任者；各级运管机构对道路运输安全监管负主体责任，责任也很重大；各级交通运输主管部门对道路运输安全负领导责任。二要按照省委、省政府"三个发展"要求，以"10·30"事故为契机，实施企业兼并重组和整合。要以产权为纽带，按照现代企业制度加快旅游客运企业的改造。依法依规清理虚假注册，依法依规进行行政许可。着力推进道路旅游客运组织结构调整，把道路旅游客运企业做强做大，提升本质安全水平。三要按照条例和部令要求，严格行政审批，并实行企业法人诚信承诺制度。要做到承诺规范，不按规定如实填写有关内容、弄虚作假的企业要承担相应责任。四要按照安全生产管理责任制要求，进一步明确各级运管机构安全监管责任，并赋予相应职权和手段。五要按照建立统一、开放、竞争、有序道路运输市场秩序要求，加强市场监管。要巩固和发展太原市近年来严格运政稽查、严厉打击黑车的成果，有效发挥省、市、县三级运政稽查队伍作用，主动出击，突出重点，加大力度，坚决打击"黑车"，有效治理违法违规营运行为，规范市场秩序。

11月17日 省交通运输厅党组印发《山西省交通运输厅开展工程建设领域突出问题专项治理工作实施方案》。主要包括4项内容：①专项治理工作的重要性和必要性；②专项治理工作的总体要求、主要任务和工作目标；③目标要求、任务分解、主要措施和责任单位；④保证措施。

11月18日 省交通运输厅组织召开全省交通运输系统工程建设领域突出问题专项治理工作电视电话会议，对专项治理工作进行动员部署。厅党组书记、厅长段建国出席并讲话，厅党组副书记、副厅长张润传达省、部有关专项治理工作会议精神。厅党组成员、驻厅纪检组组长韩日裕主持会议并作总结讲话。厅党组成员、省公路局党委书记赵振田宣读省厅工程建设领域突出问题专项治理工作领导组及办公室人员名单。

段建国在讲话中，要求各单位要认真贯彻落实中央决策部署，坚持科学有效的思路和方法，加强组织领导，密切协作配合，确保专项治理工作取得实效。厅属各相关单位要成立相应领导机构和办事机构，组织开展好本地区和本系统的专项治理,制订具体方案,精心组织实施。要把专项治理工作与深入学习实践科学发展观活动、与扩大内需,促进经济增长政策落实情况的监督检查和日常监管结合起来。在解决当前存在突出问题的同时,逐步建立工程建设健康有序发展的长效机制。深入排查,认真整改,根据中央统一部署,在厅专项治理工作领导组统一组织下,尽快进入排查阶段,省厅和市、县两级交通运输部门要分别对负责建设的总投资额在5000万元以上、3000万元以上和500万元以上的项目进行排查;厅属各单位要对负责建设的总投资额在500万元以上的建设项目进行排查。特别是要对2008年以来规模以上的政府投资扩大内需项目和使用国有资金项目,尤其是目前已开工的26个高速公路建设项目进行排查,找出存在问题,分析形成原因,提出治理对策,做到应查不漏,不留死角。各监管部门要加强督察,强化落实,加强工程建设、设计、施工、监理单位和工程建设各个环节的监管。对组织领导不到位、方法措施不得力、治理效果不明显的单位要提出整改要求,重点督察,限期整改,确保专项治理工作达到预期目标。

厅专项领导组成员、办公室主任,厅机关各处室负责人,厅直单位党政主要领导、纪委书记,驻太原有关厅属单位党政主要领导、纪委书记在太原主会场参加会议。各市交通局、各高速公路建管处(含地市项目、BOT项目)、各公路分局、各高速公路公司党政主要领导、纪委书记在全省10个分会场参加会议。

11月18日 省直机关深入基层促“三保”办公室副主任、省委常务副秘书长姜新文,省交通运输厅促“三保”工作组组长、厅党组成员、副厅长张志川,省委机要局局长任兔平,省委办公厅机关党委书记何其山以及省重点办、省征费局、厅机关有关处室负责人一行,来到平遥中学、平遥县岳壁乡岳北村举行下基层促“三保”捐赠仪式。

在平遥中学,张志川代表省交通运输厅向平遥县交通战线的广大干部职工和平遥中学的全体师生表示崇高敬意与亲切问候,并向平遥中学捐赠10台电脑、3000册书籍、40万县乡道路补助资金,希望这微薄之力能对平遥县经济社会又好又快发展有所帮助。同时衷心祝愿平遥县各项事业蒸蒸日上,人民幸福安康;平遥县中学桃李争艳,人才辈出,再创辉煌。

省委办公厅在平遥县岳壁乡岳北村举行结对帮扶新农村建设推进村捐赠仪式,并向岳壁乡岳北村捐赠桌椅、水泵、电教设备、书籍以及5万元人民币。

平遥县委有关负责人详细介绍全县基本情况,并对省厅、省直机关给平遥送来精神食粮和物质支持表示衷心感谢。

11月18日 省交通运输厅召开在建高速公路项目财务负责人座谈会。厅党组成员、厅总会计师张德仪出席并讲话。厅财务处、厅核算中心主要负责同志,各在建高速公路项目总会计师、分管财务领导、财务部门负责人参加。

张德仪在讲话中,要求准确判断和把握当前面临的新形势和新要求,提升全省高速公路财务管理水平。一要解放思想,更新观念,正确处理好几个关系。即资金安全与加快建设的关系,财务监督与资金安全的关系,内部监督与外部监督的关系。二要全方位加强建设资金管理。树立法制意识,依法理财;完善制度建设,狠抓制度落实;正确处理好与政府监管部门的关系;制定和完善长效监管机制;大力通过科技创新,购买或自行开发项目财务管理系统。三要切实加强财务队伍建设,不断提高高速公路建设项目财务人员综合素质。四要认真做好审计整改工作,切实将审计指出的问题消灭在萌芽状态。

11月18日 省交通运输厅批复省道临夏线临汾城区过境公路涧上至新风村段改建工程初步设计。路线全长7.086公里,一级标准,设计时速80公里,路基宽32米,核定概算197 898 785元。

11 月 18 日 省交通运输厅批复国道307线白家庄至张家河段公路改建工程初步设计。路线全长35.501公里，二级标准，设计时速60公里，路基宽15米、12米、10米，核定概算286 669 651元。

11 月 18 日 省交通运输厅印发《关于公布山西诺通公路养护有限公司等43家单位公路养护工程施工资质复审结果的通知》。

11 月 18 日 省交通运输厅向省发改委报送《关于大运高速公路祁临段临汾土门连接线拓宽改造工程可行性研究结果的请示》。路线全长5.623公里，一级标准，设计时速80公里，路基宽24.5米，投资估算10 114万元，建设工期2年。

11 月 18 日 省交通运输厅印发《关于成立山西省交通运输"十二五"规划编制领导组的通知》。组长：段建国；副组长：张润；常务副组长：王志民；成员有：戴飞、张晋鹏、李华中、董新品、牛世骏、尹新平、曹居月、王京荣、郭全英、蒋品、杨吉平、李宝顺、田根、蔺建煌、安小平。办公室主任：王京荣；副主任：董占文、安小平。

11 月 19 日 全省交通战备"十二五"发展规划座谈会在忻州召开。省军区副司令员何永才，北京军区联勤部军交运输部部长、交战办主任董华，省交战办第一主任、省交通运输厅党组书记、厅长段建国出席并讲话。省交战办主任、省交通厅党组副书记、副厅长张润主持。省交战办副主任史荣和出席。各市交战办主任、厅机关有关处室、厅直有关单位负责人参加。

"十一五"期间，在国家、北京军区交通战备办公室和省国防动员委员会正确领导下，全省交通战备工作围绕军事斗争交通保障准备，强化平时服务、急时应急、战时应战的"三位一体"建设，国防交通基础设施建设成绩明显，交通保障力量体系基本形成，学术研究和科研工作不断深入，战储物资器材管理逐步规范，信息化建设稳步推进，正规化建设深入发展，促进全省交通保障能力的整体提高。"十二五"期间，省交战办将继续大力推进国防交通基础设施建设，积极抓好交通建设贯彻国防要求，充分做好民用运力动员准备，加强专业保障队伍建设，搞好交通战备物资器材储备，积极开展交通战备科研和教育宣传，加快交通战备信息化建设，加强交通战备法规与机构建设。

段建国在讲话中，要求充分认识到编制"十二五"规划的重要性和必要性；要积极争取上级部门支持，加强领导，组建专家队伍，落实规划经费；要站在国防高度、发展高度编制规划，高速公路、国省干线、农村公路要紧密配合。同时征求专家意见对"十二五"交通战备规划讨论稿进行研究修改。

11 月 19 日 省交通运输厅印发《关于加强公路沿线地质灾害防治工作的紧急通知》。

11 月 19 日至 20 日 省交通运输厅先后与中海信托、中信银行、山西证券三家金融机构分别就全省公路建设筹融资进行座谈。厅领导段建国、张润、王志民、张德仪，厅财务处、厅规划处、省公路局、省高管局、省交通建设开发总公司有关负责同志参加。

在座谈会上，段建国向金融机构介绍全省交通基础设施建设情况和所需资金数量，双方就公路建设贷款及合作模式、贷款金额、时间等进行广泛深入座谈。段建国指出，省厅将继续按照省委、省政府安排部署，为扩大内需、保增长、促稳定作贡献，在未来几年将继续加大公路建设力度；要积极拓宽筹融资渠道和思路，创新筹融资模式，缓解资金压力，确保全省公路建设顺利进行。

11 月 20 日 上午，省交通运输厅在厅五楼会议室举办学习党的十七届四中全会精神专题讲座，邀请省委党校教授刘树信辅导。厅党组副书记、副厅长张润主持，厅领导韩日裕、郭贵平以及厅机关党员领导干部，厅直单位党政主要领导同志聆听。

刘树信教授在报告中，从执政党建设的基本经验，新形势下加强改进党的建设的复杂性，以及如何适应形势，推进党的建设改革创新等方面进行阐述讲解。报告深入浅出，事例鲜活，数据翔实，很受启发。

11月20日 省交通运输厅向交通运输部呈报《2009年山西省交通运输建设资金专项审计检查报告》。

11月22日 上午，省道南沁线、汾屯线公路改建工程竣工通车。

省道南沁线改建部分从沁县西渠上至沁源交口，全长33.85公里；省道汾屯线改建部分从晋中界至沁源交口，全长45.45公里。两段相交于沁源县交口乡，呈"V"字形，工程总长79.3公里，二级公路标准，2008年11月开工建设，2009年10月底全线完工，总投资3.65亿元。

11月23日 省交通运输厅印发《关于认真贯彻落实在建高速公路项目财务负责人座谈会精神的通知》。

11月23日 省交通运输厅向省政府呈报《关于平顺县芦芽北铁矿业压覆长安高速公路虹梯关特长隧道有关问题的请示》。

11月23日 省交通运输厅批复北空司训大队训练场改造工程可行性研究报告。估算投资899万元，建设工期1年。

11月23日至12月4日 为确保道路交通畅通，进一步巩固干线公路文明建设成果，省公路局组织对全省干线公路进行全面检查。分为公路养护工作检查组和综合检查组。公路养护工作检查组就路况和工程方面进行检查。路况方面检查内容有4项。一是按照《公路技术状况评定标准》对养护质量评定情况进行抽查；二是查阅段、班生产纪录、图表等资料；三是薄弱路段养护情况；四是文明路建设和保持情况。工程方面主要检查2009年省养路费和中央车购费计划安排的所有养护大中修工程（含安保工程、绿化工程、水毁工程）、危桥改造加固工程及路面改造工程完成情况。综合检查组对各公路分局、三门峡大桥管理处年度"两个文明"建设情况进行全面巡查，具体包括被检单位机关和沿途公路段、道班、超限检测点、新改建工程、路面改造情况、危桥改造工程、安保工程、综合治理工程及文明路建设情况等。检查路线长4850公里，涉及7条国道、39条省道，73个县（市、区），18个超限检测点，还有阳方口战备库。省公路局局长戴飞、副局长惠高峰、局长助理张兴顺全程参与检查工作。检查结束之日，检查组一行还赴临汾市段店山西路桥二公司进行调研。

11月23日至24日 为了顺应当前运管机构面临的三大改革，切实转变职能，进一步提高各级运管机构领导干部依法行政水平和运政执法队伍综合素质，省运管局举办全省运管系统法制培训班。邀请省政府副秘书长、应急办主任孙跃进等有关人员为全省运管系统人员授课。

在培训中，专家们就《中华人民共和国突发事件应对法》、《关于实行党政领导干部问责的暂行规定》、《中华人民共和国政府信息公开条例》这三个法律法规作了详实讲解，对运管机构在发生自然灾害、事故灾难、公共卫生事件和社会安全事件时应急保障的职责，领导干部履职中失职、渎职行为的问责和在履行行政职能过程中信息公开的义务进行具体讲解，为运管机构领导干部在今后工作中更好地履行职责、义务并出色完成工作任务提供理论基础。

省运管局党委书记、局长李华中在讲话中，要求珍惜机会，安下心来，认真听课，切实在培训中有所学、有所获、有所得、有所用，努力开创全省道路运输发展新局面，为山西经济新一轮发展作出更大贡献。

11月24日 省交通运输厅下达2008年度县乡公路水毁抢修费用。

11月24日 省交通运输厅向省发改委报送《关于大运高速公路代县连接线改建工程可行性研究报告的请示》。路线长9.003公里，二级标准，设计时速60公里，路基宽10米，估算投资9952万元，建设工期2年。

11月24日 省交通运输厅向省发改委

报送《关于长邯高速公路路面专项处治工程可行性研究报告的请示》。处治范围49.23公里，投资估算2992万元，建设工期2个月。

11月24日 省交通运输厅向交通运输部公路规划研究院报送《关于荣乌线山阴至平鲁段平朔枢纽及山阴互通连接线建设规模的函》。

11月24日 省交通运输厅批复晋城环城高速公路一级公路连接线初步设计。路线全长10.926公里，一级标准，设计时速80公里，路基宽24.5米，核定概算622 379 095元。

11月24日 省交通运输厅向省财政厅报送《关于申请对太长高速公路建设项目进行财政投资评审的函》。

11月24日 《山西交通》报道：为切实加强对全省经营性公路技术状况和服务水平的监督管理，严格依法督促各经营性公路经营管理单位履行公路养护、绿化和公路用地范围内的水土保持义务，根据《收费公路管理条例》第五十四条相关规定，日前，省厅决定责令太原富通公路工程有限公司经管的柴化公路、乡宁县朝龙商品路开发有限公司经管的朝龙公路、山西临洪道桥基建有限公司经管的省道赵克线等三条公路技术状况不符合国家有关规定的经营性公路停止收费，直至其公路技术状况恢复至良好（公路技术状况指数MQI、PQI、SCI、BCI、TCI均≥80）及以上为止。

通知要求太原市交通局、临汾市交通局和省公路局分别监督太原柴化公路、乡宁朝龙公路、省道赵克线停止收费的具体工作。上述三个公司应在积极做好公路技术状况整改工作的同时，做好收费规范化服务等的培训和整改工作。

11月25日 为更好地推进工程建设领域项目信息公开和诚信体系建设，由省检察院副检察长严奴国带队，检察院有关处室负责人组成的调研组一行五人对省交通运输厅重点工程建设项目信息公开和诚信体系执行情况进行调研。厅党组副书记、副厅长张润，厅党组成员、驻厅纪检组组长韩日裕，厅办公室、厅规划处、厅公路处、厅运管处、厅重点办及驻厅纪检监察室负责同志参加座谈。太佳高速公路东、西段建设管理处、太古高速公路建设管理处、平阳高速公路建设管理处负责人分别就本建设项目的信息公开和诚信体系建设工作进行汇报。韩日裕主持。

座谈会上，张润就省厅政务公开及项目审批、核准和监督情况；投资项目科学合理与确定项目建设规模、工程造价和标准情况；项目招投标管理及市场诚信体系建设情况及在创新监督管理模式，加大纪检监督检查力度方面；在完善安全管理法规制度，落实安全生产领导责任制要求，防范重大生产安全事故发生的落实情况等五方面工作作了介绍。希望能与省检察院一同建立联合体系，开展警示教育，通过用一些反面和正面的案件对重点领域的重点人员进行教育培训，加强预防犯罪工作力度。同时培训一至两个“阳光工程”，树立典型和榜样，起到示范作用。

严奴国在听取汇报后，对全省工程建设领域项目信息公开和诚信体系建设工作表示满意。认为呈现出领导重视、认识到位、严格程序、规范管理、公开透明、联合监督五个特点。希望省厅在所取得成绩的基础上继续努力，加强内部全程监督，不能有漏洞，不能有空当。并表示省检察院愿意做省交通厅的联系点，长期合作，互相沟通，共同建立预防体系。省检察院也将一如既往地为全省工程建设健康发展保驾护航。

座谈会上，双方还就下一步如何更好地推进工程建设领域项目信息公开和诚信体系建设交换意见。

11月25日 上午，根据省委办厅、省政府办公厅《关于开展向受灾和贫困群众“送温暖、献爱心”社会捐助活动的通知》精神，省高管局在局机关大厅举行捐款仪式，162人参加，共捐款1.5万元。连日来，全省高速公路管理系统广大党员、干部和群众积极参加捐助活动。截至11月30日，全系统共有10 314人参加,共为受灾和贫困群众捐款561 385.1元。

11月25日 在省效能办建议下,省建设厅政务大厅等相关单位在部门领导带领下,来到省运管局政务大厅参观学习,听取政务大厅工作人员对行政审批、办事流程、优质服务等工作方面的有关情况介绍。省建设厅政务大厅有关负责人对省运管局政务大厅依法办事,秩序井然,特别是开展的"三公开"(公开组织召开自查自纠例会;公开自查自纠方案;公开设立举报电话、举报箱、举报邮箱,接受群众和办事人员举报)和"三必须"(凡是申请文书必须真实、准确,必须首办负责人签字;凡是接到的举报电话必须查实,保证行政许可的规范性;凡是自查出现的问题和存在的隐患,必须及时纠正)活动赞不绝口,表示确实值得借鉴和学习。

11月25日 省交通运输厅下达2009年第二批汽车客运站基本建设项目投资计划。共计20 950万元,其中,成品油消费税8450万元,地方自筹12 500万元,包括晋城汽车东站、忻州汽车客运中心、临汾城西客运站及交口、偏关、盂县、沁源、黎城、屯留、襄垣县汽车站、五台山停车场。

11月25日 省交通运输厅印发《关于加强冬季桥梁架设安全管理工作的通知》。

11月25日 临汾市市长罗清宇,市委常委、常务副市长徐树荣带领沿线县政府及市直有关部门负责人赴临吉高速公路建设工地现场办公,提出5点要求。一要统一思想,提高认识,建设单位要加强与地方各级政府、部门多沟通,协商解决困难。二要加强组织领导,明确职责任务,日常工作要责成专人负责,避免人员缺位或频繁更换。三是在企业拆迁补偿方面要做到合情合理。对拆迁企业的合理要求要给予充分考虑,对于想拿一把、抓一把、勒索一把的行为,要运用行政、法律手段坚决予以打击。四是在火工品供应方面要做到程序严格、价格合理、保证供应。五要维护好群众利益,体谅难处,因地制宜、实事求是地保障群众权益,真正体现修路为民的宗旨。

11月25日至27日 省交通运输厅党组成员、厅总工程师郜玉兰,省重点办副主任刘继承带领检查组赴汾平、平榆高速公路进行综合检查。

在平榆高速公路宝塔山隧道,郜玉兰查看每天进隧道人数统计表,询问防水板类型、掘进手段及措施,要求隧道作业单位要加强洞内通风、照明、排水、衬砌等措施,切实满足安全要求;隧道施工人员在保进度、保安全前提下,要狠抓冬季质量管理。在汾平高速公路南同蒲大桥,郜玉兰详细询问施工进度、质量控制及安全管理工作等情况,要求抓好施工现场安全保护,强化冬季安全检查,全力以赴推进工程建设;各施工单位和监理单位要严格标准,加强监管,保证质量,确保工程如期竣工通车。

郜玉兰在讲话中,对两个项目建设取得的成绩给予充分肯定。要求在保质量、保安全前提下,合理制定施工计划,加快工程进度;施工单位尽量做好协调,使用沿线地材与民工,拉动当地经济发展和百姓致富。

11月26日 省交通运输厅党组成员、副厅长张志川带领厅规划处、厅重点办有关负责同志,检查高陵高速公路工程建设和管理工作。晋城市委常委、副市长赵学梅一同检查。

张志川一行沿施工便道,先后察看各合同段主要作业场所,详细了解冬季施工准备情况,对梁板预制和保温措施进行仔细询问,并察看温度记录,要求施工、监理单位必须采取切实可靠保证措施,保证质量和施工安全。检查中,张志川深入190多米的郭家川2号隧道,详细察看掌子面围岩煤层状况和二衬、仰拱施工情况,要求施工单位坚决贯彻省厅高危工程的强制性标准,加强地质超前预报和物理钻探,防止瓦斯突出,确保质量安全。建管处要提高认识,狠抓关键性、控制性工程的施工管理,确保小循环路段2010年按时通车。

11月26日 省交通运输厅下达2009

年沿黄扶贫旅游公路省补助资金计划。共计139.5公里，总投资8.86万元，省补助1649万元，市县自筹6437万元。

11月26日 省交通运输厅向省发改委报送《关于调整2009年重点公路建设项目投资计划的报告》。主要包括大同至浑源、浑源至广灵、榆次至祁县、河津至运城高速公路4个项目。

11月26日 省交通运输厅向省政府呈报《关于高速公路交警大队营房与高速公路同步规划建设有关事宜的报告》。

11月26日 下午，晋城市委副书记、市长王茂设带领市交通、发改委、财政、建设、水利、园林、规划等部门和泽州县负责人，深入晋城市汽车客运东站项目建设现场调研。

项目位于市经济技术开发区内，占地面积207.5亩，总建设面积21 285平方米，概算16 780万元，设计年度日均旅客发送量为3.23万人次，属国家一级客运站，工期两年。2008年12月开工建设，2009年12月完成主站楼建设，完成投资1.05亿元，预计2010年底完成全部投资额。

王茂设指出，东站作为一座现代化的客运枢纽工程，对于拉大城市框架、促进城乡统筹发展具有积极促进作用。各有关部门和泽州县、开发区要一如既往地关心支持工程建设。

11月27日 省交通运输厅党组书记、厅长段建国赴在建的太古、太佳高速公路（东段），就工程质量、安全和应对雪后高速公路建设、冬季施工等问题进行调研。厅副巡视员郭贵平、厅直机关党委、厅公路处、厅重点办、省交通质检站负责同志陪同。

在太古高速公路西山隧道，太佳高速公路东段西凌井隧道，段建国仔细察看围岩等级，询问日掘进速度及工程建设中存在的问题。在晋中路桥箱梁预制工地现场，当看到施工单位早已搭建并投入使用的原材料保温棚和箱梁蒸汽养生棚里冒着浓浓的蒸汽时，他实地检查施工工艺、质量、安全措施等工作，并针对雪后施工存在的困难和问题，进行现场办公。要求各施工单位一定要制定切实可行的冬季施工措施，在确保安全、质量前提下，推进工程进度。特别是隧道施工，千万要注意瓦斯浓度，要24小时派专人负责检测，确保冬季安全施工。全省交通干部职工尤其是党员干部，要认真学习弘扬“右玉精神”，切实加强机关作风建设，深入基层，深入一线，定点帮扶，务实创新，全力推进各项交通重点工程建设。

在太佳高速公路第二合同段施工现场，厅直机关党委书记杨俊威就省厅学习弘扬“右玉精神”，转变机关作风情况接受山西卫视新闻频道记者的专访。

11月27日 上午，省交通运输厅重点办党委举行全省重点公路工程建设系统学习十七届四中全会精神专题讲座，100余人参加。邀请省委党校教授刘树信，从全国目前所面临的形势、十七届四中全会召开的背景、内容、意义以及如何解读《中共中央关于加强和改进新形势下党的建设若干重大问题的决定》这一重要文件等方面进行深入讲解。既有理论上深入分析，又有鲜明事实例证，使全体参会人员对十七届四中全会精神具体内涵有了明确理解和深刻领会，为在实际工作中更好地贯彻落实奠定坚实理论基础。

下午，厅重点办党委召开全省重点公路工程建设系统党建工作座谈会。各建设单位党委书记、分管宣传工作领导、党务人事部部长就如何为全省重点公路工程任务圆满完成提供强有力组织保证交流座谈。在3个多小时的座谈会上，与会代表积极地介绍情况、交流经验，并提出一些建设性意见和建议，使座谈会开得热烈而有成效。

11月27日 省交通运输厅向省财政厅报送《关于商请太旧高速公路并购资金缴纳营业税先征后返的函》。

11月27日 省交通运输厅批复运风高速公路永济服务区施工图设计。占地总面积121 500平方米（182.4亩），南区54 000平方米(81亩),北区67 500平方米(101.4亩),用房占地面积5875.9平方米(8.8亩),总建筑面积7031平方米。其中,南区1979平方米,北区4250平方米。核准预算43 299 114元。

11月28日 在北京召开的全国职工教育职业培训先进个人、先进单位表彰大会上,山西交通技师学院张文才校长荣获“中国技工院校杰出校长”光荣称号。

2009年下半年,中国职协为全面总结技术院校和企业职工培训工作的先进经验,引导职业院校和企业积极实施特别职业培训计划,加强高技能人才培养,促进就业,推动经济社会发展,经人力资源社会保障部批准,启动全国职工教育职业培训先进个人、先进单位评选工作。经各地、有关部门、行业协会和中央直属企业评选推荐,评审办公室严格评审,评选表彰工作领导小组审议,初选名单网上公示,决定授予张文才等69人为中国技工院校杰出校长荣誉称号。同时受表彰的还有218位“中国技工院校优秀教师”,203家企业“全国企业职工教育培训先进单位”,196名“全国职工教育培训先进个人”。

11月29日 太原环城高速公路太谷连接线工程(清徐段)开工建设,省交通运输厅党组成员、省公路局党委书记赵振田,省公路局局长戴飞,太原市副市长王建生,太原市交通局、太原公路分局、清徐县四大班子等领导参加开工仪式。

项目在太原境内全长24.952公里,其中太原市经济开发区7公里,小店区7.1公里,清徐县10.8公里,采用一级公路标准建设,设计时速100公里,路基宽24.5米,总投资5亿元,占地1664亩。市政府为该项目建设单位,市交通局负责工程监督与管理,具体由沿线经济区、小店区和清徐县政府组织征地拆迁和建设。

11月30日 省交通运输厅向省人力资源和社会保障厅报送《关于为郝建文家属冯丽娜办理城市合同制工人手续的请示》。

12月

12月1日 省交通运输厅党组成员、厅总工程师郜玉兰深入晋城环城高速公路现场办公,指导解决路基7标不良地质处治、采空区排查新增采空区治理等技术问题。省重点办副主任刘继承,晋城市委常委、副市长赵学梅一同参加。

每到一地,郜玉兰都要仔细询问冬季施工准备情况,并对冬季施工技术措施进行检查指导。要求各单位始终把工程质量和安全生产放在首位,科学管理,精心组织,强化施工过程的控制和监督,提高精细化管理水平,在确保质量和安全前提下,抓好冬季施工。

12月1日 省交通运输厅批复太古高速公路西山隧道机电工程技术设计和概算。隧道左线长13 654米,右线长13 570米,核准概算322 196 935元。

12月2日 省公路局召开全省路桥企业党风廉政建设会议。对全省路桥企业一年来的党风廉政建设、工程项目管理情况进行总结,并对下一阶段工作进行安排。省交通运输厅党组书记、厅长段建国,厅党组副书记、副厅长张润,厅党组成员、驻厅纪检组组长韩日裕出席并讲话;厅党组成员、省公路局党委书记赵振田全面总结路桥企业一年来工作,安排部署下一步工作;省公路局局长戴飞主持,省公路局及厅纪检监察室有关负责人出席。各分局、各路桥企业党政主要负责人,一线工程项目部项目经理,忻保建管处负责人,各党风廉政和效能监督检查组成员参加。

一年来,全省路桥企业从四个方面加强党风廉政建设,狠抓工程项目建设管理。一是严格监管,强化监督,以工程项目为抓手,从源头上夯实管理基础;严肃责任追究,杜绝工程项目亏损;加强基层党组织建设,健全工程项目反腐倡廉工作机制；派驻党风廉政和效能监督检查组，有效增强对施工单位约束力和控制力。二是正视问题，改进管理，及时总结经验教训，不断完善管理机制。加强合同管理，堵塞管理漏洞；严格施工资质管理，规避经营风险。三是以人为本，和谐发展，百倍珍惜来之不易的发展局面，维护改革发展稳定大局。四是打击歪风，弘扬正气，加大案件查处力度，为改革发展营造风清气正环境。会议要求，近期各单位要认真开展专项治理工作，紧抓工期，推进进度，做好维稳和信访工作。

韩日裕在讲话中，希望继续落实党风廉政建设责任制，明确职责范围；着重解决工程建设领域突出问题，严格制度管理，尤其是资金管理、合同管理、物资采购管理等；继续推进惩防体系建设，完善规章制度，从源头上治理。同时，要充分发挥党风廉政监督员作用，加强监督，严防腐败。

张润在讲话中，提出4点要求。一是各分局要切实担起监管责任，路桥企业领导要放下架子，接受监督，真正与分局融为一体；二是各路桥企业要制定近期经营效益计划，明确目标，向省公路局、分局、企业及广大干部群众许诺，接受监督；三是各分局要抓管理，搞创新，管理机制要创新，监督机制也要创新，不能再吃大锅饭；四是路桥企业在公路建设中要真正发挥主力军作用，模范带头作用，绝不能辜负厅党组期望，在安全、质量、廉政工作中再作新贡献。

段建国在讲话中，要求企业领导加强责任感，积极主动出击，投标、揽活，在工程建设中强化项目施工管理，提升企业竞争力。要培育企业的养护产业，促进转型发展，从纯粹建设型企业向建设养护型企业发展；要始终注重品牌建设，打造自己品牌，在工程建设中多夺取“鲁班奖”。要吸取教训，严格工程管理，按规章制度办事，加强领导班子建设；要正确把握自己，廉洁自律，抓住机遇，重振雄风，为全省公路建设再创新辉煌。

戴飞在总结讲话中，希望各单位迅速把各级干部职工思想和行动统一到厅党组、局党委安排部署上来，狠抓工程项目管理，狠抓反腐倡廉工作，促进路桥企业更快、更好发展。要认真吸取好经验、好做法，加强管理，提高效益，深化改革，再接再厉，再鼓干劲，认真做好全年任务的收尾工作，对照年初任务目标，查找差距，弥补不足，确保圆满完成省公路局年初下达的任务目标。

会上，山西路桥一公司、路桥二公司、晋中路桥公司、吕梁公路分局分别作经验交流；省公路局派驻忻保高速公路党风廉政和效能监督检查组介绍一年来工作情况。

12月2日 省交通运输厅向国家开发银行山西分行报送《关于荣城至乌海高速公路山阴至平鲁段增加贷款的函》。总投资47.79亿元增加为59.28亿元，申请增加8.9亿元，贷款总额由35.6亿元增加到44.5亿元。

12月3日 省交通运输厅与中信基建投资有限公司就全省公路建设投融资方式进行座谈。公司董事长张云亭，厅领导段建国、王志民、张德仪，厅机关有关处室负责人、省高管局局长董新品、省交通建设开发投资总公司总经理魏庆飞等参加。

公司成立于1999年，注册资金10.53亿元，是多元化经营公司，主要经营金融、房地产、交通基础建设、高新技术开发等七大板块，其中已建高速公路3条，投资158亿元，里程300公里。

张云亭就公司基本情况作简要介绍，并希望与省厅合作，实现双赢。

王志民、张德仪在讲话中，希望按照国家有关规定，找到适合双方合作的切入点，力争长期合作。已建成的、正在建的、2010年准备开工的项目都可以合作。

段建国介绍全省目前高速公路建设情况。欢迎并希望与中信基建投资公司合作，在双方共赢原则下，达成合作协议，并形成战略伙伴关系，以此推动山西交通快速健康发展。他指出，如合作，公司要考虑交通系统部分职工安置问题，确保社会稳定。双方还就高速公路上市、融资方式进行探讨。

12月3日 由阳泉市政协常委、社会法制委员会主任孙安龙为组长，省纪委、省监察厅纠风室副主任董洪源，阳泉市纪委常委、监察局副局长、市纠风办主任崔正宏为组员的省政风行风考核检查组到省交通运输厅检查2009年度政风行风评议工作。厅党组书记、厅长、厅政风行风评议领导组组长段建国出席座谈会，希望检查组对省厅工作多提宝贵意见。厅党组成员、驻厅纪检组组长、厅政风行风评议领导组副组长韩日裕介绍省厅2009年政风行风评议工作开展情况，厅政风行风评议领导组办公室成员和厅属五大局行评办主任参加会议。

韩日裕详细介绍省厅2009年民主评议政风行风工作的做法、采取的措施、达到的效果，并结合行业特点，重点介绍省厅在民主评议政风行风工作中的亮点，为促进保增长、保民生、保稳定政策的顺利实施，实现交通运输系统安全发展、和谐发展提供坚强保证。

检查组在听取汇报、查阅资料后，充分肯定省厅民主评议政风行风工作的做法和所取得的成绩，认为省厅民主评议政风行风工作思路超前、规定动作到位、措施非常严密、效果十分明显。虽然交通运输系统队伍比较庞大，但是在民主评议政风行风工作中，能够立足服务、落脚发展，用政风带行风、以行风促发展，通过贯穿全年始终的连续培训教育，把抓队伍建设与交通运输政风行风评议工作很好地结合起来，有效地开展民主评议政风行风工作，是一个很好的做法。

12月3日 省交通运输厅向省煤炭工业可持续发展试点工作领导组报送2010年省煤炭可持续发展基金重大项目建设计划。拟由6个高速公路建设项目申请，共计574 382万元。主要包括忻保高速公路、太佳高速公路太原段、吕梁段，汾邢高速公路榆社至和顺段、平遥至榆社段，平定至阳曲高速公路6个项目。

12月3日 省交通运输厅印发《关于表彰全省道路运输行业卫星定位应用系统建设与管理工作先进集体和先进个人的决定》。其中，先进集体41个，先进个人89名。

12月4日 全省重点公路工程建设系统突出问题专项治理工作动员会议召开。省交通运输厅党组成员、驻厅纪检组长韩日裕出席并讲话，各重点公路工程建设单位党政主要负责人、纪委书记、分管质量、安全工作的领导、办公室主任及厅重点办机关全体干部职工参加。

会议传达中央、省、部和省厅有关开展工程建设领域突出问题专项治理工作会议精神，安排部署全省重点公路工程建设系统工程建设领域突出问题专项治理工作。

韩日裕在讲话中，要求各级各部门、各项目建设单位要统一思想，认清形势，进一步规范全省重点公路工程建设领域市场交易行为和领导干部从政行为，加强和改进全省重点公路工程建设领域反腐倡廉建设，扎实开展工程建设领域突出问题专项治理工作。一要充分认识重大意义，把开展专项治理工作与推动全省重点公路工程建设又好又快发展，与贯彻落实中央扩大内需政策，与加强反腐倡廉建设和干部队伍建设有机结合起来，进一步创新思路、强化措施，推动全省重点公路工程建设专项治理工作不断深入；二要在解决重点公路工程建设领域突出问题、完善法规制度和保证制度落实、查办违纪违法案件上下工夫，认真组织开展好重点公路工程建设领域突出问题专项治理工作；三要进一步健全组织机构，加强监督检查，加大治理力度，认真履行职责，狠抓工作落实，确保专项治理工作取得实效。

12月4日 省交通运输厅向省发改委报送《关于太原至佳县高速公路临县黄河特大桥工程可行性研究报告的请示》。拟新建分离式特大桥1座（桥长1253米），陕西岸侧桥头到吉县隧洞口间50米路基工程。4车道高速公路标准，设计时速100公里，路基宽

26米，投资估算32 004万元，建设工期3年。

12月4日 省交通运输厅向省发改委报送《关于得胜口至大同高速公路肖家寨至蔚州疃段改线工程可行性研究报告的请示》。路线全长7.756公里，4车道高速公路标准，设计时速120公里，路基宽28米，投资估算49 964万元，建设工期2年。

12月4日 省交通运输厅转发交通运输部《关于印发2009年统计年报和2010年定期统计报表制度的通知》。

12月4日 省交通运输厅向中国工商银行山西分行报送《关于申请黎城至长治拓宽改造工程贷款的函》。路线全长54.4公里，投资概算318 025万元，申请贷款238 520万元，期限20年，宽限期3年，分3年到位（2010年开工，2012年建成通车）。

12月4日 省交通运输厅向省发改委报送《关于青兰高速公路山西境黎城至长治段拓宽改造工程可行性研究补充报告的函》。路线长54.387公里，设计时速80公里、100公里，路基宽32米、33.5米，投资估算318 025万元。

12月4日 省交通运输厅转发省发改委2009年干线公路危桥改造项目煤炭可持续发展基金投资计划。共17个项目，总投资3811万元，其中煤炭基金1500万元。

12月4日 省交通运输厅印发省交通规划勘察设计院2007年度财务收支情况的审计意见。

12月4日 省交通运输厅印发省交通科学研究院2007年度财务收支情况的审计意见。

12月4日 省交通运输厅印发厅五台山职工培训中心2007年度财务收支情况的审计意见。

12月4日 省交通运输厅印发厅新闻宣传中心2007年度财务收支情况的审计意见。

12月4日 省交通运输厅印发省物流中心2007年度财务收支情况的审计意见。

12月4日 省交通运输厅印发省交通基本建设工程质量监督站2007年度财务收支情况的审计意见。

12月4日 省交通运输厅印发省地方海事局2007年度财务收支情况的审计意见。

12月4日 省交通运输厅印发厅后勤服务中心2007年度财务收支情况的审计意见。

12月4日 省交通运输厅印发省交通干部学校2007年度财务收支情况的审计意见。

12月4日 省交通运输厅印发省交通建设工程监理总公司2007年度财务收支情况的审计意见。

12月4日 省交通运输厅印发山西交通安居置业管理中心2007年度财务收支情况的审计意见。

12月4日 省交通运输厅印发厅规划发展中心2007年度财务收支情况的审计意见。

12月4日至6日 全省交通系统第二届职工乒乓球比赛在太旧高速公路公司体育馆举行。来自全省交通系统21支代表队共150余名运动员参加。省交通运输厅党组书记、厅长段建国出席开闭幕式，并饶有兴致地参加比赛；厅巡视员曹燎原、省体育局副局长杨凤楼出席闭幕式。

本次比赛由省高管局承办、太旧高速公路公司协办，共设男、女团体，男女单打和处级以上干部男女单打5项比赛，经过3天61场团体赛，260场男女单打比赛的激烈角逐，省高管局、长治市交通局、赵幼芳、许晓峰、杨淑华分别获男子团体、女子团体、领导干部组单打、男子单打、女子单打冠军，太旧高速公路公司荣获特别优秀组织奖。

段建国在讲话中指出，本次“高速杯”乒乓球赛，赛出风格，赛出水平，取得良好成绩，希望全省交通系统各单位要重视职工文化生活，加强体育锻炼，广泛开展各种有意义的体育活动，创建充满活力的交通事业发展环境，做到每天锻炼一小时，健康工作50年，以健康的体态和心态，推进全系统“两个文明”建设的和谐发展。

12月5日 北京军区交战办副主任王

景耀，北京军区军交部战备处处长助理李雄代表北京军区国动委对全省交通战备工作进行检查指导，省交通运输厅党组副书记、副厅长、省交战办主任张润出席会议并讲话，省交战办副主任史荣和作全省交通战备工作情况汇报。

“十一五”期间，全省交通战备工作在国家、北京军区、交通运输部交通战备办和省国动委领导下，围绕军事斗争交通保障准备，强化平时服务、急时应急、战时应战的“三位一体”建设，国防交通基础设施建设、交通保障力量体系、战储物资器材、信息化建设、学术研究和科研工作及正规化建设等各方面明显加强，全省交通保障能力位列华北五省(市、区)首位，受到北京军区首长肯定。“十二五”期间，全省将继续加大交通战备投入，力争实现基础设施标准化、队伍建设规范化、系统指挥信息化、应急抢险长态化、管理工作法制化目标。全面增强交通战备平战转换、快速动员、持续保障和综合防护能力，以平时服务、急时应急、战时应战为交通战备工作建设方针，以提高完成多样化交通保障任务能力为重点加强战场交通基础设施建设，以军民融合式发展的路子，实现交通战备工作“双赢”。

张润在讲话中，首先代表省交战办第一主任段建国对北京军区国动委来山西检查交通战备工作表示欢迎，对北京军区多年来对山西交通战备工作给予的支持表示感谢。希望北京军区国动委继续对山西“十二五”交通战备各个项目给予支持，帮助并协调办理国防高速公路建设土地审批等问题。他表示，全省交通战备工作将抓住历史发展机遇，加快军民融合式建设，争取国家有关政策支持，尽快出台“十二五”交通战备规划。继续按照北京军区要求，抓好“十一五”后一年各项工作和“十二五”各项交通战备工作，把山西交通战备工作打造成不仅是北京军区，而且是全国最好的交通战备省份。

王景耀对山西交通战备工作多年来取得的成绩表示肯定，代表北京军区交战办对山西多年来付出的辛劳和作出的贡献表示感谢，并表示将积极协调国家有关部门解决好交通战备中的各项工作。

王景耀、李雄还查看全省交通战备资料档案。

12月7日 副省长牛仁亮在省政府副秘书长崔国红，省交通运输厅党组书记、厅长段建国，厅党组成员、厅总工程师部玉兰，厅党组成员、省公路局党委书记赵振田，忻州市副市长杨晋生陪同下，冒着严寒，踏着积雪，赴忻保高速公路考察指导。

在L2标建设工地，牛仁亮认真听取全线建设情况汇报，详细了解路基土石方、桥涵、隧道工程完成情况及工期安排，对2010年建成78公里形成小循环、2011年全线贯通的安排部署表示非常满意，对筑路员工战天斗地的精神风貌给予高度评价。他还向建管处领导、项目部负责人进一步了解大梁预制所采取的质量保证措施和手段以及成本增加幅度。他说，能保证工期情况下原则上不鼓励冬季施工，就是能确保质量赶工期也要算大账 。早通车是早受益，但这个“益”和增加的成本要好好测算一下。他还要求在确保冬季施工质量和安全同时，搞好职工生活保障。天气一天比一天冷了，御寒物资物品一定要到位。

当得悉中北路桥和吕梁路桥在忻保高速公路干得相当不错时，牛仁亮非常高兴。他说，我们的队伍的确不错，我从来也没有怀疑过他们的战斗力，之所以出现困境，与个别领导干部的素质和企业管理有很大关系。他希望这些企业能够好好吸取教训，在全省新一轮高速公路建设的历练中走出困境，发展壮大，再振雄风。

12月7日 上午，忻阜、忻保、太佳(东段)、太佳(西段)、太古、阳盂高速公路建设汇报会召开。检查组由省重点办、厅重点办、省交通质监站、省交通设计院及有关高速公路建管处相关负责人组成。省交通运输厅党组成员、厅总工程师郜玉兰,省重点办副主任刘继承出席。

郜玉兰在讲话中,要求检查组高度负责,严格把关,廉洁自律,公正客观,实事求是;受检单位要高度重视,全力配合,确保圆满完成这次检查任务。

此次检查,采取集中汇报、分组检查、统一反馈的方式进行。检查组分综合组、桥隧组、资料组三个小组,分组检查从当日下午开始。

12月7日 省运管局为山西省城市汽车客运管理办公室全体同志举行隆重欢迎仪式。根据省政府机构改革要求,原山西省城市出租汽车客运管理处的主管部门变更为山西省交通运输厅,并更名为山西省城市汽车客运管理办公室,隶属山西省交通运输管理局管理。

欢迎会上,客运办处长时晋杰详细汇报全省城市公交和出租车发展情况,包括基本情况、管理措施、发展规划、存在问题,并对下一步管理提出建设性意见。截至目前,全省有城市公交车8920标台,出租车36 674辆。

省运管局局长李华中在讲话中指出,城市汽车客运划归交通运输部门管理,是省委、省政府关于政府机构改革的一项重要决定,是理顺部门职责关系、建立规范统一的城乡客运管理体制的重要举措。城市客运与农村客运、城际客运由一个部门统一管理,将有利于各种道路客运方式的有效衔接,方便群众特别是乡村居民出行和中转换乘。全省运管部门要在过去良好管理基础上,进一步提升城市公共交通服务能力和服务水平,全力推进城市公交和出租车事业发展,更好地为群众提供安全、优质、快捷的出行条件。

12月7日 太长高速公路荣获山西省第五届"太行杯"土木工程奖,该奖是山西省土木建筑工程科技创新最高荣誉奖。太长高速公路公司赵善义、王玉亮、冯建刚荣获优秀项目经理称号。

太长高速公路是二连浩特至广州高速公路在山西境内的重要一段,主线全长199.5公里,2003年10月18日开工建设,2005年11月8日正式通车运营。针对太长高速公路北段沟壑纵深、桥隧相连,南端煤矿采空区遍布等特点,公司确立"科技、人文、生态、景观"理念,坚持把创新作为贯穿建设始终的灵魂,以环境保护、节能减排为重点,大力推广新工艺、新技术、新材料,不断提高施工质量,拓展高速公路蕴涵,提升高速公路品位。2009年6月,交通运输部组织进行竣工验收,综合评定为优良工程。

12月7日 省交通运输厅向省政府呈报《关于申请协调晋陕省界高速公路黄河大桥建设事宜的请示》。主要包括闻喜至陕西合阳、运城至风陵渡(陕西秦东)高速公路黄河大桥两个项目。

12月7日 省交通运输厅批复"1166"信息传送网通信管道工程调整预算。共计增加4 066 931元。

12月7日 省交通运输厅批复山西省高速公路收费系统网络信息安排保障体系设计。核准预算355.94万元。

12月7日 省交通运输厅印发《关于厅属单位还贷二级公路收费人员分流安置的意见》。主要包括指导思想、原则、范围、办法、社会保险关系的接续、要求6项内容。

12月7日 省交通运输厅向省政府呈报《关于以省政府名义协商高速公路建设用地指标的请示》。共计34 324亩。其中,汾邢高速公路,全长211公里,占地16 506亩;太佳高速公路,全长215公里,占地17 818亩。

12月7日 省交通运输厅向省政府呈报《关于以省政府名义协调晋冀省界高速公路接线规划和项目建设的请示》。主要包括大同至天镇(河北马市口)、浑源至广灵(河北蔚县)高速公路两个项目。

12月8日 省交通运输厅批复京昆与青兰两条高速公路山西境临汾联络线初步设计。路线全长16.740公里,双向4车道高速公路,设计时速100公里,路基宽26米,核定概算1 264 797 364元。

12月8日 省交通运输厅向交通运输部呈报《关于对〈国务院办公厅关于规范发展出租汽车行业的若干意见(代拟稿)修改意见〉的报告》。

12月9日 省交通运输厅党组副书记、副厅长张润专程赴忻州就村村通全覆盖进行调研。在听取忻州市交通工作汇报,特别是村村通水泥(油)路工程全覆盖工作汇报后,对忻州市交通局对全市各县区农村公路全覆盖大调研采取的措施和成果给予肯定和表扬,要求厅农村路网管理处与省公路局推广忻州经验,彻底把全省农村公路全覆盖实际情况摸清,确保2010年和省政府"五个全覆盖"任务目标按时完成。

忻州市副市长杨晋生一同参加调研。

2009年以来,忻州市举全市之力,大打"村村通"水泥(油)路攻坚战,共完成785个村2511公里,总投资66 795万元。特别是对全市4887个建制村开展"村村通"大调研工作取得阶段性重大成果,为2010年目标任务的制定和完成奠定坚实基础。

忻州是全省村村通全覆盖工程项目最集中的地区之一,大部分项目分布在偏远地区、贫困山区,不仅建设规模大,而且工程艰巨,忻州市农村公路全覆盖工程决定全省"全覆盖"工程大局,"忻州通则全省通",意义重大。为此,忻州市委、市政府高度重视,忻州市交通局坚强指挥,针对1392个不通水泥(油)路建制村大打攻坚战。特别是为贯彻落实阳泉现场会精神,推进忻州市农村公路建设扎实开展,8月31日召开了全市村通水泥(油)路全覆盖大调研动员大会,从9月1日组成14个调研组,由每个局领导深入包片到第一线,抽调市局、县局、乡镇、村委会380余人参加,要求大家带着对农民的感情开展调研工作,做到村村不漏。各调研组对每个村庄都实地调查,详细登记并认真核实,市局包片领导、调查人员及村长均在调查表上签字,由乡镇政府盖章确认,历时30余天,形成翔实可靠,有据可查,层层负责的村村通全覆盖大调研统计资料。

12月9日 全省道路运输行业卫星定位应用系统建设与管理工作总结表彰会在太原召开。会议全面总结全省道路运输行业卫星定位应用系统建设与管理工作,交流各级监管中心建设与管理、使用与考核的先进经验和做法,表彰先进集体和先进个人,部署安排全省道路运输行业卫星定位应用系统管理、维护、使用和考核工作。厅党组成员、副厅长王志民出席并讲话,省运管局局长、党委书记李华中作了题为《坚持科技兴安,提升监管水平,促进道路运输业安全发展》工作报告。

"山西省道路运输行业卫星定位应用系统"是经厅党组研究决定,于2006年正式立项、投资、管理的重点项目,经过各方共同努力,经历前期筹备、招投标及中标企业整合、省级和市级监管中心功能提升、企业监管中心建设等阶段,全省建成1个省级监管中心,11个市级监管中心,195个企业监管中心及8个示范试点监管中心,8360多辆营运车辆纳入系统管理,基本形成数据库统一、分级管理、各负其责、协调一致的高速客运、超长客运、旅游客运、危货运输、战略物资运输车辆动态安全监管体系。

王志民在讲话中,要求通过加强领导、健全机构、落实人员、规范管理等措施,把卫星定位系统运用到企业安全生产管理之中,用信息化推进企业安全管理现代化。要在应用实践中发现系统软件缺点和薄弱环节,及时优化升级,提高系统的实用性、针对性、方便性、安全性、稳定性。

12月9日 省科技厅组织有关专家对《"以路建路"战略构想的创新与实践研究》和《计重收费与建立治理超限运输长效机制》两个软科学项目进行评审,认为均达到国内领先水平。

《"以路建路"战略构想的创新与实践研究》项目提出在全省新建高速公路急需资金时期,依托筹融资方式的创新与实践,通过搭桥贷款、收益权益融资等方式寻求与金融机构合作，实现高速公路建设大额资本金筹集，为全省高速公路建设提供有力资金保障。该研究成果已得到政府采纳，对实现山西省交通发展规划具有重要意义。由省厅、省高管局和高速公路收费管理结算中心共同完成。

《计重收费与建立治理超限运输长效机制》项目提出的优化费率标准、加强治理超限运输行政调节手段等政策合理，在全省公路管理中得到应用，降低了全省超限超载总量比值，对建立全国治超长效机制具有重要参考价值。由省高速公路收费管理结算中心完成。

12月9日 省交通运输厅向交通运输部公路局呈报《关于全省〈治超信息系统联网管理工作联络人员名单及在用超限检测站基本情况〉的报告》。

12月9日 省交通运输厅下达2009年治超奖励干线公路建设计划。

12月9日 省交通运输厅下达2009年公路养护工程项目补充计划。

12月9日 省交通运输厅下达2009年农村公路建设项目省补助资金计划。

12月9日至10日 厅重点办举办全省重点公路工程建设系统工程档案管理业务培训班。邀请交通运输部档案馆副馆长宁列辉等专家，就公路建设项目档案立卷、整理规范，公路建设项目管理，公路工程竣工文件编制要求等内容对全省2010年建成通车项目单位档案工作分管领导、专职档案管理人员及项目施工、监理单位专职档案管理人员240余人进行集中培训。

通过学习，每位学员对重点工程的档案管理都有了进一步了解和掌握，对规范全省重点公路工程建设系统的档案管理工作起到积极推动作用。

12月10日 上午，阳泉至娘子关一级公路水峪至娘子关段奠基仪式隆重举行。阳泉市市长李栋梁主持，市委书记白云，省交通运输厅党组副书记、副厅长张润，厅党组成员、省公路局党委书记赵振田及省公路局、省发改委、省物价局和光大银行、工商银行、农业银行、中国银行、阳泉市四大班子主要领导等出席。

项目地处太行山西麓，由中建总公司采用BOT模式投资建设。起点位于平定县巨城镇大麦峪村南，与坡头至水峪公路(K27+000处)相接，经巨城、下董寨、城西村、苇泽关，至终点娘子关镇晋冀交界。全长约21.96公里，设计时速60公里。

市委常委、常务副市长王旭明宣读副省长牛仁亮贺信。中建总公司负责人表示将秉承“诚信、共赢”价值观，与省、市各级政府和部门精诚合作，集中集团合力，调集精兵强将，积极组合社会资源，确保优质、高速低成本建设好阳泉至娘子关一级公路水峪至娘子关段工程。

张润在讲话中，要求全体工程建设者一定要严格程序，科学组织，文明施工，优化设计，建设高标准、高质量的一级公路，为阳泉经济发展、社会进步、人民群众奔小康作出新的更大贡献。

12月10日 省交通运输厅向省财政厅报送《关于取消政府还贷二级公路收费2009年第三批中央补助资金支出预算的请示》。共计44 621万元。其中，安排人员经费补助832.59万元，养护支出1179.2万元，还贷支出42 609.21万元。

12月10日 省交通运输厅转复省财政厅《关于下达2009年取消政府还贷二级公路收费中央补助资金支出预算的通知》。其中，计划安排人员经费补助9025.1万元，养护工程支出16 431.8万元，还贷支出108 405.1万元。

12月10日 下午，由太原市委宣传部副部长崔燕为组长的省文明和谐单位检查验收组一行5人，赴省运管局检查验收省级文明和谐单位创建工作。

检查验收组按照“省级文明和谐单位”验收实施细则，采取听汇报、查资料、问卷调查、实地考察等形式进行全面考核。检查验收后，组长崔燕对省运管局创建文明和谐单位的创建理念、创建工作、创建内容、创建重点、创建效果给予充分肯定，并从提升道路运输行业文明理念、加强行业管理和行业服务等方面提出建议。

省运管局局长李华中表示，全省运管系统将以开展创建活动为契机，积极探索和总结创建新经验，不断充实创建活动内容，将“省级文明和谐单位”创建工作作为一项系统工程来抓。要加强机关人员学习，提升发展理念，在发挥职能作用、创造发展环境上下工夫，努力营造高效廉洁政务环境、良好政策环境、公正文明法制环境；在严格履行职责、加强市场监管上下工夫，努力维护良好道路运输市场秩序；在加强能力建设、提高队伍素质上下工夫，努力建设一支政治过硬、业务过硬、作风过硬的运政管理干部队伍，为促进全省道路运输发展，加快新基地、新山西建设作出应有贡献。

12月11日 下午，省文明和谐单位检查组到省交通建设开发投资总公司检查验收文明和谐单位创建工作。通过问卷调查、查阅资料、实地考察后，对公司的文明和谐创建工作给予充分肯定和高度评价。公司党委书记李平就公司开展创建文明和谐单位的有关情况作了汇报。

2009年，面对全球性金融危机带来的影响和挑战，公司提出“冷静观察，科学谋略，转型改制，求成务实，防滑保进”的20字经营发展方针和“要诚信、要品位、要形象，做大做强”的“三要两做”发展奋斗目标，并取得良好成效。主要体现在：成功发行20亿元企业债券，这是全省除煤焦领域外的首只企业债券；全额投资建设高陵高速公路，项目进展顺利；企业改制工作取得重大进展；全面启动企业文化建设和信息化建设工作，文明和谐程度明显提高；进一步巩固和扩大创建文明和谐单位、青年文明号、文明示范窗口成果，实现全公司在更广范围、更高层次的创建突破。2001年以来，公司连续8年被评为省直“文明单位标兵”，2002年以来连续6年被省文明委命名为“省级文明和谐单位”。所属晋焦公司丹河收费站被命名为国家级“青年文明号”。全公司有30个省、市级“青年文明号”集体、6个“文明示范窗口单位”。

检查组组长崔燕在讲话中，希望公司在保持良好发展势头基础上，以山西省建设文化强省、太原市争创全国文明城市为依托，努力做到“三个结合”，即尽自身职责与尽社会责任相结合、做文明职工与做文明公民相结合、创文明单位与创文明城市相结合；在所属区域和单位内大力开展“讲文明、树新风”、“我们的节日”、“志愿者服务”等主题活动，普及文明礼仪，提高员工素质，努力争创省级“文明和谐标兵单位”。

12月11日 《山西交通》报道：近日，由省科学技术协会发起的“山西省十大科技杰出贡献人物”、“山西省十大科普功臣”、“山西省十大优秀科技传播平台”、“山西省十件公众喜爱的优秀科普作品”、“山西省十项最有影响的科协品牌活动”评选活动落下帷幕。经过专家领导组综合评定，省交通科学研究院院长赵队家同志获得“山西省十大科技杰出贡献人物”称号。获得该奖的10人分别是王一德（院士）、谢克昌（院士）、彭堃墀(院士)、卫小春、赵有亭、顾翠云、赵队家、侯晋川、李建丁、李锦生，他们全部是多年来在全省各条战线为科技发展作出过突出贡献的科技工作者和科技领军人物。

12月11日至12日 为了进一步提高勘察设计和后续服务质量，虚心征求用户的意见和建议，省交通设计院召开设计回访暨技术交流研讨会。省交通运输厅党组成员、厅总工程师郜玉兰出席并讲话，省交通设计院院长聂承凯主持，该院主要技术骨干与忻阜、忻保、灵山、大呼四条高速公路建管处主要负责人就建设项目中的设计问题进行交流和探讨。

四个建管处对省交通设计院的设计和后续服务质量给予充分肯定，就建设项目中存在的不足，分别从路线、路基、路面、桥涵、隧道、工程造价等方面提出建议，并进行交流探讨。参会人员认真聆听，仔细笔记。聂承凯院长、马健中总工程师还带领专业技术人员赴忻阜高速公路秦城枢纽、滹沱河大桥、古峪沟大桥、凤凰岭隧道等施工现场进行实地回访，并认真听取项目部负责人提出的问题和建议，查找设计中存在的缺陷和不足。

郜玉兰在讲话中，提出4点要求。一是在提高勘察设计质量方面，设计人员要认真考虑构造物、路面等耐久性问题，对桥梁、隧道下伏采空区处治要安全。二是在提升设计理念方面，勘察设计要适应社会进步和时代发展要求，要认真考虑环境协调、环境保护问题。三是在设计变更方面，要对变更原因进行认真分析，严格控制。四是在工程造价方面，勘察设计工作对工程质量、功能、造价有着重大意义，是控制工程造价的最关键因素，要认真思考如何控制工程造价。郜玉兰指出，此次回访和交流给大家提供了一个很好的学习机会，希望大家紧紧围绕科学发展观要求，做细做实勘察资料收集，科学论证设计方案，使设计质量再有新提升，为全省公路建设事业提供强有力技术支撑和保障。

12月13日 全省重点公路工程综合检查工作情况通报会在太原召开。省交通运输厅党组成员、厅总工程师郜玉兰，省重点办副主任刘继承出席并讲话。厅重点办、省交通质监站有关负责同志出席。

本次检查工作由省重点办、厅重点办共同组织，从11月9日开始，期间受降雪影响一度中断，11月25日检查工作重新启动，12月13日全面结束。检查分两个大组，每个组又分为四个专业组，即现场综合组、路基组、桥隧组、工程管理资料组。灵山、大呼、平榆、汾平、临吉、闻垣、阳翼、晋城环城、高陵、长平、忻阜、忻保、太佳(东段)、太佳(西段)、太古、阳盂共16个项目接受检查。检查组对各项目路基、桥梁、隧道工程实体进行现场检测，对工程管理、试验检测资料进行详细查看，同时对管理制度、安全隐患排查、履约考核与管理、工程设计变更、廉政建设、资金管理、进度控制、冬季施工质量、安全保障措施和农民工管理工作等方面进行检查。检查结束后，检查组及时将检查结果通报反馈给项目建设单位。

从检查结果来看，各项目工程实体质量处于良好受控状态，多数能够完成年度目标，安全管理措施基本到位，冬季施工质量、安全保障措施到位。但仍存在质量管理细部不细，工程进度总体不均衡，工程资料仍有编造假资料现象。针对存在问题，检查组对项目管理单位提出建议和整改要求，并要求将整改结果报检查组。

郜玉兰在讲话中，要求加快进度必须依法依规，严格按程序进行，不能通过过度投入提高合格率，不能通过现代通讯设施来取代深入工地。各施工单位一定要严格管理制度，按程序办事，按规章制度办事，始终把工程质量和安全放在首位，科学管理，精心组织，强化施工过程的控制和监督，抓好冬季施工各项工作，确保工程质量。

12月14日 省政府安委办对省交通运输厅2009年度安全生产工作目标进行考核并对安全专项整治工作进行督察。在听取安全生产专项工作汇报并对正在建设的太古高速公路西山隧道、西北环高速公路冶峪收费站及全省高速公路视频监控系统综合检查考评后，给予充分肯定。省交通运输厅党组书记、厅长段建国，厅党组副书记、副厅长张润及厅运管处、厅重点办、省公路局、省高管局等部门负责人参加汇报会。

2009年以来，全省交通运输系统以科学发展观为指导，认真贯彻省委、省政府“转型发展、安全发展、和谐发展”战略部署，在全力推进交通运输大建设、大发展同时，深入开展安全生产专项整治和安全生产“三项行动”及“三项建设”，全面落实安全生产责任制，努力实现交通运输工作又好又快发展。截至11月底，全省道路运输行业共发生各类生产死亡事故17起，死亡人数同比下降36%，重大道路运输事故同比减少1起，全省交通运输行业没有发生特别重大事故，安全生产形势呈现总体稳定、局部好转态势，安全生产控制指标基本完成。

省政府安委办考核督察组副组长王心宽在讲话中，对省厅安全生产工作取得的成绩给予充分肯定，并就呈现出的制度建设、培训力度、应急救援及现代化科技信息等七个方面工作给予高度评价。

段建国、张润在讲话中，分别就省交通运输厅2010年安全生产工作进行安排部署。要求全系统各单位要高度重视安全生产工作，尤其是党政一把手，对督察组指出的外省车辆挂靠、危险化学品车辆运输、城市公交、出租车管理等问题进行深入调研，认真研究制定相应安全管理制度；对高速公路安全运营工作要加强管理，特别是特长隧道和桥梁安全管理要指定专人负责，并千方百计引进全国甚至世界最先进的高科技管理措施，确保全省交通运输行业又好又快安全发展。

12月14日 省交通运输厅党组印发《关于组织全省重点公路工程领导干部廉政教育强化班的通知》。

12月14日 省交通运输厅转复省财政厅《关于下达2009年煤炭可持续发展基金基建支出预算(拨款)指标的通知》，共计50万元。

12月14日 省交通运输厅印发《关于加快农村公路建设申请中国农业银行股份有限公司山西省分行贷款的通知》。贷款方式由各市交通局承贷，各市财政担保，贷款期限20年以上，利率为基准利率。

12月14日 省交通运输厅致信大同市政府《关于省道大灵线恒山核心景区分流路段改造工程的复函》。建设里程16.797公里，其中二级公路9.1公里，三级公路7.697公里。

12月14日 省交通运输厅向交通运输部呈报《关于修筑永和县南庄乡永和关至咀头公路建设补助资金的请示》。路线全长8.3公里，三级标准，总投资367万元。

12月14日 省交通运输厅向省政府呈报《关于改制组建山西省交通开发投资集团有限公司的请示》。

12月15日 省交通运输厅批复祁临高速公路高边坡处置工程设计。核准概算19 271 146元。

12月15日 省交通运输厅批复国道209线中阳万年饱至石宝庄段公路改建工程初步设计。路线长14.830公里，二级标准，设计时速40公里，路基宽10米，核准概算80 866 227元。

12月15日 省交通运输厅批复国道209线隰县曹城至大宁前楼底段改建工作初步设计。路线长26.188公里，二级标准，设计时速60公里，路基宽12米、10米，核准概算250 409 280元。

12月15日 省交通运输厅批复太原环城高速公路小店高架桥加固维修工程设计。核准预算29 621 295元。

12月15日 省交通运输厅印发《关于加快推进成品油税费改革人员安置工作并建立动态监管机制的通知》。

12月15日 省交通运输厅印发《关于加强招标投标管理的通知》。

12月16日 运城绕城高速公路西南段运城南连接线竣工通车。路线全长5.66公里，起点位于解放南路和铁路交叉口，与解放路顺接，以路基方式穿越盐池，终点位于运城绕城高速公路凤凰谷立交桥桥头。一级公路标准，总投资1.39亿元，设计时速80公里。

12月17日 为认真总结全省三年试验检测专项治理成果，进一步加强等级检测机构内部和工地试验室授权管理，全面规范试验检测活动和从业行为，全省公路工程试验检测工作会议召开。省交通运输厅党组成员、厅总工程师郜玉兰出席并讲话。

会议通报全省公路建设项目工地试验室在运行和授权管理方面存在的问题，对下一阶段检测行业管理工作进行安排部署。吕梁公路分局试验室、晋中路桥试验检测中心、晋中市交通质监站分别作经验介绍。

郜玉兰在讲话中，要求进一步提高认识，不断提升试验检测工作在公路建设中的地位，提高试验检测诚信度，发挥应有作用。要认真总结三年专项治理活动经验，推进试验检测行业改制创新，规范市场秩序和从业人员行为，提高试验检测人员职业道德和业务素质，健全检测机构，以真实试验数据反映工程建设实际。要重点支持高速公路建设，完善自身建设，及时调校标定检测设备，建立检测数据台账，及时记录建设过程中检测不合格情况和重点部位合格率和工程整体优良率。

12月17日 省交通运输厅党组印发《关于省交通执法局领导班子成员任免职务的通知》。局长张晋鹏（副厅级）；党委书记、副局长：王世锋；副局长：冯德、郝如恒；党委副书记、纪委书记：部学良；总会计师：部建刚；调研员：郝同生、崔锁在、郭建中、王平。

12月17日 省交通运输厅向省财政厅报送《关于申报2009年车辆购置税用于一般公路建设项目预算（第二批）的请示》。共计52 650万元。

12月17日 省交通运输厅向省财政厅报送《关于2009年内河航道应急抢修补助资金预算的请示》。共计50万元。

12月17日 省交通运输厅印发《关于组织开展对工程建设领域突出问题专项治理中涉及项目摸底排查的通知》。

12月17日 省交通运输厅向省发改委报送《关于太旧高速公路聂家庄特大桥、二电厂特大桥等18座T型梁桥横隔板改造工程可行性研究报告》。改造393（单幅）跨孔跨（合计桥梁长度单幅10 640米），投资估算5176万元，建设工期1年。

12月18日 平定至阳曲高速公路工程建设动员大会在盂县召开。来自全线的26个路基桥隧施工单位、9个监理单位和7个采空区治理施工队伍200余名建设者参加动员大会。省交通运输厅党组成员、厅总工程师郜玉兰出席，厅重点办、省交通设计院、省交通科研院等单位负责同志参加。

项目全长124.5公里，是全省第一条山区双向六车道高速公路，建设工期3年。平阳高速公路建管处从8月份正式挂牌成立三个多月来，全体建设者以科学发展观为指导，紧紧围绕全省重点公路工程建设目标，加班加点，只争朝夕，相继完成项目立项报批、勘测设计、工程招投标、土地、环保等前期报批等工作。目前全线施工监理单位已陆续进场，项目部驻地建设、便道施工等“三通一平”也已基本完成，已经具备全面开工建设条件。

郭迎平处长作动员讲话，太原路桥等6个项目负责人作表态发言。

郜玉兰在讲话中，要求全体建设者要认清形势，努力增强使命感和责任感，树立质量重于泰山理念。各施工单位要立足一个“早”，突出一个“实”，建立自上而下的质量保证体系；要千方百计争取全线各级地方政府支持。监理单位一定要严格监理，热情服务，为业主负责，为施工单位负责，为社会负责。建管处要加大监督力度，扩大监督范围，切实抓好安全生产和廉政建设，坚决杜绝重特大事故和腐败案件发生，树立环境友好型和资源节约型环保理念，最大限度减少水土流失，保护生态环境，齐心协力把平阳高速公路打造成质量一流、环境一流的精品生态示范高速公路。

动员大会前，郜玉兰还赴平阳高速公路忻州远大路桥公司、长治长兴路桥公司、中铁十一局五公司建设工地一线检查项目部驻地建设、便道施工和“三通一平”以及冬季施工备料等工作，看望在刺骨寒风中坚守岗位的施工人员，并就河北省界连接线、特长隧道斜井设计、采空区处治等方面存在的问题进行现场办公。

12月18日 省政府应急办组织有关专家对《山西省城市公路交通运输突发事件应急预案》进行评审。认为指导思想明确，符合应急管理总体目标和要求。

12月18日 省交通运输厅转发省编委《关于组建山西省交通运输执法机构的通知》。

12月18日 省交通运输厅印发《关于表彰2009年度机关定点扶贫先进单位和模范工作人员的通报》。

12月18日 省交通运输厅印发《关于针对全省在建高速公路审计调查中发现的突出问题进行整改的通知》。

12月18日 省交通运输厅党组印发《关于对厅机关工作人员进行2009年度工作考核的通知》。主要包括7项内容。即考核目的、原则,考核对象,考核内容、标准、等次,考核方法及组织领导,考核程序,其他规定,考核时间。从2009年12月20日开始,12月31日前结束。

12月18日 为了有效防止和减少高速公路建设领域职务犯罪事件发生,从源头上预防和解决腐败、失职渎职、滥用职权问题,将平榆高速公路建设成为"优质工程、廉政工程、安全工程",山西省、晋中市和沿线平遥、介休、祁县、榆社四县(市)三级检察院与榆平高速管理处携手举行平榆高速公路建设领域预防职务犯罪工作启动大会。

把检察机关预防职务犯罪专业性和平榆高速公路工程建设特殊性紧密结合起来,实现优势互补,联手探讨预防职务犯罪工作新途径、新方法、新举措,进一步细化和规范各项规章制度,加强对重点部位、关键岗位人员执行纪律动态情况监管,全面实施"阳光工程",严格工程建设、行业管理行为,强化对全体干部职工预防职务犯罪的法律法规宣传、培训和警示教育,营造浓厚的廉政、守法氛围,提高干部职工拒腐防变的"免疫力",确保工程、资金、干部"三安全",建立起思想、制度、法律三道防线,形成教育、监督、罚处并重的预防工作新格局,为实现"建好平榆路、不倒一个人"的廉政建设目标构筑坚固防线。

启动会上,晋中市人民检察院和榆平高速公路建管处就预防职务犯罪工作作了具体安排,从开展预防职务犯罪工作的必要性和紧迫性、完善领导体制和工作机制、强化宣传教育功能、完善监督制约机制、加强检察机关与平榆高速公路建设单位密切配合等方面提出具体要求。施工、监理单位代表和沿线政府代表就围绕如何开展好预防职务犯罪工作作了表态发言。省人民检察院预防处、省交通运输厅监察室、厅重点办纪委领导结合近年来全国交通系统发生的重大职务犯罪案件,就加强沟通、协作,实施联防联控、加强反面警示教育和案件查处、完善制度和抓好制度落实、培养业务过硬的纪检监察干部队伍和审计队伍等方面作了安排部署。

12月19日 省人大常委会副主任安焕晓带领部分在晋全国人大代表深入太古高速公路建设工地视察。省交通运输厅党组书记、厅长段建国,厅副巡视员郭贵平等陪同。

在西山特长隧道建设现场,代表们认真听取太古高速公路建设情况汇报,对工程建设各项安排部署表示满意。希望抓好工程质量,争夺"鲁班奖";保证建设工期,2011年10月建成通车;要千方百计确保安全生产,真正让重点公路工程建设服务于全省"保增长、保民生、保稳定"大局。安焕晓表示,代表们将积极反映建设中遇到的困难和问题,帮助争取国家政策支持,推动全省重点公路工程建设顺利进行,进而为全省转型发展、安全发展、和谐发展作出新贡献。

12月20日 下午,省交通运输厅召开重点公路工程建设项目第七次调度会议,对春节前各项工作进行安排部署。厅党组书记、厅长段建国,厅党组成员、副厅长王志民,厅党组成员、驻厅纪检组组长韩日裕,厅党组成员、厅总工程师郜玉兰,厅党组成员、厅总会计师张德仪,厅党组成员、省公路局党委书记赵振田,厅副巡视员郭贵平出席,厅党组副书记、副厅长张润主持。厅机关有关处室、厅直有关单位负责人、全省各重点公路工程建设管理处党政主要负责人参加。

会上,厅重点办汇报11月9日至12月15日对在建工程阳翼、灵山、平榆等16个高速公路建设项目综合检查情况,大呼、忻保等16个在建项目管理处与长临、朔州等4个拟建项目管理处以及临汾环城、闻合等9个地方政府承建项目负责人分别汇报目前项目进展情况、存在问题及今后打算和措施，厅机关有关处室负责人就相关问题提出解决办法和意见。

参加会议的厅领导分别就分管工作作了安排部署，要求各建管处及施工单位要确保"两节两会"期间安全稳定，抓好突出问题整改、冬季施工质量安全、专业技术培训及施工队伍和农民工工资发放等工作。

段建国在讲话中，充分肯定各项目取得的成绩，并就存在问题提出明确要求。一是2010年开工项目，各单位要把各项前期工作抓紧抓好，尽快完善前期协调和审批等工作；二是各单位有必要对工程质量、施工安全进行回头看，发现问题立即整改，并追究责任人的责任，对责任人要严惩严罚；三是各单位在施工更改或变更问题上，必须是集体决策，符合政策性因素才可以调整，超预算要进行通报；四要抓好业主、监理、施工单位人员业务培训，请专家授课，提高施工能力和水平；五要高度重视工程建设领域突出问题专项治理工作，认真开展自查自纠，对照整改；六是做好农民工稳定工作。年关将近，要保障农民工工资及时发放到位，维护农民工切身利益和身体健康。段建国针对各建管处提出的问题逐条提出解决办法，要求各建管处对目前存在的问题要尽快解决，争取将工程往前赶，全面完成冬季施工任务，为确保2010年1000公里通车目标顺利实现奠定基础。

12月21日 为进一步搞好工程建设领域突出问题专项治理，省交通运输厅成立专项治理工作领导组办公室并开展工作。厅领导段建国、张润、韩日裕、张志川、郜玉兰等专门到专项治理办公室工作场所进行检查指导，对加强全省交通运输系统开展工程建设领域突出问题专项治理工作提出明确要求。

在检查指导过程中，厅党组书记、厅长段建国等领导检查了组成机构的办公设施、工作秩序，听取办公室开展专项治理情况介绍，对前一时期工作进展和成效给予肯定。

段建国在讲话中，要求专项治理办公室要按照省厅制定的工作方案，确定治理重点，明确目标任务和治理措施，精心组织实施。尤其是通过工程建设领域突出问题专项治理，制定和规范一整套可供执行的制度体系，加强工程建设各个环节监督，堵塞各种漏洞，保证交通工程建设顺利进行。

省交通运输厅工程建设领域突出问题专项治理办公室下设综合协调组、监督检查组，办公地点设在太原市高新区山西省交通运输执法局办公东楼四层，主要职责是拟定工程建设领域突出问题专项治理工作各个阶段实施方案，组织开展公路工程建设领域突出问题专项治理工作，了解掌握全省交通运输系统专项治理工作动态，负责厅属单位专项治理工作联络和协调，掌握专项治理工作开展情况等。同时，省厅工程建设领域突出问题专项治理工作领导组办公室设立举报电话及网上举报邮箱。举报电话是0351-7026513、7026512（传真）；举报邮箱是jtzlsyhl@163.com。

12月21日 榆社至和顺高速公路建设推进会在左权县石匣水库旁召开。副省长牛仁亮出席并按动开工按钮，省政府副秘书长崔国红代表省政府讲话，省交通运输厅党组书记、厅长段建国主持，厅巡视员曹燎原介绍工程概况。

项目是全省高速公路网规划中"三纵十一横十一环"主骨架第七横即汾阳至邢台高速公路重要组成部分，是西通陕、甘、宁三省，东达京、津、冀三省市重要战略通道。起于与太长高速公路相交的榆社峡口枢纽互通以东2公里处赵道峪村，终点同河北省规划的"五纵六横七条线"高速公路网中的第五横临清（冀鲁界）至和顺（晋冀界）高速公路西段与康家楼特长隧道相连。途经榆社县、左权县、和顺县，全长76.5公里。全线共设互通立交4处，匝道收费站3处，主线收费站1处，石匣服务区1处，许村停车区1处。采用双向四车道高速公路标准建设，设计行车时速80公里，路基宽24.5米。预计2012年通车。

崔国红在讲话中，代表省政府对榆社至和顺高速公路开工建设表示祝贺。要求全省相关部门要提高责任意识、大局意识，紧密配合，创造良好施工建设环境；交通建设部门要继续发扬能吃苦、能战斗的优良作风，打造出精品工程。

晋中市副市长郭勇飞在讲话中表示，晋中市要按照省委、省政府要求，确保高速公路建设顺利推进，提供政策支持，特事特办，搞好协调服务，为工程建设提供最佳最优的施工环境，保证按期完工。

榆社至和顺高速公路建管处处长刘安民代表建设单位作表态发言。

省直有关单位、金融部门领导、晋中市四大班子领导、项目施工设计单位负责人、厅机关有关处室、厅直有关单位负责人参加。

12月21日 省交通运输厅印发《关于下达2009年农村公路建设项目省补助资金计划(之二)的通知》。

12月21日 省交通运输厅印发对郭贵堂实施离任经济责任审计的通知。

12月21日 省交通运输厅印发《关于组织翼城至侯马高速公路竣工验收的通知》。

12月21日 省交通运输厅印发《关于开展2010年全省水路运输事业核查工作的通知》。

12月21日至22日 全省重点公路工程领导干部廉政教育强化培训班开班。省交通运输厅领导段建国、张润、韩日裕、张志川、郜玉兰、赵振田、省公路局局长戴飞、省高管局局长董新品以及厅机关各处室、厅重点办主要负责同志、全省各高速公路建管处、公路分局、高速公路公司主要负责人共150余人参加。厅党组副书记、副厅长张润作动员报告，厅党组成员、驻厅纪检组组长韩日裕主持。

张润在讲话中，要求全体学员端正态度，讲求方法，珍惜机会，潜心钻研，发扬理论联系实际学风，对照工作中差距，有侧重地找问题，找思路，深入思考基层反腐倡廉工作重大问题，共同研究创新工作新方式、新方法；要学以致用，深入研讨，准确领会党的十七届四中全会和中纪委四次全会精神，充分把握廉洁自律有关规定，切实筑牢拒腐防变道德防线。

省人民检察院副检察长严奴国，省纪委副书记张晓亚，省高级人民法院副院长刘冀民，省审计厅交通建设处处长张宏良分别作了《重点工程建设领域预防职务犯罪形势及对策》、《从近年来全省查处违纪违法案件谈加强廉政教育的体会》、《经济犯罪的特点和预防措施》、《重点工程历次审计中揭示的主要问题通报》等针对性很强的专题辅助报告。

韩日裕主持开班仪式及各专项辅导报告。他在讲话中，要求每个学员要紧紧围绕培训主题，清醒头脑，筑牢“金钱关”、“权力关”、“美色关”等十道防线，对照工作中差距，有侧重地找问题、找思路，研究工作新方法，通过“联络员”制度，建立完善自上而下的省市县三级预防职务犯罪联动机制，确保全省交通运输工作科学安全发展。

12月22日 省交通运输厅向省财政厅报送《关于取消政府还贷二级公路收费2009年第四批中央补助资金支出预算的请示》。共计47 384万元。

12月22日 省交通运输厅向牛仁亮副省长呈报《关于召开全省交通征稽工作总结表彰暨山西省交通运输执法局成立大会的请示》。

12月22日 省交通运输厅向中国光大银行太原分行报送《关于申请吕梁环城高速公路贷款的函》。路线全长37.3公里，投资估算28.4亿元，申请贷款21.3亿元，贷款期限20年，宽限期3年，分3年到位(2010年开工，2012年建成通车)。

12月22日 全省运管系统新闻宣传暨2010年通联发行工作会议召开。省运管局党委书记、局长李华中出席。

会议从尽职尽责做好对外宣传、充分发挥《山西交通运输》在行业宣传中的重要作用并有效开展对内宣传、积极认真并较好完成

《中国道路运输》通联发行工作三个方面，全面、细致地总结了2009年新闻宣传及通联发行工作成绩经验，对2010年通联发行工作进行再部署再安排，并分析了当前运管行业宣传工作面临的新形势和新任务，提出近期和今后一段时期全省道路运输行业的新闻宣传工作要点。

李华中在讲话中，希望全省运管系统新闻宣传工作者能够以饱满工作热情和积极进取精神状态，开拓创新，扎实工作，认真做好道路运输新闻宣传工作。

12月23日 省交通运输厅转发财政部《关于修订2010年政府收支分类科目的通知》。

12月23日 省交通运输厅印发省公路局晋城分局原任局长张三宏离任经济责任审计意见。

12月23日至28日 省交通运输厅、省检察院联合组织全省重点公路工程领导干部廉政教育强化班57名学员到中国井冈山干部学院进行党性、党风、党纪教育培训。学员们先后到井冈山革命烈士陵园、井冈山革命博物馆、茨坪毛泽东旧居、三湾改编旧址、朱毛会师纪念馆、茅坪八角楼、大井朱毛旧居、小井红军医院、小井红军烈士墓等处现场教学，把课堂讲授、现场体验有机结合起来，使大家进一步坚定理想信念，增强党性修养，提高廉洁从政意识。

12月24日 省交通运输厅党组印发《关于加强工会工作的意见》。共计20条，主要包括6项内容：①充分认识工会组织和工人阶级的作用与地位，高度重视切实支持工会在党的领导下独立自主、创造性地开展工作；②充分发挥工会维护职工合法权益的作用，积极促进劳动关系的和谐稳定；③充分发挥工会组织职工的作用，团结带领广大职工为实现经济社会又好又快发展建功立业；④充分发挥工会引导职工的作用，不断提高广大职工的思想道德水平和科学文化素质；⑤充分发挥工会服务职工的作用，推动解决职工群众最关心、最直接、最现实的利益问题；⑥以改革创新精神加强工会自身建设，不断增强工会组织的吸引力和凝聚力。

12月24日 省交通运输厅向省政府呈报《关于中央转移支付交通专项资金维持原预算下达和资金拨付方式的请示》。

12月25日 全省交通征稽工作总结表彰暨山西省交通运输执法局成立大会召开。副省长牛仁亮，省政府副秘书长崔国红，省委组织部副部长、省编办主任张高宏，省人力资源和社会保障厅副厅长李建刚，省交通运输厅党组书记、厅长段建国，厅党组副书记、副厅长张润，厅党组成员、副厅长王志民，厅党组成员、驻厅纪检组组长韩日裕，厅党组成员、副厅长张志川，厅党组成员、总会计师张德仪，厅党组成员、省公路局党委书记赵振田出席。各市交通局长、厅机关各处室负责人、厅直各单位主要领导以及全省交通征稽系统的代表参加。

会议首先举行山西省交通运输执法局揭牌仪式。张德仪主持，段建国作重要讲话，牛仁亮和段建国为山西省交通运输执法局揭牌。段建国在讲话中指出，交通行政执法是交通运输领域的主体工作之一，执法门类多，涉及面广，社会性强。随着公路交通事业发展，交通行政管理和行政执法工作日趋繁重。省交通运输厅将紧紧抓住此次组建交通运输执法机构的时机和平台，进一步改革交通运输管理体制，理顺执法体系，完善执法机制，推进交通运输事业科学发展。

全省交通征稽工作总结大会由张润主持。张德仪对交通征稽22年来所做的成绩和经验做了总结报告，韩日裕宣读省交通运输厅关于关于对全省交通规费征收贡献突出单位和个人进行表彰的决定。大会为获全省交通规费征收贡献突出单位和个人颁奖。

张高宏宣读省编委《关于组建山西省交通运输执法机构的通知》。《通知》明确在省交通征费稽查系统现有机构框架基础上，整体转变职能，组建山西省交通运输执法机构，为省交通运输厅直属事业单位，实行省、市、县三级垂直管理体制，在交通运输厅授权和委托范围内，组织实施交通运输行政执法、规范和监督管理执法活动及通行费征收管理等工作，逐步向综合执法过渡。

王志民宣读对山西省交通运输执法局领导班子的任命文件。

段建国在讲话中，充分肯定交通征稽22年来取得的重要成就，要求围绕五个方面做好基础工作。一是围绕加强重点公路、干线公路审计监督开展执法工作；二是围绕加强治超监督开展执法工作；三是围绕加强安全生产监管开展执法工作，分别从道路运输、水路运输、工程施工三方面入手，加强对行业监管部门和运输企业、施工企业安全生产工作的综合监督；四是围绕依法行政开展执法工作，代表省厅加强对交通系统所有执法单位和执法人员的监督，规范执法行为，纠正违法行为；五是认真履行通行费管理局职能，加强对车辆通行费征收管理的监督，特别是要加强对经营性公路的监督。

崔国红在讲话中，代表省政府对交通征稽为全省交通运输事业所作出的突出贡献给予充分肯定。要求新组建的省交通运输执法局，要围绕交通运输事业发展全局，认真履行职责，确保顺利开局。各级交通运输主管部门、各相关单位要对新组建的交通运输执法机构给予更多关心、更多配合和更有力支持，确保新机构组建伊始即能规范运行，开创交通运输执法管理工作新局面，为全省转型发展、安全发展、和谐发展作出新贡献。

省交通运输执法局局长张晋鹏代表新成立的山西省交通运输执法局作表态发言。他表示，要着力强化班子建设，精诚团结，密切协作，转变作风，提升能力，带领广大干部职工创事业，求上进，谋发展；着力加强队伍建设，秉承和发扬交通征稽系统优良传统，努力打造一支业务精良、执法公正、文明服务、廉洁高效的交通运输执法队伍；着力推进科学管理，坚持依法行政，在省交通运输厅授权和委托下，认真履行执法局职责，决不辜负上级领导信任和重托，决不辜负社会各界期望与支持。

12月25日 下午，省交通运输厅召开专题会议，传达学习全省经济工作会议精神。厅党组书记、厅长段建国传达全省经济工作会议主要精神和省委书记张宝顺、省长王君在会议上的讲话精神。会议由厅党组成员、纪检组长韩日裕主持，厅党组成员、副厅长张志川，厅党组成员、厅总工程师部玉兰，厅党组成员、厅总会计师张德仪出席。厅机关各处室领导，厅直各单位党政主要负责同志参加。

全省经济工作会议于12月23日至24日在太原召开。会议全面贯彻落实党的十七届四中全会精神和中央经济工作会议精神，总结2009年经济工作，分析当前形势，安排2010年经济工作，会议明确2010年全省GDP增速预期为8%。要求全省上下紧紧围绕转型发展、安全发展、和谐发展目标，从战略高度推进经济结构调整和发展方式转变，着力保持经济平稳较快增长，促进经济社会又好又快发展。省委书记张宝顺作重要讲话，认真分析当前经济形势，从五个方面提出2010年经济工作总体要求，安排2010年经济工作六项重点任务，并就加强对经济工作领导进行部署。省长王君在工作报告中，全面回顾2009年全省经济工作，从努力保持经济平稳较快发展，坚定不移推进经济发展方式转变和经济结构调整，统筹城乡发展、做好“三农”工作，大力推进节能减排和生态建设，持之以恒地抓好安全生产和社会管理工作，加快发展社会事业，深化改革开放等七个方面对抓好2010年经济工作进行周密部署。

段建国传达会议主要精神和省委书记张宝顺、省长王君重要讲话精神。他说，全省经济工作会议科学判断当前形势，全面部署2010年经济工作，为全省交通运输系统把握发展大势，科学决策，实现科学发展指明方向。2010年，全省将按照基础设施投资与产业开发投资并重、国有投资和民间投资并举要求，以重点工程、重点项目为载体，在优化结构前提下，进一步扩大投资规模，全年投资将达6000亿元。基础设施建设将继续扩大内需，增强经济增长内在动力和活力。交通运输部门一定要紧紧抓住这一机遇，确保目前在建的2000余公里高速公路1000公里建成通车、1000公里顺利建设的同时，再新开工建设1000公里，实现2010年底全省高速公路通车里程达到3000公里和全省具备条件建制村通水泥(油)路“全覆盖”目标，再做拉动全省经济增长主力军。全系统一定要认真学习领会全省经济工作会议精神，进一步增强必胜信心和决心，强化忧患意识、机遇意识和发展意识，紧紧抓住各种积极因素和各方面有利条件，统筹兼顾，突出重点，加强领导，为全省经济平稳较快增长，经济社会又好又快发展作出新贡献。

会议还要求及早谋划2010年工作，争取实现首季“开门红”，并对两节期间安全稳定、廉政建设、访贫问寒等工作进行安排部署。

12月25日 省交通运输厅印发《关于对全省交通规费征收贡献突出单位和个人进行表彰的决定》，对在全省交通规费征收工作中作出突出贡献的单位和个人进行表彰。

决定指出，全省交通征稽机构成立于1987年，先后承担公路养路费、货运附加费、车辆通行费、车辆购置费(税)、新增车辆费五种交通规费的征收管理。22年来，全省交通征稽系统职工牢记“为国家征费、为兴路开源”使命，坚决贯彻厅党组决策部署，服从服务于全省交通运输发展大局，依法行政，科学征管，风雨兼程，勇于担当，特别是在国家交通税费体制多次改革、职工前途未卜、规费征缴矛盾日益凸显情况下，广大交通征稽职工舍己为公，忠实履责，迎难而上，团结奋进，千方百计增费源，一心一意抓费收，大打交通征稽大会战，保证了国家规费应征不漏，累计征收各种交通规费548亿元，为全省公路建养提供强有力资金支持，为全省交通运输持续、快速、健康发展作出突出贡献，被交通部命名为“全国文明行业”。

交通征稽22年的奋斗历程，是全省交通运输改革开放30年的缩影。22年来，广大交通征稽干部职工不仅创造优异费收业绩，而且用心血和汗水甚至是生命铸就以“忠于责任、勇于开拓、甘于奉献”的征稽精神为核心的交通征稽文化，激励着一代又一代交通征稽人奋勇前进。交通征稽文化植根于交通运输改革开放的伟大实践，是全省交通文化的重要组成部分，也是全省交通运输行业的宝贵精神财富。

当前，全省交通运输事业正处在转型、跨越、崛起的历史新阶段，公路建设和资金筹措任务十分繁重。为了进一步鼓励先进、鼓舞士气，弘扬优秀文化，营造“交通大发展、人人作贡献”良好氛围，省厅决定，对全省交通规费征收贡献突出单位进行表彰。授予山西省交通征费稽查局“交通规费征收特别贡献奖”；授予山西省交通规费稽查局运城分局等12个单位“交通规费征收突出贡献奖”；授予大同振华交通征费稽查站等33个所(站)“交通征稽标兵所(站)”称号。授予弓国龙等17名同志“征稽标兵”称号。希望全省交通征稽系统以先进单位和个人为榜样，发扬优良传统，立志再创辉煌，继续以昂扬饱满工作热情、奋发有为精神状态、科学求实工作作风，在新的工作岗位上开拓进取，再立新功。

12月25日 省交通运输厅向省发改委报送《关于大运公路介休至霍州段改建工程概算投资超估算的请示》。最终概算投资约为15.6亿元，增加概算投资5.27亿元。

12月25日 《山西交通》报道：近日，参加省交通运输厅对口援建茂县灾后重建的工程技术人员安全顺利返乡。

由于气温骤降，加之11月8日阿坝州境内普降大雪，茂县降雪厚度达20多厘米，已不具备施工条件。为了保证施工质量和安全，项目部向省对口援建前线指挥部、茂县交通局申请于11月25日前停工。停工前，渭永路路基工程已基本结束，水稳碎石基层材料已备足70%,沥青混凝土面层材料供应商基本敲定,水稳拌和站、路面施工机械等租赁商均已落实,并签订协议,为2010年路面施工快速高效打下坚实基础。

按照厅对口援建领导组安排,项目部撤离前在所有塌方危险地段都进行隐患排查。先由各施工作业层自检,再由项目安全部复查,在个别危险地段设置安全警示牌、隔离彩带。项目驻地安排劳务人员进行看守,并由房东配合监督用电、用火安全。按照警民共建渭永路文件要求,沿线乡政府、派出所将协助做好安全防盗工作,确保项目冬歇期安全无事故。

12月26日 山西中交翼侯高速公路在完成三年工程建设、两年缺陷责任期整改及通车试运营之后,顺利通过由省交通运输厅组织的竣工验收。厅党组副书记、副厅长张润出席验收会。

本次竣工验收自12月24日开始,为期三天。省厅组织15名专家成立竣工验收委员会,分为5个小组,采取听汇报、查现场、看内业等方式对翼侯高速公路建设情况进行全面检查评判。在汇集此前各单项验收检测结果基础上,最终评定综合得分为92.07分,工程质量评定为优良。

中交股份副总裁陈云在讲话中,衷心感谢省交通运输厅所给予的鼎力支持和悉心呵护,衷心感谢沿线各级政府和村民百姓充分理解与热情帮扶,衷心感谢翼侯团队和全体建设者的艰苦付出和创新精神。他还就竣工验收委员会提出的11条建议和意见,要求项目公司高度重视,限期整改,加强管理,精益求精,为取得新的业绩更加努力工作。

张润在讲话中,认为翼侯项目有三个显著特点。一是环境差,难度大;二是科技多,技术新;三是工程优,造价低。成绩来之不易,有目共睹。他对翼侯高速顺利通过竣工验收表示祝贺。同时要求项目公司在步入运营期后能回头看,落实整改,加强管养,确保高速公路安全运营。张润还对这条路显示出的中交品牌效应表示赞赏,并代表省厅表示愿意为中交提供更加宽广的投资平台和合作机会。

12月26日 省交通运输厅党组印发《关于做好厅管领导班子和领导干部2009年度考核工作的通知》。主要包括5项内容。即指导思想、考核对象、考核内容、考核组织、考核程序。

12月26日 省交通运输厅向省政府呈报《关于董新品、张德仪二同志率团赴美国进行高速公路运营管理交流的请示》。拟于2010年1、2月出访,在外停留9天,费用自理。

12月28日 省交通运输厅向中国建设银行山西分行报送《关于申请临县至离石高速公路贷款的函》。路线全长73.776公里,投资估算679 900万元,贷款510 000万元,期限20年,宽限期3年,分3年到位(2010年开工,2012年建成通车)。

12月28日 省交通运输厅印发《关于下达2009年交通重点公路建设项目投资调整计划的通知》。共计133 000万元。

12月28日 省交通运输厅转复省发改委《关于下达2009年交通业务用房基本建设项目投资计划的通知》。

12月28日 省交通运输厅转复省财政厅《关于调整2009年政府还贷二级公路通行费收支预算的通知》。收入预算调整为44295.28万元,支出预算调整为42966.42万元。

12月28日 省交通运输厅印发山西省交通运输厅会计核算(审计)中心原任主任郭贵堂离任经济责任审计意见。

12月28日 省交通运输厅向省发改委报送《关于怀仁金沙滩至清凉寺至鹅毛口旅游循环公路可行性研究报告的请示》。路线长27.5公里,三级标准,设计时速40公里,路基宽8.5米,投资估算8800万元,建设工期2年。

12月28日 省交通运输厅转复省财政厅《关于下达2009年第四批交通待分配项目支出预算的通知》。共计174 943.18万元。

12月28日 省交通运输厅印发《关于

下达2009年农村公路建设项目省补助资金计划(之三)的通知》。共计1000万元。

12月28日 省交通运输厅批复太原市晋源区西仁线(战备路)改线工程可行性研究报告。3段路线总长3.758公里(1.27公里、1.237公里、1.251公里),分别采用一级、二级、三级标准,设计时速60公里、40公里、20公里,路基宽20米、8.5米、6米(4.5米),投资估算2950万元,建设工期1年。

12月28日 太原环城高速公路信息诱导系统开始试运行。该项目是2009年省高管局改善高速公路通行环境的具体举措,投资310多万元,通过在太原环城高速公路阳曲、向阳、罗城、武宿四个互通和重要节点设置可变信息标志,能及时以绿、黄、红三种颜色分别向行驶的车辆发出畅通、车流量大、堵车等不同的实时道路通行信息,提前预警,及早分流,便于司乘人员多路径识别选择,有效提高高速公路出行服务能力。

12月29日 省公路运输工会组织驻太原地区交通系统各单位分管工会工作的领导和工会主席召开会议。省公路运输工会主席王晓光传达省厅《关于加强工会工作的意见》,省交通运输厅党组书记、厅长段建国,厅党组副书记、副厅长张润出席并讲话。

张润在讲话中,提出两点希望。一是继续讲政治,顾大局,为新一轮交通科学发展作出贡献。各级工会组织要认真组织社会主义劳动竞赛活动,表彰先进,推出典型,激发广大干部职工献计献策;在交通系统改革中,倾听职工心声,做好职工思想工作。二是重民生,保稳定,依法维护职工群众权益。加强企业职工组织建设,创新农民工工资兑现监督措施,深入基层,关心慰问特困职工,充分发挥工会作用。

段建国在讲话中,充分肯定2009年工会工作所取得的成绩,要求认清交通建设面临的新形势,发挥工会纽带作用,维护好职工权益,带动广大干部职工投入到公路建设中,为完成2010年公路建设任务共同努力。各级工会组织要以职工为本,以职工利益为前提,关心帮扶困难职工,关注弱势群体,真诚倾听职工呼声,真实反映职工愿望,真情关心职工疾苦,真正把工会组织建设成为名副其实的职工之家。

12月29日 省交通运输厅批复同意成立山西省交通财会审计协会。

12月29日 省交通运输厅印发《关于做好2009年财政供给单位人员信息数据有关工作的通知》。

12月29日 省交通运输厅向省发改委报送《关于汾河干流两岸坝顶路建设方案的报告》。

12月29日 省交通运输厅党组印发厅机关各处室工作人员任免职务通知。根据省政府办公厅晋政办发〔2009〕139号文《关于印发山西省交通运输厅主要职责、内设机构和人员编制规定》,经厅党组2009年12月8日会议研究决定。

12月30日 下午,副省长张建欣冒着严寒深入太原市迎宾汽车站、晋龙捷泰公司检查指导元旦期间全省道路运输安全工作。省政府副秘书长巨宪华、省公安厅副厅长廉兴有、省安监局副局长霍红义、省交通运输厅副厅长张志川、省运管局局长李华中、省交管局局长边智慧、山西汽运集团董事长胡鲜朝以及太原市政府、市交通局、市运管局、市交警支队等有关人员陪同调研。

张建欣一行分别对太原市迎宾汽车站、晋龙捷泰公司维修厂、检测线进行检查,并与司乘人员亲切交谈。之后还视察了晋龙捷泰公司GPS安全监控指挥中心,观看监控系统演示。在公司召开的座谈会上,听取交通、公安以及客运企业关于安全生产方面的情况汇报。省运管局局长李华中重点汇报全省道路运输行业"两节"期间的运输组织以及行业安全监管情况。

张建欣对晋龙捷泰公司公司化管理、运用科技手段积极推广GPS,提高运输安全管理水平的做法给予充分肯定。认为2009年全省安全形势明显好转，省交通运输厅、省运管局在抓好全行业安全生产整治、遏制重特大事故发生等方面作出重大贡献。交通运输事关人民群众生命财产安全，交通、公安、安监等相关部门要抓源头，抓环节，从严从细，配合专项治理，督促落实安全生产各项措施。同时要发挥国有企业龙头作用。她代表省政府向奋战在全省交通运输一线的干部职工以及广大从业人员致以新年慰问，鼓励大家认真总结经验，继续做好安全生产各项工作，为全省人民过一个安全、祥和、文明、有序的“两节”作出更大贡献。

12月30日 省交通运输厅批复省道长晋线南王庄至司徒段公路（凤凰山隧道）初步设计。路线全长36.789公里，一级标准，设计时速80公里，路基宽24.5米，核准概算1 508 514 513元。

12月30日 省交通运输厅印发《关于做好2010年元旦、春节期间有关工作的通知》。

12月30日 省交通运输厅转复省财政厅《关于下达2009年车辆购置税用于一般公路建设项目资金（第二批）的通知》。

12月30日 省交通运输厅转复省财政厅《关于下达2009年第二批取消政府还贷二级公路收费中央补助资金支出预算的通知》。其中，人员经费补助832.59万元，养护工程支出1179.2万元，还贷支出42 609.21万元。

12月31日 上午，省交通运输厅召开厅机关各处室负责人、厅直各单位党政主要领导参加的会议，传达贯彻12月30日下午召开的全省和谐社会建设表彰电视电话会议精神。厅党组成员、副厅长张志川传达省委书记张宝顺在全省和谐社会建设表彰电视电话会议上的重要讲话精神。厅党组副书记、副厅长张润主持会议并就贯彻落实会议精神提出要求。

张润指出，新一届党组上任以来，紧紧围绕全省经济社会发展大局，抢抓机遇，加快发展，再掀公路建设新高潮，积极推进行业重大改革和发展方式转变，交通运输工作在巩固“十五”以来大好形势基础上，又向前大大推进一步。交通运输的快速发展，使一些长期积累的社会矛盾和突出问题逐步得到化解，保持了全行业稳定。但务必要保持清醒头脑，高度警觉、妥善地解决好各种矛盾和新问题，巩固全行业稳定发展的大好局面。当前，一定要牢牢把握发展这一主题，不断筑牢建设和谐交通基础；要牢牢把握转变发展方式这个根本，不断提高建设和谐交通主动性；要牢牢把握抓重点、抓牛鼻子这个有效方法，不断改善建设和谐交通社会环境。要紧定不移地发展综合运输，促进各种运输方式和谐；要坚定不移地推进交通运输一体化，促进城乡与区域交通和谐；要坚定不移地走资源节约、环境友好之路，促进交通运输与自然和谐。各单位各部门一定要认真学习贯彻好张宝顺书记重要讲话精神，切实把推动科学发展、促进社会和谐做为重大战略任务贯彻落实在各项工作中。

张润还就“两节”期间工作作具体安排。

12月31日 省交通运输厅在《山西交通》刊发《新年献词》。向奋战在全省交通运输战线上的广大干部职工以及离退休老同志和家属同志们致以节日问候和美好祝愿！献词说：“2009年是深入贯彻落实科学发展观，积极应对国际金融危机的一年。全省交通运输系统紧紧围绕扩大内需保增长、保民生、保稳定工作大局，再掀公路建设新高潮，加强公路养护管理、运输组织和安全监管，积极推进行业重大改革和发展方式转变，取得新的巨大成就。公路建设突飞猛进，预计全省公路建设完成投资530亿元，为2008年3倍。高速公路开工27个项目，建设里程2080公里，完成投资356.7亿元，为2008年10倍。国省干线改造工程完成1245公里，农村公路新改建工程完成15 000多公里，全省96%的建制村通水泥（油）路。公路运输回升向好，尤其是下半年以来，回升势头日趋明显，道路运输供需两旺，高速公路日通行费收入稳定在2500万元以上。公路养管不断加强，深入开展日常养护考核评比和公路安保、危桥改造工程，进一步加强治超工作，全省道路货运车辆超限超载率控制在0.1%以内。特别是按照国务院统一部署，启动成品油价格和税费改革，取消养路费等六项交通规费，取消政府还贷二级公路收费，路网通行能力和服务水平显著提高。扎实开展道路运输、水上交通及交通运输基础设施建设三个安全专项整治，全行业安全生产形势继续向好的方向发展。全面加强社会治安综合治理各项措施，积极开展信访维稳工作，扎实推进矛盾纠纷排查化解工作，确保全年重要敏感节点特别是国庆60周年期间行业稳定，科技教育、法制建设持续加强，党风廉政和精神文明建设取得新成效，全行业呈现出勃发向上的生机和活力。”

“2010年是‘十一五’规划的最后一年，也是承前启后的一年。全省交通运输工作要认真贯彻党的十七大和十七届四中全会精神，按照全省经济工作会议要求，深入贯彻落实科学发展观，紧紧围绕构建综合运输体系和发展现代交通运输业这条主线，继续抢抓机遇、加快发展，保持公路建设高潮不降温，依靠科技进步与改革创新，积极推进行业结构调整与发展方式转变。公路建设在已开工2000多公里基础上，2010年投资550亿元，再新开工高速公路1000公里，建成1000公里，确保建成总里程达到3000公里；新改建国省干线1000公里，实现100%国道、80%省道二级化；新改建农村公路10 000公里，实现具备条件建制村通水泥(油)路、通客车‘全覆盖’。积极推进运输枢纽建设和产业结构调整，大力发展现代物流等新型产业，强化城乡公共交通服务体系建设，进一步改进城乡交通运输条件。”

“风正百业举，心齐万事兴。面对新形势、新任务、新要求，让我们紧密团结在党中央周围，在省委、省政府领导下，众志成城，励精图治；以新思路、新举措谋求交通运输新发展，为全省经济社会发展作出新的更大贡献！”

12月31日 省交通运输厅批复省道214阳泉过境公路李家庄至白猫梁段改建工程初步设计。主线长7.779公里，连接线长0.8公里，合计总长8.579公里。一级标准，设计时速60公里，路基宽23米，核准概算359 019 184元。

12月31日 省交通运输厅向省政府呈报《山西省城市公共交通运输突发事件应急预案》。主要包括总则、应急组织体系与职责、预防预警机制、应急响应、后期处置、应急保障、附则7章。自发布之日起实施。总指挥：牛仁亮；副总指挥：崔国红、段建国；成员有：王志民、张立光、廉兴有、霍红义、杨波、王存理、潘贤掌、李书凯、许福昌、张洪涛、刘茂先、杨春山、张顺喜、刘孟龙、李华中等。

12月31日 省交通运输厅转复省财政厅《关于下达2009年第五批交通项目支出预算的通知》。

12月31日 省交通运输厅向交通运输部呈报《关于青银国道主干线山西离石至军渡段调整概算的请示》。核增28 684.25万元。

12月31日 省交通运输厅向牛仁亮副省长、省编办呈报《关于省交通运输厅重点公路工程建设领导组办公室增加领导职数的请示》。建议省政府为厅重点办增加1名副厅长级专职副主任领导职数。

12月31日 省交通运输厅向交通运输部呈报《山西省上海世博会重点营运车辆GPS联网联控系统建设工作方案》。主要包括工作目标、组织机构、基本情况和建设内容、建设进度安排、实施要求5部分。领导组组长：王志民；副组长：李华中、杨吉平、苏敏；成员有：靳茂林、李灵、席建华、张海珠。办公室主任：席建华；副主任：宋伟、段权。时间安排为：方案制订阶段(2009年12月)，实施阶段(2010年1月至2月)，试运行阶段(2010年3月至4月)，验收阶段(2010年4月初)，正式运行阶段(2010年5月)。

12月31日 《山西交通》评出2009年十大交通新闻：①公路建设投资创历史新高。2009年，全省交通运输系统紧紧抓住国家加大基础设施建设，实施积极财政政策和适度宽松货币政策的历史机遇，交通基础设施建设实现超常规跨越式发展，再创历史新高。1月至11月，共完成投资515.7亿元，为上年同期3倍，在全国各省市自治区排名第三。其中高速公路建设356.7亿元，干线公路新改建79.9亿元，农村公路建设77.6亿元，站场建设1.5亿元。新开工建设高速公路项目27个，里程超过2000公里；完成新改建国省干线公路1245公里，完成村通水泥（油）路“全覆盖”工程15 180公里，为带动和支撑全省经济快速回升和“保增长、保民生、保稳定”大局作出突出贡献。②全省取消全部政府还贷二级公路收费。5月31日，根据《国务院办公厅关于转发发展改革委交通运输部财政部逐步有序取消政府还贷二级公路收费实施方案的通知》，省政府于5月27日发布通告，决定取消全省境内全部政府还贷二级公路收费。从5月31日24时起，全省境内政府还贷二级公路收费的收费站共155个全部停止收费。③省交通运输厅正式挂牌。6月23日，山西省交通运输厅正式挂牌。这是全省交通运输发展史上具有里程碑意义的一件大事，标志着山西交通运输事业从此进入一个崭新历史阶段。副省长牛仁亮、厅长段建国共同揭牌。根据中央批准的《山西省人民政府机构改革方案》，省委、省政府决定撤销省交通厅，组建省交通运输厅。新组建的省交通运输厅履行原省交通厅职责和省建设厅指导城市客运职责。④全省治超工作经验在全国推广。7月23日至24日，2009年全国车辆超限超载治理工作现场会在太原召开。全国治超工作领导小组组长、交通运输部部长李盛霖出席并讲话。省委副书记、省长王君致辞。全省近几年治超工作成效显著。8月3日，国务院副总理张德江在全国治超领导小组的报告上作出重要批示：“山西省‘治超’工作取得显著成绩，经验值得总结推广。”⑤“09晋交投债”20亿元人民币企业债券成功发行。8月5日至7日，经国家发改委批准，省交通建设开发投资总公司成功发行总额为20亿元人民币的企业债券，期限为10年。此次发行企业债券是山西交通企业首次在国内资本市场进行债券融资，也是山西交投公司第一次在国内资本市场进行债券融资，“09晋交投债”也是2009年以来山西省第一笔获准发行的企业债券，是截至目前山西省内单笔发行金额最大、首只无担保企业债券。⑥省交通运输厅举办建国60周年山西交通建设成就展。9月28日，《山西公路建设60年成就展》在省展览馆开展。省委书记、省人大常委会主任张宝顺，省委副书记、省政协主席薛延忠等参观展览。同日，省交通运输厅举办的《山西交通运输60年建设成就展》开展。这次展览系统地反映了全省交通建设60年艰辛历程和辉煌成就，获得圆满成功。展览期间，先后有十多万社会各界群众参观，有力地扩大了交通在全省的影响。省厅原老厅长廉平当选60位新中国成立以来感动交通人物。⑦龙门黄河大桥荣膺2009年度鲁班奖。由山西侯禹高速公路公司建设、中铁大桥局集团股份有限公司承建的龙门黄河特大桥工程，以其典雅、新颖的外部造型和质量可靠、满足需求的内在功能获中国建筑业协会2009年度中国建筑工程鲁班奖(国家优质工程)。龙门黄河特大桥是侯禹高速公路控制性工程，是国道主干线二连浩特至河口在山西的重要出境路段，该桥全长4566米，是目前全国第一座高矮塔组合式斜拉桥，也是全省里程最长、科技含量最高、投资最大的公路桥梁。⑧抗击暴雪灾害取得圆满成功。11月10日，全省大部分地区出现强降雪天气，50年不遇的大雪对道路交通运输造成严重影响，省交通运输厅于11月10日晚启动《山西省公路交通突发公共事件应急预案》一级预警和响应，并迅速成立前线救灾指挥部，对救灾工作进行安排部署。全省交通系统团结一致，齐心协力，共同投入到抗击冰雪灾害之中。11月13日，省委副书记、省长王君在太旧高速公路清雪除冰一线视察。在这次抗击冰雪灾害中，全省交通运输系统累计出动人员14.06万人次,出动各类机械1.43万台次,抛撒融雪剂、工业盐等10 255吨,撒布防滑料16.5万立方米,提供棉被615套,供应物品共计人民币29.3万元。⑨全省城市汽车客运管理职责移交交通运输管理部门。根据省政府机构改革要求,原山西省城市出租汽车客运管理处的主管部门变更为山西省交通运输厅,并更名为山西省城市汽车客运管理办公室,隶属山西省交通运输管理局管理。⑩全省成品油税费改革基本完成。12月25日,副省长牛仁亮和厅长段建国为山西省交通运输执法局揭牌,标志着全省成品油税费改革任务基本完成。以2009年1月1日国家全面实施成品油价格及税费改革和2009年9月30日省编委批准在省交通征稽机构基础上组建省交通运输执法机构为标志,山西交通征稽圆满完成规费征收历史使命。

12月31日 2009年全省重点公路工程建设取得历史性突破。一年来,全省重点公路工程建设系统认真贯彻落实省委、省政府和省交通运输厅党组应对国际金融危机的各项部署,围绕"三保"工作大局和"十一五"末全省高速公路达到3000公里目标要求,团结协作,攻坚克难,科学安排,精心组织,高速公路建设取得历史性突破。一是开工目标圆满实现。截至2009年底,有阳城至翼城、闻喜至垣曲、汾阳至平遥、阳泉至盂县、五台山至忻州、忻州至保德、太原至佳县东段、太原至佳县西段、太原至古交、大同至右玉、陵川至高平、晋城环城、灵丘至山阴、平遥至榆社、长治至平顺、临汾至吉县、临汾环城、运城至芮城、闻喜至合阳、河津至运城、京昆与青兰两条高速公路临汾联络线、榆次至祁县、大同至浑源、天镇至大同、浑源至广灵、朔州环线西南段、榆社至和顺27条高速公路先后开工建设,在建里程2086公里,项目总投资1267亿元,圆满完成省政府下达的开工和目标任务,11个省辖市均有高速公路建设的大干场面,建设规模之大、里程之长、项目之多、投资之巨,均创全省高速公路建设历史之最,为拉动全省经济增长作出积极贡献。二是完成投资走在全国前列。截至2009年底,27条在建高速公路完成投资402亿元,完成省重点办下达年度计划354亿元114%。其中,一季度完成投资34.3亿元,月均11.4亿元;二季度完成投资89亿元,月均29.7亿元;三季度完成投资144亿元,月均47.3亿元;四季度完成投资135.4亿元,月均45.1亿元,投资呈强劲上升势头。在全国排名第二,仅次于湖南。在省重点工程调度会上,全省重点工程12大类项目中,高速公路建设每月排名位居第一,多次受到省领导的高度评价。三是工程进度按计划完成。截至2009年底,27条已开工高速公路项目均形成实物工程量,2010年计划通车1000公里的16个项目全部按计划完成任务,路基、桥梁工程已完成工程总量80%以上,隧道掘进完成60%以上;部分路段通车项目路基工程完成总量80%以上,为圆满完成"十一五"计划打下坚实基础。四是质量安全控制良好。截至2009年底,厅重点办联合省重点办及省交通质监站,对在建高速公路进行综合检查。12月抽检结果为:工程总合格率91.5%,其中原材料合格率97.5%,路基工程94.9%,桥梁工程89.7%,隧道工程94.1%。安全生产方面,没有发生群死群伤事故,工程建设处于良好受控状态。

12月31日至2010年1月7日 香港《文汇报》刊发"共和国六十周年"专刊,分两期四个版面,对山西交通运输发展、高速公路、干线公路、农村公路建设进行综合宣传和分专题报道,展示全省交通运输取得的辉煌成就。同时,还对厅党组书记、厅长段建国进行专访。

(撰稿 师国梁)

各市交通运输局工作业绩

太原市交通运输局

□ 张建刚　岳红旺

2009年，在太原市委、市政府坚强领导下，在省交通运输厅指导支持下，全市交通运输系统全面贯彻国家“保增长、保民生、保稳定”战略决策和省、市“三个发展”要求，积极发挥交通运输业在应对国际金融危机、拉动内需方面的主力军作用，围绕“五个突破”，加快基础设施建设，提高运输服务水平，推进行业重大改革，较好完成年初确定的主要目标与任务，取得新成绩。

编制完成《太原市综合交通发展规划大纲》。围绕建立综合运输体系和区域一体化交通网，按照“科学规划，分类指导，立足市情，适度超前，突出重点，协调发展”原则，编制完成《太原市综合交通发展规划课题研究工作大纲》。2009年8月21日，经市政府常务会议研究决定，所需经费535万元已列入2010年市财政预算。

重点工程建设取得新进展。完成太古、太佳高速公路征地拆迁任务；西山货运专线建设施工单位已经进场；完成太古公路大修改造工程。10月16日，市人大和市政府领导及部分人大代表深入太古公路视察并给予肯定；开工建设太原环城高速公路太谷连接线；西山旅游路工程可行性研究报告通过省交通运输厅评审；西仁线（战备路）改线工程已经开工。

农村交通运输发展持续推进。全年完成农村公路投资7.04亿元，为目标任务7亿元101%，完成农村公路新改建工程873.5公里，为目标任务698公里125%。完成县乡公路新改建工程515.3公里，为目标任务480公里107%，完成村通水泥（油）路工程、全覆盖工程、中央扩大内需工程共236.4公里，新增娄烦常里岩建制村1个，全市具备条件建制村全部通水泥（油）路，为目标任务100%。完成通达工程121.8公里，为目标任务106%。完成危桥改造工程12座868.3延米。

公路主枢纽建设取得新突破。公路主枢纽客运北站、西站基本具备运营条件，客运南站、客运东南站规划选址和土地控规等前期工作正在推进。清徐县二级汽车站已建成，娄烦县二级汽车站工可已批复，古交市、阳曲县前期工作正在进行。完成西南物流中心规划选址工作。新建乡镇五级站3个，候车亭40个，招呼站牌30个，通水泥（油）路行政村100%通客车；完成3个渡口建设。

道路运输市场服务能力得到进一步提高。全年完成客运量2280万人，客运周转量58亿人公里，完成货运量8600万吨，货运周转量106.9亿吨公里，机动车维修业经营户2046户，驾校60所，培训驾驶员近5万人。

城市公共交通发展速度明显加快。以市财政还本付息方式从银行贷款1亿元，购买333辆公交车，已全部投入运营。

抢抓机遇争上项目
基础建设较快发展

2009年，局党组紧紧抓住国家“拉内需，保增长”历史机遇，调动各方面积极因素，借势而起，争上项目，推动交通运输设施大建设、大发展。根据太原经济圈和市委、市政府确定的“八大功能区”建设需要，启动项目储备，推进前期工作；积极争取省厅资金支持，使一些重点项目太原环城高速公路太谷连接线、西山旅游路等付诸实施；每项重点工程明确责任人，分片包干，实行年底交账制；积极发挥分管领导主观能动性，多方奔走，协调相关部门，公路主枢纽太原客运南站、东南站和西南物流中心等项目取得重大突破；每周召开一次局务会，重点工程根据需要召开协调会，研究解决存在问题，全力优化建设环境。4月17日，省交通厅厅长段建国深入太原市调研，对市局上报项目一一进行确认，并从政策和资金上给予全力支持，使全市交通运输事业发展走上快车道。

为积极推进省、市重点工程项目建设，3月21日，市政府组织召开西山货运专线和太古、太佳高速公路工程征地拆迁承包合同暨目标责任书签字仪式。为保证征地拆迁顺利进行，结合全市实际情况，坚持同地同价原则，市政府承担太古高速公路征地拆迁差额费用2384万元，顺利完成征地拆迁等协调服务工作，为工程按期开工奠定基础。

转型发展管养并重
保障能力得到提高

制定下发《2009年太原市农村公路养护工作指导意见》，明确养护管理具体责任；全年全市农村公路新增绿化里程48.7公里，全市县乡公路养护年优良路率平均达到81.62%。

不断加大治理超限超载车辆执法力度，研究对重点区域、重点路段、重点车辆及凌晨时段“双超”车辆稽查办法。市运管局采取重点进驻、一般巡查、驻巡结合方式，对全市1045家货运源头单位加强监管；阳曲县对西凌井卸载点检测设备进行投资改造，更新不停车检测系统；万柏林区投资30万元对称重设备进行改造，从根本上提高检测精度和治超质量。全年交通系统共投入执法人员220 140人次，检查车辆9 697 336辆次，查处非法超限超载车辆955辆，卸载货物2514.06吨，超限超载率0.0098%，罚款1 777 597元。7月，在全国治超工作山西现场会上，交通运输部领导和与会代表对太原市依法治超、科技治超、源头治超的做法给予肯定。

深化改革理顺体制
增强行业发展活力

2009年，市局积极创新工作思路，确保各项工作稳定较快开展。一是针对国家成品油价税费改革，加快职能转变，加强市场管理，推进全市交通运输行业转型发展。出台《太原市道路营业性运输车辆技术管理办法》，引导旅游客运企业以资产为纽带，进行兼并重组，由31户整合为29户；实施全市物流公共信息平台和企业物流平台同步推进战略，大力发展农村物流，为全市物流发展积累较好经验；投入300余万元改善驾校教学设备，全市驾培市场实现“网络化”管理目标；实行机动车维修竣工出厂合格证制度，共检测车辆96 536辆次，上线检测车辆同比增加53%。二是加强城市公交行业和城市客运出租行业管理。5月13日，城市公交和出租行业移交后，市局以提升服务全市人民安全便捷出行能力为出发点和落脚点，按照创建国家园林城市和文明城市要求，更新333辆公交车，起草上报《加快城市公共交通发展的实施意见》。市公交公司着力在改善企业经营环境上下工夫，在规范行车秩序上下工夫，在提升文明服务上下工夫，圆满完成国家反恐演习“长城6号”任务，完成运营车辆发生火灾应急疏散灭火演习；全年总行驶里程9976万公里，客运量3.2亿人次(不包括免费乘车人次)，客运收入4.1亿元，日均运行10 256趟次。市客运办不断探索出租车经营权到期后的解决办法，针对成品油价格调整，向市政府上报“建立油运价联动机制”请示。三是按时关停所辖范围内的政府还贷二级路收费站。按照全省统一部署，于6月1日关停所辖康西公路、小店刘家堡汾河大桥、古交红梁山隧道政府还贷二级路收费站。四是进一步完善交通运输科技项目计划管理体系。制定交通行业企业科技创新计划和科技成果推广应用计划，做好关键技术研究和科技成果转化工作。《太原市机动车维修行业监督管理与服务系统》、《清徐县环保节能太阳能路灯项目》已报送省交通运输厅审核，《暖气片工业废渣在公路水稳碎石基层中替代石粉的技术研究应用》已立项并完成合同任务，省厅科研项目补助资金20万元已落实。

多措并举综合治理
保持安全生产形势

以农村公路及国省干线公路建设质量安全生产为重点，扎实开展“建设质量年”活动。严格按照建设程序，实行项目法人责任制、招投标制、监理制和合同管理制，进一步规范农村公路建设质量防控体系。共批复工地临时试验室17家，监理上岗许可12家单位，对360公里农村公路、63.5公里国省干线公路进行质量安全监督检查35次，工程实测2348点(组)，合格率82.6%。全市农村公路建设监督覆盖率100%。

坚持“安全第一、预防为主、综合治理”的安全生产工作方针，严格履行“三关一监督”管理职能，强化监管，扎实有效开展安全生产专项整治工作。制定太原市交通系统安全生产八项制度，与全市交通运输系统18个单位签订安全生产目标责任书；上报市政府转发《太原市道路运输安全生产专项整治工作方案》、《太原市水上交通安全生产专项整治工作方案》及《太原市交通基础设施建设安全生产专项整治工作方案》；在全市交通运输行业开展安全生产执法行动、安全生产治理行动、安全生产宣传教育行动；全年组织11个检查组，投入8000余人次，排查安全隐患220条，已整改212条，限期整改8条，整改率96%。全市公路施工、水上交通未发生人员伤亡等责任事故。

依法行政保障民生
切实维护根本利益

2009年，重点对“三无黑车”、违规从事危险品运输、站外上下客、无从业资格从事道路客货营运等行为进行打击，对无证经营行为、不按规定使用旅游客车标志牌、无包车合同或派车单、车辆技术等级不符合要求、安全例检不到位、旅游客车从事班线客运、非法出租车辆等进行整治。市运管系统全年共查扣“三无黑车”379辆、违规危货40辆、普货车1412辆、旅游客车7辆、违规车辆牌证3000件(套)。市客运办共上路检查出租汽车16 300余台次，现场纠正违规现象4200余台次，严重违章停运863台次，查扣非法营运出租车辆1447辆；7月29日，举行“2009年太原市公开集中解体销毁非法营运车辆现场会”，销毁车辆524台，全市运输市场秩序明显好转。

积极抓好《太原市农村公路管理条例》立法调研工作；及时在《太原日报》上公示对公交、客运出租管理执法职能，理顺执法主体和执法程序；进一步完善执法人员管理制度和执法工作考评机制，全面推行《交通行政执法五个规范》，加强行政执法队伍建设，执法队伍整体水平有了明显提高；实行“一站式”服务，交通行政许可全部进入政务大厅，行政审批效率大幅提高。组织召开交通运输系统法制建设及政风行风建设推进会，在全系统分层级召开民主听证对话会12次，走访服务对象500余人次；受理群众咨询、投诉947起，其中12345政府便民热线587起，全部按程序进行处理、回复，群众满意率95%；市局被省厅评为依法治理(1999－2009)先进单位；2009年4月，被市委、市政府评为政风行风评议先进部门。

立足战时提高能力 快速应对突发事件

一年来,完成《交通战备训练考核大纲》规定课目;继续加强交通战备正规化建设,被评为"全省交通战备工作先进单位";完成战役勘察车队交通保障、交通应急、维稳及"长城六号"反恐演习的交通安全防范配合工作。市运管局加强"三队一网一库"综合应急保障体系建设,对车辆技术状况达不到一级的41辆货运车辆进行调换,重新认定46户汽车维修救援企业和所属车辆,建立1000人客运驾驶员、普货驾驶员和危货驾驶员的应急保障数据库。

围绕中心加强党建 提供有力政治保证

把党建工作摆在重要位置。召开全局党建工作会议,制定《关于2009年市交通局中心组理论学习暨干部理论学习的安排意见》、《太原市交通局党组中心组成员理论学习考核细则》,建立各级领导干部理论学习档案,组织开展全民终身学习周活动。积极开展谈心活动,增强党组织向心力、凝聚力。按照市委统一部署,围绕"党员干部受教育、科学发展上水平、人民群众得实惠"总体要求,认真开展深入学习实践科学发展观活动,从解放思想、交通建设、交通体制改革、建立综合运输体系、加强安全监管、解决群众关注的焦点难点问题等6个方面入手,制定更加详细、更加可行的52条整改措施,找准制约全市交通科学发展的突出问题,制订破解交通发展难题措施,理清工作思路,明确发展目标,把全行业发展积极性进一步引导到科学发展、和谐发展、又好又快发展上来。

坚持把强班子、带队伍作为关键。一是着力在提高班子成员的"两个能力"上下工夫。中心组系统学习科学发展观、党的十七届四中全会精神,学习胡锦涛同志在建国60周年大会上的一系列重要讲话,不断提高思想政治水平,思想作风、学风、工作作风、领导作风得到改进。二是认真落实民主集中制。坚持周一上午局务会议制度,坚持全局重大活动、重大事项党组会集体决策,杜绝一言堂,发挥班子成员积极性和主观能动性;适时召开民主生活会,促进班子成员团结和共同提高,领导班子凝聚力和战斗力进一步增强,执政能力和决策能力进一步提高。三是着力在培养和建设高素质交通运输干部队伍上下工夫。组织全系统新增执法人员参加省厅组织的执法岗位培训,组织全系统1000余名执法人员进行执法规范培训;邀请专家对班子成员和中层业务骨干进行综合交通运输相关知识专题辅导,多层次、多人次参加全国、全省业务培训和考察,有效提高干部队伍适应能力。

全力抓好反腐倡廉工作。局党组认真贯彻落实中央、省、市纪委反腐倡廉工作会议精神,执行"一岗双责"制,逐级签订党风廉政建设目标责任书19份。组织各县(市、区)交通局主要负责人、局属各有关单位共14名主要负责人,参加省纪委举办的"全省建筑领域、重点工程管理干部廉政教育培训班";组织局机关和局属单位有关人员参加"全市重点领域重点岗位人员治贿警示教育";组织全系统干部职工参加全市廉政书法'比赛,共报送参赛作品20份;组织局机关全体干部收看警示教育片10次,编印纪检监察信息12期。本着"有举必查,一案一结"原则,继续加大反腐力度。共受理举报投诉和上级单位转办案件13件,已全部办结,结案率100%。严格落实《山西省工程建设项目招标范围和规模标准规定》和《山西省交通厅廉政建设监督管理十项制度(试行)》。按照市纪委、市监察局、市财政局、市审计局关于在党政机关和事业单位开展"小金库"专项治理有关要求,成立领导组,按自查自纠、重点检查、整改落实要求开展工作。根据《开展工程建设领域突出问题专项治理工作方案》要求,召开党组会议,研究成立局工程建设领域突出问题专项治理工作领导小组，下发实施方案，营造良好氛围，推进治理工作在交通领域全面铺开。

常抓不懈争创文明 各项工作不断深化

制定《2009年交通行业精神文明建设工作要点》。一是大力开展文明和谐创建活动。全系统推出文明和谐公路6条51.7公里，文明和谐班线24条，文明和谐班车117辆，树立汽车总站"蒲公英服务小组"、客运东站"568品牌服务"、建南站"雷锋号服务小组"等典型。二是积极开展争创全国文明城市活动。市运管局加大对各客运企业、旅游企业、汽车站创建工作情况进行督察，市客运办加大对出租车的文明用语、拒载等稽查力度，市公交公司加大对站点、站牌等检查力度。三是开展丰富多样文化活动。组织太原市交通系统庆祝新中国成立60周年系列活动"先锋颂"诗朗诵比赛、"运管杯"乒乓球比赛、"公交杯"歌咏比赛、"客运杯"羽毛球和书法、摄影比赛，进一步丰富干部职工文化生活，倡导时尚健康生活方式。四是认真办理人大代表建议和政协委员提案共35份，全部按照"三率"要求，在规定时间内进行回复。2009年8月，市局被市政协评为办理提案工作先进单位。

2009年5月，市局被省委、省政府授予山西省援川抗震救灾先进集体，被省劳动竞赛委员会授予"五一劳动奖状"；2009年，局机关党委被太原市直工委评为先进基层党组织，被市总工会授予"模范职工之家"。此外，市局还获得全省交通系统歌咏比赛一等奖和市直机关歌咏比赛二等奖。

（责编　师国梁）

大同市交通运输局

□张明生　邓　盛　高　青

2009 年,在市委、市政府正确领导下,在省交通运输厅大力支持下,大同市交通局抢抓机遇,攻坚克难,完成各项目标任务,全市交通事业保持持续、快速、健康发展强劲势头,取得诸多令人振奋的成果。

公路建养与管理

高速公路建设。2009 年,大同市委、市政府高度重视高速公路建设工作,市政府专门成立高速公路建设指挥部,市委书记、市长、分管副市长等主要领导多次过问高速公路建设进展情况,亲自出面协调项目进展过程中遇到的困难和问题。市人大、市政协领导也多次深入基层实地调研视察。市交通局举全局之力,千方百计做好项目前期的各项具体工作;各项目单位精心组织,科学实施,使全市高速公路建设实现历史性跨越。年内,开工建设荣城至乌海(灵丘至山阴段)、大同至呼和浩特(大同至右玉段)、天镇至大同、大同至浑源、广灵至浑源 5 条高速公路,在建里程 395 公里,概算总投资 203 亿元。2009 年已完成投资 37.6 亿元,是"十五"期间已建高速公路投资总和的 1.4 倍。无论是投资规模,还是建设里程,都是全省地市高速公路建设史上前所未有的。

干线公路改造。以省道 339 云冈石窟段改线为重点,加大对干线公路改造的推进协调、服务监管力度。党组 1 名成员专门负责工程的协调服务监管工作,质监部门对工程质量、安全生产实施全程监督。定期不定期进行实地检查,发现质量和安全隐患就地纠正,并视具体情况提出通报批评或罚款,确保工程建设质量。2009 年 8 月,在工程进入关键阶段时,针对石方路段工程量大、仅靠多台炮锤开工劈路无法按期完成进度计划的情况,市政府决定采取施工爆破,加快工程进度。市交通局从发布通告、爆破指导、疏散群众到爆破实施,全程指挥,严格监管,圆满完成爆破任务。到年底,省道 339 云冈石窟段改线工程全线建成通车;省道 201(天镇段)改线工程路基也已完成总量 85% 以上。

村通水泥路。年初,市政府与各县区政府签订目标责任书,要求具备条件的建制村村通水泥路实现"全覆盖",并把其作为市、县、乡三级党委、政府"一把手"工程之一。6 月 30 日,市政府召开全市村通水泥路"全覆盖"工程建设推进会,对工程质量、进度、安全提出具体要求。通过全市上下共同努力,全年共完成投资 1.93 亿元,建成村通水泥(油)路 793.2 公里,分别超计划 11.4% 和 15%。新增通水泥(油)路建制村 74 个,提前一年实现具备条件的建制村村通水泥(油)路"全覆盖"目标,受到省交通运输厅和省公路局表彰。另外,奋力推进煤炭运输公路建设工程也是年内完成的主要项目,其中神泉堡至南村项目全长 54 公里,已完工 37 公里;新荣至大窑山也已完成工程总量 80%。

农村公路养管。一是狠抓《大同市农村公路养护管理条例》的贯彻落实，市县政府签订目标责任书，要求各县政府按县财政一般预算收入1%配套养护资金。灵丘县已将养护配套资金列入年度财政预算，并全额到位；南郊、阳高两县区虽未列入财政预算，但资金已落实到位，走在全市前列。二是全面推行养护生产计划和定额管理，确保养护资金用足花好。三是进一步实行管养分离，推行养护市场化，完善养管体制和机制，指导县区组建并初步规范89个乡镇管理站、9个县级养护中心、720个村级养护队。四是突出重点，加大危桥改造、水毁恢复、安保工程和文明路建设力度，完成既定目标和任务。全市共投入4903.8万元。其中，用于日常养护2396万元，养护工程2507.8万元。到年底，全市县公路好路率达到83.9%，综合值达到77.7，分别超计划10.9%和7.7%；乡村公路好路率达到72.2%，综合值达到66%，分别超计划7.2%和1%。

运输管理与维稳

运输市场监管。一是组织开展客货运输企业和维修检测、驾培企业及汽车站的质量信誉考核工作，对道路运输驾驶员进行诚信考核，完善运输经营业户档案制度。为强化运输市场监管，推动运输市场秩序向公平、公正方向发展，创建良好平台。二是组建大同市地方海事局，大同、阳高、广灵、灵丘四县也相继成立海事管理机构，填补大同市水上运输监管的空白。三是大力发展农村客运，推行城乡客运一体化。新建完成10个乡镇汽车站，安装完成120个候车亭、70个招呼站牌，全市95%以上建制村通客车。全市有7个县区实现城乡客运一体化，走在全省前列。四是建立公路应急保障体系。2009年11月，在应对特大暴雪灾害中，应北京燕山集联石化有限公司发电厂电煤告急的紧急求援，立即启动应急保障预案，组织全市战略运输保障车队，圆满完成1000余吨电煤的运送任务。

“双超”治理。坚持“政府主抓，部门联动，依法治理”工作格局，突出源头治理，严格责任追究，加大科技投入，启动科技治超系统建设，在阳高马家庄、大同县养老洼2个临时卸载点安装不停车检测系统，对货运源头企业实行全天候远程监控。2009年市政府公示的629家源头企业，全部纳入运管机构巡查监管范围。全年共检测货运车辆160.3万辆次，查处超限超载违法行为1129起，卸载货物1040吨，车辆超限超载率控制在0.08%，全市“双超”治理长期徘徊的局面得到有效控制，初步形成规范有序的交通运输新格局。

交通安全。一是建立和完善“一把手”负总责，分管领导具体负责，班子成员分工负责，“一岗双责”的安全生产责任制。二是组织实施道路运输、水上交通、交通基础设施建设三个安全生产专项整治，采取市县联动、逐级检查、条块结合方式，对重点领域、重点项目、重点时段的安全生产隐患进行拉网式排查，全年共排查各类企业413家，排查出各类隐患31个，除5项正在整改外，其余全部得到整改，三是加强水上交通安全监管工作。对辖区水域内的船舶管理、码头建设、安全制度进行摸底，确保水上交通安全。四是严格营运车辆二级维护、年度审验和客车例检制度，加大三轮车从事客运的整治力度，维护道路运输安全。由于责任明确，措施得力，监管到位，实现全年交通安全生产零事故目标，受到省交通运输厅表彰。

维护行业稳定。针对代管企业多、停产企业多、企业职工生产困难、不稳定因素多的情况，市交通局多次向市政府汇报，与相关部门协调，积极寻求困难企业解困政策，全力维护行业稳定。特别是在国庆60周年等敏感时期，没有发生一起群体性赴省、进京上访事件。同时，加强成品油价格和税费改革人员思想政治工作，保证队伍稳定，做到组织不散，秩序正常。

资金筹措

随着全市公路建设规模的不断扩大，交通发展资金短缺的问题显得更加突出。面对这一难题，市交通局新一届党组集思广益，想方设法筹措交通建设资金，为加快交通基础设施建设提供强有力资金保障。全年共争取到国家和省补助资金124.7966亿元，是整个“十五”期间公路站场建设筹资总和的2.5倍。一是争取到天镇至大同、大同至浑源、浑源至广灵3条高速公路建设项目总投资121亿元；二是争取到村通水泥路“全覆盖”工程1.6亿元；三是2007年、2008年全市农村公路建设资金缺口1.49亿元，经过多方努力争取，省厅给予大力支持，专项列补充计划资金8900万元；四是争取到农村公路安保工程、危桥改造、水毁工程303万元，农村公路养护资金3369万元；五是争取到通达、通畅工程1865万元，治超站点建设300万元，浑源东大线改造工程3052万元；六是争取到站场建设850万元，煤炭运输公路建设资金4177万元。

党的建设

按照市委统一部署，2009年，局党组认真组织开展深入学习实践科学发展观活动，局领导班子成员带头学习、带头调研、带头分析检查，形成7个专题调研报告。局领导班子分析检查报告得到广大党员干部的一致认可。同时，出台《关于进一步加强和改进机关工作的意见》，切实转变机关作风，提高工作效率，使全局上下干事创业，争先创优，务实高效，蔚然成风。与此同时，不断加大源头防腐力度，将反腐倡廉寓于推进交通改革发展的各项改革措施之中，认真落实廉政责任制、廉政合同制等，组织开展工程建设领域突出问题专项治理，围绕工程招投标、建设程序、质量安全和资金管理等环节，建章立制，有效克服工程建设中的腐败现象。

（责编　师国梁）

朔州市交通运输局

□石　爱　周建国

朔州市交通运输局于2009年11月12日在原朔州市交通局基础上组建,内设办公室、建设管理科、综合规划科、运输管理和安全监督科、交通战备办(应急办)5个行政职能科室,以及交通运输管理处、市直运管所、路政支队、地方海事局、质监站、驾管中心、测设所、拖拉机征费所、公交公司、城市出租客运办共10个事业单位。其中,交通运输管理处为副处级事业单位。共有正式干部职工123人。

一年来,在市委、市政府正确领导和省交通运输厅大力支持下,全市各级交通运输部门积极应对国际金融危机的挑战,群策群力,团结拼搏,实现交通运输事业新发展。全年共完成交通基础设施建设投资35亿元,其中:高速公路、干线公路工程完成29亿元,农村公路建设完成6亿元,农村公路建设投资比上年增长1亿元,是省目标任务1.3倍;到2009年底,全市公路通车里程达到9060.36公里,公路密度达到百平方公里85.28公里,万人拥有公路59.71公里,分别排在全省第5位和第1位;完成客运量2900万人,旅客周转量11亿人公里,货运量1665万吨,货物周转量29.9亿吨公里,为全市经济社会发展作出积极贡献。

交通基础设施建设稳步推进

2009年,全市各级交通运输部门面对资金紧缺、任务艰巨、时间紧迫等不利因素,迎难而上,大干快上,成效显著。一是高速公路建设大步迈进。大呼高速公路朔州段、荣乌高速公路灵丘至山阴段正在进行路基桥涵施工,已分别完成工程量80%和50%;荣乌高速公路山阴至平鲁段,正在进行施工图设计等前期工作;朔州至平鲁高速公路,已完成立项、水土保持环评初步设计等前期工作,并于9月9日举行隆重奠基仪式,目前正在进行招投标、征地拆迁等工作。二是农村公路建设突飞猛进。共完成县乡公路改造工程540公里,新建公路205公里,改建公路1295公里;完成村村通水泥(油)路"全覆盖"工程1225公里,实现113个行政村通水泥(油)路目标。全市1675个行政村,有1574个通水泥(油)路,村村通水泥(油)路覆盖率达93.9%。三是干线公路改造工程全部竣工。共顺利完成国道208线大同界至山阴段改造工程、大忻线山阴至阳方口段改造工程等5项干线公路改造工程。

公路管养水平全面提升

一年来,重点加强养护中心建设,增加先进养护机械投入,推广和应用公路养护新技术、新材料、新工艺,积极改革和创新公路管养机制和模式,有效提升养护能力和养护水平;抓好各级公路常规养护以及公路安保工程实施、危桥维修加固、公路绿化建设,有效保障道路运输设施完好畅通。全年累计投入农村公路养护资金4780万元,维修改造危桥

2 座，完成公路安保工程 40 公里。全市县乡公路优良率达 82%，比省定目标 65% 高 17%。

工程建设质量争良创优

一年来，市交通局继续加强公路工程建设质量管理，强化质量监督，对开工及续建工程从规划、设计、施工、验收实行全程管理；进一步完善并全面实施《朔州市公路工程质量管理办法》，对所有重点工程、通达通畅工程、县乡公路改造工程，全部实行“四级质量保证体系”，确保县乡公路工程建设质量。全部竣工工程合格率达 100%，优良品率达 90% 以上。

交通行业管理不断加强

2009 年，全市交通运输部门坚持严格监管，依法行政，推动交通运输市场和建设市场有序安全和谐发展。

交通运输行业管理。一是加强宏观调控。通过不断整合运输线路，适量控制客运运力增长，使全市客运运力和运量之间矛盾得到缓解，运力结构得到优化，运输质量得到提升。二是加强市场监管。开展道路运输经营质量信誉考核，推行市场准入和退出机制，严格按照“三关一监督”要求，努力加强道路运输行业管理职能，全面提高道路运输“三个服务水平”。三是推进农村客运“村村通”工程。到 2009 年底，全市有农村客运班线 92 条，班车 306 台，村村通班车“覆盖率”达 96%，高于全省平均水平。在发展农村客运同时，加强农村客运站场建设，全市已累计建设完成农村客运站 30 个，候车亭 299 个，招呼站牌 430 个。截至年底，全市客运企业服务和诚信水平大幅度提高；货运管理工作步入规范化发展轨道，建立健全车辆基本情况档案；综合物流园区正在积极筹划和建设；驾驶员培训管理工作稳步推进，全面推广应用机动车驾驶员管理系统，加强对驾校的监督检查和营运驾驶员的诚信考核；通过开展企业诚信评优活动，维修管理工作卓有成效，全市维修行业公共服务能力和社会保障水平快速全面提升。

建设市场管理。先后制定完善《公路工程招投标管理办法》、《重点公路建设项目前期工作制度》等六项制度和办法，以健全的制度体系，保证建设市场健康有序发展，实现建设市场的公开、透明、高效。

行业安全监管实施到位

2009 年，以抓好交通运输行业安全生产专项整治为重点，认真落实安全责任，从指导思想、组织领导、整治内容、整治方式、整治步骤、目标要求等六个方面进行全面细致安排部署。专项整治工作开展以来，通过层层签订安全目标责任书，认真落实安全生产八项制度，明确“一岗双责”责任体系，加大安全监管力度，有效堵塞管理漏洞。一年来，全市共排查道路运输企业、经营业户 796 家，发现事故隐患 9 处，下达整改通知书 9 份，完成整改 6 处，限期整改 1 处，关闭取缔企业 2 家。全市交通运输行业安全生产形势明显好转，未发生一起重特大责任事故。尤其是“十一”旅游黄金周期间，为喜迎新中国 60 华诞和朔州建市 20 周年，全市交通运输部门加强组织领导，合理安排部署，认真开展保安全、保稳定工作，为全市人民度过喜庆祥和的国庆和“中秋”佳节作出积极贡献。

超限超载治理成效显著

一年来，坚持“政府主抓、部门联动、依法治理”工作格局，按照“依法治超、标本兼治、就地卸载、倒查责任、奖惩并举”工作方针，全市交通运输部门继续实施重点进驻与一般巡查相结合，短期治超与长效治理相结合，治理双超与交通工作相结合的监管措施，重点采取源头卡住、路面截住、终端堵住策略，源头治超工作收到阶段性成果。超限超载率下降到 0.02%，百吨王等大吨位车辆销声匿迹；道路畅通率明显提高，路产路况得到明显改善;运价稳定回升,货运市场逐步走向规范有序、公平竞争的轨道。

行业文明建设再结硕果

2009年,全市交通运输部门立足行业特点,努力践行科学发展观,深入开展"学、树、创"争先创优活动,营造"干好交通,争创一流"的浓厚氛围,为发展交通运输业提供坚强保证。不断加强干部职工队伍建设,大力弘扬爱岗敬业精神,提高交通运输行业文明程度,提升队伍素质。2009年,朔州市交通局连续十年被省文明委评为"省级文明和谐单位",在全市交通运输系统树立良好形象。

党风廉政建设扎实开展

2009年,全市交通运输部门圆满完成学习实践科学发展观活动,群众测评满意率达100%。为深入开展党风廉政建设,努力创建"阳光工程",加大反腐败工作力度,先后制定《预防腐败推行"阳光工程"六项制度》和《关于交通廉政风险和防范工作实施方案》,以创建交通特色预防和惩治腐败工作机制为抓手,积极推进公开透明、阳光操作、规范管理,形成和完善交通管理监督与惩防体系制度,打造廉政交通,构建和谐交通。坚持开展工程建设领域突出问题专项治理活动,成立行政一把手任组长的治理领导组,在项目管理上,严格按程序办事,工程项目立项和投标单位资格审查都指派专门人员监督实施。对所有在建项目的责任单位、责任人、工期等情况在新闻媒体上公示,设立公示牌,公开接受社会监督,有效约束参建各方行为。

2009年是朔州建市20周年。20年里,全市交通运输业实现跨越式发展:高速公路从无到有,干线公路改造升级,农村公路四通八达,公路运输事业蓬勃发展,基本上形成以高速公路为框架、干线公路为支撑、县乡公路为纽带、村村通"全覆盖"的完善便捷的公路交通网络,为全市人民群众出行和经济社会发展提供强有力交通保障。

(责编　师国梁)

忻州市交通运输局

□顾占斌

2009，在市委、市政府正确领导和省交通运输厅大力支持下，在各有关方面积极配合下，全市交通运输系统干部职工努力践行科学发展观，认真落实市委、市政府“三五”工作总要求，以保增长、调结构、强三农、惠民生为己任，年度村村通水泥（油）路全覆盖建设任务全面完成，旅游公路和沿黄干线公路建设奋力推进，农村公路养护管理逐步规范，客、货运场站建设日趋完善，村村通客车率再创新高，灵河高速公路筹建取得重大突破，交通运输事业立足于服务忻州经济社会发展，服务社会主义新农村建设，服务人民群众安全便捷出行得到进一步提升。由于工作突出，30余项工作受到上级部门表彰和奖励，中央文明委授予“全国文明单位”和“全国文明创建先进单位”称号，人力资源和社会保障部、交通运输部授予“全国交通运输系统先进集体”称号，工作目标责任制考核连续三年被省交通运输厅评为“优秀单位”，定点扶贫工作被省委干部下乡领导组评为“山西省定点扶贫工作先进单位”，安全生产工作被省交通运输厅评为先进单位。

公路建设

2009年，全市交通基础设施建设以高速公路、村通水泥（油）路、国省干线、县乡公路改造为主，共完成投资101.22亿元，其中高速公路85.02亿元（忻保高速公路50.42亿元、忻阜高速公路34.6亿元），国省干线公路7.6亿元，农村公路8.6亿元，均创历史新纪录。这些投资，在抗击金融危机、拉动内需方面，特别是对拉动忻州经济发展、保障民生作出重要贡献。

*全面完成村村通水泥（油）路建设任务。*年初，上级下达全市785个村、2511公里建设任务，它既是党中央、国务院下达的硬指标，又是省长承诺的“五覆盖”工程，还是改变全市农民生产、生活条件的惠民工程。交通运输系统把这项全市公路建设史上项目最广、里程最多、施工点最分散、管理难度最大的工程当作头等任务来抓。在省、市、县领导高度重视下，工程建设高潮迭起，2009年11月份全面完工，共完成投资66 795万元，785个村全部通水泥路。全市公路通车总里程达到16 168公里，位列全省第一。

*重点旅游公路建设开局良好。*开工建设三条重点旅游公路建设项目，即五台山至河北界（平山县）旅游公路，全长13公里，投资4901万元；芦芽山旅游公路宁武坝门口至芦芽山段，全长24公里，投资2415万元；芦芽山旅游公路五寨县城至芦芽山段，全长24公里，投资1988万元。三个项目共计61公里，总投资9304万元。截至年底，完成路基33公里，投资1033万元。

*沿黄干线与沿黄扶贫路建设奋力推进。*沿黄干线保德至冯家川公路，路线全长50公里，总投资约1.7亿元，克服征迁困难，完成路基工程40公里，完成投资1亿元；沿黄扶

贫旅游公路保德县王家占至兴县界，路线全长4公里，总投资1563万元。已完成路基和桥涵工程，完成投资980万元。

*县乡公路改造进展顺利。*完成工程建设436.4公里，投资16 811万元。其中，开行贷款项目完成111.7公里，完成投资11 470万元。

公路运输

*2010年春运工作成效显著。*春运期间，全市大部分地区遭遇强烈冰雪天气，为使广大人民群众过一个欢乐祥和春节，确保往返及时，走得安全。市局成立春运领导小组，强化安全监管，保证充足运力，维护市场秩序，提升服务质量，无论是客运班车，还是公交、出租车，没有出现一起重大安全责任事故，基本实现“安全畅通，文明和谐”春运总目标。

*道路运输管理和源头治超力度不断加大。*2009年，全市新增农村客车43台，新开农村班线32条，新通行政村87个，累计通车行政村4685个，客车通村率97%。在路网覆盖面不断扩大同时，充分发挥交通治超队伍主力军作用，强化源头治理和运政人员派驻监管，公示源头单位1051个，源头驻站企业共150个，驻站人数日均118人，有效遏制超限超载违规现象，保障道路安全畅通。

*安全生产专项整治工作见到实效。*2009年是全省安全生产专项整治年，按照市政府、省交通运输厅安排部署，工程建设、水运、道路运输等方面有关单位和人员积极行动，加大排查力度，特别是道路运输方面，全市共排查企业2086户，91户存在重大隐患企业通过整改，验收合格。在此基础上，逐渐建立安全生产长效机制，主体责任意识明显加强，行业监管部门监管责任得到落实。

*增加运输管理投入，提升交通服务水平。*共投入经费63万元，一是资助部分汽车站安装GPS管理平台，充分发挥“96566”、GPS平台作用，畅通渠道，初步达到对辖区内运输车辆实现24小时动态监管，并可及时发布路况、气象、安全提示等信息。二是为全市汽车站制作20套运管温馨提示牌；三是制定《忻州市运管驻站人员工作日志》和《忻州市运管驻站人员车辆进出站日常监管登记簿》等内部管理制度，为进一步搞好交通运输管理服务打下坚实基础。

公路养护

2009年，把公路养护作为发展交通运输事业重要内容来抓，重点提升公路养护能力和养护水平，有效保障道路运输设施完好畅通。在道路拓宽和路面改造中，累计完成养护大中修投资2220万元。全市现有县公路养护里程2027公里，日常养护里程1403公里，好路率达到88.9%，综合值77.6，平均好路率88.2%，平均综合值77.4，全部高于省定目标。

开展基层大调研

为贯彻落实全省村村通水泥（油）路全覆盖阳泉现场推进会精神，扎实推进全市农村公路建设有序开展，从9月1日起，抽调市局、县局、乡镇、村委会380人参加，组成14个调研组，分赴全市各县市区开展农村公路村村通全覆盖工程大调研。在调研中，对每个村庄都要跑到，每个项目都要详细登记，认真核实后由村长签字，乡镇盖章。争取在民生问题上不欠新账，多还旧账，创新工作机制，健全责任体系。这次调研成果，数据翔实，得到省厅领导充分肯定，并在全省进行推广。2002年以来，全市共完成4280个建制村18 565公里村村通任务。截至2009年底，全市应通未通456个村1509.4公里；通未连通744个村1067.2公里；支通干不通（砂土路）40条488.4公里；去通返不通398条1267.2公里；自然村922个，其中人口在200人以上需通畅的有215个413.9公里，涉及人口53 920人。调研成果已成为制定年度计划和编制“十二五”规划的重要依据。

（责编　师国梁）

吕梁市交通运输局

□贾永岩　高树峰　田光铭

2009 年，吕梁市交通局按照保增长、保民生、保稳定总要求，深入学习实践科学发展观，紧紧围绕交通工作目标，突出村村通水泥路（油路）全覆盖重点工程，全面完成各项目标任务。

公路建设

2009 年，以村村通水泥路（油路）全覆盖工程和县乡公路开行贷款续建项目为重点，继续加快农村交通基础设施建设步伐。全年完成交通建养投资 13.89 亿元，农村公路通车里程达到 13 042 公里（包括专用公路 28 公里），较上年减少 77.2 公里。全年新增有铺装路面 101.2 公里、简易铺装路面 2396.5 公里。新建桥梁（县、乡、村道）9 座 287.74 延米；新增隧道 1 处 340 延米。全年新建通畅工程 4624.5 公里，完成县乡公路开行贷款建设项目 109.22 公里，新增通水泥路（油路）的行政村 697 个，截至 2009 年底，全市公路通车里程达到 14 852.2 公里（包括专用公路 28 公里），公路密度为 70.3 公里/百平方公里；按行政等级分，有国道 632 公里，省道 1177.8 公里，县道 2389.2 公里，乡道 3884.3 公里，村道 6740.8 公里，专用公路 28 公里。按技术等级分，有高速公路 192 公里，一级公路 184 公里，二级公路 1927.7 公里，三级公路 1820 公里，四级公路 8329.2 公里，等外公路 2399 公里。有铺装路面（高级）里程 6791 公里、简易铺装路面（次高级路面）里程 2740 公里；二级以上高等级公路 2303.7 公里，占总通车里程 15.5%；等级公路达到 12 453 公里，占通车里程 83.8%。全市共有 66 个乡、82 个镇、12 个街道办事处、3108 个行政村，其中，100% 的乡、镇、街道办事处通油路和 90.4% 的行政村（2811 个行政村）通水泥路（油路）。

县乡公路改造开行贷款项目 2006 年以来累计竣工 122 项 1325.36 公里，已完成计划任务 89.8%。其中，2009 年完成新建和续建项目 28 项总里程 215.32 公里。

公路养护

2009 年，吕梁市公路需养护里程达到 14 660公里（不包括高速公路），其中交通部门县、乡、村、专公路养护里程总计 13 042 公里。包括县公路 2389 公里，乡公路 3884 公里，村公路 6741 公里，专用公路 28 公里。其中，等级公路 10 644 公里，晴雨通车里程 10 868公里，已绿化里程 2429 公里。公路标志设置齐全 3129 公里；公路标线划设齐全 2419 公里。

运输管理

截至 2009 年底，全市拥有载客汽车 1818 辆 36 133 客位，拥有载货汽车 29 872 辆 218 348 吨位。全年完成公路客运量 1806 万人，旅客周转量 124 155 万人公里；完成公路货运量 4649 万吨，货物周转量 1 009 401

万吨公里。

运政管理。一是客运管理。开展离石区客运市场专项整治,取缔离石区东客站、西客站、北客站临时停车场运营,所有进入离石区的营运客运都要统一进离石汽车站,实行“统一管理,统一售票,统一结算”。离石汽车站增加进站营运班车230余部。开展客运企业质量信誉考核工作。对全市14户道路旅客运输企业,对市内2户旅游客运企业进行质量信誉考核,对1个一级客运汽车站、5个二级客运汽车站、1个三级汽车站也进行了质量信誉考核。年度审验车981辆,其中:735辆客车(省际40辆、市际355辆、县际340辆),危险货物车246辆。二是货运管理。开展危险货物质量信誉考核工作。对全市14户危险货物运输企业进行质量信誉考核,考核合格13户,取缔1户。完成对41户普货运输企业质量信誉考核工作,24 310辆普通货运车辆年度审验工作。积极引导和扶持物流业发展,年内已培育并基本建成10个农村物流点。三是出租车管理。3月开始在全市范围内开展为期两个月的打“黑出租”专项整治行动,共取缔非法发车点4个,查扣非法营运的“黑出租”23辆。还开展了多次短途“黑车”的专项稽查行动,查扣非法营运车辆25辆。四是维修管理。组织开展对二级维护企业的检查验收,继续推进二级维护质量体系建设。全市28户维修企业全部参与考核。其中,合格2户,基本合格22户,不合格3户。同时,推广使用二级维护射频监管系统,开展质量信誉考核工作。

源头治超。全年对重点工程领域和短途货运领域超限超载的行为进行监控与打击,做到监管到位,不留空当,不留死角;主要抓好“车、货、牌”等重要环节,坚决取缔非法储(售)货源站点,严厉打击非法改装车辆,从根本上杜绝短途拉土、石、沙的车辆超限超载现象的反弹。同时进行明察暗访,共查企业140家,下达监督检查记录84份。全市范围内推广“三单合一”制度和孝义运管所的巡查制度。全年共出动执法人员242 932次,巡查源头企业24 648余次,处罚案件20起(上级督办案件12起),罚款27.75万元,抄告案件3起。在孝义市、柳林县、中阳县先行开展科技治超,推广实行微机打印货运单(简称微机专用票)。成功开发“吕梁市源头治超科技应用软件”。柳林县已经投资70多万元试行成功,有12家源头企业安装试用;孝义市投资180多万元试行,有6家源头企业安装试用。

客运场站建设和村村通客车工程。2009年,岚县二级汽车站基本建成,交口二级汽车站开工。2004年至2009年下达乡镇汽车站建设项目共51个,实际已经建成52个,超过省厅目标。继续推进村村通客车工程,在农村客运线路建设上,最大限度地利用现有的线路和班车,减少资源浪费。全年安装80个候车亭,安装100个招呼站牌,新增63个行政村通客车,通客车行政村数达到2962个,村通客车率由2008年93%提高到95%,增长2%。到2009年底,农村客运班线达到267条,客运车辆达到734辆、12 459客位,较好地满足群众出行,沟通城乡交流,拉动农村经济发展。

应急运输保障。建成比较完善的应急保障预案体系,成立交通突发公共事件应急管理工作机构,加强公路灾害防抗和防护能力。2009年“春运”投入运力6866辆次,运送旅客17.8万人,保证“平安春运”、“和谐春运”目标;“五一”运送旅客12.6万人;“十一”新增加班客车达到26辆,包车104辆,共运送旅客28.46万人。11月10日,境内普降暴雪,车辆通行受阻后,立即启动自然灾害应急预案,积极安排部署,实施有效应对措施。到10月14日,全面完成应急保障工作。期间,共出动执法人员1118人次,执法车辆215辆次,应急客车17部,接送滞留旅客620人,参与清理积雪的人员达230人。在这次雪灾中,没有发生一起因冰雪灾害造成的交通运输事故。

水运管理

2009年,深入开展水上交通安全专项整治工作。吕梁市政府办公厅下发《吕梁市水上交通安全生产专项整治方案》,成立专项整治领导组。市、县海事系统制定《实施细则》,市县(区)海事机构成立专项整治办公室,县海事处与企业、船主签订《整治责任书》。对非法从事水路运输经营活动的坚决予以取缔;对证照手续不全及存在重大安全隐患的一律停业整顿;对证照手续齐全、具备水运条件的进一步加强监管。一是进行全面摸底排查。共排查水运企业5个,各类船舶149艘,其中旅游船34艘、钢质车渡船2艘、其他渡船8艘、农田船1艘、钢质采砂船101艘、木质工程船3艘。其中可正常营业的三类企业3户(游船16艘);停业整改的二类企业2户(游船6艘);应取缔的一类个体船舶127艘(渡船10艘,农用船1艘,采砂船101艘,木质工程船3艘,游览快艇12艘)。二是强行取缔所有无证船舶。将所有无证采砂船舶全部强行停止采砂作业。凡符合建造规范要求,经检验合格的发给《船舶检验证书》,不符合要求的则淘汰销毁。对可正常营业的3户三类企业(游船16艘)进一步明确监督管理人员,强化日常安全管理。停业整改的2户二类企业(游船6艘)在整改责任人监督指导下,已申领《水路运输许可证》、《船舶营运证》、《船舶所有权登记证》、《船舶国籍证》、《船舶检验证》,重新完善内部安全机构和安全制度、应急预案,并通过市运管科、海事局联合评审组的核查评估,达到可运营条件。127艘一类个体船舶(渡船10艘、农用船1艘、采砂船101艘、木质工程船3艘、游览快艇12艘)已全部停业或停止作业,并明确由乡镇看管,防止"死灰复燃"。三是强化重点时段现场监管,确保水上安全。四是对船舶进行监督检验。2009年共检验玻璃钢旅游船29艘,钢质车渡船2艘,钢质采砂船20艘。五是强化航运管理工作,规范水运市场秩序。2009年5月至10月完成货运量4.6万吨,客运量5.989万人。六是强化监管,确保码头建设工程质量。年内完成兴县罗峪口汽渡码头改造工程。已建成的所有码头工程没有出现任何质量问题。2009年底,全市共完成7座码头工程,其中临县碛口、柳林三交为旅游码头,柳林三交、兴县罗峪口为车渡码头,兴县王家滩、牛家川、临县乔湾为客渡码头。2009年有兴县裴家川口(客渡),临县白道峪(客渡)、咀头(车渡),柳林后河底(客渡)、王家塔(车渡),石楼辛关(旅游)等6座码头初步设计已通过专家评审。

安全生产专项整治

2009年,制定安全生产长效预防机制实施方案,成立领导组,广泛宣传,积极组织,加强监管,采取有效措施,安全生产保持稳定态势。一是道路运输。共整治排查三类企业1208户,关闭取缔无证无照一类企业365户,停产整顿不符合安全生产条件二类企业17户。二是水上交通。共排查水运企业5个,各类船舶149艘,实现连续17年无事故的好成绩。三是公路基础设施建设。与建设单位、施工单位签订责任书,全面落实安全生产责任制,先后进行两次安全生产隐患排查,完善各类安全警示标志标牌,加快危桥改造步伐,特别是加强施工现场管理,公路建养工作保持良好运行状态。全年没有发生任何安全生产事故。

路政管理

全年清理路障1017处;预防违建5600余平方米,拆除违章建筑1400平方米;设置水毁临时标志265块,超限标志540块,车辆隔离墩41处;处理超限车辆1850余辆,行政处罚152万元,收取路产赔补偿费216万元;处理万元以上案件6件。

交通扶贫

2009年,共投入各类资金146.4万元,帮助大蛇头村、吴家沟村建设健身文体广场各1处、篮球场各1处;帮助大蛇头村建设戏台1处,修建敬老院1处;组织两村村民各进行3次实用技术培训;建立党员联户结对制度,对两村开展帮扶活动;春节慰问两扶贫点的军烈属、老党员、特困户40户,送去慰问金4000元;“六一”慰问两村学生,送去价值7000余元学习用具;“七一”慰问两村老党员,送去价值3000余元的慰问品。

党风廉政建设

2009年,全市交通系统认真贯彻落实党风廉政建设的各项规定,以改革和完善制度为重点,大力加强领导干部廉政教育,狠抓制度建设与创新,着力建立健全惩治和预防腐败长效机制,努力把反腐倡廉贯穿于推进交通建设与发展各项具体实践中,为交通事业健康发展提供坚强纪律保障。一是加强培训教育。2009年8月,对市、县两级局长、重要岗位科长进行培训,10月组织运管、路政执法人员培训;二是纪检监督深入到工程建设各个方面。局纪检监察室组织人员先后4次深入各县市区,督促进度,检查质量;三是落实党风廉政建设责任制。制定市交通局党风廉政建设和反腐败工作主要任务及责任分解意见,进一步强化各级领导责任意识;四是重点推进治理公路“三乱”工作。明确责任人,并在有关媒体公开承诺。局纪检组、监察室干部多次深入基层明察暗访,发现问题及时处理,确保交通管辖路段基本无“三乱”。

精神文明建设

一是继续开展文明和谐行业创建活动,重点组织开展文明和谐系统、文明和谐单位、文明和谐集体(窗口)、文明职工、文明建设工作者“五创”活动。二是加强交通行业文化建设。积极宣传建国60年吕梁交通发生的巨大变化,不断推动吕梁交通人热爱交通、建设交通的热情。三是精神文明建设成果显著。全市交通系统评出10个文明示范窗口、10条文明样板路、10部文明客车、10个文明职工。

(责编　师国梁)

晋中市交通运输局

□李彦平

2009年,在省交通运输厅和市委、市政府正确领导与大力支持下,全市交通系统广大干部职工全面贯彻落实党的十七大精神,以科学发展观统领交通工作全局,进一步加强交通基础设施建设,大力发展农村公共交通,加快综合运输体系建设,全面提升交通行业公共服务能力,为完成"十一五"发展目标打下坚实基础,也为建国60周年献上一份隆重厚礼。全市公路建设投资完成59.8亿元,新增公路通车里程202.5公里,公路密度达到87.2公里/百平方公里,新增高级、次高级路面里程262公里。完成县乡公路改造408公里;村村通和新农村街道硬化工程完成1296公里。新增通水泥(油)路行政村38个,通达率达到99.3%;新增通公交(班)车行政村30个,通达率达到97.3%。在9月份省厅组织的全省农村公路养护检查中,晋中市以93.71总分名列全省第一。全市超限超载率下降为0.02%。全面超额完成省交通运输厅和市委、市政府确定的各项任务。被晋中市政府评为"政府工作部门目标责任制优秀单位",连续第11年被省厅评为"目标责任制考核优秀单位",连续五年在全省排名第一。

抓机遇　上项目
公路建设再掀新高潮

一年来,市交通运输局牢牢把握扩大内需的一系列有利政策,持续加大基础设施建设力度,全年共完成公路建设投资59.8亿元,比上年翻了一番还多。

高速公路建设迈出新步伐。汾邢高速公路开工建设里程达到147公里。其中:汾阳至平遥段18公里路基工程完成,平遥至榆社段84公里土石方工程全面开工,榆社至左权段45公里已动工兴建;山西省东纵高速公路平定至和顺段已完成项目工程可行性研究报告编制工作;由市政府承建的龙城高速公路完成招投标任务,已开展征地拆迁工作。

县乡公路改造再创新佳绩。共完成县乡公路改造413公里,其中:县乡公路二级化改造262公里,占全省新增二级公路总里程45%,全市二级以上高等级公路总里程达到2645公里,位居全省第一。全市新增公路通车里程215公里,总里程达到14 319公里,公路密度达到87.29公里/百平方公里。

"村村通"工程取得新进展。"村村通"和新农村街道硬化工程共完成1294公里,新增通水泥(油)路行政村38个,全市通水泥(油)路行政村达到2738个,通达率达到99.38%,比全国中部地区行政村通达率高出11%,比全省通达率高出3.4%。

强功能　提效率
运输保障能力又有新提升

继续加快道路运输业发展。全市共完成客运量2904万人次,旅客周转量12.7亿人公里,同比增长4.5%;完成货运量5418万吨,同比增长11.1%;货运周转量119亿吨公里,同比增长20.6%。推进农村客运发展,新增通公交(班)车行政村30个,有2673个行政村实现通达,通达率达到97%;加快客运站场建设,太谷、左权2个县级站启动运行,和顺汽车站完成主体工程,灵石、昔阳汽车站动工兴建,寿阳汽车站完成选址,榆社汽车站通过审批,祁县汽车站完成前期准备工作,完成乡镇汽车站6个;到2009年年底,全市已建成乡镇汽车站45个,并在管理营运上取得好成绩;扶持农村物流产业,发展14个农村物流中心,有效推动农副产品外流和农村物资输送;严格规范市场秩序,对非法挂靠的驾驶员培训机构进行全面清理,健全企业诚信考核体系,对16家客运企业、13家货运企业进行信誉质量考核;不断强化运输市场监管,持续引深行业节能减排,扎实组织开展打击"黑车"非法营运专项行动,净化运输市场环境。

大力推行科技治超。市、县两级共投入治超经费3000余万元,在全省率先建立治超综合信息监控中心,全面启用货运源头治超信息管理系统,为15个超限检测点和临时卸载点全部安装不停车自动超限检测系统、自动称重检测系统,治超范围基本实现动态监控,全面覆盖。一年来,共查处超限超载车辆1007辆,卸载货物约160万吨,短途超限超载行为得到有效遏制,县乡公路杜绝55吨以上超限超载车辆行驶,超限率降为0.02%,远远低于全省控制指标。7月23日,李盛霖部长带领全国治超工作会议代表专程赴晋中参观学习科技治超经验,对全市治超工作取得的成绩给予高度评价。晋中市被评为"全省治超工作先进单位"。

加强应急保障体系建设。修订完善应急保障救援预案,健全专职工作机构,充实应急保障队伍和设施、装备,组织开展应急救援演练,严格落实甲型H1N1流感防控,圆满完成春运、十一、国庆60周年庆典等重点时段的交通运输保障任务。应对冰雪灾害,共出动人员14 795人/次,机具、车辆3998台/次,清理冰雪路面9639公里,疏散滞留旅客300余名,出色打赢应急救援保卫战。

抓重点 促规范
行业管理工作再上新水平

农村公路养护管理取得新成效。持续深化管养体制改革,努力探索新模式、新机制。一年来,共投入农村公路养护资金5488万元,完成安保工程投资2000余万元,建设农村公路文明示范路700公里,实施农村公路安保工程1400公里,危桥改造33座,设立警示标志、标牌、防撞护栏等安保设施36 500套。先后组建35家专业养护公司,聘用3032名养路人员,全市农村公路列养里程达到11 870公里,列养率跃升为95%,基本实现"黄马褂"队伍"全覆盖"。

公路工程质量实现新加强。在全省率先加强"一站两室"建设,投资300余万元新增检测设备,充实监测力量,市站检测中心、开发区检测中心步入综合甲级试验室行列,各县站试验室均达到综合丙级标准;创新监督机制,建立健全监理人员信用评价体系,深入实施监理专项检查;严格过程监督控制,继续完善专家评审和集中会审、监理招投标报告备案等相关制度,全面推行"场拌机铺"施工工艺,重点加强交(竣)工验收;持续组织开展"农村公路建设质量年"、试验检测数据打假和质监队伍争先创优活动。一年来,在全省农村公路质量抽检中,共实施重点农村公路质量监督36项、243公里,桥梁13座、1132延米,工程合格率达到100%,优秀率达到90%以上。

安全生产管理得到新巩固。围绕"安全生产年"目标任务,全市共配套划拨100余万元专项经费,严格落实责任,健全工作机构,完善相关制度,广泛进行宣传,深入组织开展"道路运输、水上交通和交通基础设施建设"安全生产专项整治,结合"隐患逐月排查治理",共排查行业企业15轮次,生产经

营单位1419个，取缔一类企业64家，发现并整改消除各类隐患问题553条，基本实现控制指标的零增长。11个县（区、市）交通局均成立安全监管专职机构，组建专门队伍，使行业本质安全度大幅提升。市交通局被市政府评为年度“安全生产优秀单位”，被省厅评为“安全生产工作先进单位”。

强党风 创一流
廉政建设和行业文明获得新进展

党风廉政建设开创新局面。以严格落实党风廉政责任制为核心，狠抓廉政教育，建立健全权力运作、内部自律和社会监督机制，持续加大查处力度，扎实组织开展“小金库”检查治理，启动实施“交通建设领域突出问题专项整治”行动，以严把“六关”为重点，对全市53项二级路改造项目、83项拉动内需项目、23项“五覆盖”项目全面实施“阳光工程”；全面推行政务公开，深化行政效能建设，扎实行业政风行风建设，在年终全市行风评议评比中取得好成绩。

精神文明再结新硕果。深入开展交通文化建设，围绕国庆60周年，举办“爱国歌曲大家唱”等系列活动；持续加大“五个文明”创建力度，组织文明路、文明客车验收评比；深入开展“文明和谐单位”创建活动。市交通局被省文明委连续第四次授予“省级文明和谐单位标兵”称号，和顺县交通局、市运管局分别被省文明委评为2008年至2009年度“文明和谐单位”。

一年来，依法行政、交通战备、通行费征收、行业改革等各项工作也取得长足进步。依法行政工作在12月29日召开的市人大常委会第十三次会议上做了经验介绍；交通战备正规化建设受到北京军区表彰；秋郭收费站克服重重困难，保证收费工作顺利开展；征费处、榆洪收费站在改革过程中，确保人心不散、顺利过渡；项目规划逐步趋于合理，财务管理进一步规范，后勤服务水平进一步提高；建设公司高质量完成管网改造和蕴华街改造等市政工程，开发公司完成界麻线部分路段前期工作，设计所完成全市全部二级化改造设计任务，交通科技创新应用取得新成效，节能减排迈上新台阶。

（责编 师国梁）

阳泉市交通运输局

□李书田

2009年，阳泉市交通局紧紧围绕“四个服务”，大力弘扬“四能精神”，加快建设“四个交通”，危机变转机，转机化契机，锲而不舍，唯旗誓夺。在市委、市政府和省交通运输厅的坚强领导与大力支持下，圆满完成各项指标任务，为全市“两先”目标实现提供强有力交通保障。2010年1月22日，在全省交通运输工作会议上，先后获全省交通系统“目标考核优秀单位”、“村通水泥路全覆盖优秀单位”、“安全工作先进集体”等6项荣誉，再次获得“满堂红”。

公路建设。固定资产投资目标45 000万元，实际完成71 324.2万元，完成目标158.5%；县乡公路改造工程目标50公里，实际完成83.25公里，完成目标166.5%；通达通畅工程目标100公里，实际完成238公里，完成目标238%；新增通水泥路建制村目标2个，实际完成2个，全市具备条件的建制村通达率达到100%；新增通车里程目标30公里，实际完成53.94公里，完成目标179.9%；新增高级次高级路面目标30公里，实际完成139.4公里，完成目标464.7%。

公路养护。县乡公路年末好路率目标73%，实际达到83.56%，提高10.56%；年平均好路率目标71%，实际达到83.51%，比目标任务提高12.51%；养护综合值年末目标65，实际达到76.4，比目标任务提高17.5%；养护综合值年平均目标62，实际达到76.32，比目标任务提高23.1%；创建文明示范路目标30公里，实际完成55.7公里，完成目标任务185.7%。

公路运输。完成客运量3100万人，旅客周转量106 900万人公里，为年计划100.1%和100.3%；完成货运量7280万吨，货物周转量338 500万吨公里，为年计划100.26%和100.03%。

农村客运。建制村通客车率目标96.5%，实际达到97%，比目标任务提高0.5%。

公共交通。票款收入年目标6000万元，实际达到7004万元，超额完成16.73%；千车公里收入目标3000元，实际完成3066元，超额完成2.2%；百公里燃料消耗目标汽油36公升、柴油26公升、天然气36立方，实际完成百公里消耗汽油33.56公升、柴油22.56公升、天然气33.94立方，比目标任务分别下降7%、12.5%和6%。

交通安全。辖区内未发生1起死亡1人及其以上县乡公路建养责任事故；客货运输车辆未发生1起一次死亡5人及其以上责任事故；局直属企业营运客货运输车辆2755辆，交通事故死亡4人，万车死亡率14.5人/万车，低于控制指标。辖区内未发生1起营业性危货运输车辆造成严重环境破坏的行车事故。

企业发展。交通集团成员企业实现利润100万元；资产保值增值率达100%；离退休职工养老金发放率100%。

其他工作。党建工作、海事工作、精神文明、信息通联、老干部工作、综合治理、春运工作、普法教育、科技教育、道协工作、环境保护、计划生育、农村扶贫、工青妇联等各项工作均圆满完成全年目标计划。国家交通运输调查工作被评为全国先进单位，交通史志年鉴工作被省史志研究院树为全省典型，同时被推荐为省地方志理事会成员单位。

重点工程取得突破

阳五高速公路阳泉至盂县段工程，是阳泉市与中国建筑总公司以 BOT 方式合作的重大招商工程，更是阳泉铁路北站动车组运营后，期盼已久的民生工程。市委书记白云、市长李栋梁、常务副市长王旭明等市领导多次深入现场办公，“以情感人做工作，实事求是解难题”。经过多方努力，实现“全封闭、零干扰”目标，保证工程顺利进行。2009 年完成计划投资 102%，达 19.8 亿元，为 2010 年全线竣工通车奠定坚实基础。

阳泉市西环高速公路郊区新店至盂县中兰段，由于工程投资较大，未列入“十一五”计划项目。2009 年，在市委、市政府主要领导的亲自干预下，争取到省交通运输厅大力支持，形成第 13 号会议纪要，特批列入计划，2010 年即可开工建设。

307 国道复线二期工程水峪至娘子关一级公路建设，全长 22.2 公里，仅桥隧工程就达 18 公里。由于工程投资大，收益周期长，承建单位中国建筑总公司基于多方原因难以决定。但在市交通局“锲而不舍、永不言败”交通精神鼓舞下，终于得到中国建筑总公司的认可与合作，使此项惠民工程于 2009 年 12 月 10 日隆重举行开工奠基仪式。

平定县境内的广阳路建设工程于 2009 年 12 月 10 日开工。阳五高速公路阳泉至盂县段平定县境南北互通连接线已于年内开工建设。盂县境内省道运煤专线二期工程及水神山旅游专线分别于 2009 年 7 月 8 日、8 月 1 日竣工投入运营。省道盂榆线改扩建工程年内正式开工建设。盂县汽车客运站建设工程前期工作即将顺利完成。郊区政府自筹资金4.4亿元建设的新北大街工程，2009 年 11 月试通车成功，谱写阳泉市郊区公路建设有史以来最辉煌的新篇章，为阳泉市实现“三城同创”和扩容提质宏伟目标，作出巨大贡献。

村通公路全省夺魁

2009 年，在实行建养并重、促进农村公路通畅工程方针指引下，阳泉市率先实现村村通水泥（油）路全覆盖。8 月 25 日，全省村通水泥（油）路全覆盖现场推进会在阳泉市隆重召开，副省长牛仁亮，省发改委主任李宝卿，省交通运输厅党组书记、厅长段建国等领导及与会代表对阳泉市取得的优异成绩给予充分肯定和高度评价，一致认为“阳泉市农村公路建设的成功经验，对进一步推动全省村通水泥（油）路全覆盖工程向纵深发展，具有重要的典型示范和影响带动作用”。8 月 26 日，《山西日报》头版头条并加编者按进行报道。9 月 2 日山西卫视《新闻调查》，9 月 12 日至 14 日《山西新闻联播》均予以专题报道。村通水泥（油）路全覆盖工程被评为阳泉市 2009 年十大新闻之一。县乡公路改造工程和通达工程均被列入全市百项工程，市交通局紧紧抓住国家扩大内需、加大基础设施建设投资的机遇，通过艰苦工作，积极争取到上级农村公路建设补助资金 3000 多万元，全部适时投入县乡公路升级改造和通达工程建设。并配套出台相应的工程建设管理办法，确保每项工程的工期和质量。同时，全市进一步完善“县县有中心、乡乡有机构、村村有队伍、路路有资金”的农村公路养护保障机制和管理机制。各县（区）也都在财政预算计划内列支农村公路养护专项资金，为公路养护工作提供常态化资金保障。

道路运输日趋规范

一年来，阳泉市认真落实“八个基点”，抓好“三个服务”，转变作风，狠抓落实，进一步强化基础管理,规范和完善道路运输市场体系,加大行业管理力度,增强运输市场监管能力,推进全市道路运输业的全面、协调、可持续发展。

*加强源头监管,实施科技治超。*在巩固2008年"四包责任制"取得成效的基础上,为进一步引深货运源头治超工作,运管部门加大资金投入,重点在科技治超理念上下工夫。11月1日,阳泉市源头治超车辆管理系统率先在盂县跃进煤矿及阳泉煤业集团新景矿投入使用且达到预期效果,实现真正意义上的科技治超。7月24日,中央电视台新闻部对阳泉市源头治超工作的先进做法和经验予以正面报道;8月12日,中央电视台《焦点访谈》栏目对阳泉市货运源头治超工作再次进行典型经验报道。安徽省、黑龙江省运管局负责人专程观摩学习后,给予很高评价。2009年,市道路运输管理处被省治超办、市治超办授予"源头治超优秀单位"荣誉称号。

*加快协调发展,提升运输保障。*为创新全市公交客运城乡一体化运营模式,2009年首先试点成功阳泉市平定方向87辆客运线中巴车的公交化改造。是年10月,市政府出资500万元引进10辆豪华大巴,开通阳泉火车站至阳泉北店的公铁快客专线。12月1日首次在城市公交车推行IC卡验票器,初步实现市场规范、管理高效、运行安全、服务优质、出行便捷、节能环保、网络一体的城乡公共服务体系。全市115辆大型客车及38辆旅游客车全部安装卫星定位车载终端。

*完善应急体系,实现交通保障。*通过加强交通保障队伍"四落实",一个与军事战略部署相适应,与全省交通力量分布相协调,技术过硬、精干管用、急时应急、战时应战的交通保障体系基本形成。11月11日,全省遭遇暴雪袭击,大量客货车辆滞留太旧高速公路娘子关段。凌晨2时接到省交通运输厅及阳泉市人民政府紧急救援指令后,迅速启动应急预案,调集15部大型客车及饮水食品、棉衣等生活物品实施救援,使300余名滞留受困旅客及司乘人员受助转运到市内,转乘火车返程。12日再次对阳井线遇阻1000余辆货运车辆实施救助,有效保障道路运输畅通。

*夯实管理机制,确保安全监管。*为确保全市运管系统道路运输安全生产专项整治工作有效开展,市交通局成立道路运输安全生产专项整治领导组,下发《全市道路运输系统安全专项整治实施方案》,181辆危货运输车辆全部安装卫星定位车载终端设备。按照"统筹城乡发展,推进社会主义新农村建设"工作思路,组建成规模农村物流公司5个,建立配送站519个,覆盖全市637个行政村,服务人口达70万人,配送货物3000余种,营业额达9000万元,初步形成较完善的农村物流配送网络格局。

交通企业创新求变

阳泉市交通集团成员企业面对全球金融危机及费税改革等诸多不利因素,抱着浴火重生的决心和信念,转换思路,调整结构,实现新跨越,催生交通事业腾飞,交通集团有限公司适应市场变化抓大项目的同时,开发新项目。投资12 000万元新建的市级重点工程万通物流园基本竣工。万通家居城项目工程已于6月10日奠基开工建设,为推动交通集团公司可持续多元化发展注入了新的活力,并在巩固发展货运车辆同时扩增客运汽车46部,出租卧车53辆。修造公司作为全市最早最大规模的汽修龙头企业,充分发挥自身优势,拓展经营思路,增强发展后劲,投资3000万元兴建的全市最先进、规模最大的机动车驾驶员培训学校进展顺利,竣工在即。投资350万元的事故车维修中心已于当年10月建成投入使用,开创了与公安交警支队和人寿保险公司对事故车辆鉴定和事故车辆维修项目的合作成功,使优势资源实现共享,同时也成为新的经济增长点。筑路公司通过优化领导班子,激活企业动力,先行盘活资产1180万元,为企业走出困境,开创朝阳产业,实现高起点开局、跨越式发展宏伟目标。

科学发展再结硕果

按照市委关于开展深入学习实践科学发展观活动的统一部署，市交通局针对性地提出“规定动作不折不扣——不漏项，自选动作不等不靠——不作秀”先导理念，紧密结合实际，扎实开展“破解交通发展新课题，开创科学发展新局面”主题活动，收到令人鼓舞效果。首先是学习调研在“深”字上下工夫。先后举办6期1500余人次参加的集中培训，并实行“54321”量化考核。二是分析检查在“透”字上做文章。通过召开各级领导班子专题民主生活会，深入查找在贯彻落实科学发展观和党性党风党纪等方面存在的问题，有力推动学习活动向纵深开展。6月30日，在全市深入开展学习实践科学发展观活动推进会上，市交通局作了典型经验介绍，受到一致好评。三是整改落实在“实”字上见成效。局属各单位结合自身实际，拿出整改落实方案，认真做到“四明确一承诺”，关注民生办实事，创新机制见成效。全局募捐特困家庭救助基金达112万元，适时成立特困基金管理委员会。局直属企业交通集团有限公司针对职工李印恒、荆雪萍夫妇因病致困的实际情况，及时发动干部职工捐款32 570元予以救助。局机关、道路运输管理处、公交总公司均申报验收成为省级文明和谐单位。市交通局双评工作位列全市先进经济管理部门第二名，大村收费站被阳泉市总工会授予“工人先锋号”窗口单位。交通集团有限公司职工王爱民被评为全国交通系统劳动模范。阳泉交通事业在学习实践中发展，在淬火中升华，铸就新的辉煌，受到中央、省、市学习实践科学发展观活动巡视组领导的肯定和赞扬，并被推荐为山西省科学发展观学习实践活动先进单位。

安全工作成效明显

2009年是安全生产“落实年”、“攻坚年”，也是“安全隐患管理年”。阳泉市交通系统认真贯彻党的十七大对安全生产工作提出的总要求和总目标，以“安全生产活动月”活动为载体，通过创新安全生产宣传模式和方式，提高安全生产宣传工作的针对性和有效性，不断增强交通从业人员的安全生产意识和安全防范意识，全面落实安全生产责任制，深入开展安全隐患排查整治专项行动，行业安全监管能力和安全生产保障能力得到大幅提升，全年未发生重特大安全生产责任事故，全面完成省交通运输厅和阳泉市人民政府下达的安全生产考核指标。

2月27日和4月7日，先后召开全市相关单位及交通系统开展“三项整治”和“安全生产月”活动再动员大会，传达落实市政府三个文件精神，6月是全国第八个“安全生产月”，为全面落实市政府、市安委安全生产工作会议精神，市交通局组织制定《实施方案》，要求各县（区）交通局突出重点，务求实效，使“安全发展、和谐发展”理念更加深入人心、收到预期效果。是年，市交通局印发《通知》，分批次举办道路运输安全、交通基础设施建设、水上交通安全培训班，对三个领域的安全管理工作人员进行专业培训，参培人数达80余人，在落实安全责任、夯实管理基础前提下，全年定期与不定期组织安全工作大检查，严格责任追究。全局安全生产工作取得不凡业绩，连续10年荣获阳泉市“先进单位”称号，连续三年被评为省厅“安全生产先进单位”称号。

2009年是阳泉市交通局积极探索、开拓进取、真抓实干、富有成效的一年，以辉煌业绩铸就十大亮点：目标考核、路网密度、公路等级、晴雨通车、村路覆盖、筑路引资、安全生产、应急保障、治理双超、史志编撰，均列全省前茅。阳泉交通事业取得辉煌成就的背后，有一个朝气蓬勃、善于挑战自我、挑战极限，具有极强穿透力、号召力的领导集体；有一支特别能吃苦、能战斗、能奉献的高素质干部职工队伍。他们就像铺路石一样默默无闻、朴实无华，以干一流争第一的奋斗精神，不断谱写交通发展的新篇章。 （责编　师国梁）

临汾市交通运输局

□ 华志刚

在省交通运输厅和临汾市委、市政府正确领导下,临汾市交通系统全体干部职工解放思想,求真务实,团结拼搏,奋发努力,圆满完成各项目标任务,交通运输事业保持持续、健康、稳步发展良好势头。

交通投资规模连攀新高

全年交通建设新开工项目共涉及投资168.18亿元,当年完成投资49.7亿元,其中高速公路17亿元,干线公路17亿元,农村公路12亿元,城市重点公路项目3亿元,客运场站0.7亿元,是全市交通建设史上工程项目最多、投资规模最大的一年。

交通主要指标持续增长

全市公路通车里程16 596公里,同比新增514公里,全省排位第一;公路密度81.86公里/百平方公里,同比增加2.54公里,高于全省81.25公里/百平方公里平均水平;建制村通水泥(油)路率99.1%,同比增长10.46%,高于全省96%平均水平;建制村通客车率96.08%,同比增长1.4%,高于全省96%平均水平。

重点项目建设实现突破

沿黄扶贫旅游公路全线贯通;临汾市内环一级公路西北环建成通车。临吉高速公路、祁临高速公路临汾市北环、京昆与青兰高速公路临汾联络线全面开工;省道临午线、桃临线和临夏线改建工程进展顺利;临汾市内环一级公路西南环路基打通,矮塔斜拉桥下部桩基工程基本完成;大运高速公路临汾市土门出入口连接线和临汾市一级客运西站工程已完成各项前期工作。

农村交通建设快速推进

完成县乡公路改造工程31项616公里;新建村村通水泥(油)路1947公里,新增308个村,全市具备条件建制村全部实现水泥(油)路全覆盖;完成农村公路安保工程1008公里。尧都区融资1.27亿元修建102公里农村循环公路和138公里村通水泥(油)路;洪洞县实施百村主干道硬化工程,完成123个村520公里。浮山、曲沃、蒲县、永和二级客运站建成运营,霍州二级客运站完成主体工程;全市新建8个乡镇客运站和105个候车亭。

交通行业管理规范有序

在农村公路管养上,先后有11个县(市、区)出台管养办法,明确责任,落实资金,确定模式,农村公路管养有新起色。在安全管理上,重点开展道路运输、水上交通、危货运输、工程建设等安全整治活动,保持安全生产良好局面。

车辆双超治理成效明显

一年来,全市共投入治超执法人员42万

人次，检测货运车辆330余万辆，查处“双超”车辆27辆，超限超载率控制在0.01%以下。侯马市建成全市首家双超治理监控中心，实现对货运源头、治超站点、汽车场站全面监管，为县级治超信息化建设做出样板；翼城县治超信息化平台已建成，投入使用；乡宁、洪洞两县正积极运作在治超站点安装不停车自动检测系统。

政风行风建设成绩显著

通过制订方案，强化措施，狠抓落实，全市交通系统政风行风建设成绩显著。安泽县交通局实现“政风行风零投诉”。大宁县交通局在本县政风行风评议中名列第一，蒲县、霍州、安泽、汾西排名第二，洪洞、古县排名第三，曲沃、吉县、永和排名第四。在全市交通系统政风行风评议中位居前五名的是：大宁、蒲县、霍州、安泽、汾西。

（责编　师国梁）

运城市交通运输局

□王健康

2009年,运城市交通运输局按照保增长、扩内需、抓安全、重民生要求,坚持深化改革,抢抓发展机遇,基础设施建设力度继续加大,交通行业管理全面加强,客货运输效益不断提高,各项工作取得显著成绩。

主要经济指标顺利完成

全年地方公路建设共完成投资6.52亿元,完成县乡公路改造1110公里,超出省定900公里目标计210公里;新增高级、次高级路面1065.2公里,全市通车总里程达到14 649公里,公路网密度达到103公里/百平方公里。完成32个建制村村通油(水泥)路138公里,比省定5个建制村目标超出27个。工程合格率达到100%,年末优良品率达到85.93%,超目标任务20.93%。公路年末好路率达到85.1%,超省定72%目标13.1%。全市道路共完成客运量4750万人,客运周转量196 635万人公里;货运量4538万吨,货运周转量1 226 000万吨公里。村通客车率达到99.5%。

农村公路整体不断优化

2009年,公路建设工程有三大突破。一是沿黄扶贫旅游公路后续工程,完成路面铺装389公里,已进入最后完工阶段。二是芮城县陌南至圣天湖10.7公里旅游公路、万荣县李家大院至后土祠25公里旅游公路、永济市万固寺至鹳雀楼12公里旅游公路相继建成通车。三是提前一年完成"村村通全覆盖",想方设法争取补助资金2160万元,对村村通工作予以倾斜,在市县两级交通部门努力下,于11月上旬顺利完成32个建制村共138公里的"全覆盖"工作,被省政府授予"全省村通水泥(油)路'全覆盖'工程优秀单位"称号。与此同时,积极实施村村通客车工程,截至年底,共开通农村班线345条,营运班车1085辆,座位13 250个,安装候车亭559个,招呼站牌2640个,村通客车率达到99.5%,农村公路"双通"工程继续走在全省前列。

道路养管水平不断提高

2009年,遵循"建养并重,协调发展,深化改革,强化管理,有路必养,保障畅通"的方针,全市道路养管工作整体呈现四大特点。一是养管的责任主体基本建立。按照"政府主导,行业管理,分级负责"原则,进一步强化各县(市、区)人民政府在农村公路养护管理中的主导地位,13个县(市、区)普遍成立农村公路管理总站、养护公司或养护中心,实现管养分离,形成政府主导、交通主抓、部门结合、分级负责、全民参与、管理有序的工作机制。二是养管资金落实有了重大进展。各县(市、区)政府都不同程度地加大资金补助力度,县级一般财政收入1%以上和转移支付用于乡村公路养护资金基本落实到位,有力地支撑和保障农村公路养管。三是养管模式进一步创新和完善。各县(市、区)因地制宜,创新发展,制定符合各自实际的养管模式。临猗县在“三位一体”基础上,创新完善“县上统揽、乡镇主管、部门协调、群众参与、市场运作”的“五位一体”模式;河津市实行政府统一投资、县道交通局管、乡道乡镇管的“一统两管”模式;垣曲、闻喜、稷山等县的“县道县管、乡道乡管、村道村管”的“分级管理”模式;夏县的路面养护专业化、路基养护社会化模式;万荣、平陆的机关人员分线路、分路段全员养护等模式,均在农村公路养管中取得良好效果。四是路况整体水平有了明显提高。着重加强公路桥梁的安全检测和管养,共完成投资529万元,改造稷山、新绛、闻喜等六县(市、区)危桥7座。五是积极安排安保工程建设。不断加强防汛和自然灾害防抗工作,实现路田分离、路街分离,提高公路安全通行能力。农村公路综合养护以绿化、美化、标准化为切入点,全面提升公路服务品位,基本实现路面平整畅通,路肩整洁密实,边沟畅通无阻,标志齐全无缺,标线喷涂无漏,绿化栽植无空。4月16日,运城市农村公路改造和“五位一体”养护经验在全国农村公路建设西安现场会上进行交流,受到与会代表关注和好评。

运输市场秩序进一步好转

首先,从三个方面抓好道路运输管理工作。一是依法监管,抓好源头治超工作。全市运管机构共登记源头出站货运车辆1.013万辆次,装载货物212.88万吨,查处未经政府公示的非法货运源头企业11家,处罚违规装载源头企业13家,严厉打击非法超限超载行为,确保超限超载车辆不出监管范围。二是圆满完成重点时段道路旅客运输任务。春运期间,全市道路运输共组织客运车辆1943辆,发送班车68 356车次,输送旅客316.7万人次。其中,客运中心站共发送班车28 360班次,加班547班次,运送旅客达53.6万人次。“十一”黄金周期间,客运中心站安全运输旅客13.85万人次,同比增长9.3%。三是农村客运通达深度、公司化运营率进一步提高,汽车站场建设、农村物流发展顺利。加快农村客运网络建设步伐,新增23个直通客车建制村,全市直通客车建制村达到3169个,村通率达到99.5%;完成105个候车亭、90个招呼站牌安装任务;全市新增客运企业4家,农村客车公司化运营率达到91.6%。垣曲、夏县、新绛、万荣等县汽车站竣工,12个乡镇汽车站全部完工。全市农村物流信息服务网点已发展到482个。其次,采取有力措施,搞好水路运输管理。以“航行更安全、人民更满意”为目标,以开展文明和谐创建活动、加强正规化建设和执法能力建设为载体,不断提升海事监管能力。举办水运安全管理员培训班,对46名乡镇船舶管理员、渡口安全管理员、船舶安全员进行培训。对全市7家水路运输企业、1家水路运输服务企业、5家个体业户进行水路运输业核查,换发《水路运输许可证》和《船舶营业运输证》。为增强应对水上突发事件能力,6月17日在平陆县三门镇岳庄渡进行人员落水、机舱着火等实际操作水上应急演练。全年水上运输共完成客运量1.421万人,周转量8.486万人公里;完成货运量0.9万吨,周转量8.1万吨公里。

治超工作成效显著

一年来,市、县两级交通综合执法部门认真推行行政执法责任制,以“严格规范执法、立足属地管理、依法行政治理”为原则,积极开展多项专项执法行动,加大对县、乡道路的巡查和监管力度,共检查客货运输企业(站场)、维修企业、驾校900余家次,查处各类违法违章运输经营行为540起,查处各类路政案件1060起,收取路产赔(补)偿费420万元。充分发挥治超主力军作用,先后投入执法人员34.97万人次,出动执法车辆3.5万辆次,检测货运车辆407.23万辆,查处非法超限超载车辆217辆,卸货282.84吨,收取路产赔(补)偿费5470元,罚款22.72万元，车辆非法超限超载率下降到0.02%，全年无重大执法过失和违法执法行为，无公路“三乱”现象发生，有力地打击违法违规营运行为，维护路产路权，保障运输市场规范和有序竞争。

典型示范作用效果喜人

重点是突出“三大亮点”，高举“三面旗帜。“三大亮点”，即农村公路改造、交通综合执法和城乡客运一体化；“三面旗帜”，即永济市高起点、高标准改造农村公路的先进典型，河津市依法治交、高效便民的综合执法先进典型，新绛县创新机制、实现城乡客运一体化的先进典型。一年来，“三大亮点”更加突出，“三面旗帜”更加鲜艳，对推动全市交通运输业发展起到有力典型示范作用。

2009 年 11 月 20 日，全市农村公路建养现场会在永济市召开。在榜样力量的带动下，全市农村公路建设高起点、高标准、大力度推进，县乡公路改造共完成 1110 公里，公路升级换代取得显著效果，全市农村公路养护年末好路率达到 85.1%，被省公路局授予“农村公路养护优秀单位”称号。同时，积极培育河津市综合执法先进典型，在全市范围内掀起“依法治交、高效便民”活动热潮。组织全市 680 名交通综合执法人员，于 10 月 26 日开展业务大比武活动，有效提高人员业务素质，展示综合执法队伍良好形象。积极培育新绛县推进城乡客运一体化先进典型。新绛县在已完全实现城乡客运一体化基础上，继续完善管理机制和体制，农村客车、公交车、出租车管理衔接密切，井然有序，行业监管扎实到位，走出一条“兼顾城乡，并重发展”新路子，为全市接收公交车、出租车管理业务，实现城乡客运一体化提供宝贵经验。

交通安全生产形势平稳

一年来，严格遵循“安全第一，预防为主，综合治理”方针，按照“无事当作有事抓，小事当作大事抓，重大安全隐患按照事故进行处理”的原则，认真落实安全责任，切实加强源头管理，狠抓监督检查和隐患治理，全年没有发生任何安全生产责任事故。一是制定预案，效果明显。为认真贯彻落实省交通厅关于加强应急管理工作的要求，及时成立应急管理领导小组和办公室，先后制定《突发公共事件应急预案》、《农村公路应急抢险预案》等相关应急预案，规范突发事件处置程序，明确处置责任。11 月 11 日晚，运城突降 30 年未遇的暴雪，根据省市紧急电视电话会议精神，市交通局连夜立即启动冰雪灾害应急预案，指挥各县市区交通部门携带救援物资，采取各种办法上路，确保县乡公路无车辆滞留、无司乘人员受冻挨饿，应急预案通过实践得到检验和完善。二是突出重点，强化监管。运管部门派员驻站，抓好货运源头现场监督；海事部门认真落实派员分片包干责任制，抓好现场监控；质检站紧紧围绕“两项达标”、“四项严禁”、“五项制度”整治工作目标，从参业单位质量安全行为和建设工程工序、工艺、场所上查隐患，从创建项目建设法人、监理、施工单位质量安全长效机制上狠抓落实；综合执法队伍加强对公路巡查，加大对违规违法行为查处力度；各客运站严格落实“三不进站”、“五不出站”和“三方签字”规定，各负其责，确保监管到位。三是专项整治，成效明显。将安全生产专项整治、“三项行动”、“三项建设”和“安全生产年”等活动紧密结合起来，严格按照“谁检查、谁签字、谁负责”原则，由局领导班子成员带队，派出 8 个督察组，对全市道路、水路、汽车站场共进行交叉检查 9 次，督促检查 8 次，共排查各类道路运输企业 1041 家，其中符合安全生产的三类企业 831 家，停业整顿的二类企业 189 家，无牌无证取缔的一类企业 19 家，消除隐患 29 处，诫勉谈话 1 人。在海事管理工作中，加大安全隐患排查，共取缔非法水运企业（业户）11 个，对符合各项规定的 22 个水运企业（业户）以及农用船舶加强日常监管，积极应对水上漂流、浮桥架设、旅游船舶等新情况和新问题,10项安全隐患全部得到整改。

党风廉政和
精神文明建设扎实推进

一年来,市交通运输局坚持一手抓交通建设,锁定发展不动摇;一手抓党风廉政,遏制腐败不松懈,全面落实党风廉政建设责任制各项要求,取得明显成效。一是加强教育,筑牢思想道德防线。组织县处级领导干部和科级干部参加市委和市直学习培训班,组织党员干部参观廉政警示教育基地,观看反腐倡廉警示教育片。通过各种形式的教育活动,从思想上筑起拒腐防变的坚强防线。二是完善制度,规范交通行业从政行为。在行政审批上,实行"一站式"网上行政审批制度;在交通工程建设中,实行工程合同与廉政合同一起签订、一起检查的"双合同制"。推行纪检监察派驻巡查制和廉洁工程"一路一档"制,对工程建设转包分包、资金拨付、设计变更、物资采购等关键环节全过程加强管理监督。三是强化监督,有效预防腐败行为。把监督和预防关口前移,通过实行中层干部任职前廉政谈话、个人重大事项事前申报、年终对中层以上干部进行考核等,对干部实施有效监督。积极参加《监督热线》节目12次,接听热线53件,督办解决群众疑难36件,反馈意见满意率达100%。

在精神文明建设上,结合学习实践科学发展观活动,下工夫抓好两方面工作。一是大力提高党员干部思想政治素质。市县两级交通部门领导班子都参加了十七届四中全会精神学习轮训班,市局邀请有关专家为党员干部和职工做科学发展观辅导报告三次,每名党员的学习笔记和心得体会都达到3万字以上。二是积极开展各项创建活动。组织干部职工观看爱国教育影片《情暖万家》,开展"博爱一日捐"和雪灾捐款。加强节能降耗工作,单位油、水、电等消耗较上年度降低10%。结合部门实际,开展争创客运文明线路、文明司乘人员活动,司乘人员整体素质明显提高。

2009年,运城市交通运输局荣获交通运输部"全国推行执法责任制示范单位",省交通运输厅"1999-2009依法治理先进单位"、"安全生产先进单位"、"水上交通安全专项整治先进单位"和"完成工作目标责任制优秀单位"称号,被市政府评为"招商引资先进单位",被市文明委授予"2008-2009年度文明和谐单位标兵"。局运管处、交通综合执法支队、客运中心站、海事局、运稷路管理处等部门和各县(市、区)交通部门也都获得一系列荣誉,实现交通行业形象的整体提升。

(责编　师国梁)

长治市交通运输局

□ 李明芳　师文高　韩金廷

2009年，在长治市委、市政府正确领导和省交通运输厅大力支持下，全市各级交通运输部门深入贯彻落实科学发展观，按照全市经济工作会议和全省交通运输工作会议部署，群策群力抢抓机遇，奋力拼搏，狠抓落实。全市公路建设与养管、运输网络建设、治理超限超载、运输秩序整顿、交通行政执法、党风廉政和政风行风文明建设等各项工作都取得较好业绩。

2009年，全市共完成公路建设投资33.56亿元，其中高速公路完成19.62亿元，国省道干线完成8.27亿元，农村公路完成5.67亿元。截至年底，全市公路通车总里程达到10 584.8公里，其中国省道干线公路1480.6公里，县乡公路和专用公路4466.8公里，村道4637.4公里；公路密度达到76.2公里/百平方公里。全市一、二级以上高等级公路达到1496公里，8个县通往市区实现一级路或高速路连接，99.3%行政村通水泥(油)路，97.6%行政村通客车，基本形成"通省高速路、通县一级路、通村水泥路、环城高速路、综合运输网"的"三通一环一网"交通大格局。长治市被确定为国家公路运输枢纽城市。年内，全市道路营运客货汽车总数32 495辆，其中营运客车1490辆，货车31 005辆，全年完成道路客运量3282万人次，货运量5217万吨，客运周转量21 543万人公里，货运周转量724 020万吨公里。

公路建设与管养

2009年，全市交通系统贯彻落实省、市扩大内需促进经济平稳较快发展工作部署，把公路项目建设作为保增长总抓手，强力推进公路基础设施建设。一是高速公路建设取得新突破。长(治)安(阳)高速公路长治至平顺段、环城段开工建设，左权至黎城、黎城至霍州两条高速公路开展前期准备工作。二是国省道干线公路建设取得新成绩。完成长(治)安(泽)线长治市至长子一级公路长子境内段，南(岭)沁(源)线沁县至交口二级路，汾(阳)屯(留)线平遥界至交口二级路面3项省道95.8公里新改建工程；完成国道207线关村至市区段、长治至高平段，省道李(庄)东(长井)线东长井至市区段等5项60公里路面改造工程；开工建设省道河(口)潞(城)线，省道太(原)长(治)线武乡过境段，省道东(观)长(治)线沁县过境段等3项工程；完成国道207线市区段，省道太(原)长(治)线襄垣过境段的前期准备工作。三是农村公路建设取得新进展。按照省政府具备条件的建制村通水泥(油)路"全覆盖"和市政府为民办的10件实事的要求，完成73个村通水泥(油)路共426公里的建设任务，完成开发银行贷款县乡公路改造工程21项共154.8公里，完成太(原)长(治)高速公路沁县连接线建设工程。四是旅游公路建设取得新成果。太行山大峡谷旅游路南线工程开工建设，黎城县黄草辿至洗耳河、沁源县灵空山、平顺县天脊山3条旅游路完成工程可行性报告。

年内，长治市交通局不断加大农村公路养护管理力度，制定出台《长治市农村公路管养检查考核评比办法》，对各县市区养护体制改革和人员、资金、机构到位情况以及养护效果进行严格考核。争取市财政乡公路日常养护资金405万元。完成农村公路大中修、翻修、挖补23.4万平方米，罩面10.8万平方米。全市县公路年优良路率79.28%，年平均优良路率78.38。

道路运输网络建设

2009年，按照建设全国公路枢纽城市总体要求，长治市交通局围绕全市“1+5”城市群建设发展战略，积极构建市、县、乡、村四级客货运输网络。一是积极推进城乡客运一体化进程和村村通客车工程。年内开通市区至屯留、壶关、长子、潞城、长治县公交化运营线路，全市12个县市区实行70岁以上老年人免费乘车。在此基础上，广泛推行农村客运公交化运营模式，新增通客车行政村12个，并实行公交化运营，惠及131个行政村，促进城乡客运和城市公交有效衔接。到年底，全市客运线路达到617条，全市行政村通客车率达到97.6%。二是加快客运汽车站建设步伐。市区一级汽车客运东站完成主体工程建设；武乡县城二级站投入运营，长子、壶关、沁源县城二级站建设工程竣工，屯留、襄垣、黎城县城二级站开工建设；新建3个乡镇汽车站，安装100个农村客运候车亭和60个招呼站牌。到年底，全市客运站点达到2943个，其中市客运一级站1个，二级客运站8个，三级站4个，五级客运站38个，候车亭982个，招呼站牌1910个。三是继续加强城乡物流建设。启动长治物流中心公路货运枢纽建设项目；市一运公司投资100万元进行物流仓储二期工程建设，开辟长治至郑州物流专线；长运物流公司大力发展本区域及周边省份小件快运业务，同冀、鲁、豫等省多家物流公司合作，收到良好效果；各县市区积极发展以帮助农民实现产销衔接、提供农资送货为重点的农村物流，年内新增140个物流站、552个物流点。到年底，全市县级物流中心达到20个，乡镇物流站达到268个，物流信息点达到1052个，物流营运车辆达到3000余台。

道路运输管理与结构调整

2009年，全市道路运输管理部门坚持客货运输、机动车维修、驾校等各项日常管理到位。同时，在组织行业质量信誉考核和诚信考核、提升车辆二级维护服务质量、规范驾培市场、开展运输市场稽查等方面做了一系列工作，取得明显成效。市运管部门组织开展客、货运输企业（站场）和维修、驾培企业质量信誉考核工作，市客运中心在全省综合考核中名列第一；在全省率先开展驾驶员诚信考核工作，对3万余名道路运输驾驶员安全生产、遵章守纪和服务质量等情况实行计分考核，并实行道路行业“黑名单”制度，对违规驾驶员和车辆记录在案，促进运输企业和从业人员守法诚信经营。对验收符合条件的41户二级维修企业，全部安装营运车辆身份识别系统和二级维护作业视频监控系统，有效提升车辆维护监管能力和二级维护服务质量。组织全市驾校理论教练员开展教学比武，编制全市统一教学日志和理、术科教练员教案示范文本；全市驾校投资350余万元，新扩建教练场168亩，安装红外线桩考仪16套，新增教具306件；全市驾培教学进一步规范化，培训质量和能力均得到提升。全年出动运政稽查人员7639人次，查扣违规车辆242辆次，取缔非法驾培招生点3处，维护了运输市场正常秩序。

与此同时，运管部门稳步进行运输结构调整，积极引导运输企业实行集约化、规模化经营。整合货运企业139家，将原5家旅游客运企业整合为2家，63辆客运车辆由个体经营整合为41家。进一步推进行业节能减排工作。全市共淘汰老旧车型342台，使用甲醇燃料车辆82台、煤层气双燃料车74台，教学模拟器185台。在维修企业，推广使用无尘干磨钣金技术等，得到交通运输部节能减排专家认可。

应急保障能力建设

2009年，全市道路运输应急保障体系进一步健全。建立战略物资保障车队3支，有车辆90辆，组织开展综合性战略物资保障车队考核；加强旅客运输应急保障队伍建设和运力储备，在春运、“十一”等重点时段，科学调配运力，保证高峰期旅客有效疏散；新增机动车维修应急救援企业8户，救援车12辆，全市维修救援网络覆盖率达90%以上，基本实现市区维修救援30分钟到达，县区50分钟到达目标。在遭遇强降雪天气时，共出动油罐车25台次，为市天脊煤化工集团、长信矿业集团等企业运送急需柴油625吨；在国庆60周年和春运期间，市区准备应急客车50辆，各县市区都准备10辆以上，确保节日运力调配和有效疏运旅客；全年共实施应急维修救援5000台次，充分发挥道路应急保障机制重要作用。

治理超限超载

2009年，全市治理超限超载工作突出源头治理，强化路面执法，加大科技投入，取得明显成效。政府公示的1137个货运源头单位全部纳入运管部门巡查监管范围，巡查监管率达100%。依托原有28个治超检测站点，全市成立14支流动稽查队，严把关口，全天候24小时巡查监控。特别是加大科技治超投入，全市13个高速公路进出口、2个固定治超站、4个临时卸载点都安装不停车检测系统；14辆流动稽查车配备监控、录像设备；稽查人员配备执法取证仪；组织开展具有自动保存数据、超载提示、超载车辆自动转存“黑名单”的科技软件，在34家重点源头企业安装使用；襄垣县建成全省第一台静态磅不停车检测线和全省一流治超检测监控信息平台。一年来，全市累计投入执法人员452 322人次，检测货运车辆4 492 071辆次，查处双超车325辆，卸载760.5吨。全市超限超载率控制在0.007%，其中55吨以上双超车辆控制在0.001%。

安全生产与质量管理

2009年，按照省、市统一部署，市交通运输局认真组织实施道路运输、水上交通、交通基础设施建设等安全生产专项整治。年内共排查道路运输企业1564家，关闭490家，整顿52家。796部营运车辆和80部战备保障车辆安装使用车载GPS终端。排查水运企业8家，检验合格船舶38艘。新安装农村公路标志牌1867块、标线9878平方米、防护栏(墩)10 497个、减速带750米，维修护岸1300米，改造危桥7座。在开发银行贷款县公路改造工程和农村公路通畅工程建设中，基本做到安保工程和农村公路改造工程同步设计、同步审批、同步实施、同步验收。通过严格排查整治，全市交通3项专项整治工作任务圆满完成，市交通运输局被省政府安委办评为“安全生产先进单位”，被省交通运输厅评为“安全生产专项整治先进单位”，名列第一。

继续开展“农村公路建设质量年”活动。市交通局交通工程质量监督站认真履行政府监督职能，受理公路工程监督项目38个392.2公里，组织质量检查32次，监督覆盖率100%，验收合格率100%。

党风廉政与行业文明建设

2009年，市交通运输局党组和纪检监察部门贯彻落实中纪委十七届四次全会精神，着力营造风清气正、和谐文明环境，为交通科学发展提供政治保证和强大动力。一是积极落实党风廉政建设责任制。按照党风廉政建设责任制要求，公开廉政承诺，接受群众监督，开展政风行风评议活动和工程建设领域突出问题专项治理，通过“政风行风热线”、“交通热线”和“96566 运政热线”，解答群众咨询和提问548 件(次)，回复率达100%，同时办结市委书记、市长热线电话转办事项52件。二是进一步规范行政执法行为。年内分7期对700余名交通执法人员进行培训，1158名交通执法人员统一更换服装。完成省交通运输厅“1166”信息化基础设施建设工程，并开通交通行政审批网上通道。广大执法人员依法行政，文明服务，没有发生公路“三乱”现象。市局被省厅评为“1999—2009年依法治理先进单位”，荣获市委依法治市领导组“法制长治建设成果展”一等奖。三是大力开展行业文明创建活动。以创造全国文明城市为契机，以路、站、车为平台和纽带，在客运、货运、维修、驾培企业开展文明诚信行业创造活动，与市文明办、长治日报社共同举办“交通运管杯”百名文明驾驶员评选活动，创造文明客运班线5条，评出文明客运企业4个、省级三星驾校4所、省级文明教练员5名，新增农村公路文明路52公里。

（责编　师国梁）

晋城市交通运输局

□贾承健

2009年，在市委、市政府正确领导下，在省交通运输厅大力支持和指导下，全市交通运输部门坚持以科学发展观为统领，紧紧围绕“保增长、保民生、保稳定”工作大局，着力谋划交通事业发展，积极践行“三个服务”，扎实推进公路交通基础设施建设，突出抓好交通行业管理，努力构建和谐交通，抢抓机遇，狠抓落实，较好完成年度各项工作任务。

抢抓机遇，大力推进基础建设

2009年，紧紧抓住国家实施扩内需、保增长政策机遇，积极争取项目，强化协调服务，严格管理，规范运作，全力推进公路交通基础设施建设。全市农村公路建设共完成投资55458万元，为年度目标158%。

村通水泥(油)路全覆盖工程。根据省政府提出的2010年底前在全省实现具备条件行政村全部通水泥(油)路目标，2009年省交通厅下达全市村通水泥(油)路全覆盖工程220项860.2公里。其中，中央预算内投资项目133项500公里，计划投资11 404万元，已全部开工，完工133个项目500公里，完成投资11 404万元；中央车购税投资项目60项283.2公里，计划投资6757万元，已完工60项283.2公里，完成投资6757万元；2008年未完项目27项77公里，计划投资1540万元，完工27项77公里，完成投资1540万元。全市新增通水泥(油)路行政村141个，总数达到2184个，通畅率98.3%。

通达工程。2009年通达工程项目计划44项115公里，投资2515万元，已完工44项115公里，完成投资2515万元。

开行贷款县乡公路改造项目。计划开工建设18项170.17公里，投资30 118万元。已完工12个项目，完成路面铺装里程111.91公里，完成投资22 099万元。

危桥改造和安保工程。中央车购税安排危桥改造计划2座，公路安保工程建设项目1项，均已完成，分别完成投资223万元和185万元。

客运场站。晋城市汽车客运东站全面开工建设，截至年底已完成主站楼主体工程和部分安装、装饰工程，完成投资11 120万元，占工程总概算66%；市公交泽州北路场站主体工程完工，共完成投资1600万元；省下达全市建设的5个乡镇汽车站项目，全部完工，完成投资350万元。

拟建高速公路项目。加紧推进高平至沁水、阳城至济源高速公路前期工作。其中，高沁高速公路工程可行性报告已通过省交通运输厅评审。

在农村公路建设中，特别是对中央扩大内需项目，严格按照保开工、保进度、保质量的要求，明确工作职责，加强监督检查，规范工作程序，强化协调服务，扎实推进项目管理。一是认真安排部署，加强督促检查。年内先后召开全市交通运输工作座谈会和农村公路建设推进会，分别对农村公路建设进行安排部署并研究解决工作中存在的一些难点问题，进一步强化农村公路建管职责，做到目标到岗、责任到人。在此基础上，市交通运输局组织工作组，对全市农村公路建设情况进行两次大规模检查，对发现问题及时提出并下达书面整改意见，督促各县严格按计划保质保量实施项目，完成任务。二是加大管理力度，规范建设程序。从规划、工可、设计招投标、施工验收等六个阶段工作任务和必须履行的程序都作明确规定，要求所有农村公路建设必须在施工图设计文件审查批复后才可进行施工招投标，工程开工必须进行施工许可。尤其是在进行项目设计审批前，都要召集有关专家提前参与、提前介入，进行认真仔细审查，确保各项设计质量。通过加大对农村公路建设程序各个阶段的监督管理力度，保证项目建设的规范性和严肃性。三是深入组织开展农村公路建设质量年活动。继续落实《晋城市农村公路质量年活动实施方案》，进一步明确质量责任制，严格执行项目法人责任制、招投标制、工程监理制、合同管理制“四项”制度，全面落实工程施工、廉政建设、安全生产“三大合同”，规范“政府监督、社会监理、企业自检”三级质量保障体系。加大施工现场监督检查力度，建管人员常督促常检查，做到发现问题及时处理和整改，使各从业单位质量意识进一步增强，公路建设质量明显提高。四是加强建设资金管理，严格拨付程序，严把计量支付关，全面做到建设资金专户专存，专款专用。

依法行政，切实加强行业管理

一年来，按照“建养并重、路运并举、和谐发展、安全发展”原则，坚持以人为本，加强依法行政，狠抓行业管理工作，交通运输服务水平和能力有了进一步提高。

强化养护管理工作，推动农村公路健康发展。牢固树立“养护管理也是发展”理念，认真落实《晋城市农村公路管理养护实施意见》和《晋城市农村公路管理养护办法》，加大检查考核力度，有效促进全市农村公路管养工作向规范化、制度化、长效化方向发展。4月下旬和5月上旬，市局领导带领有关人员深入各县（市、区），专门对农村公路管理养护工作进行调研和督促检查。针对发现问题和不足，当面向县（市、区）交通局领导作出反馈并提出具体要求。8月，又组织各县（市、区）交通局分管局长、公路股长等有关人员，在全市范围内进行为期半个月的公路管养巡回观摩检查，之后在陵川县召开座谈会。全面总结近年来全市农村公路管养工作开展情况，通报巡回检查结果，互相交流经验，明确今后努力方向。通过加强督促、检查和考核，使各县（市、区）对公路管养更加重视，管养责任更加明确，管养工作日趋正规。截至年底，全市已基本建立起以县级人民政府为主体的管养体制和“县区有所、乡镇有站、村有护路员”的三级管养机构；建立以公共财政投入为主的养护资金来源渠道。2009年，除省交通运输厅下达2105万元外，市级财政补助1004万元，6个县（市、区）也都根据各自情况将养护资金列入财政预算；积极探索建立以阳城、陵川、泽州为代表的“三级养护”，以高平为代表的“公司化养护”，以沁水为代表的“个人承包、分类计酬”养护等切合实际、各具特色的多元化管养模式，确保农村公路管理养护工作正常有序开展。2009年，全市农村公路列养总里程6802公里，其中县道1180公里，乡道2807公里，村道2756公里。

规范运政海事管理工作，提升运输服务质量。在国家取消交通“六项”收费后，运管、海事部门把道路、水路运输管理工作重心从收费管理转变到服务管理上来，在“服务中加强管理工作，在管理中体现服务”，进一步规范管理，优化环境，做好运输服务保障工作。一是全面规范运输市场秩序。继续推进对客运、货运、维修、驾培企业的质量信誉考核工作以及对水上运输企业的核查工作，并通过多种形式对其经营行为和服务质量进行监督，督促经营业户诚信经营，热情服务。不断加大对客运市场稽查行动和对“黑车”、“三无船舶”打击力度，运输市场得到进一步好转。二是坚持“路通车通”，积极发展农村客运。按照“五定四统一”公司化运营模式，培育和发展晋城至下村、鲁村、马村、加丰四条农村客运班线，推进城乡客运一体化。及时足额发放燃油补贴，巩固文明线路创建成果，促进农村客运优质化服务。全市共有农村客运班线251条、车辆716台，行政村通客车率达95.7%。三是认真做好节假日运输安全工作，主要运输生产指标稳中有升。在春节、清明节、五一、端午节、“十一”节日期间，运输部门加强领导，认真组织调配运力，实现节假日运输“安全、优质、规范、有序”总体目标。全市共有道路运输经营户16 540户，营运车辆28 757台，其中货车27 502台，客车1255台，完成客运量2056万人，客运周转量123 617万人公里，完成货运量2234万吨，货运周转量188 843万吨公里；共有水上企业16个，营运船舶43艘，完成客运量10 516人，客运周转量20 103 260公里/人。

*加大治超和路政执法力度，有效维护路产路权。*继续认真贯彻执行省政府关于治理非法超限超载运输223号、224号令和市政府有关决策，积极承担治超工作重任，加强组织协调，依法履职尽责，毫不放松抓落实，为全市治超工作取得重大突破和阶段性成果作出重要贡献。一是源头治理井然有序。运管系统组织41个巡查组，与有关部门配合，采取多种方法，对市政府公示的523家源头企业实行不间断巡查监管，累计投入执法人员48 523人次，巡查源头企业107 790趟次，检查车辆722 377辆，查处违反政府令案件7件，从源头上有效遏止超限超载行为。二是路面管控成效明显。路政部门通过上路巡查和检测点检查形式，运用动态和静态管理相结合方式，进一步加强路面管控，基本形成全网络、全方位覆盖。截至年底，共检测货运车辆8 389 440辆，查处超限超载车辆11 336辆，卸载2099辆5409吨，交通罚款90.56万元，收取赔(补)偿费5.79万元。通过持续治理，恶性超限超载运输基本杜绝，超限车辆发生交通事故大幅下降，运输秩序明显好转，道路通行条件得到进一步改善。三是加强路政管理。在抓好治超的同时，以“维护路权、保护路产”为宗旨，加大对辖区公路巡查和执法力度，保障公路安全畅通。一年来，共制止和查处违法违规案件2388起，拆除和清理违章建筑、路障5864平方米，营造良好道路交通环境。

*贯彻优先方针，积极推动城市公交事业发展。*坚持贯彻优先发展公共交通的方针，积极发挥职能作用，认真谋划，加强协调，稳步推进《晋城市城市公共交通发展专项规划》实施。大力支持和指导市公交公司发展，完成泽州北路公交场站综合楼、汽修厂建设，新增或更新公交车辆10台，延伸和调整优化公交线路2条，新开通30路公交车，进一步提高公交运营能力，为广大市民创造更为方便、快捷乘车环境；结合全市创建国家卫生城市、文明城市，狠抓以“语言仪表、车容车貌、行车安全、经营规范、服务优良”为主要内容的优质服务工作，开展“车容车貌整治月”、“爱心送考”、“文明服务，一路温馨”等活动，进一步改进公交服务质量，群众对公交满意度有了较大提高。截至年底，市公交公司完成客运周转量31 000万人次，完成营运收入2800万元，分别超出年计划3%和7%，公交事业的社会效益和经济效益又上新台阶。

*安全工作常抓不懈，安全形势继续保持稳定。*坚持以“保稳定、促发展”为指针，以构建平安、和谐交通为目标，加强领导，认真落实安全责任制和“一岗双责”制，层层签订《安全生产责任书》，明确各级各单位安全工作责任，认真落实企业主体责任和政府部门监管责任。在此基础上，依据省交通运输厅和市安委会安排，制定下发《晋城市交通行业安全生产专项整治工作方案》、《全市交通行业2009年“安全生产月”活动实施方案》，

市县交通部门相应成立组织机构，组织开展安全生产专项整治和安全生产宣传月活动。市局组织工作组多次督察各县局机关、运管所、养护队、运输企业、车站、驾校等安全责任制落设情况和安全隐患排查治理情况，查阅客运车辆技术档案321份，现场查看水毁造成的危险路段6处、危桥3处，市海事局年度检审船舶43艘。针对排查出的问题和不足，及时下发通报，责令各县主管部门和有关单位限期整改，确保交通行业安全稳定良好局面。

加强学习，推进党建文明建设

深入开展学习实践科学发展观活动。按照市委统一部署，围绕“党员干部受教育、科学发展上水平、人民群众得实惠”总体要求，市局从3月中旬至8月底，认真组织开展深入学习实践科学发展观活动，着力转变不适应、不符合科学发展要求的思想观念，着力解决影响和制约交通运输科学发展的突出问题。局党组成立领导机构，制订活动方案，确立“坚持科学发展，构建和谐交通，服务经济社会”活动主题和载体，紧密结合实际，广泛动员，精心组织，周密部署，边学边改，呈现出学习深入、氛围浓厚、全员参与、主题突出、效果明显等特点。通过学习调研、分析检查、整改落实三个阶段运作，提交调研材料11份，形成局党组分析检查报告和整改落实方案，查找交通科学发展难点和症结，充分调动党员干部解放思想、创新发展自觉性和积极性，探索晋城交通以科学发展观为统领、践行“三个服务”的发展之路。

围绕“四评”，抓好基础管理工作。即：机关评效能，窗口评服务，基层评执法，办事评结果，深入开展政风行风评议活动，进一步加强行业文明建设，以良好政风行风推动交通事业健康发展。2009年初，将市委、市政府及省交通运输厅下达的工作目标任务全面分解，落实到每个科室和人头，并向社会公示服务承诺，加强机关规范化管理，促进机关作风转变，提高行政效能和办事效率；严格执行首问负责、一次告知、集中受理、限时办结、超时默认等制度，共受理交通行政许可事项87件，办理营运驾驶员从业资格证47批5084个，没有发生超时超范围许可审批情况，办结率达到100%；以创建“五星级”文明站卡为载体，统一标准，加强教育，完善制度，强化监督，基层站所的执法环境、执法能力和执法效果都得到明显提升；积极解决交通工作中的难点、热点问题，出台《晋城市农村公路建设监督管理办法》，将农村公路新建和改建工程的勘察设计、综合规划、层级审批、组织施工、检查验收等环节都纳入监督管理之中，较好解决多年来交通行业管理失位问题。市局政风行风建设工作在全市评议考核中取得良好成绩。

全面推进党风廉政建设。坚持一手抓交通建设，锁定加快发展不动摇；一手抓党风廉政建设，遏制交通腐败不松懈。按照“管行业，必须管行风、管党风廉政建设”思路和“标本兼治，综合治理，惩防并重，注重预防”要求，切实促进党风廉政建设责任制及“一岗双责”建设措施落实，形成一级抓一级，一级带一级，下级对上级负责的责任体系。采取有效措施，加强对重点岗位、重点环节和重点领域制约和监督，严格落实项目招投标、工程设计变更、建设资金监管等制度；继续推进政务公开，通过《晋城在线》，及时公开市交通局所有按规定应当公开的信息，提高交通政务透明度；扎实推进廉政文化“五进”活动，开展廉政合同、廉政警示教育、廉政专题讲座等活动，进一步增强交通干部职工反腐倡廉意识，形成以廉为荣、以贪为耻良好风尚。一年来，市局党风廉政建设和反腐败工作取得显著成效，未发生一起违纪案件。

此外，全市交通运输系统党建、社会治安综合治理、信访、节能减排、交通战备、机关财务管理、计划生育、妇女、扶贫帮困等各项工作也都取得新成绩。

（责编 师国梁）

厅直单位工作业绩

山西省公路局

□ 赵振田　戴　飞

2009年,面对拉动内需和成品油税费改革带来的机遇与挑战,在省委、省政府、省交通运输厅领导下,全省公路系统干部职工迎难而上,顽强拼搏,圆满完成各项目标任务。全年完成建养投资85.45亿元,创历史新高。完成公路建设1284公里,路况水平步入历史最好时期,提前实现"基本消灭差等路"目标。完成危桥107座、险山滑坡等安全隐患治理27处、公铁立交安全整治20座,实施通道绿化补植工程3106公里,新建和保持文明路5552公里。检测运输车辆807万辆,查处超限车辆768辆,双超率控制在0.2%以下;收取车辆通行费6.27亿元。省公路局被省政府表彰为安全生产工作先进单位,被省交通运输厅表彰为完成工作目标责任制优秀单位,被省文明委授予省级文明和谐单位标兵。

千方百计推进公路建设
努力为经济增长作贡献

一是内抓落实与外抓协调并举。面对拉动内需政策迅速实施而前期准备工作就位较迟的不利局面,采取领导包片负责、半月督导、每周通报和限时办结、专人负责等措施,围绕前期、进度、质量等关键目标抓落实,围绕资金、用地等主要环节抓协调。全年开工项目85个、里程2086公里。二是促发展与调结构并行。坚持既为拉动内需促进增长作贡献、又为经济社会长远发展增添后劲的原则,在保证基本消灭差等路、使路网整体效能能够充分发挥的同时,编制实施"5+13"一级公路建设两期规划,为优化路网结构、拓展发展空间创造有利条件。三是干线公路建设与高速公路建设并重。服从大局,主动承担忻保、平朔两条高速公路建设。在忻保高速公路建设关键时刻,省局党政主要领导、分管领导及有关部门负责人多次现场办公、检查指导,与沿线市县两级政府定期协商议事,有力推进工程建设。2009年8月,省重点公路工程建设领导组在忻保高速公路召开全省质量安全现场会。

推进养护转型和路政管理
不断提高通行保障能力和服务品位

一是注重在实践中提升理念,用发展的理念指导实践,全面推行预防性、日常性养护,积极探索精细养护、特色养护、分类养护,丰富养护内涵,拓展养护思路,提高养护质量和效益,一批重要路段、循环路段和出口路段的养护工作迈上新台阶。二是把安全运营摆在首位,继续实施危桥改造和安保工程。出台全省公路限速标志设置指导意见,设置限速标志1320块,安全行车环境得到持续改善。三是加强路域环境综合治理。加大公路环保和生态建设力度,努力走绿色发展之路,以长治、晋城为代表的通道绿化工程受到全国造林绿化现场会与会代表好评。四是突出群众性、引导性、实用性,成功举办第六届公路养护技术比武。代表全省参加首届全国交通运输行业“厦工杯”筑养路机械操作手技能竞赛，一举夺得团体第二名，8名参赛队员全部获得“全国交通技术能手”称号的优异成绩，体现省局多年来坚持不懈抓养护技能练兵的成果，为全省交通运输系统赢得荣誉。五是抓住路况水平和养护投入双提高良机，适时出台公路养护检查考核办法，带动各级领导强化责任意识，从严从细工作，推动各项养护制度措施的层层落实。六是以全国治超山西现场会为契机，加强治超队伍正规化建设和治超机构规范化信息化建设，加大执法装备投入，全省干线公路双超率进一步下降，近半地区、多数路段实现零超限，涌现出小店、冶底、桐峪治超站等一批先进典型。

创新体制机制，主动为农村公路和路桥企业发展服务

围绕两年实现全省村通水泥（油）路全覆盖目标，积极协调市县两级政府，主动服务基层交通部门，督促配套政策、资金及时落实，推动项目顺利进行。深入开展农村公路建设质量年活动，省局和市县交通部门积极发挥技术优势，科学有效指导施工。对缺乏技术力量的工程实行重点帮扶、全程把关，保证建设质量，为完成15 180公里“全覆盖”工程作出贡献。引导各地不断深化农村公路管养体制改革，充分发挥县级政府农村公路管养责任主体作用，基本做到有路必养，有桥必管。

认真贯彻省政府和省厅有关部署，把给予路桥企业的扶持政策全部用到企业发展上。为尽力满足企业需要，对省道临午线、河潞线、桃临线、杨白线等干线公路建设重点工程实行路桥企业总承包承建。全面推行工作目标责任管理，严格项目最低利润指标，出台路桥企业领导人员管理暂行办法，积极探索建立企业经营业绩考核体系和收入分配方式改革，企业监管工作得到进一步规范和加强。路桥企业全年实现经营合同额194.5亿元，完成产值96.5亿元，项目综合计算利润率达到8.3%，企业生产经营呈现新气象。

服从改革大局，积极稳妥取消政府还贷二级公路收费

根据全省统一部署，于5月31日24时取消局管69条收费公路，撤销收费站100个。积极进行债务余额审计准备，努力协助有关部门工作。认真做好收费人员思想政治工作，落实待岗待遇，稳妥启动转岗分流安置工作，有效保证撤站工作的顺利进行和队伍稳定。利用原收费站、卸载点等资源，新增固定治超站53个，初步形成覆盖全省、布局合理、体制顺畅的治超工作格局。做好这些工作，对于降低群众出行成本，减轻公路发展负担，深入推进干线公路治超工作，均发挥积极作用。

抓安全保稳定，切实维护群众根本利益

狠抓安全生产。按照“管生产必须管安全”和“谁分管、谁负责”原则，逐级落实安全生产责任制。建立安全生产联席会议、事故隐患排查治理、安全隐患有奖举报等8项制度，开展安全生产全员教育，加大安全生产监督检查力度，安全生产基础工作得到有效加强。围绕公路运营、养建工程施工、企业生产等重点领域，开展为期一年的安全隐患专项整治行动，累计排查和治理各类隐患1240处，提高了行业的本质安全度。

努力从根本上维护稳定。原养路协议工养老保险办理工作全面启动，11个分局、113个基层单位、近1万名原协议工纳入当地基本养老范畴，这一影响大局稳定的难题得到初步解决。路桥企业职工工资及“三险一金”基本没有发生新的拖欠，债务纠纷明显减少。成立省局信访接待室，建立基层干部到省局信访工作岗位锻炼制度。信访稳定形势的不断好转，为各级领导聚精会神抓发展，提供前提条件。

有效加强应急管理工作。继续完善应急预案，加强应急队伍建设和应急物资储备。

面对2009年11月上旬发生的罕见暴雪灾害，各级公路部门迅速启动预案，集中一切资源，确保全省公路在较短时间内恢复通行，并无偿援助8500余台受阻车辆、7500多名滞留人员安全转移。全省公路部门的出色表现，得到社会各界广泛赞誉和各级政府充分肯定，省局被省政府应急办推荐为全省抗雪救灾先进集体。同时，省局及时总结经验，完善社会动员、信息互享和舆论引导机制，在较短时间内完成除雪冰设备的研制生产，并为所有公路段装备到位。

深化党建和行业文明建设为改革发展稳定提供坚强保证

一年来，认真贯彻落实党的十七大和十七届四中全会精神，积极适应新事物新情况层出不穷的形势需要，加强各级领导班子和干部队伍建设。一是大规模培训公路段长和工程项目负责人，提高基层领导干部综合理论素质和业务工作水平，增强依法办事、应急管理、维护稳定等方面的意识和能力。二是全面落实党的工作责任制，基层党组织建设得到加强，路桥企业党组织关系予以理顺。三是民主法制建设扎实推进，企务公开、厂务公开、办事公开和集体合同制度落实良好。四是老干部各项待遇得到全面落实，老干部的作用得到较好发挥。五是深入开展“小金库”清理整顿，启动工程建设领域突出问题专项治理。

深化学树创行业文明创建活动。一是以庆祝新中国成立60周年为主题，积极参加和举办60周年成就展、职工歌咏比赛等群众性庆祝活动，引导广大干部职工把爱国热情转化为坚定理想信念、干好本职工作的巨大动力。大运二级公路入选建国60年全国60项公路勘察设计经典工程。二是加大文明和谐行业创建力度，扎实开展公路文化建设推进年活动。全系统共创建和保持国家级文明单位3个、省级文明和谐单位50个（含标兵单位11个）、国家级青年文明号6个、省级青年文明号24个，呈现出物质文明建设与精神文明建设齐头并进、协调发展的良好局面。

（责编　师国梁）

山西省交通征费稽查局

□张晋鹏

2009年1月1日，国家实施成品油价格和税费改革，取消交通六项规费，交通征稽的主体使命完成，进入改革调整的过渡阶段。这一年，省交通征稽确定的工作思路是：在省交通运输厅领导下，统筹改革稳定与发展。关于改革，争取各方面支持，协调各方面工作，将交通征稽改革纳入交通管理体制改革当中，以“成建制转岗”方式妥善安置征稽人员；关于稳定，树立“以纪律树形象，以责任定品性”意识，开展“两学一活动”，既从思想入手，充分发挥交通征稽队伍历经改革而忠于责任的觉悟，又坚持纪律约束和活动载体构建，充实职工日常生活和工作，坚决维护交通和谐局面；关于发展，在改革方案尚不明确、发展前景尚不明朗情况下，树立“以素质创未来”意识，一方面继续做好发展的基础性、管理性工作，坚持常规工作不误；另一方面着力提高人的素质，特别是知识积累、学习习惯培养和行为素质锻造，为开拓未来和长远发展做好储备。一年来，全系统政令统一，运转协调，广大干部职工经受住了改革考验，交通征稽顺利转型。

采取多种措施保持行业稳定

2009年以来，交通征稽系统面临成品油价格和税费改革对行业发展的挑战。改革涉及征稽人员安置、资产清查、队伍稳定等一系列问题。如何保持队伍高度稳定，做到组织不散、秩序不乱、资产不流失，圆满完成各项任务，平稳有序地推进改革，是征稽系统各项工作的重中之重。自2008年12月开始，省局党委先后5次召开全系统会议，对改革发展思路提出指导性意见，以尽快协调出台转型方案为依托，对改革过渡期间的稳定工作、业务收尾工作、阶段性学习培训工作等依次进行部署。各单位以耐心细致地思想政治工作为保障，对纪律等重点问题予以严格要求，扎实开展业务收尾工作、行政常规工作和学习培训活动。广大干部职工树立服务全局和忠于责任的精神理念，坚持工作学习两不误，从自身做起，按部就班，保持稳定，形成工作秩序井然、学习氛围浓厚的良好局面。

认真做好通行费征管工作

交通征稽主体职能取消后，交通征稽业务方面剩余部分通行费的征收管理工作；随着2009年5月31日政府还贷二级公路收费的取消，通行费征收只剩余5个一级路收费站。在这种情况下，全系统一方面稳定收费人员思想，将收费人员安置纳入省厅对编外人员的统筹安置当中，并对社会做好舆论引导工作；另一方面一如既往坚决贯彻省厅对通行费征收的管理要求，通过强化管理、督导检查等方式，进一步加强通行费征管工作。全年征收通行费1.04亿元。其中，二级收费公路征收2322万元；一级公路五个收费站征收8114万元。

按照省政府、省厅关于撤销政府还贷二

级公路收费工作的统一部署，交通征稽部门于2009年5月31日24时全部停止政府还贷二级公路的收费工作。各单位按照要求，对收费站资产进行清点、封存、登记造册，在尽可能短的时间内，组织拆除收费设施，恢复路面，确保干线公路的安全畅通。

继续加强基础管理工作

2009年，按照治理"小金库"专项工作要求，在全系统认真开展自查自纠工作。承办养路费全国决算会议，按要求及时完成养路费资金决算。加强票据监管，对2008年养路费票据进行检查核销。坚持对历史负责的态度，继续开展依法清欠工作，完成对所有历史档案的资料归档工作。坚持审计控管，加强财务审计、常规审计和经济责任审计。在省厅统一组织下，完成08式制式服装的所有换装工作。积极开展迎国庆系列宣传活动，组织承办摄影展、成就展和歌咏比赛活动。组织对交通征稽文化软课题的评审工作，获得省科技厅"国内领先"的高度评价。

有效开展队伍培训工作

一年来，通过鼓励自学，开展"储能充电"活动，着力提升职工素质和发展潜力。突出干部培训，完成对所有局管干部的封闭式理论培训。加强常规学习，坚持星期二、五的理论学习和法律知识学习。按照庆祝新中国成立60周年和依法治交10周年要求，完成队伍军事化训练表演，积极参加和举办法律知识竞赛。注重执法培训，抽调分管领导、稽查科长参加交通行政执法规范化培训。年末开展大规模、全方位转型发展培训，完成为期1个月的财务审计培训，完成两期法律法规知识培训，培训骨干370名，为下一步发展提供业务开拓基础和人力人才保证。

2009年8月至10月，省厅专门组织全省交通征稽财会人员开展高速公路在建项目专项审计调查。广大征稽财会人员在对工程业务不太熟悉情况下，坚持边学边干，认真负责，圆满完成任务，向厅党组交了一份满意答卷，大大增强职工的信心和决心。

扎实开展学习实践科学发展观活动

一年来，省局把学习实践科学发展观活动与积极应对税费改革相结合，按照省委和厅党组的统一部署与要求，结合单位实际，突出实践重点，省局和各二级单位圆满完成第一批、第二批学习实践科学发展观活动。在学习实践活动中，从"四个能力"找不足，即思想认识能力、解决突出问题能力、创建体制机制能力和科学发展能力；从"四个到位"抓落实，即认识到位、组织到位、措施到位和工作到位，严格遵循各项方法步骤，做到高标准启动，严要求推进，高质量落实。省局共收集到四个方面22条意见和建议，条条有着落，件件有回音，并形成8个有一定价值的课题调研报告。在厅第五指导组的精心部署下，克服费税改革影响，学习实践活动与本职工同步推进，做到"两不误、两促进、两加强"。

积极做好改革各项工作

一年来，完成对所有在编养路费征稽人员、政府还贷二级公路收费人员的摸底工作，完成对全系统所有固定资产、政府还贷二级公路债务清理工作。在保证队伍稳定、确保资产安全的同时，按照省厅要求，协助做好过渡税务系统的招考录用工作，协助做好成品油税费改革的调研工作、各项方案的制定工作、政策依据的研究工作和大量的人事协调工作。通过努力，征稽人员过渡税务部门的录用工作已基本到位，交通征稽转型发展正式启动。2009年9月30日，省编委下发《关于组建山西省交通运输执法机构的通知》，同意在征稽系统现有框架的基础上整体转变职能，组建山西省交通运输执法机构，在省交通运输厅的授权和委托下，行使交通行政执法，交通执法监督和通行费管理等职能，逐步向综合执法过渡。2009年12月25日，省厅组织召开全省交通征稽工作总结表彰暨山西省交通运输执法局成立大会，由厅党组成员、总会计师张德仪同志对全省交通征稽22年的工作进行总结报告，牛仁亮副省长和段建国厅长为新机构揭牌。新机构的组建，既从根本上保证稳定，开辟新的事业平台，确保成品油价格和税费改革在全省顺利实施；又充分发挥征稽队伍专业执法优势，进一步推进交通管理体制改革，为有效落实中央编办、交通运输部关于推进执法体制改革、创新执法模式的政策要求奠定体制基础。

（责编　师国梁）

山西省交通运输管理局

□李华中

2009年，全省运管系统在各级党委、政府和交通行政主管部门的坚强领导下，积极应对金融危机对全省经济和道路运输的严重影响，攻坚克难，求新图变，各项工作取得突破性推进。省局先后被省交通运输厅评为“完成工作目标责任制先进单位”、“部门决算先进单位”、“统计工作先进单位”、“2009年度《山西交通年鉴》工作先进单位”、“《山西交通志》编撰工作先进单位”；有44人次受到省厅表彰。

转变职能　强化管理
服务能力进一步提升

客运管理工作不断加强。一是全省新安装农村客运候车亭和招呼站牌各1000个，农村客运基础设施覆盖率达到78%，建制村通客车率上升至96%。晋中、长治、临汾、运城等市积极推进农村客运公交化试点，成效明显。二是积极引导客运企业整合重组，促进企业规模化经营、规范化发展。建立客运许可信息公示制度，调整道路客运基本运价；加强旅游客运管理；规范汽车客运站管理，完成客运站定岗定编及最低经费支出调研工作。三是以推进客运行业文明创建为抓手，提高客运服务质量。开展“迎国庆、创文明、保安全、促和谐”优质服务月活动。晋中、长治、吕梁等市文明客运线路创建成效显著。四是全省城市公交和出租车客运保持平稳发展良好态势。太原市积极筹措资金，集中更新城市公交车333辆。阳泉市城市客运管理职能移交运管系统后，市运管处主动而为，积极开展“客运出租车文明工程”创建活动，促进规范化管理、标准化服务。

货运管理水平不断提高。一是加强货运市场监管。严把危货运输市场准入关，严格危货运输槽罐车检验制度。太原、晋中、长治实施危货运输分类管理。二是加快物流发展。城市物流配送有序发展。平顺、应县等17个试点县和新绛、河曲、祁县、阳泉郊区等县（区）农村物流发展势头良好。交通运输部在全国农村公路建设工作会议上，对全省发展农村物流的经验和做法作了介绍。

机动车维修质量保障体系不断完善。一是不断加快营运车辆二级维护质量监管体系建设，规范作业档案管理。阳泉市开展二级维护中心试点建设工作，太原、晋中、长治、吕梁等市对营运车辆二级维护企业实行视频监控。二是强化综检站监管。联合质监部门已对17个综检站进行计量认证。太原、晋中、临汾市级综检中心站通过评审。长治市运管处积极组织维修企业下乡，在农忙时节免费提供农机具和农用车辆服务，受到农民群众称赞。

驾培市场秩序不断规范。一是强化机动车驾驶员培训机构资质管理。大力开展驾培市场清理整顿，重新核定全省机动车驾驶员培训机构级别和培训费用。二是深入开展驾培行业“上星级，创品牌”活动。三是加强教练员资格管理。新设立4个教练员考试点，新增和换发新版教练员证2965个。临汾市运管处制定全市统一的理、术科教学计划指导文本和驾驶操作教案示范文本。晋中市启用驾驶员报名远程监控系统，学员报名一律通过现场面试、采集指纹、照相等程序完成，杜绝倒卖生源、只收钱不培训的现象。

应对突发事件能力不断增强。一是加强应急保障体系建设。完善应急预案，制定《道路运输突发公共事件应急执行预案》。二是落实道路旅客运输应急保障单位。对全省10支战略物资道路运输应急保障车队进行考核验收，合格的给予资金补助。全省256户维修企业纳入维修救援网络，拥有救援服务车辆405辆。阳泉、长治、忻州、大同等市结合企业生产任务，开展应急演练，应急运输保障能力得到提高。在应对“11·10”强降雪工作中，省局第一时间启动应急预案，并全力组织人员开展车辆救援和被阻旅客疏运工作。阳泉、晋中、吕梁三市运管机构以雪为令，全力救助受阻车辆和人员。全省运管系统共实施救援120余次，出动应急车辆近400辆次、维修人员1200多人次，疏运滞留旅客3500多人，解救被困车辆2800多辆，圆满完成救援任务。

市场诚信体系建设不断推进。先后组织开展客、货运输企业和维修、检测、驾培企业及汽车站的质量信誉考核工作，对道路运输驾驶员进行诚信考核，实行“黑名单”制度。依法取缔7家危货运输企业，有12户维修企业、4家综检站和6所驾校被责令限期整改。

多措并举　强化责任
运输安全进一步好转

积极开展道路运输安全专项整治。按照省政府和省厅要求，加强专项整治工作的组织领导和宣传动员。先后组织召开全省安全专项整治专题会议15次、安全生产电视电话会议6次。督促运管机构和运输企业切实搞好摸底排查和自查自整。共排查道路运输企业14 497家，关闭2423家，整顿980家。开展省市县三级联动检查和“回头看”再检查行动。深入全省11个市和119个县（市、区），对道路运输安全专项整治工作进行督导，确保专项整治工作“全覆盖”和取得实效。省局获全省道路运输安全生产专项整治先进单位。

切实加强道路运输日常安全监管。一年来，各级运管机构认真履行“三关一监督”职责，狠抓各项制度落实，定期组织召开安全例会；省局制定安全生产监督管理制度，实行事故约谈，强化责任追究；开展“全国安全生产月”活动和安全生产执法、治理、教育“三项行动”。举办全省道路运输安全高层管理培训班，提高安全管理人员专业素质；会同公安交警部门，对发生重大事故企业的安全整改情况实行跟踪督察；加强GPS安全管理服务系统应用考核，对8300多辆重点营运车辆实施动态监管。

认真做好重点领域和重点时段的安全监管。加强节假日期间长途客运、旅游客运和危险品运输车辆监管；建国60周年庆祝期间，对发往北京的班车实行实名制售票；定时发布各类气象、路况信息，随时掌握客运班车运营状况，及时进行电话嘱咐，力保道路运输安全。

依法行政　强化监管
源头治超进一步巩固

推进道路运输法制建设。积极推动道路运输立法工作，完成《山西省道路运输条例》（草案），并上报省厅；认真贯彻《道路运输条例》及其配套规章，宣贯落实《道路运输管理工作规范》，切实推行行政执法责任制；开展运政执法检查和案卷评查活动，纠正和查处违法或不正当行政行为56件，促进依法行政。阳泉市运管处被省厅评为“行政执法标兵单位”。

规范道路运输市场秩序。继续加大执法力度，集中力量，重拳出击，打击非法运输，整治违规经营。一年来,全省共出动运政执法人员3.3万人次,查扣"黑车"1333辆,罚款820余万元;取缔不合格二级维护企业53户、非法驾校41所;查处违规招生、培训点201个,清理非法教学车辆54辆;集中开展为期3个月的打击"黑车"等非法从事出租汽车营运活动专项治理工作,查处非法出租车2908辆,有效遏制非法经营行为,规范运输市场秩序。

强化货运源头治超工作。认真贯彻省政府提出的"抓综治,保安全,保畅通,为人民"目标和王君省长"继续坚持依法治理、源头治理、责任倒查的方法,加强道路治超工作"要求,继续狠抓不放松,源头治理见成效。一是强化源头责任。保持对货运源头单位驻巡监管和明察暗访的高压态势。各级运管机构共出动执法人员66.9万人次,对经政府公示的10 665家货运源头单位进行监管,查处违反政府令案件148件,抄报、抄告、移送案件115件,罚款118.6万元。二是推进科技治超。各级运管机构应用科技手段,提高治超效果。晋中市对货运源头单位实施视频监控。太原、吕梁、长治在源头单位过磅称重系统中安装治超软件,缩短过磅时间,提高工作效率,收到良好效果。三是创新工作机制。全省继续开展"无双超市县"和"无双超信用企业"创建活动。省运管局制定源头治超考评标准,对治超工作量化考核,逐步建立长效机制。发挥先进示范作用,组织开展源头治超观摩活动,交流工作经验。晋中在全市推行运管机构、源头单位治超档案范本。忻州市统一使用驻站、巡查工作日志,规范源头治超管理。临汾市强化源头治超联动机制。通过不懈努力,截至年底,车辆超限超载率下降到0.2%,客车正点率和货运合同兑现率均达到90%以上,全国治超领导组在山西召开车辆超限超载治理工作现场会之后,交通运输部又在山西召开源头治超工作座谈会,推广全省源头治超经验。8月23日,中央电视台焦点访谈对全省源头治超工作进行报道,在全国引起很大反响。

科技引领　强化推进
节能减排进一步创新

节能减排工作取得新成效。开展全省道路运输行业节能减排规划和管理对策的研究工作,举办全省道路运输行业节能减排专题培训;组织节能减排现场观摩活动;鼓励运输企业应用新技术和新能源,提高运输效率,减少能源消耗。长治市积极推广使用甲醇客车80辆、双燃料公交车12台,教练车41台。晋城市以煤层气重卡运输新干线为典型,推广煤层燃料车辆进入运输市场。三皇侯马运业狠抓企业综合节能减排工作,客运站场合理配置,甩挂运输重点推进,车辆技术强化监管,运输配载更加优化。在全国首届"宇通杯"驾驶员节能竞赛中,山西以全国第五名的成绩,荣获团体二等奖;驾驶员周帅和张勇获"全国交通技术能手"称号。

科技信息化建设迈上新台阶。精心组织,完成省市两级运管机构视频会议系统升级改造工程;完成全省道路运输行业GPS安全管理服务系统建设工程,建成全省统一数据库,实行省市企业分级管理,对重点营运车辆实施有效监管。进一步完善《山西运政管理系统》,适应省、市、县三级协同办公需要;启动IC卡道路运输证和《客运联网售票系统》的试点工作。省局机关启用电子政务办公OA系统,提高办公效率。完成《山西省道路运输行业节能减排规划研究》等4个科技项目研究,成果达到国内领先水平。参加交通运输部《道路运输安全管理机制建设》调研,开展《道路旅客运输安全评价指标体系研究》等6个课题的研究工作。

改革机构　强化基础
行业文明进一步弘扬

积极推进管理体制改革。开展运管机构职能调整与队伍建设研究。由山西省牵头,会同吉林、云南、海南和厦门等省市,完成交通运输部新时期道路运输业发展大调研——《道路运输管理机构职能调整与队伍建设》专题。摸清全国运管机构现状和存在的问题，提出运管机构职能调整与队伍建设的总体思路和措施。调研成果受到交通运输部领导肯定和全国运管机构高度关注，获部"优秀调研成果奖"，省局被评为"先进实施单位"。二是推动全省运管机构改革。积极推进省局机构升格工作，帮助基层运管机构解决规格偏低问题。全省已有8个市级运管机构升格为副处级单位，28个运管所升格为科级单位。三是顺应大部制改革和地方交通行政体制改革要求，主动而为。原省建设厅山西省城市出租汽车客运管理处成建制划归省运管局，并更名为山西省城市汽车客运管理办公室，在省级层面实现城乡客运一体化管理格局。

有计划开展运管队伍培训。分批对市、县运管机构负责人进行培训；和陆军某团对全省1040名运政执法人员进行全封闭军事化训练和执法培训，提高依法行政素质和公共服务能力。晋城对全市运管人员进行培训考试，不合格人员一律待岗停薪，增强运管人员危机感和紧迫感。

进一步加强基础管理工作。一是坚持局、处、所长接待日制度，畅通96566运政服务热线，切实重视来信来访，及时排查化解矛盾，妥善处置各类上访事件483起，维护行业稳定。二是继续以档案规范化管理为切入点，全面推进基础管理工作。全省6个市运管局(处)、19个运管所档案管理达到AAA级，86个运管所达到AA级。三是认真组织开展行业统计和专项调查工作，为行业规划发展提供科学依据。阳泉、长治运管处、太谷运管所等被交通运输部评为"全国公路水路运输量专项调查先进集体"。四是加强预算管理，强化审计监督。五是完成《山西省道路运输管理志》编撰工作。通过省交通运输厅及省地方志办公室专家评审，得到较高评价。六是充分利用行业内外媒体，开展广泛深入宣传活动。全年仅省级以上媒体就对全省运管工作报道200余次，营造良好舆论氛围。太原市运管局与山西交通广播电台联合创办《运管天天见》栏目，搭建交流平台，宣传政策法规，赢得社会理解和广大人民群众支持。

扎实推进党风廉政建设和行业文明创建。一是圆满完成学习实践科学发展观活动，群众测评满意度达100%。深化党风廉政建设工作，扎实开展作风建设年活动，强化行风评议工作，促进行业风气好转。省局政务大厅受到省政府行政效能建设领导组办公室等部门通报表扬。阳泉市运管处被市委、市政府授予政风行风评议工作"标兵文明单位"称号。二是推进运管文化创建。晋中市运管局提出具有行业特色的文化理念，并编印《晋中运管文化手册》。三是深化文明和谐单位和行业创建工作。省局被评为"省级文明和谐单位"和"省直文明和谐单位标兵"。晋中市运管局、阳泉市运管处进入省级文明行列，太原、晋城、长治、临汾4市运管局、处被评为市级文明和谐单位。

(责编 师国梁)

山西省高速公路管理局

□董新品

2009年是全省高速公路发展极具挑战的一年，也是在新形势下取得重大突破的一年。在省交通运输厅坚强领导下，全省高速公路运营管理系统以科学发展观为统领，紧紧围绕“三个服务”，大力推进高速公路新型产业率先向现代服务业转变，勇挑筹集建设资金重担，全面推进精细化管理，不断创新运行管理机制，着力提升高速公路的安全保畅能力、公共服务能力、突发事件处置能力和行业创新能力，在复杂多变的经济形势下，圆满完成全年各项目标任务，为全省交通事业又好又快发展作出积极贡献。

服务大局，筹集建设资本金取得实质性突破

充分发挥政府还贷高速公路的资产优势，筹集高速公路建设项目资本金是省交通运输厅在分析当前发展形势下的新举措，也是赋予我们的历史重任。2009年年初，面对这一新的课题，省高管局在广泛调研基础上，率先编制《政府还贷高速公路资金需求及现金流测算分析报告》，为全面融资工作提供较为翔实的决策依据；组织力量起草《利用政府还贷高速公路通行费结余筹融资能力测算及风险分析报告》等6个专题融资方案，拓宽省厅融资工作新思路，推动多途径、多品种筹融资新突破；按照省厅总体部署，积极推进与驻并16家金融机构的合作洽谈，主动上门沟通，快速提供需求，全程信息跟踪，及时汇报协调，促进融资工作顺利实施。截至2009年8月底，落实资本金351.6亿元，超额完成年初确定的200亿元融资任务，为新建高速公路建设提供有力支持。

以人为本，道路安全通行保障能力取得新进展

站在关乎民生利益政治高度，积极采取有效措施，大力提高道路本质安全度。全年开展高速公路大型工程项目10项，合计投资10.2亿元，先后完成太原东环高速公路桥梁防撞护栏安全加固改造工程和晋阳、夏汾、运三3条高速公路大修工程，风陵渡黄河公路大桥加固工程已完成40%；重点拓宽太旧、运三等山区高速公路的爬坡路段，集中整治省政府挂牌督办的汾离高速公路交通事故易发段，综合治理祁临高速公路高边坡存在的安全隐患，完善收费站防撞、减速带等12项安全设施，完成新原、侯运、太旧、夏汾路段等20座桥梁的裂缝处治和梁体加固，全省高速公路路网安全系数明显提高，道路通行环境得到整体优化。

强基固本，精细化管理取得新成效

以精细化促进管理规范化是2009年年初省局提出的战略发展目标，经过一年积极探索，“做精做细，追求卓越”的工作理念已成为全省高速公路管理的主要元素，贯穿于

每项工作始终。各运营单位坚持以夯实“三基”工作为切入点,全面推动精细化管理。11月3日至5日,省局组织召开全省高速公路精细化管理推进会,大运路沿线13个先进典型、全系统166块成果展板、8个单位的典型发言,集中展示各单位在推进精细化管理的具体实践成果。目前,树立精品意识,打造精品工程,创建精品组织,大力构建精、准、细、严的工作机制,已经成为全省高速公路运营管理发展主旋律,全系统已初步凸显出了以精细化管理推动行业规范化和科学化的新的发展态势。

整体推进,公共服务能力得到全面提升

2009年,省局把开展“五大工程”建设作为推进行业科学发展内生力,大力强化整体服务设施功能,全面推动高速公路运输功能最大化和服务功能最优化。

畅通工程建设。全面推进预防性养护,加强“四基”工作,实现“四个”闭合。一是大力提升道路技术状况,实施养护专项工程138项,投入资金2.72亿元,完成路基工程37项、路面病害处治和预防性养护工程41项及治超车道、收费站改造等16项;二是全面提升道路通行环境的品位。投入176万元,对晋阳、临侯集镇附近区域实行绿化提档。全省高速公路技术状况指数由一季度的94.9上升到四季度的96.5,道路通行能力大大提高,行车的舒适愉悦度得到明显提升。

形象工程建设。以提升收费人员服务品质和操作技能为核心,广泛开展“提高快速放行能力和收费站节能降耗”为主题的QC小组活动,与省总工会等联合开展山西省女职工职业技能大赛暨高速公路第四届收费技能比武活动,创建品牌收费站活动成效显著;优化整合刷卡收费系统软件功能,升级改造收费系统软件,车辆放行速度有了较大提高;认真履行交通运输部“绿色通道”的有关政策规定,全年累计减免鲜活农产品运输车辆94万辆,减免通行费2.62亿元,真正使交通改革发展成果惠及广大农民朋友。

阳光工程建设。以强化路政人员执法证件管理为重点,全年累计培训执法人员800余人次;全力推进《山西省高速公路路政管理系统》、《巡查车载监控系统》的应用,有效增强路政综合管理能力。坚持不懈抓好治理“双超”工作,大力构建信息化治超网络,144个治超站点投入使用不停车检测系统,占到90.6%。全年全省高速公路共检测货运车辆3112.32万辆次,非法超限超载率降至0.2%,车货总重55吨以上的非法超限超载车辆基本杜绝。

温馨工程建设。一是以“星级享受、人文关怀”为主题,深入开展服务区“优质服务体验年”活动,制定实施“顾客体验管理大纲”,设计“顾客体验管理”岗位流程,有力促进餐饮、超市规范经营。二是大力推进星级服务区跟踪管理。全省高速公路已运营的30个服务区全部达到星级标准,95%达到三星级水平,服务区整体环境得到全面改善。据统计,全年共接待服务车辆715万车次,服务顾客1184万人次,营业额达到15.74亿元。

素质工程建设。坚持教育培训和人才培养相统一,相继组织了温拌沥青混合料技术、公路技术状况评定标准、应急管理等培训20余次,参加培训人员达到5000人次;建立与山西大学、山西财经大学等院校科研机构共同研究高速公路发展课题的协作机制,赋予具有发展潜能专业人员重任,以项目带动技术人才的培养,三支队伍的整体综合素质得到有效提升。

攻坚克难,确保通行费应征不漏

2009年,是全省高速公路通行费征收最为艰难的一年。国际金融危机、二级公路撤站、煤矿治理整合,三大因素同时显现、相互交织,给收费工作带来前所未有的压力。局

领导一班人坚持在困难中把握蕴含着的发展机遇，挖潜堵漏，强化监督。一是积极稳定费源。全年共办理车辆包缴业务4267辆次，办理牡丹晋通卡9万余张。二是全面扩充费源，建立与运输大户定期联席会议制度。通过延伸服务，大力吸引货运车辆。三是不断强化依法征费力度，完善三级联动稽查机制。先后开展为期近两个月的专项联合稽查，共查出16个管理环节问题和28个漏费隐患，及时予以整改，追缴通行费205万元。四是大力提高科技堵漏能力。委托专业机构对计重软件程序进行升级改造，建立防范矫正数据模型，增设称重信息异常报警功能，有效减少货运车辆作弊行为。一年来，全系统广大干部职工迎难而上，逆势而为，全省高速公路通行费收入达到69.92亿元。虽然比2008年减少19.78%，但是在整体经济环境发生如此重大变化情况下，取得这样的成绩确属不易。

创新机制，行业发展活力得到显著增强

2009年，深入分析高速公路建设资金紧迫需求和运营管理资金根本需求的矛盾，积极推进通行费预算资金管理的优化，协调省厅出台《高速公路通行费预算管理试行办法》，并制定《实施细则》，科学界定预算支出项目和标准；全面落实3%通行费收入突发事件准备金制度，5%专项工程费用实行切块总包干等机制，从根本上提高工程项目安排的科学性、及时性，有效提升各运营单位统筹安排、科学理财能力；认真研究合理借贷、降低成本的问题，积极争取省厅对近三年内大修项目，实行通行费作为资本金申请专项工程配套贷款的新机制，目前已与开发银行山西省分行落实近10亿元贷款意向，为高速公路运营所需资金提供保障。坚持把最大限度满足广大司乘人员需求作为践行科学发展观的根本出发点，针对清障救援缓慢、信息渠道不畅等诸多问题，与高速交警主动协调沟通，建立省高管局、省交管局季度联席会议制度，重点研究解决道路拥堵、交通安全、快速处置等实际问题，工作效率明显提高，社会各界反响良好。

大力提升科技在高速公路发展中的倍数效应。全年开展“四新”推广应用及技术改造项目45项，开展QC小组活动项目40余项，其中光感器和新型LED节能灯具在高速公路得到推广应用，节电比高达53.14%；机电库存管理软件、模拟收费培训系统等技术成果已深入到各个管理单元；沥青废料冷再生技术、热再生技术在晋阳路等大修改造中的使用，不仅有效解决管理工作中难题，而且大大降低管养成本。坚持以需求为导向，以应用促开发，围绕高速公路发展关键技术，组织开展《高速公路治超不停车快速检测系统研究》、《高速公路监控系统联网平台研究》、《高速公路计重收费与建立治理超限运输长效机制》、《“以路建路”战略构想的创新与实践研究》等课题，均通过省科技厅鉴定，成果达到国内领先水平。

着眼未来，信息化建设得到持续推进

坚持以信息化促进管理的现代化，大力实施省厅“1166”通信专网工程，共布放光缆225公里，全面完成10个地级市交通局大联网工程，建成通往各市交通专网。大力加强网络运行管理，省中心——片区中心网络管理系统平台搭建完成；交通量和特殊事件自动检测系统、高速公路电子地理信息系统初步建立，手机定位子系统的数据采集已与中国移动联并联调成功；完成太原环城高速公路阳曲、向阳、罗城、武宿4个互通的信息诱导系统；升级省中心短信发布平台，安装GSM无线接收模块，实现自动气象预报和预警信息，进一步完善全省高速公路对外信息服务系统。一年来，全省高速公路共为社会提供咨询服务193.8万次，实施紧急救援3676次，发布信息5300多条。

科学处置,抗击冰雪灾害取得重大胜利

2009年冬季的冰雪灾害,是对全省高速公路突发事件三级应急预案的大检验,更是对应急处置能力的重大考验。面对全省历史罕见的强降雪,全省高速公路系统紧急行动,全力以赴,实行人停机不停,全天候24小时进行除雪打冰,累计投入人工17 020工日,出动除雪融冰机械3824.5台班,撒布融雪剂防滑料3354吨,取得抗击冰雪灾害重大胜利,有力保证全省国民经济发展正常有序和社会公众正常出行。特别是针对太旧高速公路滞留车辆近30公里的冰雪路段,积雪厚度达40至50厘米,紧急启动联防联控机制,调动装载机20余台,组织太原高速公路公司等单位组成抢通突击队昼夜奋战,确保在新一轮降温前夕,太旧高速公路路全线开通,充分体现全省高速公路系统不畏艰难、万众一心的集体主义精神。尤为可贵的是在太旧高速公路、汾离高速公路路段车辆人员滞留的严重情况下,为了确保人民群众生命财产安全,全线各基层单位克服诸多困难,举全力组织人员上路为滞留司乘人员免费送水送饭,积极协助交警疏导被困3600余辆车,解救客车被困人员近千人,分流人员6500余人,妥善安置滞留人员1670名,用实际行动谱写山西高速众志成城、勇于拼搏、无私奉献的历史篇章,受到省委、省政府和广大群众一致赞誉。

彰显特色,行业文明创建取得新佳绩

全面提升文明创建档次,省局与省劳竞委、省公路运输工会大力开展多层次、宽领域"五比五看、服务创优"立功竞赛活动,经层层比选推荐,全省高速公路5个单位、12名同志荣获省劳竞委"五一劳动奖状"和"五一劳动奖章",26个先进集体、110个先进个人受到记功表彰。积极参加省厅组织的庆祝新中国成立60周年的各项活动,代表省厅参加全省庆祝新中国成立60周年的歌咏比赛,并取得优异成绩。坚持文明成果共建共享,与长治市襄垣县夏店村开展结对帮扶共建文明和谐村活动,在全省1078个结对帮扶单位中首家完成规划任务;切实把文明创建成果落实在解决职工切身利益问题上,启动太原高速公路公司长风、大同高速公路公司御河、省交通物资公司二营盘住宅小区的开发建设。

围绕核心,党的建设得到全面加强

巩固深化学习实践科学发展观活动成果,坚持"时间上抓紧、要求上从严、内容上求实、形式上搞活、整体出成效",认真开展"回头看",群众对局领导班子提出的5类21个问题全部得到整改。全面加强基层党支部建设,积极探索不同运营管理体制下基层党组织有效设置的具体途径。严格执行党风廉政建设责任制,制定《2009年省高管局党风廉政建设和反腐败工作任务分解意见》;继续加大重点环节、敏感部位的监督,进一步规范工程项目的招投标工作程序;深入开展"小金库"治理活动,对纳入"小金库"治理范围的9个单位进行认真检查,清理银行账户36个,对自查中发现的"小金库"5项内容,全部予以纠正。深入开展政风行风评议,参加省厅组织的4次行风热线和1次行风听证会,听取并解决行风监督员所反映的主要问题;聘请新闻媒体行风监督员28名,充分利用他们犀利视角、敏锐触觉,及时发现全省高管系统管理服务中存在的不足,认真解决社会公众反映强烈的热点、难点问题。

(责编　师国梁)

山西省地方海事局

□牛世骏

2009年,全省海事系统广大干部职工认真贯彻厅党组和各级交通主管部门的决策部署,团结拼搏,扎实工作,坚持用科学发展观武装头脑,指导海事工作,圆满完成省厅下达的各项工作目标任务。先后被交通运输部评为"第三次全国港口普查先进集体",被交通运输部海事局党组评为"全国海事系统文明执法示范窗口";被省直机关精神文明建设委员会评为"文明和谐单位";被省交通运输厅评为"2009年度全省交通运输系统完成工作目标责任制优秀单位"、"2009年度安全生产工作先进单位"、"依法治理先进单位(1999-2009)"、"庆祝新中国成立60周年系列活动优秀组织奖"、"全省交通运输系统庆祝新中国成立60周年职工歌咏比赛三等奖"、"《山西交通志》编撰工作先进单位";被省交通战备办公室评为"国防交通业务基础建设先进单位";被省公路运输工会评为"全省交通运输系统第二届高速杯职工乒乓球比赛优秀组织奖"。

水上交通安全专项整治成效显著

一年来,全省海事机构认真贯彻落实省政府"全省安全专项整治电视电话会议"精神,按照省政府办公厅下发的《山西省水上交通安全专项整治工作方案》和省厅统一部署,制定《山西省水上交通安全专项整治实施细则》,成立领导组织机构,层层签订工作目标责任书,明确38项督察内容和9项整治重点,紧紧围绕"一个彻底、五个明显、一个确保"的总目标(一个彻底:全省水上交通安全隐患彻底消除;五个明显:安全意识明显提高,安全制度明显完善和落实,安全责任明显加强,安全基础管理明显规范,安全监管水平明显提高;一个确保:确保全省水上交通安全形势平稳),扎实开展各个阶段工作。一是组织有力。各级海事局(处)长挂帅,海事人员全体参与,形成工作目标明确,责任落实到位的整治工作格局,确保活动顺利开展。二是检查到位。全省11个三级联动检查组,在各市调查摸底、自查自整基础上,从5月至10月,交叉检查11个地级市人民政府、52个县(区)人民政府、63个交通主管门,分类整治水运企业(业户)163家,查出安全隐患190项。三是效果明显。到2009年年底,全省共取缔非法水运企业(业户)96个,190项安全隐患全部得到整改。

安全监管和应急机制建设不断加强

2009年以来,大同、朔州、阳泉海事机构陆续组建,全省有水运业务的11个市、56个县(区)的水上交通安全监管实现全覆盖,各项管理工作步入良性循环轨道。一是对安全监管规律性认识明显提高。一年来,省地方海事局认真落实上级关于安全监管要求,努力提高对水上安全监管规律认识,把市场准入、源头治理、现场监管、长效制度有机结合起来,收到良好效果。其中,开好安全例会,就是2009年海事工作的一个亮点。省局结合实际，把省局安全例会开到各市，各市安全例会开到县(区)，经过一年实践，效果很好。既提高各市、县(区)对安全例会认识，又提高例会质量。二是安全监管制度不断完善。省局在认真调研基础上，制定下发9项安全监管长效制度(安全生产委员会制度、安全监管联合执法制度、水上交通安全局际联席会议制度、水上交通安全专项督察制度、水上交通安全隐患和事故举报制度、水上交通重大事故隐患监督管理制度、水上交通安全责任事故约谈制度)，全省重点水域市的大部分海事机构，也建立相应安全长效制度，确保各项安全监管制度落实。三是加强源头治理和现场监管。全省海事机构加强船舶登记、船舶检验、水运企业营运许可和船员技能培训，确保船员适任、船舶适航。同时，各单位突出重点，加强现场监管。吕梁市地方海事局每天关注天气情况，遇有恶劣天气时，海事执法人员全部到重点渡口、码头值班；如果有不利安全航行的因素出现，便立即停航。河曲县地方海事处根据在现场监管中发现的问题，积极与内蒙古鄂尔多斯市地方海事局、陕西省府谷县地方海事处协调，开展界河联合执法行动，取缔“三无”船舶，保证水运市场秩序。四是水上应急机制建设不断加强。2月6日，《山西省水上搜救应急预案》通过专家评审。5月21日，《预案》以省政府名义正式印发执行。同时，省交通运输厅党组研究决定，成立“山西省水上搜救应急指挥中心”，并要求各市根据应急工作需要，组建应急队伍，此项工作已报省编办。2009年，水上交通应急工作在实践中得到检验。4月4日，太原市晋源区地方海事处紧急启动应急预案，在扑灭汾河二库山区突发大火中，共组织出动船舶120艘次，安全接送灭火队员700余人次，接回被山火围困村民180余人，并运送大量灭火物资；2010年1月2日，河南籍农用船在航行中被黄河流冰卡在河道内无法移动，运城市地方海事局、芮城县地方海事处积极配合河南相关部门展开营救，经过28小时努力，两名遇险人员被成功救出，为保障人民群众生命财产安全作出新贡献。

海事立法提上议事日程

为了保证《山西省水路交通管理条例》尽快立法，2009年，省局先后组织有关人员，赴贵州、重庆等兄弟省市调研，并在全省各市征求意见，取得实效。目前，《山西省水路交通管理条例》已列入2010年省人大立法预备计划。同时，由省局起草的《山西省小型客船经营资质管理办法》，经山西省人民政府法制办公室审核同意，以省厅文件下发，2009年10月1日起正式施行。该《办法》对小型客船市场准入条件、行政审批程序等有关问题做出明确规定，从根本上解决了小型客船监管无法律依据的问题。

职工业务素质明显提高

2009年，省地方海事局组织进行四次大培训。一是广西脱产培训。为改变全省海事专业人才短缺实际情况，省地方海事局在全系统选派22名海事执法人员，赴广西交通运输学校进行为期1年的海事专业知识脱产培训。参训人员反映，这次培训，学习内容贴近实际，培训方式灵活多样，培训效果明显，收获很大，目前，22名参训人员已经成为各级海事机构的骨干力量。二是专业知识培训。7月7日至10日，省局举办“全省海事系统行政执法人员岗位培训班”，150余名行政执法人员参加。通过培训，开阔视野，增长知识，提高本领。三是远程教学培训。省局与省交通干部学校达成协议，从2009年开始，专门开设海事专业远程教育本科班，全省20多名海事人员报名参加学习。四是船员培训。一年来，全省海事机构共组织培训各类船员200多人。同时，通过与浙江海事局结“对子”活动，先后输送54名船员赴浙江培训就业，取得良好效果。

装备和基础设施建设再上台阶

在省交通运输厅大力支持下，2009 年，省地方海事局投资 269 万元，为各市县海事机构配发海事执法车辆 27 部，采购监督艇 10 艘。截至年底，省局累计投入 600 余万元，为全省各市、县配发海事执法车 51 部，采购和配发监督艇 12 艘，救生衣、救生圈 460 套，对讲机 45 部，奖励电脑 50 台、照相机 58 部、摄像机 7 部、传真机 12 台，有效增强基层海事机构水上交通安全监管水平和应急救助能力。同时，投入 3000 多万元，在全省范围内设计改造渡口码头，到 2009 年年底，已经设计完成 70 个渡口码头。

“山西水上交通安全新闻采风”活动圆满成功。5 月 25 日至 6 月 1 日，省委宣传部、省交通运输厅联合举办“山西省水上交通安全新闻采风”活动。山西日报、山西人民广播电台、山西电视台、山西经济日报等省城 10 余家主流媒体记者，先后深入运城、晋城、吕梁、忻州、太原等 5 个市、8 个县（区）、6 个水运企业进行新闻采访，对采访中发现的海事机构体制不顺、机制不活、法制不健全、应急能力不强、基础设施和执法装备滞后等问题，在各大报纸、电台、电视台、新闻网进行广泛宣传，引起全社会关注和各级领导重视。6 月 1 日，段建国厅长专程赴晋阳湖进行调研并接受采访，对采风活动给予高度评价。王志民副厅长为采风团授旗并致辞。

党建和精神文明建设成果丰硕

一年来，在全省海事系统广大干部职工积极参与下，开展形式多样的党建、党风廉政建设和精神文明建设活动。一是加强学习。省局机关广大党员干部职工，认真学习党的十七大、十七届三中、四中全会精神和科学发展观有关论述，坚持中心组学习、每周二、五学习、党小组学习制度，开展记读书笔记、写心得体会、开展大讨论等活动，使全局党员干部职工的思想认识有了新提高。二是开展革命传统教育活动。“七一”前夕，组织局机关全体党员干部职工，赴革命圣地延安和文水县刘胡兰纪念馆参观学习，接受革命传统教育。三是开展体育活动。组织局机关干部职工进行第三届乒乓球、第二届羽毛球比赛，增强身体素质，培养团结拼搏进取精神。四是开展歌咏比赛。从全省海事系统选派一支由 70 人组成的海事代表队，参加全省交通系统“歌唱祖国”歌咏比赛，并获三等奖。五是开展“海事杯”知识竞赛。组织全省海事系统 12 支代表队参加竞赛。通过激烈角逐，有六支代表队分获一、二、三等奖，达到锻炼队伍、增长知识、提升能力、构建和谐、促进发展的目的。六是开展图片展活动。认真组织参加省厅组织的建国 60 周年图片展、平遥国际摄影节图片展等活动，在全省海事系统收集整理 30 余幅图片参展。其中一些珍贵的历史图片，充分展示全省海事系统在不断发展中取得的成效。七是组织拍摄一部海事发展专题片。专题片系统记录了全省海事系统在近年来所创造的工作业绩和成就，是一份珍贵的宣传资料。八是开展“歌颂祖国、情系海事”有奖征文活动。为推进山西海事文化建设，省局举办了以“歌颂祖国、情系海事”为主题的有奖征文活动，全省共推荐报送征文稿件 22 篇，展示全省海事系统广大干部职工的积极作为和昂扬向上的精神风貌。九是党风廉政建设得到加强。省局严格按照“更加注重治本、更加注重预防、更加注重制度建设”要求，牢牢抓住水运工程建设、行政审批（许可）两个重点，制定下发《山西省海事系统反腐倡廉工作实施意见》、《水运工程建设十项廉政规定》，建立和完善拒腐防变教育长效机制、反腐倡廉制度体系、权力运行监控机制。自海事局成立以来，全省海事系统没有发生一起因腐败而受到处理的案件。

（责编　师国梁）

山西省交通规划勘察设计院

□聂承凯

2009年,省交通设计院全体干部职工紧紧围绕厅党组“十一五”战略部署,创新理念,强化管理,顽强拼搏,精心落实,以确保厅党组2009年开工建设2000公里高速公路为重点工作,圆满完成年初与省厅签订的各项工作责任目标。

全年完成前期工作累计折合里程1357公里,其中高速公路预工可469公里,初步设计509公里,施工图设计379公里。完成钻探实进尺10.3万米,完成初步设计批复概算投资额326亿元的工程设计,完成高速公路和汽车场站房建设计面积25万平方米。全年签订合同约3.7亿元,完成产值3.7亿元,均为目标值2.05倍;创利税3000余万元,是目标值1.88倍;落实项目回款约1.58亿元;多种经营实体完成产值7800万元,是目标值1.30倍,各项经济指标再创历史新高。同年又承揽高速公路驻地中心试验室1个,新增固定资产300余万元,实现国有资产的保值增值。

院连续第十二年保持“省级文明和谐单位”、连续第八年保持“全国创建文明行业先进单位”,连续第十年被省厅评为“完成工作目标责任制优秀单位”,连续第八年被省交通运输厅评为“安全生产管理工作先进单位”。2009年再次被省交通运输厅评为“财务决算先进单位”、“老干部工作先进单位”和“交通行业AAA级信用企业”,被省勘察设计协会评为“山西省十佳勘察设计院”;院党委被厅党组评为“先进基层党组织”,继续保持党风廉政建设“先进单位”。

坚决服从大局
确保前期工作及时到位

2009年,省交通设计院承担18个项目约1100公里高速公路设计,占全省在建总里程2086公里53%。由于大部分线位在山岭区,勘察设计难度很大。正是凭借过硬的测设技术实力和顽强拼搏斗志,完成全部承担项目的两个阶段勘察设计任务,全力以赴,确保项目开工所需资料按时提供,为项目开工建设提供必要技术保证。

作为省厅直属单位,全院上下以高度政治责任感,不折不扣地贯彻执行厅党组指示精神,认真践行科学发展观,创新内部管理,大幅提升工作效能和履职能力。特别是4月28日省政府召开全省重点公路工程建设推进会后,为全力保障省厅年内开工建设目标实现,全体干部职工主动请战,勇挑重担。5月初承担天镇至大同、平定至阳曲、龙白至城赵、临汾北环和临汾联络线5条高速公路项目约290公里勘察设计任务。面对地形复杂、地质多样、设计周期短,1∶2000地形图不到位等不利因素,采取院领导项目包干、靠前指导、交叉进行、平行作业等积极措施,并通过开展劳动竞赛,组织生产一线比创新、比业绩、比贡献,掀起勘察设计新高潮。全院干部职工斗志昂扬,顶酷暑,冒严寒,“白加黑”

拼搏,“5 +2”急赶,战胜一个又一个困难,攻克一个又一个技术难关,创造了从飞航片开始仅用半年时间完成290公里高速公路两阶段勘察设计的最好纪录。

在确保工作质量同时,积极为业主单位提供技术服务。年内受省高管局委托,承担全省76处收费站治超检测及扩容改造和全省高速公路标志牌改造的工可编制与施工图设计。尽力发挥省院优势,协助项目建管处做好相关部门协调工作。一是积极主动与水利、环保、铁路、文物、黄委会等行业管理部门进行汇报沟通,按照对方要求及时提供翔实资料,使项目能顺利推进。二是受业主信赖,对牵头项目和太佳东段、大呼2个非承担或非牵头项目共计1467公里做了土地论证报告编制工作,报告得到省国土资源厅和部领导及专家好评,为加快土地审批进程作出贡献。三是最大限度做好省际接线协商洽谈工作。对天大、灵山、平阳、太佳、忻保、和榆等项目的省际接线与对方设计单位进行技术交流和沟通,为厅领导出面洽谈创造条件。四是全力以赴,积极配合项目建管处搞好牵头项目的技术、质量、进度的总体协调、行业协调以及与地方政府的协商协调工作,起到了沟通缓冲作用。

打造精品工程
抓服务赢得业主信赖

设计是工程灵魂,质量是工程生命。一年来,为了保证足够的工作深度和质量,省交通设计院多措并举,收到良好效果。一是坚持事先指导,现场踏勘。在所有开工项目外业勘察期间,坚持院领导现场踏勘,事先技术指导。全年现场踏勘200余人次,对重大设计方案的质量控制起到关键作用。二是严格执行设计方案会审制度。在项目内业设计之前,组织院内部设计方案会审,不遗漏任何可比方案,为内业设计明确项目关键点,避免返工或窝工。三是坚持安全第一,强调社会责任。为确保结构设计安全,重新补充完善《重要构造物安全设计规定》;对特殊的大型构造物,坚持自费双院审查并运用多套程序进行验证。在太古西山、平榆宝塔山等特长隧道,聘请中交一院、二院等国内知名权威单位进行咨询审查;特高墩、大跨径临吉壶口黄河特大桥设计时,聘请中国交通公路规划设计院进行过程咨询,使用三套程序进行内力计算和校核,同时聘请同济大学对结构抗震、抗风进行验算评估。四是严格执行定额制度,合理控制工程造价。加强估算、概算、预算控制,平阳、龙城、天大、临汾北环、临汾联络线等项目均控制在“三算”允许范围内,工程造价经济合理。五是重视后续服务,不断持续改进。为搞好项目后续服务工作,选派专业组长以上技术骨干组成后续服务组,由中层干部担当服务组长,常驻工地代表达20余名,有效保障后续服务的连续、稳定。2009年全院进行现场后续服务近1000人次,受到业主好评,在省厅信誉度考核中名列前列。

为了进一步提高勘察设计质量,虚心征求用户意见和建议。2009年底,组织百名技术骨干对忻阜、忻保、灵山、大右等项目进行设计回访,邀请建管处负责人召开设计回访暨技术交流研讨会,就建设项目中的设计问题进行交流和探讨,受到省厅有关领导和业主单位一致好评。

注重技术创新
核心竞争力得到提高

首先,紧密结合勘察设计中的热点、难点问题组织科研攻关,开展课题研究。充分利用航片和卫片信息,判别地质病害,进行地质、地形选线的研究,采空区勘察和处治技术取得新进展,逐步形成独有的核心技术。负责主编的部颁《采空区公路设计指南》已按期完成;大跨特高桥墩设计技术成熟,158米高的山西第一高桥吉县壶口黄河大桥已开工建设,阳翼高速公路单孔跨径260米的北深沟钢管拱大桥已合龙,在同类桥型中位列华北地区之首;累计完成隧道设计159座、约

231公里,其中特长隧道23座,公路里程长130余公里。由省院独立完成所有专业设计的全国第二长西山特长隧道,目前仍属全国公路行业设计单位完成的首座。参编部颁《公路工程地质勘察规范》和《公路隧道设计细则》,标志着在地质、隧道设计方面已经跨入全国同行业先进行列。在做好本院技术力量发展的同时,积极参与全省公路建设新技术推广普及,协助省厅科教处聘请国内交通建设领域知名院士、专家,承办桥梁、隧道技术讲座,提高全省交通系统工程技术水平。

其次,增加科研经费投入,加大表彰力度,鼓励工程技术人员挤时间搞科研。全年投入科研经费125万元,申报新课题6项,完成课题4项;获得全国建国60周年公路交通优秀勘察设计经典工程奖2项、全国优秀测绘工程铜奖1项、山西省十佳设计成果奖2项、山西省十佳技术创新成果奖2项、山西省优秀工程勘察设计奖1项、中国公路勘察设计协会(部奖)优秀勘察、优秀设计三等奖2项、中国公路学会科学技术二等奖1项、山西省优秀计算机软件二等奖1项、山西省第五届太行杯土木工程奖1项、山西省优秀工程咨询成果一等奖1项、山西省科技进步三等奖1项、山西省优秀测绘三等奖2项等。另有5名同志获得"全省百佳勘察设计工程师"。

科学规范管理
各项工作稳定有序开展

通过管理制度、人才培训、生产经营等一系列改革创新措施,有力地促进各项工作全面开展。一是加强制度建设。制定完成《后续服务管理办法》,强化后续服务管理;修改完善《目标考核管理办法》,量化考核指标,保证责任目标落实;制定实施《勘察设计进度奖励办法》等系列文件14个,提高管理效能,激发职工活力。二是加强人才队伍建设。推荐评选中高级专业技术职称、考取各类执业注册师共37人次;严格按照规定组织程序,分别提拔两批14名中层干部,调岗、轮岗8名正科干部,保持干部队伍活力;实施干部考核末尾诫勉谈话及解聘制度,增强中层干部工作主动性和积极性。三是确保生产所需,加大人、财、物投入力度。为保证任务完成,深挖潜力,抽调机关技术人员和互调生产部门人员组成突击队;投入地勘钻机300余台;购置测绘地形图、技术软件、技术规范、生产设备、仪器、生产用车等460余万元。四是成本约束机制健全,内部控制、内部审计和预算管理完善,在全省交通系统"小金库"治理检查中无违规现象,全年三次接受税务机关检查、稽查和督察,财务管理均受到一致好评。筹融资能力和水平不断加强,2009年在无抵押、不担保情况下,向中国银行争取到综合授信贷款2000万元,缓解在投标和履约担保环节带来的资金压力。五是安全生产管理常抓不懈,机构、制度、经费有落实,全年组织安全检查和安全教育10余次、消防管理员演习2次,保障安全生产稳定局面。六是继续加大对实体公司支持力度。按照"政策上把关、管理上指导、经营上协助、生产任务上扶持"原则,指导岩土公司进行领导班子和董事会调整,实现新旧班子平稳交接;晋达监理公司中标4个标段3000多万元监理任务,使其步入扭亏转盈、健康发展轨道;9个实体公司适应市场竞争的能力进一步增强。

加强党建工作
充分发挥保障职能

始终重视干部队伍的思想建设、作风建设、组织建设和党风廉政建设。坚持"教育、制度、监督"并重,严把设计变更和物资采购等关键环节,监察部门全程参与。严格落实《党风廉政建设目标责任制》,实现党风廉政建设"三无"目标。利用院电子党务信息系统,开设党务网络课堂,有效解决集中学习比较困难的突出问题;强化党员先进性意识,规范党员行为,扎实开展以"优质产品、按期履约"为主题的"创先争优"活动,涌现并树立一批先进典型。坚持党政工团齐抓共管的创建机制，不断深化精神文明创建工作。围绕庆祝新中国成立60周年，认真开展社会主义核心价值观教育、职业道德教育和《辉煌60年·交通巡礼》参观学习、征文、摄影、书画比赛等活动，组织90余名离退休职工赴北京参观建国60周年活动。加强对工会的指导、支持，认真落实职工代表大会制度、政务公开等制度。选树勘察设计四所获得中华全国总工会和国家安全生产监督管理总局联合表彰的"优秀班组"称号。充分发挥院团委、综治委、老龄委、关工委等群团组织作用，使各项工作得到上级部门好评和职工群众认可。

为职工谋利益
竭尽全力办实事办好事

2009年，始终把"代表最广大人民的根本利益"作为一切工作的落脚点和出发点，全力为职工谋利益，办实事。坚持执行每月"院领导接待日制度"，及时解决职工群众生产、生活中存在的问题。多方联系，分别两次组织团购房50余套。先后投入60余万元对办公区、生活区的电、暖、排水等及时进行修缮、改造。投入近40万元用于补贴食堂和为全院职工进行健康体检。参照相关政策，兑现和补发在职、离退休人员工改及各类补贴570余万元。保障离退休人员"两个待遇"，增发生活补贴和福利补贴人均6400元。职工收入有了大幅提高。对外聘人员完善劳动合同，办理社会保险。使全院形成和谐稳定、人心向上的大好局面。

在全省交通运输建设发展"十一五"最后攻坚阶段，省交通设计院肩负厅领导信任和关心，决心改革创新，团结奋斗，艰苦拼搏，求真务实，继续保持大干快上的良好势头，努力推动转型发展，为全省重点公路工程建设作出新的更大贡献。

（责编　师国梁）

山西省交通科学研究院

□赵队家

2009年,在省交通运输厅党组的正确领导和亲切关怀下,省交科院圆满完成与省厅签订的年度工作目标考核责任任务,研发和产业完成总产值达到6.4亿元,是2008年1.39倍,人均收入6.4万元,是2008年1.07倍,新增固定资产达到4352万元。继续保持省直"文明单位标兵"和省交通运输厅"先进基层党组织"等称号,荣获省交通运输厅2009年度完成工作目标责任制先进单位以及全省交通运输安全生产先进单位称号。

各项工作成绩显著

2009年,省交通科研院取得10项骄人业绩:国家交通行业重点试验室,即"黄土地区公路建设与养护技术交通行业重点实验室"通过交通部认定;省交科院参与设计的"石家庄至太原高速公路武宿大型枢纽立交工程项目",荣获中国公路勘察设计协会颁发的"建国六十周年60项公路交通勘察设计经典工程"奖,其中在设计中采用的钢拉带加筋技术运用于高速公路路基主体工程之中,在全国尚属首次;交科产业园区建设全面完成;省交科院荣获"山西省十佳勘察设计院"称号;全院完成的总产值创历史新高,尤其是在市场上通过竞标承揽的两年任务合同额达到6亿元,同样创历史新高;由省交科院起草的JT/T720-2008《汽车自动变速器维修通用技术条例》交通行业标准由交通运输部发布实施,该标准是全国第一个汽车自动变速器维修领域的标准,对于推动交通行业技术进步,具有积极意义;环保中心站2009年取得环境保护部环评乙级资质以及交通运输部"行业环境监测中心站"资质证书;省交科院取得交通运输部桥梁隧道工程专项甲级检测资质;重组全院资源,成立化工研究所,其所属的道桥隧化工新材料实验室被山西省命名为省级重点试验室;科技产业结构得到全面优化,交科全行业产业布局全面完成。前期办重组为设计五所,信息系统公司一部分和省交科设计院一部分重组成立交通工程设计所。

科技产业健康持续发展

一是加强管理制度在实践中应用。在管理制度的制订和实施方面,进行一系列卓有成效工作,结合实际,进一步完善。尤其重点关注运营管理流程、财务管控、资金运作和成本中间考核等环节。二是质量管理体系有效运行。制定《年度内审计划》及《审核日程计划》,并付诸实施,通过北京华夏九千标准质量体系认证中心的复评审核。三是顺利通过桥梁隧道专项等级资质评审和检测中心计量认证复评审,完成国家公路行业(交通工程)设计甲级资质转正工作,完成公路行业(公路、特大桥梁、特大隧道)甲级资质换证材料编制及公路行业全行业工程设计甲级资质材料编制。此外,还申报建设部乙级监理资质复审和临时甲级注册工作,在2009年取得环境乙级资质(报告表)基础上,向环保部提交资质升级申请报告,顺利通过评审,取得资质证书。四是更换和新购129台电脑(全院共有电脑625台)、打印机和复印机等,购买各种类型车辆39辆。进行一年一次体检,全年为全院员工办理养老、医疗、失业保险、生育保险和公积金投入达500余万元。五是全院有3人被评为成绩优异高级工程师,13人被评为高级工程师,33人晋升工程师。近210人次参加各种业务注册师培训、专业知识培训和各种大中型学术会议。聘请国内外学者举办学术交流和技术讲座活动5次,参与组织承办部《桥梁》杂志社旧桥加固设计的大型会议等。六是2009年共登记新购固定资产400余项,全院各类固定资产增值达到历史最高水平。新增固定资产4352万元,是省交科院发展历史上投入最多的一年。

公路工程专业勇攀高峰

一是紧紧围绕工程实践,完成研究课题4项。包括“胶粉改性沥青推广应用”、“彩色改性乳化沥青微表处应用技术的研究”、“沥青路面层间结合检测方法及指标研究”和“外掺纤维沥青混合料的应用技术研究”;新上项目有4项。二是组建1个专家组,即夏汾高速公路路面改造工程技术专家咨询组;2个技术咨询项目部,即国道203乌兰浩特至零点一级公路建设技术咨询项目部和晋阳高速公路大修工程技术咨询项目部;6个中心试验室,即汾平、大呼、平榆、晋阳、省道临午一级公路和平阳高速公路中心试验室。此外,还承担运三高速公路路面大修工程勘察设计可行性研究报告和108国道霍州退沙至侯马凤城一级公路路面大修工程可行性研究报告的编制工作、侯运高速公路路面预防性养护工程和路面专项维修工程的勘察设计工作。三是在新材料产品推广和工业化方面,取得较好业绩。承担夏汾高速公路水泥混凝土路面接缝应力吸收带施工工程,承揽晋阳高速公路和夏汾高速公路路面改造工程改性沥青加工项目;用省交科院研发的大型改性沥青设备完成9427吨改性沥青的加工生产任务。

桥梁工程取得重大进展

一是结合重大的工程关键技术问题展开攻关,参加并完成交通部西部重点项目“大跨度斜连续梁桥顶推新技术与施工控制研究”,成果鉴定达到国际先进水平,完成“山西省桥梁健康动态管理及诊断系统的研究”和“山西省重载交通下的汽车荷载标准的研究”等4个科技项目。二是完成太中银铁路柳林三川河特大桥等4座连续箱梁桥的施工监控、闻垣高速公路刘庄冶1号大桥、西阳河特大桥、高陵高速公路窄相大桥的施工监控、风陵渡黄河公路加固工程施工及长期监测工作以及平榆高速公路惠济河大桥的年度监控工作。三是完成大同市兴云桥、太原市和平北路北排洪渠桥、侯马襄汾河桥、临汾市马务汾河桥、祁县贾令昌源河桥、太原市南内环桥和柴村桥以及京大高速公路阳高分离立交、神泉堡梁桥的动静载检测工作。先后承担太旧高速公路武宿立交主线桥及A匝道桥转向检测、翼侯高速公路和太祁高速公路桥梁定期检查任务。四是在原有桥梁荷载试验基础上,扩大桥梁检测领域,新开展预制板单梁检测试验、墩柱取芯强度评定试验、钢筋保护层厚度检测试验。完成忻保、平榆、太佳东西段、大呼和汾平高速公路桩基检测任务,累计完成桩基检测9800余根。此外,组建临吉高速公路桥梁检测中心试验室,这是省交科院桥梁检测方面的第一个中心试验室。五是完成12项桥梁维护加固工程,包括翼侯高速公路桥梁维护工程、太原高速公路小店高架桥维护工程、晋阳高速公路常庄小桥加固工程及夏汾高速公路6座大桥的加固等。六是承揽并完成多项桥梁伸缩缝生产与安装任务。省内有太佳、灵山、忻保、高陵、平榆、大呼、晋阳和夏汾高速公路等,省外有陕西省宝鸡至牛背、江西省瑞赣、河南省长付和黑龙江省哈尔滨同三高速公路项目等，累计中标合同额近1.5亿元。此外，还拓宽业务范围，承揽并完成太佳东西段高速公路桥梁橡胶支座生产供应任务。

勘察设计起到领头羊作用

2009年是省交科院勘察设计工作全面进击市场并取得历史上最好成绩的一年。相继承揽并完成7项高速公路勘察设计任务、7项咨询任务，年产值总计达2.9亿元。为了强化对勘察设计组织领导，院成立重点公路工程建设勘察设计领导组。为了按期优质高效完成高速公路勘察设计任务，全体员工放弃春节与家人团聚机会，投入到紧张工作中。完成长安、山平、解陌、太阳、闻合、大浑高速公路等的勘察设计工作。完成阳泉至和顺、霍州至永和关、大同至浑源、解州至陌南中条山隧道、朔州环城、闻喜东镇至临猗孙吉以及偏关至神池高速公路工可报告。“国道209河津至临猗一级公路设计”获山西省优秀工程设计一等奖，“晋中市潇河大桥设计”获山西省优秀市政工程设计一等奖；获得“山西省十佳勘察设计院”称号；武宿大型枢纽立交工程作为建国60周年60项经典工程获得中国公路勘察设计协会经典工程奖。此外，还结合科研项目，承担并完成临汾汾河大桥设计任务，在国内首次采用双塔三索面矮塔斜拉桥结构，经过同济大学桥梁专家教授验算，结构安全和可靠性获得通过。在旧桥加固设计方面，共承担西黄公路韩岭公铁立交桥改造工程等19座桥梁病害维修加固设计工作，承担太旧高速公路聂家庄特大桥等18座T型梁改造工程等3个项目工程可行性研究编制工作。

党建与文明建设再上新台阶

根据全省交通系统创建文明和谐行业要求，结合新中国成立60周年，全院掀起“讲文明、树新风、促和谐”创建新高潮。组织开展以“我爱祖国”为主题的演讲比赛、读书教育、主题讲座等活动。积极开展“创建学习型企业”活动，掀起向省交科院全国离退休干部先进个人获得者虞文景同志学习高潮，为交通科研生产营造和谐文明软环境，进一步加强党风廉政建设工作。2009年，省交科院继续被省直工委认定为“文明和谐单位标兵”，汽检所和质量检测中心继续被评为“青年文明号”和“文明示范窗口”单位。

（责编　师国梁）

山西省交通基本建设工程质量监督站

□ 常二栋　安　进

2009年，省交通质监站全面贯彻落实科学发展观，深入开展"安全隐患治理年"、"安全生产专项整治"、"监理行业树新风、监理人员讲责任"、"工程建设领域突出问题专项治理"等活动，加大交通基础设施建设工程质量、安全生产监督力度，不断转变观念，强化行业监管，开拓创新，踏实工作，全面完成各项工作目标和任务。

建好班子带硬队伍
全面提高职工素质

一是继续深入学习实践科学发展观。在巩固和发展2008年学习实践科学发展观活动成果基础上，重点抓好各项整改措施落实，认真组织回头看。二是加强党员干部的思想教育。深入开展理想信念、形势任务教育，开展学习、遵守、贯彻、维护党章活动和社会主义核心价值观教育，激励广大党员干部牢固树立共产主义远大理想和走中国特色社会主义道路坚定信念，统一思想，认清形势，立足本职，坚定信心。三是制定中心组和党员干部理论学习计划，完善学习制度，认真抓好中心组和党员干部理论学习。四是坚持以预防为主，加大党风廉政建设力度。坚持教育在前、防范在先，制定《党风廉政建设和反腐败工作任务的分解意见》，开展典型案例为重点的岗位廉政警示教育会，站主要领导结合工作实际做专题辅导，深入剖析案例，使党员领导干部始终保持清醒头脑，自觉加强党性锻炼，增强防微杜渐、拒腐防变能力。面对全省投资巨大的交通基础设施建设，站领导班子成员严格执行工程建设管理各项规定，不利用职权和工作之便，介绍任何施工队伍，分包任何工程项目，捞取任何个人好处，做到"工程竣工，不倒一个干部"；在质量安全监督管理和监理、检测行业管理中，做到秉公办事，依法处理，不徇私情。

创新思路改进方法
提高质量监督水平

2009年，全站监督重点公路在建项目达到32个，建设里程2292公里。其中，高速公路项目28个（含晋阳、夏汾路面改造工程），建设里程2216公里，国省干线公路新改建项目4个，建设里程76公里。如此大的建设规模，在全省公路建设历史上是前所未有的，监督工作面临更大考验。为此，不断调整和改善工作方式方法，实现质监工作效能最大化。

实行监督工程师岗位责任制，将责任落实到人。扎实做好现场检查，精心总结分析检查结果，尽心尽力完成报告资料。对每次检查，都做到事前有计划有准备，现场检查时突出重要工序、关键环节和重要指标，及时、认真、细致、全面地做好在建高速公路质量安全状况分析汇报材料，提高监督工作的影响力。年内组织参与17个项目30多次监督检查，取得检测数据万余个，形成幻灯、文字通报36份。完成307国道改建工程（阳泉段)、307国道复线一级公路、运稷一级公路和翼侯高速公路等5个项目的质量鉴定检测。参与太长高速公路、侯禹高速公路竣工验收,按规定下发参建单位综合等级评价证书100多份。

在监督工作中采取不同方式。一是制定《在建高速公路委托监督抽检办法》,选择有资质有能力的检测单位负责日常的现场监督检查;二是充分利用市站资源,合理选用、调配人员和检测资源。

坚持以质量通病治理为主线,推进混凝土质量通病治理活动。继续强化落实规范化管理、文明施工的监督检查力度,加强对参建单位内部质量保证体系的监督检查,规范从业单位质量行为,严格查处违规作业。从源头抓起,加大对原材料及成品、半成品的监督检查力度。先后起草《混凝土质量通病治理活动实施方案》、《冬季施工质量安全管理意见》等规范性文件,并以省厅文件正式下发。

发挥广大群众和社会监督作用。公开举报电话,在接到举报后,注重举报问题的调查处理,即使是匿名举报,也要通过调查,知晓是否确实存在问题和隐患,认真落实处理结果。

以人为本严格整治
强化安全生产监督

2009年,始终坚持"安全第一,预防为主,综合治理"方针和"以人为本"、"构建和谐社会"理念,以深化交通基础设施安全生产专项整治为主线,以建章立制、规范各方安全管理行为为重点,抓基层,打基础,重教育,搞整治,严监管,克服人员少、任务重等困难,各项工作取得一定成效,安全生产形势整体平稳并逐步向好。安全生产监督工作逐步走上规范化、科学化、常态化轨道,受到上级领导和相关单位认可。

建章立制,规范各方安全管理行为。2009年是全省安全监督工作的起步之年,省交通质监站以高危工程施工安全强制性要求的制定、落实为抓手,以建立隧道定期报告制度为突破口,以建立全行业应急响应机制为保障,夯实全省安全生产管理工作基础。先后完成全国交通基础设施建设领域第一个强制性要求,率先将高危工程施工安全强制性要求作为提升安全管理水平的重要举措。将隧道工程、高墩大跨径桥梁纳入安全监督工作重点,对178项桥隧工程纳入重点监控范围,为在建隧道工程建立安全档案。

强化培训,提高全员安全意识和业务水平。针对2009年公路建设项目多、战线长、工期紧的实际,组织各高速公路建设项目负责人和安管人员,由厅领导带队,专门赴长沙理工大学举办公路建设安全管理理论培训班,并与湖南、湖北省交通运输厅进行质量安全管理经验交流,实地参观沪蓉高速公路工程建设,并赴湖南凤凰桥接受安全警示教育。组织3期522人的公路施工企业安全管理三类人员教育培训和620名施工、监理人员参加的公路施工安全管理强化培训班;组织"隧道质量控制和安全监管讨论会"、"特种作业人员安全再教育"等多种形式的针对性教育。将安全教育培训制度落实作为安全监督工作重点,认真核查各项目施工单位安全教育培训制度的落实情况。

突出重点,实行安全生产动态监管。在日常安全监督工作中,进一步转变监督方式,由定位检查向日常巡查转变,由监督服务向监督执法转变,加大巡查频率,提高巡查质量,增加突击抽查、飞行检查。实行差别化管理,做到分类监督,对质量安全业绩优的企业项目减少监督检查频率,反之,列为监督检查重点,加大检查频率。坚持样板引路,以点带面,树立好、差两方面典型,促使全行业实现安全行为规范化、安全防护标准化、安全管理程序化。通过扎实、勤恳工作,完成对15个在建高速公路及两个国省道干线公路的综合监督检查和两个项目的安全专项检查,下发检查通报20余份;针对存在较大隐患的项目,下发安全监督指令3个,有力促进项目安全管理工作的稳步推进,对项目安全生产情况实施动态监管。

依靠科技，提高安全监管科技水平。开展《公路工程安全生产检查评价标准》研究，并组织专家评审；积极开展科技示范项目建立和推广，充分发挥示范点作用；逐步建立全省质量安全监督管理信息网络系统、重大安全事故报告和处罚信息系统，定期向社会公布企业安全生产不良记录，增强社会舆论监督力度，构建全社会齐抓共管安全生产工作格局。

重抓整治，促进全行业安全管理水平整体提升。在全省交通运输行业安全生产专项整治活动中，公路建设安全生产专项整治领导组办公室设在省交通质监站。根据行业特点制订活动方案，并根据阶段内容及时印发工作安排及要求，组织 11 个检查组两次对全省 17 个在建高速公路项目、3 个高速公路大中修项目、15 个国省干线建养项目、72 个农村公路建设项目，共涉及 321 个施工企业深入工地进行省、市、县全面详细的三级联动检查，共排查重大安全隐患 4 条，一般安全隐患 147 条。同时，利用专项整治这个平台，大造安全活动氛围，共编发专项整治信息和工作动态 60 余条，在全行业营造人人讲安全、人人抓安全的良好活动氛围。通过活动开展，切实提高全行业安全意识，落实安全责任，提高工程建设项目的本质安全度，促进全行业安全管理水平整体提升。

加强培训提高素质
不断规范行业管理

加强行业管理和引导。以推进工地试验室标准化建设和规范化管理为重点，以推行工地试验室考核一次性通过率指标为抓手，以开展原材料抽检活动为载体，圆满完成工地试验室管理工作。对全省新开工的 15 条高速公路 289 个工地试验室进行现场检查考核，一次性通过率 87%。通过专项履约检查、质量安全综合检查等形式，对 6 个在建高速公路项目投标承诺的 486 名工程师进行履约检查。开展山西省建设市场信用评价监理市场部分工作和交通运输部山西省监理企业与监理工程师信用试评价工作。建立监理工作、监理工程师工程信用档案，积极推行信息化管理。

积极部署和开展监理行业新风建设活动。根据交通运输部要求，组织召开监理行业新风建设活动动员会，积极部署和开展监理行业新风建设活动。厅党组成员、厅总工程师部玉兰同志出席会议并讲话。会议印发《山西省公路工程“监理企业树品牌，监理人员讲责任”行业新风建设活动实施方案》，制定四个阶段实施计划，明确以提高企业竞争力，提高监理人员工作质量和效率，打造品牌监理队伍，为山西交通建设又好又快发展服务目标。

组织全国监理、检测人员资格考试，进一步培育检测市场。为满足全国交通运输基础设施大建设迫切需要，加快选拔公路水运监理、工程试验检测合格人员，先后组织 1 次监理人员和两次检测人员全国统考。参加监理人员资格考试 1028 人，参加试验检测过渡考试考生人数 4017 人，其中检测工程师 1514 人，检测员 2503 人，考试科目合计 8434 人次。通过组织实施资格考试，有效缓解全省当前监理、检测人员数量与公路建设规模不相适应的矛盾。

积极开展在建项目专项技术培训。结合项目建设管理处需求，在忻保高速公路组织两期试验检测岗前培训班，全线 34 个施工单位、4 个监理单位共 270 多名试验检测人员参加。在闻垣和忻保高速公路，组织两期隧道施工与质量监控技术培训班，全省在建高速公路项目建管处主要技术人员共 220 多人参加。

组织全国《试验检测信用评价办法》宣传贯彻会。根据公路水运工程试验检测专项治理活动总体要求，2009 年 6 月、8 月，交通运输部分别印发《公路水运工程试验检测信用评价办法(试行)》和《关于进一步加强公路水运工程工地试验室管理工作的意见》。为使各省准确理解两个文件精神，启动信用证价工作，部总站委托省交通质监站具体承办宣传贯彻会议组织工作。9月24日至26日，会议在山西成功举办，来自全国31个省、直辖市、自治区110名代表参加，全省11个市质监站和46个等级检测机构66名代表列席。

开展内业资料管理课题研发。全省公路建设项目多年来试验检测和施工质检表格不统一、资料填写和整理不规范的问题，一直影响着全省公路建设市场健康规范发展，在2009年表现得尤为突出。省交通质监站以闻垣高速公路建设项目为依托，开展“山西省高速公路试验检测（质检）资料管理标准化研究”课题研发工作。该课题严格按照国家和行业有关管理规定，全面和系统地开展对试验检测、施工质检、施工管理表格的统一设计、科学规范填写以及分类整理方面的系统应用研究。到年底，课题研究取得阶段性成果。

（责编　师国梁）

山西交通职业技术学院

□孟　科

2009年,在省交通运输厅党组正确领导下,在厅直各单位大力支持下,全院干部职工与时俱进,改革创新,献身教育,追求一流,各项工作取得显著成绩,两个文明建设硕果累累。先后被省厅评为"2009年至2010年依法治理工作先进单位;继续保持省直系统"和谐文明单位标兵"、"省级德育示范学校"称号;被省政府、省军区命名为"全省学生军训先进单位";被省综治委、省教育厅、省公安厅、省安监局联合授予"2009年度山西省创建'平安校园'暨学校安全专项整治工作先进单位"。被省教育厅评为"2009年度高校毕业生就业工作先进单位"。

教学质量大提高

创建一流高校。启动2011年评估的自评工作,独立设置教育教学督导室,负责教学督导和人才培养工作评估。成立高职人才培养工作数据平台建设领导组,完成数据平台上报。针对学院各项办学条件,着手进行整改和完善。

加强校企合作。完成省直驾驶员538人培训考核任务,承担多家单位职工培训;赴省内外施工工地为毕业生进行现场答辩;承揽临吉高速公路24公里监理任务,有70余名师生到生产一线顶岗锻炼。

加快专业建设。组建成立机械工程系,大力扶持工程机械类专业人才培养。完成《大交通背景下的专业设置调研报告》和实践教学基地建筑面积规划。新增两个专业,高职招生专业达到19个。

精品课程建设有突破。《公路工程检测技术》被评为省级精品课程。《养护机械工程》、《工程造价》被列为校级精品课程。加强名师、双师型教师队伍建设。继续开展名师建设工程,推出一批院级优秀教师和骨干教师,完成优秀教学团队申报。学院有省级双师型名师1名、双师型优秀教师7名。截至2009年底,有38名教师攻读硕士学位,15名青年教师取得高校教师资格,14名新教师参加省教育厅组织的岗前培训。

规范教学管理。教学质量采用发展性评价体系,教学检查实行全体教师参与制;教学质量监控实行师生全员参与;院系两级质量管理体系基本形成。在教师中,形成钻研教学、努力工作、争优创先的良好氛围。

教学科研成效明显。全年完成厅立科研项目15项,开展厅级科研项目2项,对4项省教育厅立项课题进行中期检查。在省级以上刊物发表论文47篇,在国家级刊物上发表论文4篇;有20多名教师参加全国性各类学术会议;与相关企事业单位进行联合攻关10余次,解决企业技术难题6项。

实践技能培养上水平。一是完成4个工种的中、高级技能鉴定,技能考核1089人次,一次性通过率达86.22%,90%的学生通过计算机应用能力网络中级考试。在教育部职教司委托举办的"金蝶杯"全国大学生创业大赛中获团体二等奖；在全国交通高职高专“南方杯”工程测量技能竞赛中获得团体优秀奖；在全国大学生数学建模大赛山西分赛区比赛中获一、二等奖。二是学院被中国交通企业管理协会物流管理委员会授予“中国物流人才培养基地”，ERP 沙盘实验室被教育部高等学校高职高专工商管理类教学指导委员会授予“示范实训中心”。三是增设机械实训中心。汽车检测与维修专业成为中央财政支持的实训基地建设项目，新增投资达 340 万元。

学生素质大提升

以人为本的育人思想得到贯彻落实。开通大学生思想政治教育主题网站，组织开展各类主题教育活动。“心·路”网站被省教育厅评为“大学生思想政治教育主题网站达标单位”，心理健康教育与咨询中心被省教育厅评为达标单位。多个集体、多名师生受到上级部门表彰。全年学生德育班级考核及格率为 100%。

完善制度建设和管理。持续开展校风校纪整顿工作，学风学纪、考风考纪明显好转。完善班主任量化考核制度，提高班主任待遇，严格奖惩兑现。加强公寓管理队伍，强化公寓管理。

扎实开展帮扶和资助工作。2009 年至 2010 年学年国家奖学金、国家励志奖学金，2008 年、2009 年春、秋季中专生助学金政策得到落实，共计 1711 人次，总金额 245.3 万元。685 名学生获得每人 1000 元国家助学金和总计 13.7 万元伙食补贴。为“5·12”地震重灾区学生发放特别资助资金 5200 元。有 45 名家庭贫困学生通过绿色通道顺利入学，为 78 名家庭特别困难学生安排固定勤工助学岗位。

校园文化和社团活动丰富多彩。开展暑假三下乡社会实践、征文比赛、红歌传唱、师生书画展等活动；荣获教育部颁发的全国优秀组织奖，11 名师生获全国、全省作品、节目和论文奖；获全省大学生体育武术比赛团体总分第一，两名运动员获得省级优秀运动员称号。

招生计划圆满完成。全年招生 1787 人，60% 以上新生达到三本分数线。对口升学达线率 67%，专升本升学率 27%。

就业形势十分喜人。加强对学生就业形势教育和就业能力教育，强化院系两级管理，发挥联动工作机制，为学生就业提供服务。2009 届毕业生当年就业率超过 90%。

后勤服务大提速

财务运行正常有序。2009 年度财政预算收入为 5122 万元，累计支出 4548 万元，预算执行略有节余。财务严格执行“收支两条线”政策，严格履行依法理财承诺，配合完成物价、审计“小金库”治理专项检查等工作。

平安和谐校园创建成效明显。加强安全生产和应急管理，制定出台一系列突发事件应对预案，开展《突发事件应对法》宣传。深入开展安全隐患排查整改。强化值班应急处置，保证校园安全稳定。

甲型 H1N1 流感防控工作取得阶段性成果。及早启动甲型 H1N1 流感防控工作，加强防控工作力量，完善防控预案，通过封校管理、体温检测、发热隔离、调整教学、加强医疗、接种疫苗等措施，有效阻击甲流疫情。

后勤服务保障作用进一步发挥。安装教室节电设施 680 套，水、电、煤、气和办公经费比上年同期降低近 10%。全年水、暖、电设备完好率达到 95% 以上。传染病防治、日常就诊治疗、药品采购管理等工作日益规范。校园绿化继续保持“园林化标兵单位”称号。规范用车管理，保障安全正点，降低运行成本。

餐饮工作平稳扎实。保持全省交通行业“文明和谐示范窗口”称号，被省教育厅评为“山西高校食堂工作先进集体”。荣获第六届烹饪技能大赛（山西赛区）团体金奖。一、二、三食堂通过省教育厅“标准化食堂”验收，继续保持省卫生厅“食品量化管理 A 级单位”称号。

征地扩建进展顺利。按照厅党组指示精神,积极开展征地扩建工作。通过竞拍购回15亩土地,与太原市农牧场签订103亩土地征购协议,综合教学楼和图书楼建设已完成设计招标。

多为师生办好事实事。落实学院贫困生帮扶政策;开辟教职工午休室12间;儿童节慰问职工子女;组织全院女职工进行体检;为学生公寓安装多功能晾衣架;组织师生接种甲型H1N1流感疫苗;贯彻《劳动合同法》,保障临时工合法权益;举办“农民工趣味运动会”,为农民工发放节日慰问品;在春节期间,慰问和抚恤困难党员、教职工和离退休老同志。

文明和谐大提倡

科学发展观学习实践活动取得明显成效。上半年,全院党员按照科学发展观活动方案要求,对影响和制约学院发展的41个问题进行认真整改。不断健全机构,加强管理。学院师生对活动满意度达到99%以上。

加强领导班子建设。学院两级领导班子学习贯彻十七届四中全会精神,认真落实《厅直单位党的工作责任制》,定期召开党总支书记专题会议,研究党建工作。结合学院工作实际,狠抓思想、组织和作风建设,保障学院各项工作任务的落实。

加强保持共产党员先进性长效机制建设。坚持理论联系实际,大力开展党员教育,在学习实践科学发展观活动、迎国庆、保稳定等活动中,广大党员和干部以实际行动,进一步体现共产党员模范性和先进性。

党员队伍不断壮大。全年发展新党员17人。积极开展创先争优活动,一批先进基层党组织、优秀共产党和优秀党务工作者受到表彰。

精神文明建设健康发展。组织开展多项竞赛活动和文明创建活动。参加全省交通系统组织的庆祝建国60周年歌咏比赛和书法、摄影、绘画展览,分获歌咏比赛二等奖,书法摄影绘画展优秀组织奖。多次组织献爱心捐款活动。

党风廉政建设不断加强。落实党风廉政建设工作目标责任制;继续深入开展行风评议和治理商业贿赂专项工作;全面加强领导干部作风建设;开展廉政文化进校园活动;坚持院务公开;公示“小金库”治理举报工作、自查自纠报告等事项。

(责编　师国梁)

山西交通技师学院

□ 张文才　孟仁贵

2009年，学院按照“12355”改革发展思路，以科学发展观为统领，团结进取、攻坚克难，科学应对生源紧缺、招生困难的压力挑战，经受甲流防控、冰雪灾害的严峻考验。坚持以学生为关注焦点，创新进取，提升内涵。毕业生就业率达98.8%，招收新生1087人，学生规模保持在3200人，社会培训3402人；学院被中华全国总工会授予“全国工人先锋号”，被人力资源和社会保障部、交通运输部授予“全国交通运输系统先进集体”，被省人力资源和社会保障厅授予“全省技工教育先进集体”，被人力资源和社会保障部确定为山西唯一的“全国一体化课程教学改革试点院校”，跻身全国一流技校行列。连续第六年被评为省交通运输厅“完成工作目标责任制优秀单位”，连续第七年获“省直文明和谐单位标兵”称号。

加快硬件建设
优化办学条件

一是国债补助项目2835平方米实训楼建成，与校内实验楼连成一体综合利用，扩大教学场地，增加实训工位；二是全面接收北校区教学场所，实施土建、水电维修改造和设备购置安装工程，完善后勤服务设施，保证教学正常使用；三是南北校区天桥连接工程和学生综合服务楼项目获得批准并完成前期准备，资金也已到位；四是投资1000万元购置公路、汽车、信息等专业教学设备。

狠抓师资培养
提高队伍素质

一是组织部分中层以上干部赴全国11所知名技师学院和职业院校考察交流，选派学习管理人员及全体班主任48人，赴重庆行知知技师学院学习交流，为构建具有本学院特色的全员育人机制奠定坚实基础；二是50名教师利用暑期赴企业一线进行实践锻炼，并参与通过学院组织的11个项目考核，做到有计划、有实施、有考核、有效果；三是邀请华东师大徐国庆博士、重庆行知技师学院吴安鸣校长、创业中国项目培训师周冰来校为教师做专题讲座，开阔视野，更新观念，各教学系结合教师专项发展，开展新技术、新工艺培训讲座；四是开展教学基本功培训、技能比武、听课评课、教学观摩，提高教师业务能力；五是采取新老教师结对子和新聘人员岗前培训等，帮助新教师端正态度用正确工作方法，投入教育教学工作中；六是发挥教学督导组听课指导和教学督察作用，促进教风、学风转变。

深化课程改革
提升竞争能力

一是通过论证，确立5大系18个专业格局，汉字速录、交通旅游与服务和高速公路运营管理3个新专业为完成招生任务立下汗马功劳；二是加大课程改革力度，拓展深度。组织教师编写完成20个专业教学标准、102个课程标准，印制形成15册校本课程文件，组织对已实施新课标的43门课程进行教学评价验证，一体化课程体系初步建成，课程改革成果省内领先，达全国先进水平；三是科研工作成绩斐然。获交通运输部交通职业教育教学指导委员会A类课题立项1项；人力资源和社会保障部立项2项；校级立项6项；2项课题通过省厅验收，3项课题完成结题；四是有效转化课程改革与课题研究成果，加强对学生的技能培养与训练。学生荣获全省第三届职业院校汽车维修工技能大赛团体一、二等奖和个人一、二等奖，电工电子技能大赛个人二、三等奖；在第六届全省技工学校职业技能大赛中，获汽车修理工团体一等奖、优秀教学组织奖，包揽汽车修理工个人项目前三名，获得计算机操作工个人第五名。

创新德育教育
构建育人机制

一是开展"学行知、见行动"主题系列活动，积极构建具有本学院特色的全面育人德育新机制，倡导人人都是教育者，形成全员育人良好氛围。二是开展读书活动。为班级发放购书经费，用健康书籍填满学生课余时间，让书帮助学生提高思想境界，开拓思路视野，净化内心灵魂，修正缺点不足。三是设立早读。学生站立式齐声诵读《弟子规》、《三字经》等中华经典，清晨校园书声琅琅；设立《学生行为养成专题教育课》，由班主任亲自授课，教导、训练学生掌握文明用语，培养学生养成规范良好的行为习惯。四是组织弟子规学习活动。设立"弟子规大家谈"讲坛，儒家文化精髓润物细无声地渗透到校园各个角落，经典国学中的文明举止成为学生行为养成教育的有效载体。学生见面就问老师好、见到垃圾弯腰捡起蔚然成风，受到来访宾客交口称赞。

拓宽校企合作
有力带动招生

一是成为上海大众汽车集团公司在全国的第三家校企合作单位，举行项目签约暨实训中心揭牌仪式，启动实施大众班学员培养。二是出台加强学生就业工作意见，确立举全校之力抓就业工作机制，着力在就业指导、就业推荐、就业市场开拓和就业跟踪服务上做文章、下工夫，并严格履行合格毕业生全部推荐就业并跟踪服务三年承诺。学生顶岗实习推荐率达到98.8%，公路专业毕业生更是出现供不应求的火爆局面。三是招生工作在高就业率下得到有力带动，在全省技工招生总体下滑近30%情况下，本学院招生同比上扬10%，共计招收新生1187人，其中技工950人，中专237人。

规范基础管理
推动高效运转

一是坚持运行ISO9001质量管理，认真开展内部质量审核和管理评审，主动寻找不合格项，及时改进。实施年度科室工作目标责任管理考核，使各项工作责任明确，责任到人，有效落实，保证管理规范化、制度化、标准化，使学院得以高效健康运转。二是强化学生半军事化管理，选拔培养新一批学生军事教员，圆满完成新生军训和日常学生管理工作，学生自主管理作用得到进一步发挥。选举产生新一届学生会干部，在学生中策划开展喜闻乐见文体活动。三是加强信息化建设。北校区28个教室配备媒体投影设备，为全体任课教师配备笔记本电脑，有效提高教学现代化水平。引进开发《综合信息管理系统》并组织全员培训，带动行政管理、教务管理、学生管理信息化水平的提高。四是圆满完成工人技术等级中高级工、全省教练员从业资格证考核和汽车驾驶员培训，承担武警交通直属工程部汽车驾驶员、甘肃职业学校汽车新技师资培训等工作任务，共计21期次

3402人。五是推动和支持驾校、汽修厂适应市场,转变经营模式,实现转型发展。

严防突发事件 积极有效应对

一是面对甲型H1N1流感传播,高度重视,迅速反应,建机构,出方案,广宣传,稳定人心,科学防控。校园封闭式管理、师生双休日不休息、发热病人隔离等措施有效,搭建临时超市、引进理发服务、开展文体活动等保障有力,全体教职员统一听指挥、自觉抓落实、默默作贡献,众志成城夺取甲流防控最终胜利。二是面对暴雪对师生工作生活带来的安全隐患,学院有序组织,明确分工,积极开展积雪清扫和冰面铲除工作,保证师生正常工作、学习和生活秩序。在突发事件的应急防范过程中,领导干部和共产党员带头作用得到显现,广大职工群众积极性得到调动,学院应急防范能力在实践中得到检验与提高。

党建服务学生 发挥护航作用

一是坚持党支部联系班级,党建工作为学生服务找到切入点,对学生的思想引导、行为教导和学习指导起到积极作用。二是积极开展文明创建活动,组织演讲朗诵比赛、征文比赛、书法绘画比赛、风筝比赛、跳绳比赛、乒乓球比赛等丰富多彩文化体育活动。三是建成职工活动中心,为教职工休闲娱乐、缓解工作压力提供场所。四是积极为民办实事,为职工在太原团购住房49套;组织老同志外出参观学习,开展老年运动会,向80周岁老人赠送贺礼;坚持为全校教职工生日赠送蛋糕,进行春节慰问。

塑造良好形象 拓展社会影响

一是学院六年来改革发展积淀的一整套办学经验和特色,赢得社会各界广泛关注,学院先后在省内职教领域和全国骨干技工院校校长范围内进行教学改革与办学经验交流,提升学院知名度和影响力,国内20余家职业学院慕名而来。二是接受省委宣传部新闻记者采风团和省委党校调研考察团采访调研,成功承办全省职业技能竞赛工作。三是重视网站宣传和《山西交通》、《山西青年报》等平面媒体报道,树立良好形象。

(责编　师国梁)

山西省交通干部学校

□ 肖毓恺　曹有生　赵卫中

2009年,在省交通运输厅党组正确领导下,学校始终坚持以"三个代表"重要思想为指导,以科学发展观为统领,坚持"立足交通、服务交通、拓展社会"的办学宗旨,全校教职工团结一致,辛勤工作,圆满完成以干部培训、成人学历教育为中心的各项工作任务,取得良好社会效益和办学效益。

抓好干部培训教育 保持良好发展势头

作为全省交通系统干部培训的重要基地,学校主动适应交通发展形势,不断开拓培训渠道。在继续抓好交通行政执法人员岗位培训的同时,多方联系,积极开展各种适应性和资质性培训。在教学工作中,严格组织实施,突出培训重点,注重培训质量,严格执行"抓规划、抓重点、抓调研、抓制度"的工作思路,为交通系统干部队伍整体素质提高起到积极促进作用。2009年共举办各类培训班40期,培训各类干部4566人次。其中,培训交通行政执法人员922人,培训会计人员286人,全国土地估价师资格考试培训251人,高级政工师培训451人,省高管局票据人员培训351人等。

作为交通运输部"1+32"干部培训平台建设的首批入选单位,学校承担了交通运输部干部培训平台建设协作组《县市交通局长培训项目规划》的研发工作,为新一轮县市交通局长培训奠定基础。

注重高等学历教育 稳步扎实有序推进

作为全省交通系统成人高等学历教育基地,学校注重加大招生宣传力度,不断拓宽办学渠道,与省测绘局联合举办测绘专业专升本,新招远程和函授教育大专及以上学生720人,超额完成年初确定的招生任务。在平时的教学管理过程中,严格执行省教育厅有关规定,结合全省交通发展实际,认真按照教学规律组织教学,注重学生素质和技能培养;规范执行主办院校要求,组织完成本、专科毕业生考试和毕业论文的答辩工作,培养合格本专科毕业生478名,为促进全省交通事业发展提供强有力人才支持。

加强党风廉政建设 精神文明成效显著

学校坚持把党建、精神文明建设作为2009年全局工作的重要组成部分,把保持党的先进性与学校改革发展的具体实践相结合,把党建工作和学校中心工作任务一起纳入工作目标责任制,围绕中心抓党建,抓好党建促发展。制定学校党建工作计划,做到任务、目标、责任三明确,把落实党的工作责任制情况作为领导干部年终述职及民主生活会中的重要内容。以扎实创建工作促进学校文明和谐,顺利通过省直机关工委"文明和谐标兵单位"的年度验收。

认真贯彻落实厅党组《关于在全省交通系统构建教育、制度、监督并重的惩治和预防腐败体系的实施意见》，将党风廉政建设和反腐败工作当作保证学校健康、稳定、持续发展的重要工作来抓，廉政警示教育常抓不懈。坚持推行校务公开，接受职工群众监督；坚持学校中心组学习制度和民主生活会制度，提高领导班子成员的政治理论素质，及时解决工作、生活中的问题，不断增强凝聚力，团结和谐，开拓进取。

积极落实学校精神文明建设“十一五”规划和年度工作计划，坚持周一政治理论学习制度。认真学习党的十七大精神和十七届四中全会精神以及党的路线、方针、政策，提高职工政治理论素质，深入开展多种形式的新中国成立60周年庆祝活动。在“七一”期间，组织全体教职工到太原牛驼寨烈士陵园进行革命传统教育活动，开展“一先两优”表彰活动，发展新党员，强化党性教育。开展“博爱一日捐”活动，捐款2420元；开展为全省受灾地区和困难群众“送温暖、献爱心”帮扶济困活动，捐款4980元。根据学校中心工作，积极开展健康有益活动，有力地促进学校精神文明建设。

不断加强综合治理
努力创建平安校园

2009年，学校不断加强综合治理的全员目标管理，突出安全生产管理，健全安全生产责任制和校园节假日值班制，把综合治理工作作为改革、发展、稳定的基础性工作抓实，作为学校管理的关键性工作抓紧。按照省厅“平安校园”创建工作要求，学校坚持综治知识进课堂。针对培训学员来源广、流动快、素质高的特点，把综治基础理论知识列入培训交通系统干部职工的必修课，达到广泛宣传综治知识目的，收到良好效果。由于创建方案目标明确，贯彻落实到位，一年来，学校未发生任何刑事治安事件，被省交通厅评为“平安校园”创建先进单位，被太原市小店区评为综合治理标兵单位。

积极深化学校改革
全面提高职工素质

2009年，结合全国事业单位改革实际，学校实施目标管理，将省厅下达的年度工作目标分解到科室，把指标完成情况作为科室评比的主要内容进行考核。继续深化后勤管理体制改革，学生公寓楼实行风险抵押、目标管理，有力保障学校各项工作正常有序、健康、稳定地进行。

注重发挥中层干部作用。在政治上关心，工作中敢于压担子，帮助他们解决存在的困难和问题，极大地激发其工作积极性，成为学校工作的骨干力量。

重视教师队伍建设。在坚持教研组内相互交流经验的基础上，2009年继续选派部分教师参加有针对性的知识更新培训和生产实践锻炼。积极创造条件开展校园科技活动，教师在各类期刊上发表论文23篇，开展科技讲座4次。

关心职工生活。学校坚持为职工办实事，充分调动职工工作积极性，动员和组织广大教职工积极参与学校民主管理、民主监督。推进学习型学校建设，组织职工开展“树文明形象做文明职工”活动。组织职工运动会，丰富校园文化，发挥“职工之家”作用。进行职工年度健康体检，同时又给女职工每人增加100多元费用，进行特殊妇科B超检查，并为全体女职工上了特殊保险。既保证职工身心健康，又维护女职工特殊利益。

加强基础设施建设，改善教书育人环境。学校在抓好教学中心工作的同时，积极争取省厅支持，投入30万元，更新消防安全设施，更换办公楼电线和自来水管道，粉刷办公楼墙壁、围墙。既使校园环境得到美化，又消除安全隐患。

（责编　师国梁）

山西省交通建设开发投资总公司

□ 魏庆飞　李　平

2009年，在省交通运输厅党组的正确领导和大力支持下，公司坚持以科学发展观为统领，以服务全省交通建设为根本，以增强企业核心竞争力为目标，创新发展理念，转变发展方式，改革经营机制，提升企业形象，圆满完成省厅下达的筹融资任务和重点工程建设目标，取得良好经济效益和社会效益。全年实现营业收入15.65亿元，其中，公路通行费收入13.37亿元；多种经营完成产值3.9亿元，实现收入2.28亿元。

抓大事　促改革
转型发展见成效

2009年，公司按照年初提出的“冷静观察，科学谋略，转型改制，求成务实，防滑保进”经营方针和“要诚信、要品位、要形象，做大做强”奋斗目标，确定20项重要工作，其中锁定三件大事为龙头。

成功发行20亿元企业债券。发行企业债券是落实省厅融资任务需要，也是公司创新融资方式的重要举措。在全省交通系统全力贯彻落实国家扩大内需，加快交通基础设施建设形势下，公司把发行企业债券作为挺进资本市场突破口，依托投资建设高陵高速公路项目，全力启动发行债券工作。在省发改委积极支持下，在省交通运输厅直接领导下，从年初起，公司组建专门班子，调查市场，研究政策，招聘券商，迅速编报资料，上下沟通协调，经过6个月艰苦努力，申报的20亿元企业债券获得国家发改委和有关部委批准，于8月5日正式公告发行，8月7日全部发售告罄，8月14日省厅举行“09晋交投债”20亿元人民币债券发行信息发布会，向社会通告成功发行。这是全省近年来发行的单笔金额最大且是首只非煤焦领域企业债券，是山西交通行业在资本市场直接融资的首单债券，开创本省企业凭借良好信誉、无担保发行先例，是公司创新融资方式，拓宽融资渠道，加快融入资本市场的重要转折点和新的里程碑，对于改善融资结构，降低融资成本，控制融资风险，提高融资能力，加快全省公路建设，均具有重要意义。

高陵高速公路完成阶段性建设目标。高陵高速公路是省委、省政府规划的“十一五”重点项目之一，是战胜金融危机、保增长、促发展的德政工程，是公司进入新一轮公路建设高潮的第一个BOT项目。该项目从立项、招投标到组建班子、开工建设，程序规范，超常推进。2009年3月，高陵高速公路公司正式展开工作，4月完成招投标，5月全面铺开建设。开工以来，高陵公司紧紧围绕工程建设总体目标，克服工期紧、任务重、地质复杂、生态文物保护严格等困难，跑步进场，超常规、超常态开展工作，迅速掀起施工建设高潮，形成大干快上、齐头并进建设局面。通过狠抓质量管理，注重安全防范，加强资金监管，强化廉政建设，确保工程进度。截至2009年底，完成全线所有涵洞通道工程，完成路基填方67%，完成挖方82%，实现年度投资建设目标，为确保2010年小循环通车奠定良好基础。

*企业集团化改制取得重大进展。*实施企业改制是公司加快转型发展的核心工作和首要任务。为进一步适应市场经济及全省交通新一轮发展需要，从根本上改变传统落后体制机制以及筹融资渠道不畅、市场化运作中规格较低现状，完善法人治理结构，建立现代企业制度，搭建新的投融资平台，扩大投融资规模，按照厅领导要求"走跨地区、跨行业、跨所有制的多元化、集团化发展之路"的指示精神，公司顺应良好政策环境，抓住机遇，乘势而为，把企业改制作为头等大事来抓，成立企业改制领导组，筹划制订实施方案，积极展开相关工作，聘请咨询公司进行指导，组织有关人员赴省外实地考察学习，借鉴同行业成功经验和做法，探询改制模式，并与机构投资人多方接洽，就组建股份公司、建设经营高速公路进行探讨。公司多次向厅领导汇报，组织专家学者论证，不断完善改制方案。特别是遵循厅领导指示，就企业改制涉及的资产、归属、融资等问题，从政策法律、具体操作等方面寻找依据和解决方式，使企业改制更具可行性。在厅党组大力支持下，改制方案于2009年12月15日上报省政府审批。

抓经营　促效益
应对危机保增长

面对国际金融危机带来的影响和全省调整产业结构的政策变化，公司坚持"二十字"经营方针，一手抓公路经营管理，一手抓多种经营开发，使企业经济保持平稳发展，取得良好经济效益和社会效益。

*加强经营深挖潜力，降费节支防滑保进。*受金融危机冲击和全省整顿煤炭市场影响，2009年前三个季度全省公路费收持续低迷。总公司及所属各公路经营单位密切关注经济形势，调研车源流量流向，靠主动赢市场，向管理要效益。针对所辖干线公路、出省公路和煤运通道，组织专人调查了解周边公路车流、运输车型和当地煤矿生产变化情况，分析原因，寻找对策，采取措施，千方百计吸引车辆上路；以打击和治理人情车、假军车、关系车、特权车为重点，切实保证堵死漏洞，应收尽收。在各公路经营单位努力下，通行费收入逐渐回升，特别是长晋高速公路公司和阳济公路公司，提前超额完成年度费收任务。为了加强成本管理，严格"收支两条线"制度，成立公路项目评审委员会，制定项目评审规则，定期召开管理例会，研究解决各项目单位报请事项，按照项目提出、现场审核、评审批准、招投标实施、审计决算，实行民主管理，科学决策，最大限度地减少成本支出。特别是总公司与平安信托公司依据股权转让协议要求，年初对太长、长晋、晋焦三条高速公路实行债务重组。在重组过程中，充分利用金融市场竞争规则，经过多方协调努力，太焦项目银行贷款利率较基准利率下浮10%，达到最优惠利率水平，当年可节省财务成本约8000多万元。太焦项目债务重组，为企业利用资本市场，发挥财务杠杆效应提供宝贵经验。

*强化应急救援机制，提高通行保障能力。*为进一步提高公路路政管理水平，增强交通安全管控能力和突发事件应急处置能力，各公路经营单位经常性举行应急演练，并与交警、消防、急救、环保等部门协作配合，开展危险品运输事故应急处置联合演练，切实提高快速反应能力、应急救援能力和协同作战能力。为有效应对复杂恶劣天气，确保公路快速恢复畅通，总公司及各公路经营单位实行24小时值班制度和事故零报告制度，一旦发生险情，立即启动应急预案，调集人员物资，实行集中抢修保畅。2009年11月，全省普降大雪，造成公路通行中断、路网瘫痪，各公司紧急启动除雪应急预案，迅速组织人员、设备，采取强力措施破冰除雪，抢通保畅，太长高速公路成为全省雪后最先恢复通行的高速公路之一。

坚持预防养护为主，建立定期督察机制。

以迎接建国60周年为契机，狠抓公路养护，确保道路畅通。遵循预防为主、防治结合原则，坚持日常养护与专项养护相结合、预防性养护与周期性养护相结合，充分发挥专业化养护和机械化养护功能，确保路面病害及时处理，公路技术状况指数MQI值平均达93以上，提升路容路貌，保证畅通，维护形象。为迎接全国绿化工作现场会在长治、晋城召开，并以此展示全省交通新形象，总公司依据省厅安排，投入足额资金，组织太长、长晋、晋焦高速公路公司沿线排查，针对部分路段绿化死、空现象，明确要求，责任到人，寻求新技术，及时进行补栽和修整，受到沿线政府好评。为切实强化道路养护管理，总公司出台新办法，研究新机制，实行定期检查验收，责成路桥部会同合作方代表，每月定期检查各单位公路养护状况，发现问题，及时处治，奖罚分明，严防病害扩大，严防浪费，有效保持和提升路况，提高公路畅通、便捷、舒适、美观程度。

*服从税费改革大局，人员分流平稳过渡。*根据省政府关于取消政府还贷二级公路收费决定，长晋二级公路停止收费经营，所属牛匠、换马桥两个收费站撤销。为此，总公司按照省厅统一部署，自始至终把保持稳定作为一项重要政治任务，要求长晋商品路公司随时掌握职工思想动态，并组织力量立即拆除站棚设施，妥善做好财产保管，认真配合清产核资，在保证各项工作同时，科学设定分流方案，切实做好人员分流工作，确保安置期间平稳过渡。太长、长晋、晋焦、阳济、路通公司都能从大局出发，克服困难，积极按要求接收并妥善安置人员。经过大量艰苦细致工作，截至2009年底，人员分流安置基本完成，多数职工表示满意。与此同时，总公司依据年初安排，还投资1.7亿元，对长晋二级公路进行大修改造。长晋商品路公司站在对社会、对企业负责高度，强化组织管理，各个环节均严格按程序办事，各项工作善始善终，确保工程圆满完成，质量良好。在省厅大力支持下，阳济公路经省政府确认为经营性公路，阳济公路公司在较短时间内依法完善该公路经营手续，又及时对部分病害路段进行维修保养，保障畅通，提高形象，2009年经营状况良好，费收达到历史最好水平。

*多种经营逆势而进，转型发展迈出新步。*多种经营按照构建“一体两翼”发展新格局要求，坚定资产型、资源型、资本型经营发展思路，在实施转型发展中大胆尝试，在应对金融危机过程中捕捉商机，有效拓展新项目，不断延伸产业链。公路工程建设和养护单位充分利用现有资源和设备，采用先进技术，加强质量管理、工程建设和成本控制，重点完成长晋二级公路大修改造任务。同时，积极参与市场竞争，对外承揽业务，实现产值1.5亿元。国贸公司根据国内外经济形势走向，注重市场信息调研，有效防范经营风险，贸易业务重点由出口转为内销，实现贸易额2.2亿元；房地产开发一手抓已竣工项目资金回笼，一手抓王村南街新项目开发报建，取得明显成效，为2010年实施房地产开发打好基础。交通大酒店有效发挥对外接待窗口形象作用，注重服务管理人性化、特色化经营，全年接待宾客18.5万余人次，客房起租率达93.3%，餐饮上座率达127.5%，实现收入1326万元，经营业绩逐年攀高。“南龙北凤”两个园区，从转变增长方式、发展循环经济上求突破、创效益，反复研究改进园区整体规划，认真完备土地变性手续，积极取得政府和社会支持，加快推进开发步伐。龙湖生态园A区绿化率达到80%以上，完成93亩土地征用办理手续，为招商引资、合作开发创造重要条件；凤凰山植物园多渠道争取政府发展循环经济、绿色经济补助资金660万元，建设低碳园区和全国农业旅游示范点，围堰造水，增设景点，完善功能，美化环境，自酿葡萄酒技术成型、品质优良，梧桐山庄牡丹园及百果采摘园全面对外开放，实现由生态基础建设向生态旅游开发转变，创造良好生态效益。此外，实业分公司还多次考察应用煤层气实

施加气站项目,咨询跟进杨家堡城中村商业改造规划,主动联系,积极参与。所有这些,都为企业进一步优化业务项目和产业结构奠定基础,加快转型发展步伐。

抓基础 促管理 提升发展内生力

一年来,公司上下充分认识到“安全第一”是企业“做大做强”的根本和基石,加强基础管理、信息化建设和文化建设是企业“要信誉、要品位、要形象”的必要保证。

抓安全生产。全公司牢固树立“安全就是政治、安全就是效益”的安全生产发展观,切实坚持“一把手”工程和“一岗双责”责任制,严格落实安全生产“一票否决”制。深入开展“隐患治理年”、“安全生产专项整治”和“全国安全生产月”、“防灾减灾宣传周”活动,有效健全经营活动安全风险防控预案,完善安全生产岗位职责责任制,持续完善职业健康安全管理体系,重点在工程建设、公路行车、建养施工、桥梁隧道等方面加大监管检查力度,全面排查基础设施、技术装备、作业环境、防控手段等方面存在的隐患;同时,加大对边坡落石、路面推移、车辙沉陷、桥梁病害、隧道消防等的投入和处治力度,做到预防在先,及时消除隐患。特别是高陵高速公路公司在9.5事故后,面对严峻安全生产形势,深刻吸取教训,下大力气进行整改,建立“施工单位自查、监理单位检查、业主驻地组巡查、安全合同部督察”的安全管理体系,层层建立责任制狠抓落实,形成全员抓安全,以安全保质量、以安全促进度的建设氛围,有力保证正常建设秩序。2009年,全公司未发生一起重大安全责任事故,全年保持良好安全生产形势和综合治理效果。

抓基础管理。基础管理是企业持续发展的命脉所在。公司坚持把精细化管理作为基础管理的首要任务,贯穿于公路工程建设始终,从设计、施工、养护到绿化、美化,层层把关,环环相扣。由公司建设经营的4条高速公路,继晋焦、长晋高速公路被评为优良工程之后,太长高速公路顺利通过交通运输部竣工验收,综合评定为优良工程,并获得山西省第五届“太行杯”土木工程奖。晋焦高速公路丹河特大石拱桥入选建国60周年60项勘察设计经典工程。高陵高速公路公司坚持“百年大计、质量第一”建设方针,狠抓公路建设基础管理,实行工程质量“零容忍”管理法,确保施工质量良好。从着眼于建立长效激励分配机制,更有效地调动全员积极性和创造性入手,总公司有关部门聘请专家深入调研,研究制定工资改革方案,进一步完善薪酬分配体系,促进效率与效益有机结合、效率与公平相对统一。与此同时,还制定出台《高速公路建设工程财务管理监督实施办法》,从严强化资金监管和计量支付程序。为了强化企业法律意识,规范企业依法办事,总公司和多数单位还都设立法律事务工作室,层层规范合同管理,大事要事都实行法律咨询,有效规范企业行为,维护企业权益。此外,为有效推广全面质量管理,各公路经营单位都分别选题,深入开展QC小组业务技能攻关活动,积极推进管理创新、服务创优。尤其是晋焦高速公路公司围绕精细化管理,全面推行“八大管理”体系建设,大力开展节能减排创新活动,以转型和降耗为目标,全员进行小发明、小革新、小创造活动,并将成果以实物形式在全省高速公路精细化管理推进会上进行演示,受到与会人员高度评价。

抓信息化建设。信息技术应用和发展是企业增强现代化管理手段的重要标志,是促进企业实现科学发展的必要途径。随着企业经营规模不断扩大,经济效益日益提高和交通投资大厦投入使用,办公条件极大改善,2009年一开始,总公司就把信息化建设列上重要议事日程,作为深化企业管理的一项重要工作来抓。按照省厅实施“1166信息化建设工程”要求,结合企业内在需要,统一部署,全面推进,制订方案,建立机构,配备设施,明确项目,责任到人,建立OA办公系统,推行网上传输和无纸化办公,建立门户网站,及时发布信息,加强企业形象宣传,不断扩大覆盖面,提高工作效率,保证工作质量,信息化建设起步良好,效果初步显现。

抓企业文化建设。以整合、凝练企业核心理念为重点,落实以人为本的科学发展观,深化"企业发展壮大是员工最好福利,员工素质提高是企业最大财富"的核心价值观,激发全员主观能动性,使员工工作态度由被动向主动转变,由单纯完成指令向做精做细转变。为加强形象建设,总公司以新建办公楼为载体,导入形象识别系统,并辅之以出早操、开晨会、统一着装等方式,有力促进企业作风效能建设,调动干部职工持续保持饱满精神状态。为加强企业基础文化建设,总公司还组织专门力量,从 2006 年 10 月开始编纂企业志,通过三年不间断努力,《山西省交通建设开发投资总公司志》于 2009 年 11 月正式出版发行。该志的编纂、出版,填补全省交通系统企业志和部门志空白。志书全面再现了公司发展历程,对广大职工知往鉴今,深入了解公司创业艰辛历程,珍惜来之不易良好局面,热情奉献企业,都具有重要意义。富有成效的企业文化建设,体现了以形式促内涵,以内涵提质量,以质量塑形象建设宗旨,有效提升企业文化品位,凝聚职工向心力。

抓党建　促廉政
文明建设创和谐

深入学习实践科学发展观。按照省厅关于《进一步深化学习实践科学发展观活动的实施意见》,总公司及时对学习实践后续工作进行认真部署,提出具体要求。认真组织开展回头看学习、回头看问题、回头看成果、回头看作风的"四个回头看"自查工作,在认真自查基础上,采取多种方式,督促各单位逐项对照、逐条分析,确保整改内容落到实处。2009 年末,整改工作的五个方面 10 个整改项目 30 项整改内容,属于短期整改的已基本完成,18 项中长期整改项目正按计划进行。

大力加强党风廉政建设。把党风廉政建设工作作为"一把手"工程,切实增强各级领导抓好党风廉政建设工作责任心,特别是加强重点工程领域和重要岗位监管,形成上下联动责任机制;进一步抓好领导干部作风和廉洁自律工作,学习贯彻《关于领导干部进一步改进工作作风严肃工作纪律的若干规定》;认真组织开展治理"小金库"自查自纠工作,各经营实体党政主要领导都签订"承诺书"。深入开展工程建设领域突出问题专项治理活动,对工程建设程序、招投标、资金拨付、工程变更、原材料采供、安全质量等方面进行细致排查,发现问题,及时纠正。把行风评议纳入党风廉政建设目标管理,坚持"标本兼治、纠建并举"方针,以群众满意为标准,创优发展环境,服务人民群众,受到社会好评。

扎实开展文明创建活动。健全文明建设考核体系,坚持在"巩固、延伸、辐射、提高"上下工夫,积极探索和创新文明创建工作新途径、新办法,不断完善和规范创建活动组织、管理、考评机制。继续开展群众性创建活动、公民道德建设实践活动和创建"太晋文明长廊"活动,大力开展岗位练兵、技能比武、十佳文明标兵和服务明星评选以及"五比五看"劳动竞赛,深化服务区酒店化管理、航空式服务,全面提升文明服务和创建水平。2009 年,全公司新增省级青年文明号 2 个,长晋高速公路晋城东收费站获省总工会"工人先锋号"称号。至年底,全公司共有省市级文明和谐单位称号 8 个,国家级青年文明号 1 个,省市级青年文明号 31 个,文明示范窗口 6 个。总公司、长晋公司继续保持省级文明和谐单位称号,太长公司保持省直文明和谐单位称号。

（责编　师国梁）

山西省交通建设工程监理总公司

□张跃峰

2009年，在省交通运输厅正确领导和大力支持下，公司全体干部职工以党的十七大精神为指导，把握科学发展观本质要求，紧紧围绕彻底扭转企业困境这一主题，调动各方面积极因素，以省内新开工高速公路建设项目为重点，以监理为主导，以项目管理为手段，与时俱进，把握机遇，有足政策，严格管理，拓展领域，重树品牌，各项工作均有了新的进展和突破，圆满完成省厅下达的21项工作任务，被评为“完成目标责任制先进单位”。

生产经营有新突破

2009年，公司继续在开源上下工夫，立足本省市场，积极跟踪项目，加大投标前的合同评审力度，做好前期策划和成本核算，在项目选择上重效益占市场，省内业务成为主要支柱；继续巩固省外优质市场，生产经营取得新突破。共中标21项，其中省内19项，省外2项，超额完成省厅下达的各项目标任务，人均年产值和年利润再创历史新高。

与此同时，拓展咨询、房建等其他领域业务。承担平定县公路路网规划编制工作，公司的咨询业务迈出跨越性一步；圆满完成委内瑞拉咨询项目合同任务，得到中国工程国际公司充分认可，公司国际业务取得历史性突破；组建太佳高速太原段、太佳高速吕梁段、太古高速、临吉高速、长安高速项目技术专家组和太佳高速太原段业主中心试验室、和榆高速业主中心试验室，既为业主提供更加全面、专业技术服务，也拓展公司新业务领域；房建监理项目赢得业主认可，古交市交警指挥中心和太原市西线精典房建监理项目续签改扩建和Ⅱ期工程监理合同，在太原市房建监理市场取得一定信誉；取得多项交通运输部专项资质，其中包括全国为数不多的特长隧道、特殊独立大桥专项监理资质，正在申报升级的有机电监理资质、市政工程监理资质和设计资质，为拓宽业务市场创造条件。

财务状况有所改善

2009年，公司进一步建立健全各项财务规章制度，重点加强项目资金管理，严格履行“坚持依法理财杜绝屡查屡犯承诺书”内容，无财务违纪违规行为发生。

通过实行项目核算制度，公司统筹规划，统一安排，不仅提高资金、人员、设备等各种资源使用效率，同时也激发项目部精打细算积极性。进一步加大资产管理力度，想方设法盘活资产，通过公开拍卖废旧车辆和废旧办公设施，共收回资金44.73万元；公开竞标、集中采购大宗物资设备，既增加透明度，又降低成本。公司从内部过程审计入手，努力堵塞漏洞，同时充分发挥纪检监察作用，使项目部各自为政、截留资金和财务管理薄弱的状况得到彻底扭转。

基础管理日益完善

项目管理得到加强。2009年，公司在监

项目共40个，分布在山西、陕西、山东、青海、北京、湖北、四川、安徽、贵州等9个省区，监理里程达633公里，投入监理人员900余人。为进一步加强省内重点工程项目管理，明确规定每个项目都有一名公司领导分管，分管领导在参与而不干预、协调而不包办的原则基础上，实施全过程监管，使项目的安全、质量、廉政、财务得到有效控制，受到项目业主充分肯定和公司职工一致好评。

三标一体持续有效。2009年，公司从三合一管理体系着手，加强综合检查工作。由公司领导带队，质量安全部、试验中心等人员组成综合检查组，对监理基础工作和实绩进行检查与考核，对存在的问题进行限期整改，促进监理工作质量的提高。按照质量、环境和职业健康安全国际标准认证体系要求，2009年7月至9月，进行顾客满意度测评，（业主）满意度指数为93，比上年有所增长。11月顺利通过北京华夏认证中心对三合一体系的年度监督审核和三年一次的复评审核。

加大职工队伍建设力度。结合业务发展需要，制定实施《人力资源发展规划》，加大教育培训和人才开发力度。组织和鼓励职工参加相关执业资格考试，增加持证人员数量；继续举办综合知识培训、监理业务培训和岗前培训，促进专业技术、管理知识和职业道德水平同步提高；选派多名骨干外出深造，加大人才培养力度。一年来，共送出和自办各类业务培训48次，培训职工3230人次，培训费用达33.4万元。

综合治理又上台阶。认真落实年度综治工作要点、综治工作目标责任书和上级部门维护社会稳定工作会议精神，保证资金到位，落实人防、物防、技防措施，确保公司正常工作和生活秩序，为完成综治工作目标奠定良好基础，2009年公司再次被太原市及省厅评为综治工作模范单位。

科教和信息工作稳步推进。公司技术专家组受建管处委托，组织开展项目施工技术讲座和培训，邀请在全国具有影响力的隧道、桥梁、试验检测等方面专家授课，为建设业主、施工、监理单位搭建一个相互沟通、交流和共同提高的平台。积极配合省厅进行“1166”交通专网建设；公司建设视频会议系统和协同办公系统，加快无纸化办公进程。

2009年，先后被中国交通监理协会评为“交通建设优秀监理企业”，山西省建设监理协会评为“山西省工程监理先进企业”，公司监理的奥运工程项目—北京白马路改建工程被北京市政工程行业协会评为“市政基础设施竣工长城杯金质奖工程”，被中国市政工程协会评为“全国市政金杯示范工程”。公司在监项目多次被业主及上级部门评为“标兵单位”、“优秀监理单位”和“监理工作优胜单位”，公司共获得各种荣誉和奖励22项。

以人为本维护稳定

在资金周转依然困难情况下，公司力保职工养老、医疗等各类保险金和住房公积金按时足额缴纳，保障职工切身利益，连续两年被太原市企业养保中心评为“A级信用单位”。建立职工定期体检制度、女职工增加专项体检，集体组织注射乙肝疫苗。在项目核算中，将工地团体意外险和体检经费纳入强制范围，职工切身利益得到有效保障。

针对监理一线人员思想不稳定、有流失倾向问题，新开项目大大提高监理人员收入，进一步拉大一线与机关的收入差距，评先选优、培养和发展党员等方面向一线倾斜，2009年培训和发展的11名党员全部来自监理一线。坚持“以人为本”和“依法办事”原则，继续加强待岗分流人员管理。对部分非专业人员，通过有针对性转岗培训、业务培训，使他们重新走上工作岗位；对于屡次通知急需上岗却以种种理由拒不到位人员，根据国家法律法规，依据法定程序，逐步进行处理。

党建与精神文明建设保驾护航

2009年，全面实施“创先争优”工程，党组织和党员队伍建设取得新成果。认真落实

《厅直机关党的工作责任制考核办法》，做到任务、目标、责任三明确。继续推行“一岗双责”制，认真组织开展深入学习实践科学发展观活动“回头看”活动，切实解决一些制约公司发展的实际问题。公司机关党支部、北京项目部党支部被厅直党委评为“先进基层党组织”。

大力发扬求真务实精神，廉政建设和作风建设取得新成绩。认真落实党风廉政建设责任制，把惩防体系建设纳入公司总体规划，使监理合同和廉政合同双合同内容得到全面落实。畅通监督渠道，设立专门举报信箱和举报电话；加强作风建设，大力精简会议和文件，牢固树立为基层服务思想。

加大精神文明建设力度，注重创建实效。针对新形势下出现的新情况、新问题，充分发挥党委和工青妇组织的联动作用，使文明和谐单位创建适应监理中心工作需要，取得显著成效。公司已连续十五年被省直文明委授予文明和谐单位标兵；在省交通运输厅、省公路运输工会开展的“全省交通运输系统庆祝建国60周年暨第四届职工书画摄影作品展”中，公司获得组织奖。

企业文化建设再上台阶

2009年，公司继续坚持正确文化导向，建立正常沟通渠道，努力完善公司网站、简报等企业文化传播载体，结合监理行业新风建设活动具体目标，通过设计企业VI系统、宣传贯彻企业文化内容，促进企业和员工价值观的统一，营造积极向上、奋发有为、崇尚先进的良好氛围，使企业文化真正成为公司走出困境和可持续发展的内在动力。

（责编　师国梁）

山西省交通厅资料信息中心

□ 师国梁　梁锦华

2009年，在省交通运输厅党组的正确领导下，在省地方志办公室的大力支持和精心指导下，在全省交通运输系统各单位的积极配合下，厅资料信息中心以邓小平理论和“三个代表”重要思想为指导，深入贯彻落实科学发展观，以传承和弘扬山西交通优秀文化为己任，围绕厅党组总体工作目标，超前思维，科学决策，开拓进取，锐意创新，史志年鉴及其他各项工作成绩突出。全年编撰出版《山西交通年鉴》(2009年版)、《山西交通志》、《山西路谱》、《大路人生—山西交通改革发展30年回顾与展望》等书籍，认真开展深入学习实践科学发展观活动“回头看”，扎实推进党风廉政建设，全体职工精神振奋，昂扬向上，和谐团结，乐于奉献，取得显著工作成绩。受到省地方志办公室表彰，被评为全省地方志工作“先进集体”。

思想政治建设常抓不懈

一年来，中心全体干部职工认真学习和贯彻党的十七大和十七届四中全会精神，不断加强思想、组织、作风建设；按照厅党组要求进行深入学习实践科学发展观活动“回头看”，领导班子的凝聚力和战斗力不断增强，党支部的战斗堡垒作用和党员的先锋模范作用得到充分发挥。

坚持每周二、周五下午学习时间，做到“三保证四结合”。一是学习时间保证。全体干部职工除坚持集体学习外，党员领导干部还必须做到每天坚持看书看报，自我学习，自我加压。二是学习内容保证。除按照厅直党委要求学习好有关内容外，还坚持政治理论、时事政策、市场经济知识、岗位业务、现代办公技能为重点的学习，用科学理论和现代化的知识技能武装头脑，切实提高综合素质。党员领导干部除及时学习了解党和国家有关政策法规，及时了解国内外大事外，还通过报刊杂志阅读、网上学习、参加培训等形式，切实做到多学多看，广学博览，厚积薄发。三是学习效果保证。在学习中讲究学习方法，注重学习效果，做到“四个结合”。即把学习理论同解放思想、转变观念相结合；同健全制度、规范班子和个人行为相结合；同本职工作实际相结合；同开展调查研究、解决工作中的实际问题相结合，有效提高全体职工的思想政治素质，为在史志年鉴编撰工作中把好政治关奠定基础。与此同时，以建国60周年纪念活动为契机，深入开展爱国主义、集体主义、社会主义宣传教育，引导职工坚定社会主义理想信念，热爱祖国，热爱交通，大力弘扬“与时俱进，锐意进取；爱岗敬业，艰苦奋斗；勤于学习，勇于实践；诚实守信，拼搏奉献”的良好风气，营造积极向上的思想氛围。

紧紧围绕厅党组中心工作，党支部履行职责，在党员中深入开展“创造争优”活动。认真实施《厅直单位党的工作责任制考核办法》，量化目标，严格考核，推动党的工作朝着制度化方向不断发展。以党的工作目标责任考核为突破口,充分发挥组织生活制度性、原则性作用,进一步规范"三课一会"、中心组及干部理论学习、党支部生活会和领导班子民主生活会等制度,用组织制度加强组织建设,通过建立保持共产党员先进性长效机制,推动党建工作朝着制度化、规范化、科学化方向不断发展。

史志年鉴编撰成绩显著

一年来,中心按照和省厅里签订的工作目标责任书内容,及时召开全省交通史志年鉴工作会议,总结上年工作,部署全年工作,为圆满完成任务奠定坚实基础。

(一)编辑出版《山西交通年鉴》(2009年版)

《山西交通年鉴》(2009年版)为年鉴系列丛书第16本,记事时限为2008年1月1日至12月31日,收载范围包括全省交通运输系统各单位、各部门。内容包括"特载(6篇)、交通史志年鉴工作会议专辑(2篇)、大事记、各市交通局工作业绩(11篇)、厅直单位工作业绩(22篇)、公路系统单位工作业绩(14篇)、征稽系统单位工作业绩(11篇)、高管系统单位工作业绩(18篇)、重点公路工程建设单位工作业绩(5篇)、交通开发单位工作业绩(3篇)、山西汽车运输集团工作业绩(16篇)、部领导调研摘记、省领导调研摘记、厅领导调研摘记、深入学习实践科学发展观活动专辑、援川抗震救灾、治理超限超载、全省交通建设成就、交通行业管理、精神文明建设、统计资料、政策·法规辑录、光荣榜、领导干部名录、图片资料(12幅)、先进典型集锦(28个单位),共26个栏目。其中"深入学习实践科学发展观活动专辑"、"援川抗震救灾"、"治理超限超载"为新增栏目。"深入学习实践科学发展观活动专辑"旨在突出反映全省交通系统认真开展学习实践科学发展观活动的全过程;"援川抗震救灾"重点反映"5·12"汶川特大地震后,厅党组果断决策,派遣公路抢通保通抢险突击队开赴灾区,帮助灾区人民重建家园和捐款捐物的典型事件;"治理超限超载"重点反映全省源头治超的具体做法、取得的重大成果,以及在实际工作中总结的成功经验。这些栏目,具有强烈的时效性和年度特色。编审委员会主任由厅党组书记、厅长段建国担任,常务副主任由厅党组成员、省纪委驻厅纪检组组长韩日裕担任,副主任由其他厅领导担任,编委委员则由各市交通局、厅直各单位及厅机关各处室主要领导60人组成。主编师国梁、张岐山,副主编梁锦华。该书在资料收集过程中,王跃东、史晋阳、刘邦晋、李玉洲、韩金庭、徐媛丽、范彦军、张慧萍、王国忠、杨志强、高睿、许艳红、宗庆文、陈富根、张夏玲、曹宏昇、赵树平、王立中、吕锋、张宇等特约编辑以强烈的责任心和使命感,积极创造条件,克服各种困难,尽职尽责,一丝不苟,保质保量圆满完成资料报送及先进典型宣传等任务,为保证年鉴出版时间及质量,作出积极贡献。该书涵盖面广,收载内容全面。共收录照片196幅,字数164.5万字。真实、全面、系统地反映了全省公路交通建设的辉煌成就及全省交通系统各单位、各部门2008年改革与发展的成就,突出全年交通中心工作,体现年度特色。

(二)编辑出版《山西交通志》(1978~2008)

《山西交通志》是《山西省志》的重要一部,也是省厅"十一五"规划中交通文化建设的重要组成部分。作为全省交通文化建设的系统工程,第二轮修志工作的重中之重和改革开放30年的真实记录,自2006年编撰工作启动以来,在省交通运输厅党组的正确领导下,在全系统各单位、各部门的大力支持下,全体编撰工作者深入学习实践科学发展观,发扬艰苦奋斗精神,甘于清苦,默默耕耘,精益求精,勤奋工作,以强烈的责任心和神圣的使命感,圆满完成《山西交通志》编撰工作任务,向建国60周年献上了一份厚礼,受到厅党组、省地方志工作办公室领导的高度评价,同时涌现出31个先进集体和114名事迹突出的先进个人。

在篇目设置方面，认真做好 4 项工作。一是努力做好与 1999 年 12 月出版的《山西通志·交通志·公路水运篇》志书体例的承接工作，尽可能做到承上启下，相互衔接。全书重点内容仍然分为公路交通和水路交通两大部分。公路交通中分为道路、运输、征费、科技教育等；水路交通分为航道、船舶、基础设施、运输安全等。二是根据 1978 年以来全省交通事业改革建设发展的实际情况，对有的篇目内容进行调整。如《山西通志·交通志·公路水运篇》中“道路设施”中，只记述桥梁、隧道工程，这次增加了互通式立交、服务区、交通工程（含标志、标线）、机电设施（含收费、通信、监控等），并把综合规划、前期工作、资金筹措、法制建设、交通审计、安全生产等内容分设章节重点记述；公路运输中增加了危险货物运输、相关服务业管理、行业管理等内容。将改革开放以来全省高速公路建设、农村公路建设、“国防大运”建设取得的巨大成就，都在志书篇目中独立成章，详细记述。三是与时俱进，大胆创新，增设新的篇章。如专门设立“管理机构篇”，把全省交通系统所有单位分门别类囊括进去。以行政机构为线索，把省交通厅、各市交通局及各县市区交通局机构设置及工作概述设立一章；以业务管理机构为线索，把具有一定行政管理职能的事业单位，如省公路局、省高管局、省征稽局、省运管局、省地方海事局、厅重点办、省交通战备办设立一章；以设计科研、教育培训、监督管理、开发投资、舆论宣传、后勤保障为线索，把所有厅直单位设立一章。设立“行业文明建设篇”，集中记述 20 世纪 90 年代以来，全省交通系统各种文明示范窗口、文明示范单位和精神文明建设标兵的业绩。设立“廉政建设篇”，充分反映全省交通系统反腐倡廉和“修好多条路，不倒一个人”取得的突出成绩。四是延伸空间，扩展载录内容，将一些相关企业和学术团体列入篇目。如山西汽车运输集团、山西路桥建设集团，专门设置“大型行业集团”一章。以学术团体为线索，将省公路学会、省道路运输协会、省交通企业协会等 10 余个协会、学会、工作委员会设立一章。

《山西交通志》编审委主任由新老两位厅长王晓林、段建国担任，常务副主任由张润担任，副主任王志民、韩日裕、张志川、郜玉兰、张德仪、赵振田、曹燎原、郭贵平。编委由厅机关各处室负责人、厅直各单位党政一把手、各市交通局局长、山西省汽车运输集团董事长组成。全书分为公路交通、水路交通、行业文明建设、廉政建设、管理机构、汽车运输集团、人物、大事记 8 编 32 章，前有序言、概述，后缀文献辑存、图表资料、后记，厅党组书记、厅长段建国亲自作序。全书还收集整理了全省交通系统各个历史时期的具有代表性和典型意义的图片资料 138 幅，共 562.88 万字，更加直观、鲜明地印证 30 年改革开放的伟大成就。

在内容方面，《山西交通志》达到“四个体现”目标。即一是体现了历届厅党组带领全省交通系统广大职工艰苦奋斗、开拓创新的发展历程，客观地反映交通事业发展的延续性；二是体现交通系统各行各业的发展进程和取得的重大成就，客观地反映交通事业发展的现实性；三是体现交通系统在现代化建设实践中所创造和积累的有益经验及做法，客观地反映交通事业发展的时代性；四是体现在建设和谐社会、实践科学发展观过程中的创举，客观地反映交通事业发展的独特性。

在质量方面，《山西交通志》体现“客观、准确、科学、创新”八字方针，做到志书内容与形式与时俱进，使志书具有更强的时代特征。主编：张润；执行主编：师国梁；副主编：张岐山、梁锦华。该书 2009 年 4 月由山西人民出版社出版发行。

（三）编辑出版《大路人生—山西交通改革发展 30 年回顾与展望》

改革开放 30 年以来，全省经济和社会面貌发生翻天覆地变化，交通基础设施也由低级、落后、与社会生产力严重不符发展到高级、先进、为山西经济发展保驾护航。30年,无论是单位或个人,其发展历程都值得回顾总结。为了精心组织好党的十一届三中全会以来改革开放30周年纪念活动,更好地传承历史,总结经验,充分展示交通改革辉煌成就,2008年,省厅决定编撰出版《大路人生—山西交通改革发展30年回顾与展望》一书。稿件征集对象为厅机关和厅直单位副处级以上干部;厅属县处级以上单位党政主要负责人;各市交通局副局级以上领导;山西汽车运输集团中层以上干部及各分公司党政主要负责人;厅机关、厅直各单位及各市交通局、山西汽车运输集团1978年以后离退休老干部(副处级以上职务或副高级以上职称)。内容以1978年改革开放以来,个人亲身经历或所见所闻为题材,或以某一个单位前后变化为脉络,从某一个侧面见证或反映全省交通系统改革发展建设成就,探讨和总结经验教训,对今后工作提出若干建议及思路。资料上限为1978年1月1日,下限为2008年8月31日。

省厅领导高度重视,专门成立编审委员会。厅党组书记、厅长段建国任主任;厅党组副书记、副厅长张润任常务副主任;厅其他领导王志民、韩日裕、张志川、郜玉兰、张德仪、赵振田、曹燎原、郭贵平任编委副主任,委员由厅机关各处室负责人、厅直各单位党政一把手、各市交通局局长共52人担任。中心具体负责书稿征集、修改、审定及编辑出版事宜。经过认真组织,厅属各单位共报回稿件320篇,采用205篇。全书分为改革纵横16篇、公路建设67篇、征稽管理25篇、道路运输6篇、设计科研20篇、教育培训13篇、规划发展4篇、舆论宣传8篇、农村公路4篇、汽运集团42篇共205篇100万字。于2009年10月由山西人民出版社出版发行。

(四)编辑出版《山西路谱》大型资料书籍

根据交通运输部《中国路谱》编委会要求,为总结回顾全省公路交通历史沿革,弘扬和保存珍贵的文化遗产,集中展现当代山西公路建设的技术进步和巨大成就,从2006年1月开始,中心开始有关资料的收集整理工作。《山西路谱》是全省第一部以农村公路为主要记载内容的专业志书。编审委员会主任王晓林、段建国,常务副主任张润,副主任王志民、韩日裕、张志川、郜玉兰、张德仪、赵振田、曹燎原、郭贵平。主编张润,执行主编师国梁,副主编张岐山、梁锦华。

该书分为县级公路、乡级公路、村级公路、专用公路四编43章375节。其中,记述县级公路739条,乡级公路4419条,村级公路12 638条,记述旅游公路、煤运公路、国防公路及其他专用公路104条。前有序言、概述,后有后记,详细记载全省各县、市、区公路建设情况,内容全面,涵盖面广,是一部资料性、专业性很强的工具书,也是《山西交通志》的很好补充,填补全省公路专业书籍的空白。全书共145万字,2009年6月由山西人民出版社出版发行。

(五)完成其他史志年鉴资料报送任务

根据交通运输部《关于做好2009年〈中国交通年鉴〉组稿工作的通知》,中心向《中国交通年鉴》编委会报送反映全省2008年交通建设成就的资料5万字;根据省史志研究院要求,按照厅领导的安排,向《山西年鉴》报送反映全省2008年交通建设成就的资料10万字;完成为《中共山西年鉴》、《山西经济年鉴》提供全省交通建设成就的稿件10余万字。

为全面、客观、系统地记述汶川特大地震灾害和抗震救灾工作,国务院决定编撰《汶川特大地震抗震救灾志》。根据交通运输部、省政府办公厅及厅领导要求,中心及时组成编撰领导组和办公室,下发文件,召开会议安排布置,在规定的时间内,分别完成向交通运输部、省民政厅的资料报送任务。其中,向交通运输部报送资料20万字、图片资料200余幅,向省民政厅报送资料10万字,图片资料80余幅。

在交通运输部网站开办的"辉煌60年

·交通巡礼”系列访谈节目中,协助厅办公室完成综合部分、大事记部分稿件准备工作,并参与审定其他部分稿件。此外,还协助厅办公室完成“建国60年交通成就展”文字资料的准备工作。

坚持反腐倡廉持之以恒

一年来,根据中纪委、交通运输部、省纪委及厅纪检组对反腐倡廉工作的要求,中心积极建立健全惩治和预防腐败体系,深入落实为民、务实、清廉的要求,坚持教育、制度、监督并重,用发展的思路和改革的办法防治腐败,不断提高预防腐败的能力和水平,逐步铲除腐败现象滋生蔓延的土壤和条件,取得明显效果。

思想上高度重视。根据厅纪检组、厅直党委要求,开展了多种形式的党风廉政建设和反腐败工作。一是利用每周学习时间,重点学习党性、党风、党纪教育的有关内容,并以制度形式固定下来,做到有安排,有内容,收到较好成效。二是中心领导班子分别于2月19日、6月3日召开研究党风廉政建设和反腐败工作专题会议,就本中心党风廉政建设和反腐败工作进行安排、部署和进一步探讨、研究;三是按照厅直党委要求,于10月17日召开中心领导班子民主生活会,班子成员畅所欲言,大胆交流思想,勇于批评与自我批评,进一步增进互相了解和团结。

行动上严格要求。中心领导从自身做起,从小事做起,严格遵守领导干部廉洁从政的各项规定,防微杜渐,防患于未然;严格执行领导干部廉洁从政各项规定,做到有令则行,有禁则止,自觉做到不正之风不染,不义之财不收,不法之事不干,做廉洁自律的表率。班子全体成员团结协作,共同努力,使信息中心领导班子保持了旺盛的战斗力,有力地促进了中心工作的进展。一年来,领导班子成员认真贯彻执行领导干部廉洁自律各项规定,较好地做到清正廉洁,全年无受党纪政纪和刑事处分的情况。

党风廉政建设和反腐败工作责任落实到位。为了确保中心党风廉政建设和反腐败斗争目标的完成,根据厅党风廉政建设和反腐败工作责任分解意见精神,中心将各项具体任务落实到中心领导干部每个人头上。师国梁主任、郭富平副主任、张岐山调研员分工明确,保证一岗双责落到实处,做到工作有目标,考核有标准,奖惩有依据。同时成立资料信息中心党风廉政建设和反腐败工作任务责任领导组,师国梁主任担任组长,对党风廉政建设和反腐败工作任务责任制负总责,郭富平副主任担任副组长,领导组下设办公室,负责具体日常工作。由于分工明确,责任到人,班子成员对分管范围内的党风廉政建设进行认真研究、部署、监督、检查,基本形成党支部统一领导,党政齐抓共管,纪检干部组织协调,部门各负其责,群众积极参与的全方位、多方面的预防和治理腐败的新局面。

坚持从源头上预防和治理腐败。针对人权、财权、事权等有关环节,中心领导班子完善监督机制,规范权力运行,从源头上预防和治理腐败。一是出台《贯彻落实<建立健全惩治和预防腐败体系2008—2012年工作规划>的实施意见》,明确了今后五年以科学发展观为指导、推进惩防体系建设的工作思路和目标,对教育、制度、监督、改革、纠风和惩处6个方面的工作进行了周密安排,为今后一个时期惩防体系建设提供了重要依据。二是在财务管理方面,严格执行“收支两条线”规定。无挤占、挪用专项资金情况;不断加强财务管理,搞好财务监督;发扬艰苦奋斗,勤俭办一切事业的优良传统,花好每一分钱,把钱用在更重要的地方。三是对副处以上领导干部个人“廉政档案”进行完善,将个人民主生活会情况、干部年度考核、群众举报、培训鉴定表、住房登记表等廉洁从政情况均纳入本人档案,作为对领导干部廉洁从政情况考核的重要依据,有力地推动了领导干部廉洁自律工作的制度化建设。

(责编　魏建国)

山西省交通厅新闻宣传中心

□杨原平

2009年，在省交通运输厅党组正确领导下，交通新闻宣传紧紧围绕厅党组中心工作，坚持正确舆论导向，积极应对突发事件，圆满完成各项工作任务，取得显著成绩，充分发挥加油鼓劲、精神鼓舞和智力支持作用。继续保持“文明和谐单位”荣誉称号，获省厅“2009年度完成工作目标责任制先进单位”和“2009年度安全生产工作先进单位”。

组织策划多种新闻宣传活动 全力助推交通事业又好又快发展

2009年，中心紧紧围绕厅党组各阶段工作重点，加大对交通时政新闻以及重大活动的新闻宣传，及时向社会和全系统发布交通改革、发展、建设信息，充分发挥《山西交通》报、《中国交通报》、山西电视台卫视频道、山西人民广播电台等宣传资源，在充分发挥行业内部宣传优势、不断提高宣传质量和宣传水平的同时，积极拓展宣传领域，与《山西日报》、《山西经济日报》、山西电视台、山西人民广播电台四大主流媒体以及山西新闻网、黄河新闻网两大网站紧密配合，并与中央驻晋新闻单位紧密协调，不断扩大交通新闻宣传工作的社会影响力。

2009年3月，与省委宣传部共同组织省城新闻媒体记者赴沿黄干线公路和沿黄旅游公路进行采风活动。厅党组副书记、副厅长张润亲自参加，记者们沿偏关县万家寨沿黄干线公路起点出发，经忻州、吕梁、临汾、运城四市，行程1000余公里，在采访过程中和采访结束后，做了大量宣传报道，扩大沿黄公路的影响力。

2009年5月，根据省政府统一部署，中心组织“村村通水泥路”全覆盖新闻发布会，向媒体通报省政府“五个全覆盖”工程进展情况，厅党组书记、厅长段建国出席新闻发布会，向媒体通报全省村村通水泥(油)路全覆盖进展情况，并接受记者专访。

2009年5月，全省取消政府还贷二级公路收费前，中心及时组织中央驻晋和省城主流媒体召开新闻通气会，通报全省二级公路取消收费信息及具体实施办法，并组织现场启动仪式，还在《山西日报》刊登取消收费站点公示，起到积极宣传效果。

2009年7月，中心与省委宣传部共同组织中央驻晋和省城主流媒体记者、摄影记者以及书法家70多人，赴大呼、忻阜、忻保、太佳、太古等在建高速公路进行采风活动，省委宣传部常务副部长杨波以及厅党组书记、厅长段建国和在家厅领导冒雨出席启动仪式，行程上千公里，产生十分积极宣传效果。

2009年9月，中心与厅办公室共同组织策划“山西交通运输60年建设成就展”，具体承办布展工作。展览跨越60年，要求高，时间紧，中心领导认真部署，调动力量，加班加点，圆满完成布展工作，展出1个多月，受到广泛好评，获厅庆祝新中国成立60周年系列活动“优秀组织奖”。

2009年9月，中心与省交通建设开发投资总公司协作，组织省城新闻媒体记者对太长、长晋、晋焦三个高速运营公司和高陵在建高速公路进行采风活动。

2009年12月，中心组织省城新闻媒体记者赴正在建设的长平高速公路进行采风活动。

积极应对突发事件 认真做好宣传工作

2009年10月，晋陕交界的忻黑公路发生大堵车，引发社会各界及媒体关注，中心积极参与，及时主持召开新闻通气会，请厅领导、厅机关有关处室负责人向媒体通报造成堵车的真实情况，尤其是与新华社山西分社、人民日报山西分社加强沟通，积极发挥新闻舆论释疑解惑作用。2009年11月上旬，历史罕见暴雪降临三晋，造成部分高速公路和干线公路大面积堵车，人员滞留。面对突如其来的情况，中心领导组织媒体记者上路采访，及时进行宣传报道，并将全省交通系统抗冰雪、救援保通、疏散安置人员等工作，每日通报中央驻晋和省城新闻媒体，及时宣传交通应急处置，起到很好效果。

认真做好省厅各项政务活动和有关会议新闻报道工作

2009年，中心及时保障省部领导、厅领导政务活动、调研活动和厅有关会议的新闻宣传报道工作，全年共派出记者489余人次，撰写新闻稿件500余篇。其中省部领导活动25次，主要有省委副书记、省长王君，副省长牛仁亮出席大呼、太佳、大同四条高速公路、灵山、和榆高速公路开工或推进会，以及在忻保、忻阜高速公路调研活动；省委副书记、省政协主席薛延忠率政协委员在太佳、太古、汾平高速公路视察；省委常委、纪委书记金道铭深入省交通厅调研活动；省委常委、省军区司令方文平视察战备公路；省人大常委会副主任、省总工会主席郭海亮，省人大常委会副主任安焕晓分别在忻阜、太古高速公路进行慰问和视察活动；交通运输部部长李盛霖、副部长冯正霖出席全国治超会议以及听取全省交通情况汇报。厅领导、厅机关会务活动132次，部队领导活动6次，厅直有关单位活动45次，厅大型活动16次。另外，厅机关、厅直单位有关公告、公示都及时予以公布。

充分发挥各种媒体作用 创造良好舆论宣传氛围

首先，集中精力办好《山西交通》。《山西交通》是交通新闻宣传的重要平面媒体，是省交通运输厅党组的喉舌。一年来，中心坚持政治性、时效性、艺术性三统一原则，进一步强化采编工作，不断提高办报质量，做到及时刊发厅领导、厅机关各类活动、有关会议消息，及时将厅党组声音向外传播，成为全系统不可或缺的精神食粮。全年共出版100期，全部免费赠阅全系统各所、站、段、道班以上单位，及时送省领导、驻省全国人大代表、政协委员、省直有关厅局、厅领导、厅机关、厅直等单位，并报送交通运输部，与多个兄弟省市进行交流，涉及单位和个人达1700多个，全年赠出《山西交通》约70余万份。

其次，搞好交通主体宣传。一是《中国交通报》山西记者站。全年在《中国交通报》发稿210余篇，其中还有大量专版宣传。二是山西电视台驻厅记者站。全年在中央电视台“新闻联播”播出反映全省抗冰雪保安全保畅通和治理超限超载工作新闻2条，在山西卫视共播发新闻89条，还拍摄《沧桑巨变》、《交通辉煌60年》等专题片。三是山西人民广播电台记者站。充分发挥及时、快捷宣传效应，全年在山西人民广播电台发稿52篇。四是为山西交通网及时提供足够信息支撑。中心及时将每期《山西交通》的头版要闻及二版新闻及时提供给山西交通网，共为山西交通网提供文字、图片信息1000余条。五是在境内外大媒体宣传山西交通。7月9日，在《经济日报》用两个专刊宣传山西交通;12 月 10 日,在《中国经济导报》用两个专版宣传山西交通;12 月 31 日,在《香港文汇报》用 4 个专版宣传山西交通。这三大媒体都对段建国厅长进行采访,对全省交通运输事业发展进行全方位宣传,进一步扩大了山西交通运输在全国以及境外的影响力。六是认真做好资料宣传工作。编辑出版《山西交通 60 年》大型画册。由于接到编辑画册任务较晚,中心有关人员抓紧筹划,认真准备,12 月上旬已编出初稿并送厅领导审定后,正在加注英文,2010 年出版。

密切与各有关部门沟通 构筑新闻宣传工作体系

截至 2009 年底,已在全系统县(处)级以上单位建立新闻宣传工作站 45 个,并聘任站长、副站长、特约通讯员,下发《新闻宣传工作站管理办法》和《通讯员考核办法》。通过建立新闻工作站及通讯员激励和约束两个机制,分季度定期公布通讯员上稿情况等措施,使全省交通新闻工作站工作得到进一步加强。各新闻宣传工作站除宣传好本单位、本部门以外,还积极承担中心分配的采访任务。如 2009 年 11 月应对暴雪灾害以及王君省长在太旧高速公路视察灾情时,太旧高速公路公司、太原高速公路公司、阳泉交通局新闻站发挥十分积极作用。

在对外宣传方面,一是密切与省委宣传部和省新闻出版局的联系,使他们关心关注交通新闻宣传。省委宣传部对交通新闻宣传工作非常关心和支持,中心组织重点公路建设新闻采风活动,新闻处处长全程参加。《山西交通》作为内部资料,多年来一直受到省新闻出版局的关爱和支持。中央驻晋新闻单位和省城主流媒体,都成为中心的朋友,交通的各类会议活动都及时邀请他们参加,并提供所需各种资料。一年来,主流媒体没有刊发对交通有负面影响的新闻,中心也尽所能提供新闻采访便利。全年分别在人民日报、新华网、人民网、中央电视台、中央人民广播电台、《中国交通报》、《山西日报》、《山西经济日报》、山西电视台、山西人民广播电台、山西新闻网、黄河新闻网等省级以上煤体刊播新闻稿件 800 余篇(条)。还及时向新闻媒体提供大量新闻背景资料和图片,并协调新闻单位对交通的各类采访活动。

加强党建和文明建设 统筹做好各项工作

一年来,中心深入贯彻落实党的十七大、十七届四中全会精神,紧紧围绕厅党组中心工作,服务大局,全面推进党的思想、组织、作风和制度建设,以提高干部职工思想道德素质为主线,以不断弘扬和培育行业精神为重点,以开展群众性精神文明创建为载体,唱响主旋律,打好主动仗,为全省交通运输事业又好又快发展,提供强大的精神动力和舆论保证。

认真抓好党建工作。为适应新形势、新任务对党建工作要求,2009 年初,党支部认真分析中心现状,结合实际,制定年度党建工作计划,明确工作目标和任务。认真抓好领导班子和干部队伍建设,增强整体合力。利用“三会一课”、电化教育以及党建书籍资料等形式,强化对党员进行学习培训。在组织发展中,严格坚持发展党员工作的“十六字”方针。2009 年 5 月,又有 1 名预备党员转正,实现党员发展满堂红,3 名优秀党员在“七一”受到厅党组表彰。

积极开展反腐倡廉宣传教育。组织党员、干部学习《准则》、党纪政纪等法律法规,有步骤地开展警示教育活动,增强党员干部,特别是领导干部的反腐倡廉意识和自律意识。继续深入贯彻落实党风廉政建设责任制,将党风廉政建设责任制分解到 6 名中心领导头上,拓展从源头上防止腐败工作领域。2009 年 9 月底,以“加强党性修养,弘扬优良作风,促进科学发展”为主题,按时召开中心领导班子民主生活会,收到良好效果。此外,以学习实践科学发展观活动“回头看”为契机,认真查找整改措施落实情况。加大中心内部管理工作力度，制订出台请销假、考勤、车辆保障使用和加班补助等四项规章制度。

积极组织文明创建活动，全面提升文明程度。上半年通过省直文明和谐单位检查验收，继续保持“文明和谐单位”荣誉称号。在中心内部全面开展创建文明部室、先进个人活动，认真组织“优秀共产党员”、“优秀新闻工作者”创评活动，带动文明建设整体上水平；充分发挥工会、共青团、妇女组织号召力，在“三八”、“五一”、“五四”、“七一”节前，组织职工进行革命传统和爱国主义教育，不断增强凝聚力向心力。

强化硬件建设，改善工作和生活环境。为职工办实事，切实维护职工权益；坚持开展送温暖活动，做到“四个必到”，即凡结婚、生育、住院、丧葬者，中心领导必到。坚持组织职工体检和女职工进行妇科检查，定期发放女职工津贴；组织职工参加省公路运输工会和驻楼单位丰富多彩的文娱活动。在“博爱一日捐”、“送温暖、献爱心”活动中，踊跃捐款捐物。

（责编　师国梁）

山西省交通厅后勤服务中心

□张补才

2009年，是全省交通建设再掀新高潮，快速发展的一年，也是中心全面发展，职工生活水平显著提高的一年。在省交通运输厅党组正确领导下，在厅机关各处室及老干部们的关心支持下，中心坚持以学习贯彻科学发展观为指导，以“改革、服务、管理、经营”为目标，抢抓机遇，加快发展，创新管理，着力转变思想观念，创新工作思路，完善服务功能，拓宽经营渠道，后勤服务工作取得“五大进展”，为确保厅机关工作、生活秩序正常运转，提供有力后勤保障。

后勤服务取得新进展
服务保障水平明显提高

一年来，中心坚持以人为本的思想，积极倡导“后勤服务无小事、小事当做大事办”服务理念，坚持把为机关干部职工提供优质、高效、便捷服务作为工作的重中之重，把机关干部职工满意不满意、赞成不赞成作为检验后勤工作是否取得成效的基本标准。在积极引导和教育中心广大干部职工更新服务观念，端正服务态度，增强服务意识的同时，提倡换位思考，坚持24小时值班制度和零距离、人性化、个性化服务，努力为机关广大干部职工及家属营造一个和谐有序、文明整洁的工作生活环境。

首先，物业管理与维修工作坚持“随叫随到，保证质量”的服务宗旨。从机关建设和广大干部职工及离退休老同志需求出发，在加强机关及宿舍院绿化、保洁工作，确保水、电、气暖正常运行等日常服务的同时，2009年，先后对惠民北巷宿舍院的污水管线、庭院进行改造；对中心办公楼、厅机关文源巷一、二、三、四号宿舍楼及机关食堂屋顶做了防水维修处理；完成厅机关二楼、五楼会议室灯光更换和节能改造工程以及三个宿舍院庭院的照明布局优化、增亮和节能改造工程；完成厅机关惠民北巷热力站大修改造及厅机关、文源巷宿舍院供热管道更换保温工程；更换和整修厅机关、惠民北巷宿舍院电动伸缩门及机关办公楼自动门；配合市政道路改造，对新泽巷、文源巷宿舍院及机关院围墙进行改造及美化；此外，还完成中心办公楼更换塑钢窗户、防护栏及卫生间改造工程，改善中心办公条件；更换厅机关和宿舍院部分自来水管道，对厅办公楼建筑立面进行全面清洗。特别是在2009年11月中旬突如其来的大雪面前，不等不靠，积极组织中心全体干部职工率先铲除厅机关院内、宿舍区及街道门前冰雪，赢得太原市政府好评，较好地保障机关正常工作生活秩序。

其次，关心职工生活，维护职工权益。一是2009年“费改税”后，在1月至8月厅机关拨付的服务经费长期不能到位，面临资金一度周转困难面前，积极想办法，在厅领导大力支持下，从厅财务处借支200万元，保证中心职工工资按时发放，维护厅机关稳定和正常运转；二是积极帮助中心职工解决子女入学问题,三年累计解决子女上小学和初中共计20余人,实实在在为职工排忧解难。此外,抓好职工福利,全年共发放鸡蛋、大米、白面、食油、水果等价值100余万元的福利品。

再次,搞好食堂服务,积极改善就餐环境。2009年,在厅领导大力支持下,集中进行装修改造,全部更新食堂厨具、灶具等基础设施,使就餐环境大为改观。与此同时,强化日常管理,坚持热情周到、让厅机关干部职工吃得好、吃得满意的服务理念,结合就餐人员不同需求,及时调整"一周菜谱",适时增加花色品种,在物价不断上涨情况下,较好地保持"三好一保"(质量好、服务好、环境好,饭菜价格基本保持平稳)局面,食堂的综合管理服务受到厅机关干部职工的普遍认可。

后勤管理取得新进展 有关服务成本明显降低

2009年,中心坚持向管理要效益、要活力,以管理促服务。一是整章建制,按章办事。相继建立和完善学习、考勤、请销假、周一中心组工作例会制度,物业管理处坚持服务质量三级督察和绩效考核等后勤服务管理制度,在明确职责、工作范围的同时,采用内部考核和外部评价相结合方式,使服务质量评价更具全面性、客观性和科学性。二是节能降耗,降低管理成本。创建节约型后勤,坚持以提高资源利用效率为核心,以节水、节电、节能为重点,倡导厉行节约,反对大手大脚、随意浪费,培养中心干部职工的节约意识和节约习惯,努力营造资源节约的良好氛围,逐步形成崇尚节约的良好风气。在物品消耗上,将办公用品、维修设施和消耗品及日常低值易耗品的使用全部纳入量化核算,并制定严格节约标准,使节约工作逐步迈入程序化、规范化。同时,定期对公用设施、耗能设备进行检修和节能改造,充分提高使用效率,服务成本得到有效控制。

经营创收取得新进展 后勤保障能力明显提高

2009年,中心紧紧抓住全省交通发展大好形势,充分发挥行业优势和信息资源优势,想方设法开展经营工作,为自主发展拓宽道路。一是通畅公司多方合作,参与竞争。为切实增强企业实力,密切关注全省公路交通建设项目,积极参与交通工程招投标工作。二是中心物资供应站在基础薄弱条件下,经过努力,2009年融雪剂供应量达到500多吨,取得一定效益。三是交通小区物业管理处坚持以服务住户、营造和谐平安小区为宗旨,严格执行"费用包干、自主控制、单独核算、自负盈亏"管理模式,坚决落实"收支两条线"制度。针对小区住房成分复杂、历年费用收取困难增大,尤其是冬季取暖费难以收取等突出问题,在厅领导支持下,在厅直各单位协调配合下,落实专人,分工协作,采取上门收费、下发缴费通知书、电话联系住户等方式,截至2009年底,收缴物业管理、电梯使用等费用82万元,收缴率达到75%,负责代收代缴的水、电、暖气费280余万元,有效保障小区物业管理工作的正常运转。

安全维稳取得新进展 机关形象得到良好提升

安全生产事关机关改革发展稳定大局。一年来,中心始终以科学发展观统领全局,坚持"群防群治、预防为主"方针,结合厅机关实际,不断强化厅机关及宿舍区安全保卫、和谐创建工作,并逐步完善突发事件预防协调机制,认真落实安全工作责任制和追究制。一是把好关口。切实加大对大门人员进出关、物品采购关、车辆安全管理关、水电气暖安全检修关等安全管理工作,全年无政治、刑事案件,有效防止、杜绝突发事件和安全责任事故的发生,维护厅机关和谐有序良好局面。二是抓住重点。加强对重点部位和重点人员的安全管理工作。对机关大门、楼门等重点部位实行来客、车辆登记制度,指定专人负责保安监督检查,坚持每周进行例会制度,确保机关正常工作、生活秩序。三是确保稳定。强化综合治理、安全保卫等工作。中心专门成立组织领导机构,对重点安保设施实行资金倾斜,明确各部门责任范畴,严格加以检查落实,做到防治结合。特别是配合厅机关对近年来下属单位不时有群众集体性上访等事件,进行耐心细致工作,有关同志们加班加点,放弃休息时间,上下沟通协调,有效预防突发性事件发生,为建设"平安交通"、树立厅机关良好形象作出积极贡献。

精神文明建设取得新进展 职工素质和机关面貌明显改善

一年来,中心坚持从学习贯彻落实科学发展观出发,切实抓好党建、党风廉政建设和精神文明建设。一是认真贯彻落实党的十七大、十七届三中、四中全会精神,坚持用科学发展观武装党员队伍,指导工作实践,提高决策能力。根据厅党组安排部署,中心党总支将学习实践科学发展观活动不断引向深入,坚持中心组、职工理论学习不动摇,形成中心领导班子成员带头学、中层干部主动学、全体职工积极学的良好学习氛围。二是扎实推进党风廉政建设和反腐败工作。结合实际,中心制定《2009 年党风廉政建设和反腐败工作实施方案》,并按照"一岗双责"要求,层层分解细化廉政责任,狠抓工作落实。不断加大反腐败力度,将反腐倡廉工作寓于推动后勤科学发展的各项规章制度之中。2009 年以来,没有接到一例群众举报,没有发现一例干部违纪行为。三是不断引深文明和谐创建。以"学先进、树新风、创一流"为载体,以学习实践社会主义荣辱观为主线,以提高中心干部职工素质、推动中心科学发展为根本目标,在中心广大干部职工中开展深入持久的"爱岗敬业文明树新风"主题教育活动。此外,中心积极倡导广大干部职工发扬"一方有难,八方支援"的传统美德,全年 3 次向贫困灾区捐款 12 670 元。更让人感动的是,中心职工栗金锋同志患病后,中心领导班子成员带头积极组织捐款,中心和机关车队共计捐款 15 700 元,并及时送到家属手中,让家属感受到中心这个大家庭的温暖。近年来,厅机关先后被交通部、省精神文明办授予"全国交通系统行业文明单位"和"精神文明单位"等称号,中心连续多年被省厅评为完成年度目标责任制先进单位和先进基层党组织。

2010 年是实施"十一五"规划的最后一年,做好新一年各项工作,具有十分重要意义。中心既面临着如何更好地生存与发展的严峻考验,又担负着为厅机关提供优质服务,搞活经营等更加繁重任务。中心将以党的十七大及十七届三、四中全会精神为指导,全面贯彻落实科学发展观和交通率先发展战略,以发展为主题,以深化改革、强化管理、创新服务为动力,不断推进后勤服务社会化进程,全面增强后勤经济实力和后勤保障能力,为把后勤各项事业推向前进而努力奋斗!

(责编　师国梁)

山西省交通厅规划发展中心

□安小平

2009年,中心坚持以科学发展观统领交通规划工作全局,全面贯彻落实党的十七大和十七届三中、四中全会精神,以建设"创新型、学习型、和谐型"单位为载体,着眼于"十一五"交通运输规划的顺利实施和"十二五"规划的全面启动,积极开展规划基础研究和"十二五"规划前期工作,全方位推进中心自身建设,各项工作取得较好成绩。

紧跟形势扎实工作
基础研究取得新成果

2009年,为更好地适应全省经济社会发展要求,中心坚持抓重点,抓热点,积极开展交通规划基础研究工作,贯彻落实国家加快中部地区发展战略和党的"十七大"关于加快城市圈、城市群发展的重大战略决策。省委、省政府做出加快构建太原经济圈的战略部署后,中心组织开展《太原经济圈公路交通规划》。为适应全省挖掘红色旅游资源优势,拉动革命老区经济发展,加快红色旅游发展需要,中心及时开展《山西省红色旅游公路建设规划》。这两项规划的编制完成,对于进一步发挥公路交通先导优势,加快太原构建经济圈和推进全省红色旅游发展,提供交通基础支撑保障,具有十分重要的意义。

2009年是"十二五"规划全面启动的重要一年,在交通运输部确定的两个"十二五"规划重大基础研究课题("十二五"期交通运输服务与管理突出问题研究和国省干线投融资政策研究)的基础上,中心从全省交通运输发展现状出发,找准存在的问题和薄弱环节,结合"十二五"交通运输转变发展方式、推进现代交通运输业发展和综合运输体系发展的新特点,确定了以基础研究课题支撑总体规划编制的思路,在多次征求厅领导和有关处室意见后,确定了综合运输体系规划研究、农村公路建设投资政策研究和"十二五"规划实施政策措施研究3个基础课题以及县(市)过境公路规划和旅游公路建设规划2个专项规划,为下一步科学制定"十二五"规划奠定基础。

此外,中心承担的科研项目《山西省农村公路发展战略研究》顺利通过省科技厅评审,达到国内领先水平。

提升素质增强活力
为规划顺利开展保驾护航

为有效提升规划队伍整体素质,中心大力推进学习型单位建设。中心多方为职工创造学习机会,加强路网规划、枢纽规划等业务培训,结合中心主要业务工作,开展多项业务技能比武竞赛活动,激发全体职工比学赶超热情。在加强业务知识学习的同时,秉承"阅读、进步、和谐"理念,中心号召全体职工通过读书提高自身文化素养,并集中开展学习三字经活动。通过这些措施,既丰富职工文化生活,又提高职工综合素质,全体职工面貌焕然一新。

中心认真落实厅直单位党的工作责任制和党风廉政建设工作制度，不断加强基层组织建设和制度建设。在开展党建、精神文明创建和工会工作中，中心结合实际，制定详细计划，扎实有效落到实处。围绕开展好建国60周年庆祝活动，中心制订实施方案，组织进行了一系列文体活动。此外，中心还组织职工参观全省新中国成立60周年图片展和公路建设60周年成就图片展，观看爱国影片《建国大业》，激发大家爱党、爱国和爱岗敬业热情。组织职工开展"送温暖、献爱心"等捐助活动。通过这些活动，中心的凝聚力和向心力大大增强，有力地促进交通规划业务工作的顺利开展。

（责编　师国梁）

山西交通安居置业管理中心

□ 郭永刚　王津林

2009 年,在省交通运输厅党组正确领导下,在各有关单位和部门大力支持下,全省交通安居工程得到迅猛发展,有效解除职工后顾之忧。与此同时,全体员工加强学习,严格管理,杜绝腐败,形成良好工作氛围。

抓好安居工程建设

2009 年,中心借助国家扩大内需经济政策和继续增加政府补贴性经济适用房及廉租房惠民措施的实施,适时有效把握机会,积极争取经济适用房计划,建设物美价廉住房。与此同时,充分利用本系统现有存量土地,走市场化运作模式,通过转变土地性质,合并转移、拆迁改造,建设一批成本价住房,作为解决交通职工住房困难的补充办法。一年来,中心对太原高速公路公司长风东大街住宅小区的兴建、征地规划等前期手续不断进行完善,经过与太原市有关建设部门协调,做了大量艰苦细致工作,对整个工程的前期筹备作了详细规划,小区土地手续全部落实,进入实施阶段,确保 2010 年顺利开工建设,为 1000 户左右职工提供良好居住环境。

抓好党风廉政建设

2009 年,中心按照厅党组要求,成立党风廉政建设工作领导组,进一步明确责任。领导组组长由中心主任郭永刚担任,副组长由副主任王津林担任。先后制定《党风廉政建设责任制实施细则》,建立和完善党风廉政责任考核制度和民主评议检查制度、责任追究制度,依靠制度推动中心党风廉政建设的深入发展。同时,坚持民主集中制,严格落实重大事项集体研究决定制度,规范“三重一大”(重大问题决策、重要干部任免、重大项目投资决策、大额资金使用)决策议事程序,为搞好中心各项工作打下良好基础。

抓好综治信访工作

2009 年,中心以“三个代表”重要思想和深入学习实践科学发展观为指导,以省交通运输厅《2009 年治安综合治理工作目标责任书》为依据,积极抓好治安综合治理工作,全面落实工作任务,有效促进交通安居事业健康发展。一年来,中心未发生任何责任事故和重大安全事故,无一人受到党纪、政纪和刑事处分,形成团结、和谐、文明、安全的良好环境。

与此同时,中心领导高度重视信访工作。把强化信访工作领导、维护社会稳定放在重要位置,认真排查解决各种问题,全年未发生集体上访事件。积极开展“平安单位”建设活动,认真落实各项防范措施。以“五五”普法为契机,抓好法制宣传教育工作,组织全体职工参加“2009 年度厅直单位干部法律知识考试”,不断提高职工法律意识,在工作中更好地实现以法治交目标。

(责编　师国梁)

山西省物流中心

□郭树中

2009年，在省委、省政府领导高度重视和热情关心下，在省交通运输厅大力支持下，在省市相关主管部门积极配合下，在中心领导班子和全体职工共同努力下，特别是通过参加第一批学习实践科学发展观活动，深入开展分析检查和认真制定整改落实措施方案，组织党员干部“回头看”，使太原公路主枢纽武宿货运中心项目更加符合科学规划建设要求，前期工作和开工建设条件基本就绪，力争在2010年正式开工建设。

武宿货运中心项目建设开工在即

规划和土地行政审批。2009年6月，经太原市规划局审核，取得太原项目选址意见书；12月，核发建设用地规划许可证。在规划审批工作进行的同时，土地审批工作也积极跟进。2009年7月，太原项目剩余约100亩土地也纳入到新一轮土地规划调整计划中，使该项目整体用地符合土地利用总体规划。11月6日，经国土部门审批，取得项目全部用地预审批复，为项目下一步工作夯实基础。

太原项目开工建设。一年来，通过与黄陵村村委会多次协调，艰难谈判，双方最终达成一致，于11月16日，太原项目顺利开工进场。目前，正在进行清理地面附着物、平整场地、协调施工临时用电、勘察地形地貌、检查水准点等技术工作。

招商引资。为了巩固和推进内陆无水港工作进程，中心领导参加了山西省海关组织的内陆无水港研讨会。带领相关人员赴广州等物流发达地区进行考察调研，为进一步推动和加快内陆“无水港”建设打下基础。

科研课题。按照2008年省厅批准立项的《太原公路主枢纽武宿货运中心运营模式研究课题》要求，2009年，重点考察国内有代表性的同类物流基地，走访全省有关政府机关和一些典型的物流企业开展调研，更进一步了解和掌握招商引资、经营管理的基本要求。

深入贯彻实践科学发展观

一年来，中心党支部用科学发展观理论武装广大党员干部，用科学发展眼光看待问题、分析问题、解决问题。针对项目现状、存在的主要矛盾和问题，组织党员干部“回头看”，认真分析存在问题，提出解决方式方法，及时调整工作思路，积极做好届时开工建设的准备工作，并在开工建设中确保施工进度和施工质量，确保完成进度工程款项和农民工工资足额到位。

在治理“小金库”专项治理工作中，积极配合厅治理“小金库”领导组工作，各项指标全部符合要求，顺利通过验收。

加强党风廉政建设。组织党员干部观看电教影片，通过正反两方面典型对比，用榜样力量感染人，用反面教材警示人，努力预防职务违纪问题发生；增强自律意识，严格遵守

《领导干部廉洁从政若干准则》，切实当好表率，管理好配偶亲人和自己身边工作人员外，重点要在太原项目工程开工建设方面，将党风廉政建设和反腐倡廉工作落实到各部门、各环节和各责任人，特别在项目招投标、大宗材料设备采购、工程质量监督验收、工程款项结算等方面，严格法律法规，按照程序和章程制度办事，真正做到建成一个公路港站枢纽，不倒一个人。

重点解决好制约太原项目开工建设的突出矛盾和问题。特别是要协助黄陵村解决好失地农民就业安置问题；解决好职工群众反映强烈的困难和问题，解决好开工建设统筹兼顾和全面进展问题，把公关突破、开工建设、招商引资、运营管理等工作有机结合起来，真正实现中心工作全面协调可持续发展，为建设全省现代交通运输综合服务保障体系贡献力量。

（责编　师国梁）

山西省交通厅
会计核算(审计)中心

□高海青

2009年,在省交通运输厅党组正确领导下,中心以党的十七大和十七届四中全会精神为指导,深入学习实践科学发展观,紧紧围绕交通运输部做好"三个服务"和实现全省交通事业又好又快发展这个中心,解放思想,团结协作,开拓创新,拼搏奋进,圆满完成年度工作目标任务。

解决突出问题 规范收费公路管理

根据国家发展改革委、交通运输部、财政部《逐步有序取消政府还贷二级公路收费实施方案》精神,中心本着以人为本、解决影响和制约全省收费公路科学发展难题及人民群众关注的热点难点问题原则,积极配合,切实做好全省取消政府还贷二级公路收费工作。在省厅会同省发改委代省政府起草《山西省人民政府关于取消山西省境内政府还贷二级公路收费的通告》,向省财政厅、省物价局、省纠风办征求意见后,根据省物价局、省纠风办意见,省厅需提供补充拟取消收费站点的具体位置及拟继续保留收费的普通公路收费站点。中心根据张德仪总会计师批示,责成专人负责,中心领导亲自督办,借助中心收费公路基础数据库及收费公路统计报表管理系统,及时整理数据汇制成表,并下发给各收费站直接管理单位进一步核实,确保提供资料准确性,为加快全省政府还贷二级公路收费站点撤销进程起到积极推动作用。

创新工作理念 突出交通审计重点

2009年,中心"围绕一个中心、突出两个重点、着眼三个安全",强化监督意识、服务意识和保障意识,不断加强审计工作主动性、开放性和科学性,树立科学的交通审计理念。在审计时,找准切入点,围绕党组关注、群众关心、社会反映强烈的突出问题及管理薄弱、容易滋生腐败的重要环节作为审计重点,进一步变事后审计为事前、事中审计。通过有效"健康体检",提高审计保障交通事业健康运行的"免疫系统"功能。

建设项目和建设资金审计。省厅成立由张德仪总会计师任组长的领导组,并在审计期间亲自带队巡视指导审计调查工作。为了解决审计调查任务重、人力不足问题,在全省征稽系统机构改革之际,从各市征费分局抽调副局长担任审计组长,组织征费系统财务审计骨干40多人,共组成16个审计小组,力量不足由社会审计人员参与。既为征费系统干部转型提供学习平台,同时也为省厅发现、选拔优秀人才提供良好机会,有效弥补审计力量不足。

经济责任审计。重点关注干部任职期间履职情况,即年度目标责任制完成情况;单位发展情况,即资产保值增值情况;依法管理情况,即建设、运营管理是否合规合法情况等。

专项审计。在农村公路建设资金专项审

计中,重点关注建设资金来源是否合规、合法,中央资金是否及时、足额下拨,地方配套资金是否及时到位,有无拖欠工程款等问题。审计结果表明,全省农村公路项目建设效果显著,极大地改善农村交通条件,方便群众出行和生活,促进农村经济和社会发展。但也存在一些共性问题:如农村公路建设项目计划下达迟,建设资金到位不及时,存在欠拨建设资金;地方配套资金不足,建设标准偏低;个别农村公路客运站未办理土地划拨手续;以乡和村为项目管理主体的个别通达、通畅工程,管理存在不规范等问题。同时,积极开展了对四川汶川地震灾后恢复重建项目的专项资金审计。

转变思想观念
全力配合外部监督

为认真贯彻落实中央、省关于深入开展"小金库"治理工作意见和会议精神,在省厅治理"小金库"工作会议召开后,中心认真学习政策,准确领会精神,细化工作方案,采取多项措施,对专项治理"小金库"工作进行全面安排部署。同时,积极主动,认真负责,全力配合"小金库"治理工作组检查工作。向系统内所属单位提供政策咨询和业务指导,积极做好宣传工作,统一思想认识,使各单位都能站到讲政治高度,从加强反腐倡廉建设、优化发展环境出发,扎扎实实地做好专项治理工作。同时,中心积极配合审计署在对金融机构专项审计调查中延伸省厅的审计工作,提供完整、准确的资金筹集、使用等资料。借助这次机会,针对新时期资金核算新要求,中心对省厅的资金使用情况进行多角度、全方位分析,在确保资金安全前提下,进一步提高资金使用的规范性和效益性。

加强内部管理
提升系统工作水平

一年来,中心不断完善制度建设,加强行业管理,取得显著成效。

强化行业指导,完善制度建设。在全省新一轮公路建设高潮掀起之际,为了确保交通科学发展、安全发展、快速发展和重点公路建设"三个安全",充分发挥交通内审监督、保障、服务职能,中心汇集最新省厅制定及交通运输部等有关部门颁布的相关法规、文件,编印《山西省交通运输基本建设项目审计工作手册》,分为内部审计分册、国家审计分册和相关法律法规分册,分发给各高速公路建管处、公路局、交通局、高速公路公司、执法局等单位,以便于交通系统从事建设、管理、审计、财务、会计及教学等人员学习和查阅。同时,为了规范全省交通建设项目委托审计管理工作,加强对全省交通运输建设项目工程质量、造价和建设资金的审计监督,提高委托审计质量,防范审计风险,中心印发《交通建设项目委托审计监督管理暂行办法》,更好地指导实际工作。

重视巡视工作,确保系统安全。按照厅巡视办具体安排,中心积极配合对临汾公路分局进行为期1个多月的巡视工作,较为全面地了解分局基本情况,较好地完成厅党组交给的任务。

适应发展形势,加大资金监管。为了确保资金安全、高效使用,中心研究了集中支付条件下的资金核算办法,保证财务数据真实、准确。同时,为了清理省厅与各建设单位的基本建设拨款往来,准确核对账目,及时下拨未到位资金,中心对各建设项目基本建设拨款往来进行核对,保证建设资金账目清晰,建设投资准确无误。在对账过程中,对发现的管理薄弱环节提出改进建议,完善拨款程序。

加强党建工作
促进中心和谐发展

一年来,中心党支部组织全体党员通过采取集中学习与个人自学、通读文件与专题讨论相结合等形式,认真学习党的十七届四中全会精神,全面落实省委、省厅关于加强作风建设的有关部署,狠抓思想、学习、工作、领导和生活五个方面作风建设。认真落实党风廉政建设责任制，深入开展治理商业贿赂活动，使中心每位同志都能充分认识反腐败斗争长期性、复杂性、艰巨性，进一步提高防腐拒变能力。与此同时，坚持“两手抓、两手都要硬”，在狠抓业务工作同时，坚持不懈抓好精神文明建设，积极开展形式多样的文明创建活动，促进“三个文明”协调发展。

（责编　师国梁）

山西省交通环境保护中心站

□王东伟

2009年,中心站迎难而上,全力以赴,认真做好全省高速公路环保咨询服务和科学研究,全年完成产值600万元,新增固定资产50万元,圆满完成各项工作责任目标。

立足交通,实现综合服务

2009年,中心站在上年取得国家环评资质、交通行业监测资质基础上,紧扣全省高速公路建设目标,形成以高速公路环境影响评价和施工期环境监测为主导,兼顾竣工环保验收、环保设计和科研课题和综合服务新格局,为公路建设中做好环保工作提供全方位技术支持。

环境影响评价。先后完成长安、临汾北环、运灵、大浑、天大、广浑、五盂、霍永高速西段、临汾联络线等9条(段)高速公路的环评工作并取得相关批复文件。截至年底,独立或合作承担2009年开工的2000公里高速公路中的绝大多数环评工作,保障公路建设前期工作有序快速推进。在环评过程中,转变思路,主动服务,积极承担大量协调工作。一方面与工可、设计单位沟通协调,尽早发现问题,解决问题,通过优化路线建设方案,尽量减少环境问题;另一方面,全力配合省厅协调解决公路建设中的环境制约因素和难题(自然保护区、水源保护区、重点文物等),完成相关审批手续。比如霍永高速公路东段涉及全国重点文物保护单位霍州窑址问题,中心站工作人员先是通过调查发现路线经过文物保护范围(法律禁止),随即建议工可单位把路线调出保护范围,但是由于工程条件限制,无法避绕其建设控制地带,需要国家文物局出文同意路线方案(法律规定),经过近半年的协调和相关工作,终于取得批复文件。

环境监测。为了贯彻落实有关法律法规,减少公路建设中的环境影响,2009年,中心站积极与建设单位沟通联系,督促高速公路施工期开展环境监测工作。经过2008年、2009年努力,高速公路施工期环境监测工作取得较大突破。2009年开始大呼、灵山、忻阜、太佳高速吕梁段、闻垣高速等开工项目的环境监测工作。由此,全省高速公路建设环保工作形成前期可行性论证、施工建设期环境监测与监理、竣工环境保护验收和运营阶段环境管理与维护的完整体系。同时,还积极与省环境监测中心站沟通,承揽交通行业内外的环评环境现状质量监测,完成28个项目,涉及交通、化工、煤矿、电厂、工业区等多个行业。

竣工环保验收。2009年,先后完成离军、晋济、运城南环高速公路等项目的竣工环保验收工作。全年在借鉴其他优秀单位好的经验基础上,通过工作实践,积极探索总结符合中心站和全省高速公路实际的竣工环保验收工作方法。

环保设计。2009年是中心站开展高速公路初步设计和施工图设计中环境保护设计的第二年。通过成立环保设计小组、聘请交通行业环保设计专家进行业务培训和技术审核等途径，提高设计水平。全年完成长安、平阳、闻喜至合阳、闻垣、大浑、平山、长临高速等7个项目的环保初步设计和施工图设计。

科研课题。2009年，通过成立科研小组，搭建科研平台、与相关科研院（所）合作，从交通环保管理、信息、技术等方面开展科研工作。先后开展公路建设生态恢复、污染治理等技术研究，探索和推广符合全省实际的交通环保技术，也为交通环保决策和管理提供依据。先后承担“旱、寒、风沙黄土地区高速公路生态恢复新技术的研究”、“山西省高速公路沿线设施污水处理适用工艺及技术规范研究”等课题。截至年底，已完成相关调查和实验工作。

申请资质，保障健康发展

环评资质升级。2008年，中心站取得国家乙级环评资质（一般项目报告表）。为了适应进一步发展需要，需要升级为乙级环评资质（报告书）。2009年在完成资质升级相关业绩要求同时，不断提高职工技术水平，完善管理制度和业务规范，建立健全质量保证体系。6月初向环境保护部提交资质升级申请报告，并于8月通过省环境保护厅预审，计划于2010年初完成资质升级。

环境监测资质换证。中心站下设的交通环境监测中心，通过环境监测扩大项目范围，监测项目由过去59项增至目前65项，监测类别包含水和废水、气和废气、振动和噪声等。同时进一步修改完善实验室质量手册和程序文件，达到省质量技术监督局要求，保证监测数据和结果的公正、真实、准确、可靠。此外，2009年11月，中心站实验室成为黄土地区公路建设与养护技术交通行业重点实验室的重要组成部分，主要开展黄土地区公路交通环境保护技术研究。

围绕中心，深化精神文明建设

2009年，在省厅正确领导下，在省交通科学研究院大力支持下，中心站全体职工以科学发展观为指导，根植生态文明理念，围绕业务工作，深化精神文明和反腐倡廉建设。一是积极参与省交科院围绕新中国成立60周年组织的爱国教育和学习实践科学发展观活动。在“交科院庆祝新中国成立60周年演讲比赛”中，有2人分别获得二、三等奖；“每人读一本好书”活动中，中心站形成读爱国书籍、谈爱国话题的良好氛围，并撰写多篇学习心得体会；此外，全体职工还参加“七一”党建活动和60周年成就展。二是积极配合全省“小金库”治理检查工作。中心站自成立以来，严格遵守国家相关法律法规，完善各项手续，逐渐完善财务制度。从2009年起，进一步规范报销手续和程序，严格控制非生产性开支，加大项目成本管理力度。在“小金库”检查工作中，中心站没有私设“小金库”等违反国家法律法规和相关规定的问题。

（责编　师国梁）

山西省交通厅
公路交通工程定额站

□雷英夏

2009年，在省交通运输厅党组正确领导和相关部门大力支持下，在交通运输部定额站指导下，厅定额站坚持以"三个代表"重要思想为指导，认真贯彻落实科学发展观，全面贯彻执行交通运输部及省厅一系列重大决策和工作部署，以务实创新、和谐发展；工作严谨、程序合理；信息畅通、技术先进；客观全面、竭诚服务为工作目标，按照年初与省厅签订的工作目标责任书要求，求真务实，扎实工作，锐意进取，改革创新，基本完成各项工作任务。

完善规章制度 细化工作目标

完善规章制度。2009年初，根据2008年执行情况，对有关制度进行修改与调整。一年来，在造价审查、政府采购、财务支出等工作中，积极推行"阳光作业"，充分做到有章可循，有据可依，使规章制度深入人心，有力促进全站形成科学、合理工作流程和认真、严谨工作作风。

细化工作责任。紧紧围绕省厅《工作目标责任书》要求，将各项工作分解，细化到五个科室，落实到每个人头上，单位与各部门负责人签订工作目标责任书，并与年终考核挂钩，有力调动职工能动性与积极性。形成领导监督检查、负责人全面负责、责任人具体承办的良性循环，保证"人人有事做，事事有人做"，各项工作按照要求进度有条不紊开展。

严格审查造价 做好控制管理

一是紧紧围绕省政府提出的开工1000公里高速公路目标，克服时间紧、任务重、人员少、技术力量薄弱等困难，审查高速公路招标限价共19个项目，总投资520.293亿元，路线长1480公里，核减13.806亿元。

二是为了进一步贯彻国家、交通运输部及省有关工程建设造价管理的方针、政策和法规，明确全省公路工程造价管理部门职责范围，规范全省公路工程造价行业的行为规范，根据工作实际，负责起草《山西省公路工程造价文件审查管理办法》（送审稿）。

紧密结合政策 完善计价依据

一是配合厅公路和建设管理处，对交通运输部《关于公路工程调整概算管理办法》（征求意见稿）提出修改意见。结合全省近年来公路工程概预算审批情况与实际工程项目成本情况，找出影响工程概算调整的主要因素，对概算调整的前提条件、调整程序、调整内容及具体操作方法进行详尽分析，提出多条修改意见，并被省厅采纳。

二是结合全省公路建设气候、地质、环境、社会、经济等客观综合因素，在公路建设中，新技术、新结构、新材料、新设备、新工艺的大量涌现以及施工管理水平不断提高的情况,深入施工现场,测定、收集采空区注浆、路面灌缝、桥梁加固等基础资料,并编制补充定额,为合理确定公路工程造价提供科学合理的计价依据。

三是按照交通部定额站关于对新版《公路工程估算指标》进行测算的有关要求,积极组织人员开展新版《公路工程估算指标》的测算工作;结合全省公路工程工可估算编制的实际情况,选取近5年来5个项目的典型工可估算,利用新版《公路工程估算指标》进行认真测算,充分考虑本省地域及省情,提出多条合理化建议报交通运输部,为编制符合山西公路建设实情的估算指标奠定基础。

四是编制完成《山西省农村公路日常养护定额》(试行版)。厅定额站与省厅农村路网处联合对全省农村公路日常小修保养情况进行调查,对24个县、100余条农村公路的日常保养情况进行摸底,并派人员深入工地一线,具体调查日常养护的工作内容、工料机消耗情况等,收集整理具有代表性的农村公路养护基本数据,编制《山西省农村公路日常养护定额》(送审稿),经省厅组织专家审定后,以省厅文件印发执行。

研发管理系统
注重资料积累

随着全省公路特别是高等级公路建设迅猛开展,工程造价方面累积的各类资料越来越多。为了整理分析这些大量、庞杂、分散而且包含内容十分丰富的宝贵资料,厅定额站继续加大力度,开展《山西省公路造价管理信息系统》课题的研发工作。该系统利用已建和在建项目造价资料,通过数据的横向和纵向分析对比,掌握各阶段造价的变化规律和特点,反映不同时期公路建设的技术、经济、管理、施工水平,为新建项目及主管部门领导决策提供较为科学、合理的判断依据和理论分析依据。同时,为编制估算指标、概算定额和各种费用定额及工期定额提供重要参考资料。

公路工程造价资料的积累是工程造价管理的一项很重要的基础性工作,对总结公路建设经验、更好地指导今后工作开展,具有重要意义。2009年,厅定额站对近两年来新开工的15个高速公路项目,按照平微区、山岭区工程造价,分别进行统计,对各部分费用造价情况对比分析。结合各项目工程量、设计标准、所使用的计价依据等,初步分析得出全省平微区、山岭区高速公路的平均公里造价,为今后高速公路建设提供较为可靠的参考依据。

搭建交流平台
加强信息沟通

一是全年刊发《山西省公路工程造价管理信息》4期。内容包括:领导讲话、政策与法规、行业管理、综合信息、交流与探讨、补充定额、材料价格信息等。为规范行业行为,推动全省公路工程造价管理,发挥积极作用。读者覆盖行业建设、管理、设计、施工、监理、咨询等交通建设从业单位,并赠阅全国29个省市公路工程造价管理部门,受到业内人士的欢迎和关注。

二是坚持经常性、多渠道、多方式材料价格信息收集。针对全年建材价格波动频繁且变动幅度较大特点,组织专人跟踪调查,随时掌握国内外市场主要建材价格变化情况,以及价格发展趋势和变化规律等。经过综合分析,确定材料单价后,在《山西省公路工程造价管理信息》上定期(每季度)发布。为编制和审查公路工程造价文件提供参考依据,提高造价文件编制质量,为合理确定和有效控制造价起到一定作用。

三是充分发挥“山西省公路造价管理网”作用。大力宣传贯彻国家和省有关工程造价管理的方针、政策,及时刊发有关文件和信息,为全省从事公路工程造价管理同行搭建一个沟通信息、交流经验和学习业务的平台。

创建文明单位 促进党建工作

首先，高度重视文明单位创建工作，积极健全组织管理机构，完善相关规章制度。在文明和谐单位创建过程中，站领导始终坚持以科学发展观为统领，不断丰富、创新创建活动载体，着力构建社会主义核心价值体系，有力推动各项工作顺利进行。其次，加强党风廉政建设，从组织上、思想上保证单位健康发展。一是坚持标本兼治、综合治理、惩防并举、注重预防的方针，加强对党员干部特别是领导干部的理想信念、党风党纪、廉洁从政和艰苦奋斗教育。二是组织党员学习新党章和两个《条例》，认真执行中纪委《关于严格禁止利用职务上的便利谋取不正当利益的若干规定》，深入学习省厅《关于对工程建设领域违法违纪责任人员党纪政纪处分的暂行规定》，不断强化党员干部的法制观念、廉洁意识和勤政廉政意识，提高党风廉政工作的水平和能力。三是严格执行政府采购、办公用品管理等制度，有效杜绝商业贿赂行为的产生。四是积极开展正反两方面教育，不断强化党员干部廉洁从政理念，从思想上筑起牢固反腐倡廉防线。

（责编　师国梁）

公路系统单位工作业绩

山西省公路局太原分局

□ 李润平　赵湧文

2009年，分局以工程建设为龙头，科学养护为根本，依法管理为手段，推动分局各项事业持续、协调、快速发展，基本实现了所管养干线公路走到哪里都是好路的目标。

坚持科学养护作为根本 始终如一提升养护水平

分局坚持养护是根本的原则，以日常养护、季节性养护为基础，重点抓好预防性养护、薄弱路段治理、危桥改造、水毁预防治理、安保设施、文明路创建、养护技术比武、路况信息报送等8项工作，全分局干线公路路容路貌焕然一新，整体路况稳步提升。

逐步实现日常养护、季节性养护和预防性养护工作精细化、规范化和专业化。出台分局小修保养管理办法和干线公路养护巡查制度，执行养护平时督查、季度检查和通报制度，从养护基础工作入手，包括路容路貌保洁、路面病害防治、边沟边坡整修、桥涵疏通维护、安保设施、标志标线等养护全部内容，大力倡导"精细化、标准化"养护。同时，从资金、设备、队伍上向预防性养护倾斜，重视预防性养护措施对延长公路使用寿命所产生的经济效益和社会效益，逐步实现养护科学转型。全分局列养里程521.352公里，实际评定里程408.963公里，公路技术状况指数88.3，公路总体好路率84.1%。完成修补坑槽11 086平方米，刷油灌缝95 210平方米，罩面65 000平方米，贴缝带20 000米，疏通涵洞539道。

大力推进危桥和安保设施改造步伐。继续认真落实桥梁养护工作制度和危桥责任制度，高度重视桥涵预防性养护，全面检查管养桥梁，统一更换了古吴线石家河桥等7座桥的伸缩缝；对全部涵洞建立"涵洞档案"，进行疏通清理和维修加固，确保排水泄洪安全畅通。全年完成危桥改造共12座，完成投资3335万元。

认真详细排查安保工程，对急弯、陡坡、临崖、临水等事故易发多发路段增设修复标志、防撞护墩、护柱，恢复护墩、护柱1111个(根)，新增道口标注197根，新增修复标志121套，划设标线45 690平方米。完成投资181.5万元。

着力推进以人为本、绿色环保的《文明路实施细则》。与地方政府合作建设"绿色通道"，创建文明路；按GBM要求，因地制宜，硬化平交道口，疏通边沟，整修路基，绿化边坡，在公路的绿化美化上提高标准。充分利用公路用地范围内的土地，以园林、园艺、绿化等方式突出反映路容、路貌美，充分体现人与路、路与自然和谐的效果。新建5处景点，完成省局计划安排的岚马复线、宁白线、古离线共56.698公里绿化补植和国道208线38.3公里平台绿化任务，在国道208线、国道307线、双阳线、108线增建景点4处，公路宣传碑29个,种植紫穗槐等花木14万余株,修整绿化平台4085平方米。

突发灾害冲锋在先,除雪打冰保畅通。11月10日,历史罕见的冰雪灾害发生后,迅速启动紧急预案,以提前预防、合理部署、积极实施三方面工作,掀起了一场除雪打冰保安全畅通的全局会战,共出动人员4140人次,出动机械274台次,撒布防滑料1000立方米,撒融雪剂280吨,除雪打冰500多万平方米,共投入资金124万元。

不断加快路网改造步伐
公路管理能力明显提升

分局在工程建设中以优质、安全、高效、廉政、不超概算为控制目标,克服工期短、征地拆迁等手续繁杂、资金紧张、材料价格上涨、施工队伍缺乏等不利影响,坚持百年大计、质量第一的方针,抓好工程各环节的质量控制、现场管理、工程监理和质量监督,全年完成国道108线太原新城至石岭关段路面改造工程39.42公里,完成省道104太原晋祠至古交煤炭专用公路新改建工程路面改造31公里,完成阳双线、榆古线、太克线36.5公里薄弱路段改造,共完成投资约5亿元。

路政工作坚持强化整体素质为根本,以文明执法服务为保障,突出超限超载治理和维护路产路权两大重点,取得突出成效。查处路政案件188起,收取赔偿费42万元,查处率100%。出动宣传车16 441公里/217次,书写、张贴标语1225份,查处违章建筑150 034平方米/514起,治理过村镇路段434米/30处。治超共检测车辆863 918辆,查处非法超限超载车辆319辆,超限率为0.036%。

2月底,省治超办对分局所属三个检测站进行了全面考核,给予了充分肯定和高度评价。7月,全国治超现场会在太原召开,小店检测站作为先进典型,获交通运输部李盛霖部长及省市领导和全国各地代表的赞誉,为省厅、省局赢得了荣誉。

分局贯彻落实省政府"取消政府还贷二级公路收费站"决定,于5月31日24时,顺利完成了所属5个收费站的撤站工作,共收取通行费2914.8万元。

积极推进人事改革
完善劳动用工制度

2月,在分局系统公开招聘勘测设计所所长,为今后探索干部选拔任用开辟了新的途径。认真贯彻执行《劳动合同法》,加强和完善劳动用工管理,为养护编外用工人员补办养老保险,办理280人,补缴保费458万余元,一年来,共计完成大学毕业生安置、人事聘用、职称申报、职工退休150人次,报批职工各类变动工资613人次。

充分发挥好工会职能
为职工办好事办实事

分局工会认真履行"维护、建设、参与、教育"四项职能,召开了七届二次职代会,不断完善职代会制度,达到了太原市四星级建设标准。分局系统集体合同签订率和履约率均达到100%,分局连续11年荣获"太原市五一劳动奖状"。分局工会被授予"太原市工会劳动保护工作先进单位"荣誉称号。全心全意为老干部办实事、办好事,落实好老干部的政治、生活待遇,确保"两费"不拖欠,形成全民共建和谐的良好氛围。

分局所属的富路工贸公司、路源公司、设计所、印刷厂4个三产单位,不等不靠,抓住扩大内需的大好机遇,积极开拓市场,经济效益稳步提升,呈现出职工人心思定、企业经营有序的良好状态。

分局监管工作到位
路桥公司走向正轨

分局认真履行对太原路桥公司监管职责,全年,太原路桥公司完成经营中标7项,合同额14.8亿元。积极主动帮助太原路桥公司开拓市场、承揽工程任务,先后为路桥公司提供信贷证明、诚信担保、投标担保、履约担保、开工预付款担保108份;履行监管职责,进行督导检查,对太原路桥所属的5个子公司及实验室进行领导任期经济责任审计和离任经济责任审计。做好维稳工作,协助太原路桥公司做好在职职工、离退休职工的稳定,积极帮助路桥公司从忻保高速解决了872.05万元资金,为全体职工发放2008年5月至2009年5月一年的拖欠工资和养老保险,职工队伍保持了稳定。

加强党建和党风廉政建设 文明和谐单位创建有突破

紧紧围绕“党员干部受教育、科学发展上水平、人民群众得实惠”的目标要求,扎实开展深入学习实践科学发展观活动。经过学习调研、开展解放思想大讨论、分析检查、整改落实等阶段,8月中旬,在对学习实践活动群众满意度测评中,总体评价“满意度”为100%。通过学习活动,进一步增强了用科学发展观统领公路工作全局的自觉性和坚定性。

坚持以党的执政能力建设和先进性建设为主线,全面加强党的思想、组织、作风、制度和反腐倡廉建设。以争创省级文明和谐单位标兵为目标,以增强“三个服务能力”为牵引,以提高职工队伍文明素质为支撑,扎实开展创建“文明路”、“文明和谐示范家”、“文明和谐工地”等活动,全系统文明和谐程度进一步提升。全年,南郊、清徐、古交3个公路段和分局机关分别申报省级文明和谐单位及标兵,通过省文明委检查验收。

加强党风廉政建设,深入开展反腐败斗争。坚持标本兼治、综合治理、惩防并举、注重预防的方针,扎实推进教育、制度、监督并重的惩治预防腐败体系建设,全年,全分局干部职工思想稳定,工作扎实,无任何违法违纪行为发生。

(责编　梁锦华)

山西省公路局大同分局

□李　忠　胡　权

2009 年,分局全年共完成公路建养投资 2.64 亿元;国有资产总量比 2008 年净增 5000 余万元,保值增值率 131.72%;人均结余 3.81 万元,人均收入 3.03 万元,比 2008 年增加 5276 元;干线公路建设、养护管理达到一个新的历史水平,圆满完成省局下达的各项目标任务,取得较好的经济效益、社会效益和政治效益,多项工作受到省交通运输厅、省公路局和大同市委、市政府表彰。

公路建设任务全面完成

*圆满完成省道 339 线云冈石窟改线工程。*该项目按二级公路标准建设,路基宽 15 米,长 6.606 公里,投资 8332 万元。面对艰巨任务,分局在确保工程质量的基础上按期完工,受到大同市政府好评。

*马走线改建工程顺利开工。*省道马走线天镇至赵家沟段改建工程,长 34.316 公里,估算投资 2.26 亿元。其中:县城段及连接线共 7.554 公里,采用一级公路标准建设,路基宽 24.5 米;其余 26.76 公里采用二级公路标准建设,路基宽 12 米。工程 9 月初开工,26 公里省道段路基及涵洞全部完工,完成投资 2792 万元。

*路面改造工程优质高效完工。*分局承担的 3 项计 40.95 公里路面改造工程,投资 9550.7 万元(分别为省道拒云线 14.5 公里二级路改造工程,投资 3034.6 万元;省道马走线灵丘段 22.35 公里三级路改造工程,投资 4074.8 万元;国道 108 线 4.1 公里二级路改造工程,投资 2441.3 万元),均为下半年开工,在工期紧、任务重、材料费涨价、资金严重紧缺的情况下,各参建单位认真谋划,合理安排,狠抓落实,圆满完成改造任务。

公路养护工作有效开展

2009 年,分局进一步更新养护管理理念,把预防性养护、日常性养护做到精细化。本着重考核、提品位、争效益目标,有序推进公路文化建设,全面养护工作实现新突破。

*细化目标,严格考核,推动养护工作有效开展。*分局推出"养护工作月考核制"和"段长绩效问责制",经过半年实践,养护工作有了质的提高。干线公路年平均优良路率达 76.3%,超额完成上级计划指标 1.3%;完成公路中修工程 37.32 公里,投资 1121.4 万元;完成危桥改造加固 17 座,投资1833.39万元;完成绿化美化里程 306.6 公里,新建绿化美化景点 3 个,投资 131 万元;完成安保工程 429.68 公里,投资 952 万元;完成综合治理工程投资 260 万元;完成灾害防治工程514.2 万元;水毁恢复工程投资 307.8 万元;打冰扫雪投资 260 万元(省局补贴 100 万元)。

*加大投入,为推进养护转型创造条件。*分局组建特种机械化养护中心,将机械设备集中管理使用,自筹资金 528 万元,购置了一批先进的机械设备,在 2009 年预防性养护和工程建设中发挥了较好作用,取得了养护资

源共享，降低养护成本，路面病害及时处治的显著效果。

拓宽思路，突出重点，提升公路文化品位。在巩固以往文化公路建设成果的同时，注重在人文色彩、美学价值和服务内涵上下工夫，各公路段均因地制宜构建了各具特色的人文景观，同时在新改建工程路段尽可能同步实施安保工程、绿化工程和美化工程。2009年，共完成人文景观7处，景点烽火台1处，安装龙门架1处，种植紫穗槐50万株，花草30万株，较好地展示了大同公路行业形象。

严抓细管，责任到人，高度重视危桥改造工程。2009年是分局完成危桥改造任务较为艰巨的一年。通过严格管理，精心组织，狠抓落实，基本实现了工程进度、质量、安全、效益的有机统一，圆满完成了17座危桥改造任务。

充分重视，积极应对，全力抗击冰雪灾害。11月中旬，罕见的强降雪后，为确保干线公路安全畅通，分局迅速启动应急预案，各管养单位均在第一时间上路铲冰除雪，分局所辖1016公里干线公路在2天内全部畅通，受到省局好评。

超限超载治理效果显著

2009年，分局按照“抓综治、保畅通、保安全、为人民”的总体要求，认真履行职责，有效地遏制了车辆超限超载反弹，全年共检测货运车辆22.7万辆，超限超载率下降为0.002%。加强路政管理，继续开展“路地共建”，签订共管协议，店铺门前及过村路段脏、乱、差现象得到有效整治；路产路权得到有效维护，全年共发生路政案件169起，查处169起，依法收取路产赔补偿费126.7万元。拆除非公路标志33块，拆除违章建筑360平方米。

收费站撤站工作圆满结束

截至2009年5月31日撤站前，分局管辖的9个收费站（其中东马坊、四十里铺收费站到期停收）共征收车辆通行费815.8万元。

根据全省统一部署，分局9个收费站和代管省局晋路公司5个收费站于2009年5月31日24时取消收费。各项后续工作包括资产核查、路面恢复、债务审计等均按要求完成。为妥善分流职工，确保分局稳定，为具备条件的254名合同制收费员办理了养老保险；新增设7个治超检测站已批复，既解决了分局原收费人员（正式职工）分流安置问题，又完善了大同公路路网治超整体功能。

公路科技发挥积极作用

分局结合公路施工和养护管理的实际，深入开展建设创新型和节约型行业活动，积极研制和推广新科技，为分局的全面发展提供有力的科技支撑。全年完成5项新技术革新推广应用，一是阳高段革新灌缝机，年节约经费10万元，获得省局科技创新三等奖；二是阳高段革新改造除雪机，改造后的除雪机自动化程度高，适用性强，可做到一机多用，在抗击冰雪活动中发挥了巨大作用，获得省局科技创新二等奖；三是左云段革新扫路机，革新后扫路机车速快、风力强、防污染效果好，获得省局科技创新三等奖；四是推广应用土工格栅，在国道108线4公里改建工程中采用该项技术，有效防止了反射裂缝对面层的影响，取得很好效果。五是在大灵线推广应用微表处技术，效果显著。

机关效能建设大见成效

为了实现公路事业又好又快发展，分局领导班子认真履行管理和指导工作职能，狠抓基础管理工作，修缮了机关办公楼，工作环境、职工精神面貌焕然一新，机关团结协作、扎实工作的气氛更加浓厚。一是以服务基层为中心，各科室密切配合，提高办事效率，服务支持到位；二是加强计划养护管理，合理安排资金，适时检查验收，确保日常养护和各项大中修工程资金用在实处；三是加强财务管理，严格财会的监督和核算职能，为分局的发展决策提供真实、可靠的依据。2009年顺利完成了政府还贷二级公路债务里程审计工作;完成了"小金库"专项治理工作;建立了国有资产信息管理系统;积极探索出与金融机构合作形式,实现可持续发展的资金保障机制。四是强化审计工作,认真开展行政领导任期经济责任审计、养路费交叉审计、工程项目的竣工决算审计和远方路桥工程项目的跟踪审计,及时提交审计报告。五是围绕和谐分局建设,加强信访工作,为9个管理段具备条件的915名协议工全部办理了入保手续。六是加强安全管理,全面落实安全生产责任制,全年未发生一起安全生产责任事故。七是加强民主管理,创新工会工作思路,分局与各基层单位相继召开了职代会,集体合同签订率达100%,在保障职工合法权益、引深社会主义劳动竞赛上发生了新变化。八是加强劳动人事管理、计生和老干工作,为促进全年工作目标完成发挥了积极作用。九是加强路桥企业监管,远方路桥通过有效整合,强化管理,苦练内功,企业转变被动局面,初步呈现出稳定且积极向上的发展势头。全年共承建工程合同金额13亿元,累计完成工程产值8.1亿元,实现利润5092万元,新增固定资产1540万元(270台件)。

党风廉政和文明创建结硕果

分局党委紧紧围绕创建经济强局的目标,切实加强党建和精神文明建设,为完成全年目标提供了坚强的政治和组织保障;扎实开展科学发展观学习实践活动,进一步提高了党员队伍素质和领导干部能力,为构建分局和谐稳定发展局面提供了有力保证。

全面推进党风廉政建设和反腐败工作,着力加强对行政权力的监督制约。狠抓党风廉政建设责任制的落实;严格执行民主集中制,确保各项决策、决定的科学性、合理性,有效地保障了廉政建设需求;根据形势任务要求,把工程建设领域的廉政工作作为反腐倡廉建设的重点,坚持和落实廉政合同制、纪检人员派驻制、工程招投标制,加强监管,打造阳光工程;加强行风建设,巩固治理公路"三乱"成果,切实解决群众反映强烈的突出问题。

文化引路,丰富载体,在文明和谐单位的创建中全面提升精神文明建设水平。分局提出的"职工文明、环境优美、关系和谐、形象良好"的目标基本实现,各单位加强领导、加大投入,文明和谐单位在数量和级别上都有提高。分局已建成和保持市级文明和谐单位10个,省级文明和谐单位3个,国家级"青年文明号"1个,行业文明程度不断提升。

(责编　梁锦华)

山西省公路局朔州分局

□李　开　康义仁

2009年，分局共完成路面改造和新改建工程6项162.5公里、总投资5.73亿元，创历史新高。干线公路养护优良路率年平均83%，高出省局下达指标7%；完成危桥改造7座，补植树苗2.1万株，绿化景点8处，翻浆处治3.68万平方米，双层罩面32公里，水毁恢复工程75处，综合治理135公里，安保工程5条线路累计19公里，以上工程共完成投资1852万元，超额完成省局任务。路政案件发现率、查处率、结案率、路产恢复率均达100%，沿线过村镇路段的隔离、排水设施、标志标牌和沿线平交道口完好率达100%，所辖固定超限点检测车辆25.9万辆，未发现"双超"车辆。机械设备年平均完好率93.4%、汽车年平均完好率96.2%、红旗设备率18%，均超额完成省局下达指标。朔州路桥公司全年完成经营（中标）合同额12.87亿元，是省局要求指标的215%，累计完成投资6.2亿元，占合同总造价的48.2%，是省局下达产值任务的124%。工程合格率达100%，项目优良率达90%以上。国有资产保值率100%，增值率3%。全年无任何安全生产事故和党员违法违纪事件发生。分局继续保持省级文明和谐单位，被省局授予安全生产先进单位，被朔州市委、市政府授予平安单位、双通工作先进单位等。

克难攻坚好快并举　公路建设实现新突破

2009年，分局承建的路面改造和新改建工程项目6个、总投资5.73亿元，是建局以来工程任务最重、开工时间最晚、资金压力最大的一年，建设工期仅有3至4个月，工程任务之重，前所未有。对此，分局上下心齐劲足，顽强拼搏；各级领导亲临一线，靠前指挥；省局从前期审批、资金筹措到技术指导给予了全方位的支持；各项目部科学筹划、倒排工期、流程作业，不断掀起劳动竞赛热潮。针对资金严重短缺的实际情况，分局凭借公路部门良好声誉，积极与材料供应商和大型设备租赁公司沟通，得到理解与支持，缓解了资金压力、保证了工程进度，促进了工程圆满完成。经过努力，9月6日，路面改造工程全部完成。开工最迟、任务最重的新改建工程208线也于10月6日全部完工，工程质量全部达标。在此基础上，大忻线、208线配套建成了高标准文明路。

积极落实全面养护　通行保障能力实现新突破

一是高度重视坑槽、翻浆的及时处治，对轻微病害做到了早发现、早处理；及时清理路面、边沟及沿线过村镇路段的垃圾杂物，保证了道路的清洁畅通。二是加强巡路，特别是定期对公路沿线排水设施、重点桥梁、涵洞、傍山路段进行预防性全面检查，在危险地段设立醒目警告标志，防患于未然。三是完善防汛抢险、打冰除雪应急预案，坚持昼夜值班制度，加强雨雪天气的巡查和养护。11月中旬,强降雪发生后,分局高度重视,快速行动,在持续关注雪情的同时,第一时间启动应急预案,各路政大队进行不间断巡路,各公路段和道班及时撒布工业盐、防滑料,机关干部和养路人员一起上路铲冰除雪,除雪工作很快完成。四是加强预防性养护,投资180万元对路面进行灌缝、微表处等处治,实现了无病早防、小病早治、防微杜渐的效果。五是严格落实桥梁养护管理责任制,建立完善桥梁运行监控和动态管理机制,修订完善国省干线公路桥梁突发事件应急预案,确保干线公路桥梁安全畅通。六是注重公路的全面养护,集建设、养护、管理、绿化、服务为一体,形成了道路桥梁一齐养、预防性养护走在先、绿化美化全铺开的养护局面。七是加强隐患排查、规范公路标志标线和防治灾害工作,完善信息服务和突发事件应急体系,开展养护创新和技术比武活动,有力地提高了养护的手段和技能,为经济社会的科学发展提供了畅通高效、安全绿色的行车环境。

提振信心突出服务
建和谐局面实现新突破

一年来,分局以公路法律、法规为依据,以规范执法、文明执法为手段,以维护路产路权、服务社会为目的,从严整治,严防坚守,公路"三乱"治理成果得以巩固,公路管理健康发展。一是超限治理成果明显。在强化治超人员培训的同时,狠抓基础设施建设,安装了远程红外监控,建立了支队和各超限点间的二级监控体系,完善了内部监督管理,并进一步文明执法,严格执法,开创了治超工作新局面。二是路政管理和综合治理持续加强。全年依法制止违章建筑80起,拆除违章建筑27处1563平方米、违章广告牌13块,清除路障46处,治理过村镇路段12处。三是撤站工作顺利推进。按时取消了大石口和鸳鸯会两个二级公路收费站,及时完成了撤站后相关工作,并对收费人员进行了合理安排。

加强监管构建平台
路桥发展实现新突破

在分局的有效监管下,朔州路桥公司取得较好成绩,发展态势喜人。一是充分利用优惠政策多揽工程、多创效益。公司全年中标12个、合同价款12.87亿元。二是分局对路桥公司进行了项目成本分析和审计监督抽查,明确了项目成本,规范了施工流程,提高了项目管理水平。通过省厅省局的支持、分局的监管以及路桥职工的共同努力,朔州路桥公司一是增强了实力。公司投资3500多万元购置了4000型沥青拌和站一套,摊铺机4台,双缸轮、胶轮压路机各2台,650型水稳拌和设备2套等大中型设备,大大增强了企业的实力和市场竞争力;二是凝聚了人心。建立了符合市场竞争规律的薪酬体系,规范了劳动用工行为,为员工补缴了历年来应缴而未缴的养老、医疗保险和住房公积金,及时缴纳了2009年度"两险一金",按照合同兑现了农民工工资,再没有出现拖欠农民工工资现象,未发生任何上访事件,为朔州路桥公司和谐稳定发展创造了良好的环境。三是获得了不少荣誉。公司在荣乌高速公路灵山项目建设中获得了"矩形墩样板工程"、"空心墩样板工程""护面墙精品工程"等荣誉。在第二阶段目标责任评比中获得第三名,并获奖金100万元。在大呼高速项目建设中被评为"标兵工程单位"。均为公司赢得了良好的社会信誉。

围绕中心把握重点
党的执政能力实现新突破

分局党委认真贯彻党的十七大、十七届三中、四中全会精神,重点突出深入学习实践科学发展观和申报省级文明和谐单位活动,引深党建工作"十个一"、社会主义荣辱观活动,大力开展公路文化建设推进年各项活动,持续加强党的执政能力建设和先进性建设,党组织的战斗堡垒作用和广大党员的先锋模范作用得到充分发挥，为养建管中心工作顺利完成提供了坚强保证。一是学习实践科学发展观活动取得实效。活动以来，分局为职工办好事、解民忧。首先为原养路协议工办理了养老保险，在职工家属区和停车场安装了监控设备，为职工解决了分户供暖问题，自筹资金建成质检中心、设计所共计建筑面积达3600多平方米办公大楼。二是党风廉政建设和精神文明建设继续加强。认真贯彻省厅、省局党风廉政建设会议精神，党风廉政建设责任制得到全面落实，“阳光工程”制度建设深入推进，小金库专项治理和领导干部廉洁自律工作积极开展，治理商业贿赂长效机制进一步完善。加大公路“三乱”治理、政风行风评议力度，充分发挥廉政文化的促进作用。精神文明建设常抓在手，各项工作蓬勃开展。分局党委注重制度建设，紧抓思想宣传工作，重点开展“右玉精神”学习落实和文明和谐单位创建等活动，把精神文明建设渗透到日常工作生活的方方面面。三是公路文化建设深入推进。研究下发《关于开展公路文化建设推进年活动的实施方案》，在选定的文化公路大忻线上建成美观实用、风格不同的小景点4处、宣传碑7块。这些景点、宣传碑与沿线风光完美结合，浸透着浓郁的公路文化，提升了所在道路的品位。

（责编　梁锦华）

山西省公路局忻州分局

□ 张利民　杨中平

2009年,分局全面落实科学发展观,以构建和谐公路为动力,努力实施"全面养护、建设提升、适应发展、服务社会"发展目标,务实创新、合力推进,着力提升公路综合服务水平,各项工作推进有序,为忻州经济社会的加速发展提供了有力的公路支撑。

工程建设项目有序推进

大运线路面改造工程。建设里程135.283公里,总投资37 408万元,10月10日全面完工。工程质量自检合格率100%、优良率85%。

沿黄干线公路续建工程。由于桥梁设计变更和征地拆迁干扰的原因,2009年按计划完成偏关县城剩余3公里路面工程和禹庙大桥建设任务,工程于5月上旬开工续建,路面工程6月底完工,禹庙大桥10月底完工,完成投资1900万元。

五寨绕城公路。全长14.965公里,2009年9月16日全部完工,完成路基土石方618 668立方米,涵洞626.37米/33道,中桥110米/2座,小桥44.2米/2座,完成投资6834万元。

公路养护不断提高标准

2009年,分局养护里程1744公里,评检里程1744公里,优良路率78.57%,评定结果84.88,超省局路况指标要求。

中修工程。省局安排中修任务48公里,投资384万元。分局按照路况实际进行任务分解,完成罩面39.95公里,处理砼路面破碎板2.66万平方米,刷油4.8公里,完成投资874.3万元,超计划完成490.3万元。

小修保养。修补坑槽8.7万平方米、砂砾填垫坑槽42万平方米、处理推移3165平方米、翻浆9214平方米、沉陷3665平方米、处治车辙1.12万平方米/2987米、零星罩面1.2万平方米、路面灌缝472公里,粘胶带处理裂缝2425米、修补路肩2577平方米、边沟2848立方米、路缘石388公里、涵洞24处、挡墙1140立方米、恢复护墩1200个、波形护栏4212米。清理边沟4.5万立方米、填补路基缺口759立方米、整修边坡3.5万平方米、清理垃圾2.1万立方米、清理塌方3.9万立方米、山体卸载1.4万立方米、撒融雪剂150吨,整修绿化平台185公里,修剪行道树6200株,更换涵洞盖板36块、警示柱613根、轮廓桩1245根、反光镜13块、桥栏杆228根、里程碑82块,处理伸缩缝154米。

危桥加固改造。2008年开工的台忻线济胜桥、东方红桥改造工程7月全部竣工通车。2009年开工的王大线大营2#桥、齐城桥、五里河桥、宁白线贺丰桥、长原线西雪2#桥、108线豆罗桥加固改造工程,除五里河桥外,其余5座国庆前全部竣工,完成投资717万元。

公路绿化。完成岢大线、平万线、韩河线、七牛线补植、台忻线绿化平台250公里,在忻五线K48、209线岚县界、韩河线K17胡家坪、大忻线K146+700米处新建四处公路服务休闲景点，对忻黑线岚县界、宁白线娄烦界、王大线浑源界、108线灵丘界公路景点进行维修完善，对209线、宁白线等13条线路进行花草绿化255.3公里，植树5442株。全年完成绿化投资143.44万元。

安保工程。完成沿黄干线及韩河线安保工程，设置波形护栏2.25公里、钢筋混凝土防撞墙470米。恢复完善长原线、台忻线、忻五线、大石线等重点路段安全护墩568立方米/4730米，波形护栏4212米，维修更换标志217块。在台忻线忻州公铁立交桥、台忻线定襄改线王进村交叉口、台忻线K3至K6及大石线K188等事故易发段增划振荡减速标线950平方米/15处。在国道108线、大忻线大修路段浇筑钢筋砼防撞墙2060米、安设波形加强型护栏15 105米、修建隔离墙37.064公里，安装标志451套、划设路面标线135.283公里、划设减速振荡标线308平方米/6处。全年安保投资1932余万元。

道班建设。完成占地600平方米的长原线石咀道班建设，完善了忻五线卧龙湾道班配套设施，同时对宁白线二马营、海屯关、石阳线柏板口等17个老旧道班房屋进行了维修改善，在忻五线K47+080新建4间房屋设立了路况观测及便民服务点，以弥补忻五线(忻州至分水岭)无道班的不足。重视道班的功能建设，加大投入，为新旧道班增添被褥、床、桌椅等办公生活用品，全年道班建设投入350余万元。

水毁恢复工程。共抢修水毁252处，恢复费用322万元。举办了第6届干线公路养护技术比武，培养了一批技术骨干，提高了养路员工的养护技能，推广应用了一批新技术新设备新工艺。组织参加了全省干线公路养护技术比武，获公路技术状况评定第三名、沥青路面灌缝第三名。

路政费收严格按标准执行

共发生损坏路产案件1318起，发现1252起，结案1227起，收取赔(补)偿费3 023 738元。规范非公路标志533块，拆除违章建筑414平方米。检测车辆1 112 968辆，超限超载率0.01%，加快检测站规范化建设，新站建设土地手续基本完善，元宝山检测站完成迁址并开始运行，五台检测站和保德检测站投入运行，共完成投资1199万元。截至2009年5月31日24时，分局14个收费站共收取车辆通行费9249万元，费收总额撤站时位居全省第一。

其他各项管理工作扎实

资产设备管理。全年新增机械设备934.8万元/64台件，提取机械设备折旧费481.6万元，机械设备保值增值率达105%，红旗设备率17%；机械设备平均完好率89%，超省局计划2%；汽车平均完好率92%，超省局计划2%；机械设备平均利用率40%，完成省局计划；汽车平均利用率51%，超省局计划1%。全年固定资产净值增长2700万元。

阳方口交通战备库建设。晋北最大的战备库—阳方口战备库于10月建成，战备库总占地20亩，投资850万元，其中钢桥库房建筑面积4098平方米，附属用房建筑面积178平方米。立足规范化建设、2009年完成了战备器材的搬迁入库、分类码放、维护保养及制度建设，为发挥战备库应急应战功能提供了保障。可实现战备物资30分钟装车、晋北范围2小时运达，一次性架设应急抢险钢桥每座69延米，共两座。

应对冰雪灾害工作。11月9日至14日，忻州地区突降暴雪，全市公路交通大范围受阻。分局全力以赴，积极应对，第一时间启动了应急预案，分局领导包片包线深入一线组织指挥抗雪救灾，在地方各级政府和公安、交警及社会群众的支持配合下，经过忻州公路战线广大干部职工的昼夜奋战，忻州境内受降雪影响的1450公里国省干线公路于14日12时全线抢通。分局累计投入人员6589人次，投入装载机、平地机、自卸车、除雪车等机械设备256台次，撒防滑料15 701立方米、融雪剂130吨、盐360吨，除雪打冰1288.5万平方米。

路桥企业监管工作。一是积极做好路桥公司的改革扶持工作。作为监管部门，分局制订了三年发展规划，注册成立了山西远大和新三公路桥梁建设养护有限公司，按照“承揽项目、追求效益、寻求发展”的工作思路，分局给予两个路桥公司人员、资金、设备最大扶持，在加快推进路桥公司的规范化运作和健康稳定发展的同时，出台《路桥施工企业工程项目监督管理办法》、《路桥施工企业工程管理的指导性意见》等规章制度，成立了路桥企业监管督察办公室，强化对路桥公司工程质量、工程进度、计量支付等方面的监管。两个路桥公司以“塑造新形象，打造新品牌”为目标，建立健全工程、财务、资产设备管理等各项规章制度，抢抓机遇，积极承揽项目。两个路桥公司共承揽高速公路工程6项，合同价11.0327亿元；承揽干线公路大修工程两项，合同价8283万元，完成产值2.8亿元，两个路桥公司年内新增固定资产4957万元，固定资产保值率100%。二是积极做好中北路桥监管工作。筹措资金为中北路桥公司职工缴纳拖欠的“三险一金”，合理引导、充分调动中北路桥公司职工积极性，在组建成立的远大和新三路桥公司安排400多人重新上岗，稳定了职工的思想情绪，保证了中北公司工作、生活秩序的和谐稳定。

党建和精神文明建设有效加强

2009年，分局党建工作进一步创新管理理念，积极推进ISO9001：2000党建质量管理体系，党建工作的质量和水平得到进一步提升。紧紧围绕中心工作，不断强化精神文明建设，2009年获“全国精神文明建设工作先进单位”。分局党委连续21年被忻州市委、市直工委评为“红旗党组织”和“先进基层党组织”。创建保持省级文明和谐单位标兵1个；省级文明和谐单位6个；市级文明单位15个；省厅“文明和谐示范窗口标兵”2个；省厅“文明和谐示范窗口”7个；省局“文明示范窗口标兵”1个、“文明和谐示范窗口”6个。同时积极开展帮贫济困和爱心捐助活动，邀请农业专家对扶贫村村民进行果树栽培技术指导，赠送农业科技信息书籍200余册，投入资金3万元。为扶贫村修建引水渠、蓄水池，栽种核桃树1万株，投入资金13万元，为汶川灾区中小学生捐购“爱心包裹”3.02万元，“送温暖、献爱心”捐款8.34万元，被市委、市政府授予“爱心捐助功勋奖”。

（责编　梁锦华）

山西省公路局吕梁分局

□王　敏　王福贵

2009年，分局广大干部职工迎难而上，顽强拼搏，扎实开展深入学习实践科学发展观活动，全力推进重点项目建设，坚持不懈抓养管，积极稳妥取消政府还贷二级公路收费，切实加强路桥企业监管，认真抓安全保稳定，自觉把"保增长、保民生、保稳定"的要求贯彻落实到公路工作的各个方面，较好地完成了全年各项目标任务，吕梁公路事业保持了稳步较快发展的势头。

公路建养投资保持较高水平

全年完成建养投资20.5亿元，连续6年保持了较高水平。完成公路建设工程180公里，路况水平步入历史最好时期，提前实现"基本消灭差等路"目标。完成沿黄干线公路130公里、总投资11亿元的改建任务；完成省道340线汾阳至柳林一级公路全长111.39公里，完成投资7.6亿元，占总投资的50%；完成省道218线临县城区全长10.8公里，完成投资7000万元；完成省道祁方线、古离线、孝石线三项76.26公里超龄油路及薄弱路段路面改造任务，完成投资1.16亿元。

通行保障能力得到较大提高

完成养护中修工程5项，投资1242万元；完成翻浆治理4.8万平方米，投资473万元；改造危桥12座，完成投资1976万元；完成水毁工程383处，完成投资1260万元；完成公路绿化新植52公里，投资47万元；完成景点及服务区建设47处，投资332万元；完成安全保障工程75处，投资213万元。干线公路优良路率达78.9%，MQI值为85.9。

通行费收入突破亿元大关

克服金融危机的冲击和取消二级路收费的不利影响，三个收费站全年收取车辆通行费1.24亿元，名列全省公路系统第二。

公路综合治理扎实开展

全年拆除违章建筑8818平方米/406起，清理路障76 453平方米/2389处，查处损坏公路案件3305起，收缴路产赔罚款87万元，路政案件发现率98%，查处率100%，结案率100%。治超点检测运输车辆47.9万辆，杜绝了超限超载现象。

行业文明建设进一步加强

各单位在保持已获荣誉的基础上，深化创建内容，加强形象建设，扩大了行业影响力。

全力推进路桥公司正常发展

完成了吕梁路桥企业的重组，帮扶吕梁公路建设有限公司落实了高达12.5亿元的施工任务，并垫资购置了施工机械和办公设备，为公司的稳定和发展提供了重要支助和扶持。

（责编　梁锦华）

山西省公路局晋中分局

□ 王四小　胡钢成

2009年，分局以“三化”建设为龙头，全面提升公路服务品位；以拉动内需加快基础建设为契机，努力改善路网结构；以规范化管理为手段，推动分局全面工作；以信访稳控为基础，全面营造发展环境；以多元化经营为渠道，不断拓展公路建设市场；以公路文化为途径，全面推进党建、行业文明建设。分局被中央精神文明建设指导委员会授予“全国精神文明建设先进单位”，被交通运输部、人事部授予“全国交通系统先进单位”，被山西省劳动竞赛委员会授予“山西省五一劳动奖状”，被山西省精神文明建设指导委员会授予“文明和谐单位标兵”，连续7年被省公路局授予“标兵单位”，连续多年被晋中市委、市直工委授予“红旗基层党组织”等荣誉称号。

公路养护指标全面完成

养护质量指标。截至12月底，干线公路养护里程1331.549公里，实际评检里程1240.364公里，优良路率达76.1%，MQI技术状况指数84.4。

日常养护及预防性养护。完成填补坑槽92 170平方米，处理翻浆21 589平方米，清理水沟132 689立方米/808公里，填筑路基85 630立方米，清理塌方86 330立方米，整修路沿65 470米，恢复水沟18 260立方米/50 120米，填筑路肩边坡缺口10 275立方米，处理沉陷58 960平方米，桥涵清淤53 320立方米，恢复防护工程10 384立方米。沥青路面刷油、灌缝、局部罩面等完成580公里，砌筑标准化边沟25 320米。

“三化”建设。加大环境卫生整治力度，累计出动人员6092人、机械607余台件，清理干线公路沿线生产、生活垃圾22 817立方米，保持了干线公路整洁、新颖、美观、舒适。

在路基标准上做文章，对路基边坡进行挂线整修，做到了边坡一个面，路肩、坡角、外边坡、水沟边四条线平行顺直，对坡度不达1：1.5和绿化平台缺土路段全部进行了填筑整修，共填筑土方177 601立方米，出动人员14 782人，机械1687台班，确保了干线公路边缘顺畅，坡面平整坚实，共完成路基标准化建设600余公里。

完成省局下达的108线、208线、东夏线共110.25公里绿化任务，并自力更生对公路两侧死树、枯树及时进行了更换、补栽，对需要补栽和增设的景点因地制宜移植各种灌木花卉进行绿化、美化，共新植、补植针阔叶树165 503株，栽植各种花卉45.6平方米，新建公路文化景点24处，完成投资741.2万元。

公路建设任务保质保量

路面改造工程。省局计划下达82.56公里/4项，续建20.25公里/1项，批复预算投资21 277.9448万元，完成投资21 277.9448万元。其中：国道307线寿阳阳泉界至白家庄段路面改造工程，改造里程19.151公里，4月1日开工，8月30日竣工，完成投资

4047.846万元。省道东夏线路面改造续建工程,全长20.25公里,2008年7月25日开工,2009年7月3日全部完成,完成投资4437.9988万元。晋中市干线公路及薄弱路段路面改造工程63.41公里/3项,工程7月30日开工,10月20日竣工通车,完成投资12 792.17万元。

中修工程。2009年省局下达中修工程计划28公里/2项,投资296万元。分局完成双层罩面527 003平方米/59.406公里,完成投资358.3644万元;完成微表处6500平方米/6公里,完成投资120万元,共完成投资478.3644万元。完成危桥加固改造794.907米/12座,完成投资3236万元。

新改建工程。2009年新改建工程项目共112.401公里/4项,概算投资20.14亿元。完成总投资17.76亿元,占总投资的88%。其中,介霍一级公路改建工程,全长64.339公里,工程总投资15.6亿元。太原环城高速太谷连接线工程,全长9.292公里,完成投资14 312.854万元,2009年11月20日前完成路面主体工程。307线寿阳过境段改建工程(二期)全长2.77公里,完成投资2457万元,于10月18日全线竣工通车。307线寿阳白家庄至张家河段改建工程全长36公里,完成投资4913万元。

龙城高速公路。积极采取有效措施,认真做好市政府下达的重点工程任务。9月1日,榆次龙白至祁县城赵高速公路举行奠基仪式。10月20日初步设计已由省交通运输厅批复。12月12日,路基桥涵工程施工及施工监理招标工作已经完成。

路政超限管理效果显著

截至12月底,共发现路政损坏案件807起,查处807起,结案807起,发现、查处、结案率均为100%,收取赔(补)偿费156.8万元,张贴布告宣传画1.63万份,广播宣传1265/12分钟/次,电视宣传622/68分钟/次,出动宣传车730/9公里/次,拆除违章建筑529.6/14平方米/处,治理过村(镇)路段3137平方米/处,治理非法超限超载车辆169.99万辆,查处超限车辆50辆,超限率0.002%,卸货326.61吨,罚款9.76万元。截至12月25日,共征收车辆通行费1.366亿元。

三产经营再上台阶

金潞苑小区建设,组建三个股份制企业,即华通公司、通和公司和山西建美建材有限公司。华通公司和通和公司的施工资质及砼构件资质正在申请办理中。公司年产20万立方约1.36亿标准砖块的粉煤灰砌块项目已经奠基,占地30亩,总投资3200万元。同时,平遥沥青库积极引进外资,与韩国SK公司、兆华国际(香港)投资有限公司合作组建了全省规模最大的沥青仓储及深加工企业。依托SK技术年产50万吨改性沥青的生产线已建成投产。分局物资供应站与晋中市公用基础设施投资建设有限责任公司、晋中市煤炭工业物资供销站联合出资组建的晋中市瑞特利物资建材商贸有限责任公司,经营状况良好。

金潞苑小区建设规模为34栋楼,开工建设26栋,截至12月底,已完成7栋楼的主体工程,正在进行13栋楼的主体工程和剩余楼盘的地基建设工程。

路桥监管工作有力到位

按照省厅要求,自2008年5月21日承担路桥监管工作以来,在坚持路桥企业自主经营、自负盈亏、自我约束、自我发展,搞好服务的基础上,积极指导路桥企业制订了三年发展规划,在成本核算、合同管理、多渠道经营、人才使用等方面提出指导意见,对工程项目在质量、安全、廉政等方面提出具体要求,积极为路桥企业提供诚信、信贷、履约等方面的担保。分局对晋中路桥承担的施工项目进行了检查,对一线职工进行了慰问。全年,晋中路桥在建工程共有27项,经营合同额34

亿元。完成产值 18 亿元，完成省局计划 180%。

党建和文明建设蓬勃开展

2009 年，分局党委以科学发展观活动为契机，5 月 6 日隆重举行创建“国家级文明单位”启动仪式，在全分局掀起了创建国家级文明单位活动高潮。全分局有全国精神文明建设先进单位 2 个，省级文明和谐单位标兵 2 个，省级文明和谐单位 4 个，市级文明和谐单位 9 个，文明示范窗口 4 个。2009 年国庆前夕结合庆祝建国 60 周年，组织开展了“爱国歌曲大家唱”文艺会演和首届“公路杯”体育运动会，表达了对伟大祖国的美好祝福，大大激发了广大干部职工的爱国热情。

（责编　梁锦华）

山西省公路局阳泉分局

□禹彦荣　卫　生

2009年，分局继续加强全面管理，积极采取各项措施，努力保障公路安全与畅通，认真维护行业和单位和谐稳定，各项工作均取得良好成绩。

公路建设项目全面铺开

全年共完成项目前期9项，总里程125.23公里，涉及公路建设资金10亿元。先后开工了省道盂榆线盂县城至西南庄二级公路改建工程、省界杨树庄至白泉二级公路改建工程、国道207线东木口至白岩沟二级公路改建工程、省道石阳线郊区过境公路工程4项93.6公里；完成的路面改造工程有省道石阳线李家庄至荫营、国道207线十八盘至东木口、国道307线坡头至赛鱼等5项31公里，累计完成公路建设投资7.6亿元。

公路养护转型积极推进

在养护工作中着力推进预防养护与日常养护、季节养护、全面养护、科学养护相结合，切实加强养护巡查，认真研究方案对策，大力运用新技术、新工艺、新设备、积极开展预防性养护工作。在养护机制上，实行了公路病害修复责任限期制，及时处置路基和路面严重病害，做到坑槽不过夜，翻浆不隔天，裂缝不发展。日常养护工作，按照“提前预防，早期处置”的原则，积极主动防治，做到了早介入，早治理，全年处理路面坑槽103 806平方米，油路罩面222 463平方米，刷油灌缝195 225平方米，加固路基边坡145 541平方米，保证了路况质量良好和行车安全，推动了养护转型。

应急保障能力有效提高

一是汛前对存在隐患的路段进行排查、摸底；二是加大对险山塌方等地质灾害的处治力度。分局在第一时间启动公路抢险应急预案，及时处治了因持续强降雨导致的307线坡头路段和省道闫贾线山体塌方，及时恢复通车；三是圆满完成了8月31日全省在阳泉市举办的国防交通运输保障队伍跨区机动演练任务；四是在2009年冬大雪面前，紧急启动暴雪灾害Ⅰ级预警，成立了由主要领导担任组长，各分管领导任副组长的协调指挥领导组，并向各重点路段派出五个督导组进行应急、抢险、救助督导，出动人员6400人次，机械车辆1035台次，清除冰雪479平方米，撒防滑料7000立方米，撒工业盐200吨，为700多辆滞留车辆免费提供1万多元的食品和饮水、累计投入资金259万元，在最短的时间内使干线公路恢复通行。

基础管理工作得到加强

开展了“质量效益年”活动，围绕“四增”目标（国有资产增值、自有资金增加、职工收入增长和单位实力增强），项目管理实行“一个项目，一个领导，一套人马，一抓到底”的管理体制，落实了预算控制，工程质量管理和进度目标落实良好，经营管理注重成本核算，全年完成产值和经营效益再创新高。财务管理上，以确保“资金安全”为己任，以全面预算管理和成本控制为重点，开展了“小金库”专项治理工作和财务规范化工作，充分发挥了财务职能。审计工作扎实开展，审计的广度和深度不断增强，审计监督纠错机制不断强化。信息化建设深入进行，OA 办公系统得到广泛应用。规范化管理进一步增强，制度化、标准化、规范化运作得到认真落实。其他各项基础管理工作也得到进一步加强。

公路“两建”成效显著

分局高度重视“两建”工作，制定了“两建”活动方案，努力创建创新型行业、节约型单位。全年实施技术创新项目共 6 项，均有较高科技含量和推广价值。2009 年分局荣获全省公路系统技术创新项目一等奖 1 项，三等奖 2 项。在节支降耗方面，从日常工作的每一个环节入手，努力减少非生产性支出，杜绝浪费，降低成本，努力打造节约型单位方面取得了新成果。

文明路建设凸显特色

结合阳泉市“三城同创”活动，积极开展文明路建设工作。确立了国道 207 线、307 线、石阳线、双阳线、闫贾线 11 条路段共计 236 公里为文明路建设路段，2009 年共种植树木 8024 棵，花草 41 700 平方米，新增景点 3 处，基本上形成了“路肩有草、路边有树、边坡有色、交界有景”的公路绿化、美化格局。进一步完善干线公路标志、标线和安全防护设施，干线公路服务能力和服务品味进一步提升。

路政执法规范到位

按照阳泉市政府出台的《阳泉市公路环境整治实施方案》，积极协调各县区政府，各职能部门加强联动，实现了“政府组织，部门联动，齐抓共管，依法治理”工作格局，全面落实“三城同创”的各项任务措施，公路环境治理取得了良好效果。在全省超限治理取得阶段性成果的情况下，继续严格落实治超责任倒查追究制，开展了为期 45 天的“利剑”治超专项行动，更加严格执行统一的超限超载认定标准，严格遵守车辆检测与处理程序，坚持做到超限必卸，处罚必严，严防严查，不放一辆超限车出点，为阳泉市进入全省前三名作出了积极贡献，西郊、白泉检测点被授予“全省先进治超站点”。

安全维稳扎实有效

认真开展安全生产“专项治理年”活动，进一步健全了值班制度，加强了公路巡查和安全检查力度，对分局管养路线进行了全面安全隐患大排查，同时加强对事故易发路段、危桥险山的治理和施工现场的管理工作，确保了公路通行安全和公路施工安全。认真做好单位维稳工作、信访工作，认真做好路桥监管和收费职工稳定工作，维护了行业稳定。及早健全机构，完善基础建设，保证了旧关隧道的顺利开通和安全运行，确保了国庆和全年单位的安全和和谐稳定。

公路收费实现平稳过渡

面对将要撤站的形势，坚持定期召开收费工作例会，加强收费稽查，加强通行费征收管理，保持了人心不散，秩序不乱，收费力度不减，共收取车辆通行费 3950 万元。5 月 31 日晚 24 时，分局按照省政府通告精神和上级安排，组织各收费站立即停止收费，同时挂出横幅进行通告，并妥善保管好收费记录、票据，封存收费站资产，做到了停收工作规范、有序。停收撤站后，认真做好收费人员的稳定工作，12 月同合同到期人员终止了劳动合同，其他职工在待岗期间也安全稳定，保证了收费点停收撤站工作的平稳过渡。

公路文化建设扎实开展

分局积极开展各项公路文化建设活动。

举办深入学习实践科学发展观知识竞赛，组织干部职工观看阳泉市庆祝新中国60周年图片展。组织全局全健排舞大赛、太极拳培训、激情广场大家唱等活动，参加全省公路系统庆祝建国60周年职工歌咏比赛，并夺得一等奖。机关党支部开展了“一点一项一策”活动，征集意见建议60余条，圆满承办全省交通运输系统老年运动会，以周密的组织、良好的秩序和热情的服务受到上级表扬。

分局和谐建设迈入佳境

分局把真正为职工解决问题，作为创建和谐分局的首要前提，盂县段补缴了90%以上的基层一线养护职工的养老保险，人数达200多人，共缴纳金额530万元。定期组织职工体检，老干部两个待遇得到认真落实，工团组织作用得到充分发挥。广泛开展走访慰问活动，共走访慰问基层单位19个，工程建设工地5处，投入慰问资金5万元。积极开展扶困济弱工作，全年慰问救助困难人员25万元，体现了集体的温暖。积极开展扶贫“结对子”工作，为“对子”村投资改建了卫生保健站，捐赠了图书等。

路桥监管平稳推进

严格落实监管责任，以支持、服务为切入点，坚持参与不干预、监督不越位、支持不包办、服务不怠慢的原则，确保了路桥企业在激烈的市场竞争中集中精力拓业务千方百计促效益，一心一意谋发展，在建工程质量和进度都受到建管处表扬。忻保1标段路基工程全线首家贯通，工程安全、廉政安全均实施到位。除忻保1标、25标外，还承揽分局杨白线工程、平阳高速第20合同段工程，工程总计投资6亿元，全年任务饱满，职工队伍稳定，工程进展良好，企业发展前景看好。

学习实践科学发展观活动深入开展

分局把科学发展作为全年工作的一条主线，在整个学习实践活动中，全局共开设学习园地、学习专栏以及墙报23处；召开两级领导班子专题民主生活会20次，组织支部生活会23次，解放思想讨论21次；广大党员撰写心得体会300余篇，形成高质量领导班子分析报告20篇，党员领导干部个人分析材料56篇；发放征求意见表248份，收集意见建议145条，分局制定整改措施14条；修订制度4项，新建制度7项。在学习实践活动中，建立了分局班子联系点制度，开展了机关调研月活动，加大了对基层的调研力度，把学习实践活动贯穿于分局各项工作过程中，对分局整体发展观念的转变和工作的促进起到积极作用。

党建和行业文明建设进一步加强。完善制度、建立机制，进一步加强了党组织建设和党员干部的廉洁自律教育。全面开展“爱岗敬业、争创一流”活动，形成比学习、比业务、比管理、比效率的新风尚，进一步形成了积极向上，团结和谐的局风。继续开展文明和谐单位、文明服务窗口和青年文明号的创建工作，继续保持了省级文明和谐单位称号，单位文明和谐水平得到进一步提升。2009年，分局荣获全省交通运输系统“行政执法先进单位”，荣获全省公路系统“优秀单位”、“安全生产先进单位”称号。

（责编　梁锦华）

山西省公路局临汾分局

□ 姚来义　李　红

2009年，分局牢牢抓住国家实施投资拉动战略的大好时机，以新理念谋划发展，以大投资支持发展，以好作风保障发展，以硬措施推动发展，确保了公路建、养、管、营统筹兼顾，各项工作持续推进。

公路建设又好又快

全年开工建设临午线、桃临线、临夏线、209国道"三改二"公路改建工程和侯风线、洪永线路面改造工程共6项计242公里，完成投资15.85亿元，工程全部达优良标准，临午线路基桥涵工程已基本贯通。一是公路建设理念不断创新。在推进主体工程的同时，同步实施公路标准化建设，坚持做到"内实外美"，实现了工程内在质量和外观品位的和谐统一。二是继续实行项目法人公司与前线指挥部相结合管理模式，聘用专家组，充分发挥监理职能，实行工程监理一票否决制，临午线在全省率先推行"路桥企业总承包"，为工程建设提供了强有力的组织保障。三是征地拆迁工作由行业行为转变为政府行为，实现了"快速拆迁"、"经济拆迁"、"和谐拆迁"。四是狠抓施工现场管理和过程控制，大力推进"无缝隙"、"精细化"、"集约化"管理，建立健全施工质量保证体系，各项工程质量始终处于良好的受控状态。五是大力推广新技术、新材料、新工艺。继续采用以3000型沥青拌合站和525摊铺机为主体的先进技术设备，特殊路段使用改性沥青铺装，有效保证了工程质量。六是加大检查考核和奖罚力度，积极开展劳动竞赛。先后组织了两次阶段性检查评比，累计奖励431万元，处罚164万元，有力地保证了工程进度和质量。

养管水平不断提升

2009年，分局以开展公路标准化建设为突破口，以"路况良好、路容整洁"为目标，不断深化"安全、绿色、文明、科技"公路创建活动，切实加大公路日常养护和管理力度，全面巩固和提高路况质量。全年完成公路标准化建设11条769公里，建设和保持文明路867公里，完成危桥加固改造17座，完成中修工程49.4公里，绿化213.7公里、景点21处，全年完成养护投资8600万元，公路优良路率达80%，公路技术状况指数达87.1。一是以3000型沥青拌合设备为依托，推行智能化、机械化铺装，对路面病害实施整段落处治，做到了处治一处优良一处，以处处优良保证了全线优良。二是大力开展公路标准化建设，实现了路况良好、路基达标、路容整洁、平交道口硬化、排水系统完善、路宅隔离、安全设施齐全鲜明、环境优美、安全畅通的目标，创造了安全、舒适、和谐、优美的公路交通环境。三是严格按照《养护绩效考核办法》，对公路养护工作实行全方位、全过程、数字化、精细化考核，根据完成的养护工程量和质量标准，拨付养护经费，评比排队、奖惩兑现。四是积极推行预防性养护，广泛开展养护技术比武活动，推动养护工作向经常化、机械化、精细化良性循环的方向转变。五是针对普降暴雪，干线公路交通严重受阻实际，及时启动扫雪除冰应急预案，出动人员3463人次，汽车机械377台件，撒布防滑材料2319方，融雪剂128吨，疏通被困车辆86辆，救援受困群众520人，保证了干线公路的及时畅通。

路政执法力度加大

健全完善了《路政管理实施办法》，全面推行了路政人员包线包段责任制和路政案件举报奖励制度；健全完善考核制度，坚持按季考核、评比排队、奖优罚劣；严格实行行政过错责任追究制，初步建立了"不愿为"的自律机制、"不敢为"的惩戒机制和"不能为"的防范机制；推广了安泽段路政大队开展的"路地联管，文明共建"的成功经验，路政执法水平明显提高。全年共清理路障1681处，拆除违章建筑5处，拆除非公路标志牌417块，路政案件查处率、结案率、赔偿率均达98%以上。树立"治超也是养护"理念，有力推进了超限治理工作深入持续开展。全年检测车辆45万辆次，查处非法超限超载车辆101辆，卸货17吨，超限超载率控制在0.1‰以下，治超工作在全省名列前茅。

综合实力显著增强

在"保稳定、强基础、增实力"上采取了多项措施，取得明显效果。保稳定方面，合同制人员全部签订劳动用工合同，全部办理养老保险；解决了困扰分局多年的以乡宁段为主的农民合同工上访问题；积极稳妥地完成了取消政府还贷二级公路收费工作、债务余额审计锁定和合同制人员分流安置工作，稳定了职工队伍。强基础方面，深入贯彻落实"分局领导班子十项共事原则"和"干部职工八不准"，大力加强各级领导班子建设，积极打造讲政治、讲奉献、懂经营、善管理的干部职工队伍；从建章立制、规范管理入手，修订完善了22项规章制度，夯实了计划、财务、人事、劳资、安全、设备、审计、监察等各项基础管理工作；在分局干部职工直系子女中招录了40名大中专学历技术人员，近年来通过公开考试共招收各类专业人才136名，全部充实到生产第一线。增实力方面，分局系统基本实现了累计扭亏，全部实现当年结余；单位效益和职工收入明显提高；截至年底，分局系统共偿还历年累计欠账5000余万元；以拥有3套3000型沥青拌和设备为标志，分局固定资产总值达2.6亿元，自有资金达9100万元；分局各单位施工能力空前提高，竞争能力明显增强。

文明创建硕果累累

以学习实践科学发展观活动为契机，全面加强分局政治文明建设、精神文明建设和党风廉政建设。分局机关及直属支部扎实开展学习实践活动，群众满意率达96%，分局党委被市直工委评为"先进基层党组织"；在工程建设领域全面开展"三公开、一促进"活动，廉政合同签订率达100%，全年无违规违纪行为发生。2009年，分局被省总工会授予"五星级职代会单位"，被省公路局授予"安全生产专项整治先进单位"，霍州段被授予市级"文明和谐单位标兵"，分局和临汾段等16个基层单位被授予市级"文明和谐单位"，100%的单位获得了市直(县)级"文明和谐单位"称号，2家基层单位继续保持省厅级"文明和谐示范窗口单位"，4家单位继续保持省局"文明和谐示范窗口单位"，保持省级青年文明号4个、市级"青年文明号"11个。

(责编　梁锦华)

山西省公路局运城分局

□丁惠民

2009年,在省交通运输厅、省公路局的正确领导下,在运城市委、市政府的大力支持下,分局全年工作在全省年终综合目标考核中,被评为优秀单位,并被省劳竞委授予"五一劳动奖状"光荣称号。

一是沿黄干线公路运城段改建工程实现新突破。178公里全线告竣,以"畅、洁、绿、美、安"的服务通行环境不仅兑现了市委、市政府向全市人民承诺的十件实事之一,而且成为引擎运城经济发展的一条新生公路经济带服务全市人民。

二是强化管理,注重质量,路面大修实现新突破。按照年初职代会上提出的"质量零缺陷、安全零事故、廉政零违纪、速度超常规、管理创品牌、工程塑文明"六大要求,突破"三项建设",锁定"双百"工程,以大运路70公里路面改造工程为龙头,优质高效地完成了侯风线、临风线、平风线、沁东线、108线总计114公里建设任务,实现了"速度、质量、社会效益"满堂红,进一步刷新和改写了全市干线公路版图。

三是转变方式,提升服务,公路养护实现新突破。已完成特色路段创建130公里、大中修及挖补罩面工程49.5公里、水毁恢复工程28项、绿化工程214.5公里、危桥改造9项等为主线,实现了养护质量好路率一路攀升,各项指标超计划完成,养护质量优良路率达86.9%,MQI达89.3。

四是统筹兼顾,从严整治,路政管理实现突破。治超工作在与超限超载的艰难博弈中,顶住各方压力,面对反弹挑战,理清思路,明确重点,整合行业力量,争取地方政府和相关部门支持,抓住源头和联动治超两个重点环节,完成投资922.3万元,以建成通化和杨赵两个超限检测站点为载体,依法治路有效实施,超限车辆控制率为0%。

五是内抓管理,外堵漏洞,公路费收实现突破。积极应对燃油税改革,全局5个收费站顺利撤销,裁撤员工工资按时发放,人员安置工作正在按照省局要求,稳步推进,整体队伍稳定。正常运营的209线通化和北景两个收费站继续坚持以收费为依托,以管理为手段,2009年共完成通行费征收1809万元。

六是综合发展,整体跨越,基础建设实现新突破。全市13个公路段段房建设已完成了10个公路段,剩下的绛县、稷山、运城3个公路段段房建设步伐进一步加快。

七是加强监管,积极扶持,运城路桥发展实现新突破。路桥公司先后中标省厅扶持项目6项,自主开发项目先后中标5项,全年共计中标11项,合同额累计达18.384亿元。在建项目13项,全年实现利润3825万元,公司各项目全年获业主奖金累计达562万元。路桥公司历史贷款为11 720万元,2009年开始归还银行贷款利息及本金1420万元。

八是突出宣传,强化教育,党风廉政实现新突破。落实党风廉政责任制,建立党风廉政建设四级责任体系。所有工程项目实行双合同制和纪检派驻制，落实重点工程项目廉政建设巡查制度，加大对专项资金和重点工程的监管。继续推行“四个必审”，即“工程项目完工必审、‘一把手’离任必审、年度经济目标必审、专项资金必审”，通过制度管人、管事、管钱，着力推进“廉政阳光工程”。全年没有发生一起违纪违规事件。

九是加强创建，活跃氛围，精神文明实现新突破。在“七一”全市公路系统组织参加的运城市“‘党旗飘飘’爱国歌曲大家唱”红歌比赛中获得一等奖；在全省公路系统庆祝建国六十周年红歌大赛中，喜获二等奖；在全系统500余人参加了“祝福你，祖国”红歌演唱赛。

一年来，各基层单位基本保持了市级文明和谐单位称号；3个单位保持“省交通厅文明和谐示范窗口单位”光荣称号，5个单位保持“省公路局文明和谐示范窗口单位”光荣称号，1个单位创建了省级青年文明号。在保持上年3个公路段省级文明和谐单位的基础上，2009年又新增了4个省级文明和谐单位，分局连续六年保持了省级文明和谐单位。

（责编　梁锦华）

山西省公路局长治分局

□ 苗宏宇　郭新德

2009年，分局全体干部职工全面贯彻落实科学发展观，同心同德，艰苦努力，圆满完成各项工作任务。

积极推进养护工作转型

一是落实公路养管责任制。年初召开全局公路养管工作现场会，明确标注每段公路的养管单位、责任人和监督举报电话，主动接受社会监督。二是全面推进预防性养护。购置了多台美国进口灌缝机，积极推广L－ZN压缝带粘贴技术，养护机械化程度有了新提高。三是全力抓好危桥改造。对所有的危桥改造工程，都通过招投标择优使用施工单位，全面实行社会监理制和合同管理，确保了危桥改造的质量和进度。四是积极承办全省第六届干线公路养护技术比武活动，确保了整个活动的圆满举行。分局参赛人员取得了全能第二、沥青路面灌缝第三、公路技术状况评定第二、养护机械操作第二的好成绩。五是全力做好除雪铲冰保畅通工作。11月10日至14日，罕见暴雪灾害发生后，分局紧急启动应急预案，协调社会各界力量共同开展扫雪打冰工作，累计出动人员1303人，出动机械115台，撒防滑料10 882立方米，撒融雪剂31.3吨，确保了全市干线公路安全畅通。

2009年共完成刷油罩面46.2万平方米，填补路面坑槽30.9万平方米，处理翻浆6.5万平方米；恢复水毁107处，完成投资520万元；改造危桥11座，完成投资1089万元；完成通道绿化541公里，完成投资4745万元；中修罩面34公里，完成投资272万元。2009年养护平均优良路率78.76%，比省公路局年计划（76%）提高2.76个百分点。

顺利完成各项工程建设任务

2009年，分局共完成路面改造和新改建工程6项，建设里程140公里，完成投资5.29亿元。其中路面改造工程5项，建设里程60.08公里，投资1.64亿元。新改建工程1项，为省道南沁、汾屯公路改建工程，全长79.3公里，完成投资3.65亿元。奠基开工了省道河潞线河口至微子镇改建工程，工程全长61.662公里，总投资3.83亿元。

切实维护路产路权

在全局范围内开展了"依法维权、整治违法侵占公路百日行动"活动，对公路控制区内的违法违规建筑及非公路标志标牌进行集中整治，完善了加油站、平交道口等许可手续，增设相应指示牌，方便了过往司乘人员。紧紧抓住超限超载车辆明显减少、执法作业强度下降的有利时机，着力抓好执法队伍的思想教育和业务培训，提升了执法水平，确保了治超成果。

全年共查处路政案件657起，拆除违章建筑86处共计3876平方米，收取损路赔补偿费98万余元。共检测车辆71万余辆，查处超限车辆153辆，卸载货物263吨，罚款

29 万元。

各项工作水平再上台阶

认真做好清查治理“小金库”工作,未发现有侵占、截留国家和单位收入行为。

重点做好编制外用工的养老保险缴纳工作,积极鼓励职工参加各类培训和学历教育。

5 月 31 日 24 时,分局所辖政府还贷二级公路全部取消收费。撤站后,在 10 天之内拆除了收费岗亭、大棚及其附属设施,在 20 天之内恢复了路面。

加强宣传和信息报送工作,取得了全省交通和公路系统第二名的好成绩;对网民留言及时进行回复和办理,分局被长治市政府授予“政府信息公开工作先进单位”。开展“金秋助学”活动,全年共发放助学金 5.1 万元,资助职工子女 29 名。

长兴路桥承揽工程进展顺利

分局监管太行路桥公司后,一方面积极解决太行路桥遗留问题,另一方面主动探索路桥企业的发展出路,成立了山西长兴路桥工程有限公司。新公司成立后,先后承揽了忻保高速路基 5 标、28 标,临午一级路蒲城分部和平阳高速路基 23 标的施工任务,工程总造价 6.37 亿元,到 2009 年底完成投资 1.85亿元。

不断重视安全生产工作

2009 年是全省安全生产专项整治年,分局制定下发专项整治方案,落实了安全生产责任制,对全局机械设备进行了检测,对机械操作人员进行了培训。在公路养建中,加强对施工现场、油料等易燃易爆品管理,设置了危险标识牌。共排查整治安全隐患 280 处,在急弯陡坡等路段增设防撞墙 7595 米,护墩 3251 米,示警桩 6084 根,设置震荡减速带 4682 平方米,未发生安全生产事故。

大力加强信访维稳工作

对重点时段的信访工作进行了重点部署,积极与地方政府社保机构联系,努力解决原养路协议工的养老保险遗留问题,对路桥企业职工做好政策解释和宣传教育工作,妥善做好收费队伍的分流安置工作,对上级批转的信访情况及时作了处理和回复。

职工福利待遇逐步提高

分局根据路况实际对道班进行了整合,将原来的 98 个道班整合为 67 个;加强道班房建设,新建了侯堡和炭场坪道班,对石北等 15 个道班进行了改善、维修。全局有夏店特级标准道班 1 个,宜林等一级标准道班 9 个,道工收入由原来的月人均 950 元增长到 1250 元。

积极举办庆祝建国 60 周年系列活动

分局组织编撰了《长治公路 60 年》文集,筹办了“长治公路 60 年”成就展(该展馆被共青团长治市委命名为“革命传统教育基地”);举办了职工歌咏比赛和书画摄影展。分局在长治市和省公路局举办的歌咏比赛中,均荣获了一等奖。通过一系列的庆祝活动,进一步凝聚了全局干部职工的人心,激发了大家的干劲。

深入开展学习实践科学发展观活动

学习实践科学发展观活动。分局圆满完成了三个阶段九个环节的规定动作,实现了预期目标。分局领导班子成员共开展专题调研 19 次,举办了两场专题报告会,开展了解放思想大讨论,认真分析查找影响和制约全局科学发展的问题,并积极进行整改。

党的建设和党风廉政建设。加强领导班子建设,注重发挥领导班子的整体合力。加强基层党组织建设,严格党内组织生活。认真落实党风廉政建设责任制,加大政风行风建设力度。对工程建设的招标采购、竣工验收等活动进行监督。严格执行“三重一大”议事制度,强化对权力的监督制约。

文化公路建设。依托当地政府和沿线群众,大力开展共建文明路、文明村活动,全年用于文化公路建设的投资近300万元。在208国道修建了多处小型停车区和文化公路墙,在207国道长治县境内修建了公路文化主题公园,在省道汾屯线沁源境内、309国道潞城市区改线段、省道长平线修建了公路文化浮雕墙,在省道长安线长子境内修建了公路文化休闲苑,进一步提高了公路的文化品位。

行业文明创建活动。积极开展“文明和谐单位”、“青年文明号”等创建活动。全局创建文明路500余公里,省级文明和谐单位标兵1个,省级文明和谐单位3个、市级文明和谐单位7个,省厅、省局文明示范窗口5个,省、市级青年文明号7个。

(责编　梁锦华)

山西省公路局晋城分局

□ 郭长庆 张根法

2009 年，分局全力推进两条一级公路开工建设，扎实开展公路养护“5421”工程，与地方政府携手路地共建，干线公路通行能力和服务水平全面提升，树立了公路部门良好的社会形象，被中央文明委授予“全国文明单位”，被交通运输部授予“全国交通行政执法责任制示范单位”，被省交通运输厅授予“行政执法标兵单位”，被省公路局授予“全省公路系统优秀单位”，被晋城市委、市政府授予“服务地方经济先进单位”、“市和谐机关标兵”，被市直工委授予“红旗党组织”。

养管并重提升公路通行能力

2009 年，分局在创建安全公路、文明公路、绿色公路、科技公路上下工夫，干线公路的通行能力和服务水平明显提升。一是加大小修保养经费投入，强化预防性、日常性养护，加强路面巡查，发现病害及时修补，确保路况稳定。二是严格落实《公路养护和路政管理工作阶段性考核办法》，细化、量化考核内容和工作目标，加大对各公路段的检查指导力度，督促按时保质保量完成养护生产任务。三是充分发挥路地共建、公路文化、文明示范路创建的辐射带动作用，将示范路创建理念、内容、措施融入全局的公路养护管理工作中。2009 年，全局所辖干线公路优良率年平均达 82.5%。

全力推进干线公路升级改造

2009 年，分局确立的“三条路、两个出口”规划项目全面启动。分局把一级公路建设作为事关全局可持续发展的中心任务，抽调技术管理人员，组建一级公路建设管理处，全面展开各项工作。两条一级公路建设里程 91 公里，估算投资 34.45 亿元。同时，推进 207 国道复线工程项目的前期工作，省发改委已批复立项，建设里程 25.14 公里。

2009 年完成省道坪曲线省界至六泉、礼义至桥北段、长陵线方善至杨寨河段共计 46.71 公里路面改造工程，完成建设投资 8216 万元。水毁修复工程实现了当年水毁当年修复的目标，完成投资 225 万元。2 座危隧和 2 座危桥加固改造工程，9 月底全面完工，完成投资 1438 万元。安保工程完成投资 399 万元，绿化及景点建设完成投资 130 万元，稀浆封层中修工程完成投资 184 万元。

严格执法提高路政管理水平

一是抓执法队伍建设。分批次开展了执法培训和岗位大练兵活动，打造了“阳光执法、公正执法、文明执法、廉政执法”的路政执法队伍。二是抓路政日常管理。开展文明执法示范路创建活动，整合和利用沿线道班，建成规范化路政中队 7 个。全面推行路政管理责任制，加强涉路工程管理，制定出台《与干线公路交叉建设活动管理办法》，规范路政案件受理、处置程序。会同公安、法院、国土等部门，加大案件查处力度和执行力度，依法保护了路产路权。全年共查处各类案件

192 起，结案 191 起，路政案件发现率 100%，查处率 100%，结案率 99.5%，建筑红线控制率严管路段达 100%，其他路段达 92%。三是继续保持治超高压态势，强化固定超限检测站管理，加大流动稽查，全年共检测货运车辆 82.8 万辆，超限超载率控制在 0.01% 以下。

管理年活动成效显著

以"六个一"活动为载体，抓住计划管理、财务管理、质量管理、合同管理、安全管理等重点环节，进一步强化管理，推进管理升级，提高规范化管理和精细化管理水平。在计划、财务管理方面，坚持计划预控，强化财务监督，认真做好各项筹资、核算、管理、协调等工作，成本控制关口前移。发挥审计工作的监督管理作用，认真开展行政领导任期经济责任审计、离任审计、养路费交叉审计、工程项目竣工决算审计。在工程管理方面，实行目标考核责任制，除工程质量、进度、安全、廉政目标考核外，资金控制也纳入目标考核中，2009 年 3 项路面改造工程资金控制达到预期目标。在机械设备管理方面，组织编写出版《公路筑养路机械设备管理手册》，进一步规范筑养路机械设备管理，机械设备年平均完好率达 94%，汽车年平均完好率达 95%，红旗设备率达 31%。在首届全国交通行业"厦工杯"筑养路机械操作手技能竞赛中，分局选手勇夺装载机实地操作单项第一名、综合竞赛第六名的好成绩。加强民主管理，坚持政务公开，集体合同签订率达 100%。加强安全生产管理，健全安全生产组织机构，落实安全生产责任，强化安全生产检查和责任追究，全面推行"一岗双责"，全年未发生一起死亡事故，责任事故死亡率为零。

"五个确保"促进单位和谐稳定

继续举全局之力做到"五个确保"，即：确保职工工资按时足额发放，确保职工收入稳定增长，确保职工各种社会保障资金按时足额缴纳，确保职工身心健康，确保单位和谐稳定、科学发展。一是自 5 月 31 日 24 时起，所辖 11 个收费站停征通行费。迅速启动《取消政府还贷二级公路收费工作预案》，稳妥有序地部署撤站善后工作，继续抓好一级公路收费站工作，确保通行费足额征收。全年完成通行费征收 6636 万元。二是加强对编制外用工人员的录用和管理，签订劳动合同，规范养老保险办理，构建和谐平等的劳动用工关系。积极主动与社会劳动保障部门沟通协调，为 36 名原农合工办理了养老保险补缴工作。和晋城路桥公司 514 名原协议工的养老保险补缴工作基本办理。三是搭建平台，化解矛盾，有效减少了干部职工之间的矛盾，促进了单位和谐。四是切实加强信访工作，畅通信访渠道，对群众反映强烈的问题限时给予解决。五是认真落实离退休人员各项待遇。

全力支持路桥企业健康发展

分局积极支持路桥公司招投标和工程建设，拓展市场。与路桥公司签订了工作目标、安全生产管理和廉政建设目标责任书。派驻 2 名廉政效能督检人员指导监督忻保高速公路工程项目，确保完成省厅、省局交给的任务。18 个项目的诚信、信贷、履约担保证明，其中 6 个项目中标，工程建设投资达 8.4 亿元。

精神文明建设迈上新台阶

深入开展学习实践科学发展观活动，围绕公路养建中心工作，以"坚持科学创新和谐发展，提升干线公路服务保障能力"为主题，做到"规定动作"和"自选动作"相结合，圆满完成了"三个阶段、六个环节"任务。

高度重视行业文明建设，围绕"文明、和谐、发展"这一主题，以"学、树、创"活动为载体，以文明和谐单位、文明和谐示范窗口、文明路为重点，广泛开展群众性文明创建活动，全面提高行业文明程度。积极开展"公路文化推进年"活动，不断提升行业文明程度。把公路文化建设与路地共建文明路相融合，确定了“精雕细琢描绘人文公路，就地取材打造特色公路，以人为本创建平安公路，与时俱进构建和谐公路”四个主题，公路文化建设呈现出有精品、有亮点，形式多样、各具特色的喜人景象。重点在国道207线修建了“公路养护60年”主题文化墙，在急弯陡坡路段设置了生动活泼的卡通画提示牌。全局建成省级文明和谐单位2个，市级文明和谐单位7个，省厅、省局文明示范窗口6个，市级青年文明号6个，市级五星级文明站卡6个。

始终把反腐倡廉工作摆在重要位置，严格落实党风廉政建设责任制，坚持“标本兼治、综合治理、惩防并举、注重预防”的方针，扎实推进具有公路特色的惩治和预防腐败体系建设。抓领导干部廉洁自律，继续把工程建设领域的廉政工作作为反腐倡廉建设的重点，与市检察院联合出台《关于共同开展预防职务犯罪的意见》，坚持和落实廉政合同制、纪检人员派驻制、工程招投标制，加强监管，打造阳光工程。加强政风行风建设，认真办理人大代表建议、政协委员提案，办结率、满意率100%。

积极履行社会责任，大力支持公益事业。开展了“爱心助学”行动，连续9年被晋城市政府授予“爱心助学”先进单位；坚持开展“访贫问寒送温暖”、“博爱一日捐”、为困难职工献爱心等活动，把党组织和单位的温暖送到困难职工、离退休人员家中，让他们充分感受到单位和集体大家庭的温暖。

（责编　梁锦华）

三门峡黄河公路大桥山西管理处

□李晓阳

2009年，面对燃油费改革的严峻挑战，全处干部职工迎难而上，团结奋进，圆满完成了全年各项目标任务，保持了单位和谐稳定。

5个月收取通行费1166万元；北引道改建工程全面竣工，梗阻近四年的209国道瓶颈被打通，文明绿色走廊初建成效，被驻地政府授予“重点工程建设先进单位”；标准化超限检测点建成投入运行，双超车辆控制在0.01%以内，公路综合治理成果充分显现；安全工作扎实有效，国庆安保再获好评；节约型公路行业建设稳步推进；精神文明建设保持先进，获得省地两级“文明和谐单位标兵”。各项工作在同行业中名列前茅，被省公路局评为“优秀单位”、精神文明建设和安全生产“先进单位”。

建设优质放心工程
打造文明绿色长廊初见成效

一是建设优质放心公路，奠定文明绿色长廊的硬件基础。针对北引道破损严重状况，争取上级计划投资，达成了与地方政府合作共建机制，经过3个多月的艰苦施工，工程质量达到全优，奠定了文明绿色长廊的硬件基础，被平陆县表彰为“重点工程建设先进单位”。

二是引深“环境整治年”活动，打造文明绿色长廊的视觉环境。与政府联手在全路段绿化美化，种植雪松、冬青，新建隔离墩4000余米，投资28万余元新建隔离矮墙4097余米，美化刷漆3300余平方米，更新站区照明设施，粉刷两侧护栏，做到绿色全覆盖，美化了通行环境。

三是强化管养，构建文明绿色长廊的保障机制。与政府城管部门合作，综合治理城镇过境路段，做到分工不分家，管理无缝隙，以路政为主管路权，养护为基护好路，城建为辅保外围的新机制，奠定了文明绿色过境路段的扎实基础。

四是全力应对雨雪灾害，树立文明绿色长廊的品牌形象。在2009年的特大暴雪灾害中，全员动员，应急启动，出动铲车、拉料车600余台次，铲雪79 860方，确保了辖区无堵塞，打造了山西公路服务社会、保障畅通的品牌效应。

不断深化“三个服务”
行业社会形象不断提升

一是抓好“完善制度，规范行为”的固本工程。健全完善各项规章制度180余条，通过严格、完善的规章制度，全处上下能够做到言谈有标准，行为有准则，操作有规则，打造了规范有序的和谐团队。

二是抓好“擦亮南门，提升形象”的塑形工程。在过境路上，通过绿化美化，综合整治，建设“三季有花，四季常青”的畅通大道；在行为上，通过讲文明语，行文明礼，站文明岗，做文明事，当好“文明山西、和谐公路”的形象大使。在仪容上，通过军事训练，刻苦演练,塑造整齐划一的执法队伍;在形象上,通过微笑服务伴你行,微笑服务送真情系列活动,点亮窗口形象。

三是抓好"延伸服务,便民为民"的温暖工程。通过收费人员指引道路、端茶倒水、解答疑难等延伸服务,通过路政人员的"有困难找路政"的庄严承诺,通过收费治超一体化运行的快速便捷,为过往司乘人员提供优质、快捷、高效的服务、全年为司乘人员送水4000余次,政策咨询1800余次,发放温馨提示卡3000余张,救助司乘人员9次,扑灭着火车辆2次,使山西南大门成为快乐驿站,使黄河大桥成为温馨走廊。

自觉服从改革大局
转岗分流工作基本完成

一是努力站好末班岗,坚持收费到最后一秒。采取强有力举措确保通行费的征收,最大限度降低收费漏洞,增加通行费收入。5个月共收取通行费1166万元,自1993年建站以来共收取通行费2.3亿元,为交通建设作出积极贡献。

二是积极做好撤站工作,确保稳定有序。按照省局部署,做到领导到位不放松,执行到位不走样,工作到位不懈怠,顺利撤站停收,资产接收有序,债务锁定明确,队伍稳定不乱。

三是认真贯彻上级指示,转岗分流工作基本完成。以最宽的政策、最大的优惠制定了转岗分流实施意见,基本完成转岗分流任务。

四是广泛调研,积极探寻转型发展出路。积极应对,深入调研,形成未来发展的思路,并提出三个具体方案。

大力推进路政管理
执法队伍建设再上台阶

一是教育为主,抓好学习培训,抓好4.12、7.23治超会议精神的贯彻,抓好执法队伍整体素质的培养提高,抓好文明执法窗口形象的塑造,强化学习型单位建设,思想上筑牢防线,行动上提高自觉性,建设规范过硬的执法队伍。

二是借超限点搬迁之机,全面规范执法流程,健全执法机制,完善监管措施,加大对治超工作的全方位监管,为公正执法保驾护航。做到站点建设到位,保障措施到位,治理力度到位,治理"三乱"到位,使执法过程受到全面监控,杜绝隐患。

三是采取走出去,请进来的办法,开展上门服务,发放传单,宣讲政策,把车主请回来,听取意见,剖析问题,从而锤炼了优良的作风。

四是采取轮岗、考核选拔、群众评议等多种形式选拔使用路政执法人员,淘汰不规范人员,纯洁执法队伍。

五是形成与公安、交警、煤管等部门配合共同治超,相互监管、制约的模式,促进执法规范。

六是重拳出击,利用聘请社会监督员、新闻媒体等多渠道、多角度、全方位、全天候打击放黑车、收黑钱的不法行为,防患于未然。

坚持不懈预防为主
安全生产成绩斐然

一是树立安全工作大如天的理念,大力加强安全教育、形成安全工作的良好氛围。

二是建立健全了安全工作目标责任体系,管理实施体系,督促推进体系,预防应急体系,做到安全工作全覆盖,不留死角和隐患。

三是在国庆60周年之际,黄河大桥作为重点反恐目标,管理处承担了护桥守桥任务,做到领导力度不减,人员安排不减,工作措施不减,配合力度不减,圆满完成任务,受到表彰。

四是全力做好信访工作,把矛盾和隐患消灭在萌芽状态,没有一例上访事件发生。

结合实际多措并举
构建和谐大桥卓有成效

以科学发展观引领和谐。认真开展科学发展观实践活动,将学习实践活动与实际相结合，与业务相结合，产生实效；与文明创建、文化繁荣相结合，有效推进，引领桥管事业沿着科学发展的轨道前进。

以文化建设构建和谐。大力推进文化建设，一是抓文化理念的完善；二是抓制度文化的规范；三是抓文化活动的丰富。充分发挥职工文化活动中心的作用，组织职工上网学习、图书阅览，重温历史、健身休闲，利用各种节日开展丰富多彩的文体活动，活跃职工文化生活。

以文明创建促进和谐。引深文明创建，营造创建氛围，扩大创建宣传，深化创建内容，拓展创建范围，形成创建特色，一是把各种创建融为一体，相得益彰；二是把创建与窗口实际相结合，重在树立形象；三是把创建与科学发展相结合，相互促进，获得省地两级“文明和谐单位标兵”，保持了省级“青年文明号”称号，促进了和谐建设。

以党风廉政建设和反腐败工作保证和谐。认真贯彻中纪委三次会议精神，完善党风廉政建设责任制，把基层涉路关键岗位作为反腐倡廉的重点，关口前移，重心下移，进一步完善制约管理的新机制；严格查处放黑车、收黑钱、损害形象的人和事，坚决打击个别害群之马，纯洁队伍。继续完善工程招投标机制，健全廉政合同，实行阳光作业，强化全过程监管，确保建设优质放心工程。

（责编　梁锦华）

山西省公路物资供应总公司

□ 刘宪文　赖桂祥

2009年，物资公司在省公路局的正确领导下，在全体职工的共同努力下，继续发扬艰苦奋斗精神，大胆开拓、勇于创新，取得不错成绩。

立足市场制定策略，把握市场主动权。一年来，公司领导班子围绕主营业务进行通盘考虑，认真研究公司经营工作中出现的新情况、新问题，通过分析形势和研究对策，制定行之有效的营销方案，及时调整市场营销策略，为全年经营目标的实现奠定了良好基础。

提高经营效益质量，增强防范风险意识。公司始终坚持"效益第一"和"以市场为导向，以客户为中心"的经营理念，始终秉承"务实、诚信、优质、高效"的总体思路，按照科学发展观的总体要求，坚持抓管理、促效益、树品牌的指导思想，内抓管理，规范操作；外树形象、提升服务。坚持"有所为、有所不为"的经营策略，把保证商品质量和资金安全放在第一位，不盲目追求市场份额和经营数量。

完善企业制度建设，严抓贯彻落实。一年来，公司对已有制度做了全面修订，对新制度进行了建构，制订了明晰的岗位职责制度，保证了公司的政令畅通，令行禁止。

加强职工队伍建设，不断提升公司竞争实力。积极引导干部职工从大局出发，树立正确的人生观、价值观和世界观，尤其是提高中层干部的业务技能和管理能力，使他们真正成为公司发展的中坚力量。还有计划、分步骤进行员工岗位技能培训，引导员工学习新技术，掌握新本领，鼓励员工通过各种途径自学成才，努力增强员工的生存能力和发展能力。

增强群体安全意识，营造良好工作氛围。牢固树立"安全第一、预防为主、持续治理"的工作思路，不断完善各项制度措施，严格按制度开展各项工作。先后投入28万余元，在办公区和住宅区安装监控设备。全年事故发生率、百万元经济损失率均为零；无重大安全责任事故；车辆完好率100%。

加强党建和精神文明建设，坚持健康的发展方向。公司党总支严格按照省局党委的部署和要求，坚持以"三个代表"重要思想和党的十七大精神为指导，认真开展党建工作和精神文明建设工作，认真学习实践科学发展观，取得一定的成效。

2009年，公司共完成销售额6984万元，上缴税金72万元，实现利润总额101万元；与各大沥青生产厂家签订沥青合同数量94 950吨，发运回沥青数量92 122.38吨，其中向各分局供应站调拨养护沥青56 664.07吨；与市场客户签订沥青供货合同数量33 233.38吨，给各市场客户与各项目供应沥青20 380.16吨；国有资产保值增值率125%；职工收入有保障，人均年收入33 250元，三险一金足额按时缴纳；各项基础管理工作严细扎实，为公司事业的稳定、持续、健康、协调发展奠定了坚实基础。

（责编　梁锦华）

山西省筑路机械厂

□张光明　郭　嘉

2009年，面对严峻的生产经营形势和艰巨的工作任务，筑机厂干部职工以科学发展观为统领，按照“内强外拓，创新创效，优质发展”的基本思路，以确保安全、提升效益、促进发展为目标，对内强化管理，对外开拓销售市场，积极推进新产品，较好地完成了全年生产经营目标和各项工作任务，多项指标创出新水平，多项工作取得新突破。

狠抓安全管理　严格责任落实

2009年是全国“安全生产年”，按照省公路局及有关部门的要求，全厂扎实开展了安全生产各项工作。一是出台《安全生产专项整治工作实施方案》，制订《安全生产各项管理制度》，该制度共10大项内容，完善了安全生产事故应急预案，各岗位操作规程及安全制度、消防制度全部上墙。二是企业与各分厂、分厂与班组、班组与员工层层签订了安全生产目标责任书，切实把安全生产责任落实到每个部门，每个职工，做到“谁主管，谁负责”，把安全工作放在首位。三是坚持安全生产例会制度，定期召开安全生产工作会议，分阶段安排部署安全检查及专项整治工作，确保了安全生产专项整治工作有效落实。切实抓好安全生产“三项行动”和“三项建设”工作。8月，省、市、区三级联动检查时，给予安全工作高度评价。全年全厂未发生任何生产设备损毁事故和人员伤亡事故。

引深科学发展　不断提高效益

全年，筑机厂完善和建立了各项规章制度，规范了职工行为，使各项工作有章可循、有据可依，做到了有目标、有计划、有检查、有落实，管理工作向科学化和规范化的轨道迈进。同时坚持诚信为本、服务优先的经营理念，共完成工业总产值1520万元，比2008年增长8.6%。

创新技术管理　提高研发能力

为了适应市场的需要，筑机厂采取与同类企业技术合作，与科研单位联合研制的方法，走技术开发捷径，不断提高开发手段。一是研发了LZ03B型沥青混凝土热再生设备，产量达3吨/小时，有效解决了回收料再生问题，提高了旧沥青料利用，减少了路面维修养护成本，环境保护、社会效益显而易见。二是研制了WBC－600型稳定土拌和设备，为筑机厂带来可观的经济效益。三是研制生产了50型清雪铲，且已全部发往各公路段，起到了“及时雨”作用。四是同吕梁公路分局共同研制开发全移动沥青混凝土养护拌和设备。五是公路桥梁伸缩装置的图纸已完善，试制的各项工作已完成，且由交通部科学研究院交通工程检测中心检测，获得了技术检验合格证书。

开展多种活动 改善职工生活

一是重新装修了职工食堂,改善了职工就餐条件;二是正月十五举办元宵灯展、猜谜、拔河等多种文体活动;三是“七一”组织党员干部到革命圣地延安进行革命传统教育;四是积极参加全省公路系统纪念建国60周年职工书画摄影展、歌咏比赛活动,获组织奖和优秀奖,刘超平作为年龄最小的参赛选手,获得书法一等奖和硬笔书法二等奖;五是为退休职工郭桂林举行90寿诞庆祝,邀请70岁以上的退休职工参加;六是举办了“明天会更好”新年联欢会;七是厂区、家属区绿化面积大幅度增加,给职工提供了良好的工作、生活环境。

加大信访力度 维护企业稳定

10月,收到省局信访办转来厂里退休职工要求增加工资和生活补贴的材料后,厂领导及时召集退休职工代表座谈,经过大量细致的思想工作,化解矛盾,大部分退休职工能够理解企业困难,同时厂领导多次召开班子会议研究,经职工代表大会通过,根据企业的实际情况和经济效益,给予退休职工一定的生活补贴。

规范劳动用工 缴纳各项保险

一是根据《劳动合同法》及相关法律、法规规定,结合企业实际,及时办理职工续签合同手续,及时办理职工退休(特殊工种提前退休)工作,2006年至2009年,共办理特殊工种提前退休73人,按月向社保中心缴纳“五险一金”,按时报送报表,报表数字准确真实,人事档案及时整理,建册。二是从2009年1月起,提高职工工资收入,加大职工住房公积金补贴,进一步完善各岗位工作人员的职责和考核办法。三是认真贯彻落实《干部选拔任用工作条例》,注重工作实绩,把工作中有突出表现的人员选拔出来,充实到管理岗位。2009年新提拔的5个中层干部中,本科学历1人,专科2人,中专1人。2009年职工年人均收入20 235元,“五险一金”、取暖费福利性支出1 142 708元,全年上缴税金550 128元,均创历史新高。

加强财务管理 严格部门预算

根据企业实际,本着“以收定支,量入为出,保证重点,兼顾一般”的原则,从源头上堵塞管理漏洞,并采取压低费用,减员增效等措施。车辆使用专人专管,用油量大大减少。改造取暖锅炉,耗煤量大大降低。完善财务部结算中心功能,发挥其服务和监控功能,加强对资金的有效控制,建立和完善各项财务制度,实现管理规范化。

明确廉政目标 杜绝违纪违法

一是结合企业实际制定下发《党风廉政建设和反腐败工作责任分解意见》,进一步明确党风廉政建设目标、任务和班子成员在党风廉政建设中必须履行的职责和应负的责任。二是于3月召开第六届八次职工代表大会,针对职工提出意见和建议,厂领导和职工代表共同探讨企业发展的途径;8月召开领导班子民主生活会,进一步统一思想。三是大力推行厂务公开,通过班子会议,中层干部会,职工大会等形式,对企业的各项工作任务完成情况进行通报,利用厂务公开栏、电子显示屏等对企业的各项决策、管理制度、人事任免等进行厂务公开。四是组织干部职工观看反腐倡廉警示教育片,厂干部职工严格执行《廉政准则》的有关规定,一年来全厂党员干部无一例违纪行为,来信来访处理率100%,案件办案率90%,结案率85%。

(责编　梁锦华)

山西晋路投资开发有限公司

□ 郝增民　吕嵩巍

2009年是公司组建以来最为关键的一年。一年来公司业务发生了巨大变化：一是公路养路费改税政策实施，二级公路收费站取消收费，占公司业务一半的通行费征收业务于6月1日全面停止，日均数十万元的现金流断链，收费人员等待安置，大量资产进入闲置状态，公司的生产经营受到很大影响；二是全球金融危机大背景下，公司绿化、冷再生、科技业务市场开拓遇到前所未有的困难。但是公司全体员工迎难而上，团结拼搏，全面完成公司经营转型发展和管理上档升级两大任务，完成产值2600万元，实现利税420万元。其中，科技公司完成产值1160万元，实现利税40万元；绿化公司完成产值603万元，实现利税150万元；工程公司完成产值594万元，实现利税150万元；技术咨询公司完成产值190万元，实现利税80万元。固定资产保值率100%；完成金潞苑小区建安投资1.02亿元，一期工程26栋住宅全部开工建设，主体封顶7栋；完成冷再生泡沫沥青柔性基层施工节能环保项目研究；完成前沿公路科技路况远程无线监控项目研究和试点工作；完成企业文化建设与精神文明建设的无缝对接。

认清形势提前布局
努力推进业务转型

创新发展模式，培育新的经营效益增长点。多年来，公司不断创新发展模式，由最初的以收费业务为主，逐步发展了公路技术咨询、园林绿化、公路路面冷再生、公路科技和房地产等业务，形成多条腿走路、全面开花的业务发展格局。2009年，为了顺利实现业务转型。公司一方面开发研制了治理超限运输不停车检测系统，并在长治东井岭超限检测点改造中应用，取得满意的试验数据；另一方面，在榆次建立花卉基地，培育花卉27个品种，销售和出租10万余株。此外，加大了公路技术咨询现场服务力度。

坚持扬长避短，努力提升业务技术含量。公司所属晋路科技公司拥有的无线远程监控技术日臻成熟，是国内首家将无线微波、信号级联、自行组网技术应用于监控交通路况的企业。这一技术在公路上的推广应用，既解决了危险路段由于电力供应和光纤铺设不便等原因造成监控不到位问题，又能节约线路维护成本，具有提高公路服务能力和科技含量的意义。2009年，公司本着人无我有，人有我精，全力提升公司业务技术含量的指导思想，以技术推广为重点，下大力气开拓市场，取得良好效果。《五台山台忻线（西线）路况远程无线监控可行性报告》，通过省公路局组织的评审，10月底完成测试性安装。公司在利用冷再生技术施工沥青路面上，经过多年的探索和实践，掌握了比较完整的施工工艺，为了进一步提升业务技术含量，就冷再生泡沫沥青柔性基层施工节能环保进行了专题研究，在太古二级公路试验路段取得节能30%，缩短工期50%的好成绩，且在施工当天就能开放交通，最大限度地避免了施工和交通的相互影响，受到业主、监理和质检等各方面的好评。

狠抓执业资质建设，全面提升公司综合实力。2009年，工程公司取得公路工程施工总承包三级证书；科技公司取得路况监控分项资质；绿化公司取得园林绿化二级资质；完成了房地产开发由暂定资质升为三级资质工作；完成了科技公司、工程公司安全许可证准备工作等。特别是园林绿化业务上，公司拥有省内最大的苗木基地和较高的执业资质，加上新拓展的花卉基地，极大地提升了市场竞争能力。

强化服务开拓市场 全力打造晋路品牌

公司成立之初，就确立了建服务型企业、创服务型品牌的指导思想，立足服务公路、服务公路行业、服务公路系统职工，在拾遗补缺中，实现创新发展。

立足服务谋发展。多年来，公司绿化业务和公路技术咨询业务有了长足的发展。为了进一步巩固和拓展市场，公司坚持诚信为本、服务优先的理念，在服务上把业主提出的和未提出的，甚至没有想到的内容全部列入服务清单，并有计划地主动服务，努力树立诚信服务的品牌形象。通过优质服务，创晋路品牌，在行业内部赢得良好口碑，为进一步开拓市场铺平了道路，2009年下半年，公司连续中标晋城绕城高速和大呼高速绿化工程共800余万元。

依靠品牌闯市场。公司在房地产项目金潞苑小区启动之初，就确立服务系统职工、服务小区住户，坚持高标准建设的理念，年内，完成建安投资1.02亿元，26栋商品住宅全部开工建设，完成主体封顶6.3万平方米，系统内部团体认购达40%。小区规划、户型设计、工程质量和安全生产等方面得到广泛认可，特别是在景观设计方面，选用香港意诚国际公司的设计，标准很高。

严格管理稳步推进 两个文明无缝对接

以制度建设和严格执行为载体，逐步形成企业文化价值取向。2009年，公司制定《薪酬管理办法》、《生产经营业绩奖励补助实施办法》等规章制度，对已有制度进行进一步的修订和完善。要求全体员工有章必循、违章必究，并坚持奖罚及时兑现，收到良好效果。

以团队活动为载体，逐步推进企业团队向心力建设。年内，举行了应知应会知识竞赛、真人CS对抗、植树节活动、滑雪运动等团队活动。组织参观了纪念太原解放60周年展览、利用各种节日组织联谊活动等，营造积极向上、轻松愉悦的工作氛围，推进员工之间、员工与管理层之间的良好沟通和互动。

以上级指示、任务、交办工作为载体，全力打造团队执行力。公司借助上级来文办理、任务完成和指示执行等，要求部门和员工限时间、按要求、保质量完成上级交办的各种工作。特别是在通行费征收工作中，坚持稽查、住站相结合，维护收费秩序的正常运行，收费额同比有了较大幅度提高；在收费站停止征收及停收后的善后工作中，做到了专人专责，任务明确，尽力做到全面细致和准确无误。

以组织学习为载体，全面推进团队素质建设。2009年，公司重新修订了《晋路公司学习制度》，规定每周二、周五下午下班前两小时为组织学习时间，采用聘请讲授、影像教育和自学等多种形式，学习国家政策、法律法规，讨论新闻焦点，接受反腐败和安全警示等多方面教育。利用《观念360员工培训计划》，每天一篇小文章，就励志、处理同事及上下级关系、认知企业利益与自身利益关系等各方面进行全角度渗透性教育。就员工自身业务学习准备出台激励办法。

（责编　梁锦华）

山西省公路局生活服务中心

□ 徐碧河　李跃强

2009年，中心全体职工围绕省公路局下达的工作目标任务，同心同德，尽心尽力，圆满完成全年各项后勤工作任务，为局机关和局机关宿舍区提供了有力的后勤保障。

安全工作常抓不懈

为切实搞好安全生产专项整治工作及进一步落实安全生产责任，有效预防安全生产事故特别是重特大安全生产事故，保障职工、住户生命财产安全，制订了《山西省公路局生活服务中心安全生产专项整治工作实施方案》、《山西省公路局生活服务中心安全生产制度》、《山西省公路局生活服务中心安全生产责任事故约谈制度》，在组织实施的集中供热二次网改造、局机关办公楼外墙面维修、住宅区屋面防水层翻修等工程中，中心与施工单位及时签订安全责任书，明确施工方的安全责任，及早敲响安全警钟，有效避免安全事故。

*及时设立安全警示。*中心制作了安全宣传展板两块，便于机关职工、小区居民了解、掌握有关安全知识；房地产管理科向产权属于省公路局的杏花岭区教场巷危房住户两次发放了130份危房通知书，提醒住户加强防范，避免房屋倒塌人身伤亡事故的发生。

*确保供电安全。*为消除因设施设备老化造成的安全隐患，更新了路泽苑配电室总控开关一台及室外高压电缆40米；拆除局机关院架空裸线210米，更新为绝缘电缆线；拆除水泥电杆3根；对机关院电缆线进行归整，改善局容局貌，提高机关用电安全标准。

*确保交通安全。*汽车队机动车检验率达98%，驾驶员安全培训教育率达100%；积极参加交警部门组织的交通安全活动共7次，悬挂宣传横幅10条，更换宣传栏内容10次。全年未发生道路交通事故，保证了省局领导及处室公务用车安全。

*确保消防安全。*除认真进行日常消防检查外，11月上旬，为做好119消防日宣传工作，中心邀请小店区消防部门为局机关和中心职工举办了消防知识讲座。会上发放了消防知识宣传单，会后进行了消防灭火实战演练，通过学习和实战演练，机关职工增长了消防知识，提高了消防意识和消防灭火能力。活动有50多人参加，太原两家新闻媒体做了现场采访报道。

*确保房屋安全。*5月份，对14幢住宅楼14个天窗进行了加固，安装了门锁，并责成专人进行管理。

*安全督查。*积极配合省局有关部门进行季节、节假日、安全生产月等各项安全检查，在中心每月进行的服务工作综合检查中，检查组对发现的安全隐患责令有关部门积极采取措施及时予以消除。如在11月底的检查中，发现局离退休人员管理处办公楼顶暴雪过厚积有雪块，存在下坠伤人安全隐患，中心立即安排保安人员将危险区域设置了警戒线，以免发生不测。

基础管理严格有效

完成了2008年事业单位统计年报及高级工岗位工资调整；及时办理了中心事业单位有关证件年检年审；进行事业单位技术工人培训考核、工作人员工资调整；完成了劳动社会保障厅对事业单位的调查统计及中心职工档案清理查实工作；进行了专业技术人员职称和聘用制干部的续聘；月、季及时上报中心职工人员、工资收入统计报表。

年初进行了养老、医疗、失业、生育、工伤保险金的全年额度测算，对在岗职工和退休人员的养老、医疗、失业保险金基数进行了调整；办理了退休职工的待遇审核等手续；参加了社保单位组织的有关政策、业务培训；按时足额缴纳了社保金、办理了退休人员返还金。

严格执行财务管理制度，规范账务、票据报销手续，按时完成了中心经费的收支、划拨，职工工资发放、财务报表、社保金调整，单位、个人经费的交税、扣税等工作；按照上级安排，认真积极完成了清理“小金库”及个人借用、拖欠公款专项治理工作；完成了中心主任2006年至2008年任期审计工作。

房产维修不断加强

按照省局要求，按时完成了省局信访接待室改造、装修工程；对局办公楼内墙进行了粉刷、卫生间进行了改造、屋顶挑檐下墙皮进行了维修；对办公及住宅楼防雷设施进行了测试并维修；对局卫生所下沉墙体及下水进行了处理；对路泽苑小区2号、9号、14号、15号、18号、19号住宅楼屋面防水层进行了翻修，共约5200平方米；联系修理住宅楼单元防盗门300余次；对办公及住宅楼屋顶的垃圾进行了清除；对机关办公区和家属区所有化粪池及下水沉淀井进行了清理；完成了师范街4号院南北通道路面硬化工程。

为省局在大会议室举行的各次会议提供服务；对局机关办公电话系统进行了改造；为局机关各处室发放了部分办公用品、进行了文印服务工作；对局机关及中心办公楼进行了保洁；固定资产管理工作做到了账实相符、账账相符。

物业管理细致周到

全体维修人员无论工作日或节假日都能坚守工作岗位，尽心尽职地为局机关职工及社区居民服务。全年入户维修360余次，疏通下水管道50余次。完成了住宅区室外下水管网的清理工作：清理化粪池3个，化粪井59个，下水管道1600米。

更新了2号住宅楼室外下水管道40米；完成了局机关院电缆入地前期管道铺设工作，共铺设电缆管约900米、光缆管约440米，做电缆井14个；完成了办公区照明改造工程，由电杆照明改为楼顶照明，增加了办公区夜间照明范围，减少了安全监控盲区。

保洁人员基本做到了每日清扫一遍，全天保洁，并定期对服务区内各个角落进行清扫，对发现的问题及时处理，以保证全部服务区域干净整洁。

绿化人员对花草树木定期进行培土、施肥、除杂草、修枝、补苗、浇水和病虫害防治，做到了草坪及花卉树木生长良好，保证了服务区域的绿化养护质量；5月，联系市园林局植保站专业队伍对13 000平方米绿化区域实施了病虫害防治喷药；6月，为给树木标明身份，普及绿化知识，在办公、住宅区为50余种树木挂上了树种标牌；8、9月，为减少集中供热工程对绿地的损坏，责成专人对绿地草坪及时进行移植、恢复，面积达230余平方米。

为使局机关院及住宅小区保持清洁优雅的环境，中心服务工作考核领导组坚持按月对服务区域的保洁绿化质量进行督察，坚持按照操作程序检查保洁绿化人员工作的情况，检查后及时将检查结果向有关科室并物业公司进行反馈，尽快解决检查出的问题，并严格执行服务奖惩规定。

为做好节能降耗工作，完成省局下达的

降耗指标任务，在节电方面，针对机关办公区厕所"长明灯"耗电情况，采用光声控开关控制用电，降耗三分之二，年节电8000余度，节约资金6000余元；在节水方面，针对办公厕所管件阀门老化、跑漏水情况，全部更新了管件和阀门，跑漏水情况及时得到处理。

集中供热圆满完成

工程施工从7月初开始到10月24日结束，中心协助热力公司施工队伍完成了一次管网1350米管线和220平方米的站房建设工程。期间为保证工程提前完成，及时与施工地段临街商铺和小区沟通，及时为施工单位提供水、电、房有利条件，及时与施工单位协商争取工程进度，及时与南郊段联系保证学府街过路地段按时恢复。期间中心组织完成了办公、住宅区二次管网的建设任务，开挖路面沟槽土方550方，更改供水管道3处，更新管道1758米、阀门56个，严把了管道压力测试等工程质量关。

10月25日至11月2日供暖调试阶段，中心积极配合城南热源厂进行设备调试、打压试水，物业职工为保证尽快供暖，针对打压试水压力大、标准高，跑水地点多的情况，不分昼夜，积极查寻跑水地点，更换、维修漏水管网设施30多处，保证了11月2日正常供暖。之后，为防止系统积气，影响供暖效果，物业部门出资5000多元，采购了排气阀门，对排气出现故障的办公及住宅排气阀门进行了更换。入冬后，23 810平方米办公入网面积和67 026平方米住宅入网面积供暖管网出回水运行基本正常。

（责编　梁锦华）

山西省公路工程质量检测中心

□ 王进满　米春玲

2009年，中心在省交通运输厅、省公路局的正确领导与亲切关怀下，认真贯彻落实党的方针政策，扎实推进学习实践科学发展观活动，不断完善企业发展机制、各项工作取得新突破。中心领导班子精诚团结、通力合作、科学决策，带领全体职工上下齐心，不断创新、团结奋进、奋力拼搏，圆满完成全年确立的各项目标任务。

任务承揽落实情况良好

2009年，中心在建项目共12项计4950万元。其中闻垣、阳翼项目管理有序，屡获业主好评；忻保、忻阜两个项目中标后，中心领导班子与项目负责人经认真分析、科学决策，抽调配备工作能力强、业务素质高、能独当一面的同志组成项目部，在业主要求下，积极顺利组织人员、设备进场，积极开展开工准备阶段的工作。按照严格监理，科学规范的工作要求，规范运作，努力在各方面取得新突破，创造新成绩。

业务工作成效明显

2009年，中心领导班子牢牢抓住发展经济的主动权，同步抓好文明和谐建设，各部门工作卓有成效，硕果累累，获得多项荣誉和嘉奖：荣立省劳动竞赛委员会集体二等功；获省文明委文明和谐单位光荣称号；保持了团省委"青年文明号"荣誉；闻垣高速公路受业主表彰，并被运城市劳动竞赛委员会授予"集体二等功"；阳翼高速公路受业主表彰2次获奖金15万元；忻阜高速公路获劳动竞赛第二名，获奖金8万元。中心试验室在多次省质监站组织的比对试验与仲裁试验中受到好评和肯定，并占领太原市政试验检测市场。中心专业技术人员也立功受奖，张胜芳荣立省劳动竞赛委员会一等功，全年共有17人受到省、市、厅、局表彰。

各项目部因地制宜、攻坚克难，在创建优秀项目部及扎实有效地开展工作方面有了极大提高。

机关各部室及试验检测室根据部门职能积极开展工作，为一线项目部起到良好的保障支持作用。在人力资源管理方面，通过鼓励学习，吸引人才等形式，一定程度上缓解了中心人才短缺和中心资质申报困难的问题。

安全生产常抓不懈

中心始终坚持"安全第一，预防为主"的方针，全面提高安全发展水平，建立科学的安全生产体制、安全措施落实机制和无缝隙安全责任链条，把隐患发现在前面、把问题解决在前面、把责任落实在前面。年初，中心负责人就与各项目，各部门负责人签订安全目标责任书，对办公区、财务部、试验室及车辆设备等采取有效安全防范预控措施，全年未出现任何安全事故。广泛征询各方意见和建议，形成《安全生产管理制度汇编》，使得安全生产工作有章可循。中心安全生产分管领导与办事人员对工地进行详细检查，不定期深入各个项目部一线，查资料、走现场，将安全理念带到、将安全制度做到、将安全管理落实到。全年共有43人进行了安全生产知识培训，并且取得了安全工程师和安全员资格证书。

党、团、工会工作力度不减

中心党总支不断加强党建工作，扎实开展以治理商业贿赂为重点的党风廉政建设工作，党的战斗堡垒作用得以充分发挥。通过学习实践科学发展观活动，党员干部思想政治素养得到长足提高，增强了工作活力。“七一”期间党总支组织党员进行知识竞答，通过形式多样的活动，掀起党员干部爱国爱单位的高涨学习氛围。团组织积极主动开展各项工作，通过了团省委、局团委对省级“青年文明号”的验收检查，保持了“青年文明号”荣誉。

工会组织充分发挥职能作用，从职工群众利益出发，积极落实职代会通过的决策议案，维护职工的合法权益，并利用年终职工较为集中的时间组织形式多样、丰富多彩的文体活动，在参加全省公路系统纪念建国60周年职工歌咏比赛中，领导班子和职工群众以饱满的热情，精心准备、辛苦排练、奋力拼搏，喜获集体三等奖的好成绩。积极参加社会捐款活动，扶贫救困，全年共捐赠各类救助款1万余元，积极组织中心干部职工参与献爱心扶贫慈善一日捐活动，总计捐款3490元。11月，中心职工积极参加送温暖献爱心活动，总计捐款7580元。

（责编　梁锦华）

山西诚达公路勘察设计有限公司

□付　宏

2009年,公司团结一致谋发展,全面完成了省公路局下达的年度主要工作目标。

经营业绩显著

公司紧抓各种市场机遇,整合经营要素,全年共承揽17个公路勘察设计项目,合同额1.4亿元。全年实际完成产值3500万元,实估利润350余万元。

设计质量跃升

通过组建直属项目部、学习省设计院工作流程、聘请专家全过程指导参与,采用航测、GPS等先进手段,加强了勘设各环节的可控与衔接,使设计质量得到很大跃升。龙白至城赵高速公路、国道108线砂河至神堂堡等项目受到业主和专家的一致好评,扭转了诚达"皮包"公司的印象,树立了良好的市场形象。

组建基本队伍

公司通过公开招聘、严格选拔,吸收20名公路专业的本科生,租赁了办公场地,配套了全套设计软件、电脑、车辆等。通过董榆线、龙白至城赵高速、国道108线等项目的实践锻炼,这支平均年龄26岁的队伍,表现出较强的工作能力和专业优势,从软硬件两个方面基本具备了完成高等级公路初步设计、施工图设计的能力。

建立完善制度

公司根据实际情况,有针对性地研究制定了《公司资质使用管理办法》、《勘测设计工序管理实施细则》、《公司员工薪酬管理办法》、《公司项目内部核算办法》、《公司外聘工程技术专家管理办法》等管理制度,做到了用制度管人,按制度办事,推进了公司规范化建设。

实现综合发展

一是凝聚力得到增强。通过完善公司法人治理结构,配齐公司经理层,确立公司与分公司发展业务重点等措施,进一步理顺公司运行机制,增强了公司的凝聚力和向心力,公司与四个分公司初步树立了"一家人"思想。二是推进科学合理的决策、执行机制。经理层做到了明确分工、责权统一;公司上下心往一处想,劲往一处使,贯彻力和执行力大大提高。三是制定人才招聘制度,严格用人程序;积极开展职工再教育、培训工作,加强人才资源基础管理工作。四是财务管理工作严格执行国家、省厅、省局有关规定,做到了资金管理严格,财经纪律严肃。五是安全生产实现零事故。六是机关政务工作规范高效。省局决策文件做到了及时办结;行文格式规范,程序流转顺畅,办文效率得到提高。七是成立了党支部,深入开展了学习实践科学发展观活动,推进了党风廉政建设。

(责编　梁锦华)

山西路桥建设集团第一工程公司

□ 杨海龙　裴太昌

2009年是公司抓住机遇谋求发展的重要一年。一年来,在全体员工的不懈努力下,公司认清形势,周密部署,抓住机遇,谋求发展,各项工作圆满完成。

周密部署狠抓落实　各项指标超额完成

2009年,公司各项经济指标均超额完成。截至12月底,累计中标项目15个,中标金额26.33亿元。在建项目共计22个,累计完成施工产值15.3亿元,其中省局扶持项目10个,完成产值6.99亿元;自己中标12个,完成产值8.312亿元。全年共获奖33次,奖金470.5万元,各标段在所属项目中均处在前列,受到业主的积极评价。项目利润方面,公司除(高陵、平榆)个别项目由于标价太低尚不能最终确定外,其余省局扶持的项目利润平均为10.05%,自己中标项目利润为5.19%。国有资产管理方面,新增机械设备固定资产372台套,原值6909.62万元,增值率43.43%;汽车平均完好率91.45%,机械设备平均完好率97.31%,参加省局评比的114台机械中,评出22台"红旗设备",占参评总数的19.3%。自有机械收入829万元,盈余298.19万元。以上均超额完成省局下达的各项考核指标。

超前防范专项整治　安全生产全部达标

2009年,由于施工任务增加、桥梁隧道较多,施工工艺又相对复杂,因此安全工作成为公司工作的重中之重,而丝毫不敢松懈。首先加强了组织领导,所属各单位和项目部都成立了以行政一把手为组长,各部门参与的安全生产专项整治领导组,并按省局要求研究制定了《2009年安全生产专项整治工作实施方案》,多次召开安全生产会议对安全生产进行专项部署。公司安委会又分别于3月、5月、10月对公司所属各单位各工程项目部进行了三次安全专项整治检查,发现问题和隐患及时进行了整改,并进行复查,彻底消除了安全隐患。

此外,公司还出台《施工现场安全生产管理办法》,《安全生产事故应急预案管理体系》,举行生产安全事故应急救援演练,完善应急保障体系,增强应对重大事故的应急能力。一年来,公司的安全生产管理水平得到提升,安全形势得到保持,全面完成了省局下达的各项安全指标。

规范程序严肃目标　项目管理再上台阶

公司继续在所有在建项目中推行"管理效益年"活动,为了进一步强化工程项目管理,重新对《工程项目管理办法》进行了修订,规范程序,严肃目标。严格遵循先合同后结算再付款的原则,严肃工程项目利润指标的确定。继续实行项目目标成本管理,狠抓成本控制,严格控制人工单价、机械使用、材料采购和管理费。项目部严格执行公司"三重一大"事项集体决策制度,对所有合同的签订、队伍的使用结算等均通过会议形成纪要,实行项目阳光作业。严格执行项目经理聘任制、会计人员委派制和有关人员的责任追究制。各项制度措施的严格实施,确保了项目利润的全面实现。

做好维稳保障应急
良好局面得到巩固

2009年是国家大事最多的一年,公司高度重视维稳工作,加大了信访工作力度,认真开展信访排查,及时掌握信访动态,坚持每月开展一次排查工作,实行重点案件领导包案制度和信访责任追究制度。

全年公司接待处理的信访事件和频率增多,主要涉及退休人员养老金待遇、部分职工住房、拖欠工程款、职工工资等问题,共计来访32次,480余人,集体上访14次,省局交办的包案案件2个。期间,公司做了大量的工作,认真负责地处理好每一次群众来访、来函。在省厅、省局各级领导的指导、帮助和协调之下,以上问题基本得以妥善解决,对个别重点采取技术措施与做工作相结合的办法,确保国庆期间未赴省进京上访。

应急管理方面,制定和健全了各类应急预案,面对突发的恶劣暴雪天气、甲型H1N1流感大面积传播事件和冬季施工情况,结合公司实际,紧急启动了相关的应急预案,有效保障了职工的健康、安全。

创新管理固本强基
公司发展和谐有序

在创新与科技工作方面,公司积极贯彻落实省局建设创新型节约型公路行业实施意见,制定了公司的实施细则,开展了工程项目管理的创新型企业创建活动。并积极开展技术创新和推广应用工作,持之以恒地开展QC小组活动,四处隧道监控量测QC小组和五处攻坚克难QC小组同时荣获"2009年度山西省优秀质量管理小组"称号。公司荣获"山西省质量管理小组活动优秀企业"。

劳动人事管理方面,进一步加强人力资源基础管理工作,建立健全各项管理制度,加强员工培训、队伍建设和职称评聘管理,与所有正式和临时用工全部签订劳动合同。所有在职或退休职工工资和"五险一金"均得到全额发放。提高了职工养老、医疗、失业、生育、工伤保险缴费基数,平均每人每月增加360元,切实解决了职工的后顾之忧。

加大审计力度,强化审计的控制和监督作用。积极完成了在建工程、完工工程、六处行政领导离任及其他专项审计。继续贯彻"三标管理体系",于7月20日至23日接受了北京华夏认证中心监督审核并顺利通过。继续规范资质管理,建立健全使用、审批制度。

积极开展社会主义劳动竞赛和厂务公开,公司和下属各单位全部按时召开职代会,续签了集体合同。积极参加省厅、省局组织的各项活动,其中参加"山西省公路系统纪念建国60周年职工歌咏比赛",荣获"组织奖",参加"第四届全省交通系统职工书画摄影比赛",作品荣获二等奖两个,三等奖一个,优秀奖三个;参加全省交通运输系统第二届"高速杯"职工乒乓球比赛,荣获"女子团体第六名"和"优秀组织奖"。公司组织开展了职工篮球赛和文艺汇演等形式多样的文体活动。

加强党建丰富载体
文明创建卓有成效

2009年,公司党委加强了党建工作,强化对党员干部的学习,于12月11日至13日对副科以上92名干部进行了一次集中培训。认真落实"一课三会"制度,抓好党员教育,积极做好发展党员工作,共发展党员12名,预备党员转正52名(其中火线转正26名)。积极开展"创先争优"活动,大力加强领导班子建设,坚持和完善中心组学习制度,按规定召开民主生活会。加强了领导班子民主集中制建设和对领导干部的考核工作,加强对群众工作的领导,支持工会共青团组织独立负责地开展工作,充分发挥他们联系广大职工群众桥梁纽带作用。深入开展以创建文明行业为载体的精神文明创建活动和“公路文化推进年”活动,制定出台《关于开展公路文化建设推进年活动,深入学习实践科学发展观的实施方案》,通过抓文明驻地、文明施工等,树立了企业的良好形象,促进了公司科学发展。

抓好教育强化监督 廉政建设持续深化

多年来,公司紧紧围绕工程项目建设,有效开展反腐倡廉教育,加强领导干部廉洁自律工作,认真贯彻执行党风廉政建设责任制和工程建设“双合同制”,严格执行“三重一大”事项集体研究决策制度。联合太原路桥、朔州路桥进行了路面设备的竞标采购,采购总额达8000万元,省局、公司纪委参与了竞标全过程,进行了全程监督,整个竞标过程做到了公开公正、阳光透明。有效实施党风廉政建设和效能监察监督员派驻制,扎实开展效能监察工作,充分发挥公司派驻项目部党风廉政建设和效能监察监督员的作用。6月16日,公司在忻保项目部及时召开“效能监察现场会暨工程项目管理研讨会”,省局及有关领导全程参加,对抓好抓实效能监察工作做了再动员和再部署。党风廉政建设工作的深入开展,促进了公司的持续、健康发展。

(责编　梁锦华)

山西路桥建设集团第二工程有限公司

□阎长学

2009年，经过全体职工的共同努力，公司全年实现经营中标金额22亿元，完成产值13亿元，均创历史新高；厅局扶持项目利润率基本完成，无亏损项目；国有资产保值率110%，固定资产增值率39%；工程款回收率80%，债权回收率40%；机械设备年平均完好率92%，红旗设备率20%。阳翼L16合同段被授予“山西省工人先锋号”；闻垣高速公路项目T梁预制班组被授予“全国工人先锋号”；公司被省公路局评为先进企业，被省建筑业协会授予“山西省优秀建筑企业”，被中国施工企业协会授予“全国优秀施工企业”，保持了山西省文明和谐单位称号，实现了物质文明、精神文明同步发展。

加强制度和信息化建设
夯实基础管理工作

2009年，公司通过“废、改、立”，对涉及党建、廉政、工程、财务、安全、劳资、经营等30余项规章制度进行了全面修订和完善，《工程项目管理办法》、《工程项目财务管理办法》等规章制度进行了重点修订。基本建成了综合数据库、门户网站、电子办公及财务、工程、资产、人事劳资管理信息化平台，做到了项目与公司联网，实现网上报表、合同审核、财务结算和远程监控，大大提高了工作效率。

加强项目管理和监督落实
经营效益整体提升

2009年，公司共有在建项目30个，参与了闻垣、阳翼、闻合、临吉、忻保、灵山等重点工程建设，覆盖了路基、路面、桥梁、隧道、市政、交通工程，具有规模大、技术含量高、施工难度大的特点，公司从多方面加强了对项目的管理和监督，保证了各在建项目顺利进行。全年共获业主表彰奖励22次，获奖金约700万元。

强化项目基础管理，认真推行“三标一体”工作，项目管理“八化”，即成本管理程序化、材料管理精细化、合同管理规范化、技术应用创新化、工程变更合理化、项目管理信息化、项目监管立体化、工程项目品牌化进一步得到落实。加强了工料机三方面的控制，人工费、机械费统一定额，大宗材料公开采购价格、实行阳光采购，对劳务工队实行评审分级管理，先签订合同后进场，杜绝了不规范行为带来的高风险和高成本；加强了财务管理，对工程项目财务机构的设立、资金的管理、财务结算、纳税管理、财务监督都做了明确的规定，落到实处，并由财务牵头，积极通过加强成本控制、债务重组、盘活资产等方式使项目成本明显降低，提高了效益，防止了财务风险。

加强科技创新和管理，应用推广了24项新技术、新材料、新工艺、新设备，主要有施工测量放样中将GPS－RTK仪器与全站仪相配合使用；采用旋挖钻进行岩石桩基施工；隧道施工使用远程监控和人员定位系统，特别推广了砼中添加粉煤灰、矿粉、硅粉等材料以节约成本，显著地降低了施工成本和劳动强度，提高施工效率和质量，减少安全隐患，强化安全保障措施。

进一步完善项目监管，项目开工前，项目的组织、技术、用工及材料采购等方案均经公司相关部门评审批准后实施。施工过程中定期不定期地检查方案的落实情况。公司每月对在建项目进行一次全面检查，在施工现场召开一次公司领导现场办公会和安全生产例会，各单位、各项目之间相互交流，相互促进，效果明显。对项目全部实行了项目审计、效能监察、企务公开、监察监督，对项目的重大决策和关键环节进行全程监督，发现漏洞及时补缺，有效地防止了不必要的损失。2009年完成完工项目审计13项，对在建的18个工程项目进行监督检查，审计总金额9.9亿元，纠正不合理费用支出70万元。

加强绩效考核和人才队伍建设 工作效率有效提高

通过劳动竞赛、年终检查评比、干部考核、目标责任书分解、推行全员绩效考核，对每个单位的经营业绩进行科学评价，使经营业绩好的单位和员工多劳多得，公司上下形成积极进取的工作环境。《岗效工资实施方案》的实施，进一步规范了薪酬管理，提高了职工的整体收入水平，实现了职工收入与企业效益的同步增长。

通过学历再教育、职称评聘、严格干部选用标准和程序，实现了人才队伍的知识化、专业化、年轻化，全公司50%以上的职工达到大专以上学历，中级职称以上人员达到200余名；注重教育培训，不断开展企业管理知识、网络知识、经济法律法规知识和路桥专业知识等教育培训，参加培训的职工550人次，培训率60%。

加强安全管理和责任落实 安全生产水平全面提升

加强安全生产的组织领导，落实安全生产责任制，实现“机构、人员、经费、设施”四落实。2009年全公司安全设施投入达800余万元，组织开展了安全隐患专项整治和安全生产月活动，按规定报送了安全事故月报表，建立和完善了安全生产事故应急预案。在项目施工过程中，专职安全员每天、项目部每周、公司每月都会进行安全检查和督导，召开例会；每次安全检查都有记录并实行了“谁检查、谁签字、谁负责”的管理制度，全面完成了省局安全生产目标责任书的指标。

加强党建和党风廉政建设 精神文明建设成效显著

认真贯彻党的十七届四中全会精神，巩固学习实践科学发展观活动成果，坚持中心组学习制度，公司和各单位都召开了以“加强党性修养、树立和弘扬良好作风”为主题的民主生活会；健全“三重一大”的民主决策机制；积极开展“一先两优”争创活动，各级领导班子、基层党组织和党员队伍建设不断加强。“七一”公司党委表彰先进基层党组织3个，优秀共产党员29人，优秀党务工作者5人。被省公路局党委表彰的先进基层党组织2个，优秀共产党员16人，优秀党务工作者3人。

认真落实党风廉政建设责任制和党员干部廉洁自律的规定，较好地控制了易发生腐败的关键部位和重要环节，层层自检、关口前移，出台下发了《工程项目监察监督办法》，开展了预防教育、从小处防范，认真开展了治理商业贿赂等专项工作，党员干部没有发生违规、违纪案件。

广泛深入地开展了公路文化推进年活动、企业文化活动和群众性文明创建活动。组织编纂了《企业文化读本》，创建了以“德厚路长”为核心的企业文化体系；推行了以人为本的项目部标准化建设，实现了冬季暖气采暖，改善了一线员工的工作和生活条件；建成了公司荣誉室，成为公司重要的教育基地。

公司参与施工的武宿立交枢纽和聂家庄特大桥工程荣获山西省建筑业协会“新中国

成立60项精品工程”称号；李澈同志荣获全省首届交通运输行业“厦工杯”筑路机械操作手技能竞赛挖掘机组个人第三名和“全国交通技术能手”称号。省公路运输工会授予公司工会“先进职工之家”；授予二分公司工会“模范职工之家”；授予一分公司和三分公司桥梁工会小组“模范职工小家”称号。

加强信访和民生工程建设
全面促进企业和谐发展

加强信访工作，坚持定期排查和重点排查，实行了重点案件领导包案制度，及时处理和研究解决了本单位的信访问题；做好信访预警和信访信息报告工作；在规定的时限内办结了省局交办的信访件，办结率100%。

保障职工就业，千方百计创造就业岗位，使愿意工作的职工都能上岗，职工上岗率达85%以上。

增加职工收入，提高职工的整体收入水平，使职工收入与企业效益同步增长，2009年，职工收入达到10%以上增长。

完善社会保障，公司“五险一金”正常缴纳，为全体职工提供了基本生活保障。2009年，公司还保质保量完成了3栋回迁楼建设，并送去慰问信和慰问品，解决了126户职工的住房难题。

情系离退职工，公司130名离退休职工补发了事企差额退休金96.67万元。

扶贫济困，关注弱势群体，创立“送温暖基金”，连续10年开展送温暖活动，救济和慰问长期患病职工，累计达300余人次，金额达20余万元。

爱心助学，每年对考上二本以上的职工子女进行奖励，2009年又对8名学子进行了奖励，鼓励他们成为国家的栋梁之材。

提高职工待遇，公司出台了《员工休假管理办法》，实行了带薪年休假制度，职工待遇进一步提高。

改善工作生活条件，筹措资金100余万元对公司暖气和煤气管网进行了改造，对大院进一步硬化和绿化；对老干部活动中心、职工食堂进行了修缮，职工的工作生活环境得到明显改善。

（责编　梁锦华）

山西平阳路桥建设有限公司

□孙忠明

2009年是山西平阳路桥有限公司回归分局监管，理顺体制，享受优惠政策的开局之年，公司全体干部职工着力拓展经营市场，加强工程管理，注重管理创新，营造和谐环境，全年完成经营合同额7.4958亿元，产值3.4亿元，实现项目利润3400万元。

经营合同创历史新高
产值产能呈良好态势

2009年，公司共参与省内外项目投标35个，共承揽忻保高速公路、临吉高速公路路基路面、临汾市城南一级公路路基路面工程，累计经营合同额7.4958亿元，超额完成6亿元的经营目标，创公司组建以来历史最高。

在公司的积极组织、全力投入下，到年底，忻保项目完成产值9842万元，临吉项目完成产值6000万元，临汾至夏县项目完成产值4900万元，临汾至午城项目薛关段完成产值4299万元，临汾至午城项目平恒段完成产值2561万元，临汾市城南一级公路项目完成产值6485万元，全公司共完成产值3.4亿元，实现项目利润3400万元。

科学安排精细管理
重塑平阳路桥新形象

公司把所有施工项目都视为生命工程、形象工程、品牌工程。紧紧围绕"狠抓项目成本控制，加强工程质量、合同管理，加大过程监督检查力度"这一主线开展工作。

项目管理上，各项目部合同统一、规范、全覆盖。通过例行检查和会议要求，各项目成本核算工作步入正轨。各项目部建立健全了质量管理体系，层层把关，人人负责，严格按照规范施工，已完工程合格率100%，优良率达到90%以上。

安全生产管理上，公司坚持"安全第一，预防为主，综合治理"方针，坚持每月对各分公司项目部进行检查，分析情况，研究解决存在的问题。建立了安全领导机构，制定了严格的安全生产制度，安全生产检查制度和安全生产教育培训等制度，配备了专职安全员、按照工程要求配备了安全消防器材，并对各类人员进行了相应的培训，杜绝重特大事故的发生，年内未发生安全责任事故。

各在建工程项目管理制度齐全完善，激励与制约并重，岗位责任健全，各工序工作明确，生产技术指标、责任目标得到层层分解。临汾至夏县项目获质量进度检查二等奖，获奖金3万元。临汾至午城项目薛关段路基工程获得"样板工程"称号，获奖金20万元。临汾至吉县高速项目获阶段评比三等奖，获奖金50万元。

基础工作扎实推进
可持续发展得到巩固

2009年，公司修订印发了《工作管理办法》千余册，首先从制度上对公司的各项工作进行规范。

组织各类培训90人次,组织“五五普法”宣传教育讲座和考试,提高了人员素质。

国有资产管理上,健全各项规章制度,规范管理办法,提高了机械设备的技术状况、完好率及操作人员的业务素质和技术水平,截至年底,公司新增资产1287万元,固定资产增值率16.67%。年检设备66台(件),完成了省局设备年检及人员年审工作。办理了特种工机械操作证60个。

目标管理上,召开了2009年工作会议和三届二次职代会,与各单位签订了工作目标责任书,通过职工代表的广泛参与,听取并吸收了职工好的建议和意见,促进了职工与公司的相互理解和沟通。

“三标一体”管理上,各单位各部门运行良好,取得2008版北京世标中心认证证书,取得第二次年度监督审核合格标识。

以人为本关注民生
切实保证群众实惠

公司立足于改善职工的工作和生活条件,一线职工平均工资由不足1300元调整到3000元左右。完善了养老保险,医疗保险和工伤保险的基础工作和缴纳程序,两节期间慰问困难职工和离休老干部。在新建工程项目中均制定了农民工工资管理机构和管理办法,农民工工资得到有效保障。

周密部署细致安排
扎实开展科学发展观活动

3月24日,公司召开了深入学习实践科学发展观动员大会,公司9个支部150余名党员参加了此次活动,根据上级要求较好地完成了学习调研、分析检查、落实整改三个阶段及17个环节的各项任务。

通过学习实践活动,广大党员领导干部系统地接受了一次党的最新理论成果教育,对科学发展观的深刻内涵加深了理解,对公司发展如何定位、靠什么发展、如何发展进行了深入思考和讨论,达到了理论学习武装头脑、启发思路、指导实践的效果,在事关公司发展的重大问题上形成了一定共识。

规范完善党建工作
积极开展文明创建活动

首先抓住班子建设这个关键,各级领导班子能坚持中心组学习、按时召开民主生活会,开展批评与自我批评,经常深入基层一线指导工作,带头实践“三个代表”。

公司党委围绕公司发展目标,突出重点,狠抓落实,不断加强精神文明建设。“七一”前夕开展了“民主评议”和“创先争优”活动,评选出“先进基层党组织”2个,“优秀共产党员”28名,“优秀党务工作者”2名。培养入党积极分子20余名,6名预备党员转为正式党员。

以“爱岗敬业、求真务实、勇于拼搏、与时俱进”为核心,开展了卓有成效的企业文化建设工作,创办了《平阳路桥简讯》,及时报道各类信息,扩大了对外宣传与交流。

党风廉政建设标本兼治
立党为公执政为民彰显成效

公司党委、纪检部门紧紧围绕发展这个主题,进一步完善“党组统一领导,班子齐抓共管,纪检监察协调,分公司各负其责,党员干部积极参与”的领导体制和工作机制,始终把党风廉政建设摆上重要工作议事日程,逐项分解、认真落实公司与各分公司及项目部签订的党风廉政建设目标责任书及廉政建设合同主要任务,建立领导干部廉政档案,标本兼治,综合治理,努力构建预防腐败体系,维护和促进了全公司改革、发展和稳定大局。

在加强对领导干部、管理人员用权行为的监督上,公司《中层以上管理人员不准在工程项目中经营个人机械设备的暂行规定》出台后,有效地规范了领导干部和管理人员的行为,堵塞了项目管理中的漏洞,进一步树立了党员干部立党为公、执政为民的形象。

(责编　梁锦华)

山西远大公路桥梁建设养护有限公司

□朱俊丽

山西远大路桥公司2008年10月开始筹备,2009年3月10日正式注册成立,人员来源于中北路桥公司原忻州分局四个工程处的职工及中北公司成立以来新安排人员。

公司机关设10个部室,下设4个分公司和1个质量检测中心。共有在职职工583人,退休员工146人,协议工217人,总人数为946人。

工程项目建设进展顺利

大呼高速公路路基桥涵工程第七合同段工程,全长13.44公里,中标价1.09亿元,工期要求2009年4月15日至2010年1月30日。该项工程境内沟壑纵横、地形复杂、气候恶劣,有效工期只有6个月,公司通过强化管理、科学组织、团结奋战,至12月底已完成投资7860万元。

忻保高速公路路基桥涵第三合同段工程,全长4.2公里,中标价1.88亿元,工期要求2008年12月15日至2010年3月15日。该项目施工难度属全线之最,公司直面困境、艰苦奋战,至12月底完成投资7384万元。

大忻线二级路面改造第三合同段工程,全长16.6公里,中标价4151万元,工期要求2009年8月1日至2009年10月15日,至12月底完成投资4196万元。

平阳路基十五标工程,全长3.18公里,中标价2.02亿元,工期要求2009年10月30日至2011年3月29日,完成投资200万元。

大呼路面十四标工程,全长22.04公里,中标价1.84亿元,工期要求2009年10月1日至2010年10月1日,完成投资766万元。

规章制度不断建立和完善

公司筹备之初,组织相关人员集思广益,分析过去,结合现状,抓制度的建立、完善和创新,出台了《工程项目管理办法》、《工程项目财务管理办法》、《资产管理办法》、《工程材料管理办法》、《安全生产管理办法》、《机关管理制度》、《效能监察工作管理办法》、《经营开发、工程管理纪检监察暂行规定》等一系列制度和办法,强化了内部管理、规范了运作,营造了“管理出效益,管理正风气”的良好氛围。

思想政治工作得到加强

远大公司人员主要来自原中北路桥公司,由于中北公司前几年濒临破产,职工各自谋生,对公司失去了信心,思想上发生很大变化。面对新公司、新任务都在观望,不能很快进入角色,严重影响和制约公司科学发展。针对这种情况,公司领导组织精兵强将、创新工作方法,深入基层一线,深入职工当中,采取个别谈心、座谈会、讨论会、动员会、发放征求意见表等多种形式了解职工的思想状况,讲解国家形势、分析工程建设领域的现状,分析公司所处的境地,分析中北公司的过去,远大公司的将来,把道理掰开了,揉碎了,讲清了,职工从思想上逐步放弃了多年来的怠慢和松散,回归到为公司发展团结一致,开拓创新,勇于奉献的良好状态上来。

党风廉政建设再上台阶

公司领导深知搞好党风廉政建设对路桥企业的重要性,为此,从公司组建之初到工程项目建设的全过程,对廉政建设紧抓不放,首先坚持“标本兼治、惩防并举、注重预防”的方针,深入推进党风廉政建设工程,成立了党风廉政建设和反腐败领导组,效能监察领导组,预防职务犯罪领导组,政风行风领导组和治理商业贿赂领导组,下发了《党风廉政建设工作要点》和《效能监察管理办法》,《党风廉政建设和反腐败工作责任分解》等文件,使党风廉政建设真正落到实处。在工程建设中进一步开展了治理商业贿赂工作,劳务用工、大型材料采购、大型机械购置和租赁、大额资金使用等重大事项都实行阳光操作,集中议事、监督小组审核,有公示、有会议纪要。对项目部进行多次执法检查,对发现的问题及时提出并限期整改,加大执法监察力度。结合机关作风整顿工作,加大了对员工的考核力度,出台相应的制度,提高了办事效率。

开展行风建设工作,制订实施方案,面向项目部征求意见和建议,并认真改进工作。中层以上的领导干部填写礼品登记表、收入表、重大事项报告表等。与项目部签订《党风廉政建设工作目标责任书》。在公司领导的重视和大力支持下,确立了“管理+效益+服务”的内审工作理念,出台工程项目审计实施方案。

(责编　梁锦华)

山西新三公路桥梁建设养护有限公司

□高建平

2009年,公司积极开拓市场,调整业务结构,规范经营管理,增加企业积累,全体员工直面困难,顽强拼搏,顺利完成了年度目标任务,取得喜人业绩。在建项目在施工中,坚持"开拓市场、立足市场、维护市场"的原则,按照"服从业主、服务工程、服务社会"的要求,保安全、抓质量、抢进度、创信誉,取得了良好信誉和效益。

公司全年共承揽工程任务2.16亿元,完成产值8500万元,实现利润820万元;新增固定资产1923.1万元,购置大型设备35台套;接收原三公司职工849人,解决上岗职工261人;在岗职工工资发放至2009年12月底,待岗职工工资发放至2010年1月底,使每位待岗职工每月实际收益达到1129元,离退休职工工资发至1月底,公司补贴部分达65万元;养老保险缴至2009年12月底,医疗保险缴至2010年3月底,公积金缴至2009年12月底;完成宿舍区热网改造工程65万元。在资金运作方面,得到了监管单位忻州公路分局的大力支持,解决了忻保、平阳两个项目的投标周转资金、部分设备的购置资金和工资周转资金等,帮助公司渡过了2009年资金难关。2009年度公司共发生资金运作1473.96万元,其中设备资金907.5万元,职工工资249.76万元,保险福利252.02万元,管理费64.68万元。在资金运作中,忻保、大忻两个项目做出了很大贡献。公司年内顺利完成登记注册工作,取得了一类养护资质和施工总承包三级资质。通过做思想工作、为职工办实事、加强管理等工作和措施,实现了职工队伍稳定、公司管理有序、生产建设开局良好的势头,受到上级领导和社会各界充分肯定。

统一思想克服困难 打开新的工作局面

公司责成专人负责,成立相应的投标机构,集中人力、物力、财力,全力以赴参与投标,中标忻保高速路基23合同段,为公司起步运营奠定了坚实基础。一是聘请专职律师,责成专人,在极短时间内,规范办理了公司登记注册手续;完成了一类养护资质和施工总承包三级资质的办理。二是制订公司三年发展规划。三年内承揽工程任务至少15亿元,完成产值15亿元,实现利润1.2亿元,解决85%的职工上岗就业,提高职工收入,保证社保资金的正常交纳,实现固定资产5000万元,公司具备施工二级总承包资质和养护一类资质,进入阜保高速公路的管理、收费和养护,实现公司经营转型。四是针对筹备初期职工思想状况,公司领导做了大量的说服教育工作,引导一大批中层骨干和有技术有威信的员工重新回到公司工作,激发起广大员工对新公司的信心和希望。

健全机构整章建制 不断规范工作行为

首先,根据实际情况,狠抓制度的建立和

创新,形成良好的工作运行机制。一是在用人制度上,建立健全了动态的定岗、定编、定员以及干部管理制度,打破原有级别,量才使用,人尽其才。二是在分配制度上,按员工实际贡献、岗位责任大小以及技术等级拉开收入差距。在广泛征求意见,充分酝酿的基础上,出台了《工资管理办法》,按岗定薪。三是及时与项目部签订全年工作目标责任书、安全工作目标责任书和党风廉政建设目标责任书,实行量化考核,逐步走上制度化、科学化、规范化的管理轨道。

其次,建立精干高效的机关工作机构。公司共设立了办公室、党委工作部、财务部、工程技术部、生产经营部、人力资源部、资产设备部、监察审计室、离退休员工管理部、后勤中心10个部门,建立了一人多岗、一岗多能的工作格局,形成了分工协作、团结向上、健康发展的工作机制。

第三,大力加强项目部建设。一是抽调精兵强将组建忻保23标项目部,由公司董事李建军担任项目经理,组织业务能力强的同志充实各部门。一年来,忻保23标克服房屋拆迁没有彻底解决,征地只解决了一半的困难,积极与地方政府协调沟通,努力完成产值4300余万元,保证工程有序展开,多次受到上级领导好评。二是精心建好大忻路面改造工程。公司从机关到项目部上下一条心,经过夜以继日连续奋战,历时93天,按期保质完成了任务,完成产值4200万元,实现了10%的利润目标,凝聚了人气,干出了士气,取得良好的社会效益和经济效益。三是组建平阳高速25标项目部。公司在前两个项目部组建过程中,坚持先开项目为后续项目储备工作人员的做法,使平阳项目部得以顺利组建,确保了平阳高速公路25标工作有序展开。平阳项目部充分利用各方关系协调解决地方干扰问题,争取到地方领导的大力支持。

第四,在充分调研基础上,制订详细接收方案,全力以赴做好员工接收工作。在职工接收过程中,从领导干部到工作人员,不厌其烦向广大员工宣传公司的接收方案,认真负责地指导员工办理签订合同、扫描证件、交纳医药保险证等手续,面对接收过程中出现的各种问题,耐心解释、及时解决,保证了接收工作的顺利完成,摸清了公司员工人数和结构。

第五,公司在接收9栋宿舍楼349户住户的后勤管理工作后,鉴于宿舍区水、电、暖管道线路年久失修,急需维修的状况,立即研究制定维修方案,克服资金紧张困难,拨出专款维修损坏的管道和线路。特别是为了响应忻州市政府碧水蓝天工程的号召,在原供暖锅炉已拆除,新供暖设施没有到位的情况下,公司积极与市政府、建设局、供热公司和蓝宇公司进行协商,做了大量的协调工作,为各宿舍区冬季采暖支付入网费65万元,保证了各宿舍区顺利供暖。

围绕中心狠抓管理
有力保证工程进展

围绕工程建设这个中心,狠抓了工程质量、安全、成本、合同管理,保证了工程建设顺利进行。

*严格程序,强化质量管理。*一是严格项目管理,建立了质量保证体系,提升了工程质量。以构建质量长效监督、制约机制为出发点,从抓工程原材料质量入手,建立健全原材料采购验收制度,从材料供应商、材料进场和使用过程三个环节,严把质量关,坚决杜绝"三无"不合格材料进场使用。二是建立质量自检体系,严格履行施工工序质量交接程序,做到及时检验工序质量,上一道工序不合格不允许进入下一道工序。三是配齐试验检测设备,做到试验检测技术档案齐备,分类清晰,相关标准收集齐全,管理规范,数据真实。

*职责明确,确保安全施工。*建立健全安全生产管理体系,制定和完善了《安全生产管理办法》等8项制度,明确提出各项目部的一把手为安全生产第一责任人。项目开工前,按照省质监站要求,培训办理了一批安全

员证，做到了项目主要管理人员全部持证上岗；作业队进场前，公司和项目部组织作业人员进行了上岗前的安全教育和安全培训，特殊工种必须持证上岗。开工后，按照公司制定的安全计划，对项目部随时进行安全检查，对存在的安全隐患，明确责任，落实到人，签字落实，做到及时发现、限期整改。安全技术交底书和技术交底同时下发到作业队手中，履行签字手续。并通过培训、放警示片等宣传安全知识，在施工区域设置安全警示标志，健全安全施工日志、台账等，牢固树立“安全第一、预防为主”的思想，不断提高员工安全生产意识。

*严格控制，加强成本管理。*一是增强财务收支的合理性和合法性，坚持逐级审核、审批，有效控制各项非生产性费用支出和各种隐性浪费行为。二是以优化资源配置、降低费用支出为原则，加强对工程成本的控制，在占成本三分之二的工程材料问题上做文章，加强材料采购价格的控制，做到大宗材料集体研究采购，小型材料领导审批采购，杜绝了工程材料在采购过程中的跑冒滴漏和腐败问题的发生。做好相应的核算工作，做到事前计划，事中控制检查，事后考核分析，提高了资金的周转率和利用率。三是对已完的单项工程，进行及时的财务审计与监督，建立起一道防腐拒变的防火墙，杜绝了违法违纪现象发生。四是以制度来约束和管理人，严格执行分局监管意见，大额资金的支付须经上级领导会议研究决定，杜绝了资金违规使用。

*规范程序，完善合同管理。*公司与项目部签订目标责任书，项目部与作业队签订劳务合同、廉政合同和安全生产合同，明确专人登记民工身份证，按时足额发放农民工工资，无拖欠农民工工资现象，无农民工上访事件发生。按照谁签字谁负责的原则，重点抓好责任落实、责任监督、责任追究，提高了工作效率，遏制了扯皮现象，减少了合同纠纷。

以人为本和谐发展
积极抓好党建工作

一是加强组织领导，认真开展深入学习实践科学发展观活动。活动中，深入开展调查研究，广泛征求群众意见，积极制定整改方案，认真开展群众满意度测评，确保了学习实践科学发展观活动扎实有效开展。二是加强基层党组织建设，为工程建设保驾护航。根据工作需要，成立了忻保23标、平阳25标项目部、大忻路面改造项目部临时党支部，为项目建设增加了一道安全阀。三是加强党风廉政建设，积极开展领导干部作风建设活动。年初与各项目部签订《党风廉政建设工作目标》责任书；制订了公司《党风廉政建设工作要点》；建立《领导干部廉政档案登记表》；以《中国共产党党内监督条例》和《中国共产党纪律处分条例》为准绳，加强制度建设，强化法规监督、舆论监督；领导干部分片蹲点，一岗双责，廉洁勤政，示范作用得到有效加强。四是加强和改进思想政治工作，保持了职工队伍稳定。着眼于干部职工队伍和领导班子整体素质、思想政治素质的提高，每周二、五组织职工学习，采取干部职工主题自定、轮流宣讲的方式，在公司范围内形成了团结、和谐、向上的良好氛围。采取思想教育和为职工办实事相结合的方式，妥善解决各类纠纷，化解各种矛盾，全年未发生一起越级上访事件，保持了职工队伍稳定。五是做好工会、离退休员工工作。六是抓好宣传报道工作，全年共出简报41期，分局选登5期，《山西日报》交通周刊刊登10篇，山西交通报刊登2篇，扩大了企业知名度，提高了企业信誉度，为公司开拓市场发挥了积极作用。

（责编　梁锦华）

征稽系统单位工作业绩

山西省交通征费稽查局太原分局

□ 王志国　刘宝东

2009年，分局和所站两级领导班子顾全大局、服务大局，把保稳定作为改革期间的首要任务来抓，认真贯彻落实国家关于交通征稽人员安置的精神，积极承办上级交办的各项工作任务，努力在改革期间保持“负责任、有作为”的品质和形象。分局上下班子团结、队伍稳定，纪律严明、秩序井然，体现了分局广大干部职工较高的综合素质和过硬的思想作风。

坚持学习实践活动不放松

在分局学习实践科学发展观活动进入第二阶段时，税费改革正式启动，干部职工思想状况出现波动，分局党委及时调整学习计划，把学习实践活动同税费改革相结合，坚持学习实践活动不放松，用科学发展观解决思想问题，引导干部职工正确对待改革，扎实推进学习实践活动4个阶段17个环节的学习任务。在历时五个月的学习实践活动中，大家紧密结合税费改革，开展解放思想大讨论，用科学的理论分析和认识改革。党委通过学习创新、主题实践、基层调研等多种形式，着力解决了群众反映突出的5大类18个问题，群众满意度95.33%。

坚持思想认识不放松

2009年交通征稽行业处于改革过渡期，维护稳定成为首要政治任务。一是强化稳定意识，加强组织领导，成立维护稳定工作领导机构，班子成员实行“一岗双责”，包片负责，多次召开班子会议研究维护稳定工作，并深入基层所站督促检查，及时排查各种不和谐、不稳定因素；二是制定维稳预案，强化思想政治工作。围绕人员安置问题，有针对性开展思想政治工作，积极消除干部职工顾虑；三是畅通信息渠道，维护稳定局面。分局及时把省厅、省局的各项指示精神传达到每个干部职工，特别是对于涉及人员安置分流等重大问题，保证信息公开透明，既接受群众监督，又让群众放心，维护稳定工作始终处于可控范围。

坚持学习培训不放松

分局充分利用工作任务减少的时机，开展人员学习培训，分阶段、有计划地对干部职工进行教育培训。年初，以“两学一活动”为载体，广泛开展以“学习实践科学发展观”、“学习法律法规知识”和开展“职工文体活动”为主要内容的学习培训活动，提高了干部职工适应能力和发展能力，对于重树发展信心起到积极作用。

在征稽人员考录过渡税务部门期间，分局鼓励符合条件的干部职工报考，并组织报考人员集中参加考试培训，经过两个多月的紧张备考，36名干部职工考取税务部门公务员职位。经过体检、考核，人员过渡划转工作已基本到位。

积极开展法律知识培训工作。在省编委

明确组建交通运输执法机构后,按照统一部署,认真组织所有在编职工开展法律知识培训,分局前两批人员参加了省局在顿村举办的封闭培训,第三批参加了省局机关的培训。

坚持日常工作标准不降低

一是抓好上半年通行费征管工作。分局一线通行费收费人员发扬"在岗一分钟,奉献60秒"的精神,加强宣传,开源堵漏,共收取通行费359.19万元。二是抓好取消政府还贷二级公路收费工作。提前制定了取消政府还贷二级公路收费工作预案,5月31日24时,省厅在分局小店收费站举行了取消政府还贷二级公路收费仪式,整个撤站取消收费工作有序推进。三是妥善处理长期滞留车辆,继续开展依法清欠工作,完成了养路费资金决算、票据核销、资产清查等工作,对历史档案资料进行整理归档,为养路费征管工作划上圆满的句号。四是认真开展治理"小金库"专项行动,未发现"小金库"等违规现象,财务管理继续保持了严格规范的标准。五是积极承办省厅、省局交办的各项活动。7月3日,由分局部分干部职工组成的队列方队,参加了交通执法人员着新式执法服装队列表演;9月25日,分局承办了全省交通征稽系统迎国庆法律知识竞赛,分局荣获优秀组织奖;9月27日,分局百余名干部职工参加了省总工会组织的庆祝新中国成立60周年省城职工歌咏演唱会,取得圆满成功。一年来,分局各项工作平稳有序开展,得到上级领导的充分肯定,被省厅授予"交通规费征收突出贡献单位"、"依法治理先进单位"。

坚持党建工作不动摇

分局党委一是加强中心组学习;二是进一步改进工作作风,坚持不懈地抓好工作作风建设,召开了以深入学习实践科学发展观为主题的专题民主生活会,继续解放思想,推动科学发展,认真查找思想作风、工作作风、生活作风等方面存在的不足,广泛开展批评与自我批评,接受群众监督,进一步密切了干群关系,强化了党委的政治核心作用。

(责编　梁锦华)

山西省交通征费稽查局大同分局

□ 梁文亮　曲晓东

2009年以来，在成品油价格改革和税费改革实施、交通征稽职能消失、广大干部职工面临事业发展危机的困难局面下，分局按照省局党委确立的“以纪律树形象、以责任定品性、以素质创未来”的转型发展要求，坚持“科学发展、和谐发展、稳健发展”的思路和目标，顾全大局、服务全局、坚守岗位，保持稳定，充分展现了征稽队伍在特殊时期的素质、能力和风貌。

秉承和谐理念保持队伍高度稳定

2009年，交通征稽系统面临的最大挑战是成品油价格和税费改革对行业发展的挑战。改革涉及征稽人员安置、资产清查、队伍稳定等一系列问题。如何保持队伍高度稳定，做到组织不散、秩序不乱、资产不流失，圆满完成各项任务，平稳有序地推进改革，是各项工作的重中之重。分局秉承和谐发展的理念，以和谐的理念引导队伍建设，更加自觉地维护团结和稳定，更加主动地营造宽松和谐的工作氛围，理顺关系，化解矛盾，加强正面引导，强化思想教育，深入开展谈心活动，增强了特殊时期队伍的凝聚力。紧紧抓住公开、公平、公正这一关键，强化班子建设，坚持民主决策机制，不断改进工作方法和工作作风，正确化解各类利益性矛盾，积极处置各类苗头性问题。努力提高征稽内部的和谐程度，团结向上、协作配合、尊重理解、文明友好成为和谐建设的主流。

坚决贯彻执行省局党委对改革过渡期间的稳定工作和业务收尾工作的部署，对当前发展思路予以明确，对纪律等重点问题予以严格要求。紧紧抓住“两学一活动”的特定载体，扎实开展常规工作和专项工作，以严格的纪律为保障，以耐心细致的思想政治工作为保障，树立服务全局和忠于责任的精神理念，保持了行业稳定，形成了工作秩序良好、学习氛围浓厚、进取意识增强的良好发展格局。

强化责任意识继续抓好基础管理

为适应特殊时期的工作要求，分局把业务总结、财务核算、固定资产、立卷归档、安全生产等全部纳入基础管理范围，进行统筹安排和针对性部署。按照治理“小金库”专项工作要求，在全分局认真开展了自查自纠工作。按要求及时完成养路费资金决算。加强票据监管，对2008年养路费票据进行了检查核销。坚持对历史负责的责任观，按照有关规定和政策，积极协调相关部门，有效、稳妥地解决了历年滞留车辆问题。继续开展依法清欠工作，完善标准化建设，完成对所有历史档案的资料归档和总结收尾工作。坚持审计控管，加强财务审计、常规审计和经济责任审计。强化安全管理，完善安全预案和综合治理各项制度，有效地完成了国庆保卫和防控甲流等工作，全年从机关到所站无安全责任事故。保证了特殊时期的工作顺利、有序地开展。

营造学习氛围有效开展队伍培训

深化自我学习、终身学习的理念,购置了一批传统文化经典书籍和科学发展观读本,注重自我学习、自我领悟,通过潜移默化、融会贯通把学习成果转化为实践功效。特别是深入联系思想实际,不断强化道德情操的培育;深入联系管理实际,推进行为层面向认识层面的转化;深入联系作风建设,努力营造尊重、理解、团结、协作的工作氛围。通过学习、教育、引导和培育,初步形成了构建学习型机关、学习型单位的良好氛围。

继续聘请专家学者对干部职工进行素质培训,积极参加法律知识竞赛。选派人员参加省局组织的法律骨干培训和交通部组织的交通行政执法规范化培训。合理安排分局内部培训。着力提升职工素质和发展潜力,为转型发展提供人力资源和人才保障。

抓好党的建设切实发挥核心作用

领导班子建设是队伍建设的关键。分局坚持"队伍是基础,班子是关键"的工作思路,把班子建设作为创建之本。坚决贯彻民主集中制原则,重大问题,均由党政班子集体讨论决定。班子成员以"学习、实干、廉洁、协作"共勉,始终保持了求真务实、与时俱进、奋发有为的精神状态。在特殊时期,班子成员带头严于律己,处处起表率,共同克服困难,共同解决问题,为整个队伍建设起到了示范和表率作用。

分局党委坚持"抓基层、打基础"方针,加强党的基层组织建设,强化支部书记对支部的领导能力,加强对党员、干部的动态管理和考核,干部管理日趋规范。在特殊时期,充分发挥基层组织和党员干部的模范带头作用,带头坚守岗位,带头维护稳定。

扎实开展学习实践科学发展观活动

把学习实践科学发展观活动与积极应对税费改革相结合,按照厅党组和省局党委的统一部署和要求,在大同市委的领导下,结合单位实际,突出实践重点,圆满完成了学习实践科学发展观活动。在学习实践活动中,注重理论武装,打牢思想基础;注重领导带头,带动全员参与;注重整改实效,解决突出问题;注重建章立制,不断完善科学发展机制。对于收集到的意见和建议,做到条条有着落,件件有回音,并形成了有一定价值的课题调研报告。在扎实开展学习实践科学发展观活动中,分局班子通过谈心、走访、慰问、座谈等形式增强了同职工群众的理解和沟通。在资金紧张的情况下,解决了部分所站的冬季供暖等实际问题。通过学习实践活动,广大党员干部对科学发展观的认识实现了新的飞跃,思想观念获得了新的解放,开创事业发展的能力得到了新的提高。

积极做好成品油价格和税费改革

完成对所有在编养路费征稽人员、落里湾站收费人员的摸底工作,完成对固定资产、债务清理工作。在保证队伍稳定、确保资产安全的同时,按照省局要求,协助做好过渡税务系统的招考录用工作和大量的人事协调工作,通过努力,征稽人员过渡税务部门的录用工作已基本到位,交通征稽转型发展也步入了新的阶段。

(责编　梁锦华)

山西省交通征费稽查局朔州分局

□ 何斌祚　曲恒卯

2009年,分局广大干部职工按照省局确立的"以纪律树形象,以责任定品性,以素质创未来"的转型发展思路,大力弘扬行业文化精神,顾全大局,服务大局,以人为本,强化素质,为税费改革的顺利实施和交通征稽的转型发展作出积极贡献。

保稳定促发展
为职能转换打基础

2009年,在干部职工面临事业发展危机的情况下,分局直面困难,确保组织不散,秩序不乱,队伍稳定,资产不流失。领导班子多次召开党政会议和干部职工大会,对改革过渡期间的稳定工作、业务收尾工作、职工学习培训、征稽人员划转税务等工作进行周密安排部署,严格值班制度和劳动、组织纪律,做好耐心细致的思想政治工作。

同时,开展法律法规、交通行业知识的学习培训活动,保持了浓厚的学习氛围和良好的工作秩序,全年分局未发生一例违法违纪和影响安全稳定的事件。

严管理细清查
继续夯实基础管理

按照省局的要求,分局开展了业务、文书资料归档,固定资产清查整顿,欠费清缴,工程项目审计,征稽工作总结等各项基础管理工作。成立了专项工作领导组,深入各所(站)督导各项工作进度。各单位基本完成了2009年以前所有业务资料、文书资料的整理归档工作,为全面总结交通征稽历史保存了资料。对全分局固定资产进行重新清查整顿,做到了账、物、卡相符,确保资产不流失,不损毁。依法开展欠费清缴工作,11月,对所有规费票据进行了稳底清查,向省局全部缴销。坚持审计控管,对分局机关办公楼维修工程和平鲁交通征稽所新建办公楼工程进行了专项审计。

抓学习重成果
深入开展"两学一活动"

从3月开始,分局深入开展学习实践科学发展观活动,以认真负责的学习态度,求真务实的工作作风,解放思想,积极探索,大胆实践,高标准启动,严要求推进,高质量落实,做到了提高认识求深度,发动群众求广度,突出实践求密度,解决问题求高度。机关党员全部参加了学习实践活动,覆盖面达100%,广大党员真正做到了学有所思、学以致用、用有所成。

抓党风重监督
党风廉政建设全面加强

坚持把党建工作放在核心位置,不断加强党的思想建设、组织建设和作风建设,凝聚基层党组织的核心堡垒作用,发挥广大党员干部的先锋模范作用。分局党委抓住深入学习实践科学发展观活动的契机,在全分局迅速掀起学习实践活动的热潮，通过学习提高了党性修养，树立了忠于责任、服务大局的精神理念，形成了学习氛围浓厚、进取意识增强的良好发展局面。

在廉政建设上，坚持把立足教育、着眼防范、健全制度、加强监督作为廉政建设的立足点和着眼点，在推行两务公开、重大事项集体决策、三项治理上下工夫；在落实党风廉政责任制、规范纪律作风上做文章，初步建立了教育、制度、监督并重的反腐倡廉新机制，党风廉政建设和反腐败工作的成果得到进一步巩固。一是继续推行两务公开，加强常规审计和专项审计监督；二是严格落实党风廉政建设责任制，认真开展纪律作风整顿，收到良好效果。全年未发生一例违法违纪和损害交通征稽形象的行为。三是实行安全生产管理和维稳工作责任倒查制度，加强日常监督，加大事前排查力度，防患于未然。四是继续加强政风行风建设，在政风行风评议工作中，分局再次受到市行评办的表扬。

争一流创品牌
文明建设效果明显

建局以来，分局紧紧围绕交通规费征收中心任务，狠抓党的建设、廉政建设、精神文明建设和征稽管理工作，真抓实干，锐意进取，在前进中开拓，在创新中发展，努力建设一流的班子，培养一流的队伍，树立一流的形象，抓出一流的管理，争创一流的业绩。分局坚持以“提高行业文明程度，打造行业文明品牌”为目标，深入开展以“做文明职工、树文明形象、创文明单位”为主题的文明创建活动，广大干部职工的工作热情空前高涨，精神文明创建活动日趋活跃，分局机关和 8 个所站全部进入市级文明单位行列，有 8 个所站被评为“市级文明单位标兵”，8 个基层所站中，朔城区所被评为 2002 年至 2003 年、2006 年至 2007 年度省级文明单位、省级文明和谐单位，分局机关 2004 年被省委、省政府授予“山西省模范集体”，2005 年进入“省级文明单位”，2006 年进入“全国交通文明行业”，2007 年、2008 年被评为“省级文明和谐标兵”单位，并被省纠风办评为“治理公路三乱先进集体”。2009 年分局机关和 8 个所站继续申报了省级文明和谐单位和市级文明和谐单位，由于机构职能转换，省文明委推迟验收。国庆前夕，分局积极参加了省局举办的“迎国庆法律知识竞赛”活动，并获得团体“三等奖”的荣誉。有 1 个所站进入“省级青年文明号”，5 个进入“市级青年文明号”，3 个单位被省厅授予“文明示范窗口”。15 年来，分局先后受到表彰的优秀共产党员、优秀党务工作者有 170 余人次，获得省、市“五一”劳动奖章的有 8 人，省、市先进工作者有 160 余人次。

（责编　梁锦华）

山西省交通征费稽查局忻州分局

□ 段志伟　薛存银

2009年，分局按照省交通征费稽查局“以纪律树形象，以责任定品位，以素质创未来”的发展思路，坚持以科学发展观为统领，以党的十七大和十七届四中全会精神为指导，以全面推进交通征稽深化改革转型发展为目标，抓住安全稳定、平稳转型、强化责任、坚守岗位、尽职尽责五个方面，狠抓落实，各项工作取得预期的成绩，实现了和谐稳定、团结有为的发展局面。

强化责任　为转型发展打基础

以做好表率为己任，领导班子建设为关键，强化各级领导班子建设和领导干部的责任心使命感。2009年是交通征稽改革转型之年。一年来，分局把建好两级班子，带好队伍放在首位，认真开展工作，在非常时期以更高的政治责任心处理一切事务政务。同时，各所站的领导班子不断增进团结协作功能，高度配合分局工作，从而保证了省厅、省局、分局和地方政府各项任务的贯彻落实，保证了改革转型发展顺利稳妥推进。

以管好队伍为根本，提高职工综合素质为目的，强化职工队伍管理和思想政治教育，促进行政能力和执法水平提高。税费改革面临最直接的问题是保证队伍稳定、严守纪律，促进转型发展；根据转型发展的需要抓住机会提高干部职工的综合素质是今后事业发展的保证。分局在全面贯彻落实省厅、省局部署的同时，确立了以“两学一活动”为载体，强化队伍管理和教育。一是提出每一个干部职工要树立大局思想和发展意识，以对事业、单位和个人负责的态度坚守岗位，遵守工作纪律，思想上不消沉，行动上不怠慢，振奋精神，展示形象和品位。二是以分局机关为重点，推行领导值班考勤制度，开展全员行政执法培训。三是建立健全领导带班值班制度和处置突发事件应急机制，全面推进24小时值班制度。通过这一系列工作提高了广大干部职工的责任心、使命感和纪律性，为交通征稽转型发展提供了条件。

以忠于职守、尽职尽责为使命，认真开展交通征稽工作的各项善后工作。一是认真开展追缴欠费工作。通过发通告，送达催缴通知书，逐车建立依法清欠档案和处置滞留违法车辆等一系列工作，妥善处理了交通征稽工作的遗留问题和善后工作。二是对历年来的文书档案进行了统一整理、归档。三是开展清产核资工作，妥善保管各种资产，确保资产不流失不损坏。四是加强财经制度落实和监督，强化资金管理，分类理清了各种债权债务。五是认真开展自查自审，常规审计及项目审计。

以妥善安置职工转移分流为头等大事，积极稳妥地对税务分流人员和劳务派遣人员进行了安置。完成了交通征稽人员按名额考试录用国税、地税人员工作和劳务派遣人员安置工作。

以推动事业和单位可持续发展为工作内

容，抓住机遇为未来发展创造基础。一年来，分局认真贯彻落实省厅省局各项工作部署，同时抓住一切发展机会，创造性地工作。年内完成了代县所新建办公楼竣工善后等事宜；岢岚所置换新建工作进展顺利；南城站新建工程前期工作进展很好，取得了初步的成效；分局机关职工活动室、餐厅、厨房改造工程圆满结束；完成了全省交通系统电脑微机工作室设备配置对接工作任务。6月1日全省取消政府还贷二级公路收费站后，分局按时间、要求、进度对下王庄收费站的收费岗亭、通道进行了拆除、处置。各所站在一年里对基础设施和设备妥善保管维护。这些具体工作的落实，为今后发展创造了基础条件。

注重落实　党风廉政工作上台阶

长期以来，分局认真执行中央、省、市党风廉政建设的有关精神，严格执行省厅、省局党风廉政建设责任制。2009年根据交通征稽改革的实际，分局进一步强化党风廉政建设责任制落实，为交通征稽深化改革可持续发展提供了保障。一是进一步明确责任、内容和标准，全面推行党风廉政建设层层责任制和一把手负责制，从组织形式和工作机制上保证了党风廉政建设责任制落实。二是进一步加强制度建设。结合交通征稽税费改革实际，明确提出强化改革时期制度建设和落实，以不准出现资产流失，不准突击花钱，不准形成新的债务，不准出现非工作性质的开支为主要内容，建立完善了相应的制度，重申了征稽人员"十条禁令"。纪检、审计等部门加强监督检查，保证了各项措施的落实。三是进一步加强政务公开，重大事务和较大项目开支一律经过集体讨论，严格执行审批程序，加强审计监督，增强行政工作的透明度，不断加强职工的知情权、参与权、监督权，形成了党风廉政建设的长效监督机制。四是进一步加强党的建设和领导班子建设，经常开展中心组学习活动，领导班子成员之间常交心、常沟通，从团结的目的开展批评与自我批评，从善意出发相互之间经常提醒，营造出党风廉政建设的良好氛围。五是进一步加强学风建设，以学风促进党风不断提高。一年来，认真系统地学习了党风廉政建设的有关文件，系统地学习了党纪政纪和法律法规。教育干部职工树立正确的人生观、价值观、世界观，坚定理想信念，牢记两个务必，始终保持廉洁自律的作风，勤政为民的作风，艰苦朴素的作风，敢于同不良现象斗争的作风。六是进一步加强党风廉政建设责任制检查力度。加大对苗头性、倾向性问题的教育检查力度，通过日常接触、电话沟通反反复复提醒，在领导干部中筑起了反腐倡廉的防火墙，形成警钟长鸣、责任心常在的氛围。一年来，全分局没有出现领导班子、领导干部不认真履行党风廉政建设责任制的情况；没有出现政治上的问题、工作中的失误和经济上的损失；同时社会治安综合治理、安全生产管理等各方面工作都落到了实处。

2009年，分局在推进交通征稽改革转型发展中取得良好的成绩。这些成绩是在省厅、省局正确领导下，在省厅、省局各处室、各部门的关怀帮助下，在全分局广大干部职工迎着改革浪潮，振奋精神，通力协作，不懈努力下取得的。面对当前的形势和今后的工作着重要抓好以下四个方面。一是要进一步加强职工思想教育。二是为更好地适应新形势，适应新职能，新岗位，分局干部职工的整体水平、综合素质亟待提高，要建立健全一套培训学习机制，提高干部职工的思想水平和综合素质。三是停止征收养路费以来，干部职工中不同程度存在惰性，分局将带领干部职工尽快克服惰性，振奋精神，迎接交通运输执法新的工作任务。四是全分局的管理水平、服务水平还需要进一步提高，特别是针对新形势和新任务，要把管理和发展作为一个大课题来研究探索。

（责编　梁锦华）

山西省交通征费稽查局吕梁分局

□ 贾志刚　辛泉生

2009年,分局以"稳定队伍、加强学习、提升素质、迎接转型"为目标,以开展"全员法律知识培训,提高依法行政能力"为重点,全面强化法律素质建设,积极为业务转型、履新使命做充分准备。同时,深入学习实践科学发展观活动、撤销政府还贷二级公路收费站、国庆60周年维稳安保信访等各项工作任务圆满完成;向税务部门分流划转人员、妥善分流安置劳务派遣人员等工作任务扎实推进顺利进行。一年来,全分局干部职工始终与厅党组、省局党委保持一致,做到人心不散、秩序不乱、工作不断,以实际行动支持改革,没有辜负上级组织的厚望,交出一份满意答卷。

以科学发展观为统领　不断加强队伍建设

以解决发展难题为突破口推进深入学习实践科学发展观活动。分局5名处级以上领导干部和20名党员,参加了第二批深入学习实践科学发展观活动。学习实践活动中,25名党员干部坚持以科学发展观的理论学习为基础,以"提高思想认识、增强发展能力、解决突出问题、创新体制机制、促进科学发展"为目标,以"保持稳定迎挑战、提高素质谋发展"为主题和载体,认真查找问题,深刻剖析原因,充分运用学习调研、开展解放思想大讨论和专题民主生活会的成果,重点围绕贯彻科学发展观的思想观念、工作思路、政策措施、体制机制等方面进行分析检查。从思想、能力、机制、作风等方面把不适应、不符合科学发展观要求的突出问题进行了查摆。按照边学边改、边查边改的原则,解决突出问题5个。活动期间,吕梁市委学习实践活动领导小组多次到分局检查指导工作,对分局广泛动员,深入开展学习实践科学发展观活动,以"迎接改革、稳定发展"为突破口,突出科学发展主题,坚定全体征稽职工又好又快发展的信心和决心,通过召开职工代表、服务对象、基层职工代表、离退休老干部代表座谈会,多渠道广泛征求意见和建议,公开承诺为职工办实事,有针对性地在税费改革期间开展"两学一活动"的做法和人员分流业务转型期间队伍始终保持稳定、职工思想高度统一给予充分肯定和高度评价。在群众满意度测评工作中,满意率达100%。

以改革创新的精神推进队伍建设和领导班子建设。一是坚持中心组学习制度,加强理论武装,牢固树立执政为民,振兴一方的责任意识,着力打造政治坚定、素质过硬、关键时期能挺得住、拉得出、打得胜的领导班子。二是深入学习实践科学发展观,面对燃油税费改革带来的职工思想、队伍等不稳定因素,千方百计破解特殊时期保稳定促发展难题,积极推进全分局转型期间保持持续健康稳定发展。三是努力提高领导班子业务和领导水平,推进分局、所站两级领导班子应对复杂局面,处理突发事件的本领。四是贯彻执行民

主集中制，重大事项集体研究决定，不断增强两级领导班子的创造力、凝聚力和战斗力。五是坚持改进领导工作作风，切实做到为民、务实、清廉。

以增强综合素质为目标加强干部队伍建设。通过有计划、分层次的培训，加强干部队伍培养。选派6名业务干部参加省厅组织的公路工程审计学习培训。组织1名处级领导干部和5名中层干部参加交通运输部交通运输行政执法培训班，两批共选送2名处级领导干部和32名中层干部参加省局交通行政执法法律骨干培训班。参加全省交通征稽系统迎国庆法律知识竞赛，取得第7名的好成绩。聘请律师为分局机关全体干部以及驻离石两个基层单位职工举办了为期一个月的法律知识专题讲座，讲座全程录像，音像资料下发基层所站全员进行培训。

努力工作迎接改革
全力做好转岗分流

一级公路通行费征收业绩再创新高，政府还贷二级公路收费站按时撤销。1月至5月，分局所属3个收费站共征收车辆通行费1084.2万元，其中柳沟、高阳两个政府还贷二级公路收费站征收车辆通行费577.5万元。晋夏一级公路夏家营收费站切实加大政策宣传力度，从优质服务上下工夫，认真落实计重收费，严格收费减免政策，实征率始终保持较高水平、全年累计征收车辆通行费2333万元。

根据省政府5月27日常务会议决定，6月1日零时整，分局柳沟、高阳两个政府还贷二级公路收费站全部按照要求准时撤销，收费设施拆卸后全部归仓入库，由劳务派遣公司派遣的收费人员或按照自愿自谋职业予以适当资助，或等待安置积极稳妥做好了相关手续。收费站正式在册工作人员实行24小时不间断轮流值班制度，既保证了省政府宣布撤站后不法人员利用收费站非法拦车收费事件发生，又确保了国家财产安全完好。

向税务部门分流划转人员工作进展顺利。根据省厅、省局有关向税务部门分流划转人员工作安排部署，分局高度重视，精心组织，创造环境，确保分流划转全程顺利进行。24名职工通过全部笔试、面试、政审、考察等程序，即将奔赴国、地税部门肩负新的使命。

劳务派遣人员分流安置和自谋职业帮助工作顺利推进。根据省厅697号《关于厅属政府还贷二级公路收费人员分流安置的意见》和省局《关于我系统编制外劳动用工安置指导意见》精神，结合分局实际情况，出台《吕梁分局关于编制外劳动用工分流安置实施方案》。《方案》明确全分局编制外劳动用工分流安置依照"依法依规、分类处理平稳过渡、有序推进公开透明、公平操作"原则，按照《劳动合同法》等法律法规、人事劳动政策以及成品油价格和税费改革有关要求进行。在分局和基层所站的共同努力下，分流安置工作和自谋职业帮助工作顺利推进。截至2010年1月10日，全分局提出书面申请并填写《征稽系统养路费合同用工人员再就业申请表》的共45人，提出书面申请并填写《征稽系统政府还贷二级公路收费人员再就业申请表》的共8人，自愿放弃申请再就业，领取补偿和再就业帮助资金人员246人。

（责编　陈瑞丽）

山西省交通征费稽查局
晋中分局

□ 宋亚平　张志坚

2009年，分局广大干部职工顾全大局、服务全局，以“负责任、有作为”的品质和态度，不计较个人得失，坚守工作岗位，确保了待安置期间思想不乱、秩序不散，展现出晋中交通征稽队伍良好的素质、能力和风貌。

继续保持队伍高度稳定

1月1日，酝酿多年的“燃油税”改革正式实施，交通征稽系统迎来行业发展重大挑战。针对可能发生的不稳定现象，分局确立了“强化学习教育，推动和谐发展”的指导思想，上下两级班子通过会议通报、与职工谈心、开展文体活动、培训学习及落实省局“两学一活动”等多种方式加强职工思想政治工作，通过耐心细致的思想工作，广大干部职工的顾虑打消了，思想集中了，全局上下呈现出和谐稳定的态势。

圆满完成各项工作任务

一是做好养路费清缴工作，对历年欠费集中进行清理。二是对长期依法扣押车辆进行处理。三是对分局固定资产进行清查。四是认真做好“小金库”治理工作。五是按照上级要求，完成对所属永安、夏门两个通行费站收费停止收费及相关工作。

分局代表省厅组派队伍参加了全省“纪念伟大祖国成立六十周年歌咏比赛”；参加了全省交通系统歌咏比赛；参加了全省社区组织的“省级文明和谐单位职工运动会”，代表省局参加了“依法治交十周年”军事化队伍表演；组织人员参加了全省交通征稽系统“迎国庆”法律知识竞赛，获得一等奖。分局党委被市直工委评为“先进党组织”，分局团委被市直团工委评为“五四红旗团组织”。

开展学习实践科学发展观活动

从3月24日起，全分局19个党支部、196名党员全部参加了学习实践活动。分局党委对此次学习实践活动高度重视，紧扣学习实践科学发展观这一主题，抓住领导班子和党员领导干部这个重点，紧密联系交通征稽改革、发展、稳定的实际，严格遵循各项方法步骤，高标准启动，高要求推进，高质量落实，做到了“规定动作”严落实，“自选动作”有创新，取得初步成果。

通过学习实践活动，收到明显效果：一是党员干部科学发展的意识进一步增强。二是对交通征稽转型发展的思路进一步明晰。形成具有一定价值的6份《专题调研报告》及针对性、指导性、科学性、操作性较强的《领导班子分析检查报告》，以及切合实际的《整改落实方案》。三是党员干部的思想作风建设进一步加强。

大力开展干部职工培训

结合学习实践科学发展观活动，分局从2月开始，在全分局开展了以政治理论、政策形势、业务知识、法律法规四项内容为主的学习活动，聘请党校、高校资深教授进行专题讲座，授课辅导。同时，要求各单位结合实际自行组织培训。针对下一步可能从事工作所涉及的相关行政法、专业法知识提前进行学习。11 月，又组织全体干部职工参加了省局全员法律知识培训，为即将开展的交通行政执法工作奠定了基础。

积极做好人员安置相关工作

从 6 月开始，着手开展税务部门接收部分养路费征稽人员工作，通过组织人员培训，组织参加笔试、面试、体检等，共有 20 名征稽人员将进入税务部门。

9 月 30 日，省编委下发文件，明确原交通征稽机构整体转为交通运输执法局，保持原有建制、规格及人员编制，并初步明确了相关职能，原交通征稽人员得到妥善安置。

（责编　梁锦华）

山西省交通征费稽查局阳泉分局

□ 耿春光　赵有恭

2009年,分局继续发扬"忠于责任、勇于开拓、甘于奉献"的交通征稽精神,立足本职站好岗,勤奋工作收好尾,服从大局,忠于责任,职工队伍继续保持了思想不散、工作不乱,较好地完成了征稽善后等全年各项重点工作,被省厅授予"交通规费征收突出贡献奖";被省局评为"2008年度完成工作目标责任制先进单位"、"2009年度文明和谐单位"。被阳泉市劳动竞赛委员授予集体"一等功"。

征稽善后工作圆满完成

依法清欠稳步推进。一是成立清欠工作领导组织机构,制定具体要求,下发《关于继续做好"两费"清欠工作的通知》和《关于进一步做好"两费"清欠工作的补充通知》等文件,具体安排清欠工作。二是认真开展宣传工作,2月上旬在阳泉电视台、《阳泉日报》等新闻媒体进行宣传,营造良好工作氛围。三是做好与驻地政府的协调工作,要求公安交警车管机构在办理车辆转移、注销、换(补)证、变更、检审验等项车管业务时,对2008年12月31日存在欠缴公路养路费的车辆加强查验,同时督促车主到辖区交通征稽机构办理养路费补缴手续。四是不断加大催缴力度。采取电话、手机短信、快递邮件、欠费通知单直接送达、报纸电视公告等形式催缴。五是对清理难度较大的欠费车辆,依法申请法院强制执行。六是积极开展长期滞留车辆处理,14台长期滞留车辆得到圆满处理。全年全分局累计发放《催缴公路规费通知书》和《行政处理决定书》共计8780份,清理欠费车辆29台,清回欠费43 492元。

档案整理圆满完成。为全面准确反映征稽的历史,2月,召开专题会议对做好档案整理工作进行全面安排部署;9月,对各单位档案整理情况进行巡检,现场指导,及时指正,确保档案整理工作顺利进行;11月,进行认真回头看,及时拾遗补缺,完善档案资料;12月,全面检查验收。分局机关、基层各单位文书档案、征费档案、财务档案、人事档案整理工作基本完成,尤其是人事档案获得税务部门考察组的一致好评。

资产清查细实严谨。年初,分局下发文件要求各单位全面开展资产清查工作,确保各类资产账账、账卡、账实相符。下半年,分局派出检查考核组,对各单位资产管理情况进行逐一检查、核实,纳入微机管理。11月,对各单位固定资产管理情况进行全面考核,保证了国有资产完好无缺。

财务管理规范有序。3月,分局发文要求各单位及时理清往来账务,规范财务管理,按规定处理遗留问题,确保财务管理规范、有序。同时成立治理"小金库"专项工作领导组,对各单位进行认真清查,未发现"小金库"现象。

人员妥善分流安置。税费改革以来,分局将人员安置作为2009年各项工作的重中之重,付出了大量的精力、物力、财力,各类人员得到妥善安置。

认真组织单位在编人员参加了税务系统的招录用工作,分局共有21名职工即将转入税务系统。9月30日,省编委下发《关于组建山西省交通运输执法机构的通知》对现有征稽机构重组、人员安置做了明确安排,依托征稽机构组建交通运输执法机构,人员在系统内部成建制转岗,在编人员的分流安置得到落实。分局编外用工主要分养路费协征劳务派遣人员、通行费收费劳务派遣人员和非全日制用工三类。对编外人员分局通过一次性经济补偿、再就业待安置等方式给予妥善处理。

党建工作进一步夯实。分局党委继续秉承"围绕费收抓党建,抓好党建促费收"的工作思路,不断加强组织建设、制度建设、纪律建设、思想建设。一是深入贯彻落实党的十七大、十七届四中全会精神,认真组织开展学习实践科学发展观活动,使其与欠费清理工作相结合,与党的建设相结合,与职工队伍教育相结合,与体制改革相结合,全力推进党的建设。二是加强党的基层组织建设,增强党的凝聚力、吸引力、战斗力,认真组织开展民主生活会,班子成员增强了团结;三是加强党员思想建设,不断提高党的理论水平和思想觉悟;四是坚持民主集中制原则,积极发展党内民主,保证了分局重大决策的正确性和科学性。五是党风廉政建设责任制进一步落实。

精神文明创建硕果累累。分局始终坚持以提高行业文明程度和队伍素质为出发点,经过不断的摸索总结,开成了党政齐抓共管、一把手负总责、部门各负其责、全员参与文明创建的工作思路和组织体系,文明创建工作内涵更加厚实,外延进一步拓展。2009年,在确保市级"文明和谐单位"满堂红的基础上,分局机关顺利通过省级"文明和谐单位"复检。群团组织功能充分发挥,通过开展各类文体活动和组织外出学习交流,实现了凝聚人心、鼓舞士气、拓宽视野、丰富知识的目的。在工会组织方面,充分发挥工会保障劳动者合法权益的作用,为分局职工购买了家庭财产保险,组织参加市总工会大病统筹,加入全市大病统筹行列,免去了职工的后顾之忧;组织在职职工和离退休人员体检,保障职工身体健康;组织离退休老干部召开座谈会,倾听他们的宝贵意见和建议。同时,分局坚持立足征稽、奉献社会,在认真组织开展"送温暖、献爱心"活动的同时,还积极组织开展扶贫帮困活动,在"六一"儿童节为贫困学校开展捐助活动,为扶贫点盂县梁家寨乡御枣口村学校建设解决资金2万元。

信访维稳扎实有效。分局在上级的安排部署下,严格落实责任制,狠抓源头治理,加大稳控力度,把信访工作重心落在事前排查化解上来,深入组织开展矛盾纠纷排查工作,着力营造协调、和谐、奋发向上的工作环境,确保了各项工作顺利进行。

安全专项整治成效显著。分局强调各单位行政"一把手"在机构重组的关键时期,一定要充分依靠和发动广大干部职工,深入排查治理隐患,全面落实防火、防盗及交通安全等防范措施,确保安全生产,全年未发生一起安全事故。

转岗教育培训效果良好

根据省厅、省局的人员安置计划,结合工作实际,分局本着及早谋划、及早动手的思路,将学习培训工作列入全年工作重点,并制定了详细的学习方案,有学习、有培训、有考核,确保学有成效,为新机构的成立做好充分准备。

认真组织开展"双学一活动"。分局认真组织开展了"学习实践科学发展观"、"学习法律法规知识"和"开展职工文体活动"的"双学一活动"。特别是学习实践科学发展观活动中,广泛动员,党员参学率达100%,书写读书笔记106本,心得体会300余篇,查找整改问题4项,形成总结经验4点。群众满意度测评率达到98.75%。"双学一活动"

的深入开展,提高了广大干部职工的思想理论水平,扩充了业务知识范畴,丰富了业余文化生活,为执法机构成立并持证上岗和开展工作奠定良好的基础。

认真组织协调"两费"征收人员的转岗培训工作。2月,举办征稽人员集中学习培训,强化征稽人员基本素质和转岗技能。组织专人,搜集编撰了公共法律法规、交通行业法律法规及交通行业执法规范等资料,通过自学、集中学习、专家培训等保证学习效果。学习活动邀请了法律专家、税务干部集中授课5次,共计350余人次参加。为使征稽人员向税务转岗考出好成绩,为所有参考人员购买了公务员考试专用教材,聘请公务员考试专职培训机构对参考人员进行专项培训。

10月,分局严格按照省厅《关于转发〈关于印发交通行政执法风纪等5个规范通知〉的通知》,对交通行政执法风纪、用语规范、行为规范、执法文书等进行了认真学习。11月开始,组织征稽人员每日进行两小时的集中培训,选拔业务骨干22名,分两批参加了省局的脱产培训。12月,邀请省厅政策法规处集中授课,分局参培率达到100%。

多方式、多层次,长时间、全面系统地学习培训,使分局转岗安置人员个人素质和法律法规专业技术得到明显提高,为机构转岗安置做好了充分的准备。

(责编　梁锦华)

山西省交通征费稽查局临汾分局

□ 李建勋　杨国泉

2009年，分局坚持以科学发展观为统领，积极应对改革、保持队伍稳定、推进转型发展。

深入开展学习实践活动 全面提升职工综合素质

深入学习实践科学发展观活动从3月18日正式启动，按照省委及临汾市委的统一部署，分局高度重视，广泛发动，精心组织，周密安排，注重实效，扎实推进，紧紧扭住“保持稳定、提升素质、谋求发展”主题，认真抓了“学习调研”、“分析检查”、“整改落实”3个阶段8个主要环节的各项活动，把学习这条主线贯穿活动始终，做到“五个学”：即领导带头学、全员参与学、专题辅导学、围绕主题学、检验效果学。在各个步骤环节中紧密结合工作实际，创造性开展活动，取得明显成效，受到市委学习实践活动领导组好评。

维护安全稳定大局 夯实转型发展基础

由于燃油税费改革，2009年，全分局处于职能转型、全员待岗的过渡时期，在全力维护安全稳定各项工作的同时，分局继续把提高征稽人员素质、落实政策要求、开展专项治理、清理逃漏欠费等列为工作重点，全面夯实基础工作。

认真开展综合法律法规培训。3月2日至16日，分局组织全体干部职工开展了封闭式综合培训活动，整个培训共分62个课题，涵盖《行政处罚法》、《公路法》、《公路管理条例》、《行政复议法》、《国家赔偿法》、《行政许可法》、计算机学习、队列训练、拓展训练等17项内容，从执法理念、执法行为、执法素质、执法效率和执法形象上进行了全方位的强化。11月，选拔推荐优秀骨干参加了省局组织的行政执法培训，提高职工适应新岗位的素质。

积极做好“三保”帮扶工作。积极组织机关干部深入基层开展“三个一”帮扶活动，定期到工程工地、企业车间、基层职工中了解工程进展、企业发展、职工稳定情况。积极与工程项目、企业公司负责人、职工代表进行座谈，了解民意，体察民情。建立互联沟通制度，帮助企业出谋划策，及时帮助解决出现的各类问题；采取联合办公、协调议事等形式，形成工作合力，真实了解基层情况，真心解决具体问题，帮忙不添乱，为民不扰民，保持良好作风和形象。洪洞虹通北路建设工程项目部和双山焦铝有限公司都对分局上门帮助排忧解困表示感谢。

深入开展清理“小金库”专项工作。建立健全领导体制和工作机制，狠抓落实。财务管理均实行收支两条线，没有设置账外账和“小金库”及其他违反财经纪律的行为，努力建立完善长效机制、制度体系、权力运行监控机制，切实做到了全面覆盖、彻底清查、不留死角，确保了“小金库”治理工作有力、有序、有效。

全面做好逃漏欠费清理和滞留车辆处理工作。根据国家五部委《关于继续做好逃漏缴公路养路费和货运附加费清理工作》的文件要求，进一步强化工作举措，加大横向联合力度，在依法清欠上加强与地方法院等职能部门的配合协作、动真碰硬，推进了规费征缴工作进度。根据省局要求，在对历年查扣的30台漏欠费滞留车辆处理中，积极通过当地报刊、电视公告通知车辆当事人限期办理滞留车辆相关手续，同步与驻地人民法院、公安机关、车管部门等单位积极采取协调配合措施，将滞留车辆全部处理完毕。

全力维护安全稳定大局。2009年，分局为确保在转型发展中干部职工思想稳定，从细处着眼、小处着手，分阶段、分步骤有效开展内部矛盾纠纷的排查调处工作，及时掌握和发现不安定苗头，制定完善相应预防措施，做好防范工作，制定实施24小时领导带班、科室成员值班制度，特别是加强对外来人员的询问登记制度，确保内部安全。进一步强化安全生产综合治理举措，严格落实上下班、请销假制度和稽查专用车辆封存规定，保持了分局持续稳定的良好局面。

努力加强党建工作 积极发挥组织作用

注重团结，着力加强班子建设。分局班子成员之间坚持做到政治上志同道合、思想上肝胆相照、工作上密切配合、生活上互相关心，在团结中凝聚力量、在团结中维护稳定，在团结中谋求发展，得到了全分局广大党员干部职工的拥护与支持。

严格规范，加强组织建设。按照“突出规范强化支部建设，突出质量壮大党员队伍，突出效果落实党内生活制度，突出效率强化干部队伍管理”的思路，进一步加强组织建设。严把质量关，做好发展党员工作，共发展预备党员11名，预备党员转正9名。在工作中，各党支部和广大共产党员充分发挥战斗堡垒和先锋模范作用，被省局党委授予先进基层党组织2个、优秀党务工作者2名、优秀共产党员16名，被临汾市直工委授予先进基层党组织1个、优秀党务工作者1名、优秀共产党员1名。

以人为本，构建和谐氛围。紧密结合“双学一活动”，想方设法改善和解决职工遇到的工作和生活困难，坚持落实职工生日问候制度；组织了机关全体、所站副科级以上干部职工体检；对全分局9名职工子女考入大学发放助学金35000元；每逢重大节日，组织慰问离退休老干部，认真落实老干部政策，最大限度地保护职工的工作积极性。

坚持求真务实态度 强化党风廉政建设

认真贯彻中纪委和省厅、省局会议精神，扭住落实党风廉政建设责任制这个龙头，以深化廉政教育为切入点，全面加强领导干部廉洁自律、案件查办和纠正行业不正之风三项格局，以点带线、以线保面、辐射全局，党风廉政建设扎实有效。

认真落实党风廉政建设责任制，确立了“党委统一领导，纪委组织协调，纪检监察室牵头，职能科室密切配合”的工作机制，出台《分局党风廉政建设和反腐败工作分解意见》，把任务细化量化，逐项分解，落实到人。狠抓了一把手工程，一级抓一级，一级对一级负责，层层抓落实。

积极倡导勤俭节约作风，从一滴水、一度电、一升油、一张纸等小节上注重节约，推选了定额包干加油制度，低值易耗品购买、发放、审核制度，一年中节省经费30多万元，营造了勤俭自律、风清气正的良好风尚。

（责编　梁锦华）

山西省交通征费稽查局运城分局

□贾振卜　高　前

2009年，交通征稽进入了全面转型时期。分局全体员工顾全大局、服务全局，以“负责、有作为”的品质和态度，不计个人得失，坚守工作岗位，积极主动寻求发展机遇，体现了征稽队伍的素质、能力和风貌。

顾全大局以良好姿态支持改革

1月1日，燃油税费改革正式实施，交通征稽人经受着费改税后下岗、转岗、失业等前途未卜的困惑和迷惘。对此，分局果断采取“三不动”原则，即：不激动。不说不冷静的话、不负责任的话，立足当前工作，保持良好的工作和纪律；不冲动，按部就班，不做不理智的事，理性对待一切，积极服从上级领导的安排，以高度的责任心和使命感，完成好自己手头工作和领导交办的工作；不被动。正确面对现实，积极应对，未雨绸缪，增强预见性，在稳定的前提下，及早预见和解决可能发生的问题，及时稳妥地处理好所有遗留问题，充分掌握发展的主动权。

全年，分局积极引导员工顾全大局、理解改革、顺应改革、支持改革。领导干部带头行动，以身作则，服务全局，维护稳定；广大员工安心工作，正视现实，加强学习，提高素质。全分局无一人违反纪律，脱离岗位，无一人脱离组织，我行我素。大家用实际行动确保了队伍的健康稳定发展。

正视现实全方位开展学习提高素质

全分局开展了“正视现实、充电储能”活动，此项活动包括法律法规学习、提升行政办公能力和文体活动竞赛三项内容，贯穿全年。

在法律法规学习和提升行政办公能力培训中，采取自学与集中辅导相结合，先机关后基层，机关带动基层，领导带动员工的办法，成立了活动领导组，认真制定了学习计划和考核办法，领导包片督促基层开展学习。系统学习了《行政处罚法》、《行政许可法》等基础行政法规，《公路法》、《山西省道路运输管理暂行条例》等涉及道路运输的专业法律法规知识，以及公文写作、办公礼仪、计算机应用、财会工作等涉及行政办公的基本知识。

在文体活动中，各单位自行选择活动项目，不拘形式，全员参与，活跃了气氛，增进了友谊，增强了体魄，团队的凝聚力和战斗力得到进一步加强。

同时，还选派骨干人员参加了交通运输部组织的交通行政执法规范化培训、省厅组织的审计培训和省局组织的执法骨干培训，队伍建设得到进一步加强。

选好载体深入开展学习实践活动

从2008年12月开始到2009年6月底，分局认真开展了深入学习实践科学发展观活动，结合实际，牢牢把握“党员干部受教育、科学发展上水平、人民群众得实惠”的总体要求，紧紧围绕“正视现实，充电储能”活动这个载体，广泛发动，周密安排，精心组织，扎实推进，成效显著。学习中，形成了7篇高质量的调研报告，梳理出工作中存在的11个方面问题，撰写了分析检查报告，职工满意率达95%以上。整改落实阶段，坚持集中整改与抓好当前工作相结合的原则，集中解决了一些突出问题。为全体人员缴纳齐全养老保险、失业保险和医疗保险，并完善和规范了临时用工工作。

高度负责继续做好各项工作

一是在规定的时限内全部完成了所有历史档案资料的归档工作；二是反复核对，实事求是地澄清了分局4722万余元固定资产数目，做到账账相符、账物相符、账卡相符，确保了固定资产的完整无缺；三是积极做好固定资产的产权认定。分局拨出专款，基层单位多方协调，为所有单位及家属院办理了土地使用证和房屋产权证；四是妥善解决历史遗留问题。对所有滞留车辆妥善依法进行了清理；五是通行费征收工作于2009年5月31日截止，共征收102万元。

分局坚持以人为本，兼顾多方利益，妥善做好各类人员安置分流工作。

在征稽人员报考税务部门工作中，做到公开透明、公平公正、全力配合，全分局共有4名人员考入国税系统，13名人员考入地税系统。对编制外用工人员的安置，坚持“理解、合作、阳光、责任”的原则，公开省局《关于编制外劳动用工安置指导意见》，努力做到政策公开，公正透明。向他们讲清政策，说明形势，充分理解他们的心情，也请他们充分理解单位的困难。在政策许可的范围内，尽力为其做好善后处理事宜，采取人性化的工作方式，妥善处理劳动关系。所有编制外用工人员情绪稳定，配合工作，已全部按照法律规定解除了劳动合同。整个分流工作妥善有序，平稳过渡，未出现任何集访等不稳定事件，做到了组织满意、员工满意。

（责编　梁锦华）

山西省交通征费稽查局长治分局

□ 秦国增　乔明珍

2009 年，分局全体干部职工在省交通运输厅党组和省征稽局党委的正确领导下，坚持以科学发展观为指导，积极应对“燃油税改革正式实施，交通征稽完成历史使命”新形势的考验，认真贯彻落实“以纪律树形象、以责任定品行、以素质创未来”的转型发展思路，深入开展“两学一活动”，确保了各项工作有序进行，为交通征稽转型发展作出应有贡献。

扎实开展“两学一活动”

长治交通征稽从 1987 年组建到 2008 年完成历史使命，经历了 22 年的风雨征程。22 年来，广大干部职工始终牢记为国征费，为路开源的神圣职责，紧紧围绕费收中心，艰苦创业，锐意创新，强化管理，顽强拼搏，累计征收各项交通规费 54.84 亿元。分局跨入全国交通系统先进集体和全省文明和谐单位标兵行列，所属沁县征稽所跨入省级文明单位行列，常村收费站跨入国家级青年文明号行列，其余所站也相继跨入市级文明单位、省厅文明示范窗口行列，实现了精神文明创建工作“满堂红”，整体工作在全省征稽系统名列前茅。

为了总结好长治征稽这 22 年的工作，经分局领导班子集体研究，决定编写反映长治征稽 22 年变迁和发展历程的纪念画册《风雨征程》，并成立编辑委员会，由局长乔明珍担任总策划，党委书记秦国增担任总编辑，班子其他成员为编委，抽调精干力量组成编辑组。经多方搜集整理各类影像资料，认真撰写文字材料，几易其稿，历经三个多月，顺利完成画册编写和印刷工作，为长治征稽 22 年的发展历史画上了一个圆满句号。

在认真总结 22 年征稽工作的同时，按照省局党委统一部署，扎实深入地开展了“两学一活动”和征稽业务的收尾工作。一是继续深入开展好学习实践科学发展观活动。在学习活动中，注重理论武装、打牢思想基础；注重领导带头、职工全员参与；注重整改实效、解决突出问题；注重整章建制、完善科学发展机制。分局机关于 3 月份召开了学习实践科学发展观总结大会。同时，切实加强对各所站学习实践科学发展观活动的领导，派出督察组，对各个阶段的工作进行指导检查，并要求各所站把学习实践科学发展观活动与税费改革后的队伍稳定工作结合起来，统一思想，提高认识，真正做到“保持队伍的高度稳定，保持正常的工作秩序”。通过学习实践科学发展观活动的开展，全体党员干部的思想认识实现了新的飞跃，思想观念获得了新的解放，适应改革需要和推动事业发展的能力得到了新的提高。二是切实抓好职工队伍的法律法规学习培训。省编委批准在原有交通征稽机构框架下，成立交通运输执法机构后，按照省局统一安排部署，成立了法律法规培训工作领导组，及时召开法律法规培训动员大会，下发培训学习方案，完善学习制度，明确学习纪律，科学安排学习课程，保证了培训活动扎实有序进行。三是积极开展健康向上、鼓舞士气、凝聚人心的文体活动。先后组织开展了“和谐之春”职工文艺会演、体育竞赛和庆祝建国60周年职工书画摄影展。四是继续加强基础管理，认真做好养路费征收业务和稽查遗留问题的收尾处理工作。对2008年的养路费票据进行了检查核销，对养路费欠费和债权债务积极进行清理。积极开展所有业务档案的整理归档工作，确保各项业务资料的真实性、准确性和完整性。认真处理稽查遗留车辆，确保没有任何历史遗留问题。进一步加强财务审计、常规审计和经济责任审计工作的力度。按照治理“小金库”专项工作要求，认真开展自查自纠和“回头看”，为稳步推进改革和顺利转型奠定了坚实基础。五是努力做好国庆六十周年的维护稳定工作。认真贯彻落实省厅、省局和长治市政府关于维护稳定工作的相关会议精神，加强领导，健全机构，明确责任，狠抓落实，分局领导分片包点，深入各基层单位对各类不稳定因素进行深入细致的排查。根据排查情况，召开专题会议，分析不稳定问题的存在根源，积极采取应对措施，确保了全行业的稳定。六是扎实开展社会治安综合治理和安全生产管理工作。由于业务工作的停止，干部职工处于待岗状态。为了避免在此期间出现社会治安和安全管理方面的责任事故，分局从强化车辆管理入手，规定各单位除保留一辆工作用车外，其余车辆一律封存。分局统一印制了封条，由纪检监察室负责，深入所站现场封存；其次，进一步严明工作纪律，分局每次召开会议，局领导都要专门强调社会治安和安全生产工作，明确所站长为此项工作的第一责任人，从而保证了各项工作的安全有序进行，全年未发生一起社会治安和安全责任事故。七是积极协助做好过渡税务人员的招考录用工作。按照有关文件要求，坚持阳光作业，严格工作程序，圆满完成过渡人员的笔试、面试、体检和政审工作。

积极做好职工转岗分流工作

上半年，在养路费征稽业务停止的情况下，一如既往地做好通行费的征管工作。通过强化管理、督导检查、舆论引导等措施，保证了通行费征收工作的正常进行。6月份，省政府决定撤销政府还贷二级公路收费站后，分局坚决贯彻省政府、省交通运输厅的文件要求，在规定时间内停止了收费工作，并积极做好各项善后工作：一是进行了深入细致的思想政治工作，保证了收费员队伍的稳定。采取分局领导蹲点、及时召开职工大会等措施，统一收费人员思想。通过宣传政策和个别谈心，最大限度地消除了职工的思想波动，避免了可能出现的群体性事件，保证了撤站工作的顺利进行；二是圆满完成收费停止后的收费设施撤销和恢复路面工作。分局领导亲临现场指挥，抽调精干力量，协调有关部门，加班加点工作，在省厅规定时间内，拆除了全部收费设施，恢复了路面原样，安全有序地完成了此项工作；三是积极稳妥地推进人员清退工作。根据省厅统一安排和安置意见，及时召开职工会议，传达贯彻省厅、省局的安置意见，耐心做好政策宣传和思想交流，确保把各类矛盾化解在内部，把各类不稳定因素化解在萌芽状态；四是圆满完成赵店桥收费站的撤站善后工作。赵店桥收费站早在2008年就已撤销，但由于长治市政府领导调整，该站的善后问题迟迟不能得到解决。分局本着对历史负责、对大家负责的态度，积极主动地向市政府领导汇报，一次次地查找相关依据、修改相关报告，加强与财政、劳动保障等部门的协调，最终圆满完成了该站收费人员的经济补偿、养老保险补交和固定资产核查等各项善后工作。

继续加强党建和党风廉政建设

面对交通征稽业务停止，改革工作千头万绪的实际情况，党建和党风廉政建设工作以学习贯彻党的十七大精神、十七届四中全会精神和胡锦涛总书记在中纪委三次全会上的讲话为主题，继续加大党建和反腐倡廉宣传教育力度。一是抓好分局党委自身建设，在交通征稽转型发展的关键时期，充分发挥党委的领导核心作用，保持全行业的团结稳定；二是切实加强基层组织建设和党员队伍的思想理论建设，使各级党支部和广大党员干部在推进改革发展的进程中，始终保持先进性，发挥好战斗堡垒和先锋模范作用；三是认真贯彻落实《建立健全教育、制度、监督并重的惩治和预防腐败体系实施纲要》，切实抓好惩防体系建设，维护交通征稽队伍的良好形象，维护职工队伍的安全稳定；四是严肃工作纪律，严防借改革之机突击花钱和固定资产流失等现象的发生。深入开展假日廉政活动，杜绝了公车私用、公款吃喝、公款旅游、公款娱乐消费现象，促进了反腐倡廉工作的深入开展。

在此基础上，持之以恒地抓好分局和所站领导班子建设及职工队伍建设，努力打造一支高素质的干部和职工队伍。首先，继续抓好分局领导班子建设，带头搞好团结和稳定，认真贯彻落实民主集中制原则，在收费人员和养路费协征人员分流安置、固定资产清查以及经费支出等方面，坚持上会研究，集体决策，阳光作业；其次，进一步抓好所站领导班子建设，要求各所站领导班子在面临改革的新形势下，增强责任意识和大局意识，方方面面为职工做好表率，维护团结、维护稳定，保持正常的工作秩序；三是加强职工队伍的管理和教育，结合法律法规学习活动的开展，进一步严明纪律，要求大家站在推进转型发展的高度，增强忧患意识，加强法律法规的学习，不断丰富知识储备，切实提高自身适应新形势新工作的能力，在推进事业发展中赢取主动。通过采取上述措施，分局广大干部职工在改革面前经受住考验，做到了思想不散、纪律不乱、工作正常、队伍稳定。

（责编　梁锦华）

山西省交通征费稽查局晋城分局

□ 李耀武　乔　鹏

2009年，分局全体干部职工从事业发展大局出发，牢牢把握“稳定是保障事业发展的前提，学习是为事业发展储备动力”这一主线，认真执行省局党委的工作指示，充分利用“两学一竞赛”有效活动载体，通过开展专题培训、知识竞赛以及多种文体活动，强化理论知识和身体素质的全面提高，积蓄力量，谋求交通运输事业的更好发展。

站岗守职做好本职工作

分局党委有针对性地制定一系列措施，稳定干部职工思想，为下一步整体职能过渡打下基础。

一是调整心态促事业转型。分局及各基层单位切实将上级部门的工作思路准确的传达到干部职工心中，主动着手了解一些可能性和苗头性隐患，深入做好思想稳定工作，掌握群众真实需要，尊重干部职工合理诉求，及时妥当的解决好事关职工个人利益的突出问题，努力化解矛盾纠纷，保持了晋城征稽队伍的和谐稳定。二是严格执行省局“必须按时上下班，必须加强值班”“两个必须”工作要求，强化组织纪律，注重自我约束。每天固定时间集中学习交通法律法规和时事政治等，并根据各自实际采取交流学习、专题培训等多种方式开展学习活动。三是部署了对欠费车辆的追缴工作和固定资产清查等工作。针对机内欠费车辆，特别加强同法院等部门的合作，认真规范清欠程序，及早清理欠费。在11月底前将所有查扣车辆做到及时处理，结案率达到100%。认真安排固定资产清查、财务管理、审计等工作，全面摸清家底，为事业过渡做好准备。四是强化财务管理，量入为出。切实树立过“紧日子”的思想，切实计划好、用好每一分钱。进一步做好安全保卫工作，各单位只保留一台车办公，其余全部封存。并对房屋、车辆、用电用气等做全面排查，坚决杜绝安全事故发生。全分局严格按照省局“坚持稳定发展，落实工作目标”的工作精神，立足岗位尽职尽责，保障了全年各项工作的正常有序开展。

立足大局开展“双学一竞赛”

按照省局党委的统一部署和具体实际，在全分局范围内开展了“双学一竞赛”活动。一是多次组织干部职工学习交流，切实领会税费改革对事业发展和国计民生的重大意义，站在大局高度积极支持和配合中央的大政方针。积极引导全分局上下真正学会运用科学发展观的眼光看待改革与发展。二是专门成立了乒乓球、篮球、羽毛球、象棋、交谊舞和踢毽子六个兴趣活动小组，制定培训活动计划，充分展现晋城交通征稽人敢迎挑战、勇于争先的良好姿态，激励全员以更加过硬的素质和积极向上的心态迎接全新挑战。三是开展广泛的交通法律法规专题学习，分局选派的参赛代表队在省征稽局举办的“迎国庆法律知识竞赛”活动中，表现优异，取得团体二等奖，杨旭祥还被评为此次竞赛的最佳选手。不仅为分局赢得了荣誉，更充分展示了分局干部职工热情饱满的精神状态和积极向上的良好形象。

保持稳定认真开展学习实践活动

一是通过集中学习、邀请市委讲师团进行专题辅导、组织学习实践科学发展观知识专项培训等多种形式开展学习实践活动，助推学习实践活动取得显著成果。二是分局学习实践活动领导小组对各单位的学习活动进行多次督导检查，积极督促学习实践活动的有序推进。三是联系工作实际，各单位各部门负责人带头学习，起好表率作用。把思想和行动迅速统一到省局党委的战略部署和要求上来。四是举办了“科学发展在征稽”主题演讲活动。真实反映分局在努力实现科学发展目标的新思路、新举措和新成效，充分展示了广大征稽人创新苦干、激情跨越的精神风貌和广大党员干部爱岗敬业、开拓创新、乐于奉献及落实科学发展观的坚定决心。

强化培训积极适应事业转型

自10月21日全省交通征稽系统视频会议召开后，分局立即进行传达，对分局各项工作和即将开展的大规模法律法规培训活动做出全面动员部署。下发《关于组织开展法律法规培训的通知》，对此次涉及面广、持续时间长、意义特别重大的法律法规培训进行了详细安排部署。

一是全员努力抓好培训；二是选好骨干，以点带面；三是强化纪律，抓好监督。各单位严格按照分局下发的培训方案开展活动，分局职能科室还组成监督办公室，对各单位参训人员、培训时间、培训实效等进行专门监督，保障了培训活动的有效开展；四是强化措施，狠抓落实。分局以组织措施和经济措施双重手段强化培训工作。培训过程中，全员积极投入、热情高涨，大家都以培训为起点，不断为交通运输执法事业发展打牢基础。

（责编　梁锦华）

山西省交通征费稽查局霍侯路征费管理处

□韩跃庄

2009年，管理处全力实施“一个统领、两个围绕、八个迈大步、八个更加”的“1288”发展战略，很好地完成了2009年各项目标任务，实现了“费收工作、硬件建设、机制创新、规范管理、人才强处、为民办事、全面统筹、和谐创建”8项工作迈大步的工作目标。

坚持以费收工作为中心

管理处干部职工从完善和规范费收征管机制入手，着力推进通行费征收工作。一是全面完善计重收费为主体的科学征管新机制。计重收费工程各类设施、设备及辅助工程全面运行，相应的费收征管各项机制全面完善；二是着力完善费收考核奖惩新机制。建立了费收任务奖励基金，做到了“费收天天有分析，进度天天有比较，排名月月有通报，考核月月有兑现”，有效促进了费收工作；三是不断完善责任部门综合考评新机制。严格执行副站长包班责任制，坚持每月处长办公例会费收排名、百分考核和“安全、廉政、形象”三条警戒线督察工作通报三个议程雷打不动，有效提高了各级人员的责任感；四是围绕“三个服务”，积极探索费收增长新机制。整合各方力量，挖掘无限潜力，攻克收费难题，加大费收额度。

着力打造费收征管新品牌

坚持以高速公路收费站建设标准为样板，重点实施了“四个霍侯”的品牌工程。一是以科技兴征为主导的“科技霍侯”、“数字霍侯”品牌工程基本成型。征管处二级监控中心投入使用，与各收费站三级监控相配套，一个以高科技手段为支撑，覆盖全线收费、办公区域的数字化影像、数据监控系统全面建立。二是以标准化收费站为主体的“文明霍侯”品牌工程基本到位。借鉴高速路收费站建设标准，沿线四个收费软硬件建设全部达到标准化要求，规范化的管理机制也基本完善。三是以园林化建设为依托的“绿色霍侯”品牌工程基本形成。处机关和各收费站绿化、美化、香化工程基本达到了“三季有花、四季常青”的绿色窗口标准，形成了一个设施一流、环境幽雅、具有霍侯风貌特色的园林化办公场所，形成体系并得到制度化保障。

以规范化管理促进征管

一是明晰规范化管理的理论、规则和抓手，形成全面完整的规范化管理体系。以“三年发展规划”总体思路为指导，以“1288”目标任务分解意见作抓手，强内控、抓细节，每项工作都做到事前有计划、有方案；事中有检查、有控制；事后有记录、有考核，形成岗岗有专责、事事有人管的长效管理机制。二是进一步抓好各项制度的完善。建立和完善了费收征管6个办法、计重收费综合管理办法和操作流程、各站经费划拨、设备维护管理、办公例会制度、季度考评制度、资产管理制度以及会计电算化管理、职工半年考评、机关每天学习、做操签到等项制度和办法，形成长效的考评考核机制，迈出正规化建设的新步伐。

人才强处战略取得新成效

着力实施四大工程：一是“三位一体”考评工程。坚持“普通职工末位淘汰、中层干部竞争上岗、人才招聘严格考核”三位一体的人才管理机制，实行全员民主测评数理统计考核制度，每半年测评一次，测评结果全部计入人事管理数据库，使末位淘汰制度更加完善、更具说服力；二是有效实施“以德治处”工程。连续第二年开展了“社会公德好、职业道德好、家庭美德好、个人品德好”四十佳评选活动，在全处树立道德楷模，发挥引领作用；三是创新人才工作机制，优化人才成长环境。加强对干部队伍和各类专业人才的培养选拔，为单位的快速发展注入新的活力。

不断推进党的建设科学化工程

一是落实中央、省委、市委部署，深入开展学习实践科学发展观活动。从3月中旬到9月下旬，领导带头，全员参与，突出实践特色，创新工作方法，圆满完成了学习实践活动各项任务。二是加强各级领导班子建设。坚持处长办公例会制度和班子成员和谐共事十项原则，完善了党委内部议事和决策制度，各级领导班子的整体功能得到有效发挥。三是不断强化党风廉政建设。要求各收费站不得以职工福利为名乱设“小金库”、账外账，除征管处统一发放福利外，任何单位不得以任何理由私自乱发钱物、补助等，从源头上消除腐败滋生的土壤。

搭建行业文化建设新舞台

坚持以文明和谐为主线，积极推进行业文化建设，开展多层次、多形式的行业文明创建活动，以多种形式促和谐。一是坚持以德治处方针，以行业文化建设促和谐。进一步抓好“四好”机关、“四好”单位创建活动，单位窗口形象进一步提升。二是坚持创新活动载体，以群众性的创建活动促和谐。两次组织全处先进工作者和优秀共产党员赴太行山八路军纪念馆进行传统教育；举办了《祖国颂》大型文艺会演，歌颂伟大祖国60年辉煌成就。三是以结队帮扶活动促和谐。与襄汾关村结队共建文明和谐推进村，与关村共建文化活动中心，获得市级“文明和谐单位标兵”称号。

从提高职工收入、统筹解决福利待遇、保障职工合法权益出发，积极开源节流，减负增收，压缩非生产性开支，千方百计地解决好干部职工的实际困难和问题，促进职工权益保障和收入增加并落到实处。一是着力推进工资福利待遇增加。职工2009年人均收入比2008年同比增长11%。二是开展职工健康保障和“困难职工救助”活动。为全处职工办理工伤保险，为全处女职工办理妇女大病保险，年底为困难职工发放救济金共10人5000余元。

（责编 梁锦华）

高管系统单位工作业绩

山西太旧高速公路管理有限责任公司

□ 李新喜　郭迎平

2009年,公司全面贯彻落实科学发展观,紧紧围绕“三个服务”,扎实推进“五大工程”,加快路网改造,加速服务转型,加强统筹协调,加大执行力度,较好地完成了各项目标任务。

安畅工程建设扎实推进

加快对客观条件允许的“瓶颈”路段和车流高度密集的“堵点”进行扩容改造,峪头至晋中服务区15.4公里的爬坡车道拓宽改造全部完成;阳泉收费站收费广场主体工程业已完工。大力实施路基边坡防护、桥梁加固、路面病害处治等23项专项工程,完成阳泉K382等7处上边坡主动、被动防护5370平方米;加固坡头特大桥等三类桥4座,有20座二类桥提升为一类;实施东环匝道、石太方向K381等多处路面病害微表处5.43万平方米;重砌K448处上边坡1087.84立方米;更换功能缺失的K479至K487段双向路缘石3.13万延米,路网行车环境有了明显改善。

路网技术状况持续稳定

坚持以“特路特养、预防为主”为管养方针,加大畅通工程建设力度,努力提升道路运行质量。全年共完成坑槽修补1221.19平方米、路面灌缝7.08万米、伸缩缝清理7.6万米、清理排水设施1441.68立方米、护面墙杂物清理8.54万平方米。严格执行专职桥梁养护工程师和桥梁责任倒查制度,有效确保了桥梁运营安全。不断加大路网的提档增绿力度,在不易绿化的K494等3段增设防眩板10.9公里,对部分路段防眩效果不佳、长势不良的中央隔离带,补植或间植各类苗木1.6万余株。2009年第四季度太旧高速公路技术状况指数MQI值达93.1,优良等路率达100%。

公共服务能力显著提升

进一步加强与高速交警、省市交通台、相邻路段、气象等有关部门的互联共享,全面拓宽信息传输覆盖面和发布终端量。扎实推进出行信息诱导服务系统建设,在两个服务区增加了道路可变情报板,在武宿立交枢纽增设了电子诱导系统。不断整合优化综合信息语音系统功能,客服热线多路接听社会公众来电咨询,全年共受理查询、救援电话3.5万余次,发布路况短信21万余条。初步完成了各类专项预案操作手册的编制,为有效处置各类突发事件提供了保障。在11月召开的全省高速公路精细化管理推进会上,公司的通讯信息管理服务和危险化学品泄露应急处置模拟演练受到了与会代表一致好评。

收费综合管理文明规范

坚持以“强基础、定红线、亮窗口”为切入点,全面提升形象工程建设层级。进一步整合、优化和升级收费系统基础数据和作业流程,提升了收费管理精细化水平。不断加大对“绿色通道”车辆的现场管理力度，全年共计查验放行“绿色通道”车辆14.6万余辆(次)，减免通行费8500余万元。大力开展收费秩序专项整顿，共查获各类偷逃费车辆1726辆(次)，追缴通行费39.9万元。积极与阳泉、晋中等驻地煤运部门协调，最大限度争取煤运配额，扩充费收增长点。2009年累计服务过往车辆1829.94万辆(次)，征收通行费10.66亿元，完成省局年度计划的110%。

路政执法行为严格有序

坚持以“公正执法、文明执法、廉洁执法”为核心，努力夯实阳光工程建设根基。建立以路政执法人员资格管理和执法证件管理为切入点的培训教育、考核考评常态机制，路政人员的整体素质明显提升。首次与太原市中级人民法院协调介入，对武宿枢纽非公路标志实施强制措施；联合开展多次范围较大的违章建筑、摆摊设点等影响交通秩序专项整顿；积极通过法律诉讼方式追偿路产遗留案件，有力地保护了路产，维护了路权。2009年，全路段共发生路产案件2131起，发现率、结案率分别为99.06%和99.33%，收回路赔款890.98万元。

经营开发态势日趋向好

坚持“服务优先，效益并重”原则，实现了经济效益和社会效益的双赢。两个服务区充分发挥地理区位优势，从顾客的需求出发，着力打造温馨服务品牌，有效提升了盈利能力。博特、凯斯达公司根据市场需求及时调整产业结构，做精做好优势产业项目，想方设法储备发展项目，培育了新的经济增长点。运业公司最大限度盘活资产，确保国有资产保值。广告部主动加入中国高速公路广告网，实现了社会资源和信息的共享，企业综合实力和抗风险能力进一步增强。2009年服务区、博特、凯斯达等经营单位实现营业收入3.34亿元，利税1207万元。

机电信息系统运行高效

坚持以“数字化、智能化、网络化”为重点，全力提高系统设备完好率和数据传输准确率。太旧路通信系统改造项目已完成全线167公里72芯主干光缆的敷设接续以及10个通信站点、机房设备的更新改造，实现了与省局的联调联试。采用1+1冗余备份式UPS对车道较多、流量较大的收费站点进行不间断电源更换，实现了所有收费站大型不间断电源系统的双机热备。不断加强对计重收费系统软硬件的研究开发，进一步优化升级系统软件程序，有效保证了收费系统的稳定运行。太旧路通信骨干网、计算机网络及接入网、收费系统(含计重收费系统)、监控系统和视频传输网络完好率均达99%以上。

“双超”治理成效显著

全力推进治超管理工作的自动化，初步完成了入口检测站点与收费站数据联网，较好地提升了治超站点的信息化水平。着力改善治超检测点工作环境，先期完成了武宿立交枢纽3个入口检测站房、地磅等的改造更新，提高了治超检测工作效率。建立完善与高速交警、地方政府协调配合的区域联动体系，营造了社会各方共同治超的工作格局。严格执行出口收费站数据对入口检测记录核对倒查制度，严厉查处徇私舞弊等违法违纪行为。2009年，沿线各出入口检测点共检测车辆517.23万辆(次)，劝返2896辆(次)，太旧路非法超限超载车辆得到有效遏制。

抗击冰雪灾害取得胜利

面对11月9日突如其来的强降雪灾害，公司在省厅、省局的坚强领导下，全力以赴，积极应对。严格执行“包点到人、包段到单位”的领导责任制，各级领导蹲守一线，坐镇指挥，全体员工不辞辛劳，昼夜工作。坚持“分段负责、重点突破”的原则，采取人机结合，机械为主的办法，全天候24小时不间断除雪破冰。迅速组织沿线服务区、收费站等单位人员深入滞留路段免费为被困人员送水、送饭、送衣被,路政和养护部门调用装载机牵引失去动力的滞留车辆,增派维修人员对自身出现故障的车辆进行抢修,争分夺秒救援被困人员和车辆。积极协调驻地政府、军警和交通行业兄弟单位,多方争取人员、设备、物资等方面的外援支持。经过5昼夜连续奋战,取得抗灾抢通战役的最终胜利。

安全生产形势保持平稳

坚持"安全第一、预防为主、综合治理"的方针,建立重大隐患挂牌督办和安全生产责任追究制,集中整治武宿收费C站防护环节薄弱等两项重大安全隐患。大力实施"安保工程",在做好各类路面病害处治的同时,重点加大对危险桥梁和路段的集中整治维修,有效保证了道路的安全畅通。不断加强沿线下穿、上跨铁路附设道路设施的安全管理,及时对白马河等5座桥梁约2200延米锈蚀严重的通讯管盒进行改造,确保了公路与相邻铁路的安全运营。积极推进和广泛开展涉及员工利益和关系民生矛盾纠纷的排查活动和化解工作,解决调处了多起合理诉求和路地矛盾纠纷。全年未发生任何群体性事件和安全生产责任事故。

党建基础工作有效加强

扎实开展学习实践科学发展观活动"回头看",对需要常抓不懈的主要问题和矛盾建立了整改落实"反馈表",每月跟踪检查,适时督促落实,真正做到了边学边改、边查边改。深入开展"三有一好"和"争先创优"活动,建立健全了两项活动考核评价体系,有效激发了基层组织活力。切实加强党员管理和积极分子的培养和考察,全年共推荐参加入党积极分子培训22名,发展党员13名。严格执行党风廉政建设责任制,进一步规范工程建设程序,建立了工程项目监督考核月报制度,形成了用制度管权、用制度管事、用制度管人的制约机制。全年未发生任何违法违纪行为。

精神文明建设再创佳绩

大力开展"文明单位"、"文明示范窗口"和"青年文明号"等文明创建活动,较好地巩固和提升了精神文明建设成果。2009年,寿阳收费站被省精神文明建设指导委员会授予"文明和谐单位标兵",阳泉养护处、坡头收费站、阳泉服务区被授予"文明和谐单位";阳泉养护处被省劳动竞赛委员会授予"五一劳动奖状"。7名职工受到记功表彰;太旧公司被省直精神文明建设指导委员会授予"省直文明和谐单位",被省局评为2009年度完成工作目标责任制"优秀单位"。

(责编　梁锦华)

山西省太原高速公路有限责任公司

□ 刘玉柱　张京平

2009年，公司全体干部职工紧紧围绕省高管局下达的年度工作目标责任制，按照“123456”工作要求，以科学发展观统领全局，以“规范管理、服务基层、树好形象、奉献社会”为抓手，攻坚克难，扎实工作，喜迎了国庆60周年，推进了精细化管理，战胜了50年一遇的冰雪灾害，圆满完成了全年各项工作任务，连续四年被省局评为完成目标责任制优秀单位，实现了太原高速又好又快发展。

笑脸相迎快速放行　窗口服务水平明显提高

一是加强收费营销，推行全方位的营销战略，年累计通行量3566万辆，征收车辆通行费8.38亿元。二是加强业务技能培训，对收费员进行了文明用语礼仪培训，文明用语使用率达100%；对各站站长、副站长进行精细化管理等知识培训，提出“六好站长”，即：政治思想教育好、收费政策掌握好、精细管理展示好、操作流程监督好、衣食住行安排好、全站人员和谐好的要求；组织参加了“山西省第二届女职工职业技能大赛”，公司荣获团体第二名，两名选手分获个人全能第一和第四。三是对部分收费站岛台进行了亮化美化。四是积极推进精细化管理，全面推行了QC小组活动。五是加强稽查工作，全年无贪污票款等违纪现象和有理投诉事件。六是开通了太原高速服务网站，为司乘人员出行提供了便利条件。七是顺利完成了祁县、阳曲收费站移、接交工作。

完善设施保障畅通　保畅能力明显提高

一是加强预防性养护，全年微表处路面单车道117.3公里，处理桥头跳车31处，路面病害数量比2008年下降38%，全线道路养护质量综合指标MQI达96.4以上，优等路率达100%。二是加强规范化管理，健全了养护单元道路技术档案；重新修订了养护大中修管理办法、桥梁养护管理办法等规章制度。三是加强机械化养护，新购置2台道路清扫车，15台4米宽和5台3.05米宽的除雪铲。四是加强特殊路段养护，对罗夏祁低路堤排水设施和波形护栏高度和强度不达要求的路段进行了改造。五是加强绿化管护，三个养护中心、景盛绿化公司分别对全线中央隔离带和隔离栅外损毁苗木进行了补栽。六是加强专项工程管理，全年共完成29项专项维修工程，特别是对东环高速8座桥梁防撞护栏进行了改造，防撞等级达到部颁标准SS级。七是积极推进新建互通工程建设，想方设法缓解太原环城通行压力，太原长风西互通开工建设，南内环东互通、滨河西路南互通、清徐互通和机场快速路工程正在积极推进，即将开工建设。八是加强桥梁养护管理，完成了逐座桥梁建档工作。九是加强突发事件处置，积极做好防汛、除雪等突发事件应对工作。9月，长风互通匝道路基发生水毁，公司立即启动应急预案，在20小时内处置完毕，确保了道路畅通。

依法治路保护路产
执法效能明显提高

一是全面提升紧急救援能力，建设了车载视频监控系统、治超点监控系统、治超数据联网系统和特殊路段监控系统，并与车载GPS系统充分整合，组建了路政指挥调度中心。全年路政案件共发现961起，结案956起，发现率99.9%，结案率99.5%，建筑红线控制率100%，路产恢复率100%，超载率控制在千分之一以下，无有理投诉和公路“三乱”事件发生。二是继续加强“阳光执法”建设，对所有路政人员照片和执法岗位编号进行了公示，并实行首问负责制，方便了人民群众。三是加强对高速公路临时摊点的整治，在清徐段安装了高清监控摄像头和高音喇叭，并联合当地政府进行综合治理，取得良好效果。四是新增清障车辆5台，扩建路政三中队停车场，为“4.30”救援机制的顺利实施奠定了基础，实现了重大事故3小时、一般事故1小时通车要求。五是加强培训工作，全体路政人员两次集体学习了《交通部行政处罚执法规范》，对所有治超人员进行了集中封闭式培训。六是继续加强治超工作，在省局的大力支持下，公司治超工作继续保持了全国领先的势头，迎接了全国治超工作现场会，交通运输部李盛霖部长视察了小店治超点，给予高度评价。公司还被特邀参加了在长春和银川举行的高速公路运营管理成果研讨会，并进行专题发言。在柴村、古城营、罗城、东社、迎西建成了治超检测超宽车道，解决了以往超宽车无法通过检测点的问题，并对所有治超点进行了美化亮化。

环境优美温馨服务
服务质量明显提高

一是认真执行《山西省高速公路服务区餐饮企业经营规范实施细则》，进一步提高了餐饮服务质量，全年服务区营业额1.4亿元；二是认真开展了“优质服务体验年”活动；三是提升员工素质，服务区员工培训率达95%，管理人员达100%；四是加大投资，对清徐服务区餐厅进行了外装修改造，对太原服务区标识、标牌、餐厅进行了改造，对太原东服务区破损的路面进行了修复，服务区设施完好率达98%。安德泰公司按照合同基本收回了广告费，确保了沿线广告牌的运营安全。

提升素质精细管理
工作绩效明显提高

一是加强应急体系建设，健全了各项应急预案，组织了应急预案演练，建立了应急处置分析评估制度，组建了高速公路应急抢险队伍。二是严格执行省局下达的预算计划，没有发生超支现象；强化财务审计，规范财务核算程序；积极开展“小金库”专项治理。三是进一步加强安全管理，全年未发生一起安全生产责任事故。四是理顺了员工人事关系，为99%的员工办理了社会保险，办理养老保险1649人，医疗，生育保险1675人，失业保险1185人，工伤保险976人，开办住房公积金1349人。全面启动员工带薪休假制度，全年安排员工休假1400余人。积极开展员工培训工作，培训率达98%以上。五是按照省厅、省局“迎国庆、维稳定、保安全”的安排部署，确保国庆期间安全稳定。六是加强法制建设和综合治理，全年未发生治安案件。七是科技创新，改进了反光道钉保护技术工艺，对小店高架桥进行了张拉体外横向预应力试验，获山西省“科技奉献奖”集体一等奖及个人一等奖。在长风西互通施工中，首次采用挖方段边坡直板墙施工技术。PC矮塔斜拉桥设计、施工和监控关键技术研究获山西省科技进步二等奖，上报了《空心板梁加固中体外索的作用机理和长期效用研究》课题，在《公路》杂志2009年第9期和第12期分别发表了《梁柱式钢护栏加固改造方案设计研究》和《体外横向预应力对板梁加固的实效分析》论文。八是改造了锅炉,更换了收费广场照明灯具,量化了用电、用水、用油指标,大大节约了经费开支。九是完成了公司机关新办公楼的乔迁,顺利完成了职工团购房工作。

攻坚克难勇于奉献
除雪打冰能力明显提高

11 月初,全省连降暴雪,公司迅速启动应急预案,领导按照分工亲临一线组织指挥,全体人员昼夜奋战,在最短时间内完成了全路段除雪打冰工作,保证了太原高速安全畅通。同时还按照省局统一部署派出由 29 人和 11 台除雪设备组成的除雪打冰突击队,支援太旧路除雪打冰。经过 16 个小时的连续奋战,圆满完成了太旧路 14 公里的除雪打冰任务。期间,厅长段建国通过短信方式对奋斗在一线的突击队员表示慰问,副厅长张志川、局长董新品亲赴一线慰问了突击队员。

围绕中心强化组织
党建和文明创建水平明显提高

公司党委重新调整和成立了 4 个党总支、26 个党支部,率先在全省高速公路系统健全了党的基层组织。全年共培训入党积极分子 16 名,发展新党员 20 名,转正党员 32 名。组织党员干部参观了山西交通建设 60 年成就展览和省直机关落实科学发展观成果展,组织党务干部学习了《山西省文明和谐单位管理办法》。公司纪委与基层单位签订了《党风廉政建设目标责任书》,建立了干部廉政档案,在工程建设中推行《双合同制》,签订《廉政合同》20 份,认真开展了工程建设领域突出问题专项治理工作,积极开展政风行风评议工作,全年无一起党员干部违法乱纪行为。完善了困难职工档案和计划生育档案,多次举办文体活动,为全体职工发放了独生子女奖励费、入托管理费,开展"救灾、帮困、送温暖"募捐活动。举办了"祖国在我心中"演讲比赛,发放了 420 张中华魂读书卡,7 名优秀团员、1 名优秀团干、1 个先进基层团组织受到省厅、省局表彰。宣传工作方面,全年在各类刊物发表宣传稿件 60 余篇,创办《太原高速》简报 23 期,制作宣传展板 70 余块。精神文明建设方面,全公司共获得各级各类文明称号 89 个,公司荣获山西省职工职业道德建设"十佳单位"称号,被授予"五一劳动奖状",3 人被授予"五一劳动奖章",9 人被记功表彰,连续 2 年被太原市评为城乡清洁先进单位,被太原市评为 2009 年度太原西山地区综合整治生态绿化优秀组织单位;组织开展了"迎国庆、讲文明、树新风"礼仪知识竞赛,建成了公司荣誉室,"七一"期间,公司受到各级党组织表彰的先进基层党组织 7 个,优秀共产党员 58 名、优秀党务工作者 15 名。

3 月,公司机关乔迁新办公楼,为员工提供了舒适、优美、现代化的办公环境;5 月底,太原红十字联康体检中心深入工作一线为员工进行身体检查;12 月顺利完成"汇通苑"小区团购房工作。

(责编　梁锦华)

山西省大同高速公路有限责任公司

□ 尉继廷　董化金

2009年，公司新一届领导班子围绕“三个服务”和省厅提出的“一条主线、七大工程、六化目标”新思路和新目标，认真贯彻落实党的十七届四中全会精神，致力于深入实践科学发展观，以千方百计增强党建和班子建设为关键，提升全员素质为根本，精细化管理为目标，大力实施“五大工程”建设和“五比五看、服务创优”，进一步解放思想，创新举措，开拓进取，求真务实，运营管理、工程建设统筹推进，圆满完成了各项工作任务，高速公路安全保畅能力、突发事件处置能力、公共服务能力和行业创新能力取得明显新进展。

公共服务能力大幅度提升

收费站快速放行能力得到提升。一年来，公司沉着应对挑战，努力挖潜堵漏，创新思路，化危为机，积极稳妥地采取促销措施，增加通行费收入。一是各收费站以“快、畅、准、优、全”的理念为指导，重在快速放行、微笑服务上下工夫，推出了“文明用语十礼仪手势”服务方式，优化操作流程，简化特殊事件回控程序，有力地提高快速通行能力。兴王收费站实施文明微笑“每月之星”评选活动，将文明微笑融入收费流程，云冈收费站设立了“为您服务文明示范岗”，将“微笑服务是我们最真诚的名片”的理念植根于整个收费环节中；大同南收费站积极开展了“创新型”优质服务活动，由“要我服务”转变为“我要服务”，由“满意服务”转化为“感动服务”；御东收费站实施“文明创星岗”、“五个心”活动，即接待司乘人员热心、为司乘人员着想细心、解释耐心、办事诚心、听取意见专心。二是积极推行“文明服务”和“特色服务”、“双层服务”，推出了“旅游特色服务”，在收费站广场明显位置设置“服务指南”展板、周边主要景点示意图，为过往司乘节假日旅游提供方便；推出“便民咨询服务”，将司乘人员经常询问的路线、旅游景点、汽修厂家、服务区等制成便民答询卡，在司乘人员询问时发放，既缩短了解答时间又保证了车辆的快速畅通。三是加大稽查力度，制定了《大同公司稽查管理处罚条例》，从收费纪律、工作秩序、文明服务、票证、监控、内务及超限等方面进行了细化量化。一年来，稽查内容频率保证每周五次，做到了对内对外稽查、定期与不定期稽查、专项与全面稽查、监控与现场稽查、明察与暗访相结合，同时通过政风行风，聘请行风监督员，形成对收费管理多位一体的监管机制，稽查审核发现率达到100%，没有收费技术舞弊和串通联合舞弊事件，稽查工作人员无违纪现象发生。四是认真开展了以“提高车辆快速放行能力和收费站节能降耗”为主题的QC攻关活动，在提高车辆放行速度、降低电能消耗等方面进行了有益的课题研究，取得预期效果。在绿色通道车辆管理上，实行值班站长、班长、监控员、当班收费员四位一体的核验程序，将其证件原件或复印件随报表交回票证室，免费车辆管理未发生违规减免通行费的行为，军警车辆、SP 车辆同样实行证件齐全免费放行制度。截至12 月底，机电设备完好率达到98.4%，完成通行费征收 6081 万元，超额完成省局下达的 6000 万元费收任务。

养护安全保畅能力得到提升。以做好迎接 2010 年全国干线公路养护管理大检查为契机，对省局考核的各项具体内容逐条规范操作，努力提高养护管理质量，建立健全了《日常养护管理方法》、《养护专项工程管理办法》、《设施修复管理办法》、《路况巡检和检评方法》、《病害限时修复制度》、《机务管理办法》和桥梁突发事件应急预案、防汛抢险应急预案、冬季除雪防滑应急预案等日常养护管理制度和各类应急预案，搞好防护性养护和专项工程实施，按照经常性、预防性、及时性的要求，大力实施安保工程、绿化美化工程，进行路基标准化路段整修、缺损设施修缮、完善标识标志、防护设施、绿化苗木补植修剪等工作，探索高边坡植被防护的有效方法和途径，切实履行养护"五项承诺"，没有因养护作业引发交通事故或交通阻塞，截至12 月底，养护处全年共清理排水系统淤泥 4100 米；修剪路肩、边坡杂草及清除护栏外杂草 105 904 平方米；清扫路面 19 870 公里；清理伸缩缝 7742 米，桥面排水系统 5936 米；涵洞、通道清淤 992 立方米，更换波形护栏板 356 块，防阻块 381 个，柱式轮廓标 281 个，防眩板 108 套，隔离栅 73 片，桥梁扶手 16.7 米，更换声屏障 1 处，对得大高速、环城高速公路的大小坑槽进行修补，共计 18 处 51 平方米，水泥面板的灌缝处理共计 23 处 125 米，对得大高速公路的桥梁共计更换了缺损橡胶支座 40 个，维修了 14.4 平方米的水泥砼破损，59 个橡胶支座的脱空处治，创建了 3 公里的"标准文明样板路"。随着大同环城养护的移交，公司接手缺陷责任期的修复工程，共修复浆砌拱形骨架 300 000 平方米，增设排水沟 3405 米，处治桥头跳车 2000 平方米，削坡并整形 52 公里，养护设备完好率达到 95%，利用率达到 78% 以上，水泥砼路面换板共完成 13 处 3316.37 平方米；得大线的边沟、急流槽等排水系统进行了修复与增设，共增设(修复)排水 1205 米，挖土方 23 009 立方米，砌筑浆砌片石 440 立方米，修复护面墙勾缝脱落 31 000 平方米，修复涵洞翼墙移位两处 100 立方米，两项共计投资 700 余万元，现已全部完工，大大提高了公路的养护质量指数。

特别是四季度全省高速公路技术状况指数检测，公司所管养得大路段质量指数为 98.1，环城路质量指数为 92.2，养护质量评定为优良等级。11 月 9 日至 12 日，在强降雪过程中，公司各基层单位发扬不怕吃苦、连续作战的精神，以雪为令，协调配合，统一行动，全力以赴，紧急调动所有除雪机械投入保障道路畅通战役中，怀着"不能让一个人受冻"的朴素情怀，千方百计妥善安排滞留车辆和司乘人员生活，共投入铲雪车 57 台次，撒雪车 10 台次，巡查车 40 车次，投入人力 607 人，对容易结冰的路段和桥面备好砂石等防冻防滑材料，有力地保障了道路安全通畅。为得大路中央分隔带补栽桧柏 810 株、云杉 164 株，沿线 110 个花池内种植万寿菊、串红、牵牛花共计 5000 株；为得胜口站区补植油松 5 株；为大同北收费站院内补植 1.5 米丁香、玫瑰 10 组；挖方地段护坡补植树种 56 556 株，达到了乔、灌、草、花相辉映，彰显塞外人文景观和景观文化的和谐统一，给人以赏心悦目、美不胜收的愉悦心境。

路政应急保障能力得到提升。强化责任、硬化指标、加大投入，保护路产维护路权，确保日巡查不少于 4 次，交通量大时达到 6 次以上。实施"三化、三抓、三提高""333 工程"，"三化"即把路政管理工作逐步推向规范化、法制化、网络化轨道；"三抓"即抓队伍建设不放松，抓阳光工程不放松，抓科技创新不放松；"三提高"即着重提高路政大队公共服务能力、应急处置能力和依法维权能力。至 12 月底，共计查处简易案件 21 起，一般案

件21起,重大案件10起,收取路产损坏赔偿费共计379 091元,案件发现率、查处率、恢复率均达到100%,实施清障27台次,收缴清障费共计10 443元,救助事故伤员30余人次,严格执行每日四次的路政机动巡查与及时出警相结合制度,及时劝阻行人上路170多人次,清除路面障碍物250多处,保障了路产设施的完好和道路的安全畅通。

针对全线80.228公里的重点防控路段,注重横向联系,建立全线公安、交警、路政协管网络,经过一年来努力,环城路段棚户区周围,在控制区内摆摊设点、开沟引水、以及横穿高速公路等一系列现象得到遏制。

服务区服务水平得到提升。服务区餐厅设置回民席,超市设立清真专柜、无糖专柜和旅游用品专柜,制作“便民服务卡”、“温馨提示卡”和“小小指路卡”,向过往司乘人员发放,“心系司乘冷暖,情系平安高速”。对餐厅、超市员工进行双语和礼仪培训,每位顾客花25元就能吃到20多个品种的凉菜、热菜和十几种主食,还配有免费酒水饮料,官堡服务区南餐厅原建筑面积106平方米,现扩建增加到345平方米,一次可接待240人同时就餐,超市增设散称水果和干果以及日用品专柜,设有土特产专柜,专售大同县黄花菜、阳高县杏脯、莜面等土特产,还增设平遥牛肉系列、陈醋系列、枣系列等山西地方特产,商品丰富,质优价廉。古店服务区推出“特色火锅套餐”,四、五个人花上不到百元就可吃到“特色火锅套餐”,经营收入日益增加,服务功能明显提高,上级领导多次给予高度评价,社会反响越来越好。加强硬件建设,官堡服务区南北两区屋顶装上了LED,晚上灯光璀璨,把整个服务区装点的格外美丽,同时给司乘人员提供了便利的条件,至12月底,官堡服务区营业总额达4643.64万元,古店服务区营业总额达3201.556万元。在抗击冰雪灾害战役中,古店服务区、官堡服务区积极为滞留的9辆车、22位司乘人员免费提供食宿,让司乘人员倍加感受到党和人民的温暖,感受到山西高速人的朴素情怀。

全员素质得到大幅度提升。公司不断完善现有的各项规章制度和工作流程,切实加强“三基”教育,员工队伍的思想政治素质和业务工作能力明显提高,心齐、气顺、劲足、实干的良好氛围基本形成。一是为切实提高全体收费、路政人员的业务技能和现场处置特殊事件的能力,3月12日至3月27日,公司分期分批对收费、路政、治超人员开展了春季大练兵活动,382人参加了培训,结合公司实际,此次培训内容着重对公路概论、文明礼仪、路政管理、治超综合执法、超载超限车辆的界定标准、计重收费的标准和设备功能进行了专项培训。在文明礼仪方面,聘请礼仪专家现场对微笑服务标准、文明用语标准、仪式标准、姿态标准进行了现场模拟培训。培训结束后,进行了军事队列队形会演。一年来,公司以“请进来、走出去”的方式,举办通讯员培训、财务报账员培训、养护基础知识培训等8个培训班,于5月份组织各支部书记、基层单位办公室主任、机关工作人员赴太旧公司、运城公司进行学习,10月份组织收费站站长赴广西进行学习,一年来培训和外培人员700多人,着力提升全员素质。

党建和文明和谐单位创建硕果累累

按照省局“三有一好”标准考评机制,公司党委于1月22日调整和建立了站区队党支部,根据党的组织条例,在3月份选举产生支部委员会,逐步在所有站区队建立党组织,重点培养发展一线站区队积极分子入党,切实加强全员思想政治教育,于3月份举行了一次党的知识专题教育讲座,在全体党员中迅速掀起重温党章、学习党的知识的热潮,4月份举办了通讯报道专题培训,在“五四”青年节期间,举办了“安康杯”篮球比赛,与大同团市委、青联篮球俱乐部进行了篮球友谊赛,极大地提升了公司的知名度,6月份举行了热爱党、讴歌党的丰功伟绩演讲比赛活动,开展了阅读“一本书”活动和“学习心得”交换评选活动,“七一”前夕,对5个先进基层党组织、7名优秀党务工作者、18名优秀共产党员进行了表彰。年内培训入党积极分子17人,有12名预备党员转为正式党员。

根据“以实载虚、以虚强实”的文明创建思路和“虚功实做、涵盖全面、重点突出”的原则,公司切实加大文明和谐单位创建力度,公司继续保持文明和谐单位示范窗口、市级文明号和区级文明单位11个,新申报省级青年文明号1个,被省厅、省局表彰的优秀共产党员、五十佳员工等荣誉称号30多人次,与大同市向阳里派出所成为“警民共建单位”,在《中国交通》刊登稿件1篇,在《山西交通》刊登稿件30篇,在《大同日报》刊登稿件1篇,为大同红十字捐款23 170元,为阳高下深井乡下店村扶贫捐款16 100元,抗击冰雪灾害开展“救灾帮困、送温暖”活动捐款42 800元。

公司认真开展“小金库”专项治理工作,成立了领导组和工作机构,制定了工作方案,对“小金库”专项治理活动进行了公示,公布监督举报电话,制作了“小金库”专项治理举报箱,并开展自查自纠工作,未发现违规违纪现象。同时根据《山西省交通运输厅开展工程建设领域突出问题专项治理工作实施方案》和《山西省高速公路管理局开展工程建设领域突出问题专项治理工作实施方案》文件要求,公司召开专题会议,对工程建设领域突出问题专项治理工作进行研究部署。根据公司实际,制定《开展工程建设领域突出问题专项治理工作实施方案》,确定了专项治理的内容、工作方法和步骤,并对专项治理工作进行任务分解。相关部室和单位也制定了相应的实施方案并上报领导组办公室。经过对2008年以来500万以上的政府投资项目进行深入自查,没有发现有违规违纪现象,公司已将自查自纠情况统计表上报省局。

安全生产和应急管理形势良好

坚持“以人为本”的原则,以实现人的价值、保护人的生命安全与健康为宗旨,一是进一步加强安全生产的知识普及和全员培训,以安全生产月活动、交通安全、消防安全为载体,大力宣传安全生产法律法规,使广大职工熟悉安全生产法律法规和安全生产相关操作规程的基本要求,掌握必要的安全生产知识和业务技能,严格持证上岗制度,特殊工种持证上岗率达到了100%。二是进一步落实安全生产责任制,完善各项管理制度,建立和完善“一把手”负总责,分管领导具体负责、班子成员分工负责、“一岗双责”的安全生产责任制,进一步完善考核制度,完善重大危险源的管理制度,加强检查力度,消除事故隐患,建立严密的管理制度和突发事件的应急预案,高度重视,周密部署,切实做好庆祝祖国六十华诞的安保工作,每月进行一次安全大检查,使得安全隐患及时发现及时得到整改,全年共检灭火器材566具,一年来公司无任何安全事故发生。

(责编　梁锦华)

山西省朔州高速公路有限责任公司

□ 刘根生　李树平

2009 年，公司以科学发展观为统领，紧紧咬定年初提出的“抓住工作重点”，着力“五项创新”，提升“五种能力”，实现“五个突破”的工作指导思想，以推行精细化管理为抓手，以深入开展“五比五看，服务创优”活动为载体，以全面完成各项工作任务为目标，创新管理，强化服务，有效地推动了运营工作的管理现代化、服务优质化和效益最大化。一年来，经过全体员工的奋发努力，年度各项工作责任目标全部圆满完成。

通行费征收指标超额完成

针对运营现状，公司积极组织收费部相关人员深入一线分析调研，提出精细化管理新理念，即：“一严、二细、三准、四精”。“一严”就是考核要严格；“二细”是职责要细分，标准要细化；“三准”是票款要准确，发卡要准确，数据要准确；“四精”是决策要精明，管理要精心，业务要精通，分析要精确。并明确提出“三化标准”。一是优化流程，推进管理制度程序化；二是量化分析，科学应对，全力促进收费效益最大化；三是以人为本，创新科技，全面实现机电管理信息化。在此基础上，抓好三项管理措施。收费工作从加强收费现场管理、解决实际问题入手，细化、量化考核制度，完善综合考核体系。同时，完善《收费工作标准规范》等 8 项工作制度及有关程序文件，完善 5S 管理办法和 OEC 管理规定，日常收费工作推行 3E 卡，严格星级考核标准，推行一人一岗，一岗一责的“OEC”星级考核程序，使收费工作纳入精细化管理的轨道。2009 年，省局下达的年度通行费征收指标 3.4亿元。到 12 月底统计，共征收通行费 3.41亿元，超额完成年度征收任务。

道路养护质量保持优等水平

养护处全体员工本着“务实、创新、安全、保畅”的指导思想，严格日常养护考评标准，强化“星级”达标考核内容，大力改善路容路貌，极大地满足社会对高速公路出行多样化的需求。养护单位始终遵循“巩固成果，增加覆盖，科学培育，绿美结合”的公路绿化方针，大力借鉴地方绿化造林的经验和做法，聘请专业技术人员，组建专业绿化队伍，采取因地制宜，发挥特色的绿化措施，抓重点、攻难点、搞试点、出亮点，想方设法增加公路色彩。牢牢把握公路安全保畅这个主题，着力提高对特殊气候与突发事件的应急处置能力，积极构建“防灾、巡路、监控、抢险”四位一体的工作体系。根据 1 至 12 月份路况调查统计，朔州高速公路 51 公里水泥砼路面和 76.569 公里沥青路面，平均养护质量指数达 98，全线 75 座大、中、小桥梁技术状况评定标准均在二类以上，整体路况水平连续 7 年保持优等路标准，全线好路率达 100%。

路政管理阶段目标全面实现

路政大队把“保护路权”、“规范化管

理”、“治超管理工作”等9项路政管理工作目标细化分解到两个路政中队与各个管理人员的头上，并分别签订工作责任目标书，定期检查考核。路政大队坚持24小时值班制与领导带班制，一日4次道路巡查，为实施“5.30”紧急救援准确传递第一信息。路政大队新配置55吨大型清障车，为各中队配置道路清障灯、安全标志、设施等，提升紧急救援能力，道路巡查车配备灭火器、抢修工具，在事故勘查、取证、清障等一系列办案过程中，做到快速出警、快速勘查、快速结案，较好地保障了所辖路段安全畅通。路政管理工作以切实维护路产路权为目的，以不断提升道路应急保畅能力为保证，大力创建文明和谐高速公路。至12月底，共处理路政案件285起，其中重大案件46起，一般案件95起，简易案件144起，路产索赔204.24万元，道路清障225台/次，收取清障费7.9万元，路政案件发现率100%，结案率100%，路产恢复率100%，建筑红线控制率100%，路政管理各项阶段工作目标全部实现。一年来，全线六个治超检测点共完成检查货车105.31万辆，无一例非法超限超载车辆驶入管辖路段。

经营管理水平不断增强

公司以推进精细化管理为先导，认真贯彻落实高速公路服务区标准化、规范化的行业管理，认真执行星级服务区标准和管理跟踪考核，以及顾客体验管理工作。服务区在强化监督管理的基础上，紧紧抓住“文明服务、精细管理、完善功能、注重效益”四个重点，以优质的服务、优美的环境、优良的秩序，向广大服务对象充分展示服务区以人为本的服务理念。康庄服务区以不断增强服务水平和监管能力为重点，着力抓好“经营效益、规范管理、文明服务”三项工作。把推行精细化管理的重心放在提高人员素质和提升服务功能上来，从事经营服务的员工培训率达98%，持证上岗和挂牌上岗率达100%，服务设施完好率达98%，消防设施设备完好率达100%。服务区经营服务工作和治安保卫工作实现“三无”。即：无发生责任性治安案件；无有理投诉事件；无安全事故发生。巩固提高了“四星级”服务区的经营管理目标。

“三标一体”管理体系有效贯彻

按计划进行了以质量管理、环境保护、职业健康安全为主要内容的“三标一体”内审与外审验证工作，公司内部管理状况受到北京认证中心外审专家的高度评价。运营管理通过不断持续改进，使公司的制度化、信息化、精细化管理水平明显增强，有效地推进了整体工作的规范化建设，机关工作效率不断提高，服务质量不断优化，在省局上半年社会服务满意度调查中，朔州公司总评分88.16分，居全省高管系统前四名。

党建与文明创建持续健康发展

公司继续保持了省级文明和谐单位和全国交通系统创建文明行业先进单位荣誉称号，基层12个单位在全部实现市级文明单位的基础上，有两个收费站（毛皂、应县）实现省级青年文明号，有4个单位（元营站、怀仁站、山阴站、朔州站）实现厅级文明示范窗口，朔州收费站连续3年保持了省级文明和谐单位称号。在2009年省局工作会议上，公司再次被评为完成工作目标责任优秀单位，应县收费站、计划财务部分别被评为“十佳收费站”和“十佳部室”，有4名收费员被评为“七十五佳优秀收费员”，有5名职工被评为“二十佳优秀个人”。公司的安全管理和统计工作分别受到上级的表彰。在厅党组和局党委“七一”表彰会上，公司党委被评为“先进基层党组织”。

其他各项工作成效显著

实现全年安全生产无事故。一是坚持“安全第一，预防为主”的方针，安全工作坚持警钟长鸣、常抓不懈。安全管理做到组织、思想、措施、防范、检查“五到位”，实现机制、制度、人员、经费、设施“五落实”，严格安全责任追究制和安全一票否决制，把安全工作作为保稳定、促运营的大事来抓，保持了安全生产无事故的良好记录。

财务管理工作严谨扎实。严格执行省局下达的年度财政预算计划，强化计划管理和经费控制，严格收支两条线规定，准时、足额上缴通行费，做到不挪用、不滞留。财务信息报送及时、准确，基础工作扎实规范，在全年多次财务审计工作中受到好评，公司计划财务部被省局评为十佳管理部室。

维护职工利益，激励工作热情。公司领导班子一贯把维护广大职工的根本利益作为开展工作的出发点和落脚点。全心全意为职工谋福利、办实事。按时为全体员工进行一年一度的健康体检，按照《劳动合同法》的规定，为职工交纳“五险一金”，解决职工的后顾之忧，走访慰问贫困职工，为单位的贫困职工送米、送面、送慰问金。大力改善职工的工作和生活条件，并投入大量的资金对基层单位的厨房、餐厅、宿舍进行了较大规模的装修改造，领导关心职工，职工关心企业，有效地推进了全体员工爱岗敬业，争先创优，构建和谐的热情和积极性。

（责编　梁锦华）

山西省忻州高速公路有限责任公司

□ 王志义　张　显

2009年,公司以科学发展观为指导,围绕"更畅通、更安全、更温馨、更优美"的发展目标,抓住"精细化管理和流程再造"两个关键,突出"质量、安全和文化"三个重点,全面发展"五大工程"建设,着力提升"五种能力",开拓创新,扎实工作,圆满完成了各项工作目标任务。

GBM工程建设扎实推进

推进精细化养护,认真落实全寿命周期成本养护理念,规范专项工程建设管理和桥梁养护管理日。投入专项资金40余万元,在全线共建设GBM标准路段30公里、6个互通立交区。开展人性化服务,在隧道、急弯、事故易发地增设爆闪灯,时刻提醒司乘人员注意行车安全。在雁门关隧道安装地下管道,解决新庄村人畜吃水问题。公路技术状况指数MQI为93.98,绿化保存率达98.04%、成活率达98.23%,养护工程开、竣工率、合格率均达100%。

超值服务活动深入开展

收费管理积极推行超值服务,在收费车道开通语音广播,延伸服务项目。免费向固定客户手机上发送"路况信息"和"节日问候语"等信息。主动与驻地大型运输单位和固定运输大户进行"结对子",认真听取客户对服务工作的意见和建议,不断推进服务工作向全方位、宽领域和高层次发展。建立收费运行监控稽查平台,加强对免费车的监管,对"绿色通道"规定免费的车辆和抗震救灾的车辆以及"SP"、黄河防汛等车辆,实行双重监督管理机制,对持"绿色通道"证件的车辆现场进行拍照。深入开展"治逃堵漏"活动,制定偷逃费车辆黑名单制度,做到应征不漏。实现通行费收入7.49亿元,手势使用率、文明用语使用率、微笑使用率均达100%。

阳光工程增添活力

深入开展"六个一"活动,感化了事故责任人在案件处理过程中由原先的被动、不情愿变为主动、积极进行路产赔偿工作。严格路政审批管理,从"事前审批"入手,完善"事后监督",强力推进"两集中"、"两到位",做到定事、定人、定责。大力推行首问责任制、服务承诺制、限时办结制,全面实现办案服务"一次性告知、一站式办理、内部流转、及时审批、限时完成"。实行路况信息有奖报送制度,最大限度减少巡查盲点。与当地政府、公安交警建立定期联署办公制度,形成共同打击违章建筑、摆摊设点、非法公路标志等涉路侵权违法行为的长效机制。案件发现率、建筑红外线控制率、损坏路产恢复率均达100%,结案率98.2%。

温馨服务到位颇获好评

坚持在监管中服务、在服务中监管,引导服务区承租商转变经营理念,实现由"效益中体现服务”向“服务中体现效益”的转变。积极倡导服务过程亲情化，服务手段人性化，营造“家”的氛围，最大限度地实现顾客愿望，保障顾客权益。利用餐厅、超市等平台开展顾客满意度调查活动，妥善解决顾客较为关注的服务态度、环境卫生、饮食安全、商品质量和物资供应等焦点问题。深入开展公共卫生专项整治活动和“优质服务体验年”活动。引导经营者加大投入，对大营服务区公厕取暖管道和暖气片进行了维修，对原平服务区洗手间隔离板进行了修缮，对高杆灯进行了检修，在公厕铺设了地毯、检修了管道、水龙头，及时修剪花草树木，补种了部分树苗，有效提升了综合服务功能，受到司乘人员的一致好评。由中石化公司承租经营的3个服务区共完成营业额2.39亿元。

精细管理质量不断提高

坚持“理念先行、注重实效”，按照“突出重点、先易后难、全员参与、稳步推进”的原则，举办精细化管理讲座，召开精细化管理推进工作座谈会，提升了全员精细化管理意识。成立精细化管理工作推进组，制定《2009至2010年推进精细化管理工作实施方案》，建立了推进精细化管理运行机制。以考评管理精细化为重点，建立了卓越绩效考核体系和管理质量自我评价体系。以收费管理精细化为重点，制定收费站日责日清及收费员岗位定级管理办法。以“预防性养护”为重点，突出“早、细、实、精”，所辖路段保持了较好的路况。以“提高巡查质量”为重点，重新编制路政巡查日志，形成内外业相互监督、相互制约的工作机制。在收费部门和忻州运营管理处开展了精细化管理试点工作，建立了高速公路收费运营精细化管理体系。

安全应急能力全面提升

公司坚持“高速公路无小事”的安全管理理念，建立安全生产长效管理机制，构建了“一岗双责”安全生产工作格局。深入开展“安全生产月”活动，全面推进安全生产专项整治工作。组织员工认真学习《安全生产法》、安全操作规程等，特别是加强对路政、收费、清障、治超人员、司机、锅炉工、厨师、加油员等重要岗位人员的安全教育与管理，使员工时刻保持了安全警惕性。突出抓好对隧道、桥梁、高填深挖等路段施工现场以及广告牌设置等安全隐患的整治。对K583+330处沿线路面连续几年发生沉陷问题，对K713+800上行路段边坡塌陷问题进行专项整治，效果良好。对所辖路段的危险源进行了重新识别、评价，并针对新发现的危险源制定了相应的预防措施，重点抓了重大危险源普查登记建档和重大危险源监控体系建设工作。建立完善了公司机关、二级机构、基层单位三级预案体系，组织各部门开展收费道口防范抢劫、恶劣天气应急处置、车道堵塞应急处置、除雪保畅预案演练等桌面演练36次、参演人数728人次，开展消防器材使用、交通事故现场勘察、清障救援、收费车道灭火处置等模拟演练40次、参演人数723人次，开展快速放行、防汛抢险、山体滑坡应急抢险等实战演练38次，参演人数1005人次。认真落实应急管理分析评估制度，组织各部门、单位对公司的三级预案体系及操作手册的科学性、实用性、可操作性进行了分析评估。完善了部门之间、路段之间、单位之间的协调机制，实现了责任到岗、责任到人。成功处置9月7日K719+400路段滑坡坍塌问题，未造成堵车现象与次生事故的发生。

科学研究课题成果突出

坚持以需求为导向、以应用促开发，开展高速公路养护工程定额、长大隧道出口凝冰处治、雁门关隧道节能节电和渗水处治技术等科研技改活动。《长大公路隧道运营管理及防灾救灾研究》课题荣获“山西省科学技术奖科技进步类二等奖”，《高速公路交通事故预防研究》课题荣获“山西省科技奉献奖集体二等奖”。围绕养护、收费、路政、人事、财务、资产、技术等信息资源数据库，整合信息资源，建立了公司内部信息服务网。对新增图像分控系统进行改造，将治超点设备接入收费站监控室 UPS 线路。推广电子政务系统，实现了公文流转电子化。

党建工作扎实有效

重新设置和调整了党支部，认真落实党员“三有一好”考核评价机制。深入开展领导干部下基层调研活动、党员谈心活动、支部扩大会议、座谈会、“结对互助、双向帮学”、党员联系和服务群众活动，实现了党组织活动常态化。加大发展党员工作力度。吸收12名入党积极分子加入中国共产党，10名进步青年参加了省厅举办的入党积极分子培训班。深入开展学习实践科学发展观活动“回头看”工作，进行了学习实践科学发展观群众满意度测评，满意率100%。

精神文明建设成果显著

在巩固原有创建成果的基础上，引深开展了千里大运文明高速路创建和“五比五看、服务创优”立功竞赛活动。制定《党群工作活动预案》，开展了省级“文明单位”申报和引深创建国家级“青年文明号”一条路、“文明和谐示范窗口”活动，组织开展纪念五四运动90周年座谈会暨“我为企业做贡献”诗歌朗诵会、迎国庆登山健身活动、“迎国庆、讲文明、树新风”知识竞赛活动、为困难职工送温暖、七一表彰及党在我心中歌咏比赛等活动，组织“博爱一日捐”、“送温暖、扶贫济困”和为受冰雪灾害严重地区捐款等活动，累计捐款近10万元。在公司内创造性地开展了“三星”（创新之星、敬业之星、服务之星）评选表彰活动，有效地促进了文明创建工作再上新水平。公司继续保持了“国家级青年文明号一条路”和“文明和谐单位标兵”荣誉称号，公司被省劳动竞赛委员会授予“五一劳动奖状”，被省局评为“完成工作目标责任制优秀单位”和“先进基层党组织”。

企业文化建设再上台阶

积极推进企业文化宣贯工作，公司领导分片包点、自行备课，带头深入基层一线对公司企业文化建设内容进行宣讲；公司中层干部结合部门工作实际，主动深入基层进行企业文化宣传，号召员工将文化理念自觉地融入日常管理过程中和各项制度的落实中。各基层单位通过知识竞赛、笔试、撰写心得等活动，营造了良好的企业文化建设氛围。公司将企业文化建设列入工作目标责任制绩效考核的重要内容，同安排、同部署、同实施、同检查、同考核，通过季度考核、半年检查、工作目标责任制完成情况自查等方式，对企业文化普及宣贯、深化落地、提高巩固阶段情况进行考核评价，确保工作效果。设立企业文化建设专项经费，加大企业文化建设软、硬件的投入，为管理人员定制了工作服，对办公场所进行了规范，制作统一标识，加强了对企业文化内涵的宣传，使员工在无形之中受到感染，员工的行为举止及整体形象都得到显著提升，企业文化建设工作取得了突破性进展。

（责编　梁锦华）

山西省临汾高速公路有限责任公司

□ 衡小平　樊肖林

2009 年，在全球经济复杂多变的形势下，公司借喜迁新办公大楼和区域整合管理的强劲东风，以全省高速公路精细化管理推进会为契机，紧紧结合高速公路管理的实际，牢牢把握高速公路发展的目标，围绕省局的各项工作目标责任制和绩效考核办法，深入开展“五比五看、服务创优”活动，全面践行“精、准、细、严”的精细化管理理念，圆满完成了全年的各项目标任务，高速公路安全保畅能力、公共服务能力、突发事件处置能力和创新发展能力得到提升，实现了临汾高速公路运营管理事业可持续发展。

快速放行能力得到提升

公司以建设品牌收费站为载体，以优化文明服务过程为手段，建立了文明礼仪培训长效机制，继续推行“八颗牙”式微笑服务，完善了文明服务考核评价体系；以绿化美化亮化站容站貌为重点，集中对不法商贩在入口处乱搭乱建、摆摊设点等行为进行专项整治，营造了秩序良好、文明有序的收费站区环境；以拓展延伸服务项目为载体，大力倡导“青年文明号”收费员在信息服务平台设立咨询点，为广大司乘人员提供收费政策咨询、交通线路咨询、汽车修理等延伸服务。建设了标准化便民服务候车厅，与 5 个汽车修理厂、5 家旅游公司、3 家驻地医院、3 家大型酒店、2 个加油站、1 个货运部、省局、公司两级信息部门建立了联动机制，随时为广大司乘人员提供汽修、旅游、医疗、临时休息、加油、配货等服务，并免费为广大司乘人员提供饮用开水；以建设文化型站区为目标，建立了文体活动场所，丰富职工的业余文化生活。为了千方百计促进通行费的持续增长，4 月 16 日，公司深入宇丰冶炼有限公司、鸿达钢铁有限公司、鸿裕特钢有限公司，大力宣传高速公路的综合效益优势、晋通卡推广应用情况、便民服务措施等，积极倡导企业运输车辆行驶高速公路，实现高速公路、企业、运输户的共赢。为了进一步提高收费精细化管理水平，提升收费站快速放行能力，公司在收费作业“11155”过程管理上下工夫，在收费现场“3456”工作法上做文章，制订了“文明收费服务”三部曲，强化了工作流程，提高了放行速度，向全社会展示了临汾高速公路良好的窗口形象。全年，共征收通行费 1.87 亿元。

安全保畅能力得到提升

以“提早预防，及时养护，确保优良路况”为出发点，以提高服务质量和养护水平为主线，以技术创新和养护机制改革为动力，坚持“预防为主，防治结合”的指导方针，一是优化了专项工程的 7 项管理流程，主要从病害调查、病害原因分析、选择方案、编制工程建议书及上报、工程招投标管理、组织实施控制、交工验收 7 个方面进行分析，找准了关键环节，强化了过程控制，收到了很好的成效。二是着力在预防性养护、资金使用改革、快速反应、探索养护新模式等方面下工夫，建立健全了养护决策评价、日常保养、专项工程维修及各类应急等机制；三是加强了高速公路绿化管护工作，对襄汾互通、北柴互通、赵康枢纽进行了绿化补植和换植工作，完成绿化补植苗木7435棵(株)，对全线中央分隔带的苗木及互通区的苗木进行了修剪，使临侯高速宛如一个移动的美丽花园，形成景观随地形而变换的美好视觉效果。

依法行政能力得到提升

公司始终坚持路政案件受理阳光作业制、执法过程监督制、案件受理日访制、案卷复查制。一是深化了业务大厅“四个一、五个心”服务理念。认真落实“231”接警机制，“4321”出警规范，巡查工作中做到“七个做到”、“四个必须”，针对五类突发事件制订了“十二项”预防措施和“十三种”处置方法；二是制订了路政人员巡逻工作流程，细化了公路、桥梁、防护设施的巡查方式，巡查采取“八看、二记录、一报告、一协调”工作方法；对施工现场管理做到“五个控制”，确保了现场施工安全作业的动态监管；三是坚持落实“六公开、两监督”的办事制度，向社会推行“服务承诺制”，制作了“明白卡”发放给司乘人员；四是坚决治理“三乱”行为，向一切违法乱纪行为作斗争，营造和谐的执法环境；五是狠抓治超管理，制定了《治超工作流程图》等多项制度，使治超工作有章可循。

经营管理能力得到提升

以巩固“餐饮质量提高年”活动成果为载体，大力开展“优质服务体验年”主题活动，进一步创新了经营管理理念，提升了服务品位。一是安装启用了星级服务区跟踪管理软件。在服务区安装启用了星级服务区跟踪管理软件——PDA强制巡检系统，通过系统对管理人员的日检，实现了公司对服务区管理人员工作情况的监督管理；二是在服务区重要位置安装信息监控系统。加强了服务区加油站、加工间、停车场等可能发生安全事故的重点位置的监控管理，提升了服务区安全管理水平；三是实现了服务区经营数据信息化。在服务区经营场所安装了POS机，通过信息管理平台，对各场所的经营数据进行联网，使服务区业务流程合理，业务单据规范，管理过程标准，提高了管理水平。2009年，服务区营业额达3316.02万元。

信息监控管理思路清晰

在实际工作中，公司一是加强信息值班管理。建立了24小时值班制度和快速反应、快速处理的服务投诉机制，制定了服务投诉单位负责人跟踪调查制度，24小时为顾客排忧解难；二是通过与气象局建立沟通机制，及时了解天气情况，出台了封道、开道管理流程，并通过可变情报板发布即时路况信息，为广大人民群众提供出行参考服务，极大方便了司乘人员的出行；三是加强机电系统的维护管理，建立了机电系统故障响应机制，储备了足够的备品备件，保障机电系统的稳定运行。

应急体系建设成效显著

针对现代化管理和公众出行对信息服务的需求，以提升高速公路公共服务水平为目标，确立了“更好地为公众服务”为核心的价值理念，逐步形成了“全方位、无缝隙、无漏洞”的公共服务体系，实现管理和服务的信息化、数字化、网络化、快捷化，取得了良好的社会效益。一是建立与相邻路段的信息互通机制，与交通台、电视台等媒体进行信息互通，适时向社会发布路况信息，使高速公路路况信息能直接面对社会公众；二是与地方政府、事故救援单位、120急救中心、安监局等部门建立联动机制，保证了救援的快捷性；三是通过与气象局建立沟通机制，及时了解天气情况，通过可变情报板发布即时路况信息，为广大人民群众提供出行参考服务；四是按照省局编制应急预案手册的相关要求，完成了应急预案操作手册的编制工作，提高临汾高速公路应对突发事件的能力。

安全生产管理扎实稳固

树立安全生产就是最大节约的理念，以开展“安全发展年”活动为载体，以继续贯彻职业健康安全体系为主要途径，大力实施了事故易发路段的安保工程建设，加强了对重点桥梁和危险路段的监测，有效降低交通安全事故率；重点加强了收费票款及人员安全、加油站消防、餐饮食品卫生的安全防范与治理；全面推进了收费网络安全管理，保障了收费系统安全运行。实行季度安全生产大检查和日常突击检查相结合，确保安全生产工作处于良好的受控状态，提高了公司的安全生产保障能力。

抗击冰雪灾害取得重大胜利

2009 年冬季的冰雪灾害，是对公司应对突发事件的一次大检验，更是对公司应急处置能力的重大考验。面对历史罕见的冰雪灾害，公司按照省局的部署，同心同德、顽强拼搏、攻坚克难、牢固树立“灾情就是命令”的思想，切实加强领导，全面落实责任，坚决执行各项指令，按照“统一指挥、分级负责，部门分工、协调一致”的要求，落实好各部门的职责和岗位责任制，动员所有力量，投入到高速公路抗击冰雪灾害的第一线。在抗击冰雪灾害的战斗中，公司共投入指挥车辆 3 辆、铲雪车 3 辆，装载机 2 辆，平地机 1 辆，养护车辆 4 辆、巡查车辆 1 辆，共用融雪剂 100 余吨，发布路况信息 23 次，路况信息咨询电话解答 509 次，襄汾服务区共为 16 辆车、33 名司机免费提供了食宿，充分展示了广大党员干部群众迎难而上、团结奋斗、敢打敢拼、勇夺胜利的时代风采，用实际行动抢通了高速公路大动脉，受到了上级领导和广大人民群众的一致好评，谱写了临汾高速众志成城、勇于拼搏、无私奉献的历史篇章。

区域整合管理有了突破性进展

遵照厅党组的决定，按照省厅〔2009〕37 号会议精神，2009 年 12 月 22 日至 25 日，公司与祁临公司完成了对临汾、土门、洪洞 3 个收费站及片区信息监控中心的接收、移交工作，保证了人、财、物的稳定、顺利交接。接收 3 个收费站及片区信息监控中心后，公司迅速组织人事、财务、收费、信息监控相关负责人赴 3 个收费站及片区信息监控中心进行了调研，同一线的员工进行座谈，了解员工工作中的实际困难，对广大员工关心的住宿紧张、办公设施陈旧等一系列问题，根据轻重缓急，制订了相应的解决方案，为 3 个收费站及片区信息监控中心配备了新的办公设备、设施，对收费站的供电线路进行了改造，实现了站容站貌换新颜。

（责编　梁锦华）

山西省祁临高速公路有限责任公司

□ 姚惠发　李志刚

2009年，公司认真贯彻落实全省交通工作会议和全省高速公路管理工作会议精神，以科学发展观为统领，紧紧围绕“三个服务”强力举措，迎难而上，全面实行精细化管理，不断提高安全保畅、公共服务、应急处置、行业创新“四种能力”，圆满完成了全年各项目标任务，被省高管局评为“2009年度完成目标责任制先进单位”，开创了祁临高速公路运营管理工作的新局面。

以精细求发展
运营管理水平收效显著

在收费管理方面，以优质服务为宗旨，以提高经济效益为目的，内强管理，外树形象，举办收费系统精细化管理培训班，对收费管理人员进行集中培训，进一步增强精细化管理意识；加强礼仪培训，严格执行《山西省高速公路文明服务标准手册》，文明用语及手势的使用率达到100%；强化收费人员业务技能培训，进一步降低了收费、发卡差错率，加快了放行速度；加强收费现场管理，根据不同时段的车流量，采取全部开启车道、客货车分道管制、客车便携机收费等疏堵保畅措施，提高了车辆通行能力；加大稽查力度，堵塞收费漏洞，严肃收费纪律，确保了通行费收入应征不漏；对收费岗亭、顶棚、岛头等进行了维修加固、美化亮化，对公示栏、便民服务台等进行了整修，增设了停车带和候车亭，树立了良好的文明收费窗口形象。2009年，共征收通行费6.69亿元，日均183.3万元，年公里平均380万元。

在养护管理方面，牢固树立精细化养护理念，精心组织，科学养护，大力实施预防性、恢复性养护，认真落实五项承诺，保持了稳定的路况技术等级；加强桥梁运营管护，严格执行专职桥梁养护工程师和桥梁责任倒查制度，健全了桥梁“健康”档案，建立了桥梁检查、评定和养护管理的“一体化”考评体系；进一步规范、完善了出入口指示标志、限速标志等标识标牌，加大路面缺陷和病害、高边坡安全隐患等的整治力度，行车安全得到了切实保障；组织实施了专项工程17项，微表处治1120万平方米，铣刨路面17.8万平方米，摊铺沥青砼1.4万平方米，处治路基水毁27处，维修加固了陶村河大桥和K973处天桥，综合整治了K904、K906、K907等3处高边坡存在的安全隐患，道路安全系数得到提高。2009年，祁临路技术状况指数为95.8，优良路率达100%；桥梁技术状况评定等级2类以上达100%，其中一类桥达75%。

在路政与治超管理方面，健全了路政业务培训及考核机制，聘请专业人员对路政执法人员进行法制、军事素质和执法形象等培训，提升了路政人员的整体素质和执法水平；认真执行路上路下双巡查制度，严格对穿越和横跨红线控制区域路产路权的监管和审批，有效保护了路产、维护了路权；把行风建设作为提高执法水平、改进服务质量的有力抓手,设立执法监督台、举报电话、电子邮箱等,主动接受社会监督;积极推进"数字化"路政建设进程,应用巡逻车车载移动监督系统,提高了现场办公和事故救援的整体调控能力;加强与高速交警联合执法力度,认真履行"5·30"服务承诺,进一步提高了快速反应、事故处置和人命救助的综合能力。建立了超限车辆信息互报互通制度,完善了责任追究、监督检查等相配套的管理制度和工作程序,推广了不停车检测系统,形成了各司其职、综合治理的治超长效机制。2009年,共查处各类路政案件1181起,收回路产赔偿款457万元;清障354台次,收清障费13.4万元;路政案件发现率100%、结案率99%、路产恢复率100%,建筑红线控制率99%,未发生一起行政复议案件和"三乱"现象;治超站共检测车辆193.4万辆,超限超载率为零。

在服务区管理方面,以创建"花园式环境、酒店式管理、人性化服务"的服务区为目标,不断完善和维护公共服务设施,所有公益服务项目做到了24小时对外开放;以"星级享受、人文关怀"为主题,积极开展"优质服务体验年"活动,精心组织顾客体验设计,经顾客满意度调查,四个服务区满意度均在90%以上;突出地域化和特色化经营,依托沿线旅游资源和文化特色,积极拓展旅游接待业务,在餐饮中推出了地方特色小吃,培育了新的利润增长点;全面推广星级服务区跟踪管理软件系统,进一步改善了服务区的刷卡消费服务环境。2009年,四个服务区实现营业收入2.73亿元,为134.4万车次、525万人次提供服务。

在信息机电管理方面,以满足广大人民群众的出行需求为宗旨,建立了以信息化为主导的出行服务网络体系和以人为本的便民服务网络体系,通过网络、电台、客服热线、手机短信、可变情报板等媒介和收费发卡人员的口头提示,全天候、全方位为社会公众提供各种交通动态信息;不断强化值班信息的管理,保证道路运行信息第一时间传递和发布,确保信息传递的有效性和及时性。2009年,共接听查询、救援等各类电话5.07万次,发布路况短信790条。采取以岗代训形式,对所有一线监控人员进行了全员轮训,提高了监控人员的业务素质和工作效率;加大了设施设备巡检力度,加强了备品备件的分级储备和管理,建立了设施设备备品备件库房,做到了在紧急情况下备品备件1小时内到达最远维修现场;采取大包干形式,分片分项聘请专业维护公司对机电设备进行日常维护,充分发挥维护公司的人才和技术优势,有效提高了机电维护效率。2009年,祁临路全线通信骨干网、计算机网络及接入网完好率达99%,收费系统车道设备、监控室设备完好率达98%。

抓预案重落实
应急保畅工作再上新水平

认真总结近年来处置突发事件经验教训,坚持指导性和实用性相结合,进一步完善了各类突发事件应急预案,编制、印发了《应急预案操作手册》;组织收费、养护、路政及交警和地方医疗、环保、消防等相关部门联合进行突发事件实战演练,整体应急处置能力有效提升。在11月初的特大暴雪灾害面前,公司及时启动应急预案,一线广大干部职工不畏艰难、昼夜奋战,全力做好除雪打冰、指挥保畅、服务保障等各项工作,累计投入人工738人次,出动除雪设备186台次,撒布融雪剂防滑料360吨,免费为70辆车、200多人提供食宿,未出现滞留人员冻伤的情况,取得抗击冰雪灾害的全面胜利,受到上级领导的充分肯定和广大司乘人员的赞誉。

以科技促管理
现代化管理水平实现新突破

加强信息技术应用,完善了信息服务网络设施,实现了与相邻路段信息的互报互播,确保了信息发布的及时性、准确性和有效性,较好地满足了广大人民群众的出行需求;开展了基于定期监测动态评估桥梁可靠性研究等技术攻关，在道路养护中广泛应用了沥青路面裂缝修复、高边坡柔性防护、环保型融雪剂等多项新技术、新材料，降低了养护成本，提高了养护质量。大力开展节能减排，加强对水、电、油等重点能源消耗的监管，在隧道、站区照明系统中推广使用节能灯具，全年公司水、电、油较上年同期分别节能 28.0%、9.7%、16.9%。

重责任抓落实 安全维稳工作取得新进展

加强员工安全生产教育培训，积极开展以“关爱生命、安全发展”为主题的“安全生产月”活动，不断增强全员安全生产和事故防范意识，提高自防自救和应急处置能力；认真落实安全生产责任制，构建“一岗双责”安全生产责任体系，形成主要领导亲自抓、分管领导具体抓、安管部门督促抓、业务部门共同抓的安全生产管理格局；积极开展安全生产专项整治，针对排查出的标志标线不完善等隐患，制定整改方案认真整改，消除事故“盲点”，确保安全稳定；严格落实社会治安综合治理各项措施，深入开展了路警共建“平安祁临”、矛盾纠纷排查化解等活动，构建了人防、物防、技防有机结合的立体防范网络，全年未发生任何安全、治安和火灾等责任事故；严格执行信访工作制度，切实做好“两会”、“五一”、“十一”、党的十七届四中全会等敏感时期的信访工作，组织开展了“保民生、保稳定、保发展”机关干部下访活动，营造了和谐、稳定的内外环境。

建制度丰载体 党建和精神文明建设得到新加强

巩固深化学习实践科学发展观活动成果，高标准、严要求地开展“回头看”，健全了领导干部中心组学习、下基层调研等制度，建立了党员长期受教育的学习培训机制，深入开展了“创建学习型党支部”活动和“三有一好”争创活动，基本实现了“支部建在站上”的目标，党组织覆盖面进一步扩大，党支部战斗堡垒作用和党员先锋模范作用得到充分发挥。全面落实党风廉政建设责任制，加强对重点领域和关键岗位权力行使的监督，深入开展“小金库”自查自纠专项行动，初步建立了符合公司管理发展的教育、制度、监督并重的惩治和预防腐败体系。

以巩固大运千里文明高速路创建成果为重点，以“五比五看、服务创优”立功竞赛活动为载体，大力开展“青年文明号”、“文明和谐示范窗口”等精神文明创建活动，举办了“迎国庆、颂祖国”大合唱比赛，激发了广大干部职工爱党爱国、爱岗敬业的热情；坚持把文明创建与增强公司凝聚力、向心力有机结合，完善了基层单位文体娱乐和生活设施，开展“献爱心”活动，为受灾和困难群众捐款累计达 7 万余元，凝聚了组织力量，展示了员工风貌。2009 年，公司荣获“和谐单位标兵”、“三八红旗集体”、“巾帼建功先进集体”等称号，平遥收费站荣获“全国青年文明号厉行节约，从我做起，岗位增效，率先垂范”称号，灵石收费站荣获“五四红旗团组织”称号，明姜收费站被山西省总工会授予“工人先锋号”荣誉称号；路政党支部和晋中片区党支部被省交通运输厅授予“先进基层党组织”荣誉称号；晋中服务区被省交通运输厅授予“知荣明耻”主题教育先进荣誉称号，实现了“三个文明”的协调发展。

（责编　梁锦华）

山西省运城高速公路有限责任公司

□ 贾建民　昝生晋

2009年,公司坚持以企业文化为引领,紧紧围绕中心任务,全面推进精细化管理,着力提升高速公路运营管理水平和公共服务能力,较好地完成了全年各项目标任务。

经济效益稳步回升

2009年,公司加强基础管理,加大营销力度,全年征收通行费5.29亿元,完成年度调整后计划的101.7%。运风、运三、侯运、侯禹和绕城高速公路年通行费收入分别为6992.8万元、8974.9万元、19 973.2万元、16 984.2万元、68.8万元;年公里通行费收入156.46万元。

养护管理成效显著

加大路面预防性养护,完成运三、侯运88万平方米路面微表处,以及运三K28—K33路面补强罩面,道路使用性能大为改善。全面处治路面沉陷和桥头跳车病害,路面平整度和行车舒适度明显提高。在专项工程管理中,实行了施工安全可行性评审机制,形成了项目部主管、监理单位监督、施工单位主抓、路政协调、高速交警配合的五方联动抓安全的新格局。进一步美化路容路貌,见缝插针搞绿化,实施景点建设,全年共栽植苗木1.7万株。

收费管理亮点突出

树形象、优服务,开展品牌收费站建设,形成"两个标准"、"三个百分百"和"程晓琳礼仪"服务标准。发放《交通导航卡》和《山西高速路网卡》,利用广场可变情报板、网络广播和岗亭信息屏,介绍路况、旅游景点、航班等信息,开展"行高速路,景点享受半价优惠"活动,为社会公众提供更贴切更细致的服务。建立机电系统设备信息数据库,完善备品备件采购、使用机制,确保机电系统高效运行。联合动植物检疫部门,加强运输鲜活农副产品车辆管理;开展不规范过磅、中途逃逸、冲卡、倒卡、假冒证件等活动,2009年9月18日,全省收费工作精细化管理推进会在运城召开。

路政执法廉洁高效

全面推广特色中队建设五大成果。一是实行"四位一体"巡查机制,提高应急处置和路产管控能力,全年路政案件发现率、查处率比2008年均提高0.1%,达到99.9%,路产赔偿率、恢复率、建筑红线控制率均达100%。二是实行路政巡查与事故处理分离机制,提高了班组的工作效率,完善了内部监督。三是实行规范化管理,认真贯彻落实交通运输部《五个规范》,开展知识竞赛和比武活动,路政人员规范执法、公正执法、文明执法、廉洁执法意识明显提高。四是实行执法活动全过程军事化管理,路政人员遵章守纪、纪律严明、服从指挥、雷厉风行、令行禁止的工作作风有所增强,执法形象得到改善。五是实行治超岗位十步曲和治超外勤定点执勤,治超工作更加规范。

加强治超工作长效机制建设,进一步完善综合治理、联防联治和责任倒查机制。加强正规化、科技化治超站点建设,制定完善《治超机电员工作手册》、《系统实用操作手册》和《设备巡检手册》;完成河津西、东郭治超设备搬迁调试任务;除新绛、稷山、解州、南坡站外,其他检测点均已实现不停车检测;率先在侯马、东镇、闻喜治超点实行治超信息联网监控试点。2009年,收费站入口检测点共检测车辆393万余辆,移交处理的严重超限超载车辆84辆。风陵渡黄河大桥超限运输检测点共检测车辆14万余辆,卸载435吨,收取路赔款11 370元。在全国治超现场会期间,代表全省高速公路系统制作宣传板面,展示了全省高速治超的良好形象。

服务区经营成绩喜人

以"星级享受、人文关怀"为主题,开展"优质服务体验年"活动,设计顾客体验流程,形成了服务站PDA日常巡检九步曲、餐厅、超市服务六步曲等操作流程;制定顾客接触点要素构成图,力求满足每位顾客的服务要求,通过与顾客进行模拟互动,改进服务品质,实现全年工作"九个零"管理目标。注重增加特色餐饮,提供运城当地的"名、优、特"产品,自创"河东飧客居"经营品牌。投入600多万元完成了服务区信息联网、房屋加固、污水处理及下水管网改造、餐厅超市通道改造、加油站顶棚修复、房屋防水处理等工程,完善了服务区标识、标线、霓虹灯及公厕安装热水转换器。河津、平陆、闻喜服务区荣获市级"青年文明号"称号。

信息化建设及时高效

拓展服务渠道,与运城市交通广播电台建立联系,确保第一时间重大路况信息通过电波发布。全年受理咨询电话3000余次,为700多辆故障及事故车提供了救援信息服务;发布情报板信息1500余条,在省局网站二级栏目发布出行参考260余篇。建立养护综合管理系统,优化业务流程,实现了数据统计自动化和信息共享。研发收费票证自动报表系统,提升了票证统计效率和准确率。服务区实现POS机联网,在各经营场所安装了监控设备,配备了银联卡刷卡机。

应急管理和安全生产扎实推进

成立5支应急保障队伍和7支应急救援小分队,组织开展各类应急演练36次,实施路政5.30紧急救援32起,抗击雪灾2次,应急保障及突发事件处置能力得到加强。建立专项工程施工安全评估体系。开展安全生产专项整治活动,全年无安全生产责任事故发生。

科学研究求真务实

全年,全公司受到表彰的管理与技术创新项目16个。与同济大学联合开展《山区高速公路长大纵坡货车运行安全控制指标及安保对策》研究,拟建立安全职能预警系统;与交通运输部公路科学研究院开展《龙门黄河特大桥运营安全健康监测系统》研究;以风陵渡黄河大桥加固维修工程为载体,建立了基于光纤传感器的大桥长期监测系统,通过对相关数据采集,实现对结构应力、挠度、吊杆内力等参数的实时监测,随时掌握桥梁结构状态。围绕提高收费站快速放行能力和节能降耗两个主题,成立了10个QC活动小组,解决了轴限修改率高、写卡差错率高、空调、照明能耗大等问题。

职工队伍建设再上台阶

完善了人才发展战略,先后组织20余次大型培训。截至2009年底,公司大专以上学历员工占员工总数的79%,本科以上学历员工占24%,100余人取得相应职称或职业资格证。2009年,公司共为4个项目建管处输送管理人员27名、工程技术人员29名,极大地支持和保证了项目建设的顺利进行;同时,输出公司企业文化,形成了先进的项目建设管理文化理念,引领项目建设管理创新,确保了工程质量、进度、安全、廉政目标实现。

党建和精神文明建设成果丰硕

新成立党支部2个,调整党员分布,基本保证各站都有党员,党组织与群众生活更加贴近。深入开展"三有一好"争创和党员"一带三"活动,党员自我发展和带动群众发展能力进一步增强。加强廉政教育,先后组织16批1200余人到运城市7个党风廉政警示教育基地开展警示教育活动,公司连年荣获"省直文明和谐单位标兵"、"完成目标责任制优秀单位",被市政府授予"服务企业先进单位"、"重点项目建设先进单位"称号,新增"全国学习型班组"1个、"山西省三八红旗集体"1个、其他文明称号4个。

(责编　梁锦华)

山西省吕梁高速公路有限责任公司

□张启星

2009年,公司全面贯彻落实科学发展观,认真贯彻落实全省交通运输工作会议和全省高速公路管理工作会议精神,以全省高速公路精细化管理推进会为契机,深入开展"五大工程",不断完善道路安全设施,积极应对冰雪灾害和大流量交通,狠抓基础设施建设、干部职工队伍建设、党的建设和行业文明建设,各项工作取得了可喜的成绩。

夏汾路面改造胜利竣工

夏汾路面改造工程是全省第一条旧水泥混凝土路面加铺沥青面层的高速公路项目,公司提出了"科学管理、狠抓安全、质量创优良、工期不突破"的管理目标,在质量管理方面,公司严格落实业主、监理、施工单位三级质量管理机制,保证每一个环节、每一道工序、每一个数据都符合质量要求,做到施工作业全过程控制。成立了中心试验室,由质检部与中心试验室共同监督各施工单位试验室的建设和使用情况,共抽检原材料107组、水泥砼试件30组、路面681组、交通工程2373处,凡不合格的责令施工单位认真整改。在进度管理方面,不断加大督促检查力度,实行了日工作例会制度。从工程开始之日起,每晚召开由施工监理单位、指挥部各部门和技术专家组参加的工作例会,施工单位汇报进度、监理单位汇报施工质量,技术专家组汇报技术问题,对当日施工情况进行总结评价,研究解决当日施工过程中存在的问题。夏汾路面改造工程经过155天的紧张施工,于10月19日按期胜利竣工,整个工程完成更换修复面板50 385.21立方米、扒钉锚固中度裂缝6814米、水泥砼面板脱空注浆15 682.53立方米、C40双钢筋混凝土桥面铺装2950.01立方米、台背路基水泥粉煤粉注浆5674.14立方米、铺装应力吸收带347 215延米、铣刨旧混凝土路面43 396平方米、改性沥青AC-13上面层1 207 034平方米、大粒径碎石下面层1166 263.52平方米,完成投资3.15亿元。

有效提升质量和安全水平

在养护管理方面,公司对全线路基、路面、桥梁等道路病害进行了处治,其中对夏汾段磁窑河等6座大桥的病害、汾离段路面车辙、沉陷跳车及裂缝等路面病害和离军段路面严重车辙、沉陷跳车等病害进行了集中处治;对全线水毁工程进行了抢修恢复。在完善道路安全设施方面,9月份,为了落实王君省长的批示精神,在薛公岭至汾阳西事故多发段新增和调整标志牌8块,在下行线658+300公里处急弯、陡坡地段设置"连续弯道"、"陡坡"、"事故多发段"标志牌4套;在656+500至655+500公里处、654+500至653+500公里处增设横向纵向振荡减速标线和埋置式道钉组合减速带,强制降低车辆行驶速度。11月,将薛公岭至汾阳西下坡路段1897米小半径平曲线路段中央分隔带波形护栏改造为钢筋混凝土防撞护栏，减少车辆穿越中央分隔带事故的发生。针对八盘山隧道至军渡方向入口事故多发的情况，从洞口向洞内延伸500米，在原水泥混凝土路面上铣刨拉毛1公分，加铺4公分厚的沥青碎石面层，提高了抗滑能力，并在隧道口外加设了500米长的振荡标线，并分段设置了标志，提醒司机由50公里、40公里，依次降速到30公里。经过对道路安全设施的进一步完善和整治，全线特别是汾离路段的道路安全状况有了明显的好转。

确保桥隧及司乘人员安全

11月10日强降雪以后，吕梁高速公路车流量迅猛增加，全线日进出口车流量达到6万多车次，远远超过了高速公路本身的交通承受能力。由于车流量过大，导致道路拥堵现象时有发生，大批车辆停留在桥面和隧道内，桥梁荷载能力超过了设计的荷载能力，严重威胁着桥梁的安全稳定，危及司乘人员人身安全。为此，公司召开专题会议研究应对大流量交通，确保桥梁安全稳定的措施。一是建立高速公路联防预案，加大道路巡查频率，一旦遇到可能出现的车辆拥堵迹象，养护工区迅速派出应急队，在路政人员的配合下快速摆放隔离墩封堵有关桥面，把车辆停滞在桥面以外的路基上；各收费站紧急调配业务能手，确保拥堵车辆在某个时段集中涌向收费站时能得到快速放行。二是加快事故处置时间，待勘察事故一结束，清障车及时实施清障，应急队迅速清理事故现场，最大限度缩短道路封闭时间。三是在全线特大桥、大桥两端桥头设置了“桥梁限制荷载，严禁桥上停车”的禁令标志牌；在八盘山隧道入口处设置自动栏杆，养护工区派专人值守，发现隧道出口处前方车辆拥堵，隧道入口处即实行封闭，避免隧道内滞留车辆。在采取以上措施的同时，公司积极与高速交警协调沟通，求得交警的支持与配合，全线多车道拥堵的问题基本消除，超车道恢复了畅通。同时公司致函高速交警建议按照“超车道为小车道、行车道为大车道、硬路肩为救援专用车道”的规定，改变主线查车的做法，加强道路流动巡查，确保车辆有序通行。

基础设施建设显著提高

近年来，公司把加强基础设施建设作为提升吕梁高速公路发展能力的重要举措来抓，提出通过抓收费站扩容改造、收费系统升级改造和治超点建设，加快站口通行速度；通过抓职工宿舍扩建新建和设施改造，改善职工的工作生活环境；通过加强服务区硬件建设，不断提高服务品位。一是大力实施收费站的扩容改造和收费系统的升级改造，在2007年和2008年先后实施了离石东、文水、交城、离石西、汾阳西和汾阳东6个收费站的扩宽改造工程的基础上，2009年又完成了开栅收费站的扩容改造工程，由2进3出5条车道增加为3进5出8条车道，至此，夏汾和汾离段除杏花、吴城收费站以外，所有收费站全部进行了扩容改造。通过几年的努力，吕梁高速公路的收费硬件设施建设已达到了一定的高度，站口通行能力进一步提高，车辆拥堵问题得到解决。二是加强服务区设施建设，不断提高服务功能，薛公岭服务区投资500万元，对办公楼、综合服务楼、汽修厂等进行了外墙粉刷，面积达3400平方米；对加油站相关配套设施进行了完善；在东区新建了1527平方米的职工宿舍和超市；扩建改造了东区餐厅298平方米；装修了会议室，购置了发电机和厢车等设施。杏花服务区综合大型超市在2008年开业经营的基础上，2009年投资140万元，分别改造了南北区通道40余米和南区后院公厕、餐厅，粉刷南北区通道400多平方米，安装了污水处理系统、漏电系统，新增安全标志108个，整体服务功能得到了进一步完善，服务品位持续提高。

圆满处置冰雪灾害

11月9日至12日，一场历史罕见的强降雪自北向南突袭三晋。从10日开始，大量的车辆和乘客滞留在路面和服务区，道路抢通和司乘人员救援成为全公司的一项紧急的政治任务。公司全面启动应急预案，领导班子成员亲临现场、靠前指挥，各单位及公安高速公路治安支队紧急动员，积极投入到抗雪救灾的战斗中，道路抢通和滞留车辆分流、人员救援工作同时展开，经过两昼两夜的不懈努力，所有滞留车辆和人员全部得到分流安置。至11月13日，全公司共投入人力2800余人次，投入机械设备620多台次、投入融雪剂980吨。经过几天几夜的连续奋战，到13日上午吕梁高速公路的抢通工作提前完成，为全省高速公路14日全面开通打下了坚实的基础。

狠抓职工教育培训工作

近年来吕梁公司着力在规范化、程序化管理上下工夫，以省局规范化管理手册为指导，进一步健全和完善了各项工作程序。2009年4月三个路段整合后，公司更着眼于规范化和精细化管理，制定了二级机构管理职责及工作程序，对机关部门和各三级机构的管理职责及工作程序进行了修改充实，尤其是结合吕梁高速公路的实际情况，对全公司公共突发事件应急预案进行了修改细化，使其更具有可操作性和实用性。在此基础上，着力在日常管理的“精、准、细、严”上下工夫，结合自身实际情况，组织汇编了《收费站作业程序》、《收费站考核办法》、《收费站文明服务规范化标准》等6个精细化管理手册，大力开展了以“提高放行速度、降低发卡差错率”等管理为主题的QC小组活动，并运用九千质量管理的PDCA循环，进一步细化了业务流程，精细化管理渗透到收费工作的方方面面。与此同时，进一步规范和完善了养护管理和作业流程，使各个管理环节形成了良好的闭合，各项工作步入了规范化、精细化管理的轨道。通过山西华亚管理咨询有限公司中层干部执行力培训、质量和安全体系实用培训班、全线机电管理知识培训、路政执法规范培训等各种培训学习，全体干部职工精细化管理的理念认识进一步深化，整体业务素质和管理能力明显提高，为有效提高运营管理效率起到了推动促进作用。

加强党建和行业文明建设

在党建工作方面，公司深入学习党的十七届四中全会精神，不断巩固和扩大学习实践科学发展观活动成果，认真开展整改落实“回头看”活动，坚持用科学发展观指导运营工作和改革发展，在实践中继续查找制约吕梁高速公路发展的突出问题，做到边查边改，查纠结合。同时根据公司整合后的机构设置情况，设置了夏汾、汾离、离军运营管理处和隧道管理处4个党总支、薛公岭服务区等21个党支部，明确了(总)支部和书记、委员的职责，党的基层组织得到进一步加强。制定《2009年党风廉政建设实施方案》，严格落实党风廉政建设责任制，对党风廉政建设工作任务进行了层层分解，做到了任务明确，责任落实。建立了副科以上中层干部廉政档案，汇编了《廉政手册》，加强对干部的监督和约束。精神文明方面各单位在保持原有文明称号的基础上，2009年有8个单位进入吕梁市级“青年文明号”行列，汾阳、杏花、交城3个收费站继续保持了省厅“文明和谐示范窗口”称号，公司连续五年保持了“山西省直机关文明和谐单位”称号。

（责编　梁锦华）

山西省长治高速公路有限责任公司

□杨　勇　郭秀斌

2009年，公司坚持以科学发展观为指导，紧紧围绕“三个服务”，扎实推进“五大工程”，大力弘扬崇尚实干、注重实绩、务求实效的“三实作风”，进一步解放思想，更新观念，团结一致，奋力拼搏，较为圆满地完成了各项工作任务。

精管细养保畅通

在“养护管理比技能、看保畅能力”方面，公司坚持“精管细养、预防为主、突出重点、兼顾全面”的养护方针，在“精”字上下工夫，在“细”字上做文章，刻意念好“五字诀”。

一为“洁”字诀。通过优化“一个流程”(先下行，后上行；先两边，后中间)，坚持“两个结合”(常规保洁和重点保洁相结合；定期保洁和随机保洁相结合)，抓好“两项教育”(“平凡岗位、大有作为”的职业道德教育；“养护搞得好、四宝不能少”的优良传统教育)，全线整体保洁质量得到明显提高。二为“平”字诀。实践证明，桥面损坏最根本的原因是桥面调平层被破坏，依照传统方法处治，病害在一、二年内就会再度出现。为根治这一“顽症”，在总厚度不变的情况下，加厚钢筋混凝土调平层，减薄沥青混凝土铺装层，以增加桥面的钢性，从而使桥面病害得到了根治。三为“快”字诀。通过流程再造，病害处治速度明显加快。如坑槽修补，将划边、切割、凿除3道工序同步进行，将清理和刷粘层油两项工序同步开展，使原本2小时/平方米的效率提高到了1.5小时/平方米。四为“美”字诀。分布讲科学，中央绿化带注重苗木造型美观、错落有致，两侧绿化注重苗木抗旱防冻、四季常青；管护抓时机，形成了“二月忙春浇，三月忙补栽，四月五月勤修剪，施肥防虫措施全，十一月份不能闲，冬浇苗木喜过年”的套路；整体抓美感，通过栽种不同花期的花草，长邯高速公路呈现出“春踏青、夏映红、秋溢香、冬缀绿”的四季美景。五为“畅”字诀。排水设施通畅是高速保畅的重要手段，对此，公司坚持“各类检查无遗漏，及时疏通无拥堵，特殊天气无积水、破损修复无拖延”，做到了“平时不乱、汛期不慌”。

2009年，全线累计灌注裂缝19 920延米，修补坑槽308平方米，修复路肩3840米，补砌边沟153.8立方米，补划标线405平方米，修复护栏板1963块，修复隔离栅5173米，更换防眩板219块，补设轮廓标326个、标志牌16块，恢复路产总金额达38.8万元，补植苗木5898株，绿化总投资118万元，实施桥面处治等专项工程3项，公路技术状况指数达95.3，优等路率100%，桥梁技术状况评定等级Ⅱ类桥以上100%，养护机械设备完好率100%。

塑形铸魂亮窗口

在“收费管理比放行、看窗口建设”方面，公司按照省局要求，确立了“内强素质，追求管理精细化、操作流程化、行为规范化、服务人性化;外树形象,追求管理零抱怨、操作零差错、接触零距离、服务零缺陷”的“四化、四零”工作目标,推出了“车辆通行快捷化、稽查工作规范化、文明服务亲情化、收费环境舒适化“和“接待车主热心、解答问题耐心、接受意见虚心、排忧解难诚心”的“四化、四心”工程。

一是坚持以“微笑服务”和“快速放行”为重点,积极开展微笑服务强化训练和 QC 小组课题攻关活动,确立了“如何提高特殊情况下应急处置能力、如何提高放行速度、降低差错率”等课题,并取得成果;二是坚持以“服务人民、奉献社会”为宗旨,扎实开展以“三快二准一及时”(收款快、打票快、找零快,判断车型准、票据发放准,为司乘排忧解难及时)为主要内容的岗位练兵和技术比武活动,并通过按月评选“微笑之星”,按季评选“技术能手”,按年评选“业务标兵”,进一步推进了“形象工程”建设;三是从收费、发卡、票证、监控、稽查等五个方面,对各项职责和制度进行完善修订,对收费管理涉及的所有业务操作及考核进行流程再造,出台《收费员职级评审管理办法》,编纂了包括收费、票证、稽查、监控、文员等各方面的《岗前培训教材》,自主研发了机电设备库管软件,编写了《机电系统维护管理手册》系列丛书;四是深入开展“五常法”管理推广和实施活动,全线各站的站区环境及收费秩序得到明显改观;五是全面加强稽查工作,进一步完善了公司、收费站二级稽查及各站互相稽查机制;六是全面加强站区文化建设,积极构建学习型、服务型、安全型、效能型、创新型、和谐型“六型站区”,倡导站长进岗亭体验工作,管理人员下车道提供服务,创造了“站长为员工服务、员工为顾客服务”的“金字塔”服务环境。

2009 年,全线累计征收通行费 1.53 亿元,查验放行“绿色通道”车辆 14.6 万余辆(次),减免通行费 8500 余万元。大力开展收费秩序专项整顿,共查获各类偷逃费车辆 1726 辆(次),追缴通行费 39.9 万元。

保驾护航促和谐

在“路政管理比规范、看执法效能”方面,公司确立了“三抓、六化、三提高”工作思路,“三抓”即:抓队伍建设、抓阳光工程、抓科技创新;“六化”即:救援指挥高效化、设备检修日常化、技能培训经常化、清障队伍专业化、清障设备大型化、岗位练兵实战化;“三提高”即:提高安全保畅能力、提高公共服务能力、提高突发事件处置能力。

一是在依法维权方面,始终坚持以加强上路巡查为先导,致力将侵权行为和红线建筑遏制在萌芽状态;对申请在控制区内进行道路施工、广告施工、养护维修者,加强现场勘查,严格审批程序,责成专人实行跟踪管理,保证了行车安全;二是针对全线易损难修的防护网、天桥防落网、广告牌及全线所有柱式轮廓标等进行全面普查,特别是针对沿线村民为方便通行,经常损毁高速公路桥梁两端及地下通道附近隔离栅,路政人员获取证据比较困难的实际情况,积极寻求对策,积极发动收费员、养护工人及社会力量,全面加强综合治理,并利用广播、电视、传单、标语,把路政政策法规宣传到了每家每户,同时与高速交警和养护中心建立了巡查信息资源共享体系,真正做到了联防联治;三是积极推广应用先进的路政管理设备,在全省率先运用了车载监控系统和车载 GPS 全球定位系统等高科技设备,充分发挥了科技管理的积极作用;四是积极构建紧急救援和快速清障体系,全面加强了突发事件应急预案的演练工作,为出警、救援、清障全面提速奠定了坚实基础。2009 年,长邯路政大队与高速交警、公安消防、驻地医院等多部门、多单位联合举行的紧急救援演练,充分展示了预案的实战性;五是严格执行“不让上、不让堵、不让放”原则,严格按照超限运输检测精细化管理方案要求,精简优化了检测程序和操作流程,规范了检测方法和检测标准,并利用实时监控系统对各检测点的执法现场进行不定时稽查,进一步增加了依法治超、阳光执法的规范性和透明度。

2009年,累计查处各类路政案件495起,收缴路赔款106万元,查处违章建筑1处,路政案件的发现率、查处率、恢复率及建筑红线控制率均在99%以上;实施清障作业293台次,清除路面障碍120余处,收缴清障费11.6万元,救助事故伤员30余人次,劝阻行人上路50余人次;检测车辆233万车次,查处超限超载车辆1804辆,潞城检测点再次被省治超领导组授予"先进站点"荣誉称号。

温馨服务创品牌

在"服务区管理比温馨、看服务质量"方面,严格按照《山西省高速公路服务区顾客体验管理大纲》要求,坚持以"管理优化、环境优美、服务优质、秩序优良"为主题,以"重点突出客户体验管理"为主线,有力地推进了"温馨工程"建设。

一是坚持"双赢"理念,通过换位思考,全方位加大了对承包商的宏观监控和微观监管力度;二是进一步完善了星级服务区创建长效机制,出台了《服务区监督管理办法》、《餐饮业食品采购管理制度》等5项管理条例;三是根据"谁主管、谁负责"的原则,建立和完善了餐饮、住宿、超市、汽修、加油等各项服务质量管理责任制,并签订了质量保证合同;四是指导服务区各承包商细化了服务工作操作流程,量化了服务质量考核标准,编纂了服务人员《岗位作业指南》系列丛书;五是以全省高速公路服务区开展"优质服务体验年"活动为契机,将服务区餐饮规范落实于顾客体验管理的全方位工作,编纂了《东阳关服务区顾客体验实务》;六是为拓宽经营渠道、改善服务环境,顺利开工了服务区地基加固及改扩建工程。

2009年,东阳关服务区营业额7186万元,消费车辆147 251辆,占交通总量的10.4%;商品质量抽检、行业监测合格率及设施完好率均达100%,绿化成活率达95%,消防设施及设备完好率、停车场与经营场所电子监控覆盖率、服务区员工培训率和服务人员持证上岗率均达100%。

综合管理显成效

在"综合管理比素质、看工作绩效"方面,一是坚持以"素质工程"为龙头,注重员工整体素质的培养提高,成立了员工素质教育基地,举办了公文写作、摄影知识、版面制作等培训班,同时参加外部培训12次,组织内部培训6次,参培率达100%;二是坚持以制度建设为突破口,在提升执行力上下工夫,重新修订了质量、环境、职业健康安全"一体化"体系文件,完成了体系文件的换版工作,积极推行了考核及督察制度,使公司的制度文化和执行文化得到了提升;三是坚持以监督检查为手段,大力弘扬"赢在细节、赢在执行、赢在和谐"的"三赢精神",雷打不动地坚持了周例会和月例会制度,将省局下达的工作目标及职代会确定的32项重点工作,逐一分解落实到每一个管理者和执行者,并以《会议纪要》的形式逐月进行对照检查,使"崇尚实干、注重实绩、务求实效"的"三实作风"得到了发扬光大;四是坚持以文化建设为支撑,编纂了《文化手册》和《员工手册》,出台了《人力资源发展规划》,完善了企业文化建设体系,利用内部报纸《长治高速》和企业人文丛书等平台,开展了企业人文研究工作,使公司的文化理念同员工的个人价值融为一体,逐渐变成了员工的自觉行为,并将培育公司竞争力、影响力同提升公司文化软实力有机统一起来,营造了一种团结和谐、充满活力的文化氛围。

抗击冰雪获全胜

面对11月9日突如其来的强降雪灾害,公司全力以赴,沉着应对。严格执行"包点到人、包段到单位"的领导责任制,各级领导坐镇一线,现场指挥,全体员工不辞辛劳,昼夜奋战。在打冰除雪战斗中,坚持"分段负责、重点突破”的原则，采取人机结合，机械为主的办法，全天候24小时不间断除雪破冰，迅速组织养护管理中心、长邯路政大队、沿线收费站、东阳关服务区等基层单位人员深入滞留路段免费为被困人员送水、送饭、送衣被，责成路政和养护部门调用装载机牵引失去动力的滞留车辆，增派维修人员对自身出现故障的车辆进行抢修，争分夺秒救援被困人员和车辆。积极协调驻地政府、军警和交通行业兄弟单位，多方争取人员、设备、物资等方面的外援支持。经过连续4个昼夜的激战，率先在全省高速公路中实现雪后开通，取得了这场抗灾抢通战役的最后胜利。

文明创建结硕果

在党建和精神文明建设方面，一是继续深入持久地开展素质工程建设，组织广大党员干部认真学习党的十七届四中全会精神，充分利用公司党校平台，举办各类主题讲座4次，组织中心组学习12次，基层党支部组织广大党员干部学习20余次；二是进一步健全保持共产党员先进性长效机制，全面加强党员队伍建设，完善“三有一好”标准和考核、评比机制，深入开展“三有一好”争创活动；三是坚持“崇尚实干、注重实绩、务求实效”的“三实作风”，全面加强干部队伍的作风建设，工作效率得到了明显提高；四是积极拓展思想政治工作“六抓”格局，深入开展“五比五看、服务创优”立功竞赛活动，进一步提高了员工队伍的整体素质；五是积极配合省局完成了与襄垣县夏店村“结对帮扶”工作。

2009年度，公司党委、养护中心党支部分别被省局党委、省厅党组授予“先进基层党组织”荣誉称号，潞城收费站继续保持了国家级“巾帼文明岗”荣誉称号，东阳关收费站获国家级“青年文明号”，公司及基层各单位全部进入市级“文明单位”行列。

（责编　梁锦华）

山西省晋城高速公路有限责任公司

□ 张三宏　赵树森

2009 年，公司全面贯彻落实科学发展观，紧紧围绕“1106”（一个总体目标，十项主要工作，六项具体要求）发展规划和目标，团结协作，开拓创新，圆满完成了各项工作任务。

区域整合工作平稳推进

2 月 13 日，按照省交通运输厅党组、省高管局党委的决策部署，晋城高速公路建设管理处和山西省高速公路管理局晋城管理处整合，成立山西省晋城高速公路有限责任公司。

整合期间，公司牢牢把握“稳定”和“发展”这两个主题，进一步统一思想，提高认识，干部职工在思想和行动上自觉与厅党组、局党委保持高度一致，不折不扣地贯彻落实好省厅党组关于高速公路整合的重大决策，做到讲政治、讲党性、讲正气、讲大局、讲原则、讲风格，严明组织纪律、人事纪律、财经纪律、工作纪律，确保区域整合工作平稳、规范、有序、渐进进行。

成功实施晋阳高速公路大修

晋城公司将晋阳高速公路大修工程作为公司整合后头等大事来抓，组织有力，行动迅速，于 3 月 3 日成立晋阳高速公路改造工程领导组，全面启动晋阳高速公路大修工程，9 月 22 日提前 38 天竣工通车。大修工程以路面加铺为主，同时完善边坡防护、桥梁加固、隧道照明、交通安全设施等工程，对原路面强度不足路段进行了局部就地冷再生处治，全线加铺沥青稳定碎石基层和沥青混凝土面层，对石质易碎落边坡以及三座三类天桥进行了加固处治，并严格按照高速公路标准完善相关交通设施。共完成沥青稳定碎石基层 1 948 996.91 平方米，沥青混凝土面层 57 360.86立方米，就地冷再生 104 001.34 平方米，边坡挂网 30 195.93 平方米，总投资 2.016亿元。

工程实施中，严格控制工程质量，狠抓安全生产，加强廉政建设，大力推广应用新技术、新设备、新工艺、新材料，实现了质量、安全、廉政、工期四个目标。大修工程冷再生技术和 LED 灯具的应用在 11 月 3 日至 5 日省局召开的全省高速公路精细化管理推进会上予以推广展示。

理顺人事手续取得新进展

公司领导倍加关心事关职工切实利益的人事手续问题，把此项工作作为公司整合后一项重要工作来抓，多次召开会议研究部署，责成专人负责，主动与省厅、省局沟通协调，积极争取政策，本着以人为本，尊重历史，实事求是，客观公正的原则认真组织开展调查摸底、走访取证、梳理汇总和公示上报等工作，理顺人事手续取得实质性进展和历史性突破。晋阳路建设期间 24 名人员和晋济路建设期间 23 名人员的人事手续已得到理顺。

晋阳路中层干部、借调人员和晋济路运营初期借调人员人事手续正在进一步加紧协调，有望尽快得到解决。

运营管理步入规范化

公司认真贯彻落实全省高速公路精细化管理推进会议精神，以提升运行服务质量、运行管理效率和运营管理效益为核心，全面推进精细化管理，着力加强制度建设，强化目标管理和过程跟踪验证，转变工作作风，加强队伍建设，收费、路政、养护、信息、安全应急、服务区等各项管理工作以及党建和精神文明建设取得明显成效和长足进步，高速公路安全保畅能力、公共服务能力、突发事件处置能力和行业创新能力得到全面提升，为服务地方经济社会发展、人民群众安全便捷出行以及社会主义新农村建设发挥了积极作用。

养护管理。晋阳高速公路在半幅封闭施工，半幅限速通行条件下，加大道路保洁和巡查力度，及时修复完善各类设施，确保安全畅通。晋济高速针对桥隧比例多的特点，大力推广机械化清扫作业，减少安全隐患，节约养护成本。着力加强对仙神河大桥和观测台的养护管理，充分体现了绿色晋济、科技晋济、人文晋济、旅游晋济的管理理念。以全国造林绿化现场会在晋城召开为契机，对晋济、晋阳沿线绿化带进行了修剪造型，补植苗木，提档绿化，确保了绿化树木的层次性、色彩的协调性和地域的适宜性。

收费管理。在国际金融危机加深蔓延、全省撤销政府还贷二级以下公路收费站以及晋阳高速公路大修工程等影响下，大力开展促营销，增费收活动，稳定增加费收。组织各收费站扎实开展“降差错，强业务，促提高”专项整改活动，入口发卡差错率均降至0.7‰以下。加大收费稽查力度，对闯卡逃费、倒卡换卡行为、假军车、假鲜活农产品车辆进行了严厉打击，确保了通行费应征不漏，应免不征。

路政管理。突出抓好晋济、晋阳路政管理和晋阳路大修工程交通管制工作。加强建筑红线管理，5月中旬对晋阳路K9公路两侧非法采石进行了集中查处，对侵害路产行为给以严厉打击和震慑。加强交通秩序管理，采取有力措施对晋济仙神河大桥实施了交通安全和秩序管理，确保了游客及过往司乘人员安全通行。深入推进阳光工程建设，大力推广应用车载移动办公系统，实现了路政管理远程监控和实时视频信息传输。强化执法人员教育培训，全面提升执法能力和水平。着力加大运输煤层气车辆安全监管力度，确保了晋阳高速公路大修期间市区民生用气需求，并通过采取全天候放行、夜间行驶必要时护送、收费站优先通行等措施，有效缓解了10月份晋城市部分煤层气加气站供气紧张现象。

严格按照“机构不散，责任不变，措施不松，力度不减”的原则，深化治理超限超载工作，巩固治超成果。加强治超站点建设，美化亮化工作环境，树立良好窗口形象。加强地磅维护管理，确保检测数据准确无误。继续宣传贯彻治超两个《办法》，严格禁止禁行车辆和违规车辆上路行驶，确保道路安全。

信息管理。认真做好突发事件上传下达和协调沟通工作，确保紧急情况下响应及时，保障有力。加强网络安全管理，及时排除设备故障，提高运行能力。加大对中心监控、隧道监控、通信设备及收费系统的维护清洁力度，保证图像清晰，上传及时。严格按照程序组织实施了晋济路雾灯诱导系统和供配电设施改造等专项工程，确保了行车安全和信息畅通。

财务管理。充分发挥好“龙头”和“闸门”作用，深化财务预算管理，有效节约管理成本，提高资金使用效率。严格执行请示报告制度，重大问题及大额资金使用由班子成员集体研究，协商解决，确保了资金使用安全。扎实做好治理“小金库”工作，吃透文件精神，严肃财经纪律，切实做好源头防腐工作。加强财务审计与监督管理，对事前计划、事中执行、事后考核三个环节进行严格监督控制,无一例违规违纪现象发生。

安全生产形势基本稳定

大力开展安全生产专项整治活动,强化安全目标管理,加大安全检查和隐患排查力度,针对重点部位、薄弱环节、危桥险路及事故多发地段制定了安全防范措施,建立健全了隐患排查档案,切实做到整改责任人、整改期限、整改资金、监控措施和应急预案五落实。紧紧围绕"关爱生命,安全发展"这一主题,扎实开展了安全生产月活动,强化宣传教育,营造浓厚氛围。着力加强应急管理,建立突发公共事件领导组,完善各类应急预案,强化应急队伍建设,经常性组织开展应急预案培训演练,提高紧急救援和突发事件处置能力。建立健全路政"530"紧急救援机制,成功处置了2月17日晋济路段K7处九车连环相撞事故。11月10日到12日,面对历史同期罕见的强降雪,公司及时启动突发公共事件一级响应,科学组织,缜密部署,采取有力措施积极应对,在短时间内清除道路积雪,达到省局通行要求,为司乘人员创造了良好的道路通行条件。

深入推进党风廉政和文明建设

认真组织开展了学习实践科学发展观晋济路"补课"活动和晋阳路"回头看"活动,进一步提高了党员干部坚持改革开放、推动科学发展、促进社会和谐的能力。进一步巩固深化"六抓"格局,大力开展"三有一好"争创活动,有效激发了党员及基层组织的积极性和主动性。以纪念建国60周年为载体,认真组织开展了"同庆祖国华诞,共建和谐高速"系列文体活动,进一步丰富了职工的精神文化生活,增强了感召力和凝聚力。大力开展送温暖献爱心活动,踊跃向灾区捐款捐物,多次走访慰问离退休人员、老党员、老同志及一线职工,及时把组织的关怀和温暖送到他们心中。深入开展"五比五看、服务创优"立功竞赛活动,进一步挖掘创建内涵,丰富创建形式,完善长效机制,提升创建品位。深入推进党风廉政建设,严格实行党风廉政建设责任制,积极完善"三重一大"实施办法,切实提高制度的执行力和约束力。把政风行风建设纳入工作目标管理,着力解决社会群众反映强烈的热点和难点问题。严格治理公路"三乱",实现了无"三乱"目标。深入开展了治理商业贿赂和工程建设领域突出问题的专项活动,严格实施工程招投标制、双合同制及主要领导负责制,从源头上杜绝和预防了腐败现象发生。

(责编　梁锦华)

山西省高速公路开发有限公司

□高耀华

2009年,公司上下认真落实科学发展观,紧紧围绕"服从、服务于高速公路管理工作"这条主线,立足市场、艰苦创业,大力加强党建和精神文明建设,圆满完成了各项工作任务,取得了较好地成绩。

以科学发展观为指导 工作取得可喜成绩

作为高速公路管理系统中以路面大中修养护施工、预防性养护施工、桥梁伸缩缝制作安装以及道路与桥隧检测为主要业务的经营性开发企业,公司始终把服从、服务于高速公路管理工作作为中心工作。一年来,公司领导班子带领全体职工艰苦奋斗、干事创业,全年完成总产值近2亿元。其中,路面大中修养护项目完成产值1.2亿元,微表处业务完成产值4000万元,桥梁伸缩缝制作安装及桥梁加固维修业务完成产值3000万元,其他业务完成产值100万元。全年安全生产实现零事故。

队伍的战斗力和公司的整体形象有明显提高。全省高速公路管理事业的健康发展为开发公司提供了广阔的发展平台,但如何发展好关键要靠自身的努力。为此,公司在全体员工中,大力开展使命感、责任感和危机感的宣传教育,引导职工树立企业靠发展、我靠企业生存的理念,激发职工谋发展的热情,求进取的激情,争一流的豪情;在此基础上,强化职工的效益意识和品牌意识,严格要求职工在工作中讲效益、讲信誉,从而自觉提高工作质量和服务质量。2009年,东环高速桥梁护栏改造项目施工受到了省厅、省局的一致好评,晋阳路大修改造项目施工受到了业主及晋城市政府的嘉奖。

技术力量和施工水平有了明显提高。一年来,公司大力推进精细化管理,在做精做细上下工夫,坚持以一流的管理、一流的技术、一流的服务、一流的质量占领市场。年初,凭借优良的技术队伍、先进的机械设备、良好的施工业绩一举在晋阳路大修改造项目中中标。施工中,公司从技术人员的配置、设备的配置、施工组织计划等方面都做了精心的安排和科学的部署,并按照项目要求对重点环节进行重点技术把关,特别是在就地冷再生水稳粒料施工中,从配比设计、骨料添加到再生摊铺等各道工序都做到了严格把关,确保了整体工程质量的优良。在微表处施工中,及时调整、优化沥青配方,改进混合料级配,改进施工工艺,使微表处施工真正实现了2小时开放交通,路面噪音大大降低,接缝平整度有所提高。桥梁加固施工中,采用了将粘贴钢板、粘贴碳纤维布、裂缝注胶、横隔板加固等多种施工工艺应用于桥梁加固维修项目,收到了良好效果。特别是在东环高速护栏改造项目施工中,根据实际情况,提出了改开槽埋筋为植筋的方案,并在安全防护措施中设计了利用脚手架搭建安全防护栏的方案,得到了业主的充分肯定,为工程的顺利实施奠定了良好的基础。与山西大学合作研发了《高速公路桥梁安全评价系统》，新系统建立了完善的桥梁基本信息录入与保存及自动更新的功能，可实现在相应界面输入最新的桥检结果后，自动生成桥梁定期检查报告。

规范化、制度化、科学化管理水平有了明显提高。以9000质量管理体系为纲，不断规范各项基础管理工作，首先是规范工程项目管理，制定了一系列的规章制度，使项目管理流程更加规范化、精细化，达到了降低成本、提高效益的目的。其次是规范财务管理，制定了《2009年度财务管理费用计划》、《工程成本核算管理办法》、《财务会计工作检查办法》等相关计划及制度。同时，充分利用现代科学技术，使财务核算电算化和网络化有效结合，实现了与部分基层单位的RAS远程服务连接，大大节省了人、财、物的消耗，降低了财务核算成本、简化了财务核算程序。其三是规范机务设备的管理，进一步建立健全了机务设备管理的三级管理体系，明确了公司部门、基层单位、使用单元在机械设备管理过程中的职责和权限，有效地提高了设备的使用率和完好率。

员工的综合素质和业务技能有了明显提高。采用“请进来、走出去”的方式，大力加强培训工作。一年中，公司所属单位先后参加了全国性的各类技术培训班近10次，培训人员达100余人。为了增强培训效果，要求员工撰写心得体会和技术论文。通过不断培训，员工素质较前有了明显提高，初步形成了一支结构合理、技术全面的专业队伍。

安全生产管理有了明显提高。本着“安全第一、预防为主”的方针和“以人为本”的安全管理理念，以全面落实安全生产责任制为核心，强化安全生产目标管理，与各基层单位层层签订了安全生产目标管理责任书，建立健全了安全生产目标责任制度，坚持和完善考核指标体系，形成了目标明确、责任明确、上下合力、齐抓共管的管理体系；同时，以着眼于治理大隐患、防大事故，以减少一般事故，杜绝重特大事故为目标，加强安全隐患排查治理工作，建立了重大隐患和重大危险源数据库，完善“一患一卡”管理制度，促进了各基层单位安全生产长效机制的建立；深入开展安全生产宣传教育和培训工作，精心组织了以“关爱生命、安全发展”为主题的“安全生产月”活动，开展了“安全知识竞赛”活动，强化特种作业人员的岗前培训和持证上岗工作，坚持安全例会制度、岗前安全嘱咐制度，做到警钟长鸣、举一反三、常抓不懈。2009年，公司的安全生产形势良好，未发生一起安全责任事故。

加强党建和精神文明建设 实现企业全面发展

一年来，公司党委坚持“两手抓、两手硬”的方针，围绕生产经营工作的难点和重点，积极开展党建和文明创建活动，取得显著成效，

加强党的组织建设。规范了基层支部设置，健全了组织体系，严格了组织生活，坚持落实“三会一课”制度，坚持党员领导干部过双重组织生活制度，完善了党内情况通报、反映制度。

加强党员的思想建设。在公司范围内组织开展了“中华魂”读书教育活动，开展了“迎国庆、我为祖国喝彩；比贡献、我与企业共成长”征文活动，并进行了评比表彰。积极组织党员学习中国特色社会主义理论体系内容，组织党员学习十七大报告、学习胡锦涛总书记在中纪委三次全会上的讲话、“六个为什么”等，进一步提高了党员的思想政治素质。

加强党风廉政建设。按照中央关于党风廉政建设和反腐倡廉工作的总体要求和决策部署，制定了党风廉政教育计划，组织党员干部学习了《党章》、《纪律处分条例》、《党内监督条例》和中纪委六次全会精神；积极组织开展了反腐倡廉宣传教育活动；建立健全了责任分解、廉洁从业、述职述廉、民主评议等

管理制度;逐级签订了党风廉政建设责任书,并重点抓了施工项目的“双合同制”,与项目负责人签订了《廉政目标责任书》。一年来,公司未发现一起违反党风廉政建设的案件。

加强群团工作。7月,按照程序,成立工会筹备组,逐级选举会员代表,召开了会员代表大会,健全了工会组织;组织开展了“三八”妇女节的节日慰问工作以及“博爱一日捐”等献爱心捐款活动。

文明创建工作深入发展。按照“建设一流队伍、培育一流作风、创建一流业绩”的目标要求,开展了省直“文明和谐单位”创建活动和青年文明号创建活动,制定了《山西省高速公路开发有限公司精神文明建设工作考核机制》、《山西省高速公路开发有限公司精神文明建设工作管理机制》等一系列规章制度。在创建活动中,实行定项目、定目标、定责任、定进度、定考核的“五定”工作管理办法,采用月度考核与日常检查相结合的检查监督机制,有效地提高了创建效果,公司继续保持了“省直文明和谐单位”的荣誉称号。

(责编 梁锦华)

山西省交通信息通信公司

□ 赵文华　温廷全

2009 年，公司深入贯彻落实科学发展观，全力实施公司“1243”战略发展规划，充分结合自身经营特点，创新发展思路，提升经营理念，拓展业务范围，深化企业建设，全面推动科学发展，在增强企业生存能力，巩固业务发展，提高经营管理工作水平等各方面取得显著进步，圆满并超额完成了全年各项工作任务。

顺势而上　经营业绩不断攀升

截至 2009 年 12 月，上缴税金同比增长 33.7%；实现利润同比增长 35%；缴纳职工六险一金同比增长 9.8%。软件开发 QC 小组获得交通部优秀 QC 小组称号；监理部电力监控系统 QC 小组获得山西省优秀 QC 小组称号；连续 7 年保持了省直“文明和谐单位”称号，取得经济效益和精神文明建设双丰收。

谋划长远　市场开拓突飞猛进

*政策性扶持鼓舞人心。*一年来，公司领导班子积极争取省厅、省局对国有企业的政策性支持，9 月、10 月，省厅、省局召开专题会议研究扶持公司发展政策，明确信通公司为省高速公路管理局直属企业，并在下发会议纪要中明确指出，今后省厅新建高速公路机电工程的施工、监理招投标，同等条件下优先信通公司承担；新建高速公路（含 BOT 项目和地方建设项目）统一使用信通公司联网收费软件；招投标范围内的运营高速公路小型机电专项改造工程，委托信通公司统一实施；信通公司参加高速公路不停车收费系统（ETC）工程建设并承担系统建成后的联网运营管理、营销网点建立及维护、客服管理等运维公司性质的社会化服务；由信通公司对全省高速公路机电系统统一维护。这些扶持政策的取得，在公司 15 年的发展历程上，起到了分水岭和里程碑式作用，从根本上解决了企业长期没有稳定业务的实际困难，为公司的和谐、可持续发展注入了前所未有的强劲动力。

*市场开拓力度不断加大。*一是进一步拓展业务渠道，扩大生存空间，在继续承接 2008 年机电工程检测实验室筹备工作的基础上，组织对公司相关人员进行了机电检测业务培训，提高技术人员的检测业务能力。于上半年配合交通部质量监测站完成了山西省离军高速公路机电工程项目试验检测工作，有力地锻炼了检测队伍；二是积极与省内外同行业单位取得联系，加强横向交流沟通，共同应对市场冲击；三是全面加强了产品推广职能，公司市场部协同各业务部门把握时机，及时制定公司软硬件产品销售流程，产、销、售后服务分开，各负其责，做到职责明确，流程化管理，为公司下一步的产品推广工作奠定了坚实的基础。

*市场开发成果成绩喜人。*2009 年，在高速公路机电系统施工方面，成功中标山西大

同至右卫高速公路机电工程，青海省高等级公路联网收费硬件改造工程，山西闻喜至垣曲高速公路机电工程等3项大型施工项目；在高速公路机电监理方面，成功中标太原至佳县高速公路东、西两段机电监理，高平至新乡高速公路高平至陵川机电监理，晋城环城高速公路西北段机电监理，山西省高速公路阳城至翼城段机电工程施工监理等7项大型监理项目，其中太原至佳县高速公路东段机电监理中标合同价416.6万元，控制投资3亿元，创单项监理合同额最高；在高速公路机电系统运营改造工程方面，成功取得太原、大同、吕梁、临汾、运城、晋城等公司22项机电改造任务；在软硬件产品推广方面，成功完成了运城南环、翼侯、大同南站收费软件的安装调试工作。于2009年上半年，成功与运城南环签订了微软软件销售合同。与大呼、忻阜、忻保、太佳、闻垣、高陵、晋城环城等在建高速公路管理单位取得联系，达成软硬件产品供货意向，自2006年到目前，公司联网收费软件产品在省内新建高速公路推广率达100%。联网收费软件市场无一丢失。

市场方向脉络日趋清晰。公司依托省厅、省局支持及自身不断努力，已形成了集高速公路机电系统工程施工；高速公路机电系统工程监理；高速公路机电系统维护；高速公路机电系统运营改造；高速公路机电系统软硬件产品研发与推广；高速公路不停车收费系统（ETC）工程建设、运维业务为一体的清晰的市场脉络，为公司实现科学、和谐、快速发展奠定了坚实基础。

强基固本　业务工作稳步推进

在高速公路机电系统维护方面，继续完成省高速公路信息监控中心、悦达京大公司、得大、太祁、祁临、夏汾、临汾、晋阳等高速公路公司机电系统维护任务，所维护路段机电系统正常运行率达99%以上，设备完好率达99%以上，全力保障了各高速公路公司机电设备正常运行，并全面确保了各路段机电设备的完好率，提高了全省高速公路机电设备的使用寿命。同时，公司维护部还对2008年完成的吕梁、临汾、祁临、大同机电改造工程及全省高速公路服务区信息监控建设工程的收尾工作继续跟进。

在建立良好的机电维护的基础上，公司还先后取得吕梁高速薛公岭隧道电力监控，夏汾汾离路段收费站信号灯改造、UPS电池更换、摄像机和显示器更换；军渡收费站现金通道建设工程；祁临高速收费系统改造、监控系统改造、收费系统（车道控制器）改造、雾灯项目改造、车道收费设备改造、外场视频检测和路侧监控系统改造工程；临汾高速可变情报板改造工程、光电缆迁移工程等机电改造任务。目前，吕梁开栅收费站新增车道、军渡收费站非现金通道改造、祁临收费系统改造工程已顺利验收，临汾高速光电缆迁移工程、临汾高速可变情报板改造工程、吕梁高速薛公岭隧道电力监控等工程顺利进行中。

在高速公路机电系统施工方面，一方面，公司积极组成精干施工技术队伍实施新开工建设工程。先后完成晋济雾灯诱导系统工程；“1166”信息网通信光缆项目；临汾公路分局远程监控机房搬迁工程项目；运城LED屏施工安装项目；晋城公司UPS的更换工作；另一方面，对2008年已完成项目进行维护，未完项目继续跟进，努力做好陕西蓝商机电工程项目后续工作。2009年3月，侯禹高速公路机电工程项目通过了交通运输部通信交通管理工程质量监督站的检测，合格率为100%。并于6月完成竣工验收工作，经侯禹公司建设项目质量检验评定为98.40分，质量等级合格。

在高速公路机电建设监理方面，承接去年继续实施的项目有福建泉三高速公路机电监理，山西运城绕城高速西南段机电监理两个项目，其中福建泉三高速公路机电监理项目已完成95%，山西运城绕城高速西南段机电监理项目进展顺利，进入项目收尾工作阶段。公司西班牙贷款办于2009年下半年完成西班牙贷款项目全部还款工作,并对该项目相关资料进行了整理和完善,目前,该项目全部设备已安装完成,进入最后调试和项目后期完善阶段。

精益求精　经营管理日新月异

全面加强资质管理工作。相继完成了公司营业执照、组织机构代码证及计算机集成三级资质的年检工作;出台《山西省交通信息通信公司工程技术人员获取技术职务及相关执业资格奖励制度(试行)》,充分调动了职工积极性。

不断加大项目管理力度。一是严格执行公司《合同管理办法》,审核、整理、归档合同136份;二是要求公司各项目部严格执行按月上报项目进行情况的规定,为精细化管理提供了详细准确的依据;三是努力加大项目回款力度,有力地保证了公司的良性发展循环。

切实保障职工利益。公司结合新颁布的《劳动合同法》,进一步严格执行岗位工资制,完善职工请假和休假制度,稳步提高职工收入,切实保障职工利益,全年职工六险一金上涨10%,职工年终奖金统一上调8.8%,工资基数统一上调8.8%,于年底,统一为职工购置了工作服,增强了职工的向心力和归属感,为公司形成团结奋进,努力拼搏的团队精神提供了有力的保障。

努力增强公司核心团队建设。5月,公司组织领导班子和中层干部进行了以"为梦想,共飞翔"为主题的团队拓展训练活动。进一步激发了参训人员的内在潜能及工作热情,创造了互相沟通的机会,提升了企业的凝聚力、执行力和创造力,增强了员工为公司发展全力付出的责任感与使命感。

夯实基础　技术实力不断攀升

努力做好课题研发工作。公司承担的《超限治理联网管理系统开发》课题按合同要求已开发完成并进入试运行阶段。

注意增强软件研发技术实力。对各路段已投入使用的《山西省高速公路计重联网收费软件》、《高速公路超限检测软件》等软件产品进行有效维护,并对汾阳高速公司进行了超限检测技术培训;完成了《高速公路计重联网收费软件》的软件著作权登记、软件检测、软件登记;会同飞捷软件公司对《高速公路计重联网收费软件》进行非现金结算模块开发,已开发完成并成功通过内测。

全面加强人员培训工作。制定了公司2009年度培训计划、出台了《公司培训及继续教育制度》(试行稿),组织外部培训8期,56人次,内部培训5期168人次,职工全面学习了公司各项管理制度、管理规范、新员工业务知识、监理专项业务知识等内容,完成了高速公路收费系统、通信监控系统及相关软件系统的学习与考核工作,建立了公司业务知识题库,完成了公司《员工手册》的初步编制工作。

专业技术队伍继续壮大。2009年,公司12人取得机电检测工程师执业资格,2人取得交通机电工程监理工程师执业资格,3人取得交通机电工程专业监理工程师执业资格,2人取得网络工程师执业资格,3人通过高级工程师评审,11人通过助理工程师初级技术职称评审,增幅速度为历年之最。

围绕核心　党工团工作再上台阶

巩固深化学习实践科学发展观活动成果,把学习实践活动作为提升科学发展水平的重要机遇,作为推动各项工作的强大动力,保持和发展了公司团结向上、干事创业的好势头、好局面、好氛围。认真开展"回头看",对领导班子提出的5个方面问题全部得到整改;充分发挥基层党组织推动发展、服务群众、凝聚人心、促进和谐的作用,努力把基层党组织建设成为贯彻落实科学发展观的坚强堡垒。认真贯彻落实新修订的《中国共产党和国家机关基层组织工作条例》,着力提高基层党组织的学习能力、教育能力、创新能力、服务能力，进一步扩大党的工作覆盖面，创新活动方式，激发组织活力，不断提高党组织的创造力、凝聚力和战斗力。

深入开展党性党风党纪和反腐倡廉教育。一年来，公司党支部组织公司全体党员领导干部及业务骨干认真学习贯彻胡锦涛在中纪委十七届三次全会上的重要讲话精神和省委《关于加强领导干部党性修养大力树立和弘扬良好作风的意见》，落实"六个着力"、树立"新三观"（正确的事业观、工作观和政绩观）。以贯彻落实《建立健全惩治和预防腐败体系2008－2012年工作规划》为重点，扎实推进惩治和预防腐败体系建设，严格执行党风廉政建设责任制，全年无违规违纪行为发生。

2009年年初，公司利用春节前后一个月的时间，组织开展了第二届"信通文化周"职工系列文体活动，活动内容包括篮球、乒乓球、象棋、跳棋、踢毽子等丰富多彩的项目。活动以部门为单位，职工们根据个人特长和喜好，积极踊跃报名参加。通过"信通文化周"的举办，进一步丰富了职工的文体生活，增强了职工的向心力和凝聚力，为构建和谐企业营造了良好氛围；"七一"期间，公司党支部组织全体党员及业务骨干，赴河北易县狼牙山开展专题教育活动，重温入党誓词，回忆了党的丰功伟绩，同时还要求全体党团员业务骨干一定要自觉增强党性，树立正确的人生观、价值观，坚定共产主义信念，在本职岗位上发挥先锋模范作用；"五四"青年节期间，为进一步弘扬"五四"精神，培养公司青年奋发向上的奋斗精神，公司团总支组织团员开展了"点燃激情、奉献信通"座谈会，登山活动，羽毛球、台球比赛等一系列活动，在教育团员，丰富团的生活的同时，又为公司进一步提高和巩固党工团齐抓共管的良性格局奠定了坚实的基础。

（责编　梁锦华）

山西省高速公路收费管理结算中心

□范双成

2009年,中心领导班子带领干部职工深入落实科学发展观,紧紧围绕"三个服务"和省局目标责任制,以创新和精细化的管理为理念,各项工作积极开展稳步推进。

加大力度提高通行费收入 强化通行费征收管理

全年全省高速公路通行费收入完成69.92亿元,同比减19.78%。其中:预算内单位通行费收入完成55.97亿元,同比减15.25%;经营性单位通行费收入完成13.95亿元,同比减33.94%。

全力克服国际金融危机、税费改革等因素造成的不利影响,进一步强化通行费征收管理,针对出现的新情况新问题挖潜堵漏,采取了三项积极应对措施。一是加大稽查力度,创新稽查手段,完善了省局、管理公司、收费站三级联动稽查机制。1至3月开展收费人员不规范操作和违规操作专项治理,4月开展漏费点拉网式专项排查,6月、10月、11月开展针对"绿色通道""人情车""假军车""车型不符"等多项联合稽查行动,全年共查处不规范操作6324人次,待岗培训121人,降职降级处罚85人次,经济处罚527人次,开除12人;同时对个别倒卡、换卡、持假证件等偷逃通行费的不法行为与公安部门配合,共追回直接经济损失近205万元。二是针对计重收费车辆逃费方式,与软件开发单位和计重设备厂商共同研究,对计重设备和称重软件算法进行优化改进,调整计重设备参数,建立修正模型,在收费软件中增加称重信息异常报警功能,有效减少车辆逃费行为,确保了通行费"应征不漏、颗粒归仓"。三是完善了与运输大户定期联席会议制度,主动掌握客户需求,积极探索稳定和吸引大批量(定点、定时)车辆行驶高速公路的优惠政策。经过共同努力,全省高速公路实现通行费收入69.92亿元。

科学分析认真测算 筹融资工作圆满完成

为新建高速公路建设项目筹集资本金是省厅在新形势下赋予全省高速公路管理系统的历史重任。中心根据经济社会发展的总体态势和高速公路运营情况,经过认真调研和测算分析,编制了《山西省政府还贷高速公路资金需求及现金流测算分析报告》,为依托政府还贷高速公路开展项目资本金融资工作提供了决策基础依据和融资工作的新思路;之后根据省厅的指导意见,提出6个筹融资方案,使筹融资工作思路不断清晰,方法不断完善;全年通过流资贷款、信托理财、搭桥贷款、中长期周转融资共落实资本金融资351.6亿元,圆满完成新建高速公路的资本金筹集工作。

创新机制精细化管理 收费管理水平高效有序

为了认真贯彻落实省局提出的"积极推

进精细化管理，进一步提升服务能力”的工作任务，及时制订《山西省高速公路管理局收费工作精细化管理实施方案》，9月18日在运城组织召开收费工作精细化管理推进会，同时邀请专家针对精细化管理有关内容举办了专题讲座。在精细化管理推进的过程中，确定了以树立“细节意识、服务意识、规则意识、系统意识”和提升执行力为重点的管理工作方向，明确了立足收费常规管理、正确处理“继承、借鉴、创新”关系的管理理念，制订了“员工”精细化管理、“现场”精细化管理、“业务”精细化管理、“服务”精细化管理、“后勤保障”精细化管理五个方面的工作标准，确立了全面实现强化收费队伍建设、健全管理体系和提升服务水平三大管理工作目标，有力地促进了全省收费系统形成高效的持续创新机制，推动收费工作持续、协调、健康发展。

加强窗口形象建设
提升收费服务水平

组织开展收费业务技术比武。为了进一步提升收费窗口形象建设，提高收费人员业务素质、操作技能、服务能力，提高收费站放行速度和文明服务水平，展示全省高速公路收费队伍建设成果，中心联合省总工会、省劳动和社会保障厅、省妇联、省旅游局组织开展山西省高速公路女职工职业技能大赛暨第四届高速公路系统收费业务技术比武活动。本次竞赛活动历时两个多月，取得了令人瞩目的成绩，共有16个集体、16名个人获得省总工会、省劳动竞赛委员会的奖励，13人次打破多项竞赛纪录，其中：客车放行速度达到13″00/辆，货车放行速度14″13/辆，点钞速度23″06/200张，点卡速度16″47/200张。活动的成功举办，进一步激发广大收费人员学技能、提素质、讲文明、树形象的工作热情，选拔出了一批岗位服务标兵和业务技术能手，再次掀起“比放行速度，看窗口建设”立功竞赛新高潮。

组织开展收费站文化建设和QC攻关活动。为进一步增强全系统收费员工的文化意识、问题意识、管理意识、改进意识，激发一线员工参与收费管理，提高工作质量，提升服务水平，在全省高速公路收费系统开展“收费站文化建设”和以“提高快速放行能力和收费站节能降耗”为主题的QC小组活动。建立了规范有序的活动管理体系，搭建了活动成果推广转化管理平台，全系统登记注册的QC小组75个，占收费站总数的55%，其中：提高放行能力小组54个，节能降耗小组21个。通过专题研讨、成果交流、参观学习等形式组织各公司、各站之间的交流学习，选用优秀的研究成果，在各公司、收费站推广应用，进一步提高了窗口服务水平。

组织开展顾客满意度调查活动。从2007年开展顾客满意度调查工作以来，中心根据各期测评结果，认真总结、逐项分析，高度重视报告中反映出的问题及意见建议，并将分析结果在全省通报。2009年，通过对往年顾客满意度调查报告的深入研究，深挖问题根源，寻找差距，寻求对策，研究确定了优先改进收费服务的便利性、畅通投诉及投诉反馈渠道、强化收费员应知应会及服务技能等8项针对性较强的应对措施，使收费系统满意度进一步提升，成效显著。

着眼应用注重创新
提升收费技术水平

顺利实施了联网收费软件及配套设备升级改造工程。通过认真调研、多方论证，编制了《山西省高速公路联网收费软件优化升级方案》、《刷卡收费软件二期工程招投标方案及施工组织方案》、《省结算中心监控管理平台建设方案》、《顾客满意度评价系统实施方案》，为升级改造做了大量前期工作。9月5日，组织召开项目方案评审会，按照评审专家意见，形成了具体的实施方案。11月19日，完成了《山西省高速公路非现金结算系统建设项目联网收费软件及配套设备升级改造工程》招标文件的评审，明确了工程内容，开工时间等详尽内容。11月20日，在《中国采购与招标网》和《山西招投标网》上发布招标公告，随后按程序开标、评标、考察、公示确定了中标单位。目前中标单位、监理单位已按照合同约定进场，全省收费系统设备升级改造工程已快马加鞭，进入攻坚阶段，项目实施后将进一步提升收费系统科技水平。

积极推进ETC不停车收费的建设。为了进一步改进收费方式，提高智能化水平，提升服务能力。3月，中心组织技术人员赴江苏、山东针对多软件承包商并存下的项目管理机制、收费人员业务考核智能化管理系统、稽查防舞弊管理技术、收费数据报表的智能分析决策管理系统、联网收费ETC技术、联网路段精确拆分管理及多路径识别技术等进行调研。8月，参加了交通部《全国公路联网不停车收费座谈会暨示范工程第三次部省联席会议》，按照会议精神及交通运输部《高速公路区域联网电子不停车收费初步设想》，调整了全省ETC建设的思路，重新编写上报了《全省高速公路不停车收费系统建设工程可行性研究报告》，并积极筹备ETC建设前期工作。

科技创新与应用成绩显著。2009年，中心承担"以路建路"战略构想的创新与实践研究、高速公路计重收费与建立治理超限运输长效机制两个项目通过省科技厅组织的鉴定，成果达到国内领先水平；全省收费系统开展QC小组活动75项，其中3项获得山西省2009年度质量管理小组成果优秀奖，1项获得"2009年全国质量信得过班组"称号。

（责编 梁锦华）

山西省高速公路信息监控中心

□倪　津　曹世勋

2009年是全省高速公路发展极具挑战的一年，也是高速公路信息监控管理工作抢抓机遇、加快发展、深化改革、不断创新的关键之年。全省高速公路信息监控系统广大干部职工牢固树立科学发展观，全面推进精细化管理，不断强化行业监管职能，着力提高公共服务能力、进一步提高整体管理和服务水平，全省高速公路信息监控工作得到持续稳定健康的发展。

强基固本做精做细
机电管理取得新成效

2009年，全省高速公路机电管理工作以精细化管理为主线，以提高机电设备完好率为基础，以提高机电系统整体效能为手段，以提升监控指挥调度信息化水平为目标，强化系统功能与安全保障体系，加强行业管理力度，扎实稳步开展了机电系统巡检、排查工作，统筹掌握了各路段机电系统设备配置情况、运维状况；进一步加强维护工作考核力度，量化了考核指标，强化了安全管理监督；进一步加强系统功能完善整改建设，提高了信息管理与服务、应急保畅能力；进一步加强科技创新和交流培训力度，有力提高了机电系统运行的高效性、安全性、稳定性、可靠性。

*积极推行精细化管理。*初步建立了全省高速公路机电系统信息化管理平台，以机电平台的推广应用为契机，建立了全省高速公路机电设备电子台账与档案，对所有设备分级分类进行了梳理；建立了电子化日常巡检维护管理制度，实时了解掌握并考核各级维护管理单位的巡检维护维修状况；建立了机电专项工程审批管理流程，保证了专项工程管理的规范性和对项目资金的有效控制。各公司基本能利用机电管理信息化平台要求，积极建立比较完善的机电设备维护体制、备品备件库和系统故障突发预警预案，大大缩短了机电故障排查和恢复响应时间。太旧公司的通信系统故障抢修流程、长治公司的机电系统巡检维护制度和朔州公司的电子巡检维护系统等，都是全省高速公路机电系统精细化管理的典型代表。

*加强日常管理考核力度。*以年度目标考核指标为依据，细化考核内容，控制考核环节，严格考核程序，全面形成"以制度管人，用事实说话"的考核氛围，全年全省通信系统完好率达到99.88%，同比增长0.26%；监控网络完好率达到99.34%，同比增长0.34%；收费系统完好率各公司除因1166工程施工和省中心二期施工造成的影响外，均能达到99%。全省机电日巡检上报率达到99.76%，同比增长0.15%，全省机电日报反馈率达到99.26%，同比增长0.78%。

*加强专项工程监管力度。*结合受国际金融危机影响，2009年全省高速公路管养资金面临一定压力的情况，严把专项工程审批关，保证一批管理和服务急需的以及直接影响系统正常运行的工程优先实施。全年共审批专

项工程63项，涉及收费网络、监控、通信、供配电、隧道机电以及信息化各个领域，累计批复资金4751万元。同时，通过加强机电专项工程验收管理，严格规范了工程验收程序，并从施工过程监督与专项资金控制上进行了强化。全年累计组织验收专项工程40项，开工率100%，竣工率达64%。

加强业务技术及应急保障体系。重点建立防病毒、入侵检测、安全认证、数据加密、容灾备份等系统，按照"等级保护、分域防护"的策略，建立起系统分域保护框架，制订了《山西省高速公路管理局办公内网安全管理办法(试行)》、《山西省高速网站安全及保密制度》、《省局办公网审计系统运行管理办法(暂行)》、《安全保密制度》和《山西省高速公路收费网络安全整改方案》等一系列相关制度。建立了完善的机电系统故障抢修应急预案与处置流程，并加强对预案的日常应急演练，增强了应急意识，提高了应急能力，保证了各系统突发故障后的及时恢复和稳定运行。

服务管理服务社会
信息服务水平全面提升

一年来，全省高速公路信息服务工作在提升服务水平、拓宽服务渠道上下工夫，通过可变情报板、手机短信平台、网站、省市交通台等媒介，3分钟内刷新路网信息，全方位、多途径、全天候地为社会提供准确、方便、快捷、高效的信息服务，建立了与周边省份信息互通机制，实现了路况信息共享、突发事件协作应对。

完善信息发布系统。为适应全国高速公路应急救援服务体系建设需求，完成了客服电话96565向12122的平稳过渡，通过信息媒体宣传、双号并轨运行、应急预案保障等工作，确保了热线服务的无缝隙有效衔接。全年共受理服务咨询电话194万人次，在交通系统各类网站和可变情报板发布出行服务信息14 000余条，实施紧急救援3676次。各公司均在增加可变情报板、完善门户网站等拓宽信息发布渠道方面做了大量工作，为司乘人员提供了更为及时准确的出行服务信息。

加强突发事件应急处置能力。针对新中国成立以来最大的一场冰雪天气，健全了省中心与各公司信息中心、各公司信息中心之间以及与周边省份之间的多元化、全方位信息交互机制，加强了对突发应急事件的分析总结和过程评价，进一步完善了《山西省高速公路信息监控工作突发事件应急预案》，优化了应急处置流程，提高了快速反应能力。

加强电子政务建设，积极推行网上办公。已建成覆盖局机关的计算机局域网络，初步实现了网上公文流转，提高了办公效率。进行了高速公路管理信息网的方案设计，提出了全省高速公路OA系统联网架构，规范了标准，统一了接口。各基层单位中，已建成OA系统的有11个公司，为全省管理信息系统省域联网和OA办公系统整合奠定了坚实的基础。

以管促建建管结合
信息化建设开创新局面

坚持以资源整合、信息共享为主线，在管理中探索建设思路，在建设中落实管理理念，实现了建设与管理的互相促进与良性循环。

"1166"通信专网建设。根据省厅"1166"交通信息化建设规划和要求，受省厅、省局委托，组织实施了"1166"交通信息化通信管道、光缆和通信设备的工程建设，新建管道76.477公里，置换管道63.1公里，布放光缆224.74公里，形成以省厅为核心，辐射全省市级以上交通管理部门的通信骨干网。该工程的实施，为实现全省交通系统内数据、语音、视频信号联网和搭建网络平台提供了坚实的基础和保障。

省中心二期工程建设。为进一步提升省中心的智能化管理水平，进行了省中心二期工程建设。该工程构建了全省高速公路片区中心到省中心收费数据传输公网备份链路，建立了全省高速公路收费网络网管系统与网络安全系统，搭建了以GIS系统、信息采集系统与手机定位系统为主的高速公路监控业务子系统，完成了太原环城高速公路阳曲、向阳、罗城、武宿4个互通的信息诱导系统。建立了出省口收费站、易拥堵站点交通量和特殊事件的自动检测系统。该工程的实施，大大提高了机电系统的整体功能，为高速公路司乘人员提供更加方便快捷的服务。

高速公路高效照明试点改造工程。应省发改委、财政厅及省交通运输厅对高效照明产品推广工程的要求，承担了小店收费站、清徐收费站、清徐服务区、燕家岭隧道等LED节能照明改造试点工程建设任务，用LED灯更换传统的高压钠灯，并通过对改造前后节电率、光照度、投入产出比等指标的对比分析，为高速公路节能减排积累了实际的分析数据与技术经验，探索出一条可行的路子。同时，积极开展试点推广工作，吕梁、长邯、晋阳等路段也分别在隧道以及部分收费站、服务区进行了灯具改造，取得了明显的效果。

新建路段机电系统建设技术指导。为保证新建高速公路的规划建设与现有高速公路的机电系统有效衔接、稳定并网，进行了新建路段机电系统技术衔接、建设与管理衔接和机电系统规划等研究，并以此对太佳东、汾平、阳翼等新建高速公路机电工程进行了技术审核和准入把关，加强了监管和统筹规划审核力度。太原、运城、太旧、长治、晋城等公司也分别对新接入路段的机电系统并网从规划、设计和建设等方面进行具体指导。

开展高速公路信息化“十二五”规划的编制工作。为适应全省高速公路“三纵、十一横、十一环”路网规模对信息化建设提出的新要求，在统一规划的前提下，依托高速公路骨干通信网，建立全省高速公路业务数据中心，建设完善联网收费、路政联网管理、治超管理、养护管理、机电管理和经营开发管理等业务管理系统，健全电子政务工作系统、公众信息服务系统、路网管理与应急指挥调度系统和行业综合运行分析系统，构筑信息安全保障体系、信息化标准化体系、资源整合管理和信息化建设与运营保障体系。从宏观角度统筹规划“十二五”期间全省高速公路信息化建设内容。

加大投入注重创新
提高科研能力和成果转化率

进一步加大H. 264视频技术的研发及推广力度。面对多家H. 264视频格式并存的现状，经前期反复论证与测试，与长安大学共同开发自主知识产权的被动兼容解码包以及控制协议，以实现多家H. 264视频流的统一解控与互联互通，最终打破一家垄断的局面，减轻通信压力，提升对外服务能力，提高对内管理水平。

科技创新取得新的成果。紧密结合技术创新和管理革新的客观需求，先后组织完成了《收费网络安全监管策略研究》、《高速公路监控联网智能化管理平台》、《山西省高速公路管理信息网省域联网规范化研究》等课题研发工作，为高速公路收费网络安全、智能化监控联网、信息系统全省联网提供了规范化指南，3个课题项目经省科技厅鉴定，均达到国内领先水平。

队伍整体素质得到了有效提升。通过组织业务培训、技术交流、专题会议等方式提高了全省机电系统维护工作的整体实力，实现了资源共享和优势互补，为机电系统的完好运行提供了强有力的技术支持。相继组织参加了全国高速公路机电技术研讨会、全国高速公路隧道与收费管理技术研讨会、全国高速公路监控联网技术研讨会等会议培训10余次，参加培训交流人员达到了400人次。建立了与东南大学、长安大学、西南交通大学等院校科研机构共同研究高速公路信息化发展课题的协作机制，以项目带动技术人才的培养，整体队伍素质得到了有效提升。

（责编　梁锦华）

山西中交翼侯高速公路有限公司

□王为善　姜中石

翼侯高速公路作为中交投资公司控股的山西省第一个 BOT 项目已经步入了运营管理的第二年。2009 年，公司全面贯彻落实科学发展观，坚定不移的按照三年三大步，第二年“上台阶”的要求抓管理、保稳定。保证了董事会暨中交投资公司的战略意图和各项指令的正确领会和及时贯彻，保证了省高管局提出各项工作要求的全面落实，较好地完成了各项目标任务，保证了管理“上台阶”目标的基本实现。

综合管理有新内涵

进一步完善规章制度，对运营涉及人事、收费、路政、养护、财务、合规管理等 6 个方面 40 多项制度和办法进行修订、补充和完善，这对理顺办事程序，加强重点环节，强化监督机制起到了重要作用。严格规范用工行为。按照国家政策规定社会保险缴纳基数，为员工缴纳“五险一金”，办理了商业保险。在用人上，本着公平、公正、公开的原则，组织基层管理人员和中层干部的选用，对营造和谐向上的工作环境起到了促进作用。改进绩效评估。对 2008 年公司制订并实行的绩效考评办法进行了调整和修订，用事实说话，用客观数据评分，更多地发挥了各部门、各单位的工作积极性和持续改进工作的主动性。注重业务培训。全年共投入教育培训经费 16.25 万元，参训 200 余人次。一方面采取“请进来、走出去”的办法听专家讲课，另一方面员工用自己所学之长，轮流当老师给同事们讲课，互教互学、互为师生。通过组织员工的专项培训考察活动，员工见识大长、信心大增。各基层单位相继建立了图书阅览室，为员工提供了基本的学习条件。规范合同管理。2009 年初，公司组织学习修订后的《合同管理办法》。一方面严格按照规定程序办理，另一方面做好宣贯与解读。公司先后安排法律顾问对管理层进行了《合同法》、《劳动合同法》、《招标投标法》等法律知识宣讲，增强了管理团队的法律意识和防范风险的责任。按照省局管理要求，经董事会批准，完成了路政办公楼、交警办公楼、文化中心楼的建设工作，并为路政人员配备了基本的办公生活设施。作为 BOT 项目，为理顺运营公司与路政执法的关系，经请示后初步形成对路政大队实行双重管理的格局，和路政队员签订了劳动合同、办理了“五险一金”，调动了路政人员的工作积极性和企业归属感。

主营业务有新提升

作为主营业务的运营管理收费、养护、路政、服务区四个板块，公司经过努力与磨合，服务区已具备基本营业条件，其余三个板块在硬件配制和管理上都已步入正轨，形成了较为完备的工作体系。

收费管理系统率先推行精细化管理，组织了两次 OD 调查。第一次调查证实了站级拆分账系统和计算方法的可信性；第二次调查为公司研究市场变化对通行费的影响及制定营销对策提供了依据。

进一步加大现场稽查和特殊事件稽查力度,加强对"绿色通道"运输鲜活农产品车辆等临时免费车的检查,定期组织对各收费站的收费票据、IC 卡、备用金等管理情况进行检查,全面落实收费系统涉密事项管理制度;在"五比五看"、"服务创优"活动中,通过抓形象建设,开展技能培训和业务知识考核,在2009 年 7 月,山西省第二届女职工职业技能大赛暨省高速公路系统第四届收费业务技能大赛中,公司代表队取得了收费业务技能比赛团体综合第一名、个人综合第二和第三名、文明礼仪竞赛单项第二名、二人四次打破上届记录的好成绩,有两名成绩优秀的职工还被授予山西省五一劳动奖章和个人一等功。

在收费作风建设方面,强化服务意识,杜绝冷、横、硬,促进职工变被动服务为主动服务。在山西省社情民意调查中心组织的收费服务满意度调查中,公司收费服务名列山西省第六位。

养护管理方面,首先是抓紧缺陷治理,保证了如期竣工。公司专门成立竣工验收筹备小组,针对部分路段出现的路基、台背沉降等缺陷问题研究解决办法,落实整改措施,并如期完成全部整改,在通过环保、消防、机电、档案四个专项检测验收的基础上,最终于 12 月26 日顺利通过了山西省交通运输厅组织的翼侯高速竣工验收,评定质量等级为"优良"。同时保持路况良好,保证道路畅通。坚持每季度末进行公路技术状况评定数据采集,以数据指导缺陷治理工作和日常养护工作。面对 11 月初山西普降暴雪的恶劣天气,养护人员以雪为令,迅速启动应急预案,开展除雪防滑工作,确保了雪后道路的及时恢复。

路政大队针对山西省高速公路客户满意度测评报告中提出的问题,积极落实整改措施,包括在辖区高速公路沿线设置监督救援电话,在办公区设置公示栏、意见箱和监督台,完善路政服务大厅各项功能,建立"首问负责制"、"一次告知制"服务体系,发放"阳光工程"质量回访表等。初步建立了监督办法,进一步完善监管网络体系。路政大队坚持每日最少四趟次的道路巡查制度,积极进行道路排查,强化违章建筑案件的控制管理,不定期对红线控制区进行监察。继续对两个"办法"和一个"条例"进行宣传。深入到沿线附近小学发放《公路法》、《高速公路行车常识》等宣传资料,促进沿线村民百姓增强法纪意识,加深对高速公路的了解。继续加大治超管理力度,2009 年没有让一辆超限车驶入、驶出高速公路,治理双超工作成绩显著。

服务区开业的前期工作有了新进展。公司积极配合临汾中石化公司办理加油站等经营手续,并且已经开始了超市、加油、汽车维修等业务。

创新科技有新突破

公司在全省公路系统率先提出整合治超与收费系统资源,创造性提出了利用超限设备检测出的车辆总重、轴型等信息写入 IC 卡中,通过与收费软件出口时计重设备采集的重量进行比对,来避免货运车辆中途换卡行为的发生。这一成果于 2009 年 11 月 13 日,在中国公路学会高速公路运营管理分会组织的"2009 公路超限超载与依法治超研讨会"上进行了交流,得到了广泛认同。

公司组织开发了模拟收费培训竞赛系统,可实现"车型辨认、模拟收费、班报结算、放行能力测试、特殊事件模拟处理及业务培训考核"等功能。该系统作为科技创新成果参展,受到了省高管局和兄弟公司的好评。

由省高管局资金支持开发的地理信息系统软件,在计算机硬、软件环境的支持下,对空间相关数据进行采集、管理、操作、分析、模拟、显示。该系统的研发使用,为高速公路管理的宏观预测、决策提供依据,实现了 110、119、120 等部门对高速公路地理信息资源的共享,为紧急救援工作和辖区道路设施的跟踪管理提供了准确的地理信息资料。

安全生产有新加强

公司坚持“以人为本,预防为主”的方针,狠抓安全生产。2009 年公司与各部门、各单位负责人签订了安全责任书,层层分解安全指标。全年共组织安全隐患排查治理专项行动 3 次,落实整改措施 50 多条。明确了收费站票款、机电设备、路政案件处理、道路养护施工作为安全管理的主要环节和工作重点。在综合治理方面注意发挥警务室协警治安协调处置的作用,保证站区工作和生活的正常进行。

公司有针对性组织突发公共事件应急预案的演练工作,全年大小规模演练达 10 次之多。为防控甲型 H1N1 流感病毒疫情传播,在组织防控甲型 H1N1 流感病毒桌面演练和现场演练的同时,采取了多项应对措施,全年未发生任何安全责任事故。

党群建设有新局面

以创建“五好领导班子”为载体,加强党政领导班子建设。加强党委中心组,通过组织学习科学发展观和党的十七大、十七届四中全会精神,多次参加省局组织的党员干部培训,有效地提高了领导班子的科学判断形势能力、破解发展难题能力和党性修养水平。

各党支部坚持“三会一课”制度。通过召开党课研讨会,党小组分头学、党员自学、撰写心得体会、组织党员红色之旅、重温入党誓词等多种形式,增强党员党性修养。积极做好新党员的发展工作。全年共发展预备党员 5 名。新增的 5 名入党积极分子全部通过了省委党校组织的培训。2009 年公司党委荣获省高管局党委授予的“先进基层党组织”荣誉称号。

党委书记与中层以上干部分别签订了廉政承诺书。公司纪委组织观看《加强领导干部党性修养弘扬良好作风》等党风廉政教育宣传片。先后制定、完善了《干部诫勉谈话制度》等多项工作制度,参与工程招标和物资采购的过程监督,取得了新的进步。

工会组织健全并形成了较为完整的工作体系。公司两级工会坚持以先进文化陶冶职工,广泛开展职工文化娱乐和体育竞赛活动,丰富了员工的业余文化生活。工会两次组织社会捐赠活动,参捐人员 495 人次,捐款 2.4 万元;切实关心员工生活,慰问员工 64 人,支付慰问金 3 万元。

公司团委针对青年人的特点,开展了多种形式的教育活动,先后举办了“我与祖国共奋进、我与翼侯共成长”主题演讲比赛,组织了“祖国在我心中”中华魂读书教育活动,“假如我是一名司乘人员”征文活动和“携手献爱心,帮困见真情”扶贫帮困活动等。公司有两个站分别获得省级“青年文明号”、“巾帼文明岗”荣誉,有三个站获得市级“青年文明号”称号。

公司运营管理及各项工作均取得了较好成绩,先后获得“山西省五一劳动奖状”、“山西省三八红旗集体”、“科技奉献集体三等奖”和“2009 年完成工作目标责任制先进单位”等荣誉。在金融危机的大背景下,公司员工以“我是翼侯人,办好翼侯事”的理念,共同努力,进一步完善了各项管理工作,达到了预期的“上台阶”目标,相信在中交投资公司和省高管局的大力支持下,翼侯公司的未来更美好。

(责编　梁锦华)

山西悦达京大高速公路有限公司

□ 李滨海　邹　军

2009年，在省交通运输厅、省高管局及江苏悦达集团的正确领导和大力支持下，公司全面贯彻落实科学发展观，全力推进精细化管理，持续开展“五比五看，服务创优”活动，努力提升各层级人员的工作执行力，较好地完成了各项目标任务。

路网技术状况稳步提升

养护管理重点抓“路面的日常养护、路面病害的及时处治、破损路面的板块更新”等工程，投入较大资金致力畅通工程建设，努力提升道路通行质量，路况质量指数达93.1%，较上年提高了6.9个百分点。全年维修破碎板943块、补划路面标线35 769.95平方米、实施路面灌缝62 413延米，补栽中央绿化带植云杉3011株、丁香篱1592株、榆叶梅篱536株、三七景天1114.4平方米、挖除绿化带砼及杂物1250立方米、购买栽植土625立方米，目前苗木长势良好。

公共服务水平显著提高

在公共服务工作中始终把以人为本、以车为本作为高速公路管理工作的出发点和落脚点，从根本上解决社会反响强烈的问题，最大限度地满足顾客需求，不断提高服务的有效性和公共服务水平。在建立健全服务投诉机制和工作制度的同时，明确了管理机构，指定专人负责，按照省局要求设立明显的服务投诉公示牌，投诉事件处置率达100%；在信访工作中认真贯彻落实信访责任追究制和重点信访案件领导包案制，2009年没有接到和发生信访案件和任何上访事件。进一步加强与高速交警、省市交通台、相邻路段、气象等有关部门的互联共享，全面拓宽信息传输覆盖面和发布终端量。充分利用因特网、可变情报板、省厅、省局交通二级网站，省局QQ网络群全天24小时滚动播放本路段及全省高速公路的实时路况以及本地天气情况，为司乘人员提供准确的路况、服务、气象收费等信息和信息服务平台。

收费管理基础日益扎实

在坚持规范收费管理的基础上，一方面从基础管理入手，从基本操作上控制，强化对超时车、U型车、征免车、改卡车、修改轴组、无称重数据等情况处理的环节控制，明确责任权限，并推进数据化稽查与突击稽查相结合的复合稽查法，坚持以数据说话的原则分析车流量和通行费收入，不定时地提取各站的出入口流水作业报表，分析重点车辆的出入情况和各站的放行情况，以及非正常处理情况，并坚持对各站硬盘录像的制度性查询，全面掌握各站以及收费人员的工作情况，对外加强车辆运营动态的稽查，查车辆倒卡、冲卡、假冒军车、违规“绿色通道车”，有效控制逃、漏费现象。2009年，对全线站点共稽查1049次，查处纠正违章违纪、违规操作事件109起，图像查询194次，流水作业查询验证

82人次，对违纪人员予以罚款。2009年，由于受区域资源整合等综合因素影响，通行费征收实现7900万元，完成省局全年计划的71%（年度计划为1.1亿元）。2009年公司在山西省第二届女职工职业技能大赛暨高速公路系统第四届收费业务技术比武活动中获团体第六名，并打破上届两项纪录。

路政执法管理规范有序

坚持以“公正执法、文明执法、廉洁执法”为核心，以保护路产、维护路权、维持秩序、保障权益为主线，积极推进阳光工程建设，大力提高了路政执法人员的整体法律素质和依法行政水平，努力提高了事故预防、生命救助和事故处理能力。路政案件发现率、结案率、损坏路产恢复率、建筑红线控制率等均已达标，做到了巡查及时、清障及时、索赔及时、无一例违纪乱纪行为，无重大交通事故和人身伤亡事故。全年收取路产赔偿费55万元，收取清障费3400元。

机电设备系统高效运行

坚持以“数字化、智能化、网络化”为重点，全力提高系统设备完好率和数据传输准确率，为公司收费运营保驾护航。坚持开展维修人员自学及集中培训的方式动态提升维修人员的技术素质，保证了机电系统及时维修的需求。监控中心每月对全线机电设备进行二次保养和三次巡检，发现隐患及时清除，使通信、收费、监控系统的完好率达98%以上。设备完好率达99%以上。同时，积极与相关业务部联系沟通，建立了机电设施故障快速反应机制。2009年机电设备故障发生的次数共计466次，经过维修修复了466次，所有故障设备全部恢复正常使用。其中到达现场修复170次，通过电话修复58次，远程处理230次，自动恢复8次。

超限超载治理成效显著

随着治超工作由行业行为向政府行为、向法制化的转变，公司上下不断提高对治超工作的认识，广泛宣传，周密部署，加大监督检查力度，把严厉打击治超工作人员的徇私舞弊行为，作为治理公路“三乱”重要环节来抓，廉洁治超，规范执法。全年共检测货运车辆271 890辆，在此期间，没有发生一起交通堵塞事件，没有一辆超限超载车辆驶入京大路，实现了京大高速公路无“三乱”的治理目标，确保了全线安全畅通。除孙启庄入省超限点外，其余4个治超点不停车检测系统都已正常运行，实现受检车辆快速通过。

综合管理创新再上台阶

在切实加强各项基础管理的同时，积极寻求管理技术上的创新，充分应用现代信息管理技术，在公司内部深化了网络办公自动化功能，将公司的所有公文流转全部放在内网上审批，人力资源管理和资产购置、调拨流程管理等也同步实施，从而使财务预算管理、资产管理和收费、稽查等业务初步集成，顺利实行公司范围内的移动和远程办公，初步实现了公司管理信息和资源的共享。同时，认真执行省局相关制度，按时上报相关信息，坚持24小时值班制度、值班记录翔实、齐全。

应急体系建设不断完善

建立了收费、养护、路政、监控信息中心应急队伍，制订完善了相应的应急预案。同时，从预防入手，进行队伍实践演练，聘请专业人员对全体员工进行实际操作培训。

制定了高速公路保畅通应急预案，收费系统制订了车辆快速放行反馈一分钟预案、恶劣天气条件下车辆保畅预案、车辆快速放行应急预案；路政大队联合高速交警制订了交通事故现场快速处置工作预案，保畅通工作应急预案；养护系统制订了应急预案及桥梁突发事件处置预案；监控信息中心制订了机电设备故障处理应急预案、公共事件处理指挥预案。全公司上下以强力、严密的应急预案处置网络，既相关联动，又各自发挥职能作用，保障了全司应急队伍建设的高效、快速、有力。

在注重队伍建设、培训、方案制订的同时，公司还组织了多次应急队伍演练，很好地锻炼了队伍，提高了全员应对突发事件的处置技能。

安全生产工作常抓不懈

坚持“安全第一、预防为主、综合治理”的方针，站在努力实践“科学发展观”重要思想的高度，以强烈的政治责任感和高度的政治责任心对待安全生产工作。为了切实把此项工作抓实、抓紧，公司与各所属单位、各单位与班组层层签订了安全生产目标责任书，成立了主要负责人挂帅的安全生产领导组，投入了一定资金，认真开展了“安全生产月”、“反三违”活动，做到机构、人员、经费、设施“四落实”。对安全设施舍得投资，逐项检查落实，特别对汛期等季节性安全生产工作，做了详尽部署，制定了防汛应急预案，成立了防汛抢险突击队，保证了人、财、物满足安全生产和应急的需要。同时，加大了对道路桥梁等重点部位的动态监控力度，全力消除事故路段及重点路段的安全隐患；加强了收费站人员、票款的安全防范意识。全年未发生任何工程及交通等安全责任事故，确保了京大路畅通无阻，运营秩序良好。

党建文明建设精心组织

扎实推进党建与精神文明建设工作，尤其将学习实践科学发展观活动的开展纳入重要议事日程，精心组织，周密安排。一是以改革的精神抓党建，建立了保持共产党员先进性教育长效机制，全力培养了一支有理想、有能力、有责任、形象好的党员队伍和具有良好思想道德素质、过硬科学文化素质和健康心理素质的职工队伍；二是组织开展学习了社会主义荣辱观教育活动，不断提高党员干部思想道德素质和政治理论水平，营造了积极向上的工作环境，为公司创造性开展工作提供了坚实的思想基础和强大的精神动力；三是狠抓了党委中心组和支委班子的理论学习，中心组及干部理论学习制度及“一课三会”制度有计划、有内容、有记录、有学习笔记和心得体会。四是深入开展“三有一好”和“争先创优”活动，建立健全了两项活动考核评价体系，有效激发了基层组织活力。切实加强党员管理和积极分子的培养和考察，全年共推荐参加入党积极分子培训 15 名，发展党员 4 名。在廉政建设上严格执行《党风廉政建设责任制》和《廉政准则》，班子成员严格遵守领导干部廉洁自律各项规定，认真落实省局党风廉政建设和反腐败工作目标责任制，严格责任考核和责任追究，加大从源头上预防和治理力度，建立了领导干部廉政档案，对所有重大工程项目全部实行了双合同制，各级党员干部自觉接受群众监督，廉洁自律意识有了明显增强。各项监督、管理制度健全，各类材料、案卷档案齐全、规范；在工会工作中，认真贯彻落实《工会法》，努力推动企业民主管理，积极维护职工的合法权益，参与并组织落实上级和公司的各项政策，搞好员工福利和待遇，充分调动了员工的积极性。2009 年全公司未发生任何违法违纪行为。

（责编　梁锦华）

山西省高速公路路政总队

□ 魏和平

2009年，在省高管局正确领导下，在各高速公路运营单位、各路政大队鼎力配合下，路政总队以科学发展观为指导，以“维护路权、保障畅通”为宗旨，加大管理力度，强化队伍素质，提高执法效率，圆满完成任务。

强化科学管理 巩固治超成果

一年来，不断加大监督力度，充分利用科技手段，提高工作效率，使高速公路治超工作健康有序发展。全省高速公路共有159个治超检测点，163条检测线运行，144个检测点实行不停车检测，全年全省高速公路入口共检测货运车辆3163.46万辆次，入口非法超限超载率降至0.2%，基本杜绝车货总重在55吨以上的非法超限超载车辆。

*做好“四个到位”，构建“五抓”格局。*一是组织领导到位。各单位“一把手”主抓治超工作，层层建立治超组织机构；二是落实责任到位。不断加强治超精细化管理力度，以省政府第223号、第224号令为纲，将治超工作目标、任务、职责等逐项分解，落实到人；三是监督检查到位。完善治超稽查机制、倒查制度和责任追究办法，切实加强对治超工作的监督，有效杜绝治超中的腐败和“三乱”现象发生；四是应急反应到位。省局治超办、各高速公路公司治超办，各治超检测点实行三级垂直管理、24小时值班和领导带班、在岗值守制度，确保政令畅通、快速反应，及时处置突发事件，将许多问题成功解决在萌芽状态。通过“四个到位”形成主要领导亲自抓、分管领导具体抓、执法人员从严抓、部门协同配合抓、条块结合一起抓的治超“五抓”格局。

*突出科技治超，提高工作效率。*为提高入口的检测放行能力，确保高速公路畅通、在全系统提高治超站点现代化、科技化检测综合水平，建设不停车快速检测系统。全省高速公路144个检测点已安装建成并投入使用不停车检测系统。特别是翼侯高速公路公司在不停车快速检测系统建设中，将检测车辆的型号、重量、时间等各类信息和图像写入IC卡，实现所有治超检测车辆的自动化、程序化、提高检测效率、降低人员工作强度，有效杜绝治超车辆“倒卡”、“超时”和治超人员“三乱”现象。2009年7月，全国治超工作现场会在山西召开，交通运输部领导、全国兄弟单位参会代表们现场参观全省高速公路治超不停车检测系统，予以高度评价。

*解决突出问题，提高处置能力。*在治超工作中、总队针对省情和各路段实际，千方百计突破难点，解决突出问题。针对入省口超限车辆控制难题、总队领导多次深入实地调研，反复邀请专家论证，最终决定在9个入省口根据不同地理环境，采取拓宽车道、新建停车场等不同方式进行治理。为了保护黄河大桥，与陕西省多次协商、在陕西界内设立治超办事处，对货运车辆进行检查，有效解决入省

口治超难题。为了有效提高应急处置能力，总队狠抓应急队伍建设和应急演练，有针对性地开展道路清障、治超点紧急疏堵等各类应急演练活动。11月9日至11月12日，全省境内发生近50年来罕见的特大暴雪，全省高速公路启动一级响应，全省高速公路路政、治超人员紧急启动恶劣气候应急预案，全体出动，采取24小时轮流值班、疏导滞留车辆，各治超检测点随时检查有关设备，做到暴雪过后，货运车辆快速检测放行，确保全省高速公路安全畅通。

狠抓监督管理，确保廉洁治超。一年来，通过组织学习《超限运输车辆行驶公路管理规定》、《道路大型物件运输管理办法》以及省政府《两个办法》等，积极组织倡导向治超英雄郝建文同志学习，使全体治超工作人员认清形势，树立正确的人生观、价值观、权力观和荣辱观，切实提高全体治超工作人员的思想道德素质，有效增强依法行政能力和水平，促进全省高速治超工作健康有序发展。与此同时，为加强全省高速公路系统治超经费监管力度，对全系统各单位2008年度治超经费进行审计，及时了解掌握各单位情况，规范各单位治超经费的使用和管理。

加强队伍建设
打造一流水平

一年来，总队十分注重抓班子，带队伍，促管理。总队领导班子成员认真学习实践科学发展观，努力提高党性修养，加强廉政建设，全力打造学习型、廉洁型、务实型和创新型领导班子；对所有路政队伍实行半军事化管理；各路政大队严格制度，优化内业资料，对每个路政执法人员实行执法绩效考核，每年分批次进行执法培训。通过全方位队伍建设，高速公路路政队伍做到班子坚强，业务精通，保障有力。

提高执法效率
维护路产路权

一年来，总队坚持依法治路，确保护路维权工作扎实有效。一是从规范执法行为入手，要求路政人员执法要严格按照《交通行政执法程序规范》规定的法律程序进行，确保执法公正、公开、透明、杜绝腐败和“三乱”现象发生。二是从提高执法效率出发，加大路政索赔力度和行政强制执行力度。对于重大路赔案件和一些违法建筑、非公路标志、充分运用法律赋予路政部门的权力，积极通过行政手段、法律手段双管齐下，切实提高执法效率，有力保护路产，维护路权。

随着全省高速公路通车里程的增多，全省高速公路管理将进入一个更加快速发展阶段，面对新机遇、新挑战、总队将继续贯彻科学发展观，以提高路政管理水平为目标，进一步加大路政管理规范化、制度化力度，为促进全省高速公路事业实现又好又快发展作出新的更大贡献。

（责编　师国梁）

重点公路工程建设单位工作业绩

山西省交通厅重点公路工程建设办公室

□刘清平

2009年是新一轮公路建设高潮的起步之年、打基础之年，也是全省重点公路工程建设系统负重奋进、取得显著成绩的一年。一年来，在省委、省政府和省交通运输厅党组的正确领导下，在省直有关部门和各级政府的大力支持下，在厅机关各处室、厅直有关单位和各高速公路建设管理处共同努力下，全省重点公路工程建设系统认真贯彻落实省委、省政府和厅党组应对国际金融危机的各项部署，围绕“三保”工作大局，科学决策，精心组织，抢抓机遇，迎难而上，千方百计加快高速公路建设，不断强化管理、监督、协调、服务职能，狠抓质量、安全、廉政三项基础工作，项目前期工作和工程建设明显加快，大干快上的建设热潮基本形成，全省重点公路工程建设保持较好发展势头。

开工目标圆满实现。截至2009年底，先后有五台山至忻州等27条高速公路项目开工建设，在建里程2086公里，总投资1267亿元，圆满完成省政府下达的开工和目标任务，11个省辖市均有高速公路建设的大干场面，规模之大、战线之长、投资之多，均创全省高速公路建设历史之最，为拉动全省经济增长作出积极贡献。

完成投资走在全国前列。截至2009年底，27条在建高速公路完成投资392亿元，为2008年投资总额9.7倍，占全省固定资产投资总额11%，在全国排名第二，仅次于湖南；加上干线与农村公路建设投资，全省公路建设累计完成投资563.1亿元，为上年同期累计的3倍，在全国排名第三，仅次于广东、湖南。在省重点工程调度会上，全省重点工程12大类项目中，高速公路建设每月排名位居第一。

工程进度按计划完成。截至2009年底，27条已开工的高速公路项目均形成实物工程量，2010年计划通车1000公里的16个项目全部按计划完成任务，路基、桥梁工程已完成工程总量80%以上，隧道掘进完成60%以上；部分路段通车项目路基工程完成总量80%以上，为圆满完成“十一五”计划打下坚实基础。

质量安全控制良好。截至2009年底，厅重点办联合省重点办及省交通质监站，对在建高速公路进行综合检查，12月抽检结果为：工程总合格率91.5%，其中：原材料97.5%，路基工程94.9%，桥梁工程89.7%，隧道工程94.1%。安全生产方面，共发生4起事故，造成9人死亡，没有发生群死群伤事故。

党建与精神文明建设成绩显著。厅重点办先后被省交通运输厅党组授予“2009年先进基层党组织”；被省厅授予“庆祝新中国成立60周年系列活动优秀组织奖”；被中国海员建设工会表彰为“2009年春运农民工平安返乡（岗）安全优质服务劳动竞赛先进集体”；被人力资源和社会保障部、交通运输部授予先进集体；在全省交通运输系统第二届高速杯职工乒乓球比赛活动中，荣获“团体第二名”及“优秀组织奖”；阳翼高速公路建设管理处荣获“山西省五一劳动奖状”；闻垣高速公路建管处处长贾建民获得全国“五一劳动奖章”，还有多人获得部、省、厅荣誉称号。

超前谋划抓全局
细化目标责任制

按照省政府2008年底批准的高速公路网规划调整方案，组织拟定和对接了全年工作目标任务方案和2009年至2010年高速公路建设计划，不仅把在建工程项目的目标任务予以明确，而且对规划中拟开工的项目前期工作纳入目标责任考核范围，制定详细目标任务，组织召开全省重点公路工程建设工作会议，与各建设单位签订目标责任制书，细化量化工作目标，对重点公路工程建设任务进行层层分解。先后组织召开7次全省重点公路工程建设调度会，通报全省在建高速公路建设质量检查情况，研究解决项目存在的问题，并对在建高速公路建设项目进行排队打分；厅重点办党委班子成员及各处领导经常分赴全省各个建设工地检查工程建设进度，帮助解决建设难题。

千方百计抓前期
开工准备新突破

为确保2009年计划开工项目如期开工，千方百计加快推进项目前期工作。先后协助分片包干的厅领导组织协调省发改委、人力资源和社会保障、国土等部门及各市召开高速公路建设管理座谈会、项目协调会、前期工作推进会和省市领导联席会108次，研究解决项目存在的耕地开垦费、失地农民社保、压覆矿产、征地拆迁、施工取土及运料受阻、电力铁路交叉等80多个问题，下发会议纪要48期；2009年计划开工的30个高速公路项目，所涉前期审批内容11大类，330项，先后有29个工可，28个环评，29个水保，27个初步设计，18个土地预审，17个林地评审，18个压覆矿产评估，19个地质灾害评估，14个被征地农民社保，21个施工招标，1个土地正式审批手续，共221项得到批复，为推动工程顺利进行奠定坚实基础。

狠下决心抓管理
良好受控状态佳

一是制定下发《山西省高速公路工程建设管理绩效考核办法(试行)》，起草《山西省重点公路工程建设部门联席会议制度》和《山西省重点公路工程建设质量安全培训制度》，从工程管理各个方面对业主单位进行综合考评，进一步提高工程管理效力；二是进一步加强全省重点公路工程建设市场监管，加大履约考核管理力度，特别是重点对高危工程、易发、高发安全问题工序进行排查，建立重大危险源监管台账，实行动态监管，严肃查处质量安全问题，切实加强质量、安全工作机制，建立和完善质量监管体系；三是加强监督检查，全方位实施监管。2009年6月，交通运输部质监总站对太佳高速公路西段和阳翼高速公路项目综合检查后，对项目质量、安全管理给予高度评价；2009年11月至12月，厅重点办联合省重点办及省交通质监站等单位，对在建项目进行综合检查，采取听汇报、查现场、看资料、做试验、量实体和座谈交流方式进行。综合检查结果表明：在建项目处于良好受控状态。

毫不放松抓安全
消除隐患保平稳

一是4月1日，厅重点办召集各重点公路工程建设单位安全生产负责人召开全省重点公路工程建设系统安全生产专项整治工作会，对全系统进行再动员、再部署；并参与全省交通基础设施建设安全专项整治领导组组织的省市县三级联动检查活动；二是9月14日，在忻州组织召开各高速公路建设管理处负责人、设计代表、总监、项目经理等参加的全省重点公路工程建设质量安全管理现场会，确保重点公路工程建设安全生产形势平稳；三是先后转发、印发安全生产相关文件26份，组织编写出版10万册《高速公路工程建设——施工安全从这里抓起》安全教育宣传画册，下发至各建设单位，有效提高参建人员安全意识；四是认真开展安全隐患排查治理和三类企业整治工作。累计排查出各类安全隐患3404项，无特别重大隐患，其中重大隐患68项，较大隐患413项，一般隐患2923项，所有隐患累计整改率为99.7%，重大隐患整改率为92.6%，较大隐患整改率为99%，一般隐患整改率为100%。

多措并举抓服务 外部环境再优化

大规模建设序幕拉开后，一年来，省领导先后43次视察高速公路，亲自出席参加1个项目的竣工通车和13个项目新开工庆典活动。张宝顺书记、王君省长多次对公路建设做出重要指示，并先后11次深入一线视察指导；李小鹏副省长、牛仁亮副省长每月听取公路建设汇报，并主持解决工程建设中的诸多难题，省四大班子其他领导也多次深入施工现场慰问指导，为全省重点公路工程项目创造良好建设环境和舆论氛围；省发改委、财政、劳动、国土、环保、建设、水利、林业、文物、公安、省重点办、通信、铁路、电力等部门，想交通所想，急交通所急，积极主动为重点公路建设创造条件。地方各级政府把公路建设作为本地区最重要的重点工程来抓，积极改善投资环境，主动承担项目建设，有力推动工程建设；协助厅领导按照分片包干责任，加强内部督导、横向协调、上下沟通，积极主动为高速公路建设项目服务，妥善解决好项目用地、审批等问题，为重点公路工程建设创造较好环境。

有声有色抓宣传 营造舆论好氛围

为极大地鼓舞广大工程建设者的工作热情，赢得社会各界对重点公路工程建设的理解和支持，厅重点办充分利用各种媒体，从工程动态、重要新闻、经验交流、理论探讨等方面对重点工程建设进行多角度宣传。为了更加及时、快速、准确地反映重点公路建设一线工作动态，极大地鼓舞广大工程建设者工作热情，赢得社会各界理解和支持，一年来，充分利用山西交通公众信息网和《山西省重点公路建设》内部刊物等宣传载体，对重点公路建设进行全方位、立体化宣传，全年已出刊《山西省重点公路建设》内部刊物88期，为上下沟通信息和领导正确决策提供参考依据，为全省重点公路工程建设创造良好建设环境和舆论氛围。

精心谋划抓党建 不断提高战斗力

一年来，全系统各级党组织认真贯彻落实党的十七届四中全会精神，厅重点办党委坚持党课学习制度和“一课三会”制度，坚持团结协作、民主集中、拼搏实干、务实奉献，努力创建学习型、工作型、团结型、创新型组织，加强行政效能建设。在建的27个高速公路建设项目，除9个地方承建项目外，其余具备条件的项目已经全部成立党委和纪委。截至2009年底，全省重点公路工程建设系统成立15个党委和纪委，24个党支部，有317名党员、114名处级领导干部。一年中，又有10名同志加入中国共产党，10名预备党员按期转正。11月27日，厅重点办组织召开全省重点工程建设系统党建工作座谈会，交流工作经验，共同探讨党的建设的有效途径，为重点公路工程建设提供强有力组织保证。同时，认真开展“创先争优”活动，“七一”前夕，厅重点办党委对作出突出贡献的先进基层党组织、优秀共产党员和优秀党务工作者进行表彰。积极开展知识竞赛答题活动，进一步激发广大建设者的工作热情。

标本兼治抓廉政
反腐倡廉硕果丰

一是2009年2月，组织全省重点公路工程建设系统各单位在晋城监狱实地举行一场“深入学习实践科学发展观预防职务犯罪警示教育”活动；先后三次配合省厅参与组织纪检监察干部业务培训；2009年6月，配合省纪委和省监察厅举办全省第一期建设领域重点工程管理干部廉政教育培训班，省厅机关、厅属各单位主要领导、各市（县、区）交通局长、各有关工程建设单位重要岗位负责同志近290余人参加为期4天的廉政教育培训；二是根据中央惩防体系《工作规划》、省委《实施办法》和厅党组《实施意见》，制定下发《全省重点公路工程建设系统建立健全惩治和预防腐败体系2008年至2012年实施方案》，明确全系统反腐倡廉建设的工作思路和总目标，进一步配套完善重点公路工程建设系统惩防体系；三是按照中央、部、省以及省厅要求，组织开展工程建设领域突出问题专项治理工作，成立全省重点公路工程建设系统治理工程建设领域突出问题工作领导组和工作机构，制定下发《重点公路工程建设领域突出问题专项治理工作实施方案》，召开动员大会，专门对专项治理工作进行安排部署，各建设单位也分别成立领导机构，制订实施方案，使专项治理工作顺利展开；四是协助省厅举办全省重点公路工程领导干部廉政教育强化培训和组织各高速公路建管处处长、纪委书记约60人赴井冈山进行为期5天的红色革命教育；五是高度重视信访工作，注重发现和解决带苗头、倾向性问题，把治理重点放在案件查处上，对确有问题的做出严肃处理。全年查办省厅转来的信访举报案件5起，全部进行核实、澄清，对属实的一一进行查处，对不属实或有偏差的进行反馈，将大量的矛盾问题化解在萌芽状态。

（责编　师国梁）

山西省县际及农村公路改造工程领导组办公室

□李俊生

2009年，在省委、省政府正确领导下，省交通运输厅全面贯彻党的十七大和十七届三中全会精神，深入学习贯彻科学发展观，按照全国农村公路电视电话工作会议精神和省委、省政府安排部署，围绕“三个服务”，以村通水泥（油）路“全覆盖”建设为重点，加强工程管理，强化过程监督，大力提升管养水平，圆满完成年初制定的各项任务目标，行政村通水泥（油）路率达96%，通客车率达到96%，鲜活农产品运输车辆和季节性化肥运输快速放行96万辆，减免通行费2.66亿元。

具备条件的建制村通水泥（油）路作为省政府五个“全覆盖”最重要任务之一，是全省2009年、2010年农村公路工作中的重中之重。项目计划分三批全部下达，建设资金全部落实并及时拨付。全年完成村通水泥（油）路15 180公里，通村率达到96%，比2008年提高8%，累计完成投资39亿元，新增通水泥（油）路行政村2240个，全面完成2009年“全覆盖”建设任务。另外，阳泉、太原、运城和大同四市已率先完成建设任务，提前实现村通水泥（油）路“全覆盖”。2009年，全省县乡公路改造开工5533公里，完工4686公里，累计完成投资45.1亿元，超额完成年初制定的任务目标。完成危桥改造项目213座8319延米，完成投资1.7亿元，其中中央车购税补助2000万元，省煤炭基金3000万元，其余部分由各市自筹；全省计划完成社会主义试点推进村2000个，全年完成村内街巷硬化村1753个，使广大农村交通环境得到极大改善。

为了缓解经济危机带来的影响，拉动国内市场需求，中央决定进一步加大投入，加快交通基础设施建设。在此基础上，省委、省政府立足“保稳定、保民生、促发展”，提出集中用两年时间，实现具备条件的建制村通水泥（油）路“全覆盖”的任务目标，农村公路建设迎来前所未有的历史机遇。为了将这项顺乎民心、符合民意、惠及民众的民心工程抓好、抓实，省厅多次召开专题会议进行安排部署，把各项工作落到实处。

突出重点精心组织
全面实施“全覆盖”大会战

*加强领导，层层发动。*一是积极争取交通运输部等部门支持，在今后中央或部新增投资计划中给山西省农村公路建设更多支持，力争将“全覆盖”项目全部纳入中央或部计划，并对国贫县适当提高补助标准。二是任务明确后，及时安排部署，根据各市上报实际情况，将任务分解，将建设计划及时下达到各市，各市又将任务分解到各县，做到任务明确，责任到人。同时，各级地方政府坚持“一把手”亲自抓，安排部署，协调服务，及时掌握项目开工、施工管理、进度质量等情况，解决工程建设中出现的问题，有效推动工程建设。如：忻州市政府与各县（市、区）签订责任书，明确要求各县级人民政府按照职责分

工,落实工作责任,层层签订项目工程建设责任书。临汾市为进一步加快工程建设进度,建立"十天一通报、一月一督察、年终总考评"三项制度,有效推动工程顺利进行。另外,各级政府和各市交通局层层签订目标责任状,将目标和责任层层落实到县、乡、村,落实到每一级领导头上,一级管一级,一级对一级负责,一级向一级交账,并将其作为年终政府绩效考核的一项重要内容。三是通过召开动员会、鼓劲会,层层发动,层层推进,在全省迅速掀起大干高潮。经省政府批准,省厅于5月21日召开全省村通水泥(油)路"全覆盖"工程建设推进会,对"全覆盖"工程建设作了动员部署,有力推动工程进展,在全省范围内营造大干、特干良好氛围。无论是开工里程,还是建设进度,都有明显进展,特别是阳泉各级政府和交通部门精心组织,加强管理,在全省范围率先实现村通水泥(油)路"全覆盖",给其他市带了个好头。随后,又紧紧抓住大搞建设良好势头,于8月25日再次召开全省村通水泥(油)路"全覆盖"阳泉现场推进会,对各级政府和交通部门进行再动员、再部署,学习借鉴阳泉等市先进经验,进一步坚定各级政府和交通部门决战信心。动员会后,全省村通水泥(油)路"全覆盖"工程建设高潮迭起,捷报频传,为全面完成2009年建设任务目标奠定坚实基础。

*加强引导,整体推进。*坚持"抓典型、抓重点"工作方法,一手抓运城、阳泉、太原、大同四个村通水泥(油)路建设先进典型,从计划、项目、资金等方面给予保证,引导四个市2009年率先实现"全覆盖";一手抓吕梁、忻州、临汾三个项目多、投资大、任务重的市,把他们作为"全覆盖"工程的重中之重来抓,既要在政策上倾斜、技术上指导,更要在工作上引导、推动,及时研究解决三市"全覆盖"工程建设中存在的问题,保证全省"全覆盖"工程建设顺利推进。另外,省政府专题研究村通水泥(油)路"全覆盖"工程配套政策,从中央批准全省发行的53亿元地方国债中拿出30亿元,主要用于村通水泥(油)路建设,加上中央补助资金,使村通水泥(油)路"全覆盖"补助标准提高到国贫县25万元/公里,其他县平均20万元/公里,为村通水泥(油)路建设的顺利进行提供强有力资金保证。

*加强前期工作,加快项目开工。*一是按照"注重实效、确保质量,因地制宜、就地取材,保护生态、改善环境"原则,加快项目设计。为了有效利用施工工期,在国家计划下达之前,县际办积极协调有关部门,及时下达"全覆盖"项目预安排计划,明确建设项目和补助计划,各级交通部门及时组织专业技术人员迅速开展线路勘察和工程设计,掌握地质资料,确定路线走向、路面结构和构造物标准与设置,尽量避免因设计不合理造成浪费和进度滞后。二是科学安排,提高效率。市县交通部门根据实际,统筹安排各项目、各阶段前期工作,简化程序,加快推进。对"全覆盖"项目,统一实行一阶段设计,市交通局接到项目设计后,抓紧审查、抓紧审批,尽量提高审批效率。

加强工程管理,建设优质工程。"全覆盖"工程量大面广,单个项目规模小,技术难度不大,但管理难度较大。为了确保"全覆盖"项目工程质量,县际办继续深入开展农村公路建设质量年活动,研究解决好质量管理中的突出问题和薄弱环节。一是加强工程管理,健全质量管理制度和保证体系,严格落实质量责任制和责任追究制,建立质量责任档案,把每一分项工程、每道工序的质量责任都落实到具体人头,并向社会公布,公开接受监督。哪个环节出了问题,追究哪个环节责任。二是搞好技术指导。发挥省、市两级交通部门技术人才优势,加强对基层交通部门、乡村一级建设单位和当地农民工的技术培训,让他们掌握基本施工技能和要领。为此,专门印发村通水泥(油)路施工指南。同时,针对吕梁、忻州等市任务重、工程进展较慢实际,厅农村路网管理处和省公路局地方道路处干部深入吕梁、忻州进行蹲点服务与监督,

推动工程进展。三是坚持和落实“政府为主、群专结合”监管模式，既发挥各级质监机构作用，又充分发挥人民群众监督作用，保证工程质量。

*加强安全管理和廉政建设，建设安全廉洁工程。*一是切实加强安全生产现场监管，对任何工程、任何环节都按照“零死亡率”标准严格要求，督促施工企业落实安全生产保障措施，提倡文明施工，纠正违章作业，加强地质灾害防治，确保施工安全。二是把廉政要求贯彻落实到加强工程管理的各项制度和措施之中，建立和完善防腐制度体系，严格执行农村公路巡查制，积极推行项目公开，畅通监督渠道，完善监督管理机制，有效预防腐败现象发生。

*加强指导，强化监督，抓好社会主义新农村街道硬化工程。*一是利用冬闲时间对乡村干部和基层管理人员进行技术培训，全面提高业务能力和管理水平。二是要求各级交通部门对广大农村实行人员、技术、设备“三支援”，把工程建设具体操作规范和技术标准编印成手册，分发到各乡村。深入推进村进行督促、检查和技术指导，为乡村培训技术骨干，使大多数群众基本上掌握施工要领。三是多次组织各级交通主管部门深入街道硬化工程建设现场指导、督促和检查，发现问题及时制止、解决，发现难题及时协调处理。

建养并重加快改革
推动养护管理再上新台阶

按照“建设是发展，养护管理也是发展”的养护管理工作理念，认真履行行业管理职责，积极推进农村公路管理养护体制和运行机制改革，有效解决农村公路管养缺失、机制不灵等问题，使全省农村公路养护质量稳步提升，路网结构明显优化，机制体制日趋完善，服务内涵充分拓展。

*以县为主体的管养体制改革有了新进展。*认真贯彻落实《山西省人民政府办公厅关于农村公路管理养护体制改革的实施意见》（晋政办发〔2007〕5号）文件精神，进一步明确省、市、县、乡四级政府和村委会在农村公路管理养护工作中的职责。各地按照“政府主导、行业管理、分级负责”原则，进一步强化各级人民政府特别是县级人民政府在农村公路养护管理中的主体地位。在这一体制框架下，全省基本上建立起“县局有所、乡镇有站、村委有队员”的三级养管机构，使履行农村公路养管职责有了实实在在支撑。长治市屯留县交通局农村公路养护管理中心，县编委正式确定为事业机构，编制6人；乡镇成立养管站，每个乡镇配备1名专职交管员；行政村也落实管养人员，建立县乡村三级养护网络体系。2009年8月，组织开展全省养护大检查，带领有关人员到陕西户县实地参观，学习先进管理经验，有效推动全省农村公路管养工作。同时，结合全省实际，在广泛调研和征求意见基础上，出台《农村公路日常养护作业指导意见》和《农村公路养护定额》，使农村公路管养逐步走上制度化轨道。

*落实财政预算内养护资金又有新收获。*实行成品油价格和税费改革后，取消公路养路费等六项收费，农村公路养护资金来源成为养护管理工作关键。为保证公路建设养护资金需要，省交通运输厅严格按照国务院和财政部文件精神，要求各地对养护资金安排做到“三个不变”：一是比例不低。返回各地的替代公路养路费部分首先用于公路养护，资金比例不低于80%。二是标准不减。即县道7000元/公里年，乡道3500元/公里年，村道1000元/公里年。高于标准的，不得调低，确保改革后中央燃油消费税通过转移支付方式投入到农村公路上的养护资金不低于原有水平。三是财政投入有保证。即按要求把农村公路正常养护纳入地方公共财政支出范畴，实现公共财政投入制度化、常态化。通过这些政策措施调整，较好地调动了地方财政资金投入的积极性，确保农村公路日常养护工作正常开展。在具体工作中，各级各部门积极想办法，多方开辟筹资渠道，采取“上

头拨一点,财政挤一点,社会各界捐一点,受益群众出一点”的办法,充分调动地方、农民群众、受益企业积极性,多方筹集养护资金,确保养护需要。山阴、柳林及乡宁等县从财政收入中拿出一部分专项资金,并将其列入年初财政预算,专门用于农村公路养护,有效解决养护资金不足问题。

实行管养分离,推进农村公路养护市场化方面有了新成效。管养分离,实行公路养护市场化,是农村公路管理养护改革的方向。全省119个县级交通主管部门中,绝大多数将直接从事大中修等养护工程的人员和相关资产进行重组,成立具备公路养护资质的养护工程公司、养护站或养护中心,承担农村公路养护工程作业。介休市积极推行养护管理市场化,养护大中修工程通过招标形式,全部由专业养护公司施工;右玉县推行农村公路日常养护包养到户,初步实现管养分离、养护生产社会化改革目标。

农村公路整体路况和服务水平有了新提高。一是农村公路品味不断提升。晋中市以公路“绿化、美化、标准化”为切入点,全面提升公路服务品位。首先对县乡村公路实行“442”绿化工程,即县公路每侧两行树,一行为杨树,一行为柳树;乡公路每侧两行树,全部为杨树;村公路每侧一行树,树种因地制宜。其次对重点路段和乡、镇、村所在地,建设不少于100平方米的美化景点,实现“一路一品、一村一景”公路美化目标。年内全市共建设农村公路美化景点180处。再次以实施公路安保工程为龙头,围绕路基、路面、桥涵、标志标线、安保防护工程及整治公路两侧违章建筑等,大力提高农村公路服务水平,达到“畅、安、舒、美”,路、景、物交织协调良好效果。长治市屯留县、临汾市安泽县、晋城市阳城县、运城市永济市在公路绿化美化方面也做了很大努力,取得显著成效。二是积极推行养护机械化,不断提高养护质量和效率。运城市交通局投入资金数百万元,为每个县定购综合养护车、自走自振小型压路机和路面画线机等养护机械,逐步淘汰“铁锹加扫把”的传统养护装备,开始向机械化养护迈进。特别是在农村公路养护上,率先组织开展技术比武活动,有力提高职工技能技巧、工作效率和养护质量。晋中市以奖励形式,给每个县(区、市)配备综合养护车。大同、阳泉在推行机械化养护上,也取得一定进展。

农村公路信息化管理有了良好开端。晋中市将GPS公路数据维护系统、农村公路基础数据库系统、公路信息资源管理平台三套系统整合后,在互联网上创建公共服务信息平台,将全市所有农村公路管理机构、管理人员、养护单位、里程、工作简报等相关信息全部纳入该系统,真正实现农村公路养护管理信息化,走在全省乃至全国前列。

(责编　师国梁)

山西省大同高速公路建设管理处

□李应怀

2009年,管理处认真贯彻执行党的十七届三中、四中全会精神,紧密联系工程建设实际,深入有效践行科学发展观,思想和行动高度统一在省委、省政府及省交通运输厅党组扩大内需,保增长、保民生、保稳定发展大局上,坚持"科学发展、优质高效、安全廉洁、文明和谐"建设方针,抓住时机、把握关键,创造条件、攻坚克难,全心全责全力全面推进建设。6月10日,王君省长和牛仁亮副省长、段建国厅长等省市领导为工程奠基后,不断加大工作力度,紧紧依靠、积极配合各级政府及有关部门,加强多方协调与沟通,打开前期工作和地方协调新局面。经过艰苦细致努力,各种工程许可文件在有限时间内全部得到相关国家部委批复;征地拆迁及补偿一步到位,赢得沿线政府和人民群众最大支持,为工程创造和谐建设环境。与此同时,进一步理顺建设程序,规范建设市场,完善管理机制,强化施工组织,同心鏖战,大力开展质量月和安全生产月活动,质量、安全、进度均衡稳步提高,圆满完成省厅、厅重点办部署安排的各项工作及年度目标责任书下达的各项指标和任务。

截至2009年11月中旬,除几座特长隧道冬季施工外,其余工程全部停工。在5个月有效施工期内,共完成建设投资30.8856亿元,为年计划107%,工程质量合格率达到100%。9月18日至22日,省交通质量监督站对全线质量安全进行监督。总体评价是,质量安全措施有效,工程实体质量好、亮点突出。11月7日至8日,省交通运输厅副厅长张润带领厅公路处、厅重点办、省交通质监站、省交通设计院等领导,深入施工现场考察全线工程建设情况;11月9日至11日,厅重点办、省重点办组织的综合检查,都对工程管理和领导班子、员工队伍给予高度评价,并寄予管理处争创一流工程的厚望和信任。

明确责任提高效率
探索建设管理新路

2009年,管理处依据规范,博采众长,结合项目实际,制订13个工程管理办法和一整套管理制度。适度突破已有的做法,积极探索责任、制度、程序和管理与服务有机统一的建设管理新路。全体干部、员工和参建单位统一思想,凝心聚力,目标同向,明确分工,细化到人,形成人人尽责、相互负责、有责必问、一责到底的全责机制,一心一意克难奋进。处领导分工包段,负责现场管理与协调,成立4个前线指挥部、6个工地代表组,对路基桥隧17个施工合同段和6个监理合同段以及后续路面、交通、房建等工程分段包干,分工负责,监管质量、安全、进度等施工组织和监理工作。一线领导和工地代表人手一册工作日志,扎在现场,跟班作业,有序高效地尽职尽责。做到积极适应新的历史起点上全省高速公路建设大局,按时全面开工,超常组织施工。4月7日,拿到交通部批准可研报告的当天,立即启动招标程序。5月初,第一中标候选人明确后,管理处在合同谈判中就和第一中标候选人诚心协商,风险共担,着手进场准备。正式开工后,锁定目标,倒排工期,加大投入,全力排难而进,掀起建设高潮。在施工黄金时段,先下手强抓东段高填深挖和西段软地基处理及全线特长隧道、特大桥等制约性工程,重点突破,为顺利推进施工组织计划奠定关键性基础。

内实外美精优制胜 努力建设优质工程

致力于对质量终身负责神圣职责的深刻理解和把握,管理处视项目为生命工程,从看重自己生命的高度看重质量。对质量以工程标准和实测指标双控制,实现质量创优目标,就是工程总体达到优良工程标准;实测项目单项实测值合格率98%,关键项目指标合格率100%。2009年,质量管理受到好评,主要得益于强化"六抓",把双控指标落实到位。一是施工之前抓认识。重在提高前线指挥、工地代表和总监、驻地组长、项目经理、项目总工、实验人员等关键人员对质量的认识,强化全过程无缝隙质量管理理念,全面渗透质量创优意识,真对真、实打实地与监理和施工单位及材料供应中标单位进行合同谈判,把好市场准入关。在谈判过程中,明确工程质量等核心管理内容及质量目标、履约责任和相应的奖罚规定,夯实参建单位主要岗位人员的质量创优思想,业主和各参建单位同心同德重视质量,让质量保证体系真正运行起来。二是施工准备抓材料。杜绝不合格材料进场,用于每项工程的材料必须保证100%合格。三是施工项目抓责任。明确每项工程、每个环节直至每个人的质量责任和相应追责制,奖罚分明,严格兑现。四是施工过程抓规范。严格控制施工工序和工艺,业主和监理、施工单位良性互动。五是施工工艺抓精细。深入到工程和管理项目部抓亮点、带全局,形成月月质量月、天天质量天的创优氛围,推广箱梁淋湿身养护、机械凿毛等工艺,树立样板工程、精品工程,质量水平日益提高。六是工程结果抓检验。在力求工程质量自检频率和监理独立抽检符合规范要求、试验数据准确、试验资料真实的同时,为确保让数据说了算,委托交通部科研院成立检测监理中心,站在第三方立场上认真抽检,及时发现和整改许多问题,达到预期效果。

以第一要务抓安全 实现安全生产无事故

2009年,管理处和各参建单位高度重视安全,自上而下形成安全第一、安全责任至上共识。一是加强制度规范、机制约束、事前预防、过程监管,促进全员事事讲安全、处处看安全、人人抓安全、层层抓落实。安全责任手牵手,一级对一级负责,与质量管理相同,安全制度、安全生产规范和强制性标准也有效落实到每项工程和每个作业面及每个班组和个人,不留盲点,不留死角。隧道施工重在强化,严格遵循"弱爆破、强支护、短进尺、勤测量、早成环"原则,严格控制每个作业面循环的距离,及时初期支护,抓紧二衬跟进,对喷射砼、注浆、格栅钢架、大管棚、超前小导管和各类锚杆等 施工,严格工艺要求。二是依靠科技,尊重科学,扎实开展安全预警预 测和试验检测工作。对影响施工安全的重点、难点问题及时进行 研究论证,尤其是突出隧道施工的超前地质预报、现场地质监 控、变形检测、通风及瓦斯检测以及材料、实体工程的实验检测,指导和保证安全生产。恒山隧道出现严重山体滑坡后,经过省内外 专家会诊、设计单位与管理处反复论证比选,采取扇形支护、环向 注浆,稳妥解决疑难问题。三是加强对安全生产专项费用支付的审 查和对施工单位管理使用情况监管,实支实付,既保证安全生 产费用足额投入,又确保安全生产费用真正用于安全生产。四是正 确处理质量安全与进度关系。以段建国厅长提出的高速公路建设"安全零事故、质量保部优、生态文明好、廉政无违纪、概算不 突破、安全创一流”目标为准绳，以精细化管理为主线，以工程 质量安全亮点为主抓，以“零容忍”、“零缺陷”责任心贯穿于 质量安全管理全过程。在工程量集中、工期压力大的情况下，强 化现场监管、指导，没有出现盲目赶工期现象。

依法建设和谐监管 真情保护农民工权益

在穿越老区、景区和新的资源开发带进行建设中，慎之又慎，稳扎稳打。一是坚持依法建设、公正办事，让人民满意。最大限度地保护从7A到9B5个合同段范围内的恒山森林公园，妥善避让14处国网陕京天然气管道。二是以真情实感保护农民工权 益。视参建农民工为兄弟姐妹，加强工资管理。在签订施工合同的同时，与各施工单位项目经理签订《按时支付农民工工资承诺书》，按照《劳动法》有关规定，各施工单位开设农民工工资专用专户，每月报业主和开户银行支付计划，业主审查后，通过网上银行支付系统，将工资直接发放到农民工工资卡上，并坚持公示；三是年底全线清理沿线地材、劳务、商品等欠款。与计量支付挂钩，没有解决好这一问题的施工单位，不予支付计量款。特别是要求即将撤离的西段路基桥涵施工单位在撤离前不留任何欠款，施工单位贴出清欠公告，并在上面留有建管处监督电话，监理单位督促落实。

抓好思想政治建设 强化党建和反腐倡廉

2008年，在学习实践科学发展观活动中，找出工程建设中“不适应、不符合”的“十重十轻”问题。即重陈规轻解放，重建设轻管理，重总体轻环节，重表面轻深入，重要求轻落实，重工程轻安全，重建设轻环保，重项目轻民生，重教育轻监督，重对内和谐轻对外和谐。2009年，管理处紧密联系工程管理实际，自觉运用科学发展观原理，有针对性地解决好“十重十轻”问题，对提升工程管理水平起到重要促进作用。在深入学习实践科学发展观基础上，认真学习党的十七届三中、四中全会精神，建管处党员每人读好《党的十七届四中全会（决定）学习辅导百问》和《党员干部党性修养读本》、《六个“为什么”——对几个重大问题的回答》、《党政干部关注的重大理论与现实问题》四本书。高度重视党建工作对工程建设的重要作用。建管处成立两个机关党支部，参建单位成立19个党支部。加强党建工作的重点是加强党的先进性建设，严格按照党管干部原则和厅党组有关规定选拔任用中层干部，中层干部和部室在编人员没有超编。

在反腐倡廉建设中，重在抓好源头防治。认真贯彻执行中纪委三次全会精神和胡锦涛总书记讲话及领导干部廉洁自律五条规定、交通部颁发的交通基础设施领域领导干部八项规定和省厅、厅重点办有关要求，健全19项规章制度和工作职责，结合本项目建设实际，制订建管处党风廉政建设责任制，同时制订领导班子成员党风廉政建设责任分解和分工制度，形成纵向到底、横向到边的预防机制，切实做到党委统一领导、党政齐抓共管、纪委组织协调、部室各负其责。首先，制度防腐。约法三章，严格践行。一是严禁建管处人员、监理及其亲友向施工单位推荐安排包工队、施工机械和推销施工材料；二是严禁建管处人员、监理参加施工单位宴请及接受礼品礼金馈赠；三是在设计变更、计量支付、质量检查、安全管理等过程中，坚持原则，秉公办事，绝不弄虚作假，以权谋私。始终用制度管人、管事、管钱、管项目。工程支付和大额管理费全部经资金管理小组集体研究决定，领导带头执行财务报销会计一票否决制。搞好八个严格、十大公开及阳光作业活动，应当公开的建设管理内容全部公开。除此而外，增强管理透明度和动态控制效果，后勤管理的一些具体情况也进行公开。其次，防腐措施到位。认真开展工程建设领域突出问题专项治理工作,重点解决有的招投标存在围标串标嫌疑、有的分包工程不规范、有的设计变更滞后等问题。前线指挥部、工地代表虽然工作在一线,但食宿独立,在灵丘、应县专门设业主驻地,没有特殊情况不在工地吃一顿饭。再次,领导干部以身示范。班子成员带头加强学习,干实事,守廉洁,讲团结,谋和谐,全心搞建设,用心抓管理,齐心上服务,形成事有专管之人、人有明确之责、时有限定之期的良好工作作风和工作氛围。

(责编 师国梁)

山西省忻阜高速公路建设管理处

□冯建刚

2009年是忻阜高速公路全面开工建设、全力推进的重要一年，也是忻阜高速公路建设取得实质性突破的重要一年。一年来，在省交通运输厅党组正确领导和厅重点办精心指导下，在地方各级党委、政府及广大人民群众大力支持和密切配合下，忻阜高速公路建设管理处坚持以科学发展观为指导，认真贯彻落实省委、省政府和厅党组决策部署，以“路基桥涵基本完成，投资突破35亿元”为年度建设目标，以确保工程质量和安全生产为重心，以强化精细管理为主线，依靠项目管理信息化系统提升管理效率和管理水平，大力组织实施科技示范工程，稳步推进党建、党风廉政和精神文明建设，各项工作全面推进，年度目标任务基本完成，取得显著成效。

周密部署强力推进 建设任务基本完成

忻阜高速公路全长124公里，概算投资61.59亿元。省政府于2008年12月底召开五台山至保德高速公路建设推进会并正式启动项目建设之后，忻阜建设管理处借此东风，迅速贯彻落实，立即组织各参建单位进场展开施工准备工作，2009年1月15日正式开工建设。开工以来，以“质量保部优，安全无事故，廉政不倒人，投资不突概，两年全线通”为建设总目标，以“确保完成投资34.6亿元，力争突破35亿元，实现除特大桥、长大隧道以外的所有路基桥涵工程基本建成”为年度任务目标，各参建单位创新监管机制，完善规章制度，注重协调统一，追求科学发展，狠抓党风廉政建设，努力克服有效工期短、施工难度大、环境保护要求高等诸多困难和挑战，在确保工程质量和施工安全前提下，加大资源配置，加快施工进度，年度建设任务和投资目标基本实现。截至2009年12月底，累计完成投资34.8亿元，为年度投资计划34.6亿元的101%。具体工程量为：路基填方完成1235万立方米，完成总量1470万立方米84.01%；路基挖方完成173万立方米，完成总量187万立方米92.51%；桥梁钻孔桩完成3108根，完成总量3120根99.62%；墩柱完成2008根，完成总量2128根94.36%；桥台完成452座，完成总量463座97.62%；盖梁完成1541个，完成总量1720个89.59%；预制梁板完成5461片，完成总量6300片86.68%；梁板吊装完成3523片，完成总量55.92%；隧道单洞掘进14 819米，完成总长23 881米62.05%；二衬完成10 902米，完成总量45.65%。总体而言，受11月初突降暴雪影响，桥梁下部工程未能全部完成，其他工程基本按计划完成建设任务。

质量为本安全为天 保持良好受控状态

忻阜项目大部分路段地处山区和林区，桥隧比例较高，施工环境复杂，建设条件艰苦，且又紧临忻台旅游公路，工程质量要求高,安全生产责任大。在项目建设过程中,从建管处到各监理、施工单位,再到一线施工人员,始终牢固树立"百年大计、质量为本"精品意识,认真贯彻"安全为天、预防为主、综合治理"管理方针,以现场管理为关键,以制度落实为保障,以强化监管为抓手,工程质量和安全生产保持良好受控状态。

在工程质量方面,围绕"工程合格率100%,竣工验收达部优"为目标,切实加强全过程质量监管,狠抓现场施工工艺、工法和技术保证措施落实到位,积极开展以混凝土质量通病治理为主要内容的质量创优活动,大力组织实施科技示范工程,全力打造质量创优工程。在安全生产方面,以深入开展"安全生产年"和"安全专项整治活动"为主线,强化"安全生产重于泰山"和"事事讲安全、人人抓安全"理念,"宁做恶人、不做罪人"的责任意识,坚持"关口前移,重心下移",以"事故隐患零容忍"态度,扎实开展安全生产工作,建立全方位安全监管责任体系,扎实有效开展安全生产专项整治活动,实现忻阜高速公路开工建设以来安全生产无事故,施工人员零死亡目标,营造安全稳定施工环境。项目建设实现高效、优质、安全。2000年7月,省交通质监站对全线进行安全质量监督检查,结果显示,工程整体质量控制良好,安全生产形势稳定;2000年9月,省政府在忻阜召开全省重点公路工程质量安全管理现场会;2000年12月,省重点办、厅重点办联合对全线进行综合检查,对项目建设进度、质量、安全和综合管理等工作给予充分肯定。

创新管理打造和谐 全面提升管理水平

一是在项目建设中,突出监理单位二级管理职能重要作用,依靠监理抓管理,保质量,保安全,两级负责管理机制得到切实执行,形成既"监"又"管"良好局面。二是充分依靠和发挥各级政府统筹兼顾的协调保障作用,认真细致地处理好事关新农村建设和沿线群众利益的合理诉求,抓协调,便民生,促和谐,推动地方经济发展,保障群众利益,营造和谐友好建设环境。三是注重科技支撑,依托交通部科技示范创新成果,大大提升工程建设的科技含量和技术水平。四是坚持风险共担,项目施工总承包管理模式得到较为成功应用,有利于优化资源配置,加快施工进度,保证工程质量,降低业主风险。五是通过推广应用基于现代信息网络技术的项目信息化管理系统,细化、深化、量化建设管理行为,有效提升工作效率,节约建设管理成本,实现管理直线对接和信息瞬间传递,全面提高管理效能。六是建立项目建设全过程跟踪审计机制,邀请有关财务、审计专业人员主动、及时介入到项目建设中,监督检查并指导规范参建单位财务管理行为,切实加强建设资金监管,保障资金安全高效运行。七是"围绕工程抓党建,抓好党建促工程",通过扎实有效党建工作和形式多样文明创建活动,充分发挥党组织政治核心作用和共产党员先锋模范作用,调动参建各方积极性,为工程建设提供组织、队伍、作风保证。八是整合监督资源,坚持阳光操作。与检察部门联合开展预防职务犯罪活动,在工程招投标、设计变更、材料采购等环节,不断加大监督力度,加强内外合作,形成预防合力,构建预防职务犯罪"防火墙",创造良好法制和廉政环境。

（责编　师国梁）

山西省阳五高速公路投资管理有限公司

□何瑞华

2009年,阳盂项目被列为山西省重点工程。在省委、省政府和阳泉市政府的关心、帮助下,虽然遭遇几十年不遇极端恶劣天气的严重影响,但公司全体职工始终奋战在施工第一线,不畏艰险,攻坚克难,共同努力,各项工作取得阶段性成果。截至2009年底,共完成投资额21.1008亿元,超计划18.98亿元11%,占概算投资额66%。完成3712亩土地征用手续,且红线范围内征用土地已经全部移交施工单位使用。已批复的前期报批工作有:工可、环评、水保、地质灾害评估、初步设计、土地预审、压覆矿产资源评估、被征地农民社保、施工图设计、林地审批。一年来,公司采取一系列保证安全措施,全线安全生产处于可控和在控状态,未发生重伤及以上责任安全事故,达到"零死亡、零重伤"的双零目标。

项目全线的控制性工程有:维社隧道、桃河特大桥、荫营河特大桥、阴山河大桥。一是维社隧道。全长7025米,截至2009年底,已掘进3790米,二次衬砌完成3049米;按照目前工程进度,预计2010年7月底可完成贯通。二是桃河特大桥。全长124米,完成承台浇筑55个,墩柱浇筑1750米/43根,预制T梁48片;三是荫营河特大桥。全长1428米,为全线最长的大桥,承台全部完成,完成墩柱68根,计2700米,盖梁完成60个,预制T梁135片。

截至2009年底,各分项工程完成填方总量645万立方米,已完成625万立方米,完成97%;挖方总量937万立方米,已完成855万立方米,完成91%;桥梁钻孔桩共2555根,已全部完成;承台设计量387个,完成380个,完成98%;墩柱共1179根,已完成610根,完成52%;桥台共160个,已完成60个,完成38%;盖梁(台帽)共636个,已完成301个,完成47%;预制梁板共2850片,已完成1008片,完成35%;隧道共2座,单洞总长8098米,掘进完成4013米,完成50%;二次衬砌完成2854米,完成35%。

加快施工进度

认真分解年度投资计划。在4月21日公司召开的建设动员大会上,与各个施工单位签订2009年度目标责任书,并对前一阶段表现突出的标段进行奖励。省交通厅党组成员、厅总会计师张德仪,阳泉市政府、省重点办、厅重点办、省交通质监站等领导出席并提出具体要求。使各施工单位明确目标,增强动力,进一步提高对工程进度的重视程度。

坚持半月考评、一月奖罚制。对于完成月度计划或阶段性目标的标段,给予奖励,并在省交通运输厅组织的信誉考评中,适当加分;对于按期或提前完成节点工期目标的,公司给予额外奖励。对于未完成月度计划的标段,给予一定经济处罚,并在全线通报批评。自实施考评机制以来,各施工单位均不同程度加大人员、机械等生产要素投入,形成你追我赶的竞赛场面。

坚持每旬现场办公例会制。自开工以来,公司主要领导每旬在每个标段现场召开一次办公会,将出现的工程技术和需协调问题逐一解决,现场制定阶段性目标、节点工期,要求限期完成并作为下阶段考核目标。由于公司领导现场办公,使很多问题的解决程序简单化,有效提高办事效率,为工程顺利开展提供必要条件。

约见进度落后单位法人代表。部分标段由于履约能力差、现场管理混乱,进度严重滞后。为此,公司领导多次约见施工单位法人代表,限期提高履约能力,加大生产投入,更换不听从管理、技术力量薄弱的作业队,并制定节点工期,要求其按要求完成,以确保年度投资目标及2010年建成通车总体目标实现。

狠抓工程质量

为确保优良标准,公司建立完整质量保证体系、质量控制的管理办法,严格推行施工单位自检、监理单位复检和建设单位抽检的"三级检查制",要求技术人员深入现场,加大质量检查力度、抽查频率;对达不到规范要求的,坚决返工,决不能因加快进度而降低质量标准。

严格执行国家技术规范。将国家技术规范作为检验工程质量的唯一标准,对不按规范施工或施工不达标的分部分项工程坚决予以返工。

组织召开现场观摩会。自开工以来,公司多次召开现场观摩会,选择完成比较好的填方段路基、防护工程、墩柱、结构物台背回填等,并选择冬季施工中梁板蒸汽养生做的比较好的标段作为全线样板,组织各标段参观学习。进一步规范全线施工、监理单位的建设行为,为各道工序树立标杆和参照,提供质量保证。

引进第三方检测队伍。自2009年5月以来,进入施工高潮,路基、桥梁下部结构等分部分项工程大面积开工。为进一步保证工程质量,解决公司没有试验室的问题,7月份,公司选择中交第一公路工程局技术研发中心作为项目的第三方检测机构,对全线原材料、混凝土外观和强度、路基压实度、隧道衬砌厚度、强度等进行质量抽检。有效保证工程质量,避免质量隐患出现。

严格推行质量巡查制。在管理过程中,对不按技术规范作业,不符合质量标准或存在质量隐患的部位,及时下发整改通知单,明确整改期限,由监理单位监督落实,并将整改结果上报公司,形成闭合,决不留下质量死角。

实行精细化管理。公司要求各施工单位对桥梁梁板预制、路基填筑、台背回填等重点部位实行专人负责制。如每片梁板的浇筑和养生必须有专人负责,预制梁板不留下任何裂缝;每片梁板浇筑完成后,须由专人负责检查。通过精细化质量管理,有效消除很多质量隐患。

实行施工组织设计专项评审。项目在开工前,公司就组织各个施工单位编制各标段施工组织设计,并组织专家进行专项评审。经评审通过的施工组织设计,作为项目施工组织管理的主要依据。

制定重点部位作业指导书。对路基高填方、台背回填等容易产生质量通病的部位,高墩柱、预制梁板和现浇梁等容易产生质量隐患的分部分项工程,公司制定并下达专项作业指导书。进一步规范施工工艺,有效保证工程质量。

规范内业资料管理。公司多次聘请省交通厅档案管理专业人员,对全线施工、监理单位工程技术资料人员进行专项培训,包括对分部分项工程划分、编号、资料分类、归档等进行系统性讲解,为项目竣工后资料整理做好充分准备。

主要材料实行统一供应。为有效控制工程质量,公司对钢材、水泥和钢绞线等主要材料,通过招标方式,选择供应能力强、材料质量好的供应商实行集中供应,消灭部分施工单位以次充好的现象。

强化安全管理

自开工建设以来,公司上下高度重视,通过建立完善的安全生产管理体系和安全生产监督体系,加强领导,完善组织,重点监控,重点防范,真正达到"安全第一,预防为主,综合治理"要求。

建立健全组织机构。公司成立以总经理为第一责任人的安全生产委员会,并设置安全总监具体负责项目安全生产,加强领导。同时,要求各施工标段完善安全生产管理组织机构,配齐相应安全管理人员。

明确目标责任。为进一步明确安全生产管理责任目标,公司和施工单位签订施工合同时,同时签订安全生产目标责任书,确定"零死亡、零重伤"双零目标,明确各自安全生产责任。

强化监督管理。一是公司及各施工监理单位都建立健全安全生产管理体系、监督体系和应急体系,完善各项安全生产规章制度和安全责任制。二是要求各施工单位配置足够安全设施,在计量支付时提供当月配置情况,不定期检查安全设施购置情况。如未足额配置,安全总监实行一票否决制,公司有权动用工程造价中的安全生产专项经费,代其购置。同时,公司要求施工单位支付作业队工程款,须经标段安全总监签字后方予支付;作业队安全设施配置不到位的,一律不予支付。这一做法,得到省交通质量监督站的充分肯定。三是严格执行安全生产巡查制。发现安全隐患或未按安全生产管理有关要求作业的,及时发出整改通知书,并给予一定经济处罚,在其整改达标后,方可继续作业。截至2009年底,累计签发29份安全整改通知书和55份安全生产管理文件。四是做好宣传教育。2009年8月,在省交通运输厅组织下,公司向一线施工人员发放《安全生产手册》,进一步规范安全生产,强调安全生产重要性。

加大整治追究力度。公司先后开展安全生产隐患排查、重大危险源、民用爆炸物品、特种设备等安全生产专项整治活动,消除和减少安全隐患;在日常管理中,如发生安全事故,公司严格执行"四不施过"原则进行处理,严格责任追究,预防和杜绝发生重伤及以上责任安全事故的发生。开工建设一年多来,公司初步形成安全管理七大体系(网络化组织体系、层级化责任制体系、科学规范制度体系、严谨有效技术支撑体系、常规化安全培训教育体系、预警化重大危险源监控体系、效能到位过程监控体系),并将"七大体系"连成管理链条,与公司其他管理对接起来,形成安全警钟常敲不停、安全措施常抓不懈的安全生产管理长效机制。

打造廉政基础

自开工以来,公司始终认真贯彻执行由总公司基础设施事业部、财务部、资金部、法律部、投资部评审,且经公司董事会讨论通过的《阳盂高速公路建设管理办法和制度》,共7个方面、44项管理办法,使公司各项工作逐步实现规范化、程序化。

为打造一流精品工程、廉洁工程,自开工以来,公司即从制度、机制建设入手,层层签订廉政合同,做到组织措施到位。

2009年12月21日,公司领导和有关人员参加省交通运输厅、省检察院联合举办的廉政教育培训后,进一步提高认识,明确"廉政责任重于泰山"指导思想,并联合建设单位落实廉政措施。2010年1月4日上午,公司组织所有党员领导干部,在会议室集中参加《山西省预防职务犯罪工作条例》知识答题活动。进一步树立正确世界观、人生观、价值观、权利观、地位观、利益观,净化思想境界,增强拒腐防变意识和能力,为把项目建设成一条廉政路打下基础。

(责编　师国梁)

山西省太佳高速公路(太原段)建设管理处

□姚建军

2009年,是太佳高速公路太原段工程项目建设正式启动、全力攻坚打基础的关键一年。一年来,在省委、省政府领导亲切关怀下,在省交通运输厅、厅重点办正确领导下,在项目沿线各级党委、政府部门大力支持下,建设管理处团结带领全体建设者,以建设优质、安全、廉政、环保、和谐工程项目为己任,在面临征迁任务重、施工难度大、技术要求高、建设工期紧等多方面不利因素影响下,以时不我待、只争朝夕的拼搏精神,不辱使命,忘我工作的奉献精神,团结一心,众志成城的协作精神,迎难而上,敢于胜利,主动作为,工程项目建设取得阶段性成果。

项目是山西省"三纵十一横十一环"高速公路网规划第五横的重要组成部分,也是山西省中部地区西通陕、甘、宁,东达京、津、冀的重要战略通道。起于太原北环高速公路向阳店互通以东6.7公里处,经尖草坪区、阳曲县、静乐县、娄烦县,终点位于娄烦县赤土华村,与太原至佳县高速公路西段起点相接,全长94.6公里,按双向四车道高速公路标准设计,路基宽24.5米,设计时速80公里,桥梁设计荷载等级采用公路－Ⅰ级。全线设桥梁84座,隧道7座,涵洞238道,互通4处,枢纽1处,服务区1处,收费站4处,概算投资64.4亿元,需占地7795.51亩,计划2010年年底建成通车。

严格程序攻前期

在履行基本建设程序方面,建设管理处严格按照有关规定,相继完成了建设用地省国土资源厅初审、国土资源部专家论证和施工图设计、文物发掘、林地使用审批以及压覆矿产报备等项工作,为工程项目依法合规建设奠定坚实基础。同时,坚持公开、公平、公正原则,完成钢绞线、桥梁支座及伸缩缝材料、路面材料、交通机电和安全设施、绿化工程的招投标工作。

科学布局破难点

一年来,建管处采取分别与太原市政府和忻州市静乐县政府签订征地拆迁及协调服务总承包合同的形式,缓解地方协调难的压力。为了应对春季罕见的干旱灾害,建管处与太原市阳曲县政府及有关部门积极协调,主动配合地方政府抓好国家级天然林凌井沟保护区内的护林防火工作,实现护林防火与工程建设同步进行的目标。为了确保项目全线四个控制性工程中建设任务最重的两个主要控制性工程,即单洞长6555米的西凌井特长隧道和全长2381.5米的汾河特大桥,能够在省厅提出的通车时间表内完工,建管处在邀请国内知名专家实地察看、召开安全风险评估会进行科学论证的基础上,进行优化设计方案,加快两个主要控制性工程的施工进度。面对11月9日项目全线突降近60年一遇的暴雪,建管处一方面启动应急预案,积极组织参建单位开展生活生产自救;另一方面,科学制定冬季施工组织计划,将重点放在箱梁预制和吊装、石方段挖方、隧道掘进上,积极稳妥地组织冬季施工。

精益求精抓质量

一是认真贯彻执行工程质量责任制。通过省交通质监站定期抽检,建管处强化巡查,监理单位无缝隙监管,参建企业规范操作,建立和完善上级监督、业主管理、工程监理、企业自检四级质量保证体系,以标准化建设为手段,以制度建设为保证,确保工程质量。二是制定太佳高速公路东段《工程质量管理办法》、《原材料管理办法》、《试验检测管理办法》等规章制度,在项目全线全面进行详细技术交底,严格执行质量安全责任登记制度,并就填石路堤、填方路基范围墓坑洞穴处理、桥梁桩基、箱梁预制、钢筋加工、构造物明挖基底、隧道钢拱架间距等施工项目下发质量控制文件。三是定期开展质量专项检查。建管处先后两次聘请全省业内专家并抽调业主中心实验室、建管处工程技术人员组成检查组,对项目全线实体工程质量、外观质量、内业资料整理等方面进行专项排查。四是业主中心试验室全程跟进,对工程质量进行零对接动态管理。及时发现和推广建设过程中好的施工经验、施工工艺,通过组织现场观摩会等形式,组织施工、监理单位交叉观摩,相互学习,共同提高。在建管处和各施工、监理单位共同努力下,工程质量始终处于受控状态。

一丝不苟保安全

一是切实强化安全生产教育培训力度。由建管处统一安排,各合同段根据工程建设实际具体实施,先后组织开展隧道塌方紧急逃生、高空坠落、瓦斯爆炸、防火消防等事故应急预案演练,增强参建者在安全事故突发时进行自救和自我保护的能力和本领。二是严格落实安全生产责任制。自上而下,层层签订《安全生产工作目标责任书》和《安全生产专项整治目标责任书》,形成横向到边、纵向到底抓安全生产、落实安全生产责任的格局。三是深入开展安全隐患排查治理。建管处、监理单位、施工单位定期召开安全生产工作例会,结合不同季节、不同阶段,分析排查安全生产隐患,对安全生产隐患排查治理做出部署。四是加强重点环节安全监管。切实强化对火工品管理、桥隧安全施工、挖孔桩爆破施工、特种设备管理、防范极端天气、高挖深填作业等关键环节、重点部位的现场管控和技术指导,并以文件形式对安全工作提出明确要求。五是强化安全工作巡查力度。建管处在日常巡查中,对于一般性安全隐患,现场责令整改,对于一时难以整改到位的隐患,要求监理单位监督,限期整改。六是技术设备支持,全面保障安全。通过招投标方式确定三家单位负责全线隧道地质超前预报与施工监控量测工作,确保隧道安全施工。同时,对重大安全生产事项实行业主、设计代表、专家组三方论证机制,有效控制工程项目总体安全。通过扎实工作,实现全年无安全生产责任事故目标,被省交通运输厅授予“安全生产专项整治先进单位”称号。

严格管理推进度

一是科学制定施工组织计划。在年初,建管处按照省厅下达的年度目标任务,制定分阶段进度目标任务完成计划以及分阶段目标考核和奖惩办法,坚持以旬保月、以月保季、以季保年,有力地推进工程建设开展。二是深入开展劳动竞赛。对先进单位予以表彰奖励,对落后单位实施相应处罚,奖快罚慢,努力营造比、学、赶、超氛围。经过努力,进度控制取得较好成效。2009 年 4 月 4 日,全线首根桥梁钻孔桩在五合同段庄儿沟大桥灌注完成;4 月 17 日,全线第一片 30 米箱梁在十八合同段汾河特大桥预制完成;8 月 15 日,梁板开始吊装;6 月 18 日,十九合同段在全省重点工程劳动竞赛推进会上获得“工人先锋号”称号;8 月 21 日,全线第一座架通的大桥干河 4#桥由第十合同段完成;10 月 1 日,与太原西北环高速公路交叉的西枢纽跨线桥如期完成,实现西北环国庆节恢复通车目标。

截至2009年年底,项目工程完成路基填方938万立方米,占总量95.4%;挖方1368万立方米,占总量96%;完成桥梁钻孔桩3050根,占总量99%;完成墩柱1600根,占总量92%;箱梁预制完成2948片,占总量72%;完成通道涵洞226座,占总量95%;隧道掘进单洞17 690米,占总量55%。累计完成投资38.3亿元,占2009年完成投资计划41亿元93.4%,占概算总投资64.44亿元59.44%。

阳光作业促廉政

一年来,建管处始终把廉政建设放在与工程质量和安全同等重要的位置来抓,响亮提出"工程优质、建设安全、人员廉政"的工作目标。在具体工作中,认真落实中央《实施纲要》和《建立健全惩治和预防腐败体系2008—2012年工作规划》,积极探索新形势下开展党风廉政建设工作的新途径。一是深入开展廉政教育培训,筑牢反腐倡廉思想堤坝;二是通过设立廉政告示牌、设置举报箱、公开举报电话等形式,拓宽监督举报渠道;三是加强制度建设,编印下发《廉政手册》;四是切实强化重点部位、关键岗位监管;五是严格《廉政合同》履约考核,充分发挥《廉政合同》的约束功能;六是认真做好来信来访接待工作,从严从快处理涉及侵犯农民工合法权益问题的案件,保护农民工切实利益不受侵害。

(责编　师国梁)

山西省太佳高速公路(吕梁段)建设管理处

□ 刘子兴　刘迎全

一年来,在省交通运输厅坚强领导下,在吕梁市及沿线各级政府和人民群众倾力支持下,太佳高速公路吕梁段全体筑路员工以科学发展观为统领,紧紧围绕"六零"目标,克服地势陡、线位差、地材缺、科技含量高、施工难度大等重重困难,抓动员求共识,抓管理求质量,抓拆迁促进度,抓排查保安全,抓队伍保稳定,抓竞赛比效益,较好地完成各项既定目标任务。累计完成投资58.52亿元,占2009年投资计划106.01%;质量保证体系运转正常,工程总体质量处于良性控制之中;安全态势平稳,施工实现安全生产无事故;教育扎实,制度完善,监督有力,党风廉政建设稳步推进;地方环境优良,吕梁市委政府、沿线三县各级政府关怀有加,征地拆迁工作基本完成。在全省同期开工的高速公路中,完成投资额最高,工程建设量最多,形象进度最好,得到省交通运输厅和吕梁市、市政府领导充分肯定及沿线群众一致赞扬。

全线完成路基挖土石方2683万立方米,占总量98.97%;填土石方2185万立方米,占总量98.82%。桥梁桩基3649根,占总量100%;承台、系梁1710个,占总量100%;墩柱2237根,占总量100%;盖梁、台帽1500个,占总量100%;梁板预制5420片,占总量98.56%;梁板安装5125片,占总量93.2%;桥面铺装135 236平方米,占总量32.79%;防撞墙39 179米,占总量52.26%。涵洞基础131 383立方米,占总量98.77%;台墙14 738米,占总量98.21%;盖板、拱圈11 389米,占总量96.37%。隧道掘进29 998米,占总量71.66%;初期支护29 938米,占总量72.13%;仰供22 649米,占总量85.68%;二衬25 806米,占总量61.12%;路面4117米,占总量9.69%。防护工程排水沟55 840米,占总量66.49%;截水沟54 322米,占总量74.2%;护面墙82 162立方米,占总量75.94%;挡土墙270 451立方米,占总量91.98%;拱形骨架653 876平方米,占总量68.44%。另外,路面工程采备沙砾232 840立方米,基层碎石286 404立方米,面层碎石89 262立方米,沥青6202吨。

质量为先强化控制
努力实现工程建设零缺陷

为实现"保部优、创国优",建设管理处确立"强化合同管理,用心把握细节、确保工程质量"的工作思路,坚持高起点、严要求、创精品、出亮点的建设理念,通过全方位管理与监督,严格质量控制。一是通过交通运输部有关文件及建设管理处印发的30余种工程管理办法和制度的培训学习,树立"百年大计,质量第一"观念。二是建立健全"横向到边、纵向到底、控制有效"的质量保证体系,形成"自检、互检、交接检"的作业程序。尤其是狠抓原材料检测,要求施工单位按100%检测,监理单位按不少于30%的检测频率抽检,中心实验室按不少于5%的检测频率进行抽验。建立质量检查和巡查制度，确保工程、监理人员责任心到位，工程质量管理有序、可控进行。三是科技创新，高标准严控质量。针对黄土填料天然含水量偏低现状，通过提高填料含水量，配备小型压实机具，对原地面进行强夯，保证路基压实度和整体强度，做到不留死角、边角。严格控制“四度六部”，狠抓“三背”（桥、涵、挡墙）填筑，建立档案，明确责任人。在混凝土结构工程上，通过抓拌和设备、场地建设、原材料进场等环节，加强对混凝土、砂浆等半成品材料的质量控制。特别要求拌和设备必须带电子打印功能，保证严格按配比出料。在软地基处理上，用强夯置换、片石挤淤、沙砾垫层、土工格栅、粉喷桩等国内、国际新型工艺和材料科学处治。在隧道施工中，根据地质地貌复杂情况，加强围岩量测及地质超前预报，按照强支护、早成环和“岩变我变”原则，制定不同施工方案，采取超前预测加固措施，科学安排各道工序，从而保证安全与质量。特别是针对隧道锚杆等隐蔽性工程，提出“像公安部门管理雷管那样管理锚杆”，从材料进场、加工、安装、建立档案，从操作员、技术员到现场监理，每个环节、每道流程均签字认可，确保锚杆数量、质量。针对黄土隧道，为保证钢拱架安装位置准确，每榀钢拱架下均以混凝土预制块支撑，保证钢拱架不下沉。四是聘请省内外权威人士组成专家组，重点解决施工过程中易发生的疑难问题。五是“充分依靠，明确职责”，严格落实《监理管理办法》，确保人员、工作、生活三独立。强化现场监督，重点路段、关键部位、隐蔽性工程实行全过程、全天候、全方位监理。六是典型引路，以点带面，现场观摩，奖优罚劣，创精品样板工程。先后举行梁板、墩柱、隧道、涵洞砌体现场观摩会4次。有14个单位受到23次奖励、6个单位受到不同程度处罚。七是转变观念，全天候服务。通过现场办公解决工程技术疑难问题，特事特办，建立功能齐全的中心试验室，提供一流服务；机关实行全日制工作、全天候服务。高质量来自严管理。由于建设管理处与全线建设者咬住质量不放松，使工程质量始终处在良好受控中。开工以来，交通运输部质监总站、省交通运输厅、省交通质监站先后5次监督检查后，均给予好评。

安全为本强化管理
努力实现工程建设无事故

针对地形复杂、桥高隧长、高空作业、场地狭窄实际，建设管理处抓好5项工作。一是完善组织体系，强化施工单位安全生产和管理部门安全监管“两个主体责任”，落实项目经理（监理部总监）履行安全生产第一责任人职责，建立健全安全生产管理、责任事故约谈、专项督察、隐患排查责任追究等8项制度。二是聘请省内两名有丰富施工经验专家，对全线技术管理人员进行安全技术培训。三是强化专项整治。按照专项整治方案，排查重大隐患、分项工程、临时设施、汛期预防和防火措施，聘请省内外6名专家进行桥隧安全专项施工方案论证，与吕梁市气象局建立气象信息每日传送机制。四是保障专项支出，落实1%的工程专项安全生产费用，做到资金有保障，支出有计划，领用有台账。五是强化现场管理。通过开展应急预案演练，提高协同配合和应急指挥能力；加强特种作业人员及特种机构设备管理，严格从业人员凭证上岗，严禁带“病”机械进场；强化临时用电和火工材料管理，做到“一机、一闸、一漏、一箱、一库”；完善桥梁、隧道防护措施，取得良好效果。施工全线安全势态平稳，实现安全生产无事故。

进度为标强化落实
努力实现工程建设按期完

一是完善施工组织计划，把路基桥隧任务划分为七个阶段组织实施，将施工进度纳入计划→控制→分析→调整的循环管理中。二是加大资金、劳力和设备投入力度，人停机不歇，全面赶超施工进度。三是变顺序施工为平行作业,采取“隧道施工不分界,路基施工不分家”的施工组织方式,努力缩减施工工期,确保工程总体进度目标。四是着力突破难点工程。对中长隧道采取开挖斜井、增开工作面措施;对大桥、特大桥采取多点作业、增加施工面方法,保障全线整体施工进程。五是成立“党员先锋队”和“青年突击队”,重点攻克技术难题和急难险重工程,充分发挥党团员先锋模范带头作用。六是全面发动参建人员、特别是一线施工人员,想办法,出主意,定措施,积极研究新的施工技术方法和施工工艺,加快工程进度。

协调为主强化配合
努力实现工程建设无干扰

一是在继续充实人员、设备力量基础上,积极主动与省、市及沿线三县政府有关部门联系,争取各方面积极配合和大力支持。吕梁市委书记聂春玉亲自在太佳高速公路(吕梁段)动员大会上作动员;市长张九萍数次召集会议,听取汇报,专题研究工程建设,并深入一线现场办公,扫平施工障碍;市委、市人大、市政府、市政协其他领导,也通过不同形式,关心、支持、帮助工程建设。临县、方山、岚县三县县委、县政府主要领导全力以赴开展征地拆迁工作,经常深入一线为施工单位排忧解难。市、县(区)、乡等各级协调组工作人员始终坚持在一线办公。沿线群众识大体、顾大局,像革命战争年代支前一样支援高速公路建设。二是要求施工单位配备顾大局、懂政策、负责任、有作为的同志从事地方协调工作,做到项目经理总负责,分管领导具体抓,各项协调工作落实到人、责任到人。三是本着换位思考、规范行为、树立良好形象、为群众多办好事实事的理念,先后为当地群众翻新加固多年老化的小桥,改造村间道路,疏通排水沟,架设排水管,修筑防洪堤,并将部分原材料运输、附属工程项目施工、施工便道养护等任务分配给当地群众,解决10 000余人就业问题等等。全线征地拆迁工作基本结束,林地报批已完成,土地报批手续也已上报省级国土部门。

廉洁为荣强化教育
努力实现工程建设无违纪

为确保“建设一条路,不倒一个人”廉政目标实现,建设管理处以工程优质、资金安全、干部廉洁为重点,将党风廉政建设摆在与工程建设同等重要的位置来抓。处领导班子履行“一岗两职”,坚持“五纳入、五同步”,即把廉政建设要求纳入工程项目合同同步签约,纳入项目建设管理内容同步交底,纳入党支部和党员责任区同步落实,纳入劳动竞赛活动同步推进,纳入每个管理岗位的工作职责同步考核。全处上下都能按照处《廉政手册》和“十不准”要求,规范行为,指导实践。在认真抓好《廉政合同》落实的同时,推行河北省高速公路建设“十公开”,向社会公布举报电话,设立举报箱,接受社会监督。紧抓源头,强化监督,创新阳光操作机制,着力打造廉政阳光工程。在工程招投标、工程分包、计量支付、材料采购、工程变更、合同履约、资金使用、征地拆迁、廉洁自律等方面实施监督检查,并深入开展治理商业贿赂活动,努力实现工程建设程序严密不违规、建设标准不偏移、质量安全不含糊、专款专用不拖欠、资源节约不浪费、效率提高不推诿。开工以来,未出现一例违规违纪现象。

(责编　师国梁)

山西省太古高速公路建设管理处

□李康吉

2009年是太古高速公路建设的开局之年、夯实基础之年，也是取得决定性胜利的关键一年。自开工建设以来，在省重点办、省交通运输厅、厅重点办的坚强领导下，在各级领导的亲切关怀与大力支持下，经过全体参建人员奋力拼搏，工程建设取得阶段性成果。

项目全长23.157公里，建设标准为双向4车道，路基宽24.5米。全线主要构造物有大中桥11座、互通式立交1座、分离式隧道2座。其中，太原西山特长隧道全长13.65公里，是全国在建公路中最长的隧道。全线桥隧相连，比例高达71%。主体工程建设划分为7个施工合同段、2个监理合同段、1个总监办。建设工期为4年，工程概算批复28.48亿元。

自2008年12月26日，省委、省政府召开太古、太佳东段高速公路建设推进会之后，建设管理处立即组织施工、监理队伍进场，精心编制施工组织计划与安全生产方案，对不占耕地或少占耕地的控制性工程太原西山特长隧道先行开工建设。控制性工程开工后，建设管理处全面分析制约工程进度原则，创新工作方式，采用正常程序快速办、重点程序着力办、难点程序想方设法办的方法，强力解决工程建设的主要制约因素。

进入5月之后，建设管理处按照省交通运输厅总体部署，加大投入，加快进度，紧紧抓住工程施工黄金季节，科学策划，合理安排，锁定目标，细化工程，倒排工期，抢抓进度，在全线掀起大干快干、不留空白的施工热潮。6月30日，厅领导亲自参加建管处召开的工程阶段目标动员大会，提出“大干100天，实现路基、桥涵主体工程完工”奋斗目标。进入8月初，建设管理处又接到一项紧急任务—国庆节前完成东社互通改造工程。这也是迎接国庆60周年的一项紧急而又光荣的建设任务。由于时间紧、任务重，建设管理处精心组织，科学管理，抽调精兵强将，对工程整体合理安排，实行倒排工期，制定切实可行施工组织方案。建设管理处管理人员与各参建单位职工战晴天，抢雨天，不分昼夜，连续作战，终于实现国庆节主线通车目标，收费站与匝道也在11月1日按时通车，受到省交通运输厅领导多次赞誉。在冬季施工过程中，建设管理处制定切实可靠措施并加以落实。路基、桥涵工程原则上不再进行冬季施工，隧道施工在确保质量、安全的前提下正常进行。

稳中求快全力推进
圆满完成年度目标

2009年，全线共完成挖方150万立方米，占总量98%，填方完成195万立方米，占总量85%；防护工程完成17.25万立方米，占总量75%；桩基完成385根，占总量98%；桥台完成44个，占总量94%；桥墩完成78座，占总量82%；梁板预制555片，占总量90%；隧道工程主线单洞累计掘进4740米，其中西山隧道太原端完成1720米，古交端完成1540米，周家山隧道完成1480米；1号斜井完成364米，1号竖井完成65米，2号斜井完成760米，2号竖井完成160米。占隧道工程总量19%。

2009年，累计完成投资11.26亿元。其中建安工程费8.803亿元。具体为：临建工程7104.7万元；隧道工程47 620万元；桥涵工程13 639万元；路基工程14 966万元；东社枢纽路面工程及交通设施4700万元。其他工程费2.457亿元。具体为：征地拆迁12 358万元；前期工作费3400万元；建设管理费680万元；专项评估费388万元；监理费1240万元；贷款利息6500万元。

精细化管控工程质量
尽全力打造精品工程

从动工准备阶段开始，为更好地控制工程质量，确保达到交通运输部优良工程标准，全线自上而下严格执行质量岗位责任制，把制定工程质量控制的制度和实施办法作为开工前重点。根据项目自身特点以及质量控制难点，参照国家相关规范、标准，编写《太古高速公路工程质量管理办法》等一整套措施，明确具体目标，成立质量检验领导组，对监理机构与施工单位的施工监理程序，作出详细规定。要求驻地监理对重点工序和关键环节进行全过程旁站，加大监理频率和力度。同时制定关键工程质量控制要求以及违约处罚标准，为正常开展质量控制提供依据。

时刻调好安全之弦
弹奏平安和谐之音

一年来，建设管理处树立“胜也安全、败也安全”理念，全面落实科学发展观，牢固树立安全发展理念，坚持“安全第一、预防为主、综合治理”方针，深入开展安全生产专项整治活动，切实做到“思想认识上警钟长鸣，制度保障上严密可行，技术支撑上坚强有力，督促检查上严格细致”。自开工以来，全线无任何安全责任事故发生，安全形势呈现出良好可控局面。

建立健全安全生产管理机构和体系，确保逐级管理到位。建管处成立安全生产领导组，建立“一岗双责”安全生产领导责任体系，即行政一把手全面负责、分管安全领导具体负责、其他班子成员负责分管范围内的安全生产。同时，要求各参建单位均成立安全管理专门机构，落实安全生产责任制，层层签订安全生产责任书。

强化培训宣传教育，确保安全意识到位。自开工以来，各施工、监理单位通过夜校、安全生产例会、安全培训等形式，组织多次安全培训学习。此外，还聘请西山煤电和同煤集团专家作为顾问，组织安全培训学习，做到安全教育培训覆盖面达100%。

加大安全投入，确保经费到位。建设管理处制定《太古高速公路安全费用计量支付办法》，要求各承包人制定安全生产资金使用计划，安全经费明细台账，安全费用按月定期计量支付，每一期安全费用都必须由承包人提供使用明细，经安全监理工程师审核把关，建设管理处检查验收确认后予以计量。对不符合安全生产经费使用要求的项目不予支付，保证安全经费专款专用和有效投入。

突出控制施工中重点地段、工序的安全管理。建设管理处建立危险源台账制度，通过风险评估，明确西山隧道建设期31处危险源，提出相应专项应急预案及安全监控防范措施；规范隧道应急管理，确保应急救援措施到位。根据安全生产应急管理有关规定，建设管理处要求各施工单位与工程施工段周围的医院、消防、武警部门建立联系制度，并成立相应的应急救援组织；应用隧道施工安全智能管理系统，加强隧道施工状况和有害气体情况的现场监控。

经过一系列安全活动的开展，安全生产工作取得可喜成绩，并在全省重点工程质量安全管理现场会上做了经验介绍。

严格执行各项措施 强化工程廉政建设

在狠抓工程安全、质量、进度的同时，建设管理处积极采取措施，加强工程廉政建设。除严格执行中央、省、部和省交通运输厅对工程廉政建设的法律法规及规章制度外，还针对工程招标投标、计量支付、大宗物资设备采购、设计变更等关键环节，出台具体廉政合同监督考核检查办法，加强日常检查考核和监督管理，坚持用制度管权、管人、管建设，防止权力失控、决策失误、行为失范，确保工程建设各项工作在阳光下操作运行。

（责编　师国梁）

山西省汾平高速公路有限公司

□王龙琪

2009年，在省交通运输厅正确领导下，在沿线各级党委、政府大力支持下，公司克服原材料价格上涨、土源落实困难、各类阻工事件频发、异常天气多等诸多不利因素，紧紧围绕省厅年初下达的目标任务，团结带领全体参建人员不畏困难，坚定信心，排除干扰，攻坚克难，较好较快地推进项目实施。全年共完成借土填方603万立方米，占总量85%；完成桩基1223根，占总数97%；主线小型结构物基本完成，水泥搅拌桩11.97万米，占总数97%；箱梁预制659片，占总数80%；承台(系梁)327个，占总数91%；墩台身肋板709个，占总数93%；梁板架设1026片，占总量77%。共完成项目投资7.5亿元，占概算投资54.5%。累计完成投资8.86亿元，占概算投资61.14%。

狠抓进度抢开作业 全面掀起建设高潮

2008年，因受奥运会、残奥会、村民换届选举等因素影响，造成征迁工作滞后，给施工带来相当大压力。为摆脱被动局面，抢抓进度，春节后，公司针对山西境内气温回升快、降水量少的有利条件，提前通知各施工、监理单位进场，迅速展开小型结构物和桩基础施工。与此同时，针对原设计取土场因政府保护耕地不能就近取土，积极配合各施工单位多次与沿线地方政府协调，并在江苏悦达集团支持下，迅速解决了超设计运距成本增加难题。4月底至5月初，各施工单位位通过艰难谈判，分别与汾阳市、平遥县、介休市土方供应单位达成供土协议。为抢抓工程进度，确保完成省厅下达的全年目标任务，公司从5月起在全线开展大干100天劳动竞赛活动，以超常规手段，紧张有序地全面推进施工进度。一是目标分解，责任到人。督促各施工单位迅速增加人员、机构设备投入，并将任务分解落实到每个施工队和班组，包保到人。二是实行闭门工期考核。围绕时间节点要求，以旬为单位排计划，以月为单位进行闭门工期考核。三是强化督察和奖惩。派出4名现场工程师驻点各项目部，配合总监办对进度、质量、安全及投资等进行督促和检查，现场解决工程推进中的问题；派出4名征迁协调人员，帮助处理与地方关系；制订印发《大干100天考核奖惩办法》，对照目标进行认真考核。在大干100天高峰阶段，全线投入施工人员达1800多人，各类施工机械600多台(套)，平均每天以5万多方的土方量推进。

强化管理严格检测 质量处于受控状态

自项目开工建设以来，公司一直把质量工作放在突出位置。一是狠抓原材料质量控制。针对当地砂石等地材质量不稳定，公司先后印发《关于加强原材料管理的通知》和《关于明确主要原材料进场前须报批的通知》，规定原材料进场具体要求。为掌握原材料质量状况，公司还组织质量监督部、中心试验室人员赴周边料源地进行深入调研。与此同时，加大对原材料检测频率，对不合格材料坚决不让进场或坚决清场，确保合格材料用于工程实体。二是狠抓现场施工质量管理。通过强化日常质量巡查和不间断检查监督，监理人员对隐蔽性工程和关键性工序旁站，加大现场质量问题处罚力度等方式，不断强化现场质量管理。一年来，公司先后对两起质量事故进行严肃处理，对相关单位和责任人进行经济处罚。三是强化试验检测。制定《关于明确工程建设中试验检测的规定》，督促各单位严格执行。在试验检测中，重点抓好路基土方压实度、平整度和纵断高程，涵洞的混凝土强度、结构尺寸等关键点，桥梁的桩基础、墩台混凝土强度、结构尺寸等。并对93区、94区、96区的水泥土施工质量提出明确要求，确保项目实体工程质量处于完全受控状态。

以人为本强化教育 切实抓好安全生产

为了确保安全生产和文明施工，公司、总监办始终把安全工作放在和工程质量同等位置上，并采取各种措施，从源头上预防安全事故发生。一是强化安全教育，提高全员安全意识。自开工以来，公司和各项目部先后组织三次大规模管理人员安全培训学习。各施工单位通过举行安全知识考试、安全知识有奖抢答和制作宣传牌等多种方式，确保安全教育培训覆盖面达100%。二是建立健全安全生产责任制。始终贯彻执行“安全第一、预防为主、综合治理”方针，制订一整套安全生产管理制度。如《安全生产奖惩办法》、《安全事故责任追究制度》等等。三是狠抓现场安全，确保操作层面管理到位。积极配合各项目部、总监办专职安全员每天对施工现场进行巡查，并结合工程特点，做到六抓。一抓对高边坡、基础开挖、高处作业、大型梁体吊装等危险工序安全保护措施；二抓安全用电。着重检查施工安全用电，对变电箱等进行严格管理；三抓劳动保护用品使用和穿戴；四抓施工现场机械安全管理；五抓施工现场消防工作；六抓安全应急救援预案演练等。同时，杜绝违章指挥、违章作业和违反劳动纪律行为；加大对安全检查处罚力度，对专项经费不到位，未设立安全警示标志、执行制度不力的单位和人员进行处罚，情节严重的责令停工整顿。由于公司和各参建单位对安全生产高度重视，全年未发生一起安全事故，受到省重点办肯定。

依靠政府多方努力 解决征迁遗留问题

一是顺利完成剩余两个村的交地。面对平遥县杜村矛盾多、村民多次阻拦交地和介休旧堡村征地补偿款发放不到位情况，公司有关人员多次赴平遥县政府协调完成交地；节后又多次跑介休市政府、张兰镇及旧堡村，协调各方落实征地款到位，完成该村交地任务。二是基本完成改路、改渠等遗留问题。先后协调解决项目跨阳休线和汾张线、跨省道340线的公路用地及申请施工问题；与介休市张兰镇田堡村、大甫村、旧堡村、平遥县中都乡杜村经过反复协商，就过水管道改建、小型结构物调整等一系列问题达成协议。与吕梁市文峪河水利管理局就项目跨越文峪河东、西十支渠，与汾河三坝管理分局跨汾河九支渠等达成协议。三是办结两条连接线施工手续。与省高管局、吕梁高速公路公司、祁临高速公路公司及省交通运输厅、厅重点办协调，做好项目跨汾离、祁临高速公路连接线施工的衔接。目前，征地和“三杆”拆迁工作全部结束，剩余改路改渠及匝道用地基本解决。四是完成土地审批手续上报。协调吕梁、晋中两市、县各土地部门，迅速办理上报省国土厅的土地报批材料。

规范制度优化程序
提升项目管理水平

一是加强制度建设。根据项目推进和管理需要,不断完善行政、计划合同、工程管理、质量检查和考核等制度,全年累计制订各项规定制度18个,使各项工作基本做到有章可循。二是严格按照工程建设程序要求,把握关键环节,认真做好项目招投标,确保招投标工作公平、公开、公正。在省交通运输厅领导下,完成项目路面、房建、机电及安全设施、绿化等后续工程的全部招投标,并通过考察比选确定中标单位。目前,所有工程施工及监理合同全部签订,路面、房建、机电施工单位已经进场,路面单位还完成前期准备工作。三是强化财务预算管理。公司财务部从源头上抓起,定期编制月度资金使用计划,对每一项支出做到事前控制、事中审核、事后监督,节省开支。四是严格投资费用控制。聘请山西中强事务所参与对工程建设的全过程跟踪审计。计划合同部从审核工程量清单入手,建立健全计量支付台账,同时认真执行变更程序,先后完成水泥土垫层、路基96区掺灰、涵道的增减等重大变更,并严格按章办事,有效保障投资控制。五是严格合同管理。对各施工、监理单位合同执行情况检查,同时定期检查农民工工资发放情况,确保发放到位,维护社会稳定。

(责编　师国梁)

山西省临吉高速公路建设管理处

□ 郭锁记　陈　俊

项目是国家和全省高速公路网的重要组成部分，也是全省“十一五”规划重点建设项目之一。全长 99.015 公里。共有特大桥 5036.053 米/4 座、大桥 18 537.427 米/69 座、特长隧道 16 750 米（单洞）/2 座、其他隧道 24 494.06 米（单洞）/15 座、通道 46 道、涵洞 146 道、路基填方 1069 万立方米、挖方 2323 万立方米。概算总投资 94.32 亿元，总工期 4 年。该项目有六大难点：一是地处山岭区，路线穿越滑坡、采空区、压煤区、断裂带等不良地质段落，地形地貌、地质条件极为复杂；二是桥梁隧道比例高达 49.6%，工程量大；三是有设计墩高达 158 米、跨径 175 米的壶口黄河大桥，施工难度大；四是部分隧道穿越瓦斯采空区、压煤区，施工安全风险高；五是路线约 5.5 公里穿越国家级重点文物柿子滩旧石器文化遗址，保护任务艰巨；六是线内施工用料缺乏，取水、用电困难，路线内走廊带狭窄，施工场地极为狭小，交通运输条件极差。经过全体建设者连续奋战，工可、初步设计、土地等手续已得到批复，并于 8 月 5 日举行开工仪式，王君省长、牛仁亮副省长、段建国厅长等领导专程出席并讲话。截至 2009 年底，路基工程填方完成 73 万立方米，占总量 6.7%；挖方完成 571 万立方米占总量的 24.3%；桥梁工程钻孔桩完成 1907 根，占总量 39.4%；墩柱完成 247 根，占总量 9.2%；桥台完成 15 座，占总量 3.6%；承台完成 59 个，占总量 15.6% 预制梁板完成 154 片，占总量 2.2%；架梁 26 片，占总量 0.4%；涵洞（通道）完成 17 道，占总量 8.8%；隧道工程完成上台阶 3224 米，下台阶 1340 米，仰拱完成 785.3 米，二衬完成 75 米。采空区工程完成灌浆量 5.39 万立方米，累计完成投资 15.783亿元，占总投资 15.94%。一年中内未出现违纪违规事件，各项工作都处于良好受控状态。

精心筹划责任到人
做好项目前期工作

2009 年，处领导班子站在讲政治高度，建管处一班人牢牢掌握和运用好科学发展观这一强大思想武器，不折不扣落实省厅提出的各项要求，团结带领广大参建员工，扭住目标，加大力度，超常规、超常态，加快项目前期工作，又好又快完成各项任务目标。

分兵把关，全力以赴推进工程可行性研究报告编制和报批。2009 年 1 月以来，在通过交通运输部行业审查后，管理处分兵把关，盯住工可报批各个环节，各个突破。一是充分协调、沟通，调动各方面积极因素，将工可报批所需环评、水保、土地预审等关键手续，用短短两个月时间全部办理完毕。二是狠抓关键环节评审。自 4 月 18 日将基础材料报至国家发改委后，派专人紧盯报批各个环节，耐心细致地做工作，于 6 月 25 日得到国家发改委正式批复。

强化沟通，抓好黄河防洪评价报告编制

和报批。本项目黄河大桥能否顺利通过防洪评价，是工可报批关键因素。我们委派专人，多次赴郑州黄河管理委员会，反复做工作。经过沟通，将跨黄河跨径由原150米调整为175米。同时，在设计深度和方案优化方面狠下工夫，组织专家现场考察，确定最优设计方案。方案出台后，最终打消黄委会疑虑，并获得批复。

公开透明，实施路基、桥涵、隧道、采空区施工及监理招标。招标于2009年3月3日启动。为了确保招标公开透明，提升招标工作质量，委托实力较强的招标代理机构全程进行。在省人大、省重点办、省高检、省发改委、省审计厅和省交通厅监督下，资格预审评审委员会对施工、监理资审申请文件进行评审。经评审，施工标共有200家单位257份申请文件通过资格预审；监理标共有20家单位33份申请文件通过资格预审。经过激烈角逐，7月17日，最终确定29家施工单位和5家监理单位，并签订施工、廉政合同。

科学严谨，完成初步设计编制和报批。设计成果优劣直接关系到工程建设质量好坏。临吉路地处山岭重丘区，地形复杂，沟壑纵横。为此，管理处领导坚持深入一线，督促指导设计进度和质量。在设计的每个阶段，分别召开设计工作会议，对设计质量提出详细要求，明确设计原因，统一设计标准。尤其是在设计关键阶段，选派专门技术骨干，对设计质量全方位全过程跟踪，先后5次邀请省内外知名专家进行论证和指导，会审设计方案。同时，加强与上级和设计单位协作，积极协助设计单位处理好地方协调工作，及时帮助他们取得路线方案同意文件；积极配合省厅有关部门就设计过程中的相关问题组织召开办公会，分析研究项目路线方案和概算投资等相关事宜，为省厅决策当好参谋助手。初设文件于2009年10月16日得到交通部批复。

多方联动，强力推进征地拆迁。地方协调是高速公路前期工作的重中之重。为此，管理处围绕工作目标，突破重点、难点，整体推进。一是通过协调，督促临汾市政府召开征地拆迁再动员大会，明确沿线各县完成征地拆迁工作任务的最后期限。二是在人数少、任务量大的不利条件下，采取拉网式调查办法，对沿线占用土地、林地、煤矿等资源情况进行全方位摸底。在摸底调查过程中，充分考虑地方政府和沿线群众意见及建议，掌握丰富第一手资料，并制定切实可行的征地拆迁工作实施方案。三是在面对少数县乡领导面难见、话难通的不利局面，不怕委屈，不怕麻烦，放下架子，坚持不懈，采取人盯人办法，经常连续几天守在责任人办公室门口，直到问题着手解决。四是为了确保按期开工，积极争取当地政法系统支持，与当地公检法机关联合行动，强力推进征地拆迁工作，震慑不法分子，确保征地拆迁工作顺利进行。

明确目标科学管理
优质高效推进建设

自2009年8月开工以来，管理处以开展社会主义劳动竞赛为载体，全力以赴抓进度；以“首件产品认证”为抓手，集中精力抓质量；以安全生产零事故为目标，细化指标抓安全；以“靠前指挥、强化服务”为宗旨，创新手段抓管理；以预防职务犯罪为主线，贯穿始终抓廉政，有力促进临吉高速公路建设健康、快速开展。

严格工程管理，推动工程建设进入良性循环。一是根据项目战线长、地质条件复杂、桥隧比例高等特点，成立东段、西段前线指挥部，同时把总指挥部建在整个路段的中间乡宁县，做到指挥前移，服务到位；二是于10月11日召开第一阶段劳动竞赛动员大会，与各施工、监理单位签订目标责任书，迅速掀起工程建设高潮。三是建立日常巡查和定期综合检查相结合管理机制，及时研究解决工程建设中存在的问题；四是加强文明施工管理。尤其是对影响工程安全的取、弃土场严格履行报批手续，确保不影响运营安全。五是加强履约管理。多次对承包方人员、设备等履约情况进行检查，对履约差的单位，及时督促其整改。六是加强农民工管理。制定下发《临吉高速公路农民工工资监管办法》并严格执行。12月份省检查组检查后，给予高度评价。七是加强冬季施工管理特别是保温措施监督，保证工程质量。

严格质量管理，全力打造"精品路"。一是建立健全质量管理机构。形成严密质量保证体系，与各监理、施工单位签订质量目标责任书，将质量目标贯彻到每一个责任人，做到分工明确，责任落实到位；二是建章立制，加强考核。制订下发《临吉高速公路质量管理办法》、《临吉高速公路工程技术管理办法》等6个加强质量管理的办法和制度，定期、不定期进行质量抽查和巡查，及时发现和解决质量问题，确保工程质量管理有序、可控进行；三是加强培训，提高素质。组织进行"施工质量技术培训"，就桥梁、隧道、路基、资料等内容进行系统讲解，有效提高工程技术人员质量意识和技术水平；四是全面推行首件产品认证。出台"首件产品认证"制度，对各合同段的第一根桩基、第一片梁板、第一根墩柱、第一段填方路段等作业流程、质量进行严格认证，经总监办和前线指挥部批准后，方可进行大面积作业，保证施工质量；五是树立样板，狠抓正反两方面典型，以点带面，推动全线质量管理良性发展；六是专家把脉，解决难题。专门聘请省内外8名知名专家组成专家组，长驻工程建设一线，全程参与技术攻关和质量管理；七是提前预警，重点监控。对桥梁桩基、滑坡体处治、沉降观测等重点部位加强监控，对隧道加强地质超前预报、地质雷达检测和监控量测，杜绝质量事故发生。

加强安全生产管理，全力打造"平安路"。项目地形地质情况复杂，桥隧结构物多，施工难度大，管理处着重抓好四项工作。一是坚持安全第一，安全责任至上，不断加强制度规范，事前防范，过程监督。先后制定11项制度，确定安全生产费用审批支付方法。要求并监督各参建单位制定完善各项安全管理制度，配齐配足具备资质和能力的专(兼)职安全管理人员，列出安全生产专项经费，构建"纵到底、横到边"的安全生产管理体系，把安全管理任务和责任层层分解，落实到每个班组和个人，把安全监控的程序贯穿到每项施工活动中。二是加强宣传、培训教育，提高安全生产责任意识。为了提高全线安全生产管理水平，组织有关人员参加"高速公路施工安全高级管理人员强化培训"，为高危工程安全开展奠定基础。进行《施工安全从这里抓起》的安全教育、宣传活动以及安全内业资料和危险源、安全隐患的辨识方法培训，要求对不同等级危险源进行不同关注度监控和管理，做到有的放矢。四是组织专项检查，把事故隐患消灭在萌芽状态。在日常巡视和综合大检查中，分别从合同要求、机构建设、制度管理、现场组织等方面，全方位地对全线进行检查。对出现的问题，分别以"口头指令"、"现场巡查处罚通知书"、"安全隐患整改通知书"和开会通报形式提出要求和处理。同时将检查中的问题拍成照片，及时传送到各个参建单位并督促整改。

加强财务管理，严格控制概算投资。一是严格制度管理、合同支付。制定《基本建设财务管理暂行办法》等26项制度，每一笔万元以上资金使用必须有合同，每一笔工程款使用，必须经相关处领导和部门负责人共9个人审批，确保每一笔资金支付都合法合理，都在概算之内。同时，建立拨款台账、合同台账、征地拆迁台账等财务台账，做到每一笔资金使用都心中有数。二是细化管理。依据项目概算设计内容，合理设置使用会计科目，对建设过程中要核算业务进行科学划分，合理归类，能方便直接地与概算设计对比；对不在设计概算开支范围内的开支及不合理开支，坚决不予支付、报销，有效控制成本，提高效益。三是加强资金监管。为了保证资金安全，保证建设资金全部使用于本项目，对承包人资金使用进行监管。要求承包人在指定银行开立账户。承包人使用资金时,提出资金使用计划,经审核无误后,监管银行根据计划支付资金,防止挪用建设资金情况的发生。四是严格控制设计变更。根据省厅有关工程设计变更的管理办法及要求,制订《临吉高速公路设计变更管理办法》并严格执行。

加强党建反腐倡廉 提供有力政治保证

加强思想理论建设,提高整体思想政治水平,不断增强领导班子又好又快推进高速公路建设的领导能力。处领导班子以深入学习贯彻中国特色社会主义理论体系为重点,继续深入学习实践科学发展观,努力用马克思主义中国化的最新成果武装广大党员干部。鉴于项目战线长,工程建设任务繁重,党员活动地点变换频繁、不易集中等实际情况,为了既不耽误工作,又保证学习效果,在学习形式上,将中心组学习和党员干部政治理论学习放在每周五晚建管处周例会上,与周例会同步进行,学习内容均为临时决定,主要是针对一周或一段时间内比较薄弱的环节或具有广泛代表性的难点开展讨论,探讨解决办法。对于党的基本知识、基本制度等,鼓励党员自学,但不定时、不定人员范围进行随时抽查考试,考试成绩在一定范围内公示。考试成绩好的,象征性地给予一定奖励。此外,在建管处内部简报上,开辟"经验交流"、"科学发展"两个栏目,刊登广大党员干部在科学、快速、安全、协调推进高速公路建设方面的心得体会和实践成果。同时,开辟"党建在线"、"党旗飘扬"、"文明花开"、"铺路石"等栏目,及时宣传党在新时期的路线方针政策和临吉高速公路党建动态、优秀党员事迹等,营造与时俱进、争先发展的良好舆论氛围,加深群众对党的了解和支持,有效把党的主张转化成群众加快推进临吉高速公路建设,积极投身"保增长、保民生、保稳定"大会战的自觉行动。在学习中,处领导班子成员坚持做到先学一步,深学一点,带头参加学习、讨论。先后学习科学发展观系列理论;中央、中纪委十七届四中全会公报;以及省、厅领导关于高速公路建设管理的重要讲话等,并结合工作实际,撰写学习心得,与同志们进行讨论、交流,提高运用科学发展观领导高速公路建设的能力和水平。

以强化功能为目标,落实责任,细化管理,加强组织建设。为了充分发挥党组织推动发展、服务群众、凝聚人心、促进和谐作用,强化组织功能,努力把建管处党委和各党支部(工委)建设成为贯彻落实科学发展观的坚强堡垒,我们以落实中央四个长效机制文件为主线,建立党的工作责任制,认真贯彻落实新修订的《中国共产党党和国家机关基层组织工作条例》,着力提高基层党组织的学习能力、教育能力、创新能力、服务能力,进一步扩大党的工作覆盖面,创新活动方式,激发组织活力,不断提高各级党组织的创造力、凝聚力和战斗力。一是各施工、监理单位进场后,分别督促、指导成立党支部(工委),受建管处党委和所在企业党委的双重领导,健全全线党的工作机构。二是注重在工作实践中发现、培养优秀人才,并有意识地吸收他们参与党建活动,增强对党的认知和了解。同时,充分发挥党员的先锋示范效应,使群众学有榜样。目前,共有15人递交入党申请书,积极向党组织靠拢,工作主动性和工作质量大大提高,增强了党的后备力量。三是加强对党员的教育、管理和服务。大力开展党性修养和作风养成活动,不断提高党员宗旨意识和综合素质。建立健全党内激励、关怀、帮扶机制。2009年3月,一名职工家属身患重症,巨额医疗费用给他经济上、思想上带来巨大压力。处党委得知后,不仅帮忙联系治疗医院,而且带头捐款,并号召全处职工捐款,短短两天就募得善款25 800元。在手术过程中和手术后,又多次询问、探望,让职工安心为家属治病,有什么困难,组织会全力以赴解决。使这名职工彻底打消顾虑,放下包袱,轻装上阵。对家庭贫困的党员,我们也进行备案，适时采取措施予以帮扶。四是努力找准党建工作和工程建设最佳结合点，以开展劳动竞赛和青年突击队立功竞赛活动为切入点，把行政工作难点作为党建工作突破点，使项目党建与重点工程建设有机融合，相互促进。把工程建设、管理现场作为培养人才、锻炼干部、检验党员作风、素质和政治水平的训练场，作为检验党组织工作成效的特殊考场，抓住征地拆迁、质量、安全控制等难点，紧盯不放，寸步不让，有效保障工程建设。通过上述工作，有效加强党组织的凝聚力、战斗力和号召力。根据工作需要，2009 年，设立安全管理部，提拔安全管理部部长 1 名，工程管理部副部长 1 名，均按程序进行集体研究、公示。上述 2 名同志到任后，工作能力、作风和工作业绩等得到全处员工和从业单位一致肯定。

以健全民主集中制为重点，加强党内制度建设。为了规范党建活动，规范党员领导干部权力运作行为，健全领导班子民主决策程序和议事规则，建立科学、高效工作机制，先后制订完善《党委会议制度》、《党委中心组学习制度》、《党风廉政建设责任追究实施细则》等管理制度，并在工作中严格贯彻执行。建管处党委工作部门不定期对党的各项制度贯彻落实情况进行监督检查，规范党建工作。

以深入基层、强化服务为重点，加强作风建设。处党委按照省、厅关于加强党性修养和作风养成的实施意见要求，将领导班子成员和党员领导干部服务基层的工作成效作为检验其党性、党风、党性强弱、好坏标准，作为检验各级党组织建设水平和成果标准。领导班子成员每月在一线调研和现场办公时间不少于 10 天，中层干部每月不少于 15 天，主动深入工程建设一线调查研究，了解情况，指导工作，解决问题，把真工夫下在一线，把实本领用在一线，当好工程建设服务员。发现和解决了哪些问题，要在建管处例会上汇报，坚决杜绝纸上谈兵、电话指挥的官僚作风。处领导经常不打招呼，轻车简从到一线检查工作，发现问题立即通报项目经理、总监，必要时召集约谈。同时，实行“开门纳谏”办法，不定期发放问卷，征求各施工、监理单位对建管处领导班子、部门及工作人员意见，并根据意见及时整改。

以加强惩防体系建设为重点，扎实推进反腐倡廉建设。加强教育，健全制度，严密监督，锐意改革，勇于纠风，严肃惩处，开展突出问题专项治理，认真贯彻落实交通运输部“八项规定”和省厅“十公开”要求，严格执行党风廉政建设责任制，严格执行《廉政合同》。一是健全机构，使廉政建设工作在组织上得到保证。成立以党政主要领导为组长，各分管领导为副组长，机关各部室和各施工、监理单位负责人为成员的廉政建设领导组，各施工、监理单位也分别成立廉政建设领导组，明确职责。在此基础上，经过沟通和协调，管理处与临汾市检察院及沿线各县检察院有关负责人共同组建“临吉高速公路建设预防职务犯罪领导组”，制订下发联合预防职务犯罪实施意见、工作制度、联席会议制度等，进一步加大预防职务犯罪力度。各级管理人员认真落实党风廉政建设责任制，各负其责，形成各级领导亲自抓、牵头部门主动抓，职能部门自觉抓、纪检部门协调督促抓的良好局面。二是健全制度，构建公开透明运行机制，筑牢用权防线。在制订、出台《物品采购管理办法》、《财务报销管理制度》等 15 个管理制度基础上，建立健全领导班子民主集中制，完善议事规则和决策程度，严格执行重大问题决策、重要干部任免、重大项目投资决策、大额资金使用党政联席会议讨论决定制度；制订完善工程变更管理办法、工程计量管理办法、公务接待管理办法、物资采购管理办法、车辆维修管理办法等一系列管理制度。建立完善工程建设关键环节操作程序，公开办事程序，明确办事时限，推行电子政务，对工程计量、变更等实行网上审批，对因推诿扯皮、随意刁难影响工程进展的，坚决进行责任追究，从而堵塞吃拿卡要漏洞。实行述职述

廉制度,对重要岗位人员工作业绩与廉洁自律情况一同考核,并记入廉政档案。真正做到以制度约束人,以制度规范事,以制度堵漏洞。三是加强教育,筑牢广大参建者特别是关键岗位人员廉洁从政的思想防线。注重发挥领导机关和领导班子成员的表率作用,重点加强反面警示教育。四是强化监督,做到监督机构健全,监督对象和内容明确,监督方案便于操作,监督渠道畅通,监督保护措施到位。截至年底,未出现违纪违规事件,真正做到工程优质、资金安全、干部优秀。

以文明施工保生态为重点,加强精神文明建设。管理处要求各从业单位以深化企业文化建设为切入点,充分发挥企业文化的凝聚、约束、激励、导向作用,实现外业、内业全过程规范化管理。各施工单位按照文明施工管理办法要求,认真抓好工作区、生活区环境建设,做到标志标识清晰,施工场面有序,工作生活环境优美,形象宣传到位。在施工过程中,各施工单位按照建设项目环评报告书、水土保持报告书和施工图设计等技术文件要求,严格落实各项生态环保措施,尽量减少对施工区内植被、天然地表、自然河床破坏,从而营造和谐路地关系。

以提升党建工作质量为目标,不断加强党务干部队伍建设。通过选送参加政治理论和党建业务知识及新技能培训、日常工作实践中压担子等途径,着力培养党性强、作风正、有能力、热爱党务工作的党务干部队伍,进一步提高党务工作者理论素养和思想政治素养,增强解放思想、改革创新意识,为提升党建工作质量打下较好基础。

在工作中,我们也总结出了一些有效的管理经验。一是抓领导、领导抓。建管处领导及有关部门深入一线工作时,首先督察现场主要人员是否坚守岗位,是否对工程建设采取有效措施。对长期不坚守岗位,且工作无起色的主要人员,要果断采取措施。对拒不落实建管处有关指令并给工程建设造成严重后果的,从严追究有关责任人责任。二是转作风,重落实。凡是施工、监理单位上报的事,只要在建管处职责范围内,立即办,抓紧办,限时办。同时,主动深入工程建设一线调查研究,了解情况,指导工作,解决问题,当好工程建设的服务员。对于涉及工程建设方面的重大问题,有关部室提出意见,领导班子专题研究解决。层层建立工作责任制,每一件事情,每一项工作都要明确责任人,一级抓一级,层层抓落实,做到抓一件成一件,件件见实效。三是变观念,强服务。只要符合条件,就及时足额予以计量支付,保证资金到位;处领导班子成员现场督战,保证指挥到位;对各施工、监理单位上报的事项,小问题不过夜,大问题按程序办。同时聘请国内知名专家组成专家组,及时解决重大技术难题,保证服务到位;成立前线指挥部,与各合同段及时处理突发事件和破坏阻挠正常施工事件,保证协调到位。四是真考核,严奖惩。按上级有关考核办法和施工、监理劳动竞赛方案,建管处分阶段对各施工、监理单位质量、进度、安全、廉政、环保、文明施工等重要指标完成情况进行严格考核。并根据平时抽检和阶段考核结果,综合运用行政、经济手段严格兑现奖惩。五是抓典型,树样板。充分发挥典型引路作用,注重抓正反两方面典型。在整体工作或分部工程中,树立样板工程,并及时召开现场会予以表彰,大张旗鼓地给予奖励。对于质量、安全存在重大隐患的工程,组织反面现场会,通报全线,并上报有关部门,让其付出代价。轻者拿票子、挪位子,重者砸牌子。

（责编　师国梁）

山西省长平高速公路建设管理处

□杨　勇

自2009年6月26日项目奠基以来，在省交通运输厅正确领导和社会各界大力支持下，建设管理处坚持“看着干、照着办、树样板、创国优”方针，科学安排，扎实工作，开创长平高速公路良好建设局面。

工程建设稳步推进

环城段。2009年填方完成694万立方米，占总量1176万立方米59%；挖方完成451万立方米，占总量725万立方米62%；钻孔桩完成1509根，占总量1781根85%；墩柱完成303根，占总量696根44%；预制梁板完成249片，占总量1853片13%；涵洞通道完成152道，占总量157道97%；隧道3座，单洞掘进完成545米，中导洞完成201米，占总长度1549米35%。

主线段。9月底各标段进场后，根据建设管理处阶段考核评比要求，在进行驻地建设同时，积极掀起施工小高潮。土石方开挖有序进行，隧道施工全面展开，尤其是虹梯关特长隧道，在短短两个月时间里，近500米入口横洞贯通，为大规模施工奠定基础。

2009年，全线累计完成投资19.62亿元，占年度投资计划21.8亿元90%。

地方协调高效有序

2009年上半年，通过多次协调会、座谈会、省市领导现场办公会，项目征地拆迁工作得到沿线群众、企业大力支持，进展顺利，为工程建设创造良好环境。下半年，建设管理处通过落实责任、强化措施，阻碍工程建设的重点、难点得到圆满解决。截至12月底，环城段坟墓迁移3951座，完成100%；民房拆迁167户，完成100%；厂矿拆迁68家，完成100%；电力、通讯三线改移全部完成，完成100%。主线段涉及的195户民房，1525座坟墓，5家大型企业的拆迁、改移等工作有序推进。

质量进度控制良好

2009年，建设管理处从人、财、物方面采取多项措施，不断建立健全施工质量保证体系。

日常措施。一是对各监理、施工单位进行5次专项考核评比，强化履约意识；二是建立监理人员日常检查考评机制，进行两次理论知识考试，共清除6名不合格监理，保证监理人员质量；三是加强施工现场日常巡检和专项检查力度；四是成立两个由全省知名专家组成的专家咨询组，负责对全线重大施工技术问题进行研究论证，在源头上保证工程质量；五是聘请专家对各施工、监理单位内业资料规范化整理进行集中培训，保证资料客观、规范、齐全和完整；六是积极组织工程管理人员赴沪蓉西、忻阜、忻保等省内外高速公路参观学习，借鉴其质量管理的成功经验。

试验检测。一是原材料检测。截至年底，中心试验室共完成原材料含泥量、压碎值、钢筋焊件、机构连接钢筋、石灰等级、水泥原材料、针片状等各项技术指标试验335次，合格率96.2%；二是施工过程检测。重点对结构物、路基、挡土墙、梁板、钢筋制作、台背填土、填挖结合部等隐蔽工程、重点部位、关键工序加大抽检力度，截至年底，共回弹结构物强度472次，合格率98.8%；压实度564次，合格率97.5%，桥涵路基实测项目4375项，合格率97.8%。三是试验室管理。中心试验室每周至少对所辖工地试验室进行3次巡查，专门对其试验工作流程、工作质量进行监督检查。

进度控制。一是紧紧围绕工程建设实际，制定科学合理施工计划；二是根据实际情况，调整计量支付周期，将月计量缩短为半月计量；三是通过认真开展劳动竞赛活动，充分调动参建者积极性；四是针对施工实际，采取“传、帮、带、罚、割、清”管理措施，有效保障施工计划落实；五是积极按照省厅要求，开展“决胜四季度”活动，掀起冬季施工高潮；六是采取领导班子成员分片包干措施，从质量、安全、进度、廉政和概算五方面，全力增强管理力度。

交通科教亮点频闪

2009年，通过相互学习、聘请专家讲学及外出取经等方式，建设管理处共组织试验室建设与管理、内业资料规范化整理、隧道施工技术与安全、隧道施工材料质量控制等专题培训4次。同时完成3项科研项目和申报工作。即《虹梯关隧道巨型危岩处治及安全防护技术》、《长平高速长治东枢纽互通工程关键技术研究》及《公路工程工地试验室标准化建设与管理》。

安全生产常抓不懈

2009年，始终坚持“安全第一、预防为主、综合治理”方针，精心构建安全生产格局。建立健全安全生产领导机构，完善各项安全生产规章制度和应急预案；严格按照规定，配备配足安全人员和经费；层层签订《安全生产合同》和《安全生产工作目标责任书》，完善施工安全责任体系；认真开展安全生产专项整治活动，保证安全隐患整改和各项安全生产措施落实；全力掀起安全生产日检查活动，确保每月各安全巡察组在工地巡查次数不少于20次；定期召开和举办安全生产会、安全知识培训班、安全技术交底会及安全生产活动，不断强化施工人员安全生产意识，杜绝安全生产滑坡现象。

廉政建设打好基础

2009年，深入贯彻落实全省交通系统“不是查不出问题，而是没问题可查”的廉政建设目标要求，全力保证工程建设透明、廉政。一是由上至下成立工程建设廉政领导组，完善各项制度；二是制定“坚持八个严格、采取十项措施、做到十个不准”的廉政行为规范，并层层签订《廉政建设目标责任书》；三是在全线范围内进行针对建设管理处各部门、督导组、监理组主要人员廉政行为的不记名问卷调查，发出问卷1000余份，并全部收回，满意度为100%；四是向社会发布《长平高速公路建设项目违法违规行为监督管理办法》，利用社会舆论监督工作人员行为，一年来没有接到群众信访举报案件；五是向建管处干部职工发放《山西省预防职务犯罪工作条例知识答卷》71份，有效宣传廉政建设知识；六是与长治市检察院联合召开预防职务犯罪专题会议，成立建管处预防职务犯罪领导组，同时下发《关于在长平高速公路建设中联合开展职务犯罪预防工作的实施意见》，对预防职务犯罪工作作了具体部署安排。此外，还成功举办廉政文化作品展活动，利用展板、画报、书法、漫画等形式，宣传廉政知识，切实提高工作人员廉政意识。达到“抓教育，让人不愿腐；抓用人，让人不想腐；抓制度，让人不能腐；抓监督，让人不便腐；抓惩治，让人不敢腐”的目的。

资金监管不断加大

为保证建设资金安全、高效使用，建设管理处以“分级管理、严格把关、确保安全、流向闭合”为思路，通过银行、建管处、施工单位三位一体的监管体系，达到资金监管目的。建立健全资金监管相关制度，并根据《专项资金监督管理办法》，对工程资金实行封闭式管理，确保专款专用；严格按照合同计量支付，通过网银支付建设资金，减少资金流转环节，提高资金使用效率；切实加大对工程建设项目的审计监督力度，每月对施工单位资金使用情况进行严格审查，并在资金支付过程中严格执行计划审核程序，杜绝建设资金挪用现象；聘请专家定期对征地拆迁补偿资金进行内部审计，发现问题立即整改，确保资金安全、高效实用；制定切实可行的《农民工工资管理办法》，并在工作中严格执行，加大对恶意拖欠农民工工资行为的处罚力度，从制度上保障农民工利益，使广大农民工来得开心，干得放心，走得欢心。

党建发挥核心作用

2009 年，建管处将党建工作与工程建设相融合，全面推进精神文明建设，以党建促建设，取得很好效果。一是坚持中心组学习和“一课三会”制度，组织广大党员干部认真学习邓小平理论、“三个代表”重要思想、科学发展观及党的路线、方针、政策；二是完善学习实践科学发展观长效机制，并结合各阶段劳动竞赛活动，加强建管处党委及各监理、施工项目部党支部组织建设，使基层党组织战斗堡垒作用和广大党员先锋模范作用得到较好发挥；三是聘请长治党校知名专家教授向建管处广大建设者讲授十七大报告、《党章》、党史、党务等知识，使广大参建者尤其是党员干部提高党性，提高觉悟。2009 年下半年，路基 11 合同段、14 合同段分别荣获山西省和长治市总工会授予的“工人先锋号”荣誉称号，极大地增强项目参建者的筑路自豪感和自信心，为全面决战环城段建设提供强大精神动力和智力支持。

综治信访成果丰硕

2009 年，建管处高度重视综合治理、信访等维稳工作，采取多项措施，全方位、全天候确保内部建设环境稳定。一是由上至下成立维护单位内部安全稳定工作领导组和信访工作领导组；二是依据《山西省交通厅信访工作制度》，制定建管处内部《信访工作制度》；三是与各监理、施工项目部签订《维护稳定暨信访工作目标责任书》，以“管好自家人，看好自家门，搞好自己的小环境”为抓手，确保项目建设大环境稳定；四是进一步落实信访工作责任追究制和重点案件领导包案制，确保单位内部矛盾案案有人办、件件有人管、事事有结果；五是建立健全突发性事件应急处置预案，做好应对突发事件准备；七是对有可能引发矛盾纠纷的征地拆迁、农民工工资发放、当地施工车辆雇佣等环节以及桥梁、隧道、易燃易爆物品存放等重点区域进行走访、排查，确保将不稳定因素解决在萌芽状态。

（责编 师国梁）

山西省晋城环城高速公路建设管理处

□张三宏

项目是全省高速公路规划“三纵十一横十一环”的重要一段，是省委、省政府确定的152项重点项目、15项重点交通项目之一。也是关系到晋城市城市建设规划、城市规模扩张和经济社会发展的一项具有战略意义的民心工程，对进一步完善晋城市高速公路网络，建设经济发达、人民富裕、生态良好、社会和谐的新兴现代化城市，提升晋城市中心城市功能和城市品位，促进城乡一体化和新农村建设，均具有重要意义。

项目北起长晋高速公路北义城互通枢纽，途径巴公、陈沟、西上庄等地，在南村互通枢纽与晋阳高速公路相接。全线采用双向4车道标准修建，路基宽24.5米，设计时速80公里，建设里程30.812公里，概算总投资14.137亿元。全线共有大桥2195米/4座，中桥386米/6座，小桥116米/5座，涵洞通道86道，互通立交枢纽6处（分别为北义城互通枢纽、巴公互通、泽州北互通、西上庄互通、南村互通及互通枢纽），天桥14座，收费站4处，服务区（含监控）1处，挖方380万立方米，填方445万立方米，防护工程12.14万立方米。

树立超前建设理念

为切实搞好晋城环城高速公路建设，使高速公路与晋城城市规划和经济社会发展要求相适应，在项目设计和工程建设过程中，建管处全面贯彻落实科学发展观，坚持以人为本，牢牢把握环保理念，切实抓好现场管理和文明施工，打造平安环城、和谐环城，努力提升工程管理理念和管理水平，下决心把项目建成一条文明高速、生态高速和景观高速。建设文明高速，就是在施工中结合环城高速公路特点，充分考虑沿线群众利益，切实抓好现场管理和文明施工，尽最大努力减少弃渣、废水、噪音等对沿线环境和群众生活的影响。认真做好征地拆迁和地方协调工作，妥善解决涉及群众切身利益问题，争取理解和支持，努力实现和谐共赢目标，树立良好工程建设形象；建设生态高速，就是牢牢把握环保理念，采取有力措施，减小对沿线生态和植被破坏，最大限度地保护植被、恢复植被，把项目建成一条绿色通道；建设景观高速，就是结合晋城市新的城市总体规划，充分考虑项目对晋城市“六区联动，组团发展”的枢纽作用，与晋城城市规划和城市品位相适应，在上下边坡、服务区、互通和收费站进行绿化景观设计，使晋城环城高速公路成为环绕晋城市的一条景观长廊。

有序推进前期工作

2005年初，晋城高速公路建设管理处（后抽调部分人员成立晋城环城高速公路建设管理处）就提出规划建设环城高速公路构想并积极展开相关工作。在省交通运输厅和晋城市委、市政府大力支持下，项目被列入全省“十二五”高速公路规划项目。2007年，省政府提出全面加快全省高速公路建设要求，省交通运输厅做出2008年年内开工建设1000公里、“十一五”内实现3000公里高速公路目标的郑重承诺。为实现这一目标，省交通运输厅明确表示，优先考虑和支持地方政府积极性高、支持力度大、征地拆迁落实快的高速公路项目。晋城市委、市政府以晋城市未来城市布局和经济发展的战略眼光高度重视环城高速公路项目，紧紧抓住机遇，积极推动环城高速公路项目实施。2008年5月12日、7月18日，晋城市委书记张茂才、市长王茂设两次带领相关人员奔赴太原，就环城高速公路建设具体事宜和省交通厅领导进行沟通座谈，并达成一致意见，最终锁定晋城环城高速公路2009年全面开工建设，2010年竣工通车目标。

按照省交通运输厅和市委、市政府要求，面对晋城环城高速公路前期工作时间紧迫，程序复杂，涉及部门多，协调难度大等情况，建管处坚持特事特办、急事急办、马上就办原则，相关人员明确分工，责任到人，盯守每个环节，控制各道流程，各项工作按照程序合理组织，倒排时间，采取平行交叉作业方法，打破常规，超常工作，争分夺秒加快工作进度。2009年2月1日，晋城环城高速公路控制性工程采空区治理提前展开；4月25日，主线路基桥涵工程签订施工合同并进场，晋城环城高速公路全面开工建设。

工程建设稳步推进

项目自开工建设以来，建管处牢固树立“一天也不能耽误思想”，以“打破常规”施工思路，协调、组织建设、监理单位，加大人员、机构设备等施工资源投入，锁定目标，倒排工期，分解任务，严格奖罚，强力推进工程建设。

*抓住重点，搞好服务，为工程建设创造良好外部环境。*征地拆迁和地方协调工作是项目建设的难点之一，拆迁工作更是重中之重，全线拆迁民房总计13 373.61平方米、坟墓2000余座，搬迁中小企业20余家，迁移电力、通信、有线电视等管线数百公里，涉及10余个单位，树木、水池等设施更是不计其数。在某种程度上讲，项目建设成在拆迁，败也在拆迁。为了给工程建设快速推进创造良好条件，建管处抓住制约工程进展的重点和难点，大力倡导服务理念，主动帮助施工单位解决工程建设中遇到的困难和难题，全力推进工程建设。在征地拆迁和地方协调工作中，建管处采取有力措施，充分发挥沿线政府、建管处和施工单位三个方面积极性，强力破解征地拆迁和地方协调难题。在技术方案把握上，建管处工程技术人员坚持日常巡视和现场办公制度，经常巡视施工一线，现场解决问题，确保技术方案及时、准确、到位，决不能因为技术方案迟缓影响工程建设。针对施工单位全面加大投入后对资金的特殊需求，建管处在严格建设资金管理、确保封闭运行同时，加强对施工单位资金服务，采取有力措施，将工程款及时拨付到施工单位，为工程建设快速推进提供可靠资金保障。

*切实抓好工程管理各项工作，建设优质、安全、廉洁工程。*项目建设里程不长，但桥涵构造物密度较大，平均每公里4座。同时，沿线煤矿密集，采空区路段16处，综合治理长度达7.472公里，治理面积1 029 319平方米。在工期特别紧张情况下，质量管理面临很大挑战。针对项目特点，建管处提出“消灭质量通病，建设优质工程”目标，采取有效措施，解决好桥头跳车、混凝土质量通病等高速公路质量通病，切实抓好采空区治理质量，彻底消除质量和安全隐患。抓住高速公路质量通病治理和采空区治理两个重点，通过加强管理，严格措施，完善制度，加大奖惩，确保项目工程质量。

*安全生产工作到位，打下稳固、可靠基础。*安全生产关系到社会和谐稳定大局，关系到人民群众生命财产安全，也是工程建设顺利推进的前提和保证。建管处坚持“安全第一、预防为主，综合治理”方针和“标本兼治，重在治本”原则，以防范重、特大安全事

故为中心，围绕隐患排查治理、宣传教育等重点内容开展工作。健全组织机构，完善责任制度，层层签订《安全生产专项整治目标责任书》，做到安全生产工作思想认识到位，组织领导到位，机构人员到位，责任措施到位，形成齐抓共管良好局面。

廉政建设是工程管理各项工作顺利开展的前提和保证。围绕"修好一条路，不倒一个人"的廉政目标，建管处高度重视对党员干部的思想教育，不断加强制度建设，监管重点环节和关键部位，为工程建设提供可靠纪律保证。项目开工以后，建管处立即和市检察机关取得联系，联合开展预防职务犯罪活动，建立日常工作会议和廉政教育、培训制度，着眼防范，加大预防力度。在预防职务犯罪过程中，重点加强对工程招投标、工程变更、材料采购、计量支付等重点环节和涉及招投标、材料采购、设计变更、资金支付、质量监督等重点部门、重点人员的监管，使每个重点环节都得到有效控制，做到公开透明，阳光操作，确保工程优质、干部廉洁。

2009 年，晋城环城高速公路路基填筑基本结束，中小桥梁主体工程基本完工，除几个重点控制性大桥外，路基基本贯通。路面、房建、绿化、机电和交通等后续工程已签订施工合同并进场施工，工程建设总体进展顺利。计划完成投资 72 600 万元，实际完成投资 76 900 万元，完成年计划 106%，超额完成省厅下达的年度投资计划，工程建设取得较好成绩。

（责编　师国梁）

山西省阳翼高速公路建设管理处

□张　华

晋城至侯马高速公路阳城至翼城段是全省“十一五”重点工程，全长64.8公里，概算投资41.6亿元，2007年12月开工建设，2010年10月竣工交付运营。

2009年，建设管理处抓住机遇，趁势而上，扎实工作，强力推进，使工程建设取得长足发展。路基工程基本贯通，后续工程全面展开，工程质量、安全、环保、廉政建设等主要工作均取得明显成效。荣获本年度“山西省五一劳动奖状”荣誉称号。

扎实推进工程建设

截至2009年12月末，累计完成投资335 172万元，为总概算80.5%。路基、桥隧工程累计完成投资249 693.7708万元，完成总量99.61%。其中，路基土石方、排水、防护工程完成投资额99.9%，桥梁工程完成投资额99.2%，涵洞、通道工程完成投资额100%，隧道工程完成投资额100%；采空区治理工程累计完成投资12 415万元，完成总量84.4%；施工便道完成投资830万元，完成总量100%；累计完成其他投资49 387万元。

2009年计划完成投资116 000万元，实际完成投资125 450万元，完成年计划108%。路基工程基本完工，路面工程已经开工。

好字为先质量第一

2009年，建管处始终把狠抓工程质量放在一切工作首位，常抓不懈，锲而不舍，使工程质量稳步提高。2008年，交通运输部质监总站对全国14个省（区）22条在建高速公路工程质量安全督察中，阳翼高速公路五项考核项目均名列前茅。2008年省交通质监站对阳翼高速公路工程实体质量抽检合格率为93.1%，2009年抽检合格率为97.8%，做到稳步提高。在省重点办、厅重点办联合检查中，对阳翼高速公路的工程质量再次给予充分肯定。

严格管理，严密措施，严谨作风，严肃态度，是保证工程质量稳步提高的必要前提。在质量监控中，建设管理处狠抓6项工作。一是建立健全质量保证体系，形成横向到边、纵向到底的工作格局，全员质量意识得到较好落实。二是严格履约考核，以制度规范质量管理。严格要求施工企业按技术规范施工，按规章制度约束施工行为，加大考核力度，发现问题后“黄牌”警告、“红牌”处罚，实行质量一票否决。三是认真实施“小业主、大监理”管理模式，贯彻“完美超越”建设理念，在全路形成一种奋发向上、争创一流良好氛围。四是严格监督管理，为工程质量把好关。重点抓工地实验室管理，基本做到以科学检测指导生产，以真实数据控制质量，凡不满足工程需要的原材料都做了清退，不合格的项目进行返工。五是严格过程控制，夯实质量基础。质量形成于过程，体现于现场。加强对施工人员技术交底和岗位培训，严格持证上岗，建立自检、互检、专检和抽检相结合的监控网络，加大关键工序、重点岗位、隐蔽工程监控力度，使质量在各个细节、各个层面都得到落实。六是严格责任追究，增强责任意识。一年来，先后在L20、L8、L2、L12A合同段召开警示教育现场会，选树正反两方面典型，起到积极示范效应和警示作用。同时，对忽视质量的责任人、责任单位进行通报，并给予经济处罚。多措并举，多管齐下，为工程质量上水平提供有力保障。

以人为本安全为天

安全无小事，责任大如天。2009年，建设管理处讲得最多、抓得最紧、查得最严、下得工夫最大的工作，就是质量和安全生产。在工程建设最紧张的2009年，实现安全无事故，成绩来之不易。一是领导重视。行政一把手为安全生产第一责任人，各类人员安全职责都得到较好落实，形成比较完备的安全管理网络，人人讲安全、个个抓安全的氛围较浓。二是安全生产专项整治活动不走过场。建管处狠抓落实，结合实际进行安排部署，做到"项目从业单位全面自查自整，项目建设管理单位全面排查整治"。仅建管处组织的专项检查多达七、八次，做到安全生产整治的连续性。三是加大安全投入，重视安全防范硬件建设。各施工单位加强机械设备保养保护，确保安全运行；加大劳动保护、劳动保险投入，特别是隧道、桥梁等高危作业场所，安全保障工作都有很大提高。四是重视安全教育，克服麻痹大意。基本做到安全工作逢会必讲，安全教育随时进行，安全警示随处可见。通过开展"安全生产百日督察专项行动"、"安全生产月"、"安全生产专项整治"等活动，使安全第一的理念更加深入人心。五是结合实际，制定安全预案，进行安全演练。结合"民爆物品管理"、"防洪防火"、"特长隧道特大桥施工安全"、"国庆安保"、"冬季安全施工"等都做了重点防范，确保万无一失。六是加强安全考核，以考核促进安全生产。安全生产实行一票否决，对安全隐患整改不力、忽视安全生产的，坚决停工整顿，并在当月履约考核中予以兑现。

以廉为上风清气正

党风促路风，人廉保路廉。工程建设领域是开展反腐倡廉建设的前沿阵地，建管处始终保持高度警惕，做到常抓不懈，警钟长鸣。一是建立健全党风廉政建设责任制，明确副处级以上领导干部对分管业务范围内党风廉政建设负直接责任的权利和义务。重点抓好招投标、计量支付、工程变更、材料采购等环节的廉政建设。2009年，在路面、房建、机电、交安、绿化工程招标和沥青、钻井、大宗材料等专项招标中，首先对投标人的廉政信息进行摸底，有不良记录的及时拒之门外。在招标过程中，严格按规定程序办事，除在新闻媒体发布公告外，还请省人大、省检察院、省发改委、省重点办、省交通运输厅等部门予以全程监督，没有发生违规操作和不正当行为，做到公开、公平、公正。作为业主单位，建设管理处把廉政建设范围延伸至所有业务往来单位，共同构筑廉政建设"防火墙"，并和晋城市检察院、沁水县检察院联手开展预防职务犯罪活动，收到良好效果。二是加强廉政载体建设。在各施工企业开展"十公开"活动，设置"公开"园地，畅通信息举报渠道，主动接受监督。三是在工程建设中，充分发挥审计监督作用，做到每一个阶段、每一个项目，审计都能及时跟进，保证工程建设资金的合理使用。为贯彻落实中共中央办公厅、国务院办公厅《关于开展工程建设领域突出问题专项治理工作的意见》，在认真学习党的十七届四中全会精神的同时，制订《开展工程建设领域突出问题专项治理工作实施方案》，成立领导组，认真组织实施，形成浓厚廉政建设氛围，风清气正，为工程建设起到有力保驾护航作用。

（责编　师国梁）

山西省和榆高速公路建设管理处

□ 刘安民　郝建军

项目是全省高速公路网规划中“三纵十一横十一环”高速公路网主骨架第七横汾阳至邢台高速公路的重要组成部分，路线与平榆高速公路终点相接，起于与太长高速公路相交的榆社峡口枢纽互通以东2公里处的赵道峪村，终点同河北省规划的“五纵、六横、七条线”高速公路网中的第五横临清（冀鲁界）至和顺（晋冀界）高速公路西段，与康家楼特长隧道相连。沿线途径榆社县、左权县、和顺县三个县，路线推荐线长76.544公里，其中榆社县17.38公里、左权县49.62公里、和顺县9.544公里，是西通陕、甘、宁三省，东达京、津、冀三省市的重要战略通道。它的建设，对完善全省高速公路网络，带动区域经济发展，加强国防现代化建设等具有重要意义。

项目工程可行性研究报告于2008年5月1日经山西省发展与改革委员会晋发改交通发〔2008〕381号文件批复。其中榆社至左权段初步设计于2009年10月12日经省交通运输厅批复，定于2009年12月开工，2012年建成通车，2013年底全线建成通车。项目全线挖方1028.93万立方米，填方895.52万立方米；排水防护48.2万立方米；设大中桥11 192.38米/35座，最长桥梁为全长1128米的田渠坪2号特大桥；涵洞10 250米/147道；隧道27 067.6米/12座，其中特长隧道3座，最长隧道为全长11.377千米的云山隧道。桥隧比例达50.0%。其中左权至和顺段桥隧比例达75.6%，基本上属于桥隧相连。大桥、特大桥桥墩均较高，施工工艺复杂，云山隧道长度居国内公路隧道前列。

项目采用双向4车道高速公路标准建设，设计时速80公里，路基宽24.5米，桥涵设计汽车荷载等级为公路－Ⅰ级。设计洪水频率为特大桥1/300，大中桥、小桥涵、路基设计洪水频率为1/100。全线共设互通立交4处（包括一期工程左权互通立交1处和划为二期的榆社互通立交1处、二期工程和顺互通立交和左权枢纽各1处）；匝道收费站3处（其中一期工程1处，二期工程2处）；主线收费站1处；石匣服务区1处，和顺服务区1处。

2009年7月10日，省交通运输厅成立和榆高速公路建管处，负责榆社至和顺段的建设管理任务。针对项目设计晚、开工迟的实际情况，建管处变压力为动力，创新管理思路，采取有效措施，从9月挂牌成立以来，短短3个月时间，先后完成机构设置、建章立制、土地预审、手续报批、初设验收、技术交底、招标及谈判、驻地建设等一系列工作，为工程尽快开工赢得宝贵时间。截至2009年底，完成投资4.1亿元，包括勘察设计费0.6亿元，各项评估费0.22亿元，征地拆迁补偿费1.28亿元，开工预付款1.7亿元，场外供电费用0.3亿元，占全年投资计划82%。实现年内开工既定目标。

健全部门建章立制

一是按照工程建设管理实际需要，建立

严密组织机构，成立综合办公室、财务部、工程管理部、技术管理部、安全质量部、地方协调部、交通房建办七个部门。7月20日前七个部门临时负责人及主要骨干全部到位，紧锣密鼓开展各项前期工作。为实现工程管理及时化，增设西段指挥部，实现以第一现场、第一时间、第一手材料进行零距离、零缝隙、全方位工程管理，有效提高管理效率。

二是完善各项规章制度。建管处坚持宏观把握，细节着眼，编写职工教育手册，将工程建设的指导思想、建设理念、建设总要求、质量目标、安全目标、进度目标、环保目标、征地拆迁目标、廉政目标、队伍管理宗旨等作了系统全景式展示；建立健全各部门规章制度，先后制定出台党群口规章制度39项、行政口规章制度32项，全面落实工程质量责任制，完善质量保证体系和现场管理体系，实行安全、质量终身责任制，做到分工明确、有章可循，形成精干高效、务实进取的良好风气。对于行政、党群及重点工程建设若干具体工作，成立相应领导组，主要领导挂帅，分管领导具体抓，相关部门分工落实，保证各项工作依法、依规、高效开展。同时，建立随机巡查制度，督促施工、监理单位确保质量，加快进度，尽职尽责完成既定目标任务。

统筹规划齐头并进

针对项目分两期建设，工期紧、任务重的实际情况，建管处领导班子大处着手，细化目标，结合晋中地区天气特点，科学制定和榆高速公路建设短、中、长期目标任务，各项前期准备工作统筹兼顾，交叉推进，平行开展，成效显著。

一是着眼全局，科学安排，实行计划管理。制定切实可行阶段性任务，做到目标明确，责任到人，限时保质，有序推进。12月21日，在各级领导大力支持及地方相关部门密切配合下，建管处成功举办榆社至和顺高速公路建设推进会，标志着和榆高速公路建设进入实质性阶段。建管处根据工程实际情况，制定四步走战略规划。11月27日，建管处配合省交通规划勘察设计院现场推进和榆高速公路项目（二期）设计工作，对沿线工点逐个察看，就路线方案问题进行详细了解和比选，并就生产、技术、协调方面有关事宜进行周密部署和安排，使工程建设总体规划科学合理，有计划，有步骤，有组织，有安排，确保如期保质建成和榆高速公路。

二是全力投入征地拆迁与手续报批工作。针对征地拆迁工作时间紧、任务重、涉及面广、影响面大的实际情况，建管处从大局出发，以工程建设大局为重，不断优化施工环境。紧紧依靠当地政府和有关部门，实行地方政府征地拆迁总承包制，克服暴雪灾害、点多线长、工作量大的重重困难，将依法办事的严肃性与具体操作的灵活性有机地结合起来，主动做好沿线群众的工作，得到广大群众理解与支持，方方面面都为高速公路建设开绿灯，行方便，排障碍，解矛盾，用15天时间集中完成地面附着物调查工作，同步抓紧推进各项手续报批工作。从2009年8月开始，建设管理处先后与榆社、左权、和顺3个县土地部门协调，在召开听证会、广泛征求群众意见基础上，严格按照国家的政策法规办事，根据沿线征地面积办理相关手续；2月27日，土地预审报告得到省国土资源厅批复，土地预审工作圆满完成。同时，建管处先后多次会同电力设计单位进行实地勘察，反复修改电力线路设计方案，在确定最佳方案基础上，面向全国公开招标，择优选用电力施工队伍，为全线施工用电提供有力保障。地震安全性评价、地质灾害危险性评价、压覆矿产资源评估、防洪评价、使用林地可行性研究报告等专项手续同步推进，为工程如期开工营造良好外部环境。

三是狠抓招标投标与合同谈判。建管处本着公开、公平、公正、合法原则，经过严格资格预审和评标程序，于11月3日组织进行榆社至左权段路基、桥涵及隧道工程（一期）施工、监理单位招标开标工作，共产生13个中标单位。11月15日至16日、19日，建管处与中标单位进行为期3天的合同谈判，认真审核各中标单位综合实力和履约能力，更换不符合工程要求的项目负责人，确保各施工、监理单位关键人员、关键设备高标准到位，严格、诚信履约，做到管理和监督环节重心前移，关口下移，从源头上为工程建设把好第一关。

四是严抓驻地建设与队伍进场。建管处制定详细时间进度表，督促各施工、监理单位倒排工期，按时按质完成驻地项目部、工程用场地建设。经过20天紧张作业，全线完成10个项目部、3个监理部近4万平方米的驻地建设任务，各施工、监理单位的办公设施、试验仪器、机械设备陆续进场。12月10日至12日，建管处对全线施工、监理单位驻地和工地试验室建设情况进行检查通报。同时，严禁违法分包转包，严查“一流队伍投标、二流队伍进场、三流队伍施工”现象，确保各进场施工队伍素质过硬，技术优良，为工程顺利推进铺平道路。

五是统筹开展全员培训工作。建管处及各施工、监理单位变冬闲为冬忙，采取购书自学、集体讨论和请进来、走出去等多种办法，利用零碎时间穿插学习，不断强化每一位参建者的责任意识、安全意识、质量意识、工期意识和环保意识，不断提高每一位参建者的综合素质。12月24日，由工程管理部牵头，邀请省城专家举办计量支付电算化培训。其他安全管理、技术管理、质量管理、环境保护、档案管理等专项培训工作也有条不紊进行，确保和榆高速公路建设优质、安全、快速推进。

党建廉政两手过硬

左权是全国著名革命老区，有着光荣革命传统。建管处充分利用地处红色老区的区位特点，响亮提出“发扬革命老区精神，创建文明优质高速”的口号。

一是抓好党建促工程，干好工程促党建。认真贯彻落实党的十七届四中全会精神，实现党的建设与工程建设同步发展，互促共赢。建管处自挂牌成立以来，在省交通运输党组和厅重点办党委正确领导下，处党委围绕中心，服务大局，大力加强党的组织建设、党风廉政建设和精神文明建设，不断增强理论武装工作、思想政治工作和新闻宣传工作的力度。11月20日，处党政领导及部分员工前往左权县光荣院，看望、慰问老八路和老红军遗孀。与12名老八路和6名老红军遗孀进行座谈，聆听革命故事，接受革命教育，传承革命精神。在全处大力提倡服务工程建设理念，即由上而下层层服务，层层把关，并利用《和榆高速》和新闻媒体广为宣传，在全处和全线上下营造良好舆论环境。在前期准备及征地拆迁工作中，广大共产党员冲锋陷阵，奋勇争先，创造政治优势与科学态度相结合的成功经验，充分发挥党组织在高速公路建设中的政治核心作用、战斗堡垒作用和保证监督作用，有效推动工程建设。

随着各施工、监理单位陆续进驻工地，建管处党委迅速组织各单位党务工作者探讨施工一线的党建工作，于12月12日组织召开由全线10个施工单位、3个监理单位党务负责人参加的党务工作座谈会，处党委书记、纪委书记分别就项目部党组织组建、流动党员管理及党风廉政建设等工作做出具体安排，使党建工作与驻地建设同步进行，拉开建设一线党建工作帷幕，为和榆高速公路建设提供坚强政治保证。

二是强化廉政意识，创建清白工程。为实现省厅提出的“建好高速路，不倒一个人”要求，建管处贯彻落实《建立健全惩治和预防腐败体系2008年至2012年工作规划》实施方案，对照《关于开展工程建设领域突出问题专项治理工作的意见》，坚持“预防为主，教育为先”原则，坚持“三重一大”、“十公开”、“十不准”不动摇，层层签订廉政责任制，从工程伊始即实行双合同管理，进一步建立健全惩治和预防腐败体系，坚持开展警示教育、自查自纠、民主评议等活动，不断提高参建人员的反腐倡廉意识，尤其注重招投标、重大工程变更等关键环节管理。依托当地纪检监察机关，对工程廉政建设进行全程跟踪监督，努力打造阳光工程、透明工程、放心工程。对建设资金实行专户专项专用，与开户银行联手实行封闭式管理，严格资金监管，强化制约机制，严厉打击歪风邪气和腐败现象，抓敏感，重公开，讲效果，使每一个建设者做到清清白白做人，踏踏实实干事，齐心协力为老区人民建设一条和谐、文明、安全、优质的和榆高速公路。

（责编　师国梁）

交通开发单位工作业绩

山西省太长高速公路有限责任公司

□ 赵善义　王玉亮

2009年，太长公司紧紧围绕年初制定的"多快好省·2009"目标任务，切实转变发展理念，着力创新发展方式，不断增进发展后劲，全面推进精细化管理，取得新的成绩。

十大工作亮点精彩纷呈

2009年，是太长高速公路建设最后一年，是太长运营管理工作亮点最多的一年。一是竣工验收完美收笔。6月，太长高速公路顺利通过国家交通运输部组织的竣工验收，综合得分92.64分，被评为优良工程；二是抗击冰雪经受考验。在11月抗击重大冰雪灾害中，公司反应快速高效，出色完成了"抗冰雪保畅通"任务，成为全省最早实现全线通车的高速公路之一；三是大服务理念开花结果。大服务意识在公司上下得到深入贯彻落实，并取得实实在在成果，据2009年上半年省社情民调显示，太长高速公路客户满意度88.28，名列全省高速公路客户满意度第三，较上一年又有了新的进步；四是收费管理保持先进。公司收费工作在全省高速系统继续保持领先地位，2009年5月，全省高管系统"加强通行费征收管理、促进通行费稳定增长"专题会及收费管理现场会在太长公司召开，公司收费工作得到充分肯定；五是精细化管理成效显著。公司全面推进精细化管理动手早、行动快、成效明显，特别是在2009年全省高管系统推进精细化管理大会上，公司代表全省服务区做了典型发言，受到好评；六是用人机制导向更加明确。通过在全公司实施助理岗位公开竞聘，全面激活了机制创新，更加明确了"所有员工机会均等"的用人导向，选人用人公信度和满意度进一步提高；七是科技创新独领风骚。以QC小组活动为代表的科技创新蓬勃开展，并取得十余项具体成果，在全省高管系统起到了示范带头作用；八是"太行杯"大奖锦上添花。12月，太长高速公路又荣获"山西省第五届太行杯土木工程大奖"，公司代表全省所有获奖单位在颁奖会上做了典型发言；九是技能比武形式多样。各种技术比武和技能大赛全面开展，特别是2009年7月，公司收费系统参加了山西省第二届女职工技能大赛，并取得优异成绩；十是文明创建成绩斐然。继公司荣获省直"文明和谐单位"称号外，全线60%以上基层单位获相关省、市级荣誉称号，"五比五看"活动蔚然成风，文明创建活动成绩斐然。

五大核心能力显著提升

应急保障能力显著提升。自通车运营至年底，成功处置各类大小应急事件6284起，其中处置重大事故事件83起，救助事故伤员470余人次，挽回各类经济损失约700万元。2009年11月的特大雪灾，公司第一时间启动除雪应急预案，确保了以最短时间具备通车能力。两场大雪，公司动用除雪设备38台/570台班，投入人员200人/1420工日，抛洒融雪剂700余吨。全年投入应急保障资金约200余万元。

精细化管理能力显著提升。收费部门按照精细化管理理念，出台了收费管理2010精细版；养护部门及时成立了精细化管理研究小组，进行整章建制，重新建立职责13项，健全制度16项，完善预案8项，明确作业程序8项，形成了一套实用性强、完善的制度办法；路政部门落实精细化管理，把路政一中队从太原段前移到事故多发的太谷山区段，实现了巡查制度化、程序化，以路政案件早发现、早处置为目标，实行"中队包片、个人包段"的管理模式。此外，进一步完善了案件处理机制，严格执行路政案件会签制度和程序审批制度。服务区大力推进精细化管理，努力在服务区的亮化、美化和信息化上下工夫，累计投入资金1816万元。

公共服务能力显著提升。畅通工程建设首先是注重抓好养护基本工作，不断加大日常养护及保洁力度，全面开展预防性养护和重点养护、季节性养护、绿化养护工作；二是从源头上对日常养护模式进行改革，取消了原先的外包模式，成立专业维修队，实施以来，仅修剪绿篱、清理中分带等，与往年相比就节约人工费20余万元；三是围绕竣工验收和"太行杯"验收，全面部署，严抓隐性地段保洁，严抓标准段的工作，严抓形象美化。累计完成有关竣工验收工程258.2万元；四是加强专项工程管理，确保专项工程公开透明、科学高效地组织施工，全年共完成专项工程1162.3万元；五是以设备改造和材料应用为重点，推进养护科技创新。

形象工程建设方面，对收费岛棚、站内门窗房屋进行了修缮整治；对收费广场进行绿化美化，不断加大应急预案演练力度，提高了各站应对特殊天气和突发应急事件的处置能力。不断加大快速放行和现场管理力度，收费差错率明显下降，保证了收费秩序和车道畅通。不断加大文明服务、微笑服务、"五色服务"、延伸服务力度，为司乘提供出行便利。以QC活动为载体，开展快速放行、机电维护、降低差错、稽查管理等多个课题研究，推进收费信息稽查管理水平进一步提高。建立全线通行费（量）统计分析管理系统和路政突发事件管理系统；加大现场稽查、交叉稽查和专项稽查力度；机电巡检维修做到了及时准确到位。

阳光工程建设方面，把"降事故、快反应、保畅通"作为全年工作的重点和难点，建立健全组织指挥体系、合理布局清障队伍和设备、加强特种作业培训、加强应急预案和演练，着重提高路政队伍的公共服务、应急处置和依法维权三大能力。全年累计查处各类路政案件894起，案件发现率100%，结案率99.4%，路产恢复率100%，建筑红线控制率100%；收取路产赔偿费450余万元，没有发生一起错案、行政复议和行政诉讼案件，没有发生有理投诉和责任曝光事件，有理投诉率为"零"。继续加强对治超工作的组织领导和监督指导，全线十个超限检测点全年共检测车辆130万余辆次，劝返1500余辆，超载率控制在0.1%以内。

温馨工程建设方面，认真开展"优质服务体验年"活动，在全线五个服务区投资460万元，完成了服务区的监控、内线电话和报警系统，使服务区的图像和信息及时传回公司总监控。服务区的餐饮、超市、加油站都实现了POS收银系统，服务区的办公环境和住宿条件也得到很大改善，餐饮、超市注重开展特色化、品牌化经营，餐饮质量明显提高。运营以来，已累计收取租金2.15亿元，占服务区建设总投资1.2亿元的179%，实现年营业收入1.3461亿元。

素质工程建设方面，坚持教育培训和人才培养相结合，通过制定《员工奖惩制度》和《员工劳动纪律管理规定》，调动了员工的工作积极性；制定2009年度职工教育培训计划，广大员工在业务能力、政治理论、职业道德、综合素质等方面都得到了全面发展。

企业文化力显著提升。公司以建立"岗薪挂钩、突出业绩、绩效考评、充分激励"的分配激励机制为重点，大力推进公开招聘、竞争上岗，为所有员工提供均等的机会。制定出台《助理岗位竞聘实施方案》，经过公司领导组成的评委严格评定，17 名竞聘人员成功竞聘上岗。把行业文明创建工作，作为企业文化建设的一个重要方面，卓有成效地开展了一系列丰富多彩的文明创建活动。青年文明号、文明和谐单位（窗口）等已覆盖收费、养护、路政、服务区各个系统，达到 13 个；公司继续保持了省直“文明和谐单位”称号，榆次站被省直工委命名为“十佳窗口”；屯留、王村站被命名为高管系统“十佳收费站”；武乡收费站被团省委、省厅命名为“青年文明号”，武乡服务区一直保持了省厅“文明和谐示范窗口”及省局“五佳服务区”称号，公司党委连年被省厅、省局评为“先进基层党组织”；公司利用不同时期，搭建不同形式的平台，开展了不同层次、多种式样、不同载体的文体活动。抓舆论载体方面，不断丰富和拓展公司文化平台，《太长风采》、《太长网站》、《太长简报》逐步形成了独具特色的太长企业文化。

党建、反腐倡廉建设能力显著提升。一是进一步健全了基层党组织，全公司党支部达到 23 个；二是坚持中心组学习和“三会一课”制度；三是对入党积极分子进行了扩大范围、拓展内容及超前培训，2009 年，共组织 31 名入党积极分子进行了培训，为 21 名预备党员办理了按期转正手续。反腐倡廉建设首先是以廉政例会为载体，加强党员干部廉洁自律教育，引导基层更加重视并提高反腐倡廉建设；二是以规范招投标管理为切入点，加强对重点环节、敏感部位的监督，努力形成规范的权力运行机制；三是以落实党风廉政建设责任制为抓手，加大考核力度，逐步完善具有太长特点的惩防体系建设；四是以政风行风建设为重点，规范执法，文明服务，做到纠风治乱工作常抓不懈。公司反腐倡廉建设基本走上了制度化、规范化、法制化轨道，逐步形成廉洁、高效、稳定、和谐的工作局面。

（责编　梁锦华）

山西省长晋高速公路有限责任公司

□王志俊

2009年，公司以科学发展观和“六高”目标统领各项工作，秉承“以人为本、以车为本、以路为本”管理理念，深化“畅通、形象、阳光、温馨、素质”五大工程建设，擦亮收费、养护、路政、服务区四大“窗口”，着力提高运营管理效率和服务保障能力。

通行费实现保增长目标。全年完成通行费收入3.11亿元，日均收费85万元，占全年任务3亿元的103.76%，超计划完成。

养护质量保持优等水平。全年养护质量指数MQI平均值为97.5，全线养护质量评定等级为“优”，优等路率100%，道路通行环境和路容路貌保持优良。

路政执法管理成效显著。全年共受理路产赔付案件2150起，路政施工作业许可36起，收取路赔款374万余元。路政案件发现率99.9%，结案率、路产恢复率、建筑红线控制率均达100%。

超限治理工作扎实有效。全线7个治超检测点共检测车辆2 107 633辆，其中双超车辆18 492辆、绿色通行车辆2938辆、持有效超限证通行车辆15 554辆，无非法超限超载案件发生。

安全生产形势持续稳定。坚持“安全第一，预防为主”的方针，完善管理组织、加强督促检查，严格执行安全生产责任追究制，安全管理工作持之以恒，全年未发生一起安全生产责任事故。

精神文明建设硕果累累。公司在继续保持“省级文明和谐单位”的基础上，被晋城市委授予“和谐企业标兵”称号，晋城东收费站荣获“工人先锋号”荣誉称号。

确保通行费收入增长

全年，公司从完善服务内容、深化文明服务、强化内部管理等方面着手加强收费管理，确保通行费稳步、持续增长。一是通过实行车辆通行费包缴、完善路网交通诱导标识、为司乘人员提供便民延伸服务、对道路实施绿化、解决桥头跳车，加大对收费人员的文明礼仪考核力度，进一步创优服务环境，提高文明服务水平，吸引车辆上路。二是从强化内部管理入手，将打击偷逃通行费重点放在假冒鲜活农产品、走S型、跳磅等各类特殊车辆上，做到了防范、打击、监管“三到位”，最大限度堵塞费收漏洞，进一步净化了通行费费收环境，促进了通行费的持续、稳步增长，实现了通行费“保增长”的目标。

提高路网保畅能力

公司积极探索高速公路养护工作“管养分离”和市场化运作模式，通过全面加强道路巡查、规范养护作业和养护施工管理，确保高速公路畅、安、绿、舒、美。一是积极探索管养分离养护机制，通过与养护方签订合同，细化考核内容和标准，采取养护费用与日常考核、养护质量相挂钩的考核方式，加大对养护质量的考核力度。二是对存在道路坑槽、桥头跳车、路面积水等影响行车安全公路病害进行综合治理，对全线绿化带进行补植，对中央分隔带、边坡、服务区进行绿化，有效确保了长晋高速公路的行车安全和道路美观。

打造高素质员工队伍

公司将调整、改进、提高和完善作为人力资源工作的出发点，从后备人才培养、专业人才队伍管理、员工权益、竞争上岗及员工岗位技能培训等方面做好人力资源管理工作。一是及时续签了劳动合同，实现了全员合同管理，为职工及时交纳了各类社会保险。二是重点完善以工作业绩为核心的人员考核指标体系，进一步提高绩效考核的精细化、科学化，通过开展各类竞争上岗活动，实行末位淘汰制，保持员工队伍的生机与活力，组织开展各类培训，进一步提高了员工的适应力、创造力和革新力，增强了公司人力资源的核心竞争力。

从严治理超限超载

围绕“构建和谐路政”这一主题，公司以队伍建设、规范执法、提高执法效能为切入点，抓好维护路产路权、严格超限超载治理，进一步强化路政管理。一是通过对重点路段、重点时段增加巡查频次，建立逃逸车辆信息通报制度和有奖举报制度，重大案件讨论制度，有效维护了路产、路权。二是加大施工监管力度，确保高速公路安全畅通。积极配合全省高速公路建设，加大对在建的长平高速、晋城环城高速、高陵高速施工现场服务和监管力度，有效遏制了违章施工现象的发生，长晋高速公路的安全畅通提供了强有力的保障。三是加大治超软硬件投入，从严治理超限超载。加大了治超检测设备的日常保养力度，严格细化治超工作流程，加大对各治超点的督促检查力度，从严超限超载治理工作。

开创经营开发新格局

为了给司乘人员提供舒适、温馨的服务环境，最大限度满足顾客需求，公司从改善服务环境和强化服务质量入手，深入开展“温馨工程”建设。首先加大资金投入，积极筹措资金在高平服务区东、西两区建设文化长廊，改造照明设施、修复受损路面，配备手持式 PDA 星级跟踪管理系统，服务区基础设施得到明显改观。其次与经营管理方签订了经营规范协议，定期对餐饮企业经营规范实施情况进行评价打分，促进经营方提高管理水平，并将顾客体验管理这一新型模式引入到服务区管理中，重点抓好餐饮超市的特色化经营，进一步健全服务体系，扩大服务项目，延伸服务内容，最大限度满足顾客需求。

健全应急管理体系

公司将安全生产与公司总体工作同安排、同考核、同奖惩，从组织机构建设、安全隐患排查、开展“安全生产月活动”等方面，构筑全方位的安全生产监管体系。与 12 个基层单位、养护、绿化工程等合作单位签订《安全生产合同》，明确安全生产目标及责任，实施季度考核和年终考核，实行安全生产一票否决制，并通过开展“防灾减灾”宣传周、“安全生产月”、“保安全、保畅通、保路产”走村入校等宣传教育活动，强化广大司乘人员和员工的安全意识和安全观念。重点从应急响应、处置流程、协同配合等方面对重特大交通事故、雨雪雾恶劣天气，重大自然灾害等各类突发事件应急预案进行完善。

扎实推进党建工作

公司充分发挥党组织的核心作用和党员的先锋模范作用，以深入学习实践科学发展观“回头看”和整改落实活动为重点，扎实有效推进党建和精神文明创建的各项工作。一是以改革创新精神推进党组织建设。以认真贯彻落实十七大精神，扎实开展学习实践科学发展观“回头看”和整改落实活动为契机，全面推进学习型党组织、学习型党员干部队伍建设。二是不断完善“招投标监管机制”、

“阳光执法机制”和“收费管理责任追究机制”，全面建立健全防治商业贿赂和治理建设工程领域腐败的长效机制。从管理制度入手，进一步增强党员干部防腐拒变能力。三是以文明创建活动为契机，推动群团组织和精神文明建设。以创建“工人先锋号”活动、“省级文明和谐单位”和“文明和谐示范窗口”的创保活动为契机，重点抓好推广标准化文明礼仪、收费操作技能及应知应会、放行速度、便民服务等方面的劳动竞赛活动，形成“创优争先”的良好氛围。

（责编　梁锦华）

山西省晋焦高速公路有限公司

□王志俊

2009年,公司坚持以科学发展观为统领,围绕“三个服务”,以提高效益为中心,不断夯实“三基”工作,全面建设“五大工程”,积极构建“八大管理体系”,着力提升高速公路安全保畅能力、公共服务能力、突发事件处置能力和企业创新能力,各项工作迈上新台阶,实现了企业又好又快发展。

通行费收入取得新成绩

2009年,受多重因素影响,晋焦高速公路收费工作遇到前所未有的压力。公司积极挖潜堵漏,强化各项管理,经济效益稳步回升,取得收费20 219.1322万元好成绩。首先是以开展全面稽查为重点,整顿规范查收入。对发现的漏费隐患进行及时整改,加大对偷逃通行费行为的治理力度,确保通行费应收尽收,共查处偷逃费车辆1774辆,挽回费收约3.5万余元;其次是以落实各项政策为抓手,严格执行增收入。坚持“应征不漏、应免不征”原则,加强对免费车辆监督审核,切实清理“特权车”、“人情车”;第三是以争取车流为补充,想方设法找收入。围绕“稳住一批、拉过一批、开发一批”的营销思路,积极开展对客户的走访、调研活动,建立与运输大户定期联席会议制度,并为其提供高效、优质的便民服务、延伸服务,大力吸引货运车辆通行。

道路通行环境有了新改善

*养护管理稳步推进。*公司管养的晋焦高速公路全线养护质量综合指数MQI值为96,优等路率100%。首先是制定考核办法,定期对养护质量进行考核,并依据考核结果拨付经费,有效提高养护公司的工作积极性和责任意识;其次是认真落实五项承诺,做好每天一次的路况巡查,及时下达维修保养任务单,形成闭合循环的管理过程;第三是加强道路美化、亮化。共投入资金185.6万元,分别对全国造林工作会议重点参观点的东上庄立交区域绿化带进行拾遗补缺;对全线绿化带实施修剪和病虫害防治;对护栏板、标志牌、轮廓线、防撞墙等设施及时进行清洗和油漆刷白;组织人员对隧道照明设施进行专项维修,共补装、维修和除尘1.1万余套。

*道路设施明显完善。*投入760万元,对收费站监控和隧道监控实施一期改造,并设置了一处道路情报板,彻底改变了晋焦高速公路信息化技术落后的局面;投资66.7万元,完成对计重收费设施的升级改造,有效提高了运煤车道的通行效率;积极推进丹河超限检测点和停车场工程建设,完成了两项工程的招投标工作,并进入全面施工阶段。

*安全生产平稳有序。*一是健全安全生产领导组织机构,完善安全生产管理制度,落实安全生产目标责任制,实行安全工作“一把手负责制”和“一票否决制”,真正做到安全生产时时有人管,事事有人抓;二是贴近实际,探索、完善在实践中已建立的“四预机制”,积极利用桌面安全推演、应急演练和实

战分析总结等措施，重点检验以“四预机制”为龙头的五大预案体系的有效性、可操作性和适应性，并加以改进；三是重点加强对边坡易落石路段、路面推移路段、急转弯路段、特大隧道和易燃易爆等危险品运输车辆的监控，为不同对象提供个性化服务。针对29公里处降温池存在先天不足的安全隐患，多次赴河南与焦晋公司协商寻求解决的办法，并制定整改方案逐步加以改造完善。

路政管理能力得到新提高

路政执法规范有序。坚持严格执法与文明服务并重的原则，努力提升执法能力和服务水平。全年共收取路产赔偿费54.6514万元，路产案件发现率、结案率、路产恢复率、建筑红线控制率均达100%。一是大力推进阳光执法，在认真做到执法工作“五公开”的基础上，实现了路政案件公开查询，并安装车载移动监控系统，对执法行为进行动态监督；二是加强与高速交警等涉路部门的协调，不断提高联合执法的能力和水平；三是集中对沿线非高速公路标志牌和摆摊设点进行专项整治，共拆除非高速公路标志牌1处，清理非法摊点10多处，有力地保护了路产，维护了路权。

超限治理成效显著。严格落实省、市文件精神，积极应对工作中出现的新情况、新问题，坚决克服松懈麻痹的思想，坚定不移地把治超工作抓到底，落到实处。一是启动违法车辆查询系统，实行黑名单制度，有效遏制恶意超限超载行为；二是继续保持与交警、路政、收费站、煤焦管理站等涉路部门的联动格局，加强与当地政府相关部门间的沟通协调，形成群策群力、共同治超的合力。全年共检测车辆141.6782万辆，查处“双超”车辆14 432辆，非法超载率始终控制在0.2%。

企业对外形象得到新提升

队伍素质明显提高。在进行封闭式军事化训练的同时，公司各部门大力开展全员培训。公司机关共组织绩效管理培训五期，参加人员累计100余人；治超检测点对治超员进行上岗培训，岗前培训率、考核合格率均为100%；电力工区组织员工进行隧道消防培训和参加电监会的培训，培训人员全部考试合格。另外，公司积极实施“走出去、请进来”战略，组织不同岗位、工种的员工赴安徽等地参加隧道安全、机电管理等培训，借鉴学习同行先进的管理经验，有效提高职工的业务知识和工作技能。

窗口形象明显提升。一是开展礼仪竞赛、创新特色服务。深入开展以《培育礼仪员工，打造和谐团队》为主题的岗位竞赛活动，有效展示了窗口行业良好的文明形象；二是美化站区环境，提升窗口形象。定期对收费广场的岛头岛尾、隔离桩、护栏进行粉刷，跟踪打扫广场卫生和厕所卫生，彻底解决脏、乱、差的问题，为广大司乘人员提供优美舒适的环境。

工作环境明显改善。投入80多万元，对收费站办公楼、收费顶棚等设施进行装修和改造，公司机关搬迁了新的办公场所，补充了大量办公设备，统一了人员着装，出台了相关行为准则，展示了公司机关良好的对外形象。

运营管理水平再上新台阶

一年来，公司围绕“精细化”管理，积极推进“经营管理、党建管理、工会管理、安全管理、创新管理、企业品牌建设管理、和谐环境创建管理和员工队伍建设管理”八大体系建设，全面提升企业管理的科学化水平，取得初步成效。

加强工程招投标管理。10月，公司首次对丹河收费站办公楼和停车场两项工程的招投标工作进行了市场化运作，最大限度地实现了公开运作和阳光作业，节约资金6万余元。

深入开展创新工作。公司成立了职能部门为单位，以业务技能为攻关目标的多个QC活动小组，制订下发了具体实施方案。在首次创新评审中，共推出16项优秀成果。创新成果展自开展以来共接待参观团体10余批次，参观人员达到100多人，在11月5日省高管局召开的全省高速公路精细化管理推进会上，公司创新成果项目作为全省唯一一家以实物形式进行演示的参展项目，受到与会人员的高度评价。

推进人事制度改革。以完善用人机制和改革薪酬分配制度为两大抓手，深入推进人事改革，逐步建立了决策、管理、操作、效率为主要内容的员工队伍建设管理体系，做到了人尽其才，才尽其用。围绕省局工资改革方案及总公司的批复意见，完成了薪酬分配制度改革，建立科学合理的工作绩效评价体系，充分调动了员工的积极性、主动性和创造性。

构建和谐内部环境。一是完善社会保障，解决职工后顾之忧。通过工资改革，在提高职工收入水平的同时，全面完善了各项社会保险，并两次为一线员工投了商业保险；二是满足职工精神需求，提升工作生活环境。积极推行自助餐制度，有效提高员工的饭菜质量；公司机关则从解决职工切身问题入手，开设小食堂，解决了机关职工就餐难的问题。

党建工作开创新局面

以学习实践科学发展观活动为核心，以建国60周年为契机，以“五好、五赛、五教育”为主要内容，全面拉开五项系列活动，分别进行了诗歌、散文朗诵大赛、党的知识竞赛以及歌咏比赛等活动，并组织全体党员到武乡八路军纪念馆参观学习，进一步激发了广大干部职工的爱国、爱企热情，统一思想，坚定信心，凝聚力量，推动各项工作不断深入。

行业文明建设取得新成效

不断引深文明创建活动。深入开展“抓管理、强素质、树形象”、“文明服务迎国庆、精细化管理促征收”等文明创建活动，并坚持以身边人、身边事感染和教育职工，选树了收费员任刚同志爱岗敬业、勇于奉献这一先进典型，在全公司范围内掀起学习热潮，形成了学典型、赶先进、争标兵的良好氛围；另外，公司积极与周边单位共建共享，广泛与司乘人员互动创建，组织对消防、交警等慰问活动5次，召开各类座谈会6次，发放调查问卷600份，接受改进意见10余条，形成了颇具特色的行业文化体系。

积极参与扶贫济困和社会公益活动。先后开展了“博爱一日捐”、“送温暖、献爱心”等捐助活动，累计捐款22 260元；11月，省内暴雪造成大批车辆滞留高速公路，公司组织人员进行紧急疏散，并向滞留司乘人员赠送食品、饮用水和免费提供就餐；公司积极响应晋城市委、市政府“双轮驱动”战略，与泽州县安岭村结成帮扶对子，投资5万元，帮助该村解决道路亮化和吃水难问题，得到社会各界广泛好评。

大力加强企业文化建设。2月10日，在省厅与省城金融系统联合举办的“大路通天”文艺晚会上，公司自编自演的音乐快板《五比五看在晋焦》成功演出，得到高度评价；8月28日，公司成功举办了首届创新成果评审听证会，共推出16项优秀成果，在职工当中形成了学技术、搞革新、长本领的氛围。在全省高速公路系统“五比五看”竞赛活动和“抗击冰雪灾害”工作中，公司共有2个集体和5名个人被记功表彰。一年来，公司分别被省局、省总公司、晋城市委、市政府评为“先进基层党组织”、“完成目标责任制先进单位”、“重点工作突出贡献奖”、“市级文明和谐单位标兵”、“纠风工作先进集体”。

（责编　梁锦华）

山西省高陵高速公路有限公司

□ 郭智锋　尚建军

2009年是高陵高速公路施工建设的第一年。一年来,公司坚持以邓小平理论和"三个代表"重要思想为指导,全面贯彻落实科学发展观,努力克服时间紧、任务重、难度大等困难,积极主动,跑步进场,超常规开展各项工作,迅速掀起施工高潮,有力地保证了各项工作的顺利开展。

全年,累计完成投资21.98亿元,占年度计划21.96亿元的100.1%。累计完成填方710万方,挖方831万方,涵洞通道117道全部完成;桥梁桩基2276根全部成孔、灌注;墩柱(空、实心墩)累计完成655根,桥台完成148座,梁板预制完成1516片,吊装1335片。隧道共掘进12150米,二次衬砌完成9915米。所有完成工程质量合格率为100%。

管理制度建立健全 各项工作规范有序

开工前后,公司紧紧围绕工程质量、安全、进度、环保、农民工工资、廉政控制等目标,制订下发涵盖工程质量管理、进度管理、安全管理、合同管理、变更管理、资金管理、党风廉政建设等各项工作制度60多项;在机关内部明确了公文处理、请示报告、人事管理、会议制度、后勤管理等多项制度,建立了日碰头、周汇报、旬检查、月总结等会议制度,基本做到有章可循,规范有序,为工程建设的顺利推进奠定了坚实基础。

地方协调支持有力 征地拆迁进展顺利

公司严格执行省厅和厅重点办征地拆迁有关规章制度,加强与地方政府的协调沟通,及时支付征地拆迁管理费和补偿费,按期完成了征地拆迁任务。全线共征用土地5242亩、林地981亩,迁移坟墓1573座,拆迁房屋12 363平方米。林地报件已经由国家林业局批复;压矿已由省国土厅批复;失地农民保险全部支付了相关费用;土地报件已上报省国土资源厅审核完毕。

施工管理严格规范 质量进度控制有效

在质量和进度管理方面,一是实行"首件产品"认证制,保证工程建设质量有一个较高的起点和水平;二是狠抓施工过程控制,及时抓住典型事件,召开现场会,强化警示警醒效果;三是开展了"创精品、树样板"活动,各施工标段之间互相学习、互相竞争,创造了各具特点的"样板"和"精品"工程;四是成立中心试验室,由第三方每月对工程质量进行独立监督检查;五是加强考核,严明奖惩,严格按照省厅两个《办法》进行考核。同时,积极组织开展劳动竞赛,开展了第一阶段、第二阶段劳动竞赛评比活动,重奖重罚,对先进单位进行表彰奖励,对落后标段进行履约谈判、违约处罚,促进工程建设快速推进。

严格落实安全责任 安全生产可控有效

公司始终把安全生产当做头等大事来抓，一是建立健全各项针对性、操作性强的安全管理制度和预案近20项，确保安全管理有据可依；二是全面启动安全生产专项整治工作，主动接受地方安全管理部门的监督检查。进行了“拉网式、无缝隙”安全隐患排查，把不稳定因素和安全隐患消灭在萌芽状态；三是签订了《安全生产目标责任书》，明确各级管理人责任，强化安全法规培训，将安全生产纳入日常管理；四是在施工现场配备专职安全纠查员，设置危险源标识牌，强化施工现场安全管理；五是将安全生产投入和计量支付紧密结合，全力保障安全管理专项经费的投入；六是对全线大中桥梁和隧道实行地质超前预报，为安全施工提供技术保障；七是加强突发事件应急管理和处置工作，组建应急队伍，完善应急预案，加强预案演练，强化协调配合，提高应急抢险能力。

强化施工技术服务 指导工程规范施工

一是在每项工程开工前，组织设计、监理、施工单位进行深入细致的技术交底，确保施工规范；二是强化技术服务，科学指导工程施工，下发了路基、混凝土、钢筋焊接等施工技术要点和各类施工技术方案，对于一些重要的技术问题，邀请省内的桥梁、隧道等方面专家召开技术研讨会，现场进行技术指导；三是制定完善设计变更程序，严格按程序对工程进行优化设计，严格控制工程造价；四是积极组织施工单位技术人员开展技术讲座和技术培训，不断提高工程技术管理服务能力。

不断加强财务管理 确保资金安全使用

一是建立健全各项财务管理规章制度，做到事前、事中、事后全方位对建设资金进行审核监督；二是设立专职资金审核员，负责核算施工单位的用款计划，并进行网银监管，每月到施工单位进行资金支付真实性的审核；三是建立了较好的网银分级授权及控制制度，内控规范有效；四是对施工企业实行项目预算管理，按月进行建设资金支付对比；五是制定施工企业建设资金支付流程，提高建设资金使用效率；六是加强对工程建设项目的审计监督，组织审计机构对全线施工单位进行了两次审计，确保资金使用安全；七是加强农民工工资管理，为农民工建立工资卡，实行一人一卡，确保农民工利益不受损害。

做到管理与扶持并重 推进小循环路段施工

高陵高速公路高平至陵川县城小循环31公里是2010年全省通车1000公里的范畴，因此，自开工以来，公司在快速推进全线工程建设的同时，把工作重点放在小循环通车目标上。一是加强现场指挥，强化管理力度。成立了小循环路段前线驻地领导组，驻扎工地一线，本着“超前管理、靠前指挥”和“特事特办”的原则，从质量、进度、安全等各方面给予重点支持、帮扶和监督；二是在计量和支付环节给予倾斜。在保证实体工程质量和安全的前提下缩短了计量周期，保证小循环路段各施工单位超常规的投入；三是简化程序，现场决策，加快节奏，提高效率。在小循环路段凡是遇到技术变更、地协等问题，要求有关人员迅速到场，现场研究，现场决定，杜绝推诿扯皮，切实做到为施工单位排忧解难；四是明确目标，加大奖惩。对于小循环路段的施工标段，在参加公司劳动竞赛的同时，又制定了《小循环路段阶段目标考核办法》，将考核周期进一步缩短，进度目标进一步细化，奖罚力度进一步加大。同时，为保证奖金发挥激励作用，监督各单位制订了奖金分配方案，确保奖金真正奖励到为小循环阶段目标作出贡献的施工队伍和管理人员身上。

加强党建廉政建设
杜绝腐败现象发生

公司坚持“围绕工程抓党建、抓好党建促建设”的工作思路，真正把党建工作纳入重要议事日程，全面推进党的思想、组织、作风、制度建设和党风廉政建设，在各施工、监理单位建立了党支部，引导党员积极参加组织活动，发挥先锋模范和战斗堡垒作用，为高陵高速公路的建设提供了思想、政治和组织保证。建立健全纪检和预防职务犯罪组织机构，与晋城市检察院联合启动预防职务犯罪工作，出台廉政建设“八不准”，开展了工程建设领域突出问题专项整治活动。公司驻地和各标段都在显著位置悬挂了廉政建设宣传牌，公布了举报电话、举报箱、营造了良好的宣传监督环境和氛围。为了不断改进公司的党建和廉政建设工作，公司党政、纪检负责人还多次深入各施工、监理单位进行调研，征求意见，改进工作，全年公司未发生职务犯罪和腐败问题。

（责编　梁锦华）

山西省晋城市商品公路开发总公司

□ 王庆红　尤达文

2009年，公司面对国家收费还贷二级公路政策调整的形势和复杂多变的外部环境，全面贯彻落实党的十七大和十七届三中、四中全会精神，以邓小平理论和“三个代表”重要思想为指导，深入学习实践科学发展观，实事求是，科学谋略，振奋精神，与时俱进，努力推进商品路事业可持续发展。

采取有效措施加强收费管理 确保取消收费工作有序进行

2009年国家燃油税改革，山西省收费还贷二级公路取消收费，面对严峻形势，公司始终加强费收管理，严肃组织纪律，大力开展“思想、作风、纪律”主题整顿活动，规范收费行为，加强安全管理，对收费站票据进行检查，确保票据安全。稽查共计达到180次，图像稽查达到180小时，查处违规违纪共51人次，扣星级分213分，下发《不合格整改通知单》42份。停止收费后稽查值班情况及设施设备完好情况不少于30次，确保无公路“三乱”现象发生。根据省厅晋交人字〔2009〕311号、312号文件精神，加强领导，落实责任，成立了撤站领导组，制订实施方案，在规定期限内对收费设施进行了拆除，对固定资产进行了清查登记，票据清点封存，印鉴上交，并完成了6至12月保障资金测算和公司清产核资、债务锁定、里程锁定等工作和《设站许可证》和《收费许可证》在省纠风办和省物价局的注销工作。对于取消收费后的综合治理、信访工作应急预案也进行了安排部署，制定了落实改革期间保稳定信访工作预案。完成了79名员工分流安置工作平稳进行。

强化教育培训加强队伍建设 确保员工综合素质不断提高

公司以创建学习型企业为载体，多渠道、多形式、多层次加大员工培训力度，不断提高广大员工的政治素质、业务素质和道德修养。一是组织开展政治理论学习。以进一步深入贯彻党的十七大精神为龙头，将党的十七大报告、深入学习实践科学发展观、党章、“两会”工作报告、构建社会主义和谐社会等内容作为政治理论学习的重点，努力提高广大干部员工的政治理论水平和思想政治素质，为圆满实现公司工作目标和构建和谐企业提供精神动力和政治理论支持。二是加强执法人员培训。根据“五五”普法规划的要求，对路政巡查、超限治理人员加强法律法规学习和普法教育、交通行政执法培训。通过系统地再学习及考核评比，有效提高了公司一线人员的法律意识和业务执法水平，初步建立了一支学历层次合理、知识结构优化、综合素质较高的执法队伍。三是对收费人员加强业务学习和职业道德教育。年初在基层收费站开展素质、道德、廉政为主要内容的“三个教育”活动，从提高广大干部职工思想认识入手，围绕教育主题，加强业务学习，鼓励员工忠实履行岗位职责，努力钻研业务技能，持续提高“窗口”服务水平，练就本领过硬的收费队伍。

科学组织养护规范施工管理 确保大修改造工程顺利进行

日常养护管理方面，公司与养护单位签订了《日常养护合同》，要求及时清理沿线垃圾、疏通排水沟，及时发现并排除安全隐患，按月采取日常检查与定期考核相结合的方式进行养护考核，根据考核结果支付日常养护费用。

改造工程管理方面，为了加强改造工程质量监督，加大力度推进工程进度，明确专职工程管理人员进驻工地，按国家相关规定、项目部规章制度及工程施工规范，与监理共同对工程质量、计量、材料进行跟踪监督检查，努力把好工程质量关。同时公司不定期地对改造工程施工现场进行安全检查，督促施工单位按有关规定设立醒目的安全标志，指派专职安全员加强安全检查，确保施工路段安全；为减少改造工程施工路段扬尘污染带来的安全隐患，及时下发《关于改造工程施工路段减少扬尘污染及加强施工安全管理的通知》，采取定期洒水及封闭道路施工措施，有效减少了扬尘，消除了安全隐患。

文明规范执法维护路产路权 确保实现无“三乱”长期目标

为积极配合二级路改造工程，加大路政巡查力度，确保大修施工安全顺利进行，执法人员严格贯彻执行国家的各项法律法规，坚持8小时动态巡查制度，挂牌上岗、着装整齐、文明用语、礼貌待人，在“春运”、“五一”、防汛、“十一”期间加大检查频率，及时发现和消除事故隐患，处理各类路政案件。2009年，共上路巡查1460余次，巡查里程达50 000多公里，清除路障161余处。共发现案件159起，查处案件159起，结案159起；路政案件发现率、查处率、结案率、赔偿率均达到100%，路产恢复率达到99%，公路设施完好率达到99%。严格控制公路两侧建筑控制区，依法审批临时(特殊)占用、增设平交道口、设置广告标牌等路政许可19起。为了全面实现公路无“三乱”的总体目标，继续保持和巩固长晋二级公路无“三乱”治理成果，推进治理工作深入开展，签订《治理公路“三乱”目标责任书》明确责任自加压力；加强对路政、治超人员职业道德教育，规范执法人员的行为；加强内部稽查，使所有执法人员能够自觉做到廉洁自律，以实际行动杜绝公路“三乱”现象发生。

狠抓综合治理和信访工作 确保改革期间职工队伍稳定

为确保不发生任何治安、刑事案件，不发生火灾及其他事故，公司始终将综治工作讲在口上、抓在手上、落实在行动上。在春节、“两会”、“十一”等期间，加强值班，确保后勤安全和信息畅通。按照综合治理工作责任到人、措施到位的原则，向基层各单位下发《2009年综治工作要点》和《2009年信访工作要点》，确保综治和信访工作具体化，有人抓、有人管、有人负责。定期开展内部不稳定因素排查活动，进行自查自纠，及时掌握员工思想动态，认真处理好群众反映强烈的突出问题，确保公司内部稳定。加强社会治安综合治理和和谐企业创建工作，及时排查化解各类矛盾，重心下移，关口前移，努力把问题解决在内部、解决在基层、解决在萌芽状态，防止敷衍塞责，矛盾上交。

开展学习实践科学发展观活动 确保党建和文明建设取得新成果

公司始终坚持把科学发展理论的学习，作为2009年党建工作的重点，着力深化学习教育。按照落实科学发展观学习活动的要求，拟定三阶段整改方案，并对贯彻落实科学发展观学习活动进行总结、上报。同时继续推进学习型党组织、学习型党员干部队伍建设，以中心组学习、支部学习为龙头，以党员干部学习为重点，结合实际，制定2009年政治理论学习教育计划，将中国特色社会主义理论体系、社会主义核心价值体系、“两会”工作报告、《中国共产党党内监督条例》和《中国共产党纪律处分条例》、廉洁自律若干规定、构建社会主义和谐社会等作为学习内容，下发各支部、单位，推进党员干部理论学习制度化、规范化，努力提高广大党员干部的政治理论水平、思想政治素质、决策能力和工作水平，为圆满实现公司工作目标，为构建和谐企业提供精神动力和政治理论支持。为进一步健全和落实党建工作责任制，商品路公司制定了党建工作计划、《党风廉政建设目标责任书》、《精神文明建设目标责任书》等，完善了党建工作目标管理考核办法。提高党员管理工作水平。按照上级要求，商品路公司建立了党员信息数据库，对公司56名党员的相关信息及时更新、做到动态化管理。广泛开展党内关怀活动，春节期间，对老党员、老模范和生活困难的党员进行慰问，专门召开会议安排部署相关事宜，对生活确实困难的党员做到心中有数，建立档案资料，并按实际情况排出顺序，逐级上报。经商品路公司领导集体研究确定慰问对象，并作公示，保证了公开公平，保证把党的温暖送到每个党员心里。结合公司实际，建全组织，完善制度，不懈地开展企务公开工作，从人事、财务、养护工程等方面将企业运营管理的各个环节用公开栏的方式向职工进行公示，保证公开资料的真实性、完整性和和系统性，广大职工对企业管理享有充分的民主权利。

（责编　梁锦华）

山西汽车运输集团工作业绩

山西汽车运输集团有限公司

□ 胡鲜朝 郭鹏飞 张海清

2009年,集团公司坚持以科学发展观为统领,以"三个根本性提高"为目标,坚持把企业转型作为工作核心,把发展方式转变和结构调整作为主攻方向,把全面深入推进"七项重点工作"作为根本途径。面对前所未有的复杂局面,基本做到了全面分析、准确判断、果断决策、从容应对,企业的抗风险能力得到进一步提升,企业竞争力、影响力、导向力进一步增强,位列中国道路运输百强诚信企业10强,全国道路运输50强,交通企业100强,中国服务业500强第244位。

全年实际完成利润1009万元,为年计划的201.8%;净资产收益率计划0.25%,实际完成0.26%。换算周转量计划55亿吨公里,实际完成56.7亿吨公里;营运车辆责任事故死亡率14.5人/万车,低于19人/万车的安全控制指标。职工收入继续增加,较2008年同比增长11.5%;营业收入在市场需求不足、企业关闭重组的不利形势下,仍实现35.6亿元,完成预期目标。

科学分析经济形势 有效应对复杂局面 集团整体呈现可持续发展良好态势

2009年,面对复杂局面和各种不利因素,集团审时度势,科学分析,确定了"认清形势,理清思路,看清方向,跑步前进"的总体思路,并适时提出全面推进"七项重点工作"战略目标。围绕决策,集团按照"团结协作、高效务实、创造业绩、不辱使命"的工作要求和"有效管理、有效服务、有效监督"的工作思路,认真组织"七项重点工作"的落实,采取集中学习,现场观摩,制定目标,明确责任,严格考核等措施,工作推进扎实有序。及时召开生产经营研讨会,制定"调整创新客、货运经营,扩大提升维修、驾培服务,下大力气抓好物流发展"的经营策略,并认真组织落实。各公司结合自身实际,全面落实集团的工作安排,集中精力,集中智慧,全力推进"七项重点工作",各项工作卓有成效。

围绕转型发展 推进"七项重点工作" 企业核心竞争力得到切实加强

一年来,集团"七项重点工作"扎实推进,企业的核心竞争力和抗风险能力明显增强。

扎实推进公司化经营,客运经营效益显著提升。按照"翔实测算、互利共赢、分类指导、逐步推进"的原则,采取合作经营、股份经营、全资经营等多种模式,全力推进以企业控股为主的客运公司化经营,经营效益显著提升,同比增长2429.6万元。截至年底,集团共有全资车辆224台,控股车辆224台,参股车辆153台,车辆产权结构明显优化。

千方百计组织货源,货运转型发展迈出坚实步伐。2009年,各公司按照集团提出的"货源兴,则货运兴"的货运发展新理念,努力构建"抓住货主、联系买主、组织车主"的新型货运关系链,主动深入各大企业联系货源，建立长期稳定大宗货源基地，大力发展非煤货源，提升组货能力。全集团年组货量明显上升，达158.6万吨，较2008年增长44.8%。

全力以赴发展现代物流，物流网络布局已现雏形。各公司按照《关于建立以运输、仓储、货代、配送为一体物流基地指导意见》，以加快物流基地建设为工作中心，以市场需求、服务顾客为导向，以现代信息技术为依托，全力推进集团现代物流发展。迎泽物流租赁阳旭物流基地，通过为海尔提供物流服务，提升了管理水平。同时，加快第三方物流发展步伐，努力构建营销物流网络，与隆力奇、爱立信、德克士、沃尔玛等商家广泛合作，形成服务优质完善、资源配置优化、运营成本节约、高效运转的一体化服务体系，由单一的经营物流市场逐步向第三方物流迈进。长治、晋城、运城、阳方口、忻州等公司新建了物流基地，积极培育物流市场。在抓好物流基地建设的同时，集团牵头积极开展物流软件研发和信息平台建设，且平台建设方案已通过专家论证。

完善汽车站场网络体系，提升站场服务水平。集团作为山西道路运输的主导企业，一年来，一方面按照《道路旅客运输及客运站管理规定》、《汽车站质量信誉考核体系》和《汽车客运站安全生产规范》等法规要求，努力提高"三个服务"的能力和水平，认真落实交通运输部"三优、三化"标准，围绕安全生产、运转顺畅、功能完善、方便快捷、优质服务的总体要求，强化管理，精心服务，为广大人民群众提供了安全、舒适、便捷的出行环境。另一方面坚持自主经营、控股经营、租赁经营相结合的原则，以专业化发展、网络化经营为目标，通过资本运作，积极参与新站建设与经营管理，并对现有站场进行提升、改造。晋城公司一级客运站完成主体建设；临汾公司、忻州公司忻州、原平一级客运站奠基建设。晋城公司收购的高平站、阳城站正在建设之中；长治公司武乡站、平顺站已投入使用，长子站、壶关站、屯留站、襄垣站的建设亦已完成，区域网络基本形成；忻州公司加快对所属汽车站的建设步伐，静乐站、岚县站即将投入运营；阳泉公司左权站、运城公司万荣东、西站相继投入使用。集团以地市汽车站为中心，县市汽车站为节点的客运站场网络得到进一步巩固与完善，服务能力进一步提升。

拓展维修服务项目，构建维修服务网络。各公司围绕《关于推进建立以"4S"店为中心的维修基地指导意见》，以提高质量、强化服务、拓展市场为目标，在市场低迷的形势下，全面加强内部管理，积极开展职工培训，增加优质服务项目，调整车辆品次与结构，为市场回暖后营业收入的快速回升奠定了良好基础。与此同时，加快建设技术先进、效益一流、服务优质的维修服务企业。长治公司在南垂汽贸园区建立了一汽、重汽、比亚迪、荣威、名爵、莲花等品牌在内的维修集群基地；临汾公司在抓好解放、东风"4S"店的基础上，新增柳特、莲花轿车"4S"'店，取得东方红皮卡临汾市总代理权；晋龙捷泰公司新增莲花"4S"店、福田皮卡、轻卡"4S"店；忻州公司新增比亚迪"4S"店。特别是侯马公司积极拓展维修市场，投资300余万元筹建了机动车综合检测线，将交警车管业务、运管审验、尾气环保检测业务引入公司浍南园区，带动了维修业发展，增强了公司的影响力、控制力。2009年，维修收入实现5.3亿元。

拓展综合培训业务，提高驾培服务水平。各公司按照《关于建立以驾培为中心的综合培训基地指导意见》，以提高培训质量和提升服务能力为重点，增加基础设施，改善办学条件，累计投资近3000万元对所属驾校的软硬件设施设备进行了升级改造。其中，晋城公司的苗匠生态园林式驾校综合培训基地已正式投入使用，顺利通过一级驾校验收；晋龙捷泰公司恢复一级驾校资质；运城公司投资900余万元新增设备，建设全新的驾培基地；侯马、临汾、长治、忻州等公司凭借完善的教学设施和雄厚的师资力量，拓展综合培训业务，新增客运、危货、乘务员、押运员从业资格培训、驾驶员违章培训、驾驶证注销恢复培训等业务，与行业主管部门联办驾驶员申报中高级职业资格、汽车修理工等综合培训，较快地实现了由单一的驾驶员培训向综合培训基地转变。截至年底，全集团共有一级驾校3所，二级驾校6所，年培训人数达2.5万人，实现营业收入2300万元。

搞好资本运作，为企业壮大发展奠定基础。近几年，集团充分利用土地授权经营管理的政策优势，通过资本运作将有限的资产最大限度的转化为支持企业发展的资金。2009年，集团资本运作又取得新成果。华运公司与阳泉公司合作开发同兴开元项目，可实现收益200余万元；与侯马公司合作开发新田府邸项目进展顺利；与宇星公司合作开发龙兴府邸项目已申报立项。忻州公司通过资本运作，不仅解决了场站的建设资金和建设用地，而且净增土地面积150余亩。阳方口公司神池汽车站成功用3亩授权土地置换70亩出让土地，不仅解决了汽车站建设用地，而且还开发了汽配市场，预计收益不低于2000万元。晋龙捷泰公司充分利用自身优势，通过并购重组，低成本扩张资本，拓展了客运市场份额，相继收购了宝通达公司、金路公司、金领运业公司及其所属驾校，快速获取了营运线路125条，增加客运车辆520台，客运市场份额增加至80%以上。晋城公司成功并购高平市道路客运中心，整合客车162台；临汾公司成功收购城北客运站及其所属驾校，为下一步发展打下坚实基础。

加快经营结构调整，加油加气工作初见成效。围绕转型发展、创新发展工作思路，集团于4月份在海南召开创新发展工作会议，集中研究了撬装加油装置建设，车用压缩天然气加气站建设等四项工作。5月，集团与山西晋油燃料技术有限公司达成合作建设撬装加油装置协议，总体规划建设70个撬装加油装置。8月7日，集团在朔州客运北站举行了隆重的项目启动仪式，为扎实推进此项工作，集团又专门在长治公司沁县分公司召开工作推进会。至年底，已在14个汽车站安装撬装加油装置，朔州站、太原东客站等5个汽车站的安装工作已经完成。

本着“资源共享，优势互补、真诚合作、互利共赢”的原则，集团公司与中石油昆仑天然气利用有限公司共同出资注册“山西中石油昆仑天然气利用有限公司”，并制定了在全省建设75个加气站的工作规划。至目前，晋城公司加气站母站、子站，临汾公司加气站子站开业前的手续审批已进入最后阶段，朔州公司已完成加气站建设的规划审批手续，长治、运城公司等加气站规划审批取得实质性进展。

创新财务管理 发挥整体优势 投资管理能力显著提升

财务工作围绕“夯实基础，规范管理，提升能力”的总体思路，管理水平进一步提高。制定《会计核算办法》，对会计科目设置、相关经济业务的账务处理、财务报表的编制等制定了详细的规范，首次抽调各公司总会计师进行全系统的财务大检查，成效明显。为解决遇到的资金问题，集团一方面努力加强现金流管理，增强财务资金调配功能，根据各公司资金使用需求，统一调配，有偿使用，既解决了基层公司资金暂时闲置而承担财务费用的困难，也解决了基层公司资金周转遇阻的燃眉之急。另一方面，加强企银合作，建立现金管理平台，采取客运线路经营权益质押，按照“统一授信、统贷统还”的原则，在农业银行贷款1亿元的基础上，在省国资委的大力支持下，与山西建工集团达成互保5亿元的协议，成功从民生银行贷款1亿元。两亿元资金及时拨付各公司，为“七项重点工作”的开展提供了有力的资金支持，集团也初步实现由资产管理向资产管理和投资管理并重转变。财务工作连续九年被省财政厅评为“会计决算报表工作先进单位”。

强化主体责任 狠抓隐患治理
安全生产形势稳定好转

2009年，集团各公司全面贯彻“安全第一、预防为主、综合治理”安管工作方针，按照“一岗双责”要求，全力构建“横向到边，纵向到底”的安全生产责任体系。认真开展“三项行动”和安全生产专项整治工作，围绕“八抓、八问、八落实”，狠抓各项制度的贯彻落实。面对安全生产的严峻形势，提出“突出安全、落实安全、确保安全”工作目标，修订《安全管理办法》，制定《安全管理工作标准及程序》(试行)，标准化建设得到进一步推进。充分发挥GPS行车记录仪的作用，认真开展隐患排查治理，规范工作流程、强化动态监管，严格处罚到位，安全监控体系进一步加强，安全生产形势稳定好转。成功举办“责任在我心、安全伴我行”安全知识竞赛活动，营造了“关注安全、关爱生命”的良好安全生产氛围。

一年来，车辆技术工作坚持“机务先行促管理、机务先行促效益、机务先行促品牌、机务先行保安全”的管理理念，围绕健全机构、完善制度、发挥职能开展工作。为加强车辆技术管理人才培养，集团组织各公司技术管理干部及维修场站管理人员赴浙江青年汽车制造厂进行为期一周的专业培训。围绕基础工作，各公司修订完善了车辆维护、检验工作标准及程序，严格落实车辆维护检验制度，完善车辆准入制度，严格车辆颜色标识管理规定，从源头上加强了集团品牌形象建设，为公司化经营的顺利推进奠定了基础。集团的车辆技术工作初步实现了车辆选型、使用、维护、修理、报废的全过程管理。至年底，集团营运车辆达到14 132台，其中：客车4496台(高级客车1618台)，总座位数116 896个；货车9636台(重型大吨位5710台，专用车3327台)，总吨位123 946.2个。车辆二维率97.2%，完好率97.9%，完成检验率98.2%，车辆平均技术等级率1.29。

围绕中心工作 创新管理机制
企业管理水平日渐提高

一年来，通过理顺管理体制，创新管理模式，进一步细化经营管理，努力提高企业的管理水平。

加强人才培养，人才队伍建设切实增强。围绕转型发展的新需求，集团着力提高各级管理人员的洞察力、决策力、执行力。一方面，通过推进“七项重点工作”的工作实践，提高各级干部分析问题、解决问题的能力。另一方面，组织各公司主要领导集中调研，赴济南、江苏学习，特别是赴加、美考察货运、物流的发展，大家进一步解放了思想，拓宽了思路，学到了经验，提升了能力。集团全年进行适应性培训和学历教育等13 958人次，大专以上文化职工较上年增加12.6%。同时，加大人才引进力度，招聘高校毕业生191人，并对他们进行追踪管理，全方位培养，努力打造培养优秀人才的全新平台，为集团的转型发展提供人才资源保障。

加快信息化建设，信息化管理工作稳步推进。2009年，集团的信息化建设取得长足进步。为推进物流发展，集团加快了物流信息平台建设，整体工作进展顺利。晋龙捷泰公司研发的小件快运管理系统已在侯马、临汾等公司试用。为提升安全管理的科技含量，在省运管局的大力支持下，集团GPS总控平台与各公司实现了实时监控对接。在此基础上，制定和完善了管理制度与工作流程，加强了对基层GPS平台的指导与监督，得到了行业主管部门的肯定与好评。目前，集团共安装GPS终端设备3090台。为强化客运信息化管理，晋城公司、临汾公司率先实行区域联网售票，为全省联网售票工作的开展积累了经验。

创新法律事务工作，法律风险防范机制进一步完善。按照“树立一个理念、实现三个转变”的总体要求，集团公司建立和规范法律风险防范机制和程序，充分发挥法律事务部门事前审核、事中参与的监督职能。全年审查合同600余份,出具法律意见书300余份,案件胜诉率达到80%以上,挽回经济损失5000余万元。成功召开集团第一次法律工作会议,编制《法律事务制度汇编》,制定法律事务百分考核办法,开辟法律在线栏目。法律事务工作取得了很大进展,初步建立了法律风险防范工作体系。

*突出业绩考核工作,激励约束机制逐步健全。*通过抓行业指标提升企业的标杆管理水平;通过抓"短板"考核促进企业全面协调发展;通过抓"七项重点工作"考核推动企业转型发展,初步形成"重业绩、讲回报、强激励、硬约束"机制,起到"调结构、提质量、控风险、增实力"促进和导向作用。

*夯实基础管理工作,管理规范化水平逐年提升。*一是审计工作更加规范,监督服务职能进一步提升,规避了经营风险;二是加强了统计数据的搜集整理工作,确保了数据的真实性和准确性,为企业制定宏观决策提供了真实可靠的依据,集团荣获交通运输部重点联系道路运输企业经济运行分析工作先进单位;三是集团的发展规划更加科学,可行性研究更加严谨,投资决策更加合理。

规范工作程序 维护职工利益
破产工作取得突破性进展

按照"旗帜不倒、组织不散、改革改制、壮大发展"的改革思路,所属汾阳公司和阳方口公司、忻州公司6个子公司等7户破产企业的破产工作有序推进,各项前期准备工作全部完成,经省属国有企业改革领导组办公室批准,同意进入法律程序。除五台公司外均已收到破产受理裁定。其中,阳方口所属货运公司、五寨公司、偏关公司已由破产管理人正式接管清算,破产工作取得了突破性进展。由于测算准确、操作规范,达到了维护职工利益,保持企业稳定的总体要求,为企业重组打下坚实的基础。

另外,集团所属宇星公司、交通大厦的生产经营工作也取得很大成绩。宇星公司塑胶产业在市场疲软的情况下仍实现快速增长,承揽交通工程业务首次突破1亿元大关。交通大厦强化内部管理,推行目标考核,职工积极性明显增强,营业收入大幅增长。

一年来,在集团全体职工的共同努力下,各项工作稳步推进,成效明显。始终保持国有大型企业顾全大局、勇于奉献的国企本色,充分发挥交通战备应急保障体系的作用,"服务国民经济和社会发展全局、服务社会主义新农村建设、服务人民群众安全便捷出行"的水平进一步提高。为国家、为全省经济社会发展提供坚强有力的保障,为打造山川秀美的新山西作出积极贡献。

(责编 梁锦华)

山西汽运集团有限公司
交通大厦

□林　原

2009年是交通大厦新领导班子组建及转换经营机制的第一年。面对种种困难，大厦及时调整经营策略，带领员工共同努力，较好地完成了各项目标任务。

经营和完成指标情况良好

年初，大厦制定工作预算方案，详细分析全年经营情况，下达了各级经营部门的考核指标。同时，为了更好地贯彻工作预算方案，大厦对主要经营部门负责人实行了竞聘上岗，择优录用，激发了员工的积极性和主动性。针对经营不稳定状况，多次召开销售专题会议，分析市场，寻找根源，提出解决办法，收到一定成效。全年营收总额1241万元，成本总额214万元，费用总额954万元。接待各种会议160次，其中，全国性7次，省级23次，培训会16次，展示会4次，招标会18次，其他59次，较上年接待量上升7%。足额上缴集团管理费360万元，设备完好率96%以上，未发生任何安全事故。

积极应对复杂市场形势

受金融危机冲击，甲型H1N1流感影响以及同行酒店激烈竞争，2009年，酒店经营严重萎缩，入住率明显滑坡。面对复杂多变的市场，大厦多次召开营销会议，提出一些促销方案，针对不同客户在价格方面作了调整，推行了集团内部VIP卡销售。

大厦拥有大、中、小三个会议室，会议接待是大厦的强项，为扬长避短，酒店营销偏向于会议型接待。7、8月会议旺季期间，营收达到历史单月最高160万。

为做好网订业务，大厦设专人负责维护，全年网订总房数6306间，费用181万元，同比增长50%。

餐饮部在接待好会议、散客的同时，积极承揽婚宴，1月至10月共接待婚宴37次，营收80多万；接待会议用餐收入120万左右；散客、协议用餐约140万左右，提前两个月完成年度330万元的任务指标。

强化安全管理各项制度

一是进一步健全和完善安全防范管理制度，做到组织落实、制度落实、宣传教育落实“三落实”。二是认真贯彻《食品安全法》，严把食品安全关。严格执行“食品卫生法”要求，有重点、定期不定期组织检查进货渠道，有重点地对大型婚宴、会议用餐进行留样检查（根据防疫站的要求新增留样冰箱一台），预防食物中毒事故发生，真正把好食品入口关。三是加强巡视检查，确保酒店安全。大厦坚持每日例会上汇报安全情况。安保部每日检查巡逻打点记录情况，安保员工每日巡逻128个点6趟，全年巡逻116 160余次。专职消防员巡楼检查合计240余次，安保部全年检查40余次，大厦领导组织的安全大检查全年12次，有效地消除了安全隐患，确保了设施设备的正常运行。四是不断提高门卫服务意识。加大对门卫的培训，每周用2个小时进行队列训练、车辆指挥手势训练、服务用语训练，提高了门卫整体素质，全年共看护车辆39 600辆，接待大型会议车辆多次，一般性会议112次。

合理降低各种能耗

一是开展预防维修，提高设备功效。4月初对中央空调1号主机进行年度维修保养，使设备始终处于最佳最经济的运行状态。对楼内13台新风机组进行维修、除尘、加油保养，有效提高了新风机组工作效率。针对客房制冷效果差，噪音大的问题，进行一级维修保养。对风机盘管做防振动技术处理，降低了空调噪音，提高制冷效果。夏季中央空调运行期间，客房制冷效果大幅度提高。二是狠抓质量监督，严把工程验收。分别对大会场房顶、员工宿舍、单片楼二、三层办公区进行了维修改造。工程造价严格控制在预算范围之内。三是加强能源管理，杜绝跑冒滴漏。解决了因三相不平衡造成的停电事故，常压锅炉进行清洗除垢，并对交换器、管道做保温处理，降低了设备的无功损耗。员工澡堂安装IC卡洗澡系统，降低了营运成本，节约了水资源。

不断加强党对企业领导作用

2009年，大厦党总支换届。在集团党委领导下，大厦党总支结合实际，紧紧围绕集团党委的工作中心，积极开拓大厦党总支工作。在深入学习实践科学发展观活动中，党总支高度重视，成立学习领导小组，制定学习任务实施方案，采取学习与自学相结合，整篇学与重点学相结合等灵活多样的学习方式，使全体党员认识到学习实践科学发展观的重大意义和对指导大厦工作的现实意义。

在不断深入开展学习实践科学发展观中，全体党员结合实际，不断增强党性修养，身体力行，率先垂范，树立和坚持正确人生观，世界观，道德观。着重解决职工反映制约企业发展的问题和职工切身利益问题，真正把落脚点放在了企业的发展和效益上来，放在了职工的利益上来。

大力开展各种文明创建活动

大厦为员工提供食宿，对员工宿舍、员工澡堂以及日常的伙食都由党总支副书记亲自管理。每月由员工组成的伙食委员会评议决定对食堂的奖励，促进了员工食堂工作不断改进。

“五一”、“五四”，大厦全体员工参加了由工会、团支部组织举办的拔河、踢毽子、羽毛球等体育活动。8月27日，大厦召开工会大会暨职工代表大会，选举产生了大厦工会第一届委员会和工会主席、副主席，选举产生了大厦工会第一届经费审查委员会委员和经费审查委员会主任，结束了交通大厦没有工会的历史。工会的成立，对全面推进大厦整体工作具有十分重要的意义。9月28日晚，举办了迎“国庆·中秋”文艺联欢晚会。

通过全体员工的不懈努力，大厦再一次被省文明办评为文明单位，被省总工会授予“集体三等功”。

（责编　梁锦华）

山西同兴房地产开发有限公司

□李　俊

2009年，公司以深入学习实践科学发展观为契机，以“三个根本性提高”为目标，以搞好土地资本运作为己任，艰苦创业，奋发进取，圆满完成年度各项工作目标。完成收入271万元，为计划的20%；实现利润55万元，为计划的450%；职工平均收入较2008年增长10.7%。

不断强化基础管理

一年来，为做大做强企业，公司坚持以“构建和谐同兴”为目标，将构建和谐企业、和谐班子、和谐团队作为实现和谐发展的落脚点。坚持以建立制度、完善制度、执行制度为基准，进一步强化约束力和执行力；以构建和谐班子、奋进班子、“四好”班子为目标，不断加强和巩固班子的组织、领导地位；以培养人才、重用人才、留住人才为原则，全面推进人才强企战略的实施，公司基础管理工作迈上新的台阶。

大力完善制度建设

修订完善《职工管理办法》、《劳动纪律管理制度》，新制定《工程建设项目工地补助发放办法》、《安全奖惩办法》、《招投标管理办法》、《职工福利奖金发放办法》、《职工带薪年休假管理实施办法》等，进一步促进企业规范化、制度化、科学化建设。

严格执行公文审批制度，加强档案管理，规范工程决算，加强工程项目管理；进一步加强法律事务管理；加强文字工作力度；加强信息网络建设，积极向“山西汽运集团网站”和《山西汽运报》投稿，刊登率超过50%；严格执行企务、政务公开制，为公司规范化运作搭建起公开、公平、公正的管理平台。

公司高度重视财务管理工作，坚持以严查、严管、严算、严改为标准，一是重新修订、完善《财务管理办法》、《财务审批制度》，新制定《应收账款管理办法》等，规范了财务管理。二是积极履行会计核算与监督职能，规范记账凭证编制，严格审核原始凭证，细化报账流程，强化档案管理。三是实行会计电算化管理，积极配置计算机及财务软件，为公司财务信息化管理奠定了良好基础。

规范劳资管理，充分调动职工积极性。一是重视人才选拔，对新聘用的人员严格考核，并签订劳动合同；二是关心职工生活，为外地年轻职工办理集体户口，提供集体宿舍；三是工资发放率达100%，各项社会保险按时足额缴交，并为工程、技术人员办理工伤保险等相关手续。

努力抓好班子建设

坚持学习，提升班子学习力。首先以加强政治理论学习为基础，筑牢思想认识基础。其次，加强房地产专业管理知识学习，将企业管理做为一门综合性学科进行学习。

团结协作，发挥模范带头作用。一是发扬民主，激发整体合力。工作中，各成员自觉摆正位置，做到大胆管理不越权、不越位，班子成员扭成“一股绳”，形成了一个强有力的“拳头”。二是相互信任、增进协调配合。在班子成员的通力合作下，思想统一，配合默契，凝聚务、战斗力进一步增强，决策效率、工作效率越来越高，团结协作的集体力量得到有效发挥，公司整体工作稳步推进。三是加强沟通，促进班子和谐。各成员自觉做到补台不拆台，推功不诿过。

勤政廉洁，树立良好形象。班子成员始终坚持以“八个坚持、八个反对”、“八荣八耻”和胡锦涛总书记倡导的“八个优良作风”为标准，始终把“群众呼声”作为第一信号，把“科学发展”作为第一要务，把“和谐稳定”作为第一责任，努力构建和谐的企业文化，努力为职工建设一个风正心齐的内部环境。在2009年述职测评大会上，公司领导班子被集团领导测评组评为“团结、开拓、廉洁、创新”的优秀班子。

实施人才强企战略

公司以更新观念，创新思维，顺应集团和公司人才发展需求为总体目标，组织职工进行为期一个月的集中学习培训，观看《大智慧》、《如何成为上司的左右手》等名师讲座，培养职工一人多岗、一岗多能。为职工订阅报纸杂志，领导班子和中层干部亲自讲授房地产专业知识讲座、土地相关知识、工程技术、手续报建、公文基础知识、法律法规政策等内容，鼓励职工边学习、边工作、边积累、边提高。积极参加集团举办的“科学发展伴我行”演讲活动并获得“二等奖”荣誉称号。

主业副业全面发展

2009年，公司房地产业正式启动。其中，龙兴府邸项目总投资约3亿元，占地面积88.84亩，总建筑面积13万平方米，预计实现利润约2亿元；新田府邸项目总投资约2.5亿元，占地面积73.1亩，总建筑面积15万平方米，预计实现利润约3000万元；同兴·开元项目总投资约600万元，占地面积7.52亩，总建筑面积3460平方米，预计实现利润约300万元。

多种经营业绩突出。公司通过出租沿街门面、综合楼、现代女子医院等，实现收入271万元、利润55万元的好成绩。承担的集团公司东岗路宿舍院的物业管理工作，一是认真负责做好水、电、暖、维修等日常工作；二是为多经物业科增配工作人员，确保多经管辖范围内租金按时足额收取；三是对东岗路宿舍院南楼、东楼屋顶防水层、全院电网、南楼上下水管道三项工程进行改造，消除安全隐患，为小区居民提供优良舒适的生活环境。

产权转让工作稳步推进。坚持产权手续办理与综合楼地下室、一层、二层租售工作同步进行，并州南路12号综合楼成功办理规划变更、土地变更等相关手续。同时，公司采取“先租后购”的方法，加快综合楼地下室、一层、二层租、售工作进度，最终与农行、邮政储蓄达成租赁协议，可为公司增加年收入210万元。

高度重视安全管理

公司按照《安全生产目标责任书》要求，以集团提出的“八抓”、“八问”、“八落实”为切入点，常抓不懈，积极推进安全工作，确保各项工作落实到位。成立安全专项整治领导组，与各部门及经营户签订《安全生产专项整治目标责任书》。认真组织开展“安全生产月”、安全生产“三项行动”、“专项整治”等活动，建立健全安全管理责任制，各类安全隐患得到有效治理。组织全体职工及经营户进行消防安全演练，邀请有关专家亲临现场进行指导、讲解和答疑。进一步加大施工安全管理力度，在同兴·开元项目建设施工过程中未发生安全事故。在集团年度安全大检查评比中，公司被评为“安全合格单位”。

（责编　梁锦华）

山西汽运集团晋龙捷泰运输贸易有限公司

□ 曹星义　赵建成　李保全

2009年,公司在集团的正确领导和大力支持下,上下团结一心、奋力拼搏,以"三个根本性提高"为主线,全面贯彻落实"七项重点工作"战略部署,内抓管理、外树形象,开拓市场、狠抓效益,各项工作稳步推进,企业形象显著提升,公司整体实力明显增强,职工收入稳步提高,"晋龙捷泰"影响力进一步扩大,公司迈入一个全新的发展阶段。全年,营业收入计划8.34亿元,实际完成8.4亿元,为计划的101.3%;净收入计划1.29亿元,实际完成1.35亿元,为计划的104.7%;货运量完成171万吨,货运周转量完成47 271.3万吨公里;客运量完成1018.8万人次,旅客周转量完成188 571万人公里;换算周转量计划完成6.5亿吨公里,实际完成6.61亿吨公里,为计划的101.7%;利润实际完成550万元,净资产收益率5.8%;上交集团管理费120万元,为计划的100%;职工年人均收入28 151元,较2008年增长8.27%;为不在岗职工垫交社会保险265万元;支付离退休人员补贴317.2万元;新增和更新车辆138部,新增公营车6部;为社会提供就业岗位60个。

党政工团齐合力
落实科学发展观

公司党委坚持以邓小平理论和"三个代表"重要思想为指导,认真组织开展学习实践科学发展观活动,提出了新形势下加强和改进党建工作的新举措,进一步解放思想,开拓创新,为企业的改革、发展探索出了新形势下党建工作的新方法、新模式。纪委组织党员干部学习《廉政警示教育》,举办中层以上党员干部培训,极大地提高了党员干部防腐拒变的能力。工会组织未休年假的职工,分批次赴云南、桂林、港澳等地区参观游览休假,增强了公司的凝聚力和向心力。团委围绕强化基础管理,积极打造"活力"共青团,开展了"舞动青春翅膀、放飞成长梦想"活动,激发青年为企业发展贡献青春的责任感和使命感;开展"团员在行动、服务进校园"活动,宣传企业,提升了企业形象。

推进"七项重点工作"
增强企业竞争力

积极推进公司化经营,全面提升客运经济效益。客运全年营业收入计划完成18 522.99万元,实际完成17 263.43万元,为计划的93.2%;净收入计划完成4402万元,实际完成4023万元,为计划的91.4%。全年新增线路8条,延续经营线路62条,新增客车9辆,更新客车124辆,延期经营83辆。一是进一步完善营运车辆单车财务台账,明晰车辆产权,规范管理。二是捷泰快客公司推出乘客会员积分业务,积极发展包车业务,全年累计完成旅游、婚庆包车收入340万元。三是重新修订了车辆经营合同,并根据市场变化和管理成本的增加,对效益好的线路提高管理费收取标准，实行票款统一结算。四是积极推进客运企业质量信誉考核工作，公司的客运品牌效益成效显著。

*逐步完善场站服务功能，实现经营业绩稳步攀升。*站务全年营业收入计划34 620万元，实际完成34 827.72万元，为计划的100.6%；净收入计划4948万元，实际完成5319.1万元，为计划的107.5%。一是为积极应对动车的开通，车站完善预售票系统，建立了联网售票和电话订票系统，完成所属客运场站信息平台建设，实现了汽车站站务、发车、小件快运等信息查询。二是在“十一黄金周”期间，太原汽车站、迎宾汽车站和东客站三站客流猛增，高峰时客流日均达到4万余人，迎宾汽车站单日客流也突破1万人，单日营收突破百万元大关，创历史新高，但三站秩序井然，运力调配合理，安全、快捷地疏散了旅客，为公司黄金周客流高峰运输积累了丰富的管理经验。三是公司严格落实“三不进站、五不出站”制度，加大车站周边环境整治力度，有效扼制了站外喊客、拉客现象，营造文明有序客运环境。

*积极应对市场变化，物流逐步实现转型调整。*物流全年营业收入计划20 811万元，实际完成15 129.60万元，为计划的72.7%；净收入计划1640万元，实际完成1076万元，为计划的65.6%。一是重新合并组建了物流公司，建立了专业营销部门，配置了专业营销队伍，为开发物流基地奠定了基础。二是受费改税政策影响，物流散户运行车辆失控，分公司通过采取有效措施，实现净收入64万元，清回各种车辆18辆，款物400余万元。三是为建立集仓储、运输、配送、货代、商贸、信息为一体的第三方物流中心，公司在晋源区投资新建了标准化物流仓库，现已建成5000多平米，北客站物流仓库也已建成2000平方米。四是公司积极筹建物流管理网络，在生产经营、组货理货、车辆调度、车辆维护与修理、财务统计等方面广泛应用了微机管理，自有车辆全部接入GPS安全管理平台，基本实现了对车辆监测跟踪，路线编排，有效降低管理成本和服务成本。

*以4S店建设为重点，稳步推进维修业发展。*汽贸公司全年营业收入计划7140万元，实际完成7667.8万元，为计划的107.4%，净收入计划810万元，实际完成881万元，为计划的108%。2009年，汽贸公司一是引入莲花轿车和福田轻卡“4S”店，二是客车维修中心和晋源货车维修中心投入运营后，公司购置了大量技术先进的维修设备，整体维修业在管理和服务等方面得到了全新发展，实现标准化作业，流程化管理。三是通过积极争取和努力，维修中心被省市维管处授予“二级维护指定单位”，保证了维修经济效益不断提升。四是以公司一流的车间和品牌为依托，引进钣金维修项目，实现一站式服务，提升维修综合实力和影响力，推进维修业健康发展，受到行业管理部门的高度评价。

*规范经营管理，积极开展综合业务培训。*驾校全年营业收入计划387万元，实际完成415.34万元，为计划107.30%；净收入计划170万元，实际完成332.7万元，为计划的195.7%。全年累计培训驾驶员1598人，综合业务培训2077人。一是开展货运、客运、危货、押运员职业培训，购置了5辆重庆恒通大客教练车，开展大客司机增加业务。二是通过沟通努力，升级为一级资质驾校，同时为了配合驾校升级工作，提高驾校的整体能力，进一步完善训练场地，建设了可容纳150人培训的理论教室，配备了驾驶模拟器等先进培训设备，基本实现教学规范化、设备规模化、信息网络化、理论模拟考试无纸化。

*积极开拓市场，打造捷泰旅游品牌。*捷泰旅游公司全年营业收入计划680万元，实际完成674.58万元，为计划的99.2%；净收入计划680万元，实际完成675万元，为计划的99%。一是为进一步提高车辆利用率，与太原市一些较大的旅行社建立业务合作关系，并向旅行社派驻计调人员，固化了合作关系。二是为进一步提升业务量，年初制定了

《捷泰旅游公司业务承揽奖励实施办法》，充分调动了员工的工作积极性，对发展业务起到了积极的推动作用。

转思路提服务，大力发展第三产业。实业全年营业收入计划1206万元，实际完成1283万元，为计划的106.4%；净收入计划434万元，实际完成477万元，为计划的109.9%。捷泰实业在巩固老租户、发展新租户的基础上，依托公司主业，寻求新的项目和新的经济增长点，在公司院内建立了洗车台、广场汽车站大厅成立公营快餐部等；超市一、二部成立了质检小组，定期对工作人员服务态度、仪容仪表、劳动纪律、环境卫生、商品质量等方面进行检查，同时严把进货渠道，公开向社会招标送货单位，降低了成本，保证了商品质量，所有商品明码标价，提升了企业信誉。

物业管理创新服务，保障有力。物业部门围绕"控成本、强管理、创新服务、保障有力"的宗旨积极开展工作，在水电费回收方面，实行分区域专人专管，推行目标责任制，回收率达到96.44%。在节流管理方面，注重日常检修、维护工作，实行巡查制，发现问题及时解决，有效地控制了跑、冒、滴、漏等现象，全年实际成本控制为350万元，节约费用0.6%。新建的18层住宅楼，积极引入现代物业管理流程，打造捷泰物业品牌。

基本建设方面取得可喜成效。投资1500万元完成了西客站、北客站（主要是物流仓库建设）建设，计划在2010年上半年正式投入运营；投资400万元完成了晋源物流仓库建设；莲花和福田4S店也已投资200万元，两栋宿舍楼基本竣工。东客站仓储、综合楼、包括加气站立项开工建设。

明确责任落实到人
安全生产形势稳定

一是认真落实集团提出的"八问、八抓、八落实"，严格实行"一岗双责"制度，逐级建立和完善各岗位安全生产责任制，层层签订安全生产责任书，把安全生产落实到各单位和每个从业人员，切实做到安全管理全员、全方位、全过程，工作进一步深化。二是抽调15名年轻同志充实到安全处及各客货运分公司，担任经理助理一职，主抓安全基础管理工作，充实了安管队伍，强化了安全管理工作。三是开展以"1·23"、"2·12"事故为反面教材的安全教育培训，组织驾驶员认真学习《道路交通安全法》等法规，受训人数达到8600人次，散发各种安全宣传材料2万余份，极大地提高司乘人员及管理人员的安全意识。四是分两期组织有关人员学习集团《安全管理办法》和《标准及程序》，制定出台《安全生产目标管理年度考核奖惩办法》、《驾驶员安全管理办法》和《GPS安全管理办法》，进一步规范安全管理流程，为安全生产奠定了坚实基础。全年公司安全整体形势良好，仅一起无责任事故。

不断夯实基础工作
努力提升管理水平

强化队伍建设。选拔15名年轻同志到基层担任助理职务，年底，9名同志正式任命担任基层领导干部；部分有领导能力、有思路、有创新的80后已在基层担任正职一把手。向集团推荐了3名后备领导干部，50岁以上的26名中层干部提前内退。。

加强机务管理。制定《车辆技术管理规定》、《营运车辆准入及选型程序管理规定》《停驶、封存车辆管理办法》等7项管理制度，强化了机务基础管理工作，通过狠抓落实，提升了公司车辆技术管理水平；积极推行二级维护费用预提制度，实行定点维护，不仅提高车辆二级维护质量，而且防止空保现象发生，一年为汽贸增加70万元维修业务；强化车辆安全例检工作，制定《营运客车安全例检规定》，要求公司所有营运客车必须每月回公司进行一到两次的安全例检，不仅及时掌握了营运客车的技术状况，而且为公司增加近30万元收入；积极开展节能降耗活动,推广应用新技术、新产品,为公营货车安装了"油管家"型GPS,降低燃料消耗达23%以上,一年为公司节约近百万元。积极推广轮胎翻新工作,目前已翻新轮胎200余条,节约轮胎成本达300万元。公司被太原市评为"绿色十佳"企业。

细化财务管理。财务公司全年创利102万元,进一步强化企业内部财务控制,加强应收款项管理,制定了《应收款项管理办法》,对各种应收款项进行了事前、事中、事后控制,杜绝了不良资产发生;进一步加强内部财务核算,强化全面预算的硬约束机制,实现了科学化、规范化预算管理机制,开通网上银行,建立现金管理平台,提高了工作效率。

完善信息统计。建立健全了统计指标体系,建立了统计报表制度,健全了管理制度。

推进信息化建设。进一步完善网络办公系统,建立两级GPS安全监控平台,并在400余辆客货车辆上安装GPS车载终端,实现了有效的远程监管;进一步完善"公路运输业车辆经营管理系统"、"小件快运管理系统"等,极大地提高了公司信息化管理水平。

健全培训机制。全年举办"车辆安全技术检验"、"GPS系统管理"、"办公OA系统"、"节能减排"、"基础管理"等各类培训班57期,投入资金139 699元,参培职工3346人次,有力地提高了员工素质,提升了企业形象。

(责编　陈瑞丽)

山西运城汽车运输集团有限公司

□ 孙振清　张欢照　乔耀旭

2009年，公司上下团结一心，以加快经营结构调整和实现企业转型发展、安全发展、和谐发展为目标，紧紧围绕保规模、降成本、增效益、促和谐这一中心任务，深入贯彻落实科学发展观，把握发展大局，科学谋划工作，努力克服金融危机冲击和燃油税改革带来的不利影响，着力破解难题，勇于逆势而为，全力推进“七项重点工作”，企业呈现出货运发展回升向好，现代物流有效拓展，客运改革有序推进，站场网络逐步巩固，维修、驾培及土地开发工作取得重大进展、安全形势平稳有序，科学发展观深入人心的良好态势。全年实现营业收入2.6亿元，实现利润138万元，比上年增长31.7%；完成客货换算周转量6.6亿吨公里，比上年增长2.1%；净资产收益率达10.2%；上缴集团管理费110万元，足额缴纳职工“三险一金”，客货车辆总数达3705辆（含挂车，不含子公司车辆，下同）。

攻坚克难应对挑战　货运发展回升向好

全年新发展货车1251辆，净增34辆，净增吨位6310个，货车保有量达3345辆，共计26 686个吨位。

*解放思想，攻坚克难。*公司修订了《货车发展与管理办法》，及时调整发展策略，即首先规范统一内部发展市场，避免内部竞争。在融资比例、服务费收取标准等方面进行统一，同时加大对违规者的处罚力度。其次适量上调融资比例，下调服务费用，强化服务。三是根据市场需求及时调整车型结构，以发展大吨位车辆为主，大中小综合发展。与此同时，针对发展放缓，闲置资金过大的实际，及时将借资款月利率由1分下调为8厘，并采取了按融资额收取服务费的科学方法，有效降低了财务费用，保障了货运效益提升。

*多措并举，平稳过渡。*一是加强与交警、运管部门的沟通协调，实现对车辆的有效控制；二是执行新车必须安装GPS的原则性规定。由经营户选择自购或租赁公司GPS终端设备的方式安装，利用现代科技手段加强对车辆的监控；三是严把车辆准入关，坚持与经济条件好、信誉度高、经营能力强的客户合作，同时引导客户发展具有市场潜力的车型；四是修订合同文本，并予担保、公证，从法律层面强化约束，增加经营户的违约成本；五是以诚相待，提供特色服务。对确因暂时经营困难或因事故损失造成不能按期缴费还款，但仍具有缴费还款潜力的诚信客户，适当放宽缴费、还款期限，并给予逾期利息减免，帮助其渡过难关；六是严控大额欠款。物流公司成功扣回两部大额欠费车辆，促使其余8部同类车自觉还清了欠款。

建设基地构筑网络　有效拓展现代物流

*发展现代物流取得政府大力支持。*公司运汽物流项目，省发改委2009年给予物流补

助资金300万元,物流信息补助资金350万元。空港物流园也被运城市政府列为运城三大物流基地之一,重点发展工业物流。姚孟物流园,政府已给予规划许可。与运城运管处所属金顺达物流公司合作开展物流项目,已正式签署协议。

空港物流园开工建设,该项目于3月份在空港开发区购置土地105亩,投建集运输、仓储、包装、配送、信息、货代、修理、餐饮、住宿为一体的现代化物流园区。一期投资5000万元,建设2000平方米信息大厅、10 000平方米综合服务大楼、5000平方米仓储及零担服务区、3000平方米二汽“4S”店。2009年8月开工建设。占地30余亩的绛县物流园区,10月完工,并投入运营。加强了山西物流信息网的建设和招商力度,发展客户500户。在运城各县市逐步建立了二级物流配送中心,在乡(镇)村建立信息网点工作有序推进,初步形成县、乡、村三级物流配送网络。

统筹规划分步实施
“七项重点工作”全面启动

*客运公司化经营迈出新步伐。*在新开的沈阳等线路,延续经营的郑州、西安、太原、南京等线路实行以股份制为主的公司化经营改造,推进新的经营模式。为实现客运经营效益最大化,试点采用车辆由企业全资购置,黄金线路企业公营,其他线路责任制经营的新模式。与此同时,加快线路开发和车辆更新力度,全年开发了济源、焦作、青岛、重庆、大连、沈阳6条长途班线,并已上车运营;济南、深圳、杭州线路正在审批中;阜阳、曹县等6条线路经营期限成功地由5年延期为8年。

实施客运体制、机制改革,撤销客车五队,成立客运总调度室、安全科,加强了客运宏观管理和车辆集中管理,保证了体制机制顺畅。在客车应收结算、收费管理、调度管理方面设计了专用软件,推进信息化管理,提高了工作效率。抓住契机,及时上调客车基数,年增收入252万元。各县公司也根据集团的指导意见和成功做法,统筹协调,兼顾各方,调整基数,客车收益均有明显提高。

*汽车站场网络进一步巩固。*公司按照建设新站、开发旧站的总体思路,采取入股、租赁、合作建设的模式,取得各县级站的经营权,进一步巩固和拓展了站场网络。6月18日,公司投资650万元建设的万荣东西汽车站投入运营;投资750万元,占地30余亩的夏县汽车站,也即将完工交付使用;临猗汽车站在站场秩序大整顿,完善各项规章制度,站务人员培训考核合格,消防设施投入到位验收合格后,于一季度通过二级汽车站站级标准验收;3月与永济市政府合作建设永济客运中心站签署协议。

*综合培训基地建设取得重大进展。*依托运汽品牌优势,按照一类驾校标准,加大硬件投资力度,加快速度上规模,在运临路租地80亩,建设综合训练场和考试场地,重塑“晋运驾校”品牌,打造综合培训基地。目前,驾校拥有两个训练场,占地共计120亩,新购教练车24辆,教练车总数达53辆,电脑、模拟驾驶车等设备设施也相继到位。大客、汽车列车及农用车驾照和汽车职业技能培训资格正在申请之中,一类驾校许可手续正在申报。

*土地资本运作成效显著。*科学规划,分步实施,采用租赁、购置等方式,实现了土地存量资产大翻番,由当初的253亩增加到588亩(不含子公司6宗土地57.2亩)。公司房地产开发公司继续开发了农机大院,兴建了3栋共15800平方米职工住宅楼。

*“4S”维修基地建设取得较大进展。*公司按照“立足东汽服务求拓展”的总体思路,采取系列措施,实现维修产业快速提升。一是实施二汽服务站整体搬迁。新服务站选址空港物流园区,2010年8月底完工并投入使用。二是改变维修经营模式。公司投资50万余元,购置设备,培训人员,建立了自主经营的修理厂。三是二汽服务站7月取得了黑豹轻卡运城总代理权,至年底已销售黑豹车

51 辆。四是在二汽服务站成立了货车队。发展货车 47 辆,430 个吨位。

*货源基地建设巩固发展。*在巩固丰喜肥业、南风化工、铝厂铝粉三大货源基地的基础上,与中铁十二局签署了 5000 吨运输合同,与广州志高空调签署了三年 1 万吨运输合同,与空港开发区的华龙服装厂签署了货物承运合同,与空港雪花啤酒厂的货物承运业务正在洽谈之中,在广州、上海办事处及公司大院 60 余个信息部签署零散合同 2 万吨。

*开展加油加气新业务。*在集团公司的支持和帮助下,公司经过考察和论证,撬装式加油装置拟在临猗汽车站和空港物流园安装,加气站确定三个选址,即公司晋运加油站实施加油加气二合站,空港物流园加气站、姚孟物流园加气站。

深挖隐患综合整治
安全生产稳定发展

一是狠抓春运、国庆特殊时段安全稳定工作。以隐患排查、责任落实、综合治理为重点,逐车、逐人、逐地排查车辆性能、消防设施、驾驶员资格、重点部位、“三品”隐患,进行整改,有效防范事故发生;二是针对“1·25”、“2·12”事故,开展警示教育,开展“安全生产年”、“安全生产月”、“安全生产专项整治”以及《安全生产工作标准及程序》、《新保险法》的学习宣传教育活动,进一步提高驾驶员、安管人员“关爱生命、安全发展”的责任和意识;三是修订《安全考核与奖惩管理办法》,激励全员参与安全管理;加强安全统筹金的提取和管理,增强抵御事故风险能力;创新安全管理,严格落实“三四三五”安全工作法,安全管理能力和水平有效提升。

加强党建和反腐倡廉
学习实践科学发展观

按照中央的统一部署,根据省国资委和集团党委要求,公司从 3 月至 7 月,分 3 个阶段 12 个环节,圆满完成深入学习实践科学发展观活动。

*深入学习实践科学发展观活动,组织精心,推进扎实,富有特色。*在公司党委的周密安排部署下,外聘专家教授进行专题讲座,开展“五个一天”(读一天、听一天、访一天、讲一天、谈一天)、解放思想大讨论等独具特色活动,党员干部撰写心得体会、调研报告、评论文章 100 余篇,进一步加深了对科学发展观的理解和认识。查摆问题透彻深刻,职工从 8 个方面提出意见建议 620 条。整改措施具体明确,符合实际,落实到位,解决了突出问题,破解了发展难题,建立了长效机制。

*深入学习实践科学发展观活动成效显著。*4 个月的学习实践科学发展观活动,党员干部的思想受到一次洗礼和教育,成为落实科学发展观的自觉践行者。结合工作实际,以科学发展的思维不断创新,开拓进取,全身心投入“七项重点工作”建设,促进了企业科学发展上水平,快速推进见成效。以“人本和谐”为着力点,投建住宅楼、改善职工住房条件;增加娱乐、文化设施,丰富职工生活;举办联谊会,老干部、新招大学生座谈会,倾听职工心声;制定职工培训、干部选拔、人才管理办法,让职工发挥最大才能,使职工在企业科学发展中得到最大实惠。

*加强干部队伍建设,反腐倡廉工作取得新突破。*一是继续开展警示教育,深入学习贯彻《国有企业领导人员廉洁从业若干规定》,利用专题讲座等形式教育党员干部,绷紧拒腐防变之弦;二是加大违规违纪案件查处力度,先后查处了客运货车队、物流广州办事处等违规违纪案件,开展清理“小金库”整治活动,处理了违纪干部,敲响拒腐防变警钟,党员干部受到深刻教育;三是开展中层干部述职述廉考评工作,增强了各级管理干部的责任意识、忧患意识及廉洁勤政意识,以自身良好形象带领职工共同奋斗。

(责编 陈瑞丽)

山西汽运集团临汾汽车运输有限公司

□ 常民峰　孟德生　高增运

2009年，公司深入贯彻落实科学发展观，大力弘扬“超前、创新、高效、发展”的企业精神，全面贯彻实施集团“七项重点工作”和公司“33862”发展方略，通过上项目，扩股权，重兼并，强管理，铸品牌，实现了产业结构明显优化，经营规模明显扩大，管理服务明显规范，经济总量明显增长，企业各项工作任务都较好完成。年营收完成3.3亿元，完成进度计划的158%；年利润完成68万元，完成进度计划的102%；年核算周转量完成52 865万吨公里，完成计划的115%。

安全生产持续平稳，未发生重大责任事故，各项安全指标全部在控制范围之内。职工收入保持稳定，职工人均月收入1427.3元。

积极应对金融危机
全力推进企业发展

统一思想，增强应对金融危机的决心和信心。7月11日、10月9日，分别召开季度干部大会和上半年经济工作会议，统一全员思想，提振全员应对金融危机的决心和信心，形成思想认识上的高度统一。

货运经济效益逐步增长。一是抓中短途货源市场；二是抓配货运输市场；三是抓专线货物运输市场；四是抓非煤运输市场。开展异地配货业务，提升站场配货功能；与市场基础较好的配货站和车队组成联盟，开展运输业务外包；加快与70余家配货站以及同世达、兴荣、海姿、琛士通等煤炭物流企业合作，搭建货物运输交易平台，开辟专线货物运输，建设1200平方米仓储，扩大仓储功能，逐步向集配送、仓储、物流、贸易于一体的物流体系迈进。货运产业化危为机，逆势而进，呈现出良好的发展势头，全年组货量明显上升，较2008年增长170%，营业收入提前超额完成全年计划，较2008年同期增长60%。

始终把增车清欠放在货运经营发展的突出位置，面对增车难，清欠难的被动局面，一方面制定《车辆发展管理规定》，以货源为基础，以信贷为引力，降低入门标准，提供高效服务，加强与各汽贸的战略联盟，推进车辆发展，全年增车120台。另一方面加大清欠力度，实施严格的激励约束机制，狠抓现营车辆监控管理，杜绝发生新的欠费，放权让利，重奖重罚，全面清理旧欠，在河北、青海、湖北扣置车辆45台，应收账款下降27%。

客运经济效益增长强劲。一是积极审报新的线路，全年新增临汾至西安、临汾至郧县等7条省际线路。已获得临汾至长沙、乡宁至太原3条线路的许可，培育了客运新的经济增长点。二是把区域客运资源的整合重组作为增强客运产业实力，扩大经营规模、调整产业结构的重要战略举措有序推进，重组临汾市交运集团已进入实质性阶段。三是重点加强车辆的资质准入管理、营运管理和安全管理，客运三个分公司超额完成全年单车责任目标，较2008年增长40%。四是强化站务管理，严把安全生产，开展文明优质服务，站场服务水平有效提高，临汾汽车站严厉打击私自揽客、无证运营的黑车，坚决制止跑冒滴漏，二检点增创营收384.6万元。开发夜市、副食店等多种经营，利用现有班线资源开展小件快运业务，拓展晋城、长治、侯马、运城、荷泽等小件快运线路，引进厢式货车一辆，小件快运年利润增长50%。旅游分公司出车率从30%上升到80%，彻底扭转了经营不利的局面。

维修产业明显回升。维修产业抓住下半年市场逐步回暖的机遇，加大市场营销力度，调整车辆品次及结构，全面实施优质服务活动，实现营业收入的快速回升。通过努力，维修产业实现了场地减少，营收不少，道路封锁，损失不降的效果，特别是下半年营收的迅速提升大大弥补了上半年的亏空，实现维修产业全年发展稳中有升的局面，超额完成进度计划4.3%。

驾校业务明显增长。驾校加强教练业务考核，规范手续办理及课目教学流程，新增三辆大型客车教练车，积极改善教学环境；加大广告宣传，在各县市汽车站设立招生点、业务咨询点，扩大学校影响力和知名度，增加招生率，提高入学率，学员招收率明显提升。

不断优化产业结构
核心竞争力明显增强

全面推进客运公司化经营工作，切实提高客运产业盈利能力。公司以公车公营和参股经营两种方式推进公司化经营，努力优化客运产业结构，着力改变客运产业回报率低下的格局。年初出于旅游客运经营资质的需求，在旅游公司16部全资旅游客车的基础上，一次性投入200余万元新增4部全资旅游客车，实现了旅游客运20部客车全部为全资公车公营。4月11日后，公司依次完成了以参股经营、合作经营为主的16部客车的股份改造，企业投资金额62.5万元，单车参股比率提高到16.7%，至年底参股车辆总数达24部，公司化经营总投资达662.5万元。

加快货源基地建设，切实推进货运转型发展。一年来，货运发展的重心逐步向货源基地建设方面转移。新增临汾、长治、古县3个货源基地以及临汾、襄汾、洪洞、河西4个配货站；专线运输上，新增北京旭阳焦化厂、同世达煤气化、古县煤气化等规模较大的合作伙伴；以危货运输资质为平台开展业务，初见成效；零担运输上，开辟了广州、上海、太原3条专线，引进“货的”车达到4辆。实现货源运输结构的优化，非煤货物组货量的比重明显增加，全年非煤货物组货量占总组货量的10.4%。

完成煤炭经营资格证申报许可，并于10月成立煤炭经营处，着手开展煤炭经营业务，促进货运煤炭运输向煤炭经营运输一体化转型升级。

加快客运站场网络建设，切实推进客运集约化、规模化发展。牢牢抓住临汾一级客运站建设经营主导权，公司与市交通局合作建设并由公司投资5000万元获得1.1亿元的资产和135亩土地资源及临汾一级客运站的经营权，完成前期投资2000万元。蒲县汽车站主体工程和附属工程全部完工。

与临汾市交通局签订投资经营城北客运站协议，通过站场资源整合，实现了企业经营规模的扩张。至年底，公司以临汾城西一级客运站为中心、城北客运站、安泽、古县、蒲县、隰县汽车站为节点的站场网络建设正在有序推进。

积极推进物流中心建设，物流基地建设工作有序开展。物流中心230亩建设用地已进入临汾市国土资源局计划用地下拨程序。引进畅通、老鸿运、春光、吉星宇、东宇、鸿利来等6家配货站，正在建设1950平方米的仓储库，物流配货战略实现了良好开局。

加快维修产业链的延伸，切实形成临运维修基地的整体优势。维修产业主要实施资本回购，改制重组，扩充项目的战略，实现了产业总体实力和经营规模的扩展。8月5日收购神龙服务站51.5%的股权，公司神龙服务站股份持有上升至84.3%，变参股公司为绝对控股子公司。柳汽“3S”店和莲花临汾C级4S店，8月前相继投入运营。同时新增维修分站3个，成为重汽凌野重卡品牌代理和“东方红”皮卡一级代理。投资建设客车修理厂，既安置7名人员就业，又延伸了客运专业产业链。

至此，维修产业形成一汽、二汽、重汽、南汽、柳汽、神龙、莲花、客修等多个品牌、多种类型、多元结构的4S维修基地，维修产业逐步形成区域主导地位，市场占有率进一步提高。

加快多元驾培项目的审批许可，努力打造驾培综合基地。继续以一级资质为优势，增加培训项目，努力打造国有驾培综合培训基地。设立招生咨询点15个；增加危货从业资格证培训、驾驶员12分培训和注销驾驶证恢复培训三项培训业务，新增蒲县、安泽摩托车培训业务协作点，驾培产业向综合培训基地不断转型。

加快资本运作，确保企业资产的保值增值。坚持通过资本运作、资产置换、项目开发等实现国有资产的保值和增值。重点实施了大宁线汽车站和乡宁汽车站的整体转让，投资5000万元获得一级客运站135亩土地的经营权和临汾城北客运站50亩土地使用权，土地总量大幅度增加。

大力加强隐患整治
安全形势持续稳定

公司始终坚持“安全高于一切，安全决定一切，责任重于泰山”的安全理念，持之以恒加强“双基”工作和“源头”管理，按时召开“安委会”及安全生产例会，安排部署阶段性安全工作，认真做好春运及节假日特别是国庆六十周年安全稳定工作，深入开展“安全生产专项整治”活动，持续构建安全生产长效机制。

认真开展安全生产专项整治活动。重点通过互查、自查、安管人员上路抽查等形式开展专项整治工作，严厉打击和制止超员、超速、酒后驾车以及其他违章违纪行为。

全面做好国庆60周年和春运维稳安全工作。加强客运各单位安全、治安、消防等重点环节、重点部位的安全监督，建立完善车站、客运、驾校、货运等侧重不同的应急处置预案，开展交通事故、消防应急救援演练，提高紧急救援和应急处置能力，认真做好H1N1甲型流感的防控工作，从源头控制，各汽车站严格按照流程对进出站人员实行登记制度，对疫区旅客实施体温登记制度，严防疫情发生。

努力推进“科技兴安”战略。完成了GPS分控平台的安装以及人员操作培训，完善了配套的《GPS安全监控系统管理标准和程序》，为实现全省联网监督奠定了基础。

加强安全文化建设。开展各种形式的安全文化活动，积极参加集团组织的安全知识竞赛，获得二等奖。

坚持“机务先行”的理念，不断强化和规范技术管理工作。一是健全规章制度，出台《客车二级维护》等十多个文件；二是认真开展机务知识培训，如车辆投保、事故理赔等，提高参训人员业务素质；三是加强车辆技术管理与监督，通过蹲点检查等方式，排除隐患；四是重点对节假日停、封车辆进行专人管理，保障车辆停发有序；五是持续开展节能减排工作，已完成158辆出租车油改气改造，通过GPS管理平台监控物流信息，控制车速，降耗增效。

健全完善经营机制
管理水平明显提升

人力资源管理。根据国家金融危机下中小企业缓交保险的有关政策，获得缓交半年养老、工伤、生育、失业4项保险的批准，为公司节余流动资金500余万元，节约财务成本3到4万元。逐月足额补发离退休老干部的工资，开展多种形式的职工培训教育，先后组织了新人场员工培训、计算机操作与维修培训、站务员业务知识培训、档案法基础知识培训、安全生产法培训等，共组织94次（期），参训人员1780余人次。

业绩考核与质量管理。进一步修订了目标责任考核办法，共计16个考核项目，实行月考核，月兑现，促进了全年经营目标的完成，也促进公司整体管理水平的不断提高。

财务管理。严格实施预算管理制度，实施先预算，后开支，没预算，不开支，实现财务管理科学的“用财、理财、管财”，压缩了不必要开支，形成全员浓厚的节约意识。持续开展财务检查工作，每季开展一次财务例行检查，对新晨光等单位实施重点检查，理清账务程序，以检查推动制度的落实和财务管理的规范，实现了财务管理能力的持续增强，拓宽融资渠道，多渠道筹集资金，保证了企业上项目的资金需求。

切实转变工作作风
提高机关服务效能

2009年，公司工作会议中提出“机关服务基层，基层服务一线，员工服务客户”的要求，一年以来，围绕“三个服务”要求，有序开展活动，不断增进机关基层之间的沟通、联系和了解。组织机关人员赴临汾汽车站二次结算点进行为期一个月的跟班服务，检查监督营运车辆，挖潜增收。出台机关服务基层管理办法，要求每个处室每月服务基层单位不少于一次。每个安管干部每季度检查一起安全隐患，形成全员查安全、排隐患的氛围，全年共检查231起安全隐患，记录并全部整改。10月，机关9名处室人员到基层3个单位蹲点，严格考核，与处室效益挂钩，促进基层单位经济效益的增长。

全方位实施品牌战略
“满意在临运”影响力提高

分门别类创新服务方式，提高服务品位、层次和质量，满足顾客日益多变的运输服务需求，不断丰富和创新“满意在临运”品牌内涵，实现品牌影响力和知名度的明显提高。

客运深入开展文明班线创建活动，重点创建临汾至长治、临汾至晋城文明班线，着手上报临汾至太原文明班线的创建工作，维护和创新“满意在临运”服务品牌。旅游公司严格实施服务质量考核规定，推行服务跟踪管理，凡是顾客投诉的驾驶员一律解聘，受到旅行社及广大旅客的好评。

临汾汽车站持续开展“重大节日举行升国旗仪式”、“青年文明号”以及星级站务员评选活动的基础上，以温馨岛服务台为重点，深入开展“温馨服务六姐妹”特色服务活动，严格兑现服务承诺，为旅客提供咨询、便民、供应开水等服务项目，在广大旅客心中留下较为深刻的印象。

维修产业大力开展品牌服务，二汽通过分品系分区域上门走访、开展巡展、阳光服务月、“祝天龙腾飞、为共轨加油”等各种优质服务活动，创新销售服务方式，提高了客户品牌认知度和影响力。

（责编　梁锦华）

山西三皇侯马运业集团股份有限公司

□ 崔德民　鹿向东　陈来旺

2009年,公司紧紧围绕“三个根本性提高”目标,扎实推进“八项重点工作”,努力保运行生产,保工资、保税金,连出组合拳,突出结构调整,加大投资弹性,较好地完成了集团下达的各项工作目标任务。全年完成货运量354万吨,完成客运量942万人次,分别为年计划的103.2%和104.1%;完成货物周转量10.28亿吨公里,完成旅客周转量5.8亿人公里,分别为年计划的103.1%和103.9%;完成营业收入8.5亿元(含工业、修理、商贸销售收入),为年计划的100.8%;实现利润140.4万元,为年计划的101.71%;上缴国家税收3369.92万元,为年计划的320.94%;上交集团管理费110万元。2009年被国家工商总局授予“重合同、守信用”企业,被省属企业精神文明建设指导委员会授予“文明单位标兵”称号,被集团授予“优秀企业”称号,被省运管局评为“2009年度节能减排先进企业”、“2009年度物流先进企业”,被省环保局授予“企业环境行为评价二级(蓝色)证书”,被临汾市、侯马市分别评为“社会治安综合治理先进单位”,被侯马市委、市政府授予“封闭式管理企业”,公司工会被侯马市总工会评为“先进单位”。

企业运作实现规范化和程序化

公司坚持以制度规范程序,以程序约束行为,最大程度地以规范化、程序化化解和减少发展中存在的矛盾和问题。进一步建立完善了公司法人治理结构,明确了董事会、党委、经理层和监事会的职责,理顺了新老三会的关系,严格按照各自职责规范运作,认真做到“明确的工作执行好,交叉的工作协调好,相关的工作兼顾好,复杂的工作沟通好”,实现投资决策、执行实施、监督监管三者的有效衔接和有效制衡。

*规范议事程序,提高工作效率。*公司董事会重新选聘了总经理,提拔了5名年轻干部充实到领导班子。董事会对重大投资项目层层把关,累计投资超千余万元,完成了曲沃客运站租赁、机动车综合检测线和驾校新的课目训练场建设。公司经理层进一步强化执行力,理顺办事程序,重大决策事项循序上报董事会,确保经营生产工作有条不紊进行。党委、监事会充分发挥监督职能,全程跟踪检查,共同维护企业的正常健康运作。重视和发挥职代会作用,对于涉及企业和职工权益的重大事项,通过职代会咨询,完善了法律程序,程序规范,运作流畅。

*调整资产结构,盘活存量资产。*公司积极与华运公司合作开发71.3亩闲置土地,预计将盘活资产近3500万元;计划购置侯马市百货公司土地和房产;原曲沃站4.63亩土地,正在洽谈盘活事宜,预计可新增近400万元流动资金;侯运布匹市场综合楼3到5楼层出让方案已报集团批准,可盘活资金380万元;大运高速侯马连接线附近50亩土地,完成侯马市城市规划许可和省国土局的土地

认定，与当地村民达成了土地补偿协议，即将投入使用。将汽校现有教练车由公司技术设备处作出市场评估，由教练员购得，公司收回50余万元。上述项目可累计为公司盘活资金5000余万元，为企业发展注入了活力。

优化产业布局，开发潜在市场。公司以400万元租赁曲沃客运中心20年经营权。投资350余万元，建设了全省唯一同时可完成运管、交警、环保和安监等部门要求的“A级”综合检测线，年可检测车辆3万余台次，创收200余万元；投资120余万元建成侯马市交警业务大厅；投资200余万元建设成占地60亩的驾校科目训练场及考试场所，积极推进HAN撬装加油装置，培训配备了人员，9月1日进行了设备调试；累计销售柴油10 183升，汽油18 757升。计划在曲沃和侯马建两处天然气加气站，相关手续正在办理。

学习实践科学发展观取得实效

公司作为第二批学习实践活动单位，3月开始，7月初结束。公司精心组织，扎实推进，较好地完成了“学习调研、分析检查、整改落实”三个阶段的17项规定动作，突出国有企业改革发展稳定的实践特色，切实解决影响和制约企业发展的突出问题，基本实现了“党员干部受教育、科学发展上水平、人民群众得实惠”的总目标，全公司38个支部，720个党员全部参加，共撰写学习体会1000余份，领导班子写了10余份调研报告，取得令人满意的效果，做到“两不误、两促进”。

企业管理实现科学化和制度化

全方位落实安全目标责任制。全面加强安全生产工作，进一步降低事故总量，坚决遏制重特大事故，减少一般事故，努力促进公司安全生产形势平稳有序，切实做到了“行有准则，禁有方圆”。在开展创建“平安畅通市区”活动中，公司依照具体要求，认真组织，落实企业交通安全的主体责任。

坚持“岗前培训、持证上岗、在岗轮训、发生事故再训”的原则，全年累计培训430人次；严格对驾驶员进行考核，加大档案管理和百分制考核工作力度，提高了驾驶人的整体素质。

公司严格采取车辆准入制度，规定了严格的车辆购置和审批程序，从审批、购置、上户、投产、维护、直至报废实行统一管理。大力推广车用GPS行车仪，有效控制途中车速。坚持上路检查，深入41个基层单位进行安全综合大检查，累计检查200余次，检查车辆960辆，纠察各类违章近百次。在集团组织的“责任在我心、安全伴我行”安全知识竞赛中获“集体一等奖”。

全方位强化机务管理。积极规范车辆二级维护业务流程，提高了对车辆的有效控制力和技术服务水平，为车队和分公司单车清欠创造了有利条件。

利用机动车检测线对营运车辆进行检验，将检测数据并入《车辆维护检测信息管理系统》，及时调整车辆更新、车辆维修计划、调整车辆维护的周期、工艺和流程，为公司车辆的购置提供安全与经济方面的合理化建议。

推出了以利润为主要指标的考核体系，加强四项成本控制，逐月督促费用上缴；顺应国家银监会关于见费出单的规定，理顺了保险管理体制，确保了保险的有效运作。

大力推广现代管理技术的应用。完成《侯马汽车西站智能化客运系统》，恢复了《翼城汽车站智能化客运系统》，完成省厅科技项目《GPS在道路运输企业节能减排中的推广应用》，通过验收。

完善和制定了《GPS系统监控应急预案》、《GPS系统监控方案及工作流程》、《GPS系统应用考核管理办法》等。新增客车、危货车辆全部安装，累计安装车数达508部。

积极开展节能减排工作。公司利用侯马市天然气车辆改造的有利时机，将公司出租车定为首批改造车辆，改造14辆；推广应用A1—03柴油护理素；8月，在侯马市组织召开了交通运输部道路运输节能减排示范项目现场观摩研讨会,会议对公司的节能工作给予了较高评价。

营造良好内部发展环境

通过狠抓侯运社区和居委会工作,积极营造便民利民、和谐平安的居住环境,为42户居民申请了城市最低生活保障。实施安装天然气工程,工会组织职工参加了临汾市总工会大病医疗互助活动,有9名职工获救助款近12万元。解决了十余名职工子女就业,想方设法提高在岗职工待遇,给在岗职工发放岗位补贴,人均150元,年出资220余万元;给退休职工月增100元,离休及建国前老工人提高生活标准月均每人1500余元。组织老干部进行体检。春节前,给公司职工发放面油合计25万余元。拨出专款4万余元,对300余名困难职工、死亡职工遗孀进行救助。为19名考上大学的职工子女发放奖学金26 000元,送温暖工程充分体现了党和企业对职工的关心。为新侯马一中捐款20万元,获"捐资助学先进单位"称号。

不断加强精神文明建设

公司党委以学习实践科学发展观活动为契机,不断强化政治核心作用,推进党风廉政建设。坚持社会治安综合治理,认真做好信访工作,注重党员先锋作用的发挥,以党建促企业文化建设,以企业文化促和谐侯运,精神文明建设取得丰硕成果。

重视青年工作,充分发挥团员在企业文明建设中的作用,公司团委顺利地实现了换届选举,组成了新的团委,形成了公司青年积极向上的良好氛围。

广泛开展健康向上、各具特色的群众性文体活动,举行了三八妇女节跳绳、拔河比赛,"五一"象棋、扑克、乒乓球比赛,"老年人运动会"等多项活动,营造了健康向上的企业氛围。

(责编　梁锦华)

山西省晋城汽车运输有限公司

□秦建军　王和平　田　峰

2009 年,公司紧紧围绕“七项重点工作”和“调整创新基础产业,扩大提升衍生产业,不惜代价抓住发展产业”的要求,着力实施“客货并重、一县一企”发展战略,持续深入地推动产业结构调整和经营机制创新,变压力为动力,化挑战为机遇,在激烈的市场竞争中保持了和谐、稳定的发展态势,取得历年来最好的经济效益,企业规模得到了壮大。

全年,实现营业收入 51 269 万元,为年计划的 78.88%;实现利润 1813 万元,为年计划的 604%;净资产收益率达 35.28%,超出 29%;完成换算周转量 71 034 万吨公里,为年计划的 101%;全年上交管理费 120 万元,为年计划的 100%;行车责任死亡率小于集团控制指标,未发生危险化学品污染事故,杜绝了重特大安全事故的发生。职工工资增长率达到 15.5% 以上,发放率达到 100%,各项保险全部按时足额上缴。

坚持转型发展
全面推进“七项重点工作”

2009 年,公司围绕“七项重点工作”,按照“全面推进,突出重点,提升短板”的原则,持续加快产业结构调整和经营模式创新。

客运发展方面,加快推进客运股份制经营,坚定地把提高客运盈利水平作为年度工作重点,及时上调了车辆管理费(平均上调 34%),通过创新客运车队管理体制,完善车队考核激励机制,强化车队发展、创收的自觉性和能动性,加快推进客车股份制经营。2009 年,完成客车股份制改造 76 台,投入资金 486.7 万元,至年底,共有股份制客车 97 台,总计投入资金 644 万元,使客运成为应对危机,确保利润指标的骨干中坚。公司高度重视市场开发,全年共开发新班线 19 条,新增客车 26 台,客运规模进一步壮大,客车总数达 708 台,在晋城市的市场占有率达 60% 以上,实现了跨越式发展。

货运发展方面,公司坚持贯彻落实集团“稳定发展、严控风险、加快转型”的指导方针,以稳定为前提,在控制资金风险、遏制规模萎缩、稳定职工队伍等方面及早采取措施,有效控制了煤炭垫支款、车辆信贷资金、保费、管理费等应收账款方面的风险,切实保障货运在危机之年保持稳定发展态势。

坚持以组货带动车辆发展的基本方略,针对煤炭用户需求变化,及时调整经营思路,拓展化肥、建材等非煤货源,非煤组货量达 2.5 万吨。冬季抢抓用户储存煤炭的机遇,着力抓好铁路、公路晋煤外运业务,努力提高货运量,全年共完成组货量 24.5 万吨。

车辆发展方面,抓住晋城煤层气得天独厚、煤化工产业迅速发展的机遇,抢占危货车发展先机。危货车队在管理费不降反升的前提下,车辆总数达到 172 台,规模优势居晋城危货运输行业之首。在普货融资车发展上,提升服务,有效遏制车辆流失,积极拓展新用户,车辆应收账款由年初的 2058 万元下降到

802 万元;全年共发展货车 164 台。

汽修产业发展方面,二汽公司共销售整车 277 台,全年实现营业收入 7869 万元。全年公司共销售车辆 695 台,其中:中、重型卡车 361 台,微型车 334 台。

站场经营方面,高度重视站场在主业发展中的地位。晋城站、中心站努力创建一流文明示范窗口,为提升晋城市道路客运整体服务水平发挥应有的典型示范作用。

加快推进"一县一企",公司凭借资质和品牌优势,积极致力于外县客运市场的扩线,2009 年,在与高平、阳城政府达成合作修建新站协议的同时,成功整合高平运管所所属的道路客运中心客车、公交车 162 台及高平客运南站、阳城汇源运业 19 台客车和 21 台危货车,实现了资源整合的第二次跨越,大大提高了外县客运市场份额。

驾校发展方面,2009 年,公司把晋升一级驾校提上重要议事日程,投资近 500 万元,以合作开发荒山的模式建设生态园林式训练场地,场地总面积达 100 亩,其中包括 60 亩训练场和近 2 公里的训练环道,新购置 2 台教练客车和 3 台皮卡车,教练车总数达到 50 台。在软硬件设施上达到一级驾校标准,并顺利通过省市运管部门的验收,于 11 月 16 日正式取得一级驾校资质证书。2009 年,共招收初驾、大客学员 2392 名,结业 1466 名,资格证培训招生 1015 名,结业 774 名,各类职业技能资质培训 607 名,汽修技工在校学员达到 101 名。

土地资本运作方面,公司按照集团要求,抢抓有利时机,抓紧建设物流园区。申请获得省市补助资金 240 万元,投资达 6000 余万元的苗匠物流园区如期竣工交付使用,物流控股子公司晋城市苗匠物流园区发展有限责任公司注册成立,人员配备到位,正式投入试运营。公司与晋城市铭石新能源公司合资组建投资总额达 5000 万元的铭安公司,建设煤层气压缩母站和加气站,公司以近 26 亩土地参股,占 20% 股份,不仅完善了园区功能,而且为未来发展燃气车辆创造了有利条件。

公司董事会与晋城市土地、交通、规划等部门积极洽谈,先以近 30 亩土地置换获得客运东站 207 亩土地,又经过 4 年的努力,2009 年 11 月 27 日,得到晋城市政府和交通局的批文,公司控股的新公司晋城市汇通汽车运输有限公司正式注册成立,主要负责未来以客运东站为核心的综合型、多元化道路运输企业的经营管理,经营范围涉及客货运输、站场服务、车辆检测维修、加油加气、商贸餐饮等。这一项资本运作的成功,为公司在未来晋城客运市场发挥更大的作用、获得更大的发展奠定了良好的基础。

辅业发展方面,天泽旅行社坚持诚信经营、优质服务,积极挖掘客源,圆满完成公司下达的各项任务指标。物供处正确把握燃油价格波动趋势,提前储备,规范采、供、销管理,不仅保障了公司车辆燃料供应,而且取得历年来最好的经济效益。馨园物业以改善民生、构建和谐、创建文明社区为目标,强化服务意识,提升服务质量,赢得了广大社区居民的广泛好评;宾馆主动适应市场变化,以服务谋发展,狠抓节支增效,保持了稳定的发展态势;卫生院以便民、惠民为宗旨,服务水平明显提高。

坚持绩效优先
全面夯实企业管理基础

2009 年,公司以打造"安全优先、和谐发展、充满活力"的现代企业为目标,进一步创新管理机制,全面提高管理水平。

大力实施"人才强企"战略。通过公开招聘、吸收引进、强化培训,加快人才的培养、储备,不断创新人才管理机制,拓宽人才培养渠道,为各类人才施展才华和锻炼成长创造条件;11 月以来,董事会在全公司范围内开展了经营管理和专业技术人才"双推"活动,大胆启用了一批年轻干部,培养和造就与企业发展相适应的高素质、高绩效、复合型的经营管理人才队伍和专业技术技能骨干队伍,为企业的可持续发展积蓄力量。

安全机务管理上，健全安全管理制度，落实安全生产责任，增强全员安全生产意识；通过规范车辆二级维护程序，落实维护监控和档案管理，强化“源头”、“双基”管理；狠抓隐患排查和限期整改的落实，严肃事前问责制度，始终保持严惩重罚的高压态势，着力构建本质型安全企业。公司连续多年安全指标均低于集团控制指标，生产经营保持了安全稳定的良好态势。

近年来，随着企业规模的迅速壮大，资本结构与企业发展、经济总量不相适应的矛盾日趋突出。为此，在2006年至2008三年利润持续大幅提高的前提下，公司按照股比不变的原则，经报请集团批准后，完成了增加实收资本工作，注册资金由原来的890.6万元增加到2700万元，职工股权收益达到了原始股的8倍以上；对下属子公司（二汽）进行了增资扩股，注册资金由原来的368万元增加到1000万元，公司资信水平和融资能力得到提高，资本运作的灵活性得到增强。

财务管理方面，通过健全管理制度，完善监督机制，规范流转程序，完善资金占用管理办法，切实保证资金安全高效运行；实行预算管理，严格费用开支，促进节支增效；进一步加大应收账款管理力度，健全风险预警机制，落实责任追究，有效杜绝不良债务，规避经营风险；注重统计、审计工作的及时性、准确性和全面性，使其在经营监管、经营决策上发挥应有作用。

坚持心系民生
全面提高职工生活水平

2009年，在市场困难严峻的形势下，公司董事会连续6年第6次增资调整，人均增资达15.5%，职工年平均收入达23 255元，公司加大“五险一金”缴费基数，五项保险与2008年相比，增长幅度达15%，一步完善住房公积金制度，采用不同的缴费标准，加大对老职工的待遇倾斜，职工住房公积金缴费总额与2008年相比，增长幅度达8%；离退休人员和老干部的各项待遇得到了落实，职工福利待遇进一步提高。此外，对于部分职工待岗、计件工工资下降等问题，采取培训、分流、落实最低生活保障等措施，及时加以解决，确保了企业内部的和谐稳定。11号、12号家属楼交付使用，解决了91户职工的住房困难。

坚持和谐发展
全面加强企业党建工作

2009年，公司切实加强企业党建工作，按照“党员干部受教育、科学发展上水平、职工群众得实惠”的总体要求，深入开展了学习实践科学发展观活动，领导干部带头，全体党员参与，圆满完成各个阶段的学习任务。高度重视党风廉政和纪检监察工作，构建完善高效的廉政监督体系，积极营造风清气正的干事创业氛围；注重发挥工会、共青团的作用，最大限度地调动广大党员干部职工的积极性，为企业改革发展提供坚强的政治思想和组织保证，着力维护企业团结、稳定、和谐的良好局面，推动“四好”班子建设和企业经营管理队伍的专业化、年轻化；大力倡导开诚布公、精诚团结的风气，坚持民主集中制原则，坚持集体决策，营造同心同德、协调一致、团结进取的良好氛围。

（责编　梁锦华）

山西省长治汽车运输有限公司

□ 马瑞峰　刘海存　李晋生

2009 年,公司紧紧围绕集团"七项重点工作"和"三个根本性提高"总体要求,弘扬"六唯"精神,坚持"三实"原则,秉承"重在落实、赢在执行、成在细节"的工作理念,全面贯彻"五个四"发展战略,上下一心,共克时艰,逆势而上,积极应对市场形势变化,在传承、发展、创新、跨越中全面推进各项工作。

全年营运收入 4 亿元,为计划100.07%;实现利润 130 万元,为计划的 130%;换算周转量 66 097 万吨公里,为计划的100.15%;上交集团管理费 90 万元,为计划的 100%;职工收入增加 10%;公司被山西省国税局、地税局授予"山西省纳税信用 A 级单位";被省国资委团委授予"五四红旗团委"称号;被集团公司评为年度"先进企业"。

抓机遇重实效
"七项重点工作"全面推进

探索客运集约化发展,推行客运公司化经营。通过与运管部门沟通协商,客运公司成功审批长治至屯留等 5 条区间班线,长治至阳城等 4 条市际班线,长治至大连 1 条省际班线。外县公司成功审批武乡至太原、襄垣至太原、大有至长治等多条班线,且已经上车运营。长治至邯郸等线路办理了延期手续。全年共审批线路 42 条,新增、更新客车 65 辆。

以企业控股为主,公司化经营迈出了新步伐。首先在长治至屯留线路开始尝试,实现了对所有营运车辆的下线更新,统一由公司购买 14 辆新车并实行超额抵押承包,拉开了客运公司化经营的序幕。先后出台了长治至郑州、太原、西安三条线路的公司化经营可行性分析报告,与相关单位、经营户达成了共识。长治至太原线路全面展开了车辆收购工作,已收购 8 辆。长治到苍南、林州、衡水、郑州、太原等班线也已开始推进公司化经营。

对全公司 394 辆营运客车线路管理费进行了调整。调整后的线路管理费比 2008 年增加了 65.6%,净增加 507 万元。

公司利用企业线路资源优势,在购车中搭建竞争平台,拓宽融资渠道,为公司融资 700 余万元。

由增车向组货转型,积极建设综合物流基地。物流公司树立"货主是上帝、网络是基础、服务做保障"的观念,建立新型货运发展模式,抓住货主、联系买主、组织车主,巩固已有货源,发展新货源,初步形成"以货控车、以车促货"的发展模式。积极组建信息共享、点多面广的地区性货源组织运输网络,发展小件快运,大胆探索公车公营发展模式,使货运管理水平和盈利能力大幅提升。撤销车队编制,设置为分公司建制,新组建的分公司积极开展组货业务,实现利润 52 万元。特种分公司实现利润 20 万余元。小件快运分公司实现组货收入 7 万余元。积极参与长治物流中心建设,并成为龙头企业。公司与一运各占 50% 股份共同组建了注册资金 3000

万元的长治市公路货运枢纽中心有限公司，第一期工程占地227亩，预算投资2.2亿元，预计2012年完工并投入运营。

加快站场建设步伐，全面构建站场网络。武乡、平顺汽车站新建并投入运营；壶关、长子汽车站全面竣工；屯留、襄垣汽车站主体工程竣工；黎城汽车站正在兴建之中；沁源汽车站参股经营。各新建汽车站，以创建星级汽车站为目标，把关注点快速转移到了车站的运营管理上。通过招聘知识型年轻站务人员，完善基础档案资料、站务管理制度、岗位操作规程和工作标准、完善软件设施，建立健全了安全管理机制和安全生产责任制，实行智能化售票系统，实现了联网售票，大大推进了站场信息化管理。平顺、武乡通过二级站场核定。

公司初步形成了以地市汽车站为中心、县级汽车站为结点、乡镇汽车站为终端的网络化道路运输平台，向客运站场管理信息化、网络化迈进了一大步。2009年，外县分公司共上交资占费355万元，占到公司总上交费用的近1/3。

完善驾校自身建设，全力抓好晋级工作。长运驾校新建了综合服务报名大厅和科目三待考室，大力推广和运用多媒体、信息化网上教学、整体实物透明模型、汽车驾驶员模拟器和红外线电子桩考仪等设施。完善基础管理，狠抓教学质量，严格校风校纪，开展多种形式的培训，吸收电力公司等大型单位职业技能培训。投资13万元对校容校貌进行整体装饰美化。通过改善教学环境，提升企业形象，转变工作作风，强化服务意识等举措，为建设综合培训基地、申报一级驾校夯实了基础，全年受理学员1624名，毕业学员达1589名，从业资格证培训4180余名。在全市质量信誉考核中排名第三，被评为全省百家诚信企业。

拓展维修领域，4S店集群基本形成。长运乾顺比亚迪4S店，至2009年底共销售轿车589辆；公司成功收购了名爵4S店，成立了重汽4S店，引进了华菱货车销售品牌，代理了长城轿车品牌，新增了大连奥森、潍柴天然气发动机中集挂车等特约代理，正在积极组建莲花4S店，第一批10辆商品车已到。至此，4S店集群基本形成。在此基础上，乾顺公司、思驰公司、物流公司、一汽服务站充分利用4S店经销商优势，强化车辆销售、汽车修理、技术服务、配件供应、信息反馈为一体的连锁经营，品牌效应、规模效应日趋凸显，经营理念、经济效益逐步提升，开辟了以销促修、以修带销的维修业发展新领域。2009年，公司共销售各种重型货车214台，轿车605台，实现销售收入1.2亿元。

加快土地资本运作，盘活土地存量资产。近年来，公司土地资本运作取得实质性进展，拥有客运东站50%土地开发权，潞城、武乡、屯留三站实现了旧站置换新站，长子、屯留、黎城三站以征地方式开工新建，襄垣汽车站由政府无偿提供土地，平顺汽车站采取低成本扩张拥有了近千万元资产的经营权和所有权。公司又按时完成了北寨的拆迁工作，并签订了土地补偿合同，已收回补偿金70%。沁县公司3号楼工程完工，新建沁县汽车站在当地政府的支持下已开始选址。长子、屯留新站，马厂、荫城旧站土地综合开发已签订合作意向。特别是庄里办公楼主体竣工、二期工程正在兴建和公司团购塔城小区6栋住宅楼，拉开了长运大院开发的序幕。

抓创新重延伸
相关产业稳步推进

油气产业受国家政策扶持，发展前景、潜力、效益极其广阔。年内，油料处不仅保证了公司大、小车辆油品的正常供给，还面向社会提供各种燃油，取得了良好的经济效益和社会效益。在集团首批建设的五个HAN撬装式加油站中，沁县分公司已建成运营，成为集团首批五个撬装式加油站中经营最好、效益最高的一家。物业分公司对公司范围二网供热管道进行了前期改造，确保了住户冬季正常取暖。对公司周边环境及职工澡堂等设施进行了大范围、大力度综合治理，积极办理开发东家属院新建22层楼房手续。广告公司在做好场站广告、车身广告、车载影视广告等公司内部业务的基础上，积极开发公司外部市场，与长安高速等单位达成协议，初步进入市场，走上发展轨道。

抓管理重落实
基础工作扎实推进

公司积极推崇"重在落实、赢在执行、成在细节"的工作理念，大力倡导"简洁、干练、高效、务实"的工作作风，大力弘扬"不畏难、敢拼搏、讲奉献"的工作精神，不断强化"要么不干，要么争一流"的竞争意识，完善制度、强化职能、明确职责、责任到人，工作效率和执行力得到大幅提升。公司以"四条管理主线"，即目标责任管理主线，合同管理主线，审计管理主线，服务型满意型管理主线为常态管理，以两查(内部督查与外部检查)为动态管理，构成了具有公司特色的"4+2"立体管理体系，各有侧重，互相补充，纵向衔接，横向交叉，形成科学、合理、有效的体系。

为确保各项工作落到实处，公司成立督查办，对重点工作、难点工作进行跟踪督查、限期整改、一抓到底，确保完成。财务处加强预算管理，拓宽融资渠道，服务公司"七项重点工作"，合理调配资金，积极组织培训，公司财务管理水平有了较大幅度提升。技术设备处制定了车载GPS终端设备和各级平台建设的相关实施方案和管理办法，对385部客、货车安装了GPS终端设备，为加强车辆监控、规避安全风险奠定了基础。全年清回欠款226万，清欠率达80%以上。

抓典型重自查
安全管理强力推进

"2·12"事故发生后，公司立即在全公司范围内展开了安全隐患大排查、大整治工作。从组织到制度，从人员到车辆，先后进行了三次安全生产专项大检查，由公司领导带队，每月下基层检查两次，不打招呼、不听汇报、随机抽查，发现错误当场处罚，从心理上打击了驾驶员和车主的麻痹情绪，管理力度得到空前加强。公司从建立健全安全管理长效机制出发，制定出台了安全生产事故举报奖励制度、安全生产检查和隐患整改制度、重大事故应急救援制度等22个安管制度。重视安管队伍建设，通过对安管人员不定期考核、审定、培训，切实提高安管队伍整体素质，减少人为失误，从思想源头上扼制事故发生。最近，首批聘任专职安管人员15名，迈出了新的安防体系建设的重要一步。

抓党建重和谐
"四型"企业快速推进

一是公司党委分层次、有重点地组织党员干部职工深入开展学习实践科学发展观活动，与实际工作相结合，把活动不断引向深入，为企业科学发展提供了坚强的保障。二是在庆祝建党88周年之际，举办了"我与企业同发展"主题演讲大赛，制作《我与企业同发展》画册。三是组织威风锣鼓队，积极参加市内外大型团体活动，举办"关爱女性关注健康"知识讲座，举行"庆五一"职工拔河比赛，工会、团委联合举办"庆祝祖国60华诞"职工卡拉OK比赛。8月参加了"长钢杯"晋冀鲁豫四省乒乓球公开赛，夺得男子团体冠军与男子单打第三的优异成绩。四是多方关心职工生活，慰问老干部、老劳模、困难职工200余人，慰问金4万余元。组织离退休老干部赴北京旅游，开展"送温暖、献爱心"活动，向长治市遭受雪灾群众捐款33 080元。五是认真搞好共青团工作。选举产生了新一届公司团委。六是认真做好综合治理工作和重要时段、节假日期间的安全保卫工作，确保了公司和谐、稳定。

(责编　梁锦华)

山西省阳泉汽车运输有限责任公司

□ 牛天长　张世明　王立魁

2009年，公司以深入学习实践科学发展观为指导，全面推进"七项重点工作"，圆满完成年度各项任务指标。实现营业收入10 138万元，同比增长25.8%；完成换算周转量3亿吨公里，同比增长20%；实现利润64万元；安全工作平稳推进，未发生重特大责任事故和环境污染事故；在岗职工工龄工资到位，职工收入人均达到12 253元；安排再就业人员12人；对外招聘人员27人；工会、妇女、共青团、低保工作、计划生育、综合治理等方面工作成效显著，企业文化和精神文明建设成绩喜人，荣获市级"文明单位"称号。

大力加强领导班子建设

一是结合班子调整，围绕创建"四好"班子开展形式多样的活动。二是坚定不移地引深开展先进性教育活动，公司各级领导以职工利益为重，逐步解决了历史遗留问题。不断强化"民主生活会"的效果与质量，把一些敏感性、争议性强的问题摆在会议上，通过公平、公开、公正的商讨加以解决。三是以学习实践科学发展观活动为契机，提高领导干部的执政水平和办事能力。在四个阶段的学习中，公司各级领导认真调查研究，不断深入基层，查找制约企业发展的难题，解决了不少长期积累的老大难问题，并撰写7篇高质量的专题调研报告，真正达到了"党员干部受教育、科学发展上水平、人民群众得实惠"的总体目标要求，满意度达到98.5%。

全面落实七项重点工作

*积极推进场站建设，不断提升客运站场的经营档次。*12月23日，左权汽车站成功落成、运营。12月25日，昔阳汽车站新站奠基，和顺、盂县、榆社、阳泉等以旧站开发收入全部投入新站建设，公司客运站场建设取得丰硕成果。

*积极推进客运公司化改造进程。*面对运输企业的竞争，制定了"坚定信心、个个击破"的针对性措施，公司提高单车管理费工作得以顺利开展。客车公司化改造确立为两种模式，具体为"高抵押责任制经营模式和合作经营模式"。试行方案于5月底出台，经测算，确立了每条线路、每个单车公司化改造的指标方案。对到期更新的阳泉至和顺、左权、大同，和顺至阳泉、太原等5条线路进行了公司化改造，寿阳至阳泉的12部车辆已上报省局。17部车顺利改造。

*努力实现货运工作向货代转型。*公司及时制定向货源基地转型的货运发展经营战略，积极与榆社华能电厂进行广泛的接触和沟通，与电厂达成长期合作意向，8月，公司筹集资金300多万元，购置货运车辆11部并以公司化经营模式投入运营。多次派出人员与过去的老客户进行货源联系，全方位拓宽了货运业务。

*加快"4S"店的建设和发展。*3月，公司对汽修物资经销分公司进行公开招标，经过

与中通客车公司多次协商,建店工作正在积极筹备,目前已初步具备了一个集整车销售、维修服务、配件供应和信息反馈为一体的“4S”店雏形。

积极开展资本运作,确保企业土地资本增值保值。随着左权汽车站的即将投入使用,左权汽车站的土地置换也随之完成,新站建设用地42亩,公司新增土地32.5亩;昔阳汽车站县政府为公司圈定了建站用地,旧站变现资金将用于新站的土地征用;和顺汽车站完成后,公司将以旧站的开发变现资金投入接管新站。昔阳汽车站与和顺汽车站如建设完成,加上左权站的新站,公司土地资产将增加72.5亩。

加快撬装式加油装置和加气站的组建步伐。根据集团组织的撬装式加油装置和加气站可行性研究专题会议精神,公司认真组织学习贯彻,及时成立了专门的机构和人员,确定在昔阳汽车站安装一台撬装式加油装置,加气站的选址工作正在征求意见中。

确保安全工作稳步推进

公司始终把安全管理工作放在重要位置,着力构建“领导重视、机构健全、职责明晰、保障得力、监督到位”的安全管理长效机制。多次召开安委扩大会,细化安全措施,安排部署安全工作,深入一线对安全隐患逐一排查,争取做到不放过任何一个可疑的环节。同时不断完善和健全各项安全组织机构和安全管理制度,层层签订安全生产责任状,狠抓“双基”管理和“两个”源头,严格对驾驶员的培训考核和审验工作,按照统一管理、统一险种、统一险额的原则,完善了车辆的保险管理制度,对国家与政府部门要求的强制性险种不漏保一人一车。继续加大安全统筹金和互助金收取力度,努力降低企业经营风险和排除风险的能力。有效地运用GPS和行车记录仪,切实强化车辆运行监管,特别是在60周年的国庆安保工作中,公司安排早、部署及时,投入大量的人、财、物,较好地完成了国庆安保工作。

坚持不懈抓好党建工作

一是在学习实践科学发展观活动中,公司党委认真组织,达到了预期的学习效果。3月13日活动正式启动,在历时4个月的活动中,全公司22个党支部、399名党员参加了活动,在岗党员参加率达到100%,制作6块宣传版面,开设活动专栏,编发《简报》共计19期。公司领导围绕集团提出的“七项重点工作”和公司“一个提升、两个巩固、三个突破”的奋斗目标,撰写了7篇专题调研报告,真正达到了“党员干部受教育、科学发展上水平、人民群众得实惠”的总体目标。二是大力推进企业文化建设进程。开展“我为企业出点子、争做企业好员工”征文活动;在各汽车站常年开展“争创文明窗口”活动。工会积极组织各种文体比赛,配备了各种文体器材,丰富了广大职工的业余文化生活。三是坚持党风廉政建设和反腐败斗争工作常抓不懈。党委坚持“从严治党、从严治企”的方针,标本兼治,综合治理,紧紧围绕企业发展和生产经营,完善各项制度,力争在制度上堵塞漏洞,在源头上杜绝腐败。制订《党风廉政建设目标责任书》,切实做到目标明确,责任到人。公司纪委坚持每月一期的《警示教育》,利用信息网络平台为党员干部发送“廉政短信”,进一步增强了党员干部的党纪意识和廉洁意识,营造了共同反腐倡廉的良好氛围。四是切实加强思想政治工作,不断促进企业的和谐发展。工会积极开展“献爱心、送温暖、帮扶济贫”活动,走访慰问困难职工和老劳模,使他们享受到党组织的温暖。党委始终关注职工群众关心的热点、难点问题,努力为职工群众排忧解难。由于公司党委把加强思想政治工作做到实处,公司各项工作得到了员工的支持,企业得以和谐发展。

(责编 梁锦华)

山西省汾阳汽车运输有限责任公司

□ 武建军　王小明

2009 年，公司一手抓企业改革，一手抓生产经营，企业破产取得突破性进展，生产经营秩序稳定，职工队伍基本稳定。

企业破产工作取得实质性进展

公司关闭破产工作从 2007 年 3 月正式启动。2009 年以来，公司加大宣传力度，将《企业关闭破产预案》、《职工安置方案》印发到各单位和职工代表手中，组织进行学习讨论。通过发放征求意见卡的形式，广泛征求收集职工代表和职工的意见。6 月 6 日，公司召开职工代表大会，审议《关闭破产预案》，通过了《职工安置方案》，公司关闭破产工作取得实质性进展。9 月 25 日，省人力资源和社会保障厅出具了《汾阳公司职工安置方案审核意见书》，根据意见书，公司编制了《关闭破产实施方案》，上报集团、省国资委和省国企改革领导组办公室，请示进入关闭破产启动阶段，2010 年上半年完成关闭破产工作。

公司在实施关闭破产工作的同时，提出“破产为了重组，重组为了发展”的企业重组发展思路。初步制定了依托集团吕梁公司和吕梁各县、市汽车站场基础设施和授权经营土地资产重组新的公司，分流安置破产后职工的再就业，构建吕梁区域具有竞争力的现代道路运输服务企业，让企业走上重组转型发展的快车道。

落实“七项重点工作”见到实效

贯彻落实“七项重点工作”是公司重组转型发展的重中之重。按照构建吕梁具有竞争力的客货运输服务业发展要求，针对公司发展基础较弱，资金缺乏的发展瓶颈，依托现有经营基础，狠抓经营结构调整，加快发展方式转变，重点开展了客运公司化股份制经营试点，站场改造提升服务功能等方面的工作，客运经营结构进一步优化，盈利水平有大的提高，为维持公司正常经营秩序做出了较大的贡献。

以公司化股份经营为重点，加快发展客运班线，提高了客运市场占有率和可持续发展能力。为加快客运发展方式转变，公司贯彻落实集团建立以控股经营为主的客运公司化经营的发展要求，结合实际，统筹规划，分步实施，先新后旧，稳步推进。以参与投资、合作经营为手段，对新审批的客运班线采取不同比例参股模式，实行公司化股份制经营。筹集资金对新审批班线解决了线路经营权归公司的问题，为下一步全部实行公司化股份制经营打下基础。完成市级审批报省运管局待批客运班线 47 条，完成审批上线客运班线 19 条，运营车辆 19 辆。全公司营运客运班线达到 106 条，营运客车数达到 204 辆，客运班线辐射到省内各地级市和省外 14 个省、区、市。

改造和提升站场功能，站场经营网络得

到巩固提高。一年来,公司在站场经营管理和基础设施改造等方面,自筹资金进行了改造提高。一是加大站场设施改造投入,提高扩张服务功能。离石站投资一百多万元,彻底整治站内外基础设施,改善候车厅服务设施,达到了一级客运站3A标准。汾阳汽车站投资近30多万元,改造站内停车场、检车台设施。孝义汽车站投资近百万元另租场地建设安检、维修、加油、洗车等基础设施。二是以贯彻落实《汽车站质量信誉考核体系》和《汽车客运站安全生产规范》为重点,规范强化站务管理,离石汽车站汇编了《站务、安全生产管理制度和岗位职责》,开通了驾驶员报班微机和发车管理系统。各汽车站都修订完善了各项规章制度,并落实到岗位。三优三化、安全生产、站场服务质量水平得到有效提高。三是围绕"布局合理、功能完善、服务优质"的站场建设目标,以资本运作和争取省交通运输厅补助投资方式,千方百计参与吕梁各县市级新一轮汽车站建设。文水站建成运营,吕梁客运站已完成主体框架工程,交口汽车站已签订建站协议,孝义、柳林、石楼、介休等汽车站正在争取规划站址、立项或建站主导权。如能按计划争取立项完成新一轮站场新建工程,将为公司转型发展奠定基础。

探索货运转型发展,货运物流起步发展。由于受多重因素影响,全公司正常营运货车仅有200部左右。面对严峻形势,公司一是抓货源基地,以货保车;二是巩固危货运输经营规模;三是积极筹建货运物流中心,现已完成场地"三通一平"工作。

加大安全生产整治落实力度

公司坚持"安全发展"理念,把安全生产当作重中之重来落实。以道路运输安全生产专项整治为主线,以加强客运、危货管理为重点,强化落实"双基工作"和"源头管理"工作,进行三次安全管理专项整治检查落实活动,坚持召开月度安委会议和周五安全例会,每周有侧重地布置安管重点。加大客车投保力度,增强了企业抵御风险的能力。公司实行安检人员持证上岗制度,分二批举办安检安管人员培训班,并进行考试,颁发安检、安管人员上岗证,确保了特殊时期公司安全生产秩序和安全生产。

机务管理工作重点抓了车辆统一标识管理和严格车辆合格供方工作,建立了新增车辆审批程序制度,按程序审批后才能同厂家订购车辆。节能减排方面,新增车辆全部选择国内节能车型,对老旧车辆进行了清除报废处理。建立了企业微机监控平台。积极筹备在孝义、离石安装撬装加油机项目。

扎实推进学习实践科学发展观活动

公司党委从3月开始,集中五个月时间,扎实开展了深入实践学习科学发展观活动。公司结合企业处于关闭破产时期的实际,把推进企业破产重组列为活动的主题和载体,坚持规定动作不走样,自选动作有创新的活动原则,结合企业实际,组织完成了3个阶段11个环节的各项工作。在整改落实阶段,投资18万元对二宿舍主干通道进行了硬化。投资4万元解决了三宿舍的集中供热问题。解决了离退、建国前老工人补贴差额部分。解决了因公伤残职工医药费报销差额。争取了2010年职工医保补助费用。经申请,将职工医院批准为汾阳市医保定点药品销售点,方便了职工就近就医购药。

(责编　梁锦华)

山西汽运集团忻州汽车运输有限公司

□常　彪　王　涛　张四满

2009年,公司按照集团部署,克难攻坚,开源节流,积极开展七项重点工作,培育新的经济增长点,坚持走全面均衡可持续发展道路,实现了企业发展战略稳步推进。全年实现利润总额62万元,为计划的103.3%。净资产收益率3.52%;上缴集团管理费40万元,为进度计划的100%。营业收入11 917万元,为计划的119.2%;完成换算周转量36 207万吨公里,为计划的120.7%。营运车辆责任死亡事故率小于19人/万车,未发生重大以上伤亡事故。职工收入增长率达12.1%。实施客运管理费调整,每月新增管理费13.2万元,平均上调幅度29.4%;新建维修车间,完成保修厂的外迁,"4S"店全面启动运营,增加固定资产1175万元。建成GPS监控平台,纳入检测车辆264台,被省厅评为"全省道路运输行业卫星定位应用系统建设与管理工作先进企业"。进入集团公司安全考核先进单位和先进企业行列。

基础管理工作日益增强

教育培训体系初步建立。逐步建立覆盖全员的教育培训体系。机关每周二集中学习,定期考核,考核成绩公示。每月至少举行一次全公司范围的专业培训,对计算机、财务管理、安全生产、机务技术、车辆检验、消防知识、法律法规、人力资源管理、国有资产管理等内容进行培训。

三级考核监督机制进一步完善。将七项重点工作要求进度分解到分管领导,细化到具体责任人,由各单位讨论后,制定出本单位考核办法,报公司备案。分管领导七项重点工作进度指标全部上墙公示,让职工群众发挥监督作用。董事会定期听取经理层工作进展情况,每季度组织进行考核,考核结果全公司进行通报,作为年终考核参考依据。

公司对考核办法及时调整,增加有关七项重点工作的考核内容,并将七项重点工作与分管领导工作业绩、绩效工资兑现挂钩,完不成进度指标,则按照考核规定扣罚分管领导年度绩效工资。

对分管领导工资分配制度进行改革,分管领导工资全部到分管单位领取,与分管单位任务指标挂钩考核。董事会每季度对各单位进行审计和按公司考核办法进行考核,并进行通报公示。

由纪委牵头成立基本建设预算管理委员会,对基本建设项目实施全过程监督。

企业制度建设进一步完善。不断补充、完善各项规章制度,出台《财务预算管理办法》、《岗位绩效工资考核办法》、《客票统一结算管理办法》、《安全岗位绩效工资考核(暂行)办法》、《职工奖惩办法》《机务管理细则(试行)》、《合同管理实施细则》等文件,营造靠制度管人、管钱、管事的工作氛围。

依法制企工作取得进展。内聘的法律顾问与外聘的法律顾问联合互补,经过艰难的申诉,终于拿下宏泰等一大批司法案件,为公司争回了权益,减少了损失。下发《合同管理实施细则》、《预防风险办法》、《诉讼案件报告制度》、《法律纠纷案件管理实施细则》、《重要经济行为法律审核规定》等文件,依法制企工作变为现实。

积极实施企业人才战略。努力做好人才培养、战略储备工作,在建立健全用人机制、完善用人标准和不断优化人才结构的同时,大胆选用青年干部,通过实践发现人才,为青年职工提供成长和发展的机会。公司成立了总经理挂帅的招聘领导组,制定《大学生招聘方案》,经过严格考察,招聘10余名专业对口的大学生,充实到基建、汽贸、财务、物流等关键岗位。

党建和精神文明建设取得明显效果。公司党委统一思想,明确目标,强化责任,扎实工作,全力配合,发挥了党组织“推动发展、服务群众、凝聚人心、促进和谐、鼓舞士气、稳定队伍、保驾护航”的作用。全力打造党建新格局,在积极应对国际金融危机的过程中,有力地促进了公司各项工作。

公司把“服务至上、以人为本”的经营理念融入具体经营行为当中,积极开展各种形式的创建活动,全力打造服务品牌形象。公司被省道协评定为诚信单位,忻州汽车站、原平汽车站被评为文明车站,创建了多条文明线路。

灵活运用各种载体,开展了各种各样的企业文化创建活动。适时组织了安全知识竞赛、安全演讲、五一国庆文体活动,起到了促进工作、激发活力、增强凝聚力的作用。公司代表队在集团演讲活动中荣获一等奖,安全知识竞赛中获三等奖。

公司工会积极发挥作用,对企业贫困职工进行各种形式的帮扶,开展各种职业技能培训,为多名贫困大学生争取到市工会金秋助学补助。

加强对离退休干部的服务,经常性深入了解离退休干部的实际困难,尽最大努力帮助老同志解决问题,定期召开座谈会听取老领导们对公司发展的建议和意见。

圆满完成深入学习科学发展观活动

从3月12日开始,历时4个月,在全公司范围内组织开展了学习实践科学发展观学教活动,共有5个党总支、计462名党员参加。活动中,公司党委印发了《深入学习实践科学发展观活动实施方案》和《活动流程图》,确定了以“围绕推进企业转型发展,转变发展理念,改进工作作风,实现新的突破,奠定好‘走好三条路子,实现四个跨越’的坚实基础”为主题的实践活动,制定了“全面深入推进‘七项重点工作’,加快推进企业转型发展、安全发展、和谐发展”的学习实践活动载体”,细化了公司学习实践活动3个阶段14个环节的时间节点、工作内容、工作要求的具体事项。做到了规定动作不走样,自选动作有特色,基本达到了“党员干部受教育、科学发展上水平、人民群众得实惠”的总体目标要求,实现了学习教育活动与生产经营“两手抓、两不误、两促进”。

四个基地建设全面展开

制定实施了《忻州公司七项重点工作实施方案》,积极开展维修、培训、汽贸、物流四个基地建设,壮大传统产业,培育新的经济增长点,形成了比较完整的产业布局。

维修基地建成投产,保修厂外迁。公司投资350万元,在大运路生产区新建了占地面积1400平方米的维修车间,并于7月完成保修厂搬迁。制定技术设备采购方案,投资100余万元购置维修设备,提高维修技术能力。与厦门金龙、厦门轻客合作建立特约维修服务站,特约维修服务站总数达13个。

驾校向一级资质迈进。与忻州匡村达成训练场地租赁协议,占地58亩,按照一级驾校标准建设驾培室外训练、考试场地。驾校全年完成招生1850人,办理客运资格证1560人,增收40余万元。创业职业技术学校累计为社会培训各类人才1014人。

汽贸业务进入发展阶段。投资70.9万元,建成占地面积264.5平方米的比亚迪4S店,签订了合作协议,支付比亚迪公司建店保证金、车款160万元。汽贸分公司销售客货车辆43台,实现了车价款正常回收,确保了资金安全。公司积极与保险公司、重汽公司进行合作谈判,发挥保险业务的优势,开展汽车消费信贷,达成初步意向。

物流园区一期建设竣工。大运路物流园区进行了硬化、美化,安装了锅炉,对供水、供暖、供电、排水设施进行了改造维修,建成信息大厅、代开票业务室、保修厂车间、比亚迪4S店,已经完工并交付使用,总投资近1000万元。将原保修厂部分车间改造成仓储库房,解决了物流没有仓储库房的问题,投入使用。货运代开票业务相关手续已经办理完毕,预计收益可达票面金额的2%至3%。

与盟佳物流合作,争取到上级物流补助资金230万元。并达成合作开展绿色山西营销物流协议,已经组建绿色营销分公司。

原平加油站装置已完成建设正式营业。代县阳明堡加油站已经完成1100平方米场地硬化,正在联系晋油公司进行安装。

公司制定了加气站发展规划,计划在静乐、岚县建设天然气母站,在忻州、原平建设加气站,租赁场地已初步洽谈。

站场网络建设向纵深推进

挖掘客运潜力,提高客运效益。积极开展管理费调整工作,通过近半年的努力,客运管理费基本调整到位。公司客运管理费平均上调29.4%,月新增管理费13.2万元。

讨论制定了《全额抵押承包》、《股份制经营》经营合同和实施方案,向行管部门争取补助资金100余万元。创建文明线路1条,文明单车10部,文明车站2个。

站场网络化建设向纵深推进。公司通过合理开发周边三产项目、旧站开发、处置不良资产、职工集资宿舍等途径积极进行资本运作,保证了工程建设所需资金。公司基本建设累计投入资金达6874万元,其中通过资本运作,公司自筹4914万元,确保了忻州、原平、代县、岚县、静乐汽车站、物流园区征地和工程的顺利建设。

安全生产平稳有序

按照集团提出的“八抓、八问、八落实”的要求,公司始终把防范重特大事故,作为安全生产工作的主线,围绕安全专项整治、三项行动、安全生产月等专项活动,突出春运、五一、国庆安全工作,加强安全培训教育力度,积极部署、认真落实、严格监管,有效查堵了各类隐患和漏洞,防止了重特大事故的发生,推动了公司安全生产持续健康稳定发展。

建立GPS平台。投资30余万元,建成GPS监控中心和客运分公司二级平台。共有264部车辆纳入监控,被省交通运输厅评为“全省道路运输行业卫星定位应用系统建设与管理工作先进企业”。

加强安全教育培训工作。公司加大安全宣传教育力度,各汽车站悬挂安全宣传横幅50多条,张贴标语200多条,发放宣传资料15 000多份,制作500多张安全嘱咐卡,分发到每位驾驶员和经营者手中,刻录105张安全教育光盘分发到各车站、车队组织学习。

与忻州市交通局、忻府区运输管理所在日月广场共同举办咨询活动。公司领导和有关处室深入基层对安管人员、驾驶员进行现场授课,举办“迎国庆、保安全”为主题的安全知识竞赛活动。公司代表队在集团“责任在我心安全伴我行”安全知识竞赛中荣获三等奖。

认真开展安全生产专项整治工作。研究制定了安全生产专项整治方案,成立了以董事长挂帅的安全专项整治领导组,下设12个分管领导为组长的分片领导小组。由公司领导带队对公司所属分公司、车队、汽车站安全生产隐患进行排查,对存在的问题限期整改并进行通报。

加强营运车辆动态管理。通过加强路检

路查和积极推广应用GPS监控手段，强化营运车辆动态管理，杜绝超员、超速现象的发生。公司安全处及各单位坚持每周上路检查，基层单位定期汇报检查情况并报安全处备案。通过GPS平台监控累计发现并处罚违章车辆35台次，罚款8200元。

建立完善安全应急机制。不断完善安全生产应急预案。在恶劣气候条件下，根据道路状况及时调整班次。在全省普降大雪，路面结冰，存在较大安全隐患情况下，公司所有营运车辆全部暂时停运，待探明道路状况后经审核同意方可运营。并对所有出站车辆配带防滑链、三角木、铁锹等安全设备情况进行复查，有效预防事故的发生。

突出春运、五一、国庆等重点节假日安全生产应急工作，加强组织领导，强化源头管理，提前制定安全生产方案，签订假日期间安全稳定目标责任书，要求各单位层层分解，直至驾驶员、经营户，明确各自的任务和责任。

为确保旅客运输安全，各客运站强化“三不进站、五不出站”制度的贯彻落实，加大“三品”查堵工作力度，并对所有营运车辆和驾驶员进行摸底排查，资质不符合规定不得运营。对汽车站进行明察暗访，对存在安全隐患的单位通报批评，限期整改。加大宣传教育力度，从思想上引起高度重视，认真开展酒后违章驾驶的专项整治活动。

建立安全生产长效机制。起草完成《机务管理细则》，制定下发《安全生产指标业绩考核办法》、《新增更新客车有关安全配置的规定》等一批规范性文件。实施安管人员绩效工资制度，出台落实和执行安全生产专项整治活动的实施细则和标准，进一步健全了安全生产工作制度体系，逐步实现安全生产工作的常态化、制度化。

遗留问题有了实质性进展

静乐、五台、定襄三个子公司破产工作稳步推进，破产预案和职工安置方案获省国企改革领导小组批复同意，进入破产程序。

宏泰大厦维权诉讼终获胜利，宏泰产权及经营权归公司所有。公司投入150万元，完成了长征街家属区、逯家庄办公区集中供热改造、长征街家属区院内供热供水管网系统维修改造、北方商城供热管道改造，彻底解决了企业办社会带来的负担重、能耗大、污染重的问题。原平、繁峙、静乐站也实行了集中供热改造。

实行了绩效工资和安全岗位绩效工资，与工作业绩挂钩考核，增资额度向一线职工倾斜，职工月均工资增长约200元。

逯家庄集资楼职工已入驻新居，原平、五台、岚县汽车站实施了职工集资建房。

云母厂兼并问题，有望在2010年取得实质性进展。

（责编　梁锦华）

山西省阳方口汽车运输有限责任公司

□ 李九龙　宫成亮

2009年,公司狠抓企业生产经营和改革发展两个环节,调整经营结构,整合企业资源,狠抓七项重点工作,确保了企业经济发展稳中有升,各项工作按预定计划较好地完成。完成换算周转量31 792万吨公里,为年计划的105%;营业收入实现10 358万元,为年计划的104%;完成利润101万元,为年计划的126%;上交集团管理费60万元,为计划的100%;净资产收益率达2%;成本费用总额占主营业务收入比重达100.4%;新增、更新客车19辆,总营运车数达到611辆。包括客车450辆(其中:出租车74辆),货车161辆;质量体系运行正常,场站建设取得新成就。安全方面因发生"2·12"重大道路交通事故,未达集团控制指标。全年涌现出先进单位5个,先进汽车站4个,先进处室4个;先进班组12个;劳动模范3名,安全标兵4名,服务标兵5名,优秀管理干部12名,先进生产(工作)者66名。公司下属单位及个人荣获汽运集团荣誉的有:先进集体1个;安全生产先进集体1个;先进班组2个;安全生产先进生产(工作)者3名,先进生产(工作)者5名。

大力开展职工继续教育

公司在开展创建"学习型企业"活动的基础上,狠抓职工继续教育工作,制订了较为详细的培训方案,先后举办了政治、经济、法律、文秘、技术安全、人事劳资、财务、运站务等各类培训班7期,参加培训人员达417人次。大力培训和引进知识型青年人才,公开选聘5名具有大专(含大专)以上学历的中层干部,充实到基层干部缺编单位。又面向社会为神池、河曲汽车站招聘大专(含大专)以上学历的站务员7名。从朔州北站招聘的22名大学生中选拔8名充实到机关职能处室,增强了单位员工的整体素质。

下工夫狠抓责任落实

年初,公司提前组织有关人员深入基层,调查研究全年总体安排和生产经营计划;董事会围绕确定的目标,制定了10项主要生产经营措施和12项工作安排,并下达2009年生产经营计划,分解落实到各分管领导和所属单位。经理层和所属各单位按照董事会下达计划及提出的措施,较好地推进和实施了各项工作。一是补充和完善公司责任目标指标体系;二是进一步调整各生产单位、经济实体的主要经济指标;三是将各项基础管理指标分解落实到有关单位经营目标责任书,做到事事有人管、件件有落实;四是加大各单位第一责任人任职保证金的收缴力度,要求未交或欠交保证金的各单位第一责任人(包括公司各分管领导)在规定期限内全部交齐。至年底,大部分单位完成公司下达的2009年目标经营责任指标。

努力搞好企业管理

公司严格依照《公司法》和公司三个条

例开展企业的决策、监督、经营和管理，企业法人治理结构、经营运作程序进一步加以完善，预算管理和工程建设管理、集体审批制度进一步规范，技术安全、生产经营、财务管理、后勤管理等相关配套制度进一步完善，现代企业管理制度在企业得到进一步贯彻。

积极拓展经营领域

公司董事会及时制定"一业为主，多种经营"经营方针，积极向朔州发展，开辟新的经营基地，初步形成了以朔州为中心，辐射周边省、市、县的客、货运、物流业务网络。

一是狠抓客运经营，积极推进客运公司化经营。公司所属客运公司、朔州子公司及其他各经营客车的分、子公司积极采取对策，在规范经营、加大管理力度，提高管理费收缴比例、发展新线路、增加和更新客车方面做了大量工作。朔州子公司优化运输组织，调整运力结构，想方设法实施差异化经营，以占领支线、让开主道、见缝插针，增加站点、延伸产业链、提高服务质量，增加服务项目、抓两头带中间等方式确保了年度任务指标完成；客运公司在稳定职工队伍、安全整改、加强基础管理，确保生产经营正常进行等方面付出了努力，得到了锻炼；所属各分、子公司在"两节"期间坚守岗位，确保了企业的稳定和生产经营顺利进行。

积极推进客运公司化股份经营，公司参股比例是40%。与郑州宇通客车股份有限责任公司已达成合作贷款购车意向，已着手前期准备工作；朔州子公司完成了有关长途线路试行参股经营的前期准备工作。

二是积极拓展经营区域，努力扩大经营阵地，站场建设取得新进展，站场功能逐步完善。已基本形成以朔州市为中心，辐射晋西北、朔州6区县及周边省、市、县的客运经营区域。2008年，朔州新基地竣工，客运北站投产运营，效益良好，朔州北站院南面的配套建筑正在积极寻找合作对象。神池汽车站竣工，河曲新站基本完成了选址和初步规划设计，偏关、岢岚新站建设和当地政府达成建设意向，宁武新站选址正在积极与县政府和县交通局协商中。汽运集团系统首家安装HAN撬装加油装置项目已落户朔州客运北站，建设朔运加气站的规划朔州市规划局也已通过。公司已基本形成功能较完善、布局合理的客运站场网络。朔州物流中心楼、配楼主体工程已竣工；组建朔运修理厂，完成了朔运驾培中心的前期准备工作。

积极实施土地资本运作。采取租赁、融资办法完成了朔州北站司乘公寓的装修工作。与兴达房地产开发有限公司签订了兴县汽车站的开发合同，"三产"发展稳中有升，总收入达到1588万元，朔州办公楼临街商铺面向社会公开招标租赁，对朔运职工住宅小区临街房以及小车库面向社会公开招标转让，朔州司乘公寓出租收回租金100万元；物供公司加油站抓住购油质量把关、多形式促销、消防安全、提高服务水平四个环节，超额完成主要经济指标，职工工资能按月足额发放。

不断强化站场管理

2009年，公司进一步落实"三优、三化"标准，本着旧站完善、新站配备、因地制宜、实用美观的原则按照汽车客运站级别设施、设备配置要求，规范、完善了汽车站的设施，为旅客营造了舒适的旅行环境。公司投资24.55万元，对朔州迎宾汽车站进行了修缮，朔州北站以一流的设施和优良的服务赢得顾客好评；偏关汽车站自筹资金治理站内站外环境，增添设施，实现了旧站变新貌；保德站取得车站二级资质，完善了车站土地手续。符合窗口售票条件的汽车站全部实行窗口售票；积极开展文明站场创建活动，尤其是各站面对金融危机的影响，想方设法增收，较好地完成了主要经济指标。

构建安全管理长效机制

公司始终把安全工作摆到事关企业生存

的高度来抓，在完善安全制度、强制车辆足额足项入保、清理整顿不合格车辆及驾乘人员培训、审核把关、“春运”、“两节”运输、治安消防等方面做了大量工作。春运期间，公司发生“2·12”事故，给人民生命财产造成巨大伤害，给企业也造成重大损失和不良影响。事故的发生再次暴露出公司在安全管理中存在的漏洞和不足之处。结合事故教训，举一反三，公司及时进行安全整改，并重新修订十项安全措施，制定14个应急预案，下发《关于对聘用驾驶员资格重新排查的紧急通知》、《关于进一步加强安全管理，再次落实各项整改措施的通知》等，重新修订了各单位、各处室、各级领导安全职责。此外，健全完善GPS监控，朔州公司设立了二级监控平台。公司驻地、五寨、岢岚、河曲、客运公司、朔州子公司等设立了三级监控平台，公司营运客车全部安装了车载终端设备。

稳步做好企业改革改制工作

公司完成了五寨、偏关、货运等三个子公司的破产前期准备工作，三个子公司的破产清算组已组成，并已向当地法院申请破产，有关手续正在办理中。在整理方案、办理申报手续过程中，企改办及三个列入破产计划的子公司的有关人员不辞劳苦，加班加点，不计酬劳，确保了改制工作的顺利进行。尤其五寨子公司一手抓破产改制工作，一手抓生产经营，在维护企业职工队伍稳定、确保离、退休职工工资发放方面成效显著。此外，公司积极为职工调整岗位工资，增长幅度为15%。为60户困难职工家庭发放救济金2.6万元，为130户低保家庭办理了低保接续，新增办理低保3户。

（责编　梁锦华）

山西雁北运业有限责任公司

□ 邵龙晓　张俊贵　王均国

2009年,公司广大干部职工坚定信心、迎难而上、共克时艰,努力化挑战为机遇,化压力为动力,实现了经营形势总体回升向好。全年共实现营收1.01亿元,完成计划的101%;实现换算周转量3.71亿吨公里,完成计划的106%;上交集团管理费60万元,完成计划的100%;实现利润104.6%万元,完成计划的104.6%;净资产收益率为6.16%。

抓主业促副业
推动实现可持续发展

2009年,公司继续延伸企业产业链,发挥网络化管理优势和品牌优势,占领运输市场主导地位。一是巩固和扩大客运市场份额,全年共新增、更新车辆50部,为年度计划的125%,其中,新增新开省际班线车12部。二是小件快递业发展初具规模,全年理货50 732件,共计实现收入88万元,创利17.6万元,收入为上年同期的2.2倍,形成了市区以大同汽车站,县区以灵丘汽车站为代表的小件快递运营体系。三是进一步扩大经营规模。保修厂在安凯、宇通、厦门金龙、苏州金龙和厦门金旅5个客车特约维修服务站的基础上,又建立玉柴发动机、中通客车等14个特约维修服务站,实现了由微车精修向客车专修的转变,客车空调修理业务也填补了同朔两地的空白,与北方电器、城市规划处、邮政局等单位建立了轿车服务签约关系,增开了提醒、跟踪、预约、上门服务等特色项目。驾驶员培训学校新增B2增驾业务和行政事业单位驾驶员职业技能评定训考业务,采取工效挂钩办法,加大招生力度,有力地扭转了上半年经营生产的被动局面。旅游实业公司一方面因势利导提高房租标准,另一方面紧紧抓住保险代理服务和汽车经销两大领域,外拓市场,内抓考核,成功实现转型发展。

抓营收增效益
确保任务足额完成

一是有效应对城市道路扩建改造、车站拆除搬迁的实际,合理设置和调整稽补票点,客运一分公司新增肖家寨,二分公司新增马站、吴官屯,三分公司新增老平旺村和矿务局新区口补票点,车站营收屡创新高,全年共实现车站营收980万元。二是将客运二分公司和发往大同县、阳高、天镇、阳原等方向的车辆统一吸纳进大同站发车,经与政府协调,租用原市运输一公司场院作为停车场,既方便旅客乘车,又将损失降到了最小。三是继续深入开展站场秩序整顿。开展大范围的“规范管理,提升票款营收,整顿站场秩序”的专项治理活动,重点打击非法运营黑车,清理马路站点,规范了市场,稳定了票价,提高了营收。

抓重点攻难点
实施长远发展战略

新站于7月10日正式投入使用,有效地

衔接了矿区和棚户区两大客运市场。大同客运东站完成重新选址和可研报批,大同北站现已完成选址,政府划拨置换站场用地50亩,大同客运东站和北站建成后,公司企业站场资产将达3.5亿元,核心竞争力进一步提升。二是组建快速客运分公司,3部高配置新安凯车辆投入使用,使企业全资车辆达22部,资产总额突破千万元,年创效能力达300万元。三是对5个主要基层单位的财会人员实施委派制,实行统一考核、统一监督,强化对企业资产和资金的管理,全面推行财务预算管理办法,实现科学有效快捷的财务监管,推动企业财务管理工作迈上新台阶。四是制定下发《人力资源管理实施方案》,从人力资源的开发、数据库建设、考核评价、激励约束等方面做出了明确规定;下发了《关于进一步完善劳动用工管理的有关规定》,进一步完善员工的聘用条件、招聘程序和合同管理办法,11月招聘员工50名,企业的人才结构逐步实现知识化、年轻化、专业化;制定《中层干部管理办法》,干部的选拔任用条件、方法、程序、待遇、考核和干部职数的配置管理向规范化、程序化、标准化、科学化的轨道迈进。

抓安全强管理
营造平安发展环境

2009年,公司始终将安全管理摆在更加重要的位置,强化责任意识,建设"平安雁运",实现安全发展。严格遵循"管生产必须管安全"的原则,坚持一把手就是安全生产工作的第一责任人,亲自抓、负总责,分管领导集中精力具体抓,把安全管理措施落实到生产的全过程。按照安全基础管理工作"六个零"的目标要求,进一步整章建制,建立安全生产长效机制,制定出台《营运车驾驶员安全管理实施办法》,对所有营运车驾驶员全面实行"五统一"管理考核。尤其各外县汽车站逐步健全了安全管理体制,实行"一岗双责",细化责任分工,明确责任内容,强化责任考核。基本达到"五个着力、五个转变"。

充分发挥GPS一、二级监控平台和行车记录仪的作用,实行GPS监控日报制,下大力气遏制违法违章行为的发生,共处罚违规车辆108部,罚款4000元,实现安全管理从"人脑"向"电脑",由"人防"向"技防"并重的转变。

全面树立"关注安全、关爱生命"的安全价值观,进一步明确全员抓、抓全员的安全思想,提出"五种安全基本理念",开展"安全专项整治"、"安全生产三项行动"等系列创建活动,取得全年未发生一起责任事故的良好成绩。

抓服务创品牌
创建和谐文明新风尚

在全公司范围内开展"平安雁运、品质雁运"创建活动,进一步严格规范标准,认真落实安全管理制度,全力推进"三优三化"服务达标活动;在客运系统开展了"树形象,创品牌"优质服务活动,涌现出了一批文明客运站、客运班车及文明驾驶员、乘务员、站务员,进一步提升服务质量和服务水平,确立了良好的社会形象。继续加强企业文化建设,围绕"丰富企业文化内涵、突出阶段性特点、服务生产经营"这一中心,扎实开展"学树创"活动和窗口单位文明和谐创建活动,成功举办了"站务知识竞赛"和庆祝建国60周年"歌唱祖国"歌咏比赛,组织的向灾区和贫困群众"送温暖、献爱心"活动中,公司全员积极踊跃捐款,共计14 630元。2009年,公司被省精神文明建设委员会授予"文明单位",被省运管局授予"道路运输先进企业"和"优秀AAA级道路客运企业",被集团公司授予"先进企业"和"安全先进企业",被省工商管理局评为"守合同重信用企业",被市道路交通协会评为"道路运输先进集体"等荣誉称号。

(责编　梁锦华)

山西宇星客车有限公司

□ 张晋华　崔俊文

2009年，全体职工变压力为动力，化危机为机遇，面对市场，善于应对，产业转型取得新胜利。塑胶公司生产能力、销售业绩再上新台阶，质量环境管理体系通过认证，获得国家级地面供暖甲二级资质，连续四届被评为“全国售后服务十佳单位”；交通工程再攀新高峰，“五项重点工作”取得实质性进展；精神文明建设锦上添花，连续第三次被评为省属企业精神文明建设先进单位，企业科学发展，职工和谐稳定。

全年完成产值5759万元，为计划的115.2%；实现营业收入6179万元，为计划的123.6%；实现利润25.23万元，为计划的51.1%；净资产收益率为0.51%，上交集团管理费30万元，固定资产投资500余万元，未发生任何重大安全责任事故。除利润和净资产收益率未达标外，其余各项均超额完成了集团年初下达的工作目标。

不断推进产业转型

经过连年的持续投资和努力建设，塑胶产业已初具规模，现代化企业特征初步形成，支柱产业地位初步奠定。投资404.3万元购置静音管理生产线、大口径PPR专用生产线各一条，500吨、650吨、1000吨注塑机各一台，切割机、破碎机、喷码机各两台。两台注塑机已投入生产。设备投产后，总设计生产能力将达到每年16 000吨，是4年前的7倍。造粒加工生产线正式运行，收到预期效果；拓展部根据公司资金占用和原料供需情况，合理调配、科学采购，既满足了生产需要，又降低了资金占用；经过认真组织和精心准备，ISO9000质量管理体系和ISO14000环境管理体系认证于10月中旬顺利通过外审，11月上旬全部完成，年底取得证书。加大了和航天凯撒的合作力度，以3月23日覆铝管生产线投产为标志，合作生产取得重大进展，公司的产品种类增加到五大类，仅覆铝管生产就有管材11个品种11种规格、管件28个品种158种规格，完善了产品种类，增加了营业收入。至年底，合作金额完成1043万元，取得历史最好成绩。中标介休至霍州一级公路改建和承揽到晋阳高速、夏汾高速大修项目，中标太原至佳县（东段）、太原至佳县（西段）、高平至陵川、平遥至榆社、大同至呼市、长治至平顺6条高速公路交通工程，总里程120公里，总合同金额10 300余万元。工程部不断创新营销模式，积极发挥品牌优势，与关联单位通力合作，中标西安绕城、崂浴至龙亭、重庆外环、广东广梧等多条高速公路交通工程和沧州至黄骅港高速门架等工程项目，合同金额共计4928.7余万元，取得较好的经济效益。财务统计急经营所急，多渠道、多模式融资2500余万元，被集团评为“年度信息报送优秀单位”、“财务管理大检查第一名”。供应处以适宜的价格保障了原材料的供应；施工分公司科学搭班子、合理配队伍、严格保进度、精益求质量，各个工地全面告捷。不锈钢分公司共制作候车亭5米版477座、6米版553座、招呼站牌1000个，包括维修合计完成营业收入1490万元。交通分公司精心制作了4台运输车辆密闭改造展示台，尽力承揽了密闭车改装业务和锅炉底座制作任务；新世纪公司承揽了省运管局招呼站牌制作任务，被省海事局指定为执法车辆定点喷漆厂家，机修分公司与合作方达成了房屋租赁合同。

大打销售、质量翻身仗

公司坚定不移地贯彻经销为主、直销为辅的营销战略，创新创优售后服务，营销业绩再次刷新历史纪录。

1月9日，公司召开了第一次经销商大会，召集全国经销商齐聚龙城，同心谋发展、携手创未来；根据市场反馈情况，为维护公司形象和信誉，果断地破碎了库存有疑点产品共计6.4万件，价值85万余元，极大地维护了用户的利益，提高了公司的信誉度和竞争力；二连浩特经销商通过艰难的谈判、策略的渗透，有史以来第一次实现了公司产品的出口，为公司的销售开辟了新渠道。

销售总公司整盘销售工作始终在正常的轨道上运行。择优选择经销商，使签约经销商总数达到29个，意向经销商10个。随着公司在西宁、青岛成功召开商贸洽谈会、产品推介会，公司的销售触角也继北京、天津、上海、郑州、西安之后得以延伸到青岛、济南、成都、南京、西宁、包头、长沙等国内20多个大中型城市；继续在行业内最大的发行刊物《管道商情》和省内协会刊物上发布彩色宣传广告；为改善客户印象，提高合同签约率，样品全部实行了机加工，并重新印刷了精美的宣传手册、规范高档的价格表、详细的应用技术手册；为强化售后服务，消除客户疑虑，对售后队伍开展了形式多样的理论、实际、安装培训。制管分公司实行了库房全天候、24小时值班制度，实现发货无阻碍“绿色通道”。华中大区在南京东渡国际青年城排水项目中一举夺标；山西大区先后开拓了上海、厦门、河北、唐山市场，增收百万元。2009年，塑胶产业完成销售收入2591万元，再创历史新高。

公司通过改良配方、边试边改的办法解决了管件低温脆裂难题；通过修改模芯，重新制作模腔的方法解决H型管件连接缝隙过大、110立检口承受压力不够的问题，销售总公司加大了静音管安装便捷工具的研究，自主开发的便携式安装器试验成功，倒角器试用后定型，即将逐步投放市场，满足了客户需求，消除了经销商的后顾之忧。相继研发了11075H型、110无口存水弯、方形地漏等紧贴市场需求的新型管件，进一步完善了产品规格。技术处和不锈钢分公司重新设计制作了招呼站牌新式样，专门针对清徐旅游区设计安装了新式候车亭。11月中旬，特大雪灾给阳泉境内的26座候车亭造成了严重损坏，在保险公司不理赔、业主资金不顺畅的情况下，公司出资11万元及时进行了维修更换。

针对企业管理中存在的突出问题，公司相继制定和修订了《安全管理制度》、《财务管理制度》、《中层干部选拔任免管理制度》、《聘用员工暂行规定》、《费用审批报销制度的补充规定》、《员工培训计划》、《内部治安管理办法》、《塑胶公司管理制度汇编》等8个新制度，进一步提升了公司的管理水平。开展多渠道、多形式的培训学习，共举办培训16期，受训职工达到238人次，委派30余人次外出学习，招收22名大中专毕业生，公司员工整体素质得到提高。

“五项重点工作”全面启动

经过论证、研讨，《宇星公司整体搬迁开发方案》于6月3日经首届四次职代会审议并全票通过；与太谷县政府签订征地三百亩的协议，整体搬迁开发取得重大进展。塑胶产业对新产品开发进行了市场调研，支柱产业地位已初步形成。交通工程方面，对冷轧线进行改造，斜冲改为平冲、四次冲孔改为一次冲孔。公司慎重从优选择了供货厂家，新增冷轧线、纵剪线、开平线各一条；对天然气加气站、4S店和修理厂搬迁项目进行了供应商考察、可行性研究、地块选择。于11月8日与山西星光投资管理有限公司正式签订了战略投资合作协议书。

安全生产形势良好

年初，公司及时与各单位负责人签订了年度《安全目标责任书》，建立了逐级负责、层层把关的安全责任机制。公司安委会大力开展以“关爱生命、安全发展”为主题的整顿活动，并在办公楼内、生产现场悬挂张贴宣传挂图、警示标语，营造了人人要安全、人人创安全的良好氛围。保卫处制定下发《消防应急救援预案》，聘请消防队警官举办消防讲座，进行扑灭火灾模拟演练；交安委开展了形式多样的驾驶员安全培训，并制作了严禁酒后驾车的提示卡。根据省、市、区三级联动安全检查结果，物业公司、基建处、保卫处及时进行落实整改，加强对危险源的监控，设置警戒线，张贴警示标语，预防了事故发生。被集团公司评为“安全生产先进企业”。

党建工作扎实推进

根据集团党委安排，公司从3月上旬开始了学习实践科学发展观活动，到7月上旬基本结束。召开了动员大会，分阶段、分层次进行了认真学习，确定了关系企业长远发展的调研课题4个，公司领导领题调研、认真撰写调研报告，提出热点、难点问题20个，限期解决2个，年底前逐步解决6个，开展了群众测评，形成了总结报告，整个活动组织有力，推进有序，效果明显。党委以提高领导水平和执政能力为核心内容，以改进领导作风，贯彻执行民主集中制为重点，开展了“四好班子”建设活动，扎实有效地推进了“六好支部”创建活动，夯实了党建基础，发挥了党的基层组织的战斗堡垒作用。全体干部职工为交通分公司一位身患重病职工慷慨解囊，为受灾地区捐献善款。纪委监察室坚持标本兼治、综合治理、惩防并举、注重预防的方针，认真开展效能监察工作，扎实推进了防腐体系建设，增强了领导干部防腐拒变的能力；做好来信来访接待处置工作，妥善处理涉及公司的法律诉讼事宜。公司再次荣获2007年至2008年度省属企业精神文明建设先进单位称号。

职工生活质量明显提高

住宅3#楼高层顺利封顶，平房改造取得决定性胜利，1#楼于年初交付使用，现已入住；2#楼主体工程完工，8月22日封项。国庆、中秋节前夕，慰问坚守一线的施工队伍，送去了公司的关怀。物业公司做好水、电、暖供应，为公司单身年轻职工提供了整修一新、窗明几净的宿舍；对塑胶、交通工房进行了全面防水处理，对厂区环形路进行了排水改造，与府东街东延建设指挥部及时沟通，建设了新变电站、无负压供水站，保障了水、电供应不间断，生产、生活基本未受影响。公司尽全力做到了在岗人数不减少，职工工资不欠发，救助特殊困难职工，新建职工食堂，落实离退休职工待遇，极大地改善了企业生产和职工生活环境。

（责编　梁锦华）

山西迎泽物流有限公司

□ 赵泽华　郭思通

2009年，公司按照年度工作目标，认真研究发展方向，制定发展战略，充分利用品牌优势和场地优势，努力提高工作效率，全面提升服务管理水平，各项工作取得长足进步。

全年足额上交集团公司管理费202万元；完成年计划的100%，同比增长1%；实现营业收入800万元，完成年计划的160%，同比增长29%；实现利润总额10万元，完成年计划的100%，同比增长90%；完成换算周转量5800万吨公里，完成年计划的116%，同比增长16%；净资产收益率达到0.85%以上；安全生产趋于平稳，全年未发生重特大安全事故。

完善法人治理结构
建立权责明确机制

公司自组建以来，法人治理结构不健全、不完善，影响了企业的有效运作和经济效益的提高。2009年，在集团董事会的支持下，公司进一步完善了法人治理结构和注册资本，建立了产权明晰、权责明确、流转顺畅、科学管理的现代企业制度，有效推进了公司化进程，为全面实现年度工作目标奠定了坚实基础。

加强土地资本运作
稳步扩大经营规模

为认真贯彻落实集团《关于加强土地资本运作的指导意见》，针对公司自身缺乏自有土地资源的实际情况，按照"用地总量不减，场站功能不变，经济效益增加，服务质量提高"的原则，充分利用公司品牌和管理优势，采取"借船出海"、"借鸡下蛋"的方略，本着诚信为本、优势互补、合作共赢的原则，通过合作经营，以小搏大，增加土地运作资源，为迎泽物流的发展壮大提供物质基础。

2月至4月，公司通过积极沟通洽谈，与阳旭仓储中心达成了为期15年的合作（承包）经营协议，从5月1日起，整体接收阳旭仓储中心的全部土地房产和设备设施，实施全面的经营管理。

增强园区服务功能
打造物流市场品牌

进一步完善园区管委会制度，加强对园区入驻企业的诚信教育，不断提升园区服务管理水平。本着求大同存小异，互惠互利、合作共赢的经营理念，公司成立园区管委会。管委会成员从经营户中选出，参与园区的共同管理，因势利导，变一个积极因素为两个积极因素。园区管委会始终把引导教育经营户诚信经营、文明经营放在第一位，共同打造迎泽物流园区文化品牌，每年从入驻企业中表彰和奖励10至15名优秀经营户，极大地调动了经营户民主参与、民主管理和民主监督的热情，为构建诚信经营、注重整洁、繁荣有序、文明和谐的园区作出积极贡献。

2009年，公司及时对管委会成员进行调

整，制定了管委会日常工作职责和管委会工作制度，确保园区管理的制度化、精细化和规范化。同时不断吸引全国各地的优秀物流企业加盟，加大对车流、物流、信息流、资金流的掌控力度，围绕提升园区的品牌形象和社会地位为出发点，逐步形成了以分区专线为框架、统一结算为核心的货运站场服务体系。

强化保安、清洁队伍服务意识，提升园区综合服务水平。公司物业保卫部结合园区实际情况，制定出切实可行的园区综合治理方案。针对园区安全安保和环境卫生开展多次专项整治活动，并制定了安全保卫服务标准和卫生清洁标准，实行百分制按月进行考核，经过半年多的努力，公司安保服务和环境面貌得到全面改善。

实施信息网络升级工程，强化了对园区的站场治理整顿。公司接管阳旭仓储基地后，大力实施阳旭仓储物流基地建设工程，全面提供阳旭仓储基地、马庄配送中心的管理服务水平。通过信息化建设，网络化管理，人性化服务，积极打造以迎泽物流为中心的太原货运物流站场枢纽，为全面构建以太原（迎泽物流）为中心的省际、省内站场网络奠定坚实基础。

推进企业转型发展
核心价值观得到凸显

按照年初确定的发展现代综合物流企业的战略目标，公司大力实施了转型战略，不断拓展第三方物流业务，初步形成以业务部、配送中心、吕梁专线、海尔仓储、迎泽快递、爱心物流、营销物流和结算中心八个联动运作板块，逐步奠定公司业务发展转型的基础。

扎实推进集约化管理，经济效益显著提升。积极挖掘潜在客户，将服务链多方位延伸。配送中心在依托德克士百事配送业务的基础上，逐步推进，顺利实现对晋、蒙地区百事 YNM 气瓶肯德基门店的配送工作；业务部在认真分析总结 2008 年爱立信配送过程中存在问题的基础上，大胆探索，从节点控制、流程再造、责任明晰等方面制定出一整套科学合理的配送方案，确保了 2009 年度爱立信 3G 设备配送任务在太原、晋中、长治、晋城、运城和临汾 6 市顺利开展，实现收入 200 余万元。

加速发展现代物流综合服务，编制物流配送网络体系。为推进以公司物流园区为中心、各地市为节点的站场网络建设，公司采取自己设点、联营协作、委托代理等形式，通过多元化投资、股份制运作，以配送专线建设推动货运站场建设，以信息网络建设带动货运站场网络建设。基本形成了迎泽物流园区、阳旭仓储物流基地、马庄德克士配送中心联动的太原货运站场运营网络；以吕梁（离石）为中心，以汾阳、交城、文水、孝义、中阳、柳林、方山、临县及三交为节点的覆盖吕梁 13 个县市的吕梁货运站场网络体系；通过与长治、晋城公司联手协作，形成主要以海尔产品、爱立信通讯设备为主的长治、晋城货运站场网络体系；依托西安太原专线，正在形成晋南货运站场网络体系。

以市内快递为特色，组建迎泽快递公司。为组建专业货运公司，加速迎泽物流的物流供应链服务体系建设，公司按照多元化发展、多渠道筹资的原则，借助海尔产品、爱立信通讯设备全省配送业务的开展，通过联营、协议、股份制等多种形式，不断加大迎泽快递车队的建设力度。购置 6 部自有车辆；先后整合、规范园区待货车辆 15 部，增加 8 部市内配送车辆；通过规范专线配送车辆，吸纳一部分省内配送车辆，这样既发挥了园区货源基地作用，又保住了海尔、爱立信等大货源，也增加了运输利润；同时，运输物流业务的开展，又弥补了仓储物流业务的不足，形成了“以仓储带动运输，以运输促进仓储”的良性发展格局，也为下一步构建集整车运输、零担专线、特种运输、城市配送为一体的专业货运公司创造了条件。

积极创新发展模式
实现综合物流发展

为应对纷繁复杂的市场环境，发挥比较优势，寻求新的利润增长点，经过不断努力，成功的实现了江苏隆力奇生物科技有限公司晋蒙地区的区域物流商和太原地区的产品代理商，公司逐渐从原有的园区经济和第三方物流向营销物流转变。

公司与联通和移动公司合作，积极搭建114、12580信息平台，开办爱心物流项目，采用营销“4P”理论，从策略、产品、分销、价格方面，与厂家和客户终端直接联系，减少了以往批发商、超市、连锁店等的一联、二联、三联的环节，降低了商品的成本，直接与客户达成沟通和联系。一是建立营销渠道，有了自己的客户群；二是扩大企业的宣传和知名度；三是通过减少物流环节，降低商品的成本，为客户创造价值；四是通过终端客户建立沟通，便于公司发展需求，创造需求，扩大市场占有份额。

构筑企业管理平台
实施人才强企战略

*落实定编、定岗和定责工作，优化人力资源合理配置。*公司各部门重新梳理和划分了岗位定编，对岗位职责进行了整合和规范，按照编制要求实施定岗和定责。做到工作权责明确、责任到人、措施到位。从规范用工劳动合同入手，健全公司社会保障体系，建立人事、劳动用工、薪酬分配和人力资源管理等各项运行机制。并根据公司与员工的双向发展需求，拟定培训计划，并组织实施。建立健全入职员工基本档案，同时修订和完善考核奖惩机制，重点突出员工个人能力的提升。

*加强财务管理，提高财会人员综合素质。*围绕财务管理“短板”，公司相继建立完善了财务内控制度和全面预算管理制度，强化财务运行监督机制，企业的一切经营活动必须体现财务先行，把各项经营业务与财务核算和税务筹划有机结合起来，以制度界定责任，树立全局意识，形成和谐的财务管理机制。通过强化预算管理功能，转变预算观念，把预算管理与会计核算有机结合，提高预算的执行力；充分把握财经政策，丰富财务管理内容，确立费用的预算、使用跟踪评价机制；建立资金管理与监控机制，合理调配使用有限资金。逐步建立一种适应科学发展的财务管理体系，为公司在整体运作管理上提供准确、及时的财务决策信息。

*加强校企合作力度，推进实训基地建设。*为加快公司专业物流人才的培养，推进公司现代综合物流企业建设的步伐，公司不断加强与山西财大物流学院、交通职业技术学院、太原旅游职业技术学院等物流院校的合作关系，在建设校企合作实习基地的基础上，从改进校企合作机制入手，大力推进实训基地建设，在提高学生的实践动手能力的同时，增强公司后继员工的储备能力，全年共接收院校实习和正式人员30余人。公司配合院校对物流企业和物流软硬件生产企业进行调研，了解物流专业学生的岗位能力要求，结合教学大纲提出的技能要求，制定了多套实训基地建设方案，力争使实训基地建设更加完善合理。

公司根据物流专业建设、课程建设以及学生能力培养等需要，配合物流院校建设的物流实训中心，改进实习方案，增加设施设备，建设与实训中心相匹配教学体系，为下一步与劳动部门合作开办劳动职业技能鉴定打下基础。

严格责任追究制度
提高安全管理水平

2009年为公司实施安全专项整治年的开局之年。结合生产经营实际，公司坚持“安全发展、和谐发展”的理念，严格执行“安全第一、预防为主、综合治理”方针，贯彻落实省政府和集团的安全生产专项整治的各项部署，扎实开展“安全生产月”活动，立足防范、排查隐患、突出重点、标本兼治、务求实效。同时,公司建立健全“一委三分会”(安委会和三个基层安全分会)安全生产责任管理体系,为公司发展提供安全保障。

首先进一步明确责任,严格责任追究,完善消防隐患治理、值班巡查、事故处理和责任追究制度。与经营户签订《消防安全责任书》和《社会治安综合治理责任书》,有效防范和杜绝生产经营中存在不安全隐患。

其次,公司实施“安委会全面负责、安全分会具体负责”的安全管理原则,在原有市场安全分会和运输安全分会的基础上,增设阳旭仓储安全分会,实施“一委三分会”安全管理体系,全面建设“一岗双责”的安全生产责任体系。公司物业保卫部不断加大对物流园区和仓储基地的安全监管力度,并全面启用电子监控系统和保安人员24小时市场巡查制度,定期和不定期的展开安全大检查和专项整治工作,及时消除各种安全隐患,有效防范安全事故的发生。阳旭安全分会也通过改进运输过程管理,进一步明确责任,推进“车头、人头”这两个源头的双控工作,严格驾驶员的聘用、考核和管理工作,严格运输协议的签订,推进了运输保险代理工作的进程,有效地降低了运营风险。

三是于6月29日组织了全区的消防灭火和应急疏散演练,通过培训、演练,为打造平安园区、和谐园区奠定了坚实的基础。同时公司加大对安全培训工作部署力度,以改善消防为突破点,配合民营区消防大队举办专门的消防安全上岗培训,对园区107名经营户和公司76名员工进行消防安全培训,从思想认识上大大增强全员安全防范意识,提升安全综合应变能力。

(责编　梁锦华)

部领导调研摘记

部领导调研摘记

交通运输部领导听取全省交通运输工作汇报

7月22日下午，赴晋参加全国治理超限超载山西现场会的交通运输部部长李盛霖、副部长冯正霖听取全省交通运输工作汇报。副省长牛仁亮主持会议，省政府副秘书长崔国红出席。厅长段建国作全省交通运输工作汇报，厅领导张润、王志民、张志川、郜玉兰、张德仪、赵振田、郭贵平及省公路局、省征稽局、省运管局、省高管局、省地方海事局、省交通建设开发投资总公司主要负责同志及厅机关各处室负责人参加座谈会。

段建国就全省交通运输发展现状、治理超限超载工作及自2008年以来全省交通运输工作情况进行汇报，并针对高速公路建设、农村公路建设和煤炭集疏运公路建设、运输枢纽建设、普通国省干线标准化建设及危桥改造和治超站点建设6个方面的工作提出建议。

听取汇报后，李盛霖部长在讲话中，首先对全省治超工作所取得的成功经验和成绩给予肯定，对全省目前公路交通运输建设发展给予赞誉。他说，全省交通运输发展为山西社会经济发展提供很大保障，但同时社会经济的发展也对交通运输发展提出更多要求，交通运输工作将面临更大的压力。作为重要能源基地省份，煤炭产业在全国占有很大分量，这种特殊的经济格局对交通运输工作更是提出挑战。所以，从这个意义上来讲，山西的交通运输工作任重道远，要继续鼓足干劲、积极进取。李盛霖表示，交通运输部会继续支持山西交通运输工作，并提出3点要求。一要做好“十二五”规划编制前期工作，要特别注意综合运输体系的建设规划；二要特别做好二级公路撤站后的人员安排工作，尽快安排人员新的岗位上岗，做好保稳工作；三要抓好安全工作，在任何时候都不能麻痹大意，不能放松思想。

牛仁亮对交通运输部对山西交通运输事业发展的支持表示感谢。

会后，李盛霖、冯正霖在牛仁亮副省长及厅领导陪同下，驱车赶到正在进行桥梁钢护栏改造的太原东山过境高速公路施工现场，听取太原高速公路负责人有关工程进展情况介绍后，要求施工人员一定要注意施工安全，提高工程质量。同时，李盛霖还就公路危桥改造提出要求。（董忻文）

全国超限超载治理工作现场会在晋召开

7月23日至24日，2009年全国车辆超限超载治理工作现场会在太原召开。会议认真学习和深入贯彻国务院领导批示精神和国务院安委会文件要求，全面总结近两年全国治超工作，交流各地有效经验，分析研究当前面临的形势，研究部署当前及今后一段时间的治超工作任务，进一步推动全国治超工作深入开展和治超长效机制逐步完善，努力开创治超工作新局面。

全国治超工作领导小组组长、交通运输

部党组书记、部长李盛霖出席会议并讲话。省委副书记、省长王君出席会议并致词，省委常委、纪委书记金道铭，省治超领导组顾问兼总监督员吕日周出席会议，副省长、省治超领导组组长牛仁亮介绍全省治超工作的做法和经验。会议由全国治超领导小组副组长、全国治超办主任、交通运输部副部长冯正霖主持。省人大内务司法委员会主任委员、省治超领导组副组长、省治超办主任李顺通及厅党组书记、厅长、省治超领导组副组长段建国，厅党组成员、副厅长、省治超办副主任张志川也出席会议。

冯正霖指出，这次会议之所以选在山西召开，是因为山西省近几年来治超工作成效显著，在地方政府主导、部门齐抓共管、区域协同作战等各方面积累了很好的经验，值得各地学习和借鉴。特别是2007年年底开始的新一轮全省“无缝隙”“拉网式”治超总行动成效显著。截至2009年6月30日，山西省车辆超限超载率由治理前的11%下降到0.2%，为国家挽回公路基础设施直接经济损失10亿多元。作为资源大省，山西省治超工作取得如此成绩十分不易。

李盛霖部长在讲话中指出，从会议交流和现场考察情况看，山西的经验受到与会代表的一致好评。大家普遍反映，山西省委、省政府对治超工作高度重视，认识深刻，体制有效，机制灵活，力度大，措施硬，手段多，抓得实，效果好，山西的经验管用有效、可学可鉴。他说，山西省组织开展了声势浩大的治超总行动，力度前所未有，效果前所未有，山西坚持政府治超、依法治超、源头治超、科技治超、责任倒查、重关重罚、经济调节、机构保障的政策要求，又结合山西实际，是治超工作的新创造、新做法、新举措、新经验。

李盛霖在对今明两年全国治超工作做总体要求时强调，以科学发展观为指导，全面学习推广山西治超经验，坚持政府主导、加强部门联动和区域联动，坚持路面执法与源头监管并重，运用综合法律、行政、经济、技术手段强化责任追究，建立完善治超长效机制，坚持遏制反弹，努力推动治超工作再上新水平，促进交通运输快速发展、科学发展、安全发展、协调发展。

省委书记、省人大常委会主任张宝顺在会议期间会见李盛霖部长时指出，山西的治超工作一刻也不能放松。王君代表省委、省政府对会议的召开表示热烈祝贺，并简要介绍了山西省情。他表示，治理车辆超限超载是一项长期的任务，山西将以这次会议为契机，进一步做好下一阶段的工作。

大会进行交流发言，副省长、省治超领导组组长牛仁亮介绍全省治超工作的做法和经验。

在7月24日上午召开的座谈会上，厅党组书记、厅长段建国进行表态发言，向与会代表全面介绍全省交通运输系统在治超工作中所取的成绩和做法，并对下一步治超工作提出一些合理化建设性意见。（董忻文）

交通运输部领导高度关注全省道路暴雪灾情

交通运输部对全省暴雪灾害影响道路交通的情况高度重视，11月11日下午，副部长冯正霖代表部党组打电话给省交通运输厅厅长段建国，详细询问公路受灾情况及被困车辆、人员救援情况。

冯正霖要求，要在省委、省政府领导下，迅速动员全系统力量，加大对被困人员的救援解困服务力度，保证被困人员有饭吃、有水喝，不能冻死冻伤一人。要全力以赴清雪除冰，力争在最短时间内具备通车条件。要统筹安排，抓紧准备运力，保证全省人民生产、生活必需品的运输。如有困难，请立即向交通运输部报告，部里将组织周边省份的力量给予支援。

冯正霖副部长还请转达交通运输部对在抗灾一线的干部职工的慰问。

（董忻文）

交通运输部信息化示范工程推广项目建设检查组莅晋检查

2月23日，交通运输部综合规划司副司长于胜英带领部信息化示范工程推广项目建设检查组一行8人，对全省公路交通信息资源整合与服务工程建设进行检查指导。厅党组成员、副厅长张志川向检查组介绍全省交通及信息化建设情况，并与检查组进行座谈。

山西省公路信息资源整合与服务工程是省交通厅承担的交通运输部信息化示范工程“省级交通信息资源与服务工程”推广项目，也是全省交通信息化建设“1166”工程中的重要组成部分。主要内容为山西省交通厅数据中心、GIS整合与行业运行分析系统、公众出行服务系统和应急指挥调度系统，项目总投资2028万元，建设工期18个月。2008年11月11日项目建设启动，2009年1月15日，各系统软件第一轮原型开发完成，目前正在进行各系统原型测试和各系统间接口测试。预计当年7月完成，8月正式上线运行。

座谈会上，张志川向检查组介绍“十一五”以来全省交通建设基本情况、今后一个时期全省交通发展总体规划、交通信息化建设现状及存在问题、公路交通信息资源整合与服务工程简要情况，以及近期全省交通信息化建设的主要任务。厅办公室副主任苏敏汇报全省公路交通信息资源整合与服务工程各阶段工作情况，详细介绍工程建设目标与任务、组织机构、进度情况、存在问题、保障措施、工作体会及下一步计划。浙江协同数据系统有限公司、北京北大千方科技有限公司、北京中交通信科技有限公司和中国软件与技术服务股份有限公司4个机关软件开发单位作项目情况演示。省高管局汇报交通通信专网建设情况。

检查组充分肯定省交通厅对交通信息化建设的认识、决心和力度，特别是对省厅“拿出建设3公里高速公路的钱进行信息化建设，为全省12万公里公路综合管理服务”的理念拍手叫好。他们对示范工程推广项目目前进展情况表示满意，认为在工程建设中坚持统一规范、统一标准、统一接口、统一体系的统一性原则富有特色，有利于建成后的横向共享和纵向接连，并提出不少建议。希望进一步加强与软件开发商的协调、融合，培养复合型人才，最终实现对内提升管理水平、对外提升服务水平的项目推广目标。

（董忻文）

交通运输部财务司领导赴晋调研

4月16日，交通运输部财务司司长杨省世、副处长卢尚艇、副调研员程侃一行3人深入省交通厅调研。工商银行总行公司业务一部副总崔勇、山西分行副行长吕晋铭等有关人员，厅党组书记、厅长段建国，厅党组成员、副厅长王志民，厅党组成员、厅总会计师张德仪，厅规划处、厅财务处、厅会计核算中心负责人，省高管局有关领导参加座谈。

会上，段建国着重介绍全省交通建设筹融资工作情况。近几年来，全省公路建设筹融资工作比较成功的做法主要体现在并购重组、盘活路产，招商引资、合作共赢，资本运作、滚动发展这三点上。在筹融资方面，省交通厅本着力求融资规模大、时效快的原则，突出资本金筹措，多渠道探索运作。一是未收先用，搭桥贷款。利用高速公路通行费资源筹集资本金；用好“四个不变”，将中央转移支付中的未来公路建设基金，采取搭桥贷款方式变现。二是扩大开放，招商引资。通过一系列有效举措，目前已有6个新建高速公路项目通过公开招投标采用BOT方式建设。三是企业改造，股份融资。此外，还积极探索如发债、股权转让、中期商业票据、信托融资、并购贷款等新的筹资方式，尽最大量挖掘筹融资潜力。总结近几年工作的体会是：争取多方面支持是筹融资基础，强化管理是筹融资必要条件，增强资金监管能力是保证资金安全需要。当前，公路建设筹融资工作面临的形势是，机遇与挑战并存，但总体上机遇大于挑战，有利因素多于不利因素。今后两年建设的高速公路和一级公路，需资本金800亿元，资金需求不仅数量大，而且需求紧，省交通厅正在通过多渠道探索运作，逐步落实。在资本金逐步落实前提下，项目贷款也正在逐步落实。

调研组一行对省交通厅近几年来全省交通工作取得的成绩，对省交通厅在交通建设筹融资方面所采取的举措和进行的有尝试给予充分肯定，表示要将省厅的经验和做法带回去，进行很好的总结。并表示，将会在资金方面对山西给予全力以赴的支持，为山西交通建设作出财务司应有的贡献。

座谈会上，参会人员还就修订收费管理条例、转让公路收费权程序等有关问题提出意见和建议，双方就此进行了有益的探索和交流。（董忻文）

交通运输部督察组莅晋检查全省重点公路工程建设质量安全工作

6月9日至12日，由交通运输部质监总站站长李彦武为组长，部质监总站、监察局、吉林、安徽、湖北、甘肃、上海、新疆等地10位专家组成的交通运输部督察组，在厅党组成员、厅总工程师郜玉兰陪同下，对全省在建的闻垣高速公路、太佳高速公路（吕梁段）及吕梁沿黄扶贫路柳林段工程建设进行质量安全综合督察。

此次督察工作分外观组、桥隧组、路基组和内业组，采用现场检查、实体检测、内业资料检查和询问等方式，对项目建设程序、参建各方质量安全行为、实体工程质量等情况进行检查。

6月13日，厅党组书记、厅长段建国，厅党组成员、厅总工程师郜玉兰参加情况反馈座谈会。督察组对闻垣、太佳高速公路吕梁段质量安全状况表示非常满意，认为科学化管理、规范化施工、精细化作业，安全设施设备到位，标志标示齐全明显，安全措施多管齐下，成效明显。

为了进一步提高工程质量和安全管理工作水平，李彦武提出指导性意见和建议。一是必须高度重视安全生产管理工作。各有关部门和建设单位要举一反三，不断强化安全意识，明确职责，把保证安全生产放在头等重要位置。二是以人为本理念为指导，采用优化设计、比对设计，提高工程项目安全性、稳定性和可靠性。三是严格遵守建设施工程序，在建设施工工期安排上要尊重客观规律，继续加强工程管理，正确处理质量、安全、投资、标段划分以及施工队伍选择等方面的相互关系。四是进一步提高安全管理和质量控制水平。要正确辨识危险源，努力消除安全隐患；在工程质量控制上，要充分发挥监理的积极作用，确保工程质量。他强调，在今后的质量安全管理工作中，要抓好四方面工作。一要提高对质量安全工作的认识，进一步增强责任意识；二要严格按程序施工，进一步提高工程质量水平；三要高度重视安全工作，进一步加强安全防范措施；四要大力推行标准化施工，提高工程管理整体水平，粗活细做，细活精做，精益求精，争创样板工程、精品工程。

郜玉兰在讲话中，要求建设管理单位要严格遵守建设程序，建立和完善工程建设管理办法，消除工程施工中的安全质量隐患。未被检查的工程项目，建设单位要对潜在的隐患引起高度重视，举一反三，彻底整改；两个受检查单位要对督察组提出的意见和建议立即进行整改，以工程质量和安全为主线，全面提升在建工程项目的质量和安全管理水平。

段建国代表厅党组对督察组到山西检查指导工作表示感谢，提出5点要求。一要正确处理好保增长、保民生、保稳定与尊重客观规律的关系；二要正确处理好质量、进度和安全的关系；三要正确处理好制度与监管的关系；四要始终坚持细节决定成败的理念；五要严格按照技术规范要求，确保安全生产，加快施工进度。各重点公路工程建设单位都要以这次督察为契机和起点，认真抓好各项工作，有效防止本次督察中发现问题的再次出现，推动全省重点公路工程建设又好又快发展。

（董忻文）

交通运输部有关司局领导赴晋调研

7月23日上午，交通运输部道路运输司副司长王水平，安全监督司副司长翁垒深入省运管局调研指导工作。厅党组成员、副厅长王志民陪同调研。

省运管局党委书记、局长李华中就山西道路运输业发展和运管近年来的主要工作进行汇报。

在听取汇报后，王志民提出当前山西运管急需解决的三个问题：一是如何解决车辆挂靠问题，消除安全隐患；二是如何解决好道路运输和安全监管协调发展问题；三是如何从综合运输角度，解决好城市个体出租车归口管理问题。

王水平在讲话中，充分肯定山西运管近年来工作所取得的成绩，高度赞扬山西运管在源头治超中取得的先进经验与良好效果。他说，源头治超是一项长期而艰巨的任务，山西的经验值得推广与借鉴。他还就如何站在综合运输角度，科学发展道路运输以及交通运输部近期开展的新时期道路运输发展大调研活动提出要求。

翁垒在讲话中，从安全、稳定、规范、提升四方面对道路运输管理工作提出要求，并特别强调一定要做好60周年大庆期间道路运输安全监管工作，确保行业稳定。

（董忻文）

全国部分省市运管机构源头治超工作座谈会在晋召开

8月13日至14日，全国部分省市运管机构加强车辆超载超限源头治理工作座谈会在太原召开。交通运输部道路运输司副司长徐亚华、货运与物流管理处处长谢家举出席；省治超办副主任、厅党组成员、副厅长张志川出席并致欢迎词。北京、天津、内蒙古等12个省市（区）运管局负责人参加会议。

张志川代表省交通运输厅对各省参会代表表示诚挚欢迎，对交通运输部和兄弟省市长期以来给予山西交通运输工作的关心与支持表示衷心感谢，并简要介绍山西省情及治超工作有关情况。省运管局局长李华中具体介绍山西运管系统源头治超的背景和主要做法。

徐亚华指出，山西运管在源头治超工作上思想认识到位，办法、措施对头，成效显著，经验丰富，值得各地学习和借鉴。会上，徐亚华副司长传达交通运输部部长李盛霖在全国治超工作现场会上的讲话精神；并传达道路运输司为贯彻落实李盛霖部长讲话精神所作出的近期工作安排。

参会人员认真讨论《关于加强车辆超限超载源头治理有关工作的通知》（讨论稿），各地参会代表简要汇报本地运管治超情况，结合实际提出推广山西运管源头治超经验的具体做法和存在的困难，对《通知》作了进一步完善，使之在全国实施更具有实践性和指导性。

与会代表还现场参观清徐县亚鑫焦化厂源头治超、小店运管所治超情况、晋中市运管局科技治超监控平台。（董忻文）

交通运输部检查组对全省交通工作进行专项检查

11月9日下午，由驻交通运输部监察局副局长马小峰一行5人组成的检查组莅临山西，对全省扩大内需农村公路建设项目情况和工程建设领域突出问题专项治理工作进行专项检查。厅党组成员、副厅长王志民向检查组作情况汇报，厅党组成员、驻厅纪检组组长韩日裕出席座谈会。

为贯彻落实十七届四中全会精神，按照中央要求，交通运输部以专项检查形式，对全国扩大内需的投资、公共建设资金使用等问题进行专项检查。专项检查组一行对全省的农村公路建设项目和扩大内需、保增长方面将进行为期两天的专项检查。

王志民就全省关于中央预算内投资安排项目建设情况和工程建设领域突出问题专项治理开展情况向检查组作详细介绍，并向检查组提出目前存在的问题及建议，希望能够给予协调解决。 （董忻文）

中央扩大内需交通基础设施建设项目和专项治理工作组对临汾市工作进行检查

11 月 11 日，由交通部监察局副局长马小峰带队的中央扩大内需交通基础设施建设项目和专项治理工作组对临汾市村村通公路建设工作进行检查。厅党组成员、驻厅纪检组组长韩日裕及临汾市交通部门负责人陪同检查。

检查组一行冒雪对尧都区村村通公路建设进行实地检查后，召开工作会议，听取临汾市村村通公路建设汇报，详细查阅临汾市村村通建设的资金使用、工程质量、廉政建设、监督机制、养护办法等有关资料，充分肯定临汾市农村公路建设尤其是在农村公路养护方面所取得的成绩，并对今后工作提出指导性意见和建议。

马小峰在讲话中强调，新增中央投资是中央扩大内需、保增长、调结构、惠民生的重要举措，而农村公路建设为缓解老百姓出行难，促进地方经济社会发展提供了保障，一定要监管和使用好新增中央投资。在交通基础设施建设中，要做到“三个结合统一、三个坚决防止”，即要将政府投资与自发建设等其他投资方式结合统一，将行政村及新农村建设的规划与村村通公路规划结合统一，将培育建设中的管理、养护经验与区域推广结合统一；坚决防止建而不通、通而不畅、畅而不久的问题发生，坚决防止建而不养、养而不实的问题发生，坚决防止建而不快、快而不安的问题发生。在工程规划和建设中，站位要高，眼光要远，从严管理，从严监督，全力推动拉动内需项目建设速度，完成好既定目标。同时要采取各种方式、手段和措施，加强专项治理工作力度，杜绝建设资金截留、滞留、挤占和挪用等违规行为发生，保障资金安全使用，确保工程廉政建设，做到“修路千万里，不倒一个人”。

（魏建国）

赵占平主任检查全省交通战备工作

5 月 14 日，国家交战办主任、总后军交运输部部长赵占平少将一行检查全省交通战备工作时指出，山西交通战备工作在三个方面走在全国前列。

他说，近年来，省交战办坚持以“三个代表”重要思想和新时期军事战略方针为指导，以科学发展观为统领，坚持新理念，实践新要求，围绕军事斗争交通保障准备，在平时服务、急时应急、战时应战的“三位一体”交通战备建设方面做了积极的探索和实践，三个方面工作走在全国前列，即组织建设、国防交通基础设施建设和运输保障机制队伍建设，在全国交通战备系统树立榜样和标杆。特别是在交通基础设施建设中，充分考虑国防建设实践和理念，值得全国交通战备系统学习。他代表国家交战办向为全国交通战备工作作出贡献的省交通厅、省交战办表示感谢。希望省交战办进一步创新思路，开拓进取，实现交通战备工作新发展。他还就省交通厅提出的有关建议表示，国家交战办将和国家有关部委积极协调，努力支持山西交通建设和国防交通基础设施建设。

5月15日，赵占平少将在省交战办主任、厅党组副书记、副厅长张润，省交战办副主任史荣和，省高管局局长董新品以及省军区有关领导陪同下，深入大运高速公路检查指导工作。

（魏建国）

国防大学交通战备专题班学员赴晋开展现地教学活动

5月15日，国防大学副教育长于国华少将率国防大学交通战备专题班教学组人员和学员50余人，在省交战办主任、厅党组副书记、副厅长张润，省交战办副主任史荣和，省高管局局长董新品及省军区有关领导陪同下，深入大运高速公路进行为期一天的现地教学活动。正在山西检查指导工作的国家交战办主任、总后军交运输部部长赵占平少将会见专题班学员，并代表国家交战办向为这次现地教学活动提供服务和方便的省交通厅、省交战办、省高管局表示感谢。

国防大学交通战备专题班学员来自全国20多个地、市（区），都是当地分管交通工作的主要领导，对声名远扬的“国防大运”早有耳闻。在一天的现地教学活动中，大家兴致勃勃地参观了全省国防交通基础设施，观看“国防大运”专题片，并结合国内外利用高速公路建设飞机跑道实际和历史进行教学点评。大家一致认为，通过这次现地教学活动“零距离”感触之后，对“国防大运”有了更直观了解，对“国防大运”五个结合的建设理念有了更深刻、更全面感受，是对课堂教学中军民融合思想的有益补充和扩展。大家纷纷表示，在交通基础设施建设中很好地贯彻国防要求，不仅有利于国防建设和战备，而且有利于地方应急、救灾工作，还可以提高资金使用效益。在今后的交通基础设施建设实践中，一定会提高思想认识，更好地贯彻国防要求。

（魏建国）

省领导调研摘记

省领导调研摘记

王君省长亲切慰问太古高速公路西山隧道施工建设者

8月7日傍晚，省委副书记、省长王君来到太古高速公路西山隧道施工现场，亲切慰问工程建设者。省委常委、太原市委书记申维辰，省委常委、省军区司令员方文平，省军区政委张少华，副省长牛仁亮，省政协副主席令政策，省政府秘书长王清宪等一同慰问。厅领导段建国、张润、部玉兰、郭贵平陪同慰问。

太古高速公路西山隧道全长13.65公里，是全国在建公路中最长的隧道，也是太古高速公路制约性工程，24小时连续施工作业。王君省长一行与建设者一一握手，并致以亲切慰问。王君省长在讲话中，代表省委、省政府和全省人民，感谢工程建设者的辛勤劳动和无私奉献，赞扬他们是新时代最可爱的人，希望全省广大建设者继续发扬特别能吃苦、特别能战斗的精神，迎难而上，再接再厉，为全省重点工程做出新的成绩。一要注意通风安全。打通隧道新斜井，要穿过煤层，不能忽视瓦斯等有害气体排放；二要注意施工过程中顶板支护安全；三要注意对复杂地质情况的充分掌握和准确判断。各级各部门要关心广大建设者的工作生活，搞好后勤服务，保障他们的身心健康和施工安全。

省军区和省交通运输厅文艺演出队在现场举行慰问演出。厅党组副书记、副厅长张润代表全省交通运输系统12万干部职工向出席慰问汇报演出活动的各位领导和首长表示热烈欢迎，向战斗在全省重点公路工程建设一线的建设者们表示亲切慰问，向不辞辛苦的慰问团演职人员表示感谢。他希望全省重点公路工程广大建设者们以此次慰问活动为契机，把省委、省政府、省军区领导的关怀化作强大的精神动力，进一步增强大局意识、责任意识，群策群力，攻坚克难，发扬艰苦奋斗、无私奉献的精神，抓质量，保安全，加快工程进度，加强廉政建设，为创建精品工程、按期完成工程建设目标任务而奋斗，向省委、省政府交上一份满意的答卷。

演出节目丰富多彩，有舞蹈、歌伴舞、小合唱、独唱、情景剧、配乐诗朗诵等，精彩节目赢得在场所有建设者和观众热烈掌声。这已是省交通运输厅组织的第16场工地慰问演出。

在慰问演出活动开始之前，省交通运输厅举行了《施工安全从这里抓起》安全宣传手册发放仪式。太古高速是发放仪式的主会场，全省其他各在建高速公路也在同一时间举行发放仪式。厅领导向建设者发放安全宣传手册，并向太古高速公路建设者赠送慰问品。

（董忻文）

王君省长、申联彬常务副省长、金道铭书记、胡苏平部长慰问省高管局原党委书记李万定

9月27日上午，省委副书记、省长王君，省委常委、常务副省长申联彬，省委常委、纪委

书记金道铭,省委常委、宣传部长胡苏平专程来到省高管局宿舍区,亲切慰问被中央授予"模范军转干部"等荣誉称号的李万定同志。

在李万定家里,王君与李万定夫妇亲切交谈,询问李万定目前生活情况,听取了他对全省经济社会发展等方面的意见和建议,代表省委、省政府对他在社会主义建设和改革开放等历史时期作出的贡献表示感谢和敬意,并将鲜花和慰问金送到与他手中。希望他发挥余热,在国家扩大内需,掀起又一轮建设高潮时期,继续为全省公路建设献计献策,作出新贡献。

李万定向省领导介绍了自己的经历和工作情况,感谢省委、省政府的关心爱护,对山西60年翻天覆地的变化感到由衷欣慰,表示会尽自己最大努力,发挥余热,为全省经济社会发展和公路建设作出更大贡献。

李万定曾在大西北核试验基地戎马20年,将自己的青春献给祖国的国防科研事业,1984年转业后,他选择了公路事业。1995年被授予"山西省劳动模范";1996年被国务院军转办、人事部、总政治部授予"模范军转干部",受到党和国家领导人亲切接见。同年被省委、省政府授予"山西省重点工程建设功臣";1997年获得"山西省五一劳动奖章";1998年获"全国五一劳动奖章";2000年被省劳动竞赛委员会荣记个人一等功;2001年又荣获"山西省特级劳模"称号和"山西省五一劳动奖章"。李万定原任省高管局党委书记,2009年5月光荣退休。

厅党组书记、厅长段建国,厅巡视员曹燎原,省高管局局长董新品等陪同。

(董忻文)

王君省长深入太旧高速公路清雪除冰一线调研

11月13日,省委副书记、省长王君在省委常委、政法委书记杜玉林、省政府秘书长王清宪等陪同下,带领有关市和省直部门负责人赴太旧高速公路,看望仍滞留的部分司乘人员以及战斗在一线的广大干部职工,并就高速公路清雪除冰、确保畅通等应对强降雪工作进行实地调研,厅党组书记、厅长段建国,厅党组副书记、副厅长张润,厅党组成员、副厅长张志川,省高管局及太旧高速公路公司相关领导陪同调研。

在太旧高速公路寿阳段,王君一行实地查看路面积雪积冰状况,并向省交通运输厅及太旧高速公路公司详细了解滞留车辆疏导、人员救助等情况,向顶风冒雪、不畏严寒,坚持奋战在清雪除冰一线的交通以及地方政府有关部门、部队等单位的工作人员表示感谢和慰问,希望大家发扬不怕困难、连续作战的精神,战胜强降雪,打通运输线。在阳泉服务区,王君省长走到滞留车辆前,向滞留司乘人员详细询问这几天来的饮食、保暖等情况,嘘寒问暖,他请大家放心,省委、省政府非常关心,已经组织动员各方力量争分夺秒清雪除冰,道路很快就会恢复通行,交通部门也会保证大家不挨饿不受冻。王君省长还走进服务区的餐厅厨房,和后勤人员一一握手,当得知大家已经连续几天24小时不休息坚持工作,为司乘人员以及抢险工作人员服务的情况后,他代表省委、省政府感谢大家的默默奉献和辛勤工作,鼓励大家发扬交通战线的优良传统,为清雪除冰确保畅通做好后勤保障工作。

王君强调,各级各部门要以对人民群众高度负责的精神,把保民生、保运输、保生产放在突出位置,迅速打胜防范应对强降雪这场硬仗。目前的首要任务是清雪除冰,确保高速公路尽早恢复畅通。各级地方政府、部队要给予大力支援,积极配合交通管理部门协同作战,争时间,抢速度,周密部署,统筹安排,保证太旧高速公路以最快速度恢复正常通行。与此同时,要以高度责任心,认真解决好滞留人员的后勤保障问题,解决好他们的特殊需要。

(魏建国)

薛延忠副书记和省政协领导视察全省重点公路工程建设项目

7月14日至15日,省委副书记、省政协主席薛延忠,全国政协人口资源环境委员会副主任、原省政协主席刘泽民,省政协常务副主席郭良孝,省政协副主席、省工商联主席韩儒英,省政协副主席李雁红、令政策,省政协副主席、九三学社省委主委刘滇生和部分省政协委员20余人,在厅党组书记、厅长段建国,厅党组成员、厅总会计师张德仪,厅副巡视员郭贵平陪同下,赴正在建设中的太佳高速公路太原段、太古高速公路、汾平高速公路施工一线进行调研。薛延忠在讲话中,充分肯定三个项目取得的建设成绩,强调要进一步加快进度,确保工程质量、安全生产和廉政建设,在依法依规履行相关程序,充分发挥市场机制同时,要尽可能地使用当地劳动力、原材料,带动农民增收就业,促进相关产业发展,努力服务全省"保增长、保民生、保稳定"大局,为实现"三个发展"作出应有贡献。

7月14日上午,薛延忠一行冒着酷热,深入太佳高速公路太原段。在西凌井隧道斜井和出口施工现场,委员们详细听取工程建设情况汇报,认真了解存在的困难和问题,对筑路员工面对困难不低头,保证2010年6月打通隧道的坚定信念和必胜信心给予高度评价。特别对建管处和项目部不惜增加成本,利用斜井增加工作面,加快隧道开挖的做法表示高度赞赏,认为一举多得,不仅有利于建设,还有利于将来运营,希望把好工程质量关,解决施工技术难题;地方政府为工程建设创优环境,保证又好又快早日建成。在第五合同段湖南湘潭路桥西凌井互通,委员们重点了解农民工用工数量、输出地,水泥、石子、钢材等建筑材料产地,表示同等条件下要尽可能优先使用当地劳动力和建材。当日下午,委员们马不停蹄赶赴太古高速公路西山隧道工地。得悉西山隧道全长13.65公里,是全国在建高速公路中最长的隧道,长度仅次于已建成的秦岭隧道时,一个个十分自豪;当听说建成后,太原到古交的车程缩短为半小时时,更是无比激动和兴奋,衷心希望太原、古交人民多少年来牵肠挂肚的这一德政工程早日竣工。不少委员难掩兴奋之情,直呼交通部门功德无量。当听说西山隧道地质结构复杂、技术难度高、安全风险大,施工要穿越煤层区、采空区、17条断层破碎带等不良地质,还要面对涌水、塌方、岩爆、大变形以及瓦斯等有害气体,给施工作业带来重重困难时,无不表情凝重,希望建管处和项目部在精心组织施工,确保建设工期,保证工程质量的同时,千方百计把保证安全生产的各项措施落到实处,坚决克服任何麻痹、侥幸心理。委员们还兴致勃勃地参观了铁十二局项目部职工生活区,整洁环境、先进设施,以人为本管理理念给大家留下深刻印象,认为不仅能稳定职工队伍,对激发职工生产积极性,提升士气和战斗力大有益处,从另一个侧面展示铁军风采。

了解项目建设中存在的困难,帮助施工队伍解决具体问题,是委员们这次调研的重要内容之一。7月15日,委员们奔赴汾平高速公路,得知这是一个BOT项目,由江苏悦达集团投资建设后,一致对悦达集团来晋投资表示欢迎。薛延忠主席当场询问项目负责人10月完成路基桥涵工程有无困难,当前面临的主要难题是什么,有没有需要从政协渠道解决的突出问题,并认真地说,委员们可不是来看红火看热闹的。他还对陪同的吕梁市委、市政府主要负责人说,招商引资不是一件简单的事,悦达集团来晋投资不容易,一定要为工程建设创造良好的施工环境。

薛延忠在讲话中指出,太佳、太古、汾平等重点公路工程建设项目,是改善人民群众生产生活的重要基础设施,在当前经济形势下,更是拉动内需,促进经济增长,应对金融危机的有力举措,一定要加快进度,确保投资尽快形成工作实物量,保经济增长;在项目推进过程中，要依法依规，充分发挥市场调配机制，不搞地方保护主义，但在同等条件、质量和情况下，要尽量使用当地农民工，使用山西的水泥、钢材，从而带动农民增收就业，带动相关产业发展。不论是地方政府，交通系统还是项目承包商，都要牢固树立和强化这一意识；工程质量是千年大计，责任重于泰山，决不能有丝毫放松。同时，一定要注意安全生产，时刻敲响安全警钟。他还特别强调，地方政府一定要创优建设环境，帮助交通部门和施工企业解决协调好推进中的问题，交通部门和施工企业要注意保护好征地拆迁农民利益，确保农民合法权益不受侵害，共同服务于全省“保增长、保民生、保稳定”大局，为实现“转型发展、安全发展、和谐发展”作出应有的贡献。（沈建明）

金道铭书记深入省交通厅调研

4月8日，省委常委、省纪委书记金道铭带领省纪委副书记李正印，省监察厅副厅长刘蓉华，省纪委常委、秘书长贾毓杰，省纪委监察厅执行室副厅级主任因新中，省纪委监察厅效能室主任郭宏魁深入省交通厅调研。对全省交通工作提出了坚持发展第一要务、坚持全面履行职责、坚持搞好反腐倡廉建设的“三个坚持”要求。厅领导段建国、张润、王志民、韩日裕、张志川、郜玉兰、张德仪、赵振田、曹燎原、郭贵平陪同调研。

在省交通科研院，金道铭一行参观沥青材料实验室、MTS实验室、钢绞线松弛实验室、车辙实验室、沥青实验室、水泥实验室、化学分析实验室、固结——直剪室、地下工程（隧道）检测室、环境监测室，了解全省交通科研最新成果。

在省交通科研院调研结束后，金道铭一行赴省交通厅听取工作汇报。厅党组书记、厅长段建国从谋划发展、公路建设、公路养护管理、道路运输、治理车辆超限超载、交通规费与车辆通行费征收、改革创新、安全生产专项整治、党风廉政和行业文明建设、维护稳定、抗震救灾和奥运保障等方面汇报了2008年以来全省交通工作情况；厅党组成员、驻厅纪检组长韩日裕从教育培训、建立完善规章制度、重视信访案件三方面汇报了廉政建设和反腐倡廉工作。

听取汇报后，金道铭书记在讲话中，对全省交通工作给予充分肯定。他说，近年来，全省交通系统干部职工在厅党组坚强有力领导下，很好地贯彻了国务院、省委、省政府加强基础设施建设要求，以高度工作责任感和自觉精神，战胜很多困难，很好地履行自己职责，出色完成各项工作任务，取得显著成就。事实证明，全省交通系统干部职工能够承担起光荣历史使命，勇挑工作重担，能以坚定信心应对挑战，并以此作为难得的发展机遇，积极推动全省交通事业发展。在基础设施相对薄弱、自然环境相对恶劣、地质条件也不太好、资金长期困难的情况下，能做出这样的成绩，十分不易。太旧路建设展示了山西交通人的风貌；农村公路建设在全国带了个好头；治超工作取得明显成效，尤其是建立长效机制，受到交通运输部部长李盛霖好评与肯定；在路桥企业接管上，替省委、省政府分忧解愁；加快对公路管理体制和运输管理体制探索；同时，重视队伍建设，党的建设和反腐倡廉建设，工作积极、平稳、有效。

金道铭指出，当前，全省经济社会发展进入特殊历史时期，发展任务重，改革、稳定任务也重，交通工作面临严峻考验，使命光荣，责任重大。就全省交通工作，他提出三点意见。一要坚持发展为第一要务，千方百计完成拉动内需的各项任务。要抓住促内需机遇，千方百计创造条件，不遗余力加快发展，要按照科学发展观要求，做到又好又快发展。一定要把各项工作周密规划，系统安排，扎实推进，特别要处理好效益与质量关系、重点工程建设与农村公路建设关系、推进重点项目建设与发挥已建成项目效益关系，要调动方方面面积极性,完成好各项工作任务。二要坚持全面履行职责,扎实推进改革发展稳定工作。省交通厅是省政府重要职能部门,当前最繁重的是建设任务,但管理、改革、稳定、自身建设的任务也很重,在突出建设重点的同时,要注重发挥好其他职能。要使已建成的道路发挥最大效益,把增加运输能力作为目的;要搞好道路养护;要通过治超长效机制,巩固治超成果;要继续积极探索,提高行业管理水平;要在实践中有效解决交通安全生产问题;同时,要着手完成交通运输厅的组建工作。三要继续高度重视加强队伍建设,坚持不懈地搞好反腐倡廉建设。要使全系统广大干部牢固树立立党为公、执政为民理念,抓好法律、规章制度落实工作;工程建设要坚持公开、公平、公正原则,成为阳光工程;要对敏感、易发、多发腐败问题环节加强监管,防止问题发生,使用好建设资金;对执法队伍要严格要求、严格管理,进一步搞好行风建设,并创造出好的经验。

段建国在表态发言中,提出抓好6项工作。一是进一步加强领导,加快项目前期工作;二是加大创新力度,千方百计突破资金和土地制约;三是突出重点,加强监管,确保"十一五"末全省高速公路达到3000公里;四是紧紧依靠地方政府,加快推进国省干线和农村公路建设;五是大力推进交通改革;六是切实抓好质量、安全、廉政三项基本工作。全省交通行业干部职工将从全省经济发展全局和战略高度出发,在保增长、保民生、保稳定中作出交通人应有的贡献,向省委、省政府、向全省人民交一份满意的答卷。

(沈建明)

金道铭书记深入大呼高速公路建设工地调研

5月13日上午,省委常委、纪委书记金道铭深入大呼高速公路建设工地调研。大呼高速公路大同至右玉段是全省高速公路网规划中的重要路段,也是西通蒙、陕、宁、甘、青、藏、疆,东达京、津、冀的重要通道。全长103.4公里,概算投资37.4亿元,2009年1月5日开工奠基,建设工期2年,2009年底完成路基工程。

金道铭书记指出,右玉县是全国生态环境示范县之一,朔州市各级政府和人民为此付出了艰辛努力,取得的成绩来之不易,从中央到地方乃至国内外都对右玉生态环境保护给予很高评价,对于未来发展寄予很高期望。在工程建设中,一定要树立保护生态环境、建设和谐公路、和谐环境意识,采取有效措施保护生态环境。右卫出口的规划和设计一定要与当地生态环境衔接好;在施工过程中,一定要抓好安全生产和廉政建设,抓好环境保护工作,特别是在右玉这颗塞外明珠,要更加珍爱这里的秀美山川。最后,金道铭书记预祝大呼高速公路早日建成,早日通车,早日使沿线百姓受益。他还表示,大呼高速公路通车时一定前来为大家庆功。

金道铭一行调研结束后,大呼建管处立即召开紧急会议,传达金道铭书记指示精神,并就贯彻落实做了具体安排部署。

(董忻文)

李政文部长深入闻垣、临吉高速公路建设工地调研

9月15日至16日,省委常委、统战部长李政文在运城市委书记高卫东,临汾市委书记谢海,厅党组书记、厅长段建国及有关部门负责人陪同下,深入闻垣、临吉高速公路建设工地调研。

闻垣高速公路在运城市委、市政府以及各有关部门、沿线各县的共同努力下,顺利完成地方征迁工作,沿线人民群众大力支持,为工程建设创造宽松施工环境。在工程建设中,各监理、施工单位都先后成立基层党支

部,充分发挥战斗堡垒作用,广大党员在工程建设中充分发挥先锋模范作用,促进了工程质量、进度、安全以及党风廉政建设等方面的工作。在交通运输部质监总站进行的质量、安全及党风廉政建设的检查考核中,得到充分肯定和赞许。调研期间,闻垣高速公路建管处就公路建设的质量、安全、进度、党建及党风廉政建设等方面情况进行汇报。

9月15日,李政文一行先后调研闻垣高速公路运城路桥LA2合同段、中交二分局三公司LA3合同段、山西路桥一公司LA6合同段。在调研中,李政文指出,闻垣高速公路作为运城区域一条在建高速公路,首先应该感谢省交通厅在项目立项、资金筹集等方面所做的工作。在工程建设中,运城市委、市政府在地方征迁中也做了大量工作,沿线人民群众在征迁工作中付出了很大牺牲,作出了突出贡献。

李政文在调研中,对建设管理单位提出4点要求,一是要严把质量关,修出一条高水平、高质量的高速公路。闻垣高速公路的桥隧占到全线32%,是一条难度比较大的高速公路,在工程管理和建设施工中,一定要将安全放在首要位置。二是要正确处理好工程建设与当地人民群众之间的关系,通过修建高速公路,给他们带来幸福,带来文明,提升沿线人民群众的生活水准。三是要在确保工程质量和安全前提下,加快工程建设进度。给晋、陕、豫三省以及垣曲、闻喜、绛县打开通道,加快区域经济社会发展。四是要进一步加强环保工作,特别要提前开始着手绿化工程,充分利用秋季多雨的大好时节,加快绿化工程。

在中交二分局三公司LA3合同段调研时,李政文就施工单位的承建项目和自身发展,提出指导性意见和建议。在听取LA3合同段经理关于项目部党建工作汇报后,李政文详细询问基层党组织建设,充分肯定闻垣高速公路充分发挥党委在工程建设中的核心领导作用的具体做法。在调研该项目部T梁预制情况后,李政文强调指出,干好这项工程,也能提高施工单位在山西的知名度,修好这条路意义非常重大;同时,对施工队伍也是一个考验,这条路的地形比较复杂,把路修好了,不仅对沿线群众有利,让群众受益,施工单位也同样可以受益。

9月16日上午,李政文一行察看临吉高速公路施工场面,在听取路基第4、第1合同段项目负责人汇报后,李政文指出,当前即将进入冬季施工期,要提前安排,科学组织,加快推进工程建设。软地基施工地段更要特别注意施工质量,细化管理,采取科学合理的施工工艺,消除以往多发的翻浆等通病。

听取临吉高速公路建设管理处有关项目概况、工程进展情况及存在困难等情况汇报后,李政文在讲话中,要求省交通运输厅和临汾市各级政府针对上述困难,要加大协调力度,尽快予以解决。尤其是公安系统要在符合条件的情况下,特事特办,加快火工品审批程序,为高速公路建设“开绿灯”。同时,建设单位要切实加强火工品使用、保管过程中的安全管理工作,杜绝安全事故。

段建国在讲话中,要求临吉建管处要卡死工期,抢抓时间,在保证质量、安全前提下,加大人力、物力投入,想尽一切办法往前赶,力争2010年路基全部完工,2011年全线竣工,为实现省委、省政府“扩内需、保增长、保民生、保稳定”目标作出积极贡献。

(董忻文)

方文平司令员对全省交通战备工作提出3点要求

3月5日,在全省纪念交通战备恢复30周年暨2009年交通战备工作会议上,省委常委、省国防动员委员会常务副主任、省军区司令员方文平在讲话中,回顾了自1978年恢复交通战备机构以来,交通战备工作发生的翻天覆地变化。30年来,全省交通战备工作实现历史性转变,专业队伍成长壮大,国防交通四通八达,完成任务更加出色,先后完成60

多次大型军事活动交通保障任务和抗击自然灾害等应急保障任务。在今后工作中，全省各级交通战备系统要始终坚持以科学发展观为指导方针，努力实现全省交通战备工作创新发展、安全发展、持续发展。一要继续发扬优良传统，以强烈的责任感、使命感和紧迫感，扎实干好本职工作；二要不断提高创新能力，要在体制机制创新上有新思路，在人才培养和引进上有新进展，在推进科技进步上有新成果，进一步改进工作观念，拓宽工作思路，增强自主创新能力，推动交通战备工作创新发展；三是全省各级政府和相关部门要加强对本级交通战备工作的组织领导，要以军事斗争准备和应对重大突发事件交通保障需求为牵引，坚持平战结合、军民结合、统筹规划、协调发展原则，及时研究解决交通战备工作中的重点和难点问题，把交通战备工作纳入国民经济社会发展规划，不断推进全省交通战备工作健康持续发展。

（魏建国）

方文平司令员视察国防公路

7月15日，省委常委、省军区司令员方文平，省军区参谋长姬亚夫一行在省交通运输厅党组副书记、副厅长、省交战办主任张润，省交战办副主任史荣和，省公路局局长戴飞等陪同下，视察吕梁公路分局承建的省道祁方线、古吴线文水开栅至温家庄段全长29.016公里的国防公路。

工程于2008年11月开工，2009年7月10日完工。主要是对原先路面进行补强、弯道加宽并且同步实施安保工程。

方文平一行视察祁方线安保工程，并查看一段钢筋混凝土护栏。

在座谈会上，方文平在讲话中充分肯定路面改造工程质量好，水平高，给予很高评价，称该线为富民路、拥军路、精品路、改革创新路。要求全省各级交通战备系统在今后工作中，要继续发扬优良传统，以强烈责任感、使命感和紧迫感，扎实干好本职工作；要继续贯彻落实科学发展观，努力实现全省交通战备工作创新发展、安全发展、持续发展，实现富国和强军统一，进一步统筹国防建设和全军建设；继续密切党和群众血肉联系，让老区人民尽快过上小康生活，坚持平战结合、军民结合、统筹规划、协调发展原则，不断推进全省交通战备工作健康持续发展。

张润在讲话中，要求围绕安保工程进一步完善绿化和美化环境，加强管理，保畅通，保安全，不能有超限车辆，保护路产，维护路权，确保公路不受破坏。要进一步完善标识标志、标线和附属设施，加大宣传力度，充分把开栅至温家庄公路建成国防样板路，发挥其最大的国防效益和社会效益。

（魏建国）

安焕晓副主任深入省重点公路工程建设工地调研

5月25日至26日，省人大常委会副主任安焕晓、秘书长朱明带领部分省人大代表视察全省重点公路工程建设情况。

为了更好地落实中央提出的扩大内需拉动经济增长，积极应对世界金融危机和省委、省政府推出的加大基础设施建设的一系列重大举措，今后两年，全省公路建设规模4.8万公里，项目总投资2500亿元。其中：高速公路建设规模3302公里，项目总投资2010亿元，分41个项目实施。两年建成1000多公里，到2010年，全省高速公路达到3000公里，2013年达到5000公里，到2015年，“三纵十一横十一环”高速公路网基本建成。2009年，全省安排高速公路建设项目26个，总建设里程2259公里，投资1395亿元，目前在建高速公路项目有12个，建设里程979公里，总投资570亿元。

省人大代表们先后深入太古、阳五、忻阜

高速公路建设工地视察。在太古高速公路西山隧道建设工地,代表们听取建设单位负责人汇报;得知该隧道是全国目前在建高速公路里程最长的隧道后,无不兴奋,齐赞山西交通人确实了不起。在阳五高速公路维社隧道、桃河特大桥,代表们得知是招商引资BOT项目,更是好奇,详细询问该项目投资、建设及将来运营管理情况。在忻阜高速公路凤凰岭隧道,代表们得知忻阜高速公路依靠高科技注重植被保护、土地节约被交通运输部确定为全国四项"高速公路科技示范工程"之一时,齐声称赞山西交通不仅是一支敢打敢拼、具有奉献精神的队伍,更是一支用高科技武装,注重环境保护、土地节约,讲科学、讲管理、讲文化的文明之师。

厅党组书记、厅长段建国向代表们汇报了新一届省交通厅党组成立以来,在新的起点上谋划和推动交通新发展取得的各项新成绩和当前工作中存在的问题、困难及下一步工作重点。安焕晓副主任在讲话中指出,多年来,山西交通事业蓬勃发展,为全省经济快速增长作出不可估量的贡献。当前,面对世界金融危机影响,省委、省政府拿出6500亿元用于拉动经济增长,公路投资是最大的一笔。如何用好这笔钱,更好地发挥拉动作用,使各个项目如期实施是一个重要的任务。她表示:需要人大解决的省人大将尽快研究解决,为交通建设创造良好施工环境,并希望全省交通系统要以学习科学发展观为契机,化危机为机遇,争取资金,争取项目,总结经验,鼓舞干劲,增强信心,团结一致,为实现省委、省政府提出的转型发展、安全发展、和谐发展作贡献,同时为全省各条战线树立新榜样。

厅领导段建国、韩日裕、张志川、部玉兰、张德仪、曹燎原、郭贵平参加汇报会或陪同视察。

(董忻文)

安焕晓副主任深入太古高速公路建设工地视察

12月19日,省人大常委会副主任安焕晓带领部分在晋全国人大代表深入太古高速公路建设工地视察。厅党组书记、厅长段建国,厅副巡视员郭贵平等陪同。

在西山特长隧道建设现场,代表们认真听取太古高速公路建设情况汇报,对工程建设各项安排部署表示满意。得悉13.65公里的西山特长隧道是目前全国在建的第一长公路隧道,仅次于通车运营的18.02公里的秦岭终南山隧道时,代表们表示震撼。希望抓好工程质量,争夺鲁班奖;保证建设工期,2011年10月建成通车。同时,要千方百计确保安全生产,真正让重点公路工程建设服务于全省"保增长、保民生、保稳定"大局。

安焕晓表示,代表们将积极反映建设中遇到的困难和问题,帮助争取国家政策支持,推动全省重点公路工程建设顺利进行,进而为全省转型发展、安全发展、和谐发展作出新贡献。

(董忻文)

郭海亮副主任深入忻阜高速公路凤凰岭隧道建设工地慰问

2月6日下午,省人大常委会副主任、省总工会主席郭海亮等一行深入正在建设中的忻阜高速公路凤凰岭隧道工地,亲切慰问春节期间坚守重点工程建设一线职工,授予铁十二局忻阜项目部"工人先锋号"旗帜。省交通运输厅领导段建国、部玉兰,省总工会常务副主席高凤平,省总工会副主席、巡视员郭争荣,忻州市人大常委会副主任、市工会主席智俊德,省公路运输工会主席王晓光等出席慰问活动和授旗仪式。

在凤凰岭隧道建设工地,建管处处长冯建刚向郭海亮一行介绍忻阜高速公路项目建设情况。当得知建设者们春节期间仍奋战在工程一线、抓紧施工时,郭海亮连声称赞是一支"英雄的队伍"。郭海亮一行为建设者送上慰问金和慰问品,将"工人先锋号"旗帜授予中铁十二局集团忻阜高速项目部。他指出，当前，面对国际金融危机给全省经济发展带来的严峻挑战，工人阶级要始终站在时代前列，同心协力，共克时艰，充分发扬特别能战斗、特别能吃苦、特别能奉献的精神，唱响“咱们工人阶级有力量”，发挥好工人阶级主力军和中流砥柱作用，让“工人先锋号”这面旗帜在全省重点工程建设工地上高高飘扬。他希望建设者再接再厉，不断掀起工程建设高潮和劳动竞赛热潮，保安全，保质量，保工期，以优异成绩迎接新中国成立60周年。

凤凰岭隧道位于五台县境内，隧道左线长5885米，右线长5760米，是忻阜高速公路里程最长、施工难度最大的隧道，是全线的主要控制性工程之一。自2008年底进场展开冬季施工以来，取得积极进展。目前，隧道进口左右线仰拱已全部完工，正着手准备进洞。出口于2009年1月21日正式进洞，右线上导已掘进14米，中导掘进2米，左线上导已掘进6.5米，中导掘进1米，工程质量稳定，安全生产形势良好。

（沈建明）

郭海亮副主任参加大运高速公路太原服务区植树

4月14日上午9时，大运高速公路太原服务区内，省总工会、省交通厅、省高管局、太原高速公路公司机关干部职工400多人进行义务植树活动。省人大常委会副主任、省总工会主席郭海亮，省总工会常务副主席高凤平，厅领导段建国、王志民、张德仪，省公路运输工会主席王晓光、省高管局局长董新品与大家一起培土、浇水，一上午共栽植胡杨、松柏2100多株。

为了打造绿色交通走廊，营造良好生态环境，让天更蓝、水更清、山更绿，近年来，全省交通系统坚定不移地倡导“绿色交通”理念，“路修到哪里，树栽到哪里”已成为全系统广大干部职工的共识。大力治理高速公路沿线环境，推进高速公路区域性连片绿化，搞好植绿护绿工作，将是全系统今后绿化工作的重点。

（沈建明）

牛仁亮副省长要求圆满完成全省公路建设任务

2月11日上午，在全省公路工作会议上，副省长牛仁亮在讲话中。充分肯定2008年全省公路系统各项工作，认真分析全球经济危机对全省经济社会发展的影响和交通公路系统面临的形势与任务。他说，为了应对经济危机带来的不利影响，党中央、国务院作出两年投资4万亿元扩内需、保增长、调结构、惠民生的战略部署。据此，全省计划两年内投资6500亿元，其中公路建设2500亿元，涉及2500公里干线公路建设改造320亿元。从短期看，是为了拉动内需，促进经济发展；从长远看，是为了进一步缩小城乡差距，加快全省现代化建设。这是历史上从未有过的，也可能是空前绝后的。全省公路系统干部职工要认真落实省政府有关交通的重大部署，抓好公路建设资金落实，加快建设进度，确保建设质量，建立公路建设质量终身问责制，完善实施规范的财务制度和公开透明的招投标制度，建设一支能干事、干成事、不出事的公路干部队伍，确保全省公路建设任务的圆满完成。

（沈建明）

牛仁亮副省长深入省道临午线改建工地调研

5月17日下午，副省长牛仁亮深入省道临午线改建工地调研。省政府副秘书长崔国红，省交通厅党组书记、厅长段建国，临汾市代市长罗清宇，副市长赵建民等陪同。

项目跨越临汾4县9乡镇，起点临汾市滨河西路马务村，终点大宁县城，实际建设里程104.546公里,其中:一级公路71.524公里,二级公路33.022公里,批复概算24.26亿元。目前已全面开工,计划2010年7月1日前完成主体工程,8月竣工通车。

牛仁亮副省长在工地听取施工情况汇报后,提出6点要求。一要确保安全生产,杜绝发生安全事故;二要确保工程质量,不得随意降低建设标准;三要文明施工,做好文物、环境保护及水土保持工作;四要做好进度计划和安排,2010年7月竣工;五要加强成本核算管理,做到工程投资不超概算;六要搞好公路绿化,工程主体完工时,要同步实施公路两侧绿化林带的建设。

段建国在讲话中,要求临汾公路分局作为项目主管单位,要认真落实牛仁亮副省长的指示精神,依靠地方政府,加强工程管理,确保实现质量、安全、进度和效益目标。

(魏建国)

牛仁亮副省长深入灵丘至山阴高速公路建设工地现场办公

7月9日,副省长牛仁亮在省交通运输厅党组书记、厅长段建国,厅党组副书记、副厅长张润等陪同下,深入灵丘至山阴高速公路就工程建设中需要协调解决的问题进行现场办公。省发改委副主任王赋、省林业厅总工程师任建中、省电力总公司副总经理曹福成和朔州市及应县党政主要领导、有关部门负责人参加。牛仁亮在讲话中,要求各级政府及有关部门、单位,要加快工作节奏,迅速解决问题,确保顺利推进建设。

牛仁亮一行从省城赶到灵丘至山阴高速公路第13合同段施工现场时,已是炎热的中午。在现场,牛仁亮看着展开的路线走向图,向段建国、张润等厅领导及建设单位、施工单位负责人详细询问项目设计、招标、前期工作和施工进展情况,对省交通运输厅和大同、朔州市委市政府加强组织协调、全面推进建设及各有关部门、单位全力支持建设给予充分肯定与高度评价,对目前全线尚需协调解决的杨树林砍伐、电力线路改迁、天然气防护工程等问题,当场责成有关部门、单位限期解决,为工程建设创造更加宽松的环境。

灵山高速公路于2009年6月10日开工建设。截至目前,路基原地面处理完成90%,土石方完成8%;涵洞、通道基础完成35%,圆管涵完成80%;桥梁桩基完成15%;隧道全部开工。

(董忻文)

牛仁亮副省长深入长治市调研

8月20日下午,副省长牛仁亮带领省政府办公厅、省发改委、省交通运输厅、省国土资源厅、省旅游局、省电力总公司等有关部门和单位负责人深入长治市,对高速公路建设情况进行调研。牛仁亮深入长安高速公路(长治至平顺段)施工一线实地察看工程建设,进行具体指导,并召开长治高速公路建设现场推进座谈会,研究解决有关问题。

座谈会上,厅党组成员、副厅长张志川介绍长治高速公路建设情况,长平高速公路建管处处长杨勇汇报施工进展及存在的问题。省直有关部门及长治市、县领导也在会上就相关工作进行发言。

牛仁亮认真听取汇报,对长平高速公路自开工以来工程建设有序进行并取得阶段性成果表示肯定,对建设过程中涉及到的问题现场提出解决办法并进行安排部署,责成相关部门落实解决。

牛仁亮在讲话中,要求全省各级各有关部门要抓住高速公路施工的大好季节,加大力度,加快进度,依照有关法律法规和既定程序,加快建设进程,千方百计筹集资金,严把质量关、安全关,对高速公路建设进行全过程质量安全管理。省相关部门和单位要进一步加强配合,形成合力,确保全省高速公路建设保质保量按期完成。 (董忻文)

牛仁亮副省长深入忻保高速公路施工一线考察指导工作

12月7日，副省长牛仁亮在省政府副秘书崔国红，省交通运输厅党组书记、厅长段建国，厅党组成员、厅总工程师部玉兰，厅党组成员、省公路局党委书记赵振田，忻州市副市长杨晋生等陪同下，冒着严寒，踏着积雪，深入忻保高速公路建设工地进行考察指导。

在L2标建设工地，牛仁亮认真听取忻保高速公路建管处领导有关建设情况汇报，详细了解全线路基土石方、桥涵、隧道完成情况及工期安排，对2010年建成78公里形成小循环、2011年全线贯通的安排部署表示非常满意。当听说芦芽山隧道、云中山隧道等制约工程为了早日建成仍在紧张施工时，牛仁亮很高兴，连声说"早通车、早受益啊!"并对筑路员工战天斗地的这种精神风貌给予高度评价。他还向建管处领导、项目部负责人进一步了解大梁预制所采取的质量保证措施和手段以及成本增加幅度。他说，能保证工期的情况下原则上不鼓励冬季施工，就是能确保质量赶工期也要算大账。早通车是早受益，但这个"益"和增加的成本要好好测算一下。他还要求在确保冬季施工质量和安全的同时，搞好大家的生活保障。天气一天比一天冷了，御寒物资物品一定要到位。

当得悉全省路桥困难企业中北路桥和吕梁路桥在忻保高速公路干得相当不错时，牛仁亮非常高兴。他说，我们的队伍的确不错，我从来也没有怀疑过他们的战斗力，之所以出现困境，与个别领导干部的素质和企业管理有很大关系。他希望这些企业能够好好吸取教训，在全省新一轮高速公路建设的历练中走出困境，发展壮大，再振雄风。

牛仁亮特别强调，年关将近，农民征地拆迁补偿、农民工工资必须足额到位。交通部门、各级政府都必须心中有数，高度重视。尤其是农民工工资，要研究一套保障制度。比如，工程建设农民工工资抵押金制度，业主可根据工程造价按一定比例扣除可足够发放农民工工资的抵押金，如有拖欠，业主可直接用抵押金支付农民工工资。那些因分包、转包而拖欠农民工工资的施工单位，要列入全省公路建设招投标黑名单，在今后的工程建设中坚决取缔其投标资格。

（沈建明）

张建欣副省长深入太原市检查春运工作

12月30日下午，副省长张建欣冒着严寒深入太原市迎宾汽车站、晋龙捷泰公司检查指导元旦期间全省道路运输安全工作。省政府副秘书长巨宪华、省公安厅副厅长廉兴有、省安监局副局长霍红义、省交通运输厅副厅长张志川、省运管局局长李华中、省交管局局长边智慧、山西汽运集团董事长胡鲜朝以及太原市政府、市交通局、市运管局、市交警支队等有关人员陪同调研。

张建欣一行分别对太原市迎宾汽车站、晋龙捷泰公司维修厂、检测线进行检查，并与司乘人员进行亲切交谈。之后还视察了晋龙捷泰公司GPS安全监控指挥中心，观看公司GPS监控系统演示。在晋龙捷泰公司召开的座谈会上，听取交通、公安以及客运企业关于安全生产方面的情况汇报。省运管局局长李华中重点汇报全省道路运输行业"两节"期间的运输组织以及行业安全监管情况。

张建欣在讲话中，对晋龙捷泰公司公司化管理，运用科技手段积极推广GPS，提高运输安全管理水平的做法给予充分肯定。认为一年来全省安全形势明显好转，省交通运输厅、省运管局在抓好全行业安全生产整治、遏制重特大事故的发生等方面作出重大贡献。她说，交通运输事关人民群众生命财产安全，交通、公安、安监等相关部门要抓源头、抓环节，从严从细，配合专项治理，督促落实安全生产各项措施。同时要发挥国有企业的龙头作用,全省推广。张建欣代表省政府向奋战在全省交通运输一线的干部职工以及广大从业人员致以新年慰问,鼓励大家要认真总结经验,继续做好安全生产各项工作,为全省人民过一个安全、祥和、文明、有序的“两节”作出更大贡献。 (魏建国)

杜五安同志深入忻阜高速公路建设工地调研

8月11日,原省人大常委会副主任杜五安深入忻阜高速公路建设一线视察指导工作。省交通运输厅党组书记、厅长段建国,厅党组成员、厅总工程师郜玉兰及忻州市人大常委会副主任智俊德、副市长杨晋生一同视察指导。

杜五安一行先后来到忻阜高速公路项目起点忻府区秦城枢纽、古峪沟特大桥、凤凰岭隧道、长城岭隧道等建设工地视察。每到一处,杜五安都详细了解工程进展、安全生产、现场管理情况。特别是对继武宿立交枢纽之后,全省又一个连接大运高速公路和五保高速公路的大型枢纽秦城枢纽设计高科技含量和采用钢筋混凝土箱梁工艺确保大运高速公路畅通的做法、古峪沟特大桥的施工难度和生态保护,全省首条双向6车道隧道长城岭隧道的建设难度作了更深入了解和关注,并向段建国、郜玉兰询问与河北省交界处长城岭隧道建成后运营管理的协调情况。

杜五安在讲话中指出,项目开工以来,在省委、省政府高度重视下,在省交通运输厅正确领导下,在沿线地方各级党委、政府大力支持下,在广大人民群众积极配合下,忻阜高速公路建管处和全体建设者坚持“依法筑路、科技筑路、优质筑路、安全筑路、廉洁筑路”理念,紧盯阶段目标奋力攻坚,大干快上,科学管理,昼夜施工,较好地完成阶段性建设任务。忻阜高速公路建管处要扎实有效组织全体参建单位和建设者,继续坚持以科学发展观为指导,认真落实省委、省政府和省交通运输厅党组的决策部署,紧紧抓住国家实施的积极政策,扩大内需拉动经济的历史机遇,发扬太旧精神,弘扬大运精神,确保工程质量和安全生产;要倒排工期,强化精细管理,确保年度投资目标顺利完成,强化质量、投资、工期三大环节,建立健全各项档案和基础资料,坚持依法筑路、环保筑路,把忻阜高速公路建设成为经得起历史考验的优质工程、民心工程。杜五安对忻州市委、市政府高度重视和支持重点工程建设的各项做法,忻府区、定襄县采取有力措施化解矛盾的做法,五台县“零干扰”创优施工环境的做法给予高度肯定。同时希望沿线各级党委、政府和有关部门要继续加大支持力度,密切配合,努力把忻阜高速公路建设成为精品高速公路。

(董忻文)

厅领导调研摘记

厅领导调研摘记

段建国厅长要求增强做好春运和安全生产工作责任感

1月6日，在全省交通春运暨安全生产工作视频会议上，厅党组书记、厅长 段建国在讲话中，要求提高思想认识，增强做好春运工作和安全生产工作的责任感、使命感和紧迫感；要突出重点，落实各项措施；要把安全生产放在一切工作首位，把稳定工作抓在各级党政主要领导手上，抓实抓好服务工作；要加强组织管理，确保“安全、畅通、文明、和谐”目标胜利实现；要完善保畅通、保运输、保安全的应急预案，增强预案针对性、有效性和可操作性，做好应急物资及运力储备，加强春运及“两节”、“两会”期间的值班工作，做好春运检查和慰问工作，明察暗访春运各项措施特别是安全生产措施的落实情况。各市交通局、省公路局、省高管局、省运管局、省地方海事局都要建立春运工作重点联系企业制度，实行分工包片监管责任制，明确监管责任，加大监管力度。（孙乾灏）

段建国厅长要求全面提升道路运输业发展水平

1月21日，在全省道路运输工作会议上，厅党组书记、厅长段建国在讲话中，首先对一年来各级交通主管部门和运管机构所取得的成绩给予充分肯定，尤其是对年初南方冰冻灾害期间抢运电煤、北京奥运会期间提供运输服务和源头治超工作等方面，展示山西运管队伍的能力和形象给予赞誉。对2009年工作，提出3点要求。一要紧紧抓住国家扩大内需、基础设施超常发展的机遇，加快道路交通全面、协调、可持续发展。二要紧紧抓住全省实施转型发展、安全发展、和谐发展战略的机遇，加快发展现代交通运输业。主要做好转变交通运输发展方式、加快以现代物流业为核心的现代服务业发展、抓好节能减排；加强安全监管、继续抓好源头治超等几项工作。三要紧紧抓住行政管理体制改革的机遇，加快建设综合交通运输体系。要充分发挥道路运输业的比较优势；要注重各种运输方式衔接；要及早做好城市公交车和出租车管理的接收准备工作；紧紧抓住“费改税”机遇，加快道路运输管理上档升级。“费改税”改革，是2009年对运管机构带来深远影响的又一项重大改革，面临新形势、新变化，要转变思想观念；要加强新型运管人才队伍建设；要加强机关作风建设。道路运输发展的任务既光荣又艰巨，要深入贯彻落实科学发展观，尽快适应新形势提出的新要求、新挑战，凝聚行业的力量和智慧，以更加昂扬精神，更加务实工作，全面提升道路运输业发展水平，努力开创道路运输业发展新局面。

（孙乾灏）

段建国厅长对全省海事工作提出3点要求

1月21日下午,在全省地方海事工作会议上,厅党组书记、厅长段建国在讲话中,代表厅党组对受到表彰的先进集体和先进个人表示祝贺,向辛勤工作在全省海事战线的广大干部职工表示亲切慰问,并提出3点要求。一要把保障水上交通安全工作作为海事工作的重中之重,认真吸取事故教训,特别是要加强重点时段、重点环节、重点水域和重点船舶的安全管理,采取得力措施和有效手段,防止群死群伤事故发生。二要加强海事应急能力建设。各级海事机构要结合实际,制订切实可行的水上交通应急预案,明确职责,规范程序,落实责任,并适时组织实操演练,做到关键时刻“拉得出,用得上”,提高应对突发事件的能力。三要加强海事执法能力建设。大同、朔州市交通局要抓紧时间完成海事机构的组建工作,争取将全省所有重点水域纳入到海事监管范围,确保全省水上安全形势稳定。

(董忻文)

段建国厅长要求省交通开发总公司发挥好引资融资平台作用

1月23日,在省交通建设开发投资总公司2009年度工作会议上,厅党组书记、厅长段建国在讲话中,对公司一年来取得的令人瞩目的成绩表示充分肯定,对公司多年来在引资融资、公路建设、公路经营管理等方面对山西交通发展作出的贡献表示衷心感谢。要求认清形势,勇挑重担,继续发挥好省交通厅引资融资平台作用,为全省公路建设提供资金保障。在明确企业定位的同时,要继续解放思想,更新观念,加快发展,要有把企业做大做强的责任感和使命感。他说,单一产品、单一产业结构很难适应、承受复杂多变的市场环境和竞争压力,要走跨行业、跨地区、跨所有制的多元化发展之路,多与其他有经验、有实力的企业合作,开阔新视野,吸取一切有利于企业发展的要素,加强巩固自身建设。要加强企业内部管理,突出重点,狠抓难点;要进一步推进企业文化建设,提升企业整体形象,在新一轮交通发展中大显身手,为全省公路建设再创佳绩作出新贡献。

(孙乾灏)

段建国厅长、郭贵平副巡视员深入忻州市慰问

1月23日下午,厅党组书记、厅长段建国,厅副巡视员郭贵平深入忻州市慰问交通系统困难职工和离退休老干部,为他们送上慰问品及慰问金。省公路局局长戴飞、省运管局局长李华中及厅机关相关处室负责人陪同。

在忻州退休厅级老领导胡玉珍家,段建国关切地询问了他的病情和治疗情况,叮嘱家人要悉心照顾,并要求有关领导要多关心,克服各种困难解决好医治问题,让老人健健康康地欢度晚年。在忻州公路分局88岁的离休干部韩风棋家,段建国了解到子女工作难解决后,嘱咐公路分局领导要切实安排好子女的具体问题。段建国还慰问了中北路桥公司特困职工艾连科及忻州高速公路公司忻州收费站的收费人员。

段建国在慰问忻州交通系统职工的同时,还专程到忻州汽车客运站检查春运安全工作,在忻州收费站了解高速公路节日期间的应急准备情况。

在忻州汽车客运站检查中,段建国听取了汽车站负责人关于春运情况汇报,并查看乘客进站、安检和文明服务情况,登上客运车辆询问乘客对忻州春运工作的意见和建议,并表示对举报倒客、甩客和乱涨价的车辆,一经核实坚决取消其客运资格,清理出客运队伍。要求客运站负责人一定要把安检放在首

位，让每位乘客都能安全回家过年，真正使旅客走得了，走得好，进满意站，乘放心车，把服务放在心上，让每位乘客都能有宾至如归的感觉。要把消灭安全隐患和优质服务有机地结合在一起，坚决打好春运这一仗。

在忻州高速公路公司忻州收费站，段建国对高速公路节日期间应急准备情况安排有序表示满意，要求该公司领导一定要做好节日期间的应急保障工作，为广大司乘人员及游客春节期间创造安全畅通的出行环境。

（孙乾灏）

段建国厅长、郭贵平副巡视员深入省交通监理总公司调研

1月24日上午，厅党组书记、厅长段建国，厅副巡视员郭贵平，带领厅机关有关处室负责同志，深入省交通建设工程监理总公司进行调研。

听取汇报后，段建国在讲话中，充分肯定公司2008年各方面工作所取得的可喜成绩。希望抓住全省高速公路迎来新一轮建设高潮有利契机，在省交通厅大力支持和指导下，打好翻身仗，迎来大发展。一是继续坚持以科学发展观为统领，继续解放思想，进一步加快机构改革步伐，拓宽领域，开拓市场，改革创新，建立现代企业管理制度。二是在全省高速公路建设新高潮的大好形势下，把省交通厅给予的扶持政策用足、用好，使其转化为推动企业改革发展的现实生产力。三是广拓市场，严格管理，提升效益。进一步加大项目前期工作力度，提早参与，抢占市场。在选择项目时，要以省内项目为主，争取最大份额地占有市场，有选择地巩固省外市场；要依托现有项目，把资质信誉高、监理环境好、中标几率大、监理利润高的项目作为重点，使有限的资源得到最充分的利用和发挥，有效规避市场风险。四是加强领导班子建设，思想要统一，班子要团结，拧成一股劲，要让企业尽快摆脱困境。五是进一步加大咨询、房建、桥梁加固、设计的资质就位和升级工作力度，注重引进和培养咨询、房建监理和设计人才，充分利用现有条件，抓住有利机遇，在拓展业务方面有所突破。六是关心职工，爱护职工，解决好职工的“三险”问题，解决好职工后顾之忧。七是提高监理人员待遇，吸引和留住人才。

郭贵平也对监理公司提出具体要求。

调研结束后，段建国、郭贵平到该公司特困职工杨红丽家中进行慰问。

（沈建明）

段建国厅长深入太原高速公路公司慰问收费人员

1月26日，牛年的第一天。一大早，厅党组书记、厅长段建国冒着严寒，在阵阵喜庆的鞭炮声中，深入太原高速公路太原滨河收费站，向坚守工作岗位的一线职工拜年，祝他们牛年吉祥，万事如意。

整洁的滨河收费站广场，寒风刺骨。段建国厅长在省高管局局长董新品、党委书记李万定及厅机关有关处室负责同志陪同下，走到身着统一服装的收费人员面前，一一握手祝福，并送上干鲜水果等慰问品。段建国深情地对收费人员说：大年初一是合家团圆的日子，你们舍小家、顾大家，牺牲与家人团聚的机会，坚守工作岗位，为全省经济发展作出了贡献。正月初一来到收费站，一是给大家拜年，慰问看望坚守在基层一线的收费人员；二是感谢收费人员过去一年所作的贡献。值此新春佳节，特代表厅党组向全省交通系统的干部职工及其亲属表示感谢！衷心祝愿大家在新的一年里，工作顺利，身体健康，全家幸福！

厅领导的拜年活动结束了，但是厅党组与厅工会组织的深情和关爱，依然在收费站每一名职工的心中回荡。

（董忻文）

段建国厅长要求省交通设计院精心组织设计

2月3日,在省交通设计院2009年工作会议上,厅党组书记、厅长段建国在讲话中,简要回顾2008年全省交通工作,特别是对省交通设计院发挥主力军作用,为省交通厅年内开工1000公里高速公路目标实现奠定的坚实基础给予充分肯定。他说,成绩的取得,得益于有一个坚强有力的班子,一支政治上靠得住、业务上撑得起、关键时刻用得上的干部队伍。他希望省交通设计院针对2009年新形势,抓住国家扩大内需机遇,面对更大挑战和压力,继续当好设计主力军,围绕省交通厅下达的公路建设任务,合理安排各项工作,环环相扣,精心组织设计,加强质量管理,提高设计水平。在保证设计质量的前提下,顺利完成设计任务,为全省经济建设再立新功。要以创新为动力,吸取国内外先进经验,坚持统筹兼顾,坚持科技为先,坚持以人为本,以新理念、新技术,参与到省内外甚至国际公路建设项目中,设计出高水平工程项目,创造一流品牌。（孙乾灏）

段建国厅长要求省交通科研院担当行业科技创新生力军

2月5日,在省交通科研院2009年工作会议上,厅党组书记、厅长段建国在讲话中,代表厅党组感谢省交通科研院为全省交通事业作出的巨大贡献,希望科研院在面临严峻经济形势,也面临交通加快发展大好机遇的情况下,正确把握机遇,加快发展,充分发挥技术优势、人才优势,在交通新的大发展中担当行业科技创新生力军。一是突出重点,着力突破关系交通快速发展、转型发展的关键技术;二是面向行业,打造行业科技创新的企业平台;三是立足眼前,为再掀公路建设新高潮提供前期工作支持;四是着眼长远,大力加强创新型人才队伍建设,发扬成绩,再接再厉,脚踏实地,埋头苦干,为全省交通运输事业科学发展作出新的更大贡献。

（孙乾灏）

段建国厅长希望中国银行山西分行给予金融支持

2月6日上午,在与中国银行山西分行领导座谈时,厅党组书记、厅长段建国重点介绍全省高速公路建设及融资工作情况。他说,从1993年山西开始建设第一条高速公路太旧高速公路到2008年15年里,全省已建成高速公路1965公里,“人字骨架”建成,太原到各市实现三小时高速通达;与四邻省区高速公路连通,全省高速公路出省口达到11个。2008年,党中央、国务院扩大内需战略部署出台后,全省确定两年内投资6500亿元建设基础设施,其中公路建设达2500亿元。为此,省交通厅及时调整全省高速公路建设规划,由原来的“人字骨架、九横九环”总规模4050公里调整为“三纵十一横十一环”总规模达6300公里,已经省政府批准。建成后,全省119个县市全部半小时上高速。2009年、2010年全省要新开工建设高速公路3000公里共40个项目,总投资约2000亿元,需要资本金700亿元。和建设用地指标一样,资金也是制约山西高速公路建设的另一个重要因素。为了确保建设资金,省交通厅计划从十个渠道进行筹融资,2008年底与包括中国银行山西分行在内的五大银行达成框架协议,资金总额达1750亿元。目前,能落实的资本金缺口还很大,直接影响全省2010年3000公里、2013年5000公里高速公路目标的实现。希望中国银行山西分行能加大力度予以进一步的资金支持。他说,虽然山西高速公路里程不是很长,但年公里收费近460万元,效益不次于东部发达省份;此外,山西交通有个优良传统,向来是一分钱掰成两半花,不仅公里建设质量高,资金使用监管力度大，使用效益高，资金运行很安全。他表示，不管哪个项目，所有资金由省交通厅统贷统还，绝对保证银行资金安全和收益。

魏国斌行长表示，分行会认真考虑省厅提出的要求，尽最大努力支持全省公路建设。

唐茂恒对全省交通建设成就予以高度评价，认为高速公路规划鼓舞人心，建成后路网不比欧洲发达国家水平差。他十分看好山西公路建设前景和未来预期收益，表示借款人优先选择交通，项目优先考虑高速，其他银行能够做到的中国银行也一定能够做到，希望能与山西交通进一步加强合作，步子迈得再大一点，再快一点，在信贷、债务风险管理及其他金融产品方面展开更深层次合作，全力为交通建设提供优质、高效金融服务，为推动山西经济社会发展作出新贡献。

（沈建明）

段建国厅长要求忻阜高速公路充分发挥典型示范作用

2月6日，在陪同省总工会领导赴忻阜高速公路建设工地慰问时，厅党组书记、厅长段建国在讲话中，代表省交通厅党组和全省13万交通职工，向省总工会领导的到来表示感谢，向战斗在工程建设一线的施工人员表示亲切慰问。他说，忻阜高速公路是国家发改委批准立项建设的重点项目之一，是全省人民期盼已久的旅游路、开放路、惠民路。2008年12月29日省政府推进会后，项目业主、监理、施工人员抓重点、攻难点，全面推进工程建设，取得可喜成绩。要以“工人先锋号”授旗为契机，在全省高速公路建设中掀起创建活动热潮，掀起大干快干加巧干热潮，充分发挥典型示范作用，不断扩大“工人先锋号”的效果和影响。在工程建设过程中，要广泛吸收和借鉴国内外高速公路先进技术和成功经验，建立健全工程质量保证体系和责任体系，合理安排工期，科学组织施工，确保工程质量，确保安全生产；要坚持人与自然和谐共处，最少程度地破坏生态，最大限度地保护生态，最强力度地恢复生态，建环保路，建生态路，建资源节约之路；要高度重视和切实加强反腐倡廉建设，坚决克服工程建设中的腐败现象。广大建设者要充分发挥聪明才智和创造性，发挥工人阶级的主力军作用，早日建成忻阜高速公路，让人民群众早日享受到高速公路给旅游和出行带来的方便，为保增长、扩内需，为全省改革开放和现代化建设作出新贡献。

（孙乾灏）

段建国厅长要求全省公路系统创造性地开展工作

2月11日上午，在全省公路工作会议上，厅党组书记、厅长段建国在讲话中，对全省公路系统广大干部职工2008年为山西交通作出的贡献表示感谢，对他们在干线公路改造、农村公路建设、“双超”治理、接纳路桥、入川抢通保通等工作中做出的成绩给予充分肯定。要求全省公路系统正确把握当前面临形势，振奋精神，抢抓机遇，以求真务实精神创造性地开展工作，推进公路新一轮改革和发展。一要抓重点。切实抓好干线公路改造升级、“双超”治理、养护管理、路桥改革发展稳定等工作；二要抓落实。所有工作必须科学安排，层层分解，加强督察；三要抓改革创新。公路系统一定要在人、财、物上继续支持“村村通”工程建设，确保目标任务完成。省交通厅将继续为省公路局各项工作创造有利的环境和条件。

（沈建明）

段建国厅长对全省高速公路管理工作提出3点要求

2月18日，在2009年全省高速公路管理工作暨“双百佳”表彰大会上，厅党组书记、厅长段建国在讲话中,充分肯定2008年高速公路管理工作取得的成绩。他说,高速公路行业作为全省交通行业的一个重要组成部分,在全省交通新的跨越式发展中服从大局、服务全局,改革创新、提升服务,为交通事业作出了很大贡献。2009年要正确把握当前面临形势,以奋发有为精神状态推进高速公路建设新高潮。一是抓重点,促全面,推动高速公路管理工作再上新台阶。要进一步强化高速公路收费管理,挖潜堵漏,降低成本,提高收费效益;要强化管理,毫不动摇地行使行业管理职能;要进一步提升公共服务能力,着力提高惠民便民、突发事件应急处置和公路防灾抗灾能力,继续组织实施好公路安保工程,继续加强桥梁隧道管理;要进一步加强治超工作。二是抓改革,促创新,进一步增强高速公路发展动力。要进一步推动融资创新,重点抓好利用高速公路通行费结余收入融资创新工作;要积极推进管理体制创新,建立有利于促进高速公路建设和运营协调发展的新体制、新机制;要积极推进科技创新,借助世界最新技术,提升全省高速公路管理水平。三是抓落实,确保全年各项任务完成。要建立完善工作责任,加强督察,推动工作落实,严格责任追究;对于工作完成不力者,要层层追究相关单位和领导责任。

(董忻文)

段建国厅长、王志民副厅长深入省运管局调研

2月23日下午,厅党组书记、厅长段建国,厅党组成员、副厅长王志民在厅机关有关处室负责同志陪同下,深入省运管局调研。先后听取省运管局党委书记、局长李华中和太原、晋中、忻州3市运管局(处)长以及并州运业、晋龙捷泰运输企业负责人工作汇报。省运管局有关领导还就立法、道路运输安全等方面进行详细汇报。

王志民在讲话中,充分肯定全省运管系统近期工作成绩,提出5点要求。一要认真落实道路运输安全生产专项整治工作,切实履行好“三关一监督”职责;二要对道路运输安全监管工作存在的问题提出具体解决办法和建议;三要继续推进对重点事项的解决;四要解决挂靠问题;五要将运输企业安全管理纳入质量信誉考核,加大份额占有率,基本上达到一票否决的目的。

段建国厅长在讲话中,对全省运管系统在安全生产工作方面所做出的努力及取得的成绩给予充分肯定。并针对大家从机制、体制、法律等方面提出的问题,提出5点要求。一是厅运管处要对这次会议提出来的合理性问题和建议进行全面梳理,逐条进行研究解决;二是对于交通系统内部的问题,要大胆解决,从自身寻找解决问题的办法;三是运管部门要与交警部门建立联动机制,做到信息共享,有力打击非法营运车辆;四是运输企业要针对此次会议提出的问题进行自查,找出解决问题的根本;五是厅运管处要尽快制定出道路运输安全问责制。 (孙乾灏)

段建国厅长深入阳泉市调研

2月26日,厅党组书记、厅长段建国带领厅机关有关处室负责人深入阳泉市调研。段建国一行先后深入307国道复线坡头至水峪段一级公路、郊区新北大街工程和阳五高速公路平定维社隧道等已建成或正在施工的公路建设现场,并与市领导在阳泉宾馆座谈。段建国表示,省交通厅将一如既往地支持和帮助阳泉交通事业发展,更好地促进阳泉经济社会快速发展。

阳泉市委书记谢海,市委副书记、市长白云,市委常委、常务副市长王旭明,市人大常委会副主任荆东生,市政协副主席马文建陪同调研。

近年来,阳泉市抢抓机遇,大力实施“四

个一批、五级联网"公路建设工程，累计投资47.6亿元，加快干线公路、县乡公路改造升级和村村通水泥（油）路建设。全市公路通车里程达到5252公里，公路密度、路面铺装里程、双通工程覆盖率等指标全省领先。特别是在省交通厅大力支持下，阳泉市自筹资金12亿元，建设207国道义井至白泉一级公路、307国道坡头至水峪段一级公路等，大大缓解太旧高速公路运输压力，提升全省对外开放形象。2008年以来，阳泉市抓住国家扩大内需、加大建设投资力度，和全省调整优化高速公路网规划，并在阳泉形成两横两纵一循环高速网布局的机遇，按照省厅要求，规划并启动建设了一批国省干线改造项目，总计投资61.93亿元。以期通过省、市、县重点项目实施，早日实现全市"十一五"规划"县县连高速"和"村到乡、乡到县、县到市半小时通达"目标。

在座谈会上，市长白云首先代表阳泉市政府，向省交通厅一直以来给予阳泉交通事业的支持表示感谢。白云指出，阳泉作为一个老工业基地，要加快资源型城市转型步伐，进一步完善城市功能、进一步加大统筹城乡发展，努力实现将阳泉建设成为区域中心城市和宜居城市的目标，必须优先发展交通事业。白云希望在今后的公路工程建设中，省交通厅能给予阳泉更多、更大的支持和帮助。并要求全市各级各部门要从大局出发，克服困难，努力为正在实施或即将实施的公路建设工程提供优质、高效服务，保证工程建设如期、有序进行。

段建国在讲话中指出，近年来，阳泉市委、市政府高度重视交通事业发展，在资金、土地等方面给予大力支持，在项目争取、立项和开工建设等环节上工作到位、措施得力，使阳泉交通事业发展取得显著成效。段建国表示，省交通厅今后将会一如既往地支持和帮助阳泉交通事业发展。并对307复线补助资金和307国道坡头至桃河桥、郊区214省道改造、307复线二期水峪至娘子关段等市、县重点项目和村村通全覆盖提出具体的支持和指导意见。段建国还介绍了全省高速公路新规划和建设情况，对阳泉境内的盂县至五台山、阳泉至和顺、平定至佳县高速公路建设项目，要求加快前期工作，力争今年开工。段建国认真听取有关阳泉至盂县高速公路进展情况，汇报后，希望阳泉市各级政府、各部门能继续转变作风，加大协调、服务力度，为工程建设创造良好施工环境，确保工程如期开工建设、竣工通车。 （孙乾灏）

段建国厅长对临汾市交通工作提出3点要求

3月2日，在临汾市交通工作会议上，厅党组书记、厅长段建国在讲话中，对临汾市交通工作给予充分肯定。他说，过去的一年，在省委、省政府正确领导下，临汾市公路建设坚持"四网并重"方针，通车里程快速增长，技术等级不断提升，路网结构不断优化，初步形成以高速公路为骨架、国省道为辐射、农村公路为延伸、旅游公路为补充的公路网，为全省交通建设作出应有贡献。国务院出台的十项政策措施，要求交通运输基础设施建设要加快发展，扩大内需，保持经济平稳较快增长。省委、省政府提出两年总规模6500亿元基础设施建设计划，并把公路建设作为重中之重来抓，在建设用地、项目审批、环保评价、文物发掘、征地拆迁、施工环境和资金等方面给予极大支持。要集中力量，认真抓好三方面工作。一要抓住国家扩大内需、促进增长有利机遇，努力把国家政策带来的机遇转化为临汾交通奋起直追、再上台阶的动力和结构调整、产业转型的现实生产力，再掀公路建设新高潮，推动临汾交通事业快速发展、安全发展、和谐发展。二要制定中长期规划，积极推进公路建设体制、投资体制创新，积极探索治超长效机制，切实加强安全、质量、廉政三项基本工作，促进交通事业大发展。三要同心同德，再接再厉，抢抓机遇，乘势前进，圆满完成扩内需、保增长使命，为促进经济平稳较快发展、构建新型交通格局作出新的更大贡献。

（沈建明）

段建国厅长要求从6个方面做好交通安全生产专项整治工作

3月4日，在省政府召开的全省交通行业安全生产专项整治电视电话会议上，厅党组书记、厅长、全省交通行业安全生产专项整治工作领导组组长段建国在讲话中，提出6点要求。一要切实加强领导，落实安全生产专项整治工作责任。各市县要相应成立交通行业专项整治领导组和办公室，省公路局、省高管局、厅重点办也要结合各自职能，相应成立专项整治领导组及办公室；各类生产经营单位要认真落实法定代表人履行安全生产第一责任人的责任，制订具体方案，通过层层签订专项整治目标责任书，把专项整治各项工作落实到各部门及各单位直至人头上。二要规范检查，严格安全生产行政执法工作。在专项整治检查期间，要严格检查程序。发现重大事故隐患和问题或违法行为时，要向被检查单位下达整改通知等执法文书，并责成其主管部门和当地政府督办。对于不认真组织专项整治工作的一些市、县，存在应当关闭取缔的非法生产经营单位而未彻底取缔的、应停产停业整顿而未依法停产停业或检查后仍然发生事故的，要建议监察部门追究有关人员的责任。三要广泛宣传，完善安全生产群众举报奖励机制。各地、各部门要充分利用广播、电视、报纸、互联网等媒体，加大对专项整治工作的宣传力度，对专项整治工作认识不到位、工作不认真、整治工作走过场的单位要予以公开曝光。同时，要进一步完善群众举报受理工作机制，设立举报电话、电子信箱等，保证24小时有人受理。接到举报案件要进行认真查证核实，需要省政府或省有关部门处理的要及时报告。四要统筹安排，保障安全生产专项整治工作设备和资金投入。各市、县人民政府及交通系统各部门、各单位、各企业要高度重视此次专项整治工作。要根据工作需要，抽调本部门有关负责人和业务骨干，并聘请专家和相关专业技术人员，切实把专项整治检查工作人员配足配强，对所需资金要认真核算确保到位，保障此次专项整治工作顺利开展。五要严格要求，确保安全生产专项整治工作人员清正廉洁。各级政府和交通主管部门、运输机构、海事机构、公路管理机构要加强对专项整治有关工作人员的廉政教育，严格细化廉政纪律，健全廉政监督机制。在专项整治中，各级检查工作人员不得收受任何单位和个人的礼金、礼券和礼物等，一经发现，要严肃追究有关人员的责任。六要搞好总结，及时上报安全生产专项整治工作情况。省、市、县交通行业专项整治领导组要于每月10日前将上月专项整治情况汇总并上报上一级专项整治工作领导组办公室。

（孙乾灏）

段建国厅长对全省交通战备工作提出新要求

3月5日，在全省纪念交通战备恢复30周年暨2009年交通战备工作会议上，厅党组书记、厅长段建国在讲话中，对加强交通战备工作提出指导性意见。他说，党的十七大对新世纪新阶段国防动员建设做出新的战略部署，胡锦涛总书记对国防动员地位作用、体制建设、后备力量建设等问题做出一系列重要论述，为新形势下加强交通战备工作指明方向。全省各级领导和从事交通战备工作的同志，必须站在战略全局高度，认清形势，统一思想，以强烈的使命感、责任感和紧迫感，科学筹划，科学组织，科学实施交通战备工作，凝聚全交通系统力量，在新的起点上推动交通战备工作发展。2009年是党和国家按照十七大部署深入学习科学发展观，应对新的考验和挑战，谋求新发展，实现新跨越的一年。对交通战备来讲,就是要努力抓住机遇,主动有所作为,不折不扣地贯彻中央军委战略决策和省国动委部署,奋发进取,扎实工作。各级领导和交通战备部门要以科学发展观为指导,切实把交通战备建设的发展思路、方法理清楚,实现交通战备科学发展、快速发展、协调发展、持续发展目标。一是坚持在交通基本建设中贯彻国防要求;二是稳定和完善交通战备工作机构;三是强化重点保障力量建设。随着交通费税改革,交通保障队伍面临许多新情况、新问题,全省各级交通战备部门和交通行政主管部门要面对现实,迎接挑战,不等不靠,积极探索交通费改税后交通保障队伍建设的对策、措施和方法,使保障队伍建得起来,坚持下去,真正能够在关键时刻拉得出、用得上、起作用。要进一步落实工作职责,搞好统筹协调,强化交通战备办公室自身建设,在省国动委统一筹划、指导和协调下,切实加强领导,采取有效措施,使交通战备各项工作落到实处。（沈建明）

段建国厅长深入闻垣高速公路建设工地调研

3月6日,厅党组书记、厅长段建国在运城市市长王安庞、市人大常委会副主任张道中陪同下,深入闻垣高速公路建设工地调研。

闻垣高速建管处汇报工程建设的管理模式、管理理念和管理办法以及工程进度、质量、安全、投资以及环境保护、地方协调等方面的工作情况。到目前为止,闻垣高速土方填筑完成总量51%,涵洞完成总量40%,桩基浇注完成总量75%,隧道完成总量22%,工程建设的各项指标都处在良好可控状态。

在调研期间,段建国一行先后察看中铁二十四局南昌分公司LA1合同段路基施工、中交二工局三公司LA3合同段桥梁和预制梁场以及中铁十一局LA5合同段隧道施工等现场。在LA1视察时,称赞中铁二十四局是老队伍,一定要带个好头,强调一定要注意施工安全,保安全,保进度。在LA3项目部座谈时,段建国询问钢材使用量、价格和采购情况,LA3项目经理以及公司董事长介绍工程施工管理及进度情况,合同段所需钢材1.2万吨,在建管处支持下,已经采购8000吨,保证在6月30日前完成路面施工任务。在LA5隧道施工现场,段建国还询问了隧道施工人数、每个班作业人员、每天进度以及完工时间等。

段建国在总结讲话中指出,全省2010年要建成1000公里高速公路,总里程要达到3000公里,时间非常紧,任务非常繁重,一定要加倍努力,保证工程进度,完成省委、省政府赋予我们的建设任务。一定要高度关注工程质量,隧道、桥梁等既是控制性工程,也是关键工程,要确保建成优质工程。安全问题是事关人民生命大事,是事关工程建设成败大事,也是关系到构建和谐社会大事。既要防止群体性安全事件发生,也要防止个体安全事件;要把安全工作确实放在心上,确保工程建设施工安全无事故。

（董忻文）

段建国厅长狠抓闻垣高速公路建设安全工作

3月6日,厅党组书记、厅长段建国带领厅办公室、厅公路管理处、厅重点办、省交通质监站负责人,在闻垣高速公路建设一线调研和督察质量安全工作时,发现LA5合同段中条山隧道右线施工二次衬砌跟进不及时,违反公路隧道施工技术规范及安全工作规程,存在重大安全隐患后,当即对承担施工任务的中铁十一局有限公司和承担监理任务的北京泰克华诚技术咨询有限公司提出批评,责令立即停止掘进,限期整改,二次衬砌达到安全要求后方可掘进,并不得再次出现类似情况。同时要求开展一次全省高速公路建设隧道施工安全大检查,建设、施工、监理、质监等单位各负其责,严格检查地质超前预测预报情况、初期支护情况、二次衬砌情况、通风及瓦斯检测情况、民爆物品管理情况、现场安全管理情况,严格落实安全施工各项措施。

此后,段建国先后在厅长办公会议和全省交通建设质量安全监督工作会议上两次通报闻垣高速LA5合同段中条山特大隧道施工二次衬砌不及时造成的重大安全隐患,要求全省高速公路建设系统举一反三,提高认识,结合全省交通基础设施建设施工安全专项整治,采取切实有力有效措施,排查整治事故隐患,严防各类生产事故发生,以稳定的安全生产工作成绩,保障施工人员生命安全,保障工程建设顺利进行。3月9日,省交通质监站对闻垣高速公路建设管理处发出《公路工程安全监督指令》,要求该处负责督导LA5合同段中条山特大隧道施工、监理单位,立即进行安全整顿,消除事故隐患,切实加强施工现场安全管理工作。

3月17日,《山西交通》一版头条刊发《闻垣高速LA5合同段中条山特大隧道施工二衬跟进不及时被限期整改》一文后,引起闻垣高速建管处高度重视,采取措施积极整改,并将整改方案向厅党组作了专题汇报。段建国厅长批示:“闻垣高速建管处举一反三,对所有工地安全情况进行严格检查,并制定整改措施,态度积极。” (董忻文)

段建国厅长要求开创全省交通质量和安全监督工作新局面

3月10日,在2009年全省交通建设质量安全监督工作会议上,厅党组书记、厅长段建国在讲话中指出,2009年高速公路开工2000公里、28个项目,2010年建成1000公里,两年建成10个项目,部分建成8个项目。多条高速公路目前已经在紧锣密鼓地进行前期工作,这些项目有2/3在山区,施工难度大,条件差,关键要抓好工程质量。要抓住重点,特别是特大隧道、特大桥梁,工程量大、施工难度大、任务艰巨,一定要严格监督,敢于动真“刀子”。特别是隧道建设是容易发生群死群伤的重要地段,安全问题一点都不能放松,要严格监督,解决熟视无睹问题。质量安全是建设优质工程关键,一定要严格监管,决不手软。宁听骂声,不听哭声。每一个质量安全监督工作者,特别是领导干部,要有压力感、危机感、责任感、使命感。对施工队伍要加强技术水平监管,严格把好质量关,绝不能有丝毫麻痹思想、侥幸心理,努力把各项工作做实、做细、做好。要对存在盲目追赶工期、施工组织设计针对性不强、可操作性差、项目施工工艺不规范、项目质量安全保证体系流于形式、工程实体质量安全问题突出、项目施工单位不按设计图纸施工、施工单位未经许可擅自变更设计等问题,决不能掉以轻心。要严格监管,绝不手软。有问题就进行公布,在媒体上曝光,引起重视,真正使全省交通质量与安全监督工作始终走在科学发展轨道上。工程质量和安全生产重于泰山,质监系统必须站在经济社会发展全局高度,不做表面文章,不搞花架子,不搞面子工程。必须以高度责任感履行职责,严格落实安全生产责任制、工程质量责任制、党风廉政建设责任制,认真组织开展安全生产整治活动、公路建设质量年活动和反腐倡廉活动,不断创新安全质量管理和反腐倡廉体制机制,确保工程优质安全廉政,开创全省交通质量和安全监督工作新局面。 (沈建明)

段建国厅长深入省交通干部学校调研

3月25日上午,厅党组书记、厅长段建国带领厅办公室、厅人事处、厅科教处、厅直机关党委等有关处室负责人深入省交通干部学校调研,就学校全面协调可持续发展及需要省厅协调解决的问题进行深入探讨。

段建国在听取校长肖毓恺关于学校基本情况、办学成就及存在问题、影响或制约学校发展的瓶颈等情况汇报后,对学校近年来取得的成绩予以充分肯定。他说，学校新班子履任6年来，发展思路清晰，目标明确，学校各项工作取得很大成绩，尤其是被交通部批准为第一批干部培训平台建设单位，并且是部里确定的平台建设工作协作组组长单位，此项工作在全国交通行业处于领先地位，为省厅争了光。学校能够紧紧围绕“立足交通、服务交通、拓展社会”办学宗旨，为全省交通建设培养输送大批建设、管理、生产、经营、服务等方面有用人才，为交通跨越式发展作出突出贡献，这是强有力的领导班子带领全体教职员工辛勤努力的结果。由于金融危机影响，山西交通建设形势严峻，任务繁重，但同时也为山西交通发展带来前所未有机遇。交通建设要保证质量，就必须有足够人才做支撑、做保障。目前，全省交通建设面临着各种人才匮乏局面，这为交通教育和干部培训提供机会，同时也为干校发展提供机遇。干校要发展，就要适应形势发展，把握机遇。一要有使命感、责任感和紧迫感，以干部培训和成人学历教育为平台，主动适应交通事业飞速发展对交通高层次人才需求，加强培训阵地建设，认真执行省厅干部培训规划。二要不断创新培训内容，整合教育资源，尝试创造学术论坛，营造浓厚学术氛围，广泛地同系统各单位、同各高校进行学术探讨，实现资源共享。三要注重培养名师，采取“送出去、请进来”办法，要有计划、有目的地选派教师外出进修学习和到一线施工单位实践锻炼，聘请有实践经验、有理论创新的交通技术专业人才为兼职专业教师，最终实现专职、兼职、聘用相结合的教师队伍，绝不能闭门搞教育。要完善学校内部管理体制，形成竞争机制。四要创新干部教育培训方式，增强实效性和实践性，增强学校的发展后劲。五要注重完善基础设施建设，注重解决学校发展中存在的突出问题，注重调动教职员工积极性，增强干部培训能力。六要注重加强领导班子建设。领导班子要勤政廉洁、团结务实，班子成员要互相尊重、互相理解、互相支持，不断增强凝聚力和领导力，促使学校各项工作红红火火开展，促进学校实现又好又快发展。

（孙乾灏）

段建国厅长、郭贵平副巡视员深入忻保高速公路建设工地调研

3月27日下午，厅党组书记、厅长段建国，厅副巡视员郭贵平带领厅有关处室负责同志，深入忻保高速公路工程建设工地视察。在米家寨1#隧道洞口施工现场，段建国在分别听取忻保建管处工程进展和路桥一公司项目部隧道施工情况汇报后，给予充分肯定，并提出明确要求。他说，忻保高速公路路线长，投资大，技术要求高，建管处一定要根据路桥企业实际情况，加强管理，科学组织，合理安排工期，优化设计方案，在保证安全和质量前提下，加快工程建设步伐。要针对忻保高速公路桥隧密集、控制性工程多、施工难度大的特点，积极同设计单位沟通，组织施工、监理单位及专家组成员，本着“节约成本、方便施工”原则，制定科学合理施工方案；要最大限度地保障施工人员生命安全，把隧道工程作为安全生产重点难点，在加强隧道施工过程监控测量同时，建立隧道施工安全生命线工程，完善各项安全突发事件应急预案，确保施工安全。路桥单位一定要抓住这次省委、省政府“扶持、培育、发展”路桥企业的最佳机遇，精心组织，科学施工，安全、优质地完成工程建设任务，在忻保工程建设中，重振路桥雄风，再塑路桥形象。

（沈建明）

段建国厅长希望太原市加大支持力度

4月17日下午，在省交通厅与太原市共商交通发展、确定有关项目落实推进会上，厅党组书记、厅长段建国在讲话中指出，近几年来，太原市交通建设显著加快，有力地支持了

全省重点交通项目建设。今后一大批项目实施后，省城交通面貌会发生更加深刻的变化。省交通厅将按照省城率先发展要求，进一步加大支持力度，加快推进一系列项目的开工建设进度，促进太原市又好又快发展。希望太原市进一步加大建设力度，争取2009年在全省率先实现具备条件的行政村“村村通”全覆盖目标。同时，进一步加大对太原物流中心建设各项前期工作的支持和协调力度，确保交通运输部和全省这一重点项目早日开工建设。

（董忻文）

段建国厅长深入晋中市调研

4月24日，厅党组书记、厅长段建国带领厅机关有关处室负责人赴晋中市，就信访、维稳工作进行调研。他强调指出，信访、维稳工作是贯彻落实科学发展观的具体要求，没有稳定就没有发展，各级领导干部要高度重视，畅通渠道，超前化解，全力稳控。

调研会上，段建国听取晋中公路分局、晋中征稽分局、山西交通技师学院、晋中路桥集团公司、祁临高速公路公司、晋中市交通局专题汇报，对晋中片区六家单位信访、维稳工作给予充分肯定和赞许，并提出要求。

他说，2009年是新中国成立60周年，是维护社会稳定工作面临新的严峻挑战的一年，既有国际金融危机影响带来不稳定因素增多问题，也有敌对势力渗透加剧的一面。交通系统既面临成品油税费改革新形势、扩大内需拉动发展新任务，又面临事业单位改革新情况和取消还贷二级公路收费站点撤销后人员需要转岗安置等新问题。省厅高度重视信访、维稳工作，各级领导干部一定要将信访、维稳工作列入议事日程，高度重视，抓好五方面工作。一是一把手要真正负责，亲自抓信访、维稳工作，切实解决关系人民群众切身利益问题；二要带着感情接访，带着感情解决问题。群众利益无小事，对群众反映的应该解决而可能解决的问题，要切实加以解决；对一时解决不了的，要做好解释并积极创造条件，争取尽早解决；三要出以公心，实事求是，依法、依政策办事。要积极主动下访，加大排查力度，捕捉信访苗头，做好超前化解工作；要勇于承担责任，多站在对方角度想问题，但要严把政策关；四要畅通渠道。一级抓一级，一级对一级负责，坚持矛盾排查，耐心细致地做好思想工作，确保不发生群体上访事件；五要加强信息报告制度。对重大信访问题、集体访、越级集体访等信息要及时上报，防止因迟报、漏报、误报信息造成群体性上访事件。

段建国及厅机关有关负责人还对参加调研的六家单位提出的信访、维稳工作中的具体问题进行解释和答复。

（董忻文）

段建国厅长致信祝贺“五一”劳模先进代表座谈会召开

4月29日，厅党组书记、厅长段建国致信参加厅“五一”劳模先进代表座谈会的各位代表，代表厅党组表示节日问候，并通过大家向全系统劳动模范和先进个人问好，并请转达对战斗在交通战线各个岗位的劳动者和家属同志们的问候与祝愿。《贺信》指出：

“劳动光荣，劳模伟大。劳动模范和先进人物是工人阶级和广大劳动群众的杰出代表，是全省交通系统的一支重要生力军和中坚力量，是交通的品牌和形象。同志们用自己对事业的追求、对工作的奉献获得了这一崇高荣誉，你们不愧为我们交通系统广大劳动者的楷模。希望同志们继续发扬劳模精神，以科学的态度、奉献的精神、务实的作风和过硬的本领，团结带领广大职工在各自的岗位上体现主力军的本色，发挥主力军的作用。”“同志们，我们生逢盛世，重任在肩。加快交通科学发展、构建和谐安全交通，需要凝聚方方面面的力量,需要同志们继续作出不懈地努力,谱写出更加壮美的劳动之歌!”“祝同志们节日愉快,身体健康,取得更大成绩,获得更高荣誉。” (沈建明)

段建国厅长深入临汾至大宁改建公路建设工地调研

4月29日至30日,厅党组书记、厅长段建国轻车简从,深入临大改建公路建设工地调研。要求公路建设者要以务实高效态度,周密组织,科学施工,把临大路建成一条高标准、高质量的致富路、小康路,早日使临汾西山各县过上小康生活。

项目始于临汾马务桥,终点大宁县,全长104.5公里,其中一级路71.5公里,二级路33公里,概算投资24.266亿元,2009年4月开工建设。

段建国十分关心公路建设中安全和质量问题,他先后查看岔道口大桥、一平垣大桥、核桃凹大桥、碾腰大桥建设工地。要求大桥建设者一定要牢记安全第一、质量第一原则,在确保安全前提下,按流程科学施工;对建设材料,要严格把关,绝不能以次充好、偷工减料,确保大桥质量万无一失。监理人员要铁面无私,严格监理,绝不能因私忘公,出现豆腐渣工程。对征地拆迁问题,段建国也十分关心。每到一处,他都详细了解征地拆迁情况,同当地干部进行交流。在岔口村、蒲县城关,他都实地查看拆迁情况,对拆迁进度表示满意,并对随行人员说,我们修路的目的就是让群众过上幸福生活,给当地群众带来好处,绝不能因修路损害群众利益,让群众骂我们。对群众提出的要求要尽量满足,不符合政策的要耐心解释,多做思想工作,确保稳定。并强调,一定要有好的施工环境,工程进展才能顺利。

段建国还十分惦记公路施工人员生活。他先后深入路桥一公司、二公司、太原路桥、晋中路桥、平阳路桥、运城路桥、长兴路桥、晋城路桥等项目部了解施工人员饮食、住宿、卫生等情况。他说,公路建设者夏天斗酷暑,冬天战严寒,舍小家,为大家,工作特别辛苦,一定要让他们吃饱、住好,还要丰富业余生活,让他们安心工作,更好地为公路建设服务。路桥系统如何振兴发展,也是段建国调研的一项重要内容,他要求山西路桥集团公司作为总承包要以临大线建设为新起点,严格管理,科学施工,创新发展模式,建设品牌工程,再树昔日雄风。

在座谈会上,临汾市代市长罗清宇对省交通厅多年来的大力支持表示感谢,要求沿线各县区领导高度认识临大线改建的重大意义,沿线各级政府要以此为契机,扎实开展工作,大力支持公路建设,对工作消极、不作为影响公路建设的相关领导要追究责任。

段建国指出,临大公路建设意义深远。从目前看,公路建设征地、拆迁进展顺利,公路建设者要继续发扬不畏艰辛、敢打硬拼的优良传统,迎难而上,力争2010年8月全线通车,让临大路早日为临汾西山各县脱贫致富奔小康作出交通人应有的贡献。

(董忻文)

段建国厅长深入阳翼高速公路建设工地调研

5月7日,厅党组书记、厅长段建国深入阳翼高速公路工程建设工地调研。要求在确保质量和施工安全的前提下,尽可能加快建设进度,为拉动内需,促进全省经济平稳较快增长作出应有贡献。厅党组成员、副厅长张志川,厅公路处、厅重点办有关人员,晋城市委常委、副市长赵学梅以及阳城、沁水两县政府领导陪同调研。

从当日上午开始,沿着已经基本成型的路基或施工便道,段建国一行进隧道,上桥梁,跨路基,用一整天时间饶有兴致地对20多个标段逐一进行实地考察。段建国边走边听边看，对质量控制、施工安全、现场管理尤为关注。每到一处，他都认真听取建管处领导和施工单位负责人汇报与介绍，对施工实体进行仔细察看。在云台山隧道中铁隧道集团工地，段建国仔细察看围岩类型，询问日掘进尺度及工程建设中存在的困难。当了解到由中铁十五局施工的隧道另一端从煤层下穿越有瓦斯时，嘱咐项目负责人一定要做好观测。在中铁十五局工地，他再次强调，低瓦斯不等于没瓦斯，有防瓦斯预案还不够，必要时要请专家指导。要注意隧道弃渣场地排水，防止出现堰塞湖。由中铁大桥局承建的北深沟特大桥是阳翼高速的控制性桥梁工程，其中跨度260米钢管混凝土拱桥技术含量高、施工难度大，段建国非常关注，要求千方百计保质量保安全保工期，把它真正打造成阳翼高速的标志性工程。在十九合同段及杏河特大桥施工现场，段建国还就有关地方协调问题和在场的市县领导交换意见。

阳翼高速公路2007年12月全面开工建设，在广大建设者不懈努力下已初具规模。路基挖方完成总量95.8%，桥梁工程完成总量84%，隧道工程完成总量81%。段建国对阳翼高速所取得的成绩给予充分肯定，并对较为扎实管理、各项目建设单位表现出的顽强拼搏、奋发向上的奉献精神表示赞赏。要求建管处和广大建没者一定要严把工程质量关，高度重视施工安全，抓住国家扩大内需，着力扶持重点工程建设机遇，又好又快地完成工程建设任务，为促进全省经济平稳较快增长、实现"十一五"末全省高速公路通车里程达到3000公里目标作出积极贡献。

调研期间，段建国还详细了解晋城环城高速公路西北段线路走向和高平至陵川高速公路建设情况，并对正在大修中的晋阳高速公路进行检查。 （孙乾灏）

段建国厅长深入太原东山过境高速公路防撞护栏改造工地调研

5月19日，厅党组书记、厅长段建国专程赴太原东山过境高速公路桥梁防撞护栏加固改造工地调研。

为了改善东山过境高速公路八座桥梁的安全运营环境，增强桥梁防撞护栏的防撞力度，保护人民群众生命财产安全，5月10日，太原东山过境高速公路桥梁防撞护栏加固改造工程全线开工。施工单位严把质量关，加班加点，日夜奋战，工程进展顺利。

段建国在讲话中，要求一定要严把质量关，监理人员要"严"字当头，同时在施工中要注意安全，把各条道路封闭好，禁止一切无关车辆进入工地，争取工程提前竣工。

（沈建明）

段建国厅长深入太古高速公路西山特长隧道建设工地调研

5月23日，厅党组书记、厅长段建国利用休息日，深入太古高速公路西山特长隧道建设工地调研。段建国强调，西山特长隧道工程是太古高速的控制性工程，地质条件十分复杂，一定要切实加强工程监管，工程进度服从施工安全，认真落实好各项安全防范措施，确保安全生产。

太古高速公路全长23.15公里，其中西山隧道为两座双行单洞，左线长13.65公里，右线长13.57公里，是目前全国在建公路中最长的隧道，位居世界第四。该工程作为交通运输部风险评估试点工程，突水涌泥、瓦斯、塌方、岩爆大变形、洞口失稳、隧道纵坡、排水等安全隐患，给施工作业带来极大风险，而且施工作业要穿越煤层、采空区17条断层破碎带等不良地质，最大埋深达452米，极易引起岩爆、突水涌泥、瓦斯等安全事故。

西山隧道太原端与古交端分别由中铁十二局和中铁一局承建，目前正在进行隧道洞身掘进工程。在由中铁十二局承建的太原端工地和1#斜井工地，整洁有序的施工现场一派生机，在阳光照射下，"西山特长隧道"标志格外引人注目。段建国深入掘进88米的左线洞内,实地查看工程进度和地质情况,叮嘱施工人员注意安全,反复强调进度一定要服从安全。在1#斜井20米洞底,技术人员用瓦斯测试表进行测试,段建国亲自察看测试表,测试表显示出0.4的瓦斯浓度,段建国当即要求,如瓦斯量超过0.5,要立即启动应急措施,确保施工安全,并要求在掘进工程作业中不仅注意作业面情况,同时也注意两侧,防止塌方。在洞口处,段建国看到三位穿橘黄色工作服的施工人员,详细询问"你们是哪里人,是否参加过专业培训,是否参加过安全培训",得到明确答复。

在听取太古高速建管处负责人关于1#斜井瓦斯处置的具体措施汇报后,段建国要求,尽快请国土部门、地质部门和煤矿专家进行论证,根据专家意见进一步细化施工方案和安全生产措施,要加快安装防爆通风设备,并对施工人员加大专业知识培训。他特别对驻地监理代表反复交代,一定要强化工程监理,技术、监理人员要深入施工面及时掌握情况,逐项落实应急措施,确保安全生产。

段建国还与太原市交通局局长张建刚就制约隧道工程的鑫磊建材厂搬迁和太原福利院拆迁等问题进行现场研究及部署。

厅副巡视员郭贵平,厅机关有关处室、厅重点办、厅直有关单位负责同志陪同调研。

(董忻文)

段建国厅长就村水泥(油)路"全覆盖"工程建设接受记者采访

5月27日下午,厅党组书记、厅长段建国接受新华社、人民日报、经济日报、山西日报、山西经济日报、山西卫视、山西广播电台、山西新闻网、黄河新闻网等9家新闻媒体集中采访。厅办公室、厅新闻宣传中心、厅农村路网处主要负责同志参加采访活动。

在2009年的省人代会上,王君省长代表省政府提出新农村建设五个"全覆盖"要求,其中具备条件的建制村通水泥(油)路"全覆盖"是最重要任务之一,并把全年完成15 000公里通村水泥(油)路作为省政府为民办的十件实事之一。5个月来,省政府多次召开专题会议进行部署,牛仁亮副省长亲自抓,在省委、省政府和国家发改委、交通运输部大力支持下,全省村通水泥(油)路"全覆盖"工程建设计划和省级配套资金基本落实,5月21日召开全省村通水泥(油)路"全覆盖"建设推进会,对此项工作进行再动员、再部署。

段建国向新闻媒体记者介绍目前全省村通水泥(油)路"全覆盖"工程建设完成情况和下一步目标任务。截至2008年底,全省有3367个建制村尚未通水泥(油)路,除173个建制村不具备条件外,两年内需完成通水泥(油)路建制村3194个。根据省委、省政府提出的2010年实现具备条件的建制村通水泥(油)路目标要求,2009年全省总的任务是:完成2169个建制村通水泥(油)路,建设规模15 000公里,全省建制村通水泥(油)路率达到95%以上。2010年完成剩余1025个建制村通水泥(油)路。届时,全省28 107个建制村中,除173个建制村不具备条件外,其余27 934个建制村全部通水泥(油)路。他说,全省自2002年开始实施村村通水泥(油)路工程以来,工程难度小、投资少的项目大都干完,现在剩下的项目都是难啃的"硬骨头"。全年15 000公里村通水泥(油)路工程,目前已开工990个项目,开工里程3806公里;完工91个项目,完工里程957公里,完成投资32 959万元。另外,一大批项目前期准备工作已经完成,将于近日开工建设。为确保任务完成,省交通厅主要通过抓领导、抓计划、抓资金、抓重点、抓典型、抓督促落实的"六抓"措施,确保全省村通水泥(油)路"全覆盖"目标顺利实现。

段建国还就大家普遍关心的村村通工程补助建设资金、农村公路养护管理等问题回答记者提问。他指出,村通水泥(油)路"全覆盖"工程是贯彻中央、省委、省政府"保增长、保民生、保稳定”政策的重大举措，也是社会主义新农村建设的现实需要，需要全社会支持，尤其是各级政府的大力支持。省交通厅已经与各市交通局签订目标责任书，我们将加大行业促动作用，继续发扬“艰苦奋斗，迎难而上”的良好作风，确保按时完成“全覆盖”建设任务，向省委、省政府和全省人民交一份满意答卷。（孙乾灏）

段建国厅长深入太原市调研水上交通安全工作

6月1日，厅党组书记、厅长段建国调研太原市晋源区海事处和晋阳湖水上交通安全工作，并现场接受太原新闻媒体采访。

段建国在讲话中，对太原市交通局、晋源区政府以及海事机构所做的工作给予充分肯定。他说，山西属于典型的非水网地区，水运不发达，但具有点多、线长、面广的特点，安全监管责任重大。近20年来，在全省黄河流域发生过三起重特大水上沉船事故，死亡、失踪250余人，给人民群众的生命财产带来巨大损失，教训深刻。太原市有“两库一湖”，水上旅游事业发展很快，但在晋阳湖还存在一些事故隐患。所以，我们决不能掉以轻心，忽视水上交通安全监管工作。

段建国在接受记者采访时强调，目前全省海事机构仍然存在着一些不容忽视的问题。一是体制机制不顺。很多沿黄河县，海事工作经费难以保证，不具备独立执法能力。二是法制不健全。主要表现在农用船没有管理主体，对小型船、挖沙船、餐饮船的安全监管缺少法律依据，全省60%的渡口码头为自然坡岸，存在事故隐患，都给水上交通安全监管工作带来难点。三是应急能力不强。目前的海事装备建设相对滞后，特别是在监督搜救艇、执法车辆、通讯器材、应急装备等方面，还不能满足安全发展需要。一旦发生水上事故，海事机构不能做到在第一时间赶赴现场，实施救援。

段建国表示，针对这些问题，省交通厅将采取4项措施加以解决。一是借机构改革东风，争取省政府支持，进一步理顺海事管理体制；二是提请省人大常委会出台《山西省水上交通管理条例》，为水上交通安全监管提供可靠法律保障；三是加强水上应急能力建设，尽快组建山西省水上搜救中心，不断提高全省水上应急搜救水平；四是加强对水上交通安全监管和水上基础设施投入，全面加强海事队伍建设、装备建设和基础设施建设，为确保全省水上交通安全提供有力保障。

（沈建明）

段建国厅长深入晋城公路分局调研

6月18日上午，厅党组书记、厅长段建国深入晋城公路分局调研。实地察看分局交通智能信息中心、公路规划勘察设计院、老干部活动中心、机关图书阅览室和办公大楼大院整体环境建设，与分局干部职工和离退休人员亲切交谈，详细询问工作、生活情况。

在听取汇报并实地视察后，段建国对分局的整体工作给予充分肯定。特别是2009年初被中央文明委授予“全国文明单位”称号，是全省交通系统唯一获此殊荣的单位，为全省交通系统争了光添了彩。这些成绩的取得，是分局领导班子带领广大干部职工锐意进取、拼搏努力的结果。

段建国指出，受全球金融危机影响，全省社会经济发展形势十分严峻，但也为公路大建设、大发展带来难得机遇。他说，分局能够认真分析形势，理清思路，抓住重点，全力加快推进长晋线高平至晋城、陵沁线晋城至阳城两条一级路前期工作，想方设法化解两个一级公路项目融资、用地指标、征地拆迁等影响和制约公路规划建设难题，充分利用地方政府优惠政策和沿线工矿企业大力支持，积极推进项目进程，非常值得肯定。省厅将对这两条一级公路的前期工作给予关注和支持。

在下一步工作中，要继续强化公路养护管理，养好路，管好路，建好路，树立良好行业形象；坚持不懈地抓好治超工作，强化执法队伍的管理、教育，坚决杜绝公路“三乱”发生；加大创新型、节约型行业建设力度，以工程项目为载体，积极开展课题研究、技术攻关，不断提高公路养建科技含量；加强党建、党风廉政建设和精神文明建设，引深文明创建活动，完善制度，总结经验，探索新做法，在全省交通系统精神文明创建中发挥示范带动作用；重点抓好党风廉政建设，严格执行“三重一大”制度，特别是工程招投标要严格按程序办事，防止、杜绝公路建设领域的腐败现象。段建国还就如何解决撤站人员分流、理顺国省道干线公路体制、缓解资金压力等问题提出指导性意见。希望晋城市委、市政府继续支持晋城公路事业发展，不断创造更加宽松、良好的外部环境。（董忻文）

段建国厅长要求打造新时期劳动竞赛新品牌

6月18日下午，长晋高速公路公司“工人先锋号”揭牌仪式暨第五届军事会操在长晋高速公路高平服务区举行。厅党组书记、厅长段建国在讲话中指出，长晋高速公路作为连接长治、晋城两市的黄金通道，对服务地方经济发展起到至关重要作用。全体员工要努力践行“以人为本、服务为民”理念，在提高水平上下工夫，不断创优服务环境，创新服务内容。同时，要以创建“工人先锋号”活动为契机，深化创建“工人先锋号”活动，进一步激发职工的工作热情和创造活力，全面提高工作效率，做好本职工作，认真履行“三个服务”的崇高使命，努力构建和谐高速。一要把创建活动放在整体工作中去思考和把握，将创建目标与本单位工作任务和工作重点相结合，使创建活动内容实在，形式多样，内涵丰富，效果显著；二要扩大创建活动覆盖面，通过开展示范性活动、召开经验交流会等形式，不断将创建活动引向深入，打造新时期劳动竞赛新品牌；三要完善激励机制，保护和调动好基层单位、班组和广大职工参与创建活动的积极性，推动创建活动健康发展，以优异的工作业绩向建国60周年献厚礼。

（沈建明）

段建国厅长要求加大预防和惩治腐败工作力度

6月22日至25日，全省第一期建设领域重点工程管理干部廉政教育培训班开学，厅党组书记、厅长段建国作了题为《充分认识交通领域反腐倡廉新形势，进一步加大从源头上防治腐败工作力度》的辅导报告。他说，近年来，全省交通系统广大领导干部认真贯彻中央的决策部署，认真履行“一岗双责”，加强软环节的治理，深入开展交通基础设施建设领域的廉政工作，深化反腐倡廉宣传教育，坚决纠正损害群众利益的不正之风，严肃查处违纪违法案件，积极构建具有交通特色的惩治和预防腐败体系，为建设廉政交通、推动交通改革发展做了大量深入细致工作，交通廉政各项工作取得新的明显进展，真正实现“修好一条路，不倒一个人”的目标。从全国已揭露出的一些案件看交通系统腐败现象，大多发生在基础设施建设上。因此，我们的党员干部一定要强化领导干部廉洁自律，加大从源头上预防和惩治腐败工作力度，筑牢拒腐防变的思想防线。要完善招投标等关键环节的制度，确保施工队伍质量，加快从业资格信用体系建设，切实规范交通建设市场，加强对工程建设关键环节的监督，防止以权谋私行为发生，发挥廉政建设典型经验的示范教育，营造浓厚的廉政氛围。他强调，要认真落实交通运输部《交通基础设施建设领域领导干部八项规定》，洁身自好，为山西交通健康发展、科学发展、又好又快发展服好务。

（孙乾灏）

段建国厅长要求努力打造德艺双馨的摄影家队伍

6月28日上午，在山西省摄影家协会交通分会、山西省交通运输摄影家协会成立大会上，厅党组书记、厅长、名誉主席段建国在讲话中指出，交通正处于跨越发展的关键时期，伟大的事业为摄影艺术腾飞创造了前所未有机遇，火热的生活为广大摄影艺术家施展才华提供广阔舞台。他希望协会能以高度政治责任感，奋发有为精神，求真务实作风，牢牢把握繁荣社会主义先进文化的前进方向；大力弘扬积极向上的时代精神；始终坚持以人为本，更好地贴近实际、贴近生活、贴近群众；继承传统，勇于创新，进一步增强摄影的吸引力，感染力；坚持德行为先，努力打造德艺双馨的摄影家队伍；齐心协力，大力营造团结和谐的良好氛围；围绕中心，立足大局，为交通科学快速发展服务，努力创造交通摄影艺术事业的新成就。

（董忻文）

段建国厅长要求从4个方面抓好党建工作

6月30日上午，在省交通运输厅召开的纪念建党88周年暨“创先争优”表彰大会上，厅党组书记、厅长段建国在讲话中，要求从四个方面抓好党建工作。他说，当前和今后一个时期，各级党组织特别是各级领导干部，一定要坚持把党的执政能力建设和先进性建设作为主线，努力做到在理论上不断有新发展，在实践上不断有新创造，在发挥作用上不断有新提高，在推进发展上不断有新举措。一要不断深化理论武装，着力解放思想，提振信心，为交通运输科学发展提供思想保证。要将学习实践科学发展观活动不断引向深入，真正用科学发展观武装头脑，指导实践，推动工作；要着力抓好经常性的学习教育，提高党员干部队伍整体素质；要理论联系实际，提高运用科学理论分析解决问题的能力。二要切实加强基层组织，着力固本强基，增强活力，为交通运输科学发展提供有力保障。加强组织建设；保证基层党的工作“全覆盖”；切实发展党内民主，不断完善党内制度建设；创新方法载体，不断增强基层组织工作活力。三要大力加强机关建设，着力优化服务，改进作风，为交通运输科学发展创造良好环境。要从端正从政理念、提高执政能力、增进团结和谐入手，切实加强各级领导班子建设；要立足于提高综合素质、培养年轻干部这两个基点，进一步激发干部队伍的活力。要认真实践清廉、高效、务实的要求，进一步改进工作作风。四要切实加强文明和谐建设，着力化解矛盾，凝聚人心，为交通运输科学发展营造和谐氛围。强化思想政治工作，化解矛盾促进和谐；深化文明和谐创建活动，营造和谐发展环境；发挥群团组织作用，努力构建和谐交通。五要全力落实“三保”要求，着力深化改革、加快建设，为交通运输科学发展作出积极贡献。加强领导，千方百计突破项目前期制约；突出重点，抓好各项工作落实；推进改革，建立有利于交通运输科学发展的体制机制。段建国强调，围绕交通运输中心工作，加强党的先进性建设，服务交通运输科学发展，是新形势下各级党组织的重要任务，一定要全面贯彻落实科学发展观，以改革创新精神，全面推进党的建设，坚定信心，迎难而上，为确保全年交通运输改革发展各项任务顺利完成、促进经济平稳较快发展作出新的更大贡献，以更加优异成绩，迎接新中国成立60周年。

（沈建明）

段建国厅长对全省依法治交工作提出3点要求

7月3日，在省交通运输厅召开的依法治交十周年暨法治交通建设动员大会上，厅党组书记、厅长段建国在讲话中,提出3点要求。一是充分认识推进依法治交的重大意义,进一步增强加快建设法治交通进程的自觉性。二是围绕中心,扎实推进,努力做好新时期"法治交通"建设工作。加强交通立法工作,进一步夯实"法治交通"的法律基础;加强法制学习教育,大力提高各级交通运输部门干部职工依法行政的意识和能力;完善决策机制,确保决策的合法性、科学性和民主性;加强执法管理和监督,严格责任追究。三是加强领导,强化组织,完善机制,全面加快推进"法治交通"进程。进一步加强对交通法制工作领导,狠抓"法治交通"建设各项要求落实,高度重视法制机构和工作队伍建设。他特别强调指出,换装后的执法人员要从思想上、行为上更规范、更严格,不仅要规范执法行为,还要规范做人行为。各单位主要领导作为依法治交和行政执法第一责任人,要切实加强对依法治理和行政执法的领导,认真落实执法过错责任追究制度。各级交通运输部门要强化人大意识,自觉接受人大监督、政协的民主监督和司法机关依法实施的监督,同时也要更加注重接受社会舆论和人民群众的监督。 (董忻文)

段建国厅长、郭贵平副巡视员深入太佳高速公路太原段调研

7月7日,厅党组书记、厅长段建国,厅副巡视员郭贵平,在厅直有关单位、厅机关有关处室负责人和沿线地方政府领导陪同下,深入太佳高速公路太原段调研。

段建国一行钻隧道、上桥梁,亲临建设一线视察工程建设进展情况,慰问全体建设者,并耐心询问存在的困难和问题。段建国在讲话中,对项目建设给予肯定,对沿线各级政府和群众对工程建设的大力支持表示感谢。要求建管处、施工单位、监理单位和省厅监管部门,要严把工程质量关和安全生产关,努力把项目建设成为能够拉动沿线经济增长的富民路,让政府放心、让群众满意的安全路,充分体现科学发展观理念的资源节约和环境友好工程。

段建国强调,目前,随着省委、省政府一系列扩内需、促增长措施的出台,全省经济危机蔓延趋势已经有所减弱,但形势仍然严峻,保稳定、保民生、保增长的各项任务十分艰巨。加快交通基础设施领域投资是省委、省政府应对经济危机,进一步扩大内需,保持经济平稳增长的重大举措之一。他希望全体建设者进一步增强大局意识、忧患意识、责任意识,全力打造优质、廉政、精品工程,将省委、省政府转型发展、安全发展、和谐发展的重大战略部署落到实处。 (董忻文)

段建国厅长、郭贵平副巡视员深入太佳高速公路吕梁段调研

7月8日,厅党组书记、厅长段建国,厅副巡视员郭贵平冒雨深入太佳高速公路吕梁段施工现场进行调研。吕梁市委副书记、市长张九萍出席汇报会,吕梁市委常委、常务副市长、市地方协调领导组组长丁雪峰陪同调研。

项目开工以来,工程建设取得阶段性成果。截至6月底,全线累计完成投资27.71亿元,占总投资33.1%。

段建国一行冒雨先后来到第3标段宝塔山隧道、第8标段架梁山隧道和第13标段湫水河特大桥施工现场,慰问一线工人,听取工作汇报,了解工程进度,问询施工困难,聆听工程请求,叮嘱施工人员要在注意安全、保证质量前提下,加快工程进度。在随后召开的汇报会上,段建国听取工程情况汇报和临县、方山、岚县地方政府情况汇报,对工程进展情况给予充分肯定,对吕梁市县两级政府对工程的大力支持表示感谢。希望吕梁市县两级政府各有关部门要继续加大对太佳高速的支持和帮助,加大协调力度,对遗留问题尽快解决;建管处要加大建设力度,在保安全、保质量前提下加快工程建设进度;要加强对工程

质量自查和整改力度，发现问题，立即整改。要严把材料关，随时抽检，源头把好质量关，采取有力措施，把太佳高速吕梁段建成精品工程、示范工程。段建国还就隧道等控制性工程的施工、廉政建设、路地关系协调以及一些具体问题提出指导性意见。

郭贵平的讲话中指出，工程虽然进展顺利，但仍有部分地段不尽如人意，2010 年底通车目标不能变。一定要加快建设，个别地段要加紧协调，加大力度，尽快予以解决。要把安全和工程质量紧紧抓在手中，从细节入手，狠抓管理，力争把项目建成精品工程。在施工中，要注意营造文化氛围，有文化特色。征地拆迁款要及时足额发放到老百姓手中。农民工工资发放要建立专门账户，加强监管，按时发放到农民工手中，绝不允许发生克扣、拖欠行为。

（董忻文）

段建国厅长深入汾平高速公路调研

7 月 10 日，厅党组书记、厅长段建国轻车简从，深入汾平高速公路调研。在汾阳境内第 11 标段，听取总经理王龙琪介绍工程进展以及存在的困难和问题汇报。段建国在讲话中指出，汾平高速公路作为省重点工程，又是 BOT 建设项目，各有关单位和部门要像支持其他重点工程建设一样，强化责任意识，全力协调配合，确保重点公路工程建设顺利推进。吕梁市委副书记 、常务副市长丁雪峰以及孝义市、汾阳市、平遥县领导就建设中涉及的河道施工对防洪影响、电力拆迁以及移路移渠等方面问题，现场办公解决。

项目全长 41.7 公里，双向 4 车道，设计时速 120 公里，路基宽 28 米。

段建国一行沿施工辅道，从汾阳一直到平遥，沿路不断下车察看工程进展。要求建设单位一定要抓住大好施工季节，加快推进建设步伐；抓住主要矛盾，解决突出问题。他说，当前最主要的工作是供土填方，工程量非常大，要采取有效措施和可行办法，调动当地农民提供土方，并制定合理价格，一方面推进工程建设，一方面为当地农民创造经济效益。在汾河大桥工地，面对工程仅完成三分之一，段建国要求，在科学施工基础上，增加施工力量，抓住黄金施工期。由于近日暴雨，汾河水量增加，段建国一再叮嘱，千万要注意施工安全。在离汾平高速终点 3 公里处的高速跨越南同蒲铁路以及 307 国道处，段建国指出，要与铁路部门加强协调，在确保火车运行情况下，科学合理安排施工，确保跨桥、跨路施工顺利进行，监管部门要把此处工程作为重点监管。段建国在讲话中，要求沿途市县要加大对重点工程建设支持配合力度，汾平高速服务监管处要积极协助，及时解决建设过程中出现的困难，确保按期完工。

厅重点办工管处处长杨绍波、省交通质监站站长常二栋陪同调研。

（沈建明）

段建国厅长要求省交通开发总公司加强债券资金监管

7 月 24 日，在省交通开发投资总公司发行 20 亿元企业债券 14 家投资机构经理考察交流会上，厅党组书记、厅长段建国在致词中说，此次发行 20 亿元山西交投债券，既是企业扩大再生产资金，也是全省高速公路建设的资本金来源之一，将全部用于目前正在建设和即将开工的 3000 公里高速公路建设，具有良好的投资前景和稳定的预期收益。作为政府交通运输主管部门，省厅支持公司选好投资项目，保证债券资金用于最好的项目。他希望公司加强建设项目管理，提高效益；加强债券资金监管，按期还本付息，保证投资者实现预期收益。他表示，省厅将对本期债券还本付息提供偿债保障。

段建国还真诚地邀请各位机构投资经理在全省交通运输系统多走走，多看看，了解山西交通,投资山西交通。他充满激情地说,“今日借君一碗水,明日还君一桶油”。

(孙乾灏)

段建国厅长希望新闻记者为交通事业发展鼓励加油

7月27日,在全省交通重点工程建设新闻采访活动启动仪式上。厅党组书记、厅长段建国在讲话中指出,2008年以来,全省交通系统努力落实中央扩内需保增长的决策,掀起新一轮公路建设新高潮。截至7月26日,已开工建设15个项目1200余公里,建设场景如火如荼,广大建设者正夜以继日,紧张施工。他希望采访团成员按照宣传报道要求,从各自不同角度,全面深入报道交通重点工程建设中涌现出的感人事迹,为交通事业发展鼓劲加油。

(孙乾灏)

段建国厅长希望军转干部继续保持发扬优良传统和作风

7月31日下午,省交通运输厅组织厅机关及厅直各单位处级以上复转军人在太原高速服务区欢聚一堂,共同庆祝建军82周年。厅党组书记、厅长段建国在讲话中,代表厅党组,向全省交通系统转业退伍军人表示亲切问候。他说,广大复转军人把青春献给军队,用自己的血肉之躯筑起祖国的钢铁长城。转业地方工作以后,牢记党和人民重托,积极投身地方建设,政治上严格要求,工作上刻苦努力,作风上艰苦奋斗,表现出良好的思想境界、道德情操和精神风貌,有力地推动了交通运输行业文明和政风行风建设。特别是在抢险救灾、应急救援、交通战备等急难险重任务中,广大复转军人发扬服从命令、听从指挥的军人作风和吃苦耐劳、勇往直前的大无畏精神,圆满完成各项任务,以实际行动诠释人民军队忠于党、忠于人民、忠于祖国的军魂。他希望军转干部要继续保持和发扬人民军队的优良传统及作风,努力学习专业知识,不断提高素质和能力,增强政治意识,在维护稳定、抢险救灾、应急保障中发挥更大作用。

(董忻文)

段建国厅长深入长治至长子过境段一级公路建设工地调研

8月18日,厅党组书记、厅长段建国在省公路局、长治公路分局有关负责人及长子县领导陪同下,深入长治至长子过境段一级公路改建工程视察指导工作。

项目线路全长25.85公里,跨越长子县、长治市郊区、长治县,其中一级路16.579公里,二级路9.27公里,概算总投资22 260万元,2008年8月开工建设。

段建国认真听取情况汇报后,详细了解工程进展和存在问题。要求全体参建人员一定要高度重视工程质量,切实加强精细化管理,牢固树立“宁当恶人、不当罪人”的质量意识,严把原材料进场和施工试验检测等各道关口,努力建设精品工程和优质工程。要加强施工组织管理,在保证质量、确保安全前提下,全力以赴加快工程建设进度。

针对该线地跨不同县区的土地征用报批问题以及工程资金缺口等问题,段建国提出指导意见。要求进一步抓好施工组织,加紧土地征用报批,多方积极筹措资金,确保该项目按计划全面完成。

(沈建明)

段建国厅长、张志川副厅长深入长安高速公路建设工地调研

8月19日,厅党组书记、厅长段建国,厅党组成员、副厅长张志川深入长安高速公路建设工地调研。

段建国、张志川在长治市政府副市长尚

宪芳及长治市交通局、长治高速公路公司等有关人员陪同下,认真察看沿线各标段施工情况,听取施工单位介绍。每到一处,段建国都要详细了解工程进展情况和面临的困难,并多次强调要在确保安全、确保质量的前提下,科学安排工期,加大人力设备投入,精心组织施工,确保年内完成路基施工任务,为2010年环城段通车做好准备。

在长安高速公路路基十一标召开的汇报会上,听取情况汇报后,张志川在讲话中提出两点要求。一要与当地政府,特别是与县乡政府及沿线群众搞好关系,要通过寻找恰到好处的平衡点与当地形成良好的沟通机制。要尽可能使用当地劳动力和建筑材料,通过高速公路建设拉动当地经济发展,与当地实现双赢。二要充分调动施工单位积极性。要通过加强沟通、采取激励措施等方式,把施工单位积极性充分调动起来,为工程顺利进行奠定坚实基础。

(董忻文)

段建国厅长、张志川副厅长深入高陵高速公路施工现场调研

8月21日上午,厅党组书记、厅长段建国,厅党组成员、副厅长张志川在晋城市市长王茂设,市委常委、副市长赵学梅陪同下,深入高陵高速公路施工现场调研。段建国要求,各级各有关部门要切实增强责任感和紧迫感,全力以赴推进工程建设;各施工单位和监理单位要严格标准,加强监管,保证质量,加紧施工,确保工程如期竣工通车。厅直有关单位领导、厅机关相关处室、高陵高速公路建管处主要负责人、高平、陵川两县政府领导等陪同调研。

项目为省、市重点工程,西接两广高速公路,东连京珠高速公路,全长62.975公里,总投资371 569万元,由省交通建设开发投资总公司投资建设。2008年12月30日奠基开工,计划2011年底竣工通车。

在晋城河西镇常乐互通立交建设工地,段建国冒雨察看工程建设,与施工人员亲切握手,详细询问有关情况,随后又驱车沿施工便道来到高陵高速公路第2和第3合同段建设工地,了解工程进展和质量安全管理工作。在第3合同段窄相大桥建设工地,段建国详细询问施工进度、工程材料来源等具体情况。当了解到工程进展顺利,正按预定工期快速推进时,他十分高兴。认为项目自上马以来,组织到位,进展很快。下一步要在保质量、保安全前提下,合理制定施工计划,加快工程进度,全力打造优质、廉政、精品工程,确保早日顺利拿下这个控制性工程,为2010年底实现高陵小循环通车打下坚实基础,早日为促进地方经济发展作贡献。

(孙乾灏)

段建国厅长深入省交通设计院调研

8月28日,厅党组书记、厅长段建国深入省交通设计院调研。他在院领导班子陪同下,对正在辛勤设计的一线干部职工进行慰问,并代表厅党组感谢大家在2009年公路建设前期工作中作出的贡献,鼓励同志们再接再厉,争取更大成绩。

段建国认真听取省交通设计院承担项目进展情况和可持续发展远景规划汇报,对全年工作给予充分肯定。他说,在新一轮高速公路建设高潮中,省交通设计院承担50%的勘察设计任务,切实从“三保”大局出发,面对困难,没有退缩,没有掉链子,真抓、实干、重落实。实践证明,全院广大干部职工以科学发展观为统领,服务服从于公路建设大局,艰苦奋斗,不屈不挠,充分发扬了山西交通人特别能吃苦、特别能战斗的优良传统,起到了山西交通建设前期工作主力军的作用。

段建国在讲话中提出3点要求。一是工程建设中的问题千差万别,设计回访很重要,要加强后续服务,建立回访机制,尽早进行回

访工作，在回访中发现问题，解决问题，保障工程质量和进度；二是勘察设计工作要遵从科学严谨的工作态度，要为省厅把好工程质量、造价控制关，做到质量可信，技术过硬，工作放心；三是搞设计不能只站在设计理论层面或角度，要站在更高层面，谋全局，从路网规划、区域经济、群众需求和安全运营等社会效益考虑设计方案。

就设计院下一步发展方向，段建国表示，厅党组将在工作中给予更大的帮助与支持。因此，全院干部职工一定要全力搞好下一阶段工作，并围绕全省公路建设“十二五”规划，提前介入，及早准备。他同意设计院提出的主业“三个延伸”发展设想，即专业延伸、资质延伸和向省外市场延伸。要发挥核心技术优势，积极谋求轨道交通、城市建设设计和公路项目建管的发展途径。他希望省交通设计院通过抢抓机遇，走可持续发展道路，解决职工后顾之忧，凝聚人心，保持队伍稳定，保障职工利益，及早谋划高速公路建设高峰过后可持续发展问题。

（董忻文）

段建国厅长充分肯定全省交通运输系统教育工作

9月8日，在第25个教师节来临之际，厅党组书记、厅长段建国代表厅党组向多年来在交通运输教育工作战线上为人师表、教书育人、辛勤工作、默默奉献的广大教师和教育工作者表示节日问候和诚挚谢意。他说，全省交通运输行业取得显著成绩，交通运输职业教育功不可没。长期以来，全省交通运输系统的广大教师和教育工作者，大力实施“科教兴交”和“人才强交”战略，坚持“立足交通、服务交通、面向社会”的办学观念，在教书育人的岗位上呕心沥血、默默耕耘，扎实有效地开展交通运输职业教育工作，为全省交通运输全面、协调、可持续发展提供坚强有力的人才支持和智力保障。（沈建明）

段建国厅长要求认真做好教师工作

9月8日，在省交通运输厅庆祝第25个教师节座谈会上，厅党组书记、厅长段建国在讲话中指出，百年大计，教育为本；教育大计，教师为本。交通院校的领导班子，一定要关心广大教师的工作、学习和生活，关心教师的政治进步，尊重教师的劳动成果，提高教师的社会地位，激发教师的工作热情。要认真落实有关提高教师待遇、改善办学条件的一系列政策、规定；要注重培养学科带头人，产生“名师效应”；要通过增加教师总量、调整教师结构、提升教师素质、强化教师管理四个途径来建设一支政治思想坚定、业务水平精通、教育理念先进、能熟练运用现代化教学手段和方法的教师队伍。

最后，段建国向全系统广大教师提出四点希望：加强学习，提高素质；为人师表，教书育人；爱岗敬业，勇于奉献；与时俱进，勇于创新。

（孙乾灏）

段建国厅长对全省交通运输系统教育工作提出新要求

9月8日，在省交通运输厅庆祝第25个教师节座谈会上，厅党组书记、厅长段建国在讲话中要求交通运输职业教育工作要更好地满足并适应全省交通运输发展的形势需要，统一思想，高度重视，把交通运输职业教育放在更加突出的战略地位。他说，厅党组将把职业教育放在更加重要的位置，从推进“科教兴交、人才强交”战略顺利实施的高度，继续关心和支持交通院校发展，加大投入，营造环境，促进全省交通运输职业教育工作不断迈上新水平。各单位各级领导一定要把推进素质教育、加快教育事业发展作为重要职责，千方百计增加教育投入，千方百计为广大师生创造良好的工作和学习环境，千方百计为广大教育工作者办实事，办好事，努力在全系统营造重视教育、支持教育、崇尚教育的氛围，进一步形成关心和支持交通运输职业教育工作的新局面。他指出，今明两年是实现“十一五”目标的关键之年，也是交通运输工作超常规跨越式发展的重要两年，交通院校要紧紧抓住发展这个主题不松手，紧紧抓住改革这条主线不松手，紧紧抓住管理这个重点不松手，进一步解放思想，改革创新，锐意进取，踏实苦干，推动全省交通运输职业教育工作跨越式发展。同时，各院校要以高度的政治责任感，把校园的维护稳定安全工作列入重要议事日程，采取有力措施，落实工作责任，确保校园和谐稳定。（沈建明）

段建国厅长要求认真学习贯彻党的十七届四中全会精神

9月23日，在省交通运输厅召开的传达贯彻党的十七届四中全会精神大会上，厅党组书记、厅长段建国在讲话中，提出4点要求。

首先，要充分认识学习贯彻十七届四中全会精神的重大意义。党的十七届四中全会，是在新中国成立60周年之际，国际形势继续发生深刻变化，全国处在进一步发展的重要战略机遇期召开的一次重要会议。全会听取和讨论了胡锦涛总书记所作的工作报告，审议通过《中共中央关于加强和改进新形势下党的建设若干重大问题的决定》。贯彻落实好这次全会精神，对于全面贯彻党的十七大精神，深入贯彻落实科学发展观，有效应对国际金融危机冲击，保持经济平稳较快发展，夺取全面建设小康社会新胜利，开创中国特色社会主义事业新局面，具有重大而深远的意义。全省交通运输系统各级党组织和广大党员干部一定要以强烈的政治责任感和历史使命感，认真学习贯彻全会精神，切实把思想和行动统一到中央的部署要求上来，全面推进党的思想建设、组织建设、作风建设、制度建设和反腐倡廉建设，努力提高各级党组织科学化水平和执政能力，为实现全省交通运输事业又好又快发展提供坚强的思想和组织保证。

其次，要全面理解和准确把握十七届四中全会精神。党的十七届四中全会的主要精神，集中体现在胡锦涛总书记的重要讲话和中央的《决定》中。胡锦涛总书记的重要讲话，从全局和战略高度，全面总结党的十七届三中全会以来工作，深刻阐述加强和改进新形势下党的建设的重要性和紧迫性，对贯彻落实全会精神、做好当前党和国家工作提出了明确要求。讲话高瞻远瞩，思想深刻，内涵丰富，论述精辟，对提高党的执政能力、实现经济社会又好又快发展具有重要的指导作用。《决定》着眼于推动党的十七大关于党的建设总体部署的贯彻落实，重点研究解决当前党的建设中带有战略性、根本性、紧迫性的重大理论和实际问题，具有很强的思想性、指导性、针对性，是指导当前和今后一个时期党的建设的纲领性文件。学习贯彻十七届四中全会精神，要重点学习领会胡锦涛总书记重要讲话和中央《决定》，全面理解和准确把握其精神实质。要深刻理解加强和改进新形势下党的建设的重要性和紧迫性，增强贯彻全会精神的自觉性和坚定性；深刻理解我们党作为马克思主义执政党自身建设的基本经验，是党极为宝贵的财富，必须作为加强和改进新形势下党的建设的重要指导原则长期坚持，并在实践中不断丰富发展；深刻理解加强和改进新形势下党的建设的总体要求和目标任务，全面把握提高党的建设科学化水平这个重大命题和重大任务；深刻理解做好当前工作的部署要求，切实增强在应对挑战中创造新的发展机遇、取得新的发展成就的信心决心；深刻理解做好民族工作的重大意义和面临的形势任务，更加坚定自觉地巩固和发展平等团结互助和谐的社会主义民族关系；深刻理解党风廉政建设和反腐败斗争的决策部署，明确全会对反腐倡廉的各项要求和各级党组织肩负的重大责任,推动反腐败斗争不断取得新成效。

第三,要切实加强对学习贯彻十七届四中全会精神的组织领导。各级党组织要把学习贯彻党的十七届四中全会精神,作为当前的重要政治任务,加强组织领导,采取有效措施,迅速掀起学习宣传贯彻热潮。要把学习贯彻全会精神与巩固扩大深入学习实践科学发展观成果结合起来,与开展庆祝新中国成立60周年活动结合起来。各单位、各部门要结合实际,制定具体的学习贯彻意见,明确任务,严格要求,确保学习时间、人员、内容的落实。要采取党委(党组)中心组学习、集中学习培训、举办报告会等多种形式,分专题组织广大党员干部学习研讨。各级领导干部要把集中学习与个人自学结合起来,把握精髓,领会实质,以自己的表率作用带动广大党员干部学习。《山西交通》报和山西交通网要开设一批专栏、专题,着力宣传十七届四中全会的重大意义,着力宣传《决定》的新论断、新观点,着力宣传各单位贯彻落实全会精神的新做法、新成效,在全社会营造学习贯彻全会精神的浓厚氛围。要加强督促检查,一级抓一级,层层抓落实,不断把学习贯彻活动引向深入,进一步推进党的建设新的伟大工程,进一步振奋广大干部群众精神,努力开创全省交通运输科学发展、快速发展、安全发展、协调发展新局面。

第四,要以贯彻落实十七届四中全会精神推进当前工作。学习贯彻十七届四中全会精神,必须大力弘扬理论联系实际学风,狠抓各项任务落实,努力使学习全会精神的过程成为推进全省交通运输系统党的建设不断取得新成效的过程。要加强调查研究,深入分析新形势下党的建设面临的新情况,深入研究党组织和党员干部队伍中存在的突出问题,坚持用中国特色社会主义理论体系武装头脑,坚持和健全民主集中制,建设高素质干部队伍,做好抓基层打基础工作,弘扬党的优良作风,加快推进惩治和预防腐败体系建设,深入开展反腐败斗争,密切党同人民群众的血肉联系,巩固学习实践科学发展观活动成果,保持和发展党的先进性。同时,要以学习贯彻十七届四中全会精神为动力,扎实做好交通改革发展稳定各项工作。按照中央和省委的部署要求,把"保增长"作为当前工作的首要任务,继续加快公路建设,加快已开工项目建设速度,具备条件的项目要尽快开工;要加大筹资力度,保证资金的尽快落实,积极配合地方政府做好征地拆迁工作;要加大工程督查力度,大力推进交通改革,进一步抓好质量、安全、廉政工作,确保完成全年目标任务。特别是国庆、中秋"两节"即将来临,要集中精力抓好党风廉政建设,杜绝奢侈浪费行为;抓好安全稳定工作,积极维护生产安全和行业稳定;抓好值班制度落实,认真履行值班职责,为欢度"两节"营造文明、欢乐、祥和的社会氛围。

(孙乾灏)

段建国厅长、王志民副厅长深入太原长途客运总站、太原建南汽车站检查指导工作

9月24日,厅党组书记、厅长段建国,厅党组成员、副厅长王志民在厅运管处、厅公安处、省运管局、山西汽车运输集团等有关单位领导陪同下,深入太原长途客运总站、太原建南汽车站,就国庆期间客运安全保障工作进行检查。段建国强调,一定要加强对建国60周年大庆活动的特殊认识,结合道路安全运输专项整治,强化事故隐患排查,确保国庆客运安全。

段建国、王志民首先来到太原长途客运总站售票厅就售票情况进行了解,对进京采取实名售票后旅客都能主动出示有效证件表示满意。段建国说,太原作为首都北京的屏障,一定要严格履行售票程序,加大对团队购票的审核,确保首都安全。在候车大厅安检口,厅领导就旅客包裹安检工作进行详细检

查,仔细询问安检情况。段建国要求安检人员一定要落实岗位责任制,尽职尽责,严把“三品”检查和防范工作,绝不能让一件违禁品上车,严格执行“三不进站、五不出站”规定,确保国庆60周年庆典活动期间全省客运安全和人民群众出行安全。在调度室,厅领导仔细查阅车辆发车情况后,对调度工作人员说,车辆调度工作尤为重要,一定要强化车辆监管,坚决杜绝带“病”车上路运营;要有针对性地对发行车辆进行检查,对驾驶员进行安全教育培训;要强化GPS监控平台,对长途客运车辆进行全程监控,严格禁止疲劳驾车、酒后驾车和超速行驶。在候车大厅,厅领导对车站内环境整洁表示满意。段建国要求车站领导要提高车站工作人员综合素质,继续开展“微笑服务人性化、贴心服务亲情化、真诚服务品牌化”创建活动,有针对性地组织上门订票、加开班车等活动,方便人民群众出行。同时,要做好突发事件应急准备,建立完善应急预案,制定严密防范措施,制定周密运输方案,确保国庆期间客运安全。段建国还就做好甲型H1N1流感防控工作提出要求。

段建国一行还到太原建南长途车站就国庆长假客运安全工作进行检查。

（沈建明）

段建国厅长深入太原西北环高速公路封闭施工工地调研

9月25日,厅党组书记、厅长段建国深入正在紧张封闭施工的太原西北环高速公路工地调研,并代表厅党组亲切慰问全体建设者。他说,举世瞩目的新中国60华诞即将来临,象征团圆的中秋佳节也将结伴而至,2009年的“黄金周”意义非比寻常。全体管理人员和建设者一定要继续发扬交通人攻坚克难、连续作战的优良作风,确保西北环主线国庆节恢复通行。厅副巡视员郭贵平、厅机关有关处室、太原市交通局负责同志陪同调研。

从8月1日起,由于长风西互通、太古高速东社互通枢纽、太原高速西塌枢纽三个与西北环相接的项目同时开工建设,太原西北环进入计划为期三个月的全线封闭。在不到两个月的时间里,三个项目各参建单位科学组织,周密部署,战晴天,抢雨天,不分昼夜,连续作战,工程进展出乎所料。在长风西互通,当听说施工以来雨天就有19天,有效工期不足40天,而工程建设进展神速时,段建国十分高兴,握着施工单位省路桥二公司负责人的手说,“你们施工,我很放心。作为全省路桥的王牌队伍,在这场攻坚战中,不论质量、工期还是安全,你们都带了个好头。希望今后再接再厉,继续带好头,保证主线国庆节恢复通行。”他强调,安全施工非常重要,特别是高空作业一定要系安全带,不能有一丝一毫的粗心大意。在中铁十五局施工的太古高速东社互通枢纽建设现场,当看到主体工程已经完成,国庆节西北环主线恢复通行毫无问题时,段建国非常高兴,连声称赞无愧于铁军风采,要求做好宣传报道,大力宣传他们为了西北环主线早日恢复通行加班加点、24小时连轴转的拼搏精神和顾全大局的奉献精神。他郑重向项目负责人表示,如果能干出获“鲁班奖”的精品工程,朴实的山西人民会给予非常具有诱惑力的奖励——高速公路建设项目。每到一处,段建国总是先亲切慰问筑路员工。在太佳高速西塌枢纽,他捧着月饼亲手递给晒得黝黑的筑路工人,连声说“不成敬意!不成敬意!”感谢他们为全省公路建设付出的辛勤劳动,并希望他们在干好工程的同时,注意安全,照顾好自己。

段建国在讲话中指出,西北环高速公路是省城太原的大通道,国庆节主线恢复通行意义重大。2009年的国庆节又非比寻常,人民共和国迎来了60华诞,中秋节也结伴而至,赋予这个“黄金周”不一般的内涵。人是交通人,乐以天下乐。每个项目部一定要紧紧抓好这最后的几天,攻坚克难,顽强拼搏,确保西北环主线国庆节恢复通行,为太原市民出行和外地过往客人旅行，提供畅通安全的交通保障，以提前一个月的优异成绩为国庆节献礼。

段建国一行还赴太古高速西山特长隧道1#竖井和1#斜井建设现场，慰问看望建设者，检查工程质量和进展情况，要求千方百计做好国庆节期间的安全生产工作。

（董忻文）

段建国厅长、赵振田书记、曹燎原巡视员深入山西路桥一公司慰问

9月27日，厅党组书记、厅长段建国，厅党组成员、省公路局党委书记赵振田，厅巡视员曹燎原一行深入山西路桥一公司慰问。

公司在建28个工程项目，2009年8月前完成产值9.0151亿元，在建工程多数走在各项目部前列，成本控制在掌控之中，闻垣项目部、阳翼项目部、灵山项目部、大呼高速公路第一标段项目部、临午项目部、忻保L2合同段项目部等多次受到业主奖励，全年共获奖金247万元。与此同时，公司高度重视安全生产工作，做到居安思危，警钟长鸣，常抓不懈，防患于未然，以稳定的安全形势确保生产经营快速发展。段建国首先询问工程建设方面详细情况和存在的困难与问题，并对公司回归省厅一年多来所做的成绩和在四川援茂项目中的贡献给予肯定，认为公司前景是美好的，发展是有前途的。对利用公司有利资源和优势进行第三产业开发给予肯定，同时要求根据公司实际情况，正确对待一些历史遗留问题，对目前存在的突出问题或重大隐患进行逐一排查，特别是要做好国庆节期间维稳信访工作，安抚好自己职工和施工队伍，保证让他们过一个祥和节日。

当日上午，段建国一行前往退休职工、建国前入党的老党员齐世英，退休老干部王际杰家中慰问，代表厅党组向他们致以节日的问候和祝贺，并送上慰问金。段建国握着他们的手，关切地询问生活家庭情况，充分赞扬老同志在工作期间对公路事业、对单位所作出的贡献，嘱咐老同志要照顾好自己的身体，调节好生活节奏，并希望他们在保重身体的前提下，一如既往地关心和支持公司的建设发展。老同志们在发言中，表示感谢省厅、省局领导关怀，并衷心祝愿全省公路事业蓬勃发展，越来越好。

（沈建明）

段建国厅长、郜玉兰总工程师深入省交通科研院调研

9月29日，厅党组书记、厅长段建国，厅党组成员、厅总工程师郜玉兰带领厅综合规划处、厅公路管理处、厅科技教育处、厅重点办有关负责同志，深入省交通科研院调研。

段建国一行先后参观榆次工业园区生产基地，看望交科公路勘察设计院勘察设计人员，听取院长赵队家工作汇报。在生产基地，段建国一行参观毛勒缝生产车间、机电车间、桥梁隧道加固维护车间，详细了解各自主要经营业务、服务工程建设及课题研究情况。在勘察设计院，段建国代表厅党组向职工表示节日慰问，祝大家节日快乐，并希望他们在新一轮公路建设中再立新功，再作贡献。

段建国在讲话中指出，2009年以来，省交通科研院按照“一条主线”、“七大工程”、“六化目标”的交通发展战略，围绕深化改革和全面创新思路，全院上下同心同德，在科研和科技产业等方面均迈出新步伐，特别是目前已完成各类产值近4亿元，开展科技研究项目33项，已完成鉴定验收8项，承揽了省内8条高速公路的勘察设计工作、总里程达到470公里等工作业绩应该给予充分肯定，院领导班子和全体干部职工的工作值得充分肯定。他希望省交通科研院在公路建设任务十分繁重的新一轮交通建设中，继续坚持科学技术研究和科研成果服务于工程建设，以推进交通系统整体科技进步为己任，坚持科研和生产相结合，重大科研项目和科研成果

应用以顺利完成重点工程建设任务为目标；要根据人才和设备等方面的资源优势，继续向新技术领域拓展，积极当好各建设单位的技术参谋。在勘察设计方面，要建立快速反应的后续服务和长效服务机制，主动加强设计回访，建立多方面听取意见和反复论证机制，把设计工作做深做细，确保勘察设计质量，全面提升公路设计水平。要积极采取措施，立足省内，进取省外，加大力度，继续承揽省外高速公路和一级公路的建设任务、监理任务、机电工程等，增强综合技术优势，走适合自己的发展之路。同时，段建国还就省交通科研院提出的制约产业发展的用地问题、实验室和质量检测中心购买仪器设备经费问题、勘察设计业务承揽、投标担保问题、试验室研究经费问题、承揽高速公路机电信息项目问题等分别进行答复和表态。

郜玉兰也就上述问题发表意见和建议，提出4点要求。一要着手考虑"十二五"规划中科技引领需求问题，及早拿出调研提纲；二要考虑大规模高速公路建成后的管养问题，建立养护科学决策机制；三要考虑科技公共服务贡献问题，建立科技共享平台；四要走打造科技集团之路，力争有板块上市。

（董忻文）

段建国厅长对国庆节交通安全工作提出6点要求

9月30日下午，在省厅召开的国庆期间有关工作安排电视电话会议上，厅党组书记、厅长段建国在讲话中，提出6点要求。他说，10月1日是新中国成立60周年大庆，党和国家将举办许多重要庆典活动，全省也要举行一系列庆祝活动，期间又适逢中秋佳节，假期时间长，各种活动多，城乡居民出行大量增加。各级各部门要进一步加强领导，明确职责，突出重点，狠抓落实，统筹安排好国庆期间的有关活动和各项工作，确保人民群众度过欢乐、祥和、平安的节日。一是客运站场要进行安全检查，要进行明察暗访；二是要确保施工安全，领导要对自己分片包干的单位进行检查；三是要高度重视稳定工作；四是要严格值班制度，一把手亲自带班；五是要及时报送信息；六是要严抓甲型流感防范工作。

（沈建明）

段建国厅长、赵振田书记深入省公路物资供应总公司调研

10月10日下午，厅党组书记、厅长段建国，厅党组成员、省公路局党委书记赵振田带领厅机关有关处室负责人、省公路局有关负责人赴省公路物资供应总公司调研。

听取目前沥青市场情况和2010年发展及公路建设沥青需求情况汇报后，段建国在讲话中指出，公司十几年的发展，为公路建设物资供应作出很大贡献，成绩的取得与多年来广大领导干部和职工的努力分不开。在新一轮公路建设中，公司将面临更大的挑战，要充分认清形势，分析2010年市场，研究应对如何做好公路建设物资供应工作，尤其是公路建设所需沥青供应，有责任、有义务做好保障工作，为2010年全省高速公路建设完成1000公里通车任务做好储备。面对2010年沥青需求市场，公司要按照市场运作来办事，与建管处提前沟通，了解情况，做好沥青储备工作，省厅将给予一定支持。希望公司在省厅和省公路局支持下，立足市场，强化企业信誉质量，提高市场竞争能力，依托公路建设发展，不断壮大企业，取得社会效益和经济效益双丰收。

段建国还就公司提出的有关招投标、沥青储备资金等相关事项作了答复。赵振田及厅机关有关处室负责人分别也就沥青储备工作提出意见和建议。

2010年竣工通车的高速公路为1000公里，沥青用量为50余万吨，一、二级公路新改

建工程沥青用量为39余万吨，再加上日常养护所需沥青10余万吨，全省2010年沥青用量共计100余万吨，超过往年3倍。

（董忻文）

段建国厅长、张德仪总会计师深入平榆高速公路调研

10月12日，厅党组书记、厅长段建国，厅党组成员、厅总会计师张德仪深入平榆高速公路工地调研。段建国要求，各级各有关部门要切实增强责任感和紧迫感，全力以赴推进工程建设；各施工单位和监理单位要严格标准，加强监管，保证质量，加紧施工，确保工程如期竣工通车。厅办公室、厅公路处、厅重点办、省交通质监站以及晋中市政府、市交通局有关负责人陪同调研。

段建国一行由第一合同段柳根河大桥施工现场进入工地，听取平榆建管处处长杨建红情况介绍后，先后察看了第一合同段柳根河大桥、第二合同段梁坡底大桥、第三合同段宝塔山隧道进口、第四合同段宝塔山隧道出口、第六合同段南风沟1#特大桥、第七合同段路基填筑现场、第十五合同段浊漳河特大桥等建设现场。每到一处，他都要与施工人员亲切握手，详细询问施工进度、工程材料来源、质量控制及安全管理工作等情况，特别询问了30公里一年实现小循环路段的建设任务完成情况；在宝塔山隧道，段建国先后询问隧道地质情况、围岩类别、掘进手段及措施，希望承担施工任务的中铁隧道有限公司、中铁十四局集团有限公司在保进度、保安全前提下，狠抓质量管理，力夺鲁班奖；途经第五合同段时，段建国看到吕梁路桥建设公司职工在路边挥手致意，便停下车来，与他们进行交谈，询问作为路桥企业参与工程建设的情况。希望他们严格管理，保安全，保质量，保效益，抓住机遇，发展自己，干出样子，再振雄风。

调研结束后，段建国一行对平榆高速公路建设取得的成绩给予充分肯定。希望建管处在保质量、保安全的前提下，合理制定施工计划，加快工程进度；希望施工单位尽量使用沿线地材与民工，拉动当地经济发展和百姓致富；希望省交通质监站加强质量监督与管理，全力打造优质、精品工程，确保小循环通车目标实现，确保全线早日建成通车，发挥效益。针对个别没有完成的征地拆迁问题，段建国提出意见和建议，希望晋中市加大地方协调力度，不因个别地方的征迁问题影响整个工程进度。

平遥至榆社高速公路是全省高速公路网规划中“三纵十一横十一环”高速公路网主骨架中第七横的重要组成部分，全长83.066公里，沿线大部分路段地处山区，地形、地质条件十分复杂，桥隧长度占总里程比例达41.3%。施工难度大、技术复杂的主要控制性工程有宝塔山特长隧道、狮子凹特长隧道、惠济河大桥、南风沟1#特大桥和榆社特大型枢纽等工程。承担路基、桥隧工程的15家施工单位和6家监理单位于6月15日进驻工地。到9月中旬，除极少数受特殊条件制约的工点外，绝大多数工程已全面展开，到月底，累计完成投资9.1亿元。（沈建明）

段建国厅长深入晋城环城高速公路调研

10月14日，厅党组书记、厅长段建国陪同牛仁亮副省长视察晋城工作结束后，连夜深入晋城环城高速公路建设工地调研。晋城市委常委、副市长赵学梅陪同。

入夜后的环城高速公路工地，仍然没有褪去白天的喧嚣，一片片灯光照亮之处，仍然是施工人员忙碌的身影。行驶在大部分已填筑成型的路基上，感受着一幕幕热火朝天的施工场面，听取建管处领导关于工程建设情况的汇报，段建国频频点头，对晋城环城高速公路建设者在短短5个多月时间里，精心组织，加大投入，争分夺秒，艰苦奋战取得的建

设成绩给予充分肯定。他在讲话中，请建管处领导转达对全体工程建设者，特别是一线筑路工人、农民工兄弟的感谢和慰问。要求建管处和各参建单位要高度重视工程质量，牢牢控制关系工程耐久性、安全性的关键质量指标，切实抓好环节控制，提高质量管理水平；要采取有力措施，严格履约考核，重奖严罚，奖罚分明，努力加快工程进度，确保实现工期目标；要切实加强安全生产，吸取全省其他项目安全生产事故的教训，严格管理，严格检查，确保安全；要认真搞好工程廉政建设，做到修好一条路，不倒一个人；要解决好农民工工资和地方有关问题，加强检查考核，确保和谐稳定；要加快推进连接线一级公路前期工作，争取早日开工建设；要高度重视绿化工程，在经济适宜的基础上，提高晋城环城高速公路绿化的水平和品位。

此前，段建国还陪同全国人大常委会内务司法委员会副主任刘振华视察晋济高速公路。

（沈建明）

段建国厅长、赵振田书记
深入340省道、沿黄公路和忻保高速公路建设工地调研

10月21日至23日，厅党组书记、厅长段建国，厅党组成员、省公路局党委书记赵振田带领厅办公室、厅公路处、厅重点办、省公路局、省交通质监站等部门负责同志先后深入340省道改建工地、沿黄公路吕梁与忻州段、忻保高速公路建设工地一线调研，检查工程质量，督促工程进度，现场解决遇到的征地拆迁、资金、技术等难题，并亲切慰问广大筑路员工。

10月21日下午，在340省道孝义互通建设工地，段建国在讲话中指出，340省道是全省重要运煤通道，也是吕梁地区最主要干线道路。它的早日建成通车，对方便百姓出行，拉动全省经济发展具有十分重要意义。吕梁公路分局要认真组织，全力推进。一要千方百计加快施工进度，确保按期完工；二要精心施工，确保质量，把340省道建成一条标准路，精品路；三要统筹考虑，增加完善停车区、加油站等服务功能。吕梁市委常委、常务副市长吴志国陪同调研。

10月22日，段建国视察已建成的沿黄公路临县段和正在建设的兴县、保德沿黄扶贫公路后说，沿黄公路是全省的一项重要扶贫惠民项目。开工两年来，省委、省政府领导十分重视。它的早日建成通车，对拉动沿线经济和百姓脱贫致富奔小康都有着特别重要的意义。未完工的吕梁市和忻州市交通局主要负责人要有大局意识，在保证安全和质量前提下，千方百计加快工程进度，力争11月底前完成全部路基工程，确保2010年全省沿黄公路全线竣工通车。已竣工的路段一定要加强养护和治超管理，采取有效措施控制超载超限车辆驶入。10月22日中午，段建国一行来到晋陕交界处的兴神黄河大桥桥头，与河北运煤司机亲切攀谈，仔细询问煤炭运输情况，并慰问在现场疏导交通的兴县执勤交警。他特别要求交通部门与当地交警部门要通力协作，加大晋陕煤运主通道交通管理力度，确保畅通。

10月23日，段建国深入忻保高速公路调研。路线全长191.45公里，概算投资105亿元，工程建设任务全部由全省路桥企业承建，2009年5月正式开工建设，2010年底将实现78公里小循环通车，2011年底全线建成通车。工期紧，工程浩大，要求高，是全省第一条全部由路桥企业承建的高速公路项目。开工以来，忻保高速建管处精心组织，大力实施“包公”式管理和“保姆”式服务，全体筑路员工发扬负重奋进、攻坚克难、科学管理、拼搏奉献的精神，有力促进工程建设。

在省路桥一公司承建的芦芽山隧道和芦芽山大桥建设工地，段建国向现场施工人员仔细询问隧道掘进速度、工艺、桥梁施工技术等情况。当听到施工队伍采取先进的光面爆

破掘进技术和大桥在12月底就能全部吊装完毕时，露出满意笑容，并赞扬说路桥施工队伍，只要组织好、管理好，就能创造好的业绩。在平阳路桥十八沟大桥建设工地，段建国嘱咐施工人员，一定要注意施工安全，规范施工，并鼓励他们抓住这次难得的机遇，科学组织，千方百计啃下这块硬骨头。他语重心长地说，只有不断积累施工经验和业绩，才能更快发展。在运城路桥承建的十四标岚漪河大桥与宁武互通建设工地，段建国了解到征地拆迁工作有阻力时，要求建管处和当地政府负责人要尽快妥善协调解决，并专人限期督办，为工程建设创造良好施工环境，确保2010年小循环通车目标实现。

在晋中路桥工地食堂吃过午饭，段建国不顾连日劳累，来到由省路桥二公司承建的云中山隧道和吕梁路桥承建的里吉沟隧道建设工地考察。看到井然有序的现场管理和高科技的安全监控管理系统，段建国十分高兴。他兴高采烈地说：忻保高速公路的建设证明：路桥队伍不仅能干，而且能干好，是全省筑路队伍的铁军。忻保高速公路建管处与各路桥施工队伍一定要抓住机遇，认清形势，在确保安全和质量前提下，只争朝夕抢进度；要加大科研攻关和创新力度，加强施工组织管理，争创一流现代化施工企业，为全省经济转型发展、科学发展作出更大贡献。

（孙乾灏）

段建国厅长向厅离退休老干部祝贺“九九”重阳节

10月26日上午，在厅机关五楼会议室举行的第22个“老年节”纪念会上，厅党组书记、厅长段建国代表厅党组向出席座谈会的老领导、老干部及全系统离退休老同志致以诚挚问候与美好祝福，对老同志们关心支持并参与全省交通运输建设表示崇高谢意和真诚敬意，希望老同志们一如既往地关注交通运输工作，为全省交通转型发展、安全发展、和谐发展献计献策。他在介绍全省公路建设情况时说，截至9月底，全省开工建设高速公路项目26个，总里程2020公里，总投资达1200亿元，提前完成省政府提出的高速公路开工目标；国省干线全年在建项目达79个，建设里程1807公里，已有875公里完成路面铺装；县乡公路改造工程开工2846公里，完工1238公里；村通水泥（油）路“全覆盖”工程开工12650公里，到2010年，全省具备条件的建制村将实现水泥（油）路“全覆盖”。为什么要大规模进行公路建设，特别是高速公路建设呢？主要有两方面的原因。一方面是扩大内需、应对金融危机的需要；另一方面是全省经济社会发展需要。对大家关注的资金问题和2010年能否新增1000公里高速公路，段建国表示，通过一系列金融创新和千方百计努力，今明两年新开工建设3000公里高速公路所需的580亿元资本金已经基本落实，2010年建成1000公路高速公路很有把握，希望老同志们放心。他还表示，下一步事业单位改革、企业改革，以及因成品油税费改革带来的一系列问题，新一届厅党组也一定会做好，保证职工利益不受损害，保证全系统和谐稳定。

段建国指出，老干部是党和国家的宝贵财富，全省交通运输事业能取得今天的成就，与历届老领导、老前辈的辛勤劳动、无私奉献密不可分。希望老同志们继续为全省交通改革发展稳定建言献策，为和谐山西交通作出新贡献，厅党组会一如既往地在生活上、政治上关心大家，并做得更好。

（董忻文）

段建国厅长深入省交通建设开发投资总公司调研

10月28日，厅党组书记、厅长段建国深入省交通建设开发投资总公司调研。要求通过企业改制，适应市场竞争，把公司不断发展壮大，更好地为全省交通建设作出贡献。

总公司成立于1993年，目前已发展成为拥有注册资金37.5亿元、资产总额198亿元、净资产62亿元的新型国有独资企业，构建了“一体两翼”，即以投融资管理为主体，以发展公路产业、多种经营产业为两翼的发展战略格局，累计为全省交通建设引资融资和提供贷款担保193.9亿元。目前，公司管养公路里程达到510公里，同时，还涉足房地产产业、国际贸易、酒店服务、绿色生态的多元化经营发展道路。企业发展已达到一定的规模，进入再发展、再扩张、进一步做大做强新阶段。但作为传统企业，要想进一步做大做强，存在三大主要障碍：一是公司现行管理体制机制陈旧落后，缺乏市场参与意识和竞争活力；二是筹资融资渠道不畅；三是在市场化运作中规格较低。因此，实施改制是企业自身发展的内在需要，是支持全省公路建设的根本要求。

座谈会上，段建国听取总经理魏庆飞、书记李平就公司目前发展情况和企业改制方案的汇报及山西经济改革策划设计中心有关人员就公司改制的工作汇报。他在讲话中指出，企业改制势在必行，是公司进一步发展所必需的，不仅仅是一个企业变更名字的问题，也不仅仅是有了董事长和总经理的问题，而是企业制度的一个变化问题。目前，公司发展受到制约，影响更大规模扩张，根据公司改制方案，厅党组将会尽快上会研究。在改制过程中，公司一定要选择好的战略合作关系，一定要控股，维护好本公司职工利益。可对公司所属子公司进行整合，更有利于公司发展。通过企业改制，适应市场竞争，把公司不断发展壮大，更好地为全省交通建设作出贡献。同时，段建国还就公司归属和规格问题谈了自己的意见及建议。

会后，段建国一行及总公司主要领导还与来自香港的实地资本投资有限公司、中信资本投资有限公司和澳新银行上海分行的有关部门负责人进行座谈，在简要介绍公司目前发展情况和改制后的一些情况后，双方还就一些合作问题进行洽谈。

（董忻文）

段建国厅长要求全面推进行政执法队伍建设

10月29日，在全省交通系统行政执法高级培训班开班典礼上，厅党组书记、厅长段建国在动员讲话中，要求全系统执法单位要准确把握和认真审视交通执法队伍的现状，正确认识交通改革发展形势和任务，进一步增强交通行政执法队伍建设的紧迫性和自觉性；要加强领导，完善机制，强化措施落实，全面推进行政执法队伍建设。

（沈建明）

段建国厅长深入阳五高速公路阳盂段建设工地调研

10月29日，省交通运输厅党组书记、厅长段建国深入阳五高速公路阳盂段建设工地调研。要求加强多方合作，加快工程进度。阳泉市委书记白云，市长李栋梁，市委常委、市委秘书长樊盛武，市委常委、常务副市长王旭明等陪同。

项目是全省东纵干线公路的重要组成部分，全长182公里。采用BOT模式，由国家特大型中央A级企业中国建筑工程投资总公司投资建设。其中，阳泉市至盂县段是阳五高速公路的一期工程，起于平定县西郊村以西，与太旧高速公路相接，止于盂县元吉村，与石太高速铁路阳泉北客运站连接线相接，主线全长41.2公里，概算投资32亿元，桥隧比例占35%。2008年12月开工，2010年建成通车。

调研中，段建国和白云、李栋梁、樊盛武、王旭明等领导先后来到阳五高速公路A1－1合同段平定枢纽互通立交桥、维社隧道现场，详细询问建设工期、安全质量、隧道施工技术等情况。随后，他们沿施工便道，对桃河特大桥、簸箕掌大桥、章召大桥和荫营河特大桥等正在建设中的桥梁进行检查指导。对当前制约工程建设的跨石太铁路施工、部分电力设施的移拆、个别路段的村民干扰等控制性工程和存在的问题进行协调沟通。

段建国在讲话中指出，项目是全省高速公路网的重要连接线。它的建成，将带动山西东纵主干线快速发展，所以早一天建成早一天见效。希望阳泉市委、市政府与中国建筑工程投资总公司要加强合作，周密安排，科学施工，狠抓工程质量和进度，力争早日建成通车，使项目早日发挥出更大的社会效益和经济效益。阳泉市委、市政府要全力以赴支持和帮助施工单位，努力为工程建设提供优良环境和全方位服务，确保工程早日完工。在工程建设过程中，施工单位要在保证安全情况下，采取有效措施，加快施工进度，努力克服施工条件差、作业环境艰苦等困难，把好施工安全关，确保项目顺利进行。段建国表示，不管问题大小，如需出面协调，省交通运输厅将义不容辞，全力支持工程建设。

（孙乾灏）

段建国厅长、张润副厅长、王志民副厅长、张志川副厅长深入一线抗击暴雪灾害

11 月 10 日早上，全省大部分地区出现强降雪天气，暴雪对道路交通运输和农牧业造成严重影响，对中部部分地区造成不同程度灾害。

11 月 10 日晚上，省政府组织召开部署强降雪应急减灾工作紧急会议后，厅党组书记、厅长段建国立即召集省公路局、省高管局、省运管局等有关单位负责人连夜召开会议，传达省政府紧急会议精神，并按照省政府领导要求，对道路交通保通畅通和客运安全应急工作做了进一步安排部署，同时启动《山西省公路交通突发公共事件应急预案》一级预警和响应，全面响应省政府暴雪灾害一级预警和道路交通安全一级红色预警。并紧急印发《关于做好应对暴雪灾害确保道路畅通和客运安全工作的紧急通知》，要求各级交通运输主管部门、各级公路管理机构立即调集人员、机械设备、防滑融雪物料，全力以赴开展清雪融冰工作。

灾情发生以后，省厅紧急召开党组会议研究部署应对强降雪工作，迅速成立前线救灾指挥部，全天候指挥抢通救援工作。厅党组书记、厅长段建国，厅党组副书记、副厅长张润，厅党组成员、副厅长张志川带领有关部门人员冒雪深入太原汽车客运总站、太原环城高速公路、太旧高速公路检查指导旅客疏散、运输安全、清雪保畅等工作，并慰问一线干部职工。厅党组成员、副厅长王志民紧急安排省运管局利用全省卫星定位应用系统短信平台向长途客车、高速客运车辆、旅游客车、危险化学品运输车辆司乘人员发布大雪道路运输安全警示信息，要求严格执行雪地安全行车规定，做到该停运的停运、该慢行的慢行。（董忻文）

段建国厅长要求认真抓好全省交通运输系统工程建设领域突出问题专项治理工作

11 月 18 日，在全省交通运输系统工程建设领域突出问题专项治理工作电视电话会议上，厅党组书记、厅长段建国在讲话中，要求各单位要认真贯彻落实中央决策部署，坚持科学有效的思路和方法，加强组织领导，密切协作配合，确保专项治理工作取得实效。厅属各相关单位要成立相应领导机构和办事机构，组织开展好本地区和本系统的专项治理，制订具体方案，精心组织实施。要把专项治理工作与深入学习实践科学发展观活动、

与扩大内需，促进经济增长政策落实情况的监督检查和日常监管结合起来。在解决当前存在的突出问题的同时，逐步建立工程建设健康有序发展的长效机制。深入排查，认真整改，根据中央统一部署，在厅专项治理工作领导组的统一组织下，尽快进入排查阶段，省厅和市、县两级交通运输部门要分别对负责建设的总投资额在5000万元以上、3000万元以上和500万元以上的项目进行排查；厅属各单位要对负责建设的总投资额在500万元以上的建设项目进行排查。特别是要对2008年以来规模以上的政府投资扩大内需项目和使用国有资金项目，尤其是目前已开工的26个高速公路建设项目进行排查，找出存在问题，分析形成原因，提出治理对策，做到应查不漏，不留死角。各监管部门要加强督察，强化落实，加强工程建设、设计、施工、监理单位和工程建设各个环节的监管。对组织领导不到位、方法措施不得力、治理效果不明显的单位要提出整改要求，重点督察，限期整改，确保专项治理工作达到预期目标。

段建国强调指出，治理工程建设领域突出问题意义重大，任务艰巨。全系统各级各部门要坚决贯彻落实好中央、省、部的决策部署，统一思想，坚定信心，扎实有效地开展好此次专项治理工作，在加快交通基础设施建设过程中努力做到又好又快，促进全省交通运输事业快速、科学、安全、协调发展。

（沈建明）

段建国厅长要求积极拓宽筹融资渠道

11月19日至20日，在省交通运输厅与中海信托、中信银行、山西证券三家金融机构分别举行的全省公路建设筹融资座谈会上，厅党组书记、厅长段建国向金融机构介绍全省交通基础设施建设情况和所需资金数量，双方就全省公路建设贷款及合作模式、贷款金额、时间等进行广泛深入座谈。他说，省交通运输厅将继续按照省委、省政府安排部署，为扩大内需、保增长、促稳定作贡献。在未来几年，将继续加大全省公路建设力度；省交通运输厅要积极拓宽筹融资渠道和思路，创新筹融资模式，缓解资金压力，确保全省公路建设顺利进行。

（董忻文）

段建国厅长深入太古、太佳高速公路建设工地调研

11月27日，厅党组书记、厅长段建国深入太古、太佳高速（东段）调研。厅副巡视员郭贵平、厅直机关党委、厅公路处、厅重点办、省交通质检站负责同志陪同。

雪灾发生后，段建国厅长对冬季施工保温措施、质量控制、施工安全、建设进度和现场管理十分关注。每到一处，他都认真听取情况汇报，对施工现场仔细察看。在太古高速西山隧道，太佳东段西凌井隧道，段建国仔细察看围岩等级，询问日掘进速度及工程建设中存在的问题。在晋中路桥箱梁预制工地现场，当他看到施工单位早已搭建并投入使用的原材料保温棚和箱梁蒸汽养生棚里冒着浓浓的蒸汽时，亲自实地检查了施工工艺、质量、安全措施等工作，并针对雪后施工存在的困难和问题，进行现场办公。要求各施工单位一定要制定切实可行的冬季施工措施，在确保安全、质量前提下，加快工程进度。特别是隧道施工，千万要注意瓦斯浓度，要24小时派专人负责检测，确保安全施工。他说，当前省委提倡学习右玉精神，对我们工程建设者来说，就是要按照省委、省政府扩内需、促增长要求，结合交通实际，科学施工，合力奋进。全省交通系统干部职工尤其是党员干部，要认真学习和弘扬右玉精神，切实加强机关作风建设，深入基层，深入一线，定点帮扶，务实创新，全力推进各项交通重点工程建设。

（孙乾灏）

段建国厅长要求全省路桥企业抓住机遇重振雄风

12月2日，在全省路桥企业党风廉政建设会议上，厅党组书记、厅长段建国在讲话中，充分肯定路桥企业回归一年来所取得的成绩，认为企业正在走出阴影，成为山西公路建设的有生力量，尤其是忻保高速公路建设工程质量好，现场管理有序，充分体现了路桥企业本来面貌。同时，改革工作也取得很大进展，正与各分局融合为一体；稳定工作也抓得不错，职工人心思进。要正确把握形势，既要看到成绩，也要看到存在的问题，上下齐心，共同努力，不断发展；要正确把握方向，抢抓机遇，加快改革，转型发展。目前，企业基础和实力还不够强大，责任意识还比较淡薄，这就需要企业领导加强责任感，积极主动出击，投标，揽活，在工程建设中强化项目施工管理，提升企业竞争力。要培育企业养护产业，促进转型发展，从纯粹的建设型企业向建设养护型企业发展；要始终注重企业品牌建设，打造自己品牌，在工程建设中多夺取“鲁班奖”。在企业发展中，一定要理顺与分局的关系，团结才有力量。要正确把握法纪，严格管理，反腐倡廉，吸取教训，严格工程建设管理，按规章制度办事，加强领导班子建设；要正确把握自己，廉洁自律，洁身自好，为群众办事，为群众利益着想，树立正确的权利观和理想信念。通过学习培训，提高素质，提高技术水平，在全省保增长、保民生、保稳定的形势下，抓住发展的大好机遇，重振雄风，为全省公路建设再创新辉煌。

（董忻文）

段建国厅长欢迎并希望与中信基建投资公司合作

12月3日，在省交通运输厅与中信基建投资有限公司投融资方式座谈会上，厅党组书记、厅长段建国介绍全省高速公路建设情况。他说，全省已建成高速公路1965公里，在建里程2000公里，2010年还有一批高速公路建设项目开工，“三纵十一横十一环”高速公路网规划已初具规模。由于“三保”政策的实施，全省还将加大投资力度，以此拉动经济快速增长，因此合作项目很多，方式也灵活多样，多个项目中运用BOT等方式并取得良好效果。段建国欢迎并希望与中信基建投资公司合作，在双方共赢原则下，达成合作协议，并形成战略伙伴关系，以此推动全省交通快速健康发展。他指出，如合作，中信基建投资公司要考虑交通系统部分职工的安置问题，确保社会稳定。双方还就高速公路上市、融资方式进行探讨。

（沈建明）

段建国厅长要求广泛开展各种有意义的体育活动

为庆祝建国60周年，贯彻落实全民健身计划纲要，推动全省交通系统职工体育活动。12月6日，在全省交通系统第二届职工乒乓球比赛闭幕式上，厅党组书记、厅长段建国在讲话中指出，本次“高速杯”乒乓球赛，赛出风格，赛出水平，取得良好成绩。他希望全省交通系统各单位要重视职工文化生活，加强体育锻炼，广泛开展各种有意义的体育活动，创建充满活力的交通事业发展环境，做到每天锻炼一小时，健康工作50年，以健康的体态和心态，推进全系统“两个文明”建设的和谐发展。

（董忻文）

段建国厅长、张润副厅长要求高度重视安全生产工作

12月14日，在向省政府安委办汇报省交通运输厅2009年度安全生产工作完成情况后，厅党组书记、厅长段建国，厅党组副书记、副厅长张润在讲话中，分别对2010年安

全生产工作进行安排部署。要求全系统各单位高度重视安全生产工作，尤其是党政一把手，对督察组指出的外省车辆挂靠、危险化学品车辆运输、城市公交、出租车管理等问题进行深入调研，认真研究制定相应安全管理制度；对高速公路安全运营工作要加强管理，特别是特长隧道和桥梁的安全管理要指定专人负责，并千方百计引进全国甚至世界最先进的高科技管理措施，确保全省交通运输行业又好又快安全发展。（孙乾灏）

段建国厅长、张润副厅长、韩日裕组长、张志川副厅长、部玉兰总工程师等领导深入省厅专项治理办公室检查指导工作

按照上级关于开展工程建设领域突出问题专项治理工作的安排，省交通运输厅成立专项治理工作领导组办公室机构正式展开工作。12 月 21 日，厅领导段建国、张润、韩日裕、张志川、部玉兰等专门到专项治理办公室工作场所进行检查指导，对加强全省交通运输系统开展工程建设领域突出问题专项治理工作提出明确要求。

在检查指导过程中，厅党组书记、厅长段建国等领导检查组成机构的办公设施、工作秩序，听取办公室开展专项治理情况的介绍，对专项治理办公室前一时期的工作进展和成效给予肯定。段建国在讲话中，要求专项治理办公室要按照省厅制定的工作方案，确定治理重点，明确目标任务和治理措施，精心组织实施。尤其是要通过工程建设领域突出问题的专项治理，制定和规范一整套可供执行的制度体系，加强工程建设各个环节监督，堵塞各种漏洞，保证交通工程建设顺利进行。

省交通运输厅工程建设领域突出问题专项治理办公室下设综合协调组、监督检查组，办公地点设在太原市高新区省交通运输执法局办公东楼四层。主要职责是：拟定工程建设领域突出问题专项治理工作各个阶段的实施方案，组织开展公路工程建设领域突出问题专项治理工作，了解掌握全省交通运输系统专项治理工作动态，负责厅属单位专项治理工作的联络和协调，掌握专项治理工作开展情况等。同时，省交通运输厅工程建设领域突出问题专项治理工作领导组办公室设立举报电话及网上举报邮箱。举报电话是 0351－7026513、7026512（传真）；举报邮箱是 jtzlsyhl@163.com。

（董忻文）

段建国厅长对省交通运输执法局工作提出 5 点要求

12 月 25 日，在全省交通征稽工作总结表彰暨山西省交通运输执法局成立大会上，厅党组书记、厅长段建国在讲话中，充分肯定交通征稽 22 年来做出的重要成就。他说，22 年来，交通征稽人以坚定信念、顽强意志和脚踏实地作风，为全省交通运输跨越式发展作出突出贡献。在交通征稽机构的基础上组建山西省交通运输执法机构，是省委、省政府着眼未来发展，建立适应市场经济要求的交通运输管理体制的重大决策，是推进全省交通运输行政管理科学化、民主化、法制化进程的重要里程碑，对于整合执法资源、规范执法行为，提高执法效能、降低执法成本，构建权力与责任挂钩、权力与利益脱钩，权责明确、行为规范、监督有效、保障有力的交通运输综合执法体制，保障交通运输普遍公共服务，树立交通运输部门良好的社会形象具有重要意义。省交通运输执法机构应重点围绕五个方面做好基础工作：一是围绕加强重点公路、干线公路审计监督开展执法工作；二是围绕加强治超监督开展执法工作；三是围绕加强安全生产监管开展执法工作，分别从道路运输、水路运输、工程施工三方面入手，加强对行业监管部门和运输企业、施工企业安全生产工作的综合监督；四是围绕依法行政开展执法工作，代表省厅加强对交通系统所有执法单

位和执法人员的监督，规范执法行为，纠正违法行为；五是认真履行通行费管理局职能，加强对车辆通行费征收管理的监督，特别是要加强对经营性公路的监督。　(沈建明)

段建国厅长要求当好拉动全省经济增长的主力军

12 月 25 日下午，在省交通运输厅召开的传达全省经济工作会议精神大会上，厅党组书记、厅长段建国在讲话中指出，全省经济工作会议科学判断当前形势，全面部署 2010 年经济工作，为全省交通运输系统把握发展大势，科学决策，实现科学发展指明方向。2010 年，全省将按照基础设施投资与产业开发投资并重、国有投资和民间投资并举的要求，以重点工程、重点项目为载体，在优化结构前提下，进一步扩大投资规模，全年投资将达 6000 亿元。基础设施建设将继续坚持扩大内需，增强经济增长的内在动力和活力。交通运输部门一定要紧紧抓住这一机遇，确保目前在建的 2000 余公里高速公路 1000 公里建成通车、1000 公里顺利建设的同时，再新开工建设 1000 公里，实现 2010 年底全省高速公路通车里程达到 3000 公里和全省具备条件的建制村通水泥(油)路“全覆盖”目标，当好拉动全省经济增长的主力军。全系统一定要认真学习领会全省经济工作会议精神，进一步增强必胜的信心和决心，强化忧患意识、机遇意识和发展意识，紧紧抓住各种积极因素和各方面有利条件，统筹兼顾，突出重点，加强领导，为全省经济平稳较快增长，经济社会又好又快发展作出新的贡献。

(董忻文)

段建国厅长要求真正把工会组织建设成为名副其实的职工之家

12 月 29 日，在全省公路运输工会主席工作会议上，厅党组书记、厅长段建国在讲话中，充分肯定工会工作在 2009 年所取得的成绩，要求各单位要认清 2010 年全省交通建设面临的新形势，发挥工会组织的纽带作用，维护好广大干部职工权益，带动广大干部职工投入到公路建设中，为完成 2010 年公路建设任务共同努力。他说，厅党组十分重视工会工作，希望各单位按照《关于加强工会工作的意见》，抓好工会工作。各级工会组织要真正成为维护职工权益的组织，以职工为本，以职工利益为前提，关心帮扶困难职工，关注弱势群体，真诚倾听职工呼声，真实反映职工愿望，真情关心职工疾苦，真正把工会组织建设成为名副其实的职工之家。

(孙乾灏)

张润副厅长对落实全省交通春运暨安全生产工作视频会议精神提出 3 点要求

1 月 6 日，在全省交通春运暨安全生产工作视频会议上，厅党组副书记、副厅长张润在讲话中，就如何贯彻落实会议精神提出 3 点要求。一是认识要提高、提高、再提高。真正把春运工作和安全生产工作摆在重要议事日程，做到加强领导，周密安排，精心组织；二是措施要落实、落实、再落实。把落实各项措施作为保障春运工作有序开展的重大举措，采取明察暗访、督察督办等多种方式，加大落实力度，确保工作实效；三是安全要突出、突出、再突出。各级领导要牢固树立“以人为本”、“安全发展”理念，始终坚持“安全第一，预防为主，综合治理”的工作方针，落实行业管理部门安全监管主体责任。　(董忻文)

张润副厅长要求认真落实 8 项安全措施

1 月 7 日，在全省重点公路建设项目冬季施工安全生产工作专题会议上，省交通厅党组副书记、副厅长张润在讲话中指出，今后两年公路建设规模之大、投资之多是全省交通发展史上前所未有的。由于建设项目多、摊子大、分布广，加之大多数重点公路建设项目桥隧比例高，施工环境复杂，建设条件艰苦，使我们面临着更多安全风险。各级交通、公路、质量监督部门要充分认识严峻形势，充分认识做好施工安全生产对于交通大建设和大发展具有的重要意义，认真落实安全生产8项措施。一要认真学习贯彻省交通厅“安全生产八项制度”，结合实际，制定相应的安全生产管理制度和实施细则；二要抓住交通机构改革机遇，理顺全省交通建设工程质量安全监督机制，增编扩能，增加安全生产监督人员编制，进一步强化安全监督职能；三要组织开展重点公路建设项目冬季施工安全督察。按照省交通厅印发的《关于进行全省重点公路建设项目冬季施工安全督察的通知》精神，组成5个督察组，立即对重点公路建设项目进行冬季施工安全督察；四是省交通质监站要认真组织好企业负责人、项目经理、专职安全管理人员“三类人员”安全生产继续教育培训工作；五要建立公路施工事故责任追究制度和施工企业黑名单制度，并与公路施工企业信誉质量考核相结合，安全管理混乱、安全生产许可证和安全管理人员不符合规定的企业和发生安全生产责任事故的企业，不得参加公路建设项目招投标；六要组织在建重点工程项目负责人、安全管理人员等进大学进行短期安全质量集中培训，理论学习和现场观摩相结合，提高业务素质和管理能力；七要开展公路建设项目高危工程施工安全强制性标准研究，组织省内外专家重点对隧道施工、高墩大跨径桥梁、石方爆破、高填深挖路段、高边坡防护等重点路段施工安全措施进行研究，制定切实可行、操作性、实用性强的对策措施，确保施工安全；八要按照省政府要求，组织开展好为期一年的安全生产专项整顿，采取切实有效措施排查整治事故隐患，为交通大建设和大发展营造稳定的安全生产环境。

（沈建明）

张润副厅长深入大同市慰问

1月21日，省交通厅党组副书记、副厅长张润深入大同市，慰问交通系统困难职工、困难劳模和离退休老干部，为他们送上慰问品及慰问金。

在大同公路分局特困职工郑凯家，张润关切地询问病情和治疗情况，并叮嘱他安心养病，争取早日康复。在老干部任振华家，张润询问病情及治疗情况，要求有关领导一定要千方百计，克服各种困难，解决好医治问题，让老人健健康康地欢度晚年。在大同市交通局特困职工单庆瑞家，张润了解病情后，要求市交通局切实解决好单师傅的生活困难问题。张润还慰问大同高速公路公司特困职工赵希会、大同征费分局老干部董祥及大同高速公路公司云冈收费站的收费人员。

张润在慰问大同交通系统职工时，还专程到大同新南客运站检查春运安全工作，到大同高速公路养护处检查公路养护物资储备和应急准备情况。

在大同新南客运站，张润查看乘客进站、安检和文明服务情况，登上客运车辆询问乘客对大同春运的意见和建议，并表示对举报倒客、甩客和乱涨价的车辆一经核实坚决取消其客运资格，清理出客运队伍。要求客运站负责人一定要把安检放在首位，让每位乘客都能安全回家过年，把服务放在心上，让每位乘客都能有宾至如归的感觉。

在大同高速公路养护处，张润对物资储备充足表示满意，要求公司领导一定要做好应急保障工作，为广大司乘人员春节期间出行创造安全畅通的环境。

（魏建国）

张润副厅长对全省公路系统安全生产工作提出明确要求

2月11日下午，在全省公路系统党风廉政建设暨安全生产工作会议上，省交通厅党组副书记、副厅长张润在讲话中，要求提高认识，加强领导，以公路施工、公路桥梁运营、企业生产、集体场所消防等工作为重点，加强安全生产管理基础工作，提升监管与保障能力，深入开展专项整治活动，建立健全安全生产问责制，坚持不懈地把安全生产工作抓细、抓实、抓好，努力推动全省公路事业又好又快安全发展。

（魏建国）

张润副厅长提出全省交通战备工作5项任务

2月26日下午，在省交战办全体工作人员会议上，省交通厅党组副书记、副厅长、省交战办主任张润在讲话中，要求重点抓好5方面工作。一是315基地公路改造。2008年省交通厅拨付1000万元，完成部分路基拓宽改造；2009年，综合规划处安排好资金计划，保证资金到位；有关单位要严格质量管理，确保工程达到优良标准；施工单位要精心组织，科学施工，确保7月25日完工；施工中要注意安全，确保无事故发生。315基地公路改造是全年战备工作的重中之重，要落实张宝顺书记的重要指示，要把这条路建成国防样板路，发挥其最大的国防效益和社会效益。建设期间，省军区、省交战办在6月份进行检查。二是抓好两支队伍建设。着力抓好公路工程抢修大队和战备物资运输保障大队建设，重点优化队伍结构，提高队伍素质。特别是战备物资运输保障大队面对费改税政策的出台，要做好相应政策调整。省公路局要组织一次钢桥架设演练，省运管局组织一次战略物资保障运输大队跨区机动演练。三是抓好四条国防公路建设。要充分利用国家拉动内需，加大交通基础设施建设的有利时机，偏关县窑寨至舍身崖国防公路、晋中市东太国防公路寿阳黄岭至太安驿段、繁峙县砂河镇至金峰店国防公路砂河至峰青岭段、阳泉市娘子关驻地部队大桥工程项目，要按期开工。各项目部要明确责任，落实到人，做到精心设计，精心组织，精心施工，保质、保量、保安全、保概算，坚决杜绝不合格工程。四是成立高速公路重点工程军地领导协调组。这是交通战备为交通建设服务的一个创新，也是义务。要研究一套机制把它固定下来，为省交通厅全面完成建设任务作出贡献。五是加强交通战备自身建设。要结合省交通厅“1166”信息化工程，目标是建成省交战办与各市交战办、大型交通企事业单位一体化交通战备信息控制体系，实现交通信息资源为交通战备日常业务工作和进行各种交通保障任务，提供及时、高效的信息服务和数据支撑。

省军区后勤部副部长、省交通战备办公室副主任林保江参加会议并讲话。

（沈建明）

张润副厅长要求省交战办确实做好服务工作

3月2日下午，在军地协调领导组办公室第一次座谈会上，省交通厅党组副书记、副厅长张润在讲话中指出，省交通厅成立军地协调领导组办公室，就是为更好地服务全省高速公路建设，确保在建高速公路建设顺利进行和完成全年开工1000公里的任务目标。各建管处征地拆迁进度要快，要千方百计节省资金，保证不突破概算，要确保工程建设质量并确保安全施工。省交战办要切实做好服务工作，随时报告，为全省重点工程建设保驾护航。

（魏建国）

张润副厅长要求女职工迎难而上勇挑重担

3月6日,在全省交通系统庆“三八”女职工座谈会上,省交通厅党组副书记、副厅长张润在讲话中,代表厅党组向全系统广大女职工、女职工工作者致以节日问候。他说,近年来,全系统女职工立足本职,爱岗敬业,充分展示能力和风采。各级工会组织和女工委员会在履行职责、服务女职工、维护女职工合法权益上取得一系列新成果,有力推动全系统女职工事业健康发展。全省交通建设成就,凝聚着全系统广大女职工的辛勤汗水和聪明才智。2009年,新一轮公路建设高潮也已启动,交通工作的任务依然艰巨而繁重,全系统女职工要坚定信心,迎难而上,勇挑重担,努力掌握各种新理论、新知识、新技能,继续发挥好公路建设和改革发展中当之无愧的“半边天”作用,为交通事业发展作出新贡献。各级工会的女工委员会要担负起代表女职工利益、维护女职工权益、促进女职工平等的重任,建立健全维护女职工权益工作机制,根据工作中出现的新情况、新问题,探索解决问题的办法和路子。广泛开展“倾听女职工心声”活动,认真倾听女职工要求,了解她们意愿,竭诚为她们办实事、解难事、做好事,及时把党组织的温暖送到她们心中,努力做好女职工的“代言人”、“贴心人”和“娘家人”,为促进和谐交通建设而共同努力。

(魏建国)

张润副厅长对太原公路分局工作提出5点要求

3月18日,在太原公路分局七届二次职代会暨2009年工作会议上,省交通厅党组副书记、副厅长张润在讲话中,提出5点要求。一要抢抓机遇,加快改造。对太原市国省干线进行大幅度改造,全局上下团结一致,加快项目前期工作,保证前期工作的质量和深度;要创新建设体制,国省干线改造要充分调动地方各级政府积极性,走路地共建路子;要加大资金落实力度。二要科学养护,严格治超。国省干线要做到路面无坑槽,走到哪儿都是好路,成为全省公路系统的榜样;治超要加大投入,严格问责,要把落脚点放在让政府满意、人民群众高兴上。三要强化管理,适应改革。在税费改革与取消政府还贷二级公路两项大的政策给公路部门带来影响情况下,要勒紧裤带,共渡难关,精打细算,厉行节约,提倡精细化管理。四要转变作风,力抓基层。要高度重视路桥企业的稳定和发展,利用政策,使路桥发展上新台阶。五要精心组织,搞好教育。要按照科学发展观学习实践活动“党员干部受教育、科学发展上水平、人民群众得实惠”的要求,抓好各项工作,促进各项工作,为全省公路事业发展作出应有贡献。

(董忻文)

张润副厅长要求从5个方面抓好省公路运输工会工作

3月25日,在全省交通系统工会工作会议上,省交通厅党组副书记、副厅长张润在讲话中,提出5点要求。一要围绕工程建设深入开展社会主义劳动竞赛活动;二要为维护行业稳定作出新贡献;三要继续关心职工的生产生活。要抓住以人为本这个核心,采取积极协调、源头参与、依法维权等措施,确保职工在就业、安全、家庭和社会保障等方面的合法权益得到实现;四要继续抓好工会工作创新。要重点抓好工程建设安全、公路桥梁运营安全、水上运输安全、客运运输安全、危货品运输安全、集体场所消防安全的创新;五要切实加强工会自身建设。高举旗帜,围绕大局,讲政治,讲团结,为加快构建和谐社会作贡献。

(魏建国)

张润副厅长要求以科学发展观统领稳定工作全局

4月25日,在忻州交通系统矛盾隐患排查调研会议上,省交通厅党组副书记、副厅长张润在讲话中,对忻州交通系统在稳定工作中做出的成绩表示充分肯定。要求各单位领导干部要深入基层调研,努力解决基层职工的实际问题和困难,化解各类不稳定因素。要进一步认识做好稳定工作的重要性和必要性,以科学发展观统领稳定工作全局,坚持科学决策、民主决策、依法决策,避免越级上访、非正常上访等事件发生,若发现苗头,应立即化解,并及时上报上级有关部门。面对目前金融危机形势,各单位要全面落实厅党组要求,做到抓项目,促进度,全力以赴保增长;抓基层,大排查,集中精力保稳定;抓民生,送温馨,全心全意保民生。

(董忻文)

张润副厅长要求大力弘扬劳模精神

4月29日,在全省交通系统"五一"劳模先进代表座谈会上,省交通厅党组副书记、副厅长张润在讲话中,首先代表厅党组向参加座谈会的劳模代表致以崇高敬意,向战斗在交通战线上的劳动者致以节日问候。他说,交通发展和进步有赖于大力弘扬劳模精神。劳模是群众的杰出代表,劳模精神就是乐于奉献、甘于吃苦、勤于钻研、勇于争先,把工作当事业,把付出当追求,在平凡岗位上干出不凡的业绩。弘扬劳模精神,要靠社会舆论的广泛宣传,要靠劳模自身的带头示范,要靠劳动群众的广泛参与,要在各个层面广泛开展学习劳模、争当劳模活动,教育广大职工进一步增强责任感和使命感,自觉地立足本职工作,增强竞争能力和创业能力,为交通科学发展作贡献。同时,各级党委和行政部门特别是各级工会组织都要关心、爱护劳模,多为劳模办实事、办好事,要从政治上、生活上关心劳模,要积极为他们创造良好的工作条件,为他们全面发展、贡献才智、再立新功当好后盾,搞好服务。特别是对那些困难企业、破产企业的退休老劳模,要千方百计为他们排忧解难,确保他们的基本生活。要进一步弘扬劳动模范和先进代表的优秀品质和崇高精神,广泛团结全省交通系统广大干部职工群众,艰苦奋斗,扎实工作,为全省交通事业科学、快速、安全、和谐发展作出新的更大贡献。

(沈建明)

张润副厅长要求从4个方面抓好庆祝建国60周年系列活动

5月18日上午,在省交通厅召开的安排部署庆祝建国60周年系列活动会议上,厅党组副书记、副厅长张润在讲话中,提出4点要求。一是各单位要充分认识做好庆祝建国60周年系列活动的重要意义,站在讲政治高度,认真抓好各项工作落实。二是各单位各部门要按照十项工作职责分工,精心筹划,科学组织,密切配合,积极支持和参加上级部门组织的各项庆祝活动,全面展示全省交通行业形象和60年来所取得的巨大建设成就。三是在配合支持上级部门做好十项庆祝活动的同时,要认真开展好行业内部庆祝活动。概括起来就是要抓好"六个一"工程,即:召开一个庆祝大会,举办一场歌咏比赛,开展一期书画摄影大赛,召开一次老党员、老干部、老劳模座谈会,举行一次山西交通建设成就展,策划一次青少年爱国主义教育活动。四是要注重节俭。在保证宣传教育效果的同时,要节约经费,坚决杜绝铺张浪费。

(魏建国)

张润副厅长安排部署安全生产专项整治第三阶段工作

5月26日，在全省交通防汛暨安全生产专项整治第三阶段动员会上，省交通厅党组副书记、副厅长张润安排部署安全生产专项整治第三阶段工作，提出3点要求。首先，要坚持“三个结合”，即要把学习贯彻省委、省政府《关于进一步加强安全生产工作，推进安全发展的意见》、开展安全生产专项整治、开展“安全生产月”活动结合起来，按照各方案要求，认真部署，扎实推进，把“三个结合”贯穿于第三阶段的全过程，互相促进，相得益彰。其次，要突出“三个重点”。即突出道路旅客运输企业，包括长途客运、农村客运、旅游客运企业和汽车客运站场；突出危险化学品运输企业；突出高速公路建设施工企业。省、市、县三级联动各检查组要严格检查，通过检查真正发现问题，解决问题，进而提升生产经营单位乃至整个交通行业的本质安全水平。第三，要完成“三项任务”。即通过第三阶段工作，对全省交通行业生产经营单位进行分类整治；排查治理一批影响交通安全发展的重大隐患和健全安全生产规章制度，建立安全生产长效机制。通过全省交通系统的不懈努力，真正形成政府行动、强力推动，部门行动、上下联动，企业行动、全面落实，职工行动、广泛参与的交通行业安全生产专项整治良好局面，显著提升交通行业安全生产整体水平，有效预防各类生产事故发生，为交通运输事业科学发展创造稳定有序的安全生产环境。

（魏建国）

张润副厅长要求深刻吸取省内外各类生产事故血的教训

5月26日，在全省交通防汛暨安全生产专项整治第三阶段动员大会上，省交通厅党组副书记、副厅长张润在讲话中，首先对全省交通系统第一、二阶段整治工作给予肯定，并代表厅党组对奋战在生产第一线的广大干部职工表示感谢。要求全省交通系统一定要提高认识，认清安全形势，牢固树立安全发展理念，进一步加强做好交通防汛、安全生产专项整治工作的责任感和紧迫感。希望全省交通系统各单位、各部门、各企业通过深刻吸取省内外各类生产事故血的教训，把交通防汛、安全生产专项整治作为重要工作来抓，坚决克服消极厌战情绪、轻视麻痹思想、做表面文章和形式主义，特别是克服文件上重视、落实上不重视；会议上重视、工作上不重视；上级部门重视、下级部门不重视；政府重视、生产经营单位不重视的倾向。

（董忻文）

张润副厅长对交通防汛工作提出新要求

5月26日，在全省交通防汛暨安全生产专项整治第三阶段动员大会上，省交通厅党组副书记、副厅长张润在讲话中，要求完善应急预案，及早防汛备战，切实做好全省交通防汛工作，确保公路安全畅通和交通行业安全度汛。要立足防大汛，抗大灾，及早动手准备；加强组织领导，强化防汛责任；完善应急预案，做好应急演练；加强队伍建设，增强抢险能力；突出防汛重点，消除安全隐患。尤其是山区施工地带一定要做好人员、物资、设备的防汛工作，要加强防汛值班，保证信息畅通。

（孙乾灏）

张润副厅长、赵振田书记
深入汾平高速公路建设工地检查安全防汛工作

6月9日，省交通厅党组副书记、副厅长张润，厅党组成员、省公路局党委书记赵振田

一行深入汾(阳)平(遥)高速公路中铁四局13标段和中铁十局14标段建设工地,详细了解工地安全防汛工作,并就各项制度落实和物资储备情况听取汇报。

张润在讲话中,提出5点要求。一是加强领导,强化管理,确保工程质量安全。目前,全省由于建设项目多,摊子大,分布广,加之大多数重点公路建设项目桥隧比例高,施工环境复杂,建设条件艰苦,使公路建设面临着更多的安全风险。要充分认识当前严峻的交通建设安全生产形势,充分认识做好重点公路建设施工安全生产对于交通大建设和大发展的重要意义,充分认识全年安全工作及防汛形势严峻性、任务艰巨性,千万不能麻痹大意;二是扎扎实实狠抓落实。根据汛情特点,结合防汛重点和工作实际,要精心组织,周密安排,制定应对各类险情和极端天气的应急预案,完善和优化应急预案体系,做好预防预警、应急处置和善后处置各项工作,杜绝对防汛工作只停留在写在纸上、贴在墙上、喊在嘴上的不深不细不严倾向;三是结合实际,突出重点,明确任务,落实责任,严防死守,对施工现场实施重点防范,雨天要责成专人负责,一旦出现险情要立即启动抢险预案;四是精心组织,全面排查,切实做到心中有数,从求严、求细、求精、求实四方面落实工作,对安全、防汛责任制、物资储备、防洪预案等各个防汛工作环节和工程安全情况进行一次全面检查,把安全工作当做行业发展的生命线,在强化管理的同时警钟长鸣,全力确保施工安全;五是对于存在的隐患,要摸清情况,查明原因,限期整改,按照省政府、省交通厅要求,组织开展好为期1年的安全生产专项整顿。采取切实有效措施,进一步排查整治事故隐患,为交通大建设、大发展营造稳定的安全生产环境。 (董忻文)

张润副厅长要求坚决完成分类整治的各项目标和任务

6月17日上午,在全省交通基础设施建设安全生产专项整治培训会议上,省交通厅党组副书记、副厅长、厅安委会常务副主任张润在讲话指出,第三阶段是专项整治活动的关键,决定着最终效果。各检查组成员要清醒认识当前全省交通基础设施建设安全生产形势,进一步增强隐患排查整治的紧迫感、责任感;要认真负责,全力以赴,坚决完成分类整治的各项目标和任务,为全面提升全省交通基础设施建设安全管理总体水平,切实维护广大人民群众切身利益,为山西交通基础设施建设又好又快发展作出新的贡献。

(魏建国)

张润副厅长要求灵丘至山阴高速公路建成一流示范工程

6月19日,在迅速掀起灵丘至山阴高速公路建设高潮誓师动员会上,省交通厅党组副书记、副厅长张润在讲话中,要求咬紧目标不放松,全力以赴抓进度,为2010年西段通车、2011年全线贯通打基础。他说,项目不仅是国家路网的重要组成部分,更是沿线群众早日脱贫致富的小康路、致富路。各施工单位要认真编制实施计划,按合同要求保证投入;要创造优良施工环境,并组织劳动竞赛,形成争优创先氛围。根据目前工程施工情况,一定要坚持精细化管理,落实项目建设责任,坚决实现质量、安全、管理、廉政零投诉。广大施工技术人员要充分发挥聪明才智,依靠科技攻关,进一步提高自主创新能力,把项目建设成一流示范工程,并按时通车。 (魏建国)

张润副厅长要求从4个方面抓好党建工作

6月30日上午,在省交通运输厅召开的纪念建党88周年暨“创先争优”表彰大会上,厅党组副书记、副厅长张润在总结讲话中,提出4点要求。一要抓统筹,统筹抓,注重统筹性。各级党组织一定要把围绕第一要务抓党务,抓好党务促要务的工作思路贯穿到党的工作的各个环节,落实到党的工作的各个方面。二要抓重点,重点抓,突出关键性。以重点求突破,力争在亮点上求精、在弱项上着力、在关键点上布局,有组织、有重点地推进各项工作,推出一些叫得响、拿得出、具有鲜明特色的品牌和亮点。三要抓深入,深入抓,提高实效性。在真抓实干中全面推进党的工作。四要抓创新,创新抓,增强创造性。要敢于突破,大胆创新,在党的工作实践中体现时代性,把握规律性,富于创造性,进一步创新工作制度,创新工作方法,创新工作机制,不断解放思想,实事求是,与时俱进,以新的理念、新的方法、新的手段开展党的工作。在新时期新阶段,一定要坚持围绕中心、服务大局,坚持党要管党、从严治党,继续强化"三基"工作,充分发挥"四个作用",同心同德干事业,一心一意谋发展,奋力开创交通运输事业新局面,以优异成绩迎接新中国成立60周年。

(董忻文)

张润副厅长对省运管系统党建工作提出4点要求

7月1日上午,在省运管局庆祝建党88周年暨"一先两优"表彰大会上,省交通运输厅党组副书记、副厅长张润在讲话中,提出3点要求。一要抓好学习教育,坚持抓好科学发展观的学习,深化理论体系实践工作;二要抓好党性修养,组织党员干部继续学习胡锦涛总书记建国60周年重要讲话,增强自我学习、自我教育、自我约束、自我改造、自我完善的自觉意识;三要抓好作风建设,严格党组织教育,加强思想政治教育工作;四要抓好廉政建设,抓好党员干部的党性、党风、党纪教育,建立健全反腐倡廉各项制度措施。

(魏建国)

张润副厅长深入大呼高速公路建设工地调研

7月6日下午,大呼高速公路完成第一阶段目标任务表彰会举行。省交通运输厅党组副书记、副厅长张润出席大会,并为受到表彰的施工、监理单位颁奖。

随后,张润在建管处有关人员陪同下,对大呼高速公路全线进行调研。在座谈会上,张润在讲话中,充分肯定第一阶段目标任务取得的成绩,并结合沿线实地察看情况,提出整改措施和明确要求。建管处要更加充分认识这条路建设的重要意义,瞄准目标,保质保量,按期完成。在大干快上前提下,瞄准"五年不补修"目标,一如既往地狠抓质量,在质量管理上下工夫。一要着力解决路基稳定、混凝土施工工艺、无拱砌体、试验、原始资料造假等质量通病问题;二要抓好典型引路示范工作,要用正面典型促动引导整体工作,用反面典型教育警示整体工作;三要确实保证原材料质量,对不合格的各类材料坚决不能入场,一经发现做出严肃处理;四要进一步抓好现场管理,加大检查、指导、服务和帮教力度,确保施工现场文明、规范。同时,安全生产工作要常抓不懈,警钟长鸣。要认真组织学习省厅近日下发的高危工程强制性管理办法文件精神,针对工程实际,切实抓好汛期桥下施工、民工宿舍、原材料堆放和下一步桥梁吊装安全等问题,对存在安全隐患的部位、环节,要检查到位,落实到位,措施到位,严防死守,决不能出现和发生群死群伤事件。

(孙乾灏)

张润副厅长要求从3个方面抓好全省公路桥梁安全隐患排查治理工作

7月10日，在省交通运输厅安全生产委员会会议上，厅党组副书记、副厅长、厅安委会常务副主任张润在讲话中，要求各单位、各部门要认真贯彻落实交通运输部及省交通运输厅的工作部署和要求，切实加强公路桥梁安全隐患排查治理工作。一要统一思想，提高认识，充分认识加强桥梁安全隐患排查治理工作的重要性，深刻吸取黑龙江省“6·29”铁力西大桥垮塌事故教训，切实做好全省公路桥梁安全隐患排查治理工作。各单位特别是各级领导一定要树立桥梁安全、人命关天的理念，充分认识本省作为全国能源大省，大吨位重载车辆多的特点，把公路桥梁安全隐患排查整治和正在开展的“安全生产年”、安全生产“三项行动”和全省交通基础设施建设、道路运输安全专项整治结合起来，采取切实有效措施，全面提升全省公路桥梁安全运行和建设管理水平。二要加强领导，狠抓落实，以危桥、拱桥、特大桥梁和特殊结构的桥梁为重点，从设计、施工、养护、治超等多个环节入手，迅速开展全省公路桥梁安全隐患排查治理工作。三要强化管理，严格治理，全面巩固和发展治超成果。在2007年桥梁排查治理基础上，按照交通运输部和省厅安排部署，认真排查，摸清底数，多管齐下，完善措施，狠抓落实，务求实效，为交通大建设、大发展营造稳定的安全生产环境，促进全省交通运输事业又好又快发展。

（董忻文）

张润副厅长要求从3个方面抓好高速公路建设施工安全

7月20日至25日，在全省高速公路施工安全高级管理人员第一期和第二期强化培训班开班仪式上，省交通运输厅党组副书记、副厅长张润在动员讲话中，要求各在建高速公路建设、施工、监理单位要充分认识安全生产工作在高速公路大建设、大发展时期的重要性，做好三方面工作。一要认清形势，明确任务，充分认识做好高速公路建设施工安全工作的极端重要性。二要规范管理，严格管理，把各项措施落实到实处。三要突出重点，严防严控，创造稳定的高速公路建设施工安全环境。参训人员要提高认识，集中精力，端正态度，认真参加培训，掌握技术规范和要求，学用结合，学以致用，有效指导工程建设安全生产工作，保障全省高速公路大建设、大发展任务的胜利实现。（魏建国）

张润副厅长对交通防汛工作提出新要求

7月22日下午，省交通运输厅再次召开防汛工作会议。厅党组副书记、副厅长张润在讲话中强调，现在已进入主汛期，全省防汛工作任务艰巨，责任重大。各单位要高度重视，加强值班检查督促，抓好24小时有人值班，保证值班人员到位，通讯畅通；要采取有效措施，严加防范，要对所有高速公路项目责任人就防汛工作进行强化培训，增强防汛意识；要密切关注天气预报，让大家提前知道天气情况，做到心中有数，及时防范；厅重点办要采取不定期抽查检查，发现问题及时整改，保证全系统平安度过汛期。（魏建国）

张润副厅长要求从3个方面抓好治理“小金库”检查工作

7月24日，省交通运输厅召开治理“小金库”重点检查工作组进点会。厅党组副书记、副厅长张润在讲话中，代表厅党组对省治理“小金库”检查组正式进驻表示热烈欢迎，要求各单位要把配合检查作为一项重要的政治任务来完成，积极做好各方面配合工作。一要高度重视。要从讲政治、讲大局高度，进一步统一认识，高度重视重点检查阶段工作，以诚恳态度接受检查，做到组织安排精心，人员分工明确，工作责任落实，确保检查组所到之处部门领导重视，相关人员在岗。特别是要按照检查组要求，真实提供包括基本情况、自查报告、财务资料、内部制度、会议记录等所需的相关资料，实事求是地反映有关情况和意见，认真回答检查人员提出的询问，不得延误，不得推诿扯皮，更不能隐瞒、干扰检查人员开展工作。二要狠抓落实，明确责任。厅治理“小金库”工作领导组办公室负责重点检查配合工作的协调；各单位也要明确重点检查工作负责部门和联络人，积极做好组织协调工作，做好与检查组的对接。三要以政策法规为依据，认真抓好发现问题的整改，确保治理取得实效。各单位对工作组重点检查过程中发现并指出的问题，要立即整改，不断完善管理机制，强化内控制度，严肃财经纪律，提高财务水平。（魏建国）

张润副厅长要求把提高收费人员业务技能和文明服务水平作为一项长期工作

7月29日，在全省高速公路第四届收费业务技术比武竞赛决赛成果汇报演出大会上，省交通运输厅党组副书记、副厅长张润在讲话中，希望全省高管系统将提高收费人员业务技能和文明服务水平作为一项长期工作，今后着重在三个方面狠下工夫。一要牢固树立“职工素质的提高是全省高速公路事业发展的决定因素”的理念。全面总结经验，推进技能竞赛制度化、规范化，建立完善有关制度和激励措施，将技能竞赛与技能培训、岗位练兵紧密结合，将学、练、赛融为一体，把职工技术练兵比武活动更加广泛、深入、持久地进行下去；二要大力营造尊重知识、尊重劳动、尊重技能良好氛围。让学习成为高速公路事业发展中持续向上的主潮流，让技术能手成为人人羡慕、人人尊重、人人学习的榜样和力量，推动全系统职工整体技术水平提高；三要不负重托，不辱使命。省高管局及所属各单位要以这次大赛为契机，把做好高速公路收费工作、树立良好窗口服务形象，作为提升公众信心、应对危机挑战的具体举措，收好费，收更多的费，承担起省交通运输厅赋予的千方百计融资、实施以路建路的重任，促进全省交通运输事业又好又快发展，为全省保增长、保稳定作出新的更大贡献。

（沈建明）

张润副厅长对晋中市农村公路建设提出3点要求

7月30日，在晋中市交通建设项目推进会上，省交通运输厅党组副书记、副厅长张润在讲话中，充分肯定近年来晋中农村公路建设所取得的成绩，特别是对寿阳县在农村公路建设施工、质量监管标准化、规范化、大投入给予很高评价。提出3点要求。一要抢抓机遇，加快发展；抓住国家扩大内需以及省政府提出“五覆盖”机遇，进一步加快农村公路建设步伐。二是在建设过程中，要重规划，讲标准，严管理，保质量。要结合当前形势，促进农村公路建设再上新水平。三要加强领导，深化改革，做好农村公路管理养护。要加大投入力度，深化养护体制改革，保护好农村公路建设成果。（魏建国）

张润副厅长希望各位老领导、老同志一如既往地支持全省交通事业发展

9月22日,在全省交通运输系统庆祝建国60周年"三老"座谈会上,省交通运输厅党组副书记、副厅长张润在讲话中,首先代表厅党组向为全省交通运输事业发展和今天成绩奠定坚实基础的"三老"及先进模范人物致以崇高敬意,并在国庆节、中秋节到来之际向他们致以节日问候。他说,近年来,全省交通事业成就显著,特别是公路建设取得令人瞩目的辉煌业绩,高速公路、国省干线、农村公路通车里程以及全省路网密度都跃居全国先进行列。这是全系统广大干部职工共同奋斗的结果,更是倾注了一代又一代老党员、老战士、老同志的汗水和智慧。当前,公路建设任务十分繁重,各位老领导、老同志党性强,阅历广,威望高,有着丰富的革命和建设经验,也有着驾驭各种复杂局势、处理各种事杂情况的胆识和能力。希望各位老领导、老同志能够在今后的交通大发展中,一如既往地支持交通事业发展,给予关心指导和帮助,多提意见和建议,进一步开创全省交通运输事业科学发展新局面。

(魏建国)

张润副厅长高度评价赴重点公路建设一线慰问演出单位及人员

9月29日,在省交通运输厅举行的赴重点公路建设一线慰问演出活动总结表彰大会上,厅党组副书记、副厅长张润在讲话中指出,此次慰问演出意义重大而深远。目前,全省新开工高速公路建设项目26个,投资规模2000亿元,这在全省交通发展史上前所未有,同时也是全省公路建设的重大突破。优质、按时、安全、高效完成建设任务,是全系统面临的一个重大课题,除了资金、土地等主要制约因素外,在工程建设中也有不少难题。在全系统上下千方百计克服这一系列困难的过程中,慰问演出团深入一线鼓舞士气,效果出乎所料,对高速公路再掀建设高潮起到不可替代的作用。全省新一轮公路建设任重道远。根据规划,全省要建成"三纵十一横十一环"高速公路网,建成后全省119个县市半小时都可上高速,对全省经济发展、社会进步意义重大。厅党组有决心、有信心把这一宏伟蓝图变为现实。在这个伟大的过程中,技术工人在建设一线奋战是出力,文艺工作者鼓劲助威也是出力。一定要抓好这支队伍的建设,不断改革创新,强化精品意识,排练出更多为筑路工人喜闻乐见的好节目,深入一线鼓劲加油,为全省公路建设和交通运输事业全面发展作出新的贡献。

(董忻文)

张润副厅长要求从3个方面抓好交通运输安全管理工作

10月15日,在省交通运输厅对"9·5"及"9·20"事故有关单位约谈会上,厅党组副书记、副厅长张润在讲话中,要求正确认识约谈制度的作用,严格报告,严格调查,严肃处理,充分认识安全教育、现场管理、安全措施等方面差距。要认真分析原因,明确责任,进一步强化有关部门管理责任。一要以厅重点办、厅安委会牵头,继续深化安全生产教育宣传工作。要以安全事故作为反面典型开展警示教育,引以为戒,加强安全管理,加大隐患排查治理力度,严格执行各项安全规定,积极开展岗前培训,全面提高一线施工人员的安全防范和防护意识。二要吸取教训,举一反三,突出重点,狠抓落实,认真解决安全生产管理方面的问题。要科学组织,规范管理,强化现场监管,切实建立严格的安全生产责任制和问责制。三要以安全专项整治活动和解决工程突出问题为契机,全面排查安全质

量工作中的突出问题。要切实处理好五个问题,即研究治理转包和违法分包问题,公路建设市场信用体系建设问题,加强施工安全管理问题,落实安全生产资金问题,各施工企业抓好冬季施工的安全问题。要警钟长鸣,把安全生产工作抓紧、抓细、抓实、抓好,进一步提升全省高速公路工程建设的安全管理水平,确保工程质量保持平稳健康发展。

(魏建国)

张润副厅长对省高管局"结对帮扶"五项工程给予高度评价

10月21日上午,在省高管局与夏店村"结对帮扶"共建文明和谐村五项工程竣工剪彩仪式上,省交通运输厅党组副书记、副厅长张润在讲话中指出,"结对帮扶"共建文明和谐村,不但是贯彻落实党的十七大,十七届三中、四中全会精神需要,更是深入学习实践科学发展观,构建社会主义新农村的具体体现,省高管局与夏店村结对帮扶五项工程的竣工,不仅是夏店村的一件大喜事,也是省交通运输厅、省高管局的一件大喜事。他代表厅党组对省文明办的正确领导和长治市、襄垣县、夏店镇的大力支持表示衷心感谢,并对省高管局真抓实干和长治高速公路公司紧密配合给予充分肯定。希望夏店村做好这些基础设施的管理养护工作,珍惜成果,保护成果,使这些成果能够长久地保持良好的使用状态;同时,要充分利用这些成果,使之能够真正为文明和谐村的创建发挥积极作用。希望夏店村以此次"结对帮扶"工作为契机,发展生产,坚持创建,建成"生产发展、生活富裕、乡风文明、村容整洁、管理民主"的社会主义新农村。

(魏建国)

张润副厅长对新社会组织第三批深入学习实践科学发展观活动进行动员和部署

10月22日,在省交通运输厅召开的新社会组织深入学习实践科学发展观活动动员会上,厅党组副书记、副厅长张润在动员讲话中,提出两方面要求。一要深刻认识在新社会组织开展学习实践活动的重要意义。充分认识开展学习实践活动,是促进新社会组织科学发展的重大举措,是加强新社会组织党建工作的迫切需要,是发挥新社会组织积极作用的现实需要,是在新社会组织领域扩大党的群众基础的必然要求。二要明确新社会组织学习实践活动的目标要求。即明确指导思想,明确参加对象,明确目标任务,明确具体要求。通过这次学习实践活动,要努力实现党的建设有新突破,自身建设有新加强,功能作用有新发挥。要按照学习调研、分析检查、整改落实三个阶段进行。同时,要保证集中活动时间不少于4个月,并安排两个月时间用于充分做好准备工作和巩固扩大学习实践活动成果。

张润进一步强调,开展学习实践活动,是当前和今后一个时期新社会组织工作中的首要政治任务,一定要按照省新社会组织系统学习实践活动指导组的要求,扎实有序开展好。一要加强领导和指导,落实工作责任;二要突出特色,正面教育;三要搞好宣传,营造氛围;四要合理安排,协调推进。要以饱满政治热情,以神圣政治使命感和高度政治责任感投入到学习实践活动当中,全力以赴,尽职尽责,扎实工作,通过卓有成效的学习实践活动,不断开创全省交通运输新社会组织建设与管理工作新局面。

(魏建国)

张润副厅长高度评价
省交通运输厅庆祝新中国成立60周年系列活动

11月2日下午，在省交通运输厅召开庆祝新中国成立60周年系列活动总结表彰大会上，厅党组副书记、副厅长张润在讲话中指出，这次庆祝系列活动办得很出色，很成功，主题突出，特色鲜明，隆重热烈，充分展示全省交通运输事业60年来取得的辉煌成就，充分展示广大干部职工蓬勃向上、开拓进取的精神风貌，充分展示全省交通行业的良好形象，极大地振奋了交通运输干部职工的精神，进一步增强交通运输队伍的凝聚力和战斗力。要求认真总结提炼这次筹办国庆系列活动中形成的宝贵经验，努力把这些成功经验转化为长效机制，进一步提升交通运输科学发展水平，并把这次系列活动中激发的爱国热情转化为团结奋斗、干事创业的强大动力和实际行动，努力推动全省交通运输事业又好又快发展。

（沈建明）

张润副厅长深入大同市、朔州市调研

11月7日至9日，省交通运输厅党组副书记、副厅长张润带领厅公路处、厅重点办、省交通设计院、省交通科研院有关负责同志，深入大同市、朔州市调研。全程查看了正在建设中的灵（丘）山（阴）和大（同）呼（市）高速公路，并召开汇报会，听取同朔地区7条高速公路建设情况汇报，对下一步建设工作做出安排部署。要求一定要坚定信心，克难攻坚，坚持质量、安全、廉政、环保、和谐五位一体，全力加快高速公路建设，实现高速公路“内实外美、精优致胜”建设目标。

11月7日至8日上午，时逢休息日。张润一行一大早从太原出发，直奔灵山高速公路。从山阴县大运高速公路立交枢纽连接线一直到河北省涞源县交界的驿马岭隧道，时而上路基，时而走便道，逢桥必停看，逢隧道必进掌子面，全程查看灵山高速公路。在马家庄立交枢纽工地，张润对浑源至山阴大运连接线64公里2010年底通车充满信心，一直叮嘱建设管理处，要进一步完善路基工程，为2010年开春路面工程打好基础，确保2010年通车。在恒山隧道内，听取该项目常务副经理徐彦军汇报并实地查看隧道后，张润要求一定要严格执行省交通运输厅下发的高危行业强制标准，丁是丁，卯是卯，在安全上决不能含糊，决不能拐弯抹角，二衬一定要及时跟进。张润还就恒山水库与隧道的高差距离等情况进行询问，要求项目与水库管理部门搞好协调。在郝家湾特大桥施工现场，特别强调要按规程操作，一定要确保安全。在驿马岭隧道、云彩岭隧道，张润都亲自深入洞底，看望在掌子面的工作人员，认真检查通风、二衬跟进以及安全措施。对云彩岭隧道监控室电话不通、监控室无人值守提出批评，要求安全措施一定要认真落实，来不得半点含糊，安全费一定要投入用在安全上。在十标路桥一公司六处建设工地，张润仔细询问施工情况，要求路桥企业作出表率，把冬闲变冬忙，在冬季不能施工情况下，认真组织施工备料，为来年施工做好准备，并安排好职工生活，做好防寒防冻工作。

灵山高速公路是国家高速网项目，全长153.96公里，2009年6月10日开工建设，当年完成浑源至山阴段路基，2010年通车，2011年全线建成通车。

张润还为大同高速公路建设管理处揭牌并参加灵山高速公路建设管理处第二批精品样板工程表彰会。

11月8日下午至9日，张润一行又马不停蹄直奔大呼高速公路大同至右玉段。项目是全省“三纵十一横十一环”高速网规划的第一横，全长103公里，2009年1月5日开工建设。张润一行从大呼与得大高速公路连接线开始，对连接线点、护坡设计问题进行认真察看，要求省交科院设计人员留下来，对设计进行回看，协调施工人员解决实际问题。在二标杨树湾大桥，张润向施工方天津大港油田工程建设者详细了解大桥建设情况。在大呼高速公路终点杀虎口古长城旁，张润认真察看与内蒙古连接线工程，要求与内蒙古交通部门搞好协调，确保两省高速公路连接顺利。

11月9日中午，张润在右玉县主持召开同朔地区高速公路建设项目情况汇报会，听取已开工建设的灵山和大呼高速公路情况汇报，听取大同至浑源、朔州环城、山阴至平鲁、天镇至大同和广灵至浑源5个项目前期准备工作汇报。张润在讲话中，要求充分认识加快推进高速公路建设的重要性，抢抓机遇，加快建设；要充分做好打硬仗、打攻坚战的思想准备。同朔地区施工期相对较短，要科学合理安排好各项工作。工程管理十分重要，要研究创新建设理念；要重程序、重审批，依法组织建设，坚持质量、安全、廉政、环保、和谐五位一体。质量上要精细化，零缺陷，创品牌，做到“内实外美，精优致胜”；安全上要加大投入，安全费必须全部用在安全上，抓安全毫不含糊，强制性标准要严格执行；廉政上管好自己，带好队伍；和谐上交明施工，保护好生态环境。农民工工资不能拖欠，做到“建成一条路、不欠一分钱”。张润还对隧道冬季施工、路面工程准备、冬季技术人员培训等作了具体安排部署。

（孙乾灏）

张润副厅长汇报全省重点公路工程建设项目信息公开和诚信体系建设情况

11月25日，在省检察院调研组对省交通运输厅重点工程建设项目信息公开和诚信体系执行情况调研座谈会上，厅党组副书记、副厅长张润作情况介绍。他说，在工程建设中，省交通运输厅始终坚持政务公开，特别是在高速公路施工建设过程中要求做到十公开。即项目审批结果公开，招标过程公开，征地拆迁管理公开，建设资金使用公开，项目建设计划公开，施工过程管理公开，工程设计变更公开，质量检查结果公开，履约管理考核情况公开和交工竣工验收结果公开。目前，正积极着手制定公路建设管理招投标程序审查制度、建设管理奖励制度、督察验收制度、概算审查制度等12项建设管理制度，对明确政府监管职能，进一步提高行政能力和建设管理的执行力都将起到积极促进作用。与此同时，坚持依法依规，按照建设程序去管理、去监督组织实施，在工作制度上不断改进完善，保证了公路健康持续发展。但仍存在工期紧、施工难度大，一些前期工作做得不深，审批程序复杂、时间较长等问题，需要加强管理。他希望能与省检察院一同建立联合体系，开展警示教育，通过用一些反面和正面的案件对重点领域的重点人员进行教育培训，加强预防犯罪工作力度。同时培训一个至两个“阳光工程”，树立典型和榜样，起到示范作用。

（董忻文）

张润副厅长要求从四个方面抓好全省路桥企业党风廉政建设工作

12月2日，在全省路桥企业党风廉政建设会议上，省交通运输厅党组副书记、副厅长张润在讲话中，提出4点要求。一是各公路分局要切实担起监管责任，路桥企业领导要放下架子，接受监督，真正与分局融为一体；二是各路桥企业要制定近期经营效益计划，明确目标，向省公路局、分局、企业及广大干部群众许诺，接受监督；三是各分局要抓管理，搞创新，管理机制要创新，监督机制也要创新，不能再吃大锅饭；四是路桥企业在公路建设中要真正发挥主力军作用，模范带头作用，绝不能辜负厅党组期望，在安全、质量、廉政工作中再作新贡献。

（董忻文）

张润副厅长要求尽快出台“十二五”交通战备规划

12月5日，在向领导汇报全省交通战备工作时，省交通运输厅党组副书记、副厅长、省交战办主任张润在讲话中，首先代表省交战办第一主任段建国对北京军区国动委来山西检查交通战备工作表示欢迎，对北京军区多年来对全省交通战备工作给予的支持表示感谢。他希望北京军区国动委继续对山西“十二五”交通战备各个项目给予支持，帮助并协调办理国防高速公路建设土地审批等问题。他表示，全省交通战备工作将抓住历史发展机遇，加快军民融合式建设，争取国家有关政策支持，尽快出台“十二五”交通战备规划。北京军区国动委这次对全省的检查既是鼓舞又是鞭策，山西将继续按北京军区要求，抓好“十一五”后一年各项工作和“十二五”各项交通战备工作，把山西交通战备工作打造成不仅是北京军区，而且是全国最好的交通战备省份。

（沈建明）

张润副厅长要求在全省推广“忻州经验”

12月9日，省交通运输厅党组副书记、副厅长张润专程赴忻州就村村通全覆盖进行调研，在听取忻州市交通工作汇报，特别是村村通水泥（油）路工程全覆盖工作情况汇报后，对忻州市交通局对全市各县区农村公路全覆盖大调研采取的措施和成果给予肯定与表扬，要求厅农村路网管理处与省公路局推广忻州经验，彻底把全省农村公路全覆盖实际情况摸清，确保2010年和省政府“五个全覆盖”任务目标按时完成。

忻州是全省村村通全覆盖工程项目最集中的地区之一，大部分项目分布在偏远地区、贫困山区，不仅建设规模大，而且工程艰巨，忻州市农村公路全覆盖工程决定全省“全覆盖”工程大局，“忻州通则全省通”，意义重大。为此，忻州市委、市政府高度重视，忻州市交通局坚强指挥，针对1392个不通水泥（油）路建制村大打攻坚战。特别是为贯彻落实阳泉现场会精神，推进忻州市农村公路建设扎实开展，8月31日召开全市村通水泥（油）路全覆盖大调研动员大会，从9月1日开始，组成14个调研组，由每个局领导深入包片到第一线，抽调市局、县局、乡镇、村委会380余人参加，要求大家带着对农民的感情开展调研工作，做到村村不漏。各调研组对每个村庄都实地调查，详细登记并认真核实，且市局包片领导、调查人员及村长均在调查表上签字，由乡镇政府盖章确认，历时30余天，形成翔实可靠，有据可查，层层负责的村村通全覆盖大调研统计资料。

一年来，忻州市举全市之力，大打“村村通”水泥（油）路攻坚战，共完成785个村2511公里，总投资66 795万元。特别是对全市4887个建制村开展“村村通”大调研工作取得阶段性重大成果，为2010年目标任务制定和完成奠定坚实基础。

（魏建国）

张润副厅长要求全省重点公路工程领导干部切实筑牢拒腐防变道德防线

12月21日，在全省重点公路工程领导干部廉政教育强化培训班开班仪式上，省交通运输厅党组副书记、副厅长张润在讲话中，要求全体学员端正态度，讲求方法，珍惜机会，潜心钻研，发扬理论联系实际学风，对照工作中的差距，有侧重地找问题，找思路，深入思考基层反腐倡廉工作的重大问题，共同研究，创新工作方式和方法；要学以致用，深入研讨，准确领会党的十七届四中全会和中纪委四次全会精神，充分把握廉洁自律有关规定，切实筑牢拒腐防变道德防线。

（董忻文）

张润副厅长对工会工作提出新要求

12 月 29 日，在省公路运输工会召开的驻太原地区交通系统各单位分管领导和工会主席参加的会议上，省交通运输厅党组副书记、副厅长张润在讲话中，提出两点希望。一是继续讲政治，顾大局，为新一轮交通科学发展作出贡献。各级工会组织要认真组织社会主义劳动竞赛活动，表彰先进，推出典型，激发广大干部职工献计献策；在交通系统改革中，倾听职工心声，做好职工思想工作。二是重民生，保稳定，依法维护职工群众权益。要加强企业职工组织建设，创新农民工工资兑现的监督措施，深入基层，关心慰问特困职工，充分发挥工会作用。

（沈建明）

张润副厅长要求不断筑牢建设和谐交通的基础

12 月 31 日上午，在省交通运输厅召开的传达贯彻 12 月 30 日下午召开的全省和谐社会建设表彰电视电话会议精神大会上，厅党组副书记、副厅长张润在讲话中指出，新一届厅党组上任以来，紧紧围绕全省经济社会发展大局，抢抓机遇，加快发展，再掀公路建设新高潮，积极推进行业重大改革和发展方式转变，交通运输工作在巩固"十五"以来大好形势的基础上，又向前大大推进了一步。交通运输的快速发展，使一些长期积累的社会矛盾和突出问题逐步得到化解，保持了全行业稳定。但务必要保持清醒头脑，高度警觉、妥善地解决好各种矛盾和新问题，巩固全行业稳定发展的大好局面。当前，一定要牢牢把握发展这一主题，不断筑牢建设和谐交通基础；要牢牢把握转变发展方式这个根本，不断提高建设和谐交通的主动性；要牢牢把握抓重点、抓牛鼻子这个有效方法，不断改善建设和谐交通的社会环境。要坚定不移地发展综合运输，促进各种运输方式的和谐；要坚定不移地推进交通运输一体化，促进城乡与区域交通和谐；要坚定不移地走资源节约、环境友好之路，促进交通运输与自然和谐。各单位各部门一定要认真学习贯彻好张宝顺书记重要讲话精神，切实把推动科学发展、促进社会和谐作为重大战略任务，贯彻落实在各项工作中。

（魏建国）

王志民副厅长部署全省 2009 年春运工作

1 月 6 日，在全省交通春运暨安全生产工作视频会议上，省交通厅党组成员、副厅长王志民就如何做好全年全省交通春运工作进行安排部署。要求高度重视，加强领导；落实各项措施，确保安全生产；周密组织，维护平稳有序；体现以人为本理念，搞好文明优质运输服务；加强统计，做好信息报送和宣传。春运期间，各级交通运输主管部门及运管机构、海事机构要积极配合宣传部门和新闻单位，利用各种传媒手段，广泛宣传改革开放 30 年交通建设成果在春运工作中发挥的巨大作用，宣传各项便民措施，及时通报进展情况。要通过印制安全手册、出行指南等宣传资料，广泛宣传注意事项，向社会公布出行信息。要及时汇总上报各地春运特点和亮点，及时编报信息，为新闻媒体提供具体、生动、新颖和具有新闻价值的材料。要以优秀组织、优良秩序、优质服务，保证春运任务圆满完成。

（董忻文）

王志民副厅长要求从5个方面抓好全省运管工作

1月21日，在全省道路运输工作会议上，省交通厅党组成员、副厅长王志民在讲话中，充分肯定全省运管系统2008年工作，并总结出5个亮点。一是道路客货运输应急保障体系发挥巨大作用；二是运管机构源头治理超限超载取得重大成果；三是道路运输服务“三农”工作迈出新步伐；四是道路运输安全监管能力实现大提升；五是道路运输业行业管理得到不断加强。针对2009年工作，王志民要求着力抓好五项重点工作。一是继续推进道路运输结构调整；二是继续加强道路运输安全生产；三是继续做好城乡客运一体化工作；四是继续加快乡镇汽车站建设和运营；五是继续推进运管队伍建设。

（魏建国）

王志民副厅长对全省海事工作提出新要求

1月21日下午，在全省地方海事工作会议上，省交通厅党组成员、副厅长王志民在讲话中，充分肯定2008年地方海事工作，特别是对连续4年全省海事系统水上交通安全没有发生事故表示祝贺，希望海事系统在2009年认清形势，不断推进地方海事工作又好又快发展。要把水上监管安全放在中心位置统筹其他工作，要把安全生产专项整治活动作为全年海事工作的一项重要工作来抓，切实做到责任落实到人，监督整改到位，确保专项整治活动取得实效，确保不发生重特大事故。要组织完成好渡口码头建设改造任务，认真解决在建设过程中存在的问题，确保“十一五”期间渡口码头建设改造项目按期圆满完成。

（魏建国）

王志民副厅长要求从3个方面抓好全省道路运输安全工作

2月14日，在全省道路运输安全生产紧急视频会议上，省交通厅党组成员、副厅长王志民在讲话中，提出3点要求。一要吸取教训，切实增强搞好道路运输安全工作的紧迫感和责任感。二要强化监管，认真落实安全工作各项措施。要切实抓好公路养护管理和安保工程建设工作；要继续搞好道路运输安全生产专项整治工作，重点从抓教育、抓关键环节、抓落实、抓整改上下工夫；要加强营运驾驶员监督管理，加大对汽车客运站监督检查力度，加强农村客运安全管理。全省交通系统各单位、各部门在加强沟通协调、形成监管合力的同时，要加强与公安交警、气象等部门沟通，共同维护好道路运输安全生产秩序。三要加强值班和应急管理，切实做到各类事故情况及时组织处置。各单位、各部门要充分认识当前全省道路运输安全形势十分严峻的现实，进一步强化和完善安全生产应急工作体制机制，坚决克服麻痹思想和侥幸心理，吸取事故教训，始终坚持“安全第一，预防为主，综合治理”方针，以对党和人民高度负责的态度，扎实工作，为全省经济建设和社会发展创造一个安全、稳定的交通运输环境。

（魏建国）

王志民副厅长要求临吉高速公路建管处加快前期工作进度

3月21日上午，在临吉高速公路建设管理处揭牌仪式上，省交通厅党组成员、副厅长王志民在讲话中，要求临吉建管处加快前期工作进度，建立健全工程质量保证体系和责任体系，合理安排工期，科学组织施工，严格质量管理，抓好全过程质量控制和安全生产，加强廉政建设，按期建成通车。同时要坚持人与自然和谐共处，在公路建设中最大限度

地保护生态，最强力度地恢复生态，建环保路、生态路、资源节约之路。 （董忻文）

王志民副厅长对道路客运安全工作提出新要求

4月9日，在全省道路客运管理工作会议上，省交通厅党组成员、副厅长王志民在讲话中，对道路客运安全工作提出新要求。他说，道路运输管理工作任务艰巨，责任重大，要充分认识新形势、新情况对运输管理、运输企业的挑战，把挑战变为机遇，变为发展动力；要学习和借鉴铁路、民航的先进管理经验和运营模式，进一步提高服务意识，创建老百姓认可的品牌，把安全生产装在心里，落实在行动上。要认真落实道路客运安全各项生产措施，警钟长鸣，继续抓好安全生产隐患排查整治活动，组织专项检查，落实安全生产主体责任、安全监管责任、安全领导责任和安全岗位责任，加大安全责任追究，为全省科学发展、安全发展、和谐发展作贡献。

（沈建明）

王志民副厅长对省道路运输协会工作提出新要求

4月22日，在全省道路运输协会第三届理事会会议上，省交通厅党组成员、副厅长王志民在讲话中，充分肯定协会近几年来所做的工作，并对新一届理事会的产生表示祝贺。他指出，交通运输行业作为国民经济中重要的服务业，日益提到国家发展战略地位，协会要适应道路运输发展新形势和新需求，把道路运输优势充分发挥出来，创造性地结合新任务、新问题开展工作；要继续充当好政府与企业桥梁纽带作用，不断加强行业自律，开拓新的服务领域，树立良好行业内部和社会形象，为实现道路运输事业又好又快发展作出应有贡献。各理事单位要一如既往地支持协会工作，按时交纳会费，创造良好条件，使其能更好发挥“润滑剂”作用，把一个企业不能做、做不好的事情，通过协会这个平台在全行业推动，促进全省道路交通运输行业健康快速发展。 （董忻文）

王志民副厅长为“山西水上交通安全新闻采风活动”采风团授旗

5月25日，由省委宣传部和省交通厅联合举办的“山西水上交通安全新闻采风活动”启动仪式在太原举行，厅党组成员、副厅长王志民出席启动仪式并授旗。他说，近20年来，山西发生过三起重特大沉船事故，造成254人死亡，给人民群众生命财产带来巨大损失。这充分说明，在全省开展为期一年的水上交通安全专项整治活动，是省委、省政府为进一步推进社会主义和谐社会建设，保障人民群众生命财产安全，促进经济平稳较快发展作出的重大战略决策。专项整治的目标，就是要使水上交通事故隐患得到有效治理，水运企业（业户）及船舶、船员管理得到明显加强，水上交通秩序得到明显改善，水上交通安全管理水平得到明显提高，更好地促进全省水上运输事业安全稳定发展。

（孙乾灏）

王志民副厅长要求把老干部工作当成一项重要工作来抓

6月12日，在全省交通系统老干部工作暨“双先”表彰会上，省交通厅党组成员、副厅长王志民在讲话中，对老干部工作提出新要求。即必须把老干部工作当成一项重要工作来抓，不断开创老干部工作新局面；必须在思想上重视老干部，在政治上尊重老干部，在行动上维护和发展老干部利益；必须不折不扣地落实好老干部的“两个待遇”问题，尤其是“两费”待遇。对老干部工作必须从小抓起，从细抓起，注重点点滴滴，注重感情投入，统筹各方利益，多做一些订报纸、作汇报、送鲜花、送健康工作，努力把老干部思想疏通，情绪理顺，让老干部始终保持健康身体、快乐心态，让他们安度晚年、发挥余热。

（孙乾灏）

王志民副厅长认为推进城乡公交一体化是交通科学发展大趋势

6月18日，在出席阳泉市召开的中国城市公交行业政研会华北片第七次年会时，省交通厅党组成员、副厅长王志民在讲话中指出，城市公共交通是关系国计民生的社会公益性事业，是道路交通和综合运输体系的重要组成部分，是城市有序高效运转和协调发展的重要载体与保障，也是城市文明的重要窗口和形象。山西11个地级市已有太原、晋城、阳泉3个市，96个县（市）中已有76个县（市）将城市公交、出租车纳入交通运输部门管理，为下一步城市公交又好又快发展奠定良好基础。他强调，优先发展城市公共交通应当成为社会的广泛共识和积极行动，推进城乡公交一体化应当是城乡协调发展的现实要求和交通科学发展的大趋势，城市公共交通应当在综合运输体系中发挥重要的桥梁、纽带作用，城市公共交通的行业精神应当充分肯定和大力弘扬。他希望通过会议的召开，指导和推动全省城市公交行业政研工作发展，为城市公交行业科学发展提供重要的政治保证和智力支持，进而规范城市公共交通管理，提高城市公共交通服务质量和形象，满足人民群众出行需求，促进城市经济社会协调发展。

（董忻文）

王志民副厅长高度评价山西、浙江签署平陆海员发展合作备忘录

6月26日上午，山西省与浙江省海事局正式签署山西平陆海员发展合作备忘录。省交通运输厅党组成员、副厅长王志民给予高度评价。他说，通过两地海事部门的海员发展合作，对山西来说是个大事情。开辟山西贫困地区发展海员新的就业之路，必将在全省范围内起到以点带面作用，为全省52个贫困县、950万贫困人口提供一条新的致富之路，一定会吸引更多有识之士加入到海员队伍中来，为推动全省经济社会发展起到积极作用。

（董忻文）

王志民副厅长观摩道路旅客运输应急演练

6月27日，省交通运输厅党组成员、副厅长王志民、省运管局局长李华中在陆军预备役步兵八十三师政治部主任许杰真、二四七团政委刘杰、忻州市政府副秘书长白国栋、忻州市交通局局长顾占斌等陪同下，在陆军预备役步兵八十三师二四七团（代县），观摩道路旅客运输应急演练，并对参演运政执法队伍进行检阅。

王志民在讲话中，认为省运管局思想到位、方法对头、措施得力，收到预期效果。希望各级运管部门把这次军训成果转化到日常工作中，不仅要有为公共服务的意识，更要具备为公共服务的能力。经过这次培训，对运管队伍提高素质、树立形象大有好处。今后，要在军地合作、交流、共赢发展上不断探索新途径、取得新成绩，运管部门要提高应对突发事件的能力，为交通运输事业发展作出新贡献。

（魏建国）

王志民副厅长要求充分认识水上交通安全重要性

7月7日，在全省海事系统行政执法人员岗位培训班开班典礼上，省交通运输厅党组成员、副厅长王志民在讲话中指出，加强对海事系统行政执法人员培训，是推进依法治

交、依法治安、依法治水工作需要，是加强地方海事队伍建设需要，是推进山西水运事业安全发展需要。参训人员要充分认识水上交通安全重要性，学好本领，认真履行监管职责，努力做到让航行更安全，让水域更清洁，让人民更满意。要珍惜这次培训机会，遵守课堂纪律，认真听讲，细心笔记，广泛交流，做到学有所获，学有所思，学有所用。

（魏建国）

王志民副厅长要求确保水上交通运输安全

7月21日，在2009年上半年全省地方海事工作暨第三季度安全例会上，省交通运输厅党组成员、副厅长王志民在讲话中指出，目前全省海事机构已实现覆盖（市）级，海事工作氛围明显宽松，监管能力明显加大，执法队伍素质明显增强，宣传力度明显提高，海事装备明显到位，海事安全事故隐患明显降低。但是，还存在不少问题，安全隐患时有发生。全省海事队伍要时刻绷紧安全这根弦，继续深化水上交通安全整治，确保水上交通安全形势稳定。一定要切实加强水上交通安全监管，按照“谁主管，谁负责”要求，落实安全检查责任制，规范档案建设，对水运安全做到心中有数，有据可查；对重点安全监管工作要做到责任到人，分兵把守，不留死角；要建立长效机制，常抓不懈，不断加强海事机构建设和队伍建设，把安全隐患消灭在萌芽状态，确保水上交通运输安全，为全省安全生产作贡献。

（董忻文）

王志民副厅长要求从7个方面做好《山西省道路运输条例》修订工作

7月24日，在《山西省道路运输条例》修订工作汇报座谈讨论会上，省交通运输厅党组成员、副厅长王志民在讲话中，提出7点要求。一是要充分考虑《中华人民共和国道路运输条例》中有关规定，通过《山西省道路运输条例》修订，加以完善；二是对《山西省道路运输暂行条例》中没有规范的，道路运输中出现的新情况、新问题，纳入《山西省道路运输条例》的范畴；三是在维护道路运输市场秩序、保护道路运输市场各方合法权益、保障道路运输安全运输中，与其他部门存在矛盾的要尽量解决；四是要鼓励道路运输管理中的创新，鼓励利用科技手段加强道路运输市场监管；五是要科学界定《山西省道路运输条例》规范调整的范畴；六是涉及运管机构职能转变和分级管理的问题，要严格分清；七是要广泛征求意见，使修订后的《山西省道路运输条例》更科学，更具有操作性，更能促进全省道路运输事业又好又快发展，更能让人民群众享受到安全便捷、优质高效的道路运输服务。

（孙乾灏）

王志民副厅长深入施工一线重点帮扶高速公路建设项目

7月28日至31日，省交通运输厅党组成员、副厅长王志民先后就分片包干的阳城至翼城、闻喜至垣曲、长治至临汾、临汾至吉县、临汾环城、闻喜至合阳、运城至芮城7个高速公路项目进行“服务月活动”重点帮扶，协调解决工程建设中遇到的困难和问题，为项目开工和建设创造良好环境。

在“服务月”活动期间，王志民召集已开工的阳城至翼城、闻喜至垣曲高速公路项目负责人了解工程进度，问询施工困难，听取工作汇报，就拟开工的长治至临汾、临汾至吉县、临汾环城、闻喜至合阳、运城至芮城5个高速公路项目与当地政府积极沟通协调，项目前期工作明显加快，扎实推进。

王志民在讲话中指出,要着眼于省政府“保增长、保民生、保稳定”的宏观要求,立足于全省高速公路2010年底达到3000公里既定目标,形成合力,重点突破,全力以赴帮助各项目单位协调解决工程建设中遇到的困难和问题。

王志民在讲话中,要求阳城至翼城、闻喜至垣曲两个项目要在保证工程建设质量和安全前提下,科学组织施工,严格合同管理,严格计量支付,严格财经纪律,严格按程序、按政策规矩办,切实解决好工期与质量、工期与安全的关系,确保高速公路按期建成通车。长治至临汾、临汾至吉县、临汾环城、闻喜至合阳、运城至芮城5个高速公路项目要继续争取地方政府支持,加快项目前期工作审批进程,力争早日开工建设。（孙乾灏）

王志民副厅长要求从6个方面加大交通安全监管力度

8月28日,在全省道路水路运输安全生产专项整治第三阶段省市县三级联动工作检查汇报会上,省交通运输厅党组成员、副厅长王志民在讲话中,提出6点要求。一是抓住这次难得机遇,全面排查好安全生产隐患,要摸清底数,特别是基本情况要明,做到横向到边,纵向到底。二是克服形式主义,检查要细,杜绝走过场,明确责任,对检查出的安全隐患问题要立即下达整改通知书,还要督促整改。三是对于客运车辆要加强站内安全检查制度,“三品”检查要到位,尤其是对进入北京方面的车辆更要把好安全关,更要进行严格检查,对站外拉客、半路拉客的客运车辆进行坚决打击;对于个体经营的货运车辆要加强监管,鼓励他们到企业挂靠,特别是要对危险化学物品车辆加大监管力度,打击“黑车”力度不能减,对出租车辆也要监管到位,并要加强从业人员资格管理;要加强水上船舶的安全管理。四是对三类企业要进行公布,对举报者要进行奖励,这项工作由各市拿出一套奖励办法。五是在国庆节、中秋节,要加大监管力度,扎实做好安全监管工作,安全工作要始终做到“重视、重视、再重视”,严防各类安全事故发生,要警钟长鸣。六是发扬认真负责、求真务实的工作作风,善始善终把道路运输安全和水上交通安全专项整治检查工作圆满完成,为厅党组交一份满意答卷。

（孙乾灏）

王志民副厅长对晋龙捷泰公司提出殷切希望

9月1日,在山西汽运集团晋龙捷泰公司40周年华诞纪念大会上,省交通运输厅党组成员、副厅长王志民在讲话中,希望晋龙捷泰运输贸易有限公司以建企40周年为新起点,并作为企业再改革、开发展的巨大动力,把握历史机遇,勇敢搏击市场,延伸产业链条,发挥比较优势,优化企业结构,拓宽服务领域,提升经营水平,继续在道路旅客运输公司化经营、站场建设与管理、现代物流发展、企业文化建设、运输安全管理等方面走在全省前列,为全省交通运输发展作出新贡献。

（魏建国）

王志民副厅长对道路水路运输安全工作提出新要求

9月18日上午,在全省“十一”黄金周道路水路运输安全工作电视电话会议上,省交通运输厅党组成员、副厅长王志民在讲话中,提出3点要求。一是认清面临的新形势,增强做好安全生产及行业稳定工作的紧迫感和责任感。各级交通运输主管部门、运管机构、海事机构、城市客运管理机构、运输企业要站在服务广大人民群众安全便捷出行和社会稳定大局的高度,充分认识当前搞好道路水路运输安全生产、安全保卫、行业稳定“三项工作”的极端重要性,进一步增强责任感、使命感与紧迫感,真正把安全生产工作、安全保卫工作、维护稳定工作作为近期的一项首要任务,切实高度重视,加强领导,精心组织,狠抓落实。二是明确目标任务,突出做好保运输、保安全、保稳定工作。要根据2009年“十一”黄金周连续休假期延长,长途和短途客运量明显增长的特点,加强应急管理;要根据2009年国庆期间安全生产要求高、任务重的特点,强化安全生产工作;要根据2009年安全保卫挑战大、标准严的特点,加强汽车站、码头、客车、危险化学品运输车辆、船舶的安全防范和安全保卫工作;要根据道路旅客运输行业群体性上访事故多发的特点,做好不稳定因素排查、化解、处置工作;要根据当前甲型H1N1流感疫情特点,切实加强道路水路运输行业防控工作。三是采取切实有力有效措施,圆满完成任务。要加强领导,精心组织;认真检查,严格稽查;突出重点,狠抓落实。要继续发扬交通人“辛苦我一个,方便千万人”的精神,以高度政治责任感和使命感,投入“十一”黄金周道路水路工作之中,以优异工作成绩,庆祝新中国成立60周年,让人民群众过一个安全、舒心、放心的“十一”假期。

(魏建国)

王志民副厅长深入临汾、运城高速公路建设工地调研

10月10日至13日,省交通运输厅党组成员、副厅长王志民在厅综合规划处、厅财务处、厅公路处和厅重点办有关负责人陪同下,冒着绵绵秋雨,踏着泥泞路基,深入临汾、运城两市高速公路建设工地调研。他多次强调,保证施工安全,狠抓工程质量,是工程建设中的首要任务,早建成、早通车、早日造福群众是我们的责任和义务。

10月10日至11日,王志民先后深入临汾环城、临吉高速公路建设工地调研。每到一处,他都要详细了解工程进展情况,仔细询问征地拆迁、资金到位、施工、监理工作是否存在问题等事项并现场办公。在临汾环城高速公路第二合同段,当看到施工单位已入场,施工机械已到位,各种管理体系已健全,清表工作已完成40%以上时,他表示满意。他说,虽然开工晚,但从目前就绪情况看,工程按期完成是没有问题的。希望建设处再接再厉,把今后工作安排好,为工程顺利进行开个好头。在临吉高速公路松卜岭隧道入口,当得知该隧道瓦斯含量较高时,王志民表情立刻严肃起来,他叮嘱建管处有关人员一定要做好防控,做好通风工作,加大投入,配齐检测设备,24小时全天候监控;要组织有关专家对瓦斯处理拿出切实可行的应急预案,防患于未然,确保工程安全施工。

10月12日至13日,王志民在运城环城、闻垣、闻合高速公路等工程工地进行调研。在闻垣高速公路东镇互通工程建设工地,他看了已横跨南同蒲的跨线大桥后,对工程进展表示满意。在东镇互通立交桥设计图前,王志民告诉随行有关人员,这么漂亮的立交桥一定要搞好周边绿化,充分利用这个亮点,打造出精品工程。在中条山隧道,王志民叮嘱工程施工人员要施工、安全一齐抓,隧洞掘进得越深越要抓安全,绷紧质量、安全这根弦,切不可掉以轻心。在垣曲互通,王志民看着重重云雾中时隐时现、满山遍野的金黄色植被说,垣曲是全省原始林木最多的县份之一,林木覆盖率高,气候宜人。因此,在修路的同时要充分考虑环境保护,做好复耕、复垦工作,保护好我们赖以生存的自然生态环境。在闻合高速公路,王志民还察看了北张大桥、石佛沟特大桥、万荣互通等建设项目。

在临吉高速公路第一阶段动员大会和运城高速公路建设座谈会上,王志民在讲话中指出,全省高速公路又进入了一个新的大发展时期,时间紧,任务重,各建管处要充分认识其重要性,把握发展机遇,切实精心把关,控制工程质量。质量是工程的生命,百年大计,质量第一。要以人为本,抓好安全生产。安全是工程的灵魂,没有安全的工作环境就

没有高质量的工程。要科学管理，保证建设工期，科学组织，周密安排，在不影响质量、安全的前提下赶工期，力争早通车，早受益。要文明施工，打造生态工程。同时，他还对廉政建设、和谐建设提出要求。

临汾市市长罗清宇、常务副市长徐树荣，运城市人大常委会副主任张道中陪同了部分高速公路建设项目的调研活动。

（沈建明）

王志民副厅长要求道路旅客运输行业发挥比较优势应对各种挑战

10月16日，在全省道路旅客运输座谈会上，省交通运输厅党组成员、副厅长王志民在讲话中指出，太原至石家庄、太原至北京动车组开通只是个开始，大同至太原至西安的铁路客运专线用不了多久也要开通，再加上有关改革政策出台、城乡公交一体化推进，道路旅客运输将面临更大冲击和诸多困难，必须调整思路，及早应对。各级行业管理部门和企业一定要站在发展战略高度，统一认识，准确定位，充分发挥道路运输在综合运输体系中的比较优势，应对各种运输方式竞争。机动灵活，通达度高，覆盖面广，“门对门”服务是道路运输优势，500公里甚至300公里以上的超长距离运输，道路客运都不具备优势。为此，他建议线路规划重点要放在巩固中短途上，车程控制在4小时之内，并据此引导运力调节，改变运营模式。运管机构要确保道路旅客运输业为社会提供安全便捷服务，同时要为企业经营发展、提高行业竞争力提供尽可能服务，毫不含糊地支持企业创品牌、树形象。运输企业既要从发展、效率的角度谋划企业未来，更要履行好社会职责，充分发挥主观能动性，想方设法创新，提升服务能力，在安全、便捷、舒适上狠下工夫。各级行业管理部门和企业要不拘一格，共同努力，确保全省道路旅客运输业健康发展。

（沈建明）

王志民副厅长要求进一步发挥专家作用

11月3日，在省道路运输管理第二届专家咨询委员会第二次会议上，省交通运输厅党组成员、副厅长王志民在讲话中指出，专家的发言，既有实践经验，又有理论高度，基本勾画出了2010年和“十二五”期间全省道路运输的发展思路和发展目标，为编制好全省“十二五”规划提供重要参考。各级运管机构领导要从战略高度，坚定做好道路运输管理工作的信心，勇挑重担，开拓创新，进一步发挥专家作用，将年会成果利用好、转化好，进一步推动全省道路运输事业又好又快发展。

（魏建国）

王志民副厅长对阳翼高速公路建设提出新要求

11月5日，在阳翼高速公路工程建设总结表彰会上，省交通运输厅党组成员、副厅长王志民在讲话中，对阳翼高速公路取得的重大阶段性成果表示祝贺，对一直给予帮助和支持的省重点办、省总工会、晋城市政府表示感谢。要求新进场的路面、房建、机电、交通安全、绿化工程建设各单位，一定要加强管理，做到严上加严，细上加细，圆满完成既定目标。后续工程量虽然不大，但都是面子工程，更容不得一点马虎。要继续抓好质量、安全工作，绝不能有一丝一毫的含糊和麻痹大意；要继续抓好廉政建设，确保“修好一条路，不倒一个人”的廉政目标实现，在全省新一轮高速公路建设中带好头，做表率。

王志民一行还对基本贯通全线的路基、桥隧工程进行检查，“人走场清”、整洁有序的现场管理受到大家高度评价。

（董忻文）

王志民副厅长要求从5个方面加强道路运输安全生产工作

11月17日，在省交通运输厅召开的“10·30”重大道路旅游客运事故约谈会上，省交通运输厅党组成员、副厅长王志民在讲话中，要求全省交通运输主管部门及运管机构、运输企业特别是“10·30”事故有关单位、部门、企业，要深刻吸取事故教训，从今后预防类似事故考虑，举一反三，认真思考，研究办法，确定对策。

一要按照省委、省政府“三个发展”要求，进一步明确、强调、落实“两个主体责任”；企业对道路运输安全管理负主体责任，是安全生产第一责任者；各级运管机构对道路运输安全监管负主体责任，责任也很重大；各级交通运输主管部门对道路运输安全负领导责任。安全生产、安全管理的“两个主体”必须明确，管理责任、监管责任、领导责任也必须明确。只有明确责任，才能更好地加强安全生产和推进安全发展。

二要按照省委、省政府“三个发展”要求，以“10·30”事故为契机，实施企业兼并重组和整合。要以产权为纽带，按照现代企业制度加快旅游客运企业改造。依法依规清理虚假注册，依法依规进行行政许可。着力推进道路旅游客运组织结构调整，把道路旅游客运企业做强做大，提升本质安全水平。各级交通运输主管部门及运管机构要认真做好旅游客运企业重组、整合的指导和验收工作。太原市作为省会城市和“10·30”事故企业注册地，要带头吸取教训，带头进行重组整合，带头做好转型发展、安全发展、和谐发展工作。

三要按照条例和部令要求，严格行政审批，实行企业法人诚信承诺制度。要做到承诺规范，不按规定如实填写有关内容、弄虚作假的企业要承担相应责任。省际旅游客运行政许可实行省、市、县运管机构三级审核制度，必须严格许可条件的审查，特别是加强企业法人、固定办公场所、车辆、营运驾驶员等条件的审查，顶住干扰，抗拄诱惑，杜绝将其他因素带入行政许可之中，确保行政许可规范、公开、公正。运管机构要严格营运驾驶员从业资格考核，企业要提高客运驾驶员聘用门槛。

四要按照安全生产管理责任制要求，进一步明确各级运管机构安全监管责任，并赋予相应职权和手段。要按照谁审批谁负责、谁监管谁负责原则，搞好道路运输安全监管工作。基层运管机构承担安全生产监管的责任，必须赋予其相应的职权和手段，落实好安全生产监管的职权和手段。

五要按照建立统一、开放、竞争、有序道路运输市场秩序要求，加强市场监管。要巩固和发展太原市近年来严格运政稽查、严厉打击黑车的成果，有效发挥省、市、县三级运政稽查队伍的作用，主动出击，突出重点，加大力度，坚决打击“黑车”，有效治理违法违规营运行为，规范市场秩序。要大力发挥道路运输卫星定位应用系统功能，推进县级运管平台建设和视频监控系统应用，加强营运车辆动态监管，有效控制超速、不按规定运营等不安全行为。此外，还要继续配合做好事故调查处理和善后处理工作。

（魏建国）

王志民副厅长要求充分发挥全省道路运输卫星定位应用系统作用

12月9日，在全省道路运输行业卫星定位应用系统建设与管理工作总结表彰会上，省交通运输厅党组成员、副厅长王志民在讲话中指出，经过四年不懈努力，全省道路运输卫星定位应用系统基本建成并投入使用。要应用好卫星定位应用系统，通过加强领导、健全机构、落实人员、规范管理等措施，把卫星定位系统运用到企业安全生产管理之中，用信息化推进企业安全管理的现代化。要管理好应用系统,健全并落实各项管理制度,每半年应对系统管理情况进行一次检查,每年要对系统管理情况进行一次考核。各企业要加强队伍建设,建立卫星定位系统长效运行机制和管理机制,落实人员、落实责任、落实经费,特别是要保持操作管理人员的相对稳定,并选用高素质操作管理人员。要维护好卫星定位系统,做好系统维护工作,确保系统正常运行和持续发挥作用。要完善好卫星定位应用系统,在应用实践中发现软件缺点和薄弱环节,及时优化升级系统软件,提高实用性、针对性、方便性、安全性、稳定性;拓展、挖掘系统功能,特别是要在长途、高速、旅游客运车辆上推广安装图像监控功能;在营运车辆安全监管任务重的基层运管所建设卫星定位应用系统平台,充分发挥基层运管机构的作用;推进城市公交和城市出租汽车卫星定位监管平台的建设。

(董忻文)

韩日裕组长对节日廉政工作提出新要求

1月13日,在省交通厅安排部署全系统“改进作风、文明过节”工作会议上,厅党组成员、驻厅纪检组组长韩日裕在讲话中,要求加强节日期间的作风建设,过一个文明、和谐、清廉的节日。

一要深化廉政教育,进一步增强廉洁自律意识。要切实加强对广大党员干部的理想信念、党风党纪、廉洁从政和艰苦奋斗教育,不断增强党员干部的法纪观念和勤俭节约、廉洁从政意识。

二要加强廉政文化建设,注重选取廉政先进典型开展示范教育。要运用违纪违法案件加强警示教育,组织开展群众喜闻乐见、寓教于乐的活动,大力宣传和弘扬廉洁、诚信、守法、节俭意识,努力营造良好氛围。

三要切实改进作风,严格执行领导干部廉洁自律有关规定。要大力发扬勤俭节约、艰苦奋斗作风,坚决制止奢侈浪费行为。严禁用公款搞相互走访、相互送礼、相互宴请等拜年活动,严禁用公款大吃大喝、游山玩水和进行高消费娱乐活动,严禁收受与行使职权有关的单位和个人的礼品、礼金、有价证券和支付凭证,严禁以赌博和交易等形式收受财物,严禁利用婚丧嫁娶等事宜收钱敛财。严肃财经纪律,严禁以各种名义突击花钱和滥发实物,严格控制年终各种评比表彰活动,减少、简化各种茶话会和联欢会。

四要心系百姓冷暖,认真解决涉及群众利益的突出问题。要加强监督检查,防止发生公路“三乱”和水上行政执法乱收费、乱罚款行为,确保“绿色通道”等涉农优惠政策的落实。要深入基层,深入群众,开展各种形式的送温暖、献爱心活动,帮助贫困职工解决实际困难。

(董忻文)

韩日裕组长要求充分认识警示教育活动的重大意义

2月27日,在全省重点公路工程建设系统“开展深入学习实践科学发展观预防职务犯罪警示教育活动”大会上,省交通厅党组成员、驻厅纪检组组长韩日裕在讲话中指出,此次警示教育活动在全省上下开展深入学习实践科学发展观活动和全省掀起新一轮建设高潮之际举行,意义非常重大。从未来五年来看,全省将建设3180公里高速公路,项目总投资2000亿元,反腐倡廉工作尤为重要。厅党组一贯高度重视全省重点公路工程建设领域的反腐倡廉工作。对此次警示教育活动,段建国厅长批示,要求搞好警示教育,提高干部队伍素质,进一步加强工程廉政建设。举办如此大规模的警示教育活动,是全省交通基础设施建设领域第一次以警示教育为主要内容的预防职务犯罪的主题活动,也是进一步加快以教育、制度、监督并重的惩治和预防腐败体系建设的一项重要举措。全省重点公路工程建设系统要将此类警示教育活动作为建立预防腐败体系工作的一个重要抓手，积极探索建立预防教育长效机制，防患于未然，切实加强干部队伍思想政治教育，切实抓好反腐倡廉制度建设，切实加强对领导干部的监督制约，切实把党风廉政建设责任制落到实处。全省重点公路工程建设系统干部职工要通过此次警示教育活动，深刻吸取教训，进一步增强广大党员领导干部廉洁从政意识和知法、懂法、守法的自觉性，以更加饱满热情，更加良好状态，投身到重点公路工程建设，为实现2010年全省高速公路达到3000公里，2013年达到5000公里宏伟目标提供坚强的政治保证。（董忻文）

韩日裕组长要求不断创新新闻宣传工作思路

2月18日，在省交通厅新闻宣传中心2009年工作会议上，厅党组成员、驻厅纪检组长韩日裕在讲话中，充分肯定2008年全省交通新闻宣传工作。他说，一年来，中心干部职工在艰苦环境下，克服各种困难，紧紧围绕厅党组中心工作，圆满完成各项交通新闻宣传任务，为全省构建和谐交通鼓与呼做了大量工作，取得有目共睹好成绩。2009年，要不断创新新闻宣传工作思路，抓住国家扩大内需机遇，着力抓好重点交通基础设施建设宣传，着力抓好"建国60周年"主题宣传活动，着力抓好运输市场监管和安全生产宣传。他还从全球视野对国内外经济形势进行分析，对国家当前采取的宏观政策作了阐述，指出大发展需要大宣传，希望交通新闻工作者创造良好舆论环境，发挥好舆论导向和监督作用，为建设和谐交通和促进全省交通事业又好又快发展作出新贡献。

会前，韩日裕一行察看厅新闻宣传中心办公场所，听取情况汇报，并对新闻宣传经费保障、设备更新、体制机制建设等提出指导性意见和解决办法。（董忻文）

韩日裕组长要求充分认识史志年鉴工作重要性

3月10日上午，在全省交通史志年鉴工作会议上，省交通厅党组成员、驻厅纪检组组长韩日裕在讲话中，要求从全省交通实际和发展大局出发，充分认识交通史志年鉴工作的重要性和必要性。他说，史志年鉴是保存历史、传承交通的重要载体，具有"资政、存史、育人"的重要功能，这项工作是一项功在当代、利在千秋的伟大事业。编撰全省交通史志年鉴，既是对全省交通事业过去历史的真实记载和全景式描绘，也是对未来发展的一种启迪和借鉴，更为科学决策，推动交通科学发展，促进交通文化建设发挥着重要作用，是一项系统性的复杂工程，与修路架桥的意义同样重要。全系统广大史志年鉴编修工作者要进一步开拓进取，无私奉献，做好本单位史志年鉴编撰工作。各级领导干部，尤其是各单位党政一把手要高度重视此项工作，认真抓好组织机构、资金等的落实工作，为修志工作者创造良好的工作环境和条件；要从讲政治高度，把史志年鉴工作作为一项重要的政务工作，切实抓紧抓好；分管领导要亲自过问，并明确专人负责。全系统各单位都要有高度的政治责任感和历史使命感，全力做好史志年鉴编撰工作，把史志年鉴工作放在建设和谐交通大局中审视、谋划、落实和安排。广大交通史志编修工作者要正确处理好进度与质量的关系，要以科学发展观为指导，不断创新，多出精品，为推动全省交通事业科学发展作出新贡献。

（魏建国）

韩日裕组长要求纪检干部一定要履行好自己职责

3月20日，在省高管局党风廉政建设工作会议上，省交通厅党组成员、驻厅纪检组组长韩日裕在讲话中，要求全系统各级领导一定要转变观念，不能把纪检干部当作“普通一兵”。纪检干部不仅肩负着对领导班子集体成员，尤其是主要负责人监督的重任，而且还有对单位人财物进行全面监管和越级反映问题的权力。各级纪检干部一定要以高度责任感和使命感，以良好精神状态和扎实工作作风，履行好自己职责，为全省交通事业安全发展、转型发展、和谐发展提供有力政治保证。

韩日裕从全球范围内对反腐败工作形势进行分析，并从独特视角阐述当前世界经济萎靡不振的原因。他说，腐败犹如一朵罪恶之花，虽说盛开在阴暗角落，但世界范围内存在，导致政党垮台乃至国家衰败的现象并不鲜见。因此，全球各国或地区反腐力度都很大。而当前全球蔓延的经济危机，其原因众说纷纭，但不外乎两点，深层次的问题是没有科学发展，根本原因是腐败的投机金融。要走出经济危机，实现经济发展，除了走科学发展之路，世界各国必须联合铲除腐败，化解投机金融。“两手”都硬了，才能实现经济平稳增长，社会稳定发展。我们当前面临的形势是什么？他指出，为了促发展，保增长，扩内需，惠民生，全省出台一揽子计划，两年内全省将新增投资6500亿元，而用于公路建设的资金最多达2500亿元。大建设往往容易出大问题，“路修完了，人进去了”，全国交通系统的教训比比皆是，各级交通纪检干部一定要高度警醒，高度警惕，从一开始就必须好好地、严严地把好容易滋生腐败的各道关口。

韩日裕说，当前有一种较为普遍的现象，有些单位领导班子主要负责人动辄就说，“XXX，我的兵，分管纪检的！”这种说法是不对的，这种观念是要不得的，早就该转变、该摒弃了。纪检干部是“兵”，但是党的“兵”，是人民的“兵”，决不是一把手的“兵”。相反，其职责不仅是对领导班子集体进行监督，还要对主要负责人进行监督，对单位人财物进行全面监管，同时还有越级反映问题的权力。他强调，在当前交通建设大干快上的特殊时期、特殊阶段，全系统一定要充分认识党风廉政建设和反腐败工作的重要意义，从制度建设与创新入手，从细节做起，加强源头治理，创新工作机制。纪检工作者一定要以高度的责任感、使命感、良好精神状态和工作作风，履行好自己的职责，为全省交通事业又好又快发展保驾护航。

韩日裕在讲话中，对全省高速公路管理系统2008年党风廉政建设和反腐败工作及2009年任务安排部署均给予充分肯定。

（孙乾灏）

韩日裕组长要求6月底前完成土地林地报批工作

4月10日，在全省重点工程建设土地林地报批工作协调推进会上，省交通厅党组成员、驻厅纪检组组长韩日裕在讲话中，要求全省重点工程建设管理单位要集中精力，扑下身子，加大进度，攻坚克难，忍辱负重，把进展不平衡的各项前期工作往前赶，除闻垣、忻保、阳翼3条高速公路外，确保省内项目6月底前完成土地林地报批工作；国网项目完成工可、初步设计工作，以争取更多的土地指标。他强调指出，土地林地报批工作是重点工程建设前期工作中至关重要的核心问题，如果进展缓慢，将制约着一系列后期工作。不仅仅是一个项目不能按时开的问题，更严重的是影响全省重点公路工程建设的全局和大局。各建设单位要锁定目标，倒排工期，通力合作，责任到人，讲究方法，确保前期工作如期完成，为加快推进高速公路建设又快又好发展开好局。

（孙乾灏）

韩日裕组长要求把省监察学会交通分会工作提高到一个新水平

4月21日至22日，在省监察学会交通分会一届四次理事会上，省交通厅党组成员、驻厅纪检组组长韩日裕在讲话中，对学会工作给予充分肯定，并对今后工作提出希望和要求。希望各理事单位今后要认真学习贯彻本次会议精神，以科学发展观为指导，围绕交通工作大局新任务和新要求，进一步推进学会各项工作，努力把学会工作提高到一个新水平，为全省交通建设又好又快和谐发展作出更大贡献，并提供更好的服务和保障。

（孙乾灏）

韩日裕组长要求进一步弘扬体育精神

5月6日至8日，在省征稽局举办的驻楼单位第四届联谊运动会上，省交通厅党组成员、驻厅纪检组组长韩日裕在讲话中，希望省征稽局机关驻楼各单位，要以此次联谊运动会为契机，进一步增强以人为本意识，切实加强职工文化建设，最大限度地激发广大干部职工文化建设，最大限度地激发广大干部职工为全省交通建设努力工作的积极性、创造性，为交通事业又好又快发展注入生机和活力。参赛队员要本着友谊、团结和公平竞争的精神，团结互助，顽强拼搏，公平竞争，比出好成绩，赛出新风尚，进一步弘扬体育精神，为交通事业发展增添新的精神动力和智力支持。

开幕式后，韩日裕参加了有关项目比赛。

（沈建明）

韩日裕组长要求不断完善县有交通特色的惩防腐败体系

5月14日，在忻保高速公路建设管理处与忻州市人民检察院召开的预防职务犯罪活动启动大会上，省交通厅党组成员、驻厅纪检组组长韩日裕在讲话中指出，全面启动忻保高速公路建设预防职务犯罪工作，很及时，很必要，对于促进忻保高速公路建设的反腐倡廉，推动工程建设廉洁高效、健康发展，确保中央拉动内需资金的安全，具有重要的现实意义。要正确认识预防腐败工作形势，紧紧抓住腐败现象易发多发的重点领域和关键环节，把惩防措施落实到重点领域和重点部位。一要加强对工程建设项目落实情况的监督检查；二要加强对工程项目招标投标和合同履约情况的监督检查；三要加强对建设资金管理使用的监督检查；四要加强对工程质量与安全的监督检查；五要加强对工程廉政建设和“阳光操作”情况的监督检查。要严格落实廉政建设责任制，扎实开展预防职务犯罪教育文化活动，积极推进预防职务犯罪制度创新，坚决纠正和严肃惩处违规违纪行为，不断完善具有交通特色的惩防腐败体系，努力从源头上防止腐败，坚定信心，扎实工作，通过开展党风廉政建设和预防职务犯罪工作，为忻保高速公路建设营造廉洁、高效的法制环境。

（沈建明）

韩日裕组长深入长治市、晋城市监督检查重点工程项目

6月10日至13日，由省交通厅党组成员、驻厅纪检组组长韩日裕担任组长的全省重点工程建设监督检查第三组对长治市、晋城市重点工程项目进行监督检查。

在长治市，检查组详细听取长治市政府对铁路、机场、公路等重点工程项目有关工程管理、质量安全、财务管理、党风廉政方面工作汇报后，要求长治至临汾高速公路项目按照国家有关规定，尽快理顺建设主体问题，加快前期工作，尽快开工建设。长治至平顺高速公路项目，要加快清表等准备工作，组织施工、监理单位尽快进场，长治市政府要做好征地拆迁后续工作，协调解决平顺芦芽煤矿开采后影响虹梯关隧道安全的问题，确保施工单位进场施工的顺利开展，为工程建设创造良好外部环境。

在晋城市,韩日裕组长率领检查组全体成员深入一线,检查晋城环城公路全线和阳翼高速公路部分标段建设情况,听取晋城环城、高平至陵川、阳城至翼城有关工程建设的情况汇报。要求抓住当前施工黄金季节,加快工程施工进度,当地政府做好相关服务工作。

6月12日下午,检查组一行在当地政府领导和项目业主负责人陪同下,对阳翼高速公路19合同段沁水西港煤业公司从2007年11月至今阻拦西岭沟大桥施工问题进行实地察看,现场办公,听取项目业主和煤矿负责人详细汇报后,当场与晋城市、沁水县领导进行沟通。随后,晋城市市长王茂设、副市长赵雪梅召集国土、城建等部门研究决定,由市政府另选址安置阳翼高速公路压覆西港煤矿的土地资源,阳翼高速公路与西港煤矿现场签订补偿协议,施工单位当即进场施工,圆满解决阳翼高速公路西岭沟大桥桩基不能开挖,制约大桥如期建成及工程进度问题。

(孙乾灏)

韩日裕组长带队检查运城市重点工程建设项目

6月16日,以省交通厅党组成员、驻厅纪检组组长韩日裕为组长的全省重点工程建设第三监督检查组一行8人,对运城市高速公路、铁路、民航等重点工程项目建设进行检查。

检查组一行听取大同至西安高速铁路运城段及新车站建设、运三铁路建设、运城机场候机楼扩建等项目进展情况汇报;闻喜至合阳、运城至灵宝、河津至运城三条高速公路进展情况全面汇报及闻垣公路高速建设进展情况汇报,并现场检查运城机场候机楼扩建工程进展情况。

韩日裕在讲话中,对运城区域重点工程建设进展情况给予充分肯定。他说,运城市在地方征迁方面有成功经验和好的做法,市委、市政府要继续支持重点工程建设,继续为重点工程建设创造良好外部环境和有利条件,推动工程项目建设顺利进行。涉及省级对接的工程项目,采用省交通厅负责协调,市政府负责项目建设,高速公路负责建设施工管理模式。要加紧推进重点工程项目建设,力争在三年左右时间内,基本形成高速公路、铁路、航空为主干的立体交通网络,拉动和促进区域经济社会的发展。要在确保工程质量和安全前提下,加快工程建设,为全面完成"十一五"规划的高速公路建设任务努力奋斗。

(董忻文)

韩日裕组长要求征稽系统继续推进惩防体系建设

7月23日,在全省征稽系统党风廉政建设工作会上,省交通运输厅党组成员、驻厅纪检组组长韩日裕在讲话中,对交通征稽系统多年来党风廉政建设取得的成绩给予充分肯定。他说,交通征稽系统成立22年来,累计为国家征费548亿元,征稽管理水平处于全国先进行列,征稽文化硕果累累,三个文明建设全面发展。取得这样的成绩,很重要的一点,就是在全面推进费收工作的同时,扎实推进党风廉政建设和反腐败工作,为实现征稽事业又好又快发展营造良好政治环境,提供有力政治保证。对今后交通征稽系统党风廉政建设,他要求认真学习全国纪委书记座谈会议精神,抓好四个重要法规制度的贯彻落实,深刻把握国际国内形势,认清交通系统面临的机遇和挑战,高度重视党风廉政建设和反腐败工作,严格落实党风廉政责任制,继续推进惩防体系建设,加强纪检监察干部队伍建设,为交通征稽事业顺利转型和二次创业提供有力政治保证,以优异成绩迎接建国60周年。

(董忻文)

韩日裕组长要求认真抓好《山西交通60年》画册图片征集工作

7月23日，在省交通运输厅召开的《山西交通60年》画册图片征集工作会议上，厅党组成员、驻厅纪检组组长韩日裕在讲话中指出，编辑出版《山西交通60年》画册，是厅党组纪念新中国成立60周年的一项重要文化工程。其目的，就是要向全省人民充分展示交通建设的辉煌成就，激励和鼓舞全系统广大干部职工同心同德，脚踏实地，再掀公路建设新高潮，奋力开创交通工作新局面，为推动全省经济实现全面、协调、可持续发展，再创新业绩，再作新贡献。他说，由于此项工作时间紧，任务重，各单位一定要高度重视，要下辛苦，组织专人，认真搜集有价值的图片资料，要把能体现时代发展变化和进步的东西图文并茂地报回来，要通过大家的努力，编撰出一本有留存价值的、能充分反映山西交通60年发展巨变的精品，增强人们对交通基础设施建设的理解和支持。　（董忻文）

韩日裕组长对全省地方海事工作提出4点要求

8月27日，省交通运输厅党组成员、驻厅纪检组组长韩日裕深入省地方海事局调研。他先后参观政务大厅，详细了解行政许可等情况，在听取局领导工作汇报后，对全系统近几年来工作给予充分肯定。他说，近年来，在省交通运输厅正确领导下，省地方海事局不断加强法制建设、制度建设、装备建设、队伍建设、应急能力建设、正规化建设、党风廉政建设和精神文明建设，取得显著成效，成绩来之不易。韩日裕组长在讲话中提出4点要求。一要理顺管理体制，加强正规化建设。特别是对新组建的海事机构，要加大力度，克服上紧下松问题，夯实基层海事机构的管理基础，确保各项海事工作到位。二要加强立法工作。要把海事立法作为一项长期任务，争取尽快出台《山西省水上交通管理条例》，切实解决采砂船、餐饮船、小型船的监管缺少法律依据、农用船管理主体不明确问题，不断提升依法行政能力。三要加强日常监管和应急能力建设，努力提升水上交通安全监管和应急救助水平，全力保障广大人民群众的生命财产安全，做到让航行更安全，让人民更满意。四要加强党风廉政建设。首先是预防为主，警钟长鸣，保护好干部；其次是建立健全党风廉政建设的工作机制，做到机构、人员、工作三落实；再次是加强制度建设，按制度办事，做到阳光作业，切实把党风廉政建设各项要求落到实处，全面推进海事事业的科学、安全、和谐发展。

（沈建明）

韩日裕组长深入省运管局调研

9月7日，省交通运输厅党组成员、驻厅纪检组组长韩日裕一行冒雨深入省运管局调研。省运管局党委书记、局长李华中就全省道路运输业发展中面临的机遇和挑战进行全面汇报。

韩日裕听取汇报后，对运管工作近年来取得的瞩目成绩给予充分肯定，对今后工作思路和安排表示赞成，并提出希望和要求。一是继续贯彻落实科学发展观，推进道路运输业转型发展、安全发展、和谐发展；二是认清形势，把握大局，扎实推进党风廉政建设和精神文明建设；三是加强制度建设，业务部门要按制度办事，做到阳光作业，切实把党风廉政建设的各项要求落到实处；四是理顺运管体制，加强队伍正规化建设，积极向省政府、省编办请示汇报，争取早日将省运管局升格为副厅级单位，把山西的运管事业做大做强；五是强化宣传，做好公交、出租车市场的调研工作，做到顺利交接，确保稳定；六是加强安全监管，保证“十一”黄金周道路运输市场稳定有序。　（沈建明）

韩日裕组长对全省路桥企业党风廉政建设提出新要求

12月2日，在全省路桥企业党风廉政建设会议上，省交通运输厅党组成员、驻厅纪检组组长韩日裕在讲话中指出，一年来，路桥企业党风廉政建设工作成效大，成绩显著，逐步进入良性发展轨道，希望下一步继续落实党风廉政建设责任制，明确职责范围；着重解决工程建设领域突出问题，严格制度管理，尤其是资金、合同、物资采购管理等；继续推进惩防体系建设，完善规章制度，实现从源头上治理。同时，要充分发挥党风廉政监督员作用，加强监督，严防腐败。

（沈建明）

韩日裕组长对全省重点公路工程建设系统突出问题专项治理工作提出更高要求

12月4日，在全省重点公路工程建设系统突出问题专项治理工作动员会议上，省交通运输厅党组成员、驻厅纪检组组长韩日裕在讲话中指出，在当前应对国际金融危机、加快全省重点公路工程建设的新形势下，全省重点公路工程建设系统一定要站在政治和全局高度，充分认识开展专项治理工作的重要性和紧迫性，切实把思想和行动统一到中央、省、部和厅党组的决策和部署上来，不断增强做好专项治理工作的责任感和紧迫感。尤其是各建管处项目法人要充分认识重点公路工程建设领域突出问题的危害性，以高度政治责任感和认真负责态度，突出重点，狠抓落实，真正把本单位的问题消灭在萌芽状态。各级各部门、各项目建设单位要统一思想，认清形势，进一步规范全省重点公路工程建设领域市场交易行为和领导干部从政行为，加强和改进全省重点公路工程建设领域反腐倡廉建设，扎实开展工程建设领域突出问题专项治理工作。一要充分认识开展重点公路工程建设领域突出问题专项治理工作的重大意义，要把开展专项治理工作与推动全省重点公路工程建设又好又快发展，与贯彻落实中央扩大内需政策，与加强反腐倡廉建设和干部队伍建设有机结合起来，进一步创新思路，强化措施，推动全省重点公路工程建设专项治理工作不断深入；二要在解决重点公路工程建设领域突出问题、完善法规制度和保证制度落实、查办违纪违法案件上下工夫，认真组织开展好重点公路工程建设领域突出问题专项治理工作；三要进一步健全组织机构，加强监督检查，加大治理力度，认真履行职责，狠抓工作落实，确保专项治理工作取得实效。

（沈建明）

韩日裕组长要求确保全省交通运输工作科学安全发展

12月21日，在全省重点公路工程领导干部廉政教育强化培训班开班仪式上，省交通运输厅党组成员、驻厅纪检组组长韩日裕在讲话中指出，省厅组织此次廉政教育培训班，就是要从源头上构建预防和治理腐败体系，进一步把握预防职务犯罪和反腐败斗争的特点与规律，做到完善机制，堵塞漏洞，防患于未然。每位学员要紧紧围绕培训主题，清醒头脑，筑牢“金钱关”、“权力关”、“美色关”等十道防线，对照工作中差距，有侧重地找问题、找思路，研究工作的新方法，通过“联络员”制度，建立完善自上而下的省市县三级预防职务犯罪联动机制，确保全省交通运输工作科学安全发展。（沈建明）

张志川副厅长向省政府检查组汇报省交通厅应急管理工作

1月7日，省交通厅党组成员、副厅长张志川向省政府检查组汇报省交通厅应急管理工作。

近年来，省交通厅按照“一案三制”建设总体要求，贯彻“安全畅通，预防为主，积极应对，综合治理”方针，不断完善和加强交通应急管理工作，取得一定成效。一是认真落实《山西省突发公共事件总体应急预案》要求，印发《关于全面加强交通应急管理工作的实施意见》，提出交通应急工作的指导思想，确定“十一五”应急管理工作目标。二是为进一步加强对交通突发公共事件应急管理工作领导，强化部门与行业应急管理协调联动，全面提高全省交通行业应急反映和处置能力，成立由厅领导和厅直有关单位、厅机关相关处室负责人组成的应急管理工作领导小组和办公室。三是不断健全应急预案体系，目前纳入应急预案体系管理的预案共21个。其中，总体应急预案2个，专项应急预案6个，系统应急预案13个。四是为了全面提高应急反应和处置能力，交通应急指挥中心按省、市、县三级体制建设，省厅设省公路（水路）交通应急指挥中心，应急指挥平台建设列入全省公路交通信息资源整合与服务工程，工程已于2008年11月正式启动。厅直单位中，省公路局、省高管局、省运管局都成立相应的应急管理工作机构，省公路局建有省级应急储备库2个，市级物资储备库20个，省高管局有基层应急储备库17个，省地方海事局水上应急反应机制和应急反应体系也日趋完善。五是不断加强危险源排查、风险评估及对危险源整改工作，不断加强全省交通系统应急队伍建设，组建交通应急抢险、应急救援、应急维修、水上搜救、应急客运保障等多支专业化应急救援保障队伍，努力构建适应交通突发事件特点的交通应急救援体系，并成立厅应急管理专家组。在南方冰雪灾害、汶川地震、奥运会的有关应急保障工作中发挥积极作用，受到社会各界好评。

（魏建国）

张志川副厅长深入省交通建设开发投资总公司调研

1月9日上午，省交通厅党组成员、副厅长张志川深入省交通建设开发投资总公司调研。

听取公司总经理魏庆飞汇报后，张志川在讲话中，对公司以前工作给予充分肯定。他说，公司自1993年成立至今经历了三个不平凡的发展阶段，解决了生存问题、资本积累问题和发展问题，锻炼出了一批高素质的管理队伍和一个团结高效的领导班子。他要求公司以中央扩大内需拉动经济增长加大基础建设为契机，继续解放思想，创新思路，以求真务实作风深化体制机制改革，以发行债券、中期票据、盘活资产等方式加快引资融资力度，拿出切实可行的方案加快体制改革速度。他强调，要建立专业队伍抓引资融资工作，科学评估对企业发展的整体影响，做出明确详细规划，在新一轮交通建设高潮中再立新功。

（魏建国）

张志川副厅长要求山西汽运集团在全省道路运输市场中发挥积极作用

1月16日，在山西汽车运输集团2009年度工作会议上，省交通厅党组成员、副厅长张志川在讲话中，充分肯定集团2008年坚持科学发展观，围绕企业发展定位，不断深化企业机制改革和创新各方面工作所取得的可喜成绩。希望集团在当前形势下，继续坚持以科学发展观为统领，继续解放思想，开拓创新，克服来自多方面的不利因素，努力实现转

型发展战略目标，在全省道路运输市场中发挥积极的主导作用。（董忻文）

张志川副厅长深入省高管局调研

2月2日上午，省交通厅党组成员、副厅长张志川深入省高管局调研，与省高管局领导班子成员就高速公路建设筹融资进行座谈，要求统一思想，进一步挖掘潜力，认真做好测算工作，提出详细方案，为省交通厅科学决策提供依据。

张志川分析全省高速公路建设面临的形势和任务，指出新建高速公路筹融资必须依托高速、立足高速，进一步挖掘潜力。他还从现有高速公路未来收益权变现、新建高速公路未来预期以及寻找新的融资途径等方面，同与会人员进行深入交流和讨论，统一思想，达成共识。

张志川在讲话中，要求近期省高管局要组织专人完成对高速公路预期收入的测算工作，找准收费还贷平衡点，既保证运营管理工作，又更好地支持新建高速公路建设，为省交通厅筹融资工作科学决策提供有力依据，促进全省高速公路事业又好又快发展。

（董忻文）

张志川副厅长对全省高速公路管理工作提出5点要求

2月18日，在2009年全省高速公路管理工作暨“双百佳”表彰大会上，省交通厅党组成员、副厅长张志川在讲话中，要求抓好五方面工作。一是确立“公路姓公、交通在通、运营在营”理念；二是研究区域化整合后的高速公路管理体制；三是做好高速公路融资；四是加强治超工作；五是提高服务水平。特别是在强化安全、加大养护力度、完善标志标识、提升信息化程度、规范路政管理、探索服务区管理新模式、加强党的建设、巩固文明建设、深化人才建设方面有新的突破和发展。

（董忻文）

张志川副厅长深入山西交通技师学院调研

2月24日，省交通厅党组成员、副厅长张志川在厅机关有关处室负责人陪同下，深入山西交通技师学院调研并参加学院2009年度工作会议。

上午8时50分，张志川一行赶到学院，直奔教室听取公路专业李改娥老师《中级工试验检测》中“细集料级配和粗度”的教学授课。课后，张志川走上讲台，同授课教师握手，对她的教学给予充分肯定，并与学生进行对话交流。随后，听取了校长张文才关于学院情况汇报。中午，张志川一行在学生食堂就餐。餐后视察学院环境、教学设施和基础设施，下午3时，出席学院工作会议。

调研会上，张志川对学院各项工作取得的突出成绩给予充分肯定，认为学院有切实可行的改革发展思路，有完整系统的治校理念，有科学的管理体系，有适合的教学模式，有稳定的就业渠道，有扎实的科研工作，有干事创业的良好氛围。希望学院能全面贯彻落实科学发展观，坚持以服务为宗旨，以就业为导向，以提高质量为重点，破解发展中师资队伍、专业设置、基础设施、政策导向等难题，加强宣传，全面促进学院职业教育工作又好又快发展。

工作会上，张志川在讲话中，提出3点要求。一要抢抓发展机遇，加快学校发展。要看到经济危机影响实体经济，但对高技能人才需求没有变；国家促内需，保增长，交通进入新一轮大干快上对高技能人才需求没有变这两个事实，抓住机遇，加快发展。二要把握职业教育规律，注重科学发展，提高办学质量。要注重对学生进行职业道德教育，注重培养学生的工作任务胜任力、工作关系适应力、职业生涯发展力、职业道德重塑力；要坚持以市场为导向，打破传统学科体系，创新求发展，开门办教育；要加强师资队伍建设，一是让教师走出去，到高等院校、建设工地、科研院所学习锻炼提高；二是从外面请进来，请学者、专家、专业技术人才来，提高教师队伍素质；三是加强班子建设，鼎力打造学院品牌。要立足交通，面向社会，适应市场，服务顾客，要心往一处想，劲往一处使，力争出成绩，出经验，出品牌，成为职业教育名校。

张志川还就学院提出的就业和培训支持问题、主校区与北校区之间建设过街天桥问题，建设公路专业实训场问题等进行协调解决。

（孙乾灏）

张志川副厅长深入山西交通学院调研

3月19日上午，省交通厅党组成员、副厅长张志川带领厅机关有关处室负责同志深入山西交通职业技术学院调研，就学院教育教学发展及如何解决存在的问题，与学院领导进行深入探讨。他强调，要进一步明确职业教育的特点和任务，深刻认识交通职业教育面临的形势，增强紧迫感与责任感，力争3年至5年内把学院打造成区域性行业性名校。

张志川认真听取学院党委书记孟科关于学院基本情况、高职办学成就及存在问题和影响发展的瓶颈等情况汇报后指出，作为一所行业职业技术学院，必须认清自己，准确定位，知道“自己是谁，长得怎么样，想干什么。”他说，大学属于学历教育，重在培养学生的理论创新能力，技校重在培养学生的操作能力，而高等职业技术教育介于二者之间，具有双重体系，为受教育者提供职业道德、职业知识、职业技能，核心是解决工作过程中知识的传承和应用，具有地方性、行业性、技术技能性、市场导向性4个特点，目标是培养学生工作任务的胜任能力、工作关系的适应能力、职业生涯的发展能力、职业道德的重塑能力。作为山西交通职业技术学院，主要任务就是要为全省经济结构调整和技术进步服务，为促进就业再就业服务，为山西交通行业科学发展服务，立足交通，面向交通，依靠市场，辐射社会。究竟“长得什么样”，他认为，“很漂亮（基础好），衣服很破（基础设施不能满足办学需求）、素质需要进一步提高（没有完全适应市场经济的要求），声誉需进一步恢复（曾经有过辉煌），”“想干什么”，就是要争取3年至5年内把学院建成区域性行业性名校，即山西高等职业技术名校。所谓名校，就是要有自己灵魂、自己文化、优秀教师团队、完整信息获取系统和名人或大师。要办成名校，必须做好6件事情。即要保证基本的基础设施，包括土地、教学设施等；拥有一流的教师队伍，通过送出去、引进来办法，最终实现专职、兼职、聘用相结合，老中青相结合，专业搭配相结合，不要拘泥于为我所有；专业设置灵活，在保证精品专业同时，要敢于淘汰不适应市场需求的专业，增设新专业；同时要加强文化建设、科学研究、党建和精神文明建设。他建议，在学院当前正在进行的深入学习实践科学发展观活动大讨论中，一定要深入探讨办学规模与办学质量关系，依靠市场和厅里扶持关系，建设教师团队和依靠行业人才关系，基本实训条件和利用行业基础设施关系，精品专业和学科专业关系，时代精神和学校文化关系等6个关系。

当天下午，张志川出席学院2008年度工作总结表彰暨2009年度工作部署会议。他在讲话中，充分肯定2008年工作，认为学院人才培养成绩显著，教学水平明显提高，科研工作有了新进展，党建和精神文明建设硕果累累。要求进一步明确职业教育的特点和任务，深刻认识交通职业教育形势，增强紧迫感和责任感。要求在2009年工作中，要围绕学院制定的创建一流高职院校一条主线，狠抓学生思想道德培养和实践技能培养两个培养，推进人事制度改革、教学教研管理体制改革、产学结合与实训体制改革三项改革，实施校区建设优化工程、名师队伍锻造工程、重点专业和精品课程建设工程、和谐文明单位创建工程四项工程等“1234 工程”,在科学发展观统领下,进一步解放思想,勇于开拓,有序推进学院建设,扎实提升教育质量,实现各项工作的和谐、健康、持续发展。

(孙乾灏)

张志川副厅长深入晋城市、长治市调研

3 月 25 日,省交通厅党组成员、副厅长张志川带领厅综合规划处、厅公路处、厅财务处、厅重点办有关负责同志深入晋城市、长治市,对高陵、晋城环城、长安三条高速公路建设情况进行调研,听取建设单位汇报后,要求高度重视,加班加点,全力以赴做好四项工作。一是要尽快完成征地拆迁清点工作,做出核算,尽快上报土地手续;招投标要加快速度,交叉作业,平行推进。二是省政府确定 2010 年全省高速公路通车 1000 公里,其中高陵高速公路 23.5 公里,晋城环城高速公路 29 公里,长安高速公路 55 公里,这是政治任务,不能动摇。三是做好各项具体工作。高陵高速公路要加快施工图评审,尽快确定古郊互通位置,严格按照厅党组要求进行招投标;晋城环城高速公路重点做好矿产资源、拆迁标准、失地农民保险工作;长安高速公路要加快前期工作,解决好资金问题。四是抓好管理。首先是领导重视,主要领导要亲临一线;其次是建章立制,用制度来管人管事;再次是实行计划管理,倒排工期。省交通厅长治、晋城片区协调工作组要建立旬计划报告制度,10 天一落实。要实行网上办公,实现信息联动,建立重大事件报告制度,群策群力,全力以赴做好工程建设和管理。

(沈建明)

张志川副厅长要求认真做好《高速公路运营管理体制研究报告》的修改完善工作

4 月 21 日上午,在山西省高速公路运营管理体制课题报告初稿讨论会上,省交通厅党组成员、副厅长张志川在讲话中指出,理顺高速公路运营管理体制,是省编办、省交通厅学习实践科学发展观活动的重要课题和具体举措,是下一步高速公路实现可持续发展的关键,并作为全年一项重要工作来抓,委托山西财经大学有关专家进行课题研究。课题开展以来,课题组做了大量工作,报告总体上思路清晰,但在针对性和重点上还有待加强。他强调,理顺高速公路运营管理体制的目的,就是要职能合理化,解决公共管理职能缺失的问题。课题报告要从全省高速公路体制现状、对 6300 公里高速公路网形成后带来的影响、对政策的需求等方面进一步予以分析和完善,尽快形成正式报告提交省交通厅党组讨论,与省交通厅“三定”工作同步进行。

(沈建明)

张志川副厅长深入吕梁高速公路公司调研

6 月 2 日至 3 日,省交通厅党组成员、副厅长张志川深入吕梁高速公路公司,就路面改造、缺陷工程、安全运营和管理发展等工作进行重点调研。省高管局局长董新品陪同。

6 月 2 日下午,张志川一行先后深入吕梁高速公路公司所辖路段,对夏汾高速公路路面改造工程、汾离和离军高速公路路段建设期间遗留缺陷工程进行实地察看,详细了解公司整体运营管理情况。6 月 3 日上午,在听取公司汇报后,张志川对吕梁高速公路整合后各项工作给予充分肯定,认为整合过程稳定,在整合中保持工作连续性,各项制度正在完善,重点工程全面展开,职工认同感和公司凝聚力不断增强,发展势头良好。

张志川在讲话中指出，夏汾高速公路作为全省第一条全面大修的水泥混凝土高速公路，一定要充分认识此次路面改造工程的重要意义，切实加强施工管理，高度重视建立施工单位质量保证体系，建立监理抽查和考核、罚奖制度，在保证质量前提下，加快工程进度；同时要作为一个科研课题认真总结经验，为全省公路发展提供借鉴。要认真处理好汾离、离军高速公路遗留缺陷工程，公司要与建设管理单位加强沟通，责成专人组成工作组，实地调查，与原设计图纸进行核对，对遗留缺陷工程和新增工程予以区分明确；遗留缺陷工程，可由建管单位组织施工，也可由建管单位委托公司施工，由建管单位验收，做到责任明确，限期修复。

张志川强调，吕梁高速目前里程 172 公里，是吕梁经济发展的交通命脉，在全市经济发展中起着非常重要的作用。公司要注重规范化管理和管理创新，同时加强企业文化建设，大力培育社会主义核心价值观，规范行为准则，增强凝聚力和向心力。

调研期间，张志川一行还就完善吕梁高速公路排水防护设施，加强重点部位的排水防洪工作和解决离军段站区用水、服务区建设等问题提出具体要求。 （孙乾灏）

张志川副厅长要求高管系统不断探索党建工作新路子

6 月 30 日下午，在省高管局纪念建党 88 周年暨“一先两优”表彰会上，省交通运输厅党组成员、副厅长张志川在讲话中，要求全省高管系统各级党组织要与时俱进，开拓创新，凝聚力量，真抓实干，努力开创党建工作新局面，为公路事业又好又快发展提供坚强的组织保证。他说，全省掀起新一轮公路建设高潮，高速公路管理部门处于调整、蓄势时期，高管系统各级各部门要明确形势，面对挑战，增强责任意识，科学规划管理，提高自身实力。党建工作要继续坚持党管干部、党管人才的原则，加强干部队伍建设，提高干部整体素质。同时不断探索党建工作新路子，建立党建工作长效机制。各级党组织要抓住重点，强化功能，创造性地开展工作，广大党员干部要充分发挥党员领导干部先锋模范作用和带头表率作用，为全省高速公路运营管理事业进一步发展作出新的更大贡献。 （孙乾灏）

张志川副厅长深入省高管局现场办公

7 月 1 日下午，省交通运输厅党组成员、副厅长张志川在厅有关处室负责人陪同下，深入省高管局就全省高速公路突发事件准备金支出项目进行现场办公。

在听取全省高速公路需列入突发事件准备金处置的工程项目范围和上半年通行费收入情况介绍后，张志川在讲话中，要求做好摸底工作，明确哪些列入应急处置范围，按工作重要程度排出顺序，用好突发事件准备金；项目确定后要责任到人，立即实施，危桥、高边坡、沉陷房屋以及电力设施等在汛期前必须处置，确保高速公路运营安全和道路畅通。

会议还就高速公路突发事件准备金的资金规模和程序进行具体研究。

（孙乾灏）

张志川副厅长深入祁临高速公路高边坡现场踏勘

7 月 4 日，省交通运输厅党组成员、副厅长张志川深入祁临高速公路高边坡现场踏勘，就防汛工作和保安全、保畅通工作进行专题调研。省高管局局长董新品陪同。

张志川一行边走边看，边听边问。每到一处，他都认真听取祁临高速公路公司负责人汇报，详细了解高边坡整治情况，并亲自攀到上边坡，查看高边坡现状。在座谈会上，他听取情况汇报后，对公司整体运营管理工作特别是保畅通工作给予充分肯定，并对防汛工作和保安全、保畅通工作提出3点要求。一要充分认识当前防汛和安全保畅形势，牢固树立“安全责任重于泰山”意识，增强做好防汛工作和保安全、保畅通工作责任感和使命感，立足防大汛，抗大灾，抢大险，精心组织，周密安排，狠抓落实，切实做好队伍建设、物资储备、防洪预案等各项准备工作，全面提高防灾抗灾和安全保畅能力。二要把高边坡作为防汛重点，明确任务，落实责任，严防死守，全面排查安全隐患，尽快完善防排水设施，加快专项治理工程施工进度，力争在主汛期来临前全部完工，确保安全度汛。三要结合当前正在开展的安全生产专项整顿，采取切实有效措施，进一步排查整治各种安全隐患，有效预防各类事故发生，确保祁临高速公路安全、畅通。（董忻文）

张志川副厅长要求进一步抓好源头治超工作

7月9日，在全省运管系统源头治超工作推进会上，省交通运输厅党组成员、副厅长、省治超办副主任张志川在讲话中，要求全省运管系统发挥“先有作为、后有地位”的行业精神，更进一步抓好源头治超工作。对当前运管系统面临的税费改革挑战、经济危机车辆减少、部分运管人员思想出现松懈等诸多因素，有针对性地抓好各项工作。一要严防死守，确保超限超载车辆不出场、不上路；二要认真研究《道路运输管理条例》、223号令，把好关，尤其是处罚关、移交关；三要加大宣传、稽查力度；四要将一年半的源头治超工作进行总结，向全国进行一次展示，为迎接全国治超工作现场会胜利召开做好充分准备。

（董忻文）

张志川副厅长对专网设备工程建设提出3点要求

8月5日，在省交通运输厅召开的交通信息化“1166”工程专网设备工程协调会上，厅党组成员、副厅长张志川在讲话中，充分肯定各相关单位在“1166”工程中所做出的成绩，并针对专网设备工程提出3点要求。一要充分认识信息化在转型发展中的作用，以信息化促进全省交通行业现代化发展；二要加强信息基础设施建设，促进全省交通事业信息化建设再上新台阶；三要按照统筹规划、分级负责原则，有领导、有组织、有计划地做好交通信息化建设工作，以避免信息资源不能共享、系统相互独立等问题发生。

（沈建明）

张志川副厅长充分肯定治超工作成绩

8月25日，在由省公路学会主办的创新治超模式学术座谈会上，省交通运输厅党组成员、副厅长张志川在讲话中指出，山西是全国重要的煤炭生产基地和运输大省，高速公路承担着晋煤外运的重要任务，但由于非法超限超载车辆在高速公路上行驶，造成许多严重问题。为此，从2007年开始，省政府在全省开展“无缝隙、拉网式”治超行动，通过采取政府治超、依法治超、源头治超、科技治超、经济调节、责任倒查、重奖重罚、社会举报等八项措施，高速公路治超工作取得胜利，有效遏制非法超限超载车辆，超载率由过去13%降到0.2%，杜绝55吨以上货运车辆在高速公路上行驶，确保高速公路安全畅通。

（沈建明）

张志川副厅长热烈祝贺第三届中国高速公路服务区管理年会召开

9月23日，在第三届中国高速公路服务区管理年会上，省交通运输厅党组成员、副厅长张志川在致辞中，代表省交通运输厅对会议的召开表示热烈祝贺，向出席本届年会的各位领导、各位专家以及来自全国高速公路服务区行业的同志们表示热烈欢迎。他向与会代表介绍全省经济社会发展概况和交通事业发展情况，并就高速公路通车运营里程、新建高速公路建设、高速公路服务区管理等方面的情况作详细介绍。他说，中国高速公路服务区管理年会是高速公路服务区行业一年一度的盛会，选择在山西太原举行，为我们与全国高速公路同仁的沟通交流搭建平台，提供难得的学习机会，必将有力地促进山西高速公路管理事业的发展。

（沈建明）

张志川副厅长对交通执法部门工作提出新要求

10月26日，在运城市交通综合执法业务比武活动闭幕式上，省交通运输厅党组成员、副厅长张志川等领导为获奖单位颁奖，并对运城市交通综合执法业务比武活动的成功举办表示祝贺，对运城市交通综合执法改革工作给予充分肯定，勉励市、县（市、区）交通执法部门要继续发扬成绩，扎实工作，严格、公正、文明执法，以改革创新为动力，以强化队伍建设为目标，积极推进交通综合行政执法工作，努力开创交通事业文明和谐、进步发展的大好局面。

（孙乾灏）

张志川副厅长要求提高执法人员素质和水平

10月31日，在全省交通系统行政执法高级培训班总结大会上，省交通运输厅党组成员、副厅长张志川在讲话中，要求全系统要认真贯彻落实段建国厅长讲话精神，要以此次学习为契机，针对目前执法实践中存在的问题，进一步加强交通运输立法，加强行政执法规范化建设，提高执法人员素质和执法水平，为加快交通发展，创造良好法制环境和秩序，提供坚强的法制保证。

（孙乾灏）

张志川副厅长深入山西交通职业技术学院调研

11月6日上午，省交通运输厅党组成员、副厅长张志川深入山西交通职业技术学院调研。

张志川听取学院领导关于近期甲流防控情况及所采取措施的情况汇报后，对当前和今后一段时间如何抓好甲流防控工作提出7点要求。一是学院党委要进一步贯彻落实省委、省政府及省交通运输厅对甲流防控工作的部署。采取各种可能措施，确保各项防控措施认真落实，确保学院安全稳定，确保教职工身体健康，确保教学秩序稳定。二是要加强领导，明确责任，确保各项工作落到实处，这既是使命又是责任。学院党委是甲流防控责任主体，党委书记为第一责任人。在院党委集体领导下，院领导要包系，系主任要包班，班主任和辅导员要包学生，层层抓落实。出现问题，要逐级追究有关责任人。三是根据学院甲流防控形势，从即日起提前启动应急预案。学院要全体动员，全力以赴，把甲流快速扩散的势头遏制下去。院党委要根据防控工作情况变化，当机立断采取断然措施。如需教学调整，学院党委要统筹考虑，做到精心组织，保持好教学秩序。四要加大投入，保证各类防控措施费用。保证医务室有能力正常检测，防控药物、饮食秩序、饭菜质量、伙食标准、病号饭供应、隔离设施等要尽可能改善,因控制疫情所发生的费用,厅里会给予支持。五是按照属地管理原则,及时向小店区防疫站汇报每天的防控情况,一个班同时发生聚集性发热现象要打报告上报,请求他们进行医学检测和防控指导。六要加强宣传。要增强学生自我保护意识,通过板报、广播、班主任课前宣传和印发手册、戴口罩、消毒等方式进行有效防控。七要提高防控效率,做到思想上既不能麻痹也不能恐慌,稳扎稳打做好防控工作。

张志川一行还深入到学院医务室看望医务工作者和正在接受治疗被隔离的学生。

（董忻文）

张志川副厅长深入高速公路建设工地检查指导工作

11月26日,省交通运输厅党组成员、副厅长张志川带领厅规划处、厅重点办有关负责同志,对高陵高速公路工程建设和管理工作进行检查指导。晋城市委常委、副市长赵学梅一同检查。

张志川一行沿施工便道,先后察看各合同段的主要施工作业场所,详细了解冬季施工准备情况,对梁板预制和保温措施进行仔细询问,并察看温度记录,强调施工、监理单位必须采取切实可靠的保证措施,保证质量和施工安全。检查中,张志川深入190多米的郭家川2号隧道,详细察看掌子面围岩煤层状况和二衬、仰拱施工情况,要求施工单位要坚决贯彻省交通运输厅高危工程的强制性标准,加强地质超前预报和物理钻探,防止瓦斯突出,确保质量安全。

张志川在讲话中,充分肯定高陵高速公路建设成绩,要求再鼓信心,再增干劲。要提高认识,狠抓关键性、控制性工程的施工管理,确保小循环路段2010年按时通车。小循环路段竣工通车是政治任务,关系着全省2010年1000公里高速公路建成通车的大局,时间紧,任务重,压力大,要求高,输不起,不能输,必须赢。要进一步发挥监理作用。业主、监理、施工三方要明确分工,明确职责,各负其责,分工合作,工作不缺位、不越位,充分发挥三方的工作积极性,形成高效运转的管理格局;要创亮点、创特色。要结合建设实际,突出高陵特色,提升管理理念,提高管理水平。（董忻文）

郜玉兰总工程师、赵振田书记深入晋中市、阳泉市、吕梁市慰问

1月21日至22日,省交通厅党组成员、厅总工程师郜玉兰,厅党组成员、省公路局党委书记赵振田深入晋中市、阳泉市、吕梁市交通部门,对困难职工、困难劳模、离退休老干部进行慰问,认真检查3市春运安全工作。他们强调指出,春运安全工作责任重如泰山,一定要坚持不懈,狠抓落实,严防死守,善始善终,坚决杜绝重特大交通安全事故发生,力争万无一失,在全社会树立负责任行业、负责任部门的良好交通形象。

郜玉兰、赵振田先后听取各市交通局、公路分局、征费分局关于春节慰问、送温暖活动及维护稳定和春运工作情况汇报,在榆次、阳泉、离石汽车站进行认真检查。对各单位送温暖活动及慰问、维稳工作表示满意,对春运工作给予充分肯定,要求进一步做好路、车、人三个环节和衔接工作。他们强调指出,各项制度,各种方法和手段重在落实,贵在坚持,丝毫不能松懈。虽说一冬无雪,客流量没有往年大,但绝不能麻痹大意;交通各单位和部门之间要全力配合,力争万无一失。

郜玉兰、赵振田一行还带着米、面、油等慰问品和慰问金,登门慰问部分困难职工、离退休老干部。（董忻文）

郜玉兰总工程师对省交通建设开发投资总公司工作提出新要求

1月23日,在省交通建设开发投资总公司2009年度工作会议上,省交通厅党组成员、厅总工程师郜玉兰在讲话中指出,面对全省新一轮公路建设高潮,特别是省交通厅调整公路建设规划以后,解决资金短缺问题成为当务之急,公司要一如既往地发挥好省交通厅引资融资平台作用,广开发展思路,开辟多种渠道,为公路建设多筹资金;要理顺体制机制,加快转型发展,提高发展质量。要加强公路建设运营管理,特别是要抓好高陵高速公路建设,认真总结过去建设中的有利经验和成功做法,确保项目进入实质性建设阶段;要紧紧抓住新一轮交通大发展、大建设的极好机遇,立足交通,服务交通,在原有发展基础上,有所创新,为全省交通发展出力。

(孙乾灏)

郜玉兰总工程师要求省交通设计院从源头上把好工程造价关

2月3日,在省交通规划勘察设计院2009年工作会议上,省交通厅党组成员、厅总工程师郜玉兰在讲话中,要求面对挑战,抓住发展机遇,不断完善技术质量管理,严格设计标准,提高设计水平,特别要提高设计的准确度和深度,维护设计严肃性,从源头上把好工程造价关,抓好设计各个环节的工作。同时,要提高创新能力,突出自身优势,加强人才培养,提高核心竞争力,在激烈的市场竞争中打造出自己的品牌。 (孙乾灏)

郜玉兰总工程师对全省重点公路工程建设技术咨询专家提出殷切希望

2月6日,在全省重点公路工程建设技术咨询专家座谈会上,省交通厅党组成员、厅总工程师郜玉兰阐述成立专家委员会的意义,分析当前和今后一个时期全省重点公路工程建设面临的新形势、新任务,提出殷切希望。一要积极发挥自身优势,踊跃参与,攻坚克难,积极为工程建设建言献策。二要不断更新业务知识,努力提高服务水平和能力,解决工程建设中的技术难题,更好地为工程建设提供高水平、高质量服务。三要严格遵循客观公正、实事求是的根本原则,积极参与全省重点公路工程建设项目有关技术论证活动和专题研讨会。四要对技术咨询专家实行动态管理,建立专家档案。与此同时,各位专家要客观公正履行职责,主动接受技术咨询工作任务,在工程建设中贯彻环保意识、服务意识、安全意识、资源意识和忧患意识,为完成"到'十一五'末高速公路通车里程达到3000公里,2013年达到5000公里"这一宏伟目标,为实现交通率先发展作出新的更大贡献。

(沈建明)

郜玉兰总工程师对省交通科学研究院工作提出4点要求

2月5日,在省交通科学研究院2009年工作会议上,省交通厅党组成员、厅总工程师郜玉兰在讲话中,要求科学把握分析形势,抢抓发展先机,用科学发展观指导工作,切实担负起新一轮交通发展赋予的责任。一要解决新一轮公路建设中的关键技术问题;二要狠抓科技创新,提高自主创新能力;三要切实做好公路建养中的环保生态工作;四要解决制约产业发展的问题,争取各方支持;加快完成质检中心国际一流的各种仪器设备配置;继续做大做强勘察设计工作;加大试验研究经费投入;以可持续发展战略理念关注科学研

究领域变化,加强管理,提高整体技术水平。 (魏建国)

郜玉兰总工程师对全省交通建设质量安全监督工作提出新要求

3月10日,在2009年全省交通建设质量安全监督工作会议上,省交通厅党组成员、厅总工程师郜玉兰在讲话中,要求看到公路建设中存在的诸多问题,充分认识质量安全形势严峻性,采取有力措施,加大工作力度,进一步提升工程质量,有效预防和减少安全事故。她说,要深刻认识全省交通工程建设质量安全监督所面临的形势和挑战,进一步增强忧患意识和责任意识。要从全国各地出现的质量安全事故中吸取血的教训,敲响警钟,而且必须正视存在的问题,要以"零容忍"理念指导工作,切不可高枕无忧;要强化监督,增强工作有效性。无论是高速公路还是干线、农村公路,工程质量标准都一样,没有免检区,一定要科学检测,把住质量关。要把好交工竣工验收关,严禁出现第一年竣工、第二年就坏的路。同时,要创新机制,深化监督,规范行为主体,明确执行依据。参建各方要明确责任,明确依据,做到不缺位,不越位。按月或按季向厅党组汇报相关信息,以利于领导正确决策。做到道道设防、个个把关,有重点、分阶段地制订工作方案。要严格履行职责,查处违规行为。当前,全省各高速公路建设项目都有高墩大跨桥梁项目,在进度较紧情况下,一定要注意质量和安全问题。违反操作规程的,坚决停工;违反施工程序的,坚决纠正。绝对不要带血的工程进度,不要有瑕疵的工程优良。宁可慢一点,也要好一点;宁可停下来,也不能出事。要按客观规律办事,加大惩处力度,提高违规违法行为成本,起到威慑作用,把事故苗头扼杀在萌芽状态;要加强过程管理。质量安全监督工作者要"理性监督"、"铁面监督"、"规范监督"、"阳光监督"、"廉洁监督",发扬不屈不挠、连续作战的精神,力争把质量安全隐患消除在萌芽状态,奋力开创全省交通质量和安全监督工作新局面,以优异成绩迎接新中国成立60周年。 (魏建国)

郜玉兰总工程师深入闻垣高速公路建设工地调研

3月19日,省交通厅党组成员、厅总工程师郜玉兰带领有关工程技术专家,深入闻垣高速公路建设工地调研。

郜玉兰一行先后查看闻垣高速公路LA1和LA2路基桥梁施工现场、LA3试验室、梁场以及LA5隧道。在视察LA3试验室时,查看试验记录、混凝土养生室内温度以及重要检测设备,还到施工现场实地勘察LA3沿河路堤施工现场,对闻垣高速公路现场管理规范,施工进度迅速给予肯定。就如何提高工程建设综合水平,郜玉兰在讲话中,提出5点要求。一是建设管理单位要努力做好工程设计的优化工作,使工程建设更加完美、安全,有利于未来的运营管理。二是工程变更应从保证运营安全、提高技术指标、降低工程造价、满足结构耐久性、降低养护成本等方面进行全寿命理念综合评价。三是工程建设施工一定要注意保护环境,尽量避免在山体取土,保护植被。四是长大纵坡路段要尽可能设置爬坡车道、避险车道、停车港湾、车辆降温水池等,为大型车辆安全营运提供更加有利条件。工程竣工后,运营期应加强管理,保证运营安全。五是应对闻垣高速LA3原设计沿河路堤防护进行进一步优化设计。

(董忻文)

郜玉兰总工程师阐述举办沥青路面应用技术讲座的意义

4月10日,在沥青路面应用技术讲座开讲仪式上,省交通厅党组成员、厅总工程师郜玉兰在讲话中指出，此次讲座，就是为了使全省交通系统工程管理和技术人员在新一轮公路建设中不断更新技术，提高技术水平。在当前减少环境污染、节省自然资源、节约工程费用的时代背景下，对推进全省公路建设中新技术、新材料、新工艺应用水平，有着广泛而积极的促进作用，对于新建路面及旧路面维修养护，提供成套实用技术及整体解决方案，具有很重要意义。

（沈建明）

郜玉兰总工程师深入忻阜高速公路建设工地调研

4月15日至16日，省交通厅党组成员、厅总工程师郜玉兰在厅科教处、厅重点办有关负责人陪同下，深入忻阜高速公路调研。

郜玉兰实地查看忻阜高速公路古峪沟特大桥、凤凰山隧道工程及火焰山隧道的弃石填石路基工程，听取工程进展情况汇报，详细询问高架桥建设、植被保护等情况。在凤凰山隧道，郜玉兰仔细检查安全管理制度和各项施工工艺流程，并就仰拱厚度、隔水板、钢材、水泥、沙子等原料提出要求。在火焰山隧道的弃石填石路基现场，她要求一定要结合有关技术标准科学施工，切实做好填石路基工程项目。

郜玉兰在听取忻阜高速公路建设管理处情况汇报后，就现阶段工程中存在的问题提出了明确要求和指导性意见。她说，不久前召开的全省重点工程会议上，明确提出加快公路建设步伐的具体要求，忻阜建管处要以此为契机，落实会议精神，加快工程建设速度。从目前情况来看，工程进展不均衡，应该加紧与相关部门协调，争取近日大规模全面开工建设，确保2010年部分路段通车目标不动摇。要把安全放在首位，把质量放在心上，责任到人，认真查找薄弱点，防患于未然，力争以最小投入、最低成本达到优良工程。根据忻阜高速公路是交通运输部科技示范工程这一特点，一定要加大环保力度，杜绝资源破坏行为发生，把忻阜高速公路建设成一条绿色长廊，建成一条幸福路、小康路。

（沈建明）

郜玉兰总工程师要求农村公路预算定额能反映全省生产力真实水平

4月22日，在《山西省农村公路日常养护预算定额》评审会上，省交通厅党组成员、厅总工程师郜玉兰在讲话中，要求编制单位要深入分析农村公路养护工作发展规律与趋势，注重当前，着眼长远，为今后工作开展做好提前储备。要继续认真测算定额水平，力求能够反映全省当前生产力真实水平，达到促进生产力发展目的。要细化定额适用范围及条件，编制成果以简便、易操作为原则，更好指导农村基层工作，为农村公路养护工作提供良好服务。

（董忻文）

郜玉兰总工程师要求打造具有品牌的监理队伍

5月14日，在全省公路工程监理行业新风建设活动动员会上，省交通厅党组成员、厅总工程师郜玉兰在讲话中，要求监理部门要面对新形势、新挑战，建立现代企业管理制度，吸引人才，留住人才，用好人才，培养人才，提高企业竞争力，提高监理工作质量和效率，打造出具有品牌特色的监理队伍，为山西交通建设又好又快发展服务。她强调，监理工作要以项目为载体，加强监管。对履约能力差、管理混乱导致工程质量和安全事故发生的企业和人员，要依法严惩；对有重大违法违规等不良记录的企业和个人，要实行“黑名单”制度，限制其进入监理市场。全省要评选一批优秀监理单位向交通运输部推荐

"品牌监理企业",为山西交通监理工作科学发展创造条件。（董忻文）

郜玉兰总工程师对忻阜高速公路工作提出4点要求

7月14日,在忻阜高速公路6·30总结表彰暨9·30动员大会上,省交通运输厅党组成员、厅总工程师郜玉兰在讲话中,提出4点要求。一要统一思想,明确目标,始终把质量、安全工作放在首位;二要勇挑重担,自加压力,把握好工程建设的紧迫性与协调性;三要奋力拼搏,建功立业,充分发挥各参建单位在工程建设中的主力军作用;四要科技创新,和谐发展,打造一条科技示范之路。她希望建管处和各参建单位要继续发扬特别能吃苦、特别能战斗、特别能奉献的精神,努力打造高速公路精品工程,为推动全省转型发展、安全发展、和谐发展,加快新基地建设作出新贡献。

当日下午,郜玉兰与省交通质监站、厅科技处、厅重点办以及省交通设计院、省交通科研院、忻阜建管处主要负责人就省厅提出的"服务月"活动进行座谈。座谈会上,建管处向服务组汇报当前遇到的问题,服务组成员进行研究、探讨,并逐条进行解答,表示尽快协调解决。

会后,郜玉兰与忻州市副市长杨晋生、忻府区、征迁领导组常务副组长阎琳瑛就有关问题进行协商。（魏建国）

郜玉兰总工程师对天镇至大同高速公路初步设计提出新要求

7月15日至16日,在天镇至大同高速公路初步设计外业验收会议上,省交通运输厅党组成员、厅总工程师郜玉兰在讲话中,要求充分吸收专家意见,完善设计工作;在设计过程中,要充分考虑眼前与长远关系,区分轻重缓急,合理利用有限资源;要多考虑社会影响和老百姓看法;要把基础调查资料搞扎实,加强地质勘察深度,做到数量与质量相匹配;要切实落实征地拆迁和交叉工程,特别是大同地上文物比较多,对于无法避让的地物,要落实论证工作。

（董忻文）

郜玉兰总工程师对平阳高速公路建设提出新要求

7月29日上午,在平阳高速公路建设管理处揭牌成立大会上,省交通运输厅党组成员、厅总工程师郜玉兰在讲话中,对平阳高速公路建设管理处成立表示祝贺。她说,平阳高速公路建设管理处的成立,标志着该项目已正式进入实质性阶段,它不仅是全省"十一五"重点工程和"三纵十一横十一环"高速公路网规划中第五横的重要组成部分,也是省委、省政府"保增长、保民生、保稳定"应对金融危机的重要举措。它的建成,对带动沿线地方经济,促进山西中东部地区煤炭、冶金、旅游事业发展和太原都市圈建设,具有十分重要意义。她从质量、安全、廉政、工期、责任等方面提出明确要求。她强调,广大建设者要精心组织,加强领导,依法合规,确保廉洁,树立以人为本,安全为天,质量第一的责任意识,把平阳高速公路早日建成一条经得起时间检验的精品工程。她希望沿线各级政府要通力合作,优化建设环境,就像当年支持太旧高速公路一样,支持平阳高速公路建设,为全省经济腾飞再作新贡献。

（董忻文）

郜玉兰总工程师希望省交通建设开发投资总公司认真总结成功发行债券的经验

8月14日上午,在省交通运输厅召开的"09晋交投债"20亿元人民币企业债券发行信息发布会上，省交通运输厅党组成员、厅总工程师郜玉兰代表段建国厅长对此次债券的成功发行表示祝贺。她说，省交通建设开发投资总公司此次发行的债券，是山西交通企业首次在资本市场以债券形式融资，对于改善投资结构，降低成本，加快发展，优化项目管理，节约开支，提高效率，为投融资转变提供新方式。希望公司认真总结成功发行债券经验，继续以开拓创新精神，有效吸纳社会资本，为股票早日上市发行创造条件；同时要继续加强与投融资中介机构合作，创造共赢新局面。（魏建国）

郜玉兰总工程师深入离军、太佳高速公路调研

9月1至2日，省交通运输厅党组成员、厅总工程师郜玉兰带领厅重点办、省高管局、省交通设计院、省交通科研院相关负责人，先后深入离军、太佳高速公路东段，就离军高速公路对柳林县穆村镇堡上村小学的影响问题和太佳高速公路东段西庄2#隧道及柳林段路基改线问题进行深入调研。

在离军高速公路调研时，郜玉兰一行仔细察看柳林县穆村镇堡上村小学周边环境和该路段路基防护情况，认真听取省交通设计院、离军建管处、吕梁高速公路管理公司和施工单位的有关情况介绍，并就该小学路段的路基防护是否合理安全、施工过程是否规范以及行车振动与噪声对学校教学影响等问题进行认真讨论。在讨论会上，郜玉兰指出，离军高速公路工程实体与运营的安全与否直接关系到学校安全，目前虽已界定该小学所处位置为半填半挖的高填方路段，非滑坡路段，省交通设计院也对此采取了一系列措施优化设计方案，提高安全储备，但事关在校师生安全，必须引起相关单位的高度重视。一是施工、管理单位要尽快完善未完工程，确保工程实体安全可靠；二是建设和运营管理单位要尽快完善该段防排水体系及防撞墙、隔音墙等解险降险、降噪设施的设置，把对学校师生安全、教学等方面可能造成的不利影响降到最低程度。

在太佳高速公路东段，郜玉兰带领随行人员上山顶，下河沟，实地查看工程建设情况，详细询问施工过程中存在的问题，并重点对西庄2#隧道、柳林段变更方案问题提出指导性意见和建议。要求设计、管理单位要认真进行该段路线方案比选，在综合考虑道路使用功能、施工运营安全、生态环境保护和社会、经济效益的同时，充分论证改线方案的必要性和可行性。并就加快工程建设，狠抓安全生产，确保工程质量，维护治安稳定提出具体要求。（魏建国）

郜玉兰总工程师要求不断提升设计、施工和管理理念

9月12日，在省交通运输厅组织举办的桥隧设计、施工技术讲座培训班上，厅党组成员、厅总工程师郜玉兰在讲话中指出，今后两年全省高速公路开工建设3180公里，国省干线建设2500公里，农村公路建设4.2万公里。到2010年，全省高速公路将达到3000公里，到2013年达到5000公里，建设任务十分艰巨。特别是高速公路向崇山峻岭迈进，工程难度越来越大，工程地质越来越复杂，生态环境越来越脆弱，土地及线位资源越来越少，高墩大跨桥梁越来越多，特长隧道越来越多，安全风险越来越大，质量隐患越来越大，给设计和施工带来巨大挑战。提高交通基础设施质量和效益，提升运输效率和服务水平，比以往任何时候都需要技术支撑和保障。这次省交通运输厅邀请国内知名专家来传经送宝，提高设计、施工和运营管理人员的业务水平和综合素质，会使全省的基础设施建设更安全、更经济、更环保、更和谐。她希望参加培训的全体人员要认真听讲，通过讲座，在桥隧设计、施工和管理上有新的突破，并提升设计、施工和管理理念。（魏建国）

郜玉兰总工程师要求
认真抓好全省在建高速公路工程质量检查工作

11月9日,在全省在建高速公路工程质量综合检查动员会上,省交通运输厅党组成员、厅总工程师郜玉兰在讲话中,要求把质量和安全放在首位,确保全省高速公路建设质量、安全,按计划有序推进。她说,2009年,全省高速公路建设投资大,开工项目多,厅党组对这次检验非常重视。当前,特别要严格冬季施工管理,不符合冬季施工条件的则坚决不准施工,保证全省高速公路建设又好又快地实现预期目标。检查组要高度负责,严格把关,廉洁自律,做到公正客观,实事求是,发现问题后及时予以纠正。（魏建国）

郜玉兰总工程师深入汾平、平榆高速公路建设工地检查指导工作

11月25日至27日,省交通运输厅党组成员、厅总工程师郜玉兰与省重点办副主任刘继承率领检查组,深入汾平、平榆高速公路开始为期3天的综合检查。

11月25日上午,检查组认真听取工程建设情况汇报后。郜玉兰、刘继承在讲话中,希望检查组以高度事业心和责任心投入这次检查工作,在随后的检查中高度负责,严格把关,廉洁自律,公正客观,实事求是,提出的建议要有可行性和前瞻性,特别要严格冬季施工管理,不符合冬季施工条件的坚决不准施工,发现问题要及时予以纠正;受检单位要高度重视这次检查,全力配合检查组工作,确保检查组廉洁、高效,准确、圆满完成这次检查任务。

郜玉兰、刘继承还深入平榆和汾平高速公路施工现场,就工程进展情况进行调研。在平榆高速公路宝塔山隧道,郜玉兰查看每天进隧道人数统计表,询问防水板类型、掘进手段及措施,要求隧道作业单位要加强洞内通风、照明、排水、衬砌等措施,切实满足安全要求;隧道施工人员在保进度、保安全前提下,要狠抓冬季质量管理。在汾平高速公路南同蒲大桥,郜玉兰详细询问施工进度、质量控制及安全管理工作等情况,要求抓好施工现场安全保护,强化冬季安全检查,全力以赴推进工程建设;各施工单位和监理单位要严格标准,加强管理,保证质量,确保工程如期竣工通车。

郜玉兰在讲话中,对平榆、汾平高速公路取得的成绩给予充分肯定。希望在保质量、保安全前提下,合理制定施工计划,加快工程进度;施工单位要尽量做好协调,使用沿线地材料与民工,拉动当地经济发展,促进百姓致富。

（魏建国）

郜玉兰总工程师深入晋城环城高速公路现场办公

12月1日,省交通运输厅党组成员、厅总工程师郜玉兰深入晋城环城高速公路现场办公,指导解决路基7标不良地质处治、采空区排查新增采空区治理等技术问题。省重点办副主任刘继承,晋城市委常委、副市长赵学梅一同参加。

在路基7标不良地质处治施工现场,郜玉兰一行详细询问工程相关情况,仔细查看施工技术资料,与设计单位相关人员、现场工程技术人员充分沟通,原则上同意采用卸载将边坡放缓的治理方案。要求技术方案的确定要及时到位,不能因为技术方案而影响工程建设。设计单位要做好跟踪服务,建管处要全面掌握工程动态,在工程建设中坚持做到动态设计、施工和管理。

在西上庄互通新增采空区现场,郜玉兰详细了解全线采空区治理和排查情况,要求建管处高度重视采空区治理工作,认真做好

采空区排查治理工作，彻底消除质量和安全隐患。郜玉兰还深入五门分离立交桥、陵沁分离立交桥、巴公互通、跨长晋高速公路主线桥等工点，查看晋城环城高速公路冬季施工开展情况。每到一地，郜玉兰都仔细询问冬季施工准备情况，并对冬季施工技术措施进行检查指导。要求各单位要始终把工程质量和安全生产放在首位，科学管理，精心组织，强化施工过程的控制和监督，提高精细化管理水平，在确保质量和安全前提下，抓好冬季施工。

（董忻文）

郜玉兰总工程师对省交通设计院工作提出4点要求

12月11日至12日，在省交通设计院召开的设计回访暨技术交流研讨会上，省交通运输厅党组成员、厅总工程师郜玉兰在讲话中指出，省交通设计院是全省勘察设计的主力军，在近两年的时间里承担着非常艰巨的勘察设计任务，全院为省交通运输厅年内高速公路开工1000公里目标的实现提供了强有力的技术支撑和保障。此次会议的召开，表明院领导班子对勘察设计质量的重视。结合工程实际进行回访交流，对设计人员受益匪浅，对设计工作也起到积极促进作用。结合建管处提出的建议，郜玉兰在讲话中，提出4点要求。一是在提高勘察设计质量方面，设计人员要认真考虑构造物、路面等耐久性问题，对桥梁、隧道下伏采空区处治要安全。二是在提升设计理念方面，勘察设计要适应社会进步和时代发展要求，认真考虑环境协调、环境保护问题。三是在设计变更方面，要对变更原因进行认真分析，严格控制。四是在工程造价方面，勘察设计工作对工程质量、功能、造价有着重大意义，是控制工程造价的最关键因素；要认真思考如何控制工程造价。郜玉兰指出，此次回访和交流，提供一个很好的学习机会。希望大家紧紧围绕科学发展观要求，做细做实勘察资料收集，科学论证设计方案，使设计质量再有新的提升，为全省公路建设事业提供强有力的技术支撑和保障。

（魏建国）

郜玉兰总工程师要求全省重点公路工程建设单位始终把工程质量和安全放在首位

12月13日，在全省重点公路工程综合检查情况通报会上，省交通运输厅党组成员、厅总工程师郜玉兰在讲话中指出，在工程规模大、难度大、开工晚、开工过程干扰大、有效工期短的情况下，项目总体工程进度按照年初省交通运输厅党组要求基本实现，所有工程质量符合设计、规范要求，项目管理水平整体提高，未发生重大质量、安全事故，参建单位履约意识普遍增强，工程质量控制普遍提高，但还有很大的提升空间。现阶段工程建设中存在的共性问题是：重检测设备配置，轻检测数据分析；重检查形式，轻检查内容；重制度建设，轻制度落实；重文字工夫，轻现场管理。在下一阶段，加快进度必须依法依规，严格按程序进行，不能通过过度投入提高合格率，不能通过现代通讯设施来取代深入工地。各施工单位一定要严格管理制度，按程序办事，按规章制度办事，始终把工程质量和安全放在首位，科学管理，精心组织，强化施工过程的控制和监督，抓好冬季施工各项工作，确保工程质量。

（魏建国）

郜玉兰总工程师要求不断提升试验检测工作在公路建设中的地位

12月17日，在全省公路工程试验检测工作会议上，省交通运输厅党组成员、厅总工程师郜玉兰在讲话中，要求进一步提高认识，不断提升试验检测工作在公路建设中的地位，提高试验检测诚信度，发挥应有作用。要认真总结三年专项治理活动经验，推进试验检测行业改制创新，规范市场秩序和从业人员行为，提高试验检测人员职业道德和业务素质，健全检测机构，以真实试验数据反映工程建设实际。今后一段时间，全省公路建设任务仍然繁重。各试验检测机构要重点支持高速公路建设，完善自身建设，及时调校标定检测设备，建立检测数据台账，及时记录建设过程中检测不合格情况，确保重点部位合格率，确保工程整体优良率。

（魏建国）

张德仪总会计师对晋中市交通工作提出5点要求

3月27日，在晋中市2009年交通工作会议上，省交通厅党组成员、厅总会计师张德仪在讲话中，提出5点要求。即晋中市交通要继续大发展，应有一个中长期规划，积极推进公路建设体制、投资体制创新，积极探索治超长效机制，切实加强安全、质量、廉政3项工作。

（董忻文）

张德仪总会计师要求圆满完成“小金库”专项治理任务

6月17日上午，在省交通厅召开的“小金库”治理自查自纠工作推进暨业务培训会议上，省交通厅党组成员、厅总会计师、厅“小金库”治理工作领导组组长张德仪在讲话中指出，目前全省交通系统面临养路税费改革、政府还贷公路收费站撤销、新一轮公路建设高潮等压力和形势，“小金库”治理工作对交通改革发展至关重要。全省交通系统各单位要进一步增强政治意识、责任意识、纪律意识，统一思想，提高对开展“小金库”治理工作重要性的认识；明确工作任务，把握工作重点，确保“小金库”治理工作取得实效；加强组织领导，不折不扣执行省交通厅有关要求，明确工作责任，切实把自查自纠工作落到实处，以认真负责态度，求真务实作风，圆满完成“小金库”专项治理工作任务。

（孙乾灏）

张德仪总会计师要求开创全省交通摄影文化新局面

6月28日上午，在山西省摄影家协会交通分会、山西省交通运输摄影家协会成立大会上，省交通运输厅党组成员、厅总会计师、新当选的主席张德仪在讲话中表示，将从文化本源上定位摄影事业发展；围绕中心，服务大局，有针对性地举办大型摄影活动，提升协会声望；发挥理事会作用，推动理念与实践相结合，推动专业化建设，逐步形成交通特色摄影理论体系；整合资源，练好内功，建立传媒，提高竞争力；广泛开展对外交流，构建与省内外主流摄影机构合作的业务渠道，传播山西交通优秀摄影文化；尽快健全制度，完善机构，开展行业规范建设；重视摄影教育，打造高水平摄影队伍，开创交通摄影文化新局面。

（孙乾灏）

张德仪总会计师要求不断提高交通运输财会理论水平

7月3日至4日，在全省交通运输行业财务管理学术交流研讨会上，省交通运输厅党组成员、厅总会计师张德仪在讲话中指出，在目前新形势、新机遇、新挑战下，交通运输财会工作面临着更高目标要求。因此，要不断提高交通运输财会理论水平，增强财会队伍素质，使交通运输财会队伍成为一支政治性强、业务精、作风好、能打硬仗的队伍，为实现全省交通运输事业快速、健康发展作出更大贡献。

（孙乾灏）

张德仪总会计师深入汾阳至平遥、平遥至榆次、榆次至祁县高速公路现场办公

7月14日，省交通运输厅党组成员、厅总会计师张德仪带领省厅第六服务组，走出机关，深入汾阳至平遥、平遥至榆社、榆次至祁县高速公路现场办公，并与晋中市副市长马彦平及相关部门负责人座谈，以协调解决工程建设中遇到的困难和问题为重点，想办法，出主意，服务一线，携手地方政府共同为重点公路工程建设创造良好外部环境。

张德仪一行一大早就来到榆社平榆高速公路第十五合同段，沿施工便道行驶到浊漳河畔，了解榆社枢纽建设情况，听取和榆平高速公路建管处处长杨建红汇报后，察看施工现场，与晋中市政府领导进行座谈，共同协调解决重点公路工程建设、群众生产生活中遇到的实际困难和突出问题。张德仪代表第六服务指导组向各建设单位表示，厅财务处、结算中心保证建设资金到位，厅重点办、省交通设计院、省交通科研院、省交通质检站等相关部门保证服务到位，服务指导组保证协调解决问题措施到位。各建设单位一定要在确保安全、质量、廉政前提下，加快建设速度，保证年度投资计划完成。（魏建国）

张德仪总会计师要求充分认识审计工作的重要意义

8月21日，在全省在建高速公路项目专项审计调查工作动员会上，省交通运输厅党组成员、厅总会计师张德仪在讲话中，希望各建设管理单位和审计小组成员一定要站在讲政治的高度，充分认识审计工作的重要意义，扎实做好审计调查工作，切实建立起高速公路重点工程建设的免疫体系。工程建设单位要充分认清自己肩负的使命，把握机遇，在交通大发展中保持清醒头脑，做廉洁自律的楷模，同时对发现的问题、漏洞及时改正弥补，在确保建设安全、质量安全、工程安全、廉政安全的同时，也要抓好资金安全，为交通大发展创造良好的健康工作环境。

（魏建国）

张德仪总会计师深入汾平高速公路调研

10月23日，省交通运输厅党组成员、厅总会计师张德仪深入汾平高速公路建设工地调研。要求抓工期，赶进度，确保工程如期完工。省高管局局长董新品及厅重点办、省交通设计院、江苏悦达集团有关领导陪同调研。

项目全长41.7公里，总投资14.49亿元，途经汾阳、孝义、介休、平遥三市一县，路基宽28米，建设工期3年，由省高管局同江苏悦达集团合作建设。2007年8月31日开工建设。

张德仪一行首先来到汾阳境内第11标段，听取情况汇报后，视察汾孝大道、汾介互通桥、孝义停车区、瓷窑河桥、汾河大桥、南同蒲铁路桥等施工工地，现场查看工程建设情况，了解进度，询问困难，并与工人亲切交谈。反复叮嘱施工人员要在注意安全、保证质量的前提下，加快工程进度。汾平高速公路总经理王龙琪介绍工程进展情况以及存在的困难和问题。

实地查看后，张德仪一行召集有关人员在平遥进行座谈。汾平高速公路公司、吕梁市、汾阳市、介休市、平遥县政府分别汇报工程进展情况及当前需要解决的问题和难题。张德仪在讲话中，首先对各项目公司和施工单位付出的艰辛努力表示感谢，要求加快工程建设步伐，在保安全和保质量的前提下，加快工程进度。要加强对工程质量检查力度，严把质量关，把汾平高速公路建成精品工程、示范工程。吕梁市、县两级政府要继续加大对汾平高速公路建设的支持和帮助，加大协

调力度，对遗留问题尽快解决，为工程建设创优环境，确保顺利进行。建设施工监理单位和沿线政府要全力支持，各负其责，抓紧时间，加快进度，做好保障，创优环境，实现零干扰，确保按时完工。江苏悦达集团来晋投资不容易，一定要加大对重点工程建设支持配合的力度，创造良好施工环境，确保项目早日建成通车。（沈建明）

张德仪总会计师要求提升全省高速公路财务管理水平

11月18日，在省交通运输厅召开的在建高速公路项目财务负责人座谈会上，厅党组成员、厅总会计师张德仪在讲话中，要求准确判断和把握当前高速公路建设财务管理工作面临的新形势、新要求，提升全省高速公路财务管理水平。要解放思想，更新观念，努力做到“四个适应”。即适应高速公路建设财务管理发展的新要求，增强工作的系统性；适应财政体制改革的新变化，增强工作的主动性；适应政府和行业监督的新机制，增强工作的规范性；适应宏观经济环境的新形势，增强工作的创造性。要切实克服“三种倾向”，努力做到“三个并重”。即克服重收入、轻支出管理的倾向，努力做到收入和支出管理并重；克服重资金安全、轻资金使用效益的倾向，努力做到资金安全和资金效益并重；克服重资金使用管理、轻资产使用管理的倾向，努力做到资金和资产使用管理并重。在下一步工作中，要抓好四项工作。一要正确处理好几个关系，即资金安全与加快建设的关系、财务监督与资金安全的关系、内部监督与外部监督的关系。二要全方位加强建设资金管理。树立法制意识，依法理财；完善制度建设，狠抓制度落实；正确处理好与政府监管部门的关系；制定和完善长效监管机制；大力通过科技创新，购买或自行开发项目财务管理系统。三要切实加强财务队伍建设，不断提高高速公路建设项目财务人员的综合素质。四要认真做好审计整改工作，切实将审计指出的问题消灭在萌芽状态。全省高速公路任务艰巨，财务管理责任重大，一定要从为交通谋发展、为人民谋利益出发，扎扎实实做好本职工作，为促进全省交通事业又好又快发展，为全省顺利实现经济形势好转作出应有的贡献。

（沈建明）

赵振田书记深入运城市调研

4月25日至26日，省交通运输厅党组成员、省公路局党委书记赵振田一行对运城交通系统各单位信访工作进行督察，并对不稳定因素进行排查。运城市交通局、运城公路分局、运城征稽分局、运城高速公路有限公司、运城南环高速公路建设管理处、闻垣高速公路建设管理处、三门峡黄河公路大桥山西管理处等7个单位汇报信访工作开展情况、工作中的具体做法、存在的不稳定因素及采取的解决应对措施。

座谈会上，赵振田在讲话中，对运城交通系统信访和稳定工作给予充分肯定，认为运城交通系统各单位领导重视，认识到位，措施得力，方法得当。在下一阶段工作中，要求高度重视面向社会大众、关注民生的交通客运线路问题；采取得力措施，解决好路桥公司历史遗留问题，严格加强对路桥公司的监管工作；要加强对招投标工程和在建施工项目管理，坚决杜绝转包分包工程；要加强对施工项目资金支付的管理，采取得力措施确保资金安全。要一如既往地做好信访和不稳定因素排查工作，把工作做深做细，把不稳定因素苗头消灭在萌芽之中，切实维护稳定。在工作中，既要有思想政治工作，又要严格把握政策界限，严格依法依规办事。要以对厅党组高度负责的精神，做好全系统稳定工作。

（董忻文）

赵振田书记要求确保预防职务犯罪工作取得实效

5月14日，在忻保高速公路建设管理处与忻州市人民检察院召开的预防职务犯罪活动启动大会上，省交通厅党组成员、省公路局党委书记赵振田在讲话中，要求确保预防职务犯罪工作取得实效。一要进一步增强预防职务犯罪意识，提高预防职务犯罪的自觉性；进一步增强从业人员的廉洁自律意识，提高学法、知法、守法、依法办事，维护公路建设市场秩序的自觉性；进一步加强制度建设，规范内部管理，提高严格按制度办事、用制度管人的自觉性；进一步疏通监督渠道，主动接受外部监督和内部监督，提高民主决策和阳光作业的自觉性。二要将《预防职务犯罪实施意见》与当前贯彻落实中共中央《建立健全惩治预防腐败体系2008年至2012年工作规划》的工作相结合，与全省交通建设市场信用体系建设工作相结合，促进《预防职务犯罪实施意见》的落实。各参建单位要对预防工作的重点部位、关键环节，制定有针对性的治理措施，确保预防工作取得实效。

（孙乾灏）

赵振田书记要求晋中公路分局积极探索创新发展新路子

10月12日上午，在山西建美建材有限公司20万立方米粉煤灰砌块项目开工奠基仪式上，省交通运输厅党组成员、省公路局党委书记赵振田在讲话中指出，这一项目的实施，对公路企业目前内部产业结构如何调整，如何发挥自身在设备资金方面优势，如何把公路企业这盘棋走活等方面都具有启示、典型及示范作用。希望晋中公路分局以此为契机，积极引导分局所属企业向高科技、高附加值的产业方向发展，为全省公路系统的公路企业转型发展、长远发展做有益尝试，探索创新发展新路子，积累更多好经验、好办法。

（孙乾灏）

曹燎原巡视员深入长治市、晋城市慰问

1月16日至18日，省交通厅巡视员曹燎原深入长治市、晋城市，对困难职工、困难劳模、离退休老干部进行春节慰问；并对春运安全和人员聚集场所安全进行检查。

慰问中，曹燎原关切地询问老干部们的身体健康情况及离退休后的生活状况，向他们表达厅党组的关心和问候，并送上春节慰问品。希望老干部们继续发挥余热，为全省交通事业发展提供宝贵经验，为全省经济社会发展、稳定作出积极贡献。

在困难职工家中，曹燎原详细询问家庭生活及子女就业情况，并送上慰问金和慰问品，鼓励他们克服困难，利用自身优势，早日致富。

在晋城、长治汽车站春运安全检查中，曹燎原现场听取汽车站负责人关于春运情况汇报，对两个汽车站春运工作的安排、班次组织、各类应急预案及全力保春运的措施表示满意，要求切实把服务进一步上水平，提档次，真正使旅客走得了，走得好，进满意站，乘放心车，要把消灭安全隐患和优质服务有机地结合在一起，坚决打好春运这一仗。

（沈建明）

曹燎原巡视员要求以主人翁姿态对待后勤服务工作

2月13日，在厅后勤服务中心召开的2009年度工作会议上，省交通厅巡视员曹燎原在讲话中，充分肯定厅后勤服务中心近年来取得的工作成绩和2009年工作安排。他

说，机关后勤工作十分重要，每个同志要以主人翁姿态对待后勤服务工作，进一步加强责任意识和创新意识，并以深入学习实践科学发展观活动为契机，解放思想，团结拼搏，扎实推进厅机关后勤服务工作，为山西交通科学快速发展做好后勤保障服务工作。

（孙乾灏）

曹燎原巡视员要求切实加强信访工作的紧迫感和责任感

2月26日下午，在全省交通信访工作会议上，省交通厅巡视员曹燎原在讲话中，充分肯定2008年全省交通信访工作所取得的成绩，并对2009年面对新形势下尤其是“两会”期间全省交通信访工作做了安排部署和动员。要求全省交通系统各单位要认清形势，切实加强信访工作紧迫感和责任感；要精心组织，加强沟通，并启动信访“零报告”和信访预警制度，建立健全排查调处机制和信访工作责任制；要认真做好交通信访工作，尤其是全国“两会”期间的信访工作，确保做到在“两会”期间零上访。广大交通信访干部要增强政治意识和大局意识，进一步搞好调查研究，最大限度减少不安定因素发生；要依据国家法律法规，不断提高信访工作的能力和水平，重点做好2009年节假日、重大活动、敏感时期等重要时段的交通信访工作，为全省交通科学、安全、协调、快速发展作出贡献。

（沈建明）

曹燎原巡视员深入山西交通安居置业管理中心调研

3月18日上午，省交通厅巡视员曹燎原及厅有关处室负责人一行深入山西交通安居置业管理中心调研。

曹燎原认真听取交通小区建设情况及目前计划开发的长风东街新建项目进展情况汇报，详细询问交通小区2008年冬天取暖情况，长风东街土地手续办理情况，并仔细查看长风东街小区规划及小区建成的配套情况，充分肯定小区规划及设计方案，认为各种户型都做到“以人为本”，考虑了住户居住的各项需求以及私密性。同时，他还提出一些修改意见，并要求充分考虑住户入住后的停车等情况。

曹燎原在讲话中，要求中心一定要认真贯彻落实科学发展观，开拓思路。如果有困难和问题，要及时向厅里汇报，取得厅里支持，争取使交通安居事业有更大的发展。

调研期间，曹燎原一行还参观交通小区一期、二期工程及长风东街新建项目。

（魏建国）

曹燎原巡视员要求积极开展健康、科学、文明的健身活动

5月16日，省交通厅在阳泉市举办第八届老干部运动会暨第十五届门球赛。厅巡视员曹燎原在开幕致词中，希望各单位进一步创造条件，积极开展健康、科学、文明的健身活动，满足老同志精神文化生活需求，推动交通系统老年体育事业不断发展。希望老同志们强身益智，老有所为，老有所乐，一如既往地关心和支持交通的改革与发展，为加快交通发展、构建和谐社会作出新贡献。

5月18日上午，厅巡视员曹燎原在闭幕词中指出，此次运动会的成功举办，不仅丰富离退休老干部们的文化生活，让他们在活动中体验到运动快乐，更重要的是通过这届运动会，必将进一步推动全系统体育活动开展，会有更多老年人参加到体育健身行列中来，老年人身体素质会有进一步提高，晚年生活会更加充实幸福。

（孙乾灏）

曹燎原巡视员深入厅劳动服务公司护栏护网厂调研

5月26日，省交通厅巡视员曹燎原深入厅劳动服务公司护栏护网厂进行调研。

厅劳动服务公司成立于1983年，旨在安置省交通厅职工子女和家属再就业。近年来，在厅党组和厅后勤服务中心大力支持下，公司以改革创业为己任，克服资金和技术难题，以市场为依托，以信誉为宗旨，先后代理20多个全国知名品牌产品，在全省范围内销售额达1000多万元，为保证企业发展夯实基础。

2008年以来，公司经过市场调研，引进资金1000多万元，和他人建立联营关系，共同打造和建设厅劳动服务公司护栏护网厂，准备在省内外公路建设的热潮中大显身手。

曹燎原巡视员在听取情况汇报后，要求尽快完善各种质检手续，取得合格证，争取在省内新建的高速公路上扩大销售业务；一定要把好质量关，为后勤建设及交通建设作出更大贡献。（董忻文）

曹燎原巡视员要求进一步做好离退休干部管理工作

6月12日，在全省交通系统老干部工作暨"双先"表彰会上，厅巡视员曹燎原在讲话中，提出3点要求。他说，2009年是新中国成立60周年，也是交通建设任务最为繁重的一年。一要按照中央、省委和厅党组的统一安排，认真组织引导离退休干部开展学习实践科学发展观活动；二要进一步加强离退休干部党支部建设和思想政治建设；三要结合新中国成立60周年，认真落实离退休干部政治待遇各项制度，积极开展丰富多彩的庆祝活动。进一步做好离退休干部管理工作，提升服务管理水平，建立健全生活困难离退休干部的帮扶机制；切实加强老干部信访工作，对老干部一些诉求和反映的情况要主动下访，积极化解矛盾；组织引导离退休干部发挥积极作用，组织他们到重点工程调研、考察或督导，帮助基层解决实际问题，特别是精神文明建设和党的建设方面的问题；进一步加强老干部活动中心的管理，进一步加大资金投入，创新活动内容和形式，结合新中国成立60周年，组织开展富有特色、形式多样的庆祝活动，充分展示离退休干部的精神风貌。

（董忻文）

曹燎原深入阳盂高速公路检查指导工作

7月11日，省交通运输厅巡视员曹燎原作为阳盂高速公路包片领导，冒着酷暑深入阳盂高速公路检查指导工作。

曹燎原巡视员一行在阳五高速公路投资管理有限公司总经理何瑞华陪同下，深入阳盂高速公路A1－1标平定枢纽、维社隧道、A1－2标桃河特大桥施工现场进行检查指导。曹燎原巡视员听取施工进展情况汇报后，详细查看桥梁、隧道施工情况，了解施工中遇到的问题，并在现场与地方政府协调解决相关问题。要求认清形势，坚定信心，倒排工期，加班加点，确保高质量高速度推进工程进展，确保2010年10月建成通车。

（孙乾灏）

郭贵平副巡视员听取厅定点扶贫工作队汇报

2月25日，省交通厅副巡视员郭贵平听取厅扶贫工作队汇报并传达厅党组关于交通扶贫的指示。他说："省厅连续五年在罗村镇扶贫，确实为老百姓办了一些事情，也确实为改善老百姓的生产生活条件，包括增加农民收入，创造条件，起到积极的推动作用。"当他听说还有三个行政村涉及2000多人的十几个自然村仍然没有通油（水泥）路时，当即表示：

"交通扶贫,首先应该考虑的是老百姓的行路难问题,除公路组完成寄宿制宿舍楼配套外,2009年一定要把这个问题解决好,把几个组的资金集中起来使用,不够的话厅里再增加一些。到时候要检查和验收。具体施工要和当地政府、县交通部门联合起来一块搞,要格外注意质量,不能图快而出现豆腐渣工程"。

(孙乾灏)

郭贵平副巡视员对太佳高速公路吕梁段安全质量廉政工作进行专项督察

3月11日至12日,以厅副巡视员郭贵平为组长的省交通厅安全质量廉政检查组一行七人,对太佳高速公路吕梁段的安全质量廉政工作进行专项督促检查。

两天的时间里,郭贵平一行冒雨先后深入工程部分合同段,听取工作汇报,召开座谈会,查阅资料,与施工监理单位负责人和施工人员进行交谈,检查建设进度,了解工程质量,现场查看安全隐患,询问建设中遇到的困难和问题;与沿途三县政府负责人协调解决有关事宜,解决影响工程进度的相关问题,并对工程建设中存在的问题提出指导性意见和建议。

郭贵平指出,安全工作的总目标就是要确保不发生重大伤亡事故,一定要采取强有力措施,确保落到实处。即采取定期召开安全专题会议,加强安全培训,明确责任人,完善制度,进行安全风险评估,及时足额落实安全经费,对应急预案进行演练,严格管理火工材料和防火、防汛等10项保证措施。建管处要从四个方面全力抓好工程质量。首先是对工程质量进行自查,对自己认为工程设计方面有隐患的,要坚决更正,不能满足于照图施工。其次是对施工中发现的问题要及时更正,及时解决。凡是对工程质量有影响、对将来技术标准有影响、对节约工期保安全保环保有影响的工程项目,要坚决进行调整。在施工的同时,要把文化和环保考虑进去,既要保质量,又要优化设计。三是严把原材料关。建管处要提前与当地准备开工的料厂沟通,凡是生产的材料不符合高速公路质量要求的,要及时与当地政府联系,建议限制或不要开工。四是抓好党风廉政建设。要与工程建设放在同等重要的位置来抓,与工程建设同安排,同部署。要慎重用好手中的权力,做到大事会前协商,会上决策,不能私下决策,个人决策;难事要共同商量,统一思想。设计变更要严格按照变更流程,每一个程序都要做到位。要严格执行廉政建设各项规定,变管理型为服务型,把太佳高速公路吕梁段的形象树起来。要尽可能地保护群众利益,尽量不给当地居民的生产生活带来不便;要处理好与当地的关系,尊重民风民俗,宁肯自己吃亏,也不能与当地发生摩擦,体现以人为本理念。

郭贵平最后强调,工程进度必须与省委、省政府的要求保持高度一致,省政府每月召开一次经济分析会,就是要保证6500亿元投资按时完成;具体到交通系统,就是要保证1000公里高速公路建设任务的完成;具体到太佳高速公路吕梁段,就是要保证120公里建设任务完成。分阶段施工要从现在开始,3月底前全线60%工程要全面铺开。工程进度的总目标是2010年9月单幅通车,10月试通车。建管处和各施工、监理单位要明确任务,卡死工期,保证完成建设任务。

(沈建明)

郭贵平副巡视员深入长治市调研

4月16日,省交通厅副巡视员郭贵平一行在长治市调研信访及维稳工作。长治公路分局、长治高速公路有限公司、长治征稽分局等有关单位负责人参加座谈。

听取汇报后,郭贵平在讲话中,对长治交通系统各单位近年来在信访及维护稳定方面工作给予肯定，并提出4点要求。他说，2009年是建国60周年，而且还遭遇了世界范围内的金融危机，面临的发展压力很大，挑战很多，各种矛盾凸显，因此，做好信访及维稳工作意义重大。一要认清形势，统一思想，用科学发展观理论指导工作；二是领导要高度重视信访及维稳工作，一把手要亲自抓；三要以预防为主，把工作做细，各项措施要落实到位；四要把信访及维稳工作当成长期任务来抓，注重建立长效机制。（沈建明）

郭贵平副巡视员对太佳高速公路太原段工程建设提出新要求

4月24日，在太佳高速公路（太原段）建设管理处召开的加快工程建设步伐暨安全生产专项整治动员大会上，省交通厅副巡视员郭贵平在讲话中，充分肯定前期成效，并对下一步工作提出要求。首先，要认清形势，统一思想，明确目标。2009年全省高速公路建设要完成投资520亿元，2010年确保新建成1000公里，要把思想统一到省委、省政府和省交通厅的决策上来。其次，要高度重视，全力以赴，迎难而上。要想方设法排除各种困难，尽全力完成目标任务。要加强管理，狠抓落实，细化考核，切实加强施工质量控制和资金监管。要制定奖惩制度，严格责任，奖勤罚懒。在抓进度、保质量前提下，确保安全第一。在施工中，要开动脑筋，积极化解矛盾，文明施工，维护社会稳定；要严格落实党风廉政责任制，保证廉洁高效，搞好工程建设。

（董忻文）

郭贵平副巡视员深入太佳高速公路吕梁段检查指导工作

6月16日，省交通厅副巡视员郭贵平率厅重点办、太佳高速公路吕梁段建管处、太古高速公路建管处分管质量安全主要负责人，深入到太佳高速公路吕梁段项目施工现场进行认真检查落实，并主持召开由管理、施工、监理、设计、试验等单位参加的整改落实会议。

郭贵平在讲话中指出，从交通运输部检查结果来看，太佳高速公路吕梁段在安全管理工作中还存在着“五个不够到位”。即：思想认识不够到位、责任落实不够到位、管理监督不够到位、安全投入和保障措施不够到位、安全教育和培训不够到位。在下一步整改落实工作中，要采取“六项措施”。即提高思想认识，切实增强责任感与紧迫感；加强组织领导，进一步落实安全责任体系；抓住主要矛盾，突出重点工作；加强安全基础设施建设，做好汛期应急准备工作；认真履行职责，加强安全监管力度；严格隐患排查，建立责任追究制度。太佳高速公路太原段建管处、太古高速公路建管处主要负责人要吸取教训，对自身项目认真梳理，举一反三，突出关键环节，关键工序，抓住主要矛盾，特别是要对高危工程、存在易发、高发安全问题工序进行认真排查，做到早发现，早解决，早落实。要结合交通运输部治理质量通病和开展质量年活动安排部署，结合项目实际情况，制定切实可行实施方案，进一步明确工作目标，细化治理措施，建立有效机制，加强监督检查，及时奖惩兑现。（孙乾灏）

郭贵平副巡视员深入太佳高速公路现场办公

7月21日至23日，省交通运输厅副巡视员郭贵平带领厅机关有关处室负责人和厅重点办、省交通质监站、省交通设计院等单位领导及专家，深入太佳高速公路东西段施工一线，为工程建设搞好服务协调，现场解决存在的难题。

郭贵平一行现场查看工程进展情况，仔细询问遇到的问题和困难，认真听取工作汇报后指出，加快重点公路工程建设是省委、省政府“保增长、保民生、保稳定”和应对国际金融危机的重要举措,对交通部门而言,就是要坚定不移、不折不扣地完成“十一五”发展目标,对太佳高速公路东西两段讲,就是要确保2010年建成通车。他说,太佳高速公路东西两段全长200多公里,占2010年全省计划建成高速公路通车里程1000公里的五分之一强。能否如期建成通车,对全省目标能否顺利完成意义重大。因此,两个建管处一定要认清形势,统一思想,细化目标,量化管理,科学安排,责任到人,千方百计加快工程建设。同时,做好三个方面工作。一是对工程质量进行回头看,仔细查找建设中存在的问题,发现问题及时整改,确保质量无缺陷;二是在安全方面严格按省交通运输厅制度实行,对安全施工风险再次进行评估,做到安全生产万无一失;三是施工要科学。对路基和特大桥、隧道等控制性工程要科学对待,严格按照程序施工;要严格工程管理,严格计量支付,严格财经纪律。总之,要加大对工程建设的管理力度,严格按程序办,严格按要求办,严格按规矩办,修放心路,办放心事,真正把太佳高速公路修成经得起历史考验的精品工程。

郭贵平在讲话中,还要求两个建管处认真落实有关部门领导和专家关于技术、管理、安全、质量等方面提出的意见及建议;作为分片领导,他将义不容辞,倾心竭力为工程建设做好协调服务。

(魏建国)

郭贵平副巡视员深入太古、太佳高速公路建设工地调研

10月28日至29日,省交通运输厅副巡视员郭贵平带领厅规划处、厅公路处、厅财务处、厅重点办主要负责人及相关人员组成的检查组,深入太古、太佳高速公路东西段施工工地检查,并于10月30日在太古高速公路建设管理处召开太古、太佳高速公路东西段建设推进会,对检查结果进行通报,研究解决存在的问题,安排部署下一步工作。

推进会上,太古、太佳高速公路东西段建管处负责人就工程进展、完成投资情况、工程质量控制、冬季施工措施、施工过程中存在的困难和下一步工作计划进行汇报。检查组通报三条路检查结果,并分别对工程质量、安全管理和当前重点做好的几项工作提出意见及建议。

郭贵平在讲话中,对太古、太佳高速公路东西段完成情况和工程进展表示满意。他特别指出,太佳高速公路西段施工进度快,完成质量好,在全省高速公路建设中带了好头,走在前列,受到交通运输部检查组好评。在下一步工作中,全体建设者要把思想统一到厅党组的战略部署上来,抓住全年路基施工的有利战机,全力以赴完成好最后冲刺阶段的施工任务。在施工过程中,一定要讲程序,讲制度,抓质量,重安全,特别是在施工进入高空作业阶段,要尤其注意施工安全。在天气不断转冷情况下,要制定出科学合理的冬季施工方案,为2010年路面施工做好前期准备工作。与此同时,要进一步抓好廉政建设和财务管理,妥善解决好农民工工资发放问题。

(魏建国)

援川抗震救灾

援川抗震救灾

蒋巨峰省长视察黑虎旅游公路

11 月 4 日上午，四川省委副书记、省长蒋巨峰在四川省交通厅厅长高烽，阿坝州藏族羌族自治州州委书记侍俊，阿坝州副州长、茂县县委书记尼玛木，县长高加军等领导陪同下，视察山西省对口援建的茂县黑虎旅游公路。

听取山西省交通运输厅对口援建工作组驻茂代表姚望科详细情况汇报后，蒋巨峰参观"晋羌友谊路"、"晋茂路相连"两处景观挡墙和黑虎路从建设初期到完工的图片展示。当看到施工过程中，一幅幅塌方、滑坡等危险场面时，蒋巨峰省长不禁感叹到："不容易，真的不容易！山西的援建人员不远千里，远离家乡亲人，在余震不断的灾区，冒着生命危险为灾区人民早日走上致富路，艰苦奋斗，付出常人难以想象的艰辛。非常得不容易！"并与参建人员一一握手，对山西省交通运输厅提出的政治任务与企业行为相结合，综合重建与交通重建相结合，财力、人力、智力相结合，短期支援与长期服务相结合的援建宗旨给予高度评价和充分肯定。并代表四川省委、省政府感谢山西省委、省政府及省交通运输厅对四川灾区的大力支持和无私奉献。蒋巨峰省长在讲话中，要求阿坝州、茂县要加大支持力度，提升服务水平，为全面加快援建项目建设创造良好条件。

视察结束后，蒋巨峰省长再三叮嘱山西省交通运输厅驻茂代表说："灾区次生灾害较多，天气渐冷，一定要注意援建人员的身体健康和生命安全"。要求当地政府一定要关心照顾好援建人员生活，确保援建一线人员生活愉快，工作顺利。（沈建明）

王宁副省长莅临山西交通援茂项目部检查指导工作

5 月 5 日，四川省副省长王宁在省交通厅副厅长鲜雄、省农业厅厅长付志康等领导陪同下，深入山西交通援建茂县黑虎旅游公路项目部检查指导工作。山西省发改委副主任、山西省对口援建茂县领导组组长段进存等领导陪同检查。

山西省交通运输厅对口援建领导组驻茂代表姚望科向王宁副省长等领导详细介绍工程进展情况。截止 5 月 4 日，该项目路基、防排水工程除个别地方为了兼顾农房重建没有完工外，其余全部完毕，5 月 10 日进入路面施工作业。姚望科表示，完全有信心、有能力，在保证质量、安全前提下，力争在 7 月底完工，保证 8 月底正式通车。

在黑虎路安全隐患最大、施工最艰难、变更设计最多的 K3 + 400 ~ 800 大滑坡处，王宁详细听取项目经理杜建政汇报后，叮咛相关人员："参加山西交通援建的工人们，冒着生命危险来帮助我们搞建设，一定要保证他们的生活条件和人身安全！"他代表四川省委、省政府感谢大家的无私援助。

自4月30日以来，阿坝州州委、州政府，茂县县委、县政府主要领导及当地沿线乡政府领导先后慰问黑虎旅游公路建设者，使山西路桥一公司援建职工备受鼓舞。施工任务虽然危险艰巨，但项目部全体队员战胜危险，克服困难，任劳任怨，奋勇争先，确保施工质量和进度。他们只有一个念头，那就是决心以实际行动，不辜负四川人民和山西父老的殷切期望，力争早日圆满完成援建任务。

（沈建明）

张润副厅长表示将一如既往地做好交通援建工作

1月17日下午，四川省阿坝州副州长、茂县县委书记尼玛木一行8人，代表阿坝州委、州政府和11万茂县人民赴省交通厅慰问。厅党组副书记、副厅长张润在座谈会上表示，茂县的交通恢复重建工作任重道远，一定要抓住当前恢复重建和应对金融危机这两个机遇。他建议，茂县的交通恢复重建工作要分层次，抓重点；干线公路标准要适当提高；县乡公路是民生工程，需好好规划；通村路要尽快恢复；运输场站建设也要一并考虑。他说，当前乃至今后几年内，全省公路建设任务之繁重史无前例，5年仅高速公路就要新增3000公里；资金需求前所未有，仅2009年、2010年两年，每年就各需1200多亿元，但是，这绝不会影响对茂县的援建工作。省交通厅将一如既往，全力以赴，像张宝顺书记讲得那样，把茂县当作山西的"第120个县"，在规划、技术、资金、设备、智力等五个方面给予大力支持。

（魏建国）

张润副厅长专程为支援四川茂县公路建设的22名工程施工人员送行

2月10日下午，省交通厅党组副书记、副厅长张润专程前往山西路桥一公司办公楼前，为对口支援四川茂县公路建设的22名工程施工人员送行。要求继续发扬连续作战的优良作风，不畏艰险，科学管理，文明施工，早日建成茂县黑虎羌寨旅游路，向四川灾区人民、向山西人民交一份满意答卷。

茂县黑虎羌寨旅游路是山西对口支援茂县的首个启动项目，省交通厅对该项目给予高度重视，第一时间成立对口援建交通工作组，第一时间展开交通对口援建工作。工程于2008年10月22日开工，截至年底，共完成挖方近7万立方米，填方2万立方米，砌体完成3000平方米，墙背回填部分结束，河道清理及改移工程全部完成，完成产值共计300余万元，占总投资造价19.8%。

张润在讲话中指出，2008年"5·12"大地震发生后，厅党组立即组建抗震救灾公路抢通保通抢险突击队入川，为灾区人民打通生命之路、重建之路，受到党中央、国务院、中央军委表彰和当地人民充分肯定。全省公路建设对口支援茂县后，路桥一公司职工发扬不畏艰险、连续作战的优良作风，为茂县黑虎羌寨旅游公路得以在最短时间内顺利开工建设创造条件。这里倾注了广大公路施工人员大量心血和汗水，同时也展现了山西交通铁人风采，为山西争了光。陪同送行的相关领导一定要照顾好入川施工人员家属及生活，使其在川安心工作。即将赴川的公路施工人员，一定要注意身体，注意安全，特别是灾区还经常有余震，山体不稳，随时有滑坡塌方等次生自然灾害发生，存在较大的安全隐患。因此，一定要注意安全，做到施工、安全两不误，厅党组盼望大家早日平安归来。

（董忻文）

张润副厅长要求以实际行动支援四川茂县重建工作

5月11日,省交通厅召开支援茂县交通建设人员家属代表座谈会。厅党组副书记、副厅长张润在讲话中,代表厅党组、代表段建国厅长对所有援川人员,特别是奋战在援建茂县一线的干部职工,向默默奉献在后方的家属同志们,表示诚挚的慰问并致以崇高的敬意。他说,在四川汶川大地震一周年之际,召开支援茂县建设人员家属座谈会,充分体现了山西交通人对灾区人民的牵挂,体现了厅党组、省公路局党委对支援茂县建设人员及家属的深切关怀。抗震救灾,恢复重建,是一场任务艰巨而使命光荣的特殊战斗,援建里程虽不很长,工程量也不大,但政治意义重大。希望省公路局和路桥一公司,在三年对口援建工作进入攻坚的关键时刻,认真做好两方面工作。一要加大力度,加强指导,特别是在安全生产方面,要在平时严格管理的基础上,组织专家深入工地排查隐患,科学指挥,给予全力保证;二要继续搞好后勤服务,解决后方家属们生活、工作上的困难;希望援建家属们继续奉献爱心,关心灾区建设;用心关爱亲人,关心他们的工作情况和身体健康;管好孩子,管好家,管好老人,当好贤内助,让一线职工安心、放心、专心地工作,以实际行动支持援建工作,为山西交通争光,为一公司增光添彩。

(孙乾灏)

张润副厅长赴四川茂县慰问省交通运输厅援建项目施工人员

10月29日,全省援建四川灾区首个公路建设项目茂县黑虎羌寨旅游公路交工验收,省交通运输厅党组副书记、副厅长张润专程赴茂县的参加验收仪式并慰问施工人员。

黑虎羌寨旅游公路是全省对口援建茂县首批建设项目之一,也是全省援建的首个交工项目,是通往四川省级风景名胜区黑虎羌寨碉楼群的唯一通道。路线总长8.532公里,设计时速20公里,双向两车道,路基宽6.5米,沥青混凝土路面。2008年10月22日开工以来,山西路桥一公司项目部在省援建办、阿坝州领导、茂县县委、县政府以及县交通局领导和沿线人民群众的大力支持下,克服困难,顽强拼搏,于2009年6月25日全面完成建设任务。

张润一行还认真察看全省交通对口支援茂县的第二个启动项目,茂县渭门乡至永和乡的公路。他察看整个施工现场后,对建设成果以及施工现场管理十分满意。要求施工单位充分认识这两条路的政治意义。通过这两条路,这两项民生工程,让灾区人民从地震阴影中走出来,让茂县人民笑起来,富起来。希望山西路桥一公司继续发扬在四川绵竹汉旺抢通保通时的战斗作风,对黑虎羌寨旅游公路验收组提出的一些建议要进一步完善,把这条路打造成安全、畅通、美观的旅游公路,让这里的群众能尽快走出大山,让农产品运出去,早日致富。渭永路项目部要精心组织施工,确保"零伤亡",安全无事故,确保工程质量"零缺陷",把这条路建成精品工程。在冬季暂停施工期间,要组织回头看,查隐患,采取措施,确保质量,做好2010年的竣工准备,做好技术、材料、设备、思想上的准备工作,力争渭永路2010年"5·12"完工。董事长杨海龙表示,决不辜负全省人民重托,按照厅党组要求,坚决把渭永路这一民生工程按时保质保量完成,向省委、省政府、省交通运输厅、省公路局交一份满意答卷。

阿坝州副州长、茂县县委书记尼玛木对山西交通人在加快茂县重建发展战场上所作出的贡献给予高度评价。他表示,茂县11万干部群众会永远铭记援助的恩情,倍加珍惜今天来之不易的建设成果和发展环境,感恩奋进,以优异成绩报答3400万山西人民的似海深情。

(董忻文)

张志川副厅长赴四川茂县看望援建项目施工人员

9月12日，厅党组成员、副厅长张志川赴四川茂县慰问战斗在渭永通乡公路一线的干部职工，并转达厅党组书记、厅长段建国和山西交通人对交通援茂人员的问候。

上午10点，刚刚抵达茂县的张志川不顾舟车劳顿直接深入工地一线了解情况。每到一处，他都要仔细察看、询问工程进展情况，并再三嘱咐现场施工人员，一定要在确保安全前提下，严把质量关，确保工程安全优质。在渭永路项目部，在听取省厅对口援建驻茂代表姚望科、渭永公路项目经理张东海汇报后，张志川在讲话中，充分肯定黑虎路安全无事故、比合同工期提前近半年竣工通车的骄人成绩，也对在建的渭永路寄予厚望，要求比黑虎路干得更漂亮。他说，对口援建工作，是省委、省政府交给的重大政治任务，根据中央三年援建两年基本完成的思想，目前援建工作已进入关键时期，任务繁重艰巨。希望大家继续发扬不怕苦、不怕累、不怕难的精神，再接再厉，严把安全质量关，把渭永路打造成精品工程。同时，援茂项目部要积极和当地有关部门多沟通，多联系，共同解决影响施工进度的各种不利因素，更好更快地推进援建工作。针对灾区余震不断，塌方、泥石流、飞石等自然灾害频繁情况，张志川特别叮嘱项目部领导，一定要保证交通援茂人员安全，把大家平平安安带回家乡。

中午，张志川在项目部简陋的食堂与大家共餐，并代表厅党组把慰问品发给大家，在两节来临之际向同志们表示诚挚问候和真诚祝福。他说，援建茂县对每位同志来说，都是一次难得的人生经历，要在艰苦的环境中不断磨砺自己，学习茂县灾区群众艰苦奋斗、自强不息的精神，尽自己最大努力，完成山西交通援建茂县的各项工作，造福茂县人民，交出一份让灾区人民、让3400万山西人民都满意的答卷。午饭后，张志川没有休息，直接驱车赶赴黑虎路调研。走完黑虎路全线后，他又徒步爬山走入羌寨，了解羌族同胞的生活情况。当随行的茂县徐副县长向老乡介绍张志川的时候，老乡们对山西人民的感激之情、对山西交通人的感恩之心溢于言表。

（沈建明）

赵振田书记对山西路桥一公司援建工作给予充分肯定

5月11日，省交通厅召开支援茂县交通建设人员家属代表座谈会。厅党组成员、省公路局党委书记赵振田在讲话中，对一公司抢通保通及对口援建工作给予充分肯定。他说，修建好黑虎、渭永等通乡公路至关重要。事实证明，一公司是一支有战斗力的队伍，在对口援建工作进入攻坚的关键时刻，要继续发扬路桥好的传统和作风，再接再厉，不仅要做到管理一流，质量、进度、安全、廉政也要一流；要以援建工程为契机，打出品牌，为今后更好地进入全国公路建设市场争一席之地。

（孙乾灏）

省交通运输厅提前完成
援建茂县黑虎旅游公路沥青混凝土面层铺筑任务

6月25日16时30分，省交通运输厅援建四川茂县黑虎旅游公路全线8.532公里沥青混凝土面层全部铺筑完毕。

6月14日水稳基层铺筑完毕后，为了保证施工质量、进度和工程连续性，省厅驻茂代表与项目部相关人员积极和当地政府协调，要求在沥青混凝土铺筑阶段实行交通管制。在茂县县政府、县公安局、县交通局大力支持下，对黑虎旅游公路进行为期8天交通管制，早8点至晚8点禁止一切车辆通行。当地电台、电视台循环播出黑虎路交通管制告示，项目部在沿线张贴告示。从6月20日起，黑虎旅游公路沥青混凝土面层开始试铺，项目部领导整天蹲守在施工现场，认真指导施工，不放过一点瑕疵，确保沥青路面质量。施工人员齐心协力，负责监督质量的同志凌晨4点起床，赶往沥青混凝土拌和场。现场施工人员6点30分准时在现场做铺筑前的准备，晚上9点左右才能结束施工。后勤内业人员全力保障，送水送饭，积极协助。在保证铺筑质量的前提下，日均铺筑1.4公里以上，不到6天高效优质地完成沥青混凝土面层施工，比原计划“争七保八”提前1个月，比合同工期提前5个月。（沈建明）

重点公路工程建设

重点公路工程建设

全省重点公路工程建设推进会召开

11月3日，省政府召开全省重点公路工程建设推进会，协调解决当前制约全省重点公路工程建设进展的突出问题，研究安排下一阶段工作。副省长牛仁亮出席并讲话，会议由省政府副秘书长崔国红主持。厅党组书记、厅长段建国汇报全省公路工程建设情况。2009年以来，特别是4月28日省政府重点公路工程建设推进会以来，全省高速公路建设速度突飞猛进，安全质量控制良好。根据省政府和省重点办安排，全年计划开工建设高速公路项目26个，计划完成投资354亿元。截至10月底，开工目标圆满实现，26个项目全部开工，年内还将有2个至3个项目开工。完成建设投资317亿元，为上年同期10倍，加上干线与农村公路建设投资，全省公路建设完成投资453亿元，为上年同期2.9倍。交通运输部统计表明:1月至9月，全省公路建设完成投资364亿元，在全国排第四位，在中部地区排第一位，其中，高速公路完成投资在全国排第二位。为确保2010年建成1000公里高速公路，全省安排16个项目，2010年全线或部分路段通车。目前，建设进展顺利，阳翼、闻垣、大呼、晋城环城、忻阜、太佳西6个项目路基、桥梁工程已完成工程总量80%以上，部分路段通车项目路基工程完成总量86%。同时，安全质量控制良好，1月至10月在建项目综合检查工程总合格率为91.5%，没有发生群死群伤事故。特别值得一提的是，省交通运输厅向省政府做出的高速公路建设不靠政府投资的承诺圆满兑现；通过争取交通运输部投资、采用BOT方式、发行企业债券、金融创新等多种方式运作，今明两年全省开工3000公里高速公路所需投资2000亿元的资本金近600亿元基本落实。

牛仁亮副省长在讲话中指出，2009年是不同寻常的一年，金融危机波及全球，省委、省政府根据党中央、国务院的一揽子计划出台一整套应对措施，扩大内需，促进经济增长。重点公路工程建设，尤其是高速公路建设，在促进全省经济增长中起到龙头作用。截至目前，开工建设2000公里，完成投资300多亿元，为全省经济发展、社会稳定作出重大贡献。针对下一阶段工作，牛仁亮提出5点要求。一是加大力度，各方配合，加大重点公路推进力度。在加快工程建设进度的同时，要严把质量关。严防豆腐渣工程，实行质量责任终身负责制，狠抓安全生产，努力做到全过程控制。相关部门要提前介入，加强配合。二是依法依规，规范建设。在加大力度，尽可能地完成工程实物量的同时，还要按照有关法律法规和政策规定，规范工程建设。2009年开工建设项目，年底前必须完备所有手续。三是多方筹资，尽快到位。尽管适度宽松的货币政策保持不变，尽管资本金基本到位，但敲定了的资金要落到实处，哪怕闲着多付利息。四是反腐倡廉，领导带头。要严格按要求把招投标、预决算、资金管理等相关法律制度落到实处，规范有序地推进工程建设，要更新一个理念，用“不是查不出问题，而是没问题可查”取代“修好一条路，不倒一个人”的提法，各级各部门领导要带头廉洁自律，不打招呼，不批条子，管理好亲属和身边工作人员。五是早作准备，全面评价。要在全面评估2009年工程建设工作的同时，及早做好2010年的准备工作。

省监察厅厅长杨森林就重点公路工程建设的效率、质量、安全、廉政建设监察工作提出要求；省国土资源厅厅长李建功对制约工程建设的矿产压覆和土地审批问题作了解释，并提出指导意见。各地分管副市长、省重点公路工程建设领导组成员单位主要负责同志，在太原的厅领导、厅机关各处室负责人，各建设单位主要领导参加会议。

（沈建明）

全省重点公路工程建设质量现场会召开

9月14日，全省重点公路工程建设质量安全管理现场会在忻州召开。副省长牛仁亮出席并作重要讲话，厅党组书记、厅长段建国作了题为《科学管理，严格落实，推动全省重点公路建设质量安全工作再上新台阶》的报告，厅党组成员、总工程师郜玉兰，厅党组成员、总会计师张德仪，厅党组成员、省公路局党委书记赵振田，厅巡视员曹燎原以及省直相关部门领导，厅机关有关处室负责人、厅直有关单位负责人，各市分管副市长，各高速公路建设管理处负责人，设计代表、总监、项目经理以及中央驻晋新闻单位、省媒体记者约470人参加。省政府副秘书长崔国红主持。忻州市委副书记、市长李平社致辞并介绍忻州市经济发展和重点工程建设情况。

2009年以来，全省紧紧抓住国家扩大内需的政策机遇，调动和争取各方面积极因素，千方百计加快公路建设，重点项目建设取得重大进展，质量安全管理得到加强。截至9月，全省重点公路在建项目102个，其中高速公路项目26个，建设里程2010公里；国省干线公路新改建项目76个，建设里程1762公里。截至目前，高速公路有15个项目形成实体工程，阳翼高速公路路基工程基本完成，桥梁转入上部工程，13座隧道全部打通；闻垣、汾平、阳盂等高速公路项目圆满完成了进度计划。国省干线公路新改建工程完工427公里，高速公路工程总合格率91.5%，国省干线新改建工程总合格率90%，没有发生重大及以上事故，102个在建项目有100个未发生任何事故。

会议认为，全省高速公路、干线公路在建工程总体上质量控制良好，安全形势稳定，质量安全工作面临新的挑战。为了应对这个挑战，保证公路建设不出事故，会议要求，全省要在今后三年中开展质量安全年活动，保证全省高速公路建设质量，建立和完善质量安全责任体系，把每个项目的质量安全责任层层细化分解下去。全省各高速公路建管部门都要严格审查，严防有诚信不良记录特别是“黑名单”记录的企业包装、借牌混入市场，要严格执行安全准入制度，没有安全施工许可证的企业，不得进入省重点公路建设市场。

段建国通报全省重点公路建设进展及质量安全管理情况，并对今后工作进行安排部署。他说，2009年全省重点公路建设进展顺利，开工项目明显增加，工程进度明显加快，工程质量控制良好，安全生产形势总体平稳。但是，在工程实体质量和安全生产方面存在隐患，各级、各部门要正确把握当前面临的形势与挑战，努力解决一个不牢，即质量安全意识树得不牢；五个不到位，即质量安全责任落实不到位、合同管理不到位、过程控制把关不到位、设计创新不到位、安全生产投入不到位的问题。2009年以来，全省重点公路工程建设领域发生事故两起，虽然没有发生重大及以上事故，但目前有些重大工程、高危工程缺乏必要的安全防护设施，高空作业缺少必须的防护网，脚手架简陋，工人们在高度危险环境中劳动，危险大，隐患多。为此，要从四个方面着力抓好重点公路工程质量安全工作。一是认真开展“一项活动”,推动质量安全工作再上新台阶;二是坚持“四个严格”,即要严格责任、严格把关、严格管理、严格监督,强化过程控制;三是加强“四项建设”,即要进一步加强市场建设,加强科技示范工程建设,加强专业监督和项目管理队伍建设,加强反腐倡廉建设,建立长效机制;四是正确处理“两个关系”,即要正确处理质量、安全与工期的关系,正确处理公路建设与资源环境的关系,促进科学发展。

牛仁亮在讲话中指出,2009 年全省重点公路工程建设是历史上规模最大、战线最长的一年,项目多,投资大,进展迅速。因此,保质量、保安全的任务异常艰巨和突出,各部门必须要树立百年大计、质量第一、加快进度、安全创新的理念,按照科学发展观要求和省委、省政府部署,统一认识,完善制度,确保质量和安全。在宏观管理上,一要强化业主、设计、施工和监理四大主体责任,做到责任明确,责任细化,责任到人;二要建立完善六项制度,即安全和质量控制制度、安全质量问责制度、隐患排查制度、督查验收制度、培训制度和奖励制度,努力做到安全事故少之又少、工程质量好之又好。在微观管理上,一要注意处理好质量安全和施工进度的关系;二要牢固树立“百年大计质量第一、加快进度安全为先”理念;三要在工程质量和安全工作上,切实强化“零容忍”、“零缺陷”意识;四要在质量和安全问题上,坚持标准不能降低、要求不能放松。全面提升全省交通基础设施建设安全质量的工作水平,圆满完成新一轮公路建设高潮的各项建设任务,为全省转型发展、安全发展、和谐发展作出更大贡献。

会上,忻保、忻阜、太古、闻垣四个高速公路建设管理处介绍经验。

会前,厅党组成员、省公路局党委书记赵振田,厅巡视员曹燎原率与会人员分两路观摩忻保、忻阜高速公路施工与管理现场,听取质量安全情况介绍。 (董忻文)

全省重点公路工程建设项目第二次调度会议召开

5 月 14 日下午,全省重点公路工程建设第二次调度会在厅五楼会议室召开。省交通厅领导段建国、王志民、张志川、郜玉兰、张德仪、赵振田、曹燎原、郭贵平出席会议,会议由厅党组副书记、副厅长张润主持。

会议传达王君省长 5 月 12 日、5 月 13 日视察忻阜、忻保高速公路建设时的指示精神;听取厅重点办关于全省重点公路工程建设项目进展情况汇报,省交通质监站关于全省重点公路工程建设质量和安全检查情况的通报;12 个建设单位代表分别汇报工程进展情况;运城市介绍推进高速公路建设的经验和做法。

会议要求,各重点公路工程建设单位、BOT 项目服务监管处,科研、设计单位和厅机关有关处室、厅重点办要认真贯彻落实王君省长视察忻阜、忻保高速公路建设时的指示精神,把全力加快推进重点公路工程建设作为当前一项政治任务来抓。各级各部门要进一步统一思想,提高认识,围绕目标,细化责任,突出重点,强化监督,确保全年开工和建设目标任务如期完成,向省委、省政府和全省人民交一份满意答卷。各相关单位要进一步加大资金使用和监督力度,继续跟踪加快项目前期审批工作;在建设过程中,要切实保证农民补偿资金全额到位;进一步加大地方材料采购管理工作;充分发挥技术人员作用,做好技术图纸交底工作;切实保护好施工沿线农村公路,决不能发生建成一条路、毁坏一片路的情况;在即将到来的汛期,一定要做好安全度汛工作安排。

段建国厅长在讲话中,要求各级各部门要高度重视,紧紧抓住施工黄金季节,进一步加大重点公路工程建设力度,对未开工项目要加快项目前期工作,确保早日开工;对已开工但进展缓慢的项目要看到差距,向先进学习,奋力直追,超常规、创造性地工作,确保全年重点公路工程建设任务顺利完成;对质量和安全方面存在的问题,要高度重视,及时整改,不断完善质量和安全生产管理制度,夯实安全生产基础,确保质量和施工安全;对监理队伍的管理,要充分发挥监理效能,确保各项工程保质保量如期完成;对设计、评估部门的进度要跟踪督促,加快审批,确保按时完成。

厅领导王志民、张志川、郜玉兰、张德仪、赵振田、郭贵平分别就各自分片包干项目提出要求,厅有关处室负责同志就有关工作做了发言。省公路局、省交通质监站、省交通设计院、省交通科研院负责同志,各重点公路工程建设单位党政主要负责同志,以及厅重点办全体工作人员参加会议。

(董忻文)

全省重点公路工程建设项目第三次调度会议召开

7月2日上午,省交通运输厅召开全省重点公路工程建设项目第三次调度会议,全面总结上半年各项建设工作,对下半年重点公路工程建设任务进行再动员、再部署。厅领导段建国、张志川、郜玉兰、张德仪、赵振田、郭贵平出席,张润主持。厅机关有关处室、厅直有关单位负责人、全省各重点公路工程建设管理处党政主要负责同志参加。

2009年以来,全省重点公路工程建设系统进一步统一思想,提高认识,抓住机遇,优化环境,加快高速公路工程建设。全年共安排高速公路建设项目26个,建设里程2259公里,总投资1395亿元。截至6月30日,累计完成投资155亿元,占总投资11%,26个建设项目在上半年实际完成123亿元,完成计划75%。

会上,大呼、忻保等15个在建项目管理处,临吉、长临、朔州等3个拟建项目负责人分别汇报目前项目进展情况,省交通质监站通报各建设项目质量安全检查情况,并对太古、太佳西段、汾平等个别在建项目技术交底、工艺流程、安全质量隐患等存在问题作了详细通报。会议还总结汇报全省重点公路工程建设项目总体情况,并对存在的开工不足、投资完成不够、项目资金短缺和质量与安全等问题进行详细说明。

厅党组成员、厅总工程师郜玉兰通报交通运输部6月12日至19日对全省公路质量和安全工作检查情况,并对在建项目工程规范化管理及施工工艺监理等作了详细技术要求和具体安排。

会议还就各建设项目存在的征地拆迁、资金管理、资金安全保障等问题进行集体研究,并围绕2010年通车1000公里目标,特别针对89个隧道建设项目中存在的安全隐患作了教育、安全培训、现场监督、惩罚等措施的安排部署,会议决定在7月开展"重点工程服务月"活动。

厅党组书记、厅长段建国在讲话中,要求全省各建设项目管理处要认清形势,坚定信心,倒排工期,加班加点,确保高质量高速度推进各项工程进展。各有关单位要统一思想,用保开工、保质量、保安全、保进度、保廉政"五个保证"来确保2009年开工1000公里和2010年建成1000公里目标。厅重点办和各建设单位要加大新闻宣传力度,组织新闻采访团赴工程一线进行广泛宣传,对存在的问题要敢于抓典型,并在新闻媒体曝光,尽快营造良好舆论宣传氛围,促进各个项目的顺利有序进行。

(孙乾灏)

全省重点公路工程建设项目第四次调度会议召开

8月13日下午,省交通运输厅召开重点公路工程建设项目第四次调度会议,分析研究重点公路工程建设工作。厅党组书记、厅长段建国,厅党组成员、驻厅纪检组组长韩日裕,厅党组成员、副厅长张志川,厅党组成员、厅总工程师郜玉兰,厅党组成员、厅总会计师张德仪，厅党组成员、省公路局党委书记赵振田，厅副巡视员郭贵平出席，厅党组副书记、副厅长张润主持。厅机关有关处室、厅直有关单位负责人、全省各重点公路工程建设管理处党政主要负责人参加。

会上，厅重点办、省公路局分别汇报1月至7月份高速公路建设和国省干线公路建设进展情况，省交通质监站通报上半年质量、安全检查结果，大呼、忻保等16个在建项目管理处与长临、朔州和太阳等3个拟建项目管理处以及五个地方政府承建项目负责人分别汇报目前进展情况、存在问题及今后打算和措施，厅有关处室负责人就相关问题提出解决办法和意见。

段建国在讲话中，充分肯定2009年1月至7月全省重点公路建设所取得的成绩，希望广大建设单位要正确把握重点公路建设面临的形势，充分认识和正确处理好工程建设管理中出现的新情况和新问题，提出6点要求。一要抓建设，加快投资完成量。厅机关对各参建单位要在资金、技术、人才等要素的配置上给予倾斜，厅财务处要改进资金拨付方式，尽快落实项目周转资金，给予项目法人更多资金分配权和临机处置权。二要抓管理，保证质量，保证安全。省交通质监站要进一步加大监督检查力度，加大抽检频率，不要光发现问题，不进行处罚，要发现问题从重从快处罚。三要抓前期，加大项目开工力度。列入全年开工计划的项目要力争尽早开工，加快推进未开工项目前期工作。四要抓难点，努力突破土地、资金关。厅重点办要会同有关部门加快压覆矿产协议签订，加快用地手续审批等工作。省公路局要进一步加强与金融机构的沟通合作，千方百计落实国省干线公路建设资金，满足建设需求。五要抓廉政，创建廉洁工程。要进一步加强资金管理，实施“阳光工程”，让权力在阳光下运行，坚决杜绝“暗箱操作”。六要抓稳定，促进和谐发展。要认真贯彻落实好中央“三保”政策，做好公路建设项目征地拆迁补偿和农民工工资支付监督工作，保护农民合法权益。在同等条件下，优先使用本地产品和民工队伍，促进农民就业增收。

段建国在讲话中，强调抓好3项工作。全厅上下、各建设单位要加强领导，乘势而上，真抓实干。一要领导抓，抓领导。厅领导对包片项目要加强督察力度，对督察中发现失职、渎职的项目，领导有权做出将其停职检查处理的决定。对于情节严重或对工程建设造成严重后果的，或连续两个月完不成当月投资进度计划的项目，厅党组将从严追究项目责任人的责任，该免职的免职，该调整的调整，绝不姑息。二要转作风，重落实。厅机关有关处室、厅重点办要进一步转变作风，搞好服务。坚决克服纸上谈兵、电话指挥的形式主义，主动深入工程建设一线调查研究，在一线指导工作，在一线解决问题，当好工程建设的服务员。三要严考核，真兑现。省厅要抓好对项目法人的绩效考核，不仅要考核质量、安全、进度、廉政建设，还要考核项目法人组织施工、改进工艺和重大技术方案的合理性、科学性，一月一考核，一事一考核，考核结果与单位评先、个人奖惩挂钩。对严重违约、贻误工程的单位，坚决清理出场，并将其列入“黑名单”，在《山西交通》报上公布，取消其在晋公路投标资格。段建国特别指出，现在正值公路建设黄金季节，各单位、各级领导干部要把思想统一到省委、省政府、厅党组的决策部署上来，万众一心，真抓实干，确保全年各项建设任务圆满完成，向新中国60华诞献上一份厚礼。

（董忻文）

全省重点公路工程建设项目第五次调度会议召开

10月13日上午，全省重点公路工程建设项目第五次调度会议召开。大呼高速公路建管处等17个在建高速公路项目，太阳高速公路建管处等4个拟建高速公路项目与临汾环城等9个地方政府承建高速公路项目党政负责人以及厅机关相关处室、厅直有关单位和厅重点办负责同志参加会议并先后发言，省交通运输厅领导段建国、张润、韩日裕、郜玉兰、张德仪、赵振田、曹燎原、郭贵平出席会议。

8月13日第四次调度会议召开以来，全省重点公路工程建设系统充分调动和争取各方面积极因素，各工程建设项目取得重大突破，保持强劲发展势头。截至9月底，全省高速公路在建项目26个、建设总里程达到2000公里，项目总投资1193亿元，省政府确定全年开工2000公里高速公路的目标已经提前实现。已完成高速公路建设投资266.2亿元，为上年同期10倍；全省公路建设完成总投资364亿元，为上年同期3倍，全国名列第四，位居中部地区第一，为拉动全省经济发展作出巨大贡献。闻垣、阳翼、大呼、晋城环城、忻阜、太佳西6个2010年通车的建设项目路基、桥梁工程已完成工程总量70%以上，隧道完成50%，忻保、灵山、高陵3个项目平微区路段工程进展顺利，为2010年全线或部分路段建成全省高速公路通车里程达到3000公里打下较好基础。

调度会上，厅重点办汇报目前全省高速公路建设项目进展情况，省交通质监站通报在建高速公路质量安全检查情况，各建管项目就存在的质量、征地拆迁、地方协调等问题作了汇报，厅规划处、厅公路处、厅运管处、厅审计中心负责同志就重点工程项目审批、安全监管、招投标管理等事项作了说明。

厅党组成员、驻厅纪检组组长韩日裕，厅党组成员、厅总工程师郜玉兰，厅党组成员、厅总会计师张德仪就土地审批手续、廉政监督、设计变更、工程质量和资金管理等方面进行安排部署。厅党组副书记、副厅长张润主持会议，并就冬季施工质量、特别是隧道和混凝土施工、消防安全、交通安全以及队伍、设备、机械等准备与业务技术培训工作方面作了详细要求。

厅党组书记、厅长段建国在讲话中，充分肯定各建设项目取得的成绩，并就存在的完成投资目标、质量、安全等方面问题作了强调。要求全省重点工程建设项目每个干部职工要居安思危，未雨绸缪，突出重点，突破难点，统筹做好每一项工作，决战第四季度，全面完成本年度各项目任务。一要坚定信心，抓住全年完成520亿元投资目标不松手；二要找准冬季施工和材料储备等突破口，千方百计增加投资；三要加强项目设计、审批等前期工作，加快开工速度；四要坚持不懈抓好质量、安全、廉政三项基本工作，为确保2010年全省高速公路通车里程达到3000公里而努力。

（沈建明）

全省重点公路工程建设项目第六次调度会召开

11月17日上午，省交通运输厅召开全省重点公路工程建设项目第六次调度会议，对年前各项工作进行安排部署，要求在今后两个月的时间内抓前期、抓开工、抓建设、抓管理，全面推进全省高速公路建设。厅领导段建国、张润、张志川、郜玉兰、张德仪、赵振田、郭贵平出席会议。

作为全省保增长、保民生、保稳定的重头戏，一年来，全省高速公路建设受到全省人民的高度关注和充分肯定，取得突出成绩。截至10月底，全省开工建设项目26个，在建里程达2000公里，提前完成省政府确定的目标任务；完成投资317亿元，为上年同期10.5倍，位列全国第二、中部第一，为拉动全省经济发展作出了巨大贡献。阳翼、闻垣等计划2010年竣工项目工程建设进展顺利，安全质量控制良好，为2010年实现通车1000公里目标打下较好基础。

调度会上，大呼高速等17个在建项目、长临高速等4个拟建项目以及9个地方政府承建项目管理处汇报工程建设、前期准备工作进展情况及存在问题；省交通质监站通报高陵高速、平榆高速两个项目和阳翼高速北深沟大桥质量检查情况；厅审计中心通报全省28个政府还贷高速公路建设项目审计调查情况。厅规划处、厅运管处、驻厅纪检监察室分别就重点工程项目审批、安全监管及廉政建设等作了说明。厅领导部玉兰、张德仪、郭贵平分别就分管工作作了安排部署，要求抓好冬季施工质量安全，完善项目审批手续，利用冬闲认真开展专业人员技术培训，抓好突出问题的整改，抓好施工队伍和农民工工资发放等工作。厅党组副书记、副厅长张润主持会议，要求厅重点办、厅公路处牵头成立BOT项目高层协调服务组和公路、公铁专项协调组，以推进部分突出问题的解决。

厅党组书记、厅长段建国在讲话中，充分肯定各项目取得的成绩，并就存在的问题提出明确要求。他说，目前是全省高速公路建设的非常时期，开工项目之多、建设里程之长、投资规模之大，在全省公路建设史上绝无仅有，对每个参与者来说机遇难得，一定要扑下身子，全身心投入。特别是领导干部，要以必胜信念，昂扬斗志，踏实作风，投入到工程建设之中，主动到施工一线了解问题、发现问题、解决问题；要抓重点、抓难点，学会抓主要矛盾，不能眉毛胡子一把抓；要调动班子成员、干部职工积极性，并善于调动地方政府主动服务工程建设的积极性。一把手要亲力亲为，抓好各项管理工作，争取做到精实细严，确保工程建设质量、安全、进度、投资、廉政各个目标的实现。（魏建国）

全省重点公路工程建设项目第七次调度会议召开

12月20日下午，省交通运输厅召开重点公路工程建设项目第七次调度会议，对春节前各项工作进行安排部署。厅党组书记、厅长段建国，厅党组成员、副厅长王志民，厅党组成员、驻厅纪检组组长韩日裕，厅党组成员、厅总工程师部玉兰，厅党组成员、厅总会议师张德仪，厅党组成员、省公路局党委书记赵振田，厅副巡视员郭贵平出席，厅党组副书记、副厅长张润主持会议。厅机关有关处室、厅直有关单位负责人、全省各重点公路工程建设管理处党政主要负责人参加会议。

会上，厅重点办汇报11月9日至12月15日对在建工程阳翼、灵山、平榆等16个高速公路建设项目综合检查情况，大呼、忻保等16个在建项目管理处与长临、朔州等4个拟建项目管理处以及临汾环城、闻合等9个地方政府承建项目负责人分别汇报了目前项目进展情况、存在问题及今后的打算和措施，厅机关有关处室负责人就相关问题提出解决办法和意见。

参加会议的厅领导分别就分管工作作了安排部署，要求各建管处及施工单位要确保“两节两会”期间的安全稳定，抓好突出问题整改、冬季施工质量安全、专业技术培训及施工队伍和农民工工资的发放等工作。

段建国在讲话中，充分肯定各项目取得的成绩，并就存在的问题提出6点要求。一是2010年要开工的项目，各单位要把各项前期工作抓紧抓好，尽快完善前期的协调和审批等工作；二是各单位有必要对工程质量、施工安全进行回头看，发现问题立即整改，并追究责任人的责任，对责任人要严惩严罚；三是各单位在施工更改或变更问题上必须是集体决策，符合政策性因素才可以调整，超预算要进行通报；四是抓好业主、监理、施工单位的业务培训，要请专家授课，提高施工能力和水平；五是高度重视工程建设领域突出问题专项治理工作，认真开展自查自纠，对照整改；六是做好农民工稳定工作。年关将近，要保障农民工工资及时发放到位，维护农民工切身利益和身体健康。段建国针对各建管处提出的问题逐条提出解决办法，要求各建管处对目前存在的问题要尽快解决，争取将工程往前赶，全面完成冬季施工任务，为确保2010年1000公里通车目标的顺利实现奠定基础。（魏建国）

大同至呼和浩特高速公路大同至右玉段开工奠基

1月5日,大同至呼和浩特高速公路大同至右玉段开工奠基。省委副书记、代省长王君,省人大常委会副主任靳善忠,省政协副主席令政策,原省人大常委会副主任杜五安出席。副省长牛仁亮作重要讲话,省政府秘书长王清宪主持奠基仪式。

省交通厅党组书记、厅长段建国,厅党组副书记、副厅长张润,厅党组成员、纪检组长韩日裕,厅党组成员、副厅长张志川,省直有关部门、金融部门负责同志,厅机关、厅直有关单位负责同志,大同市、朔州市四大班子及市直有关部门领导,沿线各级党政领导和群众代表,项目、施工、监理单位代表参加。

厅党组副书记、副厅长张润介绍工程概况。项目是全省"三纵十一横十一环"高速公路网规划的第一横,横贯大同市、朔州市,西通内蒙古,东达京津冀,是全省"十一五"重点工程。项目起于大同市新荣区,与已建成的得大高速公路相接,途经大同市新荣区、左云县和朔州市右玉县10个乡镇63个自然村,终于右玉县右卫镇杀虎口村,与内蒙古和林格尔至杀虎口新规划的高速公路相接,全长103公里,双向四车道,概算投资37.41亿元,建设工期2年。

段建国厅长在讲话中指出,项目是全省人民期盼已久的一条旅游路、开放路、惠民路。它的建设,不仅为实现全省西北地区资源共享、区域联动、共同发展打开新的空间,而且对于完善全省高速公路网布局,拉动经济发展,促进以世界文化遗产云冈石窟为代表的山西旅游品牌深度开发与品位提升,改善投资环境,扩大对外开放,都具有十分重要的意义。交通系统各有关部门和单位要牢牢抓住"安全零事故、质量保部优、生态文明好、概算不突破、廉政无违纪、全面创一流"目标,在省委、省政府正确领导和全省人民大力支持下,充分发挥全体建设者的聪明才智和创造性,圆满实现既定目标,早日建成此项工程,让广大人民群众早日享受高速公路给旅游和出行带来的方便与实惠,为山西改革开放和现代化建设作出新的历史性贡献。

牛仁亮副省长在讲话中指出,项目是新年伊始全省开工建设的第一条高速公路,标志着全省公路建设进入一个新的发展阶段。他说,公路建设是基础设施建设的重要组成部分,对促进经济社会发展有着不可替代的作用。在当前经济发展面临严峻形势情况下,省委、省政府把公路包括高速公路等基础设施的建设作为贯彻落实中央决策部署、保经济增长、保就业的一项重大举措。预计到2010年底,全省高速公路通车里程将由目前1900多公里增加到3000公里,这些高速公路的建成通车,对于拉动全省经济平稳较快发展,优化公路路网结构,改善投资发展环境,提升全省对外形象都将发挥重要作用。沿线各市及有关部门要充分认识公路建设特别是高速公路建设的重要意义,高度重视,精心组织,密切配合,协同行动,积极做好项目建设中的土地、环保、拆迁等相关工作,为高速公路建设创造良好条件。全省交通部门和各参建单位要继续发扬特别能吃苦、特别能战斗、特别能奉献的精神,加强管理,保证质量,努力打造高速公路精品工程,为推动全省转型发展、安全发展、和谐发展,加快新基地新山西建设作出新的更大贡献。

大同市长耿彦波、朔州市长冯改朵、大呼高速公路建管处负责人也分别在会上发言。

王君、靳善忠、牛仁亮、令政策、杜五安、王清宪以及厅领导段建国、张润和省直有关部门、金融部门负责同志,大同市、朔州市四大班子领导为大呼高速公路大同至右玉段开工培土奠基。 (沈建明)

太原至佳县高速公路吕梁段建设推进会召开

1月7日,太原至佳县高速公路西段建设推进会在吕梁市临县境内召开,原省人大常委会副主任杜五安按下控制性工程启动按钮,省政府副秘书长崔国红受牛仁亮副省长委托在会上讲话。

省交通厅党组书记、厅长段建国,厅党组成员、驻厅纪检组组长韩日裕,厅党组成员、厅总工程师部玉兰,厅副巡视员郭贵平,省直有关部门、金融部门的负责同志,厅机关、厅重点办、厅直有关单位负责同志,吕梁市四大班子及市直单位领导,沿线各级党政领导和群众代表,项目设计、施工、监理单位代表参加。厅党组成员、总工程师部玉兰主持。

厅副巡视员郭贵平介绍工程概况。项目是全省"三纵十一横十一环"高速公路网规划的重要组成部分,也是山西省中部地区西通陕、甘、宁,东达京、津、冀的重要战略通道。项目起于岚县郭家庄,途经岚县、方山、临县3县11个乡镇52个村,终于临县克虎镇高家湾村东南、晋陕两省交界处黄河大桥,全长120公里,双向四车道,概算投资89亿元。

段建国厅长在讲话中指出,项目建设对于完善全省高速公路网,改善投资环境,扩大对外开放,强化山西与东西部地区的联系,促进全省经济社会发展,有着十分重要意义。项目横贯吕梁山脉,地质地形复杂,施工难度大,技术要求高。项目建管处和各参建人员要大力发扬英雄的吕梁精神,牢牢抓住"安全零事故、质量保部优、生态文明好、概算不突破、廉政无违纪、全面创一流"的目标,广泛吸收和借鉴国内外高速公路建设管理的先进技术和成功经验,建立健全工程质量保证体系和责任体系,合理安排工期,科学组织施工,严格工程管理,加强现场监控,确保工程质量,确保安全生产。要坚持人与自然和谐共处,在公路建设中最小程度地破坏生态,最大限度地保护生态,最强力度地恢复生态,建环保路,建生态路,建资源节约之路,切实加强反腐倡廉建设,坚决克服腐败现象,圆满建成太佳高速公路,为全省改革开放和现代化建设作出新的历史性贡献。

崔国红副秘书长代表牛仁亮副省长讲话。他说,项目建设推进会的召开,是全省公路发展史上的一件大事,也是吕梁人民乃至全省人民期盼已久的一件喜事。他强调,公路建设是基础设施建设的重要组成部分,对促进经济社会发展有着不可替代的作用。省委、省政府历来重视公路建设,把公路建设包括高速公路等基础设施建设作为贯彻落实中央决策部署,应对国际金融危机,保持经济增长的一项重大举措。要进一步加大工作力度,采取有力措施,扎实向前推进。太佳高速公路西段就是全年开工建设的重点项目之一,其实施是继本省与铁道部签订加快山西铁路建设协议,掀起铁路建设新高潮之后的又一项重大行动。从此,全省六大领域投资6500亿元的建设工程将全面铺开。沿线各市及有关部门要充分认识公路建设特别是高速公路建设的重要意义,高度重视,精心组织,密切配合,协同行动,积极做好项目建设中的土地、环保、拆迁等相关工作,为高速公路建设创造良好条件。全省交通部门和各参建单位要继续发扬特别能吃苦、特别能战斗、特别能奉献精神,精心设计,科学施工,加强管理,保证质量,努力打造高速公路精品工程,为推动全省转型发展、安全发展、和谐发展,加快新基地新山西建设作出新的更大贡献。

吕梁市长董洪运,临县县委书记、县长刘永平,太佳高速公路西段建管处负责人分别作表态发言。 (魏建国)

临汾至吉县、临汾北环高速公路、京昆与青兰高速公路山西境临汾连接线开工建设

8月5日，青岛至兰州高速公路临汾至吉县段、临汾市北环、京昆与青兰高速公路山西境临汾连接线开工建设。省委副书记、省长王君出席开工仪式并宣布开工，副省长牛仁亮作重要讲话。省交通运输厅党组书记、厅长段建国主持开工仪式。省政府副秘书长陈永奇，厅党组成员、副厅长王志民，省直有关部门及金融部门负责人，临汾市四大班子领导出席。

临吉高速公路是国家高速公路网青岛至兰州公路和山西省“三纵十一横十一环”高速公路网第九横的重要组成部分，也是全省“十一五”规划重点建设项目之一。起于临汾市南辛店，与拟建的长治至临汾高速公路相接，经襄汾、乡宁、吉县，终于晋陕交界处壶口黄河大桥，全长99.27公里。全线采用双向四车道标准，设计时速80公里，路基宽24.5米，估算投资约91.7亿元。工期安排为2010年建成襄汾南辛店至乡宁光华段20公里，实现小循环；2012年建成乡宁光华至吉县壶口段79公里，全线贯通运营。该项目的建设，对完善国家和山西省高速公路网，贯彻落实国家中部崛起战略部署，改善区域交通条件，促进沿线地区资源开发和经济社会协调发展，具有十分重要的意义。

临汾市北环段是山西省高速公路网“三纵十一横十一环”规划中“临汾环线”的重要组成部分。起点为洪洞县曲亭镇，终点大运高速公路龙马枢纽，全长19.255公里，投资估算8.57亿元，建设工期2年。

京昆与青兰高速公路山西境临汾连接线是国家高速公路网连接线工程，也是全省“十一五”规划的重点项目之一，起点接青兰高速公路长临段曲亭互通，终点京昆高速公路山西祁临段明姜互通西南，全长16.03公里，投资估算14.11亿元，建设工期2年。两项目均由省政府投资，临汾市政府承建。

牛仁亮副省长在讲话中指出，临吉、临汾北环、京昆与青兰临汾连接线三个项目投资110多亿元，里程135公里，是全省新一轮公路建设重点项目，对改善临汾投资环境，促进资源开发，彰显区位优势，推动区域经济发展和社会进步具有重大意义。他要求临汾市政府及沿县各级政府和部门要高度重视，精心组织，密切配合，协同行动，积极做好项目建设中的土地、环保、拆迁等相关工作，为工程建设创造良好外部环境。交通部门和各参建单位要优化设计，精心组织，加强管理，科学施工，全力打造一条优质、安全、生态、文明的一流高速，为全省“三个发展”作出积极贡献。

厅党组成员、副厅长王志民，临汾市副市长徐树荣介绍工程概况。临吉高速建管处处长郭锁记，临汾市市长罗清宇分别代表参建单位和地方政府作表态言。（董忻文）

闻喜至合阳、运城至灵宝、河津至运城高速公路开工建设

8月6日上午，闻喜至陕西合阳、运城至河南灵宝、河津至运城高速公路开工建设。至此，全省当年开工的高速公路建设项目已达21个，总里程达1600公里。省委副书记、省长王君出席开工奠基仪式，宣布工程开工，副省长牛仁亮作重要讲话。运城市委书记高卫东主持开工仪式，省交通运输厅党组书记、厅长段建国就三个项目建设提出明确要求。省直有关部门和金融部门领导，三个项目沿线市县负责同志及河南省三门峡市、陕西省渭南市领导出席奠基仪式。

三个项目都是全省高速公路网规划“三纵十一横十一环”的重要组成部分。闻喜至合阳为第十一横组成部分，起点闻喜东镇，终点临猗孙吉镇，接拟建的黄河特大桥，与陕西西禹高速公路相连。主线全长76.2公里，项

目总投资33.98亿元，建设工期3年。运城至灵宝高速公路是中纵的重要组成部分，起点运城市盐湖区解州镇，终点芮城县陌南镇，接拟建的黄河特大桥，路线全长31.3公里(包括芮城连接线19.5公里)。项目总投资25.4亿元，建设工期4年。河津至运城高速公路为西纵组成部分，全线位于运城市境内，起于河津市，终于盐湖区，全线主线全长80.95公里。项目计划投资39.1亿元，建设工期3年。三个项目纵横河东大地，承接豫陕两省，都是全省对外开放、区域交流的重要出口公路，对完善运城市高速公路网络，提升城市品位，改善投资环境，拉动区域经济发展，促进产业结构布局，加快打造黄河金三角地区率先崛起的工贸旅游中心城市，具有重大战略意义。建成后，运城境内高速公路总里程将近600公里，出省口将达到6个。

厅党组书记、厅长段建国在讲话中指出，三个项目实行省政府投资、运城市政府承建的高速公路建设新体制，不仅对施工组织提出新挑战，项目管理任务也十分艰巨。在工程建设中，一定要认真贯彻落实科学发展观，牢牢抓住"安全零事故、质量保部优、生态文明好、廉政无违纪、概算不突破、全面创一流"目标，广泛吸收和借鉴国内外高速公路建设的先进技术和成功经验，建立健全工程质量保证体系和责任体系，合理安排工期，科学组织施工，严格工程管理，加强现场监控，确保工程质量，确保安全生产。要把环境友好、资源节约的要求贯穿于工程建设全过程，要切实加强反腐倡廉建设，坚决克服工程建设中的腐败现象。特别要切实加强对市政府包干建设项目和BOT项目的监管与服务，创新监管模式，提高服务能力，确保各个项目建设顺利进行。

牛仁亮副省长在讲话中指出，三个项目的开工建设，对全省贯彻落实中央决策部署，应对全球金融危机，实现"保增长、保稳定、保民生"具有重要意义。在牢固树立"百年大计，质量第一"建设理念的同时，一定要加快工程建设进程。他希望项目沿线市县政府和各有关部门要高度重视，努力为工程建设创优环境；交通部门和参建单位要发扬特别能吃苦、能战斗、能奉献的精神，努力打造高速公路精品工程，共同为加快新基地、新山西建设作出更大贡献。　　(魏建国)

榆次龙白至祁县城赵高速公路开工奠基

9月1日上午，榆次龙白至祁县城赵高速公路开工奠基仪式在太谷县水秀乡南郭村举行。这是全省首条由市级政府投资建设的全省首条全标准双向六车道高速公路项目，也是全省高速公路建设投资体制改革的一次尝试。省委副书记、省长王君出席仪式并宣布开工奠基，副省长牛仁亮，省政府秘书长王清宪，省交通运输厅领导段建国、张德仪、赵振田，晋中市市委副书记、市长张璞等出席，市委常委、副市长马彦平主持奠基仪式并介绍工程概况。

项目是全省"三纵十一横十一环"高速公路网的重要组成部分，是全省首条采用双向六车道技术标准设计的高速公路。起点位于榆次龙白与太旧高速公路连接处，经北合流、修文工业园区、巩村、任村、小常村、白村、杜村、牛家堡，终点位于祁县城赵，接大运高速公路太原至祁县段，建设里程71.496公里，设计时速100公里，估算投资36.9894亿元，建设工期3年。它的建设，对于完善全省高速公路网布局，缓解汾河谷地交通压力，扩大对外开放，促进沿线旅游、农业资源开发，提升晋中的城市品位和区位优势，促进晋中、太原两地共同发展，具有十分重要意义。

段建国在讲话中，要求晋中市政府和项目建设单位要全面贯彻落实科学发展观，坚持国家"依法修路、依法办事"的方针，严格建设程序，加强项目前期工作，坚持"百年大计、质量第一"方针，严格落实项目法人、招标投标、工程监理、合同管理四项制度，广泛吸收国内外高速公路建设管理的先进理念、先进技术和成功经验，建立健全工程质量保证体系和责任体系，合理安排工期，科学组织施工，扎扎实实抓好全过程的质量控制，争创优质工程。坚持“安全第一、预防为主”方针，切实加强特大桥梁等控制性工程的现场管理，提倡文明施工，纠正违章作业，坚决杜绝重特大事故。坚持“可持续发展”的方针，把环境保护、资源节约贯穿于工程设计、建设、管理全过程，依靠科技进步与严格管理，以最低的资源环境代价换取最大的建设成果和投资效益。

晋中市市长张璞在讲话中表示，龙城高速公路建设是晋中公路交通发展史上的一件大喜事，各级、各部门和沿线人民群众要全力以赴支持高速公路建设，扎实做好征地拆迁和施工环境保障工作，确保工程顺利实施。他表示，在省委、省政府的坚强领导下，在省直各部门的大力支持下，通过全体工程建设者的团结奋战，晋中市有信心将龙城高速公路建成全省一流的精品工程、生态工程和民心工程。

牛仁亮在讲话中强调指出，为加快工程建设，确保完成任务，省政府要求调动各市积极性，改革高速公路投资体制。龙城高速公路建设，就是全省高速公路建设体制改革的一个典型案例，是全省第一个由地方政府筹资并组织建设的高速公路项目。龙城高速公路作为全省高速公路体制改革的典型，在全省开了一个好头，必将调动各市交通事业发展的积极性，也为提升晋中的城市品位、区位优势，促进晋中、太原两地共同发展奠定重要基础。他希望晋中市政府、省交通运输厅以及项目建设单位要按照科学发展观要求，正确处理交通与环境、速度与质量、依法办事与提高效率的关系，严格基本建设程序，加快项目前期工作，确保工程尽快开工建设；在工程建设中，要严格质量，注意安全，把好资金关，精心组织，科学施工，把项目建设成为高速公路精品工程。

奠基仪式上，项目沿线榆次区、太谷县、祁县政府负责人分别作了表态发言。

省直有关部门、晋中市四大班子领导及市直有关部门的负责同志，沿线各县市(区)党政领导，厅机关、厅直有关单位负责同志参加奠基仪式。 (魏建国)

大同至天镇、大同至浑源、浑源至广灵、朔州至平鲁高速公路开工奠基

9月9日，大同至天镇、大同至浑源、浑源至广灵、朔州至平鲁4条高速公路开工建设。省委副书记、省长王君分别出席在大同、朔州举行的开工仪式并宣布开工，副省长牛仁亮作重要讲话。

2009年，省委、省政府为贯彻落实中央决策部署，应对全球金融危机，保持全省经济较快发展，部署重点工程建设投资6500亿元，其中公路建设项目投资达2500亿元。省交通运输厅牢牢把握这一难得的历史机遇，超常规展开项目前期工作，下大力气加强与有关部门的沟通协调，再次掀起全省新一轮公路建设高潮。包括这4个项目，目前全省高速公路在建项目已达到26个，建设里程达到2000公里，实现全年开工建设2000公里高速公路的目标。同时，为了加快建设步伐，调动地方政府积极性，启动高速公路建设投资体制改革，这4条高速公路加上已开工的临汾北环、京昆与青兰高速公路临汾连接线、闻喜至临猗、运城至芮城、河津至运城5条高速公路，全省由省里投资、地方政府承建的高速公路达到9条。

4个项目都是全省高速公路网“三纵十一横十一环”规划的重要组成部分。其中，大同至天镇、大同至浑源、浑源至广灵总里程224公里，总投资122亿元，建设工期3年。项目建成后，将形成晋北连接京、津、冀地区和山东半岛的高速通道，大同市的11个县

（市、区）将实现高速公路县县通、全覆盖，并形成1小时市县经济圈。朔州至平鲁高速公路由西、南两段组成，全长67.6公里，是贯通全省西北部与中南部地区的重要通道，也是继大同西北环、太原、运城环城3个建成通车项目，晋城、长治、临汾3个新开工环城项目之后的第7个开工建设的环城高速公路项目。它的建设，对于完善全省高速公路网布局，缓解当地交通压力，扩大对外开放，促进沿线旅游、农业资源开发，提升朔州经济实力，具有十分重要的意义。

牛仁亮在4个项目的开工仪式上作重要讲话。他说，在全省上下千方百计促“三保”，坚定不移谋发展，全省经济企稳向好的关键时期，大同至天镇高速公路等4个项目开工建设，全省高速公路建设里程达到2000公里，这不仅是大同、朔州两市的大事，也是全省社会经济发展中的一件大事。到目前为止，全省经过15年努力建成高速公路1965公里，而今后三年则要建成2000公里，使命光荣，任务艰巨。他要求大同市、朔州市政府、省交通运输厅以及项目建设单位，在这4个项目的建设中一定要按照科学发展观要求，强化服务意识，切实履行职责，严格基本建设程序，加强廉政建设和安全管理，严把质量和资金关口，确保工程顺利推进。项目沿线各级党委、政府和各有关部门要精心组织，密切配合，协同行动，积极做好征地拆迁和施工保障工作，为高速公路建设创造良好外部环境，共同打造一流的高速公路，为全省“三个发展”和新山西新基地建设作出应有的贡献。

厅党组书记、厅长段建国出席4个项目的开工仪式并讲话。他说，像当前如此大规模的高速公路建设，在全省还是第一次，不仅对施工组织提出新挑战，对项目的科学管理也提出更高要求。他希望各个项目的建设管理要做到合理安排工期，科学组织施工，严格工程管理，确保工程质量，确保安全生产，确保廉政建设，圆满完成建设任务，让广大人民群众早日享受高速公路带来的方便和实惠，为全省转型发展、安全发展、和谐发展作出新的更大贡献。（孙乾灏）

和榆高速公路建设管理处揭牌仪式举行

9月21日，和榆高速公路建管处在左权县正式揭牌，厅巡视员曹燎原出席揭牌仪式并讲话。

和榆高速公路是全省高速公路规划网中“三纵十一横十一环”主骨架第七横的重要组成部分，是西通陕甘宁、东达京津冀的重要战略通道。路线起于榆社县赵道峪村，止于和顺西段省界，途经榆社、左权、和顺3个县，建设工期3年。和榆高速公路建设，对于完善全省高速公路网，改善革命老区的投资环境，促进晋中社会经济发展和旅游开发，有着十分重要的战略意义。

曹燎原在讲话中指出，和榆高速公路开工在即，作为建设管理者一定要切实增强责任感和使命感，要把施工、设计、监理单位组织好、协调好，把建设资金管理好、使用好，科学指挥，统筹规划，营造和谐的施工环境。他希望建管处依法管理，狠抓落实，搞好服务，特别是要把好安全质量关，为老区人民交一份满意答卷。（董忻文）

平定至阳曲高速公路通过初步设计评审

9月3日，平定至阳曲高速公路初步设计评审会召开，由交通运输部专家库抽取五名专家组成的评审专家委员会对《山西平定至阳曲高速公路初步设计》进行评审。厅党组成员、厅总工程师部玉兰出席并讲话。

项目是全省高速公路网“三纵十一横十一环”主骨架第五横的重要组成部分。采用双向六车道标准建设，全长123.321公里，总投资估算147.455亿元，建设工期3年。

评审会上，设计单位省交通设计院和省

交通科学研究院将线形、线位、路基、桥隧及工程概算等初步设计的有关情况向与会领导和专家作了介绍。审查单位中交桥梁技术有限公司向专家汇报初步审查意见。相关部门及沿线地方政府就项目与地方实际提出合理化建议。

郜玉兰在讲话中，要求勘察设计工作要在落实科学发展观、建设山西重点工程上有新作为，要在建设标准、服务功能与社会需求、设计指标选用等方面进行深入探索。同时，对初步设计中的用地指标、工程概算等方面提出具体要求。

专家组各成员对项目建设规模和主要技术标准、路线方案、路基路面、桥隧及概算等方面提出具体意见。大家认为，设计单位所提供的初步设计文件基本达到规定的有关要求；设计、审查单位都较好地完成初步勘察设计、审查工作，充分考虑到了促进当地经济发展。在工可的基础上，提出多个比较方案，并经充分论证比较，确定最优K线方案。与会专家原则同意设计单位的推荐方案，希望下一阶段能根据专家组的建议和意见，继续优化路线设计方案，进一步修改完善后，上报国家有关部委审批。（孙乾灏）

全省交通建设成就

设 计 监 理

京昆高速公路山西段工程可行性研究报告通过评审

3月2日，省发改委组织召开京昆高速公路山西境内平定至阳曲段工程可行性研究报告评审会。

平定至阳曲高速公路项目是全省高速公路网规划“三纵十一横十一环”中第五横的重要组成部分，是中西部各省通往京、津、塘的交通动脉，项目建成将带动沿线地方经济，促进山西中东部地区旅游事业发展和太原都市圈建设，具有较高的经济和社会效益，备受省厅和社会各界的关注。项目起点位于平定县岔口乡神水泉村东，与京昆高速公路的河北省拟建段终点以隧道相接，终点设于阳曲县泥屯镇苏村与在建的太原至佳县高速公路以立交枢纽相接。推荐方案全长130.856公里，桥隧比例41.5%，其中特长隧道4座、特大桥4座、互通式立交4处、枢纽3处，采用双向六车道高速公路标准，设计速度100公里/小时，路基宽度33.5米，项目建成后将是全省第一条标准六车道高速公路。

工可研究根据项目的性质、沿线地形、交通量预测结果、通行能力分析和服务水平评价结果，设有南、北两条走廊带，进行了10个同深度线路比较，在评审过程中受到专家组一致好评，顺利通过省发改委组织的评审。

（高　睿）

天镇至大同高速公路通过初步设计外业验收

7月15日至16日，省交通运输厅在大同市主持召开“天镇至大同高速公路”初步设计外业验收会议。外业验收期间，与会专家深入项目主要控制点进行实地踏勘，随后听取了勘察设计单位的汇报，并审阅了有关资料。会议结合大同长远发展规划，针对路线方案充分论证，专家组一致认为：各专业设计所需的外业资料收集较齐全，基本满足初步设计工作需要，同意该项目通过初测外业验收。

该项目工可起点位于晋冀两省交界处河北省怀安县，终点位于大同县官堡村，与拟建的大同至浑源高速公路官堡枢纽连接，是大同地区出省的又一条通道，对同煤外运有着重要经济意义。

（高　睿）

榆次龙白至祁县城赵高速公路项目初测外业通过验收

8月4日，“榆次龙白至祁县城赵高速公路”初测外业验收会议在晋中召开。

该项目是山西省高速公路网规划“十一环”中晋中环线组成部分。推荐路线全长71.496公里，主线采用双向六车道，设计时速100公里/小时，路线平缓，全线设枢纽互通3处、一般互通3处，服务区1处。由省交通设计院承担初测。勘察设计难度主要是沿线水、路网纵横,电力电讯设施密集;区域经济发展较快,规划项目众多,沿线城镇、村庄密集,人多地少。项目建成后将完善全省路网规划,缓解太原环城高速公路南段交通压力,为晋中市旅游业、焦煤、玻璃器皿外销提供便捷的交通,对推动区域经济发展具有重要意义。

(高 睿)

省交通设计院获山西勘察设计协会多项表彰

9月9日,在山西勘察设计协会组织召开的表彰大会上,省交通规划勘察设计院获得多项殊荣。获"省十佳勘察设计院";太原至旧关高速公路、原平至太原高速公路两个勘察设计项目获"省十佳设计成果";大运高速三维可视化信息系统、黄土连拱隧道设计施工技术研究两个科研项目获"省十佳技术创新成果";有五名同志获"省百佳设计工程师"。

建国60年来,省交通规划勘察设计院作为全省公路勘察设计的主力军,承担了全省80%以上的公路勘察设计任务,累计完成各类公路工程勘察设计20 000余公里,其中高速公路2600余公里,完成了特大桥和大桥工程勘察设计900余座,完成公路隧道勘察设计130余座。在已勘察设计的项目中先后有59个项目获得国家、部、省级优秀工程勘察、优秀工程设计奖,其中太旧、原太、京大高速公路等获得国家优秀设计银奖;大运二级公路、太旧高速公路被评为建国60年全国公路勘察设计经典工程;忻阜高速公路列为交通运输部贯彻新理念科技示范典型工程;全国第一座黄土连拱隧道——离石隧道入选全国交通企业新纪录;太古高速公路西山隧道全长13 680米,为全国第二长公路隧道。

交通设计院注重交通勘察设计的科技创新工作,承担50余项科研项目,其中27个科研项目获得国家、部、省级奖项。其中《高等级公路数模与仿真技术研究》获山西省科技进步一等奖;《振动砂石桩处理液化地基的研究》、《山西省"大运"高速公路三维可视化系统》、《黄土连拱隧道设计施工技术研究》、《T型刚构桥梁加固技术研究》、《粉煤灰在公路工程中的综合利用研究》等5项获山西省科技进步二等奖;《公路路基结构可靠性研究》获交通部科技进步二等奖;《湿排粉煤灰水泥混凝土在公路工程中应用的研究》获中国公路学会科学技术二等奖;《混凝土梁桥桥面铺装结构的研究》、《山西省公路地质卫星遥感GIS系统》等7项获中国公路学会科学技术三等奖;《装配式钢筋混凝土斜空心板桥设计图》、《路线CAD系统二次开发研究》、《AC/RCC复合式路面试验研究》、《粉煤灰混凝土在桥梁工程中应用的研究》、《山西省高速公路滑坡发生发展机理及防治技术研究》等12项获山西省科技进步三等奖。全院拥有2项自主知识产权和2项国家版权局专利。特别是在山区高速公路湿陷性黄土地基的处理,滑坡、深路堑、高路堤、煤矿采空区的勘察、设计和处治,高速公路特大桥梁、隧道,特别是黄土连拱隧道的勘察、设计方面积极探索,积累了丰富的经验,已形成独特的优势和专长。勘察设计技术水平、设计质量在全国同行中居于领先。近几年,该院还积极参与部颁标准规范的编制工作,主编了交通部《采空区公路设计指南》和《公路工程加筋土设计规范》共2项;参编了交通部《公路工程地质勘察规范》、《公路路线设计规范》、《公路工程概算定额》、《公路工程抗震设计规范》和《公路隧道设计细则》共5项。其中,中标主编的《采空区公路设计指南》,将补充和完善我国公路采空区设计、施工及检测方面的技术标准和要求,填补了这方面无规范可依的技术空白,彰显了山西交通公路工程在科技建设方面的雄厚实力。

(高 睿)

《山西省公路地质卫星遥感GIS系统》获得全省优秀计算机软件二等奖

由省交通设计院研发的《山西省公路地

质卫星遥感GIS系统》获得山西省建设厅组织的“全省优秀计算机软件二等奖”。

《山西省公路地质卫星遥感GIS系统》是以山西全省高速公路为基础，运用GIS技术为手段，统一全省1:250000电子地图、卫星影像、公路属性数据而建立的专业信息平台，具有覆盖山西全省的卫星遥感影像图、地形图、交通属性数据库，通过先进的动态连接技术，实现了RS、GIS、公路数据库技术全面集成，创建了公路专业信息平台；构建了全省含有高速公路详细信息的不良地质分布卫星遥感影像图；实现了全省高速公路可视化管理和公路交通服务信息化等特点，有效配合了高速公路设计，在方案论证和成果汇报中发挥较好的作用。

（高　睿）

省交通设计院被评为社会信用度AAA级企业

在省交通运输厅公布的年度全省交通建设社会信用度企业评选中，省交通设计院在众多勘察设计、施工、监理等从业单位中脱颖而出，被省厅优质工程评奖委员会评为唯一一家省交通建设社会信用度AAA级企业。

长期以来，省交通设计院重合同，守信誉，严格把控设计产品质量，积极完善后续服务，把技术作为生存基础，诚信作为发展保障，始终坚持信誉至上，在内部建立了完善的信用考核管理机制，把信誉度评价纳入生产部门年度考核当中。通过书面考核和跟踪调查等形式，收集项目业主单位对设计质量、后续服务和工作作风的反馈意见，再由职能部门对各项目承担的生产部门进行全面系统的业绩信用度考评，在山西交通建设领域树立了较高口碑，起到维护诚信的典范作用。

（高　睿）

忻保高速公路工可研究报告获全国优秀工程咨询成果三等奖

省交通设计院编制的忻州至保德公路工程可行性研究报告获得中国工程咨询协会2008年度全国优秀工程咨询成果三等奖。

忻保高速公路是山西省高速公路建设重点示范工程，是中西部省份连接通往京、津、塘地区交通动脉，项目建成将带动沿线地方经济，促进山西中北部地区旅游事业发展和革命老区建设，具有较高的经济和社会效益。该报告编制过程中，依据沿线区域生态和人文环境带特点，按景观式公路建设理念，分路段、区段、节点等三个层次，采用自然式、乡土化、保护性和恢复性等先进的设计风格，突出了“生态路”、“环保路”、“旅游路”的新设计标准。

（高　睿）

长晋高速公路获得全省优秀工程设计一等奖

在山西省建设厅组织的2008年度全省优秀工程勘察设计项目评选中，由省交通设计院设计的长治至晋城高速公路获得“优秀工程设计一等奖”。长晋高速公路全线存在滑坡群、穿越采空区、处治湿陷性黄土三大地质难题，设计中该院坚持科研、设计、施工相结合，采取压力分散型框架锚索、预应力锚索抗滑桩、微型桩等新型抗滑支挡结构综合处置滑坡群；全充填压力注浆法、井下巷道浆砌或砌碹法充填进行综合治理采空区；采用重夯后换填灰土和强夯处理地基，有效处治湿陷性黄土的路基、高填土涵洞问题。其中针对滑坡群处治工程结构设计的《山西省高速公路滑坡发生发展机理及防治技术研究》科研课题达到国际先进水平，对全省乃至全国此类问题都具有参考和指导作用。

（高　睿）

省交通监理总公司荣获全国优秀交通监理企业

2009年，省交通监理总公司按照“全面贯彻党的十七大精神，坚持科学发展观，深化企业改革,抓管理、促稳定,抓省内、选市场,理思路、拓领域,在前进和发展中解决存在的困难和问题,把握机遇、提升优势、创新管理、凝聚人心、储备人才,继续实行一业为主多元发展的经营战略,以项目管理为主线,实现管理上档次、效益创新高,使企业摆脱困境,逐步走上良性发展的轨道"的工作总体思路,在省交通运输厅的大力支持下,调思路、破难题、保稳定、促发展,制定了管理、技术和人才策略,实施了一系列大的战略调整,坚持以人为本,创新管理机制,加强项目管理和资产管理力度,使生产经营保持了良好的势头,并抓住发展机遇,在咨询、房建和国际业务等其他项目领域的拓展上实现了突破。公司先后被山西省建设监理协会评为"三晋工程监理企业二十强",中国建设监理协会评为"中国建设监理创新发展20年工程监理先进企业",中国交通建设监理协会评为"2008年度交通建设优秀监理企业",2009年3月,公司再次被中国交通建设监理协会评为"交通建设优秀监理企业"。

(何花春)

省交通监理总公司
监理工作屡受表彰

2009年,省交通建设工程监理总公司继续以监理工作为中心,全体监理人员始终坚持中国交通建设监理协会制定的"严格监理、优质服务、公正科学、廉洁自律"的职业道德准则,较好地对工程的质量、进度、安全、环保等工作实施了动态跟踪管理,保证了监理工作的高效有序。公司太古项目监理部获得全线通报表扬并被奖励5000元;公司高陵项目部在高陵高速公路有限公司组织的劳动竞赛第一阶段综合评比中被评为监理单位综合考评第一名,被授予"标兵单位"荣誉称号,并获奖金10万元;安徽合宁高速公路扩建路面工程项目部被合宁高速公路扩建工程指挥部评为"先进单位",并获奖金10 000元。

(何花春)

公 路 建 设

“山西公路建设六十年成就展”（干线公路部分）成功展出

9 月 28 日至 10 月 13 日，由省委宣传部、省交通运输厅联合主办的“山西公路建设六十年成就展”在山西省展览馆成功展出。展览系统地反映了全省公路建设 60 年的艰辛历程和取得的辉煌成就，展现了当前再掀公路建设高潮的盛况及未来规划的宏伟蓝图，突出表现公路建设者团结拼搏、艰苦奋斗、与时俱进、勇于创新的精神风貌。山西省公路局承担干线公路部分参展筹备工作，共编辑展出图片 88 幅，展现了全省干线公路建设 60 年的光辉历程，反映了山西公路事业 60 年翻天覆地的沧桑巨变，见证了山西公路人披肝沥胆的创业历程。

1949 年到 2008 年，全省干线公路通车里程从 1288 公里发展到 11 875 公里，增加 8.5 倍；狭窄颠簸的土路、砂砾路变成今天畅洁绿美的油路、水泥路。特别是 2000 年以来，山西省公路局紧抓县际路网改造、薄弱路段和超龄油路改造、运煤通道建设、旅游公路建设、沿黄干线建设五大工程，积极创建安全公路、文明公路、绿色公路、科技公路，全省干线公路发展迈上了一个新台阶，形成以“三纵八横”为骨架、干支相连、纵贯全省、通达四邻、安全便捷的干线公路网络。以仅占全省公路通车总里程 10% 的干线公路承担起全省 60% 的公路运输量，为全省社会经济平稳较快发展作出重大贡献。

（吴夏生）

四项新改建工程通过验收

2009 年，省公路局对缺陷责任期满、完成竣工决算审计、质量监督单位已进行现场质量检测并出具质量检测报告的 4 个新改建工程项目进行了验收，其中省道韩河线韩家楼至河曲段、省道李东线平顺县城改线段、国道 309 长治北寨至安泽界段三个项目评定为优良，国道 108 线临汾过境公路评定为合格，验收优良率达 75% 。

韩河线、国道 309、国道 108 分别于 2006 年 9 月、2007 年 11 月、2007 年 10 月竣工，分别于 2009 年 6 月 4 日、9 月 26 日、12 月 17 日由省公路局组织进行验收，工程建设较好地执行了国家基本建设程序，建立了完善的质量保证体系，有效控制了工程质量、进度、投资，按设计要求完成了各项建设任务，验收过程严格按照交通运输部竣工验收办法规定，验收组通过检查资料、查看现场、综合打分等环节对三个项目进行了质量评定。省道李东线平顺县城改线段于 2007 年 7 月 31 日竣工，受省公路局委托，长治公路分局于 7 月 28 日会同质量监督部门按照工程项目竣工验收程序进行了竣工验收。

（吴夏生　张彦飞）

公路系统多项工程获山西省建筑业协会行业评优奖

山西省建筑业2009年度各项评优工作由企业申报,省属各行业协会或主管部门审核推荐,评委办公室初审、公示及现场工程复查,于2009年12月18日、29日经山西省建筑业行业管理奖评审委员会和山西省建筑工程"汾水杯"质量奖工程评审委员会评审通过,并报山西省住房和城乡建设厅核准,共评出2009年度山西省建筑工程"汾水杯"质量奖41项,山西省优秀建筑企业76个,山西省建筑企业优秀经理52名,建筑施工企业优秀项目经理208名,用户满意建筑企业22个,用户满意工程22项。公路系统获多项大奖。

山西路桥第二工程公司承建的"得大高速公路开发区高架桥"获山西省建筑工程"汾水杯"质量奖工程;

山西省晋中路桥公司、太原路桥公司、山西晋城路桥公司、山西路桥第一工程公司、山西路桥第二工程公司5家单位获"优秀建筑企业";

山西省晋中路桥公司秦阳、山西路桥第二工程公司高峰俊二人获"建筑企业优秀经理";

山西路桥第一工程公司武卫利、杜建政,山西路桥第二工程公司程兴记、王国青、赵宏川、梁全虎、程志康,太原路桥公司尤智浩、李中,山西远方路桥公司曹格平、刘爱,山西省晋中路桥公司陈黎阳、刘瑞斌、郭涛、王恩奎、郭聪林等16人获"建筑施工企业优秀项目经理";

山西路桥第二工程公司获"用户满意建筑企业"。

(吴夏生)

晋城环城高速公路全面开工建设

4月25日,晋城环城高速公路路基、桥涵工程施工合同正式签订,环城高速公路建设全面展开。

晋城环城高速公路是全省高速公路规划"三纵十一横十一环"的重要一段,是省委、省政府确定的152项重点项目、15项重点交通项目之一。晋城环城高速公路也是晋城市委、市政府高度关注、全力推进的重点工程项目,是关系到晋城市城市建设规划、城市规模扩张和经济社会发展的一项具有战略意义的民心工程。它的建设,对进一步完善晋城市的高速公路网络,建设经济发达、人民富裕、生态良好、社会和谐的新兴现代化城市,提升晋城市的中心城市功能和城市品位,促进城乡一体化和新农村建设具有重要意义。

晋城环城高速公路一期工程建设里程29.475公里,路基宽度24.5米,全线采用双向四车道标准修建,设计时速80公里/小时,概算总投资14.137亿元。全线共有大桥2130米/4座,中桥688米/12座,小桥213米/9座,涵洞56道,互通立交枢纽6处,通道41道,天桥15座,收费站4处,服务区(含监控)1处,土方283.7万立方米,石方70.7万立方米,防护工程19.54万立方米。

晋城环城高速公路建设工期为两年,实际工期只有一年半,工期非常紧张。合同签字仪式上,建管处要求各参建单位要牢固树立"一天也不能耽误的思想",立即组织,迅速进场,抓紧开工,全面掀起"大干8个月,重点抢路基,管理上水平,国庆献厚礼"的施工高潮。围绕2010年竣工通车总工期目标,晋城环城高速公路2009年要实现路基工程基本完工,路基基本贯通,控制性工程在确保质量的前提下安排冬季施工;路面、房建、绿化、机电、交通等后续工程招标工作11月份前完成;路面、房建、绿化施工单位提前进场;房建完成主体工程的建设目标。

(石　兰)

运城绕城高速公路西南段建成通车

5月7日上午,运城绕城高速公路西南段建成通车,成为全省继太原、大同之后完成环城高速公路建设的第三个省辖市。

运城绕城高速公路西南段起于盐湖区金井乡长江府村，与运风高速公路相接，终于东郭镇南界滩村，与运三高速公路相连，主线全长41.51公里，概算投资10.7亿元。2007年4月开工，2008年11月竣工，19个月完成全部工程，刷新了全省高速公路建设工期新纪录，打造了高速公路建设“品牌工程”。

运城绕城高速公路西南段是全省高速公路网的重要组成部分，它的建成通车，对于完善全省路网结构，提高路网整体服务水平，加快全省现代化建设步伐，必将起到重要的推动作用。该项目的上马和建设，凝聚了省、市、县、乡各级领导、各有关部门关心和支持交通事业的心血和汗水，体现了全省人民扩大对外开放，促进运城地区优势互补、协调发展的坚定意志。在建设期间，省领导多次亲临工程建设一线视察指导工作，慰问筑路员工；省直有关部门给予了大力的支持和帮助，为项目建设提供了优质高效的服务；沿线各级党委、政府和广大群众顾全大局、不计得失，大力改善投资环境和建设环境，保证了工程建设顺利进行，圆满实现了质量、投资、工期、安全、廉政五大控制目标，为全省进一步创新公路工程管理、转变交通发展方式提供了现成经验和有益借鉴。

（石　兰）

国家高速公路网灵丘至山阴段开工建设

6月10日，国家高速公路网荣成至乌海高速公路灵丘至山阴段开工仪式在大同市浑源县小辛庄村隆重举行。这一重点工程项目的开工建设，对完善国家和全省高速公路网，优化产业布局，改善投资环境、扩大对外开放，促进全省北部乃至全省的经济发展具有重要作用。

国家高速公路网灵丘至山阴段是国家规划建设的“7918”高速公路网的重要组成路段，国家发改委于3月30日正式批准立项。该项目位于大同市和朔州市境内，起于晋冀交界灵丘驿马岭隧道，经灵丘县、浑源县、应县、山阴县，终点接大运高速公路立交枢纽，全长153.96公里。双向4车道，速度100公里/小时，路基宽度26米，概算投资83.2亿元。根据规划，2009年将完成浑源至山阴段路基、桥涵工程，2010年部分路段通车，2011年全线建成通车。

（石　兰）

长治至平顺高速公路、太行山大峡谷旅游公路开工建设

6月26日上午，长治至平顺高速公路开工建设，这是2009年开工建设的第15条高速公路，至此全省高速公路开工建设里程已突破1300公里。

长治至平顺高速公路是全省“三纵十一横十一环”高速公路规划网“十一环”和长治至河南安阳高速公路的重要组成部分。该项目全长108公里，其中主线全长40公里，环城段全长58公里，长治连接线全长10公里。主线起于山西、河南两省交界的河坪，终于壶关县逢善村，双向四车道，设计行车时速80公里；环城段起于潞城西贾村接长邯高速公路，在长治县官道村与长晋高速相接，设计行车时速100公里；长治连接线全长10公里，起于壶关逢善，终于长治市北天桥，设计行车时速100公里。项目概算总投资79亿元，建设工期4年。除与长晋、长邯高速相连外，长治至平顺高速公路还与国道207、309、325、324、226及省道、县乡道路沟通，它的建设将形成长治市层次分明、功能强大、运输高效的公路运输网络，可进一步完善长治地区乃至全省高速公路网络，促进区域经济社会发展。

同日开工的太行山大峡谷旅游公路也是全省2009年的重点建设项目，起点位于壶关县桥上乡丁家岩村，终点在树掌镇树掌村，全长66.725公里，路面宽度7.5米，全线设计时速20公里，总投资概算4.5亿元，预计2011年全线建成通车。

（石　兰）

省道长晋线高平至晋城一级公路开工奠基

8月12日上午,省道长晋线高平至晋城一级公路开工奠基仪式在晋城市城区七岭店新村举行。

省道长晋线高平至晋城一级公路,是晋城市中部地区的主要经济通道之一。该项目起于高平市南王庄村北(与高平市北环路相接),向南经唐庄、许庄东,折向西南经小仙、北部,经来村、李村、西四义、大车渠,穿越凤凰山、车渠隧道,沿大张村东到达终点城区七岭店新村,与陵沁一级公路相接,路线全长35.775公里,采用一级公路技术标准,双向四车道,路基宽度为24.5米,全线设计时速80公里,估算投资14.6亿元,建设工期2年。

(石 兰)

太原环城高速太谷连接线工程(清徐段)开工建设

11月29日,太原环城高速太谷连接线工程(清徐段)开工建设。

太原环城高速太谷连接线太原境内全长24.952公里,其中太原市经济开发区7公里,小店区7.1公里,清徐县10.8公里,采用一级公路标准建设,设计速度100公里/小时,路基宽度24.5米,总投资5亿元,占地1664亩。太原市政府为该项目的建设单位,市交通局负责工程的监督与管理,具体由沿线经济区、小店区和清徐县政府具体组织征地拆迁和建设。

(石 兰)

平阳高速公路开工建设

12月18日,平定至阳曲高速公路工程建设动员大会在盂县召开,标志着平阳高速公路工程建设序幕正式拉开。

平定至阳曲高速公路全长124.5公里,是全省第一条山区双向六车道高速公路,批准建设工期3年。平阳高速公路建管处从8月份正式挂牌成立三个多月来,全体指战员以科学发展观为指导,紧紧围绕全省重点公路工程建设目标,加班加点只争朝夕,相继完成项目立项报批、勘测设计、工程招投标、土地、环保等前期报批等任务,全线施工监理单位陆续进场,且项目部驻地建设、便道施工等"三通一平"也已基本完成,全面开工建设的条件已经具备。

(石 兰)

榆社至和顺高速建设推进会召开

12月21日,榆社至和顺高速公路建设推进会召开。

榆社至和顺高速公路是山西省高速公路网规划中"三纵十一横十一环"高速公路网主骨架第七横即汾阳至邢台高速公路的重要组成部分,是西通陕、甘、宁三省,东达京、津、冀三省市的重要战略通道。榆社至和顺高速起于与太长高速公路相交的榆社峡口枢纽互通以东2公里处的赵道峪村,终点同河北省规划的"五纵六横七条线"高速公路网中的第五横临清(冀鲁界)至和顺(晋冀界)高速公路西段与康家楼特长隧道相连。沿线途经榆社县、左权县、和顺县三个县,全长76.5公里。全线共设互通立交4处,匝道收费站3处,主线收费站1处,石匣服务区1处,许村停车区1处。该路采用双向四车道高速公路标准建设,设计行车速度80公里/小时,路基宽度24.5米。预计2012年通车。

榆社至和顺高速公路建设项目是省内2009年的重点工程项目,必将改变晋中太行山区经济落后的现状,更好地发挥区域优势,带动沿线开发、就业有重大意义,它的开工建设将使现有高速公路网络更加优化,将更加方便广大人民群众的出行,提升山西形象。晋中市按照省委省政府的要求,确保高速公路建设顺利推进,提供政策支持,特事特办,搞好协调服务,为工程建设提供最佳最优的施工环境,保证按期完工。 (石 兰)

大运公路介休至霍州段改建工程建成通车

大运公路介休至霍州段一级公路改建工程于2009年12月竣工通车。

该工程全长64.339公里(其中介休境内9.5公里,灵石境内44.95公里,霍州境内9.889公里),起点位于介休市义棠镇师屯北村,与祁介一级路相接,终点位于霍州市白龙镇,与霍州至侯马一级公路相接,是连接介休、灵石、霍州三地的南北大通道,是国省干线公路中地形条件最复杂、施工难度最大的工程项目之一。2008年1月正式开工建设。

K0—K19段和K51+028—K62+200段设计速度采用80公里/小时,路基宽21.5米;其余路段设计速度采用60公里/小时,路基宽20米;隧道净高5米,净宽9.75米;桥涵设计汽车荷载等级为公路I级。该工程调整概算总金额15.6亿元。主要工程量为:路基土方744 572立方米,石方105 269立方米,防护工程801 827立方米,排水工程84 065立方米,水稳碎石基层(2×20厘米)1 424 042平方米,沥青混凝土上面层(5+7厘米)1 206 718平方米,大桥5座,中桥9座,小桥26座,涵洞283道,隧道2067米/2处,互通2座。该项目被交通运输部列为国省干线公路勘察设计典型示范工程,被省公路局确定为文化公路建设项目。

介霍一级公路的建成,打通了国道108线在晋中和临汾两市的瓶颈路段,保证国道108线在晋中、临汾境内的交通通畅和行车安全,加快了晋中及山西公路路网主骨架的建设,为城市之间提供了快捷、直达、经济、舒适的公路通行条件。

(吴夏生)

省道南沁汾屯公路改建工程建成通车

2009年11月,省道南沁汾屯公路改建工程建成通车。

该项目由南沁线沁县西渠上至沁源交口、汾屯线晋中界至沁源交口两段组成,全长79.3公里。其中南沁线改建段33.85公里,汾屯线改建段45.45公里。工程采用二级公路技术标准,行车速度60公里/小时,桥梁设计荷载等级为公路I级,沥青混凝土路面采用3+5结构,路基宽度12米。工程概算投资3.65亿元。主要工程量为:路基土石方167万立方米,防排工程15万立方米,路面工程85.7万平方米,新建大桥4座、中桥5座、小桥28座;涵洞208道。

工程由山西省公路局长治分局承建。长治公路分局勘测设计所为设计单位,焦作市晟源路桥工程监理有限公司和山西晋通公路工程监理有限公司为监理单位,山西省晋中路桥建设集团有限公司等8个施工单位负责施工,工程于2008年11月正式开工建设。省道南沁汾屯公路是全省干线公路网的重要组成部分,也是晋煤外运的主要通道,更是长治地区经济主干线。工程的建成通车,方便了沁源、沁县、平遥等县人民群众的通行,改善了交通环境和区位优势,缩短了与各地的时空距离,必将促进人流、物流、信息流的加速流动,对于促进产业结构调整,推动新农村建设具有十分重要的意义。

(吴夏生)

盂县运煤专线公路建设工程竣工通车

7月8日,盂县运煤专线公路建设工程举行剪彩仪式。

盂县运煤专线公路建设是阳泉市政府“百项工程”之一,也是盂县政府确定的“十大重点工程”项目。项目总里程9.823公里,总投资5297万元,建设等级为二级公路。工程分两期建设:第一期工程是上乌纱至良种场段,建设里程6.326公里,于2006年10月开工,2007年10月竣工,投资2897万元;第二期工程是乌玉至上乌纱段,建设里程3.497公里,于2008年7月开工,2009年7月1日竣工，投资2400万元。整个工程建设，共完成征地拆迁投资296.1万元，动用土方360 926立方米、石方107 885立方米，完成防护工程15 970立方米，石砌边沟7541立方米，铺筑沥青路面9.823公里，修筑中、小桥梁5座120米，砌筑涵洞23道。

（王九存　史晋阳）

沿黄扶贫旅游公路大宁段昕水河大桥工程全面竣工

9月28日，大宁县沿黄扶贫旅游公路昕水河大桥竣工。昕水河大桥位于沿黄扶贫旅游公路大宁段K12+201古镇村黄河边，桥位横跨昕水河，为4孔25米石拱桥，矢跨比为1/5，桥面宽度为7+2×0.5米，全长157.5米。工程由山西恒源路桥建设有限公司承建，临汾市路捷公路咨询公司监理，6月1日开工建设。

昕水河大桥是沿黄扶贫旅游公路临汾市沿黄四县最大的一座石拱桥，也是施工难度和技术含量最高的一座桥梁，大桥的竣工通车，标志着沿黄扶贫旅游公路临汾境内全线贯通。

（李玉洲　庞燕东）

阳泉至娘子关一级公路水峪至娘子关段奠基

12月10日，阳泉至娘子关一级公路水峪至娘子关段工程奠基开工仪式在平定县水峪村举行。

阳泉至娘子关一级公路水峪至娘子关段是全省构筑“通达四邻、互相协调、快速便捷”公路网络的重要路段。它的建设对完善全省路网结构、构建综合交通运输网、促进晋煤外运及旅游产业开发等具有十分重要的意义，同时也是阳泉市“十一五”路网规划“五纵五横四循环”的重要组成部分。路线起于平定县巨城镇大麦峪村南与坡头至水峪公路相接，经巨城、下董寨、城西村、苇泽关，至终点娘子关镇晋冀交界处，全长约21.96公里，概算投资16.7亿元，按一级公路标准建设，设计时速每小时60公里，双向4车道，建设工期2年。工程由中国建筑工程总公司采用BOT模式承建。

（王九存　史晋阳）

临汾市交通局采取五项措施狠抓公路建设质量

2009年，临汾市交通局采取措施加强农村公路的质量管理，确保工程建设质量。

一是充分发挥各县（市、区）质监分站的作用。2008年以来，拿出专项资金200余万元为各县（市、区）交通部门配置了试验仪器，建立标准质检分站和中心实验室，配备了技术人员，进一步提高了施工现场检测和试验检测能力。

二是建立健全“政府监督、社会监理、业主抽检、企业自检”的四级质量保证体系。按程序委托中介机构，对工程项目进行了公开招投标，选择有资质的施工单位进行工程建设，从项目法人、施工许可、招投标、工程设计，现场施工管理等各个环节入手，规范建设管理程序，严把工程质量。

三是强化技术指导，落实“规范”“标准”。对施工中出现的技术问题积极派出经验丰富的工程技术人员实地指导，及时解决；各县（市、区）交通局将工程技术人员派驻工地，实行全天候、全方位、全过程的监督指导。对于村通工程，则采取集中授课和现场示范等形式进行技术培训和实践操作培训，并将省交通运输厅印发的《山西省“全覆盖”工程村通水泥（油）路施工指南》及时发放到各县（市、区），普遍提高了参建人员的理论知识水平和实践操作能力。

四是坚持控制要点，狠抓过程控制。在路基工程施工时把好“一关”、抓好“三度”、搞好“三部”，即特殊路基处理关；平整度、虚铺厚度、压实度；填挖结合部、标段结合部和新旧路基结合部；对路面工程则严把“二关”、抓好“三度”、控制好“四缝”，即原材料进场关、机械设备选型关;面层和基层的摊铺碾压厚度、压实度、平整度;砼路面的纵缝、缩缝、胀缝、施工缝。同时对各种施工控制要点的施工工艺和机械配套又提出了具体要求,便于施工控制和操作,达到工程实体质量内实外美的目的。

五是加强政府监督,提高检测频率,用科学的数据指导施工。工程开工前,由市县两级质监站对施工单位、监理单位的工地试验室进行检查验收;工程开工后,质监站对施工单位的试验频率和监理单位的抽检频率进行不定期的突击检查,看是否达到规定要求;同时,市质监站在对县质监站进行具体指导之外,还根据交通运输部质监总站下达的各项质量关键指标进行抽查,促进了工程质量提高。

(李玉洲　庞燕东)

朔州农村公路建设实施全覆盖

2009 年,朔州市各级交通运输部门积极响应省委、省政府实施“五个全覆盖”工程的战略部署,新改建村通水泥(油)路 1225 公里,新增通水泥(油)路村 113 个,村通水泥(油)路行政村达到 1573 个,村通水泥(油)路覆盖率为 93.9%。

一年来,朔州市政府将村通水泥(油)路全覆盖工程放在重要位置,纳入全市年度工程建设的重点项目、重点工程,作为为群众办实事的首要工作,列入各级政府的考核内容之一,层层签订责任书,明确目标,责任到人。

全市各级政府把落实公路建设资金作为一件重要大事来抓,在资金筹措的方法上,一是充分利用国家政策;二是各级交通运输部门按照省下达的计划,积极争取地方政府支持,建立以政府投入为主、规范稳定的公路建设资金来源,把配套资金落实到位,形成全覆盖工程建设的巨大合力;三是发挥好民间资本的作用。采取一矿一村、一厂一路、以工补农、以煤补农的方式,鼓励民营企业家为村通水泥(油)路工程投资,为家乡服务;四是组织群众,依靠群众,坚持“人民交通人民办”的方针,采取“一事一议”的办法,充分调动群众的积极性,鼓励和引导农民在自愿的前提下筹资投劳,做到有钱出钱,有力出力。

由于“全覆盖”工程量大面广,管理难度大,在施工过程中,朔州市交通运输局严格落实“政府监督、专业抽检、群众参与、施工自检”的质量保证体系。进一步完善农村公路“分片管理、分片招标、分片监理、分片质监”的制度,从前期管理、建设程序、工程质量方面进一步规范、达标,以保证工程质量和资金使用规范。具体措施有:一是实行“六不开工”和“四个强制”制度。二是在施工中实行“建日志”、把“五关”、签“五字”。

(王明德)

全省农村公路建设成绩显著

2009 年,全省农村公路建设围绕“三个服务”,以村通水泥(油)路“全覆盖”建设为重点,加强工程管理,强化过程监督,大力提升管养水平,圆满完成任务。

全年完成村通水泥(油)路 2644 项 13 180公里,新增通水泥(油)路行政村 2240 个。到 2009 年底,全省建制村通畅率达到 96%,比上年同期增长 8 个百分点,全面完成了 2009 年“全覆盖”建设任务。另外,阳泉、太原、运城和大同四市已率先完成建设任务,提前实现了村通水泥(油)路“全覆盖”。全省共完成通达工程 649 项 2000 公里。全年完成县乡公路改造 4000 多公里。完成危桥改造 47 座 2617 延米。完成安保工程 2000 公里。县乡公路养护质量年优良率达到 70% 以上。

(李顺平)

平定县实现村通水泥(油)路全覆盖

6 月 30 日,平定县岔口乡神水泉村硬化路全线贯通,标志着平定县实现了全县行政村通水泥路全覆盖。

2002 年以来,平定县借助国家及省市对农村公路建设的政策扶持,掀起了新一轮公路建设热潮。全县农村公路硬化里程由2001年底的167.4公里增长到2008年底的2034.88公里,增长了11.16倍。全县318个行政村除神水泉村外都通了硬化路,村通水泥(油)路覆盖率达99.69。2009年,平定县交通局把神水泉村公路硬化作为重点工作来抓。资金短缺,材料供应跟不上,县交通局想方设法多方筹资720余万元保证工程正常运转。施工难度大,质量难控制,交通局、岔口乡政府、施工方、监理方通力配合保质量。经过3个月的奋战,6公里长总投资900万元的神水泉村村通水泥(油)路圆满竣工。平定县基本形成了连接国省干道和县、乡(镇)、村四位一体的公路网络格局,极大地方便了全县广大人民群众的出行。

(王九存　史晋阳)

潞城市户户通水泥(油)路建设实现新突破

2009年,潞城市交通局把落实潞城市委、市政府到年底使全市80%的村、90%的户实现户户通水泥(油)路的奋斗目标,作为交通工作的重中之重来抓,采取了一系列行之有效的措施,成效显著。一是加强领导,落实责任。成立专门的领导机构,实行局领导班子成员包乡镇,机关干部包村的责任体系;二是科学规划,严格管理。制定下发《农村户户通水泥(油)路建设管理实施细则》,对工程的设计规划、组织管理、施工队伍选择、项目实施、技术要求、质量管理、竣工验收等提出具体指导意见;三是精心指导,注重质量。交通局领导和包村技术人员经常深入户户通建设现场提供技术指导,与各乡(镇)、村交流探讨建设方案,并对户户通建设进度和工程质量跟踪督查,即时通报;四是争取资金,以奖代补。年内争取建设资金119万元,全部用于户户通水泥路的以奖代补,交通局在水泥厂赊购水泥14 000余吨,价值近400万元,用于户通建设补助,并把完工验收之后补贴变为随建随补,有力地推动了全市户通水泥(油)路工程建设的实施。经过认真的验收复核,年内全市已有74.2%的村达到户通标准,达标的151个,其中22个村户通率达到100%。年内,全市户户通水泥(油)路建设总里程316公里,相当于2006年至2008年3年间建设里程的总和,完成概算投资4335万余元,全市综合户通率已达90.3%。创该市户户通建设以来力度最大、建设里程最多、投资额最大、质量最高的历史新高,大大突破了"十一五"规划中提出的户户通覆盖率达到60%的目标。

(韩金廷)

榆次区农村公路建设稳步推进

2009年,榆次区交通局紧紧围绕全区"全力打造现代晋商中心区"的战略目标,以科学发展观为指导,按照"以安全稳定为前提、以公路建设为龙头,以依法行政为手段,以科学发展为目标"的工作思路,以新建和改造县乡公路工程为重点,大力加强了农村交通基础设施建设工作,在全区范围内认真组织实施了56.4公里的新建和改造县乡公路工程、50公里的通达通畅工程和50公里的新农村建设重点推进村街道硬化工程。至年底新建和改造县乡公路工程完成水稳铺装38.4公里,完成油面铺装15.6公里;通达通畅工程开工20公里,完工7.4公里;新农村建设重点推进村街道硬化工程完工30公里,所有公路建设工程都按照建设工期要求正在稳步推进。

特别是乌金山森林公园旅游公路续建工程和南黄公路改造工程是2009年榆次区农村公路建设的两大重点工程。乌金山森林公园旅游公路工程起点位于307国道,连接田家湾水库,终点位于郭峪线,全长16.1公里,沿线新建横跨田家湾水库大桥1座,隧道1座,涵洞40道。2008年完成前期准备工作的基础上,2009年的续建工程分为道路、桥梁和隧道三大工程。道路续建工程和田家湾水库大桥已经全部完工,隧道工程已经贯通,实现全线竣工通车。

南黄公路(北田镇南田至庄子乡黄彩)改造工程起点为北田镇南田村(太长线),途经北流、朱村、梁坪,庄子乡蒲池、寨底、麻地沟、西赤土、冯家局、东赤土、白田村10个村庄,终点为庄子乡黄彩村,全长30公里。该项工程建成后将连接庄子和北田两个乡镇,形成一个50公里的农村公路循环圈,同时也实现了县公路西白线和省道太长线直接对接。它的建成通车将使沿线18个行政村的8500余农民直接受益。该工程9月15日实现竣工通车。

(郭琦鹏)

平遥县2009年中央拉动内需公路建设项目工程全面竣工

平遥县2009年中央安排拉动内需公路建设项目共22.7公里,涉及杜家庄乡、朱坑乡、卜宜乡、襄垣乡、中都乡5个乡镇8个项目。路面设计为水泥砼和沥青碎石两种,根据实际情况路基设计宽4.5米至7米,路面宽3.5米至6米不同标准,根据上级要求,对所涉8个项目22.7公里,全县于2009年4月6日在平遥政府网和平遥县电视台公开发布公告。4月17日聘请有关专业人员对拉动内需项目进行了公开招投标,全县8个项目22.7公里工程总造价832.7万元。各工程项目严格建设程序,严格监管手段,严格实行"项目法人制、合同制、招投标制、监理制",严格资金管理、质量管理,设立公示牌,接受社会监督,8个项目已于2010年6月底前全部完工。

(郭琦鹏)

左权县首批通庄园经济公路工程顺利招标

3月25日,左权县首批通庄园经济公路工程在粟城乡政府会议室顺利招标。

庄园经济是左权县促进农村经济发展的创新之举,是左权县发展山区现代农业的特色之路,通庄园经济公路建设更是左权县社会主义新农村城乡一体化发展的重要内容。

本次招标共有2项工程,分别为桐峪镇白家庄至周家垴公路和粟城乡南坡至上交漳、王家峪至核桃园公路,累计全长14公里,采用中央预算内投资与地方配套融资,建设标准为山重四级,水泥混凝土路面。共有5家有资质的施工单位参加了此次招标,粟城乡、桐峪镇的纪检书记对招投标全过程进行了现场监督,晋中市鑫阳顺建筑工程有限公司左权分公司、河南省永鑫建筑有限公司2家施工单位分别中标。

(郭琦鹏)

介休市投资2.6亿元建设农村路网

2009年,介休市想方设法多方筹集资金,继续推进介休南北大循环,解决长期以来制约介休发展的交通瓶颈,以"贯通南北交通,提高公路级次"为重点,保持交通建设高速发展,形成纵横畅通的大交通网络格局。

介休市高度重视交通工作,早计划、早部署,敲定2009年总投资达2.6亿元的7路13桥重点工程项目,包括新建、续建张壁旅游路、绵山至灵石旅游路、樊王至金山坡煤炭资源路、万关线等道路建设项目7条34.5公里;新建北盐场、罗王庄、北辛武、洪相汾河便民桥4座,续建义安铁路桥、西外环铁路桥5座,危桥改造4座;乡镇二级路计划开工建设里程18条58.8公里。

(郭琦鹏)

公 路 养 管

省公路局全面推行预防性养护

2009年,各公路分局牢固树立"建设是发展,养护管理也是发展,而且是可持续发展"的科学发展观,坚定不移地推行预防性养护,不断完善各项配套机制,做到了预防养护与日常养护、季节养护、全面养护相结合,全力提升了干线公路养护质量。运城分局坚持抓好日常养护工作不放松,建立全方位、多层次的集路基、路面、桥梁、防护工程为一体的预防性养护体系,按照预防性、精细化养护要求,针对不同路况采取"科学分类,辨证施治,区别对待,对症下药"的办法进行养护。即重点路段坚持重点养护,重点投入,优先保畅,做到路面无病害、路基无缺陷、沿线设施完好,确保达到优良等路标准;一般路段坚持做到路面无坑槽、路基保稳定,沿线设施齐全完好;薄弱路段采取保持性养护,做到路面填补平整,路基稳定无缺陷,沿线设施基本完好;特色路段坚持高标准养护,因地制宜,自力更生,突出特色,做好亮点工程;路基养护以保障安全畅通和提升品位为目标,路面养护以提高路面平整度为突破口,确保了路况的稳步提高。临汾分局把发展预防性养护作为推动公路养护转型的突破口,实行只下达人工费,材料费、机械费和设施维修费统一使用的办法,重点对近几年竣工完成的油路工程通过采取局部罩面、刷油灌缝、路基达标、综合治理、完善设施、绿化美化等措施,提高路况质量,改善了道路通行环境。

(赵　京)

全省干线公路养护工程高标准完成

2009年是公路局实现"十一五"规划总体目标攻坚夺隘的关键年,各分局在养护工程建设中总结前三年超龄油路及薄弱路段路面改造工作经验,不断改进管理方式和手段,树立"实施高质量的养护工程就是最大的节约"的理念,从工程的前期管理、现场管理、质量管理、安全管理等方面完善了管理办法,继续推行项目责任人制、招投标制、工程监理制、合同管理制,充分发挥质量管理责任网络体系的监督作用,层层签订质量责任状,基本实现了工程管理科学化,建设程序规范化,工程质量优良化,资金使用安全化,确保了养护工程高标准保质保量完成。忻州分局充分考虑到重交通车辆的增加,打破常规采用骨架密实型基层级配(粗集料比例增大),提高了结构层强度,减少了车辙及裂缝等病害的产生。临汾分局突出工程质量这一中心,通过对工程实行集中、统一管理,建立工程施工、质量检测一体化的监督机制,统一工程施工的技术标准和要求,抓好以平整度为重要指标的路用性能的管理工作,开展安全标准工地建设,开展"安全隐患排查"和"无安全隐患确认"活动等措施,对施工单位加强管理。运城分局以强力督导为杠杆,坚持"情况在一线掌握,决策在一线形成,措施在一线落实,感情在一线融洽,矛盾在一线化解”的工作方法,及时排解工程建设中的难题,促使工程建设顺利进行。晋中分局建立了一级抓一级、一级对一级负责的层级管理责任制,针对每个工程管理岗位均制定了具体的岗位职责,对工程的进度、质量、成本实施过程监控,通过加强工程施工中重点工序、重点部位、重点材料的监督检查,一旦发现问题,即刻实行质量倒查,严格执行责任追究制度,确保工程质量达优良,实现了工程责任缺陷期内“三无”(无裂缝、无坑槽、无平整度差路段)目标。

(赵　京)

省公路局全力提升干线公路服务水平

2009年,各公路分局以文化公路建设为依托,以创特色、增亮点为切入点,重点加强旅游路及重点路段上的景点、便民服务设施建设,完善了已建成文明路的沿线设施和GBM工程配套任务,进一步巩固、扩大了文明样板路建设成果,超龄油路和薄弱路段路面改造工程路段全部达到了GBM工程标准。晋中分局继续发动广大养路员工自力更生,在公路两侧利用空闲地、小块荒地实施体现地域文化特色的绿化、美化及景点建设。榆社段在太长线新建了书卷式公路文化墙,在南太线新建了灯笼式安全线型诱导标;太谷段在过村镇、学校入口处设置了三维立体彩色减速标志,并在三处急弯处设置了广角镜,诱导车辆安全行驶。临汾分局将公路综合治理、安全保障、路基达标、公路美化、沿线设施完善等统统纳入干线公路标准化建设内容,采取公路标准化建设、公路绿化美化建设等措施,将文明路建设和大修工程同步实施,力争一次投入,一次达标。采用下发施工任务书的方式,明确具体地点、施工任务、工程质量标准和完工日期,以确保标准化建设因地制宜,规划合理;通过召开标准化建设动员会、示范会及观摩表彰会、路地联管现场会,掀起标准化建设高潮,促进标准化建设工程质量的提高;通过适时进行专项检查,确保标准化建设工程真正成为“内实外美”的形象工程。运城分局着力打造河东公路文化品牌,在“理念创新、精度提升、细节突破”上下工夫,细化特色养护实施细则,对路基、路面、桥梁、沿线设施、标志标线、绿化等6项内容提出了更具体、更高标准的要求,使特色路段达到了整齐划一、别具一格的效果,凸显了特色养护的亮点,提升了特色路段的品位。晋城分局借全国园林绿化城市现场会在晋城市召开的东风,坚持高起点、高标准、高品位,全面实施生态公路、文化公路和文明样板路建设,在长陵线、国道207线部分路段采取浮雕、喷绘等方式,制作了新建公路养护作业方式发展历程、卡通人物、安全温馨提示等公路文化版面和标准牌,进一步创新和拓展公路文化内涵。

(赵　京)

第六届全省干线公路养护技术比武大会在长治成功举办

2009年9月8日至9月10日,全省干线公路第六届养护技术比武大会在长治举办。比武竞赛活动突出了预防性养护和科学养护,体现了与时俱进的时代特点,无论是沥青路面灌缝技术、公路技术状况评定还是养护机械操作,从方案的制订、现场操作、工艺流程与评判都突出了鲜明的主题。比武期间,全体裁判员本着对各位参赛选手负责和对科学技术高度负责的态度,以部颁标准、规范和竞赛规则为依据,尽职尽责,从严要求,用裁判员守则要求自己,做到了严肃、认真、公正、公平;准确、谨慎、团结、协作。各参赛队员自始至终都本着一丝不苟、精益求精的态度,坚持“友谊第一,比赛第二”的原则,以良好的精神状态,赛出了风格,赛出了水平。整个活动场内场外都规范有序,养路员工良好的精神风貌得到了充分展示,达到了预期目的。

通过紧张激烈的比赛,评委们按照竞赛规则和评分标准评出了比赛各单项前三名和全能前三名,并根据参赛队员的理论测试成绩、实际操作水平和场上表现,评出60名技术能手。

沥青路面灌缝比武技术能手:

大同分局:张权利　郝万银

朔州分局:朱新春　陈东红

忻州分局:张建强　邢草原

太原分局:梁玉荣　冯　凌

阳泉分局:郝新明　张海燕

晋中分局:陈树兵　王林燕

吕梁分局:贺文斌　王元元

长治分局:赵　伟　刘红义

运城分局:姚征兵　张丰宝

临汾分局:安迎俊　张　军

晋城分局:赵宏亮　冯　伟

公路技术状况评定比武技术能手:

大同分局:张艳清　马文平

忻州分局:杨文静

太原分局:武叶亭　王　瑞

阳泉分局:梁彦丽

晋中分局:程改艳　贾兆莲

吕梁分局:高晓玲

长治分局:韩玉霞　张艳霞

养护机械操作技能比武技术能手:

大同分局:侯雁波　康永生

忻州分局:刘海宽　朱和平

太原分局:苏二绪

阳泉分局:李建新

晋中分局:史明良　张　涛

临汾分局:王长云

运城分局:孟　仁

长治分局:韩志亮

沥青路面灌缝比武优胜单位:

第一名　晋中公路分局

第二名　太原公路分局

第三名　长治公路分局　忻州公路分局

公路技术状况评定比武优胜单位:

第一名　晋中公路分局

第二名　长治公路分局

第三名　忻州公路分局　太原公路分局

养护机械操作比武优胜单位:

第一名　晋中公路分局

第二名　长治公路分局

第三名　晋城公路分局　太原公路分局

养护技术比武全能优胜单位:

第一名　晋中公路分局

第二名　长治公路分局

第三名　太原公路分局

(赵　京)

朔州市积极探索农村公路管养新思路

2009年,朔州市交通运输局继续巩固完善山阴县、右玉县农村公路养护试点经验,积极探索农村公路养管新思路和新方法。农村公路年末优良路率为80.91%,比省下达73%高7.91%;年平均优良路率82.47%,比省下达的71%高11.47%。

一是继续实施“建设为主”向“建养并举”的转变战略,把养护工作列入各级交通运输部门的头等大事,在组织机构上成立领导组,强化责任,加强领导;在养护管理上做到:“机构队伍落实、制度落实、经费落实、目标落实”的“四个落实”。

二是从各县区实际出发,根据经济、地形、交通量等实际情况,不拘形式,积极探索不同的管养模式。确立了各级人民政府为农村公路养护责任主体,各级交通运输部门具体负责管理养护工作,各县区交通运输局设立专门的农村公路管理机构,具体负责农村公路的日常养管工作。

三是按照“保障投入、规范使用”的指导思想,朔州市农村公路养护资金实行国家补助与地方自筹相结合的办法。农村公路养护资金由省市县乡村共同筹资,县级人民政府为农村公路管理养护主体,将政府公共财政投入到养护资金中。

四是各区县把基层单位的职责、任务、工作要求及考核办法明确规定出来,并印发基层。在具体的实施过程中,路面工程、大修工程由县公路建养中心通过招投标进行施工，日常养护、小型维修由乡镇公路管理站组织各村公路管理员实施。县公路养护质量以市局全面检查和省公路局抽查结果为准；乡村公路以县区交通运输局全面检查和市局抽查结果以及监督员评议打分结果为准，根据检查结果逐级拨付养护资金。

（王明德）

盂县农民崔存怀
自发组建义务补路队

盂县农民崔存怀自发组织9名村民进行义务修路。他们既不要国家一分钱，也不计任何报酬，还自筹资金5万余元，无偿为农村公路义务养护作贡献。两年来，他们自愿集资购买水泥、石子、砂子等补路原材料及施工养护机具，累计填补坑槽530余处，补修路面620余平方米，清理垃圾和路障杂物2120平方米。盂县交通局领导为弘扬他们的高尚品德，作为先进典型在全县进行推广，并号召全县养路员工向他们学习，推动盂县农村公路养护管理工作取得明显成效，好路率达85%以上，比上年同期提高5%。

（王九存　史晋阳）

平定县交通局
加强公路养护确保公路畅通

2009年，平定县按照“属地管理、行业指导、社会监督”的管理模式，把全县农村公路全部纳入养护范围。全年共签订养护合同385份，聘用养护工人598人，设专职养护督察人员10人，为10个乡镇各配备一台养护管理专用车，全县公路养护率达到100%，实现了有路必养。

针对公路建设任务重、里程多，且存在一定的“重建轻养”问题，平定县交通局采用日常养护和重点养护相结合的办法，在全面抓好日常养护的同时，先后对冠山至药林寺、七柏线、东张线、东西线、杨白线、西石线等重点线路100余公里进行重点养护，总投资达1000万元。为确保养护工作顺利推进，成立了养护工作专项领导组，并按照签订的《平定县农村公路养护合同》把各乡镇管辖路段的养护工作责任落实到人，积极开展全方位的养护专项整治和安全隐患大排查，细化日常管理，加大督查力度，严格执行奖惩制度，全面推动农村公路养护工作的开展。根据路段级别、类型和交通流量大小，因地制宜采取了五种不同程度的养护方法，即日养护、周两次养护、周一次养护、月养护和季养护，并在公路两侧选择地段专设景观、种植花草，真正实现了“车在路上行，人在花中游”、“车载文明、路有文化”。基本形成连接国省干道和县、乡、村四位一体公路网格局，全县318个村实现村通水泥（油）路全覆盖。基本达到“三白一黄”（即树白、墙白、边线白，三级以上公路全部有黄色中线）、“三无”（即路面无堆积物，路肩无杂草，桥涵无堵塞）、“三齐”（即里程码齐全、标志牌齐全、防护设施齐全）、“三洁”（即路容整洁、路貌整洁、两侧环境整洁）、“三有”（即有检查结果、有措施制度、有养护工程结算）的目标。

（王九存　史晋阳）

屯留县农村公路
养管工作发生大变化

2009年，屯留县交通局为强化农村公路养管力度，正式组建成立了屯留县农村公路养护管理中心，并在苏村、上莲、李高、丰宜、吾元5乡镇设立5个道班，负责县乡公路养护工作；同时在全县11个乡镇、3个开发区设立农村公路养护管理站，招用360名养护人员对村道进行分散管养，健全了农村公路养护队伍。县交通局公路股负责下达年度养护工作计划，与养护中心签订养护协议，按照确定的养护计划落实情况下拨养护费用，形成了统一的管理标准和管理模式，并进行严格的监督检查和奖罚制度。由于坚持了“分级负责、管养分离、强化考核”的原则，全县农村公路养护管理工作发生了很大变化。年内全县农村公路列入省、市养护计划的达到642公里，完成养护投资520万元。其中县道养护116.2公里，全部进行了路肩整修，边坡、水沟清理和路沿石白化；设置标线68.2公里，安装里程牌50块，标志牌36块，隔离桩300米；改造、加固危桥2座，处理水毁3处650米，挖补坑槽6.28万平方米，沥青罩面3公里。乡道养护223.8公里，翻修4.5公里，处理水毁1处、危险路面3处、滑坡100米，加固危桥1座。县乡道全部进行了绿化美化，两侧行道村10—50米全面高标准绿化，补植花卉3万余株。村道养护395公里，全部纳入了乡、村两级养护。9月，省厅、省公路局对该县农村公路养管工作进行考核验收，县道列养公路好路率达93%，乡道完好率达86%，村道完好率达82%。获得了全省排名第二的佳绩。

（韩金廷）

水 上 安 全

省海事执法人员赴广西学习培训

2月26日，省地方海事局在全系统选派的23名海事执法人员，赴广西进行为期一年的专业学习培训。此次培训，对提高海事人员的船舶检验、水运管理和安全监管水平具有很强的针对性，将有效增加全省海事人员的专业知识，提高海事工作的业务水平。

近年来，随着全省海事事业的不断发展，海事专业人才短缺已成为制约和影响全省海事科学发展、安全发展的重要因素。因此，省海事局下决心改变这种局面，在省厅的大力支持下，海事局积极与广西交通运输学校协商，达成了培训协议，专门为山西海事人员设置一个班，并抽调专业老师授课，进行有针对性的业务培训。学习内容主要包括船舶制造、运输管理和海事管理三大类，第一批参加培训人员将于3月1日开学。

（杨志强）

海事机构紧急救援
汾河二库突发大火

4月4日中午12时许，太原市尖草坪区地方海事处接到险情报告，汾河二库发生森林火灾，需要紧急救援。尖草坪区海事处立即组织海事人员第一时间赶到现场。

此时，现场已是火光冲天，浓烟滚滚。由于大火发生在水库中央的一片山地，四周环水，不通陆路，给救援行动带来很大困难，350名救火队员、大批灭火物资无法及时送达一线。尖草坪区地方海事处、汾河二库管理局、太原市山泰通水上旅游开发有限公司立即启动了水上救援应急预案，紧急调用7艘船舶投入灭火行动。为了避免忙中出错，海事人员现场指挥，一边引导救火队员有序登船和协助输送灭火物资，一边迅速输散被困群众和维持现场秩序，并要求驾机员在确保安全的情况下加快运输速度，一批批救火队员、一箱箱灭火物资被运送到火灾现场，经过近5个小时的紧张奋战，大火终于被扑灭，人民群众无一伤亡。这次抢险救灾行动，是对水上应急救援能力的一次真正考验，实践证明，海事人员在应对突发事件中，反应迅速、措施得力、组织严密，为保障人民群众生命财产安全发挥了重要作用。

（杨志强）

《山西省水上搜救应急预案》正式实施

5月21日，山西省人民政府正式印发《山西省水上搜救应急预案》（以下简称《预案》），标志着全省水上搜救应急救援体系基本形成，山西省水上搜救应急建设和管理逐步走上了规范化轨道。该《预案》适用于山西省通航水域内发生特别重大、重大水上突发事件的应急反应。实行统一指挥，分级管理，属地为主，社会参与，以人为本，应防结合的工作原则，该《预案》对各成员单位的应急职责进行了明确，将有效增强全省水上人命救助能力和应对突发事件的能力。

该《预案》指出,水上突发事件及险情发生后,事发地水上搜救应急指挥机构要首先启动应急响应,采取措施控制事态发展,组织开展应急救援先期处置,最大限度的保证人民群众的生命财产安全。发生特别重大、重大水上突发事件及险情时,要及时向同级人民政府和上级水上突发事件应急指挥机构报告,事发地政府和省水上搜救应急指挥机构在2小时内向省人民政府和交通运输部报告,省、市、县水上搜救应急指挥机构要同时组织实施应急响应,必要时向中国水上搜救应急中心请求支援。《预案》要求全省各市、县人民政府成立相应的组织机构,专门负责本行政区内水上突发事件的应急搜救工作决策,进行现场指挥,组织应急救援,制定控制措施,检查督促有关单位做好水上突发事件调查处置、后勤保障、信息上报、善后处理及恢复生产和生活秩序等工作。

该《预案》的正式实施,对在山西省内进行迅速、高效、专业的水上应急反应和救助,最大程度地减少人员伤亡和财产损失,进一步维护社会和谐稳定,促进经济发展,具有十分重要的意义。

(杨志强)

山西平陆海员发展合作备忘录签字仪式在太原举行

6月26日,浙江海事局与山西省地方海事局在太原举行了“山西平陆海员发展合作备忘录签字仪式”,标志着全省的海员输出走上规范化轨道。

山西海员发展,是山西省地方海事局与浙江海事局结“对子”工作开展以来的显著成果之一。山西属于欠发达省份,特别是在沿黄河贫困地区,农村剩余劳动力的就业问题一直困扰着当地政府和相关部门,如何使海事部门发挥自身的优势,让农民走出一条致富的新路子,更好地推动社会主义新农村建设,成为山西省地方海事局与浙江海事局结“对子”工作研究的主要内容之一。两地海事部门在经过多次调研后发现,沿海地区航运业迅猛发展,船员短缺已经成为制约水运发展的关键因素,如何从内陆省份发展海员到沿海就业,既减轻沿海地区缺少海员的压力,又能带动内地经济发展,两地海事部门开始了大胆的尝试,2007年,浙江海事局首次在山西省招收第一批船员,共14人,赴浙江进行就业前培训。2008年再次输入24人,均取得了良好的效果,2009年在平陆县再次招收50人左右。

这次签署的海员发展备忘录明确提出,浙江海事局要利用浙江的优势和需求,积极实践海员资源中西部战略转移和新农村建设活动,把扶贫安居、拓展海事就业渠道放在突出位置,每年从山西平陆县招收两年制航海类中专学生和非学历两年制航海类学生,由浙江航运企业为招收的学生暂付50%学杂费,对特别贫困的学生暂付所有学杂费,并提供毕业后就业,学员工作后分期返还欠费。山西省地方海事局要充分利用当地的人力资源优势和就业需求形势,根据向沿海两年来输出海员的经验,努力推进平陆地区海员发展,组织应招学生进行必要的政审和筛选,选拔德、智、体优秀的青年,赴浙江进行就业前培训,特别照顾农村贫困家庭的生源。并与浙江海事局在海员信息、培训信息、服务信息方面密切合作,定期举行磋商,取长补短,各展优势,努力把山西平陆建设成优良的海员基地,并由此推进平陆县经济、文化发展和人民物质生活的改善,形成沿海与内地“双赢”的局面。

(杨志强)

全省海事系统举办行政执法人员岗位培训班

7月7日,“全省海事系统行政执法人员岗位培训班”开班仪式在太原举行,150余名行政执法人员参加培训。此次培训历时五天,主要学习内容包括:行政公文、职业道德、船舶监督管理、内河船员管理、行政处罚、水路运输管理和船舶检验等，由山西省交通干部学校专业教师和省地方海事局业务处室负责人进行授课。这次培训是自山西省地方海事局成立以来，参加人数最多，培训规模最大，学习内容最广的一次，目的在于扎实推进海事人员文明执法、规范执法进程，进一步提高海事执法队伍的整体素质和行政水平，全面推动全省海事事业安全和谐发展。

（杨志强）

《山西省小型客船运输经营资质管理暂行办法》正式施行

《山西省小型客船运输经营资质管理暂行办法》（以下简称《办法》），经省交通运输厅厅长办公会议研究决定，省人民政府法制办公室审核同意，于2009年10月1日起正式施行。

近年来，随着全省1000多公里沿黄河公路的开通，黄河游和各大封闭水域旅游事业迅猛发展，12客位以下的小型经营客船不断增多，已经成为山西水运的重要组成部分。而对于这种小型船舶的管理，一直没有法律依据，给海事监管工作带来了很大难度。

该《办法》的出台，对小型客船市场准入条件、行政审批程序等有关问题做出了明确规定，进一步落实了安全管理责任，对于规范小型客船运输市场秩序，促进小型客船运输企业发展，推进依法治交进程，服务人民群众安全便捷出行，具有十分重要的意义，必将有力和促进山西水运事业的发展。

（杨志强）

晋城市交通运输局保障水运安全

2009年是国务院规定的安全生产年，也是山西省政府确定的安全生产专项治理年，根据省政府办公厅〔2009〕15号《山西省人民政府办公厅关于转发全省水上交通安全生产专项整治方案的通知》文件精神，晋城市交通运输局领导亲自抓，在短期内成立了专项整治领导组，制定了《晋城市水上交通安全生产专项整治工作方案》和《晋城市地方海事局水上交通安全专项整治实施细则》。为了使专项整治工作扎实进行不走过场，将每个阶段、每项工作、完成时间、验收质量、具体负责人、具体操作人等详细工作列表细化，使整治工作做到了目标明确，制度落实，各负其责，确保了整治工作的顺利进行。

为期1年的水上交通专项整治工作从第一阶段到第四阶段，在各级政府、交通主管部门的大力支持下，对全市16个水上运输企业（业户）进行了安全隐患排查，其中：一类企业（业户）3个、二类企业（业户）6个、三类企业（业户）7个，通过整改现有2个企业（业户）达到了三类企业（业户）标准，其余4个企业整改无望，已通知相关县地方海事处尽快通知企业（业户）按规定进行了关停。经过近一年的水上安全专项整治，取得了显著的成绩，安全隐患得到了整治，水上市场得到了净化，企业（业户）的安全意识得到了提高，全年共完成客运量129 400人，客运周转量1 168 400公里/人，未发生一起安全事故。年终，晋城市地方海事局分别被省厅、省海事局、晋城市交通运输局评为安全管理先进单位、海事管理工作优秀单位、海事管理先进单位，部分海事工作者受到了省厅、省海事局、晋城市交通运输局的表彰。

（杨志强）

交 通 科 技

全省交通科技工作成果突出

2009年,全省交通科技工作以邓小平理论和“三个代表”重要思想为指导,深入贯彻落实科学发展观,紧密围绕交通运输发展总目标,坚定不移地推进“科技兴交”和“人才强交”战略,开拓进取,扎实工作,提高科技创新能力建设,积极推动科技成果产业化,为实现交通又好又快发展提供了有力的技术支撑和人才保障。

科技进步与创新方面。2009年有11项科研成果获省、部科技进步奖。其中《桥隧下伏采空区治理关键技术研究》、《废旧沥青路面材料回收利用的成套技术及设备研究》、《彩色改性乳化沥青微表处应用技术的研究》、《山西省公路地质卫星遥感GIS系统》及《桥梁板式橡胶支座快速处置技术的研究》5个项目获省科技进步二等奖,《普通沥青路面柔性基层使用技术研究》、《公路隧道工程支护质量无损检测应用技术研究》及《胶粉改性沥青推广应用》3个项目获省科技进步三等奖;《沥青路面设计指标和参数研究》、《高烈度地震区特高桥设计的研究》和《山西路用材料地理信息系统研究》3个项目分获中国公路学会科技进步一、二、三等奖。

着力解决交通运输业关键技术,全面提升交通技术水平。紧紧围绕交通基础设施建设、交通运输市场及交通信息化发展中的关键技术问题开展科技攻关。组织开展了“山区高速公路长大纵坡货车运行安全控制指标及安保对策研究”、“山西省公路建设中Q_4Q_3黄土地基承载力的测试与评价方法的研究”、“公路下保安煤柱留设与压煤开采技术研究”等31项科技攻关项目。这些项目的研究开发与科研成果的应用,保障了全省交通运输业的快速发展。

体制改革与管理创新方面。进一步完善体制改革与管理创新的政策体系,鼓励交通科技创新。

一是强化创新主体。各级交通主管部门通过完善政策和法规体系,营造科技创新的良好环境;通过资金的投入,引导社会科技资源的有效配置。二是完善创新机制。充分调动政府与社会,企业与科研机构、大专院校等各方面的积极性。强化创新意识,建立创新激励机制,形成鼓励创新,促进成果转化,合理分配成果收益的机制。三是营造创新环境。从交通行业发展的全局出发完善促进交通科技进步的政策,加大科技投入,制定科技管理、科技评价和激励机制等方面的规章制度。倡导创新精神,强化创新意识,形成创新环境,激发创造性。

在人才的管理上,建立公开、公平、竞争、择优的体制,逐步形成有利于人才脱颖而出、充分施展才能的选人用人机制。坚持用事业凝聚人才、用实践造就人才、用机制激励人才,大力实施“人才强交”战略,坚持科技创新与人才培养协调发展。抓好人才培养、吸引和利用三个环节，转变观念，创新机制，优化环境，建立一支优秀的交通科技人才队伍。在人才的培养上，制定优秀人才发展计划，将人才建设作为人力资源开发的主题，培养一批交通科技人才。

积极推进自主研发科技成果的产业化进程。对自主研发、拥有自主知识产权和具有市场前景的科研成果，大力推进其产业化进程，培育了一批成熟、先进、效益显著的产品。不断加大科技成果的推广应用工作力度。加大关键技术科研攻关的同时注重科研成果的推广应用工作，积极在交通基础设施规划、设计、施工及运营等各个环节上推广应用已取得的成果。

科技项目与经费方面。2009年，省交通系统共投入科研经费1890万元，开展科研60项，其中安排科研专项经费900万元，开展科研55项；安排建设项目科研资金990万元，开展科研5项。项目紧紧围绕交通基础设施建设、交通运输市场及交通信息化发展中的关键技术问题开展科技攻关，这些项目的研发与科研成果的应用，保障了全省交通运输业的快速发展。

科技成果与转化方面。2009年共鉴定验收科研项目38项，其中《桥隧下伏采空区治理关键技术研究》成果达到"国际领先"水平，《彩色改性乳化沥青微表处应用技术研究》、《陵川公路滑坡处治技术研究》等5项研究成果达到"国际先进"水平。

加大行业技术指南的编制工作。依托已取得的科研攻关成果，不断进行归纳、总结和提炼，加大地方性标准、行业技术指南等的编制、发布工作，用于指导交通运输工作。由交科院起草的JT/T720—2008《汽车自动变速器维修通用技术条例》交通行业标准由交通运输部发布实施，该标准是我国第一个汽车自动变速器维修领域的标准，对于推动交通行业的技术进步具有积极意义。"彩色液态SBS改性乳化树脂的制备方法"获国家发明专利。

机构与队伍建设方面。在科研项目、科研设施、国际交流与合作等方面，为优秀人才脱颖而出创造良好的条件，制订了较完善的人才队伍工作规划和一系列措施，营造鼓励创新的环境，截至2009年底，全省交通系统专业技术人员达9874人，占职工总数的26%。其中高级职称1135人、中级职称3356人，初级职称5383人。

依托省交通科研院组建的国家交通行业重点试验室——"黄土地区公路建设与养护技术交通行业重点实验室"已通过交通部认定，这一平台的建立，为交通运输的长远发展提供了强大的动力，它表明全省已成为黄土地区集科研、生产、人才培养与交流为一体的"产学研用"基地。

科技宣传与教育方面。注重科研与教学相结合，提升交通院校的科研水平。开展了"交通高职学生就业能力结构及其培养方案研究"科研项目。职业院校走上了外延发展保障规模、内涵发展提高水平的质量兴校轨道。

省厅采取"统一规划、分工负责、分级负责、分类培训"的原则，制定了全系统教育发展规划、年度工作计划和学历教育计划，并制定了各类专业技术人员岗位培训规范，促进了交通行业职业道德、专业素质和管理水平的提高。

广泛开展各类人员资格、岗位培训和继续教育工作。培训工作进一步制度化、规范化，进一步拓宽了在职教育渠道，多层次举办成人学历教育。在充分发挥厅属院校教育基地作用的同时，加强与高等院校的联合，为行业职工求知求学提供尽可能周全的服务。

科技交流与合作方面。进一步加强技术交流与合作，开展多渠道、多形式的技术合作与交流，邀请工程院院士范立础、长安大学教授夏永旭、上海市政设计院邵长宇总工等国内知名学者专家开展了"沥青路面应用技术讲座"、"桥梁隧道设计、施工技术讲座"等技术讲座和培训。

行业科技政策方面。抓住制约交通改革

发展的难点、热点问题，立项开展了“山西农村公共客运服务体系研究”、“计重收费与建立治理超限运输长效机制”、“山西省交通行业促进科技成果转化相关政策的研究”、“山西省交通科技发展战略研究”等有关管理体制、机制方面的研究，为深化交通基础设施建设、依法治交提供理论支持和科学依据。

交通环保与节能减排方面。认真贯彻落实交通运输部和省政府关于建设节约型行业的有关精神，组织开展了《废旧沥青路面再生利用成套设备与技术研究》、《煤层气替代汽（柴）油在道路交通运输领域技术研究》、《“GPS”在道路运输企业节能减排中的推广应用》和《高速公路施工期和运营期环境监测指标及方法研究》等项目的研究工作，取得明显成效，促进了节约型交通行业的建设。交通环保站监测中心取得了交通运输部颁发的交通行业环境监测中心站资质证书，承担着所辖区域内的环境监测、污染源普查和统计、学术交流、技术培训等职责；依托高速公路建设，开展了《旱、寒、风沙黄土地区高速公路生态恢复新技术的研究》科研项目研究工作，着力解决全省高速公路建设和运营过程中遇到的环保难题。

（马　钢　赵晓宙）

《山西省农村公路发展战略研究》通过评审

近年来，山西省农村公路建设取得显著成绩，为农村经济社会发展发挥了重大作用，为进一步推动农村公路建设发展，2009年，厅规划发展中心申请承担了该研究课题。课题全面研究了山西省农村公路建设的发展历程，根据政策演变过程首次对山西农村公路发展历程进行了阶段性划分，深入分析了农村公路发展对促进区域经济发展的重要作用，揭示了农村公路发展中存在的突出问题，针对性地提出了对策措施，指出未来山西农村公路发展的战略取向应是立足于农村、服务于农村、发展于农村。未来发展应着重以下几点：第一，总量扩张阶段已经过去，着力提高公路质量。第二，制定“集体农庄”规划，降低公路密度。第三，公路建设与环境治理协调发展。第四，改造县乡道路，提升公路服务水平。对今后进一步推进农村公路发展具有重要的决策参考价值，对确定下一步政府投资导向和制定“十二五”规划具有较大的指导意义，经专家评审达到国内领先水平。

（王　丽）

全省公路系统坚持不懈开展科学研究和新技术推广工作

一是持续开展了科学研究工作、新技术推广工作全年。全省公路系统共对10个科研项目进行了研究，分别是：山西省干线公路交通安全评价体系与对策研究、干线中小跨径梁桥承载能力评估及提高荷载研究、省道340线交通安全保障技术应用研究、路基不均匀沉降控制技术应用研究、基于GTM的废旧橡胶改性沥青混合料以及高模量沥青混合料级配设计方法与性能研究、省道104运煤道路桥面铺装防水粘结体系研究、旧水泥砼路面加铺沥青路面技术研究、基于层间功能层的特重交通钢筋砼路面结构、山西省干线公路网效能评价研究、十五期间路网收费公路改建工程设计后评估（软课题）。旧水泥砼路面加铺沥青路面技术研究、基于层间功能层的特重交通钢筋砼路面结构、山西省干线公路网效能评价研究3个项目已经完成研究工作。旧水泥砼路面加铺沥青路面技术研究、山西省干线公路网效能评价研究通过了省科技厅组织的课题鉴定验收，达到了国内领先水平。

二是积极开展科技交流和培训活动。于12月14日至16日组织各公路分局总工程师、工程技术管理部门负责人，设计院（所）负责人，省公路工程监理咨询公司、诚达设计有限公司、晋路投资开发有限公司等单位技术负责人共计40余人参加了“干线公路改（扩）技术暨高等级公路沥青路面技术研讨会”，就“长寿命沥青路面技术”、“沥青路面新材料应用技术”、“抗裂耐久半刚性基层技术”等问题，进行了研讨。于12月9日至11日，组织全局系统养护、检测、监理部门30余人参加了由交通运输部科技司组织的“国家标准《道路交通标志和标线》”宣贯班。

三是完成了技术规范、技术资料的更新发放，技术信息的发布和技术资料的管理工作。

（韩洪泽）

省运管局两项科研项目评审会在太原召开

2009年，由省运管局和长安大学共同完成的《山西省道路运输业节能减排规划研究》和《山西省道路运输行业节能减排管理对策研究》两个项目通过评审，评审委员会专家组一致认为，两个课题的研究成果在同类研究中均达到国内领先水平。

《山西省道路运输业节能减排规划研究》课题主要结合全省道路运输业的实际情况，提出了全省道路运输业节能减排规划的指导思想、工作重心、目标和重点措施，并根据交通运输部有关节能减排的指导思想和发展规划，提出了2015年及2020年全省道路运输业节能减排的分项指标。该课题所得成果对指导全道路运输行业节能减排工作具有重要意义。

《山西省道路运输行业节能减排管理对策研究》项目提出了全省道路运输行业节能减排以项目应用推广为核心的工作重点。该项目研究的创新点不仅对交通运输部13个节能减排示范项目进行了深入分析，结合全省道路运输业的实际，进行了推广应用分析，提出了实施建议，还从政府主管部门的角度提出了推广节能减排项目应用的政策保障措施，为全省道路运输主管部门制定行业节能减排政策提供了科学依据。

厅党组成员、总工程师郜玉兰对课题组取得的成果表示赞赏，认为两个课题选题较好，理念超前，方法科学，对引领和指导全省道路运输行业的节能减排工作，提高全省道路运输行业的节能减排管理水平，都具有重要的意义。她要求课题组要与时俱进，根据新形势下道路运输发展的新情况、新问题、新需要，对课题做进一步完善和补充。

（石　兰）

省高管局两项软科学项目通过评审

12月9日，省科技厅组织有关专家对省高管局《“以路建路”战略构想的创新与实践研究》和《计重收费与建立治理超限运输长效机制》两个软科学项目进行了评审，认为均达到了国内领先水平。

评审委员会认为《“以路建路”战略构想的创新与实践研究》项目在全省新建高速公路急需资金的时期，依托筹融资方式的创新与实践，通过搭桥贷款、收益权益融资等方式寻求与金融机构合作，实现了高速公路建设大额资本金筹集，为全省高速公路建设提供了有力的资金保障。该研究成果已得到政府采纳，对实现山西省交通发展规划具有重要意义。《计重收费与建立治理超限运输长效机制》项目提出的优化费率标准、加强治理超限运输行政调节手段等政策合理，在全省公路管理中得到应用，降低了全省超限超载总量比值，对建立全国治超长效机制具有重要的参考价值。

《“以路建路”战略构想的创新与实践研究》由省厅、省高管局和高速公路收费管理结算中心共同完成；《计重收费与建立治理超限运输长效机制》由省高速公路收费管理结算中心完成。

（王国忠　韩　昱）

赵队家获“山西省十大科技贡献杰出人物”称号

2009年，在由省科学技术协会发起的“山西省十大科技杰出贡献人物”、“山西省十大科普功臣”、“山西省十大优秀科技传播平台”、“山西省十件公众喜爱的优秀科普作品”、“山西省十项最有影响的科协品牌活动”评选活动中，经过专家领导组综合评定，省交通科学研究院院长赵队家获得“山西省十大科技杰出贡献人物”称号。获得该奖的10人分别是王一德（院士）、谢克昌（院士）、彭堃墀（院士）、卫小春、赵有亭、顾翠云、赵队家、侯晋川、李建丁、李锦生，他们全部是多年来在全省各条战线为科技发展做出过突出贡献的科技工作者和科技领军人物。

在此次20位候选人的评选活动中，赵队家脱颖而出，经过两轮专家评审最终荣膺“山西省十大科技贡献杰出人物”，这也主要得益于多年来全省交通建设为全省经济社会大发展作出的突出贡献。

（石　兰）

“高速公路治超不停车快速检测系统”通过专家鉴定

6月19日，省科技厅组织国内有关专家，对太原高速公路有限公司研发的“高速公路治超不停车快速检测系统”进行了科技成果鉴定。

与会专家在认真听取了项目组的研发报告、详细审阅了项目技术资料、观看了系统运行专题片、经质询和充分讨论后，一致认为，该研究项目针对目前国内高速公路运输治超检测工作中存在着检测速度慢、人工可干预检测、一线治超人员劳动强度大、检测设备故障率高、易造成交通拥堵、诱发公路“三乱”等问题，运用高速弯板称重、车辆识别、可变显示、声光报警、远程监控、计算机网络等技术，将高速公路入口治超检测与收费放行系统有机结合，实现了对进入高速公路的货运车辆进行智能不停车自动快速检测。该研究成果属于国内高速公路治超手段的重大突破，达到国内领先水平。该成果已在山西省得到全面应用，效果显著，建议尽快在国内推广。

会后，专家们到小店治超检测点现场详细了解和察看了系统的运作情况，给予高度评价，认为该研究成果不仅技术先进，达到国内领先水平，而且是我国治超手段的重大突破，解决了国内治超工作中遇到的难题，为山西能在华北五省，乃至全国率先治住非法超限货运车辆作出了积极的贡献，山西的治超经验，特别是太原高速公路公司研发的“高速公路治超不停车快速检测系统”效果显著，应尽快在全国范围内推广应用。

（石　兰）

交通行业管理

运 输 管 理

省交通运输厅
不断加大道路运输管理力度

2009年是应对全球金融危机严峻挑战，实施中央扩大内需、拉动增长政策的一年，是公路交通基础设施大建设、大发展的一年。一年来，在厅党组的正确领导下，全省道路运输管理工作全面贯彻党的十七大和十七届三中、四中全会精神，深入贯彻落实科学发展观，按照全省经济工作会议和全省交通工作会议的部署，着眼于实现科学发展、快速发展、安全发展、协调发展，紧紧围绕安全生产和运输发展两项重点工作，不断研究新情况、解决新问题，大力推进道路水路运输结构调整，加快发展方式转变和运输市场建设，强化安全生产监管，努力推进交通运输业又好又快发展。

*持续推进村村通客车工程。*坚持村村通客车工程量的扩张与质的提高并重的原则，扩大通达深度和广度，提高发车密度和服务质量，并协调省财政厅及时为6000余辆农村客车落实了燃油补贴，降低了农村客运车辆运行成本，建制村通客车率达到95%。

*加快推进农村客运设施建设。*会同有关部门开工建设乡镇站80个、农村客运候车亭1000个，招呼站牌1000个，并搞好现有候车亭的管理维护工作。

*加强鲜活农产品及农资运输“绿色通道”建设。*在充分调研的基础上，规范手续和程序，提高检查效率和质量，查处假冒逃费行为。一年来全省“绿色通道”快速放行鲜活农产品运输车辆约86万辆，减免通行费约2.1亿元，大大降低了农副产品和农资流通成本，促进了农民增收、农业增效。

*加快推进道路运输站场建设。*完成了12个一、二级汽车站的工可评审和12个一、二级汽车站的初步设计评审。续建、新建一、二级汽车站20多个，完成一、二级汽车站综合验收10个。争取有关部门支持，增加了对一、二级汽车站的补助标准，加大了投入。

*认真研究交通运输面临的新问题新对策。*参加了交通运输部组织的新时期道路运输调研活动，协助省运管局完成了《道路运输管理机构职能调整与队伍建设专题调研》任务；进行了城市公共交通、城市出租车管理研究，摸清底数，掌握情况，及早介入，有效应对，保障了城市客运管理的顺利交接，确保了城市客运管理平稳过渡、秩序稳定。组织了道路运输安全专题调研。会同长沙理工大学进行《运价油价联动机制研究》，科学确定油价与运价的关系，促进运价管理的科学化、合理化。

（杨吉平　常卫平）

“五一”黄金周全省道路运输平稳有序

“五一”小长假期间，全省运管系统和道路运输行业的广大干部职工坚守岗位，精心组织，科学预测，合理调配应急运力，狠抓道路运输安全，道路运输工作总体平稳有序，未发生旅客滞留和道路运输安全责任事故，圆满完成了“五一”期间道路运输任务。

“五一”期间，全省共投入营运客车1.6万辆(其中旅游客车1322辆)，累计运送旅客138.3万人次，比上年同期增长6.4%。其中省内旅游客运和短途客运约占60%，比上年同期增长10%，增加的客流主要来自本省各大专院校和河北、北京、天津、陕西、河南等周边省市旅游客流。其主要原因，一是全省在4月初向周边省份旅行社和广大游客发放了总面值1000万元的旅游消费券，同时全省72家旅游景点(区)门票面向省内外游客实行半价优惠；二是动车组的开通，增加了道路客运或旅游客运的短途客流；三是假期缩短，增加了省内短途旅游客流，仅建南汽车站“五一”期间就发送旅客7万余人次，其中前往平遥古城、祁县乔家大院、介休绵山、灵石王家大院的旅客高达4万人次。

(石 兰)

全省交通运输系统圆满完成国庆中秋道路水路运输工作

全省交通运输系统高度重视、认真组织、措施到位、安全有序，圆满完成国庆中秋道路水路运输工作。十一期间，全省道路旅客运输行业共运送旅客535万人次，同比增长12%；全省水路运输旅客5万余人次，未发生旅客滞留及运输安全、安保责任事故。

9月30日下午，省厅召开国庆期间有关工作安排电视电话会议，安排部署国庆期间有关工作。厅党组书记、厅长段建国传达了9月30日上午省政府第51次常务会议精神及省委副书记、省长王君在会上的讲话精神，厅党组副书记、副厅长张润主持，厅党组成员、副厅长王志民就国庆期间有关工作进行了安排部署。厅党组成员、省公路局党委书记赵振田，厅机关各处室负责同志，厅直各单位主要负责领导参加了太原主会场会议，各市交通局及驻市交通运输单位在10个分会场参加会议。

段建国在电视电话会议上强调，10月1日是新中国成立60周年大庆，党和国家将举办许多重要庆典活动，我省也要举行一系列庆祝活动，期间又适逢中秋佳节，假期时间长，各种活动多，城乡居民出行大量增加。各级各部门要进一步加强领导，明确职责，突出重点，狠抓落实，统筹安排好国庆期间的有关活动和各项工作，确保人民群众渡过欢乐、祥和、平安的节日。一是客运站场要进行安全检查，要进行明察暗访；二是要确保施工安全，领导要对自己分片包干的单位进行检查；三是要高度重视稳定工作；四是要严格值班制度，一把手亲自带班；五是要及时报送信息；六是要严抓甲型流感防范工作。

全省道路运输安全畅通有序平稳。“十一”黄金周正值祖国60华诞和中秋佳节，做好运输组织保障及安全生产意义重大，为发挥山西“护城河”作用，省运管局要求各运输企业和汽车客运站切实增强安全责任意识和防范意识，立足源头，突出重点，全面排查，切实加强安全管理。

全省各大汽车站从9月29日开始客流出现明显增长，尤其是9月30日、10月1日为黄金周期间客流最高峰。9月30日下午5点以后，太原市各大汽车站客流开始聚集，直到当晚11点才将旅客疏散完毕。面对这一情况，省运管局党委作出全省运管系统1.5万名干部职工全部不休息，坚守岗位，由省局领导分片包干、带队深入全省11个市汽车客运站及重点旅游区停车场进行督导检查，确保国庆期间广大旅客出行安全、便捷，确保重要物资运输高效畅通，确保道路运输行业稳定。

10月1日一早，省运管局领导带队分6组对太原市各大汽车站进行了明察暗访。省运管局党委书记、局长李华中到太原市长途客运总站进行了检查。总站客流从日常的6000人增加到2万人，由于客流大，强化了行包安检。

各级运管机构和运输企业、汽车站把安全生产放在节假日道路运输工作的首位，采取多项有效措施，确保不发生重特大安全事故，坚决遏制一般事故。一是各大汽车站配备了安检仪，严格执行“三不进站”、“五不出站”制度，充分利用GPS卫星定位系统，严禁客运车辆超速、超载违章行驶；二是加强了旅客及其行李“三品”检查，特别是对北京方向旅客实行实名制售票和登记，进行更加严格的“双检”，并在进站、检票、上车及途中认真核查；三是对营运客车（含旅游客车）技术状况、运营证照进行全面检查，严禁不合格车辆投入运营；四是根据交通运输部门新增的城市客运管理职责，针对出租车不稳定因素进行排查，派专人赴重点市县进行指导和控管；五是结合全省道路运输安全专项整治工作，以“迎国庆、创文明、保安全、促和谐”活动为契机，认真开展好道路运输安全生产检查和事故隐患排查工作。

各部门除在安全方面做了充分准备外，进一步强化服务，提高道路运输行业窗口形象。各汽车站在原有售票窗口的基础上，增加售票窗口、增派工作人员，并设专线售票窗口，方便旅客购票，并及时调派应急车辆加班运送聚集的旅客，保证每位旅客走得了、走得好、走得安全；坚持“以人为本、旅客至上”，各大汽车站均配备了饮水设备、免费小推车、免费开水、残疾人车、手机充电器、图书报刊等各项便民服务设施，省运管局团委组织20余名团员在长治、太原各站帮助站务人员疏导旅客、推拿行李、发送安全乘车选车单；在全省道路运输行业开展“迎国庆、创文明、保安全、促和谐”优质服务月活动，为广大旅客提供高品质的、个性化的、文明优质服务；在全省设立运政服务举报投诉热线96566，24小时为社会公众服务，接受社会各界监督。

为积极做好甲型H1NI防控工作，省运管局为各汽车站配备了体温测量仪，要求各级运管部门、运输企业及汽车站要按照省政府“外堵输入、内防扩散”的防控策略，严格执行检查、报告制度，定期对车站设施及车辆进行清洁消毒，并对车站职工和司乘人员加强防控知识教育，做好自身防护工作。

全省干线公路道路安全畅通。国庆假日期间，全省干线公路部门早动手、早安排，确保了国庆期间道路安全畅通。省公路局党委书记赵振田、局长戴飞主持召开会议，研究部署“两节”国省干线公路保畅工作。一是思想重视，先后两次下发文件部署节日期间工作，要求各单位从政治和大局的高度，按照省政府、省交通运输厅的安排，做到“四个坚决防止”，维护和谐稳定的社会局面。二是坚持每天上路巡查，对危桥险路、重要旅游路线、重点工程施工路段，以及通往大河、水库及重点工程的道路等进行重点巡查、重点防护，做到不留死角，不留空当。三是科学合理组织施工，确保安全生产。在抓紧新改建项目施工的同时，认真做好施工现场的安全管理，在施工路段设立明显的导向、绕行等安全标志，安排人员疏导交通，做到施工保畅两不误。四是文明执法，热情服务，展示良好的行业风貌。在公路养护、施工和路政执法、超限检测过程中，坚持文明、依法、按程序作业和执法，有效防止和杜绝了野蛮作业及新的公路“三乱”发生。五是严格执行24小时专人值班、领导带班制度和“零报告”制度，落实值班责任制，要求值班人员坚守岗位，恪尽职守，带班领导和值班责任人保持24小时手机开机。节日期间，未接到任何重大突发事件、安全责任事故和大规模群体性事件报告，全系统安定和谐。

全省高速公路通行费、量持续增长。全省高速公路各管理单位采取有力措施确保假日期间人民群众安全便捷出行。“十一”黄金周期间，全省高速公路通行量达232.27万辆次；通行费收入为15 288.78万元。黄金周期间，全省高速公路安全、畅通，未发生顾客投诉事件和安全生产责任事故，全系统各项工作井然有序。

为了保证“十一”“中秋”期间人民群众安全出行和各项庆典活动的顺利进行，省高管局局长董新品要求，全省高速公路各管理单位认真贯彻落实省厅有关会议和通知精神，加强组织领导，落实工作责任，养护、收费、路政、经营开发、信息等有关部门认真履行职责，完善工作措施，强化了各项管理工作。假日期间，全省高速公路路容路貌的保洁、美化、绿化工作进一步加强，高速公路桥梁全方位、全天候监管，隧道照明、通风、监控、消防设施功能完好；收费站开启全部车道，车辆快速放行能力进一步提高，严格执行"绿色通道"政策，确保鲜活农产品运输畅通；路政部门加大了巡逻力度，对易发生交通事故并造成车辆堵塞的高速路段增加了巡逻次数，救援和清障及时；服务区物价管理进一步加强，餐饮服务质量进一步提高，各类商品、油品供应充足；高速公路客服热线12122全天24小时为顾客提供查询、咨询、紧急救援、投诉受理等服务，为社会公众出行提供了安全、快捷的行车环境和温馨、舒适的服务，树立了山西高速公路良好的社会形象。

为方便国庆期间人民群众出行，缓解太原地区交通压力，10月1日上午10时，太原西北环高速公路主线正式恢复通行，迎西、柴村、向阳三个收费站开通。8月1日起，因长风西互通、太古高速东社互通枢纽、太佳高速西墕枢纽三个与太原西北环高速公路相接的项目同时开工建设，太原西北环从阳曲互通至罗城互通之间进行全线封闭施工。经过科学组织、连续作战，参建单位在不到两个月的时间里，提前一个月完成了上述三个项目的控制性工程。

全省水上交通安全形势稳定。"十一"黄金周期间，全省共投入客运船舶810艘（次），完成客运量5万余人（次）。全省海事系统的广大干部职工，严格按照省交通运输厅的统一部署，进一步提高认识，加强领导，落实责任，细化措施，狠抓安全监管，确保了全省节日期间水上交通安全形势稳定。

节日前夕，省地方海事局按照"早准备、早检查、早安排、早落实"的工作思路，召开专题会议，下发文件，安排部署"十一"期间的水上交通安全监管工作，并组织有关人员，在全省范围内进行了为期一周的水上交通安全大检查，特别是对重点水域、重点船舶、重点人员、重点环节进行了详细的检查，严厉打击船舶超载、混载、冒险航行、带病作业等违章行为，确保船舶适航、船员适任。认真贯彻《山西省水上搜救应急预案》，落实应急队伍和应急装备，确保应急措施到位。严格领导带班、24小时值班制度和现场安全监管制度，确保各项安全制度的落实，为节日期间广大游客水上安全便捷出行提供了保障。

节日期间，全省海事人员始终以饱满的工作热情，认真的工作态度，严格监管，热情服务，为"两节"营造了欢乐、祥和、安全、畅通的水上交通环境。10月2日，省地方海事局局长牛世骏带队，到晋阳湖检查指导了水上交通安全监管工作。

（石　兰）

大同市客运场站建设成绩斐然

2009年，大同市交通局紧紧围绕"十一五"道路建设和客运场站建设规划总体目标，坚持一切从实际出发，大力实施农村公路通达、通畅工程和解决农民乘车难的问题，把客运场站建设作为规划的三条主线之一，加大投入力度，形成了规划合理、服务优质的场站建设格局。

大同客运东站是大同市御东新区的十大工程之一。该站于2005年经省计委批准立项。当时站址定于御东新区迎宾大道以北，同浑公路西侧，用地面积93亩，计划2008年开工建设。但由于御东新区更改规划，投资规模增加，原站址的1/3用地改为道路规划用地。因此2009年年初，对东站进行重新选址规划，新址位于同浑公路西侧，南三环东延伸段和开（发区）浑（源）路之间，用地面积166.7亩，2009年，该工程规划选址意见书、工可报告和平面效果设计业已完成。

2009年，共新建县区二级客运站7个，除天镇县外，其余6个全部竣工并试营运，实现了全市县县有二级客运站规划目标。乡镇五级客运站新建 56 个,其中 46 个已竣工。全市安装候车棚 1047 个,招呼站牌 723 个,完成投资约 1 亿元。

(高　青)

驾驶员史玉红拾金不昧风格高

3 月 16 日早晨,阳泉公交总公司二分公司自编 1250 号大客车在执行阳泉至河底的营运任务时,车辆半路发生故障,准备返回修理厂修理。这时,驾驶员史玉红发现车厢后座上有一个女士手提包,清点发现包内装有分行存折 2 张、银行存款清单 20 余张、人寿保单 1 张、现金 3400 元及一些日用品,总价值 5 万余元。史师傅迅速返回分公司,将失物交给当班调度员,以便失主认领。在过后几日无人主动认领的情况下,二分公司领导又根据线索,多方打听,几经周折,终于联系到了失主。当失主拿到失而复得的物品后,非常激动,连声称谢,并将一面"拾金不昧、道德楷模"的锦旗送给总公司,表达谢意。

(王九存　史晋阳)

全省首家物流信息平台翼城运营

5 月,翼城县运管所投资 110 余万元,建起"晋翼路运"信息平台,旨在为广大经营户提供即时信息服务,节能降耗。这是全省首家建立的物流信息平台。

国家燃油费改革方案实施后,如何转换角色,如何转型发展,成为翼城县交通部门重点思考的问题。交通局局长宁廷树带领相关人员,先后赴河南安阳、焦作等地考察,并和安阳市"八卦来网"达成信息资源共享的合作意向。经过一个多月的紧张筹备,全省首家物流信息平台在该县运管所建成并投入运营。

物流信息平台的建成,为广大经营户提供了广泛丰富的即时信息服务,避免了因信息不通,运输车辆空车返回而造成成本的浪费,真正达到节能降耗的目的。

(李玉洲　庞燕东)

晋城市进一步规范道路运输市场

2009 年,晋城市以调整全市运输市场结构为主线,加大道路运输市场的安全监管,巩固源头治超成果,进一步规范全市的道路运输市场。

运政管理方面,截至 2009 年底,全市拥有道路旅客运输企业 10 家,汽车站 12 个,客运车辆 1138 台。其中省际班车 107 台,市际班车 114 台,县际班车 190 台,县内班车 697 台;有农村客运班线 251 条,农村客运车辆 716 台,村村通客车率达 95.7%;道路货物运输企业 18 309 家,其中普通货物运输企业17 464 家,普通货运车辆 29 154 台,危货企业 21 家,危险货物运输车辆 845 台;机动车维修企业 801 家;机动车驾驶员培训机构 21 所。2009 年,全市运输生产共完成客运量 2485 万人次,客运周转量 149 486 万人公里,货运量 2803 万吨,货运周转量 226 951 万吨公里。

一年来,晋城市积极推进城乡客运一体化,规范农村客运市场秩序,提升农村客运服务质量,实现城乡客运无缝隙衔接;认真开展运输车辆年审工作,对货运车辆进行实车勘察,逐车登记,全年共年审车辆 26 785 台,实车勘察 4396 台,纠正违章 200 余起,进一步完善战略物资保障车队体系建设;大力推进节能减排工作,制定了《晋城市道路运输行业节能减排实施方案》,在全市推广和规范以"煤层气"为燃料的客货运输车辆进入运输市场;认真开展"双星"评比活动,评出"三星级"驾校一所,教练员 34 名,申报"四星级"驾校四所,教练员 7 名,"五星级"教练员 2 名。全年共培训初学驾驶员 3 万余名,营运驾驶员 5000 余名;晋城市还专门成立了从业人员培训管理中心,对客、货运等从业人员有计划、有组织地进行业务技能培训,实行无纸化考试,对全市的营运驾驶员进行了诚信考核。全年完成驾驶人员资格证考试 2884 人,押运人员 296 人,换发旧押运证 758 人,考试合格率达 78%;对全市的道路运输企业进行了安全专项整治工作,共出动检查车辆610辆次,检查人员7412人次,排查道路运输相关企业2015家,有效维护了全市道路运输市场安全生产秩序。

源头治超方面,2009年,全市各级运管部门以源头治超大局为重,继续认真贯彻省政府两个《办法》和省、市源头治超指示精神,围绕2009年治超工作要点,坚持依法治超、源头治超。一年来,对全市各级政府公示的623家货运源头企业进行了全方位、不间断的巡查监管。全年共处理违反政府令案件7件,案件办结率达到100%。全市运管系统累计投入执法人员48 523人次,巡查源头企业107 790趟次,检查车辆722 377辆,政府公示的货运源头企业未发现超限超载车辆。

(贾巨峰)

晋城市加大出租行业管理力度

截至2009年底,晋城市共有出租汽车公司9家,营运出租汽车1453辆,出租汽车驾驶员2360人。晋城市城市客运管理处对9个出租汽车公司进行行业监管。2009年,晋城市对860辆已达报废出租车进行了更新,更新车辆要求:一是原装双燃料,发动机排量在1.6升以上,且达到欧Ⅲ排放标准;二是统一车身式样、颜色,车厢主色调为春绿色,加喷黄腰线;三是车辆牌照统一使用"晋E·T"专用号段;四是车内统一安装GPS终端、LED显示屏和税控计价器;五是统一顶灯,车前门喷印出租企业投诉电话。经过车辆更新,全市出租车焕然一新,成为一道靓丽的风景线。

2009年,全市出租车行业开展了"提升服务、打造形象"活动,成效显著,出租汽车行业拾金不昧、助人为乐等好人好事有326件,各类媒体报道表扬12件,帮助乘客找回失物1493件。城市客运管理处的GPS指挥调度中心实现救援救助58起,协助公安机关破案13起。

(贾巨峰)

晋城市公交文明卓有成效

晋城市公共汽车公司是于2006年8月24日,经市长会议研究决定,成建制划入晋城市交通局管理的。在交通部门的领导和管理下,公交行业飞速发展,在服务经济社会发展,服务百姓安全、便捷出行等方面作出突出贡献。

2009年,晋城市公共汽车公司作为窗口服务单位,努力创建文明行业,外树形象、内强管理,狠抓安全生产,为市民提供了舒适、安全、快捷、文明的出行服务。公交基础设施不断完善,泽州北路公交场站综合楼和汽修厂工程竣工。企业上规模,按照国家中型二类企业进行管理。为全市"五市"联创工作和促进经济社会发展作出了显著贡献

截至2009年底,全市拥有各类公交车307台,线路总长度达到537公里(往返),公交线路市区覆盖率达到60%,完成年客运量4600万人次,完成年总行驶里程2200万公里,完成年营运收入4424万元,平均日发趟次2413次,日客运量13万人次,全年未发生一起重、特大交通责任事故,各项经济指标均创历史新高。在认真做好服务的基础上,公共汽车公司重视企业的社会责任,大力实施绿色公交,实现节能减排,新增双燃料公交车辆25台。同时,大力发展第三产业,公交广告2009年创收200余万元,新注册成立了公交旅行社,公交服务能力全面提升。坚持开展文明服务竞赛活动,3月开展"车容车貌整治月"活动;6月开展"爱心送考"免费乘车活动;每季度开展"党员先锋号、共青团号、文明和谐号"模范车组评比活动,司乘人员戴证上岗、统一服装,规范服务用语、服务行为,做到站牌站点合理布局、车容车貌干净整洁、服务设施齐全完备,树立了公交文明的社会形象。

(贾巨峰)

晋中市交通运输局严厉打击"黑车"非法营运

为进一步巩固专项整治成果，推进安全生产"三项行动"扎实开展，晋中市交通局明确7个重点，一是严厉打击无道路运输许可证及相关证照，非法从事旅客运输的车辆和从业人员；二是严厉打击无道路运输许可证及相关证照，非法从事危货运输的车辆和从业人员；三是严厉打击无道路运输许可证及相关证照，非法从事普通货物运输的车辆和从业人员；四是严厉打击伪造营运证照的非法运输车辆和从业人员；五是严厉查处和打击组织从事"黑车"非法营运的相关人员；六是严肃查处利用职权私养"黑车"或为"黑车"非法营运提供便利条件的相关公务人员；七是建设高素质的执法队伍，建立健全打击"黑车"非法营运工作的长效机制。从第三季度开始认真组织开展了打击"黑车"非法营运专项行动。

自行动开展以来，市运管机构集中力量组成两个稽查小分队深入各县（区、市）进行稽查，全市运管机构累计出动稽查人员518人/次，查处非法营运车辆413台/次，收缴罚款43万余元，有效规范了运输市场秩序，维护了人民群众的合法权益，持续保持了全市道路运输事业的安全、稳定、和谐发展。

（郭琦鹏）

祁县运管所对驾培学校开展"四清理"

为规范全县驾驶员培训市场秩序，进一步提高驾驶员培训教学质量，确保从源头上治理和有效防范道路交通事故发生，更好地维护广大人民群众的利益和安全，根据省市主管部门的指示精神，祁县运管所对全县驾培学校开展"四清理"。一是彻底清理挂靠经营。对未经市运管局批准擅自设立的招生驾驶员报名点和培训点彻底取消，确实需要设立招生报名点的，应填写《晋中市驾驶员培训学校招生报名点申请表》，报市运管局批准后方可经营。二是彻底清理压价招生。驾培学校要自觉遵守《晋中市机动车驾驶员培训行业自律公约》，并将行业收费价格在业务场所进行公示，自觉接受社会监督，对擅自改变行业收费标准或以其他名目向学员收取费用的，除按行业自律公约对其实行制裁外，运管部门将会同物价部门对其依法处理。三是彻底清理乱设点招生。全县学员报名一律实行学员本人在驾校报名大厅现场面试、现场缴费、现场签约和现场系统拍照的报名管理制度，彻底杜绝驾校和学员不见面的报名现象。四是彻底清理异地培训和只收费不培训。各驾校要加强培训质量管理，严格按照交通部教学计划和大纲进行培训，严格执行训练学时卡制度、安全培训制度、结业考试制度、治超培训制度、节能减排培训制度和学员档案管理制度，如实填写《培训记录》和《教学日记》，各科目培训结业应及时持《培训记录》到交警部门预约考试，培训终结应将有关档案资料交存市局档案室，加强对驾校培训学习、结业考试的监督检查，对违反上述规定的则依法处理。

（郭琦鹏）

晋中市"十一"黄金周道路旅客运输工作圆满结束

"十一"黄金周期间，晋中市道路、水路运输管理机构和运输企业认真贯彻落实交通运输部《关于做好2009年"十一"黄金周道路水路运输工作的通知》和市政府《关于做好国庆中秋"两节"期间安全生产工作的紧急通知》精神，坚持安全、优质、高效、有序的目标，精心组织，合理安排，保障了"十一"黄金周期间人民群众安全便捷出行。

为认真做好假日期间道路运输工作，市交通局做了精心安排部署：一是提高思想认识，加强组织领导。全市各级交通主管部门全部成立了黄金周工作领导组，对"十一"黄金周期间安全生产工作进行安排部署，做到了职责明确，责任到人；二是周密安排部署，精心组织筹划。为保证假日期间道路旅客运输安全，市交通局印发了黄金周工作方案，并于9月25日召开了2009年全市交通系统国庆黄金周安全工作会，对“十一”黄金周期间道路旅客运输工作作了周密的安排部署；三是开展安全检查，消除事故隐患。以正在开展的省、市两级安全生产大检查为契机，组织交通主管部门、运管机构、海事机构及质量监督机构对本部门、本行业、本系统“十一”黄金周期间安全生产工作进行检查，市交通局局长李彦平还亲自带队对榆次区汽车站进行节前检查；四是严格落实责任，强化安全监管。市、县两级交通主管部门、运管机构、海事机构及运输企业各自履行自身职能，切实增强责任意识、安全意识和防范意识，进一步强化了黄金周期间运输市场的安全管理；五是坚持值班应守，畅通信息渠道。为保证“十一”黄金周期间信息交换畅通，全市交通系统严格落实假日值班和信息报送制度，市、县两级交通主管部门、运管机构、海事机构始终坚持领导带班、24小时值班，并及时做好每日的运输信息统计上报工作；六是倡导以人为本，提高服务质量。为在全市范围内营造安全、便捷、优质、和谐的出行环境，深入扎实地开展创建文明旅游客运企业活动，倡导文明服务、大力推行规范化服务、努力提高服务质量做了专门的安排和部署。

据统计，“十一”黄金周期间，全市道路运输共投入运力1139辆，同比增长11%；运输旅客42.28万人次，同比增长11%；包车16个班次，加班50个班次，运输旅游人数为0.972万人次，未发生安全生产责任事故，圆满完成了两节期间旅客运输任务。

（郭琦鹏）

应　急　管　理

交通运输部高度关注山西省道路暴雪灾情

交通运输部对发生在山西全省暴雪灾害影响道路交通的情况高度重视，副部长冯正霖代表部党组11月11日下午打电话给省交通运输厅厅长段建国，详细询问公路受灾情况及被困车辆、人员救援情况。

冯正霖要求，要在省委、省政府领导下，迅速动员全系统力量，加大对被困人员的救援解困服务力度，保证被困人员有饭吃、有水喝，不能冻死冻伤一人。要全力以赴清雪除冰，力争在最短时间内具备通车条件。要统筹安排，抓紧准备运力，保证全省人民生产、生活必需品的运输。如有困难请即向交通运输部报告，部里将组织周边省份的力量给予支援。

冯正霖副部长还请转达交通运输部对在抗灾一线的干部职工的慰问。

（石　兰）

省交通运输厅紧急启动暴雪灾害一级预警响应

11月10日早上，全省大部分地区出现强降雪天气，暴雪对道路交通运输和农牧业造成严重影响，对中部部分地区已经造成不同程度的灾害，省政府紧急启动暴雪灾害一级预警和道路交通安全一级红色预警。按照省政府部署强降雪应急减灾工作紧急会议精神和省领导要求，省厅于11月10日晚启动《山西省公路交通突发公共事件应急预案》一级预警和响应，并迅速成立前线救灾指挥部，对救灾工作进行了安排部署。厅长段建国等厅领导坚守在一线，指挥受灾路段连夜实施清雪融冰和车辆人员紧急救援工作，全省交通系统团结一致，齐心协力，共同投入到了抗击冰雪灾害之中。

截至11月11日晚，全省除京大高速公路北京方向开通外，其他所有高速公路全部封闭。晋中境内省道太长线、南太线、董榆线、盂榆线部分路段封闭交通；晋城境内207国道衙道至省界、省界至天水岭、杨寨河至省界、杨河桥至东坞岭封闭交通；忻州境内大石线台山境内、长原线台山境内、台忻线台山境内封闭交通；临汾境内坪曲线隆北—沁水段封闭交通。部分高速公路和国省干线公路存在车辆和人员被困情况。

高速公路车辆人员滞留主要集中在青银高速公路太旧段和吕梁段，共计有1300余辆车、2400余人滞留，其中两条路段服务区还滞留车辆近640辆、1670人；国省干线公路共滞留车辆3211辆、人员约5500人。

*紧急启动应急预案。*10日晚，省政府组织召开部署强降雪应急减灾工作紧急会议后，厅长段建国立即召集省公路局、省高管局、省运管局等有关单位连夜召开会议，传达省政府紧急会议精神，并按照省政府领导要求，对道路交通保通畅通和客运安全应急工

作做了进一步安排部署,同时启动《山西省公路交通突发公共事件应急预案》一级预警和响应,全面响应省政府暴雪灾害一级预警和道路交通安全一级红色预警。并紧急印发《关于做好应对暴雪灾害确保道路畅通和客运安全工作的紧急通知》,要求各级交通运输主管部门、各级公路管理机构立即调集人员、机械设备,防滑融雪物料,全力以赴开展清雪融冰工作。

厅领导深入一线,现场指挥抢通救援。灾情发生以后,省厅紧急召开党组会议,研究部署应对强降雪工作,并迅速成立了前线救灾指挥部,全天候指挥抢通救援工作。厅长段建国,副厅长张润、张志川带领有关部门人员冒雪深入太原汽车客运总站、太原环城高速公路、太旧高速公路检查指导旅客疏散、运输安全、清雪保畅等工作,并慰问一线干部职工。副厅长王志民紧急安排省运管局利用全省卫星定位应用系统短信平台向长途客车、高速客运车辆、旅游客车、危险化学品运输车辆司乘人员发布大雪道路运输安全警示信息,要求严格执行雪地安全行车规定,做到该停运的停运、该慢行的慢行。

加大人员机械投入,采取超常措施应急处置。迅速动员养护、路政、服务区人员全员出动,24 小时进行融冰除雪工作,做到人停机不停。调集附近施工单位 20 辆装载机支援融冰除雪,运管部门调运 150 名维修人员携带应急燃油上路进行车辆维修和救援。针对救援中遇到的各种困难,采取路政车带路、单车道通行、间断放行、控制车速等措施保证车辆安全通行,特别是对青银线车辆滞留点采取了切割中央护栏、巡查车疏导、清障车牵引、调头逆行等措施,有效提高了救援效率。省公路局对各类抢险物资、机械设备进行全面检查检修,及时补充更新,保证应急抢险需要,同时组织全系统 30 余辆越野车,不间断上路解救疏散受困滞留司乘人员。

千方百计为被困人员提供服务。沿线服务区、收费站、治超站点积极为司机和乘客提供食品、饮水和御寒物资,对老人、病人、小孩、孕妇等特殊人员提供特殊照顾。截至目前,全省高速公路系统已为滞留的车辆及司乘人员累计送水 3800 余人次,送食品 3690 余份,送防寒衣被 200 余套。

积极争取地方政府支持。在省应急办的协调下,晋中市交通局、阳泉市政府、寿阳县政府派出 30 余辆救援车辆参与救援。对于降雪量较大的大同、朔州、忻州、太原和阳泉 5 市,公路部门及时报告当地政府,请求驻军、武警及社会力量共同抗击冰雪灾害,尽快恢复道路通行。

冰雪灾情发生以来,全省高速公路共投入除雪机具 647 台次,抛撒融雪剂 1790 吨,国省干线公路共出动除雪设备 1705 台次,人员 8844 人次,抛撒防滑材料 33 533 立方米,融雪剂 619.7 吨。从 11 月 10 日晚 8 时至今,青银高速公路共计分流车辆 1700 余辆,解救分流人员 5200 余人,其中:吕梁高速公路分流车辆 1500 余辆,解救分流人员近 4000 人;太旧高速分流车辆 220 余辆,解救分流人员近 1200 人。国省干线公路共救援疏导滞留车辆 1191 辆,安置滞留人员 300 余人。

(石　兰)

省交通运输厅紧急通知做好应对暴雪灾害确保道路畅通和客运安全工作

11 月 11 日,省厅下发紧急通知,要求各市交通局、厅直各单位、各高速公路建设管理处,做好应对暴雪灾害确保道路畅通和客运安全工作。

通知要求,各级交通主管部门和公路管理机构,要按照《山西省公路交通突发公共事件应急预案》要求,立即组织调集机械、人员、融雪防滑材料,开展对所辖路段的清雪除冰,保障道路畅通工作,采取机械除雪和人工除雪相结合、专业除雪和社会动员相结合等方式,领导带头到一线,机关干部上公路,随时下随时清,防止冰雪灾害的蔓延和发展。

同时要加强对道路的巡查,及时发现和处置阻碍道路畅通的情况。

通知要求,各级公路管理机构要做好所辖路段内因暴雪灾害滞留车辆、人员的救助工作,提供必要的饮水、食品、防寒衣物、燃油等,协助当地政府做好滞留人员的疏散工作,确保不发生冻伤、冻亡事件,维护社会稳定。

通知强调,各部门、各单位在清雪除冰和应急救援过程中,要强化组织管理,确保自身的安全。各级运管部门要加强对客运车辆的管理,及时掌握运行情况。对路面状况差、确受雨雪天气影响大的班车,通知其就地停运,确保乘车旅客和车辆运行安全。同时协调各汽车客运站做好滞留旅客的疏散和安置工作,对尚能营运的线路,要督促营运车辆做好防滑器材配备。特别要加强对农村和山区客运车辆管理,确保运行安全。动员和组织各应急保障车队做好应急运输准备。各级海事部门要加强航运船舶的管理,对达不到营运条件的一律停航、停渡。

通知强调指出,厅直各单位、各重点工程建设管理处要根据本单位实际情况,积极做好暴雪灾害的应急工作,确保人员、设施等的安全。通知要求,各单位要加强值班工作,坚持领导带班,24 小时值班制度,保证通讯畅通。要加强信息上报工作。暴雪灾害期间,每日两次(上午 8: 30,下午 16: 30)向厅应急办报送冰雪灾害造成的影响、公路路况、客车营运及应急处置情况(包括投入的人力、物力、机械设备、典型事件等)。联系电话:4663003,4663004,传真:4663100。同时,积极做好暴雪灾害的应急处置宣传报道工作,通过各种媒体及时宣传报道交通运输行业应对暴雪灾害的各项工作。

(石　兰)

超限超载治理

全省继续巩固治超成果

从2007年12月起，山西省动真格、出重拳，坚持政府治超、依法治超、源头治超、科技治超、责任倒查、重奖重罚、经济调节、机构保障等综合治理措施，以前所未有的决心和力度，全面开展了“无缝隙、拉网式”治超总行动，取得重大阶段性成果。2009年，全省交通系统精心组织、周密安排，真抓实干、勤奋工作，在源头管理、路面执法方面下工夫，治超成果继续巩固，在全省治超工作中发挥出主力军作用。

2009年，经过全省交通系统广大干部职工的勤奋努力，全省货运车辆非法超限超载率始终控制在0.2%以下；公路运输秩序持续好转，客车正点率保持在90%以上；运输市场健康发展，货运价格稳定。煤炭短途运输价格由2008年的0.79元上升到2009年的0.97元，煤炭长途运输价格由2008年的0.74元上升到2009年的0.97元；路桥设施得到有效保护，全省国省干线公路桥涵受损由2008年的75座下降到2009年的73座，县乡公路桥涵受损由2008年的346座下降到2009年的335座；治超执法规范，公路“三乱”得到遏制，使交通治超工作有了更加坚强可靠的基础，在五个方面取得了进展。

*治超长效机制建设迈出新步伐。*一是法制建设稳步推进。《山西省道路货物运输源头治理超限超载暂行办法》完成了立法后评估，《山西省道路运输管理暂行条例》、《山西省公路管理条例》正在着手修订，增加了相关治超内容。《山西省治理车辆超限超载工作条例》已列入了省人大立法计划。省厅出台了《交通行政执法规范》、《交通行政处罚自由裁量权基准制度》。二是机构常态化建设取得新突破。经省编办批准，省厅新的三定方案增设了治超处，省运管局增设了正处级的治超办，为交通系统治超长效建设提供了制度保障。

*信息化建设速度明显加快。*一是信息化建设开局良好。晋中市交通局治超综合信息管理系统建成并投入使用，15个治超站的视频、数据实现了实时上传。其他市治超综合信息管理系统正在规划、建设或调试中。阳泉市货物车辆电子运单IC卡系统开始推广运行，得到省治超办、交通运输部道路运输司的高度重视和肯定。二是不停车检测系统进展顺利。高速公路入口全部安装了不停车检测系统，普通公路治超站安装率达到80%以上。检测速度显著提高，因检测引起道路拥堵现象基本消除。三是治超站点全部实现计算机管理。所有经省政府批准设立的已建治超站全部实现了计算机管理，实现了数据自动生成，具有查询、统计功能。四是源头治超信息化建设取得成效。已有23个县级运管机构建立了源头治超监控中心，对公示源头单位实现了全天候、全过程、全方位监管。

*路面治超网络体系基本建成。*经省政府

批准,37个已撤销的政府还贷二级公路收费站改建为治超站;18个超限运输检测点、临时卸载点迁址到已撤销的政府还贷二级公路收费站,共利用收费站55个。所有临时卸载点改为固定站点,新增公路超限检测站9个。不包括高速公路匝道155个入口治超检查点,全省公路固定超限检测站总规模达到186个,全省公路治超监控网基本形成。

源头治超得到普遍加强。公示货物源头单位装载监管工作逐步规范化,派驻、巡查制度落实到位,对全省范围内政府公示的10 698家货运源头企业进行监管,进驻397家,巡查10 301家,大幅度减少了超限超载的违法机会。道路运输质量信誉档案及违法单位和个人"黑名单"制度基本建立,从业门槛得到规范。

舆论宣传发挥重要作用。省内外新闻媒体给予全省治超工作充分关注,积极宣传报道。中央电视台《焦点访谈》栏目作了专题介绍,提高了山西省治超工作在全国的知名度,影响积极而深远。全省各级治超办利用各种形式强化了宣传工作,舆论宣传为全省治超工作的顺利开展发挥了重要作用。

山西经验在全国推广。2009年,全省治超工作取得的重大成果引起了全国的瞩目,7月份,全国治超办、交通运输部在山西省召开了全国治超工作山西现场会。现场会上,全国治超领导组组长、交通运输部部长李盛霖高度评价了山西省治超工作:山西省委、省政府对治超工作高度重视,认识深刻,体制有效、机制灵活,力度大,措施硬,手段多,抓得实,效果好。山西经验管用有效、可学可鉴。7月23日,张宝顺书记在会见交通运输部李盛霖部长时指出:"山西是煤焦生产大省,也是西部原材料外运的重要通道,运输压力很大,过去饱受超载之痛,在治超问题上没有退路。路,是经济运行的风向标和晴雨表,随着经济的复苏,山西的治超工作一刻也不能放松。"会后张德江副总理作出重要批示:"山西省治超工作取得显著成效,经验值得总结推广。山西治超工作现场会开得好,总结了经验,指出了问题,明确了下一步工作任务。治超是一项长期而艰巨的任务,要常抓不懈,抓出成效。"

全国现场会后,省交通运输厅、省公路局、省运管局、省高管局以及各市县交通局接待了上百次全国各地交通系统治超参观、考察团,山西交通治超的经验和做法走向了全国。

贯彻全国治超现场会精神重在落实,根据省委、省政府的总体部署,以建立治超长效机制为目标,省交通运输厅采取了以下8项治超措施。一是提高治超在全局工作中的地位。在政府领导下,继续加强交通运输主管部门对行业治超工作的主导作用;二是完善交通系统治超工作的法制建设,建立健全配套政策体系;三是加快已取消的二级公路部分收费站改设为治超站的步伐,开展所有治超站全国联网工作;四是配合各级政府公路站点的整合工作,确保道路畅通,杜绝公路"三乱";五是重点打击短途超限超载运输,建立重点公路工程建设装载环节的有序管理;六是进一步加大科技治超力度,在治超站点全面实行不停车检测,重要源头企业实行视频监控,发挥监管的最大效能;七是完善考核奖惩办法,加强对行业的治超考核工作,促使全系统治超工作迈上新台阶。并按照省治超领导组安排,在公路建设项目中,对治超成绩突出的市县进行奖励。

(辛日尚)

省公路局路政管理大见成效

2009年是全省开展"无缝隙、拉网式"治理非法超限超载车辆工作的第二年。全省路政管理工作以建立"阳光、文明、高效"的路政执法队伍为目标,大力强化责任意识、服务意识、科学发展意识,治超工作坚持"依法严管、标本兼治、立足源头、长效治理"的工作方针,圆满地完成了各项目标任务。

全年全省共召开路政协调会、座谈会、咨

询会 6963 人/712 次，张贴布告、宣传画 79 653份，广播宣传 20 855 分钟/1396 次，电视宣传 1799 分钟/177 次，印发路政宣传手册 5285 份，制作宣传标牌 400 块，喷刷宣传标语 1065 幅，出动宣传车 51 835 千米/765 次，签订协议书 482 份。

全省全年共发生路政案件 9740 起，发现 9713 起，发现率 99.72%，查处 9655 起，查处率 99.40%，结案 9635 起，结案率 99.79%，罚款 333 100 元，收取路产赔偿费 9 786 864 元。

针对新形势下路政管理工作出现的新课题，各分局转变观念、创新思路、创造性地开展路政管理工作，不断探索路政共管长效机制。

阳泉分局积极协调阳泉市政府下发了《阳泉市国省道公路路政共管办法》，推行路政共管工作项目责任制。同时按照市委、市政府开展“三城同创”（国家园林城市、国家环保模范城市、国家卫生城市）的工作安排，在充分调研全市公路环境及所辖国省道路管理情况的基础上，起草了《阳泉市公路环境整治实施方案》，由市政府行文下发各县、区及有关单位，方案对路政管理工作中存在的在公路两侧违规开发建设、乱设非公路标志及过村路段脏乱差等方面的问题均明确了责任部门，实现了“政府组织，部门联动，依法治理”，大大提高了路政管理的力度和成效。

临汾分局以全省路政工作现场会为契机，完善推广“路地联管”工作经验，初步建立联审联批联管的路政工作机制，通过这一工作机制的实施，解决了行政执法部门之间权力交叉和重叠的现象，有效杜绝了过村镇路段由于部门不协调而造成的多头执法和乱批乱建行为，基本遏制了团体性侵害路产路权行为的发生。

超限治理方面，省公路局继续认真贯彻落实交通运输部等国家九部委《关于印发全国车辆超限超载长效治理意见的通知》、华北五省（区、市）人民政府《关于治理非法超限超载车辆确保道路交通安全的通告》和《山西省人民政府关于治理非法超限超载车辆确保道路交通安全的意见》精神，加大了对非法超限超载车辆治理的力度。干线公路每天投入一线治超人员 3147 人，其中参加 37 个固定检测点治超 1741 人，参加当地政府流动稽查的 1406 人。固定检测点实行昼夜 24 小时值班制度。各分局都加强了记录和报告制度，制定日常记录表格十余种，确保每日工作登记在册，及时掌握治超总体情况，切实做到查处严格、卸载到位、处罚得当、手续完备。全省全年共检测车辆 8 070 456 辆，其中超限车辆 768 辆，超限超载率 0.01%，卸货物 1195.64 吨。

针对可能出现的公路“三乱”现象，省公路局设立明察暗访组和稽查队，不定期在全省开展稽查督导工作，查出问题及时督促整改。各分局把超限检测点执法人员姓名、照片、执法证件号码等进行公示，公开接受社会监督。在社会各界聘请政风行风监督员，设立举报箱、举报电话。执法人员要求着装整齐，佩戴标志，持证上岗，文明执法。执法过程做到执法有据、处罚得当，手续完备。全体执法人员严格执行全国治超“五不准”、“十条禁令”、省局的公开承诺和《超限检测人员违规违纪处理暂行规定》。从上到下按照治理公路“三乱”目标责任书要求，明确责任，一级抓一级，层层抓落实。同时，加强执法人员教育管理，常讲治理“三乱”工作，常给全体人员敲警钟，让全体执法人员时刻绷紧治理公路“三乱”这根弦。对于查处的违规违纪行为，省局都督促各分局按照规定给予了严肃处理。

（韩　杰）

省运管局狠抓源头治超不放松

2009 年，全省运管系统从大局出发，从运管队伍自身发展需要出发，围绕全年源头治超工作重点，全力创建“12345”工程，即坚持一个中心，强化两个力度，提高三个能力，完善四个机制，实现五个突破。全省运管系统积极主动地开展源头治超工作，投入了全系统35%以上的人力和财力，出动运政执法人员4000余名，对全省公示的1万余户货源企业实行派驻和巡查监管，从源头上杜绝了超限超载车辆出厂上路，大大减轻了路面治超站点的压力，为全省超限超载率控制在较低水平作出了基础性贡献。

提纲挈领、统揽全局，全面部署源头治超工作。为进一步推动源头治超工作向纵深开展，5月19日至6月18日，全省源头治超观摩活动历时一个月，行程6000余公里，由省局领导带队，11个市运管局（处）分管源头治超工作的局（处）长及治超办主任参加，对全省11个市32县及85个公示源头企业进行了观摩检查。还召开了三次全系统源头治超工作推进会，安排了源头治超年度检查。

夯实基础、构建长效、扎实开展检查督导工作。2009年，全省运管系统共出动执法人员60余万人次，对全省范围内政府公示的10 698家货运源头企业进行监管，共进驻企业397家，巡查企业10 301家，查处违反政府令案件140件，罚款114.65万元，抄报、告知案件100件，移送案件10件。

科技提效，方法创新，实现源头治超信息化。为了实现源头治超的全天候、全方位、全过程监管，建立治超长效机制，省运管局选择了晋中市运管局和太原市小店区运管所的源头治超信息监控模式在全系统推广。目前，晋中、太原、吕梁、阳泉、长治、临汾、忻州、大同等市运管机构大力推广科技手段用于源头治超，已取得成熟经验并正在推广。

依法治超，规范管理，加大源头监管力度。省运管局制定了《全省运管系统源头治超工作考核办法》、《考核评分标准》，对源头治超考核工作进行细化分解，将责任落实到市（局）处、县所，落实到每一名治超人员。要求各级运管机构建立公示货运源头单位停产、复产报备制度，源头企业停产一个月以内，要将停产、复产情况向县级运管机构报告备案，停产一个月以上除要向运管机构报告备案外，还要向当地人民政府报告。

总结经验，开拓创新，全面推进源头治超工作。开展源头治超以来，全省各级运管机构在认真履行职责，结合本地区实际，继续坚持依法源头治理，积极主动地开展源头治超工作，涌现出许多好的经验和做法。如临汾市运管处配合市治超办下发了《货运源头治超工作联席会议制度》、《货运源头治超行政执法联动工作制度》、《临汾市货运源头治超黑名单制度》等相关规定，确保了联动机制的有效运行。太原市运管局探索源头科技治超与运管工作相结合，充分运用《山西省交通运政管理系统》，增加源头治理超限超载计算机应用管理模块，实现了市县两级运管机构源头治超信息数据共享查询，将违章源头企业和从业驾驶员列入黑名单，规范货运市场的目的。晋中市运管局在政府和相关部门的支持与配合下，下发了《晋中市货运源头治超信息系统和货运源头装载登记单管理暂行办法》，根据源头单位的实际情况，安装单机版和网络版等。

因地制宜，主动作为，积极推动各地治超工作。各市县运管机构根据当地实际情况，及时召开了源头治超工作现场会。11月6日，晋中市在寿阳县召开了晋中市货运源头治超工作推进会，推广寿阳县开展源头科技治超和规范源头治超基础管理的先进经验，还下发了市治超办与市运管局联合制定的《关于全面推进货运源头科技治超工作的通知》、《关于全面启动货运源头治超信息系统和货运源头装载登记单的通知》《晋中市货运源头治超档案资料范本》、《晋中市货运源头治超档案资料范本》等文件。12月4日，吕梁市在柳林县召开了治超工作暨科技治超推广现场会，观摩了柳林县运管治超信息集控中心和同德煤矿有限公司的科技治超工作等。

强化宣传，大造声势，坚定长期治超信念。在223、224号两个政府令颁布实施一周年之际，省运管局组织全省运管系统进行宣贯,各市县以版面宣传、文艺表演、知识竞赛等生动多样的形式,广泛宣传源头治超取得的成绩,在全社会形成了浓厚的治超氛围,同时,还发文要求全省运管系统积极开展源头治超工作专项行动,重点打击短途非法超限超载行为,继续加大源头治超工作的明察暗访力度,集中查处问题突出的市县。

精心准备,全力以赴,开好两个全国会议。7月23日至24日,全国车辆超限超载治理工作现场会在太原召开。

为了在这次现场会期间深入宣传全省治超工作取得的成绩,省局制作了《源头治超全覆盖》宣传片,作为大会的材料发放给每一位与会代表,制作了11块宣传治超工作的展板布置到观摩现场。

8月13至14日,交通运输部在太原召开了全国部分省市运管机构加强车辆超载超限源头治理工作座谈会。交通运输部道路运输司徐亚华副司长在会上指出,山西运管在源头治超工作上思想认识到位,办法措施对头,成绩显著,经验丰富,值得各地学习和借鉴。

2009年,在全省运管系统全体干部职工的共同努力下,源头治超工作逐步走向长效机制。全省超限超载率控制在0.2%以下,其中55吨以上车辆控制在0.1‰以下。高速公路消除55吨以上车辆行驶,国省干线公路基本杜绝超限超载车辆行驶,源头治超工作成就斐然。

(张慧萍　张　瑾)

全省运管系统源头治超观摩团阳泉市调研指导

6月8日至10日,由全省11个市运管系统负责人组成的省运管系统源头治超观摩团深入盂县西小坪耐火材料有限公司、盂县跃进煤矿、郊区天泉洗煤厂等治超源头企业,对阳泉市源头治超工作进行观摩。

全省源头治超工作开展以来,阳泉市运管系统狠抓落实,开拓创新,坚持依法治超、源头治超、科技治超,使非法超限超载车辆大幅度减少,公路运输秩序明显好转,交通事故率有所下降,道路畅通率显著提高,公路"三乱"得到有效遏制。工作中,运管系统选树盂县西小坪耐火材料有限公司、盂县跃进煤矿等一批源头治超先进企业典型,有效带动全市源头治超工作的全面平衡发展。到2009年6月,阳泉市路面车辆超载率控制在0.08%以下,彻底杜绝55吨以上车辆超载上路现象。

省观摩团成员认为,阳泉市运管部门高度重视源头治超工作,认真学习治超政策,深刻领会治超精神,认真履行监管职责,运用科技手段严把治超关,实现了道路安全畅通。

(王九存　史晋阳)

平定县治超工作效果明显

2009年,平定县按照"政府主抓、部门联动、齐抓共管、坚持不懈、综合治理"的方针,以"抓综治、保安全、保畅通、为人民"为宗旨,积极采取区域治理、车辆治理、源头治理、站点治理等综合治理措施,齐抓共管治理非法超限超载车辆,车辆超限超载率由过去的0.04%下降到0.01%。

阳泉市"无缝隙、拉网式"治理非法超限超载车辆专项行动启动以来,按照省政府有关规定,平定县成立了治超工作领导组,严密组织,明确分工,形成治超领导组总体抓,交通、公路、公安、工商、经贸、交警等成员单位具体抓,各乡(镇)、村全面抓的工作格局。还结合自身实际,制定《治超实施方案》,按照"源头监管与路面治理相结合、重点治理与长效治理相结合、治超站点检查与路面流动稽查相结合"的办法,各成员单位严防死守、群防群控、多管齐下,在各检测点、主要道路出路口通过张挂标语、贴示通告、散发传单等方式,加强对非法超限超载车辆的监管工作。

为进一步加强治超工作,实现"管理无缝隙、责任网络化"目标,县交通局、县公路段成立了3个治超流动稽查队,负责对县乡公路和国、省道治超工作的稽查;县交通局、交警部门建立了应急保障制度,县治超办还对全县治超执法人员进行职业技能培训。全年共组织集中治超行动80余次,检查车辆3.1万辆,查处超限超载车辆27辆,卸载货物183.2吨,罚款和收取道路损坏赔(补)偿费99.4万元,基本杜绝了超限超载车辆上路。

(王九存　史晋阳)

阳泉市源头治超车辆管理系统正式启用

11月1日,阳泉市源头治超车辆管理系统正式启用,实现了名副其实的科技治超。

司机持IC卡(电子运单)进入源头单位时,首先接受电子读卡器的检查,在对车辆和人员证照审查合格后(如证照有问题,检查仪自动报警,车辆不得进入货场),车辆进入货场装载。当装满煤炭的货运车辆经过磅房,电子监控系统自动抓拍,车载重量数据和车辆过磅图片同步上传至源头治超管理系统,并自动生成源头管理各类报表,用以管理人员查询。车辆出厂后,运政管理稽查人员可在任何地点使用读卡仪查询该车相关数据。如车辆装载地、车辆轴数、装载重量、车辆道路运输证、从业人员资格证、源头单位装载、记重、开票人员信息以及车辆违章信息等。如发现问题,将违章记入卡内,自动生成黑名单。待接受处罚后,方可从事运输活动。11月1日,源头治超先进单位盂县跃进煤矿,在全市率先使用源头治超车辆管理系统,将科技手段深入到了源头管理的每一个环节,实现了真正意义上的科技治超。

该源头治超车辆管理系统,采用B/S结构,对源头单位使用条件要求低,投资小,使用ADSL就能实现数据和图像的传输,性能稳定,使用方便,操作简单,易于推广,科技含量高,在任何上网的电脑上,依据管理权限,均可实现及时查询和数据管理,有利于各级管理部门和领导对源头治超工作的监督和管理。

阳泉市源头治超车辆管理系统运行以来,性能稳定,效果良好。简化了登记和审核手续,降低了管理成本,提高了工作效率,受到了货源单位和广大司机的一致好评。

该系统计划分三期推广使用。一期选定平定县阳煤集团五矿、盂县跃进煤矿、郊区燕龛煤矿、阳煤集团新景矿四个货运源头单位作为试点;在取得成效的基础上,二期在全市全面推广安装;三期将对系统进行全面总结和完善。

(王九存　史晋阳)

临汾市开展无"双超"示范县创建

为建立治理车辆非法超限超载的长效机制,不断拓展科技治超的理念,临汾市开展了以货运源头单位远程监控为主要方式的无"双超"示范县试点创建工作。侯马市作为示范县,坚持"科技治超、依法治超"的治超工作原则,积极筹建侯马市货运源头治超监控中心,目前近300平方米的科技治超监控中心已建设完成。监控中心设有24个监控器、两个大型监控屏幕的监控墙及监控席、网络机房,购置了交换机、不间断电源、服务器等设备。

侯马市科技治超监控中心可实现对15户货运源头单位及三个路边治超点的视屏及数据监控。源头单位通过运单实施微机管理,强化了源头监管的制约监督措施,路面和源头治超的联动机制进一步得到强化。

(李玉洲　庞燕东)

晋城市治超工作受肯定

2009年,晋城市政府专门成立了"治超办",工作机构设在晋城市交通运输局,具体任务源头治超和路面巡查。经过实践探索,不断总结,晋城市实行了"三个一"的管控办法,即:源头治理"一次停",中间管控"一票通",末端监管"一关卡"。在全省11个市中作为首创经验进行推广。

晋城市交通局贯彻落实省、市关于治超

工作的一系列决策部署，按照“政府主抓、部门联动、区域联合、齐抓共管”的原则，突出源头治理、路面管控、站点严查、责任倒查、集中治理短途超限超载行为，严厉打击非法改装车辆，全市的治超工作取得了长足进步。

积极采取专项整治、巡回检查、现场督办、观摩学习等方法，督促指导全市的治超工作持续深入开展。一是集中整治小型修理厂，打击非法改装车辆。共关闭非法小汽修厂(点)391 家，有 62 家修理厂进行了停业整顿，通过整治，非法改装车辆上路行驶的问题得到彻底解决。二是巡回检查，及时纠正问题。通过检查，一方面及时发现纠正工作中存在的问题；另一方面不断向运输户、司机和社会发出治超工作正在进行的强烈信号，使全市的治超工作始终保持一定的张力，治超效果得到了有效巩固。三是认真督办，严查案件。对群众举报的案件采取重要案件直接查，一般案件交县(市、区)督办的方法，进行认真查处。全年共接受和查处群众举报案件 23 起，查处率为 100%。四是抓好试点，统一文档。在泽州县治超办进行了规范治超文档试点，并组织召开规范治超工作资料现场研究会，统一了全市治超案件、资料、文件的格式和处理程序，规范了治超文书的归档、保管方法。

一年来，全市累计投入执法人员 344 536 人(次)，检查车辆 3 077 031 辆。通过治超，全市的道路、桥梁得到有效保护，延长了公路使用寿命，好路率年末达到 82.03%，共节省养路费 3.7 亿元，隐形经济效益节省 61.58 亿元。道路交通事故明显下降，全年因超限超载引发的交通事故比上年少死亡 11 人，少受伤 179 人，同比死亡率和受伤率分别下降 4.91% 和 19.9%，直接经济损失下降 7.17%。同时，全市的公路运输秩序持续好转，交通运输环境得到优化，治超工作得到人民群众的肯定。

左权县多措并举强化治超安全

2009 年，左权县认真贯彻落实省交通运输厅治超办“关于切实加强治超安全保障工作的通知”精神，将晋煤东运河北邯郸出省公路的最前沿桐峪超限点作为突破口，在站点车辆、检测设施、执法装备进行全面排查的基础上，扎实推进安全生产。

一是从思想认识入手，组织广大治超路警人员认真吸取汾阳市庄子治超检测站“1·31”事件教训，利用休息时间分班次集中学习省厅出台的“八项安全生产制度”和相关法律法规、业务知识，夯实安全生产的思想基础，使安全生产教育常抓不懈，贯穿在治超工作的全过程，不断增强广大交通从业人员的安全防范意识和安全防范能力。

二是从健全规章制度入手，制订突发事件应急预案，在实行路警联合、加强防守和监控的基础上，加强与当地乡政府、派出所的协调互通，针对治超安全生产中出现的新情况、新问题，积极讨论互议，寻求对策和措施，相互配合，形成合力，充分发挥群策群力的治超优势，力争做到一经发现不安全苗头，迅速启动预案，上报情况，采取有效措施积极处置，防止安全事故发生。

三是在治超工作中，严格要求上路人员必须穿戴反光背心、标志性头盔、携带手持式停车闪光指示牌，并根据现场实际车流量，及时增加警力，增设移动式隔离、减速引导标识设施，努力做到既保证货运车辆安全进出检测、卸载通畅有序，又能保障治超执法过程的文明、和谐、安全。

(郭琦鹏)

交　通　安　全

省交通运输厅
安全生产工作常抓不懈

*及时安排部署安全生产工作。*2009年，省交通运输厅先后筹备组织了各种安全生产会议50多次，其中包括全省交通系统安全生产工作会议、全省交通安全生产专项整治动员大会、2009年全省道路水路春运安全工作电视电话会议、2009年全省"十一"黄金周道路水路运输安全电视电话会议、全省道路水路运输安全生产专项整治第三阶段动员大会、交通基础设施建设安全生产专项整治第三阶段动员大会、全省重点公路建设质量安全现场交流会等。

*进一步完善安全生产责任体系。*修改完善了年度安全生产目标责任书，省厅与11个市交通局、15个厅直单位、8个重点公路建设管理处签订了2009年度安全生产目标责任书。在第三次重点公路建设调度会上，又针对重点公路建设项目多的情况，由厅重点办与各建管处签订安全生产目标责任书，充分发挥厅重点办对重点公路建设安全生产监管的作用。督促各级交通主管部门、运管机构、海事机构和厅属各单位层层签订了年度安全生产责任书。强化安全生产责任制。

*健全完善安全生产管理制度和措施。*及时转发贯彻省政府安全生产"八项制度"，并结合交通行业实际，制订和修订了《厅安全生产委员会制度》、《交通运输安全生产厅(局)际联席会议制度》、《交通运输安全生产联合执法制度》、《交通运输安全生产事故隐患治理制度》、《交通运输安全生产责任事故约谈制度》、《交通运输安全生产隐患和事故举报制度(试行)》、《交通运输重大危险源监督管理制度》、《交通运输安全生产专项督察制度》，制定了《小型客船运输经营资质管理暂行办法》、道路运输安全"三关一监督"源头管理"十项措施"、加强道路运输企业安全管理"十项措施"、高速公路建设高危工程安全管理"六十条强制性要求"等。

*严格事故责任追究。*派业务骨干参加了省政府组织的"2.12"、"10.30"重大事故调查组，支持省政府按照"四不放过"的原则，进行事故调查处理，并追究交通运输行业有关责任人的责任；对2008年"6.3"、"7.17"、"8.18"和2009年"2.12"四起重大道路运输事故的调查处理决定，组织人员对有关交通主管部门、运管机构、公路部门、运输企业调查处理决定落实情况进行督查。厅领导对事故有关部门、单位、企业的领导进行约谈和批评教育，增强做好安全生产工作的责任感、紧迫感，分析查找事故原因和管理漏洞，推进安全生产工作；要求省运管局对发生一次死亡5人以上道路运输事故的企业一律进行为期半年的安全整顿，整顿期间冻结客运线路许可，并吊销驾驶员的从业资格证和事故车辆的道路运输证，把事故作为企业信誉质量考核指标，一年内取消客运线路信誉质量投标

资格。

扎实开展安全生产专项整治工作。一是周密组织安排部署。根据交通运输行业的特点,分别制定了道路运输和水上交通安全专项整治工作方案、交通基础设施建设施工安全专项整治工作方案。召开了专项整治电视电话动员大会和第三阶段动员大会,并组织了省市联动检查组人员培训教育。此外,还制定实施了安全生产“三项行动”实施方案。二是加强工作督查指导。在专项整治第一、二阶段,省厅会同有关部门先后派出18个督查组,其中道路运输11个、水上交通3个、交通基础设施建设4个。在专项整治第三阶段,又抽调121名干部组成22个省、市、县三级联动、分类整治检查组,其中:道路水路运输11个、交通基础设施11个,进行了为期半年的省、市、县三级联动检查,为了及时了解省市县三级联动进展情况,及时解决工作中存在的问题,先后于8月14日、8月28日分别召开联动检查组第三阶段工作汇报会,分管厅领导分别对下一步工作进行部署。在专项整治“回头看”再检查阶段,又组织了11个道路运输、5个水上交通、5个基础设施建设安全整治检查组深入全省进行“回头看”再检查。三是严格分类整治。对在安全生产专项整治中排查出的各类隐患进行分类排查整治,全省交通运输行业共排查各类生产经营单位8409个,其中:一类企业1124个、二类企业1018个、三类企业6277个。排查道路运输企业7952个,其中:一类1104个、二类919个、三类5929个;排查水路运输企业141个,其中:一类20个、二类95个、三类36个;排查公路建养施工企业537个,其中:二类4个、三类312个。在安全生产专项整治过程中,排查各类安全隐患1436个。其中:一般安全隐患1421项、重大隐患15项,一般安全隐患已整治完毕,重大安全隐患已整治8项,限期整改7项。四是安全生产装备建设持续推进。会同省运管局全面建成全省道路运输卫星定位应用系统,1个省级运管监控平台和11个市级运管监控平台全面建成,并建成171个企业监控平台,8300辆长途客车、旅游客车、高速客运车辆、危险货物运输车辆安装了终端设备,并纳入系统监控。为一、二级汽车站配备行包安检仪15台,全省一级汽车站和大部分二级汽车站配备了安检仪,严防“三品”进站上车。

大力加强安全宣传培训工作。一是加强安全培训。组织450多名干部参加道路运输安全专项整治培训班、水上交通安全专项整治培训班、交通基础设施建设安全专项整治培训班;组织620名高速公路建设施工、监理单位的安全生产负责人参加了两期高速公路建设施工安全管理强化培训班;组织200多名危险货物运输企业的经理参加了危险化学品运输安全培训班。组织了高速公路建设安全学习考察团和道路运输安全学习考察团,学习考察预防重特大公路施工和道路运输事故的经验和做法,以考察代培训。二是加强安全宣传。组织参加了安全生产宣传月活动。利用汽车站和高速公路的可变情报板滚动播放安全生产标语,进行安全生产知识传递活动;参加了省安委会组织的安全生产月集中宣传咨询日活动,制作宣传图板,印制宣传图册和资料,散发安全生产宣传资料20余万份;组织1000多名干部职工观看特大事故警示教育光盘,用血的教训教育干部职工。此外还组织开展了安全生产知识竞赛。三是组织开展交通运输行业卫生防病工作。积极配合省政府及相关部门开展了防控“禽流感”、“猪蓝耳病”以及“甲型H1N1流感”工作,有效防止了在道路旅客运输及全系统大规模发生“甲型H1N1流感”,保障了行业和社会的稳定。在一、二级汽车客运站设置的“防控艾滋病”宣传专栏,向全社会普及“防控艾滋病”知识;在12月1日“世界艾滋病日”宣传活动中,为厅机关职工和旅客发放宣传防控手册3000余份。

(杨吉平　常卫平)

朔州市交通运输局采取措施保安全

2009年，朔州市交通运输管理处坚持“安全第一，预防为主，综合治理”的方针，紧紧围绕年度安全生产目标和安全生产专项整治的有关要求，切实加强道路运输安全管理，坚持以“安全发展”为理念，以杜绝重特大事故，保障人民群众生命财产安全，维护社会稳定为目标，经过运管处全体干部职工的努力工作，促进了全市交通运输安全生产形势的明显好转。

加强组织领导，落实工作机构，明确责任考核。市交通运输管理处成立了以李俊处长为组长的安全生产工作领导组，协调整个交通运输安全整治工作。制定了专项整治实施方案，做到统一组织领导，统一执法行动，统一执法标准，确保安全工作有序开展。

开展宣传教育，扩大舆论导向，营造整治氛围。为使交通运输安全专项整治工作得到社会认同和支持，朔州市交通运输管理处认真开展了专项整治宣传教育活动。利用媒体开展宣传活动，扩大社会影响面。制作横幅、张贴标语及发放宣传材料8000多份。深入运输企业、车站进行巡回宣传。四是设立咨询点，接受各类人员咨询1000多次。

认真履行职责，强化监督管理，扎实开展整治。开展专项整治以来，朔州市交通运输管理处采取以下措施，落实安全监管职责，把安全工作落到实处。一是提高认识，明确责任，使安全管理责任和安全主体责任得到进一步明确，形成上上下下高度重视安全管理工作和安全生产的良好氛围；层层签订责任书，认真落实安全生产八项制度；各单位、各部门实行“一岗双责”，一把手是安全生产的第一责任人，分管领导具体负责安全生产工作，设立机构、配齐人员、责任到人、严格管理；加大清理整顿挂靠车辆的力度，严把运输企业和新增车辆的市场准入关；加强对道路运输企业的经营资质评定和质量信誉考核工作，严格遵守办事程序，凡不具备营运资格的企业坚决取缔。各级运管机构严格按照“三关一监督”的工作职责，立足源头，认真履行道路安全生产管理职责，加强日常监管；强化运输企业营运车辆的日常维护和技术等级评定，确保车况良好；全面总结，分类汇总，认真做好“回头看、再检查”工作。

总之，朔州市交通运输管理处紧紧围绕客、货、维、驾的管理目标，认真开展安全专项整治工作，确定目标，攻坚克难，全面推进安全专项整治工作，取得明显成效。

（王卫东）

临汾市交通运输局采取措施
加强道路危险货物运输安全监管

为进一步强化道路危险货物运输安全监管，做好道路危险货物运输安全生产专项整治工作，消除事故隐患，确保道路危险货物运输安全，临汾市交通局采取了五项措施。

一是要求县级运管机构按照“属地管理”的原则，对本行政区域内道路危险货物运输企业或单位及道路危险货物运输经营活动依法进行监督检查，做好监督检查记录，每月不少于一次。二是对于道路危险货物运输企业或单位已不具备开业要求的有关安全条件、存在重大安全隐患的，由县级以上道路运输管理机构责令限期改正；在规定时间内不能按要求改正且情节严重的，由临汾市道路运输管理处吊销《道路运输经营许可证》或者《道路危险货物运输许可证》，或者吊销相应的经营范围。三是由临汾市道路运输管理处定期召开道路危险货物运输企业或单位主要负责人、有关运管所分管安全副所长参加的安全生产例会，听取各单位安全生产管理情况汇报，分析安全形势，布置安全生产管理工作。四是运管机构安全负责人定期参加辖区道路危险货物运输企业或单位的安全生产例会，对安全例会过程进行监督，确保例会质量。五是以货运源头治超为抓手，加大对进出货运源头单位危险货物运输车辆的监督检查力度，严格打击取缔无牌无证、证照不全、非法改装、超限超载车辆，净化运输市场秩序。

（李玉洲　庞燕东）

临汾市交通运输局对全市汽车客运站安全例检员进行培训

为了进一步加强汽车客运站安全管理，提高和规范全市汽车客运站安全例检员的操作技能和检验水平，临汾市交通局组织运管部门于9月21日至9月26日对全市汽车客运站安全例检员进行了再培训、再考核。

此次参加培训的安全例检员共74名。培训内容包括《车辆运行例检员基础知识及客运规范》、《机动车安全运行技术条件》(GB7258—2004)、《中华人民共和国安全行业标准》(GA468—2004)、《营运车辆综合性能要求和检测方法》(GB18565—2001)、《机动车运行检测项目与实际操作方法》。通过此次培训，参培例检员对例检工作的重要性有了新的认识，牢固树立了“旅客至上、安全第一、精心操作、精心例检”的责任意识，为全市道路旅客运输安全提供了保障。

（李玉洲　庞燕东）

省公路局全面开展安全隐患排查和整治工作

2009年是全省安全生产年，为切实保障人民群众安全、便捷出行，各分局牢固树立“预防为主，安全发展”的理念，进一步强化安全防范意识，把公路安全保障工作作为养护工作的第一要务，把安全生产作为全年养护工作基础工程来抓，使人性化安保工程的设置更趋科学、合理，消除了各种事故隐患，杜绝了因公路本身问题引发的各种安全事故的发生，确实让人民群众感受到公路部门是一个负责任的部门。

结合养护生产实际，省局出台《国省干线公路养护安全生产专项整治工作方案》，全局自上而下成立了国省干线公路养护安全专项整治领导组，明确目标、内容、措施和标准，对道路安全隐患排查整治工作进行了全面、具体、细致、深入的安排部署。各分局按照省局养护安全生产专项整治活动阶段安排，对管养国省干线公路、桥梁全面展开安全隐患排查摸底，建立健全了道路安全隐患整治档案，建立预警机制，对可能存在的安全隐患采取了相应的防范措施，重点针对急弯陡坡、路侧险要、视距不良、涉校路段和事故易发生路段等安全隐患点进行全面整治，在重大地质不良路段、危桥危涵处增设限载限速等大型警告标志、长陡坡限速标志；在涉校、过村路段、公铁立交以及主要平交道口增设减速带或划设振荡减速标线、设置警示标志牌以及弯道诱导标志、反光镜等；对事故多发路段设置了避险车道、彩色振荡减速带、大型防撞墙、组合警告标志等安全警告设施和安全防护设施；对山体严重滑坡进行集中卸载；修复和更换波形护栏、修补护墩，增设钢筋砼防撞墙，处治路面沉陷。以上措施，有效降低了恶性事故的发生，大大降低了交通事故死亡率和重大交通事故发生率，确保了干线公路与桥梁的运营安全。

（赵　京）

交 通 战 备

全省交通战备工作圆满完成各项任务

2009年,全省交通战备工作高举邓小平理论和“三个代表”重要思想伟大旗帜,认真学习实践科学发展观,以军事斗争和非军事行动交通保障需求为牵引,以应对多种安全威胁、完成多样化交通保障任务为基点,按照“平时服务、急时应急、战时应战”的总要求,进一步加强交通动员准备,努力提高紧急情况下交通战备综合协调能力和持续保障能力,圆满完成了各项任务目标。

(景匆停)

国防交通网络建设进一步完善

借鉴“国防大运”经验,从规划抓起,进一步完善了国防交通基础设施网络,并积极推进项目建设。一是按照全省新调整的“三纵十一横十一环”高速公路网规划建设项目,对全省国防交通路网布局作了调整完善。在全省高速公路网中选出具有重要国防战备功能的“两纵”(右玉县杀虎口至芮城县刘堡、天镇县马市口至泽州市道宝河)、“两横”(五台县长城岭至保德、平定县杨树庄至临县克虎寨),列入国防交通网络,作为贯彻国防要求项目。目前这些项目大部分开工建设,忻州至保德高速公路作为中央军委和省政府批准的国防交通项目,在前期工作中就严格贯彻国防和军事需求,在太原卫星发射基地预留了专用互通口,并在项目施工招标中采用了邀请招标,选用专门队伍施工监理,保证了国防要求在建设中得到落实。二是按照平战结合的方针,进一步拓展交通战备“平时服务”功能,更好地服务交通建设。省交通战备办公室成立了高速公路重点工程军地协调领导组,主任亲自挂帅,专职副主任具体协调,专门负责高速公路建设涉军拆迁工作。军地协调领导组成立以来,通过协调国家交通战备办公室、总参和当地驻军,经过现场勘察,多次召开会议,签订了忻州至阜平高速公路建设涉及国防通信线路迁改和防护任务的协议,解决了忻阜高速公路建设涉军通信线路9处跨越地段施工问题。重点工程军地协调领导组的成立既是交通战备“平时服务”功能的拓展,也是交通战备为交通建设服务的一个创新,将作为长效机制固定下来,推进全省公路建设顺利进行。三是继续大力推进国防专用公路建设。基本完成了315基地公路、偏关县窑寨至舍身崖公路、晋中市寿阳黄岭至太安驿公路和长治海军飞行学院第二训练团进出口道路等4个国防公路项目建设,全长88公里,累计完成总投资1.3亿元。315基地公路改造项目还同步实施了安保工程。四是开展了全省“十一五”国防交通基础设施建设规划落实的检查评估和“十二五”国防交通基础设施建设规划研究编制工作。

(景匆停)

国防交通信息化、正规化建设深入推进

依托省交通运输厅“1166”工程，省交通战备办公室建立了规范、统一的交通战备数据平台。投资50万元，更新了办公电脑，结合全交通运输信息资源整合与服务工程建设，提出了交通战备技术需求，并按照《国防交通信息管理系统》和《国防交通基础设施建设系统》的要求，对数据库资料进行了一次彻底的更新和完善。

以国家交通战备办公室正规化建设20周年检查、评比和表彰活动为契机，深入开展正规化建设。一是开展正规化建设达标活动。各级交通战备办公室按照正规化建设标准，进一步规范办公设施、文件资料管理，修订各种应急预案。二是进一步完善交通战备军地协调机制。各级人民政府交通战备办公室进一步明确军地间的职责关系、联络渠道和通报方式。通过年度工作会议加强与当地驻军的联系，准确掌握保障部队的任务类型、保障工作的特点，及时做好保障准备。三是完善法规制度建设。制订出台《山西省民用运力国防动员办法》、《山西省部队军事行动道路交通保障暂行规定》、《贯彻落实国务院、中央军委关于进一步加强交通战备工作意见的意见》等地方配套法规，进一步健全和完善了全省交通战备法规体系。

（景勿停）

全省交通战备应急保障机制进一步完善

2009年，各市交通战备办公室在相关行业的支持下，按照保障任务，完成各类方案计划的编制工作，逐步形成了配套齐全、实用管用的保障预案体系。完成了二、三级交通重点目标保障方案编制和修订，并组织了会审；组织开展了民用运力潜力调查，适时更新了运力动员潜力数据；各专业保障队伍对应急方案进行了修订。

战储物资器材是交通战备应急保障的基础，省公路局交通战备办公室组织对晋中、忻州战储物资器材的入库工作，进行了检查验收，并对战备钢桥进行了核定清查工作，做到了动态管理、心中有数。

针对军事斗争日益多样化的特点，开展了完成多样化任务和交通战备发展战略问题研究，为交通战备建设和发展提供理论支撑。针对汶川特大地震抗震救灾交通保障、成品油价格和税费改革对交通的影响，加强应急保障机制、保障力量和交通保障方法、对策的研究，及时提出措施和建议。参加了六月份省国动委召开的国防动员理论研讨暨优秀论文表彰会。委托省国防交通协会启动了《山西省交通战备志》编纂工作。

（景勿停）

全国地市级领导干部班在大运高速现场参观教学

5月14日至15日，国防大学副教授、教育长于国华少将率全国地市级领导干部班在大运高速公路雁门关隧道、公路飞机跑道进行参观教学。省交战办为教学活动制作70套《国防大运》专题片、《构筑国防交通大道》专题片、《三十年交通战备主题活动征文选编》、《国防大运介绍》小册子。省高管局、省汽运集团、大同市交通局、忻州高速公路公司、朔州高速公路公司为教学活动实施了有力保障。正在山西省检查指导的国家交通战备办公室主任、总后军交运输部部长赵占平会见专题班的学员，并代表国家交通战备办公室向为这次教学活动提供服务和方便的省交通运输厅、省交通战备办公室及各有关单位表示感谢。

（景勿停）

“跨越－2009·洮南”军演交通保障任务圆满完成

8月16日早8:00，参加跨区军演的某摩托化部队跨越太行山脉进入山西境内。省

委、省政府、省军区、省交通战备办公室、省交通运输厅领导高度重视。上午11时,省委常委、省军区司令员方文平、省军区政委张少华、省交通战备办公室主任、省交通运输厅党组副书记、副厅长张润等领导在太原慰问了参演官兵。

省交通战备办公室对过境山西演习部队的交通保障工作高度重视。根据部队机动的路线和时间,积极协调各有关部门发挥军地联合保障的优势,确保每条线路、每个路口、每个收费站都有专人负责。各级交通战备办公室按照属地保障原则,采取伴随保障的方式,积极调用沿途国防交通专业保障队伍和相关单位,做好了交通疏导和道路抢修维护等保障工作,保证了参演部队机动道路全线畅通。在这次交通保障工作中,全省担负保障里程500余公里,动用千余名交通保障人员,机械设备30余台(件)。

(景勿停)

山西省国防交通公路运输专业保障队伍跨区机动阳泉视屏观摩演练活动举办

根据国家交战办2009年国防交通干部及保障队伍专业训练计划和北京军区年度安排,在省国防动员委员会的指导下,在阳泉市委、市政府、市交通局的大力支持下,阳泉市的公路运输专业保障队伍50台大型车辆,经过紧张、有序的演练,9月30日,圆满完成了全省国防交通公路运输专业保障队伍跨区机动远程指挥阳泉视屏观摩演练任务。演练设置了钢桥架设、人员应急救援、道路抢修、消防灭火、更换轮胎五个课目,共出动各种机械设备80余台。北京军区交战办领导、省国防动员委员会领导、全省各市、厅直属单位以及铁路、民航、管道、邮电通信单位的交战办主任或副主任、厅有关处室领导现场观摩。

(景勿停)

省公路局全力做好公路工程保障队伍建设

2009年,公路局所属各公路分局根据监管路桥公司的实际情况,重新整组保障队伍,在原有队伍的基础上,每个分局增加了一个人员、机械设备都由所监管路桥公司组成的机动中队;省局监管的路桥一公司、二公司也根据各自实际情况,按照"四落实"的要求,各组建了一支300人的公路专业保障队伍,分别命名为山西省公路专业保障机动一队、二队。并结合新改建工程、路面改造工程以及其他养护工程等生产、建设活动,有针对性、有计划地开展了队伍训练和演练,使队伍的综合保障能力和快速反应能力得到了锻炼,交通战备工作的组织功能和队伍的整体保障功能得以提高。

为巩固交通专业保障队伍整训点验成果,根据省交通战备办公室的指示精神,省局决定以忻州钢桥库为试点,按照"四落实"的要求,组建应急钢桥专业保障队伍。忻州分局于8月初完成战备钢桥架设专业保障队伍的组建任务(队员有65人,队长由宁武公路段段长担任)。8月中旬接到省交战办紧急通知,省局组织阳泉分局参加了阳泉国防交通运输专业保障队伍跨区机动演练,具体负责钢桥架设演练。为保证演练任务的顺利完成,阳泉分局组织有关单位和人员不分昼夜冒雨进行演练场地建设和训练,从基本动作要领入手,一切从实战出发,严抠细训,以娴熟的技艺和正规化、专业化、军事化的风貌赢得了观摩演练领导的一致赞誉,圆满完成了战备钢桥架设演练任务。

(赵　京)

省公路局全力完成战场交通设施建设任务

2009年,公路局充分利用国家加大交通基础设施建设步伐,拉动内需的大好机遇,下大力加强国防交通基础设施建设,全力完成了315后方基地进出公路的改造任务。建设中,充分认识肩负的重要职责,在工程管理上严格执行项目责任人制、工程监理制、合同管理制,全面推行全过程的科学化、规范化、程序化管理;在工程质量管理上牢固树立"百年大计,质量第一"的观念,责成施工单位明确分项工程负责人,同时层层签订质量进度目标责任书,对事关质量控制的各个环节实行责任追究制,严格控制工程的每道施工程序,以工序质量来保证整体工程质量,按规范规定的抽检频率和指标进行经常性的质量督查,及时提出整改意见,杜绝了质量通病,确保工程高标准顺利实施。通过建立健全质量保证体系、加强试验检测和内外业检测力度、加大工程投入、加强现场管理等一系列工程质量管理措施,全力以赴创建"优质、廉政、文明、安全"精品工程,于5月20日开始铺装路面油层,6月底完成了全部主体工程,7月底完成了所有交通工程。

(赵　京)

大同市交通战备正规化建设稳步推进

2009年,大同市交通战备工作以科学发展观为指导,以军事斗争交通保障准备需要为牵引,坚持平战一体、军民结合、协调发展的方针,全面提高"应战应急"保障打赢的能力,进一步加强交通战备工作组织机构建设,基础设施建设,法规建设,信息化建设,努力实现交通战备工作"一体化"保障能力。交通战备办公室以"五化"目标为标准,引深交通战备正规化建设,发扬开拓创新精神,全面促进了交通战备工作的进一步发展。

年内,市交通战备办公室针对保障主力军团跨区域机动车和首都反突袭作战、时势变化和特殊情况需要,先后组织人员对《大同市战时交通重点保障预案》、《大同市保障主力军团机动预案》、《大同市公路运输力量动员预案》等进行了重新修订完善。与此同时,根据省战办的要求,完成了《大同市交通图》和《大同市固定桥三级目标保障方案》的资料收集整理、评审工作,根据大同军分区的安排,完成了《大同市交通战备动员预案》的编审工作。积极参加了北京军区组织的交通战备干部集训班,通过参观学习,开阔了眼界、取得了真经、找到了差距、转变了思路、激发了干劲。之后出台了《2009年全市交通战备工作安排的通知》,进一步健全工作机制、抓好信息化建设、编制应急预案、普查重点保障线路目标、修订保障方案、抓好基础设施建设计划的落实,结合实际开展"双向优质服务活动",加强保障队伍建设、开展学术理论研讨等15项具体工作。促进了全市上下对交通战备工作的了解、重视,对提高全市交通战备正规化建设、提高应急保障能力提供了依据,奠定了基础,明确了责任。8、9月份,市交战办与阳高、大同、浑源、左云、新荣等县区交战办还圆满完成沈阳军区赴兰州军区青铜峡合同战术训练基地、兰州军区赴沈阳军区洮南合同战术训练基地进行跨区实兵检验性演习、27军步兵第80旅、山西省军区预备役步兵第83师赴内蒙古朱日和训练基地实兵演习保障任务。5、6月份还在深入基层细致走访、精心汇总、收集了干线公路、铁路、公路隧道、大中桥梁、大中型加油站、油库、网通、长途线务、光缆网络组织等各种数据1000余种详细资料的基础上,圆满完成大同市和9个县区的交通战备数据库建设工作。

办公室建设中,市交战办保留了推拉图版等全套设施,在原有基础上增设新制的"战时应急保障图"和"通讯设施基本情况图",不仅保留了原有功能的充分利用,而且增添了新的内容。与此同时,又新增了打印、复印、扫描、传真、电话、笔记本电脑等现代化办公设施,有效地体现了因地制宜、求实重效、巩固完善、发展提高的原则从而增强了独立办公能力,提高了工作效率。

在保障队伍的整组工作方面,重点整组建设了运输专业保障大队和公路工程应急抢险保障大队,编队人员达到850人,配备各种机械车辆400辆。在保障大队管理上，各专业保障队伍制定了管理和训练制度，编制了保障方案，明确了保障任务，并结合日常生产和抢险救灾，保障队伍机动等任务进行训练，极大地提高了全市交通战备的快速启动、快速抢修、快速反应能力等。7月份，由于雨水较多，阳高、天镇、大同等县多处公路塌陷，致使交通中断，保障队伍招之即来及时出击，快速抢修，共出动抢险车40辆，抢险人员200余人，抢修路基塌方35 680平方米，桥梁12座，确保了公路路网的安全畅通。

（高　青）

规　划　统　计

省交通运输厅不断加强规划管理

2009年，省厅根据发展实际，在2005年《山西省高速公路网规划》的基础上，对高速公路的发展目标、布局方案、建设序列等方面进行动态调整，2月13日，省发展改革委以晋发改规划发〔2009〕189号批复了《山西省高速公路网调整规划》，并完成了《山西省高速公路网调整规划》环境影响评价。

本次发展目标调整主要考虑以下几个方面的因素。一是加强与相邻省市高速公路网之间的有机衔接，提高融入东部地区的能力，加强对西部地区辐射的能力，并强化与中部省份的联系。二是覆盖所有市县，形成便捷的高速公路网。以人为本，从全省均衡发展的角度，将全省所有市县作为拟连通节点。三是提高重要通道的通行能力，形成可靠的高速公路网。四是增加省辖市间的交通联系，形成通畅的城际高速公路。保障省会与省辖市之间，以及各省辖市之间的交通畅通。五是支持城市圈、城市群的发展，形成联系紧密的城市圈高速公路网，保障城市圈（群）之间的紧密联系。

综合考虑上述因素，根据实际地理、地形等自然因素，并经咨询专家，确定全省高速公路发展目标是：构建纵贯南北、承东启西、覆盖全省、通达四邻的高速公路网，实现省会到相邻省会、省会到省辖市、相邻省辖市之间高速直接连通，与干线公路网、农村公路网共同构成现代化的公路基础设施网络。全省县（市）基本实现半小时内到达高速公路，所有县（市）实现一小时内到达高速公路，为山西全面建设小康社会提供强有力的交通支撑。

完成并付诸实施《山西省旅游公路建设规划》、《公路运输枢纽建设规划》、《山西省交通厅促进现代服务业发展实施细则》。

开展《山西省干线公路网规划》、《红色旅游公路建设规划》、《交通运输业节能减排中长期规划》编制工作。

完成交通路网规划与全省主体功能区规划、全省旅游产业发展规划、太原市总体规划、太原市经济圈规划、风景名胜区规划、重点文物保护规划、有关市的城市总体规划等30个相关规划的衔接。

（张耀红）

省交通运输厅加快推进项目前期工作

为应对国际金融危机，响应中央扩大内需的号召，省厅综合规划处积极推进项目前期工作，加大前期工作力度，为完成省委、省政府制定的公路建设2500亿目标奠定了良好基础。

一是加强项目的现场调研，坚持现场踏勘路线走向，不放过任何一个可能的方案。在启动建设的高速公路项目中，做到了平均每个项目深入现场不少于3次，确保前期工作质量；积极主动协调与项目涉及的环评、水保、文物、遗址、地质公园、矿产资源、风景名胜区、自然保护区、湿地、泉域、重要水源地、河流、铁路、管线、电力等相关部门、沿线市县政府和省际接线的衔接。2009 年拟建的 30 个高速公路建设项目,建设里程 2486 公里,可研报告批复 28 个,环评批复 28 个,水保全部批复;2010 年拟开工 14 个高速公路建设项目,建设里程 720 公里,可研报告全部完成,已批复 6 个;环评和水保报告在编或在审。二是完成干线公路、旅游公路、房建、站场等项目的可研报告审批或报批 115 个。

三是在汽车客运站方案设计中引入了竞争机制,通过竞争提升设计水平,一级汽车站设计全部实行了全国招标。有 15 个一、二级汽车站通过可研报告评审,有 9 个一、二级汽车站通过初步设计评审,续建新建一、二级汽车站 28 个。为 9 个汽车站安装了智能化售票系统,15 个汽车站安装了行包安检系统,落实了 12 个汽车客运站以奖代补建设补助资金。

(张耀红)

省交通运输厅综合规划处积极改进计划、预算管理

一是研究改进计划预算管理办法,加强宏观管理和政策指导。在深入调研全省公路养护管理的实际情况和国家相关定额标准以及周边省份公路养护管理的相关标准基础,结合全省经济发展的需要,编制出台了《山西省国省干线公路小修保养费用标准》;结合国家政策和全省高速公路运营的实际,为规范收支管理,建立高速公路管养效益、效率、质量合理衔接的科学管理机制,编制出台了《山西省交通厅高速公路通行费预算管理试行办法》;针对国家成品油价格和税费改革交通部门预算出现的新情况、新问题,协调财政厅出台了《成品油价格和税费改革中央转移支付交通专项资金管理办法》,使我省国家成品油价格和税费改革交通部门预算实现了平稳过渡。

完成 2009 年高速公路计划、干线公路养护工程计划、交通部通达工程、改造工程和危桥工程建设计划编报下达工作以及 2009 年厅部门预算审批下达、开行贷款县乡公路改造项目备案审查工作。

深入研究国家取消政府还贷二级公路收费和成品油价格和税费改革的相关政策,合理安排下达四批取消政府还贷二级公路收费中央补助资金预算。

完成《交通运输部农村公路计划管理系统》的 2008 年备案项目和 2009 年、2010 年计划项目数据录入、汇总和上报工作,充分发挥了计划管理系统的项目管理功能,要求各市优先安排项目库中项目,为保证省政府提出的 2010 年实现农村通油路、水泥路全覆盖的目标提供了有效的管理手段。

(张耀红)

省交通运输厅不断加强统计工作

一是按期高质量完成了全国公路水路运输量专项调查和第三次全国港口普查工作,得到了交通运输部好评,全省 5 个单位、13 名个人被交通运输部评为全国公路水路运输量专项调查先进集体和先进个人,2 个单位、6 名个人被交通运输部评为第三次全国港口普查先进集体和先进个人。

根据交通运输部要求,基本完成了全国农村公路基础数据和电子地图补充调查工作。

完成 2008 年《山西省交通统计资料》编制工作,抓好 2009 年交通运输、交通固定资产投资、公路交通情况调查统计日常工作的管理和月度交通经济运行分析报告工作,为领导决策提供服务。

"十一五"末实现具备条件的建制村通水泥(油)路"全覆盖",是全省新农村建设五个"全覆盖"中投资最大、任务最艰巨的一项工程。这项工程的实施不仅可以改善民生,方便百姓出行,而且还能促进农村资源开发、利用,活跃农村市场,带动地方经济发展,同

时也是解决“三农”问题和兴晋富民的一项重要举措。为实时监督五个“全覆盖”的执行情况，省政府委托根据省统计局五个“全覆盖”进行统计监测。根据山西省统计局《关于印发山西省新农村建设五个全覆盖统计监测方案（试行）的函》（晋统函字〔2009〕27号），在厅领导的支持下，综合规划处开展了村通水泥（油）路“全覆盖”工程专项统计，2009年厅村通水泥（油）路“全覆盖”工程专项统计工作完成情况在全省排第一，受到省统计局的表扬。

（张耀红）

省交通运输厅不断加大筹融资力度

按照交通运输部颁布的《经营性公路投资人招标办法》，2009年，省厅进行了大同至浑源高速公路项目投资人招标工作；完成了忻州至阜平高速公路忻州至长城岭段服务区投资和建设、运营、移交协议书签订工作，为保证忻州至阜平高速公路忻州至长城岭段2010年全线通车提供了保障。

为保证2009年和2010年两年开工建设44个高速公路项目的顺利进行，根据国务院关于调整固定资产投资项目资本金比例的新决定，开展了灵丘至山阴、临汾至吉县、山阴至平鲁、五台山至忻州、忻州至保德、太原至佳县东段、太原至佳县西段、太原至古交、平定至阳曲、大同至右玉、天镇至大同、大同至浑源、浑源至广灵、平鲁至朔城区、平遥至榆社、榆社至和顺、临汾环城、岢岚至临县、吕梁环城、京昆与青兰高速公路临汾联络线、霍州至永和关、闻喜东镇至临猗孙吉、运城至芮城、河津至运城、长治至平顺、晋城环城、黎城至长治拓宽改造27个项目的项目贷款以及新增贷款的申请落实工作，落实贷款667亿元，正在落实申请贷款415亿元。

抓住国家扩大内需、加快基础设施建设的机遇，争取到国家新增中央预算内投资3.5亿元、车购税19.3亿元、地方政府债券30亿元。

（张耀红）

“十二五”交通运输发展规划基础课题研究工作全面展开

“十二五”是深入贯彻落实科学发展观，全面建设小康社会，积极构建社会主义和谐社会的重要时期，也是交通运输做好“三个服务”，实现“三个转变”，推进现代交通运输发展的关键时期。厅规划发展中心根据全省交通发展实际，制定了“十二五”交通运输发展规划编制工作方案，初步拟定了“十二五”规划基础研究课题，明确了规划编制工作进度，“十二五”交通运输发展规划基础课题研究全面展开。根据交通运输部整体安排，中心首先启动了“十二五”交通运输发展规划中部片区重大课题研究2项，分别是《“十二五”期交通运输服务与管理突出问题研究》和《国省干线投融资政策研究》。《“十二五”期交通运输服务与管理突出问题研究》由山西省牵头，与江西交通运输厅合作完成，课题组深入厅机关、省运管局、地市交通运输主管部门和运输企业，就全省交通运输服务与管理方面存在的突出问题进行调研，在此基础上，找出影响“十二五”山西省交通运输服务与管理中存在的突出问题和成因，系统研究提出对策和措施，从而有效提高交通运输业服务效能和管理水平，促进现代交通运输业发展。《国省干线投融资政策研究》由河南省交通运输厅牵头，省厅参与完成，国家交通税费改革、交通运输管理体制改革、宏观经济政策改变等一系列变化，给国省干线投融资环境带来了深刻影响，该课题旨在通过创新，探索公共财政解决公路发展问题的总体框架、实现渠道、融资模式，实现公路事业的可持续发展。这两项基础课题研究，对全省及中部地区科学制定“十二五”规划具有重要的指导作用。

（张小燕）

《山西省红色旅游路建设规划》编制完成

随着我国经济的快速健康发展,服务业步入"黄金发展期"。红色旅游作为旅游业的重要组成部分,因其独特的教育意义受到普遍欢迎,逐渐发展成为影响较大的旅游活动。为更好地落实国家和省加快红色旅游发展的决定,发挥山西丰富的红色旅游资源优势,2009年,厅规划发展中心开展了红色旅游公路建设规划。规划以《山西省旅游公路建设规划》等公路发展规划为基础,围绕《山西省红色旅游发展规划》确定的三条旅游精品线路和目前已成熟的红色旅游线路,结合全省红色旅游景点的分布特点,构建了主要由国道、省道和部分县道构成的红色旅游干线和由县、乡道路构成的红色旅游支线两个层次的红色旅游公路网。届时,山西省红色旅游干线公路全部达到二级以上技术标准(含二级),红色旅游支线全部达到三级以上标准(含三级),且均与干线公路相连,全省红色旅游公路交通条件得到明显提升。山西省红色旅游公路建设规划的实施,将为全省红色旅游的发展提供基础支撑和服务保障,促进山西旅游的整体发展,进而推进革命老区扶贫开发,为革命老区经济社会发展注入新的生机和活力。

(张小燕)

《太原经济圈公路交通规划》编制完成

太原经济圈是以太原为中心,通过产业园区化、基地化增强城市整体经济实力,强化经济辐射带功能,打造黄河中游经济区域经济、科技、文化、教育、物流的核心城市,以晋中榆次为次中心,构建南达平遥、介休、祁县,西至汾阳、文水、孝义、交城,东到阳泉、盂县,北联忻州、原平、定襄等市县区共同组成充满活力的经济圈,进而增强全省城市的综合竞争力,带动全省经济增长极,发挥承东启西的独特区域优势,提升山西省在中部地区乃至全国的经济地位。

《太原经济圈公路交通规划》围绕加快构建太原经济圈,促进区域协调发展,从建立综合运输体系的角度出发,着力于提升公路交通的适应能力,发挥公路交通的先导作用,统筹考虑经济圈内外路网和通道建设,对区域内的公路基础设施进行优化和完善。根据《太原经济圈规划》确定的空间与产业布局、发展片区和发展目标,确定太原经济圈应着力于构建"完善五条高速通道、构建三个交通圈、打造三个枢纽"的公路交通体系。规划实施后,到2020年,太原经济圈将形成空间布局合理、结构层次清晰、能力负荷充分、功能衔接顺畅的现代化公路交通网络,公路与铁路、快速铁路及民航实现有效衔接,各种运输方式之间相互协调,综合运输体系逐步完善,充分满足太原经济圈建设和发展的需要。

(邢益彰)

财 务 审 计

省交通运输厅大力开展金融创新

2009年，厅财务收费管理处积极创新筹融资体制，满足资金需求，强化资金监管，保障资金安全，提高资金使用效益，提高财务管理水平，为实现全省交通快速、科学、安全、协调发展提供了资金保障和财会服务。

积极应对金融危机，加强收费工作管理，积极争取中央补助资金。从2008年年末以来，金融危机对交通运输业冲击进一步加深。货运车辆大量报停歇业，运输企业经营困难，车辆通行费大幅下降。此外，扩大内需与成品油价格和税费改革、取消政府还贷二级公路同时启动，使公路建养格局发生了重大变化，不仅公路建设规模扩大，养护的负担也加重，使本来就十分紧张的公路建养资金捉襟见肘。针对这种现实情况，交通收费管理的各单位迎难而上，积极应对，夯实基础管理，提高服务质量，将国际国内经济形势对规费征收的不利影响降到最小，取得明显成效。2009年，全年通行费征收828 762万元，争取成品油价格与税费改革公路养路费等“六费”收返还50.79亿元，争取取消政府还贷二级公路收费中央补助资金225 867万元，大大缓解了公路建设和改革的资金压力。

充分利用高速公路通行费资源筹集资本金。按2009年、2010年公路建设项目资金需求测算，政府还贷高速公路建设项目的资本金总需求约518亿元，除交通部补助47.7亿元外，待落实的资本金总额达到470.3亿元，在现有财力情况下依靠常规思路根本无法解决，必须打破常规、跳出圈子、创新方式才有可能找到新的出路。在此情况下，经过全面考虑、认真分析、仔细测算，厅财务处认为：必须从如何盘活现有资产入手，充分利用高速公路通行费资源筹措资本金。通行费收入结余用于高速公路建设资本金，基于几点：①基础是全省高速公路在保证正常运营，还本付息之后有较大结余空间。②前提是得到政府支持，同意将结余资金转作公路建设资本金。③环境是银监会于2009年1月下发了《关于调整当前部分信贷监管政策，促进经济稳健发展的通知》（银监发〔2009〕3号），允许在一定额度内发放搭桥贷款（适度宽松货币政策）。使得未来5—10年内收益变现成为可能。④各金融机构和省厅的长期相互合作、信赖和支持，对未来交通发展达成共识。实现了两个突破，一是通行费结余作为资本金用于新建高速公路建设；二是通过搭桥贷款方式以未来通行费收入变现。具体运作是：以未来收费年度内我省高速公路通行费收支结余总量，按一定比例搭桥贷款作为资本金，用于高速公路建设。此创新融资的方式首先在与工商银行的合作中取得突破，第一笔总额为100亿元的资本金搭桥贷款合同顺利签署，并分两期发放到位。之后，又相继以此种融资模式与建设银行、中信银行、交通银行、渤海银行、光大银行多家金融机构筹措资本金370多亿元。

用好"四个不变"。将中央转移支付中的未来公路建设基金,采用搭桥贷款方式变现。成品油价格和税费改革取消六项规费,削弱了长期以来交通部门以此作为担保筹融资的优势,筹融资的一个重要平台不复存在,而且对以前年度以此担保的贷款存量,由于失去担保能力,面临的偿债压力加大。在此形势下,省厅积极适应成品油价格和税费改革,用好"六费"资金属性不变、资金用途不变、地方预算程序不变、地方事权不变的政策,将省原公路养路费中用于公路建设资本金的部分,取得等量的搭桥贷款,作为公路建设资本金。具体办法是以未来5-10年中央转移支付中包含的约50-100亿元原公路建设基金部分委托山西信托有限责任公司提供搭桥资金变现,通过这种融资方式,81.86亿元公路建设资金搭桥贷款已全部用于国省干线建设资本金。

与金融机构联手,共建平台,巩固基础,深化合作,实现双赢。重点以开发银行、工商银行、农业银行、中国银行、建设银行、交通银行六大国有银行作为依托,广泛开展与包括股份制银行在内的省内外金融机构的合作,在年初签署了总额1750亿元的战略合作框架协议的基础上,充分考虑各行筹资实力、金融产品、结构设计等因素达成合作意向,全年新签署各类贷款合同1264.4亿元,新增贷款发放675.67亿元,已基本具备合同签署条件176.7亿元。其中,基本建设项目贷款新签合同500.34亿元,资本金贷款新签合同479.21亿元,流动资金贷款新签合同284.85亿元。已落实资金中,除1亿元是针对已通车的汾离高速项目发放的调概贷款外,其余全部可用于应对新建高速公路项目和国省干线项目资本金和项目贷款落实前的建设资金需求,可以说今明两年开工建设的高速公路、国省干线资金基本得以落实。

(郭全英　宋　蔚)

省交通运输厅财务收费管理处大力开展调查研究

着力解决在建高速公路项目周转金问题。为保障2010年新开工建设项目的资金需求,确保项目建设的顺利进行,针对高速公路建设过程中出现的正常计量支付以外的周转资金需求量不断加大的情况,厅财务收费管理处开展了专项调研。通过调研,分析当前形成的高速公路建设项目资金周转困难的主要原因主要有两个方面。其一是由于对实物工程量计量有着非常严格的管理规定,在争分夺秒抢抓工期的特定时期,用于储备材料、租用机械等的周转资金用量持续放大,预付给各施工企业的动员预付款和材料预付款已满足不了其对周转资金的需求;其二是由于在建高速公路项目较多、开工里程较长,客观上造成了相关建筑材料的供应偏紧,付款周期大大缩短,并明显短于计量周期,也给各施工企业特别是重点扶持的路桥企业的资金周转造成了一定困难。基于上述原因,认为:一是仍应继续坚持严格的计量支付管理制度。二是也应增加一定额度的计量款以外的周转资金投入。为此,详细制定了以建安工程合同总价的5%核拨计量支付周转资金的方案,经提交厅长办公会议研究通过后予以执行,为各在建高速公路建设项目核拨了总计21亿的周转资金借款,同时规定了回扣时间和回扣方式,并要求:计量支付周转金作为工程建设专项资金的一部分,应对其实行严格监管。此项资金只限用于本项目建设必要的资金周转需求,不得挪作他用。各高速公路建设管理处行政负责人作为建设资金监管的第一责任人,对该项资金的安全、高效担负首要责任。各高速公路建设管理处要切实采取有效措施,监督各施工企业把周转金借款管好用好,发挥最大的资金效益,确保本项目建设的顺利进行。

省交通建设开发投资总公司成功发行20亿企业债券。省交通建设开发投资总公司以招投标方式选定中信建投证券有限公司为发债承销机构,于2009年8月5日成功发行20亿元企业债券。此次发行的企业债券,为10(5+5)年期固定利率、实名制记账式从级企业债券,票面利率5.8%,每年付息一次,到期一次还本,无担保发售,是我省企业凭借良好信誉、无担保发行的先例,也是我省近年来单笔发行金额最大的一笔企业债券,更是我省发行的第一只非煤焦领域的企业债券,所筹资金全部用于高陵高速公路建设。此项工作的圆满完成,是省厅所属企业进入资本市场的初次尝试,为今后开展资本运作打下了坚实的基础。

(郭全英　宋　蔚)

省交通运输厅
财务工作制度建设进一步完善

为进一步加强高速公路建设项目的财务监督,厅财务收费管理处规范会计核算,提高管理水平,促进廉政建设。2009年,进一步强化了财务工作的制度建设。一是制定并下发了《关于进一步加强高速公路建设项目财务管理的通知》、《关于进一步加强高速公路建设单位会计核算的通知》、《关于进一步加强高速公路建设项目资金合同管理的通知》和《关于编报"年度资金需用量分月使用预算表"的通知》等管理性文件,草拟了《山西省高速公路建设项目农民工工资保证金管理暂行办法》、《山西省高速公路建设项目建设工程质量保证金管理暂行办法》等两项制度。二是组织召开了全省在建高速公路建设项目财务负责人座谈会,就如何在新形势下强化财务管理、确保资金安全和高效广泛征询了意见。在此基础上,正在编印《山西省高速公路建设财务管理文件汇编》,内容主要包括两大部分:①国家及省出台的现时有效的关于基本建设财务管理的法律、法规、规章和规范性文件;②厅关于加强基本建设项目管理的制度、办法和通知。同时,正在利用冬季施工进度放缓的时间,组织对全省在建高速公路建设项目财务人员进行培训和对全省范围内的在建高速公路建设项目财务工作交叉检查。

此外,厅属各单位在加强自身制度建设方面也做出了努力,如大同市交通局从强化制度监督、完善审计监督、实行群众监督、纪检参与监督、财会人员素质监督等五个方面对国债、车购税等专项资金管理提出具体意见,规范资金审批手续,确保专项资金安全使用。

(郭全英　宋　蔚)

省交通运输厅不断强化资金监管

积极配合外部监督,高度重视,细化措施,按照全省统一部署扎实开展"小金库"专项治理工作。按照中央统一安排部署和省纪委、监察厅、财政厅、审计厅《关于在全省党政机关和事业单位开展"小金库"专项治理工作的实施意见》要求,省厅于五月下旬全面展开"小金库"专项治理工作,包括厅机关在内的375个单位,(其中一级单位2个,二级单位41个,三级单位43个,三级以下单位289个)参加了这次专项治理,自查覆盖面达到了100%。自查阶段,共查阅2007年以来经费、物资账簿2100余册。清查银行账户共1447个。其中:零余额账户25个;基本存款账户465个;一般存款账户218个;临时存款账户104个;财政汇缴账户269个;基本建设资金账户79个;公积金账户28个;党费、工会会费专用存款账户42个;其他专用存款账户217个。在自查"回头看"工作中,省高管局等单位领导重视,措施得力,严查严纠,取得实效。

为确保"小金库"专项治理工作扎实有效地开展,按照要求,省厅一是健全组织,周密部署。成立了专门的组织领导机构,制定并下发山西省交通运输厅《关于开展"小金库"专项治理工作实施方案》,对专项治理工作的组织领导及自查自纠的范围、内容、重点、方法和步骤进行了具体明确规定。二是结合实际,突出重点。专门请财政厅专家对厅属各单位“小金库”专项治理工作负责人、业务骨干进行了培训,使相关人员进一步掌握了“小金库”的定义、治理对象、资金来源、表现形式、基本特点、发展趋势和资金使用方向。三是广泛宣传,加强监督。要求厅属各单位同步建立举报、公示制度,对自查自纠工作真正做到“六个公开”,即公开自查自纠方案;公开领导组织机构;公开举报电话、举报箱、举报邮箱;公开自查自纠报表、总结报告;公开银行账户设立情况报告表;公开各单位自查和互查情况。厅属各单位在上报公示结果的同时,相应上报了公示实证材料。四是落实责任,加强督导。要求厅属各单位法定代表人对本单位和所属单位“小金库”治理工作报送的各类报表填报情况进行书面承诺,并签字盖章确认,以确保自查自纠工作不走过场,不留死角。同时,厅派出检查督导组,对厅直部分单位进行检查督导,收到良好效果。五是正视问题与不足,认真组织“回头看”。及时组织厅机关相关处室、厅直各单位的主要负责人、治理“小金库”工作领导小组组长和办公室主任召开专门会议,传达学习“省直单位‘小金库’治理重点检查工作会议”精神,安排部署自查自纠工作“回头看”。通过“回头看”,厅属单位共补报账户89个,自查自纠小金库问题5个,涉及金额16万元。六是高度重视,积极配合。按照厅领导指示,从讲政治、讲大局的高度进一步统一认识和行动,高度重视重点检查阶段的工作,以诚恳的态度接受检查,做到了组织安排精心,人员分工明确,工作责任落实,确保检查组所到之处单位领导重视,相关人员在岗,积极配合,确保了重点检查工作的顺利进行。

*规范预算执行,强化服务意识,努力提高预算执行水平。*2009年以来,全省交通系统继续强化资金资产的安全和效益监管,加强财务预算管理的科学化、精细化。一是进一步完善约束机制,提高预算执行的监管能力。按照财政厅要求和省厅下发的《山西省交通厅预算资金拨付(审批)管理暂行办法》,进一步规范用款计划报送,要求基本支出计划按批复预算的经济科目“款”级执行,项目支出计划要按支付项目进行细化,基本达到第一笔支付都按计划执行,同时保证每月的预算执行率,大大提高了预算执行的规范性和有效性。二是继续推行依法理财杜绝屡查屡犯承诺书制度,各单位负责人均对本单位的依法行政、依法理财做出了承诺。三是认真做好部门决算、基本建设项目决算、企业决算、地方债务等相关报表编制工作。省厅部门决算报表编制工作连续四年被评为全省一等奖。四是采取有效措施提高车购税重点项目预算执行进度,最大限度减少年终结余资金,执行率达97%。

*落实路桥企业财务监管工作,加强服务,促进路桥企业稳步发展。*为规范路桥企业经营活动和财务管理行为,省公路局及各分局对所属路桥监管办法的有关内容和已有做法,拟订了全省路桥企业财务监督管理办法,目前正在征求意见。通过这项工作的实施,将进一步加强对路桥企业财务工作指导和监督,及时了解盈亏状况,防范经营风险。2009年,由于高速公路开工建设项目多,路桥企业承担的公路施工任务成倍增长,为促进路桥企业积极参与工程项目投标和保证工程施工的正常开展,省公路局积极稳妥地按照有关程序为路桥企业积极办理施工保函,进一步完善各路桥企业保函办理管理制度,严格按规定程序出具保函。同时对路桥企业建立反担保承诺制,并建立担保跟踪制度,对失效保函及时注销,有效明确了责任,防范了风险。

(郭全英　宋　蔚)

全省取消收费还贷二级公路收费

取消政府还贷二级公路收费,将从根本上优化全省收费公路结构、债务结构、降低道路运输成本和社会负担,对促进全省加快构建以高速公路为主体的收费公路网和以普通公路为主体的提供普遍服务的公路网的建设步伐,加速全省转型发展、安全发展、和谐发展有着非常重要的现实意义。在这一战略决策的指导下,厅财务收费管理处深入研究,积极贯彻,精心组织,周密部署,无论是在撤销收费前的调查研究、方案比选,还是撤销收费后的锁定债务和里程审计的配合,广大交通财会人员做了大量扎实有效的基础工作。

*制定切实可行的工作方案,为领导正确决策提供翔实的政策和数据支撑。*2009年2月,国办发〔2009〕10号文件出台后,通过认真组织学习和深入领会国家关于取消政府还贷二级公路收费的相关政策,厅相关人员先后4次赴交通运输部就中央补助政策及其他省份取消收费的进展情况进行咨询,组织专人就全省取消收费的工作方案和时点进行了反复的测算、分析、比选和调整,先后代省政府草拟了多个指导全省取消收费工作的文件,为领导的正确决策提供了大量科学翔实的数据和政策依据,为全省顺利实现5.31一次性取消收费奠定了扎实基础。

*精心组织,周密部署,确保取消收费前后相关工作的万无一失。*省政府做出全省5.31取消政府还贷二级公路收费的决定后,及时制定并下发取消收费前后的相关保障措施,就取消收费后的人员稳定、资金资产安全、治安、收费设施拆除和路面恢复等问题进行了周密的安排和部署,确保了全省取消二级公路收费所有前期准备工作的落实到位。

*多方协调,积极争取取消收费后应急维稳资金和专项补助资金的及时下达。*按照"积极稳妥、突出重点、严格控制、勤俭节约"的测算原则,及时组织各单位对取消收费后的人员工资及公用经费、审计和资产清查专项费、收费设施拆除和路面恢复费等应急维稳保障资金(省级)进行了测算,并积极争取中央专项补助资金。与财政厅联合下发了《关于落实政府还贷二级公路取消收费后应急维稳资金的通知》,本着"谁设立、谁取消"的原则,明确要求省、市、县三级财政部门负责筹措本级政府应急维稳资金。同时,经过争取,省财政厅同意在取消收费后,省级政府还贷二级公路基本支出预算可继续执行,以确保人员稳定,并在此基础上调整下达4729万元支出预算用于审计、收费设施拆除和路面恢复等,确保了取消收费后的平稳过渡。

*密切配合全省锁定政府还贷二级公路债务和里程审计工作。*政府还贷二级公路锁定债务和里程审计工作,是全面清理全省政府还贷二级公路债务,优化全省收费公路债务结构的重大历史机遇,是制定全省债务清偿方案、申请中央补助及筹措落实省、市、县三级地方配套资金的基础工作和基本条件,意义非常重大。厅财务收费管理处在牵头起草全省政府还贷二级公路审计方案时,就充分考虑了全省的实际情况,在国家政策允许的情况下,就债务和里程认定的方式、方法进行了最大程度地放宽。同时就全省政府还贷二级公路和特殊债务问题进行专题研究,制定下发了《关于切实做好政府还贷二级公路债务和里程审计配合工作的通知》,就审计配合工作和如何解决特殊债务的认定问题进行了周密的安排和部署。审计开始后,派出专人积极主动沟通和配合审计厅的工作,及时掌握审计中存在的政策和技术障碍,积极解决实际问题,确保审计工作顺利实施。就目前认定的初步结果,已认定债务280.6亿元,占总上报债务的74%。

截至2009年12月31日24时整,全省政府还贷二级公路取消收费后,全省还保留收费公路72条、3354公里、203个收费站,其中高速公路28条、1965公里、136个收费站;一级公路24条、802公里、35个收费站;经营性二级公路20条、587公里、32个收费站。全省收费公路里程占全省二级以上公路通车里程16 774公里的20%,其中一级公路收费里程占全省一级公路通车里程1407公里的57%,经营性二级公路占全省二级公路通车里程13 402公里的4.4%。全省收费公路结构得到全面优化。

(郭全英　宋　蔚)

省交通运输厅加强对经营性公路路况的监管

为切实加强全省经营性收费公路养护质量和服务水平的监督管理，严格依法督促各经营性收费公路经营管理单位履行公路养护、绿化和公路用地范围内的水土保持义务，2月，省厅在安排全省经营性公路收费许可证年审工作时，积极取得省物价局支持，首次将经营性公路技术状况评定纳入年审范围，并委托省公路局、省高管局、各市交通局所属交通建设质量监督站严格按照《公路技术状况评定标准》具体组织对各有关经营性公路进行技术状况评定。并根据该评定结果依法对柴化公路、朝龙公路、太古公路新太段等24条公路技术状况指数偏差的经营性公路做出责令限期整改的处理，并予以全省通报。

在整改阶段，为进一步督促各经营性公路经营单位和行业管理单位切实履行整改及监管职责，省厅会同省物价局、省纠风办等有关单位组成联合检查组，实施了实地检查、摄影、复印相关资料、座谈等明察暗访手段，对整改路段重点检查了整改工作方案的编报备案及实质性进展情况、公路实际技术状态与检测报告相符情况、收费公示及收费服务的规范化情况和各行业管理单位的监管履职情况。在检查过程中，厅财务收费管理处对所有路段的检查结果均形成书面记录，经被检查单位签字(章)认可。整改期满后，将检查结果及处理处罚结果进行了通报，对整改情况差的柴化、赵克、朝龙3条经营性公路依法给予责令停止收费的处罚并向全省进行了通报。通过督促整改，使全省各经营性公路管理单位切实提高了公路养护管理的责任意识。

(郭全英　宋　蔚)

省交通运输厅积极搭建学术交流平台

一是举办全省交通运输行业财务管理学术研讨会。为深入探索金融危机对交通发展带来的影响及应对策略和措施，省厅会同省总会协会联合举办了主题为“在金融危机和成品油税费改革的新形势下、积极探索全省交通行业财务管理工作创新，保证交通事业快速、健康、科学发展”的学术研讨会，广大财务人员共同研究了交通财会工作改革与创新中的新问题，分享了新经验、新成果，交流了新思路、新方法。二是继续加强会计人员继续教育培训，以《山西省2009年度会计人员继续教育读本》为基本教材，按照初级、中级、高级会计人员不同层次，行政、事业和企业单位不同性质，统筹规划，分类指导，继续实行“菜单式”培训。全系统财务人员参加培训277人，覆盖面100%。

(郭全英　宋　蔚)

“09晋交投债”20亿元人民币企业债券成功发行

8月14日上午，省厅在并召开“09晋交投债”20亿元人民币企业债券发行信息发布会。

经国家发改委批准，山西省交通建设开发投资总公司于8月5日至7日，成功发行了总额为20亿元人民币的企业债券。本期债券总额20亿元人民币，期限为10年，第5年末付发行人上调票面利率选择权和投资者回售选择权，票面年利率为5.8%，本期债券为无担保债券，省交通运输厅对本期债券提供偿债支持。经评定，本期债券的信用等级为AA级。本期债券采用实名制记账式，按债券面值平价发行，发行结束后即申请上市交易。中信建设证券有限责任公司担任本期债券主承销商及上市推荐人。

此次发行的债券募集资金拟投入高平至陵川等高速公路的建设。高陵高速公路是山西省新规划的“三纵十一横十一环”高速公路网中第十横的重要组成部分。工程项目全长63公里，批复总投资为36.3亿元。此次发行企业债券是山西交通企业首次在国内资本市场进行债券融资，也是山西交投公司第一次在国内资本市场进行债券融资，“09晋交投债”也是今年以来山西省第一笔获准发行的企业债券，是截至目前山西省内单笔发行金额最大、首只无担保企业债券。

省厅党组成员、总工程师部玉兰代表段建国厅长对此次债券的成功发行表示祝贺，她说，今明两年，我省为了应对金融危机拉动经济平稳增长投入2000亿用于公路建设，高速公路要达3000公里，这就要求我们创新思路，拓展融资渠道，山西交通建设开发投资总公司此次发行的债券，是山西交通企业首次在资本市场以债券形式融资，它改善了投资结构，降低了成本，加快了发展，优化了项目管理，节约了开支，提高了效率，为投融资的转变提供了新的方式，希望山西交通建设开发投资总公司认真总结成功发行债券的经验，继续以开拓创新的精神，有效吸纳社会资本，为股票早日上市发行创造条件，同时希望要继续加强与投融资中介机构合作，创造共赢新局面。

（石　兰）

交 通 公 安

全省交通运输系统公安工作取得显著成绩

2009年,省交通运输厅公安处按照省综治委、交通运输部综治领导小组统一部署,在省厅党组和公安厅党委领导下,以科学发展观统领交通公安工作,围绕国家对金融危机“保稳定、保民生、保增长”的中心工作,立足本职,团结带领全体交通公安干警,克服困难,在维护站车秩序,工地治安,“平安交通”创建以及建国60周年安全保卫工作中均取得了显著成绩,为全省转型发展、科学发展、和谐发展和交通事业跨越式发展,建设“三个山西”作出了积极贡献。

(田　根　张立承　李廷政)

省交通运输厅制定下发2009年度治安综治工作要点

根据省综治委、交通运输部综治领导小组综治工作总体部署,省交通运输厅结合本省、本行业实际,制定了《山西省交通厅2009年治安综合治理工作要点》,并于2009年5月20日下发。

《要点》围绕“综治基础年”活动、矛盾纠纷排查调处、“平安交通”创建、基层建设、综治宣传五个方面对交通系统综治工作提出了指导意见和要求。

2009年山西省交通运输厅治安综合治理工作的主要任务是:认真贯彻落实党的十七大和十七届三中全会精神,按照深入学习实践科学发展观,构建社会主义和谐社会的要求,落实中央综治委《关于进一步加强社会治安综合治理基层基础工作的若干意见》和中央社会治安综合治理工作电视电话会议精神,紧紧围绕全省“转型发展、安全发展、和谐发展”的目标和在全省开展社会治安综合治理“基层基础年”活动的要求,加强社会治安综合治理基层基础建设,深化“平安交通”建设和“矛盾纠纷调解年”活动,为建设和谐交通,为庆祝建国60周年创造和谐稳定的内部环境。

一是深入开展社会治安综合治理“基层基础年”活动,全力维护单位内部的和谐稳定。严格按照2009年省综治委在全省组织开展社会治安综合治理“基层基础年”活动的要求,结合各单位实际,研究探索加强治安综合治理基层基础建设的办法和措施,强化治安综合治理基层组织、基础工作、机构设置、力量配备、条件保障等重要环节的建设。按照省综治委“抓落实、再深化、有创新、求实效”的要求,牢固树立稳定压倒一切的思想,始终将综治工作作为本单位各项工作的重中之重,时刻放在心上、抓在手上、落实在行动上。

二是完善矛盾纠纷排查调处机制,提高预防化解矛盾能力。进一步加强各单位矛盾纠纷排查调处工作机制建设,配齐配强工作人员,认真开展工作。重点解决好关系群众切身利益的突出问题。充分利用调解手段化解矛盾纠纷。

三是深入扎实开展“平安交通”创建活动。严格按照《中央政法委员会、中央社会治安综合治理委员会》关于深入开展平安建设的意见》(中办发〔2005〕25号)、中央社会治安综合治理电视电话会议精神和《交通部关于在交通系统开展平安建设的意见》的要求,以科学发展观为统领,以和谐平安建设为主线,以长效工作机制建立为目标,以加强基层基础建设为重点,以开展“平安单位、平安小区、平安校园、平安大道、平安工地”创建活动为载体,结合各单位实际,勇于探索,开拓创新,强化措施,注重效果,积极探索新形势下开展“平安交通”创建活动的新路子,逐步形成条块结合、专群结合、各方联动,齐抓共建的工作格局,把省厅开展的“平安交通”创建活动提高到一个新的高度。

四是加强基层基础建设,减少各类治安灾害事故的发生。按照省综治委加强综治基层基础工作的有关规定,配齐配强综治工作机构和单位内部保卫力量,从人防、物防、技防三方面入手扎实做好工作,防止各类治安灾害事故的发生。

五是加强综治宣传教育,营造浓厚的舆论氛围。加强综治宣传教育工作的组织领导,积极探索新形势下宣传综治工作的新途径,充分发挥交通部门行业优势,利用公路收费站、治超点、高速公路服务区、电子情报板等载体的作用,大力宣传社会治安综合治理工作。进一步完善集中宣传与经营性宣传相结合的工作机制,继续开展以学习《综治知识》和省综治办2001年编印的《综治工作手册》为重点的学习活动,采取理论测试、知识竞赛、有奖问答多种形式,不断提高广大干部职工对社会治安综合治理工作的认识,增强主动参与社会治安综合治理工作的自觉性,为加强社会治安综合治理营造浓厚的舆论氛围。

(田　根　张立承　李廷政)

省高速公路管理局认真落实治安综治领导责任制

省高速公路管理局始终把提高对综治工作的认识和加强对综治工作的组织领导当作一项政治任务来抓。一是严格要求。要求所属各公司、各单位认真贯彻党的十七大提出的“打防结合、预防为主、专群结合、依靠群众”的综治工作方针,按照省交通运输厅“年初有部署、年中有检查、年底有考核”的总体要求,年初召开专题会议对全年的综治工作进行安排部署,年中组织专人对综治工作措施的落实情况进行督导检查,年底进行考核评比。并定期召开专题会议研究本单位综治工作,制定切实可行的治安综治工作规划和实行目标管理,保证综治工作所需人财物的投入,确保综治工作顺利进行。二是强化意识。一方面把综治工作作为一项日常工作,逢会必讲,每讲必提要求;另一方面加强对综治文件学习,认真贯彻各级综治会议精神,充分认识综治工作的必要性和重要性,进一步强化单位主要领导的综治意识,主动增强做好综治工作的主动性、积极性和责任感、使命感。三是落实责任。按照一把手负总责,“谁分管谁负责”的原则,省高管局将综合治理领导责任制的各个环节层层分解细化,明确分工,责任到人。从局领导到各管理公司(处)负责人实行逐级蹲点包片、包站责任制和连带责任制,并层层签订综治责任书,保证领导责任制真正落实到位。针对部分高速公路管理公司领导调整比较多的特点,对领导班子调整或人事有变动的单位及时调整单位综治领导机构和办事机构,保证综治工作换人不断档。四是强化监督。坚持综治工作条块结合,以块为主的“属地管理”原则,自觉接受省、市、区、街综治机构的指导和检查,积极参加各级委办举办的会议、培训活动等。同时加强对所属单位综治工作的督查与检查,真正做到高速公路修到哪里,综治工作就做到哪里,形成综治工作向下延伸、向纵深发展、整体推进的格局。

（田　根　张立承　李廷政）

省交通运输执法局认真做好燃油税改革和二级公路撤站安全稳定工作

2009年，交通征稽系统处于改革变动之中，因改革而涉及的个人利益调整成为单位安全稳定的突出问题。省局将治安综治、维护稳定工作作为各项工作的重中之重，与其他业务工作同部署、同考核，共召开全系统视频会议四次，分阶段对综治工作进行安排，认真贯彻，及时转发。并切实落实省厅在2009年下发的关于综治、安全生产、道路安全畅通、突发事件处理、应急工作、防汛、防甲流、防自然灾害、治安维稳等18个文件的要求。省局自主组织省局领导分片对全系统所有单位进行了一次全方位检查，各分局全部进行了自查，使各项人防、技防、物防措施落到了实处。针对燃油税改革和二级路撤站工作中人员思想不稳、情绪波动问题，省局三次召开全系统的思想动员会，省局领导按片区统筹负责，明确各单位一把手是单位稳定第一责任人。要求各级领导转变作风、深入基层、深入实际、深入群众、加强调研、了解职工群众关心的难点、热点问题，及时发现和掌握本部门、本单位的矛盾，采取有效措施，进行妥善处理，把矛盾和问题解决在萌芽状态。在重大活动和节日期间抓好重点防控，高度警惕，防止串联、进京、集体上访及参与非法活动事件的发生。强化值班备勤，在改革的特殊时期，保证24小时手机开通，保证信息反馈及时，政令畅通。由于各项工作抓得紧、抓得到位，安全生产、应急处理、信访工作、治安防范、人员思想均做到了严格控制，保证了全系统安全稳定、改革顺利。

（田　根　张立承　李廷政）

全省交通运输系统综治工作凸显五大特点

2009年，全省交通运输系统各单位围绕省厅社会治安工作要点和驻地综治委（办）工作目标，结合本单位实际，积极开展矛盾纠纷排查调处工作，扎实开展“平安交通”、“基层基础”建设工作，强化“人防、技防、物防”，确保一方平安本单位治安安全，为和谐交通、经济建设提供强有力支持，主要有五个特点。

单位组织领导更加有力。加强组织领导是推进社会治安综合治理的关键。一年来，厅直各单位坚持把社会治安综合治理工作作为单位各项工作的重中之重放在心上，抓在手上，落实在行动上。特别是党政主要领导牢固树立“稳定压倒一切”的思想，自觉承担起第一责任人的责任，主动把治安综合治理工作作为“一把手”工程来抓，放在首位，列入重要议事日程，与本单位全局工作同部署、同检查、同考核、同总结、同奖惩。按照“谁主管，谁负责”的原则，全面落实社会治安综合治理领导责任制，强化了综治工作领导责任体系，形成了主要领导亲自抓、分管领导主动抓、班子成员配合抓、责任部门具体抓、基层单位直接抓、党政工团齐抓共管的工作格局。单位主要领导与所属单位和部门层层签订《责任书》，完善了“下级对上级负责，一级抓一级，层层抓落实”的工作机制，形成了纵向到底，横向到边的目标责任管理网络，社会治安综合治理工作扎实有效。

基础防控设施更加有效。2009年是省综治委确立的全省社会治安综合治理“基层基础年”，厅直各单位紧密结合实际，按照“抓落实、再深化、有创新、求发展”的要求和“打防并举、标本兼治、重在治本”的工作方针，研究和探索新形势下加强社会治安综合治理基层基础建设的办法和措施，重点在基层组织、机构设置、力量配备、物质保障等环节上下工夫，完善了综治工作的各项规章制度，加大了人力、物力、财力的投入，对“五管要害”部位全部安装了“三铁一器”（即铁门、铁窗、保险柜、报警器），对办公区域和重要部门都安装了较先进的红外感应报警系统和高科技视频监控系统，提高了安全预防和管控能力。省高管局积极创新综治思路，指导各高速公路公司联合驻地公安部门成立高速公路治安办公室，有效缩短了报案时间，简化了办案程序，对沿线高速公路的犯罪行为起到了打击和震慑作用。省交通运输执法局与卫生、公安、消防、气象、地震等部门建立信息互通联动机制，将机关办公楼消防报警系统接入太原市“119”火灾自动报警远程监控联动系统网络，有效地提高了单位安全保障和内部管控能力。交通职业技术学院、交通干部学校在经费紧张的情况下，投资50多万元，按照综治委要求，完成了“天眼”工程，改造了办公区老化的电源线路，并利用“天眼”视频监控系统为四起治安案件、一起交通肇事、一起刑事案件提供了取证材料，受到驻地公安和群众的好评，被驻地综治委评为先进单位。截至目前，厅直各单位基层基础安全防控系统基本健全，安全管控功能全面提升。

“平安交通”创建活动更加深入。“平安交通”创建活动是省厅落实科学发展观和建设社会主义和谐社会的重要内容，也是加强交通运输系统治安综合治理工作的重要举措。一年来，各单位围绕“六好”“六无”的综治工作目标，以“平安交通”创建活动为载体，进一步统一思想，明确责任，强化措施，规范管理，使创建活动不断得到引深。省公路局、省运管局细化创建标准，深化活动内容，积极开展“平安小区”“平安站（队、班）”的创建活动，采取“条块结合、专群结合、各方联动、齐抓共管”的工作模式，加强综合治理，有效提高了群防群治的能力；省交通技师学院在深化“平安校园”创建活动中，充分发挥党员在综治工作中的模范带头作用，建立了党员联系班级制度，要求每一名机关党员干部联系一个班级，协助班主任共同教育管理学生，针对学生青春期容易发生摩擦纠纷的实际情况，出台了教职工“首遇责任制”，要求教职工在遇到此类问题时，要在第一时间及时介入调解，不得以任何理由和借口推诿扯皮或绕道而行，这样不仅规范了管理，而且也调动了大家参与管理的积极性。厅重点办、交通监理公司、质监站、交通设计院和交通科研院针对点多、线长、面广管理难度大的实际，按照“路修到哪里，综治工作就做到哪里”的要求，将“平安交通”创建活动纳入总体目标考核内容，延伸到施工工地，层层分解责任，细化综治目标，以部分促整体，以小安定保大安定，2009年各单位没有发生任何责任事故和各类治安案件。

*安全稳定的内部环境更加和谐。*建立安全稳定和谐的内部环境是社会治安综合治理的目标，也是单位更好、更快发展的前提。一年来，厅直各单位坚持“预防为主、教育疏导、依法处理、防止激化”的工作方针，努力在“防”字上做文章，为全省交通运输系统营造了一个和谐、安全、稳定的发展环境。一是抓排查，妥善调处矛盾纠纷。各单位坚持从健全机制入手，定期组织不稳定因素大排查，超前预测可能发生的各类事件，积极开展矛盾纠纷排查调处工作，认真做好缓解、化解矛盾纠纷工作，努力把矛盾纠纷解决在内部，解决在基层，解决在萌芽状态。省公路局、省交通运输执法局针对税费改革、二级路撤站中涉及人员容易引发思想波动的实际，多次召开会议，积极采取措施，实行领导分片包干负责，深入一线调查研究，及时了解群众关注的热点、难点问题，采取有效措施妥善处理，保证全局人员思想稳定，干劲不减；省交通建设工程监理总公司按照看好自己的门，管好自己的人，做好自己的事的要求，分类排查，化解矛盾，妥善解决了190多名长期游离于单位之外、思想行动不易掌控人员的问题。省交通开发投资总公司坚持领导干部接访制度，认真组织开展“信访积案化解活动”，变上访为下访，重点对拖欠农民工工资、下岗分流人员等可能发生群体性事件的苗头隐患，进行全面排查，主动把群众利益放在首位，坚持包案到人，妥善解决了79名下岗员工安置问题。二是抓文化、筑牢网络防火墙。各单位都积极开展形式多样的文化娱乐活动，让

高尚纯洁的思想占领广大干部职工的思想阵地。省高管局组织专业人员对单位内部局域电脑网络中枢进行了一次彻底的安全漏洞大排查,编制上报了《山西省高速公路办公网网络安全工程可行性研究报告》,更换了网站防火墙,严防"法轮功"等非法组织利用高科技手段攻击电脑、广播、电视等设备,进一步净化了环境、丰富了广大干部职工文化生活。三是抓重点、确保交通安全畅通。围绕"迎国庆、保安全、保畅通、保稳定"这一政治任务,各单位强化责任,狠抓落实。突出桥梁隧道的安全防控,对每一座桥梁、每一座隧道都派专人24小时昼夜巡查、严防死守;加大对公路养护和公路巡查力度,及时发现和消除公路坍塌、滑坡、落石等险情,确保全省公路安全畅通。太原高速公路公司、太长高速公路公司对道路进行美化、亮化,及时清洗道路护栏、立柱、标牌,清理路面、隧道、绿化带内的垃圾,集中整治道路坑槽、桥头跳车、路面积水等问题,为旅客出行提供了一个安全、舒适的通行环境。为了确保政令畅通,各单位加强了政务值班和信息报送工作。严格落实24小时值班、领导带班和重大、突发事故"零报告"制度,积极配合当地公安机关认真开展各类专项整治行动,尤其是对民用爆炸物品进行了严格的安全管控。太古高速公路建管处始终把民用爆炸物品使用管理作为重中之重来抓,控制环节、强化责任、对进入隧道施工一线员工进行动态监控,保证了民用爆炸物品的安全使用;太佳高速公路建管处积极配合太原市公安机关,联手打掉了一个专门在重点工程建设项目进行敲诈勒索的犯罪团伙,为维护工程项目建设的顺利推进营造了良好的社会治安环境。

*群防群治的氛围更加浓厚。*营造良好的治安氛围,提高全员群防群治的意识,始终是治安综合治理工作的理想追求。在宣传教育中,各单位坚持经常性宣传与集中宣传相结合、对外宣传与对内教育相结合,不断加大综合治理宣传力度,采取悬挂横幅、张贴标语、发放宣传资料、设置综治宣传栏、出动宣传车上门宣传、利用电子显示屏滚动宣传等方式,积极宣传综治法律法规、方针政策和相关知识;邀请消防专家进行消防安全培训,参观"珍爱生命、安全行车"大型图片展览,完善消防、地震、食物中毒和防盗等应急预案,组织职工进行应急演练,进一步增强干部职工对综治工作的知晓率和法制观念,为综治工作的顺利开展营造了良好的氛围。山西省地方海事局虽然办公场地的安保工作由出租方负责,但他们不等、不靠,主动向出租方提建议,按照综治工作要求,条条对照抓落实,不仅强化了单位内部治安防控措施,而且抓教育、严管理,使全体员工自觉养成了学法用法守法的良好习惯。祁临高速公路公司,将每年的12月定为"综合治理宣传月",有力地促进了广大干部职工参与治安综合治理工作的积极性和主动性。太原高速公路公司还给全体干部职工印发了《2009年综合治理管理手册》一书,进一步明确细化了各岗位的综治任务和要求。

(田　根　张立承　李廷政)

全省交通运输系统认真做好国庆治安维稳工作

为贯彻落实省委、省政府关于做好2009年"国庆"安全稳定工作的指示和省公安厅召开的"全省公安机关新中国成立60周年大庆安全保卫工作电视电话会议"精神,确保全系统各单位内部安全稳定,省交通运输厅于8月28日向全系统发出《关于认真做好国庆治安维稳工作的紧急通知》(晋交公安字〔2009〕493号)要求交通系统各单位高度重视,明确责任,认真落实各项安保措施,确保"国庆"期间万无一失,不发生问题。

*充分认识"国庆"安保工作面临的形势,切实增强做好维护单位内部安全稳定工作的责任感和紧迫感。*庆祝新中国成立60周年。是2009年党和国家政治生活中的一件大事,举国上下普天同庆,从首都北京到地方都要

举行一系列庆祝活动。全力做好安全保卫工作,确保活动顺利进行,至关重要。各单位各部门尤其是单位主要领导一定要站在维护广大人民群众根本利益和构建社会主义和谐社会的高度,充分认识"国庆"安保工作面临的严峻形势,切实增强做好单位内部安全稳定工作的责任感和紧迫感。按照省委、省政府关于做好国庆安保工作的决策部署,认真分析研究当前本单位存在的影响安全稳定的薄弱环节,尽快制定切实可行解决问题的办法和措施,力争将各类不稳定因素解决在基层、化解在萌芽状态,坚决防止发生影响社会政治稳定的赴省进京上访事件、群体性事件和重大恶性刑事案件,重大治安问题、爆炸、火灾、交通、生产等重大事故,用扎实有效的工作维护好单位内部安全稳定,以实际行动迎接建国60周年。

加强组织领导,健全领导机构,确保措施到位。为确保维护稳定工作取得实效,省厅成立"维护单位内部安全稳定工作领导组,组长由厅长担任,副组长由所有厅领导担任,成员由厅机关各处室和厅直单位党政一把手组成,领导组办公室设在公安路政处,主任由公安路政处处长田根兼任。各级各部门也要结合本单位特点,成立相应的领导机构,明确责任,保证该项工作有人抓、有人管。进一步强化单位领导的责任意识,把维护单位内部安全稳定工作列入本单位工作重要内容,党政主要领导要亲自抓,落实责任,一级抓一级,层层抓落实。

严防境内外敌对势力、敌对分子和"法轮功"等邪教组织捣乱破坏。各级各部门主动配合当地公安机关开展工作,及时发现掌握相关情况,提前做好防范工作。特别是要做好曾有"法轮功"修炼史或对社会有不满情绪等人员的防控工作,落实防控措施,看好自己的门管好自己的人,遇有情况及时上报。强化对单位内部电话、电视、广播、电脑网络等通讯传媒设施的保护措施,防止其利用科技手段进行恶意攻击捣乱破坏活动。

加大矛盾排查调处工作的力度,妥善处置单位内部群体性事件。各单位要深入开展内部矛盾排查调处工作,全面了解、掌握影响稳定的苗头和不安定因素,制定和完善相应的预防措施,千方百计将影响稳定的苗头和不安定因素解决在基层,解决在萌芽,消化在内部。要进一步完善处置群体性事件工作预案,切实从力量组织、工作措施、后勤保障等方面做好随时处置突发事件的充分准备。要讲究工作方法做好思想工作,引导群众以合理合法的方式表达诉求。一旦发生内部群体性事件,单位主要领导要亲临一线,坚持"可散不可聚、可解不可结、可顺不可激"的原则,妥善处置,防止事态扩大,并在最短时间向上级和有关部门报告。对于设有交通公安机构和配有警车的单位,严禁动用干警、警车处理上访事件。

全面加强内部治安管理与安全防范工作。各单位要在"国庆"前组织专人对本单位、本系统所属办公区、生活区的治安防范工作进行一次大检查。要按照省厅治安综治工作责任书逐条逐项检查。首先,对本单位所属宾馆、饭店、印刷厂等重要部门及本单位的"五管"要害部位进行重点检查,及时发现问题堵塞漏洞。其次,针对秋季气候干燥、风大容易发生火灾的特点将消防安全列为当前工作重点,配齐配足消防器材,对负责消防工作的人员以及单位内部义务消防员培训,提高人防物防技防能力,彻底消灭隐患。第三,加强对出租房屋及临时用工人员的管理,逐人逐户进行登记、检查,做到底数清、情况明,防止将出租屋变成犯罪分子藏污纳垢的场所。第四,加强三所交通院校学生管理,加强学校与家长的沟通与联系,及时掌握学生思想动态,严防发生各类涉及学生的刑事案件、治安案件以及其他安全事故。

加强道路运输管理,确保道路安全畅通。各级公路管理部门要严格按照有关规定,加大公路养护和公路巡查力度,及时处置各类影响公路安全畅通的问题和隐患,确保公路安全畅通。对特大桥梁、隧道和重要设施要坚持24小时专人值守,决不能让犯罪分子有机可乘;各级运管部门要加强对司乘人员的安全教育和运输车辆的监督检查,消除安全隐患,避免行车事故。各汽车站、场要加大安检力度,严格“三品”检查,严禁易燃易爆危险品进站上车,严禁站外及中途载客。同时要认真做好车站客流疏导,维护好站车治安秩序,确保广大旅客生命财产安全,确保进京车辆不发生任何问题。

继续开展民用爆炸物品安全管理专项整治。严格民用爆炸物品购买、运输、储存、使用各个环节管理。要组织专人对重点地区、重点人员、重点单位、重点场所进行检查,对发现的隐患和漏洞,立即整改到位,严防民爆物品丢失、被盗。要加强业务培训,实行持证上岗,严格操作规程,严防各类事故事件发生,不使一克炸药一枚雷管落入犯罪分子手中流入北京。

严格信息报告制度,保证信息畅通。各单位要认真做好值班备勤工作,实行领导24小时带班制度和零报告制度,特别是加强夜间值班力量,提升应对和处置突发事件的能力。要认真落实交接班制度,防止工作连续性“断档”。要严格信息报告制度,遇有重大情况要在第一时间迅速上报有关部门,紧急信息先电话报告、再补文字材料,坚决杜绝瞒报漏报、迟报现象。

根据上述工作部署,交通系统各单位立即行动,积极开展工作。2009年9月11日,针对省城维稳反恐信访工作会议上通报的国家、省反恐办暗访组8月24日至27日在全省各地暗访时发现的涉及全系统太原迎宾汽车站、建南汽车站、迎泽大街长途汽车站存在的安检工作不认真,对旅客携带的小包不检查、站外上客、出站口不封闭、人员逆行进入等问题隐患,省厅要求这些单位立即整改,并下发了《关于进一步做好国庆安保工作的紧急通知》(晋交便字〔2009〕420号)强调交通系统各单位举一反三,采取有效措施,坚决做好国庆安保工作。

(田　根　张立承　李廷政)

省交通运输厅加强城乡道路和水路运输安全防范和民爆物品管理

7月5日,乌鲁木齐市发生打砸抢烧严重暴力事件后,交通运输厅根据国家反恐办和交通运输部要求,立即部署城乡道路和水路以及交通工具安全防范,并结合全省开展的民爆物品安全管理专项整治工作,进一步对运输安全和爆炸物品管理提出要求。

充分认识交通运输安全防范工作的严峻性和复杂性。各单位要认清形势,提高警惕,积极排查不稳定因素,抓紧部署和认真落实安全防范措施,严防针对城乡道路和水路运输的各种恐怖破坏活动,不给恐怖分子以可乘之机。

切实抓好城市公共交通和长途客车的安全防范工作。城市公交和出租车管理机构要积极配合公安部门,督促公共交通和客运企业以及从业人员,加强公共交通工具防范恐怖工作,以旅客进站、上车等关键环节为重点,迅速提高公共交通工具安检级别,加强对可疑人员、可疑物品的检查和防范工作,严防“三品”进站、上车,严防针对公共交通的各类蓄意破坏活动,确保公共交通安全。

加强客运站、码头和特大桥隧的安全防范工作。各单位要立即采取措施,督促客运站、码头和特大桥隧等相关经营管理单位切实负起责任,全面检查内部安全防范措施落实情况,并增设安保人员,必要时派专人值守(设有桥隧管理处的高速公路运营公司,24小时派专人值守)。密切关注流动人员动态,防止各类敌对势力和不法分子的破坏。要充分发挥现有监控设施作用,加强对客运站、码头和特大桥隧运行状况的动态监测和实时视频监控,发现苗头性问题,及时采取措施予以消除。

切实加强对民爆物品的安全管理。各有关单位要认真贯彻省厅“关于在全省交通系统开展民用爆炸物品安全管理专项整治工作的通知”(晋交公安字〔2009〕298 号)文件精神,统筹安排、突出重点、分类整治,确保民爆物品的安全。积极配合地方公安机关严厉查处非法生产、储存、制售爆炸物品的窝点,及时铲除非法生产的源头。加强人员管理。建立涉爆从业人员管理档案,有针对性地对从业人员进行技能培训和安全思想教育。加强运输管理。督促涉爆单位必须使用专用运输车运输民爆物品,必须有专业人员押运。加强管理。督促涉爆单位加强民爆物品在购买、运输、储存、管理和使用各个环节的管控。建立严格的出入库登记制度和严格使用程序,决不能使一克炸药、一枚雷管落入恐怖分子手里,确保不发生任何问题。

密切关注局势,做好处置交通运输突发事件的准备工作。各单位要在地方政府的统一领导下,进一步完善、熟悉突发事件应急预案,加强值班备勤,认真做好处置突发事件准备;要积极与相关部门加强信息沟通,密切关注局势,建立联防联控工作机制,形成安全防范合力;要建立通讯联络机制、值班制度和信息报告制度,各单位主要领导和分管领导手机保持 24 小时开通,确保在出现各类突发事件时,能够联络畅通、反应迅速、措施有力、处置得当。

(田 根 张立承 李廷政)

省交通建设开发投资总公司强化治安防范措施保平安

2009 年,省交通建设开发投资总公司全力加强内部治安管理和安全防范工作,有效杜绝各类安全事故的发生。公司在国庆前组织对所属办公区、家属院、加油站、饭店以及高速公路服务区、隧道、桥梁,五管要害等重点部位和公共聚集场所进行了一次全面排查,对发现的问题,隐患进行了通报。通过增强职工治安防范意识,人防、物防、技防有机结合,消除隐患,为国庆期间的安全稳定奠定了良好的基础。交通大酒店通过实行网络化管理,完善了身份识别系统,对入住人员一客一证,境外人员和少数民族的住客情况做到翔实记录,并在 24 小时内向市公安局外事处、驻地派出所报送相关材料,确保了来店入住人员的申报率与准确率,对住宿客人出现异常情况(如长时间不出房门,拜访人员杂、房间内有注射器等)及时向有关部门报告,有效防止各类事件的发生;实业公司对公司办公楼的消防设备、监控设备进行了全面的检查更换,对办公楼排水管道的污水口采取了防范措施,增设了隔离栅,在大院和楼道内安装了巡更系统和岗楼,提高了保安人员的巡查力度,修定了来客登记和车辆管理制度,对出入人员和车辆进行严格管理,有效防止各类治安事故发生,做到防患未然。国庆期间,公路经营单位对特大桥隧实行 24 小时值守。晋焦高速公路在牛郎河隧道安装了声光报警器和温度感应报警器,进一步强化了预防措施;太长公司在所属服务区安装了监控设备,提高了服务区的监管力度;龙湖公司和凤凰山植物园结合本单位实际,在每年汛期和火灾高发期实行 24 小时巡山制度,在路口设置岗楼、道卡、警示牌等并派专人把守,负责对驶入园区车辆进行登记,从源头入手遏制安全事故发生;总公司与所属公路经营单位、养护及公路建设单位签订了《民用爆炸物品安全管理责任书》,有效防止了民爆物品丢失和被盗事件的发生。

(田 根 张立承 李廷政)

长晋高速公路举行突发事件应急演练

为提高公共突发应急事件处置能力,交通建设投资开发公司结合所属各单位实际,对不同突发事件的性质、特点,制订和完善相应的应急预案,根据各项预案采取相应措施,力争将突发事件的预防和应急准备工作落到实处。为检验各项预案的制定是否科学有效,公司还组织所属单位进行各预案的演练。8 月 17 日,为增强高速公路安全管控能力和突发事件应急处置能力，提高高速公路交通管理水平，长晋高速公路联合高速交警三支队二大队、长晋高速路政大队、武警消防支队高平大队、晋城市环保局、晋城市“120”急救中心、长晋高速公路清障救援中心、诺通养护中心等单位在长晋高速公路高平服务区进行高速公路化学品运输应急处置联合演练。通过应急实践演练，加强了路政、交警、消防、急救、环保处置、清障救援等部门对突发事件的应急配合，提高了快速反应、应急救援和协同作战能力，为保障高速公路安全畅通打下良好基础。

（田　根　张立承　李廷政）

太长高速公路开展服务区治安安全整治活动

2009 年国庆前夕，太长高速公路针对所辖服务区存在的治安安全问题，开展了专项安全整治活动。提出六项安全措施，要求服务区工作人员和承租人认真执行：一是严格落实上下岗、交接款措施，明确专人，落实责任；二是严格财务管理制度，钱款及时交银行；三是严格落实加油站、配电室、操作间等重要部位的消防制度；四是严格落实食品卫生制度；五是严格落实车辆管理制度；六是落实领导值班制度。为防恐反恐，各服务区都制定了防恐反恐预案和突发事件预案，从水源地到厨房和餐厅，以及油库等重点部位严格把关值守，防止投毒、食物中毒和失火、爆炸事故的发生。针对不法分子偷油、偷物、票款安全、职工人身安全和服务区发生的盗抢等问题。他们在和当地公安联系，加强治安和保安力量投放的同时，还筹措资金，安装了监控系统，提高了服务区管控能力，有效地遏制了各类案件发生。

（田　根　张立承　李廷政）

太原公路分局进行国庆治安安全大检查

为了加强建国 60 周年期间治安维稳工作，太原公路分局成立了以局长为组长的安保领导组，成员由相关职能部门的负责人和基层单位一把手组成。同时根据分局工作实际，制定了分局国庆期间治安维稳的实施方案，将各项治安维稳工作做到主要领导带头抓，分管领导亲自抓，职能部门重点抓，使各项工作措施落到实处。节前由分局领导分别带领局办、人劳科、技术科、后勤部、公安路政科等相关部门负责人对本系统单位和监管路桥分公司进行治安维稳大检查，并根据分局建设养护管理特点，确定了检查重点并采取相应措施。一是对本单位重点要害部位、重点设施的治安隐患排查，及时发现问题堵塞漏洞。二是针对秋季气候干燥、风大，容易发生火灾的特点，配足、配齐、配全消防器具，消除火灾隐患。三是加强对出租房屋的管理，逐人逐户进行登记，做到底数清、情况明。四是加强分局原养路协议工、路桥企业、二级路撤站后收费人员稳控工作。五是严格信访制度，全面排查不稳定因素，重点掌控上访老户、缠访户、“法轮功”等重点人员的动向，以及可能引发群体性事件的苗头、隐患。六是施工地段设立明显的导向、绕行等安全标志，安排人员疏导交通，做到施工保畅两不误。七是加强施工项目使用的民爆物品的安全管理，确保施工安全。八是加大巡查力度，确保桥梁、隧道及涵洞安全畅通。九是路政、超限文明执法，按程序办案，防止和杜绝新的公路“三乱”现象发生。十是严格节假日值班，24 小时专人值班和领导带班，做到坚守岗位、恪尽职守，圆满完成新中国 60 周年各项安全维稳任务。

（田　根　张立承　李廷政）

省交通监理总公司四条措施促稳定

省交通建设工程监理总公司从 1995 年至 2008 年连续 14 年获交通系统“先进和标兵单位”，并多年被评为小店地区“先进和模范单位”。公司领导一贯重视治安综合治理和维护稳定工作，历年来公司依靠广大干部职工群众,紧紧围绕构建和谐企业的目标任务,广泛深入开展平安建设,着力排查调处矛盾纠纷,加强和改进管理,全面推进治安防控体系建设,全面落实省综治委、省交通厅治安综治各项措施,为公司发展创造和谐稳定内部环境。公司新的领导班子组成后,更加重视企业稳定工作。2009 年,他们以庆祝建国六十周年为契机在全公司范围内进行了爱国主义和社会主义核心价值体系教育,将道德文明建设植入文明和谐企业创建全局中,坚持以稳定保发展,以稳定促提高,在全体干部职工的不懈努力下,公司顺利实现了"队伍稳定、思想稳定、政局稳定、治安稳定"的既定工作目标,全年未发生一起上访、群体赴省进京上访事件,未发生一起治安事件,未发生一起有损公司形象的事件。主要采取了以下四条措施。

一是始终坚持矛盾排查,内部化解的思路,加强了信访工作。按照国务院《信访条例》,公司制定了《信访工作规定》和信访工作流程图,对来信来访来电指定专人登记,归档,信访工作从接待、接电、接函到批示、转办、承办都有专人办理,畅通了信访渠道。二是积极拓展业务,调整经营思路,加强质量管理,以增产、增效、增加职工收入来稳定职工队伍和公司安定团结的大好局面。2009 年,公司生产经营保持了良好的发展势头,职工收入和福利水平大幅度提高,促进了公司和谐稳定。三是加强青少年思想道德教育。鉴于监理公司工作性质和特点,父母常年工作在外缺乏与孩子沟通的情况,公司根据青少年思想道德建设的新特点,从加强社区各项管理入手,为孩子们健康成长营造良好的生活环境。四是注重从最基本的事情抓起,为职工群众办实事,监理工作特殊,双职工多、常年坚守在省内外施工现场,最放心不下的就是家中老幼学习生活。公司在流动资金紧张的情况下,多方筹措,整修了宿舍区环境,解决了宿舍楼顶漏水问题,建立了定期体检制度,统一办理了工地意外伤害保险和女职工特病保险等,解决了职工、家属关心的热点、难点问题,职工群众得到实惠,工作更加安心。

(田　根　张立承　李廷政)

太佳高速公路(太原段)建设管理处“平安工地”建设“三到位”

太佳高速公路(太原段)开工建设以来,针对沿线治安复杂、施工干扰多等不利因素和影响,始终把社会治安综合治理工作作为基础性的工作来抓。细心查苗头、耐心调纠纷、用心破难题,真心待群众,以"平安工地"建设为龙头,认真落实治安综治各项措施,努力为工程建设顺利推进提供了强有力治安保障,维护了项目全线治安稳定,工程建设取得阶段性胜利,他们的做法可概括为"三个到位"。

领导重视到位。在对社会治安综合治理工作的认识上,处领导班子认为修路架桥是富一方百姓、便捷沿线人民出行需求,建设时期保一方平安是实现上述目标的前提条件。建管处坚持把治安综治工作作为"一把手"工程来抓,放在首要位置,纳入议事日程,党政主要领导亲自抓、负总责,分管领导具体抓,一级抓一级,层层抓落实。只要出现问题,建管处主要领导和分管领导都是在第一时间赶赴现场进行处置,面对面解决实际问题,从不遥控指挥。

组织体系到位。一是健全组织机构,成立了以项目法人代表姚建军处长为组长,其他班子成员为副组长,建管处各部室负责人和各施工、监理单位负责人为成员的社会治安综合治理工作领导机构。由公安部门两名干警为主组建了治安队,常驻工地帮助开展治安综治工作。二是构建责任体系。实行了班子成员包片负责制,班子成员定期深入包片负责单位调查走访,及时排查矛盾、隐患,现场解决问题,按照"分级负责"、"谁主管、谁负责"的原则,项目部对建管处负责,建管处对厅党组负责。建成一级抓一级、一级对一级负责的社会治安综合治理责任落实体系，形成一张清晰的责任网，真正不留盲区、死角和疑点，确保责任上不下推、矛盾不上交。三是形成工作合力，在综治工作上，重视发动群众参与，通过设立举报箱、公布举报电话等方式，努力畅通矛盾反映、投诉渠道。形成"建管处统一领导，纪委组织协调，各部门严格管理、项目部全力负责、群众广泛监督、社会广泛支持"的齐抓共管综治工作合力。

*矛盾纠纷排查调处到位。*根据工作需要，制定综治工作方案和应对公共卫生，防汛抢险、突发事件应急处置预案，确保出现不稳定事件后，做到信息通、情况明、渠道畅、反应快、处置好。保证措施到位、人员到位、工作到位，防止矛盾升级激化。7 月下旬，第二合同段黑龙江华龙建设有限公司因无法按合同继续履约被建管处给予清退出场的处罚。为了确保该合同段农民工合法权益不受侵害，建管处主动介入，聘请 2 名法律顾问，并抽调财务部、地方协调部、质量安全部、党务人事部人员成立专项工作组，开展了直接偿付施工队农民工工资工作，妥善解决了可能升级的矛盾；2009 年 11 月初，一群不明身份的社会闲散人员闯入二标段项目部多次寻衅滋事，围攻、殴打项目部工作人员、抢夺项目部财务，严重影响了项目部正常工作。建管处接到报告立即赶赴现场，积极协调太原市公安局、阳曲县公安局、泥屯派出所三级公安部门，联手打掉了一个在我省重点工程建设项目盘踞半年之久，专门进行敲诈勒索的犯罪团伙。共刑事拘留 60 余人，为维护工程项目建设顺利推进营造了良好的社会治安环境。

（田　根　张立承　李廷政）

省交通干部学校九项措施打造"平安校园"

交通干部学校在"平安交通"创建活动中，推行九项措施，全力打造"平安校园"。

一是治安综治工作进课堂。交通干校作为省交通厅"十一五"规划确定的干部培训基地，为充分发挥干部主阵地作用，针对培训学员来源广、流动快、素质高的特点，把创建内容编入教学大纲，列入教学计划。将社会治安综合治理工作基础理论列为培训交通干部职工的必修课，专门聘请省综治委领导进行知识讲座，既提高了参训学员综治工作理论水平，又使他们开阔视野、拓宽知识面，同时达到广泛宣传综治知识的目的。二是完善和落实学校安全保卫规章制度，加强了对节假日领导带班，全校职工轮流值班制度。明确了值班人员职责，要求值班人员按时到岗，严禁无故缺岗，认真填写值班日志，重大事故及时上报。完善了保卫人员值班巡逻和夜巡守护制度，要求门卫人员挂牌上岗，加强出入校园人员和来客登记管理，严格学校和宿舍大门开关时间。三是投入资金改善学校环境。为配合市政道路改造，学校斥资百万对学校围墙、大门和院内环境进行了重建和改造、硬化绿化了校园和宿舍区，校园和住宅小区发生了巨大变化。四是排除隐患，防患未然。学校十分重视安全工作，从人力、物力、财力上加大投入，使"人防、物防、技防"能力显著增强。首先强化了内部安全管理，对"五管要害"部位全部实现了"三铁一器"，大大提高了治安防范的主动性。制定、修定了消防安全检查，火灾隐患整改，建筑消防设施管理和维护保养以及用火、用电、用气等安全管理制度，对陈旧老化区存在隐患的水电暖、电梯等设施进行了修理和更换；加强了对食堂管理和卫生防疫工作，大大增强抵御突发事件能力，降低事故发生概率。其次，在学校资金紧张的情况下，投入一百多万元完成了"天眼"工程建设，使学校的技防能力得到提升，学校又投入资金对消防设施全面改造，安装了自动报警装置、自动喷淋灭火装置，使学校的安全防范设施更加完备。五是关怀弱势群体，真情关怀倾力相助，千方百计帮助解决实际困难，避免因生活困难产生偏激想法。原老书记李保义同志因病住院，因其住院时间长、医疗费用高，考虑到其家庭困难，全校开展献爱心活动，筹措7000元送到病床前；组织职工开展“博爱一日捐”活动，捐款2420元:为四川震区捐款61 450元，捐物149件。六是狠抓爱国主义教育，学校在“七一”来临之际，组织党员和入党积极分子赴革命老区接受革命传统教育。组织党员到西柏坡、黄崖洞、八路军纪念馆、牛驼寨烈士陵园及平顺西沟等地学习参观，并举行忆党史、念党恩、跟党走的“七一”纪念活动，使党员干部增强了努力工作为事业奉献自我的坚定信念。七是积极开展预防青少年违法犯罪活动，开展以“远离毒品、关爱未来”为主题的“社区青少年远离毒品”宣传活动，组织青少年开展读好一本书、写好一篇笔记的学习活动。八是组建老年治安巡逻队。从退休老同志中挑选身体健康、责任心强的老同志组建治安巡逻队，协助保安员值勤，维护学校和宿舍区安全。九是加强精神文明建设促进校园文化建设。学校十分重视营造浓厚的校园综治文化，始终坚持以邓小平理论、“三个代表”重要思想、科学发展观指导学校思想文化建设。建立了“综治工作宣传长廊”，制作了综治宣传牌匾，悬挂于教室走廊和入口处，收到良好宣传效果。学校严防敌对势力利用文化学术途径进行思想文化渗透，牢固占领思想文化阵地，每月定期在校园举行一次专家讲座，同时开展“讲文明、树新风、促和谐”活动和学习“八荣八耻”活动，提高职工道德素养和文化修养，有力促进“三个文明”建设，打造“平安校园”。

（田　根　张立承　李廷政）

厅新闻宣传中心划分安全综治工作管理责任

为认真贯彻落实安全工作责任制和治安综治工作责任制，确保2009年圆满实现综治工作目标，厅新闻宣传中心于1月23日召开主任办公会议，对安全和综治工作进行了责任划分。

安全综治工作在中心安全综治工作领导组的统一领导下进行，层层落实安全综治工作责任制。中心主要领导负全面责任，分管领导负重要责任，部室站领导负责本部门安全综治领导责任，相关人员负直接管理责任，出了问题层层追究责任。

安全管理和治安综治工作管理责任内容一是做好安全保卫工作。按照省厅综治工作的要求规范管理，明确责任，对重点部门、重要环节和重点时段（节假日）严加管理，认真执行值班制度，做好防火、防盗、防破坏工作，远离“黄赌毒”，确保不发生任何责任事故和治安灾害事故、案件。二是做好资料保密工作。严格按照有关规定和要求，涉密的资料要加密并妥善保管；对外提供资料和数据，须经主要领导审核把关，确保上网和文字资料安全，不发生任何泄密事件。三是做好行车安全。驾驶车辆（公务、私家）人员要严格遵守交通法规，工作时间一律不得饮酒，车辆要停放在安全地带，防止失火、失盗、碰撞等事故，确保行车安全。

（田　根　张立承　李廷政）

省公路局加强宿舍区治安管理

在平安小区建设中，省公路局重视小区治安管理，在安装监控报警设备，配齐楼宇对讲防盗门，更新配齐灭火器等技防、物防设备的同时，重视值班巡逻队伍建设。首先是建立了保卫人员值班和巡逻制度，加强了对宿舍区的控制；其次加强了住宅小区秩序管理，严禁未经物业公司批准的经商行为，严禁乱贴乱发广告、乱收废品行为。2009年，路泽苑小区警卫人员在小区共抓获粘贴非法小广告人员85人，抓获盗窃自行车疑犯5名，盗窃电动自行车疑犯1名，扭送坞城派出所处理。与此同时，积极开展安全防火、防盗教育和防火演练，提高了住户防火、防盗安全意识和处置能力，有效地维护了小区治安安全。

（田　根　张立承　李廷政）

人 事 管 理

全省交通运输系统
人事工作提供有力保障

2009年是全省交通运输系统构建科学的交通运输管理体制，加快干部人事制度改革，促进交通运输科学发展的重要一年。一年来，在厅党组的正确领导下，交通运输系统各级组织人事部门以邓小平理论和“三个代表”重要思想为指导，坚持学习实践科学发展观，全面贯彻落实全省组织部长会议、全省人事工作会议和全省劳动保障工作会议精神，坚持人才强交战略，紧紧围绕改革这一工作主线，不断加强干部队伍建设、公务员队伍建设和专业技术人员队伍建设，不断深化干部人事制度改革和事业单位机构体制、人事制度改革，全面提高交通系统干部人事工作水平，统筹推进各项工作，为全省交通运输事业又好又快发展提供坚强的组织人事保障。

（蔺建煌）

省交通运输厅积极稳妥推进三大改革

*成品油价格和税费改革。*根据国家关于实施成品油价格和税费改革的要求，在厅成品油价格和税费改革领导组的领导下，精心组织、周密部署，积极稳妥地组织实施全省成品油价格和税费改革。协调有关部门报请省政府批转了《山西省成品油价格和税费改革人员安置意见》，明确了各部门和各市政府的职责分工，为妥善安置“六费”涉及人员提出指导性意见。报请省政府、交通运输部、国家发展改革委、财政部，批准山西作为第二批取消政府还贷二级公路收费试点，155个政府还贷二级公路收费站点于2009年5月31日24时起全部取消收费。此外，指导厅属单位和各市交通局顺利安全地按时撤除了有关收费设施，全部恢复了路面。按照国家的安排和部署，配合全省国税、地税部门完成了接收部分在编的公路养路费征稽管理人员的考试、面试和体检工作。结合全省实际，经过充分调研和采纳其他省份成功经验，省编制部门于9月30日正式批准同意在省交通征费稽查系统现有机构框架的基础上，转变职能，组建山西省交通运输执法机构。在充分调研的基础上，积极研究制定了厅所属政府还贷二级公路收费人员的具体分流安置意见，并下发各厅属单位执行。

*交通运输行政管理体制改革。*按照国家实行大部制改革的要求，在省政府统一安排部署下，积极推进全省交通运输行政管理体制改革。在充分的调研和收集相关资料的基础上，经过反复论证修改，人事处提出了省厅机构改革的“三定方案”。该方案在经省编委会审批同意后，人事处在厅党组的领导下完成了改革相关的内设机构设置和人员配备工作。

*事业单位人事制度改革。*继续完成厅属事业单位机构编制清理规范工作。在上年事业单位机构编制清理规范工作的基础上，加

大工作力度，提高工作效率，积极稳妥地把厅属事业单位清理规范工作推向前进，为下一步全面推进事业单位分类改革奠定了基础。认真做好厅属事业单位的岗位设置管理工作。按照科学合理、精简效能，统一规范与分级分类管理相结合的原则，在省人事厅的统一安排下，积极做好在厅属各事业单位全面推行岗位设置管理制度的前期准备工作。

（蔺建煌　侯一方）

省交通运输厅领导班子和干部队伍建设常抓不懈

2009，厅人事处按照组织人事工作要为交通建设主战场服务的指导方针，紧紧围绕交通发展的中心任务，不折不扣地贯彻落实厅党组的一系列重要指示，谋划和推进组织人事工作，加强领导班子和干部队伍建设。坚持党管干部的原则，坚持以"四化"标准和德才兼备原则衡量干部，以扩大民主、完善考核、推进交流、加强监督为主线，结合实际，把干部工作的重心与交通工作的中心结合起来。一是在干部的选用中，严格按照"公开、公平、公正"的原则，坚持标准，严格程序，确保把"政治上靠得住、发展上有本事、作风上过得硬、人民群众信得过"的优秀干部推荐选拔到领导岗位。同时，注重从优化领导班子结构的角度，加强领导班子配备。根据上述原则，厅机关配合省委组织部完成了一名正厅级、两名副厅级领导干部的考察推荐工作；组织完成了厅机关 34 名处级领导干部的任免工作和 10 名拟调任厅机关的同志调任考察工作；厅机关 2 名同志到厅属单位挂职锻炼。还有厅属单位共调整干部 70 人，主要集中于高速公路建设管理处和运管系统，其中平职调整 37 人，提拔 33 人。二是在干部管理中严格程序，按照《党政领导干部选拔任用工作条例》和省委的有关规定，从考察对象的确定、组织考察到提交党组会讨论决定都严格按规定程序执行，坚持民主推荐，坚持自下而上的组织推荐，在考察中严格按规定的程序和范围进行。规范了干部考察前公示制和任前公示制。同时，在厅属单位干部选拔任用工作中开展了治理拉票行为专项活动。积极准备，配合省委组织部完成了对省厅干部选拔任用工作的检查。三是在干部考核中进一步健全机制，以建立促进科学发展的干部考核评价机制试点工作为契机，全面推行新的综合考核评价办法，坚持定性与定量相结合，切实把贯彻落实科学发展观的实际成效作为考核班子、干部实绩的根本标准和评价班子、干部的基本依据，努力形成正确的用人导向。具体工作主要是协助省委组织部完成了对厅领导班子考核评价试点工作；组织完成了 2008 年厅属单位领导班子和领导干部的年度考核工作。四是进一步加大了干部队伍的监督、管理工作。从完善监督制度、强化监督措施、健全监督机制入手，继续深化对全系统干部选拔任用工作的监督管理，重点是加强对厅属各单位党政一把手在干部选拔任用工作方面的监督。五是加强了干部的日常管理工作。办理了 16 名处级干部的退休手续，选派 2 名干部参加省委党校第 6 和第 7 期中青班学习。

（蔺建煌　李武军）

省交通运输厅机构编制管理工作进展顺利

一是根据中编办和省编办规范机构编制行为的要求，在厅属单位组织了机构编制行为适用《纪律处分条例》若干问题的解释学习，进一步规范了交通系统的机构编制行为。二是完成了交通运输厅机关三定方案工作，新增加了三个处室，增加编制 5 名，增加处级领导职数 12 名。三是完成了成品油价格和税费改革中省交通征费系统成建制转岗安置工作，新组建了山西省交通运输执法系统。四是完成了吕梁、晋城两个片区高速公路的整合。组建了平阳、长平、和榆三个高速公路建设管理处。五是完成了上报省编办关于运管局更名升格、海事局主要领导调配、工会机构编制理顺、成立山西省水上搜救中心等工作。六是完成部分高速公路人员编制的核定工作。

（蔺建煌　李武军）

省交通运输厅
人才队伍建设进一步加强

2009年，厅人事处根据山西交通发展的现实情况，紧紧围绕构建和谐交通的总目标，积极优化人才结构，努力营造发现人才、挖掘人才、留住人才的氛围，积极为交通发展积聚能量，储备人才。

加强专业技术人才队伍建设，稳步推进职称评审制度改革。认真组织实施省“333”学术技术带头人选拔培养工程，有四位同志入选。此外，全系统有一位同志享受政府特殊津贴。职称评审中采取公开答辩、盲评考试等办法，进一步规范职称评审程序，严肃评审纪律，确保评审公正。共有84名专业技术人员获得了高级工程师、308名专业技术人员获得了工程师任职资格。50名专业技术人员参加优高、高级经济师、高级会计师、副教授等评审。

加大人才引进力度，实现人才资源共享。在人才引进上按照“不求所有，但求所在；不求所在，但求所用”的用人理念，坚持公开、平等、竞争、择优的原则，共吸纳了131名优秀大学毕业生（其中研究生8人；本科生71人；专科生52人）充实到基层，充实到一线，充实到执法队伍，让优秀人才为我所用，为交通尽力。

加强交通技术工人队伍建设。技术工人尤其是高技能人才，承担着技术创新和实现科技成果转化为现实生产力的重任，是交通发展的中坚力量。2009完成487余人次的技术工人等级考核工作的审查报名工作，449余人通过高、中、初级工资格考试，并为上年考核合格的同志发了证、审批兑现了工资。此外，组织参加了交通运输部组织的“宇通杯”汽车驾驶员节能技能竞赛和“厦工杯”筑养路机械操作手技能竞赛，并分别取得了二等奖和第二名的好成绩。

（赵振伟　王亚虎）

省交通运输厅
对建管处人员管理情况进行调研

为加强高速公路建设管理，推进全省重点公路工程建设系统人员有序、科学、制度化管理，建设一支政治合格、业务精良、作风过硬、纪律严明的工程建设管理队伍。根据厅党组的安排，由厅人事处组织对高速公路建管处进行了人员管理专项调研。调研组围绕各建管处执行省厅《关于加强重点公路工程建设系统人员管理的意见》（晋交人字〔2006〕141号）和《关于进一步加强重点公路工程建设系统人员管理的通知》（晋交人字〔2008〕32号）情况，采取听、看、查的方法，通过听取被调研单位负责人的专项汇报，查看有关人事资料，收集有关人事数据，比较全面地了解了各建管处的机构设置、人员构成、人事管理等情况并完成了专题调研报告报厅党组研究。

（卢永旺）

《公路劳动定员标准》编写工作完成

《公路劳动定员》交通行业标准是根据交通运输部《关于下达2007年交通标准化补充计划的通知》（交科教发〔2007〕764号）的要求，由交通运输部人事劳动司负责，由山西、山东、辽宁、陕西、贵州、湖北、江西、江苏、广东等省交通厅共同制定，省厅为组长单位。本次公路劳动定员标准的制定工作共分组织准备阶段，调查研究、确定标准初稿阶段，讨论修改阶段，评审阶段四个阶段，现全部完成。

（侯一方　赵振伟）

省交通运输厅正式挂牌

6月23日上午，山西省交通运输厅正式挂牌。这是山西交通运输发展史上具有里程碑意义的一件大事，标志着山西交通运输事业从此进入一个崭新的历史阶段。副省长牛仁亮、厅长段建国共同揭牌。厅领导张德仪、赵振田、郭贵平，厅机关全体公务员，厅直单位主要领导出席揭牌仪式。副厅长张志川主持。

根据中央批准的《山西省人民政府机构改革方案》，省委、省政府决定撤销省交通厅，组建省交通运输厅。新组建的省交通运输厅履行原省交通厅职责和省建设厅指导城市客运的职责。

段建国在讲话中指出，从交通厅到交通运输厅，不仅仅是机构名称的变化，更重要的是政府职能的转变和行业发展方向的科学定位，符合科学发展观的根本要求，符合交通运输发展规律，对于优化交通运输总体布局、发挥各种运输方式组合效率、建立综合运输体系具有重要意义。顺应科学发展，加快城乡客运一体化建设，建立完善的综合运输体系，为我省转型、跨越、崛起提供更高层、更安全、更惠民的交通运输服务，是今后省交通运输厅的重要职责。他表示，全厅上下要坚决贯彻省政府机构改革方案，支持改革，投身改革，勇于改革，按照精简、统一、效能和决策权、执行权、监督权既相互制约又相互协调的原则，整体设计，分步实施，转变职能，转变观念，转变作风，着力构建行为规范、运转协调、充满活力、廉洁高效的交通运输管理体制和运行机制，为全省交通运输科学发展提供体制机构保障。

交通厅是省人民政府的组成部门，新中国成立 60 年来特别是改革 30 年来，在党的领导下，省交通厅带领全省交通职工锐意进取，艰苦奋斗，全省交通事业得到长足发展。到 2008 年底，全省公路通车里程达到 12.48 万公里，公路密度达到 79.62 公里/百平方公里，分别比 1978 年增长 4.6 倍。高速公路从无到有，达到 1965 公里；一、二级公路大幅跃升，达到 14 809 公里；农村公路迅猛发展，全省 100% 的乡镇、94% 的建制村通了水泥(油)路，100% 的乡镇、71% 的建制村通了客车。2008 年公路运输完成的客运量、旅客周转量、货运量和货物周转量分别比 1978 年增长 16 倍、17 倍、12 倍和 40 倍。交通运输为全省经济发展、社会进步、民生改善注入了强劲动力和新的活力。

（石　兰）

省交通运输厅机关公务员队伍建设不断加强

一是为提高公务员的整体素质，推进厅机关行政效能建设，继续加强厅机关公务员的能力培训和作风建设。二是根据《职工带薪年休假条例》和《厅机关人事管理暂行办法》的有关规定，组织落实了厅机关公务员的年休假。三是完成了机关人事管理的日常工作，办理了六名同志的退休手续。同时，继续加强对厅机关借用人员的管理工作，对借用人员的手续进行了完善。

（蔺建煌　卢永旺）

省交通监理总公司连续两年被评为“企业养老保险缴费诚信 A 级信用单位”

2008 年以来，省交通监理公司领导班子在资金压力初步缓解后，把职工社会保险金的缴纳放在首要位置解决，及时补缴了以前年度欠缴的养老、医疗、失业保险金并按时足额缴纳了 2008 年、2009 年度职工社会保险金，保证了职工能够正常退休和使用医保卡看病，解决了职工的后顾之忧，在困难中维护了稳定的局面。公司连续两年被太原市企业养老保险服务中心授予“企业养老保险缴费诚信 A 级信用单位”。公司还进一步把企业的发展和队伍的成长结合起来，提高了职工收入和监理项目部的吃、住、行标准，在项目核算中，将工地团体意外险和体检经费纳入强制范围。

（马昕宇）

和榆高速公路建设管理处正式揭牌成立

9月21日，省和榆高速公路建设管理处在左权县揭牌成立。该高速起点位于榆社县赵道峪村，东止和顺县康家楼，与河北省规划的临清至和顺高速公路西段相接，全长89.58公里，分两个合同段施工。

该项目已正式进入实质性阶段，它不仅是全省新规划路网十一横中的第七横汾阳至邢台高速公路最后一段，也是省委、省政府“保增长、保民生、保稳定”应对金融危机的重要举措，它的建设对带动沿线地方经济，改善全省投资环境、加快文化旅游及资源开发、促进老区经济发展、缩小与发达地区的差距、建设文化强省具有十分重要的战略意义。

（郭琦鹏）

精神文明建设

党　团　建　设

全省交通运输系统党建工作再上台阶

2009年,厅党组高度重视党建工作,把它作为总体工作的重要组成部分,列入工作议程。省厅每年召开工作会,都要将党建、精神文明建设、党风廉政建设作为重要内容,与行政工作同部署、同动员,并层层签订工作目标责任书,与行政工作同考核、同奖罚,做到了任务、目标、责任三明确。机关党委书记列席党组重要会议,省厅重要的干部任免、奖罚事项,事先都要听取机关党组织的意见和建议。

厅直机关党委按照省直工委的要求和厅党组的安排部署,细化目标责任内容,及时下发2009年工作要点,指导直属单位全年的工作。厅直机关党委还定期分析研究厅机关及直属单位党建情况,并在年初集体研究制定全年的工作计划,年底对全年厅直党建工作进行认真总结,重大事项都要召开委员会议集体研究决定。厅直机关党委协助厅党组认真坚持每月一次的集中学习,同时利用每周一的例会进行重点学习。

(胡钢成　王亚虎)

省交通运输厅扎实开展深入学习实践科学发展观活动

按照中央和省委统一部署,全省交通运输系统厅直25个单位、5200名党员参加了第一、二批深入学习实践科学发展观活动。活动期间,在省委的正确领导下,紧密结合交通运输实际,确立了“坚持科学快速安全协调发展,提升交通运输服务保障能力”的活动主题和载体,集中解决了一批与科学发展不符合、不适应以及涉及群众切身利益的突出问题,较好地实现了“党员干部受教育、科学发展上水平、人民群众得实惠”的预期目标。集中活动基本结束后,认真开展了“回头看”,深化整改,兑现承诺。

此外,还认真组织省交通征稽管理协会、省道路运输协会等8个新社会组织共82名党员参加了第三批学习实践活动。为确保学习实践科学发展观活动有效开展,要求具备成立条件的7个协会成立了临时党支部。

(武作华)

省交通运输厅召开新社会组织深入学习实践科学发展观活动动员大会

为贯彻落实中央、省委关于第三批深入学习实践科学发展观活动的一系列指示精神和《关于全省第三批深入学习实践科学发展观新社会组织开展活动的指导意见》的要求,切实推动省厅新社会组织学习实践活动深入开展,10月22日,省厅召开新社会组织深入学习实践科学发展观活动动员会。厅党组副书记、副厅长张润对新社会组织第三批深入学习实践科学发展观活动进行动员和部署。省交通勘察设计协会会长杨金泉、各有关交通行业协会的主要负责人、协会秘书长,各有关行业协会主管部门分管领导、党办主任参加会议。

省厅依法登记的社会团体有8个，即省国防交通学会、省道路运输协会、省交通征稽管理协会、省高速公路服务区协会、省交通勘察设计协会、省交通企业协会、省汽车维修与检测行业协会、省物流学会。会议要求各协会或学会于月底前成立党组织，以加强对学习实践活动的领导，尽快召开动员大会，制订实施方案，扎实做好学习实践活动的各项工作。

厅党组副书记、副厅长张润在动员讲话中指出，一要深刻认识在新社会组织开展学习实践活动的重要意义。充分认识开展学习实践活动，是促进新社会组织科学发展的重大举措，是加强新社会组织党建工作的迫切需要，是发挥新社会组织积极作用的现实需要，是在新社会组织领域扩大党的群众基础的必然要求。二要明确新社会组织学习实践活动的目标要求。即明确学习实践活动的指导思想，明确参加学习实践活动的对象，明确学习实践活动的目标任务，明确学习实践活动的具体要求。通过这次学习实践活动，要努力实现党的建设有新突破，自身建设有新加强，功能作用有新发挥。张润要求，新社会组织学习实践活动要按照学习调研、分析检查、整改落实三个阶段进行。同时，要保证集中活动时间不少于4个月，并安排2个月时间用于充分做好准备工作和巩固扩大学习实践活动成果。

张润进一进强调，开展学习实践活动，是当前和今后一个时期新社会组织工作中的首要政治任务，一定要按照省新社会组织系统学习实践活动指导组的要求，扎实有序开展好学习实践活动。一要加强领导和指导，落实工作责任；二要突出特色，正面教育；三要搞好宣传，营造氛围；四要合理安排，协调推进。要以饱满的政治热情，以神圣的政治使命感和高度的政治责任感投入到学习实践活动当中，全力以赴，尽职尽责，扎实工作，通过卓有成效的学习实践活动，不断开创我省交通运输厅新社会组织建设与管理工作新局面。

（石　兰）

省交通运输厅全面加强厅领导班子建设

2009年，交通运输厅领导班子认真贯彻落实胡锦涛总书记在中纪委十七届三次全会上的讲话中关于“六个着力、六个切实”的要求，全面加强自身建设，不断提高领导科学发展、促进行业和谐的能力，保障省委、省政府的各项决策落到实处、取得实效。一是认真贯彻落实民主集中制，提高科学决策能力。厅党组坚定不移地贯彻“集体领导、民主集中、个别酝酿、会议决定”的议事决策制度。严格执行党的民主生活会制度，按时召开了民主生活会，厅领导班子成员之间开展了严肃认真的批评与自我批评，并对照群众意见和批评意见，狠抓问题整改，加强自身建设。二是坚持群众路线，广开言路、民主决策。厅领导班子认真贯彻执行群众路线，深入基层、深入群众，开展调查研究，听取各方面的意见和建议，切实解决群众普遍关心的热点、难点问题。建立了专家咨询、社会听证和行业、政府领导联系制度等，最大限度地把来自基层、来自群众、来自社会的合理的、可行的意见吸收到决策中。在厅领导班子的带动下，全厅各级领导班子的自身建设得到了加强，执政能力和领导水平有了明显提升，执行力、创新力、凝聚力得到进一步增强。

（武作华）

省交通运输厅党组不断夯实“三基”工作

一是强化基层组织建设。针对近年来全省交通发展较快、新增单位较多的实际，及时健全了所有新成立单位的党组织。重点加强了在建工程项目党组织工作，参建单位在进驻工地的同时都健全了党组织，把党的基层组织建到了工队、班组，保证了厅党组的决策及时贯彻落实到基层，保证了党的政治优势的充分发挥。2009年，厅直系统新组建党委8个，及时调整和完成了3个党组织换届选举工作。为了确保全年任务的落实，推动厅直党的工作制度化、经常化，厅直机关党委按照《厅直党的工作目标责任制考核办法》，对厅直单位党的工作进行了全面检查。二是强化基础管理。各级党组织认真落实"一课三会"制度、党日活动制度、民主评议党员制度，完成了全系统41个党委、24个党总支、387个党支部、5000多名党员基础信息采集、录入与审核等工作，完成了党组织及党员的信息库建设，严密了党的组织体系。并加大创先争优表彰力度，"七一"前夕，对40个"先进基层党组织"、204名"优秀共产党员"、50名"优秀党务工作者"进行了表彰。三是强化党员基本素质。继续贯彻"坚持标准、保证质量、改善结构、慎重发展"的方针，严把"入口关"，并将发展党员计划向建设、生产、教育、科研一线倾斜，共发展党员260余人。此外，还通过党员先锋岗、党员突击队、劳动竞赛等形式，为党员服务群众、加强党性锻炼搭建了平台，有效提高了党员队伍的整体素质。党员队伍已经成为交通运输行业的中坚力量和业务骨干队伍。

（武作华）

省交通运输厅行业文明和谐程度和职工队伍素质显著提升

2009年，厅直党委针对交通运输行业的特点和实际，围绕庆祝新中国成立60周年，结合群众性精神文明创建活动，深入开展"迎国庆、讲文明、树新风"活动，坚持以机关党建工作推动行业文明和谐建设，通过文明和谐创建活动的蓬勃开展，优化发展环境，增强行业合力。

坚持典型引路。积极配合省文明委组织实施了千里大运文明长廊推进计划，继续挖掘大运"千里文明高速路"的创建内涵，丰富创建形式，提升创建品位，完善长效机制，推动了全行业文明创建向纵深发展；不断引深文明路、文明车、文明和谐示范窗口、文明和谐单位（行业）、文明职工"五个文明"创建活动，通过道路、站所、码头、服务区等窗口，让每一位旅客切切实实享受到方便快捷、安全舒适、整洁优美的交通运输服务。

坚持丰富载体。通过开展"创建五型机关、促进四个发展"主题活动、庆祝建国60周年歌咏比赛、书画摄影展、"百题万人"知识竞赛等，在全系统营造了团结进取、共建和谐的良好氛围。全年，结合国庆60周年庆祝活动，认真组织开展了新中国成立60年来100位为新中国建立作出突出贡献的英雄模范人物和100位新中国成立以来感动中国人物，以及60位新中国成立以来感动交通人物的评选宣传活动。省厅原老厅长廉平当选由国家交通运输部在全行业组织开展的"60位新中国成立以来感动交通人物"。太旧高速公路和大运二级路入选新中国60项公路交通勘察设计经典工程。并对全省交通运输系统内新中国成立前参加工作的老战士、老同志，革命烈士遗属、伤残军人、全国劳动模范和被中央授予其他荣誉称号的先进模范人物以及全国道德模范进行了走访慰问。共走访慰问110人，省、厅两级发放慰问金10余万元。

坚持共建共享。按照省文明办的安排部署，厅机关、省公路局、省运管局、省高管局分别与晓义村、上戈村、丰泽村、夏店村开展了结对帮扶共建文明和谐村活动。省厅确定的15项帮扶项目已全部完成，共投入431.2万元，结对帮扶共建文明和谐村活动取得明显效果。同时，厅机关作为牵头单位，会同省政府法制办、团省委、国信投资公司定点联系太原制药厂，每年中秋、春节等重大节日进行慰问，把党的温暖送到广大困难职工心里。此外，还开展"送温暖、献爱心"活动，为因暴雪受灾群众捐款90余万元。　（武作华）

朔州市交通运输局行业文明结硕果

2009年,朔州市交通运输局把深入开展行业文明建设活动当作提升交通行业形象,开展"三个服务"活动的重要内容来抓,摆上前所未有的位置。加强领导、科学安排、精心组织、狠抓落实,全系统文明和谐行业创建活动有声有色,稳步推进。顺利通过省文明委验收,连续10年第5次被评为全省文明和谐单位。

一是紧紧抓住深入开展学习实践科学发展观活动的契机搞创建。通过深入开展学习实践、知识竞赛、演讲比赛、参观学习等一系列活动,干部职工的综合素质明显提高。二是利用岗前学习平台搞创建。坚持周二、周五集体集中学习雷打不动。围绕创建文明行业,创建活动做到方案、计划、措施、考评四到位。三是以庆祝新中国成立60周年为主题搞创建。举办了朔州交通建设回眸座谈会、60年交通运输发展巨变演讲比赛等活动,开展唱红歌、猜谜语、象棋、扑克等干部职工喜闻乐见的娱乐比赛活动。特别是在参加全省开展的比赛中,由于准备充分,表演精彩,夺取了名次,获得殊荣。四是通过政风行风评议,开展评比活动搞创建。狠抓政风行业评议,继续开展文明和谐单位、文明和谐窗口、文明和谐标兵、文明和谐小区、文明和谐家庭等一系列创建活动。五是倡导以扶贫济困、助人为乐,弘扬中华民族传统美德为目的搞创建。继续坚持为包扶的贫困村办实事、解难题,再次被评为省、市定点帮扶先进单位。干部职工通过博爱一日捐向社会捐款12 000多元。

(侯 兴)

省公路局直属机关党委进一步加强基层党建工作

省公路局局直党委认真组织落实党的工作责任制,健全党委统一领导、部门齐抓共管、一级抓一级、层层抓落实的党建工作格局,坚持围绕中心,服务大局,拓宽领域,强化功能,不断扩大党的工作覆盖面,增强党的凝聚力和战斗力。于6月8日至6月19日对局直属单位落实《党的工作责任制》情况作了检查考核,重点检查各单位制定并落实党建工作目标管理责任制情况;机关及所属单位党组织建设情况,特别是推动科学发展,促进和谐稳定情况;配齐配强党务干部情况;深入学习实践科学发展观活动中干部群众提出的整改意见落实情况;建立健全保持共产党员先进性长效机制的情况等。基层党建工作再迈一个新台阶,在纪念建党88周年之际,表彰了11个"先进基层党组织"、98名"优秀共产党员"、26名"优秀党务工作者"。有3个"先进基层党组织"、26名"优秀共产党员"、5名"优秀党务工作者"受到厅党组表彰。全年共培训入党积极分子10名,发展党员10名。

(武 洋)

省公路局机关荣获省级文明和谐单位标兵

2009年,省公路局机关被省文明委授予"2008－2009年度文明和谐单位标兵"荣誉称号,这是省公路局机关在连续十年保持"省级文明和谐单位"荣誉的基础上,获得的又一殊荣。

十几年来,省公路局文明创建工作深入扎实开展,取得显著成效。一是坚持以中国特色社会主义理论体系为指导,深入贯彻落实科学发展观。紧密围绕公路工作中心任务,着力抓好干部职工的思想道德教育、科学文化教育和公民意识教育,营造出了蓬勃向上奋发有为的工作氛围。二是以构建公路核心价值体系为主线,创新文明创建载体,全面启动公路文化建设。依托"文明路"、"文明和谐示范窗口"、"文明处室"、"文明职工"、"文明项目部"、"青年文明号"、"路地共建文明和谐"等文明创建活动,大力弘扬公路文化,有力地推动了公路事业健康和谐发展。三是围绕提升“三个服务”的能力和水平,努力提高干部职工队伍的整体素质。充分发挥党员干部的先锋模范作用和基层党组织的战斗堡垒作用,讲政治、讲大局、讲团结,全局干部职工的凝聚力、向心力不断增强,行业管理水平、服务能力和行业形象进一步提升,为公路事业可持续发展提供了有力的智力支持和政治保障。

截至目前,全省公路系统共创建“省级文明和谐示范单位标兵”11 个,占全省交通系统总数的 78.57% ,创建“省级文明和谐单位”37 个,占全省交通系统总数的 62.27% 。

(武　洋)

省公路局深入开展公路文化建设推进年活动

按照《山西公路文化建设纲要》总体规划,2009 年,省公路局组织深入开展了“公路文化推进年”活动,主要任务是以规范各项规章制度为抓手,全面提升公路科学管理水平,推动公路文化建设向更宽、更高、更深的层次发展,实现公路事业科学发展上水平。为推动各项工作深入开展,于 7 月 18 日召开了公路文化建设推进会,晋中分局、长治分局、大同分局和三门峡黄河大桥 4 个单位分别从“认真落实山西公路文化建设纲要”、“努力践行公路行业核心价值观”、“不断强化公路文化阵地建设”、“积极探索文化公路建设新路子”四个层面介绍了本单位在开展公路文化建设实践中的主要做法,为全系统深入开展公路文化建设引了路子,提供了样板。

(武　洋)

省公路局积极开展结对帮扶共建活动

2009 年,按照省文明委的统一部署,省公路局与晋中市榆次区东赵乡上戈村开展了“结队帮扶”共建活动。本着实实在在解决问题的原则,实施了“三项工程”:一是“便民村通工程”,为上戈村大修一条约 2 公里的村通公路;二是“希望助学工程”,为上戈村中心小学校修建 100 米塑胶跑道,修建 4 个永久性室外水泥面乒乓球台和室外水泥黑板墙报栏,并配备文体器材;三是“文化帮扶工程”,完善上戈村文化大院建设,重点对旧戏台进行改扩建。落实了“六个一”帮扶任务:一是根据上戈村生产发展需要,组织一次科普讲座;二是为繁荣农民文化生活,组织一次单位职工和共建村村民联欢活动和送戏、送电影下乡活动;三是与上戈村召开一次群众性文明和谐创建座谈会;四是组织一次对上戈村老弱病残孤等特殊困难村民“送温暖献爱心”活动;五是帮助上戈村建设农民书屋,组织一次赠书活动;六是为上戈村老年活动中心赠送一套健身器材。帮扶工作共计投资 69.2 万元,全部保质按时完成任务。

(武　洋)

纪　检　监　察

反腐倡廉为全省交通运输事业发展提供坚强政治保障

2009年，全省交通运输系统反腐倡廉建设在省纪委和厅党组的正确领导下，按照中纪委十七届三次、四次全会，省纪委四次全会和全省交通运输系统党风廉政建设工作会议的部署，紧紧围绕落实党中央“三保”政策措施，坚持标本兼治、综合治理、惩防并举、注重预防的工作方针，以工程廉政建设为重点，大力加强领导干部廉政教育，狠抓制度建设与创新，切实加强对权力运行的监督制约，稳步推进惩防体系建设，努力把反腐倡廉贯穿于推进交通建设与发展的各项改革措施和具体实践当中，为交通运输改革发展提供了坚强的政治保障。

（胡建新　李征远）

省交通运输厅反腐倡廉教育工作成效显著

2009年，省交通运输厅创新教育模式，强化专题廉政培训，扎实推进反腐倡廉教育工作的开展。反腐倡廉教育以树立正确的权力观为重点，先后组织了中纪委十七届三次、四次全会，省纪委四次全会精神和机关作风建设的学习教育，深入开展正反两方面的典型教育。元旦春节期间，集中开展廉政文化活动，组织开展了群发廉政短信，安排部署了“扬正气、促和谐”廉政公益广告展播活动，在全系统营造反腐倡廉的良好环境。2月，组织重点工程建设单位党政领导、纪委书记、总会计师、工程管理部部长等共计100余人开展了深入学习实践科学发展观预防职务犯罪警示教育活动；3、4、8月分三次组织厅属单位纪检监察干部150余人进行了纪检监察业务培训；6月，配合省纪委和省监察厅举办了全省第一期建设领域重点工程管理干部廉政教育培训班，省厅机关、厅属各单位主要领导、各市（县、区）交通局长、各有关工程建设单位重要岗位负责人290余人参加了为期4天的廉政教育培训；12月，利用冬闲时间组织举办了为期9天的全省重点公路工程领导干部廉政教育强化班，200余人参加了太原的集中授课培训，还特别组织厅机关有关处长、厅重点办处长、各高速公路建管处处长、纪委书记等重点岗位的60多名干部到中国井冈山干部学院进行革命传统教育培训。组织开展反腐倡廉建设与“三个发展”主题研讨活动理论征文活动，通报表彰了全系统33篇优秀研讨论文，选送7篇研讨论文上报省纪委、交通运输部纪检组参加评选，有4篇论文被省、部评为优秀论文受到表彰奖励；组织了厅党组廉政建设“六项承诺”和部关于工程建设“八个不准”的宣传教育，创造了清正廉洁的环境和氛围。

（胡建新　李征远）

省交通运输厅构建制度建设长效机制

2009年，省交通运输厅围绕工程廉政建

设、建立巡视工作制度、推进干部选拔任用监督等方面加大改革力度,落实领导干部重大事项报告、述职述廉、民主评议、谈话诫勉、选拔任用等制度规定,强化管理监督,从源头上预防腐败。一是完善工程廉政监督制度。进一步贯彻落实《关于进一步加强交通基础设施建设领域廉政工作的实施意见》、《山西省交通厅工程廉政建设监督管理十项制度》,新研究出台《关于加强全省公路建设项目招标投标活动监督管理的意见》、《交通建设工程招标代理机构实行公开比选实施办法》、《关于加强公路建设市场监督管理工作的通知》、《山西省交通运输厅交通建设项目委托审计监督管理办法》、《山西省高速公路工程设计变更管理办法》、《山西省高速公路工程建设管理绩效考核办法(试行)》等6个《意见》和《办法》,这些制度涵盖从项目的立项审批到经营权转让各主要环节。二是建立巡视工作制。为了健全和完善党内监督和行政监察机制,保证党的路线、方针、政策和决议以及省委、省政府和厅党组决策的贯彻执行,厅党组制定出台了《中共山西省交通厅党组巡视工作暂行办法》,先后用两个多月时间抽调专人派出巡视组,对运城高速公路公司和临汾公路分局的工作进行了巡视,全面细致地了解这两个单位的工作情况,发现了一些问题,为厅党组决策提供参考意见和建议,保证了厅党组决策在基层单位的贯彻执行。三是构建反腐败长效机制。厅党组和所属单位进一步完善议事规则、决策程序和规章制度,对"三重一大"的各个环节进行强有力的监督,重点对大额度资金投入的工程项目招投标及建设过程中物资采购、设计变更、资金拨付、所有权转让、质量验收等环节实施全程监控,规范权力运行和执法行为,做到制度前置、关口前移、预防为主、源头治理。四是推进干部选拔任用监督机制。按照《党政领导干部选拔任用工作条例》和《党政领导干部选拔任用工作监督检查办法(试行)》的要求,加强了对党员干部考察、考核、推荐、选拔、任用等各个环节的监督,以经常性考察与年度考核相结合、日常工作考察与承担急难险重任务考察相结合、工作圈考察与社会圈、生活圈考察相结合,对考察对象实行全方位考察,保证了干部提拔使用的公平、公正。厅党组成员和处级以上领导干部都建立了个人重大事项申报登记和述职述廉制度,有效地促进了监督机制的创新。

(李征远　秦华国)

省交通运输厅
全面推进工程廉政建设

2009年,省交通运输厅针对工程建设项目多、任务重、监督难的实际,完善监督机制,推进阳光操作,开展专项治理,工程廉政建设有了新成效。

一是完善工程建设监督机制。坚持把预防腐败工作全程介入工程建设的各个环节,做到事前、事中、事后监督相互结合。加强对重点工程派驻纪委书记的管理,配合交通运输部对全省公路工程质量和安全进行监督抽查,部检查组在听取省厅关于纪委书记派驻情况汇报后,驻交通运输部纪检组监察局给予充分肯定,并在局《情况简报》上刊登了全省交通系统在工程建设领域实行"纪委书记派驻制"的做法。继续推行重点工程建设联合监督机制,高速公路建设项目邀请省人大、省检察院、省重点办、省监察厅等七部门联合实施监督,强化对招投标全过程的监督,杜绝规避招标、虚假招标,打击串通投标、出借资质、低价抢标、暗箱操作等违法违规行为。

二是改进招投标评标办法。在原有办法基础上,主要针对发现的围标、串标、陪标、恶意竞标行为,对高速公路工程项目招标代理机构试行比选,严格对评审专家的管理,强化对招投标全过程的监督。并利用信用评价体系,对从业单位和主要从业人员的表现进行考核评价,建立信用档案,形成诚信激励和失信惩戒机制;严格资格审查,认真落实投标单位行贿犯罪档案查询制度,创造公平竞争、规范秩序的良好氛围；坚持放开限制投标单位数量的要求，增加投标队伍家数，有效防止串通投标行为；对招投标方法反复改进，提高抽取的各种系数的层次和科学性，最大限度减少专家在评标中的人为因素，促进评标公平公正。

三是推进工程建设阳光操作。严格按照省厅“关于开展“推行公路建设阳光操作，打造优质安全廉政工程”活动的实施意见》的要求，积极推进工程建设阳光操作，从项目建设计划、项目审批结果、招标过程、征地拆迁管理、建设资金使用情况、施工过程管理、工程设计变更、质量检查结果、履约管理考核情况、交工竣工验收结果等10多项全过程公开，打造“阳光工程”，防止和杜绝腐败问题发生。四是开展专项治理工作。按照省、部要求，组织开展了工程建设领域突出问题专项治理工作，成立了厅治理工程建设领域突出问题工作领导组和工作机构，制定下发《山西省交通运输厅开展工程建设领域突出问题专项治理工作实施方案》，组织召开了全省交通运输系统专项治理工作电视电话会议，专门对专项治理工作进行周密部署。厅属各单位和各市交通局积极行动，也分别成立了领导机构，制定了工作实施方案，展开了治理工作；太古、忻阜、忻保、高陵、临吉、大同等高速公路建管处建立了工程廉政预警机制和预防职务犯罪联动机制，促进了工程领域专项治理。同时，结合专项治理，深入开展了治理商业贿赂工作。

（李征远　秦华国）

省交通运输厅 纠风治乱效果明显

2009年，省交通运输厅严格落实华北五省（市、区）《关于治理非法超限超载车辆、确保道路交通安全通告》和省政府《实施意见》、《源头治理暂行办法》、《责任倒查与追究暂行办法》等，制定出台《全省运管系统源头治超工作考核办法（试行）》。继续实行全省“无缝隙”、“拉网式”治超，收效明显，车辆超限超载率由治理前的11%下降到0.01%。在4月份全国交通运输系统纠风工作会上，省厅介绍的治理超限超载管理监督经验，得到与会领导肯定。为了学习推广全省在治超方面的经验做法，7月份交通运输部又在太原召开全国车辆超限超载治理工作现场会，会上省厅交流了经验做法，与会领导和参会代表参观了货运源头检测点、治理超限超载检测点，观摩了治超调度中心等，得到一致好评。

省厅在全省交通系统党风廉政建设工作会议上专门对政风行风评议工作进行部署，明确行风工作责任制，提出具体要求和落实措施。厅领导、农村路网处和厅属相关主管局领导5次进入山西人民广播电台《政风行风热线》直播节目解答群众关心的行政审批、客运班线、农村公路等热点问题，对群众反映的26个问题进行了及时的解决。根据省政府的部署，撤销了太原市小店收费站等155个政府还贷二级公路收费站。为确保撤站工作顺利进行，省厅分6个督导组对11个地市撤站工作进行了全程督察，保证了路况良好、安全畅通。省行评办对省厅政风行风建设的做法和取得的成绩给予了充分肯定，省运管局被省行评办表彰为“全省政风行风评议工作先进单位”。组织召开了交通运输系统民主听证对话会，解答了7个代表提出的10个问题。全系统各参评单位累计举办听证对话会38次，参加单位257个，参加群众1182人，群众现场提出问题191个，已全部得到解决。厅政风行风领导组成员多次带队对基层单位进行明察暗访，全系统共进行明察暗访132次，明察暗访单位125个，发现问题97件，并及时全部处理。

省委、省政府决定在全省党政机关和事业单位开展“小金库”专项治理以来，省厅扎实推进厅属单位“小金库”自查自纠工作，对厅属事业单位进行了督查，配合省治理“小金库”督查组对厅属单位和二级单位进行了全面检查。从检查结果看,未发现大的问题。

严格执行《关于领导干部进一步改进工作作风、严肃工作纪律的若干规定》,紧密结合交通运输工作实际,坚决克服形式主义、官僚主义;改进会风和文风,精简会议和文件,认真执行会议、公务接待和差旅费管理有关规定;认真执行中央有关厉行节约、反对铺张浪费的规定,严禁用公款大吃大喝、游山玩水和进行高消费娱乐活动;坚决纠正以学习考察、招商引资等名义公款旅游特别是出国(境)旅游的不正之风。

(李征远 秦华国)

省交通运输厅
高度重视信访和案件查处

省交通运输厅高度重视信访工作,积极完善联合办案机制,通过执法、治贿、纠风治乱、"小金库"治理等工作发现案件线索,加大对违纪违法问题的发现力度和查办案件的组织协调力度。驻厅纪检组全年共受理群众举报和来电来访105件次,信访处理率达100%。对有关当事人和责任人按照干部管理权限分别做出了处理,对经查实确有问题的有关单位、当事人和责任人进行了责任追究,初核涉及处级干部的7件,对5名处级干部进行了诫勉谈话。对重大交通事故中的4名相关责任人给予党纪政纪处分,1名副处级干部被免职;对一个班子6名成员集体进行诫勉谈话。还受理工程招投标、质量验收等方面的举报、投诉14件,全部进行了核实、澄清,对属实的一一进行了查处,清退1个施工队伍、取消了2个路基和1个机电投标人的中标资格;对不属实或有偏差的也进行了反馈,为建设单位创造了公平竞争的环境。在处理信访和案件过程中,注重树立大局意识,坚持把握政策界限,配合省纪委、省直纪工委对有关省路桥集团举报案件进行了核查。

(胡建新 李征远)

省交通运输厅重点公路工程建设系统
开展预防职务犯罪警示教育活动

2009年,驻交通运输厅纪检组和厅重点办党委、纪委认真贯彻落实全省党风廉政建设干部大会暨省纪委四次全会精神,于2月27日组织全省重点公路工程建设系统到省监狱管理局晋城监狱举行"开展深入学习实践科学发展观预防职务犯罪警示教育"活动。省交通运输厅党组成员、驻厅纪检组组长韩日裕,驻厅监察室主任胡建新,厅重点办机关全体工作人员及全省重点公路工程建设单位党政主要负责人、纪委书记、总会计师、工程管理部部长等共计100余人参加了警示教育。

在晋城监狱,大家首先参观了服刑人员监舍、学习、生活场所,在晋城监狱大礼堂召开了全省重点公路工程建设系统警示教育大会。警示教育大会上,监狱负责同志介绍了监狱基本情况;两名服刑人员进行了现身说法;举行了帮教活动仪式,韩日裕组长代表省交通运输厅向晋城监狱爱心助春蕾基金会捐款。

韩日裕组长在警示教育大会上指出,未来五年,全省净投资2000亿元,建设3180公里高速公路,反腐倡廉工作尤为重要。举办如此大规模的警示教育活动是全省交通基础设施建设领域第一次以警示教育为主要内容的预防职务犯罪的主题活动,也是进一步加快以教育、制度、监督并重的惩治和预防腐败体系建设的一项重要举措。

全省重点公路工程建设系统要将此类警示教育活动作为建立预防腐败体系工作的一个重要抓手,积极探索建立预防教育的长效机制,防患于未然,切实加强干部队伍思想政治教育,切实抓好反腐倡廉制度建设,切实加强对领导干部的监督制约,切实把党风廉政建设责任制落到实处。

庄严的国徽,森严的高墙,冰冷的铁窗,让每一个与会人员都真切、直观、生动地上了一堂警示教育课。大家一致表示,要始终保持清醒的头脑,时刻警惕权利和金钱的诱惑,堂堂正正做人，清清白白做官，踏踏实实做事，不辜负党组的信任、不辜负人民群众的重托。在今后的重点公路工程建设领域中，要结合实际，进一步树立正确的世界观、人生观，不断增强大局意识、奉献意识、自律意识，不断健全制度，加大对权利的监督制约力度，以决策和执行为重点环节，以人财务管理为重点领域，进一步加强对工程建设概算控制、招标投标、转包分包、设计变更、资金拨付、物资采购等关键环节的监督检查，积极推行工程建设“十分开”，打造“阳光工程”，防止和杜绝腐败问题发生，争做建设优质工程的典范、廉政工程的楷模。

（胡建新　李征远）

全省重点公路工程领导干部廉政教育强化班举办

12月21日至28日，省交通运输厅利用工程建设冬闲期，与省高级人民检察院联合组织全省重点公路工程建管领导干部廉政教育强化班。培训主题以工程建设领域突出问题专项治理为重点，坚持从源头上构建预防和治理腐败体系，进一步把握公路建设中预防职务犯罪和反腐败斗争的特点和规律，做到完善机制、堵塞漏洞。厅领导段建国、张润、韩日裕、张志川、郜玉兰、赵振田、省公路局局长戴飞、省高管局局长董新品以及厅机关各处室、厅重点办主要负责同志、全省各高速公路建管处、公路分局、高速公路公司主要负责人共150余人参加了培训。强化培训由厅党组成员、纪检组长韩日裕主持，厅党组副书记、副厅长张润作动员报告。

廉政教育强化班利用3天时间在太原进行了专题授课辅导，省纪委副书记张晓亚、省检察院副检察长严奴国、省高院副院长刘冀民、省审计厅交通建设处处长张宏良分别作了《重点工程建设领域预防职务犯罪形势及对策》、《从近年来我省查处违纪违法案件谈加强廉政教育的体会》、《经济犯罪的特点和预防措施》、《重点工程历次审计中揭示的主要问题通报》等针对性很强的专题辅导报告。随后，部分参训人员57人赴中国井冈山干部学院进行为期5天的党性党风党纪教育培训，学习培训依托井冈山丰富的革命历史资源，结合全省交通工程建设实际，使大家进一步坚定了理想信念，增强了党性修养，提高了廉洁从政意识，为保持党员干部队伍的先进性和纯洁性奠定了坚实基础。

（李征远　秦华国）

朔州市交通运输局积极推进廉政建设

朔州市交通运输局党组一直以来非常重视党风廉政建设和预防行业腐败工作，特别是2009年10月份成立纪检监察室以来，进一步加大反腐倡廉工作力度，专门在交通运输行业开展党风廉政建设和反腐倡廉工作，“阳光工程”制度建设和工程建设领域专项治理取得阶段性成果。

领导重视、教育到位。为了强化预防腐败及工程建设领域治理工作的组织领导，朔州市交通运输局成立了由局党组书记、局长石爱任组长，纪检组长边荣任办公室主任的领导小组，并把此项工作列为深入开展学习实践科学发展观活动过程中对照检查、整改提高阶段的重要内容。除了完成学习实践活动规定的科目外，对参与工程建设的人员集中进行党风廉政建设和预防腐败专题教育，做到警钟长鸣。

措施得力、监督到位。朔州市交通运输局把加强制度建设当作预防腐败、推行“阳光工程”的重点来抓，建立和完善了《朔州市交通运输局机关作风暨效能建设十项制度》、《朔州市交通运输局重点公路建设项目前期工作制度》、《朔州市交通运输局公路工程招投标管理办法》、《朔州市交通运输局实行建设项目法人责任制管理办法》、《朔州市交通运输局公路施工安全制度》、《朔州市交通运输局公路建设计量支付管理试行办法》共六项制度和办法，规范和约束干部职工行为,确保各项工作公开、透明、廉洁、高效。尤其是局班子成员能够身体力行,带头执行各项制度,特别是在工程招投标过程中,主动邀请市纪检委、公证处和新闻媒体参与监督;在工程建设项目中聘请监督员,全程监控;设立举报电话、意见箱等形式畅通监督投诉渠道,确保"阳光工程"在阳光下作业。

突出重点,成效显著。按照省市工程建设领域突出问题专项治理工作方案,朔州市交通运输局重点对2008年1月1日以来全市立项、在建和竣工的乡村油路、水泥路工程和通达工程进行了全面排查,排查项目分别为扩大内需项目75个,其他项目71个,均属政府投资。本着"谁建设、谁负责","谁主管、谁负责"的原则,注重排查、自查与扩大内需政策措施落实紧密结合,认真查处工程建设实施中是否存在建设单位未批先建、规避招标、虚假招标、招标代理机构违规操作、投标人围标串标、资质挂靠、转包违法分包、质量低劣等突出问题,尤其是针对工程质量、安全事故和群众反映强烈的突出问题,建立健全了档案、台账,对存在的问题和薄弱环节明确了整改范围和责任,基本实现了从源头上预防腐败行为的发生,促进了全市交通运输业又好又快发展。

(王　勇)

昔阳县交通局
政风行风建设搞好"五个结合"

2009年,昔阳县交通局认真按照市、县行评工作部署,坚持以科学发展观为指导,以优化发展环境为重点,以人民群众是否满意为标准,创新工作方式,注重实际效果,进一步加强政风行风建设,行业文明得到提升。在政风行风评议工作中做到五个结合,即:行风评议与纪律作风整顿结合;与学习实践科学发展观活动结合;与安全生产专项整治结合;与创建省级文明单位结合;与加强制度建设、建立长效机制结合。

结合学习实践科学发展观整改落实阶段的工作,针对影响制约交通科学发展的机制体制问题,昔阳县交通局对现行的规章制度进行了清理,重新制定了《交通行政执法风纪》、《交通行政执法检查规范》等五项制度,执法行为得到进一步规范。交通工程项目认真落实"项目法人责任制、招投标制、监理制、合同制"管理要求,规范施工,阳光作业,保证了工程质量和进度,优化了发展环境。

(郭琦鹏)

长平高速公路建设
启动预防职务犯罪工作

11月2日,长治市人民检察院与长平高速公路建设管理处联合召开了预防职务犯罪动员大会。

会议宣读了《关于在长平高速公路建设中联合开展预防职务犯罪专项工作的实施意见》;沿线各乡镇负责人、村委、参建监理、施工单位代表表态发言;会议还向全体参会人员赠发了《长平高速公路建设项目预防职务犯罪宣传手册》。

会议要求,要搞好长平高速公路工程建设项目预防职务犯罪工作,必须从建管处及各参建单位加强自身管理,堵住腐败源头做起。在建立内部规章制度上多做文章,特别是要在计量支付、工程变更、质量监督、材料采购、建管处干部职工管理等重要岗位和各个重要环节方面规范操作,严格落实好"靠制度管人,按制度办事"的工作机制,真正堵住腐败源头,彻底铲除滋生职务犯罪的土壤和条件。

会议要求,长平高速公路建设项目预防职务犯罪工作要坚持标本兼治、综合治理的方针,按照"党委统一领导,党政齐抓共管,领导小组组织协调,检察机关监督指导,部门各负其责,社会共同参与"的领导体制和工作机制,建立多条防线,形成教育、管理、打击联动的工作格局,增强防范和控制职务犯罪的能力,有效地遏制和减少职务犯罪,为长平高速公路建设营造廉洁、高效的法制环境。

(石　兰)

交通教育

山西交通职业技术学院
喜获“金蝶杯”全国大学生
创业大赛北方赛区一等奖

2009年6月，山西交通职业技术学院学生代表队在“金蝶杯”全国大学生创业大赛北方区比赛中获一等奖。

本次比赛共有清华大学、北京交通大学、山东大学等56所高校代表队参加，实力普遍较强。山西交通职业技术学院学生代表队在辅导教师的精心指导下，经过三天的激烈角逐力挫群雄，获得大赛一等奖。据悉，山西交通职业技术学院代表队将代表北方区参加8月份举行的“金蝶杯”全国总决赛。

（郝文卿）

山西交通职业技术学院举行
丰田汽车服务网点人才招聘会

为拓宽学生实习就业渠道，山西交通职业技术学院于6月25日在丰田T—TEP培训中心举行了2009年T—TEP学校丰田汽车服务网点人才招聘会。太原大昌丰田汽车销售服务有限公司、太原东龙丰田汽车销售服务有限公司等9家单位参加了现场招聘。

参加招聘会的各用人单位表示，目前汽车行业仍然急需大批高素质的专业人才，并对招聘对象的动手能力最为重视。学院丰田班的学生适应了行业发展的需求，具备了较强的动手能力，学生毕业后不经培训就能上岗，因此得到用人单位的好评。

此次招聘会现场气氛热烈，学院2007级大高职丰田班和2005级小高职丰田班56名学生中，有51名找到了工作岗位，就业率达到91%，非丰田班学生有36人找到工作。另有30余名学生与招聘单位初步达成了就业意向。

（刘素平）

山西交通职业技术学院
毕业答辩到工地

为支持重点公路建设，并保证毕业答辩工作顺利完成，6月底7月初，山西交通职业技术学院特聘请企业一线专业技术人员为指导教师，请他们联系工程实际指导学生完成毕业论文，并由学院领导和专业教师组成论文答辩组，分五批赴忻保高速公路、晋北高速养护公司、偏关准朔铁路、京沪高铁专线等省内外施工工地为40多名毕业生进行现场答辩，取得良好效果。

将毕业答辩现场前移到工地，是山西交通职业技术学院毕业答辩的一次有益尝试，也是该学院“以服务为宗旨，以就业为导向”办学理念的体现。此举既提高了学生的论文质量和实践水平，同时也支持了施工单位的建设，密切了学院与企业的联系，推进了学生的就业工作。

（郝文卿）

山西交通职业技术学院"南方杯"工程测量技能竞赛中获佳绩

10月26日，由交通运输部科技司、交通职业教育教学指导委员会、路桥工程专业指导委员会联合举办的2009年全国交通高职高专"南方杯"工程测量技能竞赛在杭州结束。全国50多所交通类高职高专院校组团参加了比赛，经过选拔，共有27所院校的81名选手进入决赛阶段角逐。山西交通职业技术学院获得大赛颁发的团体优秀奖，赵陶同学获个人全能二等奖、全站仪导线测量二等奖、三等水准闭合导线测量三等奖，郝宝龙同学获个人全能三等奖、全站仪导线测量二等奖，齐秀廷、赵文娇两位老师获优秀指导教师称号。

（郝文卿）

山西交通职业技术学院扎实推进就业工作

12月，山西省交通职业技术学院被山西省教育厅授予2009年全省普通高等学校毕业生就业工作先进集体称号。

2009年学院有高职毕业生1201人，在金融危机的社会背景下，毕业生就业工作任务更加繁重，形势更加严峻。

学院一是将毕业生就业工作列入重要议事日程，积极探索做好毕业生工作的新办法、新思路，充实和完善毕业生就业服务机构和队伍，做到了机构、人员、经费"三到位"，为毕业生就业工作创造了良好的环境和条件。二是在调查研究的基础上调整专业和课程设置，增强实践性教学内容，强化学生动手能力的培养，推行"多证书"制度，为学生走向社会奠定了坚实的基础。三是注重毕业生思想教育和就业指导工作。开设就业指导课程，举办就业专题讲座，增强毕业生的社会适应能力；为毕业生提供职业生涯规划服务，增强其就业的方向性；鼓励毕业生自我推销和自主择业；引导毕业生树立正确的择业观。四是及早动手，做好毕业生就业的基础性工作。从2008年底，学院就着手进行毕业生就业的各项准备工作，对毕业生就业意向进行了调查、统计；广泛收集就业信息；举办了一场大型双向选择洽谈会和20余次专场招聘会，共提供1300多个用人岗位；引导400多名毕业生参加2009年山西省选聘高校毕业生到村任职考试。

在省交通运输厅的大力支持下，学院上下精心组织、通力协作，2009年毕业生就业工作进展顺利并取得了较好成绩，就业率超过90%。筑机、路桥、监理、物流（施工物资采购与供应方向）等专业毕业生，出现紧张或供不应求现象。学院工程机械系工程机械运用与维护专业2010届的105名学生，全部提前就业。

（刘素平）

张文才荣获"中国技工院校杰出校长"称号

11月28日，在北京召开的全国职工教育职业培训先进个人、先进单位表彰大会上，山西交通技师学院张文才校长荣获"中国技工院校杰出校长"光荣称号。

2009年下半年，中国职协为全面总结技工院校和企业职工培训工作的先进经验，引导职业院校和企业积极实施特别职业培训计划，加强高技能人才培养，促进就业，推动经济社会发展，经人力资源社会保障部批准，启动全国职工教育职业培训先进个人、先进单位评选工作。经各地、有关部门、行业协会和中央直属企业评选推荐，评审办公室严格评审，评选表彰工作领导小组审议，初选名单网上公示，决定授予张文才等69位中国技工院校杰出校长荣誉称号。同时受表彰的还有128位"中国技工院校优秀教师"，203家企业"全国企业职工教育培训先进单位"，196名"全国职工教育培训先进个人"。

（魏延萍）

资 料 宣 传

全省交通运输系统史志年鉴工作实行目标责任百分考核

2010 年 1 月 22 日，在全省交通运输工作会议上，交通史志年鉴工作作为一项重要内容，列入全省交通运输系统目标责任制考核范围。根据 2009 年 12 月 3 日召开的全省地方志工作会议要求和省领导讲话精神，结合全省交通运输工作会议上目标责任制考核内容，为了更好地宣传和记载全省交通建设和发展的辉煌成就，全面完成交通史志年鉴编撰任务，省厅决定从 2010 年开始，在全系统范围内对交通史志年鉴实行工作目标责任百分考核。

结合 2010 年全省交通史志年鉴工作任务，2010 年 3 月 3 日，省厅以晋交办字〔2010〕74 号文印发《2010 年全省交通史志年鉴工作目标责任百分考核实施方案》，要求各市交通局、厅直各单位根据考核内容，切实加强领导，认真组织实施，制定工作目标，圆满完成任务。

根据方案，共包括 7 个方面内容。每年将根据不同的目标任务，对内容进行适当调整和充实。即：①参加交通史志年鉴工作会议（10 分）；②报送 2010 年版《山西交通年鉴》有关资料（20 分）；③报送《辉煌的历程—山西交通建设 60 年回顾》有关资料（20 分）；④报送《山西交通文化资料集锦》有关资料（20 分）；⑤完成《沧桑 · 工作版》杂志组稿及发行工作（10 分）；⑥完成其他工作（20 分）。其他工作包括：①有固定的办公场所、人员和编撰经费（9 分）；②按照省厅要求及时启动第二轮修志工作（4 分）；③能圆满完成省地方志办公室、省交通运输厅布置的临时性工作任务（7 分）。具体考核与评比方法是：①每年年初，由厅资料信息中心根据全省史志年鉴工作任务要求，制定本年度考核实施方案；②具体考核工作由厅资料信息中心责成专人负责，每半年向分管厅领导汇报 1 次；③每年 12 月底，由厅资料信息中根据全年考核情况，排出优秀、良好、合格、不合格 4 个等次，写出专题报告报送分管厅领导审定后，报厅办公室备案；④厅资料信息中心可根据工作需要，印发《工作目标责任百分考核简报》，对考核情况在全省交通运输系统进行通报。

（师国梁）

《山西省志 · 交通志》出版发行

《山西省志》是由省人民政府主持编纂的一部大型书籍。编委会主任由省委书记、省长担任，常务副主任由分管副省长担任，副主任由各位副省长及省地方志办公室主任担任，委员由省直各委办厅局党政主要负责人担任。全书共 80 卷，9000 余万字，《交通志》是其中第 20 卷。2006 年 6 月 13 日，省人民政府主持召开《山西省志》编纂工作会议，拉开了第二轮《山西省志》编修工作的序幕。

为了搞好《山西省志·交通志》编纂工作,省厅专门印发通知,成立《山西省志·交通志》编审委员会。编委会主任:王晓林、段建国;常务副主任:张润、韩日裕;副主任:王志民、张志川、郜玉兰、张德仪、赵振田、曹燎原、郭贵平;委员由厅机关各处室负责人、厅直各单位党政一把手和各市交通局长担任;主编:张润、韩日裕。2007 年 2 月 28 日,省厅印发晋交办字〔2007〕66 号文件,就认真做好编纂工作,从组织机构、指导思想、编纂原则、志书体例等方面提出具体要求。

2006 年 7 月以来,厅党组十分重视《山西省志·交通志》的编纂工作。从省厅到厅直各单位、各市、县交通部门均成立了编审委员会,各单位均由党政一把手挂帅,分管领导主抓,明确有关部门和专人具体承办。志稿经过基层单位、主管部门、厅资料信息中心三级层层把关、审核、修改、完善后,2009 年 3 月完成送审稿,报送省地方志办公室审定。5 月 26 日,省地方志办公室印发审读意见,对志书质量给予充分肯定,并提出许多具体修改意见。包括全书字数、内容补充、章节顺序、超限部分内容处置、图表序号排列、照片搜集等。厅领导十分重视,厅党组副书记、副厅长、《山西省志·交通志》主编张润同志亲自主持召开厅机关各处室、厅直各单位负责人会议,听取厅资料信息中心主任师国梁有关情况汇报后,一一提出整改落实措施和意见,明确具体时间、质量,要求各有关单位必须限期完成。厅党组书记、厅长、编委会主任段建国同志听取汇报后,要求一丝不苟,精益求精;不仅要出成品,而且要出精品,把山西交通改革建设发展 30 年的辉煌业绩永载史册,传承后人。厅资料信息中心按照省地方志办公室和厅领导要求,积极搜集资料,补充内容,调整结构,理顺章节。6 月 29 日,再次听取省地方志办公室领导及有关专家意见后,中心全体同志废寝忘食,加班加点,夜以继日,认真修改,确保质量,力争早日完成修改任务。7 月 5 日,《山西省志·交通志》出版稿修改完成后,经省交通运输厅领导审查批准,报送省地方志办公室再次审定。8 月 20 日,省地方志办公室完成全书政治、体例、内容等方面的审查和文字编辑工作,决定年底送中华书局出版发行。

《山西省志·交通志》是全省"十一五"期间大型文化建设工程《山西省志》中的一部重要专志。它的出版发行是全省第二轮编修《山西省志》以来首批出版的专业志书,也是全省志书出版史上一件具有开创意义的大事。全志分为交通工作、公路交通、水路交通 3 编 28 章,共 180 万字,国际标准大 16K,精装,24 版综合照片,主题集中,内容丰富,图文并茂,数字翔实,集中反映了改革开放 30 年来全省公路、水运事业的飞速发展状况,特别是真实、全面、系统地记述了全省交通系统各单位、各部门兴建山西高速公路网、改革道路征稽方式、革新公路运营体制等方方面面的建设成就和辉煌业绩。

为了生动、形象地集中展示党的十一届三中全会以来全省交通系统各有关单位和部门的辉煌成绩,客观、真实地记录全系统 12 万职工真抓实干、拼搏奉献、不懈奋斗的英雄业绩,更好地发挥交通志书"存史、资政、育人"的独特功能,根据省地方志办公室晋志函〔2009〕1 号文《关于同意在<山西省志·交通志>中集中宣传先进典型辉煌业绩的通知》精神,2009 年 9 月 4 日,省厅晋交办字〔2009〕522 号文件印发《关于认真做好〈山西省志·交通志〉先进典型宣传工作的通知》。要求各级领导高度重视,认真组织,责任到人,精心选送,圆满完成有关先进典型业绩及图片资料报送任务。

9 月 22 日,由厅党组成员、驻厅纪检组组长韩日裕主持,召开厅直各单位分管领导、办公室主任和史志作者参加的座谈会,对先进典型宣传工作进行安排部署,提出完成时限及具体要求。载录范围包括全省交通系统各有关单位。即所有厅直单位、各公路分局、征稽分局、高速公路管理公司、高速公路建设管理处,部分成绩突出,受到县处级以上单位表彰的公路段、养护道班、征稽所、收费站，承担公路建设任务的施工单位、监理单位等。报送的图片要做到重点突出，画面清晰，布局合理，层次感强，《山西省志·交通志》为国际标准大16K，每版需提供彩色图片5-8张，要写清文字说明（包括时间、地点、人物、事件，主要人物要标明所处位置），并提供单位简介800字。

经省地方志办公室专家严格筛送，截至2009年10月底，全省交通系统共入选先进典型134个单位，精选图片1500余幅，真正使志书做到图文并茂，创新形式，向全省人民充分展示了交通建设的辉煌成就，使之留传后世，永载史册；为更好地激励和鼓舞全系统广大干部职工同心同德，脚踏实地，按照全省转型发展、安全发展、和谐发展要求，再掀公路建设新高潮，奋力开创交通工作新局面，为提升交通运输服务保障能力，推动全省经济实现全面、协调、可持续发展，再创新业绩，再作新贡献，发挥了有力的宣传作用。

《山西省志·交通志》于2010年7月由中华书局公开出版发行。

（师国梁）

《山西交通年鉴》2009年版出版发行

《山西交通年鉴》（2009年版）为年鉴系列丛书第16本，记事时限为2008年1月1日至12月31日，收载范围包括全省交通运输系统各单位、各部门。内容包括"特载（6篇）、交通史志年鉴工作会议专辑（2篇）、大事记、各市交通局工作业绩（11篇）、厅直单位工作业绩（22篇）、公路系统单位工作业绩（14篇）、征稽系统单位工作业绩（11篇）、高管系统单位工作业绩（18篇）、重点公路工程建设单位工作业绩（5篇）、交通开发单位工作业绩（3篇）、山西汽车运输集团工作业绩（16篇）、部领导调研摘记、省领导调研摘记、厅领导调研摘记、深入学习实践科学发展观活动专辑、援川抗震救灾、治理超限超载、全省交通建设成就、交通行业管理、精神文明建设、统计资料、政策·法规辑录、光荣榜、领导干部名录、图片资料（12幅）、先进典型集锦（28个单位），共26个栏目。其中"深入学习实践科学发展观活动专辑、援川抗震救灾、治理超限超载"为新增栏目，"深入学习实践科学发展观活动专辑"旨在突出反映全省交通系统认真开展学习实践科学发展观活动的全过程；"援川抗震救灾"重点反映"5·12"汶川特大地震后，厅党组果断决策，派遣公路抢通保通抢险突击队，开赴灾区，帮助灾区人民重建家园和捐款捐物的典型事件；"治理超限超载"重点反映全省源头治超的具体做法、取得的重大成果，以及在实际工作中总结的成功经验，具有强烈的时效性和年度特色。该书编审委员会主任由厅党组书记、厅长段建国担任，常务副主任由厅党组成员、省纪委驻厅纪检组组长韩日裕担任，副主任由其他厅领导担任，编委委员则由各市交通局、厅直各单位及厅机关各处室主要领导60人组成。主编师国梁、张岐山，副主编梁锦华。在资料收集过程中，王跃东、史晋阳、刘邦晋、李玉洲、韩金庭、徐媛丽、范彦军、张慧萍、王国忠、杨志强、高睿、许艳红、宗庆文、陈富根、张夏玲、曹宏昇、赵树平、王立中、吕锋、张宇等特约编辑以强烈的责任心和使命感，积极创造条件，克服各种困难，尽职尽责，一丝不苟，保质保量圆满完成资料报送及先进典型宣传等任务，保证了年鉴出版时间及质量。该书涵盖面广，收载内容全面。共收录照片196幅，字数164.5万字。真实、全面、系统地反映了全省公路交通建设的辉煌成就及全省交通系统各单位、各部门2008年改革与发展的成就，突出全年交通中心工作，体现了年度特色。

（梁锦华）

省交通运输厅表彰 2009年全省交通史志年鉴工作先进单位和先进个人

2010年3月10日，全省交通史志年鉴工作会议在太原召开,各市交通局、厅直各单位、厅机关各处室负责人和史志年鉴编撰者80余人出席。厅党组成员、驻厅纪检组组长韩日裕出席并讲话,对2009年工作给予充分肯定,对今后工作提出三点要求。一是认清形势,进一步增强做好交通史志年鉴工作的责任感和使命感;二是严把质量,扎实推进交通史志年鉴工作再上新水平;三是责任考核,采取有力措施,把"一纳入、五到位"落到实处。

会上,省厅以晋交办字〔2010〕69号文印发《关于表彰(山西交通志)编撰工作先进单位和先进个人的决定》,对在《山西交通志》编撰工作中作出显著成绩的31个先进单位和114名先进个人进行了表彰;以晋交办字〔2010〕70号文印发《关于表彰2009年度(山西交通年鉴)工作先进单位和先进个人的决定》,对在2009年《山西交通年鉴》编撰工作中作出显著成绩的20个先进单位和19名先进个人进行了表彰。这些受表彰的单位和个人以"三个代表"重要思想为指导,围绕2009年交通史志年鉴工作目标任务,以强烈的责任心和使命感,积极创造条件,克服各种困难,尽职尽责,一丝不苟,保质保量圆满完成了《山西交通志》和《山西交通年鉴》(2009年版)资料报送及先进典型宣传等工作任务,为推动全省交通事业又好又快发展做出显著成绩。

(梁锦华)

省交通运输厅组织编撰《辉煌的历程——山西交通建设60年回顾》

为了全面反映、精心宣传新中国成立以来山西交通60年辉煌成就,更好地传承历史,总结经验,省厅决定编撰《辉煌的历程—山西交通建设60年回顾》一书。为了加强领导,高水平、高质量完成资料征集及编撰任务,省厅成立编审委员会。编辑部设在厅资料信息中心,具体负责书稿征集、修改、审定及编辑出版事宜。

文件下发后,各市交通局、省公路局、省运管局等单位都高度重视,均成立了编撰机构,确定了党政主要领导负总责,分管领导分工负责,专职或兼职人员具体负责稿件征集及修改工作的责任体系。迅速行动起来,采取有力措施,积极完成任务。截至9月底共报回稿件160余篇。

(梁锦华)

省交通运输厅组织编撰《山西交通文化资料集锦》

新中国成立以来,特别是中共十一届三中全会以来,在交通运输部和省委、省政府正确领导下,全省交通运输事业得到快速发展,发生了翻天覆地的变化。60多年来,各有关单位和部门为配合交通改革建设发展撰写了大量的格言警句、标语口号,记述公路建设艰难历程的碑文及对联、诗歌,有力地发挥了不同文学形式的激励鼓动作用,充分反映了全省人民对党富民政策的感激之情,极大地丰富了交通文化的建设内容,集中体现了广大干部群众喜闻乐见的文学作品旺盛的生命力、较强的感染力和深刻的教育意义。为此,省厅决定编辑出版《山西交通文化资料集锦》一书。

稿件征集对象为各市交通局及所属各县、市、区交通局;厅直县处级以上单位;各公路分局及公路段;各征稽分局及征稽所(站);各市运管处(局)及运管所(站);各高速公路(公司)及收费站;各市地方海事局,县、区海事处及港口、渡口、码头:各重点公路工程建设管理处及项目部;山西汽车运输集团,各分公司、子公司及汽车站。全书主要载录1949年全省解放以来,特别是中共十一届三中全会以来,全省各有关单位和部门在交通运输事业改革建设发展过程中,撰写的大量交通文化建设资料。按照格言警句、对联、标语口号、诗歌、碑文五种体裁分门别类,以县处级单位为单元,统一汇总和搜集,时间截至2010年6月30日。要求内容健康,重点突出;语言精练,生动形象,有较强的感染力和鼓动性;体现时代特色,彰显辉煌业绩,有一定的文化品位和可读性。文件下发后,各市交通局及厅直各单位积极安排部署,明确专人负责,按照要求搜集有关资料。截至8月底,资料已经全部报回编辑部。

(梁锦华)

《交通文献资料》征集工作会议召开

2010年7月2日,《交通文献资料》征集工作会议在太原召开。厅直各单位分管领导、办公室主任、具体承办人及厅机关各处室负责人参加会议,厅党组成员、省纪委驻厅纪检组组长韩日裕出席并讲话,省图书馆地方文献部主任李齐增介绍有关情况。

新中国成立以来,特别是1978年党的十一届三中全会以来,在省委、省政府的正确领导下,省交通运输厅历届党组紧紧围绕全省社会经济发展战略,审时度势,超前决策,带领全系统12万职工与时俱进,改革创新,自力更生,艰苦奋斗,真抓实干,奋力拼搏,全省交通运输事业发生翻天覆地的变化,实现持续、健康、跨越式发展,受到省委、省政府和交通运输部领导的高度评价。

与此同时,为了更好地总结全省交通事业改革建设发展的成功经验,为后人留下可资借鉴的文献资料,厅党组十分重视新闻宣传和编史修志工作,站在讲政治的高度,建立专门机构,制定实施规划,采取得力措施,提出具体要求,保证所需经费,不断提高水平;各市交通局、厅属各单位按照省厅意见和要求,围绕当地交通事业发展和部门中心工作,抽调精兵强将,责任落实到人,先后编撰出版了一系列反映交通建设成就和工作业绩的书籍和报纸杂志资料,为更好地宣传交通,推进全系统两个文明建设发挥了积极作用。

根据省政府办公厅《关于协助省图书馆做好地方文献征集工作的通知》精神,2010年6月29日,省厅以晋交办〔2010〕308号文印发《关于认真做好交通文献资料》征集工作的通知。决定向全省交通运输系统各单位公开征集交通文献资料,并成立《交通文献资料》征集委员会。主任由厅党组书记、厅长段建国担任;常务副主任由厅党组成员、驻厅纪检组组长韩日裕担任;副主任由厅领导担任;委员由各市交通局局长、厅直单位党政一把手、厅机关各处室负责人担任。征集对象为各市交通局、厅属各单位、厅机关各处室组织编撰的①正式出版的图书、报刊资料;②非正式出版的内部图书、报刊资料;③机构团体或个人编撰产生的手稿等。

韩日裕在讲话中指出:交通文献资料是研究全省交通经济发展情况的重要资料。做好交通文献资料征集是全系统一项庞大的系统工程,对于进一步引深行业文明创建工作,推进交通文化发展,具有十分重要的意义。其目的,就是要更好地总结经验,传承历史,通过省图书馆这个文化建设平台,向全省人民充分展示交通改革建设发展的辉煌成就,使全省3400万干部群众更好地了解交通、宣传交通、支持交通,激励和鼓舞全系统广大干部职工同心同德,脚踏实地,坚定信心,乘胜前进,在党的十七大精神指引下,再掀公路建设新高潮,奋力开创交通工作新局面,为推动全省经济实现转型发展、安全发展、和谐发展,再创新业绩,再作新贡献。为此,全系统各单位、各部门一定要进一步统一思想,提高认识;建立机构,加强领导;认真负责,精心组织。要切实增强责任感、使命感,认真做好资料的搜集工作;要以对历史负责和子孙后代负责的精神,全身心投入,集中一段时间完成此项工作。为此,我们不仅要干,而且要干好,要保证在10月20日之前将各单位最有价值的文化成果征集回来,同时,为保证资料完整和连续性,每年年底,都要集中收集一次,使交通辉煌业绩永载史册,昭示后人。

(梁锦华)

全省交通运输系统
史志年鉴工作座谈会召开

2010年7月14日,省厅在太原组织开

全省交通史志年鉴工作座谈会。各市交通局分管领导、办公室主任及具体承办人参加会议，厅党组成员、省纪委驻厅纪检组组长韩日裕出席并讲话。

2010年以来，各市交通局以厅史志年鉴工作会议上安排部署的工作为重点，强化领导责任，建立专门机构，采取得力措施，制定实施规划，提出具体要求，抽调精兵强将，责任落实到人，保证所需经费，及时报送了2010年版《山西交通年鉴》资料，组织进行了《辉煌的历程—山西交通建设60年回顾》、《交通文化资料集锦》稿件征集和撰写工作，为更好地宣传交通，推进全系统两个文明建设发挥了积极作用。

韩日裕在讲话中指出：2008年以来，在省委、省政府的正确领导下，新一届厅党组带领全省交通运输系统13万职工认真贯彻落实省委、省政府和交通运输部应对国际金融危机的各项部署，紧紧抓住国家加大基础设施建设的有利时机，围绕“保增长、保民生、保稳定”工作大局和“十一五”末全省高速公路达到3000公里的目标要求，团结协作，攻坚克难，科学安排，精心组织，群策群力，不辱使命，全省交通运输事业实现持续、健康、跨越式发展，受到省委、省政府和交通运输部领导的高度评价。

韩日裕强调：“十一五”交通建设投资巨大，成就辉煌，值得大书特书；“十二五”交通建设目标宏伟，任务艰巨，需要加油鼓劲。为此，资料宣传一定要紧紧跟上，要与巨大的建设成就相适应。史志年鉴工作者要担负起宣传、鼓劲的使命，一定要有强烈的事业心和责任感，要扑下身子，耐住寂寞，秉笔直书，把交通辉煌的建设历程和伟大的建设成就记录总结下来，要在规定时间内完成好《辉煌的历程—山西交通建设60年回顾》、《交通文化资料集锦》资料征集工作任务。同时，交通文献资料是研究全省交通经济发展情况的重要资料。要按照省图书馆的要求，认真做好交通文献资料征集工作，要以对历史负责和子孙后代负责的精神，在10月20日之前将各单位最有价值的文化成果征集回来，利用省图书馆这个文化平台，使交通辉煌业绩永载史册，昭示后人。

（梁锦华）

《山西省交通战备志》列入《山西省志》志目序列

新中国成立以来，特别是中共十一届三中全会以来，在省委、省政府及省国防动员委员会的正确领导下，省交通厅党组精心组织，坚强指挥，在全力推进交通建设的同时，积极适应全省改革开放新形势的需求，不断加强交通战备工作，实现“平时服务、急时应急、战时应战”的三位一体目标。截至2009年年底，全省已建立13支战略物资运输应急保障车队、11支旅客运输应急保障车队、38支公路工程应急保障中队和覆盖全省的汽车维修救援网络。全省交通战备专业保障车队在历次抢险救灾及军交演练和整训点验中发挥了重要作用。2006年6月28日，北京军区作出推广学习山西省交通战备全面建设经验的决定，“国防大运”成为交通基础设施贯彻国防要求的样板。

为了更好地总结全省交通战备工作经验，进一步提高“双应一体化”建设水平，为全省转型发展、安全发展、和谐发展作出新的更大的贡献，2009年10月，省交通运输厅、省交通战备办公室开始组织编纂《山西省交通战备志》一书，并委托省国防交通协会具体承办，完成编纂任务。3月5日，将编纂篇目初稿报省地方志办公室审定。

省交通运输厅党组对《山西省交通战备志》的编纂工作十分重视。厅党组书记、厅长、省交通战备办公室第一主任段建国多次听取编纂情况汇报，并作出安排部署；厅党组副书记、副厅长、省交通战备办公室主任张润亲自协调解决编纂工作中遇到的困难和问题，为启动志书编纂工作创造了必备的组织基础和物质条件。为了搞好志书编纂工作，省交通运输厅、省交通战备办公室决定专门成立志书编审领导组，组长由省交通运输厅党组副书记、副厅长、省交通战备办公室主任张润担任。并经过慎重考虑，决定由省国防交通协会副会长兼秘书长、省交通战备办公室刚退下来的副厅级副主任史荣和具体组织落实。

省地方志办公室领导高度重视《山西省交通战备志》篇目的审定工作。党组书记、主任李茂盛在百忙之中听取汇报，作出安排部署，并委托党组成员、副主任刘益龄具体组织审定工作。刘主任多次召集省直处反复研究，对报送的篇目进行了大幅度增删，使之更加符合志书体例要求和全省交通战备工作62年发展历程。

3月25日，《山西省交通战备志》篇目评审会议在太原召开。省地方志办公室党组书记、主任李茂盛，党组成员、副主任刘益龄，省交通运输厅党组成员、纪检组长韩日裕出席并讲话，省地方志办公室省直一处处长任小燕、副处长杨颖、副编审王仰东，省交通运输厅资料信息中心主任师国梁、副总编辑梁锦华，省交通战备办公室原副厅级副主任、省国防交通协会副会长兼秘书长史荣和、省交通战备办公室副主任马健、调研员李改蓉及景勿停、鲍立等参加。与会人员对篇目草案进行了认真深入的讨论，并就如何进一步修改及完善达成共识。李主任在讲话中对如何做好《山西省交通战备志》编纂工作提出殷切希望。他说，志书内容涉密性强，比较敏感，要向省国防动员委员会、省保密部门写出专门报告，求得支持；作为一部行业志书，涉及单位一定要全覆盖，相关内容要客观记述，做到完整准确，不落死角，不留遗憾。与此同时，要下大力气抓好培训工作，不断提高编纂人员政治素质和业务水平，确保高水平、高质量地完成编纂任务。此外，他还对志书名称、体例、篇目调整等提出了许多有创新、有分量、有价值的指导性意见。

5月13日，《山西省交通战备志》编纂工作正式启动。省军区副司令员、省国防交通协会会长何永才，省交通运输厅原厅长、现任省人大常委会城乡建设环境保护工作委员会主任、省国防交通协会会长王晓林，省交通运输厅党组副书记、副厅长、省交通战备办公室主任张润，省地方志办公室党组书记、主任李茂盛出席并讲话。铁路、公路、水路、邮电、民航系统各成员单位负责人及撰稿人80余人参加。王晓林主持，史荣和作编纂篇目说明及工作任务安排。何永才副司令员在讲话中要求，充分认识编写《山西省交通战备志》的重要意义，充分体现人民战争思想、军民融合发展理念、现代军事物流运行模式，并以此为契机，推动全省交通战备工作创新发展。李茂盛主任在讲话中提出四点要求。一要充分认识编修《山西省交通战备志》的重要意义；二要深刻理解方志的本质和特征；三要精心组织，统筹安排，努力提高修志效率；四要以向党向人民向历史高度负责的精神，花大力气确保志书质量。张润主任在讲话中要求抓好学习，统一思想，充分认识编纂《山西省交通战备志》的重要意义；工作到位，精心部署，扎实做好编纂工作；严格要求，确保质量，按时完成编纂任务。会议开得隆重、紧张、热烈，完全达到预期的目的。

《山西省交通战备志》拟设概述、交通战备资源、体制和机构沿革、基础设施、装备技术、应急保障、实战演练与训练点验、管理机制建设、人物、大事记10章，附设文献辑存。起讫时限为1949年10月1日至2010年12月31日，共计62年。为了做到图文并茂，更加生动形象、具体客观地反映全省交通战备工作成绩，拟在志书前配发各级领导重视及指导工作，反映交通战备各个历史阶段工作的精美图片80余幅，书尾配发各成员单位两个文明建设精美图片400余幅(50页左右)。

山西省交通战备领导小组成立于1953年，“文革”前期撤销，1978年12月4月恢复，下设的办公室一直设在省交通厅。1996年5月21日，省国防动员委员会成立后，归口管理，挂靠省交通厅，为正厅级建制。目前，全省交通战备系统机构分为四个层面：一是县级以上人民政府设有交通战备办公室，其中省级1个，市级11个，县级111个；二是铁路、民航系统各单位设有交通战备办公室；三是交通运输系统各单位设有交通战备办公室；四是承接交通战备任务的交通企事业单位均设有交通战备办公室。

鉴于全省交通战备系统机构的特殊性、工作覆盖面的广泛性，志书所记述的内容，在《山西省志》军事志、交通志、铁路志、民用航空志、电信志等志书中只有零星记载，均未能得到全面、系统和完整的反映。作为一部相对独立地反映新中国成立以来全省军事后勤保障工作发展历程的志书，2010年5月17日，省交通运输厅以晋交函字〔2010〕194号文，向省地方志办公室报送《关于申请将〈山西省交通战备志〉列入〈山西省志〉志目序列的函》。建议将《山西省交通战备志》列入《山西省志》志目序列，作为《山西省志》中的一卷，由省地方志办公室统一组织专人审稿、出版，既可以弥补《山西省志》相关记述内容的空白，也可以进一步提高编纂水平和出版质量。并表示：有信心，也有决心，在省地方志办公室精心指导下，集全省交通运输系统、全省交通战备系统之力，各司其职，各尽其责，潜心谋篇，精益求精，对62年来全省交通战备工作进行一次系统总结和完整记述，力争早日打造出一部重点突出、结构合理、内容翔实、语言准确，对全省乃至全国交通战备工作有一定指导意义的一流专业志书。

在厅党组书记、厅长段建国，厅党组副书记、副厅长、省交战办主任张润，厅党组成员、驻厅纪检组组长韩日裕及省交战办专职副主任尹新平等领导大力支持，在厅资料信息中心的积极协调下，《山西省交通战备志》编撰工作引起省地方志办公室领导的高度重视。

2010年6月8日，省地方志办公室主任会议经过认真研究，决定将《山西省交通战备志》列入《山西省志》序列，作为其中一卷单独编撰和出版，填补第一轮修志和第二轮修志的空白。

2010年7月8日，省国防动员委员会交通战备办公室晋交战备〔2010〕25号文印发《山西省交通战备志》编纂工作计划。

为确保全面高质量完成《山西省交通战备志》编纂任务，省交战办设立总编辑部，负责总体领导和总撰汇编工作任务。总编：张润；副总编：韩日裕、尹新平、林保江、史荣和、师国梁；编审：鲍立、梁锦华、田向东、杨昭辉。总编辑部办公地址设在山西省交通干部学校办公大楼12层。邮编：030006；网址：fvfmd0616. com@163. com；电话：0351－5253328、2225775；传真：0351－2225796；联系人：杨昭辉、杜云飞。由市、县（区、市）各级政府交战办，铁路、交通、邮电、民航、石油石化等行业交战办，以及全省交通战备专业保障队伍单位设置编辑办公室，按照《山西省交通战备志》编纂篇目所涉及的相关内容，具体负责组织和提供全省各市、各县（区、市）、本系统、本单位相关资料的收征集工作任务。相关部门和单位的编辑办公室，设主任1名，专职编辑人员2名。各级编辑办公室主任、专职编辑人员名单，以及网址、联系电话、传真等，报总编辑部备案。

8月5日，由山西省国防交通协会负责组织各级编辑办公室主任、编辑人员进行了为期一天的编纂业务培训。省地方志办公室副主任刘益龄、省地方志省志一处处长焦永萍分别就《地方志基本知识》、《志书资料的搜集、整理、考证和应用》为大家专题授课。厅资料信息中心主任师国梁、《山西省交通战备志》主编田向东则分别就《山西省志·交通志》的编撰，《山西省交通战备志》资料该如何搜集整理为大家提供了清晰的思路和借鉴。

为确保编辑资料全面、翔实、准确、可靠，收集资料工作拟分三个阶段进行。第一阶段收集资料期限为2010年6月1日至8月31日，主要是与篇目相关的案头手头现有的资料;第二阶段收集资料期限为 2010 年 9 月 1 日至 12 月 31 日,主要是通过全力挖掘找到的与篇目相关的资料;第三阶段收集资料期限为 2011 年元月 1 日至 4 月 30 日,主要通过深入调查考证找到的与篇目相关的补充资料。

征集资料,主要是向老同志征集个人珍藏的文件、文稿、图片或口述整理的相关资料。

资料提供按编纂篇目一事一文提供,要全景叙述每一次重大体制机构改革、重点基础设施建设、重要经验、理念创新、先进技术装备应用的全过程。包括背景、时间、地点、人物、过程(投入的人力、物力、财力、装备、技术、措施、方案、组织、实施等)、结果等要素。

各级编辑办公室所提供的资料,应以文字版和电子版两种形式同时提供,以提高总撰汇编的效率。

总撰稿及汇编成书由总编辑部负责完成。

概述:2010 年 12 月底,分志初稿完成时拟出初稿,2011 年 6 月底分志正稿完成时拟出正稿。

分志:拟分三次修编完成。在 2010 年 8 月底第一阶段资料收征集完成后和 10 月底考查督导结束后,利用三个月时间,拟在 11 月底完成分志初稿框架。在 2010 年 12 月底第二阶段资料收征集完成后,利用三个月时间,拟在 2011 年 3 月底前完成分志初稿。在 2011 年 4 月底第三阶段资料收征集完成后,利用两个月时间,拟在 2011 年 6 月底完成分志正稿。

人物传记、编年大事记、文献辑存等篇目资料,由各级编辑办公室按三个阶段资料提供要求时限进行,总编辑部进行汇总编辑,拟在 2010 年 12 底完成实编,2011 年 3 月完成修编,2011 年 6 月底完成正编。

拟在 2011 年 3 月底完成《山西省交通战备志》初稿后,4 月上旬聘请省地方办公室、省军区《军事志》编辑部等专家,以及省国防动员委员会领导进行专题评审。然后根据专家和领导意见,利用 3 个月时间,进行最后修编。

拟于 2011 年国庆节前出版发行,并择日进行发行授书仪式。

(师国梁)

省交通运输厅组织编撰《山西省高速公路建设志》

2008 年以来,在省委、省政府的正确领导下,省交通运输厅党组带领全省交通运输系统 13 万职工认真贯彻落实省委、省政府和交通运输部应对国际金融危机的各项部署,围绕“保增长、保民生、保稳定”工作大局和“十一五”末全省高速公路达到 3000 公里的目标要求,团结协作,攻坚克难,科学安排,精心组织,群策群力,不辱使命,全省高速公路建设取得历史性突破。截至 2009 年底,全省先后开工建设 27 个高速公路项目,在建里程 2086 公里,总投资 1267 亿元,建设规模之大、里程之长、项目之多、投资之大,均创全省高速公路建设历史之最。完成投资 392 亿元,在全国排名第二,圆满完成省政府下达的各项工作任务。在省重点工程调度会上,全省重点工程 12 大类项目中,高速公路建设每月排名位居第一,多次受到省领导高度评价,为全省经济社会平稳较快发展作出了积极贡献。

按照省厅 2010 年重点工程建设项目计划,2010 年新开工 17 个高速公路项目,建设总里程 1130 公里,总投资 848 亿元;预备 6 个项目,建设总里程 351 公里,总投资 269 亿元。至此,全省高速公路共计 50 个项目,建设总里程 3568 公里,总投资 2383 亿元。建成通车后,全省高速公路可达到 5533 公里。

为了全面记述 2008 年以来全省高速公路建设的辉煌成就,集中体现省委、省政府领导高瞻远瞩、超前决策,采取有力措施化危为机的胆识和魄力,系统总结厅党组一班人九牛爬坡、个个出力、与时俱进、改革创新的经验和做法,充分展示全省交通运输系统 13 万职工,尤其是重点工程建设决策者、建设者弘扬太旧精神、大运精神,真抓实干,奋力拼搏,攻坚克难,志在必胜的精神风貌,为进一步搞好重点公路工程建设,为后人留下一份可资借鉴的高速公路建设史料，根据省地方志办公室、省重点工程建设领导组办公室有关文件精神，省厅拟组织编撰《山西省高速公路建设志》一书。2010 年 7 月 12 日，省厅以晋交办〔2010〕322 号文印发《关于认真做好〈山西省高速公路建设志(2008－2013 年)〉编撰工作的通知》。

组织机构。为了加强领导，高水平、高质量完成资料征集及编撰任务，省厅成立编审委员会。主任：段建国；常务副主任：韩日裕；副主任：张润、王志民、张志川、郜玉兰、张德仪、赵振田、郭贵平、杨俊威、尹新平；委员有：王晋、蔺建煌、曹居月、杨增梅、郭全英、李贵顺、杨吉平、张立承、李英杰、田根、高保全、郭贵堂、胡钢成、贾勇、马健、胡建新、王晓光、刘清平、杨绍波、王润民、王维、师国梁、杨原平、聂承凯、赵队家、李新喜、魏庆飞、张跃峰。

编委会下设编辑部。编辑部设在厅资料信息中心，具体负责志书征集、修改、审定及编辑出版事宜。编辑部主任：师国梁(兼)。

指导思想。以邓小平理论和“三个代表”重要思想为指导，全面贯彻落实科学发展观，严格按照党的路线、方针、政策和国家有关法律、法规，坚持辩证唯物主义和历史唯物主义的观点，力求全面、科学、客观地记述全省高速公路建设历程，探求其发展规律，为构建全省交通运输和谐发展新局面提供有益借鉴。

编撰原则。坚持实事求是和质量第一的原则，存真求实，确保质量，全面、系统、客观地记述 2008 年以来全省高速公路改革建设和发展的历程；坚持以“存史、资政、育人”为宗旨，做到时代性、科学性、准确性有机统一，为全省交通运输系统两个文明建设服务，为构建和谐交通服务；力求重点突出，结构合理；详略得当，文字精练；表述准确，数字翔实；层次分明，要素齐全(时间、地点、人物、事件、原因、结果)。

志书体例。按照志书体例和全省高速公路建设特点，横分门类，纵写史实，以志为主，述、传、图(包括照片)、表、录为辅，力求图文并茂；原则上设章、节、目三个层次，目之下设或不设子目可依据具体情况确定，但必须做到分类合理，逻辑清晰，层次分明；时间上限为项目提出、列入议事日程之日，下限为工程竣工通车、开始收取通行费之日。如时间来得及，可记述至竣工验收；文字以国家语言文字工作委员会 1986 年 10 月重新公布的《简化字总表》为准，采用记述文体。志书行文要做到严谨、朴实、简洁、流畅，符合国家语言文字规范；照片要中心突出，画面清晰，突出反映有意义的活动或建设成就，说明文字要写清时间及内容；人称一律采用第三人称。单位称谓，以当时名称为准，首次出现时用全称，下文可根据语言环境用简称；人物称谓，直书其名，有的则冠其职务：计量以国务院 1984 年 2 月发布的《关于我国统一实行法定计量单位的命令》为依据，文中单位一般用汉字表示，图、表中单位一般用符号表示；所载人物，为各高速公路建设管理处(公司)副处级以上领导干部。主要包括性别、出生年月、籍贯、政治面貌、文化程度、学位、职称、个人简历、获得的各种荣誉称号等内容。在交通系统工作尤其是项目建设期间的工作经历、任职情况及取得的突出成绩应详写。每位人物简介文字不超过 1000 字，并提供 2 寸彩色免冠照片两张；大事记，主要包括副厅级以上领导视察、管理处成立、内设机构建立及干部任命、变动情况，规章制度建立、实施情况，科技创新及新产品、新材料、新技术的应用，劳动竞赛情况，开工建设、质量监督、安全检查、竣工通车情况，重点及控制性工程项目的开工、竣工情况，科技创新活动及新产品、新材料、新技术的应用，重大新闻采访活动、党团工作、文明建设、廉政建设情况等。

内容及字数。全书拟载录高速公路建设项目 50 个。其中：100 公里以上项目 10 个，每个项目 5 万字；50 公里至 100 公里(不含)项目 25 个，每个项目 4 万字；50 公里(不含)以下项目(大桥项目均包括在内)15 个，每个项目3万字。主要内容包括:机构队伍、招投标管理、施工管理、工程监理、质量监督、安全检查、科技创新及新产品、新材料、新技术的应用、党建工作、劳动竞赛、党团工作、文明建设、廉政建设等;共计150万字。此外,还有概述(2万字)、前期工作(30万字,每个项目0.6万字)、资金筹措(10万字,每个项目0.2万字)、设计(25万字,每个项目0.5万字)、人物(30万字,每个项目0.6万字)、大事记(30万字,每个项目0.6万字)、文献辑存(20万字)。全书共计302万字。

具体要求。一是统一思想,提高认识。编撰《山西省高速公路建设志》,是记载历史、传承文明、惠及后人的一项工作,具有十分重要的现实意义和历史文化价值。厅机关各处室、厅重点办、各高速公路建设管理处(公司)、厅直各有关单位领导一定要高度重视,认真抓好此项工作。要列入重要议事日程,按照《通知》精神和要求,层层落实任务,切实抓紧抓好,一抓到底。对由于主观原因造成资料漏报、错报,或者稿件质量差,不符合编撰要求,或者延误编辑出版时间的,均要追究有关领导责任,并扣除目标责任制考核中的分值。二是建立机构,落实到人。由于各条高速公路开工建设时间先后不一,涉及人物事件较多,资料搜集和整理任务比较繁重。因此,厅重点办、各高速公路建设管理处(公司)、省交通设计院、省交通科研院、省交通质监站、省交通开发总公司均需成立专门编撰机构,由党政主要领导负总责,明确一名分管领导具体负责,抽调2—3名专职或兼职人员,具体负责资料的征集撰写及修改工作;做到志书资料搜集、编撰工作与项目工程建设同时布置,同时落实,同时检查,同时完成,不得延误和缺项。尤其是厅重点办一定要高度重视,精心部署,认真督促各高速公路建设管理处(公司)圆满完成资料搜集及志书初稿编撰任务。厅机关各处室也要明确一名分管领导和专人具体承办。各有关单位分管领导、具体承办人的姓名及联系方式,于8月10日前报厅资料信息中心。三是认真负责,确保质量。各有关单位负责《山西省高速公路建设志》资料搜集、整理和文稿撰写的同志,要切实增强责任感和使命感,全身心投入,全过程参与,主动深入实际,搜集有价值的资料;对于没有文字记载的史料,要通过采访当事人或知情人予以补齐。要以对历史和子孙后代高度负责的精神,爱岗敬业,乐于奉献,一丝不苟,精益求精,按照具体要求,认真撰写文稿,切忌马虎应付,交差了事。此外,各单位还应提供能集中反映奠基仪式、竣工通车仪式、副厅级以上领导视察、领导班子全体成员一线现场办公、科技创新、劳动竞赛、党团工作、廉政建设及文明建设等重大活动等内容的精美图片35张至40张,说明文字应写清时间、主要人物、姓名、职务及活动情况,以备在志书中配发刊用。对于资料提供及时、全面、完整、准确的单位和个人,省厅将予以表彰奖励。四是审核修改,及时上报。初稿完成后,各有关单位领导一定要认真做好有关资料的核实、稿件审定和修改工作。总的要求是:重点突出,内容完整:结构清楚,表述规范;要素齐全,详略得当;语言准确,数字翔实。按A4纸打印,一式三份,由各单位主要领导签字,并加盖单位公章后,报厅资料信息中心统一汇总、修改。其中,2010年竣工通车的高速公路建设项目,志书初稿应于2011年3月31日前报厅资料信息中心;2011年竣工通车的高速公路建设项目,志书初稿应于2012年3月31日前报厅资料信息中心;2012竣工通车的高速公路建设项目,志书初稿应于2013年3月31日前报厅资料信息中心。

(师国梁)

省交通运输厅确定《山西省高速公路建设志》(2008～2013)载录项目

2010年7月12日,省交通运输厅印发文件,正式确定《山西省高速公路建设志》(2008～2013)载录50个高速公路建设项目。一是2009年已开工高速公路建设项目(27个)。即:①阳城至翼城高速公路;②闻喜至垣曲高速公路;③大同至右玉高速公路;④太原至佳县高速公路太原段;⑤太原至佳县高速公路吕梁段;⑥晋城环城高速公路;⑦五台山至忻州高速公路;⑧忻州至保德高速公路;⑨灵丘至山阴高速公路;⑩临汾至吉县高速公路;⑪平遥至榆社高速公路;⑫长治至平顺高速公路;⑬汾阳至平遥高速公路;⑭阳泉至盂县高速公路;⑮陵川至高平高速公路;⑯太原至古交高速公路;⑰临汾环城高速公路;⑱运城至芮城高速公路;⑲天镇至大同高速公路;⑳大同至浑源高速公路;㉑朔州环城高速公路西南段;㉒榆次至祁县高速公路;㉓闻喜东镇至临猗孙吉高速公路;㉔京昆与青兰高速公路临汾联络线;㉕河津至运城高速公路;㉖浑源至广灵高速公路;㉗榆社至和顺高速公路。二是2010年新开工高速公路建设项目(17个)。即:①山阴至平鲁高速公路;②太原至阳泉高速公路;③长治至临汾高速公路;④岢岚至临县高速公路;⑤临县至离石高速公路;⑥吕梁环城高速公路;⑦霍州至永和高速公路关东段;⑧霍州至永和高速公路关西段;⑨五台山至盂县高速公路;⑩高平至沁水高速公路;⑪忻州环城高速公路;⑫黎城至长治高速公路拓宽改造;⑬太佳黄河公路大桥;⑭阳泉环城高速公路;⑮浑源王庄堡至繁峙高速公路;⑯繁峙至原平大营高速公路;⑰运城三门峡黄河公路立交桥。三是2010年预备高速公路建设项目(6个)。即:①阳泉至左权高速公路;②左权至黎城高速公路;③芮城黄河公路大桥;④原平大营至神池高速公路;⑤神池至河曲高速公路;⑥京新高速公路山西过境段。

共计建设里程3568公里,总投资2383亿元。

(师国梁)

《山西省高速公路建设志》篇目评审会议召开

为了确保《山西省高速公路建设志》篇目的系统性、前瞻性和概括性,2010年3月,厅资料信息中心设计好初稿之后,立即分送厅领导、厅机关各处室、厅直有关单位负责人征求意见,段建国厅长、张润副厅长、韩日裕组长等厅领导在百忙之中精心修改,提出许多指导性意见。中心组织专人对各位领导提出的意见进行汇总,一一吸收。在此基础上,6月4日,将篇目第五次修改稿送省地方志办公室审定。

省地方志办公室领导对此项工作十分重视。党组书记、主任李茂盛看完报告后,责成省志二处具体负责。全处人员在认真研究、讨论基础上,多方寻找资料,对一些专业术语、篇章结构、选词用句等进行了探讨和完善,并结合山西省情,全省高速公路发展历史,提出中肯意见。7月6日,篇目评审会在省地方志二楼会议室召开。省志二处处长任小燕、副处长杨颖、副编审王仰东、向建伟参加并充分肯定此志书编撰的重要意义和篇目设计工作,认为重点突出,设计合理,思路超前,可操作性强。对全省专业志书工作有一定示范作用。他们的意见是:①建设机构应有一章专门介绍,因为不论干什么事情,机构是非常重要的,有机构才有人,才会办成事情。②文化资料应该放在附录中,单独列出来不合理。在附录中,还应包括统计表、图表、可行性研究报告范本、重大技术革新研究报告等。③精神文明建设、劳动竞赛、党建工作等有交叉,应该综合在一编里,单独设章有的对一些具体问题或事件不好取舍。评审会之后,中心主任师国梁立即向厅党组成员、分管领导、驻厅纪检组长作了汇报,韩组长指出一定要按照省地方志专家意见,对篇目进行大刀阔斧修改。他说,篇目是志书的基础。有了好的篇目,才会有好的志书。干工作要有"争先创优"意识,要么不干,要干就要干一流，一流的工作，才会培养和锻炼出一流的人才。根据厅领导和地方志专家意见，中心组织专人对篇目进行第八次认真修改。增删取舍，毫不吝啬。7 月 12 日，省厅正式发文，确定志书编撰篇目为：凡列、序、概述、决策实施、机构队伍、路网规划、资金筹措、前期工作、勘察设计、招投标管理、工程建设、工程监理、质量监督、审计监督、安全监督、科技创新、党团工作、廉政建设、劳动竞赛、文明建设、舆论宣传、人物简介、大事记、附录、后记。全文内容共有 18 章。省厅在文件中，进一步明确了厅机关有关处室、厅直有关单位负责提供志书初稿内容及有关资料篇目，为确保志书编撰时间及志稿质量打下良好基础。

（师国梁）

《山西省公路运输工会志》篇目评审会议召开

新中国成立以来，特别是 1981 年山西省公路运输工会恢复以来，在省总工会和历届山西省交通运输厅党组的正确领导下，省公路运输工会高举邓小平理论伟大旗帜，全面落实“三个代表”重要思想，认真贯彻科学发展观，认真学习贯彻党的各项方针政策，深入学习和贯彻好中国工会各项会议精神，本着求真务实精神，紧紧围绕厅党组中心工作，坚定不移地推进党依靠工人阶级的指导方针，理清工会工作思路，不断探索新形势下工会工作的运行机制，切实加强和规范了工会组织自身建设，开创了省交通运输厅公路运输工会工作的全新局面。一是认真贯彻实施《工会法》，积极推进工会基层组织建设，不断加大工会组建力度，认真履行工会基本职能，最大限度代表和维护职工合法权益，逐步在山西公路运输系统建立健全维护职工合法权益的有效机制；二是狠抓全系统职代会规范化制度，积极推进企务公开、厂务公开、政务公开；加大职工技能培训，着力打造富有活力交通文化的发扬和传承；三是在全省交通系统因地制宜推广职工素质教育工程。大力开展全系统社会主义劳动竞赛活动；四是积极推进“职工之家”和“送温暖工程建设”，创立覆盖全省交通运输系统困难职工帮扶体系；努力为职工群众办实事，办好事，为构建和谐交通起到了积极作用。

进入 21 世纪以来，随着全省交通基础设施建设的快速发展，山西省公路运输工会积极在各重点工程建设一线开展社会主义劳动竞赛，掀起了一次次社会主义劳动竞赛高潮，为优质高效完成重点公路工程建设充分发挥工人阶级先锋队作用，涌现出一大批国家级和省级劳动模范。省公路运输工会先后被中华全国总工会、省总工会评为“先进工会”。工会主席王晓光被中华全国总工会授予“全国优秀工会工作者”，并光荣当选为中国工会十五大代表。

为了全面记述新中国成立以来，尤其是进入 21 世纪以来省公路运输工会的突出成绩，集中体现省交通运输厅党组科学决策，充分展示厅各级工会组织真抓实干、奋力拼搏、攻坚克难的精神和风貌，进一步弘扬光大“太旧精神”和“大运精神”，为后人留下一份可资借鉴的资料，省厅决定组织编撰《山西省公路运输工会志》一书。

中心组织专人在查阅省内外大量相关资料基础上，完成篇目设计工作。2010 年 6 月 6 日，篇目送省公路运输工会领导审定。6 月 21 日，在认真吸取工会各位领导意见，进行细致修改后，篇目正式报送省地方志办公室审定。篇目分为：序言、凡例、概述及组织机构、权益维护、群众生产、工会工作、女职工工作、工会经费管理、人物、大事记、附录 9 编，尾缀后记。载录时限为 1981 至 2010 年，约 80 万字，2012 年 6 月出版发行。

8 月 12 日，《山西省公路运输工会志》篇目评审会议在省交通运输厅召开。参加会议的有省地方志办公室党组书记、主任李茂盛，党组成员、副主任刘益龄，省志一处处长焦永萍、副处长董剑云，省公路运输工会主席王晓光、副主席李宇淘；厅资料信息中心主任师国梁、副主任梁锦华。省地方志领导在评审中指出:省交通运输厅在地方志工作方面启动了很多好的课题,编撰出版了许多好的书籍,为地方志事业作出了积极的贡献。编撰《山西省公路运输工会志》是创举,是好事,有开创性、独特性。篇目拟定立足于山西交通事业大发展的背景,内容全面,涵盖面广;体例归属合理,具有可操作性。随后,专家们就篇目逐编、逐章、逐节提出修改意见和建议。省公路运输工会主席王晓光对省地方志领导提出的意见表示感谢,认为提出了有建设性的、很好的建议。省厅资料信息中心主任师国梁表示:一是按地方志领导提出的意见认真修改篇目,尽量通过篇目把工会30年来的突出事迹反映出来,为将来更好地编撰出精品《山西省公路运输工会志》打下坚实基础。

(梁锦华)

省交通运输厅认真做好《沧桑·工作版》杂志组稿及发行工作

由省地方志办公室主办的《沧桑》杂志,创办于1980年5月,截至2010年3月,已连续编辑出版105期。先后被评为中国方志理论核心期刊、中国学术期刊(光盘版)入编期刊、中国学术期刊综合评价数据库来源期刊、中国知网全文入编期刊、山西省一级优秀期刊、中国北方优秀期刊。在全省第一轮修志工作中,《沧桑》杂志发挥了积极的指导作用,为推动全省地方历史文化研究和方志编纂工作深入开展作出了积极贡献。目前,全省第二轮续修方志工作正在紧张有序地开展,为了加强省直各修志供稿单位和各市县(市、区)志编纂单位及人员互通情况,交流经验,进一步推动第二轮地方志编纂工作的顺利进行,省地方志办公室决定将刊物由原来的双月刊变更为月刊,分为工作版和学术版两种形式,逢单月、双月出版。

单月出版的《沧桑·工作版》融思想性、科学性、指导性、资料性为一体,设置的栏目主要有“会议辑要”、“领导讲话”、“方志论坛”、“续志编修”、“年鉴工作”、“经验交流”、“口述历史”、“三晋风物”、“方志资料”、“史料考辨”、“史海钩沉”、“志林书讯”、“志苑信息”、“新志评介”、“读志用志”、“读史札记”等。同时还将开辟“经典山西”、“历史文化遗产”、“民情风俗”、“大院春秋”、“三晋人物志”等颇具山西文化特色的栏目。

根据省地方志办公室晋志发〔2009〕12号文件精神,2010年2月23日,省厅晋交办〔2010〕71号文印发《关于认真做好〈沧桑·工作版〉杂志及组稿发行工作的通知》,要求各市交通局、厅属各单位要明确专人,认真做好《沧桑·工作版》杂志的组稿和发行工作,要结合工作实际,及时提供有一定指导意义的稿件,圆满完成发行任务。具体要求是:各市交通局及厅属县处级以上单位每月提供一篇稿件,每个单位订阅2份杂志;各县、市、区交通局半年提供一篇稿件,每个单位订阅1份杂志。截至2010年9月底,阳泉、晋城、晋中、运城、临汾、长治等交通局,厅直单位圆满完成发行任务,全系统共订阅杂志150份。

(师国梁)

新　闻　宣　传

山西电视台驻厅记者站十年连获殊荣

2009年，山西电视台驻厅记者站始终围绕省交通运输厅党组中心工作，积极参与全省交通系统各项建设工作中，深入工程一线采访拍摄，及时抓好重大交通消息在电视上的宣传报道，始终坚持动态消息不间断在中央电视台新闻联播播出反映全省抗冰雪保安全保畅通和治理超限超载工作新闻2条，在山西卫视频道共播发新闻89条，还拍摄《沧桑巨变》、《交通辉煌60年》等专题系列片。被省广播电视局评为全省电视新闻宣传先进集体。

（殷　楠）

中国交通报驻山西记者站荣获“2009年度优秀记者站”称号

中国交通报驻山西记者站荣获“2009年度优秀记者站”荣誉称号，至此该站已连续24年保持此项荣誉。

2009年，中国交通报驻山西记者站紧紧围绕省交通运输厅党组的中心工作，努力捕捉全省交通系统两个文明建设中的热点、亮点和焦点，深入全省公路建设工地一线采访，在全省交通建设的宣传工作中频率高、密度大，效果好，对各类重大活动、重点工程建设情况进行了及时报道，全年在《中国交通报》发稿192篇（幅）。其中，《山西“铁腕治超”动真格求长效》、《山西今明两年将建4.2万公里农村公路》、《山西今年高速公路建设增加就业岗位240万个》等稿件在《中国交通报》头版头条位置刊发；《安全生产：事大如天责重如山》、《山西：建大交通带百业兴》等19篇稿件被中国交通报评为好稿，其中山西站策划的《煤炭大省的保卫战》专题报道刊登在《中国交通报》的6－7通版被报社评为年度好版面。

（殷　楠）

沿黄公路建设新闻采风活动启动

3月31日，由省委宣传部与省厅共同举办的沿黄公路建设新闻采风活动正式启动。山西日报、山西人民广播电台、山西电视台、山西经济日报、山西晚报等省内主流新闻媒体记者参加启动仪式。

沿黄公路指沿黄干线公路与沿黄扶贫旅游公路。沿黄干线公路起点偏关万家寨黄河大桥，途经忻州、吕梁、临汾、运城四市，终点为平陆县曹川镇，全长957公里。沿黄扶贫旅游公路起点为偏关老牛湾，终点为垣曲县寨里，全长1065.6公里。从2007年7月开工以来，已累计完成路基工程90%，完成路面工程60%，年底将全线建成通车。该建设项目是全省“十一五”公路建设重点项目，也是全省实施“两区”开发战略的重要项目，是山西西部地区的一条脱贫路、旅游路、也是重要的经济动脉，它的建成通车对增加沿线群众收入、改善群众生活，完善路网结构，加快山西省社会主义新农村建设都具有十分重要的意义。

本次采风活动，由厅党组副书记、副厅长张润亲自带队，时间从3月31日至4月6日，经忻州、吕梁、临汾、运城4市19个县，行程近2000公里，主要围绕沿黄公路对沿线农业、旅游业等经济的拉动作用，对沿线城镇改建与建设及城乡一体化建设进程的促进作用进行深入采访和宣传报道。

（殷　楠）

《山西公路建设60年成就展》和《山西交通运输60年建设成就展》开展

为了系统地反映全省公路建设六十年的艰辛历程和取得的辉煌成就，展示当前再掀公路建设新高潮的盛况及未来规划的宏伟蓝图，9月28日上午11点40分，由省委宣传部和省厅联办，省厅承办的山西公路建设60年成就展在省展览馆开展。省委书记、省人大常委会主任张宝顺，省委副书记、省政协主席薛延忠，省委常委、常务副省长申联彬，省委常委、太原市委书记申维辰，省委常委、政法委书记杜玉林，省委常委、宣传部部长胡苏平，省委常委、省军区司令员方文平，省委常委、组织部部长汤涛，省人大常委会常务副主任杨安和，省人大常委会副主任安焕晓，省人大常委会副主任、省总工会主席郭海亮，副省长牛仁亮、副省长刘维佳参观了展览，并启动成就展开展按钮。

此次展览依托了新媒体传播技术平台，采用音视频、沙盘展示、影像资料、摄影图片等表现手段，领导关怀篇和山西公路建设60年历程展示厅、高速公路建设成就展示厅、在建高速公路风采展示厅、干线公路展示厅、农村公路展示厅、远景规划及展望厅6个展厅，以上千张珍贵图片、文献资料和丰富多彩的音、视频为充分素材，全景展示新中国成立60年来特别是改革开放30年来山西公路建设取得的辉煌成就和宝贵经验，充分展现山西人民为实现中华民族伟大复兴的豪迈气概和崭新风貌，充分反映我省公路建设发展历程、科学规划、筹资融资、管理创新、拉动经济、科技环保、质量安全、文明和谐、地方支持、人民贡献等主题内容。同时，通过电视和影像的有效传播，让大家切身感受到公路贯南北，巨变到山乡，一串串数字诠释着我省交通30多年的沧海桑田。

厅领导段建国、张润、王志民、张志川、张德仪、赵振田、曹燎原、郭贵平以及厅机关各处室负责人，厅直各单位党政负责人，省公路局领导班子成员及各处室负责人，驻并厅属单位党政负责人，各高速公路建设管理处党委负责人参观了展览。

上午8点30分，省厅举办的《山西交通运输60年建设成就展》在省征稽局二楼大会议厅开展，厅领导段建国、张志川、张德仪、赵振田、曹燎原、郭贵平为《山西交通运输60年建设成就展》开展剪彩，厅党组副书记、副厅长张润致词，厅党组成员、副厅长王志民主持。

张润在致词中指出，新中国成立60年来，全省交通运输部门和广大干部职工认真贯彻党和国家的各项方针政策，自力更生，艰苦奋斗，在战争的废墟上恢复交通、建设交通、发展交通，为经济社会发展提供了坚强的战略支撑。特别是党的十一届三中全会以来，全省交通运输系统坚持改革开放，依靠科技进步，高起点、大跨度推进交通运输事业发展，全省交通面貌发生了翻天覆地的变化。截至2008年底，全省公路通车里程达到12.48万公里，公路密度达到79.62公里/百平方公里，分别是解放初期的97倍，高速公路、一级公路、二级公路从无到有，分别达到1965公里、1407公里、13 402公里，全省实现了省会到省辖市“三小时通达”，所有的乡镇通了油路，具备条件的建制村全部通了公路，88%的建制村通了水泥(油)路，形成了出省到市高速路、县际连接高等路、乡乡镇镇通油路、村村通公路的路网格局，大大提升了全省交通运输生产力水平，我省交通率先跨入

“全国交通文明行业”行列。

这次展览，以图文并茂、声像结合的手法，全面展示了新中国成立60年来我省交通运输事业创业发展的光辉历程和辉煌成就，集中反映了交通职工团结拼搏、艰苦奋斗、与时俱进、勇于创新的精神风貌。展区设1个综合展和在建高速、高速公路、干线公路、农村公路、交通征稽、运输管理、地方海事、交通战备、科研设计、交通教育、文明创建11个专题展，是我省交通运输60年发展历程的一个缩影，对于交通运输今后的发展具有重要的借鉴、指导和推动作用，也是爱国教育、革命传统教育的重要平台。

张润在致辞中强调，山西交通运输60年建设成就展是全面推进新世纪新阶段交通运输发展的新起点，全省交通运输系统要在党的十七大和十七届四中全会精神指引下，同心同德，脚踏实地，抓住机遇，乘胜前进，再掀公路建设新高潮，全面推进交通运输结构调整，推动交通运输由传统产业向现代服务业转型，不断提升交通运输服务保障能力，开创交通运输工作新局面，在山西转型发展、安全发展、和谐发展的道路上再创新业绩、再作新贡献。

厅机关各处室负责人，厅直各单位党政负责人，省公路局领导班子成员及各处室负责人，驻并厅属单位党政负责人，各高速公路建设管理处党委负责人参加了开展仪式。

（石　兰）

工 会 工 作

全省各级工会工作有效开展

2009年，省公路运输工会在厅党组、省总工会和中国海员建设工会的正确领导下，坚持以邓小平理论和“三个代表”重要思想为指导，认真学习贯彻党的十七大、十七届四中全会和中国工会十五大精神，坚持以中国特色社会主义工会理论体系为指导，深入学习实践科学发展观，围绕中心、服务大局、突出重点、全面推进，紧密联系交通运输工作实际，积极履行工会各项职能，以提高职工队伍整体素质、主动维护职工合法权益、深入开展社会主义劳动竞赛、创建劳动关系和谐企业、为重点工程建设鼓劲加油、做好新中国成立60周年系列庆祝活动为主要抓手，紧紧依靠各级工会组织，团结动员广大职工奋发进取、锐意创新，努力增强工会组织的凝聚力和号召力，为全省交通运输事业的又好又快发展作出了积极的努力。

（王晓光）

全省交通运输系统
建功立业、劳动竞赛成效显著

为了团结动员广大职工充分发挥主力军作用，以主人翁的劳动热情和创造活力在本职岗位建功立业，促进全省交通运输事业又好又快发展，省公路运输工会围绕2009年山西交通运输发展的中心工作，按照全总和省总的要求，突出“同舟共济保增长，建功立业促发展”的劳动竞赛主题，专门召开全系统工会主席会议，分析形势，研究措施，结合实际开展好劳动竞赛。

一是结合本单位实际制定了具体落实方案。从竞赛内容、方式、考核的标准和奖罚等方面，对劳动竞赛活动作出详细规定，并以此为总纲，定期进行考核、评比。全系统形成了单位与单位之间、班组与班组之间、个人与个人之间紧张、有序地全方位劳动竞赛局面。二是签订责任书，分阶段进行考核评比。各单位根据工作实际，将竞赛划分为几个阶段。在每阶段结束时，都从主业、质量、进度、内业资料、党建和精神文明建设、安全生产和环境保护等方面进行认真考核、评比和综合排队。三是奖罚兑现，各单位都建立了严格的奖罚激励机制，把劳动竞赛与经济效益挂起钩来，按照每个阶段的考评结果，严格奖罚兑现。

全系统各单位开展了各具特色的竞赛活动，重点公路工程建设单位开展了“安全生产好、工程质量好、科技创新好、工程进度好和劳动关系和谐”的“四好一和谐”劳动竞赛活动，全省26条在建高速公路和国、省干线公路建设单位，始终将竞赛活动贯穿整个工程全过程，做到哪里有重点工程建设项目开工，哪里就有劳动竞赛活动。“比工程质量”创出了一批精品工程，“比技术创新”推行了一批新工艺、新技术，“比工程进度”加快推进了重点项目建设速度，“比劳动关系和谐”创出了和谐文明的施工环境。省高管局继续

深入开展"五比五看"和提高高速公路精细化管理水平的竞赛活动,高速公路管理更加科学规范有序,经济效益稳步提高。省公路局在道班、站、段,开展"为公路添彩,为单位争光,为社会作贡献,为自己树形象"的"四为"劳动竞赛活动,培养创建出一批以西坞岭道班为典型的"民主型、温馨型、娱乐型、学习型、公寓化、园林化"的职工小家,有力推动了公路养护管理事业发展。省运管局开展了服务"三农"的"村村通客车工程"劳动竞赛活动,极大地推动了全省村村通客车工程的迅速发展。省公路运输工会不断引申"工人先锋号"的创建工作,在全系统继续全力推进创建"工人先锋号"活动,由点向面扩展,由窗口单位向其他单位延伸,不断把创建"工人先锋号"活动引申到一线车间、班组和站所。

竞赛活动的开展不仅使各级工会积累了经验、增长了本领、扩大了影响,而且还有效激励和调动了广大职工立足本职岗位、赶超先进模范、争创一流业绩的积极性和创造性,涌现出一批立足本职、勤奋工作、争创一流的站、所、队、道班,一批具有鲜明行业特点的先进单位和模范个人也在劳动竞赛中脱颖而出。运城闻垣高速公路建管处处长贾建民获得全国"五一劳动奖章",山西交通技师学院农民工培训基地、山西路桥二公司闻垣项目部"T梁预制队"获得全国"工人先锋号",太原高速公司晋祠收费站获得全国交通职工建功立业标兵岗称号,晋中公路分局、运城公路分局获得"山西省五一劳动奖状",厅公安处处长田根等26人获得山西省"五一劳动奖章",晋中公路分局勘测设计所获得山西省集体一等功,太原公路分局勘测设计所、交口公路段获得山西省集体二等功,省交科院、昔阳县通达筑路公司获得山西省集体三等功,长晋高速公司晋城东收费站获得山西省"工人先锋号",运城路桥二公司工程师张伟斌获得山西省职工技术创新能手称号,永济市交通局局长李海军等8人获得山西省个人一等功,临猗县公路段段长王红芳等6人获得山西省个人二等功,霍州市运管所所长孟援军等2人获得山西省个人三等功。

(王大为)

全省重点公路工程建设一线慰问演出成功举行

从6月16日开始至7月24日结束,由省公路运输工会和厅重点办、厅战备办组建的赴全省重点公路工程建设一线慰问文艺演出队,先后在太古、太佳东段、大呼、大同、忻保、忻阜、阳盂、太佳西段、临汾国省道工程、闻垣、汾平、阳翼、晋城环城、高陵、长安、平榆高速公路等重点工程慰问演出,历时一个多月,途经11个市,行程4500余公里,慰问施工一线人数达2万余人,沿线地方政府有关部门及人民群众2万多人观看了演出。整个慰问活动省军区专场演出两次,其余场次以小分队形式随团演出。共演出舞蹈、独唱、红歌联唱、曲艺、小品、杂技、器乐合奏、情景剧、合唱及诗朗诵等260多个节目,其中建管处、参建单位自编自演的互动节目80余个,占节目总数的30%。演出期间还协助省总工会、省农业厅完成了省委、省政府安排的对忻保高速、太古高速、阳翼高速的慰问任务。为重点公路工程建设各项目标任务的圆满完成提供了强大的精神动力。8月7日,省委副书记、省长王君带领省直各厅局主要负责人亲临施工一线观看慰问演出,极大地鼓舞了全省高速公路建设者的斗志。慰问演出同时受到了各界新闻媒体的大力关注,山西电视台和地方电视台先后七次对慰问演出进行了报道评述,山西交通报、山西交通网也对慰问演出进行了宣传报道。

(王大为)

全省交通运输系统素质工程建设取得新成效

2009年,省公路运输工会以创建学习型班组和站所为重点、以培养技能型人才为目标,不断推进"创建学习型组织,争做知识型职工"活动的深入开展。明确要求各单位工会要高度重视职工政治素质、思想道德素质、科技文化素质提高,高度重视对职工尤其是农民工的人文关怀和心理教育,结合单位实际和行业特点注重职工技能的提高,采取走出去、请进来、传帮带、岗位练兵和职业技能竞赛等多种形式,搞好本单位职工技能培训。培训中为每个职工提供平等的机会和更多的渠道,突出重点,强化实用性、可操作性和超前性,全面提升员工的实际工作能力,真正使职工成为本单位的多面手和技术创新能手,增强了全系统职工的生存能力和适应时代变化的能力。为了推动"爱读书、读好书"全民阅读活动的开展,与北京大展宏图书店联合举办了免费赠书公益文化活动。省公路局深入开展了"学习养路知识,钻研养路技术创新"为主要内容的道班职工技能竞赛活动;省高管局开展了以收费、养护为主要内容的群众性岗位大练兵活动,组队参加了山西省第二届女职工职业技能大赛,包揽了车辆通行费收费员比赛团体前三名、个人前6名,并有42人获得优秀奖;省运管局开展了以提升驾驶技术等级为主要内容的技能大比拼活动等。这些活动的开展都极大地调动了职工学习热情、练兵热情,提高了职工的整体素质。还注重选树先进典型,对作出突出贡献的高技能人才及时进行表彰和奖励,不断提高他们的生产、生活待遇,营造尊重劳动、崇尚技能、鼓励创造、有利于高技能人才脱颖而出的良好氛围。广泛开展"我为节能减排作贡献"活动,引深以提质降耗、增收节支为主要内容的合理化建议和小革新、小发明、小创新、小窍门等"五小"活动,引导职工从点滴做起、从自身做起,发动职工苦练内功提升素质、挖潜增效应对挑战、献计献策共渡难关,使节能减排到岗位、进家庭。省运管局将节能减排纳入年度目标责任制考核,举办了多期节能减排讲座,组织职工参观节能科普展,开展不同形式的节能宣传活动,完成了两个节能减排课题研究,在太原和侯马召开了两个节能减排现场观摩研讨会,开展了营运车辆"油改气"、"VR电动穿桩系统"、"教练车混合燃料技改"、"汽车维修无尘干磨技术"、"多极沉淀池循环水洗车"等节能减排试点项目。省汽运集团侯马三皇运输公司把GPS系统和行车记录仪系统拓展到车辆运行节能和提高运输效率上,千人公里油耗下降了3—5%,货车空驶率下降了4%,百吨公里油耗降低了3%。长治第一汽车运输公司购置了80辆甲醇燃料汽车从事县际班车运输,车辆维修及燃料成本合计下降了23%。一年来,全系统职工提合理化建议137项,采纳14项,实施完成11项,创造价值602万元;技术创新3项,创新工艺1项,创效1600万元;双增双节创造价值3800万元。

(王大为)

省公路运输工会开展庆祝新中国成立60周年系列庆祝活动

在厅党组和厅庆祝建国60周年活动领导组的正确领导下,围绕共产党好、社会主义好、改革开放好、伟大祖国好、各族人民好的时代主旋律,按照庆祝活动的责任分工,省公路运输工会牵头组织了多项庆祝活动。

一是组织了全省交通运输系统庆祝建国60周年歌咏比赛。活动从7月15日开始到8月24日结束,历时一个半月,全系统共有11个单位的约1500人参加,厅党组书记、厅长段建国观看比赛并为获奖单位颁奖。本次比赛时间长、参赛队伍多、参加人员多、节目质量高,特别是单位党政领导亲自参赛是一大亮点,太原市交通局、阳泉市交通局和晋城市交通局首次参赛更是丰富了比赛内容。

二是组织来自高管系统17个公司120人组成的合唱队代表省厅参加了省直机关庆祝新中国成立60周年"歌唱祖国"歌咏比赛。合唱队在有39个厅局5500名队员参加的比赛中获得二等奖,并勇夺并列第六名。

三是组织由省征稽局210人组成的合唱

队参加了由省总工会举办的省城职工庆祝建国60周年大型职工演唱会,受到了各级领导的高度赞誉。省总工会宣教部为此专门打电话进行表扬,称赞厅合唱队是本次演唱会的一大亮点,是整场演出中作风最好、演唱水平最高、服装最整齐的队伍,最体现交通行业特点,是一支最富有战斗力的队伍。并荣记集体一等功。

四是举办了全省交通运输系统庆祝建国60周年暨第四届职工书画摄影作品展,作品展历时50天,厅直和各市交通局共62个单位选送了书画摄影作品513件,进入最后参展的作品有420件,共评出特别奖9个、一等奖12个、二等奖23个、三等奖35个、优秀奖34个、组织奖35个。展出期间,共有2300多人参观了展览,《山西交通》专刊登载了作品展的部分获奖作品。

五是组织了全省交通运输系统老党员、老战士、老同志走访慰问活动,厅属各单位及各市交通局在8月15日前摸清了本单位走访慰问对象,了解清楚了他们生活中的实际困难,9月25日前各单位的走访慰问活动全部结束,并且都召开了座谈会。9月22日,省厅召开了全省交通运输系统庆祝建国60周年"三老"座谈会,给"三老"同志及先进模范人物发放了慰问金。来自全省交通运输系统的老党员、老战士、老同志及全国劳动模范、先进模范人物代表共计40余人参加。

六是参加了山西省摄影家协会交通分会、山西省交通运输摄影家协会参展平遥国际摄影大展和山西公路建设60年成就展的筹备工作。选送的两幅优秀作品还参加了由全国总工会在平遥举办的"建国60周年全国工人摄影展",并分别获得二、三等奖。

七是负责筹办了省厅与省城金融系统《大路通天》文艺晚会,表达了交通、金融系统携手奋进、共抗金融危机的坚定决心。

八是开展了一系列文体比赛。与省广电厅举办了羽毛球、乒乓球、保龄球比赛;与省工商银行举办了领导干部乒乓球比赛,厅领导段建国、张德仪、曹燎原参加了比赛。

新中国成立60周年系列庆祝活动的成功举办,极大地丰富了交通运输职工的文化生活,密切了党群、干群关系,涌现出了许多优秀的文艺人才,诠释了交通人心系交通、报效祖国的火热情怀,在全系统营造了"团结、向上、热烈、和谐"的气氛,进一步凝聚了职工的爱国心、事业心和责任心,向社会展示了交通运输系统朝气蓬勃、昂扬向上的时代风采。

(王大为)

省公路运输工会积极维护职工合法权益

2009年,省公路运输工会坚持民主管理,强化民主监督力度,加强了基层工会职代会制度建设。全面落实以职代会为基本形式的民主管理制度,深入推行厂务公开、企务公开、政务公开,完善民主监督形式和民主管理制度,进一步保证了职工的知情权、参与权、表达权和监督权的落实到位。凡企业改革改制过程中出台涉及职工切身利益的重大改革措施,必须经职代会审议通过。各级工会还积极协助党政领导解决职工收入分配、社会保障、劳动安全等方面存在的问题,使职工实现体面劳动,增加了和谐因素,减少和化解矛盾冲突。注重女职工权益的保护,召开了全系统"三八"妇女节座谈会,组织先进女职工参加了全总组织的赴京参观学习活动,在已建立工会女职工组织的单位推动女职工权益保护专项集体合同的签订,为女职工上了特殊医疗保险,有效保护了女职工的合法权益。同时还结合女职工特点进行多种形式的培训、教育,提高了女职工的素质。

坚持"以职工为本、主动依法科学维权"的工会维权观,以构建和谐交通、协调劳动关系为主线,以解决职工群众最关心、最直接、最现实的利益问题为重点,加大了《劳动合同法》贯彻力度,深入开展了创建劳动关系和谐企业活动,取得了明显成效。各级工会以深入贯彻《劳动合同法》为抓手,积极促进和谐劳动关系的建立，组织全系统工会干部认真学习有关法律法规，特别是学深、学透《劳动合同法》，达到每一条款都能熟悉运用，成为依法维护职工权益的专家。叫响“咱们工人有力量，咱们工会有作为”和“职工有困难找工会”、“农民工有困难找工会”，使广大职工知道工人阶级在工会中的作用，知道工会的地位，知道他们的合法权益有法律保护、有组织维护。积极开展平等协商集体合同和工资集体协商工作，组织全系统15个企业对本单位集体合同和工资协议工作进行全面分析、研究和自查自检回头看，严格按照“十有”要求，对已签订的集体合同和工资协议进行完善，进一步健全了平等协商的程序和制度，保证了合同条款的合法性、可行性。全系统除企业重组未签订外，所属企业都签订完善了集体合同协议，签约率达94%，覆盖职工率达97%，履约率达到100%。各基层企业工会认真执行国家的法律法规’，把企业生产经营和职工切身利益紧密结合起来，坚持把维护平等协商集体合同和工资集体协商作为落实工会基本职责的重要手段和重要内容，及时依法履行集体合同，保证了合同的有效协调运行，维护了职工的合法权益，调动了职工的积极性，增强了企业的活力，促进了企业效益的增长和发展。积极开展“安康杯”竞赛活动，所属单位安全生产形势良好，晋济高速公路建管处安全生产部获得山西省“安康杯”竞赛安全示范班组，1人获得山西省群众安全生产先进个人，1人获得山西省“安康杯”竞赛安全卫士。

广泛开展“关爱农民工”活动。各单位结合实际，积极开展盛夏送清凉、寒冬送温暖活动。各建设单位始终把“维护农民工权益、服务农民工生活”放在管理工作的重要位置，怀着“农民工为交通建设服务，我为农民工兄弟服务”的深厚感情，拓宽关注视野，扎实有效地为农民工提供多方面的服务。深入各项目部、各施工单位了解农民工春节期间的乘车情况，及时与铁路、公路等运输单位协调沟通，为他们提早办理团体购票，解决了春运高峰期回家购票难的问题，并为他们平安返乡、平安出行提供方便，确保农民工兄弟按时、顺利返乡。全系统帮助农民工平安返乡1329人次、包车28辆、购买车票623张、补贴资金两万元。厅重点办和省运管局被中国海员建设工会表彰为“春运农民工平安返乡(岗)安全优质服务劳动竞赛先进集体”，有4人获得先进个人荣誉。厅重点办在《山西省重点公路建设工程管理绩效考核办法》中明确把是否按时足额发放农民工工资作为考核内容，对建设单位农民工工资进行了专项检查，确保了民工工资按时足额发放。

（王大为）

全省交通运输系统各级工会组织不断加强工会自身建设

一是加强了组织建设。各级工会始终把工会组织建设作为工会工作的前提和基础紧紧抓住不放，全系统组建工会和发展会员工作向纵深发展，具备条件的少数基层单位已经全部建会。目前，全系统有197名专职工会干部、936名兼职工会干部，基层建会748个，基层班组1639个，基本做到了全覆盖。继续深入开展“一条例三规范”基层工会规范化竞赛活动，促进了全系统工会组织的自我完善和创新发展，提高了工会工作水平。继续抓好“建家”工作，各个层级的“模范职工之家”和“模范职工小家”数量明显增加，组织健全、维权到位、工作活跃、作用明显、职工信赖的职工之家发挥了积极作用。

二是加强作风建设。工会是工人的“娘家”，贴近职工、深入基层一线、倾听职工心声、反映职工群众诉求、真心实意关心帮助职工解决困难和问题是工会工作的应有之义。一年来，各级工会深入基层、深入职工、了解实情、研究问题、提出对策，积极向党委和行政部门反映群众呼声和要求，最大程度的调动职工群众积极性、创造性，做了许多党政所需、职工所求、工会所能的实事，提高了工会组织的吸引力和感召力，发挥了党联系职工群众的桥梁纽带作用。

三是加强了新闻宣传和会费收缴。把订阅《中国工人日报》和《山西工人报》当成一项重要任务来抓，要求成建制的车间、班组、场站都要使职工能看上工人自己的报纸。为了扩大工会的影响，还加大了工会工作的宣传力度，利用《山西交通》、山西交通网和《山西交通工运信息》及时报道工会工作，刊登保障职工合法权益的法律常识。一年来，在各级刊物登载工会工作稿件53篇、图片79幅，编发《山西交通工运信息》8期63条。采取有效措施，把各单位会费收缴情况列入评先、评优和考核工作目标之中，加强管理，加大经费审计和监督力度，有效促进了会费的收缴，会费收缴在往年的基础上有了新的回升。

（王大为）

全省交通运输系统各级工会组织凝聚力进一步增强

一年来，各级工会组织在推动职工利益合法化和合法利益维护的同时，带着深厚感情为职工群众办实事、做好事、解难事。在完善元旦、春节"送温暖"活动的基础上推动送温暖活动经常化，"两节"期间，各级工会组织都组织慰问困难职工、老干部、老职工、老劳模、老工会工作者，全系统共发放慰问金和慰问品共计175万元。把困难职工帮扶中心作为协助党和政府解决困难职工生产生活问题的重要载体，积极发挥困难职工帮扶中心的作用，邀请专家对厅直20个单位的困难帮扶人员进行了"全国工会帮扶工作管理软件"培训，对3名特重病职工进行了重点帮扶。各单位积极开展"金秋助学"活动，全年累计捐款30多万元，资助了49名大中学生；尽力资助残疾人事业，提供助残资金17万元。在"博爱一日捐"活动中，全系统10 986名职工捐款33.59万元。各级工会组织高度重视信访工作，把信访工作作为了解民意、增强工会凝聚力的重要渠道。省公路运输工会接待信访4件，其中协调处理了3起，全系统共接待信访群众46人。省路桥集团一些单位经济效益不佳，历史遗留问题较多，职工向工会反映问题后，工会积极与行政沟通，配合行政妥善解决纠纷。

（王大为）

全省交通运输系统"运管杯"职工卡拉OK大赛举办

为纪念改革开放30周年，歌颂山西交通发展成果，省公路运输工会12月22日至23日在山西省歌舞剧院举办了全系统"运管杯"职工卡拉OK大赛，经过激烈角逐，评出一等奖3名、二等奖6名、三等奖9名、优秀歌手奖18名。此次"运管杯"职工歌手比赛历时两个多月，共有来自全系统30多个单位的300多名选手参加比赛。经过初赛、复赛和决赛，最终36名选手获得荣誉。

（李宇洵）

省总工会和省交通运输厅开展义务植树活动

4月14日上午9时，大运高速公路太原服务区内，省总工会、省交通运输厅、省高管局、太原高速公路公司机关干部职工400多人进行了义务植树活动。共栽植胡杨、松树2100多株。

（李宇洵）

山西省公路运输工会开展免费赠书活动

6月8日，省公路运输工会与北京大展宏图书店（太原店）联合在省交通运输厅举办了一场"免费赠书公益文化宣传"活动。活动中，省公路运输工会给机关每个职工发放免费赠书请柬，同时准备了古今中外的各种名著、工具书、以及经典藏书等供机关职工选购，在活动期间，宣传了读书的重要性，引导职工树立"终身学习、终身受益"的思想理念，在全系统职工中开展，推广读书活动，掀起了职工读书学习的热潮。

（李宇洵）

山西省摄影家协会交通分会、山西省交通运输摄影家协会成立

6月28日上午，山西省摄影家协会交通分会、山西省交通运输摄影家协会成立，交通人摄影艺术联展同时开展。开展的交通人摄影艺术联展，精选了13位交通人的摄影作品，既是对摄影家协会交通分会成立的纪念，也是对交通摄影人风采的展现。

（李宇洵）

省交通运输厅参加全国职工摄影大赛取得优异成绩

11月3日，庆祝新中国成立60周年全国职工摄影大赛评选在京揭晓，省厅参赛作品取得优秀成绩，获得二等奖1个，三等奖3个，优秀作品奖1个，为山西争了光，为山西交通争了气。

本次比赛是中华全国总工会和中国职工文化体育协会为庆祝新中国成立60周年，展示全国职工风采而举办的一次规模空前的摄影大赛；共有来自全国30多个省（市、自治区）各行各业的近3万幅作品参加了比赛。省厅选送的忻保高速建管处崔庆云的《夜战忻阜》获得二等奖；厅公路运输工会郝钦杰的《合铜黄高速》，厅新闻中心崔鸣原的《桥韵》、厅后勤中心郭慧森的《亲切关怀））获三等奖；太原公路分局李培彪的《工地桑拿》获入围奖。获奖作品在平遥国际摄影节上进行了展示。

（李宇洵）

全省交通运输系统职工书法绘画摄影作品展总结表彰会召开

10月16日，省公路运输工会组织召开全省交通运输系统职工书法绘画摄影作品展总结表彰会，对全省交通运输系统庆祝建国60周年暨第四届职工书画摄影作品展中涌现出的优秀作品进行表彰。

此次大赛是省厅为庆祝新中国成立60周年举办的十项系列活动中的三项，从8月22日开展至10月9日结束，无论从参赛人数、参赛规模和展出时间长度上都创下了历史新高。参赛作品形式多样，内容丰富，作品水平得到专家的普遍认可，从这些作品中不仅能够享受到艺术的魅力，更能感受到交通人的时代风采。

大赛共评出组织奖35个，一等奖12个、二等奖23个、三等奖35个、优秀奖3个、特别奖9个。

（李宇洵）

全省交通运输系统第二届“高速杯”职工乒乓球比赛举行

12月4日至6日，全省交通运输系统第二届职工乒乓球比赛在太旧高速公路体育馆举办。来自全省交通系统21支代表队共150余名运动员参加比赛。

本次比赛由省高管局承办、太旧高速公路公司协办，共设男、女团体，男女单打和处级以上干部男女单打5项比赛，经过3天61场团体赛，260场男女单打比赛的激烈角逐，省高管局、长治市交通局、赵幼芳、许晓峰、杨淑华分别获男子团体、女子团体、领导干部组单打、男子单打、女子单打冠军，太旧高速公路公司荣获特别优秀组织奖。

（李宇洵）

离退休人员管理

全省交通运输系统离退休人员管理工作成果丰硕

2009年,厅离退休人员管理工作在厅党组的正确领导下,在省委老干部局的直接指导下和全体老同志的协同配合下,按照胡锦涛总书记的"全面做好离退休干部工作"的要求,紧紧围绕交通又好又快发展的中心工作,老干部工作顺利推进,完成了厅党组交给的任务。

5月16日至18日,省厅在阳泉举办了第八届老干部运动会暨第十五届门球赛。厅党组成员、副厅长王志民、巡视员曹燎原,省委老干部局副局长郑兰珍,阳泉市委常委、常务副市长王旭明,阳泉市政协副主席赵永红和原厅级老领导刘乾、任景春、部学文出席了开幕式。来自全省交通系统27个单位的300多名老干部参加门球、台球、乒乓球、竞技麻将、扑克、中国象棋比赛,队员中年龄最大的91岁,年龄最小的50岁,是历届运动会中参赛人数最多、比赛项目最多、参赛水平最高的一届。

全省交通系统离退休人员管理工作暨"双先"表彰会于6月12日上午在太原召开,厅党组成员、副厅长、厅老龄工委主任王志民主持会议,厅巡视员、厅老干部领导组副组长,厅老龄工委常务副主任曹燎原作工作报告,省老干部局省直处处长张利邦出席会议并讲话。厅老领导廉平、任先泉、杨继刚、部学文及厅机关有关处室负责人、厅直单位主要领导、老干部工作部门负责人,模范离休人员代表及老干部工作先进个人代表出席了会议。会议对模范离退休人员、老干部工作先进单位、先进活动中心(室)和先进个人进行了表彰。

6月30日,厅离退休人员党支部组织支委及工作人员进行了一次以"纪念七一"为主题的红色之旅活动,到昔阳进行了参观学习,并庄重举行了重温入党誓词,永远对党忠诚的活动仪式。

7月,原厅长廉平迎来了九十岁生日,厅党组书记、厅长段建国,厅党组副书记、副厅长张润,厅党组成员、副厅长王志民以及厅机关有关处室负责人到场祝贺,并赠送了慰问金、礼品,使老同志充分感受到厅党组的关怀。9月上旬邀请原中央保健局局长王敏清来厅为厅直单位老同志代表做了健康保健知识讲座;9月中旬组建了老干部百人合唱团并参加交通系统庆祝建国六十周年歌咏比赛,获得特等奖;同时,厅机关老年麻将、乒乓球、台球队员,参加了多项省直比赛并获得了佳绩。

10月,厅老龄工委课题《山西省老年人才开发的几点思考—积极老龄化》荣获省直老龄工委课题研究优秀奖。

10月26日是我国的传统节日"九九"重阳节,也是第22个"老年节"。在厅机关五楼会议室,厅领导段建国、王志民、韩日裕、张德仪、曹燎原、郭贵平、原厅老领导、离退休老干部及厅机关有关处室领导欢聚一堂，共庆佳节。段建国指出，老干部是党和国家的宝贵财富，山西交通运输事业能取得今天的成就，与历届老领导、老前辈的辛勤劳动、无私奉献密不可分，希望老同志继续为全省交通改革发展稳定建言献策，为和谐山西交通作出贡献，厅党组会一如既往地在生活上、政治上关心大家，并做得更好。

11 月，省交通科研院的退休干部虞文景被中组部授予“老有所为”先进个人；厅关工委荣获全国“中华魂”主题教育活动的先进集体。

（白　云）

廉平当选 60 位新中国成立以来感动交通人物

2009 年，国家交通运输部在全行业组织开展评选“60 位新中国成立以来感动交通人物”，山西省交通厅原老厅长廉平当选。

廉平，曾用名金森，男，1920 年 7 月生于山西省五寨县南关，1937 年 5 月加入“牺牲救国同盟会”并担任南关支部负责人，1938 年加入中国共产党，1962 年调任山西省交通厅任副厅长，1978 年任党组书记、厅长，1983 年离任，1994 年离休。

为大力颂扬新中国成立 60 年来交通人的感人事迹，增强交通运输职工的历史责任感和使命感，同时配合中宣部开展的“双评”活动，交通运输部在全行业组织开展了“60 位新中国成立以来感动交通人物”活动。活动从 6 月初至 8 月，投票总数近 800 万，最终评选出 60 位新中国成立以来感动交通人物。

（白　云）

统计资料

说　明

2009 年,全省全年公路建设共完成投资563.1 亿元(其中公路建设工程完成投资560.15 亿元,养护生产完成2.95 亿元)。其中,高速公路建设工程完成投资392.06 亿元;干线公路建、养工程完成投资84.45 亿元;地方公路建设工程完成投资85.59 亿元。“两区”建设完成投资85.33 亿元,其中干线公路完成39.47 亿元,地方公路完成45.86 亿元。干线公路完成新改建工程1284 公里(其中交通部补助的干线公路重点改建工程完成111.3 公里,国防公路工程完成29 公里,干线公路新改建工程完成708.5 公里,超龄油路及薄弱路段路面改造工程完成435.4 公里),完成大中修工程695 公里,改造危桥107 座。

截至2009 年底,全省公路通车里程达到127 330 公里,当年新增公路通车里程2557 公里。公路密度:按国土面积为81.25 公里/百平方公里;按人口为37.73 公里/万人。公路通车里程中,有国道4745 公里,省道9507 公里,县道19 290 公里,乡道45 215 公里,专用公路644 公里,村道47 929 公里。公路通车里程中,按技术等级分,有高速公路1965 公里,一级公路1529 公里(比上年增加122 公里),二级公路14 124 公里(比上年增加722 公里),三级公路16 778 公里,四级公路86 914 公里;另有等外公路6020 公里(比上年减少4538 公里)。其中:二级以上高等级公路里程为17 618 公里(比上年增加844 公里),占总里程13.84%。在国道4745 公里中,有二级以上公路里程4428 公里,占到全省国道里程93.32%,另外还有317 公里不达二级标准。在公路通车里程中,按路面等级分,有铺装路面和简易铺装路面(高级、次高级路面)里程99 935 公里(比上年增加12 130 公里),铺装率达到78.49%,比上年增加8.12%;未铺装路面里程27 395 公里(较上年减少9573 公里)。

2009 年,全省干线公路优良路率年末达到81.4%,年平均达到79.41%;县公路优良路率年末达到80.53%,年平均达到82.61%。

到2009 年底,全省共有乡631 个,镇564 个,开发区5 个,街道办事处71 个,全部实现通油路。全省行政村总数为28 108 个,截至年底,通公路行政村达到28 082 个(其中本年新增1 个),占到行政村总数99.9%。通油(水泥)路行政村达到26 981 个(其中本年新增2240 个),占到行政村总数95.99%。还有1127 个行政村不通油(水泥)路。

2009 年全省公路密度统计表

市(名)	公路通车里程（公里）	土地面积（百平方公里）	人口（万人）	公路密度		排名	
				平均每平方公里有公路(公里)	平均每万人有公路(公里)	按国土面积	按人口
合计	127330.051	1567.12	3374.57	81.25	37.73		
大同	11713.747	141.02	314.07	83.06	37.30	7	7
朔州	9060.36	106.24	151.73	85.28	59.71	5	1
忻州	16168.199	251.51	305.67	64.28	52.89	11	2
太原	6092.499	69.1	344.27	88.17	17.70	3	11
阳泉	5303.632	45.7	130.87	116.05	40.53	1	5
晋中	14319.367	163.86	309.51	87.39	46.26	4	3
吕梁	14822.288	211.33	355.44	70.14	41.70	10	4
临汾	16596.39	202.75	414.7	81.86	40.02	8	6
运城	14649.144	141.82	501.68	103.29	29.20	2	10
长治	10584.849	139.58	325.18	75.83	32.55	9	9
晋城	8019.576	94.21	221.45	85.12	36.21	6	8

2009 年全省公路等级里程统计表

单位：公里

市(名)	公路通车里程	等级里程						等外路	等级里程占总里程的百分比(%)
		合计	高速	一级	二级	三级	四级		
合计	127330.051	121310.365	1965.203	1529.248	14123.68	16778.255	86913.979	6019.686	95.27
大同	11713.747	11598.51	147.596	26.264	1082.498	1885.217	8456.935	115.237	99.02
朔州	9060.36	8830.798	127.868	110.216	954.913	1268.361	6369.44	229.562	97.47
忻州	16168.199	15213.638	111.674	11.499	1654.416	1616.84	11819.209	954.561	94.10
太原	6092.499	5937.425	165.051	183.351	863.452	976.878	3748.693	155.074	97.45
阳泉	5303.632	5303.632	66.72	69.381	390.345	595.549	4181.637		100.00
晋中	14319.367	14205.74	273.997	349.278	2021.96	1407.567	10152.938	113.627	99.21
吕梁	14822.288	12423.15	191.873	180.546	1908.09	1813.455	8329.186	2399.138	83.81
临汾	16596.39	15634.204	208.306	221.421	1832.413	2710.589	10661.475	962.186	94.20
运城	14649.144	14620.666	329.96	162.327	1619.59	1934.349	10574.44	28.478	99.81
长治	10584.849	9830.734	180.972	130.758	1185.207	1109.617	7224.18	754.115	92.88
晋城	8019.576	7711.868	161.186	84.207	610.796	1459.833	5395.846	307.708	96.16

2009年全省公路路面里程统计表

单位:公里

市(名)	有铺装路面里程		简易铺装路面里程		未铺装路面里程
	合计	占总里程的百分比(%)	合计	占总里程的百分比(%)	
总计	71487.436	56.1	28448.043	22.3	27394.572
大同	9227.596	78.8	638.456	5.5	1847.695
朔州	4877.067	53.8	1276.105	14.1	2907.188
忻州	9883.155	61.1	2038.567	12.6	4246.477
太原	3708.319	60.9	1185.817	19.5	1198.363
阳泉	4577.452	86.3	232.465	4.4	493.715
晋中	7159.479	50.0	3026.839	21.1	4133.049
吕梁	6793.672	45.8	2740.184	18.5	5288.432
临汾	6090.823	36.7	5690.366	34.3	4815.201
运城	6285.274	42.9	7698.147	52.6	665.723
长治	6113.494	57.8	3085.026	29.1	1386.329
晋城	6771.105	84.4	836.071	10.4	412.4

2009年全省公路有铺装路面、简易铺装路面里程统计表

单位:公里

市(名)	合计	国道	省道	县道	乡道	专用公路	村道
合计	99935.479	4744.795	9507.477	18056.716	30413.298	554.711	33058.482
大同	9866.052	299.867	864.156	1758.276	4093.928	50.721	2799.104
朔州	6153.172	275.483	667.939	1190.693	2283.827	49.152	1686.078
忻州	11921.722	524.745	1441.5	1711.175	4290.027	108.443	3845.832
太原	4894.136	321.165	398.64	982.606	1236.399	32.611	1922.715
阳泉	4809.917	211.408	269.15	736.81	761.88	3.543	2827.126
晋中	10186.318	689.564	915.982	1963.858	3915.343	37.378	2664.193
吕梁	9533.856	632.134	1147.939	2172.919	2485.807	27.935	3067.122
临汾	11781.189	715.36	1074.818	2332.955	3769.536	67.863	3820.657
运城	13983.421	295.98	1220.06	2527.343	5783.947	108.853	4047.238
长治	9198.52	556.618	924.024	1591.399	2390.984	40.066	3695.429
晋城	7607.176	222.471	583.269	1088.682	3001.62	28.146	2682.988

2009年全省公路通车里程统计表

单位：公里

市(名)	合计	国道	省道	县道	乡道	专用公路	村道
总计	127330.051	4744.795	9507.477	19289.585	45215.219	643.861	47929.114
大同	11713.747	299.867	864.156	1917.604	5162.003	50.721	3419.396
朔州	9060.36	275.483	667.939	1306.428	4035.387	51.281	2723.842
忻州	16168.199	524.745	1441.5	1932.543	6486.96	143.345	5639.106
太原	6092.499	321.165	398.64	1013.666	1609.785	32.611	2716.632
阳泉	5303.632	211.408	269.15	748.741	860.665	3.543	3210.125
晋中	14319.367	689.564	915.982	2137.932	6164.51	62.699	4348.68
吕梁	14822.288	632.134	1147.939	2389.217	3884.294	27.935	6740.769
临汾	16596.39	715.36	1074.818	2409.358	5098.322	78.985	7219.547
运城	14649.144	295.98	1220.06	2559.805	6063.914	108.853	4400.532
长治	10584.849	556.618	924.024	1695.254	2715.761	55.742	4637.45
晋城	8019.576	222.471	583.269	1179.037	3133.618	28.146	2873.035

2009年全省公路晴雨通车里程统计表

单位：公里

市(名)	合计	国道	省道	县道	乡道	专用公路	村道	晴雨通车里程占总里程的百分比(%)
合计	122912.47	4744.795	9507.477	19220.111	44190.385	632.739	44616.963	96.5
大同	11598.51	299.867	864.156	1917.604	5143.152	50.721	3323.01	99.0
朔州	8831.36	275.483	667.939	1301.392	3916.416	51.281	2588.849	97.5
忻州	15764.825	524.745	1441.5	1908.646	6294.239	143.345	5452.35	97.5
太原	5978.458	321.165	398.64	1013.666	1531.72	32.611	2680.656	98.1
阳泉	5303.632	211.408	269.15	748.741	860.665	3.543	3210.125	100.0
晋中	14272.496	689.564	915.982	2132.516	6141.485	62.699	4330.25	99.7
吕梁	12648.366	632.134	1147.939	2389.217	3620.286	27.935	4830.855	85.3
临汾	15704.126	715.36	1074.818	2405.595	4782.184	67.863	6658.306	94.6
运城	14628.992	295.98	1220.06	2541.793	6063.914	108.853	4398.392	99.9
长治	10308.479	556.618	924.024	1695.254	2683.59	55.742	4393.251	97.4
晋城	7873.226	222.471	583.269	1165.687	3122.734	28.146	2750.919	98.2

2009年全省公路绿化里程统计表

单位:公里

市(名)	合计	国道	省道	县道	乡道	专用公路	村道	绿化里程占总里程的百分比(%)
合计	50796.092	3907.354	6534.374	12747.536	18092.833	272.458	9241.537	39.9
大同	3245.686	218.73	588.955	1070.063	1155.039	7.8	205.099	27.7
朔州	3591.322	244.357	490.473	861.896	1610.261	24.42	359.915	39.6
忻州	4140.819	434.011	924.276	1057.491	1575.04	51.228	98.773	25.6
太原	1873.814	281.64	225.988	676.62	616.436	30.568	42.562	30.8
阳泉	927.211	159.836	156.277	408.673	188.222	3.543	10.66	17.5
晋中	5608.283	564.562	588.497	1604.956	1929.206	34.575	886.487	39.2
吕梁	3541.697	455.698	657.081	1017.714	569.411	26.014	815.779	23.9
临汾	6879.048	569.449	643.318	2000.345	2507.2	17.064	1141.672	41.4
运城	14087.912	272.045	1082.713	2463.291	5871.835	41.271	4356.757	96.2
长治	4386.635	499.361	730.171	1067.617	1292.259	18.407	778.82	41.4
晋城	2513.665	207.665	446.625	518.87	777.924	17.568	545.013	31.3

2009年全省公路里程增减变化情况统计表

单位:公里

市(名)	通车里程	国道	省道	县道	乡道	专用公路	村道	等级里程	有铺装、简易铺装路面里程	晴雨通车里程	绿化里程
合计	2557.169	7.975	399.647	505.13	888.584	-16.969	772.802	7095.16	12130.134	7141.673	-1666.659
大同	253.572		-0.647	39.444	291.693		-76.918	339.888	520.395	339.888	10.379
朔州	272.383			47.287	110.653	-5.08	119.523	373.543	556.738	352.431	112.683
忻州	292.708	3.093	123.044	-93.116	-74.465	-5.36	339.512	1604.48	2802.345	1850.911	354.109
太原	79.089			12.572	50.339		16.178	122.439	249.58	117.198	23.337
阳泉	53.94			14.646	-6.636		45.93	53.94	139.433	53.94	89.947
晋中	214.949			9.153	91.119	-6.223	120.9	276.513	589.063	237.06	195.547
吕梁	62.914		140.083	-4.948	390.285	-0.271	-462.235	1626.143	2810.612	1554.186	-81.85
临汾	515.36	12.006	64.955	96.992	-56.818		398.225	1331.798	2009.793	1447.279	-2691.752
运城	334.173		54.072	363.092	-189.056	-0.035	106.1	344.607	904.046	352.933	237.202
长治	95.017	-7.124	18.14	20.593	14.902		48.506	380.146	805.975	250.02	10.088
晋城	383.064			-0.585	266.568		117.081	641.663	742.154	585.827	73.651

2009 年全省公路桥梁实有数统计表

单位：延米／座

市(名)	合计		危桥		按使用年限分						按跨径分							
					永久性		半永久性		临时性		特大桥		大桥		中桥		小桥	
	延米	座	延米	座	延米	座	延米	座	延米	座	延米	座	延米	座	延米	座	延米	座
合计	514772.88	10844	36568.63	984	510822.28	10727	3745.3	112	205.3	5	39643.3	25	195739.29	967	142894.82	2448	136495.47	7404
大同	39410.76	845	3962.6	89	39410.76	845					4719.2	3	13483.92	63	10874.75	187	10332.89	592
朔州	17717.67	379	1684.9	50	17717.67	379							6786.32	33	6118.34	96	4813.01	250
忻州	54664.34	1390	6474.1	140	54644.34	1389	20	1					21783.97	102	16020.07	274	16860.3	1014
太原	50471.8	980	2613.65	92	50471.8	980					10276.3	5	15514.4	73	12815.11	208	11865.89	694
阳泉	30971.2	574	1562.1	26	30971.2	574					5203.7	3	8196.8	51	8201	132	9369.7	388
晋中	64893.44	1322	1568.9	40	64223.24	1284	633.9	37	36.3	1	2253	2	31104.02	138	14979.8	247	16556.62	935
吕梁	81113.55	1607	7664.14	230	79367.55	1571	1703	35	43	1	7475.5	5	29262.15	148	24838.42	442	19537.48	1012
临汾	55455.3	1034	3425.46	95	54234.9	997	1220.4	37			2215.5	2	22936.56	98	16566.91	294	13736.33	640
运城	35671.38	606	3442.5	80	35377.38	601	168	2	126	3	5975.6	2	13519.5	72	9103.3	157	7072.98	375
长治	51318.05	1386	3205.42	120	51318.05	1386					183.5	1	18882.95	108	15184.98	280	17066.62	997
晋城	33085.39	721	964.86	22	33085.39	721					1341	2	14268.6	81	8192.14	131	9283.65	507

2009 年全省国道里程及其技术状况统计表

市(名)	通车里程(公里)	等级公路(公里)						有铺装、简易铺装路面里程(公里)			晴雨通车里程(公里)	绿化里程(公里)	公路桥梁(米/座)																	
													合计		按使用年限分								按跨径分							
		小计	高速	一级	二级	三级	四级	小计	有铺装	简易铺装					危桥		永久性		半永久性		临时性		特大桥		大桥		中桥		小桥	
合计	4744.795	4744.795	1500.368	745.722	2182.188	298.238	18.279	4744.795	4472.998	271.797	4744.795	3907.354	215686.34	2622	2325.5	41	215686.34	2622					35834.7	21	111732.26	478	35833.7	545	32285.68	1578
大同	299.867	299.867	95.745	0.9	130.378	68.988	3.856	299.867	286.792	13.075	299.867	218.73	16383.03	169	502.1	4	16383.03	169					4719.2	3	6937.9	26	2273.4	36	2452.53	104
朔州	275.483	275.483	96.05	6.742	172.691			275.483	273.215	2.268	275.483	244.357	5431.94	96			5431.94	96							2127.2	10	2287.74	33	1017	53
忻州	524.745	524.745	111.674		332.922	80.149		524.745	498.395	26.35	524.745	434.011	20586.59	337	56.7	1	20586.59	337							12309.3	47	4117.89	72	4159.4	218
太原	321.165	321.165	165.051	113.341	26.092	16.681		321.165	321.165		321.165	281.64	26869.72	263	135.5	3	26869.72	263					10276.3	5	8913.4	39	4585.9	66	3094.12	153
阳泉	211.408	211.408	66.72	24.225	96.773	23.69		211.408	211.408		211.408	159.836	15212.6	147	499.5	4	15212.6	147					5203.7	3	4963	31	2227.9	34	2818	79
晋中	689.564	689.564	273.997	204.489	175.064	36.014		689.564	653.55	36.014	689.564	564.562	34088.54	418			34088.54	418					2253	2	23243.28	91	3786.09	58	4806.17	267
吕梁	632.134	632.134	191.873	60.609	357.135	22.517		632.134	550.628	81.506	632.134	455.698	36331.44	357	186.3	3	36331.44	357					7475.5	5	20163.01	82	5038.64	67	3654.29	203
临汾	715.36	715.36	131.605	172.573	374.245	29.437	7.5	715.36	649.794	65.566	715.36	569.449	15033	254	592.4	18	15033	254							8053.08	39	3441.28	53	3538.64	162
运城	295.98	295.98	65.561	109.105	108.837	5.554	6.923	295.98	275.367	20.613	295.98	272.045	9855.56	66			9855.56	66					4566	1	3143.9	15	1686.6	26	459.06	24
长治	556.618	556.618	180.972	53.738	321.908			556.618	530.213	26.405	556.618	499.361	20537.75	343	353	8	20537.75	343							11900.64	56	4484.66	71	4152.45	216
晋城	222.471	222.471	121.12		86.143	15.208		222.471	222.471		222.471	207.665	15356.17	172			15356.17	172					1341	2	9977.55	42	1903.6	29	2134.02	99

2009 年全省省道里程及其技术状况统计表

市（名）	通车里程（公里）	等级公路(公里)						有铺装、简易铺装路面里程(公里)			晴雨通车里程（公里）	绿化里程（公里）	公路桥梁（米/座）															
		小计	高速	一级	二级	三级	四级	小计	有铺装	简易铺装			合计		按使用年限分								按跨径分					
															危桥		永久性		半永久性		临时性		特大桥		大桥		中桥		小桥	
合计	9507.477	9507.477	464.835	330.829	6814.1	1556.501	341.212	9507.477	8377.063	1130.414	9507.477	6534.374	122085	2629	4560.56	76	122085	2629					3625.1	3	45772.61	233	38247.36	596	34439.93	1797
大同	864.156	864.156	51.851	5.492	683.082	108.911	14.82	864.156	815.052	49.104	864.156	588.955	10725.53	253	433	5	10725.53	253							3948.02	21	3672.95	55	3104.56	177
朔州	667.939	667.939	31.818	56.28	555.015	19.346	5.48	667.939	642.494	25.445	667.939	490.473	7687.59	156	132	1	7687.59	156							3501.68	17	2208.8	34	1977.11	105
忻州	1441.5	1441.5		5.215	1145.392	261.721	29.172	1441.5	1356.487	85.013	1441.5	924.276	16816.06	403	1036.7	6	16816.06	403							5783.62	34	5885.68	87	5146.76	282
太原	398.64	398.64		20.492	333.5	17	27.648	398.64	398.64		398.64	225.988	5093.96	111	249	4	5093.96	111							1409.4	7	2561.01	39	1123.55	65
阳泉	269.15	269.15		29.097	223.143	10.78	6.13	269.15	269.15		269.15	156.277	4849.5	113			4849.5	113							1564.7	9	1637	25	1647.8	79
晋中	915.982	915.982		6.865	762.478	144.159	2.48	915.982	848.582	67.4	915.982	588.497	9724	233			9724	233							3869.89	22	2765.23	44	3088.88	167
吕梁	1147.939	1147.939		82.443	772.973	272.442	20.081	1147.939	1036.316	111.623	1147.939	657.081	14141.4	391	319.04	9	14141.4	391							3957.56	21	4775.06	88	5408.78	282
临汾	1074.818	1074.818	76.701	8.931	755.911	174.523	58.752	1074.818	833.508	241.31	1074.818	643.318	20525.01	282	897.86	22	20525.01	282					2215.5	2	9713.28	36	5018.17	78	3578.06	166
运城	1220.06	1220.06	264.399	30.892	682.208	175.334	67.227	1220.06	922.143	297.917	1220.06	1082.713	16193.92	280	572.3	10	16193.92	280					1409.6	1	6958.5	31	4013.6	62	3812.22	186
长治	924.024	924.024		27.12	606.509	180.973	109.422	924.024	692.259	231.765	924.024	730.171	8933.3	220	703.8	17	8933.3	220							3150.41	21	2586.32	39	3196.57	160
晋城	583.269	583.269	40.066	58.002	293.889	191.312		583.269	562.432	20.837	583.269	446.625	7394.73	187	216.86	2	7394.73	187							1915.55	14	3123.54	45	2355.64	128

2009年全省县公路里程及其技术状况统计表

市（名）	通车里程（公里）	等级公路（公里）						有铺装、简易铺装路面里程（公里）			晴雨通车里程（公里）	绿化里程（公里）
		小计	高速	一级	二级	三级	四级	小计	有铺装	简易铺装		
合计	19289.585	19162.134		257.071	3791.927	9371.611	5741.525	18056.716	9481.274	8575.442	19220.111	12747.536
大同	1917.604	1917.604		18.088	169.96	1359.582	369.974	1758.276	1346.149	412.127	1917.604	1070.063
朔州	1306.428	1301.392		20.146	106.62	818.265	356.361	1190.693	514.819	675.874	1301.392	861.896
忻州	1932.543	1908.646			131.723	1057.218	719.705	1711.175	576.346	1134.829	1908.646	1057.491
太原	1013.666	1013.666		34.865	379.499	465.831	133.471	982.606	929.952	52.645	1013.666	676.62
阳泉	748.741	748.741		10.929	55.757	418.639	263.416	736.81	644.084	92.726	748.741	408.673
晋中	2137.932	2132.516		93.027	836.182	713.965	489.342	1963.858	990.826	973.032	2132.516	1604.956
吕梁	2389.217	2389.217		5.263	581.238	916.111	886.605	2172.919	822.915	1350.004	2389.217	1017.714
临汾	2409.358	2395.389		5.947	517.058	1110.221	762.163	2332.955	831.586	1501.369	2405.595	2000.345
运城	2559.805	2533.467		20.93	678.478	1232.511	601.548	2527.343	1374.66	1152.683	2541.793	2463.291
长治	1695.254	1683.147		28.648	190.031	678.022	786.446	1591.399	694.761	896.638	1695.254	1067.617
晋城	1179.037	1138.349		19.228	145.381	601.246	372.494	1088.682	755.176	333.506	1165.687	518.87

市（名）	公路桥梁（米/座）																	
	合计		按使用年限分								按跨径分							
			危桥		永久性		半永久性		临时性		特大桥		大桥		中桥		小桥	
合计	92325.59	2684	20470.15	516	91415.89	2655	809.4	27	100.3	2	183.5	1	24050.11	151	34686.54	656	33405.44	1876
大同	8090.9	265	2369.6	57	8090.9	265							2139	13	2888.6	56	3063.3	196
朔州	3101.6	80	1007.4	34	3101.6	80							1067.8	5	863.7	16	1170.1	59
忻州	9514.44	345	4003	93	9494.44	344	20	1					2495.85	13	3286.2	66	3732.39	266
太原	8911.42	243	1330.95	37	8911.42	243							3758.6	16	2192.5	40	2960.32	187
阳泉	5138.9	134	808.1	14	5138.9	134							1109.1	7	1882.2	32	2147.6	95
晋中	12553.49	364	1203	30	12334.79	351	182.4	12	36.3	1			2684.8	16	5141.5	87	4727.19	261
吕梁	15330.77	424	4860.5	134	15257.77	422	73	2					2537.48	26	7582.28	147	5211.01	251
临汾	10459.99	240	1243.4	34	10093.99	230	366	10					2705.7	12	4081.16	78	3673.13	150
运城	6748.1	166	2384.3	45	6516.1	163	168	2	64	1			2578.1	19	2594.4	53	1575.6	94
长治	7500.08	266	625.9	22	7500.08	266					183.5	1	1709.18	13	2611.2	53	2996.2	199
晋城	4975.9	157	634	16	4975.9	157							1264.5	11	1562.8	28	2148.6	118

2009年全省乡公路里程及其技术状况统计表

市（名）	通车里程（公里）	等级公路(公里)						有铺装、简易铺装路面里程(公里)			晴雨通车里程（公里）	绿化里程（公里）	公路桥梁（米/座）																	
		小计	高速	一级	二级	三级	四级	小计	有铺装	简易铺装			合计		危桥		按使用年限分						按跨径分							
																	永久性		半永久性		临时性		特大桥		大桥		中桥		小桥	
合计	45215.219	44017.961		93.372	838.358	3541.155	39545.076	34013.298	23059.369	10953.929	44190.385	18092.833	42132.4	1597	5840.22	221	41061	1559	997.4	36	74	2			6918.91	51	14606.8	289	20606.69	1257
大同	5162.003	5143.152			33.04	236.603	4873.509	4093.928	4006.509	87.419	5143.152	1155.039	2454.8	106	481.9	17	2454.8	106									1247.8	25	1207	81
朔州	4035.387	3946.416		5.234	94.408	313.228	3533.546	2283.827	1901.817	382.01	3946.416	1610.261	1100.14	32	424.1	12	1100.14	32							89.64	1	622.6	10	387.9	21
忻州	6486.96	6194.111			29.592	163.889	6000.63	4290.027	3777.161	512.866	6294.239	1575.04	4246.1	195	655.1	24	4246.1	195							590	4	1183.4	22	2472.7	169
太原	1609.785	1530.234		6.363	90.345	189.377	1244.149	1236.399	1001.834	234.565	1531.72	616.436	5003.3	181	485.5	21	5003.3	181							937.5	7	1681.1	30	2384.7	144
阳泉	860.665	860.665			5.968	87.528	767.169	761.88	711.775	50.105	860.665	188.222	1722	56	163	5	1722	56							270	2	358	6	1094	48
晋中	6164.51	6133.617		33.362	172.576	373.094	5554.585	3915.343	2676.778	1238.565	6141.485	1929.206	5203.95	213	355.9	9	4949.45	197	254.5	16					937.05	7	1527.6	28	2739.3	178
吕梁	3884.294	3634.005		25.298	156.092	431.092	3021.523	2485.807	1736.152	749.655	3620.286	569.411	6731.4	226	1316.8	49	6298.9	217	389.5	8	43	1			879.5	7	2751.7	52	3100.2	167
临汾	5098.322	4753.51		15.553	100.387	875.154	3762.416	3769.536	1568.847	2200.689	4782.184	2507.2	5488.2	158	652.8	18	5134.8	146	353.4	12					1444.5	6	2226.5	50	1817.2	102
运城	6063.914	6063.914			65.418	327.279	5671.217	5783.947	1596.32	4187.627	6063.914	5871.835	1474.8	67	485.9	25	1443.8	66			31	1			110	2	419.7	9	945.1	56
长治	2715.761	2648.276		0.585	27.864	138.974	2480.853	2390.984	1433.521	957.463	2683.59	1292.259	5618.12	238	705.22	37	5618.12	238							1171.72	9	1669.2	40	2777.2	189
晋城	3133.618	3110.061		6.977	62.668	404.937	2635.479	3001.62	2648.655	352.965	3122.734	777.924	3089.59	125	114	4	3089.59	125							489	6	919.2	17	1681.39	102

2009年全省专用公路里程及其技术状况统计表

市（名）	通车里程（公里）	等级公路(公里)						有铺装、简易铺装路面里程(公里)			晴雨通车里程（公里）	绿化里程（公里）	公路桥梁（米/座）																	
		小计	高速	一级	二级	三级	四级	小计	有铺装	简易铺装			合计				按使用年限分						按跨径分							
															危桥		永久性		半永久性		临时性		特大桥		大桥		中桥		小桥	
合计	643.861	623.574		7.343	64.966	292.673	258.592	554.711	318.094	236.617	632.739	272.458	2381.75	73	237	4	2351.75	72	30	1					626	5	880.5	17	875.25	51
大同	50.721	50.721			36.25	14.471		50.721	50.721		50.721	7.8	639	10			639	10							336	2	219	4	84	4
朔州	51.281	51.281			3.751	47.53		49.152	25.204	23.948	51.281	24.42	264.4	10	105.4	2	264.4	10									135.5	3	128.9	7
忻州	143.345	143.345		6.284	7.064	9.327	120.67	108.443	58.487	49.956	143.345	51.228	494.15	21	131.6	2	494.15	21							100	1	147	3	247.15	17
太原	32.611	32.611				32.611		32.611	9.338	23.273	32.611	30.568	143	2			143	2							128	1			15	1
阳泉	3.543	3.543				3.543		3.543	3.543		3.345	3.543	17	1			17	1											17	1
晋中	62.699	62.699			5.206	9.675	47.818	37.378	5.478	31.9	62.699	34.575	206	11			206	11											206	11
吕梁	27.935	27.935				27.935		27.935	22.755	5.18	27.935	26.104	87	3			87	3									68	2	19	1
临汾	78.985	67.863		1.059	4.546	62.258		67.863	54.093	13.77	67.863	17.064	90	5			60	4	30	1									90	5
运城	108.853	108.853			0.539	54.699	53.615	108.853	34.883	73.97	108.853	41.271	125	3			125	3									107	2	18	1
长治	55.742	46.577			7.61	18.45	20.517	40.066	25.446	14.62	55.742	18.407	50.2	3			50.2	3											50.2	3
晋城	28.146	28.146				12.174	15.972	28.146	28.146		28.146	17.568	266	4			266	4							62	1	204	3		

2009 年全省村公路里程及其技术状况统计表

市（名）	通车里程（公里）	等级公路（公里）						有铺装、简易铺装路面里程（公里）			晴雨通车里程（公里）	绿化里程（公里）	公路桥梁（米/座）																	
		小计	高速	一级	二级	三级	四级	小计	有铺装	简易铺装			合计		按使用年限分								按跨径分							
															危桥		永久性		半永久性		临时性		特大桥		大桥		中桥		小桥	
合计	47929.114	43254.424		94.911	432.141	1718.077	41009.295	33058.482	25778.638	7279.844	44616.963	9241.537	40161.8	1239	3135.2	126	38222.3	1190	1908.5	48	31	1			6639.4	49	18639.92	345	14882.48	845
大同	3419.396	3323.01		1.784	29.788	96.662	3194.776	2799.104	2722.373	76.731	3323.01	205.099	1117.5	42	176	6	1117.5	42							123	1	573	11	421.5	30
朔州	2723.842	2588.287		21.814	22.428	69.992	2474.053	1686.078	1519.518	166.56	2588.849	359.915	132	5	16	1	132	5											132	5
忻州	5639.106	5001.291			7.723	44.536	4949.032	3845.832	3616.279	229.553	5452.35	98.773	3007	89	591	14	3007	89							505.2	3	1399.9	24	1101.9	62
太原	2716.632	2641.109		8.29	34.106	255.378	2343.425	1922.715	1047.39	875.325	2680.656	42.562	4450.4	180	412.7	27	4450.4	180							367.6	3	1794.6	33	2288.2	144
阳泉	3210.125	3210.125		5.13	8.704	51.369	3144.922	2827.126	2737.492	89.634	3210.125	10.66	4031.2	123	91.5	3	4031.2	123							290	2	2095.9	35	1645.3	86
晋中	4348.68	4271.362		11.535	70.454	130.66	4058.713	2664.193	1984.265	679.928	4330.25	886.487	3117.46	83	10	1	2920.46	74	197	9					369	2	1759.38	30	989.08	51
吕梁	6740.769	4591.92		6.933	40.652	143.358	4400.977	3067.122	2624.906	442.216	4830.855	815.779	8491.54	206	981.5	35	7251.04	181	1240.5	25					1724.6	12	4622.74	86	2144.2	108
临汾	7219.547	6627.264		17.358	80.266	458.996	6070.644	3820.657	2152.995	1667.662	6658.306	1141.672	3859.1	95	39	3	3388.1	81	471	14					1020	5	1799.8	35	1039.3	55
运城	4400.532	4398.392		1.4	84.11	138.972	4173.91	4047.238	2081.901	1965.337	4398.392	4356.757	1274	24			1243	23			31	1			729	5	282	5	263	14
长治	4637.45	3972.092		20.667	31.285	93.198	3826.942	3695.429	2737.294	958.135	4393.251	778.82	8678.6	316	817.5	36	8678.6	316							951	9	3833.6	77	3894	230
晋城	2873.035	2629.572			22.715	234.956	2371.901	2682.988	2554.225	128.763	2750.919	545.013	2003	76			2003	76							560	7	479	9	964	60

2009年全省乡（镇）村通公路、通油路情况汇总表

市名称	乡镇总数		乡		镇		开发区		街道办事处		行政村									备注
	总数（个）	已通畅个数	总数（个）	已通畅个数	总数（个）	已通畅个数	总数（个）	已通畅个数	总数（个）	已通畅（个）	总数（个）	已通达 个数	已通达 其中:通其他硬化路面个数	本年通达的村个数	通公路所占比重(%)	已通畅 个数	已通畅 其中:通其他硬化路面个数	本年通畅的村个数	通油路所占比重(%)	
合　计	1271	1271	631	631	564	564	5	5	71	71	28108	28082	1		99.91	26981	268	2240	95.99	
大同市	99	99	65	65	33	33	1	1			1948	1948			100.00	1938		74	99.49	
朔州市	73	73	51	51	18	18			4	4	1675	1675			100.00	1573		113	93.91	
忻州市	188	188	126	126	59	59			3	3	4851	4828			99.53	4244	174	785	87.49	
太原市	79	79	31	31	21	21	1	1	26	26	1019	1019			100.00	1017		1	99.80	
阳泉市	33	33	12	12	20	20	1	1			960	960			100.00	956	35	2	99.58	
晋中市	119	119	59	59	59	59	1	1			2755	2755			100.00	2738	6	38	99.38	
吕梁市	160	160	66	66	82	82			12	12	3108	3108			100.00	2811		697	90.44	
临汾市	156	156	76	76	75	75			5	5	2958	2958			100.00	2930		308	99.05	
运城市	148	148	55	55	81	81			12	12	3189	3189			100.00	3189		8	100.00	
长治市	135	135	64	64	68	68			3	3	3424	3422			99.94	3401	53	73	99.33	
晋城市	81	81	26	26	48	48	1	1	6	6	2221	2220		1	99.95	2184		141	98.33	

2009年全省公路系统机构设置情况统计表

单位	人员合计	局直单位		国省道																				
		个数	固定工	小计	分局机关			县级公路管理段				道班				勘察设计所				一级公路收费站				
					管理人员	工程技术人员	工勤人员	个数	管理人民	工程技术人员	工勤人员	个数	固定职工	合同制	临时工	个数	管理人员	工程技术人员	其他	个数	管理人员	工程技术人员	工勤人员	
总计	16301	9	1050	15251	873	324	159	111	2284	788	2175	691	585	1301	6851	11	247	166	165	9	75	25	536	
合计	15251			15251	873	324	159	111	2284	788	2175	691	585	1301	6851	11	247	166	165	9	75	25	536	
大同	1083			1083	139	76	7	9	279	76	43	26	6	5	555	1	42	27	7					
朔州	889			889	51	32	6	6	79	49	118	56	6	7	599	1	19	17	4					
忻州	1715			1715	80	18	5	15	394	78	151	101	116		924	1	18	18	27					
太原	1010			1010	99	12	9	6	211	110	142	36		104	414	1	27	24	4					
阳泉	664			664	67	38	16	3	79	31	127	23	7	1	347	1	16	12	4					
晋中	2049			2049	76	22	18	11	147	108	242	68	297	436	625	1	15	12	20	2	22	3	151	
吕梁	2163			2163	82	25		13	211	108	601	92	14	40	956	1	25	14	48	3	19	14	167	
临汾	1769			1769	61	15	19	17	410	72	334	103	35	359	521	1	28	17	2					
运城	1495			1495	59	34	36	13	105	58	133	98	72	220	716	1	13	10	15	2	16	8	110	
长治	1725			1725	98	30	40	12	171	38	272	82	32	25	1040	1	15	15	32					
晋城	689			689	61	22	3	6	198	60	12	6		104	154	1	29		2	2	18		108	
局直单位	1050	9	1050																					

2009年全省各市公路养护组织机构设置情况统计表

单位	小计	县乡公路												
		市交通局路管人员			县级交通局				道班				其他单位职工	
		管理人员	工程技术人员	工勤人员	个数	管理人员	工程技术人员	工勤人员	个数	固定职工	合同制	临时工	固定职工	合同制
合计	21849	75	50	10	114	2997	1454	1464	1468	925	1168	14984	316	
大同	2054				9	303	207	98	176	130	117	1406		
朔州	1367	10	6		6	104	58	3	121	75	26	1046	103	
忻州	2398				14	658	238	61	213	44	32	1603		
太原	979				10	106	55	21	52			852		
阳泉	1549	24	11	2	3	62	15	27	37		10	1424		
晋中	1989				11	159	78	78	146	62	506	1184		
吕梁	3425	25	18	3	13	522	261	440	179	182	90	1982	181	
临汾	1895				17	385	137	31	144	185	110	1184		
运城	3077	16	15	5	13	245	123	302	178	88	227	2162	32	
长治	1991				12	293	187	317	167	65		1316		
晋城	1125				6	160	95	86	55	94	50	735		

2009年全省营业性公路运输量完成情况统计表

地市名称	客运量(万人)	旅客周转量(万人公里)	货运量(万吨)	货物周转量(万吨公里)
合　计	31122	2103170	54786	9063533
太原市	2280	580000	8600	1069973
大同市	2741	217641	6520	790599
阳泉市	2428	55061	2840	204839
长治市	3282	215423	5217	724020
晋城市	2485	149486	2803	226951
朔州市	2900	111583	1655	299747
晋中市	2904	126691	5418	1189313
运城市	4750	196635	4538	1226000
忻州市	1392	92761	4129	1027406
临汾市	4154	233734	8417	1295284
吕梁市	1806	124155	4649	1009401

2009年全省道路运输经营业户情况统计表

指标名称	序号	合计	100辆及以上的企业	50－99辆的企业	10－49辆的企业	10辆以下的企业	个体运输户
甲	乙	1	2	3	4	5	6
一、道路旅客运输业户数	1	955	41	50	186	70	608
其中：班车客运	2	867	29	41	131	58	608
出租客运	3	27	13	3	10	1	0
旅游客运	4	59	0	5	42	12	0
其　他	5	11	0	2	8	1	0
内：公交客运	6	11	0	2	8	1	0
二、道路货物运输业户数	7	234890	211	221	1180	11309	221969
其中：普通货运	8	207115	203	202	1069	11206	194435
货物专用运输	9	178	1	2	32	43	100
内：集装箱运输	10	2	0	0	2	0	0
大型物件运输	11	13	0	0	3	3	7
危险货物运输	12	179	9	17	91	62	0
其　他	13	28257	0	0	2	15	28240
三、道路客货运输兼营业户数	14	12	8	0	3	1	0

补充资料：道路运输经营许可证在册数 246526 张。

2009 年全省道路运输从业人员情况统计表

指 标 名 称	序 号	人数(人)	
			持证上岗
甲	乙	1	2
道路运输从业人员合计	1	767918	544151
1.道路旅客运输从业人员	2	47862	24656
其中:客运驾驶员	3	24646	24646
乘务员	4	15870	0
2.道路货物运输从业人员	5	615087	510168
其中:道路货物运输驾驶员	6	501258	501258
内:危险货物运输驾驶员	7	6129	6129
其中:危险货物运输押运员	8	5700	5700
危险货物运输装卸管理员	9	1166	1166
3.站(场)经营从业人员	10	9499	0
其中:客运站经营从业人员	11	8072	0
货运站(场)经营从业人员	12	1427	0
4.机动车维修经营从业人员	13	78559	729
其中:技术负责人	14	10922	0
质量检验员	15	5323	729
其他维修技术人员	16	35355	0
5.机动车驾驶员培训从业人员	17	12487	8598
6.其他相关业务经营从业人员	18	4424	0

2009年全省道路客货运站情况统计表

指 标 名 称	计量单位	序 号	数 量
甲	乙	丙	1
一、客运站			
1.客运站数量合计	个	1	23488
其中:配备危险品安全检测仪的客运站	个	2	61
一级站	个	3	17
其中:配备危险品安全检测仪的一级站	个	4	17
二级站	个	5	56
其中:配备危险品安全检测仪的二级站	个	6	35
三级站	个	7	26
其中:配备危险品安全检测仪的三级站	个	8	8
四级站	个	9	28
五级站	个	10	177
简易站及招呼站	个	11	23184
2.客运站本期完成投资合计	万元	12	3292.75
其中:政府投资	万元	13	687.75
3.客运站站务人员合计	人	14	5486
4.客运站平均日发班次	班次	15	32891.0
其中:一级站	班次	16	7191.0
二级站	班次	17	9232.0
5.客运站平均日旅客发送量	人次	18	502834
其中:一级站	人次	19	103086
二级站	人次	20	184699
二、货运站			
1.货运站数量合计	个	21	55
一级站	个	22	2
二级站	个	23	7
三级站	个	24	4
四级站	个	25	42
2.货运站本期完成投资合计	万元	26	500.00
其中:政府投资	万元	27	0
3.货运站平均日换算货物吞吐量	万吨	28	5.60
其中:一级站	万吨	29	0.19

2009 年全省道路客运线路班次情况统计表

指标名称	计量单位	序号	合计	＜400 公里	≥400 且＜800 公里	≥800 公里
甲	乙	丙	1	2	3	4
客运线路合计	条	1	5220	4850	252	118
	平均日发班次	2	31105.9	30693.5	325.3	87.1
其中:高速公路客运线路	条	3	511	297	116	98
	平均日发班次	4	1855.8	1635.5	158.5	61.8
1.跨省线路	条	5	630	297	215	118
	平均日发班次	6	1137.4	833.0	217.3	87.1
2.跨地(市)线路	条	7	850	813	37	0
	平均日发班次	8	3577.5	3469.5	108.0	0
3.跨县线路	条	9	1119	1119	0	0
	平均日发班次	10	7580.0	7580.0	0	0
4.县内线路	条	11	2621	2621	0	0
	平均日发班次	12	18811.0	18811.0	0	0

2009年全省农村道路客运情况统计表

指　标　名　称	计量单位	序号	数量
甲	乙	丙	1
一、客运班车通达情况			
乡镇总数	个	1	1213
其中:通班车的乡镇数	个	2	1203
建制村总数	个	3	27987
其中:通班车的建制村数	个	4	26776
二、农村客运站数量	个	5	23353
三、农村客运班线	条	6	2792
	平均日发班次	7	20006.0
四、农村客运车辆合计	辆	8	6819
	客位	9	121438
1. 按等级分			
高　级	辆	10	73
	客位	11	1560
中　级	辆	12	1575
	客位	13	30374
普　通	辆	14	5171
	客位	15	89504
2. 按车长分			
特大型	辆	16	0
	客位	17	0
大　型	辆	18	148
	客位	19	5095
中　型	辆	20	3819
	客位	21	76059
小　型	辆	22	2852
	客位	23	40284
五、农村旅客运输量			
客运量	万人	24	8344.71
旅客周转量	万人公里	25	202615.00
六、农村客运站本期完成投资	万元	26	815.75
其中:政府投资	万元	27	507.75

2009年全省城市(县城)公共汽电车综合情况统计表

地区名称	序号	运营车数(辆)				标准运营车数(标台)	运营线路网长度(公里)	公交专用车道长度(公里)	客运总量(万人次)	汽油销耗量(吨)	乙醇汽油消耗量(吨)	柴油消耗(吨)	天然气消耗量(万立方米)	液化石油气消耗量(万吨)	电消耗量(万千瓦时)
		合计	公共汽车												
			天然气燃料车	液化石油气燃料库	无轨电车										
山西	1	8130	333	0	136	7931	11904	42	110575	29211	0	68257	1394	0	628
太原	2	2094	0	0	136	2282	1399	42	35211	17998	0	6890	0	0	628
大同	3	974	6	0	0	976	636	0	14886	1612	0	9833	348	0	0
阳泉	4	589	200	0	0	673	451	0	15439	1348	0	3379	439	0	0
长治	5	676	63	0	0	678	2315	0	9826	3017	0	4983	366	0	0
晋城	6	406	44	0	0	373	812	0	5733	2623	0	3384	106	0	0
朔州	7	293	0	0	0	275	274	0	2475	389	0	3645	0	0	0
晋中	8	714	0	0	0	718	2117	0	4867	290	0	7226	0	0	0
运城	9	758	0	0	0	547	1481	0	8436	0	0	11763	0	0	0
忻州	10	408	0	0	0	346	916	0	4145	295	0	4032	0	0	0
临汾	11	761	20	0	0	698	1065	0	6657	1245	0	8273	135	0	0
吕梁	12	457	0	0	0	365	438	0	2900	394	0	4849	0	0	0

2009年全省城市(县城)出租汽车综合情况表

地区名称	序号	出租汽车						
		运营车数（辆）	客运总量（万人次）	汽油销耗量（吨）	乙醇汽油消耗量（吨）	天然气消耗量（万立方米）	液化石油气消耗量（万吨）	柴油消耗总量（吨）
山西	1	37912	98916	267086	0	6147	0	1127
太原	2	8592	19672	82138	0	0	0	0
大同	3	5548	16438	34597	0	238	0	0
阳泉	4	1560	7152	11868	0	0	0	0
长治	5	2837	9576	19330	0	27	0	1048
晋城	6	1736	5321	6542	0	749	0	8
朔州	7	1817	4091	6369	0	1726	0	0
晋中	8	2559	5541	13061	0	0	0	0
运城	9	4667	10037	32778	0	0	0	59
忻州	10	2515	8222	13494	0	0	0	6
临汾	11	3967	8657	32719	0	3407	0	6
吕梁	12	2114	4209	14190	0	0	0	0

政策·法规辑录

中华人民共和国交通运输部

中华人民共和国船舶安全检查规则

中华人民共和国交通运输部令2009年第15号

《中华人民共和国船舶安全检查规则》已于2009年10月29日经第10次部务会议通过，现予公布，自2010年3月1日起施行。

交通运输部部长　李盛霖

2009年11月30日

第一章　总　则

第一条　为规范船舶安全检查活动，保障水上人命、财产安全，防止船舶造成水域污染，根据《中华人民共和国海上交通安全法》、《中华人民共和国海洋环境保护法》、《中华人民共和国内河交通安全管理条例》等法律、行政法规和我国缔结、加入的有关国际公约，制定本规则。

第二条　本规则适用于对中国籍船舶以及航行、停泊、作业于我国港口（包括海上系泊点）、内水和领海的外国籍船舶实施的安全检查活动。

本规则不适用于军事船舶、公安船舶、渔业船舶和体育运动船艇。

本规则所称"船舶安全检查"，是指海事管理机构按照本规则规定的程序，对船舶技术状况、船员配备及适任状况等进行监督检查，以督促船舶、船员、船舶所有人、经营人、管理人以及船舶检验机构、发证机构、认可组织等有效执行我国法律、行政法规、规章，船舶法定检验技术规范，以及我国缔结、加入的有关国际公约的规定。

第三条　船舶安全检查遵循依法、公正、诚信、便民的原则。

第四条　中华人民共和国海事局统一管理全国的船舶安全检查工作。

其他各级海事管理机构按照职责开展船舶安全检查工作。

第二章　船舶安全检查和处理

第五条　船舶安全检查分为船旗国监督检查和港口国监督检查。

船旗国监督检查是指对中国籍船舶实施的船舶安全检查；港口国监督检查是指对航行、停泊、作业于我国港口（包括海上系泊点）、内水和领海的外国籍船舶实施的船舶安全检查。

第六条　船舶安全检查，应当由至少两名安全检查人员于船舶停泊或者作业期间实施。

禁止对在航船舶进行安全检查，但法律、行政法规另有规定的除外。

第七条 从事船舶安全检查的人员应当具备必要的船舶安全检查知识和技能,并取得相应等级的船舶安全检查资格证书。海事管理机构应当配备足够、合格的船舶安全检查人员和必要的装备、资料等,以满足船舶安全检查工作的需要。

第八条 船舶安全检查的内容包括:

(一)船舶配员;

(二)船舶和船员有关证书、文书、文件、资料;

(三)船舶结构、设施和设备;

(四)载重线要求;

(五)货物积载及其装卸设备;

(六)船舶保安相关内容;

(七)船员对与其岗位职责相关的设施、设备的实际操作能力以及中国籍船员所持适任证书所对应的适任能力;

(八)船员人身安全、卫生健康条件;

(九)船舶安全与防污染管理体系的运行有效性;

(十)法律、行政法规、规章以及国际公约要求的其它检查内容。

第九条 海事管理机构应当根据中华人民共和国海事局制定的选船标准以及国际公约、区域性合作组织的规定,结合辖区实际情况,按照公平对等、便利公开、重点突出的原则,合理选择船舶实施安全检查。

经海事管理机构检查的中国籍船舶或者经《亚太地区港口国监督谅解备忘录》成员当局检查的外国籍船舶,自检查完毕之日起六个月内不再进行检查,但下列船舶除外:

(一)客船、油船、液化气船、散装化学品船;

(二)发生水上交通事故或者污染事故的船舶;

(三)被举报低于安全、防污染、保安、劳工条件等要求的船舶;

(四)新发现存在若干缺陷的船舶;

(五)依选船标准核算具有较高安全风险指数的船舶;

(六)中华人民共和国海事局指定检查的船舶。

第十条 检查人员实施船舶安全检查,在登轮后应当向船方出示有效证件,表明来意。先进行初步检查,对船舶进行巡视,核查船舶证书、文书和船员证书。

有下列情形之一的,检查人员应当对船舶实施详细检查,并告知船方进行详细检查的原因:

(一)巡视或者核查过程中发现在安全、防污染、保安、劳工条件等方面明显存在缺陷或者隐患的;

(二)被举报低于安全、防污染、保安、劳工条件等要求的;

(三)两年内未经海事管理机构详细检查的;

(四)中华人民共和国海事局要求进行详细检查的。

第十一条 检查人员实施详细检查时,船长应当指派人员陪同。陪同人员应当如实回答检查人员提出的问题,并按照检查人员的要求测试和操纵船舶设施、设备。

第十二条 检查人员应当运用专业知识对船舶存在的缺陷作出判断,并按照有关法律、行政法规或者国际公约的规定,提出下列一种或者几种处理意见:

(一)开航前纠正缺陷;

(二)在开航后限定的期限内纠正缺陷;

(三)滞留;

(四)禁止船舶进港;

(五)限制船舶操作;

(六)责令船舶驶向指定区域;

(七)驱逐船舶出港;

(八)法律、行政法规或者国际公约规定的其他措施。

第十三条 船舶有权对海事管理机构实施船舶安全检查时提出的缺陷以及处理意见当场进行陈述和申辩。海事管理机构应当充分听取船方意见。

第十四条 实施船旗国监督检查结束

后,检查人员应当签发《船旗国监督检查记录簿》;实施港口国监督检查结束后,检查人员应当签发《港口国监督检查报告》。

检查人员应当在《船旗国监督检查记录簿》或者《港口国监督检查报告》中标明缺陷及处理意见,签名并加盖船舶安全检查专用章。对于缺陷处理意见为滞留的,检查人员应当在《船旗国监督检查记录簿》或者《港口国监督检查报告》中注明理由。

第十五条 海事管理机构采取本规则第十二条第(三)、(四)、(七)项所列处理措施之一的,对于中国籍船舶应当通报船籍港海事管理机构;对于外国籍船舶应当通过中华人民共和国海事局通报其船旗国政府、国际海事组织。

第十六条 导致滞留的缺陷如与船舶检验机构、发证机构或者认可组织有关的,还应当通报相关的船舶检验机构、发证机构或者认可组织。

接到通报的船舶检验机构、发证机构或者认可组织应当核实和调查有关缺陷情况,采取相应的措施,并将相关情况及时反馈给发出通知的海事管理机构。

第十七条 船舶以及相关人员应当按照海事管理机构签发的《船旗国监督检查记录簿》或者《港口国监督检查报告》的要求,对存在的缺陷进行纠正。

中国籍船舶的船长或者履行船长职责的船员应当对缺陷纠正情况进行检查,并在航行日志中进行记录。

第十八条 船舶在纠正导致海事管理机构采取本规则第十二条第(三)、(四)、(五)、(七)项所列处理措施之一的缺陷后,应当向海事管理机构申请复查。对其它缺陷纠正后,船舶可以自愿申请复查。

海事管理机构接到自愿复查申请,决定不予复查的,应当及时通知申请人。

第十九条 海事管理机构可以根据需要对缺陷纠正情况进行跟踪检查。

对已经纠正的缺陷,经复查或者跟踪检查合格后,检查人员应当在船舶安全检查报告中签名并加盖船舶安全检查复查合格章,海事管理机构应当及时解除相应的处理措施。

第二十条 从事国际航行的中国籍船舶所有人、经营人或者管理人应当按照中华人民共和国海事局的规定,定期将船舶在境外接受检查和处罚的情况向船籍港海事管理机构报告。

对连续二年不能返回国内港口接受船旗国监督检查的船舶,经中华人民共和国海事局授权,船籍港海事管理机构可以到船舶所在地港口对船舶实施船旗国监督检查。

第二十一条 中国籍船舶在境外发生水上交通事故或者污染事故的,或者在境外被滞留、禁止进港(入境)、驱逐出港(境)的,船舶所有人、经营人或者管理人应当在船舶到达国内第一个港口前,将船舶在境外接受检查和处罚的情况向船籍港海事管理机构报告。

对发生第一款规定情形的船舶,中华人民共和国海事局可以根据事故或者缺陷的性质以及客观条件,指定有关船舶检验机构对其实施境外临时检验。

第二十二条 船舶存在可能影响水上人命、财产安全或者可能造成水域环境污染的缺陷和隐患的,船员及其他知情人员应当向海事管理机构举报。

海事管理机构应当为举报人保守秘密。

第二十三条 海事管理机构应当建立健全船舶安全检查信息公开制度,并接受社会公众和有关方面的咨询和监督。

第二十四条 船舶安全检查不免除船舶、船员及相关方在船舶安全、防污染和保安等方面应当履行的法定责任和义务。

第三章 《船旗国监督检查记录簿》和《港口国监督检查报告》使用规定

第二十五条 中国籍船舶应当随船携带《船旗国监督检查记录簿》。

《船旗国监督检查记录簿》由船舶或者其所有人、经营人、管理人向海事管理机构申请换发、补发。

《船旗国监督检查记录簿》使用完毕或者污损不能继续使用的，应当申请换发，并交验前一本《船旗国监督检查记录簿》。因遗失或者灭失等原因申请补发的，应当书面说明理由，附具有关证明文件，并提供最近一次对其实施船旗国监督检查的海事管理机构名称。

第二十六条 《船旗国监督检查记录簿》应当连续使用，保持完整，不得缺页、擅自涂改或者故意毁损。

《港口国监督检查报告》以及使用完毕的《船旗国监督检查记录簿》应当妥善保管，至少在船上保存二年。

第二十七条 除海事管理机构外，任何单位、人员不得扣留、收缴《船旗国监督检查记录簿》或者《港口国监督检查报告》，也不得在《船旗国监督检查记录簿》或者《港口国监督检查报告》上签注。

第二十八条 船舶不得涂改、故意损毁、伪造、变造《船旗国监督检查记录簿》或者《港口国监督检查报告》，不得以租借、骗取等手段冒用《船旗国监督检查记录簿》或者《港口国监督检查报告》。

第四章 法律责任

第二十九条 违反本规则，有下列行为之一的，由海事管理机构对违法船舶或者其所有人、经营人、管理人处1000元以上1万元以下的罚款；情节严重的，处1万元以上3万元以下的罚款。对违法人员处以100元以上1000元以下的罚款；情节严重的，处1000元以上3000元以下的罚款：

（一）拒绝或者阻挠检查人员实施船舶安全检查的；

（二）弄虚作假欺骗检查人员的；

（三）未按照《船旗国监督检查记录簿》或者《港口国监督检查报告》的处理意见纠正缺陷或者采取措施的；

（四）船舶在纠正按照第十九条规定应当申请复查的缺陷后未申请复查的；

（五）未按照第二十条第一款、第二十一条第一款规定将船舶在境外接受检查和处罚的情况向船籍港海事管理机构报告的；

（六）涂改、故意损毁、伪造、变造《船旗国监督检查记录簿》或者《港口国监督检查报告》的；

（七）以租借、骗取等手段冒用《船旗国监督检查记录簿》或者《港口国监督检查报告》的。

第三十条 中国籍船舶未按照规定携带《船旗国监督检查记录簿》的，海事管理机构应当责令改正，并对违法船舶处1000元罚款。

第三十一条 检查人员徇私舞弊、玩忽职守或者滥用职权的，海事管理机构应当按照有关规定作出处理。

第三十二条 海事管理机构在实施船旗国监督检查中发现船舶存在的缺陷与船舶检验机构、发证机构和认可组织有关的，应当根据相关规定对船舶检验机构、发证机构、认可组织或者其工作人员开展调查和处理。

第五章 附 则

第三十三条 本规则所称缺陷，是指船舶技术状况、船员配备及适任状况等不符合我国法律、行政法规、规章、船舶法定检验技术规范和我国缔结、加入的国际公约要求的情况。

第三十四条 船舶申请复查的，应当按照规定交纳复查费用并负担相应的交通费用。

第三十五条 《船旗国监督检查记录簿》和《港口国监督检查报告》由中华人民共和国海事局统一印制。

第三十六条 本规则自2010年3月1日起施行，1997年11月5日交通部发布的《中华人民共和国船舶安全检查规则》（交通部令1997年第15号）同时废止。

交通运输行政执法评议考核规定

中华人民共和国交通运输部令2010年第2号

《交通运输行政执法评议考核规定》已于2010年7月9日经第6次部务会议通过,现予公布,自2010年10月1日起施行。

交通运输部部长 李盛霖
2010年7月27日

第一章 总 则

第一条 为了加强交通运输行政执法监督,落实执法责任,提高执法水平,规范交通运输行政执法评议考核工作,根据国务院《全面推进依法行政实施纲要》和国务院办公厅《关于推行行政执法责任制的若干意见》,制定本规定。

第二条 交通运输行政执法评议考核是指上级交通运输主管部门对下级交通运输主管部门、部直属系统上级管理机构对下级管理机构、各级交通运输主管部门对所属行政执法机构和行政执法人员行使行政执法职权、履行法定义务的情况进行评议考核。

第三条 交通运输部主管和指导全国执法评议考核工作。

地方各级交通运输主管部门在各自的职责范围内负责管理和组织本辖区的执法评议考核工作。

各级交通运输主管部门的法制工作机构负责具体组织实施本辖区的执法评议考核工作。

第四条 执法评议考核应当遵守严格依法、公开公正、有错必纠、奖罚分明的原则。

第二章 执法评议考核的内容与标准

第五条 执法评议考核的主要内容包括:

(一)在行政处罚过程中的执法情况;

(二)在行政强制过程中的执法情况;

(三)办理行政许可的情况;

(四)办理行政复议、行政诉讼、国家赔偿以及控告申诉案件的情况;

(五)开展执法监督和执法责任追究工作的情况。

第六条 执法评议考核的基本标准:

(一)行政执法主体合法;

(二)行政执法内容符合执法权限,适用执法依据适当;

(三)行政执法行为公正、文明、规范;

(四)行政执法决定的内容合法、适当;

(五)行政执法程序合法、规范;

(六)法律文书规范、完备;

(七)依法制定有关行政执法工作的规范性文件,文件内容不与国家法律、行政法规、规章及上级规范性文件相抵触;

(八)在登记、统计、上报各类执法情况的工作中,实事求是,严格遵守有关规定,无弄虚作假、隐瞒不报的情形。

第七条 行政处罚和行政强制工作应当达到以下标准:

(一)行政执法主体合法,符合管辖规定;

(二)行政执法符合执法权限,无越权处罚情形;

(三)案件事实清楚,证据确实充分;

(四)调查取证合法、及时、客观、全面,无篡改、伪造、隐瞒、毁灭证据以及因故意或者严重过失导致证据无法取得等情形;

(五)定性及适用法规准确,处理适当;

（六）行政执法程序合法；

（七）对依法暂扣、罚没的财务妥善保管、依法处置，无截留、坐支、私分、挪用或者以其他方式侵吞等情形；

（八）依法履行告知的义务，保障行政管理相对人的陈述、申辩和要求听证的权利；

（九）法律文书规范、完备。

第八条 行政许可工作应当达到以下标准：

（一）行政许可的实施主体合法，具有相应的行政许可权；

（二）行政许可的实施主体已经按照有关规定，将行政许可事项、依据、条件以及受理要求等相关内容予以公示；

（三）依法履行告知的义务，保障行政许可申请人和利害关系人要求听证的权利；

（四）行政许可的受理、审查、决定和听证程序合法；

（五）法律文书规范、完备。

第九条 办理行政复议、行政诉讼、国家赔偿以及控告申诉案件应当达到以下标准：

（一）依法办理行政复议案件，无符合法定受理条件不依法受理、不依法作出复议决定或者复议决定被人民法院依法撤销等情形；

（二）对行政诉讼案件依法应诉，无拒不出庭、不提出诉讼证据和答辩意见等情形；

（三）依法进行国家赔偿，对违法行为无拖延确认、不予确认或不依法理赔等情形；

（四）依法、及时处理控告申诉，无推诿、拖延、敷衍等情形。

第十条 开展执法监督和执法责任追究工作应当达到以下标准：

（一）严格执行上级交通运输行政主管部门的监督决定和命令，无拒不执行、拖延执行等情形；

（二）对已经发现的错误案件及时纠正，无故意隐瞒、拒不纠正的情形；

（三）依法及时追究有关责任人的过错责任，无应当追究而不追究或者降格追究的情形。

第三章 执法评议考核的组织与实施

第十一条 交通运输部负责组织开展全国交通运输系统的执法评议考核工作。

部海事局、长江航务管理局应当组织开展对本系统的执法评议考核工作。

地方各级交通运输主管部门应当对下级交通运输主管部门及其所属执法机构的执法情况按照本规定开展日常执法评议考核和年度执法评议考核工作，并将年度执法评议考核结果报送上一级交通运输主管部门。

第十二条 交通运输部对省级交通运输主管部门执法评议考核结果予以通报。

部海事局、长江航务管理局对本系统执法评议考核结果予以通报。

省级交通运输主管部门应当将年度执法评议考核结果在本辖区内予以通报。

第十三条 开展年度执法评议考核工作可以成立以本级交通运输主管部门相关负责人任组长，交通运输有关部门或者机构参加的考核领导小组。考核小组的日常工作可以由各级交通运输主管部门法制工作机构负责具体实施。

第十四条 执法评议考核实行百分制，根据考核的内容范围确定各项考核内容所占分数。省级交通运输主管部门、部直属系统应结合本地、本系统实际情况确定统一的考核项目和评分标准。

执法评议考核结果以年度计分为准，分为优秀、达标、不达标三档。

第十五条 行政执法机构具有下列情形之一的，该年度执法评议考核结果应当确定为不达标：

（一）违法执法导致行政相对人伤亡或者引发群体性事件，造成恶劣社会影响的；

（二）违法执法拒不纠正导致行政相对人长期赴京、到省上访的；

（三）违法执法导致媒体集中报道引起社会公众广泛关注、造成较为严重负面影响的；

（四）对上级指出的严重违法问题未予改正的；

（五）弄虚作假、对已生效的执法文书等执法卷宗材料进行事后加工、修改、完善的；

（六）拒绝接受或者不积极配合执法评议考核的。

第十六条 执法评议考核应当将内部评议与外部评议相结合。

内部执法评议考核的主要方法包括：

（一）审阅有关报告材料、听取情况汇报；

（二）组织现场检查或者暗访活动；

（三）评查执法案卷，调阅相关文件、资料；

（四）进行专项工作检查或者专案调查；

（五）对行政执法人员进行法律水平测试。

外部执法评议考核的主要方法包括：

（一）召开座谈会；

（二）发放执法评议卡；

（三）设立公众意见箱；

（四）开通执法评议专线电话；

（五）聘请监督评议员；

（六）发放问卷调查表；

（七）举行民意测验。

第十七条 有下列情形之一的，应当在执法评议考核结果中适当加分：

（一）在重大社会事件中行使行政执法职权或者履行法定义务及时、适当，在本地区或者本系统反响良好的；

（二）落实行政执法责任制工作扎实，总结典型经验，被上级主管部门推广的。

第十八条 对违法执法自查自纠，并依法追究执法过错责任的，可以减少扣分。

第十九条 上级交通运输主管部门可以对下级交通运输主管部门的执法评议考核结果进行复核。

第二十条 对执法评议考核结果有异议的，相关单位可以自结果通报之日起15日内向负责执法评议考核的交通运输主管部门提出书面申诉。负责执法评议考核的交通运输主管部门根据情况可以重新组织人员复查，并将复查结果书面通知申诉单位。

第二十一条 各级交通运输主管部门应当建立行政执法评议考核档案，如实记录日常执法评议考核情况，作为年度执法评议考核的重要依据。

第二十二条 各级地方交通运输主管部门要建立执法反馈制度，适时邀请执法相对人开展执法反馈工作，改进执法工作，提高行政执法水平。

第四章 奖 惩

第二十三条 执法评议考核结果是衡量交通运输主管部门及其所属执法机构工作实绩的重要指标。对考核结果为优秀的单位要予以通报表彰；连续三年被评为优秀的，对单位及主要领导给予嘉奖。

凡申报交通运输系统全国性荣誉的，执法评议考核结果应当是优秀。

第二十四条 对执法评议考核结果不达标的单位，应当予以通报批评，责令限期整改，并取消其当年评优受奖资格。

第二十五条 在执法评议考核过程中，发现已办结的案件或者执法活动确有错误或不适当的，应当依法及时纠正。需要追究有关领导或者直接责任人员执法责任的，依照相关规定予以追究。

第二十六条 上级交通运输主管部门应当根据执法评议考核结果及执法工作需要，向执法考核中未达标的执法机构派出执法督导组进行有针对性的执法指导，与基层执法机构共同执法，发现问题，及时纠正。

第五章 附 则

第二十七条 本办法自2010年10月1日施行。

山西省人民政府办公厅

关于印发山西省水上搜救应急预案的通知

山西省人民政府办公厅晋政办发〔2009〕70号

各市、县人民政府,省人民政府各委、厅,各直属机构:

《山西省水上搜救应急预案》已经省人民政府同意,现予印发。

山西省人民政府办公厅
2009年5月21日

山西省水上搜救应急预案

1　**总　则**

1.1 编制目的

建立全省水上搜救应急反应机制,迅速、有序、高效组织水上突发事件的应急反应和救助遇险人员行动,控制水上突发事件的扩展,最大程度地减少水上突发事件造成的人员伤亡和财产损失,维护社会稳定,特制订本预案。

1.2 编制依据

根据《中华人民共和国突发事件应对法》、《中华人民共和国安全生产法》、《中华人民共和国内河交通安全管理条例》、《中华人民共和国无线电管理条例》、《山西省水上交通安全管理办法》、《国家突发公共事件总体应急预案》、《国家海上搜救应急预案》和《山西省突发公共事件总体应急预案》的规定。

1.3 适用范围

我省管辖水域内发生的特别重大、重大水上突发事件的搜救应急行动及参与水上突发事件应急反应行动的单位、船舶、航空器、设施及人员。

1.4 工作原则

统一指挥,分级管理,属地为主;

社会参与,以人为本,防应结合。

2　**组织体系及职责**

2.1 省水上搜救应急指挥部

总 指 挥:分管副省长

副总指挥:省人民政府分管副秘书长
　　　　　省交通厅厅长

成员单位:省委宣传部、新华社山西分社、省军区、武警山西省总队、省公安厅、省公安消防总队、省发展改革委、省财政厅、省交通厅、省国土资源厅、省水利厅、省卫生厅、省安监局、省通信管理局、省环保局、省气象局、山西保监局、省旅游局。

2.2 省水上搜救应急指挥部职责

(1)负责编制和修订《山西省水上搜救应急预案》,制定有关水上搜救应急工作制度,研究、部署全省水上搜救应急管理工作。

(2)负责协调有关部门,统一调配施救人员、船舶、物资、器材。

(3)分析、研究特别重大、重大水上突发事件的有关信息,协商应对策略,采取措施,妥善处置。

(4)组织指挥特别重大、重大水上突发事件的应急救援。

(5)宣布启动应急响应和终止应急行动等。

2.3 省水上搜救应急指挥部办公室设在省交通厅

主　　任:省交通厅分管副厅长

常务副主任:省地方海事局局长

2.4 省水上搜救应急指挥部办公室职责

(1)贯彻落实国家及省人民政府有关应急工作的决定,承担全省特别重大、重大水上应急的日常工作;负责《山西省水上突发事件应急预案》的制订、实施、演练;制订重大水上搜救和船舶污染突发事件应急预案及有关规章制度。

(2)承担水上搜救和船舶污染突发事件应急反应值班工作;负责组织、协调、指挥重大水上搜救和船舶污染突发事件应急救援行动;协调和指导地方水上搜救和船舶污染突发事件应急信息系统建设。

(3)与相邻省(市)建立应急响应、联动机制;开展与相邻省水上搜救和船舶污染应急反应方面的交流与合作。

(4)开展水上突发事件应急的宣传和解释工作;开展人员培训工作。

(5)负责指挥部各类文书资料的准备、整理和归档。

(6)承办指挥部交办的其他工作。

2.5 省水上搜救应急指挥部成员单位职责

省委宣传部:根据省水上搜救应急指挥部安排,统一宣传报道口径,组织媒体播发相关新闻;根据事件的严重程度或其他需要安排媒体采访,组织新闻发布会,及时对外发布信息;加强对新闻单位、媒体宣传报道水上搜救的指导和管理;正确引导舆论。

新华社山西分社:配合省水上搜救应急指挥部掌握舆论引导主动权,及时获取和发布突发事件的全面、真实和客观信息。

省军区:经省水上搜救应急指挥部的审批,负责组织所属现役、预备役部队和民兵参加水上应急救援行动;协调驻晋部队参加水上应急救援行动。

武警山西省总队:经省水上搜救应急指挥部的审批,负责协调驻晋武警部队,参加水上特别重大和重大应急救援行动。

省公安厅:参与水上搜救应急处置工作;查处水上违法犯罪行为;负责道路交通管控,开辟救援通道;负责维护现场治安秩序,防止出现群体事件和治安事件;要提供必要的消防装备和技术支持并进行灭火消防;负责核查水上突发事件伤亡及失踪人员。

省发展改革委:负责应急物资(救生车、艇、救生衣、通信设备等)的储备、调拨。

省财政厅:负责水上搜救应急工作经费保障,并监督资金的使用情况。

省交通厅:承担省水上搜救应急指挥部赋予的日常工作;协调、指导和组织水上搜救应急反应行动;协调省内地方交通系统各单位参加水上搜寻救助;领导省地方海事局进行水上交通事故的调查处理。

省国土资源厅:负责地质灾害引发的水上突发事件的调查工作和信息提供。

省水利厅:负责水情监测,提供相关水域的重大水情信息,调派本系统的专业潜水作业队伍及渔业船舶参加应急搜救工作。

省卫生厅:按照《山西省突发公共事件医疗卫生救援应急预案》,组织协调事发地开展医疗救援和疾病预防控制工作,并提供技术支持。

省安监局：负责监督市、县安监部门做好水上搜救应急反应行动，受省人民政府委托，组织重大水上突发事件的调查处理。

省通信管理局：根据临时应急抢险需要，组织、协调电信运营企业提供临时应急通信线路和通信设备，保障通信畅通。

省环保局：负责组织水上突发事件造成环境污染危害的环境应急检测，按照山西省突发环境事件应急预案应急响应程序和属地化管理原则，启动突发环境事件应急预案，采取有效措施处置环境污染。

省气象局：负责监测天气形势，及时提供气象趋势预测、重要天气预报等相关信息，根据需要开展现场应急气象观测和服务保障。

山西保监局：负责参保遇险船舶、水上设施、人员财产和人身保险理赔工作。

省旅游局：负责景区险情区域各类旅游团队和个人的安置与疏散工作，参与处理旅游团队发生的水上突发事件。

2.6 水上搜救应急专家组

省应急救援专家组由安监、交通、水利、消防、医疗卫生、保险、环保、地质、气象、航空、潜水打捞、安全管理等行业专家组成，为水上突发事件应急处置提供技术咨询和建议，参与水上应急救援体系建设的研究工作，提供法制建设、体系建设、发展规划咨询，必要时参与现场相关工作。

2.7 水上搜救应急救援专业力量

建立以专业队伍为基础，其他专门队伍和志愿者为补充的应急救援体系。省水上搜救应急救援专业机构和专业力量由省地方海事局在省地方海事局和水运业务比较大的太原市、运城市、吕梁市、忻州市各组建专门的搜救中心、分中心和专业力量，并依托武警消防和水利厅的专门潜水力量开展专业救援。同时设立救援装备及物资仓库，由各市地方海事局负责日常管理，确保应急救援急用。

2.8 市、县水上搜救应急指挥部

各市、县人民政府应成立相应的应急指挥部及相应组织机构，制订应急预案，负责本行政区内水上突发事件的应急搜救工作的决策，进行现场指挥，组织应急救援，制定控制措施，检查督促有关单位做好水上突发事件调查处置、后勤保障、信息上报、善后处理及恢复生产和生活秩序等工作。

3 **监测预警**

3.1 预警信息

预警信息包括：气象、水文、地质等自然灾害信息；重大安全隐患信息；影响船舶航行安全的水上施工建设信息；其他可能威胁水上人身、财产、环境安全或造成水上突发事件发生的信息。

气象部门对灾害性天气（如大雾、暴风雨）进行监测分析和预报，为预防和处置水上突发事件提供气象依据；水利部门对航道水文变化（如流量、水位）进行监测分析，预报可能引发的水上突发事件；国土资源部门对地质灾害（如山体滑坡、泥石流）进行监测分析，预报可能引发的水上突发事件；交通海事管理机构负责收集省内相关机构或相关省（市）通报的水上险情信息，负责对水上交通安全形势（如船员违章、船舶隐患、通航秩序）进行监测分析，预报可能引发的水上突发事件。

3.2 预警分级

3.2.1 特别重大风险信息（Ⅰ级），以"红色"预警信号表示。

（1）各种突发气象灾害（大雾、暴雨、大风、大雪等）造成能见度不足100米。

（2）监测预报山体滑坡处于临灾变形阶段的信息，泥石流等地质灾害一级预警信息。

（3）监测预报有特大洪峰的信息。

（4）辖段水域内安全形势特别严峻：发生特大恶性突发事件，或季度内连续发生两次死亡10人以上（含10人）的突发事件，或月度内局部水域连续发生5起人员死亡突发事件。

（5）辖区所有水域水上施工（水上爆破、大坝合龙、水库开闸放水）等影响船舶航行安全的信息。

(6)特大凌讯的信息。

3.2.2 重大风险信息(Ⅱ级),以“橙色”预警信号表示。

(1)各种突发气象灾害(大雾、暴雨、大风、大雪等)造成能见度不足500米。

(2)监测预报山体滑坡处于加速变形阶段的信息,泥石流等地质灾害二级预警信息;可能造成严重阻航或断流的监测信息。

(3)监测预报有较大洪峰的信息。

(4)辖段水域内安全形势严峻:发生死亡4至9人以上突发事件,或月度内局部水域连续发生3起人员死亡突发事件。

(5)重大凌讯的信息。

3.2.3 较大风险信息(Ⅲ级),以“黄色”预警信号表示。

(1)各种突发气象灾害(大雾、暴雨、大风、大雪等)造成能见度不足800米。

(2)监测预报山体滑坡处于匀速变形阶段的信息,泥石流等地质灾害三级预警信息。

(3)监测预报有大洪峰的信息。

(4)辖段水域内安全形势较为严峻:月度内发生3起死亡2人以下的突发事件。

(5)较大凌讯的信息。

3.2.4 一般风险信息(Ⅳ级),以“蓝色”预警信号表示。

(1)各种灾害性天气预报信息,能见度不足1000米。

(2)监测预报山体滑坡处于蠕动变形阶段的信息,泥石流等地质灾害四级预警信息。

(3)辖段水域内安全形势趋于严峻:局部水域通航秩序严重恶化,或通航条件严重影响船舶安全航行;船舶同类违法行为、安检滞留率明显上升;出现重大安全隐患。

(4)重大节假日期间、旅游旺季水上运输处于满负荷状态。

(5)一般凌讯的信息。

3.3 预警信息发布

预警信息实行各成员部门归口管理、各部门发布。重大以上风险信息由省气象局、省水利厅、省国土资源厅、省地方海事局根据各自职责分别通过相关渠道向社会发布,并向省水上搜救应急指挥部通报气象、水文、地质、航运等预警信息。

3.4 预警预防行动

从事水上运输的单位、船舶和人员应注意收集预警信息,根据不同预警级别采取相应的防范措施,防止水上突发事件对人命、财产和环境造成危害。各级海事机构及从事水上运输的单位、船舶和人员应根据预警信息和各自职责迅速做好应急救助准备。

4　险情级别与报送

4.1 险情分级

4.1.1 特大险情信息(Ⅰ级)

(1)造成30人以上(含30人)死亡(含失踪)的水上突发事件。

(2)危及30人以上(含30人)生命安全的水上突发事件。

(3)客船、化学品船发生严重危及船舶、人员生命或水域环境安全的水上突发事件。

(4)其他可能造成特别重大危害、社会影响的水上突发事件。

4.1.2 重大险情信息(Ⅱ级)

(1)造成10人(含10人)至29人死亡(含失踪)的水上突发事件。

(2)危及10人(含10人)至29人生命安全的水上突发事件。

(3)发生碰撞、触礁、火灾等对船舶、水域环境及人员生命安全造成威胁的水上突发事件。

(4)其他可能造成重大危害、社会影响的水上突发事件。

4.1.3 较大险情信息(Ⅲ级)

(1)造成3人(含3人)至9人死亡(含失踪)的水上突发事件。

(2)危及3人(含3人)至9人生命安全的水上突发事件。

(3)其他可能造成较大社会影响的水上突发事件。

4.1.4 一般险情信息(Ⅳ级)

(1)造成2人(含2人)以下死亡(含失踪)的水上突发事件。

(2)危及2人(含2人)以下生命安全的水上突发事件。

(3)其他可能造成一般危害后果的水上突发事件。

4.2 险情信息报送

发生水上突发事件时,相关单位、个人或目击者、知情者可通过当地公布的号码等方式及时向当地水上突发事件应急指挥机构报警,尽可能提供下列信息:

(1)船舶主要尺度、所有人、代理人、经营人、承运人。

(2)遇险人员的数量及伤亡情况。

(3)载货情况,特别是危险货物,货物的名称、种类、数量。

(4)事发直接原因、已采取的措施、救助请求。

(5)事发现场的气象、水文信息,包括风力、风向、流速、流向等。

各级水上搜救应急指挥机构接到报告后应对险情信息进行核实与分析,按规定及时上报。特别重大、重大水上突发事件及险情发生后,市水上搜救应急指挥机构在采取救助措施的同时要立即向同级人民政府和省水上搜救应急指挥机构报告,事发地政府和省水上搜救应急指挥机构在2小时内向省人民政府和国家交通部报告。

5 应急响应和处置

5.1 先期处置

水上突发事件及险情发生后,事发地水上搜救应急指挥机构要首先启动应急响应,采取措施控制事态发展,组织开展应急救援先期处置并及时向同级人民政府和上级水上突发事件应急指挥机构报告。发生特别重大、重大水上突发事件及险情时,应同时向省、市水上突发事件应急指挥机构报告,省水上搜救应急指挥机构应向省政府和交通部报告。

5.2 分级响应

水上搜救应急处置实行分级响应的原则。一般险情、较大险情由事发地县(市、区)和设区的市水上搜救应急指挥机构组织实施应急响应;重大险情、特别重大险情由县、市、省水上搜救应急指挥机构同时组织实施应急响应,同时向中国海上应急中心请求支援。

5.3 各级应急指挥部指挥

(1)按照险情的级别通知有关人员进入指挥位置。

(2)在已掌握情况基础上确定救助区域,明确实施救助工作任务与具体救助措施。

(3)调动应急力量执行救助任务。

(4)调动事发附近水域船舶前往实施救助。

(5)建立应急通信机制。

(6)需实施水上交通管制的,由当地海事管理机构发布航行通(警)告并组织实施。

(7)根据救助情况及时调整救助措施。

5.4 应急人员安全防护

参与应急的单位负责本单位人员的安全防护。各级水上搜救应急指挥机构对安全防护工作提供指导。

5.5 遇险人员安全防护

在实施救助行动中,应根据险情现场与环境情况组织做好遇险旅客及其他人员的安全防护工作,告知旅客及其他人员可能存在的危害和防护措施,及时调集应急人员和防护器材、装备、药品。

5.6 社会力量动员与参与

事发地人民政府可根据水上突发事件的等级、发展趋势、影响程度等动员和组织机关、企事业单位、各类民间组织和志愿人员等社会力量参与或支援水上应急救援行动。现场附近航行、停泊、作业以及可参与应急的船舶,在不危急自身安全的情况下,应服从应急指挥机构的统一指挥和调度,迅速参与应急救援。

5.7 救助行动评估

为确保救助效果,搜救应急指挥机构应及时对已经开展的救助行动评估:调查险情的主要因素;判断事件的发展趋势;提出对危险源进行控制、处理的措施;对现场进行检测,分析、评价措施的有效性;针对水上突发事件衍生出的新情况、新问题采取进一步的措施。

根据评估结果和事态发展,对应急行动方案进行调整、完善,以便采取更加有效的救助措施,取得最佳救助效果。

5.8 应急行动终止

负责组织指挥的水上搜救应急指挥机构要根据下列情况决定是否终止应急行动:

(1)所有可能存在遇险人员的区域均已搜寻。

(2)失踪者在当时的自然条件下得以生存的可能性已完全不存在。

(3)应急反应获得成功或紧急情况已不复存在。

(4)水上突发事件的危害已彻底消除或已控制,不再有扩展或复发的可能。

5.9 信息发布

(1)水上突发事件的信息发布应当及时、准确、客观和全面。

(2)信息发布形式主要包括授权发布、播发新闻稿件、组织报道、记者采访、举行新闻发布会等,通过主要新闻媒体、新闻网站或政府网站进行新闻发布。

(3)重大、特别重大突发事件的信息发布由省应急指挥部负责,较大和一般突发事件的信息发布由市、县人民政府负责。根据水上突发事件的需要,实行新闻发布制度,由应急指挥部指定专门的新闻发言人,统一对外发布信息,未经授权任何单位和个人不得接受采访或对外发布信息。

6 后期处置

6.1 善后处置

6.1.1 伤员的处置

当地医疗卫生部门负责获救伤病人员的救治。

6.1.2 获救人员的处置

获救人员由当地民政部门或获救人员所在单位负责安置;当地外事部门和台办协助做好涉港澳台同胞的安置工作;外国籍人员由外事部门负责安置。

6.1.3 死亡人员的处置

当地民政部门协助有关部门或死亡人员所在单位负责死亡人员的处置工作;外籍或港澳台死亡人员由当地外事部门和台办负责处置。

6.1.4 社会救助

获救人员的社会救助由当地红十字会、慈善机构等社会救助机构组织实施,当地民政部门加强社会救助工作的监督,保证社会救助工作的有效开展。

6.1.5 保险志愿人员

参加现场救助的政府公务人员、专业救助人员和志愿者由省水上搜救中心统一办理人身意外伤害保险。

保险机构要及时介入水上突发事件的处置工作,按规定开展赔付工作。

6.2 调查评估

水上突发事件的调查处理按照国家有关规定处理。

应急终止后,水上搜救应急指挥机构应对险情原因、突发事件损失、应急行动、救助效果、环境影响、生态恢复、经验教训等进行评估分析。一般和较大水上突发事件由市级水上搜救应急指挥机构在10个工作日内提出调查报告;重大以上水上突发事件由省水上搜救应急指挥机构在20个工作日内提出调查报告。

7 应急保障

7.1 通信保障

通信管理有关部门、单位应按照各自职责要求协助水上搜救应急指挥机构开通报警电话,制定平时和战时有关水上应急通信线路、设备、设施等使用、管理、保养制度。省、市、县水上搜救应急指挥部及各成员单位应设立通信网络和联系机制,确保水上搜救应急通信畅通。

7.2 应急力量和应急保障

7.2.1 应急力量和装备保障

水上搜救应急指挥机构负责收集本地区可参与水上应急行动人员的数量、专长、通信方式和分布情况信息，建立应急保障队伍信息库。专业救助力量应按要求配备应急设备和救生器材，装备、培训、演习的经费列入财政年度预算。

7.2.2 交通运输保障

交通、铁路、航空等部门应为水上突发事件应急救助人员、物资和器材的公路、水路、铁路、航空运输提供保障。

各级水上搜救应急指挥机构应配备应急专用交通工具，确保应急指挥人员、器材及时到位。

7.2.3 医疗保障

按照《山西省突发公共事件医疗卫生救援应急预案》的要求，全省各级水上搜救应急指挥机构与卫生部门建立联动机制，明确伤员抢救、转运和收治的任务。

7.2.4 社会力量保障

当应急力量不足时，由当地人民政府动员本地区机关、企事业单位、各类民间组织和志愿人员等社会力量参与或支援水上搜救应急救援行动。

7.2.5 资金保障

应急搜救资金按分级负担的原则，由各级财政部门纳入财政预算。

各级水上搜救机构按规定使用、管理搜救经费。

7.3 宣传、培训与演练

7.3.1 各级水上搜救应急指挥机构应加强水上安全知识宣传工作，新闻、出版、教育等部门应为水上安全知识宣传提供便利。

7.3.2 培训

各级水上搜救应急指挥机构工作人员应通过专业培训和在职培训掌握履行其职责所需的相关知识。

专业救助力量、有关人员的适任培训按国家有关规定进行并应取得相应证书。

专业培训每年组织1至2次。

被指定为水上救援力量的相关人员的应急技能和安全知识培训由各单位自行组织，水上搜救应急指挥机构负责相关指导工作。

7.3.3 演练

省级水上搜救应急指挥机构应制订应急演练计划，每隔2年组织一次演练。

7.4 奖励与责任

县级以上人民政府对水上搜救应急救助工作中作出突出贡献的先进集体和个人应当按规定给予表彰；对在应急救助中牺牲、致伤、致残的，由民政部门按相关规定给予抚恤优待。

对不及时报告险情信息，推诿、故意拖延、不服从、干扰水上搜救应急指挥机构协调指挥，未按本预案规定履行职责或违反本预案有关规定的单位和责任人依法给予行政处分，构成犯罪的，依法追究刑事责任。

8 附则

8.1 名词术语与说明

（1）水上突发事件是指船舶、设施在水上发生火灾、爆炸、碰撞、搁浅、沉没，油类物质或危险化学品泄露造成或可能造成人员伤亡和失踪、财产损失、水上环境污染的事件和其他水上突发事件。

（2）本预案中所指“水上”是指山西省行政区域内的河流、湖泊、库区以及风景旅游区等水域。

8.2 预案管理与更新

本预案是指导各地制订水上搜救应急预案的基本框架。省水上搜救应急指挥机构每两年或必要时对预案进行评审、修订，报省人民政府批准。

市级水上搜救应急预案应报省水上搜救应急指挥机构备案。

8.3 预案解释部门

本预案由省交通厅负责解释。

8.4 预案生效时间

本预案自印发之日起实施。

文件选登

山西省交通运输厅

关于印发《关于推进学习型党组织建设的实施意见》的通知

晋交党发〔2010〕51号

各直属党委、总支、支部：

现将《关于推进学习型党组织建设的实施意见》印发给你们，请结合实际认真贯彻执行。

中国共产党山西省交通运输厅党组

2010年6月29日

关于推进学习型党组织建设的实施意见

为认真贯彻落实《中共中央办公厅印发〈关于推进学习型党组织建设的意见〉的通知》（中办发〔2009〕44号）精神和省委有关推进学习型党组织建设的要求，深入推进全省交通运输系统学习型党组织建设，结合我厅实际，提出如下实施意见。

一、指导思想

坚持以马列主义、毛泽东思想和中国特色社会主义理论体系为指导，认真学习贯彻落实党的十七大和十七届三中、四中全会以及省委九届十次全会精神，按照建设学习型党组织的要求，把各级党组织建设成为与时俱进、锐意创新的战斗堡垒，使广大党员干部成为站在时代前列、勇于开拓进取的带头人，为全省交通运输事业科学快速安全协调发展提供有力的智力支持和组织保证。

二、总体要求

建设学习型党组织的总体要求是：紧紧围绕我省交通运输改革发展稳定工作大局，按照科学理论武装、具有世界眼光、善于把握规律、富有创新精神的要求，引导广大党员积极向书本学习、向实践学习、向群众学习，努力掌握和运用科学的新思想、新知识、新经验，不断提高全体党员的思想道德和科学文化素质，增强党员的理论素养、学习能力和解决实际问题的能力，在全系统大力营造重视学习、崇尚学习、坚持学习的浓厚氛围。通过学习型党组织建设，使全体党员和各级党组织在交通运输科学发展中，充分发挥先锋模范作用，不断增强党组织的创造力、凝聚力、战斗力。

——学习理念进一步树立。牢固确立党组织全员学习、党员终身学习的理念，广大党员能够自觉把学习当作一种政治责任、一种精神追求、一种生活方式，做到在学习中工作、在工作中学习，学习力、创新力明显提高。

——思想理论素养进一步提高。广大党员在对党的理论创新成果的认识上达到新高度，贯彻落实科学发展观的自觉性、坚定性进一步增强，理想信念、党的意识、宗旨意识、执政意识、大局意识、责任意识和发展信心明显增强。

——推动发展能力进一步增强。努力提高党员运用科学理论研究分析解决实际问题的能力，应对复杂形势、协调利益关系、化解矛盾、维护行业稳定的能力，加快转变发展方式、推动交通运输科学快速安全协调发展的能力，服务人民群众、办实事办好事的能力，依法办事、做好本职工作的能力。

——学风进一步转变。大力弘扬调查研究之风、密切联系群众之风、艰苦奋斗之风、求真务实之风，进一步形成干事创业、谋求发展的工作氛围。

——党组织功能和作用进一步发挥。充分发挥党组织的政治优势、组织优势，为党员开展学习活动营造良好的组织环境，成为党员不断学习、追求超越、锐意创新的精神家园和战斗堡垒，成为拥有不断增长的学习力和创新力、保持党的先进性的政治组织。

三、基本原则

——坚持解放思想、实事求是、与时俱进，用发展着的马克思主义指导新的实践。准确把握我省交通运输工作面临的机遇与挑战，深入研究重大问题，着力破解发展难题。

——坚持理论联系实际。必须大力弘扬理论联系实际的马克思主义学风，把学习活动与加强党的基层组织建设紧密结合起来，与本部门本单位的实际工作需要结合起来，在实践中深化学习，做到学习理论与运用理论相统一，努力提高学习效果。

——坚持领导干部作表率，调动广大党员的积极性、主动性。党员领导干部要坚持把学习作为提高素质、增长本领、做好领导工作的根本途径，先学一步，学深一些，作不断学习、善于学习的表率，推动本部门本单位党组织和党员的学习。

——坚持改革创新，鼓励大胆探索。按照体现时代性、把握规律性、富于创造性的要求，坚持继承与创新相统一，积极拓展学习的内容、途径、渠道，不断创新党组织学习的思路、办法和机制。

四、学习内容

1. 基础性理论学习。组织党员干部深入学习马克思列宁主义、毛泽东思想、邓小平理论、“三个代表”重要思想和科学发展观，学习践行社会主义核心价值体系，学习党的基本理论、基本路线、基本纲领、基本经验，努力掌握马克思主义立场、观点、方法，不断提高运用科学理论分析解决实际问题的能力。党员领导干部要认真研读马列主义、毛泽东思想特别是中国特色社会主义理论体系基本著作。

2.应用性学习。着眼做好本职工作,组织党员干部努力学习中央、省委和厅党组的重大决策部署以及国家的法律法规,坚持干什么学什么、缺什么补什么的原则,适应履行职责的需要加强业务知识学习,积极学习与岗位职责相关的新知识、新技能,广泛学习现代化建设所需要的经济、政治、文化、科技、社会和国际等各方面知识,不断优化知识结构,努力成为本领域本行业的行家里手。

3.前瞻性学习。积极学习反映当代世界发展趋势的市场经济、国际关系、社会管理、信息技术等方面的知识,不断拓展视野,认清世界发展趋势,把握交通运输改革发展方向,切实提高战略思维、创新思维、辩证思维能力。

4.实践性学习。坚持开放式学习,善于学习借鉴运用基层和群众以及其他单位创造的好做法好经验,不断丰富和拓展改革发展的思路和办法;善于在实践中总结创新,围绕本部门本单位的工作推进,围绕解决突出矛盾、破解发展难题、提高工作水平,不断研究新情况、解决新问题,不断研究新机制、总结新经验;善于总结和运用交通运输系统改革发展中涌现出来的先进典型和先进人物,大力弘扬以爱国主义为核心的民族精神,以改革创新为核心的时代精神和以“太旧精神”、“大运精神”为代表的山西交通人精神,自觉加强党性修养,培养高尚道德情操和健康生活情趣。继续采取挂职锻炼、到基层调研考察等方式,安排机关干部特别是青年干部走进基层、走进群众学习。

五、学习方式

1.集中学习。各级党组织要根据工作特点和实际需要,确立集中学习的时间和方式。①加强和改进各级党委(党组)中心组理论学习。把加强和改进党委(党组)中心组学习与建设学习型领导班子结合起来,明确学习内容,完善学习制度,创新学习形式,探索专家讲解与中心组成员集体研讨相结合的有效方式,保证学习时间和质量,各级领导班子集体学习每季度不少于1次。②专家辅导。定期举办专家辅导讲座和理论宣讲,邀请专家学者对党员进行党的创新理论、现代知识技能等专题辅导。③专题研讨。定期举办理论座谈研讨会,组织党员开展研讨、询疑、辩论。根据党组织建设实际和党员所从事的具体工作及特长,组成各种研究小组,经常性地开展研讨活动。④党员轮训。定期开展面向全体党员、干部的分期分批或分层次的党员轮训工作。⑤学习交流。厅党组成员和厅直机关党委不定期参加各党委中心组的学习,并讲评理论学习情况。定期举办学习经验交流会,交流学习体会、经验和心得。

2.岗位培训。建立健全培训制度,科学安排岗前培训、业务培训、晋职培训、理论培训、能力培训等。切实加强基层党员培训管理,建立健全党员定期培训制度,统筹抓好普通党员的学习培训,进一步扩大培训范围,形成党员人人在培训之中的生动局面。各级党组织每年至少进行1次党员教育培训,时间一般不少于16学时。副处级以上领导干部脱产学习不少于110学时。厅直机关党委要充分发挥规划、指导、协调、监督、服务的职能,努力挖掘、整合、利用各个方面的培训资源,加强终身教育体系建设。

3.调研学习。要紧密联系改革发展稳定实际、党员干部思想实际、党的建设实际,深入基层、深入群众,以科学理论为指导,围绕群众关心关注的热点问题、制约交通运输发展的难点问题深入开展调查研究活动,把学习由室内延伸到室外,把研讨由课堂延伸到现场,把基层作为最好的课堂,把群众作为最好的老师,问计于民,问需于民,在生产生活和解决实际问题的实践中经受锻炼,增长才干。各级领导班子特别是主要领导同志要建立工作联系点,定期深入到联系点开展调查研究。厅级领导干部每人每年深入基层调研不少于30天,副处级以上党政领导干部每人每年深入基层调研不少于60天，领导干部每年要撰写1至2篇调研报告。有关部门要有计划地安排党员到基层一线实践锻炼，到国内先进省市学习考察，帮助党员学会在解决问题中学习、在实践中学习，做到学习工作一体化。

4. 在职自学。各级党组织要对党员学习书目、学习时间、阅读数量提出明确要求。各级领导干部特别是党委（党组）中心组成员要结合工作和个人情况，制定自学计划，认真学习指定书目。努力做到日学一小时，周听一堂课，月读一本书。自学要有读书笔记，每年撰写1至2篇理论文章。要充分利用互联网和现代远程教育网络优势，组织党员开展网上学习，拓宽自学途径。

六、制度保障

1. 建立考核评价机制。厅直机关党委结合实际制订建设学习型党组织具体考评办法，把建设学习型党组织纳入领导班子综合考评体系，形成科学、合理的学习绩效评价体系，定期进行考核评价。重点考察党员对理论学习的认识和态度，检查党组织主要负责人是否真正发挥带头、组织、指导和督促作用；考察学习计划落实情况，检查个人学习是否有计划、有安排，规定的学习任务是否完成，质量和效果如何；考察理论联系实际、学以致用的情况。要加强对学习过程的管理，强化督促检查和考核，建立党员理论学习档案，记录党员理论学习考核的结果，作为考核领导班子、选拔任用干部和党员“先优”评选的重要依据。

2. 建立述学评学考学机制。结合学习建设活动，认真开展述学评学和考学。党员领导干部在每年工作总结和述职时，要向组织和单位全体干部汇报个人学习情况，主要包括思想认识、学习心得和学习成效；在述学的基础上，按照民主、公开的原则，采取座谈会和填写无记名测评票等形式，在一定范围内组织党员群众对领导干部学习和学习型党组织建设活动情况进行民主评议和测评，汇总情况作为评学结果。述学评学可与领导干部年度考核一并进行。各级党组织每年要采取理论测试、专题竞赛、体会交流、成果评选、工作总结等形式对党员学习情况进行1次全面考核，区分档次，对表现突出的同志给予一定奖励。

3. 建立激励保障机制。要把建设学习型党组织与单位评先、干部考核挂起钩来，以树立正确的学习导向，激发党员的学习热情。各单位党政一把手要积极关注基层党组织的实际困难，保障学习培训经费，加强培训阵地、文化设施、学习场所的硬件、软件建设，为党员提供便利的学习条件，保护和激发基层党组织建设学习型党组织的积极性和创造性。

4. 建立舆论引导机制。各级党组织要重视营造良好的学习环境，及时发现、总结和推广基层党组织在建设学习型党组织工作中的好做法、好经验，以点带面，推动本部门本单位学习型党组织建设工作的深入开展。《山西交通报》和《山西交通网》要通过开辟专栏、增设专题等形式，加强对学习型党组织建设活动的宣传，也可以开展知识竞赛、知识问答、热点访谈、推广典型经验等多种形式，对广大党员学习活动进行生动活泼的宣传，扩大和深化理论学习效果。

七、组织领导

建设学习型党组织是建设马克思主义学习型政党的基础工程，是提高党的执政能力、保持和发展党的先进性的紧迫任务，是加快我省转型发展、安全发展、和谐发展历史进程的内在要求，也是推动全省交通运输事业又好又快发展的保障工程。各级党委要把学习型党组织建设摆在突出位置，列入重要议事日程，纳入目标责任制，切实抓紧抓好。

1. 建立组织领导机构。厅党组将成立建设学习型党组织领导小组，办公室设在厅直机关党委。各单位也要建立和完善学习型党组织建设组织领导机构，形成党委统一领导，建设学习型党组织领导小组牵头，各部门分工明确，各司其职的工作格局。各级党组织的主要负责人要切实履行好建设学习型党组织第一责任人的职责，对所在单位的学习型党组织建设工作全面负责、全程负责。

2. 制定规划方案。各单位要制定适应本单位特点的学习型党组织建设规划和具体方案。特别要抓好特色学习型党组织建设，通过特色学习型党组织建设来促进学习型机关、学习型企业、学习型单位和学习型班组的建设，形成我厅学习型党组织建设的特色。

3. 加强学习型党组织的阵地和载体建设。遵循学习途径多元化、学习资源全球化、学习行为个性化、学习环境虚拟化的趋势，建设好学习型党组织阵地并发挥其应有作用。要充分发挥厅直党校在教育培训中的主渠道、主阵地作用，搞好定期培训。要充分利用好各级各类媒体和互联网、手机等新兴媒体，建设理论学习网站，不断提高党员学习教育的信息化水平。

4. 加强督导检查。各级党委要经常了解下属部门和单位党组织的学习情况，有针对性地加强督导检查。上级党组织要定期对下级党组织的建设活动进行指导和督促检查。各级党组织应在每年 1 月底前向上级党组织，专题报送上一年度学习情况总结和本年度学习计划。督导检查要坚持求真务实，力戒形式主义。

关于印发《关于在基层党组织和党员中深入开展创先争优活动的实施意见》的通知

晋交党发〔2010〕52号

各直属党委、总支、支部：

现将《关于在基层党组织和党员中深入开展创先争优活动的实施意见》印发给你们，请结合实际认真贯彻落实。

中国共产党山西省交通运输厅党组

2010年6月29日

关于在基层党组织和党员中深入开展创先争优活动的实施意见

在党的基层组织和党员中深入开展创建先进基层党组织、争当优秀共产党员活动，是巩固和拓展全党深入学习实践科学发展观活动成果的重要举措，是加强和改进党的建设，推动基层党组织和党员立足本职发挥先锋模范作用的一项重要的经常性工作。为扎实推进全省创先争优活动，省委印发了《关于在基层党组织和党员中深入开展创先争优活动的实施意见》（晋发〔2010〕13号）。认真贯彻落实好文件精神，在全省交通运输系统广泛掀起创先争优活动，对激发基层党组织和广大党员的生机活力、充分发挥基层党组织的战斗堡垒作用和党员先锋模范作用，进一步促进交通运输事业又好又快发展，具有十分重要的意义。现结合我省交通运输工作实际，提出如下实施意见。

一、指导思想、基本原则和总体要求

（一）指导思想

认真贯彻落实党的十七大和十七届三中、四中全会以及省委九届十次全会精神，以邓小平理论和“三个代表”重要思想为指导，以深入学习实践科学发展观、推动交通运输科学发展为主题，以改革创新精神统筹推进交通运输行业党的建设，通过创先争优活动，把全行业的力量和智慧凝聚起来，将党的政治优势、思想优势和组织优势转化为推动交通运输行业科学发展的强大力量，为全省交通运输事业科学快速安全协调发展提供坚强的政治保证。

（二）基本原则

1. 坚持围绕中心，服务发展大局。紧密结合本部门本单位的中心工作谋划和推进创先争优活动,努力把党的政治优势转化为科学发展优势,把党的组织资源转化为科学发展资源,把党的建设成果转化为科学发展成果。

2. 坚持分类指导,确立争创主题。区别公路、执法、运管、高管、海事、企业、学校等事业单位以及社会组织,确立不同的争创主题,分类提出开展创先争优活动的具体要求。

3. 坚持贴近基层,设计活动载体。根据建设、管理、养护、执法、教育等不同领域和不同群体党员的岗位特点,按照有利于党组织开展活动、有利于党员参加、有利于活动取得实效的原则,精心设计特色鲜明、务实管用的活动载体,确保活动有抓手、有实效。

4. 坚持群众参与,营造良好氛围。把群众满意作为衡量创先争优活动成效的重要依据。活动方案要听取群众意见,向群众作出公开承诺;活动情况要向群众通报,请群众评判;评选先进要群众参与推荐,向群众公示,接受群众监督。要坚持"党建带工建"、"党建带团建"、"党建带妇建",以基层党组织和党员的创先争优活动,带动工会、共青团、妇联等群团组织广泛开展创建先进集体、争当先进个人活动,在全系统形成创先争优的浓厚氛围。

(三)总体要求

1. 推动交通运输科学发展。基层党组织要坚决执行省委、省政府和厅党组的各项决策部署,坚定不移地推进现代交通运输业发展,不断提高交通运输的"三个服务"能力和水平,加快建设畅通高效安全绿色的交通运输体系,为实现转型发展、安全发展、和谐发展和加快新基地新山西建设提供强有力的交通运输保障。

2. 促进行业和谐稳定。基层党组织要扎实做好新形势下的职工群众工作,及时了解干部职工的思想状态,有针对性的做好教育和引导工作;全面落实国家关于维稳和综治工作要求,主动排查矛盾纠纷,做好矛盾化解工作;在重大突发事件面前立场坚定,旗帜鲜明,坚决捍卫国家和人民利益。

3. 服务人民群众。基层党组织和党员要充分尊重群众,紧紧依靠群众,认真倾听群众呼声,及时反映群众意愿,主动关心群众疾苦,积极开展党员志愿服务活动,帮助群众解决生产生活中遇到的实际困难,多为群众办实事办好事。

4. 加强基层组织。基层党组织要围绕交通运输中心工作,真正把党建工作扎根于交通运输的方方面面,大力加强和改进党的组织建设,调整组织设置,改进工作方式,创新活动内容,不断提高各级党组织的凝聚力和战斗力,充分发挥基层党组织的战斗堡垒作用。

二、主要内容和方法步骤

(一)主要内容

创先争优活动,以创建先进基层党组织、争当优秀共产党员为主要内容。先进基层党组织的基本要求是,学习型党组织建设成效明显,出色完成党章规定的基本任务,努力做到"五个好":一是领导班子好。领导班子能深入学习实践科学发展观,认真贯彻党的路线方针政策,团结协作,求真务实,勤政廉洁,有较强的凝聚力和战斗力。二是党员队伍好。党员素质优良,有较强的党员意识,能够充分发挥先锋模范作用。三是工作机制好。规章制度完善,管理措施到位,工作运行顺畅有序。四是工作业绩好。本部门本单位各项工作成绩显著,围绕中心、服务大局事迹突出。五是群众反映好。基层党组织在群众中有较高威信,党员在群众中有良好形象,党群干群关系密切。优秀共产党员的基本要求是,模范履行党章规定的义务,努力做到"五带头":一是带头学习提高。认真学习实践科学发展观,自觉坚定理想信念;认真学习科学文化知识,成为本职工作的行家里手。二是带头争创佳绩。具有强烈的事业心和责任感,埋头苦干、开拓创新、无私奉献,在本职岗位上做出显著成绩。三是带头服务群众。积极帮助群众解决实际困难，自觉维护群众正当权益。四是带头遵纪守法。自觉遵守党的纪律，模范遵守国家法律法规。五是带头弘扬正气。发扬社会主义新风尚，敢于同不良风气、违纪违法行为作斗争。

（二）方法步骤

各单位党组织要从自身实际出发，紧紧围绕确定的主题，通过以下方式扎实推进创先争优活动。

1. 动员部署。省厅6月底召开动员大会，作出总体安排部署，明确创先争优活动的指导思想、总体要求、基本原则、主要内容和方法步骤，同时成立活动领导机构。厅直各单位党组织要在7月进行进一步动员，作出进一步安排。

2. 公开承诺。基层党组织制定开展创先争优活动实施方案，党员提出参加活动的具体打算，并采取适当方式向群众公布，作出承诺，接受群众监督。

3. 领导点评。上级党组织负责人适时对基层党组织和党员开展创先争优活动情况进行点评，实事求是肯定取得的成绩，提出存在问题和努力方向。

4. 群众评议。上级党组织对基层党组织、基层党组织对党员开展和参与创先争优活动的情况，适时组织党员、群众进行评议。

5. 评选表彰。2011年"七一"前，将按照"五个好"和"五带头"的标准，组织开展先进基层党组织、优秀共产党员和优秀党务工作者评选活动，选树一批先进典型集中进行表彰。适时举办创先争优图片展、理论成果研讨会、实践成果交流会等多种形式的成果展示，总结交流各单位创先争优活动的好经验、好做法。

三、加强组织领导

（一）落实领导责任

厅党组负责厅直单位的创先争优活动，各级党委（总支、支部）负责本单位的创先争优活动。各级党委（总支、支部）结合实际制定实施意见，构建党委统一领导、组织部门和宣传部门共同负责、相关部门积极参与的工作机制，并成立创先争优活动领导小组，具体负责本单位创先争优活动的组织实施。

（二）加强督促检查

各级党组织要加强督促检查，通过召开座谈会、经常性督查、随机抽查等方式，了解活动进展，通报活动情况，总结交流经验，研究解决问题。对创先争优活动思想上不重视、工作上不得力的，及时提出批评，要求限期整改。

（三）运用典型引路

充分发挥报刊、广播、电视、互联网等宣传媒介的作用，采取基层党组织群众喜闻乐见的方式，大力宣传先进基层党组织和优秀共产党员的先进事迹，适时召开基层创先争优经验交流会，引导广大党员以先进典型为榜样，争做优秀共产党员，努力在全系统形成学习先进、崇尚先进、争当先进的良好风气。

（四）坚持两手抓、两不误、两促进

把开展创先争优活动与贯彻落实中央、省委和厅党组的决策部署结合起来，与迎接建党90周年各项活动结合起来，与推进基层党组织建设结合起来，与完成本部门本单位各项工作任务结合起来，把广大党员干部的政治热情转化为干事创业的激情，转化为加快推进交通运输科学发展的强大动力。

各单位党委（总支、支部）制定本单位开展创先争优活动实施意见后，要及时报厅创先争优活动领导小组。

关于印发《2010年全省交通史志年鉴工作目标责任百分考核实施方案》的通知

晋交办〔2010〕74号

各市交通局、厅直各单位：

2010年1月22日，在全省交通运输工作会议上，交通史志年鉴工作作为一项重要内容，列入全省交通运输系统目标责任制考核范围。根据2009年12月3日召开的全省地方志工作会议要求和省领导讲话精神，结合全省交通运输工作会议上目标责任制考核内容，为了更好地宣传和记载全省交通建设和发展的辉煌成就，全面完成交通史志年鉴编撰任务，省厅决定从2010年开始，在全系统范围内对交通史志年鉴实行工作目标责任百分考核。

根据省厅晋交办〔2010〕68号文要求，结合2010年全省交通史志年鉴工作任务，厅资料信息中心制定了《2010年全省交通史志年鉴工作目标责任百分考核实施方案》，现予转发。希望各市交通局、厅直各单位根据考核内容，切实加强领导，认真组织实施，制定工作目标，圆满完成任务。

附件：2010年全省交通史志年鉴工作目标责任百分考核实施方案

山西省交通运输厅

2010年3月3日

2010年全省交通史志年鉴工作目标责任百分考核实施方案

根据省厅晋交办〔2010〕68号文件要求，结合2010年全省交通史志年鉴工作任务，特制定本方案，共包括7个方面内容。每年将根据不同的目标任务，对内容进行适当调整和充实。

一、参加交通史志年鉴工作会议(10分)

1. 分管领导、办公室主任及负责编撰或联络的人员参加会议(6分，缺一人扣2分)。

2. 提交一年来交通史志年鉴工作情况总结的书面材料(4分)。

二、报送2010年版《山西交通年鉴》有关资料(20分)

1. 成立相应的编撰机构，有分管领导及具体承办人(4分)。

2. 按时报送2009年工作业绩。文章要全面、真实反映2009年各有关单位的工作情况，做到重点突出，结构完整，内容真实，表述准确，语言朴实，数字翔实(8分，缺一项扣2分)。

3. 字数为3500字～4000字(2分，超过或达不到扣2分)。

4. 单位领导班子名单。要求是截至2009年年底时在职的领导班子人员，要姓名、职务齐全，按顺序排列；厅重点办、省公路局、省交通运输执法局、省运管局、省高管局、省交通建设开发投资总公司、山西汽车运输集团不仅要报送本单位领导干部名单，还要报送下属单位处级单位领导干部名单。各市交通局既要报送局领导班子名单，也要报送所属各市、县(区)交通局领导班子名单(2分)。

5. 在规定时间内交稿，要求纸质和电子版均有(4分，迟交1周扣2分)。

三、报送《辉煌的历程一山西交通建设60年回顾》有关资料(20分)

1. 成立相应的编撰机构，有分管领导及具体承办人(4分)。

2. 按照省厅文件要求及时报送有关资料。文章由党政主要领导联合署名或单独署名。要求做到观点正确，思路清晰，重点突出，内容翔实，资料完整，数字准确(10分，缺一项扣2分)。

3. 字数为：各市交通局、厅直单位、山西汽车运输集团8000字；市、县、区交通局，公路段及集团分公司、子公司、汽车站5000字(2分，超过1000字扣2分，达不到字数标准扣2分)。

4. 各市交通局负责所属县、市、区交通局及汽车站稿件的征集和修改工作；省公路局负责本系统各公路分局、公路段稿件的征集和修改工作；省运管局负责各市运管处(运管局)稿件的征集和修改工作；山西汽车运输集团负责本系统各分公司、子公司及汽车站稿件的征集和修改工作(2分)。

5. 定稿后打印成A4纸，由党政主要负责人签字，并加盖公章，一式三份。各市交通局及所属市、县(区)交通局及汽车站；省公路局所属各公路分局、公路段；省运管局所属各市运管处(运管局)；山西汽车运输集团所属各分公司、子公司及汽车站稿件，于8月20日前报厅资料信息中心；厅直各单位稿件于7月20日前按上述要求直接报厅资料信息中心(2分，迟交1周以上扣4分)。

四、报送《山西交通文化资料集锦》有关资料(20分)

1. 各市交通局、厅重点办、省公路局、省交通运输执法局、省运管局、省高管局、省海事局、省交通开发总公司等单位要成立交通文化资料征集机构，由党政主要领导负总责，明确一名分管领导具体负责，抽调专职或兼职人员，具体负责资料的征集及修改工作；其他厅直各单位要明确一名分管领导和专人具体承办。各市交通局、厅直各有关单位分管领导、具体承办人的姓名及联系方式，5月10日前报厅资料信息中心(2分)。

2. 按照格言警句、对联、标语口号、诗歌、碑文五种体裁分门别类，以县处级单位为单元，统一搜集和汇总后及时报送。时间为中共建立新政权至2010年6月30日。要求内容健康，重点突出，语言精练，生动形象，有较强的感染力和鼓动性；体现时代特色，彰显辉煌业绩，有一定的文化品位和可读性(10分，缺一项扣2分)。

3. 各市交通局、厅重点办、省公路局、省交通运输执法局、省运管局、省高管局、省海事局、山西交通职业学院、山西交通技师学院、省交通干校、省交通开发总公司等单位负责本系统各单位、各部门交通文化资料稿件的征集和修改工作，定稿后打印成A4版，由所在单位负责人签字，并加盖公章，一式三份，于8月20日前报厅资料信息中心；厅直其他各单位的稿件于7月20日前按上述要求直接报厅资料信息中心(8分，迟交1周以上，扣2分，缺下属单位稿件扣6分)。

五、完成《沧桑·工作版》杂志组稿及发行工作(10分)

1.根据省地方志办公室晋志发〔2009〕12号文件精神和厅领导要求,各市交通局、厅属各单位要明确专人,认真做好《沧桑·工作版》杂志的编辑和发行工作(2分)。

2.结合工作实际,及时提供有一定指导意义的稿件,圆满完成发行任务。具体要求是:各市交通局及厅属县处级以上单位每月提供一篇稿件,每个单位订阅2份杂志;各县、市、区交通局半年提供一篇稿件,每个单位订阅1份杂志(8分,缺一项扣4分)。

六、完成其他工作(20分)

1.有固定的办公场所、人员和编撰经费(9分,缺一项扣3分)。

2.按照省厅要求及时启动第二轮修志工作(4分)。

3.能圆满完成省地方志办公室、省交通运输厅布置的临时性工作任务(7分)。

七、考核与评比

1.每年年初,由厅资料信息中心根据全省史志年鉴工作任务要求,制定本年度考核实施方案。

2.具体考核工作由厅资料信息中心责成专人负责,每半年向分管厅领导汇报1次。

3.每年12月底,由厅资料信息中心根据全年考核情况,排出优秀、良好、合格、不合格4个等次,写出专题报告报送分管厅领导审定后,报厅办公室备案。

4.厅资料信息中心可根据工作需要,印发《工作目标责任百分考核简报》,对考核情况在全省交通运输系统进行通报。

表彰决定

[illegible]

关于授予郝建文同志“优秀治超员”荣誉称号的决定

晋交发字〔2009〕21号

各市交通局、厅直各单位、厅机关各处室：

自2007年12月19日全省开展“无缝隙、拉网式”治理超限超载总行动以来，全省交通系统广大干部职工坚决贯彻省政府决策部署，日夜奋战，严防死守，顶住了压力，战胜了困难，经受住了考验，为全省治超工作取得阶段性成果作出了重大贡献。涌现出了一批作风过硬、纪律严明、坚持原则、刚正不阿、无私奉献、秉公执法的治超骨干，吕梁市庄子超限检测点治超员郝建文同志就是他们当中的杰出代表。

郝建文同志是吕梁市庄子超限超载检测站的一名治超员，27岁，2000年12月参加工作，柳林县人。2009年1月31日凌晨1时20分，一辆车号为晋K45352的红岩牌四轴大货车，在庄子超限超载检测站受检时，司机未按车辆操作规范停车，将检测站出口处的验票岗亭撞毁，正在岗亭里值勤的郝建文同志当场殉职。郝建文同志因公殉职后，省政府领导高度重视，牛仁亮副省长、刘维佳副省长对善后工作做了亲笔批示，牛仁亮副省长的批示是“优秀治超员郝建文同志的事迹十分感人，应进一步宣传”。省交通厅党组对郝建文同志的评价是：郝建文同志是近年来全省交通系统涌现出来的一个先进典型，是全省13万交通职工的杰出代表，是交通治超队伍的楷模和典范。他以自己的实际行动履行了一个普通治超员的神圣职责，用自己的生命谱写了交通人忠于职守、勇于奉献的不朽篇章。他的先进事迹，充分体现了交通治超队伍爱岗敬业、不辱使命的优良品质，充分体现了新时期交通人求真务实、昂扬向上的精神风貌；充分体现了当代青年服务群众、奉献社会的主流价值取向和时代精神。

为表彰先进，树立典型，弘扬正气，再鼓干劲，省交通厅党组决定：授予郝建文同志“优秀治超员"荣誉称号。同时，号召全系统广大干部职工要以郝建文同志为榜样，迅速掀起向郝建文同志学习的活动。学习他大公无私、助人为乐的思想境界，在市场经济的大潮中独守着自己的一片净土；学习他勤奋好学、自强不息的意志品德，始终保持交通人勇往直前、昂扬向上的精神风貌；学习他任劳任怨、乐于奉献的处世情怀，把社会主义荣辱观渗透到日常生活和工作中去；学习他爱岗敬业、默默奉献的职业精神，把远大理想和人生追求落实到工作岗位上，在为社会和他人奉献的过程中体现个人价值。

让我们在省委、省政府的正确领导下，认真学习实践科学发展观，以郝建文同志为榜样，以他的先进事迹为动力，在各自的工作岗位上埋头苦干，开拓进取，求真务实，扎实工作，为实现交通事业又好又快发展作出更大贡献。

中国共产党山西省交通厅党组

2009年2月27日

关于表彰模范离退休人员暨老干部工作先进单位、先进活动中心(室)及先进个人的决定

晋交发字〔2009〕30号

厅属各单位:

老干部工作是党的干部工作的重要组成部分,贯彻落实好老干部政策是各级党员组织的一项重要工作。两年来,在厅党组的正确领导下,全系统老干部工作坚持以邓小平理论、“三个代表”重要思想为指导,认真贯彻落实科学发展观,紧紧围绕全省交通中心工作,以落实离退休人员政治和生活待遇为重点,增强了为老同志服务的意识,强化了老干部工作部门建设,充分发挥老同志在全面建设小康社会和加快实现交通率先发展战略中的积极作用,开创了老干部工作的新局面,为维护交通事业改革发展稳定大局和三个文明建设作出了很大贡献。

在全面推进交通系统老干部工作的过程中,涌现出以山西省公路局为代表的一批组织机构健全,各项制度完善,认真贯彻老干部工作方针政策,主动地做好老干部思想政治工作和管理服务工作的老干部工作先进单位;以山西交通技师学院为代表的学习活动阵地硬件水平高,软件质量优的先进活动中心(室),以退休干部谭培青同志为代表的一批热心支持交通建设事业,积极发挥自身作用,“政治坚定、思想常新、理想永存”的模范离退休人员;以张泉义同志为代表的一批热爱老干部工作,踏实工作、热情服务、勇于创新、任劳任怨、甘于奉献的先进老干部工作者。在他们身上,集中体现了全省交通战线广大离退休人员和老干部工作队伍的良好精神风貌。为了表彰先进,激励后进,进一步推动全系统老干部工作,厅党组决定:对近年来表现突出、成绩显著的模范离退休人员、老干部工作先进单位、先进活动中心(室)和先进个人进行表彰(名单附后)。希望受表彰的模范离退休人员、先进单位和先进个人要再接再厉、戒骄戒躁,进一步做好工作,取得更大的成绩。厅属各单位和广大离退休人员、老干部工作者,要向受到表彰的模范离退休人员、先进单位和先进个人学习,发扬老同志艰苦奋斗、不怕困难的优良传统,弘扬先进老干部工作者爱岗敬业、任劳任怨、求真务实、全心全意为老同志服务的奉献精神,进一步深入学习贯彻十七届三中全会精神,落实好全省老干部工作暨“双先”表彰会的精神,积极探索加强老干部工作的新思路、新机制、新方法,研究新情况,解决新问题,努力开创交通系统老干部工作新局面,为全面落实交通“十一五”规划的各项目标任务作出新的更大的贡献。

附件:模范离退休人员暨老干部工作先进单位、先进活动中心(室)及先进个人名单

中国共产党山西省交通厅党组

2009年6月10日

附件：

模范离退休人员暨老干部工作先进单位、先进活动中心(室)及先进个人名单

一、先进单位(16个)

山西交通职业技术学院
山西省高速公路管理局
山西省交通运输管理局
山西省交通科学研究院
山西省交通规划勘察设计院
山西交通技师学院
山西省交通征费稽查局
晋中征费稽查分局
临汾征费稽查分局
山西省公路局
忻州公路分局
太原公路分局
晋中公路分局
运城公路分局
长治公路分局
晋城公路分局

二、先进活动中心(室)(15个)

山西交通技师学院
山西省交通科学研究院
山西省交通规划勘察设计院
山西省高速公路管理局
山西省交通运输管理局
太原征费稽查分局
长治征费稽查分局
运城征费稽查分局
山西省公路局
大同公路分局
忻州公路分局
晋中公路分局
吕梁公路分局

长治公路分局
晋城公路分局

三、先进工作者(41 名)

张文才 山西交通技师学院
王　秀 山西交通技师学院
孙欣梅 山西交通厅后勤服务中心
杜文俊 山西交通规划勘察设计院
申水旺 山西省交通干部学校
赵小芳 山西省交通建设工程监理总公司
毋元依 山西省交通基本建设工程质量监督站
金　莹 山西省交通科学研究院
吕静伟 山西省交通建设开发投资总公司
武利平 山西省交通运输管理局
王忠旭 山西省交通征费稽查局
李丽春 大同征费稽查分局
张　栋 朔州征费稽查分局
姚　克 忻州征费稽查分局
李雪香 阳泉征费稽查分局
李建宏 晋中征费稽查分局
高　英 吕梁征费稽查分局
郭　俊 长治征费稽查分局
师旭东 运城征费稽查分局
晋黎彪 晋城征费稽查分局
王世杰 山西交通职业技术学院
李　萍 山西省公路局
李俊萍 山西省公路局
左世娟 大同公路分局
杨连斌 朔州公路分局
朱晋平 忻州公路分局
张友瑞 太原公路分局
李卫芳 阳泉公路分局
王　璐 晋中公路分局
张克文 晋中公路分局
虞文景 山西省交通科学研究院
王觐硕 山西省交通科学研究院
段二牛 山西省交通建设开发投资总公司
龚俊彬 山西省交通运输管理局
姜凤华 山西省交通运输管理局
施　侃 山西省交通运输管理局

杨中杰　山西省交通征费稽查局
陈彦文　大同征费稽查分局
任　杰　朔州征费稽查分局
谭培青　忻州征费稽查分局
赵改莲　太原征费稽查分局
赵康平　太原征费稽查分局
巩有业　阳泉征费稽查分局
石居栋　晋中征费稽查分局
赵士泰　吕梁征费稽查分局
王辰保　长治征费稽查分局
白云程　长治征费稽查分局
解晋屏　临汾征费稽查分局
刘登彦　运城征费稽查分局
王守章　晋城征费稽查分局
马志辉　晋城征费稽查分局
赵振业　山西交通职业技术学院
张泉礼　山西交通职业技术学院
雷　达　山西省公路局
夏　淦　山西省公路局
武士豪　山西省公路局
宋迺康　山西省公路局
王全有　山西省公路局
徐江运　山西省公路局
王爱香　山西省公路局
米献仁　山西省高速公路管理局
樊子义　山西省高速公路管理局
樊培谟　大同公路分局
彭清湘　大同公路分局
刘守忠　大同公路分局
杨相龙　朔州公路分局
陈少先　忻州公路分局
冯云田　忻州公路分局
温凤歧　忻州公路分局
郭书宝　太原公路分局
锁德元　太原公路分局
张全才　太原公路分局
刘志耀　阳泉公路分局
施鉴荣　阳泉公路分局
任保顺　晋中公路分局
武瑞祥　晋中公路分局

刘庆芳 晋中公路分局
张尚法 晋中公路分局
王德珠 吕梁公路分局
薛炳英 吕梁公路分局
王清廉 吕梁公路分局
许进慈 临汾公路分局
胡文清 临汾公路分局
任先奇 临汾公路分局
汪世振 临汾公路分局
李振民 运城公路分局
张全胜 运城公路分局
蔡三元 运城公路分局
杜大文 运城公路分局
田天义 长治公路分局
王福云 长治公路分局
成全有 长治公路分局
马先堂 长治公路分局
梁广霖 晋城公路分局
蒋纪生 晋城公路分局
张永务 三门峡大桥管理处
王书和 山西省交通厅
朱学尧 山西省交通厅
秦生发 山西省交通厅

关于表彰厅直系统2009年度先进基层党组织、优秀共产党员和优秀党务工作者的决定

晋交发字〔2009〕33号

厅直各单位：

2008年“七一”以来，厅直系统各级党组织团结带领广大共产党员，认真学习宣传贯彻党的十七大、十七届三中全会精神，全面落实科学发展观，围绕做好“三个服务”，大力加强党的先进性建设，深入开展“创先争优”活动，特别是在深入学习实践科学发展观活动中，各级党组织充分发挥了领导核心作用和战斗堡垒作用，广大共产党员充分发挥了先锋模范作用，保证了全省交通运输事业科学快速安全协调发展，涌现出了一批先进集体和先进个人。

为表彰先进，弘扬正气，激励厅直各级党组织和广大共产党员奋发向上，推动“创先争优”活动深入开展，厅党组决定，对一年来作出突出贡献的省公路局直属机关党委等40个先进基层党组织、茹雷同志等204名优秀共产党员、张宇宾同志等50名优秀党务工作者予以表彰。

希望受到表彰的先进基层党组织、优秀共产党员、优秀党务工作者继续发扬成绩，谦虚谨慎，戒骄戒躁，以此为新的起点，再接再厉，再创佳绩。全系统各级党组织和全体共产党员要以受表彰的先进集体和个人为榜样，加强党性修养，弘扬优良作风，增强宗旨观念、永葆党的先进性，以饱满的政治热情，科学的工作态度，扎实的工作作风，优异的工作业绩，积极应对金融危机，迎难而上，攻坚克难，坚定不移地推动全省交通运输科学快速安全协调发展，为加快新基地新山西建设作出新的更大的贡献。

附件：厅直系统2009年度先进基层党组织、优秀共产党员、优秀党务工作者名单

中国共产党山西省交通运输厅党组

2009年6月25日

附件:

厅直系统2009年度先进基层党组织、优秀共产党员、优秀党务工作者名单

一、先进基层党组织(40个)

山西省公路局直属机关党委
山西省交通征费稽查局党委
山西省高速公路管理局党委
大同高速公路公司党委
太原高速公路公司党委
山西省交通规划勘察设计院党委
山西省交通科学研究院党委
山西交通技师学院党委
山西省交通建设开发投资总公司党委
山西省交通厅重点公路工程建设办公室党委
忻阜高速公路建设管理处党委
太佳高速公路(吕梁段)建设管理处党委
闻垣高速公路建设管理处党委
山西省公路工程质量检测中心党总支
忻州高速公路公司大盂管理处党总支
山西交通职业技术学院机关党总支
山西交通职业技术学院工程管理系党总支
山西忻保高速公路建设管理处第十一合同段党支部
山西省交通征费稽查局机关第一党支部
山西省交通运输管理局后勤党支部
朔州高速公路公司路政大队党支部
太旧高速公路公司晋中养护处党支部
祁临高速公路公司晋中片区党支部
临汾高速公路公司机关党支部
运城高速公路公司闻喜管理处党支部
长治高速公路公司养护管理中心党支部
太长高速公路公司养护工区党支部
长晋高速公路公司长治南收费站党支部
山西晋焦高速公路公司丹河收费站党支部
山西省交通规划勘察设计院三所党支部
山西交通技师学院机关党支部

山西省交通干部学校第三党支部
山西省交通建设工程监理总公司机关党支部
山西省交通建设工程监理总公司北京项目部党支部
山西省交通建设开发投资总公司阳济公司党支部
山西省阳翼高速公路建设管理处第二党支部
山西省交通厅后勤服务中心第一党支部
太原征稽分局西铭征稽所党支部
太原征稽分局小店收费站党支部
山西省交通厅机关第六党支部

二、优秀共产党员(204名)

山西省公路局(26名)
安兰双　段晓燕　侯建勋　黄广忻　郝增民　李传书　李海军　李林林　李新军
梁　健　曲俊荣　任予峡　王国禄　王　晋　王力杰　王明会　魏超飞　吴瑞军
杨帅奇　张海珠　张建斌　张　羽　赵瑞红　朱水祥　张建华　张建华(忻保)
山西省交通征费稽查局(7名)
郝如恒　茹　雷　黄金玉　梁宏飞　杜士平　王之纲　刘晓明
山西省交通运输管理局(7名)
聂保平　张　军　郭　峰　张江浩　杜　钟　段　权　王晋生
山西省高速公路管理局(58名)
李晓阳　邓本红　齐海英　王晓琳　徐世民　赵　功　乔洪峰　王九梅　崔志忠
姚丽英　赵　健　郭　毅　张志来　杨志刚　刘　明　王秋林　周文举　李　凯
王锡忠　张国庆　张泽民　徐嘉樑　赵　奇　袁育萍　李红涛　姚　毅　潘建峰
孔庆忠　李　峰　刘勇华　姚文勇　江家宏　薛炎龙　刘晓明　孙　毅　王安宏
鲁晋华　赵湘茹　张国兵　赵善义　张　铮　李　伟　雎相国　杨红卫　崔培忠
邱引强　申拽马　王为善　张　俊　马　斌　王惠玲　温二虎　樊小丽　张　华
郝晓燕　徐　滨　牛　铮　杨　毅
山西省地方海事局(2名)
宋海燕　冯建祥
山西省交通规划勘察设计院(9名)
刘文进　王　敬　董建新　高建荣　张永强　樊慧平　王秀平　范晓江　孙雅洁
山西省交通科学研究院(9名)
张俊成　刘文刚　申俊敏　王江龙　方　锐　吕志伟　赵　凯　虞文景　刘新民
山西省交通基本建设工程质量监督站(2名)
马冬云　王永红
山西交通职业技术学院(8名)
张一兵　崔旭民　张西良　薛培权　杨广云　王增林　杨　芳　范　君

山西交通技师学院(7名)
贠　伟　范振贵　卫申蔚　杨雪峰　温利斌　路根中　王文艳

山西省交通干部学校(4 名)
张咏楠　张健健　白贵生　张　萍
山西省交通建设工程监理总公司(7 名)
王荣豪　郭占林　任建荣　李松涛　马昕宇　蔡长青　赵建军
山西省交通建设开发投资总公司(7 名)
贺进刚　姚永福　王亚龙　卢向阳　兰晓琳　宗庆文　张　洁
山西省交通厅重点公路工程建设办公室(18 名)
张耀文　何广龙　罗建国　丁秀春　武志杰　平　鹮　姬　鸽　邱启明　程广庭
常文伟　茹　冰　秦世华　荆冰寅　郝瑞军　梁　奇　张礼宁　申　浩　张　力
山西省交通厅后勤服务中心(3 名)
杨建平　赵晋秀　郭富生
山西省交通厅新闻宣传中心(4 名)
王小萍　苏　军　韩　涛　武作华
山西省交通厅资料信息中心(1 名)
梁锦华
山西交通安居置业管理中心(1 名)
李国红
山西省交通厅规划发展中心(1 名)
白彦萍
山西省物流中心(1 名)
葛贵林
山西省公路学会(1 名)
王　青
山西省交通征费稽查局太原分局(12 名)
赵建平　郅海源　王居栋　夏国强　张振辉　武俊英　张双生　李培中　齐旭鸿
赵国新　杜文军　杨志诚
山西省交通厅会计核算(审计)中心(1 名)
刘　悦
山西省交通厅公路交通工程定额站(1 名)
吕春春
山西省交通厅机关(7 名)
李武军　张俊萍　李英杰　杨继勇　李爱和　关中祥　王晓光

三、优秀党务工作者(50 名)

山西省公路局(5 名)
赵金田　米春玲　吕军月　罗　凌　黄辛杰
山西省交通征费稽查局(2 名)
任国胜　戴　波
山西省交通运输管理局(1 名)
张宇宾

山西省高速公路管理局(19 名)

董化金　王巨乐　田浩平　刘炜东　张瑞军　刘　菁　张京平　宋　娟　王新民
王彩荣　马国岗　陆晨旭　元丰社　郝建军　白正义　姜中石　周世俊　赵桂萍
李　宏

山西省交通规划勘察设计院(2 名)

桑明泰　高云芬

山西省交通科学研究院(2 名)

杨玉东　甄俊杰

山西交通职业技术学院(2 名)

王秀萍　柴慧理

山西交通技师学院(2 名)

魏延萍　温时德

山西省交通干部学校(1 名)

翟智慧

山西省交通建设工程监理总公司(2 名)

徐　忠　赵丽华

山西省交通建设开发投资总公司(3 名)

王玉亮　尤达文　郭国锋

山西省交通厅重点公路工程建设办公室(3 名)

李　栋　张彦斌　刘银柱

山西省交通厅后勤服务中心(1 名)

杜建武

山西省交通征费稽查局太原分局(3 名)

高福龙　刘建萍　寇成仓

山西省交通厅机关(2 名)

贾　勇　李征远

关于表彰农村公路质量年活动优胜单位和优秀项目的决定

晋交公字〔2009〕25号

各市交通局、省公路局、省交通质监站：

2008年，按照交通运输部统一部署，全省交通系统认真组织开展了农村公路建设质量年活动，有力促进了全省农村公路建养工作的不断深入，基本实现了农村公路质量意识明显增强、监管力度明显加大、质量水平明显提升、安全状况明显改善、群众满意度明显提高的目标。

这次农村公路建设质量年活动，厅党组高度重视，成立了由三名厅党组成员为领导的组织机构，迅速出台了活动方案，确定2008年质量目标，全面指导该项工作的全面开展，同时将农村公路养护管理也纳入了建设质量年活动之中，进一步丰富了活动内涵，受到了交通运输部赞扬。各市县交通部门广泛宣传动员，充分利用电视、报纸、广播、网络、板报、墙报、公益广告、宣传车等形式，全方位宣传农村公路质量年活动的重大意义，宣传农村公路取得的巨大成就和建设的重大作用，宣传质量管理规章制度和质量管理知识，大大激发了广大农民群众参与建路、管路、护路、爱路的积极性和热情，营造浓厚的质量年活动氛围，形成全社会关心农村公路建设质量的舆论环境。同时精心组织，狠抓落实。把工程质量摆在首位，以强化现场管理和过程控制为手段，以健全质量管理体系、建立长效机制为目标，以制度建设和加强监管为保障，以典型引路为主要方法，不断更新质量理念，质量意识得到进一步增强，质量管理体系进一步完善，工程科技含量不断提高，质量监督工作得到加强。

为表彰先进，树立典范，推动农村公路又好又快发展，根据《山西省农村公路建设质量年活动实施方案》（晋交公字〔2008〕91号）要求，省厅决定，授予乡宁县交通局等11个单位为农村公路建设质量年活动"优胜单位"称号，授予昔阳县交通局等11个单位为农村公路养护质量年活动"优胜单位"称号，授予朔州市神电运煤通道等11个建设项目为农村公路建设质量年活动"优秀项目"称号。

希望受到表彰的单位珍惜荣誉，再接再厉，再创佳绩。全省要以此为契机，学先进，树典型，继续深入开展农村公路质量年活动，勇于拼搏，敢于创新，推动农村公路持续发展，为建设社会主义新农村作出新贡献。

附件：农村公路建设质量年活动优胜单位和优秀项目名单

山西省交通厅

2009年1月16日

附件：

农村公路质量年活动优胜单位和优秀项目名单

一、农村公路建设质量年活动"优胜单位"名单（11个）

乡宁县交通局
杏花岭区交通局
和顺县交通局
长治县交通局
柳林县交通局
泽州县交通局
万荣县交通局
阳泉市郊区交通局
天镇县交通局
河曲县交通局
怀仁县交通局

二、农村公路养护质量年活动"优胜单位"名单（11个）

昔阳县交通局
广灵县交通局
平顺县交通局
河津市交通局
忻府区交通局
陵川县交通局
平定县交通局
清徐县交通局
汾阳市交通局
右玉县交通局
古县交通局

三、农村公路建设质量年活动"优秀项目"名单（11个）

朔州市神电运煤通道
定襄县瑶池至三家村公路
曲沃县杨谈至高显公路
长治县横河至杨村公路
盂县杨家沟至刘家村公路
新荣区郭家窑至破鲁段公路
清徐县云支至孟封公路

平陆县候王至南村公路
柳林县小垣则至军渡公路
高平市北环城公路
和顺县西河峪至高邱公路

关于表彰2008年度全省交通安全生产管理工作先进单位和先进个人的决定

晋交运字〔2009〕26号

各市交通局、厅直各单位：

2008年以来，在省委、省政府和交通运输部正确领导下，全省交通系统认真学习贯彻党的十七大精神，以邓小平理论和“三个代表”重要思想为指导，深入贯彻落实科学发展观，按照全省安全生产工作会议及全省交通工作会议的部署和要求，牢固树立“以人为本”、“安全发展”理念，始终坚持“安全第一、预防为主、综合治理”方针，紧紧围绕“三个服务”总体要求和保障交通从业人员安全、保障人民群众安全便捷出行、保障交通安全畅通目标，突出道路旅客运输安全、危险化学品运输安全、水上交通安全、公路桥梁运营安全、公路建设施工安全“五个重点”，深入开展安全“隐患治理年”、“全国安全生产月”和“安全生产百日督察”活动，不断推进依法治安、科技兴安、发展创安工作，夯实安全生产管理基础，全行业安全生产监管能力和安全生产保障服务能力逐步提升，较好地完成了道路水路运输及公路建养施工等安全生产任务，特别是圆满完成了春节道路水路运输、抗击雨雪冰冻灾害电煤抢运、支援四川抗震救灾物资运输、奥运火炬传递及奥运志愿者运输服务保障等安全生产任务，涌现出了一批安全生产先进集体和先进个人。

为了进一步调动全省交通系统各单位、各部门、各企业和广大干部职工安全生产工作的积极性，推进行业安全生产工作扎实有效开展，省厅决定对2008年度全省交通安全生产管理工作先进单位和先进个人进行表彰奖励。授予山西省公路局、长治市交通局等48个单位“2008年度全省交通安全生产管理工作先进单位”称号，授予崔跃龙等200名同志“2008年度全省交通安全生产管理工作先进个人”称号。

希望受到表彰的先进单位和先进个人发扬成绩，再接再厉，巩固成果，开拓创新，再创佳绩。全省交通系统各单位、各部门、各企业及广大干部职工要认真学习先进单位及先进个人的先进经验，高度重视并切实加强对安全生产工作的组织领导，全面落实安全生产各项措施，夯实基础，严格管理，加大投入，常抓不懈，努力开创安全发展新局面，为交通运输事业又好又快发展创造稳定的安全生产环境。

附件：1.2008年度安全生产管理工作先进单位名单
2.2008年度安全生产管理工作先进个人名单

山西省交通厅
2009年1月19日

附件1：

2008年度安全生产管理工作先进单位名单

（48个）

一、市交通局（7个）

长治市交通局
阳泉市交通局
临汾市交通局
忻州市交通局
晋城市交通局
运城市交通局
大同市交通局

二、厅直单位（9个）

山西省公路局
山西省地方海事局
山西省高速公路管理局
山西省交通征费稽查局
山西省交通基本建设工程质量监督站
山西省交通建设开发投资总公司
山西省交通建设工程监理总公司
山西省交通规划勘察设计院
山西省交通科学研究院

三、公路系统（5个）

山西省公路局临汾分局
山西省公路局晋中分局
山西省公路局大同分局
山西省公路局阳泉分局
山西省公路局质量检测中心

四、高管系统（5个）

山西省忻州高速公路有限责任公司
山西省太原高速公路有限责任公司
山西省运城高速公路有限责任公司
山西省中交翼侯高速公路有限责任公司

山西长晋高速公路有限公司

五、交通征稽系统(2 个)

山西省交通征费稽查局运城分局
山西省交通征费稽查局晋城分局

六、运输管理系统(4 个)

阳泉市运输管理处
晋城市运输管理处
长治市运输管理处
临汾市运输管理处

七、地方海事系统(3 个)

长治市地方海事局
运城市地方海事局
晋城市地方海事局

八、交通质监系统(2 个)

晋中市交通建设工程质量监督站
忻州市交通建设工程质量监督站

九、重点工程系统(3 个)

山西省晋城高速公路建设管理处
山西省阳翼高速公路建设管理处
山西省闻垣高速公路建设管理处

十、运输企业(8 个)

山西汽运集团晋龙捷泰运输贸易有限公司
山西汽运集团三皇侯马运业股份有限公司
山西汽运集团晋城汽运有限公司
山西汽运集团长治汽运有限公司
长治市第一汽车运输有限公司
晋中市祁县汇通汽车运输有限公司
山西汾阳运输公司危货中心
大同市祥昊石化有限责任公司

附件2：

2008年度安全生产管理工作先进个人名单

（200名）

一、市交通局(33名)

崔跃龙	戴长庆	赵建忠	（太原市交通局）
祁建宇	李建成	王日亮	（大同市交通局）
李朝华	孟占海	何兴华	（朔州市交通局）
顾占斌	周明伟	郝建平	（忻州市交通局）
孙林富	蔡建德	高新民	（吕梁市交通局）
李彦平	李素成	冀得政	（晋中市交通局）
赵发明	王永昌	姚牛海	（阳泉市交通局）
华志刚	令狐文选	连英全	（临汾市交通局）
王健康	李菊红	王　力	（运城市交通局）
李明芳	杨共生	李宏柏	（长治市交通局）
贾承健	王余良	王晋霞	（晋城市交通局）

二、厅直单位(19名)

刘雁阳（开发公司）	尚金明（开发公司）	张跃峰（监理公司）	李宝琴（监理公司）
聂承凯（设计院）	郭晓军（设计院）	姚伟华（科研院）	陈　杲（科研院）
张西良（技术学院）	安正明（技术学院）	孙宗斌（技师学院）	石　珏（技师学院）
肖毓恺（交通干校）	刘兴华（交通干校）	宋小平（规划中心）	宋建华（新闻中心）
王柏茂（后勤中心）	杜建武（后勤中心）	任　志（后勤中心）	

三、公路系统(35名)

胡志勇	赵永平	孙宗明	吴夏生	尚海英	闫计平	刘　彪	沈芳青	陈占强
崔　毅	王亚龙	韩国琦	张爱文	李善武	李兴柱	张惠民	赵保平	张卫平
张文明	郭秋文	张玉萍	贾艳强	史学英	焦学峰	张兆阳	张保宏	王力云
关志华	李军耀	王小军	狄友植	郭裕忻	张光明	乔　莉	秦维俊	

四、高管系统(25名)

衡小平	贾建民	赵善义	李明军	王　道	杜爱如	陈晋芳	崔树强	杨　丽
杨晋杰	李明军	王明刚	刘泉旺	刘万红	王安宏	孙金虎	任冬霞	陈德将
申红军	王兆华	杜玉红	周　勇	郭晋军	张秀琴	贺　斐		

五、征稽系统(14名)

陈继胜	张　兴	郭长征	王建国	范文生	谷贵成	薛立耀	寇燕辉	杨海滨

杨旭祥　杨集生　柳锐锋　姜永伟　马少华

六、运管系统(25名)

李　灵　张海珠　陈东红　段　权　唐国源　霍金相　何　莉　刘继东　王改宏
李　阳　刘庆宇　薛露平　吴　俊　周建国　王　春　梁　寅　白俊明　杜　明
郭　杰　王福记　吴鹏鸣　张学宏　秦光晋　王旭胜　杜崇兹

七、地方海事系统(15名)

高　倩　姚海然　高晋勇　赵志忠　马锐利　牛红斌　悦文光　孙　印　穆俊有
张国民　黄　驰　王翠莲　杨文斌　贺　斌　陈志强

八、质监系统(15名)

李新杰　陶云川　马冬云　孟续峰　朱　飚　张政杰　张　涛　陶韵红　雷志军
孙　涛　姚旭东　侯　军　王维斌　王小靖　驾文喜

九、重点工程系统(11名)

马春平　金新年　刘红兵　马建萍　荆劲峰　张青江　荆冰寅　解晋涛　刘　峰
秦林清　梁　奇

十、厅机关(7名)

曹居月　蒋　品　吴秀武　要前进　杜　锋　靳茂林　常卫平

关于表彰2008年度完成工作目标责任制优秀单位和先进单位的决定

晋交办字〔2009〕27号

各市交通局、厅直各单位：

2008年是“十一五”规划快速推进、重点突破的一年。年初，省厅将年度目标任务和重点工作进行了责任分解，落实到各市交通局和厅直各单位。一年来，在省委、省政府的正确领导下，全省交通系统以“三个代表”重要思想为指导，全面贯彻落实科学发展观，围绕年度工作目标任务，锐意进取，攻坚克难，扎实工作，圆满完成或超额完成了省厅下达的各项任务指标，为实现“十一五”交通发展目标作出了新的贡献。

在全系统各单位的共同努力下，2008年，全省公路建设完成投资200.8亿元，新增公路通车里程4904公里，新增通水泥(油)路的建制村951个。晋城至济源、运城南环两条高速公路胜利建成，省政府提出的开工1000公里高速公路目标基本实现，今后两年开工项目前期工作全部启动；交通规费征收169亿元；国省干线公路完成危桥改造253座、安保工程886公里、大中修710公里；完成县乡公路改造4678公里、通村水泥(油)路18291公里，全长1200公里沿黄扶贫旅游公路基本贯通。建成一、二级汽车站12个、乡镇汽车站90个；启动了新一轮“拉网式、无缝隙”集中治超行动，车辆非法超限超载严重反弹得到有效遏制，积极支援四川地震灾区抗震救灾和交通恢复重建工作，圆满完成了奥运火炬传递大运高速公路转场和奥运期间的交通保障任务，并派出奥运应急车队进京服务，安全准时运送奥运志愿者7.4万人。认真组织开展了深入学习实践科学发展观、“迎奥运、讲文明、树新风”、纪念改革开放30周年等活动，取得了显著成效。

为发扬成绩、鼓励先进、进一步激发各市交通局和厅直各单位争先创优的积极性，促进交通事业又好又快发展，省厅决定：

授予忻州市交通局、省公路局等12个单位“2008年度完成工作目标责任制优秀单位”称号；

授予大同市交通局、省交通质监站等21个单位“2008年度完成工作目标责任制先进单位”称号。

2009年是深入学习实践科学发展观，抢抓国家扩大内需机遇，再掀公路建设新高潮的第一年，更是实现“十一五”规划目标的关键之年。希望全省交通系统要发扬成绩，再接再厉，认真贯彻党的十七大和十七届三中全会、中央和省经济工作会议、全国和全省交通工作会议精神，全面落实科学发展观，积极推进产业结构调整和发展方式转变，全面提升交通运输服务保障能力，为全省经济平稳较快发展作出更大贡献。

附件：2008年度完成工作目标责任制优秀单位和先进单位名单

山西省交通厅

2009年1月19日

附件：

2008年度完成工作目标责任制优秀单位和先进单位

一、完成工作目标责任制优秀单位（12个）

忻州市交通局
晋中市交通局
长治市交通局
山西省公路局
山西省征费稽查局
山西省交通运输管理局
山西省高速公路管理局
山西省地方海事局
山西省交通规划勘察设计院
山西省交通科学研究院
山西交通技师学院
山西省交通建设开发投资总公司

二、完成工作目标责任制先进单位（21个）

大同市交通局
朔州市交通局
太原市交通局
吕梁市交通局
阳泉市交通局
临汾市交通局
运城市交通局
晋城市交通局
山西省交通基本建设工程质量监督站
山西交通职业技术学院
山西省交通干部学校
山西省交通建设工程监理总公司
山西省交通厅后勤服务中心
山西省交通厅新闻宣传中心
山西省交通厅资料信息中心
山西交通安居置业中心

山西省交通厅规划发展中心
山西省物流中心
山西省交通厅会计核算(审计)中心
山西省交通环境保护中心
山西省交通厅公路交通工程定额站

关于表彰2008年度《山西交通年鉴》工作先进单位和先进个人的决定

晋交办字〔2009〕89号

各市交通局、厅属各单位、厅机关各处室：

2008年是实现“十一五”规划目标的关键一年。一年来，在厅党组正确领导下，在各有关单位大力支持下，全省交通系统史志年鉴工作者以“三个代表”重要思想为指导，全面贯彻落实科学发展观，围绕2008年全省交通史志年鉴工作会议上制定的各项目标和任务，肩负时代使命，积极应对挑战，与时俱进，开拓创新，踏实苦干，拼搏奉献，圆满完成2008年版《山西交通年鉴》资料报送及先进典型宣传等工作任务，为推动全省交通事业又好又快发展作出显著成绩，涌现出了一批年鉴工作的先进单位和先进个人。

为了表彰先进，激励后进，不断开创全省交通史志年鉴工作新局面，省厅决定对运城市交通局等17个先进单位和刘邦晋等22名先进个人予以表彰(名单附后)。

2009年是深入学习实践科学发展观，按照全省转型发展、安全发展、和谐发展要求，抓住国家扩大内需机遇，再掀公路交通建设新高潮的重要一年。希望全省交通史志年鉴工作者要认真贯彻落实党的十七届三中全会精神和全国、全省交通工作会议精神，全面落实科学发展观，围绕交通工作中心任务，发扬成绩，找准差距，制定措施，迎头赶上；要不断增强责任感和使命感，努力做到爱岗敬业，尽职尽责，勤奋刻苦，乐于奉献；要认真贯彻落实省厅要求，积极努力，一丝不苟，克服困难，创造条件，保质保量，完成任务，为搞好全省交通系统精神文明建设和资料宣传工作尽心竭力，精益求精，以优异成绩迎接新中国成立60周年，谱写全省交通事业全面协调可持续发展的崭新篇章。

一、先进单位(18个)

运城市交通局
山西省公路局长治分局
忻州市交通局
晋中市交通局
临汾市交通局
长治市交通局
阳泉市交通局
大同市交通局
山西省交通征费稽查局
山西省交通运输管理局
山西省交通规划勘察设计院

山西省交通建设开发投资总公司
山西省交通科学研究院
山西交通技师学院
山西省公路局太原分局
山西省交通征费稽查局忻州分局
山西太旧高速公路管理有限责任公司
山西忻州高速公路管理有限责任公司

二、先进个人(22 人)

席红霞　曹宏昇　刘邦晋　王跃东　王国忠　李玉洲　韩金廷　史晋阳　高　青
范彦军　张慧萍　秦华国　宗庆文　许艳红　陈富根　贾振卜　张夏玲　赵树平
王立中　吕　锋　刘玉怀　王锁胜

山西省交通厅
2009 年 2 月 26 日

关于表彰2008年度工程质量监督优秀先进单位的决定

晋交公字〔2009〕102号

各市交通局：

2008年各市交通质监站在市交通局的正确领导下，以科学发展观为统领，以工程建设质量为中心，认真履行监督职责，为保障干线公路和农村公路建设质量与施工安全，促进交通建设持续、健康发展作出了突出贡献。

为树立典型，鼓励先进，进一步提高全省交通工程质量管理水平，使交通质监事业又好又快发展，省厅决定：授予忻州、晋中、晋城、吕梁、阳泉、长治市交通质监站“2008年度交通工程质量监督优秀单位”；太原、大同、临汾、运城、朔州市交通质监站“2008年度交通工程质量监督先进单位”称号。

希望受表彰的单位戒骄戒躁，再接再厉，抓住机遇，奋力进取，认真履行监督职能，在新一轮公路建设高潮中，为提高我省交通建设工程质量和安全管理水平作出更大贡献。

山西省交通厅

2009年3月9日

关于表彰1999年至2009年度依法治交工作先进单位和先进个人的决定

晋交法字〔2009〕114号

各市交通局、厅直各单位、厅机关各处室:

1999年以来,在省委省政府的领导下,全省交通运输系统全面落实"依法治国,建设社会主义法治国家"的基本方略和省委《关于进一步推进依法治省的决定》,紧紧围绕交通中心工作,全面推进依法治交,涌现出一大批成绩突出的先进单位和先进个人。为树立榜样,鼓励先进,推进依法治交进程,山西省交通运输厅决定对太原市道路运输管理局等80个先进集体和王小成等100名先进个人予以表彰。希望受到表彰的单位要珍惜荣誉,再接再厉,更好地发挥模范带头作用,在推进依法治交,加快建设法治交通的进程中再创佳绩,作出更大的贡献。

全省交通运输系统各单位要以受表彰的单位和个人为榜样,深入贯彻党的十七大和十七届三中全会精神和省委省政府建设"法治山西"的要求,学习实践科学发展观,认真总结十年来依法治交工作中的好经验做法,为进一步推进依法治交进程和我省的交通运输事业平稳健康快速发展作出更大贡献!

附件:1999年至2009年度依法治交工作先进单位和先进个人名单

山西省交通运输厅

2009年7月1日

附件：

1999年至2009年度依法治交工作先进单位和先进个人名单

一、行政执法标兵单位（16个）

太原市道路运输管理局
大同市交通综合行政执法支队
朔州市怀仁县交通局
忻州市岢岚县交通局
吕梁市道路运输管理处
晋中市道路运输管理局
阳泉市道路运输管理处
临汾市交通路政支队
运城市交通综合执法支队
长治市道路运输管理处
晋城市泽州县道路运输管理所
山西省公路局晋中分局
山西省公路局晋城分局
山西省交通征费稽查局运城分局稷山所
山西省交通征费稽查局晋中分局太谷所
山西省高速公路管理局长邯路政大队

二、依法治理先进单位（16个）

太原市交通局
大同市交通局
临汾市交通局
运城市交通局
运城市绛县综合执法大队
长治市交通局法制科
山西省公路局忻州分局
山西省交通征费稽局太原分局
山西省祁临高速公路有限责任公司
山西省地方海事局
山西省交通规划勘察设计院
山西省交通科学院研究院
山西省交通基本建设工程质量监督站

山西交通职业技师学院
山西省交通建设工程监理总公司
山西省交通建设开发投资总公司

三、依法行政先进单位(16个)

清徐县交通局
阳高县交通局
朔州市交通局
晋中市交通路政支队
吕梁市交通局
晋中市昔阳县交通局
阳泉市交通局
临汾市翼城县交通局
永济市交通局
运城市新绛县交通局
长治市交通局
晋城市阳城县交通局
山西省公路局
山西省交通征费稽查局
山西省交通运输管理局
山西省高速公路管理局

四、行政执法先进单位(16个)

太原市尖草坪区交通稽查大队
大同市道路运输管理处
朔州市平鲁区交通局
忻州市忻府区交通路政管理所
晋中市祁县交通局
吕梁市临县地方海事处
阳泉市盂县交通局
临汾市洪洞县交通局
运城市河津市交通综合执法大队
长治市郊区交通局
晋城市城区交通局
山西省公路局阳泉分局
山西省公路局临汾分局
山西省交通征费稽查局忻州分局
山西省交通征费稽查局长治分局
山西省高速公路管理局临汾路政大队

五、法制宣传教育先进单位(16 个)

太原市小店区交通局
大同市天镇县交通局
大同市灵丘县交通局
忻州市交通局运输管理处
吕梁市柳林县交通局征费稽查站
晋中市榆次区交通局
临汾市乡宁县交通服务中心
运城市平陆县交通局
长治市黎城县交通局
山西省公路局太原分局
山西省交通征费稽查局临汾分局
山西太旧高速公路管理有限责任公司
山西交通技师学院
山西省交通干部学校
山西省交通厅后勤服务中心
山西省交通厅新闻宣传中心

六、行政执法标兵(16 名)

王书见　太原市道路运输管理局运政稽查支队支队长
齐太山　大同市大同县道路运输管理所所长
王忠英　朔州市应县道路运输管理所所长
赵瑞华　忻州市五台县交通局路政大队副大队长
梁春祥　吕梁市道路运输管理处处长
吴海峰　晋中市交通路政支队副支队长
杨继勇　阳泉市交通局道路管理处副处长
王闫红　临汾市交通路政支队支队长
王小成　运城市交通局综合执法支队支队长
刘庆义　长治市道路运输管理处处长
岳非非　晋城市交通局路政管理处路政一大队大队长
赵国华　山西省公路局长治分局路政支队长
李文军　山西省公路局运城分局路政管理支队指导员
刘玉平　山西省交通征费稽查局吕梁分局离石所所长
李润河　山西省交通征费稽查局朔州分局应县所所长
尹秀春　山西省高速公路管理局太祁路政大队路政案件查处员

七、依法行政先进个人(18 名)

刘树茂　朔州市朔城区交通局局长
王　雁　晋中市交通局运输科科长

王艾虎	阳泉市平定县交通局局长
吕虎林	晋城市交通局总工程师
鹿庆华	山西省公路局公安路政处处长
杨　斌	山西省交通征费稽查局养路费征收管理处处长
赵有恭	山西省交通征费稽查局阳泉分局局长
崔玲玲	山西省高速公路管理局法规处处长
马晓艳	山西省高速公路路政总队办公室副主任
霍　莉	山西省交通运输管理局副局长
王大为	山西省交通运输厅公路运输工会副主席
田书平	山西省交通运输厅离退休人员管理处副处长
李改蓉	山西省交通运输厅交通战备办公室副调研员
丁吉喜	山西省交通运输厅公路管理处副调研员
杨继勇	山西省交通运输厅政策法规处副调研员
许有志	山西省交通运输厅财务征费处副处级干部
秦培兰	山西省监察厅驻省交通运输厅监察室副处级干部
靳茂林	山西省交通运输厅运输管理处主任科员

八、行政执法先进个人(15名)

康玉平	古交市道路运输管理所所长
陈　政	大同市广灵县交通局法制办主任
孙占先	朔州市交通局执法大队队长
杨振华	忻州市交通局路政法规处科员
赵平兴	吕梁市石楼县交通路政大队队长
杨建堂	晋中市太谷县交通局副局长
闫学臻	阳泉市郊区交通局法制办主任
华志刚	临汾市交通局党组书记、局长
黄永刚	运城市河津市交通局局长
冯泽民	长治市交通局法制科科长
宋军红	晋城市道路运输管理处稽查支队支队长
张渊宇	山西省公路局大同分局路政支队神泉堡超限超载检测站站长
黄　孝	山西省交通征费稽查局大同分局副局长
李俊杰	山西省交通征费稽查局晋城分局法制办主任
李　军	山西省高速公路管理局祁临路政大队路政审批管理员

九、法制宣传教育先进个人(35名)

郭俊华	太原市阳曲县交通局办公室主任
金卫东	大同市新荣区交通局法制办主任
周建平	朔州市交通局办公室主任
陈沅俊	忻州市宁武县交通局副局长
刘志勇	吕梁市交通局宣传教育中心科员

周红波　晋中市左权县交通局法制办主任
杨德军　阳泉市交通规费征收稽查处处长
关荣华　临汾市交通局法规中心科员
李海军　运城市永济市交通局局长
王建军　长治市交通局法制科副科长
李海荣　晋城市高平市交通局局长
陈占强　山西省公路局朔州分局人劳科科长
李卫杰　山西省交通征费稽查局霍侯路征费管理处稽查科科长
赵春梅　山西省忻州高速公路责任有限公司人力资源部副部长
申晓飞　山西省太旧高速公路管理有限责任公司综合办文秘普法办干事
任艳静　山西省交通运输管理局法规处处长
刘　军　山西省地方海事局政务大厅副主任
王贵才　山西省交通规划勘察设计院公安科科长
金　莹　山西省交通科学研究院人事劳资教育科副科长
安　进　山西省交通基本建设工程质量监督站办公室主任
余建忠　山西交通职业技术学院人事劳资处处长
魏延萍　山西交通技师学院党工部主任
肖毓恺　山西省交通干部学校校长
张跃峰　山西省交通建设工程监理总公司总经理
李　平　山西省交通建设投资开发总公司党委书记
王柏茂　山西省交通厅后勤服务中心党总支副书记
杨原平　山西省交通厅新闻宣传中心主任
赵国荣　山西省交通厅资料信息中心信息部部长
杜宗云　山西交通安居置业管理中心办公室主任
王泽伟　山西省物流中心人事劳资处处长
刘江涛　山西省交通厅会计核算（审计）中心办公室主任
赵　兵　山西省交通环境保护中心站监测中心副主任
陆　疆　山西省交通厅公路交通工程定额站办公室副主任
安小平　山西省交通厅规划发展中心主任兼支部书记
贾晓峰　山西省交通厅重点公路工程建设办公室副处级监督检查员

十、法制工作先进个人（16 名）

滕悦茹　太原市交通局政策法规处处长
李俊如　大同市交通局人事法规科科员
麻　德　朔州市交通局法规科科长
张明义　忻州市交通局路政法规科主任科员
高淑建　吕梁市交通局法规科科员
刘爱荣　晋中市交通局法制科科员
冯爱红　阳泉市交通局人事法规科副科长
张学伟　临汾市交通局副局长

李菊红　运城市交通局政策法规科科长
李明芳　长治市交通局局长
王晚喜　晋城市交通局法规科科长
蔚照成　山西省公路局吕梁分局路政支队支队长
郭利琴　山西省交通征费稽查局政策法规处处长
史华敏　山西省高速公路管理局法规处干事
傅泽锋　山西省交通运输管理局法规处副处长
武安瑜　山西省交通运输厅政策法规处主任科员

关于表彰2008年度交通统计工作先进单位、先进集体和先进个人的通报

晋交规划字〔2009〕145号

各市交通局、厅直各有关单位：

2008年，全省交通统计工作在厅党组的正确领导下，认真贯彻落实党的十七大精神，深入学习实践科学发展观，解放思想，开拓创新，深化统计方法改革，改进调查手段与方法，丰富信息内容，充实统计力量，不断提高数据质量和统计分析、预测水平，为科学制定交通行业发展政策、战略、规划和提高行业管理水平提供依据，统计服务能力和统计监督能力不断增强。

为表彰先进、弘扬正气，激发广大干部职工努力工作、积极进取，不断开创统计工作新局面，省厅决定对在2008年交通统计工作中表现突出的单位、集体和个人予以表彰。希望受表彰的单位和个人珍惜荣誉、再接再厉。全省各级交通部门要坚持科学发展观，积极推进各项交通统计改革，努力提高统计的科学性和准确性，全面提升交通统计对交通发展新情况、新特点的反映能力，满足不断增长的信息服务需求，为山西交通又好又快发展作出应有的贡献。根据《山西省交通统计管理办法》的有关规定，建议各单位对受表彰的统计人员给予适当奖励。

附件：2008年度统计工作先进单位、先进集体、先进个人名单

山西省交通厅

2009年4月1日

附件:

2008 年度统计工作
先进单位、先进集体、先进个人名单

一、先进单位(10 个)

大同市交通局
忻州市交通局
晋中市交通局
阳泉市交通局
长治市交通局
临汾市交通局
运城市交通局
山西省公路局
山西省高速公路管理局
山西省交通运输管理局

二、先进集体(48 个)

忻州市交通局综合规划科
阳泉市交通局道路管理处
晋城市交通局综合规划科
临汾市交通局计划投资科
运城市交通局综合规划科
山西省公路局计划统计处
山西省交通运输管理局票证统计处
山西省高速公路管理局计划财务处
忻州公路分局计划统计科
阳泉公路分局计划统计科
长治公路分局计划统计科
晋城公路分局计划统计科
太原高速公路有限责任公司
长治高速公路有限责任公司
朔州高速公路有限责任公司
运城高速公路有限责任公司
阳翼高速公路建设管理处
太原市道路运输管理局
晋中市道路运输管理局

阳泉市道路运输管理处
长治市道路运输管理处
运城市道路运输管理处
太原市小店区交通局
大同市左云县交通局
大同市广灵县道路运输管理所
朔州市山阴县道路运输管理所
忻州市河曲县交通局
忻州市静乐县交通局
忻州市交通局直属运输管理所
晋中市左权县交通局
晋中市太谷县交通局
晋中市祁县运管所
阳泉市郊区道路运输管理所
吕梁市中阳县交通局
吕梁市岚县交通局
吕梁市离石运管所
长治市长子县交通局
长治市沁源县交通局
长治市武乡县道路运输管理所
晋城市陵川县交通局
晋城市沁水县运管所
临汾市尧都区交通局
临汾市尧都区道路运输管理所
运城市永济市交通局
运城市盐湖区道路运输管理所
运城市临猗县道路运输管理所
山西汽车运输集团有限公司
山西长治汽车运输有限公司

三、先进个人(182 名)

大同市(12 名)

王晓峰 王秀平 蒋同杰 肖 鹏 习玉梅 耿慧芬 李新平 白 纹 殷美萍 李爱君 孙永军 许贵福

朔州市(8 名)

赵晓玲 张英英 王明德 苏有兰 马月芳 崔 芳 段 红 王志鹏

忻州市(14 名)

高丽勤 树 憔 甄丽琴 任少平 徐俊芳 赵泽英 梁树军 郭文瑞 王瑞珍 吴瑞芳 李幼平 赵莜茅 李润芳 张培花

太原市(14名)

张毅萍　刘军伟　王曼煊　张君莉　王志强　王艳青　庄丽惠　张有旺　高国梅
张　娟　李春阳　赵志忠　李爱萍　郎　珺

晋中市(14名)

李兆玉　刘亚平　贾　敏　邢民权　刘华平　张小红　侯开红　彭晓芳　张晓峰
李建华　王晓燕　康左芳　杨　荣　冀慧芳

阳泉市(8名)

王海亮　王文君　韩　洁　刘文萍　梁海霞　王文华　刘瑞明　郝淑华

吕梁市(13名)

陈晓慧　任姝平　刘建芳　张小萍　白庆山　刘　琼　穆晓东　常利平　张　将
李　英　王晓玲　王春晓　高凤珍

长治市(14名)

郭军梅　潘亚初　金　涛　李雯雯　杨　鑫　韩旭红　李艳艳　崔慧玲　郭跃霞
梁秀英　李　琳　范俊堂　何彩霞　许　宁

晋城市(8名)

刘东霞　原叶琴　崔喜源　吴电广　上官路东　秦胜东　张义波　李　会　申爱岚

临汾市(14名)

刘松甫　侯民杰　王丽敏　周秋燕　付华丽　秦晓红　崔忠萍　蔺　茹　周卫东
刘兆强　朱文梅　邸彦军　张如意　张香菊

运城市(14名)

孙正民　刘文康　郭林花　朱彩云　杨引娣　吴丽娜　王　燕　宁晓飞　文　力
王红梅　李海霞　李国荣　崔　丽　刘芳丽

山西省公路局(10名)

温广丽　刘中海　刘艳花　杜美玲　席志兰　张朔清　侯　军　刘爱民　曹一梅
李　进

山西省高速公路管理局(18名)

付建光　杨振宇　周　勇　林　剑　刘明亮　刘岱中　樊丽英　齐东栋　张静琼
赵晓英　武继锋　宋建强　陈艳萍　王　晶　张　峰　曹　杰　马　俊　齐海英

山西省交通运输管理局(5名)

胡志莲　董艳平　郭莉芳　赵亚强　张卫兵

山西省地方海事局(5名)

毛世伟　陈志强　王志勇　柴文霞　贺星星

山西汽车运输集团(6名)

药　茜　马艳玲　杜小兰　李爱萍　李先玲　张光淼

重点联系企业(3名)

牛润亭　张天为　芦淑琴

高速公路建设管理处(1名)

杨曙霞

关于表彰2008年度治安综合治理工作标兵单位、先进单位、先进集体和先进个人的决定

晋交公安字〔2009〕342号

厅直各单位：

2008年，厅直各单位在各级综治委（办）的正确领导下，认真贯彻中共中央《关于进一步加强社会治安综合治理的意见》精神，以落实科学发展观和构建社会主义和谐社会为目标，以确保奥运期间单位内部安全稳定为重点，以开展“平安交通”创建活动为契机，按照《山西省交通厅2008年度治安综合治理工作要点》的要求，加强基层基础建设，强化工作措施的落实，维护了交通系统内部的安全稳定，涌现出了一批工作突出的先进单位和先进个人。

为表彰先进，树立典型，推动省厅综治工作健康有序的开展，厅治安综合治理领导组决定：授予省运管局等5个单位“山西省交通厅2008年度治安综合治理标兵单位”，授予山西省交通干部学校等7个单位“山西省交通厅2008年度治安综合治理先进单位”，授予省公路局太原分局等6个单位“山西省交通厅2008年度治安综合治理先进集体”，授予王引珍等66名同志“山西省交通厅2008年度治安综合治理先进个人”。希望受到表彰的先进单位和先进个人，珍惜荣誉，戒骄戒躁，再接再厉，为维护单位内部安全稳定、为构建和谐山西作出新的更大的贡献。

省厅综治工作领导组号召，厅直各单位的广大干部职工要向受到表彰的先进单位和先进个人学习，学习他们以维护社会治安为己任，自觉执行党和国家有关社会治安综合治理的方针政策的高度政治觉悟；学习他们树立科学的发展观和正确的政绩观，热爱综治工作，确保一方平安的高度政治责任感；学习他们恪尽职守，爱岗敬业，无私奉献，努力钻研业务的工作精神；学习他们密切联系群众，求真务实，开拓创新，艰苦奋斗的工作作风。认真贯彻党的十七大精神，坚持“打防结合、预防为主，专群结合，依靠群众”的方针，全面落实社会治安综合治理各项措施，全力维护交通系统内部安全稳定，为迎接建国60周年作出新的更大的贡献。

附件：2008年度治安综合治理标兵单位、先进单位、先进集体和先进个人表彰名单

山西省交通厅

2009年6月16日

附件：

2008年度治安综合治理工作 标兵单位、先进单位、先进集体和先进个人表彰名单

一、标兵单位（5个）

山西省交通运输管理局
山西省公路局
山西省高速公路管理局
山西省交通征费稽查局
山西省交通建设开发投资总公司

二、先进单位（7个）

山西交通职业技术学院
山西交通技师学院
山西省交通干部学校
山西省交通科学研究院
山西省交通规划勘察设计院
山西省交通建设工程监理总公司
山西省交通厅后勤服务中心

三、先进集体（6个）

山西省公路局太原分局
山西省太原高速公路有限公司
山西省交通征费稽查局太原分局
山西省运输管理局后勤服务中心
山西省交通厅公安处公路公安分处
山西省交通厅公安处运输公安分处

四、先进个人（66名）

郭淑为	宋贵生	刘耀龙	陈　杲	王引珍	李润平	石路明	张兴顺	王　晋
尚海英	李华中	郭　峰	刘志斌	李衍中	聂　强	高云芬	王津林	陈　宏
张庆华	张晓枫	马继平	程跃平	耿　勇	杨振峰	张贵生	王柏茂	陈晓明
米丕在	孟　科	安正明	任安国	黄安柱	郭建玉	肖毓恺	刘兴华	王应吉
赵卫中	张震丽	王志勇	樊真德	张文才	史秀芝	戎斌生	要前进	李　强
吴铁虹	郝岳平	平　华	张瀚鑫	郝钦杰	杨文斌	李栋然	卢永旺	常卫平
贠岩龙	李小红	马少华	秦林清	陈　星	李英杰	宋建华	赵队家	李延政
潘雄元	刘跃进	李亚平						

关于表彰全省道路运输行业卫星定位应用系统建设与管理工作先进集体和先进个人的决定

晋交运字〔2009〕677 号

各市交通局、省交通运输管理局:

为更好地贯彻落实国务院、省政府、交通运输部有关加强安全生产工作,推进安全发展的一系列文件精神,充分发挥现代信息技术在道路运输行业安全管理中的作用,严格防范驾驶员超速行驶、疲劳驾驶等不安全行为,不断夯实道路运输安全管理基础工作,有效提升道路运输行业安全管理和公共服务水平,省交通运输厅决定从 2005 年开始建设全省道路运输行业卫星定位应用系统。4 年多来,省交通运输管理局认真落实省厅的工作部署,精心组织、全力推进。各市交通主管部门及运管机构、运输企业积极支持,克服困难,狠抓落实。经过省、市交通主管部门及运管机构、运输企业的共同努力,全省道路运输行业卫星定位应用系统建设任务圆满完成,并涌现出一批先进集体和先进个人。省厅决定对太原市道路运输管理局等 41 个先进集体和程惠明等 89 个名先进个人(详见附件 1、2)予以表彰。

希望受到表彰的先进集体和先进个人再接再厉,发扬成绩,继续前进,不断巩固和发展道路运输行业卫星定位应用系统建设与管理的成果,把道路运输待业卫星定位应用系统管理好、使用好、维护好,同时也解雇全省各级运管机构和运输企业以先进集体和先进个人为榜样,学先进,争先进,在今后的道路运输行业卫星定位应用系统建设与管理实践中创新工作,不断取得新成绩和总结新经验,为道路运输业安全发展提供有力的科技支撑和技术保障。

附件:1. 全省道路运输行业卫星定位应用系统建设与管理工作先进集体名单

2. 全省道路运输行业卫星定位应用系统建设与管理工作先进个人名单

山西省交通运输厅

2009 年 12 月 3 日

附件1：

全省道路运输行业卫星定位应用系统建设与管理工作先进集体单位

（41个）

一、优秀单位(6个)

忻州市道路运输管理处
太原市道路运输管理局
晋中市道路运输管理局
吕梁市道路运输管理处
长治市道路运输管理处
临汾市道路运输管理处

二、先进单位(5个)

大同市道路运输管理处
朔州市道路运输管理处
阳泉市道路运输管理处
晋城市道路运输管理处
运城市道路运输管理处

三、先进企业(30个)

大同市城区永安运输服务中心
大同中港旅游汽车有限公司
朔州汽车运输有限公司
山西并州高速快客集团朔州长途客运有限公司
忻州兴达运输有限公司
忻州祥龙运业有限公司
忻州汽车运输有限公司
太原市宝华通汽车服务有限公司
太原化兴化工运销有限公司
太原市天之宇旅游汽车服务有限公司
太原新北盛运业有限公司
太原鑫晋源旅游汽车服务公司
晋中市安汇运输有限公司
晋中市瑞鑫油品运输有限责任公司

晋中榆次通泰汽车检测有限公司
阳泉市恒光石油商贸有限公司
阳泉市交通集团有限公司
阳泉汽车修造运输有限公司
吕梁顺泰旅游客运有限公司
吕梁市红日、瑞麟、通豪、旭阳、昌源达公司联合监管平台
汾阳汽车运输有限公司
长治市第一汽车运输有限公司
长治汽车运输有限公司
长治市元辰油品运输有限公司
晋城市诚安物流公司
晋城汽车运输有限公司
临汾捷康旅游客运有限公司
临汾汽车运输有限公司
运城汽车运输有限公司
运城市新万通运业有限公司

附件 2：

全省道路运输行业卫星定位应用系统建设与管理工作先进个人名单

（89 人）

大同市（6 名）

许　日　智　勇　李爱云　陈欢欢　肖　鹏　王明奎

朔州市（5 名）

孙小明　何兴华　孙志刚　冯成军　张建民

忻州市（8 名）

祁跃明　赵鸿宇　刘庆宇　白晓斌　刘　勇　冯海龙　徐　英　闫　慧

太原市（11 名）

侯喜萍　鄂　晶　孟永正　王建军　武慧明　马志清　邓　晞　李勇杰　张银花
康燕忠　郭　凯

晋中市（7 名）

程惠明　尹建平　李永琴　王瑞兵　范长寿　刘学珍　范家琪

阳泉市（7 名）

王学忠　李晓冬　李　强　周　静　邵彦彪　王建民　王文君

吕梁市（10 名）

杜崇滋　刘晓菊　高　源　张宇翔　刘剑辉　王永亮　韩国瑞　侯俊林　吴建海
王俊峰

长治市（8 名）

刘庆义　任　春　梁　寅　杨　涛　程晓斌　曹东平　常章水　赵　凯

晋城市（5 名）

常积应　刘东霞　李晋钦　孙晋军　袁志清

临汾市（7 名）

王福记　闫育战　刘　飞　梁　艳　吕晓五　马　敏　沈翠玲

运城市（6 名）

武继科　闫　军　张　驰　张　钊　叶胡管　尚晓峰

山西省交通运输管理局（9 名）

席建华　李　灵　裴增武　宋　伟　段　权　翟晓东　谢　平　赵洪涛　秦　川

关于对全省交通规费征收贡献突出单位和个人进行表彰的决定

晋交财字〔2009〕735 号

省交通征稽局、各交通征稽分局、霍侯路征管处：

我省交通征稽机构成立于 1987 年，先后承担了公路养路费、货运附加费、车辆通行费、车辆购置费(税)、新增车辆费五种交通规费的征收管理。22 年来，全省交通征稽系统牢记“为国家征费、为兴路开源”的使命，坚决贯彻厅党组的决策部署，服从服务于全省交通运输发展大局，依法行政，科学征管，风雨兼程，勇于担当，特别是在国家交通税费体制多次改革、职工前途未卜、规费征缴矛盾日益凸显的情况下，广大交通征稽职工舍己为公、忠实履责、迎难而上、团结奋进，千方百计增费源、一心一意抓费收，大打交通征稽大会战，保证了国家规费应征不漏，累计征收各种交通规费 548 亿元，为全省公路建养提供了强有力的资金支持，为全省交通运输持续、快速、健康发展作出了突出贡献，被交通部命名为“全国文明行业”。

交通征稽 22 年的奋斗历程，是全省交通运输改革开放 30 年的缩影。22 年来，广大交通征稽干部职工不仅创造了优异的费收业绩，而且用心血和汗水甚至是生命铸就了以“忠于责任、勇于开拓、甘于奉献”的征稽精神为核心的交通征稽文化，激励着一代又一代交通征稽人奋勇前进。交通征稽文化植根于交通运输改革开放的伟大实践，是全省交通文化的重要组成部分，也是全省交通运输行业的宝贵精神财富。

当前，全省交通运输事业正处在转型、跨越、崛起的历史新阶段，公路建设和资金筹措的任务十分繁重。为了进一步鼓励先进、鼓舞士气，弘扬优秀文化，营造“交通大发展、人人做贡献”的良好氛围，省厅决定，对全省交通规费征收贡献突出单位进行表彰。

授予山西省交通征费稽查局“交通规费征收特别贡献奖”；

授予山西省交通征费稽查局运城分局等 12 个单位“交通规费征收突出贡献奖”；

授予大同振华交通征费稽查站等 33 个所(站)“交通征稽标兵所(站)”称号。

授予弓国龙等 17 名同志“征稽标兵”称号。

希望全省交通征稽系统以先进单位和个人为榜样，发扬优良传统，立志再创辉煌，继续以昂扬饱满的工作热情、奋发有为的精神状态、科学求实的工作作风，在新的工作岗位上开拓进取，再立新功。全省交通运输系统要认真贯彻党的十七大和十七届四中全会精神，大力弘扬行业优秀文化，提升广大干部职工思想道德和科学文化素质，推动交通运输科学、快速、安全、和谐发展。

附件：全省交通规费征收贡献突出单位和个人表彰名单

山西省交通运输厅

2009 年 12 月 24 日

附件:

全省交通规费征收贡献突出单位和个人表彰名单

一、交通规费征收特别贡献奖

山西省交通征费稽查局

二、交通规费征收突出贡献奖(12个)

山西省交通征费稽查局运城分局
山西省交通征费稽查局忻州分局
山西省交通征费稽查局吕梁分局
山西省交通征费稽查局临汾分局
山西省交通征费稽查局太原分局
山西省交通征费稽查局阳泉分局
山西省交通征费稽查局晋中分局
山西省交通征费稽查局晋城分局
山西省交通征费稽查局霍侯路征管处
山西省交通征费稽查局长治分局
山西省交通征费稽查局朔州分局
山西省交通征费稽查局大同分局

三、交通征稽标兵所(站)(33个)

大同分局(4个)
振华交通征费稽查站 北关交通征费稽查站
天镇交通征费稽查所 大同征稽分局稽查大队
朔州分局(2个)
陈家堡交通征费稽查站 平鲁交通征费稽查所
忻州分局(3个)
定襄交通征费稽查所 繁峙交通征费稽查所
下王庄通行费收费站
太原分局(5个)
河西交通征费稽查所 西铭交通征费稽查所
南城交通征费稽查所 驻公安车管所联办
小店通行费收费站
晋中分局(3个)
祁县交通征费稽查所 太谷交通征费稽查所
榆次交通征费稽查所
阳泉分局(2个)
驻公安车管所联办 阳泉经济技术开发区交通征稽所

吕梁分局(3 个)
离石交通征费稽查所　岚县交通征费稽查所
柳沟通行费收费站
临汾分局(3 个)
翼城交通征费稽查所　洪洞交通征费稽查所
临汾交通征费稽查所
运城分局(3 个)
稷山交通征费稽查所　平陆交通征费稽查所
闻喜交通征费稽查所
长治分局(3 个)
常村通行费收费站　黎城交通征费稽查所
武乡交通征费稽查所
晋城分局(2 个)
高平交通征费稽查所　阳城交通征费稽查所

四、交通征稽标兵(17 名)

弓国龙　临汾分局蒲县交通征稽所所长
张瑞军　晋中分局灵石交通征稽所所长
迪志刚　运城分局稷山交通征稽所所长
孟晋涛　霍侯路管理处侯马通行费收费站站长
李英健　大同分局落里湾通行费收费站站长
张　军　大同分局左云交通征稽所所长
杨定国　朔州分局养路费征收科科长
张子军　朔州分局陈家堡交通征稽站站长
韩　震　太原分局北城交通征稽所所长
孙权平　吕梁分局交口交通征稽所所长
贾科学　运城分局平陆交通征稽所所长
苗栋丰　长治分局襄垣交通征稽所所长
巩金玲　阳泉分局驻公安车管所联办主任
王林玉　临汾分局汾西交通征稽所所长
崔盛民　运城分局闻喜交通征稽所所长
黄新生　忻州分局原平交通征稽所所长
王黎平　晋城分局东关交通征稽所所长

关于表彰《山西交通志》编撰工作先进单位和先进个人的决定

晋交办〔2010〕69号

各市交通局、厅属各单位、厅机关各处室：

《山西交通志》是《山西省志》的重要一部，也是省厅“十一五”规划中交通文化建设的重要组成部分。自2006年编撰工作启动以来，在省交通运输厅党组的正确领导下，在全系统各单位、各部门的大力支持下，全体编撰工作者深入学习实践科学发展观，发扬艰苦奋斗精神，甘于清苦，默默耕耘，勤奋工作，以强烈的责任心和神圣的使命感，圆满完成了《山西交通志》编撰工作任务，向建国60周年献上了一份厚礼，受到厅党组、山西省地方志办公室的高度评价，同时涌现出了一批事迹突出的先进单位和先进个人。

为了表彰先进，树立典型，振奋精神，鼓舞斗志，进一步激励全体史志年鉴工作者在今后的编撰工作中继续努力，做出新成绩，省厅决定对阳泉市交通局等31个先进单位，王九存等114名先进个人进行表彰（名单附后）。

希望受到表彰的先进单位和先进个人要珍惜荣誉，再接再厉，保持先进性，创造新成绩。全省交通史志年鉴工作者要以先进单位和先进个人为榜样，学习他们认真负责，忘我工作、一丝不苟的精神风貌，鼓足干劲，扎实工作，为促进交通史志年鉴工作再上新台阶作出新的更大贡献。

附件：1.《山西交通志》编撰工作先进单位

2.《山西交通志》编撰工作先进个人

山西省交通运输厅

2010年2月23日

附件1：

《山西交通志》编撰工作先进单位(30个)

阳泉市交通局
运城市交通局
吕梁市交通局
太原市交通局
晋城市交通局
朔州市交通局
晋中市交通局
山西省公路局
山西省交通征费稽查局
山西省交通运输管理局
山西省高速公路管理局
山西省地方海事局
山西省交通规划勘察设计院
山西省交通科学研究院
山西省交通基本建设工程质量监督站
山西交通职业技术学院
山西交通技师学院
山西省交通干部学校
山西省交通建设开发投资总公司
山西省交通建设工程监理总公司
山西省交通厅资料信息中心
山西省交通厅新闻宣传中心
山西省交通厅后勤服务中心
山西省交通厅规划发展中心
山西交通安居置业管理中心
山西省物流中心
山西省交通厅会计核算(审计)中心
山西省交通环境保护中心站
山西省交通厅公路交通工程定额站
山西省公路学会

附件2:

《山西交通志》编撰工作先进个人(114 人)

阳泉市交通局(2 人)

王九存　史晋阳

运城市交通局(2 人)

席红霞　鲁晓岩

吕梁市交通局(1 人)

田光铭

太原市交通局(1 人)

岳红旺

晋城市交通局(2 人)

郭光明　吴洪兴

朔州市交通局(2 人)

周建平　范金荣

晋中市交通局(2 人)

姬怀杰　王跃东

大同市交通局(1 人)

高　青

忻州市交通局(1 人)

刘邦晋

临汾市交通局(2 人)

李玉洲　庞燕东

长治市交通局(1 人)

韩金廷

山西省公路局(8 人)

胡志勇　袁海鸿　徐媛丽　王育庆　尚润英　郭俊楼　石虎山　郑　毅

山西省交通运输执法局(3 人)

王世锋　范彦军　张　为

山西省交通运输管理局(7 人)

李华中　孟潞安　李秀保　刘　庆　张海青　张慧萍　张　瑾

山西省高速公路管理局(5 人)

周存信　牛　铮　王国忠　王立中　葛彦明

山西省地方海事局(2 人)

牛世骏　杨志强

山西省交通规划勘察设计院(4 人)

聂承凯　秦华国　高　睿　崔　兰

山西省交通科学研究院(2 人)

张　宁　许艳红

山西省交通基本建设工程质量监督站(2 人)

常二栋　安　进

山西交通职业技术学院(2 人)

崔旭民　刘素平

山西交通技师学院(2 人)

张文才　孟仁贵

山西省交通干部学校(3 人)

肖毓凯　曹有生　魏平凡

山西省交通建设开发投资总公司(2 人)

宗庆文　郑跃峰

山西省交通建设工程监理总公司(1 人)

马昕宇

山西省交通厅资料信息中心(5 人)

师国梁　张岐山　梁锦华　赵国荣　杜小鹏

山西省交通厅新闻宣传中心(4 人)

杨原平　彭梁柱　石中生　崔鸣原

山西省交通厅后勤服务中心(2 人)

张补才　穆霄峰

山西省交通厅规划发展中心(1 人)

安小平

山西交通安居置业管理中心(1 人)

郭永刚

山西省物流中心(1 人)

田向东

山西省交通厅会计核算(审计)中心(1 人)

郭贵堂

山西省交通环境保护中心站(1 人)

王东伟

山西省交通厅公路交通工程定额站(1 人)

雷英夏

山西省交通运输厅机关(27 人)

张耀红　李征远　吴铁虹　武安瑜　郭富平　李栋然　景勿停　赵　跃　戎斌生

王大为　田荣华　阎宇驰　解宝平　李廷政　杨吉平　常卫平　梁进勇　辛日尚

白　云　薛晓明　逯美玲　宋　蔚　王亚虎　宫一雄　马俊云　翟丽萍　杜惠兰

山西省重点公路工程建设领导组办公室(3 人)

刘清平　武桂香　姚　凯

山西汽车运输集团有限公司(3 人)

陈富根　刘松魁　朱自明

新社会团体(4 人)

冯尔钢　陆小军　任景春　李汉晋

关于表彰厅直系统2010年度先进基层党组织、优秀共产党员和优秀党务工作者的决定

晋交直党字〔2010〕16号

各直属党委、总支、支部：

一年来，厅直系统各基层党组织、党务工作者和广大共产党员以邓小平理论、“三个代表”重要思想和科学发展观为指导，紧紧围绕交通运输发展大局，切实加强党的建设，充分发挥基层党组织的战斗堡垒作用和共产党员的先锋模范作用，为推动全省交通运输事业科学快速安全协调发展作出了积极贡献，涌现出一大批先进典型。为弘扬先进、激励斗志，厅直机关党委决定，对一年来作出突出贡献的山西省交通运输执法局党委等46个先进基层党组织、李俊萍同志等235名优秀共产党员、狄友植同志等58名优秀党务工作者予以表彰。

希望受表彰的先进集体和优秀个人，一定要珍惜荣誉、谦虚谨慎、戒骄戒躁、奋力争先，在推进全省交通运输事业大发展进程中应对挑战，积极作为。全系统各级党组织和全体共产党员要以受表彰的先进集体和个人为榜样，锐意进取，开拓创新，不断推进厅直系统党的建设，为实现推动交通运输科学发展、更好地服务全省“三个发展”作出新贡献。

附件：厅直系统2010年度先进基层党组织、优秀共产党员、优秀党务工作者名单

中共山西省交通运输厅直属机关委员会

2010年6月29日

附件：

厅直系统2010年度先进基层党组织、优秀共产党员、优秀党务工作者名单

一、先进基层党组织(46个)

山西省交通运输执法局党委
山西省交通规划勘察设计院党委
山西省交通科学研究院党委
山西交通技师学院党委
山西省交通建设开发投资总公司党委
山西省交通运输厅重点公路工程建设办公室党委
忻保高速公路建设管理处党委
大同高速公路有限责任公司党委
忻州高速公路有限责任公司党委
太原高速公路有限公司党委
运城高速公路有限责任公司党委
中交翼侯高速公路有限公司党委
闻垣高速公路建设管理处党委
阳翼高速公路建设管理处党委
忻阜高速公路建设管理处党委
大呼高速公路建设管理处党委
太古高速公路建设管理处党委
高陵高速公路有限公司党委
汾平高速公路有限公司党委
吕梁高速公路公司离军运营管理处党总支
山西交通职业技术学院经济管理系党总支
山西省地方海事局党支部
山西路桥第一工程有限责任公司四处党支部
山西省公路工程质量检测中心忻阜高速公路第五总监办党支部
山西路桥集团忻保高速公路路基第15合同段党支部
山西路桥第二工程有限公司一分公司党支部
山西路桥第二工程有限公司二分公司党支部
山西省交通运输执法局机关第一党支部
山西省交通运输管理局机关党支部
山西省高速公路管理局机关第四党支部
太旧高速公路公司武宿收费站党支部

朔州高速公路公司怀仁片区党支部
祁临高速公路公司平遥收费站党支部
临汾高速公路有限公司养护中心党支部
长治高速公路公司长治北收费站党支部
太长高速公路公司长治西收费站党支部
山西省交通规划勘察设计院三所党支部
山西交通职业技术学院公路系第二党支部
山西交通技师学院汽车工程系党支部
山西省交通干部学校第二党支部
山西省交通建设工程监理总公司忻保高速公路 LJ1 总监办党支部
山西省交通建设工程监理总公司临吉项目部党支部
厅后勤服务中心第二党支部
太原交通征费稽查分局南城所党支部
太原交通征费稽查分局钢城所党支部
厅机关第六党支部(离退休党支部)

二、优秀共产党员(235 名)

李俊萍 山西省公路局离退休人员管理处党小组长
赵黎菊 山西省公路局生活服务中心机关事务科科员
赵瑞红 山西省公路局生活服务中心办公室科员
刘宪文 山西省公路物资供应总公司总经理
宋青会 山西省公路工程监理技术咨询公司副经理
窦占元 山西省公路工程质量检测中心沿黄项目部主任
魏超飞 山西省公路工程质量检测中心综合办主任
李敬中 山西省公路构件厂厂长兼党委书记
王铁生 山西省公路构件厂生产管理处处长
韩　勇 山西省公路构件厂烧成车间副主任
张光明 山西省筑路机械厂厂长
郝金水 山西省筑路机械厂交通设施分厂副厂长
吕嵩巍 山西晋路投资开发有限公司总经理
姚立新 山西诚达公路勘察设计有限公司办公室主任
许韵才 山西路桥建设集团有限公司副总经理
靳　航 山西路桥建设集团有限公司临午公路总承包项目部经理
王国瑞 山西路桥建设集团有限公司经营开发公司副经理
韩光富 山西路桥建设集团有限公司大呼、灵山高速公路总承包项目部经理
崔君毅 山西路桥建设集团有限公司综合办公室主任
王涝谦 山西路桥第一工程有限公司副总经理
白爱梅 山西路桥第一工程有限公司纪委副书记、纪检监察室主任
宋翠英 山西路桥第一工程有限公司经营开发中心主任
郑小峰 山西路桥第一工程有限公司七处副处长
赵红义 山西路桥第一工程有限公司财务审计部副部长

张建光 山西路桥第一工程有限公司一处副处长
孟秀元 山西路桥第一工程有限公司三处副处长
彭黎俊 山西路桥第一工程有限公司五处副处长
张　涛 山西路桥第一工程有限公司实业公司副经理
乔雄伟 山西路桥第一工程有限公司一处工程科科长
秦　挺 山西路桥第一工程有限公司一处财务科科长
贾进波 山西路桥第一工程有限公司三处财务科科长
李义军 山西路桥第一工程有限公司六处工区长
冯国卿 山西路桥第一工程有限公司六处工区长
孟繁建 山西路桥第一工程有限公司职工
刘成海 山西路桥第二工程有限公司副总经理
张荣华 山西路桥第二工程有限公司财务部部长
陈建华 山西路桥第二工程有限公司后勤管理中心经理
池柳利 山西路桥第二工程有限公司设备经营中心经理
周泽晓 山西路桥第二工程有限公司三分公司经理
程志康 山西路桥第二工程有限公司四分公司经理
赵宏川 山西路桥第二工程有限公司五分公司经理
常新忠 山西奥威路桥实业有限公司交通工程处处长
杨运喜 山西路桥第二工程有限公司试验检测中心副书记
郭亚宁 山西路桥第二工程有限公司云南晋恒建设开发有限公司副经理
寇林田 忻保高速公路建设管理处处长
聂奇聆 平朔高速公路建设管理处党委书记
郝如恒 山西省交通运输执法局副局长
梁宏飞 山西省交通运输执法局职教培训中心副主任
魏晓丽 山西省交通运输执法局人事劳资教育处处长
丁　琳 山西省交通运输执法局计划财务处副处长
王忠旭 山西省交通运输执法局离退休党支部书记
张震丽 山西省交通运输执法局稽查总队综合科副科长
殷　钢 山西省交通运输执法局信息中心网络管理科副科长
郭　峰 山西省交通运输管理局局长助理、办公室主任、后勤中心主任
任艳静 山西省交通运输管理局法规处处长
崔秀丽 山西省交通运输管理局监察室副主任
段　权 山西省交通运输管理局安全监督应急处处长
郭　钰 山西省交通运输管理局驾管处处长
连建宏 山西省交通运输管理局治超办科员
王联明 山西省交通运输管理局财务处处长
吴晓群 山西省高速公路管理局副局长
杨安虎 山西省高速公路管理局监察室主任
徐晓东 山西省高速公路管理局计财处科员
杨富山 山西省高速公路管理局后勤中心副主任

曲文莉　山西省高速公路管理局办公室科员
于　欣　太旧高速公路公司党工部干事
齐建卫　太旧高速公路公司晋中养护处副处长
李　涛　太旧高速公路公司阳泉服务区北餐饮部主任
韩俊生　太旧路政大队一中队中队长
任永刚　太旧路政大队二中队中队长
师　光　大同高速公路公司办公室主任
尉菊廷　大同高速公路公司大同南收费站党支部书记
刘根生　朔州高速公路公司总经理
邵　俊　朔州高速公路公司元营超限点主任
邵长兰　忻州高速公路公司党委副书记、培训中心主任
刘海兴　忻州高速公路公司团委副书记
姚国祥　忻州高速公路公司原平收费站带班长
曹勇忻　州高速公路公司忻州工区主任
周留刚　太原高速公路公司总经理助理、办公室主任
王定良　太原高速公路公司东南环运营部党总支书记
李　震　太原高速公路公司西北环运营部经理
徐嘉樑　太原高速公路公司罗夏祁运营部经理
赵　奇　太原路政大队大队长
黄　勇　祁临高速公路公司党委书记
常丽生　祁临高速公路公司团委书记
白永忠　祁临高速公路公司第一养护工区主任
刘元元　祁临高速公路公司桥隧管理站站长
师海棠　临汾高速公路公司养护工程部副部长
李　军　临汾路政大队副大队长
贯建民　运城高速公路公司总经理
张　雁　东运城高速公路公司运城管理处处长
李红英　运城高速公路公司盐湖管理处处长
李沂芝　运城高速公路公司河津管理处处长
行子华　运城路政大队大队长
徐　仲　吕梁高速公路公司离军运营管理处处长
邢翔宇　吕梁路政大队大队长
王　伟　长治高速公路公司养护工程部部长
秦　泉　长治高速公路公司黎城收费站站长
赵善义　太长高速公路公司总经理
杨　勇　太长高速公路公司人事部部长
睢向国　太长高速公路公司养护部部长
杨越平　太长路政大队大队长
石秋侠　山西省交通规划勘察设计院总工办主任工程师
王　敬　山西省交通规划勘察设计院前期环保设计室主任、交通前期党支部书记

常兴科 山西省交通规划勘察设计院经营科副科长
罗兴宇 山西省交通规划勘察设计院勘察设计二所团支部书记
赵向敏 山西省交通规划勘察设计院试验研究中心工程师、专业组长
李 根 山西省交通规划勘察设计院晋达监理公司副经理
张晓燕 山西省交通科学研究院公路与交通工程研究所所长
张俊成 山西省交通科学研究院桥梁检测所所长
杨文科 山西省交通科学研究院桥梁附件有限公司副经理
甄俊杰 山西省交通科学研究院勘察设计院副院长
赵宝军 山西省交通科学研究院公路工程咨询监理有限公司副经理
方 锐 山西省交通科学研究院科学实验工程有限公司经理
许艳红 山西省交通科学研究院信息工程研究所副所长
敬光琼 山西省交通科学研究院离退休干部
王家林 山西省交通基本建设工程质量监督站综合办公室干事
王引珍 山西省交通基本建设工程质量监督站综合办公室干事
崔旭民 山西交通职业技术学院办公室副主任
张西良 山西交通职业技术学院后勤管理处副处长
张美珍 山西交通职业技术学院公路系主任
许路成 山西交通职业技术学院教师
马高强 山西交通职业技术学院工程管理系团总支书记
张 铭 山西交通职业技术学院驾校校长
董建新 山西交通职业技术学院基础部副教授
李文耀 山西交通职业技术学院工程机械系主任
冀 军 山西交通技师学院培训处主任
孟庆芳 山西交通技师学院教师
王永亮 山西交通技师学院机电工程系学生工作室主任
卫申蔚 山西交通技师学院教务处主任
杨雪峰 山西交通技师学院汽车工程系学生工作室主任
要亚娟 山西交通技师学院办公室文秘干事
王永亮 山西交通技师学院保卫科科长
张咏楠 山西省交通干部学校政治处副主任
张文杰 山西省交通干部学校物业部主任
李吉叶 山西省交通干部学校办公室干事
孟万银 山西省交通干部学校太原教学部主任
梁丽斌 山西省交通建设工程监理总公司北京项目部项目负责人
王晋朝 山西省交通建设工程监理总公司高陵项目部主任
贡 强 山西省交通建设工程监理总公司北京项目部主任
谢少江 山西省交通建设工程监理总公司太佳东段专家组负责人
赵栋山 山西省交通建设工程监理总公司忻保高速公路 LJ1 总监办驻地监理工程师
李 强 山西省交通建设工程监理总公司阳翼项目部驻地监理组长
马昕宇 山西省交通建设工程监理总公司党政办主任

万民晶　高陵高速公路有限公司工程管理部副部长
段星星　山西省晋城市商品公路开发总公司工会主席
贺进刚　山西诺通公路养护有限公司经理
冀晏璋　山西路通、太榆合作公司党支部书记
宋建芳　山西省交通建设开发投资总公司实业发展分公司党支部书记
逯林涛　山西交通大酒店党支部书记
赵志滨　山西通建房地产有限公司党支部书记
李俊生　山西省交通运输厅重点办农村路网管理处处长
秦林清　山西省交通运输厅重点办工程管理处正科级干部
张礼宁　山西省交通运输厅重点办地方协调处主任科员
申　浩　山西省交通运输厅重点办社会资本项目管理处科员
初绪芹　山西省交通运输厅重点办综合处科员
曹少谦　大呼高速公路建设管理处副处长
董贵春　大同高速公路建设管理处副处长
殷文秀　大同高速公路建设管理处办公室副主任
李生会　朔州高速公路建设管理处党委书记
刘　杰　忻阜高速公路建设管理处技术部部长
郝振平　太古高速公路建设管理处安全监督部部长
刘晓明　太佳高速公路（太原段）建设管理处副处长
高瑞栋　太佳高速公路（太原段）建设管理处地方协调部部长
温智勇　太佳高速公路（吕梁段）建设管理处副处长
武志杰　太佳高速公路（吕梁段）建设管理处总工程师
郭迎平　平阳高速公路建设管理处处长
王天荣　平阳高速公路建设管理处西段指挥部指挥长
张正星　和榆高速公路建设管理处总工程师
白志刚　和榆高速公路建设管理处综合办主任
韩永宏　榆平高速公路建设管理处工程管理部部长
孟春明　榆平高速公路建设管理处技术质检部部长
陈　明　长平高速公路建设管理处技术质检部部长
韩伟华　长平高速公路建设管理处工程管理部副部长
郭锁记　临吉高速公路建设管理处处长
王战兵　阳翼高速公路建设管理处副处长
冯银富　晋城环城高速公路建设管理处副处长
杨广晨　闻垣高速公路建设管理处总会计师
张守峰　高陵高速公路公司一线驻地组组长
王龙琪　汾平高速公路公司总经理、党委书记
何瑞华　阳五高速公路公司总经理
雷玉生　山西省交通运输厅后勤服务中心办公室主任
杨　洁　山西省交通运输厅后勤服务中心物业管理处科员
王群生　山西省交通运输厅后勤服务中心车队副队长

李奋先　山西省交通运输厅新闻宣传中心总编助理
王建功　山西省交通运输厅新闻宣传中心外宣部部长
徐爱莉　山西省交通运输厅新闻宣传中心外宣部副部长
师国梁　山西省交通运输厅资料信息中心主任、党支部书记
杜宗云　山西交通安居置业管理中心办公室主任
白彦萍　山西省交通运输厅规划发展中心副主任
王泽伟　山西省物流中心建设管理处处长
陆小军　山西省公路学会办公室副主任
赵建平　太原交通征费稽查分局办公室主任
王建国　太原交通征费稽查分局办公室副主任
刘　芳　太原交通征费稽查分局党工部副部长
刘江峰　太原交通征费稽查分局人事劳资教育科科长
李保军　太原交通征费稽查分局财务科科长
安珍应　太原交通征费稽查分局劳动服务公司经理
乔立新　太原交通征费稽查分局常庄所所长
刘建文　太原交通征费稽查分局小店所党支部书记
郝锁原　太原交通征费稽查分局老军营所所长
赵胜宏　太原交通征费稽查分局直属二所所长
王卫东　太原交通征费稽查分局阳曲所所长
李培中　太原交通征费稽查分局西铭所所长
魏晓菁　山西省交通运输厅会计核算中心办公室主任
雷英夏　山西省交通运输厅公路交通工程定额站站长
李贵顺　山西省交通运输厅建设与管理处处长
李英杰　山西省交通运输厅科技处处长
吴秀武　山西省交通运输厅综合规划处副处长、调研员
王大为　山西省公路运输工会副主席
杜志平　山西省交通运输厅离退休人员工作处主任科员
米　娟　山西省交通运输厅人事处副主任科员
吴铁虹　省纪委驻厅纪检组、监察室干部
闫爱华　山西省交通运输厅退休干部

三、优秀党务工作者(58 名)

狄友植　山西省公路工程质量检测中心机关党支部书记
付　宏　山西诚达公路勘察设计有限公司总经理、党支部书记
詹　伟　山西路桥建设集团有限公司党工部部长、机关党委副书记
吕建生　山西路桥建设集团有限公司国际交通建设工程有限公司党委书记
吕文虎　山西路桥第一工程有限责任公司党委副书记、工会主席
刘绳平　山西路桥第一工程有限责任公司四处党支部书记
王　喆　山西路桥第一工程有限责任公司三处党支部书记
吴关生　山西路桥第二工程有限公司党委副书记、纪委书记、工会主席、董事
行鸿鑫　山西路桥第二工程有限公司党工部部长、机关党支部书记

李智荣　忻保高速公路建设管理处党委书记
戴　波　山西省交通运输执法局党工部副部长
郜伟刚　山西省交通运输执法局机关第二党支部书记
张宇宾　山西省交通运输管理局党工部部长
陈　丽　山西省高速公路管理局团委书记
柴　瑞　山西省高速公路管理局工会科员
武建军　太旧高速公路公司阳泉养护处党支部书记
武贵明　大同高速公路公司党工部部长
曹祥胜　朔州高速公路公司元营片区党支部副书记
周世俊　忻州高速公路有限责任公司纪委书记
于亮清　忻州高速公路公司大盂运营管理处党总支书记
张京平　太原高速公路公司党委书记
杨稚俊　祁临高速公路公司灵石收费站站长、党支部书记
王芙蓉　临汾高速公路有限责任公司党委委员、计财部部长
昝生晋　运城高速公路公司党委书记
刘　菁　吕梁高速公路公司党工部部长
吉孟夏　长治高速公路公司党工部干事
元丰社　太长高速公路公司党工部部长
任冬霞　长晋高速公路公司工会副主席
何竹梅　晋城高速公路公司晋阳路党工部干事
任怀杰　晋焦高速公路公司副总经理
姜中石　中交翼侯高速公路公司党委书记
李剑锋　山西省高速公路开发有限公司晋中养护中心党支部书记
穆俊有　山西省地方海事局局长助理、办公室主任
赵虎生　山西省交通规划勘察设计院勘察设计一所党支部书记
杜冬梅　山西省交通规划勘察设计院纪检监察室纪检员
鹿建平　山西省交通科学研究院汽车检测站党支部书记
赵　燕　山西省交通科学研究院党工科副科长
王秀萍　山西交通职业技术学院党委办公室副主任
薛培权　山西交通职业技术学院公路系党总支副书记
孙宗斌　山西交通技师学院党委副书记、副校长
张艳芬　山西交通技师学院学生处主任
任淑文　山西省交通干部学校纪检监察室主任
杨　军　山西省交通建设工程监理总公司项目总监
蔡长青　山西省交通建设工程监理总公司太佳高速公路吕梁段监理部项目负责人
李润喜　山西省交通建设开发投资总公司党委副书记
张　铮　太长高速公路公司党委副书记、纪委书记
白正义　晋焦高速公路公司党总支副书记、常务副经理
孟九文　山西省交通运输厅重点办党务人事部干部
陈　俊　临吉高速公路建设管理处党委书记

张　明　高陵高速公路公司纪委书记
赵国珠　榆平高速公路建设管理处党委书记
杨开奇　山西省交通运输厅后勤服务中心副主任
武作华　山西省交通运输厅新闻宣传中心编辑
王　晋　太原交通征费稽查分局党委副书记、纪委书记
高福龙　太原交通征费稽查分局党工部部长
郅海源　太原交通征费稽查分局纪委副书记、纪检监察室主任
蔺建煌　山西省交通运输厅人事处处长
胡建新　省纪委驻厅纪检组副组长、监察室主任

关于表彰2009年全省交通战备工作先进单位和先进个人的通报

晋交战备〔2010〕8号

各市、铁三局、铁十二局、铁十七局、太铁、省民航管理局、省公路局、省高管局、省运管局、省地方海事局、省交通设计院、省交通科研院、省交通执法局、省交通开发总公司、山西汽运集团交战办：

2009年，在国家交通战备办公室、北京军区交通战备办公室、交通运输部交通战备办公室和省国防动员委员会的正确领导下，全省交通战备工作以军事斗争和非军事行动交通保障需求为牵引，以应对多种安全威胁、完成多样化交通保障任务为基点，按照平时服务、急时应急、战时应战的总要求，进一步加强基础设施建设、保障力量建设、工作机制建设、信息化建设和交通动员准备，交通战备平战转换能力、快速动员能力、持续保障能力、综合防护能力和联合保障中的综合协调能力得到进一步提升，实现了交通战备水平整体跃升。为总结经验，鼓励先进，推动全省交通战备工作又好又快发展，省交通战备办公室决定对下列先进单位和先进个人进行通报表彰。

一、2009年度国防交通业务基础建设先进单位(40个)

晋中市交通战备办公室
临汾市交通战备办公室
晋城市交通战备办公室
运城市交通战备办公室
太原铁路局交通战备办公室
中铁三局集团交通战备办公室
山西省地方海事局交通战备办公室
山西省交通勘察设计院交通战备办公室
山西汽运集团交通战备办公室
阳高县交通战备办公室
左云县交通战备办公室
右玉县交通战备办公室
繁峙县交通战备办公室
岢岚县交通战备办公室
偏关县交通战备办公室
太原市万柏林区交通战备办公室
太原市杏花岭区交通战备办公室
文水县交通战备办公室
方山县交通战备办公室

盂县交通战备办公室
阳泉市郊区交通战备办公室
灵石县交通战备办公室
太谷县交通战备办公室
左权县交通战备办公室
沁县交通战备办公室
屯留县交通战备办公室
泽州县交通战备办公室
高平市交通战备办公室
乡宁县交通战备办公室
临汾市尧都区交通战备办公室
翼城县交通战备办公室
万荣县交通战备办公室
永济市交通战备办公室
忻州公路分局交通战备办公室
阳泉公路分局交通战备办公室
长治公路分局交通战备办公室
吕梁高速公路有限公司交通战备办公室
朔州高速公路有限公司交通战备办公室
山西汽运集团长治汽车运输有限公司交通战备办公室
山西汽运集团晋城汽车运输有限公司交通战备办公室

二、2009年度国防交通专业保障队伍建设先进单位(6个)

阳泉市交通战备办公室
长治市交通战备办公室
山西省公路局交通战备办公室
山西省高管局交通战备办公室
山西省运管局交通战备办公室
山西汽运集团交通战备办公室

三、2009年度国防交通设施建设先进单位(1个)

忻州市交通战备办公室

四、2009年度交通保障先进单位(4个)

太原市交通战备办公室
大同市交通战备办公室
朔州市交通战备办公室
吕梁市交通战备办公室

五、2009年度国防交通先进个人(59个)

胡建业　大同市交通战备办公室主任
王学斌　大同市交通战备办公室科员
程建华　朔州市交通战备办公室科员
张占仕　怀仁县交通战备办公室副主任

顾占斌　忻州市交通局局长、交通战备办公室主任
张春林　忻州市交通战备办公室主任科员
王新明　忻州市忻府区交通战备办公室副主任
丁长庚　太原市交通战备办公室科员
郭承涛　清徐县交通战备办公室副主任
马民利　阳曲县交通局副局长、交通战备办公室副主任
李月仙　吕梁市交通战备办公室副主任
张海珍　吕梁市交通战备办公室科员
孙铁中　临汾市交通局副局长
李春香　临汾市交通战备办公室副主任
张小波　霍州市交通战备办公室主任
王树民　运城市交通局副局长
李海军　永济市交通局局长、交通战备办公室主任
黄永刚　河津市交通局局长、交通战备办公室主任
李书田　阳泉市交通局局长、交通战备办公室主任
焦建星　阳泉市交通局总工、交通战备办公室副主任
罗树宏　阳泉市郊区交通局局长、交通战备办公室主任
张政伟　晋中市交通战备办公室科员
郝元源　左权县交通战备办公室科员
李晋萍　晋中市榆次区交通战备办公室主任
李明芳　长治市交通局局长、交通战备办公室主任
宋军操　屯留县交通战备办公室副主任
贾承健　晋城市交通局局长、交通战备办公室主任
李连根　晋城市交通局副局长
史应峰　晋城市交通战备办公室副主任
王燕东　太原铁路局交通战备办公室处长
臧京斌　中铁三局集团有限公司交通战备办公室副主任
黄存才　中铁十二局集团二公司交通战备办公室主任
白素萍　中铁十七局集团交通战备办公室科长
李　力　山西民航机场集团公司太原机场分公司安标准监察部主管
蒋　叶　阳泉公路分局交通战备办公室科员
吴　俊　忻州公路分局交通战备办公室主任
商春潮　晋城公路分局交通战备办公室科员
付　渊　山西省高管局交通战备办公室科员
王雪鹏　山西太原高速公路有限公司养护部长
李华中　山西省运管局局长、交通战备领导组组长
高玉斌　山西省运管局物运处处长、交通战备办公室副主任
霍金相　山西省运管局物运处副处长
牛世骏　山西省地方海事局局长、交通战备领导组组长
王翠莲　山西省地方海事局运输管理处处长、交通战备办公室主任

张明欣　山西省交通设计院总工办主任
牛海晖　山西汽运集团交通战备办公室负责人
李保全　山西汽运集团晋龙捷泰运输公司总经理
董新亮　山西省交通运输厅办公室主任科员
王京荣　山西省交通运输厅综合规划处调研员
高新文　山西省交通运输厅建设和管理处主任科员
宋蔚斤　山西省交通运输厅财务处副主任科员
侯一方　山西省交通运输厅人事处副处长
李英杰　山西省交通运输厅科技处处长
靳茂林　山西省交通运输厅综合运输管理处副处长
陈　星　山西省交通运输厅政策法规处副主任科员
刘清平　山西省交通运输厅重点办党委书记、综合处处长
师国梁　山西省交通运输厅资料信息中心主任
白彦萍　山西省交通运输厅规划发展中心副主任
杜丽萍　山西省交通运输厅机关财务室会计

希望以上受表彰的单位和个人发扬成绩，增强使命意识、大局意识、战备意识，继续发扬积极进取的精神和求真务实的作风，为顺利开展“十二五”各项工作努力奋斗。

山西省国防动员委员会交通战备办公室
2010 年 3 月 18 日

关于表彰保障军事行动先进单位和个人的通报

晋国动〔2009〕7号

各市国防动员委员会,省国防动员委员会各成员单位、专业办公室:

为进一步贯彻落实中央军委关于大抓军事训练的指示要求,8、9月份,各大军区、军兵种纷纷举行大型实兵对抗和检验性军事演习。兰州、沈阳、广州、济南军区和空军举行了“跨越—2009”跨区机动演习,北京军区在内蒙朱日和举行了全区部队实兵对抗性演习。本省主要担负了演习部队途经山西境内的各项保障任务,分别完成了兰州军区“跨越—2009·洮南”机动演习、北京军区27集团军步兵第80旅和山西省军区预备役步兵第83师赴内蒙朱日和实兵对抗演习部队过境的各项保障任务。省委、省政府、省军区领导对几次军事行动保障任务十分重视,作出“全力做好保障,反映革命老区优良传统,确保部队在全省境内安全”的重要指示。省军区方文平司令员、张少华政委率机关同志看望参演官兵,沿途各市县党政军领导到部队宿营地热情慰问演习部队。各级国动委综合协调,交通运管、公安交警、民政等部门密切协作,联合行动,共动用300余台车辆、7530人保障了演习部队顺利过境,充分体现了山西革命老区的优良传统。演习部队在返回驻地后,专门向北京军区和省军区发来了《感谢信》。为激励先进,发扬成绩,经省国防动员委员会研究,并报省国动委主要领导批准,决定对保障军事行动作出突出贡献的32个先进单位和58名先进个人(名单附后)进行表彰。

希望受表彰的先进单位和个人珍惜荣誉,戒骄戒躁,再接再厉,再立新功。希望全省国动委系统,特别是交通战备和公安交警部门,以表彰对象为榜样,深入学习实践科学发展观,坚持走军民融合式发展路子,发,扬我省拥军优属的光荣传统,真抓实干,主动作为,开拓创新,为国防和军队建设作出更大的贡献。

附件:保障军事行动先进单位和先进个人名单

山西省国防动员委员会
2009年9月18日

附件：

保障军事行动先进单位和先进个人名单

一、先进单位(32个)

太原市交通战备办公室
大同市交通战备办公室
朔州市交通战备办公室
朔州市山阴县交通战备办公室
忻州市交通战备办公室
忻州市忻府区交通战备办公室
晋中市交通战备办公室
阳泉市交通战备办公室
阳泉市平定县交通战备办公室
吕梁市交通战备办公室
吕梁市柳林县交通战备办公室
运城市交通战备办公室
山西省高速公路管理局交通战备办公室
太原高速公路有限责任公司
朔州高速公路有限责任公司
忻州高速公路有限责任公司
太旧高速公路有限责任公司
吕梁高速公路有限责任公司
山西省公安厅交通管理局秩序处
山西省公安厅交通警察总队高速公路管理处一支队
太原市杏花岭区常备民兵应急分队
大同市左云县人武部
大同市大同县人武部
朔州市山阴县人武部
朔州市应县人武部
朔州军分区预备役坦克团
忻州市忻府区人武部
忻州市原平市人武部
忻州市代县人武部
晋中市榆次区人武部
吕梁市柳林县人武部
阳泉市国防动员委员会综合办公室

二、先进个人(58名)

胡辛春　太原市交通战备办公室副主任
胡建业　大同市交通局副局长、交战办主任
付　渊　山西省高速公路管理局养护处科员
刘根生　朔州高速公路有限责任公司总经理
王进宙　朔州高速公路有限责任公司怀仁养护处书记
张冬磊　太原高速公路有限责任公司太原东服务区经理
刘宝宁　吕梁高速公路有限责任公司纪检书记
秦贵元　吕梁高速公路有限责任公司养护部部长
张世勇　吕梁高速公路有限责任公司离军路政大队大队长
李战军　吕梁高速公路有限责任公司离军路政大队办公室主任
高　岭　山西省公安厅交通管理局秩序处调研员
刘其方　山西省公安厅交通管理局秩序处副调研员
薛世忠　大同市公安局交警支队副支队长
管义跃　朔州市公安局交警支队四大队大队长
侯　峰　山西省公安厅交通警察总队高速公路管理处秩序科科长
尹金瑞　山西省公安厅交通警察总队高速公路管理处一支队支队长
刘春安　山西省公安厅交通警察总队高速公路管理处二支队支队长
肖运昌　大同市交通战备办公室副主任
王学斌　大同市交通战备办公室科员
杨亚非　朔州市交通局副局长
麻　德　朔州市交通战备办公室副主任
郭文忠　朔州市山阴县交通战备办公室主任
胡宝禄　朔州市应县交通战备办公室主任
连文忠　朔州市怀仁县交通战备办公室主任
张春林　忻州市交通战备办公室主任科员
王新民　忻州市忻府区交通战备办公室主任
周贵清　晋中市交通战备办公室副主任
张政伟　晋中市交通战备办公室科员
焦建星　阳泉市交通战备办公室副主任
张俊秀　阳泉市交通战备办公室主任科员
王爱虎　阳泉市平定县交通局局长、交战办主任
张建峰　吕梁市交通局副局长、交战办主任
李月仙　吕梁市交通战备办公室副主任
杜根柱　吕梁市柳林县交通战备办公室主任
王树民　运城市交通局副局长
朱元生　运城市交通战备办公室副主任
马东强　山西省高速公路管理局养护处处长、交战办主任
成　虎　山西省公安厅交通警察总队高速公路管理处一支队二大队大队长
陈晓亮　山西省公安厅交通警察总队高速公路管理处一支队二大队副大队长

闫海军　山西省公安厅交通警察总队高速公路管理处一支队三大队副大队长
郜鹰翎　山西省公安厅交通警察总队高速公路管理处一支队五大队副大队长
李徐辉　山西省公安厅交通警察总队高速公路管理处二支队五大队大队长
姚志国　山西省公安厅交通警察总队高速公路管理处一支队八大队一中队中队长
胡会强　太原警备区司令部正连职参谋
梁晓明　太原市杏花岭区人武部副部长兼军事科长
冯彦春　大同军分区司令部副团职参谋
王富祥　大同军分区司令部正营职参谋
高伟谦　朔州军分区参谋长
刘光明　朔州军分区司令部正营职参谋
贾文贵　朔州军分区预备役坦克团政委
吕　俊　朔州市山阴县人武部政委
白玉堂　朔州市应县人武部部长
杨俊彦　忻州军分区司令部副营职参谋
李　峰　晋中军分区司令部作训科科长
赵晓岗　吕梁市柳林县人武部部长
徐文彬　阳泉军分区后勤部部长
张世庆　阳泉军分区司令部副团职参谋
王国峰　阳泉军分区司令部正营职参谋

光 荣 榜

国家部委表彰奖励

中华全国总工会

2009年2月24日，中华全国总工会印发《关于表彰全国五一巾帼奖、全国女职工建功立业标兵岗(标兵)的决定》。其中，

全国女职工建功立业标兵岗

太原高速公路公司晋祠收费站

全国女职工建功立业标兵

任果仙　　山西省高速公路管理局工会副主席

中共中央宣传部
中华人民共和国司法部
全国普及法律常识办公室

2009年3月9日，中共中央宣传部、中华人民共和国司法部、全国普及法律常识办公室司发通〔2009〕19号文印发《中央宣传部司法部全国普法办关于表彰全国"五五"普法中期先进集体和先进个人的决定》。其中，

先进集体

山西省交通厅

先进个人

武安瑜　　山西省交通运输厅政策法规处主任科员

人力资源和社会保障部
交　通　运　输　部

2009 年 12 月 15 日，人力资源和社会保障部、交通运输部文件人社部发〔2009〕170 号文印发《关于表彰全国交通运输系统先进集体劳动模范和先进工作者的决定》。其中，

先进集体

山西省交通厅重点公路工程建设领导组办公室
山西省交通运输管理局
山西交通技师学院
山西省忻州公路分局代县公路段雁门关道班
山西省忻州市交通局

劳动模范

杜建政　山西路桥第一工程有限责任公司援助茂县公路项目经理
荣海凤　山西省太原高速公路有限公司小店收费站站长
史自明　山西运城汽车运输集团有限公司汽车八对队长
王爱民　山西省阳泉市交通集团有限公司后勤保卫部部长

先进工作者

张正星　山西省交通规划勘察设计院总工办副总工、主任
王新生　山西省交通科学研究院交科设计院科长
张跃峰　山西省交通建设工程监理总公司总经理、总监理工程师
迪志刚　山西省稷山交通征费稽查所支部书记、所长
柴慧理　山西交通职业技术学院
张三宏　山西晋城环城高速公路建设管理处处长
李彦平　山西晋中市交通局局长

交通运输部

2010 年 4 月 6 日，交通运输部办公厅文件厅办字〔2010〕77 号文印发《关于表彰 2009 年度交通运输政务信息工作先进单位和先进个人的通报》。其中，

先进单位

（二等奖）山西省交通运输厅；

先进个人

王惠权　　山西省交通运输厅

国家交通战备办公室

2010年6月12日，国家交通战备办公室国动交战〔2010〕35号文印发《关于表彰全国交通战备工作先进单位和先进个人的通报》。其中，

全国交通战备工作先进单位

山西省交通战备办公室
山西省晋中市交通战备办公室

全国交通战备工作先进个人

史荣和　　山西省交通战备办公室原专职副主任
李书田　　山西省阳泉市交通运输局局长

中国海员建设工会全国委员会

2010年5月6日，中国海员建设工会全国委员会海建工海字〔2010〕22号文印发《关于表彰2009年"春运农民工平安返乡(岗)安全优质服务劳动竞赛"先进集体、先进个人的决定》。其中，

先进集体

山西省交通厅重点公路建设办公室
山西省交通运输管理局

先进个人

武桂香　　山西省交通厅重点公路工程建设办公室主任科员
李宇淘　　山西省公路运输工会主任科员
柴洪江　　山西省公路副处级干部
郭卫红　　山西省交通职业技术学院工会主席运输工会

省直部委办厅局表彰奖励

山　西　省　总　工　会
山西省社会主义劳动竞赛委员会

2009 年 4 月 13 日，山西省总工会晋工发〔2009〕19 号文印发《关于表彰 2007 年至 2008 年度群众安全生产工作先进集体和先进个人的决定》。其中，

2007——2008 年度群众安全生产工作先进个人

马春平　　晋城高速公路建设管理处副处长

2009 年 7 月 30 日，山西省总工会、山西省人力资源和社会保障厅、山西省妇女联合会、山西省旅游局晋工发〔2009〕74 号文印发《关于表彰山西省第二届女职工职业技能大赛获奖团体和个人的决定》。其中，

车辆通行费收费员比赛个人前六名

第一名　杨东霞　　太原高速公路有限责任公司收费员
第二名　丁俊丽　　山西中交翼侯高速公路有限责任公司翼城站收费班长
第三名　李雯妍　　山西中交翼侯高速公路有限责任公司侯马北站收费班长
第四名　杨雪平　　太原高速公路有限责任公司收费员
第五名　马力君　　临汾高速公路有限责任公司北柴站收费员
第六名　崔景云　　运城高速公路有限责任公司机场站收费员

车辆通行费收费员比赛个人优秀奖

杜　鹃　　大同高速公路有限责任公司平旺收费站收费员
刘文娟　　大同高速公路有限责任公司大同南收费站收费员
来晶晶　　大同高速公路有限责任公司大同南收费站收费员
薄晓丽　　山西悦达京大高速公路有限责任公司征费部收费员
倪　芸　　山西悦达京大高速公路有限责任公司征费部收费员

房吉华　汾平高速地方协调组办公室主任
王四小　晋中公路分局局长
王根喜　晋中市交通局副局长
温春贵　榆次区交通局副局长
武卫忠　太谷县交通局副局长
霍晋荣　左权县交通局副局长
曹继春　阳泉市交通运输局道路管理处处长
王艾虎　阳泉市平定县交通运输局局长
罗树宏　阳泉市郊区交通运输局局长
胡俊卿　阳泉市盂县交通运输局局长
李秀仁　潞城市交通运输局局长、长安高速公路潞城市协调领导组副组长
张庭伟　长治市郊区交通运输局局长
史振宏　武乡县交通运输局局长、平榆高速公路武乡县协调领导组副组长
贾承建　晋城市交通运输局局长
姚来义　临汾市公路分局局长
张学伟　临汾市交通局副局长
狐东锁　洪洞县交通局局长
周航厅　乡宁县交通局副局长
王健康　运城市副市长、市交通运输局局长
贾建民　运城高速公路有限责任公司总经理、闻垣高速公路建设管理处处长

2010年3月23日，山西省人民政府安全生产委员会文件晋安字〔2010〕3号文印发《关于表彰2009年度全省安全生产工作先进单位和先进个人的决定》。其中，

先进单位

山西汽运集团临汾汽车运输管理有限公司
山西省地方海事局
山西省公路局

先进个人

刘建文　吕梁市交通局运管科科长
李　灵　山西省运管局副局长
孟续峰　山西省交通质监站干事
胡志勇　山西省公路局副局长
赵发明　山西阳泉市交通局副局长

省委、省政府表彰奖励

中共山西省委 山西省人民政府

2010年4月13日，山西省人民政府晋政函〔2010〕69号文印发《关于表彰抗雪救灾先进集体和先进个人的通报》。其中，

先进集体

省公路局

先进个人

王联明　　省高速公路管理局副局长
董兴仁　　省公路局吕梁分局汾阳公路管理段段长

2010年4月29日山西省人民政府办公厅晋政办函〔2010〕44号文印发《关于表彰支持重点公路建设先进个人的决定》。其中，

先进个人

张建刚　　太原市交通运输局局长
李锁亮　　阳曲县交通局局长
郑　俊　　太原市尖草坪区交通局局长
石　爱　　朔州市交通局局长
郭文忠　　山阴县交通局局长
王　建　　右玉县交通局局长
刘树茂　　朔州城区交通局局长
张明亮　　忻州市交通运输局总工程师
郭付才　　保德县交通运输局局长
王雪平　　吕梁市人民政府副秘书长、太佳高速公路地方协调组办公室主任

李　婷　山西悦达京大高速公路有限责任公司征费部收费员
朱晓霞　朔州高速公路有限责任公司应县收费站收费员
刘红梅　朔州高速公路有限责任公司朔州收费站票证员
张焕丽　朔州高速公路有限责任公司怀仁收费站办公室主任
杨琳琳　忻州高速公路有限责任公司三家村收费站收费员
宿荣荣　忻州高速公路有限责任公司高蒲收费站收费员
和国华　忻州高速公路有限责任公司顿村收费站收费员
张俊霞　太原高速公路有限责任公司班长
温　静　太旧高速公路有限责任公司武宿站收费班收费员
张志怡　太旧高速公路有限责任公司武宿站收费班收费员
刘立英　太旧高速公路有限责任公司武宿站收费班副班长
侯娅丽　吕梁高速公路有限责任公司文水收费站收费员
冯　丽　吕梁高速公路有限责任公司吴城收费站收费员
薛振岩　吕梁高速公路有限责任公司军渡收费站收费员
闰冬梅　祁临高速公路有限责任公司平遥收费站收费员
韩神炜　祁临高速公路有限责任公司明姜收费站收费员
张　蕾　祁临高速公路有限责任公司土门收费站收费员
王金金　临汾高速公路有限责任公司襄汾站收费员
乔永婷　临汾高速公路有限责任公司北柴站收费员
程晓琳　运城高速公路有限责任公司机场站收费员
周晓洁　运城高速公路有限责任公司稷山站收费员
李　霞　山西中交翼侯高速公路有限责任公司翼城东站收费班长
张　慧　太长高速公路有限责任公司太谷收费站收费员
张　瑞　太长高速公路有限责任公司武乡收费站收费员
李　玲　太长高速公路有限责任公司武乡收费站收费员
张　昱　长治高速公路有限责任公司黎城收费站收费员
赵妮妮　长治高速公路有限责任公司潞城收费站收费员
李孟瑶　长治高速公路有限责任公司长治北收费站收费员
李　青　山西长晋高速公路有限责任公司高平收费站收费员
张洪汇　山西长晋高速公路有限责任公司晋城收费站收费员
宋雅楠　山西长晋高速公路有限责任公司金村收费站收费员
黄建青　晋城高速公路有限责任公司收费员
刘　锐　晋城高速公路有限责任公司收费员
王丹丹　晋城高速公路有限责任公司收费员
王旭贞　山西晋焦高速公路有限责任公司丹河收费站收费员
王艳丽　山西晋焦高速公路有限责任公司丹河收费站收费员
于爱萍　山西晋焦高速公路有限责任公司丹河收费站收费员

山西省第二届女职工职业技能大赛优秀组织奖

山西省高速公路管理局

山西省第二届女职工职业技能大赛贡献奖

山西省高速公路收费管理结算中心

2009 年 11 月 3 日，山西省总工会晋工发〔2009〕88 号文印发《关于表彰 2008 年度督查工作先进集体和先进个人的通报》。其中，

优秀督查工作者

李宇淘　　山西省公路运输工会办公室主任

2009 年 11 月 6 日，山西省总工会办公室通报第 12 期印发《关于表彰全省行业(区域)集体合同工作先进单位、先进个人的情况通报》。其中，

全省推行行业(区域)集体合同工作先进单位

山西省交通建设开发投资总公司工会

全省区域(行业)集体合同工作先进个人

李润喜　　山西省交通建设开发投资总公司工会主席

2009 年 11 月 19 日，山西省总工会晋工发〔2009〕93 号文印发《关于表彰 2008 年度工会信息工作先进单位和先进个人及最有价值信息的通报》。其中，

先进集体

省级产业工会类山西省公路运输工会

先进个人

李宇淘　　山西省公路运输工会办公室主任

2009 年 12 月 31 日，山西省社会主义劳动竞赛委员会晋竞发〔2009〕44 号文印发《关于为在全省重点工程慰问演出和庆祝新中国成立 60 周年全省职工歌咏演唱会活动中成绩突出的先进集体和个人记功表彰的决定》。其中，

山西省五一劳动奖状

山西省公路运输工会

集体一等功

山西交通征费稽查局工会

山西省人民政府办公厅

2010年4月13日,山西省政风行风评议领导组办公室文件晋行评办发〔2010〕5号文印发《关于表彰2009年度全省政风行风评议先进工作集体的通报》。其中,

先进集体

经济管理部门　山西省交通运输厅
先进基层单位　山西省交通运输管理局

中共山西省直属机关工作委员会

2009年6月25日,中共山西省直工委印发《关于表彰党建工作先进单位、先进基层党组织、优秀共产党员、优秀党务工作者、党风廉政建设先进集体和党风廉政建设先进工作者的决定》。其中,

先进基层党组织

山西省交通厅直属机关党委
山西省交通运输管理局党委
太原高速公路有限公司小店收费站党支部

优秀共产党员

戎斌生　山西省交通厅直属机关党委主任科员
刘杰涛　山西省高速公路管理局纪委副书记
郜伟刚　山西省交通征费稽查局养征处副处长
张跃峰　山西省交通建设工程监理总公司总经理
赵　伟　山西省交通厅重点公路建设办公室廉政特派员
宋青会　山西省公路局工程质量检测中心总监

优秀党务工作者

贾　勇　山西省交通厅直属机关党委副书记
王贵才　山西省交通规划勘察设计院党办副主任
任果仙　山西省高速公路管理局机关第一党支部书记

党风廉政建设先进集体

山西省交通技师学院纪委

党风廉政建设先进工作者

穆俊有　　山西省地方海事局局长助理、办公室主任

王　晋　　山西省交通征费稽查局太原分局党委副书记、纪委书记

山西省直机关精神文明建设委员会

2009年12月16日，山西省直机关精神文明建设委员会文件晋直文明委发〔2009〕6号文印发《关于命名表彰2009年度省直文明和谐单位标兵、文明和谐单位和文明和谐创建先进工作者的决定》。其中，

省直文明和谐单位标兵

山西省交通厅机关
山西省公路局机关
山西省高速公路管理局
山西省交通运输管理局
山西省交通运输执法局
山西省交通建设工程监理总公司
山西省交通建设开发投资总工司
太原交通运输执法局
忻州高速公路有限公司
太原高速公路有限公司
祁临高速公路有限公司
运城高速公路有限公司
大同高速公路有限公司
山西省交通规划勘察设计院
山西省交通科学研究院
山西交通职业技术学院
山西省交通干部学校
山西交通技师学院

省直文明和谐单位

山西省公路学会
山西省地方海事局
山西省交通信息通信公司
山西省交通厅新闻宣传中心
太旧高速公路有限公司
吕梁高速公路有限公司

临汾高速公路有限公司
太长高速公路有限公司
山西省高速公路开发有限公司
山西省公路工程质量检测中心
山西省交通厅公路交通工程定额站

省直机关文明和谐创建先进工作者

杨原平　　山西省交通厅新闻宣传中心主任

山西省直机关劳动竞赛委员会

2009年4月30日，山西省直机关劳动竞赛委员会印发《关于表彰2008年度先进集体和先进个人的决定》。其中，

山西省“五一”劳动奖章

田　根　　山西省交通厅公安路政处处长

山西省地方志办公室

2010年1月5日，山西省地方志办公室晋志发〔2010〕2号文印发《关于表彰2009年度全省地方志系统先进集体和先进个人的决定》。其中，

先进集体

山西省交通运输厅资料信息中心
山西省交通建设开发投资总公司

先进个人

省直修志部门　　张岐山　　梁锦华　　赵国荣

山西省关心下一代工作委员会

2009年5月28日，山西省“中华魂”主题教育活动组委会文件晋组字(2009)第5号文印发《关于表彰“中华魂”(心系奥运、健康成长)主题教育活动先进集体、先进个人的决定》。其中，

先进集体

山西省交通厅关工委

个人二等奖

要亚娟　　山西交通技师学院

个人三等奖

司芳芳　　晋城公路分局
于　欣　　山西太旧高速公路公司

优秀工作者

师　光　　山西大同高速公路公司

优秀辅导员

锁德元　　太原公路分局关工委

2010年6月28日,山西省“中华魂”主题教育活动组委会文件晋组字(2010)第2号文印发《关于表彰“中华魂”(祖国在我心中)主题教育活动先进集体、先进个人的决定》。其中,

先进个人一等奖

李　菁　　太原市十二中(山西省公路局)

先进个人二等奖

周文君　　山西朔州高速路收费站
申　毅　　山西长治高速公路分局

先进个人三等奖

赵　静　　山西省运管局

优秀工作者

李月星　山西省交通厅关工委办公室

优秀辅导员

樊子义　　山西省交通厅高管局关工委
张友瑞　　太原公路分局关工委

领导干部名录

山西省交通运输厅

段建国　厅党组书记、厅长
张　润　厅党组副书记、副厅长
　　　　山西省国防动员委员会交通战备办公室主任
王志民　厅党组成员、副厅长
韩日裕　厅党组成员、省纪委驻交通运输厅纪检组组长
张志川　厅党组成员、副厅长
郜玉兰　厅党组成员、总工程师
张德仪　厅党组成员、总经济师
赵振田　厅党组成员、省公路局党委书记
曹燎原　厅巡视员
郭贵平　厅副巡视员
杨俊威　厅副巡视员(2010年1月13日任职)
尹新平　省国防动员委员会交通战备办公室专职副主任(2010年1月13日任职)

王　晋　办公室主任
苏　敏　办公室副主任、信息中心主任
郭富平　办公室副主任
田建江　办公室调研员

蔺建煌　人事处处长
侯一方　人事处副处长、调研员
郝振清　人事处副处长、调研员
郝左军　人事处副调研员

曹居月　政策法规处处长
杨继勇　政策法规处副处长
李武军　政策法规处副处长

杨增梅　综合规划处处长

吴秀武　　综合规划处副处长、调研员
郭晓军　　综合规划处副处长
武建勇　　综合规划处副处长
王京荣　　综合规划处调研员

郭全英　　财务收费管理处处长
高海青　　财务收费管理处副处长、核算中心主任
张　翼　　财务收费管理处副处长、调研员
许有志　　财务收费管理处副处长
赵忠清　　财务收费管理处调研员

李贵顺　　建设和管理处处长
董占文　　建设和管理处副处长、调研员
张俊生　　建设和管理处副处长
丁吉喜　　建设和管理处副处长

杨吉平　　综合运输管理处处长
解宝平　　综合运输管理处副处长
靳茂林　　综合运输管理处副处长

张立承　　安全监督处处长
李新杰　　安全监督处副处长

李英杰　　科技处处长
郭炳华　　科技处副处长
赵晓宙　　科技处调研员

田　根　　公安处处长
柴洪江　　公安处副处长、调研员
要前进　　公安处副处长
樊真德　　公安处副调研员

高保全　　治超处处长
赵振伟　　治超处副处长
武安瑜　　治超处副调研员
贠岩龙　　治超处副调研员

郭贵堂　　审计处处长
杨转科　　审计处副处长、调研员
郜勇刚　　审计处副处长

胡钢成　　厅直属机关党委书记
王亚虎　　厅直属机关党委副书记

贾　勇　　离退休人员工作处处长
田书平　　离退休人员工作处副处长、调研员
阎宇驰　　离退休人员工作处副处长

山西省国防动员委员会交通战备办公室(挂靠单位)

尹新平　　副主任(副厅级)
马　健　　副主任(正处级)
李改蓉　　调研员

中共山西省纪委驻交通运输厅纪律检查组(派驻单位)
山西省监察厅驻交通运输厅监察室(派驻单位)

胡建新　　驻交通运输厅纪检组副组长、监察室主任
李征远　　驻交通运输厅监察室副主任(正处级)
秦培兰　　驻交通运输厅纪检组、监察室副处级检查员、监察员

山西省公路运输工会

王晓光　　公路运输工会主席
王大为　　公路运输工会副主席、调研员
李宇淘　　公路运输工会副主席

(时间截至2010年8月31日)

市县区交通运输局

太原市交通运输局

张建刚　党组书记、局长
闫明生　党组成员、副局长、市交通战备办公室主任
贾秀荣　党组成员、副局长
李　宁　党组成员、副局长
王正仁　党组成员、纪检组长
赵瑞雪　党组成员、副局长
高海林　党组成员、副局长、市客运办主任
贾全福　党组成员、总工程师

小店区交通运输局
杨武良　局　长
迎泽区交通运输局
樊海光　局　长
杏花岭区交通运输局
苏广生　局　长
尖草坪区交通运输局
郑　俊　局　长
武　明　书　记
万柏林区交通运输局
宁克强　局　长
李世平　书　记
晋源区交通运输局
梁建成　局　长(代)
古交市交通运输局
阎元亮　局　长
阎祥明　书　记
清徐县交通运输局
姚忠杰　局　长
段庚兔　书　记
阳曲县交通运输局
李锁亮　局　长
娄烦县交通运输局
武富敬　局　长
张金柱　书　记

大同市交通运输局

张明生　党组书记、局长(2009 年 2 月任职)
胡建业　党组副书记、副局长
叶富民　党组成员、副局长
王　荣　党组成员、副局长
姚胜利　党组成员、副局长
邓　盛　党组成员、纪检组长
王尚学　党组成员、总工程师

大同县交通运输局
刘日新　局　长
阳高县交通运输局
李守清　局　长
天镇县交通运输局
张云峰　局　长
浑源县交通运输局
任常青　局　长

灵丘县交通运输局

杜春光　　局　长

广灵县交通运输局

王　桓　　局　长

左云县交通运输局

赵　升　　局　长

南郊区公路运输局

李长春　　局　长

葛文栋　　书　记

新荣区交通运输局

陶　义　　局　长

朔州市交通运输局

石　爱　　党组书记、局长

杨三雄　　党组成员、副局长

杨亚非　　党组成员、副局长

边　荣　　党组成员、纪检组长

霍智生　　党组成员、副局长

车建明　　党组成员、总工程师

李　俊　　交通运输管理处处长(副处级)

耿有文　　交通战备办公室专职副主任(副处级)

霍经生　　副处级调研员

于生洋　　副处级调研员

朔州区交通运输局

刘树茂　　局　长

阎登峰　　党总支书记

平鲁区交通运输局

张元胜　　局　长

山阴县交通运输局

郭文忠　　局　长

王　君　　党总支书记

应县交通运输局

胡宝禄　　局　长

岳耀晗　　书　记

怀仁县交通运输局

连文忠　　局　长

姚建国　　党总支书记

右玉县交通运输局

王　建　　局长、党总支书记

忻州市交通运输局

顾占斌　　局　长

张刚珈　　副局长

高资驭　　纪检组长

王贵明　　副局长

张明亮　　总工程师

冯子英　　局长助理

戴有权　　助理调研员

忻府区交通运输局

郭月亮　　局　长

张慧祥　　书　记

定襄县交通运输局

李兆铭　　局　长

原平市交通运输局

李迎泽　　局　长

张元忠　　书　记

五台县交通运输局

王满荣　　局　长

代县交通运输局

梁跃飞　　局　长

胡泽平　　书　记

繁峙县交通运输局

张晋军　　局　长

宁武县交通运输局

周喜生　　局　长

静乐县交通运输局

段玉光　　局　长

神池县交通运输局

侯玉文　　局　长

张天荣　　书　记

五寨县交通运输局

贾剑山　　局　长

李平小　　书　记

岢岚县交通运输局

孙永红　　局　长

河曲县交通运输局
贾兴瑞　　局　长
保德县交通运输局
郭付才　　局　长
张治才　　书　记
偏关县交通运输局
董存海　　局　长
张长征　　书　记

吕梁市交通运输局

贾永岩　　党组书记、局长
张建峰　　副局长(正县级)、交通战备办公室主任
孙林富　　副局长(正县级)
裴剑英　　副局长
薛春平　　副局长(正县级)
张　锦　　党组副书记
李万强　　纪检组长
张小平　　总工程师
杨志峰　　总会计师
任石平　　调研员(正县级)
高树峰　　副调研员
刘康斌　　副调研员

交城县交通运输局
张守明　　局　长
文水县交通运输局
张维元　　局　长
汾阳市交通运输局
郝长江　　局　长
孝义市交通运输局
杜　云　　局　长
交口县交通运输局
宋成亮　　局　长
石楼县交通运输局
张石明　　局　长
柳林县交通运输局
杜根柱　　局　长
中阳县交通运输局
张蝉旺　　局　长
离石区交通运输局
杨晓峰　　局　长
临县交通运输局
高新民　　局　长
兴县交通运输局
白鹏昊　　局　长
岚县交通运输局
牛存山　　局　长
方山县交通运输局
任三元　　局　长

晋中市交通运输局

李彦平　　党组书记、局长
张晋平　　党组成员、副局长
王根喜　　党组成员、副局长
郭福生　　党组成员、副局长
陈平生　　党组成员、副局长
吴红兵　　党组成员、总工程师
程惠明　　党组成员、运管局长
荀富杰　　党组成员、纪检组长
姬怀杰　　党组成员、办公室主任
王庆元　　助理调研员

榆次区交通运输局
李爱锁　　局长兼书记
太谷县交通运输局
赵卯平　　局长兼书记
祁县交通运输局
权　冰　　局长兼书记
平遥县交通运输局
冀得政　　局　长
姚忠国　　书　记
介休市交通运输局
李　忠　　局长兼书记
灵石县交通运输局
牛兴山　　局长兼书记

寿阳县交通运输局

康学军　　局长兼书记

昔阳县交通运输局

张保林　　局长兼书记

和顺县交通运输局

巩红中　　局长兼书记

左权县交通运输局

张保伟　　局长兼书记

榆社县交通运输局

郝跃刚　　局长兼书记

阳泉市交通运输局

李书田　　党组书记、局长

韩晋萍　　党组成员、副局长

赵发明　　党组成员、副局长

杨素英　　党组成员、总会计师

梁保栋　　党组成员、副局长

焦建星　　党组成员、总工程师

毕映富　　党组成员、纪检组长

张昧小　　调研员

李宝福　　助理调研员

平定县交通运输局

王艾虎　　局　长

王春常　　党总支书记

盂县交通运输局

胡俊卿　　局　长

李爱科　　党总支书记

郊区交通运输局

罗树宏　　局　长

张英莲　　党总支书记

临汾市交通运输局

华志刚　　党组书记、局长

王　强　　副局长

苏胜勇　　副局长

张学伟　　副局长

孙铁中　　副局长

赵宪法　　纪检书记

令狐文选　　总工程师

尧都区交通运输局

张金铭　　局　长

李福平　　书　记

曲沃县交通运输局

靳海旺　　局　长

陈德胜　　书　记

侯马市交通运输局

贾新田　　局长兼书记

翼城县交通运输局

宁廷树　　局　长

张华立　　书　记

霍州市交通运输局

孙杏锁　　局　长

洪洞县交通运输局

狐东锁　　局　长

蒲县交通运输局

双新生　　局　长

襄汾县交通运输局

李文耀　　局　长

安泽县交通运输局

付顺有　　局　长

吉县交通运输局

张晓平　　局　长

乡宁县交通运输局

刘润才　　局　长

王建丽　　书　记

隰县交通运输局

刘蓝福　　局　长

贠晓明　　书　记

汾西县交通运输局

郭　大　　局　长

王建平　　书　记

古县交通运输局

杨跃武　　局　长

籍云刚　　书　记

大宁县交通运输局

白慧星　　局　长

马春明　　书　记

永和县交通运输局

樊志刚 局 长

张培金 书 记

浮山县交通运输局

王前进 局 长

李洪彦 书 记

运城市交通运输局

王健康 党组书记、局长

畅汇河 副局长

王树民 副局长

鲍师选 副局长

解建功 副局长

王书臣 纪检组长

毋智民 总工程师

荆永勤 党组成员

陈新安 党组成员

盐湖区交通运输局

陈秋明 局 长

李永康 书记

临猗县交通运输局

陈景安 局 长

稷山县交通运输局

杜广发 局 长

平陆县交通运输局

员戊戌 局 长

芮城县交通运输局

姚三义 局 长

夏县交通运输局

王永祥 局 长

永济市交通运输局

李海军 局 长

李全忠 书 记

绛县交通运输局

白海珠 局 长

李秀峰 书 记

河津市交通运输局

黄永刚 局 长

闻喜县交通运输局

杨安龙 局 长

万荣县交通运输局

王卫民 局 长

新绛县交通运输局

孔京喜 局 长

垣曲县交通运输局

李建军 局 长

长治市交通运输局

李明芳 党组书记、局长

杨共生 党组副书记、副局长

师文高 副局长

郜俊先 副局长

金胜军 纪检组长

景启明 总工程师

卢四海 副局长

壶关县交通运输局

郭刚德 局 长

屯留县交通运输局

王虎斌 局 长

潞城市交通运输局

李秀仁 局 长

平顺县交通运输局

石旭东 局 长

长治县交通运输局

王旭明 局 长

郊区交通运输局

张庭伟 局 长

武乡县交通运输局

史振宏 局 长

襄垣县交通运输局

栗建新 局 长

沁源县交通运输局

张建伟 局 长

黎城县交通运输局

孙广兴 局 长

沁县交通运输局

柴沁森　　局　长

长子县交通运输局

郭世杰　　局　长

晋城市交通运输局

贾承健　　党组书记、局长

陶德恩　　党组成员、副局长

李连根　　党组成员、副局长

李明耀　　党组成员、副局长

靳　胜　　党组成员、纪检组长

王汉庆　　党组成员、副局长

王余良　　党组成员、副局长

吕虎林　　党组成员、总工程师

城区交通运输局

王满庆　　局长兼党总支书记

泽州县交通运输局

李晋中　　局长兼党总支书记

高平市交通运输局

李海荣　　局长兼党总支书记

阳城县交通运输局

茹起来　　局长兼党总支书记

陵川县交通运输局

秦青瑞　　局长兼党总支书记

沁水县交通运输局

段国英　　局长兼党总支书记

（时间截至2009年12月31日）

厅直属单位

山西省公路局

赵振田　厅党组成员、局党委书记
戴　飞　局长、党委副书记
王升云　党委委员、副局长
李铁山　党委副书记兼纪委书记
蒋　品　党委委员、副局长
陈运生　党委委员、副局长
胡志勇　党委委员、副局长
惠高峰　党委委员、副局长
周文全　党委委员、总工程师
张兴顺　局长助理
张为民　局长助理

山西省交通征费稽查局

张晋鹏　局　长
王世锋　党委书记、副局长
冯　德　副局长
郝如恒　副局长
郜学良　党委副书记、纪委书记
郜建刚　总会计师

山西省交通运输管理局

李华中　党委书记、局长
李　灵　党委副书记、副局长
王学义　副局长
史晓华　副局长
席建华　副局长
时晋杰　副局长
刘志斌　纪检书记
张海珠　局长助理
郭　峰　局长助理

山西省运政稽查总队

高玉斌　副总队长
张江浩　副总队长

山西省汽车驾驶员培训学校管理中心

史晓华　主　任
朱　虹　副主任
裴增武　副主任

山西省战略物资道路运输应急保障指挥调度中心

张海珠　主　任

山西省道路运输管理培训中心

王海锦　主　任

山西省道路运输管理局治理非法超限超载办公室

张　军　副主任
高晓华　副主任

山西省交通运输管理局后勤服务中心

郭　峰　主　任

山西省城市汽车客运管理办公室

时晋杰　主　任
王建民　副主任

山西省高速公路管理局

董新品　局长、党委副书记
李万定　党委书记(至2009年4月)
周存信　副局长、党委副书记
王联明　副局长
魏和平　党委副书记、纪委书记
范双成　副局长、总会计师
武移风　总工程师
刘玉柱　党委委员、太原公司总经理

山西省地方海事局

牛世骏　局长、党支部书记
孙　印　副局长

山西省交通规划勘察设计院

聂承凯　院　长
帖智武　党委书记兼副院长
马健中　常务副院长兼总工(正处)
任小峰　党委副书记、纪委书记
郭晓军　副院长
刘秀武　工会主席
黄仰收　副院长
张晓东　副院长
聂　强　党委副书记

山西省交通科学研究院

赵队家　院　长
刘耀龙　党委书记
任良华　党委副书记、纪委书记
温金中　副院长
杨建红　副院长
韩　萍　总工程师
姚伟华　工会主席
多文英　副院长
刘少文　副院长
李晋文　副院长

山西省交通基本建设工程质量监督站

常二栋　站　长
杨直清　书　记
王俊北　副站长
李新杰　副站长
虞翠云　副站长

山西交通职业技术学院

孟　科　党委书记
贾山泉　党委副书记、纪委书记
安正明　副院长
钟建民　副院长

山西交通技师学院

张文才　校　长
徐利民　党委书记
孙宗斌　党委副书记、副校长
白德恭　副校长
贠　伟　副校长
孟仁贵　纪委书记

山西省交通干部学校

肖毓恺　校　长
申水旺　党委书记
曹有生　副校长
刘兴华　副校长
周新湘　副校长

山西省交通建设工程监理总公司

张跃峰　总经理、党委副书记
米慧杰　党委书记
何晓明　副经理、总工程师
程跃平　党委副书记、纪委书记
冯尔钢　副经理(兼任省公路学会秘书长)
曹世军　副经理

张广煊　　工会主席
李仙桃　　总会计师

山西省交通建设开发投资总公司

魏庆飞　　总经理
李　平　　党委书记、副总经理
李润喜　　党委副书记、工会主席(正处)
尚建军　　副总经理
贝　瑜　　总会计师
韩文军　　副总经理(正处)
张庆华　　副总经理
田介平　　纪检书记
杨天平　　副总经理

山西省交通厅资料信息中心

师国梁　　主任、党支部书记
郭富平　　副主任

山西省交通厅新闻宣传中心

杨原平　　主任、党支部书记
李　兴　　副主任
宋建华　　副主任
石中生　　副主任
杨春兰　　副主任
崔鸣原　　副主任

山西省交通厅后勤服务中心

张补才　　主　任
杨建平　　副主任
杨开奇　　副主任
王柏茂　　党总支副书记

山西交通安居置业管理中心

郭永刚　　主　任
王津林　　副主任

山西省交通厅规划发展中心

安小平　　主任、党支部书记
白彦萍　　副主任

山西省物流中心

郭树中　　主　任
郝　钧　　副主任

山西省交通厅会计核算(审计)中心

郭贵堂　　主任、党支部书记
贾福志　　副主任

山西省交通厅公路交通工程定额站

雷英夏　　站　长
王彩仙　　副站长

山西省交通环境保护中心站

赵队家　　站　长
王东伟　　副站长

(时间截至2009年12月31日)

公路系统单位

山西省公路局机关

王　晋　办公室主任
袁海鸿　办公室副主任
徐媛丽　办公室副主任
周建设　机关党委书记
杨　林　党委工作部部长
段晓燕　党委工作部副部长
常仙玲　人事处处长
王焕斌　人事处副处长
杨帅奇　人事处副处长
王巧霞　计划统计处处长
张志清　计划统计处副处长
刘保平　计划统计处副处长
李安渠　养路处处长
王文俊　养路处副处长
霍翠兰　养路处副处长
赵玉生　建设处处长
吴夏生　建设处副处长
刘　军　建设处副处长
郝增民　副总工程师
马德文　技术处处长
张天明　技术处副处长
韩洪泽　技术处副处长
赵金田　财务征费处处长
吕金玲　财务征费处副处长
李兴昌　财务征费处副处长
李秀萍　财务征费处正处级调研员
李若菁　财务征费处副处级调研员
曲俊荣　政策法规处处长
赵永红　政策法规处副处长
鹿庆华　公安路政处处长
寒晓卫　公安路政处副处长
赵振伟　公安路政处副处长
卫跃文　地方公路处处长
郭转英　地方公路处副处长
赵高峰　地方公路处副处长
牛　亮　审计处处长
许有志　审计处副处长
赵晋华　审计处正处级调研员
王贵宏　纪委副书记、监察室主任
宋瑞平　监察室副主任
崔改正　监察室正处级调研员
王钦华　工会主席
汪晓云　工会副主席
黄道荣　工会副主席
徐心光　工会副处级调研员
要胜利　离退休人员管理处处长
鲍惠卿　离退休人员管理处副处长
李　萍　离退休人员管理处副处长

太原公路分局

李润平　局　长
赵湧文　党委书记
吴胜斌　副局长
蔡双寿　工会主席、党委委员
曹力群　副局长、党委委员
锁文录　副局长、党委委员
徐俊德　纪委书记

韩国琦　　副书记

大同公路分局

刘　美　　局　长
李　忠　　党委书记
胡　权　　党委副书记、纪委书记
刘　彪　　副局长
武　喜　　总　工
曹军英　　副局长
左世娟　　工会主席
王英兰　　处级调研员
张应宪　　处级调研员
史生权　　副处级调研员
张绪月　　副处级调研员

朔州公路分局

李　开　　局　长
康义仁　　党委书记
李一民　　副局长
张俊生　　总　工
王德全　　纪委书记
张金顺　　工会主席

忻州公路分局

张利民　　局　长
杨中平　　党委书记
郜树实　　副局长
王斌俊　　总　工
刘庆珍　　纪委书记
张贵良　　工会主席
潘林维　　副处级调研员
杨俊清　　副处级调研员

吕梁公路分局

王　敏　　局　长
王福贵　　党委书记
闫志雄　　副局长
刘庆爱　　副局长
关红锦　　纪委书记、工会主席
邓卫明　　总　工

卫　君　　党委副书记

晋中公路分局

王四小　　局　长
胡钢成　　党委书记
于长生　　工会主席
李文寿　　总　工
赵保平　　副局长
杨　桦　　党委副书记、纪委书记
张惠民　　副局长
邓建国　　正处级调研员
陈　文　　处级调研员
武保璋　处级调研员

阳泉公路分局

禹彦荣　　局　长
卫　生　　党委书记
刘青竹　　党委副书记、纪委书记
闫献忠　　副局长
曹成江　　副局长
王牛孩　　党委副书记
宋振宏　　副局长
贾定璞　　正处级调研员
杨慧俊　　副处级调研员

临汾公路分局

姚来义　　局　长
李　红　　党委书记
皇甫宝　　副局长
王玉林　　总　工
刘小平　　工会主席

运城公路分局

丁惠民　　局　长
权可进　　党委书记
畅良臣　　副局长、总工程师
王发刚　　党委副书记
李曙光　　工会主席
郭临生　　副局长
吉王毅　　副局长

长治公路分局

苗宏宇　局　长
郭新德　党委书记
路江峰　副局长
秦绍佐　副局长
赵庆新　副局长
杨卫星　党委副书记、纪委书记、工会主席
郗魏龙　副局长兼总工

晋城公路分局

郭长庆　局　长
张根法　党委书记
张小马　副局长
张玉春　副局长
王振明　副局长
陈建国　副局长、总工程师
郭立新　纪委书记
李富根　副处级调研员

三门峡黄河公路大桥山西管理处

李晓阳　处　长
李福祥　副处长
郭青林　纪检监察员
王建忠　副处长

山西省公路局生活服务中心

徐碧河　主　任
李跃强　党总支书记
张怀德　副书记兼工会主席
李月谦　副主任

山西省公路物资供应总公司

刘宪文　总经理、党总支副书记
赖桂祥　党总支书记(正处)
聂建中　副经理
宋一芬　副经理
杨海义　副经理
郭裕忻　副书记
陈康生　工会主席
张玉春　副经理
张　宏　副经理
吴　翼　副经理

山西省公路工程质量检测中心

王进满　主　任
米春玲　党总支书记
郎光昌　副主任
贾建荣　工会主席
薛喜廷　副主任

山西省公路局职业技术教育培训中心

原香山　主　任
张效荣　副主任
王　璐　副主任

山西省公路构件厂

李敬中　厂长兼书记
陈德镛　副书记
贺乃仁　副厂长
邓书秀　工会主席
冀俊如　副厂长
马延年　总　工
丁　毅　副厂长
王　平　副厂长

山西省筑路机械厂

张光明　厂　长
郭　嘉　书记、工会主席
徐志杰　副厂长
李爱民　副厂长

山西省公路局多种经营中心

侯守刚　主　任

山西省交通厅五台山职工培训中心

李晋勇　主　任

山西省公路局信息中心

汪晓云　主　任

(时间截至2009年12月31日)

征稽系统单位

山西省交通征费稽查局职工教育培训中心

渠　刚　　主　任
梁宏飞　　副主任
贾中华　　副主任

山西省交通征费稽查局资讯交流中心

刘志国　　主　任
杜士平　　副主任

山西省交通征费稽查局稽查总队

任国胜　　政　委

山西省交通征费稽查局信息中心

孙明江　　主　任

太原征稽分局

王志国　　党委书记
刘宝东　　局　长
王　晋　　党委副书记、纪检书记、工会主席
刘俊飞　　副局长
黄　瑄　　副局长
张迎喜　　副局长
武晋熙　　副局长
杨进才　　副局长

大同征稽分局

梁文亮　　局　长
曲晓东　　党委书记
黄　孝　　党委副书记、副局长
张　谦　　纪检书记、工会主席
刘初平　　副局长

朔州征稽分局

曲恒卯　　局　长
何斌祚　　党委书记
徐　斌　　副局长
潘日成　　副局长

忻州征稽分局

段志伟　　党委书记
薛存银　　局　长
李宣厚　　党委副书记、纪委书记兼工会主席
智利敏　　副局长
雷红锋　　副局长

吕梁征稽分局

贾志刚　　局　长
辛泉生　　党委副书记(主持工作)
秦泳湫　　党委副书记、纪委书记、工会主席
薛立耀　　副局长
薛　岳　　副局长

晋中征稽分局

宋亚平　　党委书记
张志坚　　局　长

王玉寿　党委副书记、纪检书记、工会主席
谷贵成　副局长
车鸿宾　副局长
顾志峰　副局长
刘建斌　副局长

阳泉征稽分局

耿春光　党委书记
赵有恭　局　长
任晓军　党委副书记、纪委书记、工会主席
范文生　副局长

长治征稽分局

秦国增　党委书记
乔明珍　局　长
王京会　副局长
郭建军　副局长
王天龙　副书记、纪委书记
王保川　副局长

晋城征稽分局

张联信　党委书记
张慧锋　局　长
郭建伟　党委副书记、副局长

临汾征稽分局

杨国泉　党委书记
李建勋　局　长
袁彦社　党委副书记、纪委书记、工会主席
刘　耀　副局长
陈贵祥　正处级调研员

运城征稽分局

贾振卜　局　长
高　前　党委书记
文志坚　党委副书记、纪检书记、工会主席
王冬生　副局长
杨宏伟　副局长
李义让　副局长
李雅昌　副局长

霍侯路征费管理处

韩跃庄　处　长
樊庆宏　党委书记
薛国海　副处长
杨集生　副处长
郝卫国　副处长
赵幼芳　党委委员

（时间截至2009年12月31日）

高管系统单位

山西省太旧高速公路管理有限责任公司

李新喜　　董事长、党委书记
郭迎平　　总经理
丁建业　　党委副书记、纪委书记
鄯宝玉　　副总经理
田卫川　　副总经理
李友桐　　副总经理
吴宇刚　　总会计师
姚丹阳　　副总经理
卢一平　　调研员

山西省大同高速公路有限责任公司

尉继廷　　总经理
董化金　　党委书记
刘俊卿　　党委副书记
任　永　　党委副书记、副总经理
寇振旺　　纪检书记
赵　军　　副总经理
麻学平　　总会计师

山西省朔州高速公路有限责任公司

刘根生　　总经理
李树平　　党委书记
何广龙　　副总经理
赵寿基　　副总经理
李明军　　副总经理
蒙　俊　　总会计师

山西省忻州高速公路有限责任公司

王志义　　董事长、总经理
张　显　　党委书记
王　道　　副总经理
邵长兰　　党委副书记
胡慧恩　　副总经理
贺贵仁　　副总经理
郝向东　　工会主席
郑耀武　　副总经理
陶　瑜　　总会计师

山西省太原高速公路有限责任公司

刘玉柱　　总经理
张京平　　党委书记
王锡忠　　纪检书记
闫柏青　　副总经理
姜中波　　副总经理
杨振峰　　副总经理
郜俊生　　副总经理
孙晋瑞　　工会主席
武国凯　　副调研员

山西省祁临高速公路有限责任公司

姚惠发　　总经理
李志刚　　党委书记
胡旭东　　韩信岭桥隧管理处处长、祁临公司副总经理
刘　钢　　副总经理
鲁永春　　工会主席

杜爱如 副总经理
孙斌科 韩信岭桥隧管理处副处长
李亚东 韩信岭桥隧管理处副处长

山西省临汾高速公路有限责任公司

衡小平 总经理
樊肖林 党委书记
刘晋峡 副总经理

山西省运城高速公路有限责任公司

贾建民 总经理
昝生晋 党委书记
李鹏飞 常务副总经理
刘俊平 副总经理
杨广晨 总会计师
姚文勇 工会主席、纪检书记
江家宏 副总经理
杨正元 副总经理
任云西 工会主席

山西省吕梁高速公路有限公司

张启星 总经理
高存厚 党委书记
贺月年 副总经理
李耀峰 副总经理
刘宝宁 纪检书记
刘顺明 调研员
逯五尔 调左员

山西省长治高速公路有限责任公司

杨　勇 总经理
范黎卿 副总经理
王旭东 副总经理
郭秀斌 党委副书记
王根兴 工会主席

山西省晋城高速公路有限责任公司

张三宏 总经理
赵树森 党委书记
马　远 副总经理
陆晨旭 党委副书记、副总经理
马春平 副总经理
田　冬 党委副书记
陈　琳 纪委书记

山西中交翼侯高速公路有限公司

王为善 总经理
姜中石 党委书记
张　骏 财务总监
汪国荣 副总经理兼纪委书记
刘　刚 副总经理
刘学文 副总经理
郭泽刚 总经理助理

山西悦达京大高速公路有限公司

王晨澜 董事长
乔　中 副董事长
李滨海 副董事长
成中元 副董事长
邹　军 总经理
刘俊卿 党委书记
顾　飞 副总经理
贾光平 党委副书记董事会秘书
杨志新 工会主席、纪检书记
张华良 财务总监

山西省高速公路开发有限公司

王联明 董事长
王喜全 党委书记
高耀华 总经理
张利华 副总经理
陈晋芳 党委副书记、纪委书记
马东强 副总经理
魏鹏举 工会主席

山西省交通信息通信公司

赵文华 经　理
温廷全 党支部书记
宫一雄 常务副经理
温二虎 副经理

侯新容　副经理兼总工程师

曹世勋　党支部书记

山西省高速公路收费管理结算中心

范双成　主　任

李　宏　副主任

申爱萍　副主任

山西省高速公路信息监控中心

倪　津　主　任

山西省高速公路路政总队

魏和平　总队长

孙志亮　副总队长

于金柱　副总队长

（时间截至2009年12月31日）

重点公路工程建设单位

山西省重点公路工程建设领导组办公室

刘清平　党委书记、综合处处长
杨绍波　党委委员、工程管理处处长
王润民　党委委员、社会资本项目管理处处长
李俊生　党委委员、农村路网管理处处长
王丽川　党委委员、综合处副处长
冀常军　党委委员、纪委书记
王　维　地方协调处副处长(正处级)
赵　伟　正处级廉政建设特派员
郭炳华　地方协调副处长

山西省大呼高速公路建设管理处

乔　忠　处长
曹军英　党委书记
曹少谦　副处长
刘伟威　副处长
赵丽芳　副处长
张彦斌　纪委书记
姚　凯　总工程师
李文胜　总会计师

山西省大同高速公路建设管理处

李应怀　处长
张守信　党委书记
董贵春　副处长
郭兆宏　副处长
谢鹏远　副处长
宋平兴　总工程师
李　君　纪委书记
薛秀文　总会计师

山西省忻阜高速公路建设管理处

冯建刚　处长
焦建明　党委书记
罗建国　总工程师
李振兴　副处长
张雁林　总会计师
罗建中　副处长
徐晓阳　纪委书记

山西省阳五高速公路投资管理有限公司

何瑞华　总经理
徐文金　副总经理
盛春波　总工程师
严　波　总会计师
沈卫东　总经济师
张世园　安全总监

山西省太佳高速公路(太原段)建设管理处

姚建军　处长
刘玉柱　党委书记
王　刚　副处长
刘晓明　副处长
茹晋龙　纪委书记
张于良　总工程师

姜中波 总会计师

山西省太佳高速公路(吕梁段)建设管理处

刘子兴 处长
刘迎全 党委书记、副处长
温智勇 副处长(借调)
董万森 副处长
刘泽林 副处长
李春和 纪委书记
武志杰 总工程师
刘红梅 行使总会计师职责

山西省太古高速公路建设管理处

李康吉 处长
闫柏青 书记
任靖峰 副处长
杨文明 副处长
石建高 纪委书记
李仙虎 总工
闫瑞芬 工会主席

山西省汾平高速公路建设服务监管处

张启星 处长
刘 锋 副处长

山西省汾平高速公路有限公司

王龙琪 总经理、党委书记
刘 峰 副总经理、党委副书记、纪检书记
宋金成 副总经理
吕少锋 副总经理
汪曙光 财务总监

山西省榆平高速公路建设管理处

杨建红 处长
赵国珠 党委书记
常增康 副处长
李忠陶 副处长
贾晓峰 总工程师
张爱琴 纪委书记
李吉祥 总会计师

山西省长平高速公路建设管理处

杨 勇 处长
姬 鸽 党委书记
张泽民 副处长
和 亮 副处长
王秀平 总工程师
许钰惠 总会计师
李怀明 纪委书记

山西省临吉高速公路建设管理处

郭锁记 处长
陈 俊 党委书记
邱启明 副处长
陈建华 纪委书记
王中秋 副处长
刘松普 副处长

山西省晋城环城高速公路建设管理处

张三宏 处长
马 远 党委书记
冯银富 副处长
赵升琪 副处长
王 华 纪委书记

山西省阳翼高速公路建设管理处

张 华 处长
张功胜 书记
高岳权 副处长
茹 兵 副处长
王占兵 副处长
郝 剑 总会计师
郑宇彤 纪委书记

山西省闻垣高速公路建设管理处

贾建民 处长
侯兴杰 书记
杨广晨 副处长

荆冰寅　　副处长
卫培孝　　副处长
赵宝龙　　纪委书记

山西省朔州高速公路建设管理处

史寒冬　　处长
李生会　　党委书记
何广龙　　总工程师
卢德生　　副处长
蒙　俊　　总会计师
刘银柱　　纪委书记
闫红伟　　副处长
张　俊　　副处长

山西省和榆高速公路建设管理处

刘安民　　处长
郝建军　　党委书记
李国平　　纪委书记
张正星　　总工程师
刘　悦　　总会计师

山西省临汾环城高速公路管理处

华志刚　　负责人

山西省闻喜至合阳高速公路建设管理处

李继超　　处长

山西省天镇至大同高速公路建设管理处

尉继廷　　处长

山西省河津至运城高速公路建设管理处

李鹏飞　　处长

山西省大同至浑源高速公路建设管理处

刘　彪　　负责人

山西省广灵至浑源高速公路建设管理处

李　忠　　负责人

（时间截至2010年8月31日）

交 通 开 发 单 位

山西省太长高速公路有限责任公司

魏庆飞　　董事长
赵善义　　总经理
王玉亮　　党委书记
王振北　　总会计师
张　铮　　党委副书记、纪委书记

山西省长晋高速公路有限责任公司

王志俊　　总经理
刘玉怀　　党委书记
郝建军　　纪检书记
赵剑斌　　副总经理

山西省晋焦高速公路有限公司

王志俊　　总经理
白正义　　党总支副书记、副总经理、工会主席
任怀杰　　党总支委员、副总经理
邱引强　　党总支委员、副总经理
王利发　　党总支委员、总工程师
申拽马　　党总支委员、丹河收费站站长、丹河治超检测点主任

山西省高陵高速公路有限公司

李　平　　董事长
郭智锋　　总经理
尚建军　　党委书记、副总经理
李吉祥　　副总经理、总会计师
延建军　　副总经理
尹文谦　　副总经理
霍三胜　　总工程师
张　丽　　纪委书记

山西省晋城市商品路开发总公司

王庆红　　副经理(主持行政工作)
尤达文　　副书记(主持党务工作)
王文明　　副经理
段星星　　工会主席
张应魁　　副处级调研员

（时间截至 2009 年 12 月 31 日）

山西汽车运输集团有限公司

山西汽车运输集团有限公司

胡鲜朝　董事长、党委副书记
郭鹏飞　党委书记、副董事长
张海清　副董事长、总经理
王彩霞　董事、总会计师
牛天长　董事、工会主席(2009.10.22 前兼阳泉公司董事长)
武　艺　副总经理
曹继祥　副总经理
王援朝　副职待遇(2009.5 前任副总经理)
李建华　秘书处处长
郭　争　党委办公室主任
段素宏　办公室主任
李淑萍　董事会人事处处长
路晋华　董事会规划处处长
苏高平　董事会审计处处长
牛培晋　纪委副书记、监察室主任
李胜堂　工会副主席
赵润香　离退休人员管理处处长
靳道喜　人力资源处处长
刘军阳　财务处处长
韩跃川　业绩考核处处长、法律事务处长
张宝亭　技术安全处处长
陈树海　产权管理处处长
杨静芬　信息中心主任
任伯招　信访办公室主任
黄安柱　运输公安分处处长
杨竹娟　团委副书记、工会女工委主任
牛海晖　经营管理处副处长(2009.5 任职)
张春林　调研员
李润生　调研员(2009.4 前在交通大厦任总支书记)
常公元　调研员(2009.4 前在交通大厦任副总经理)

山西运城汽车运输集团有限公司

孙振清　董事长
张欢照　党委书记、副董事长
乔耀旭　总经理
马晋英　纪委书记、工会主席
谢保国　副总经理
许宇翔　副总经理
卫振华　副总经理兼总会计师
李吉录　副总经理
张建明　副总经理
田星耀　监事会主席
马建民　副职调研员

山西三皇侯马运业集团股份有限公司

崔德民　董事长
鹿向东　党委书记、副董事长
陈来旺　总经理
翟中新　党委副书记、纪委书记、工会主席
段惠煊　监事会主席

李良法 副总经理
张振生 副总经理、总会计师
李　明 副总经理
马寿峰 副总经理
杜李栓 董事长助理
王大琦 总经理助理
赵见喜 总经理助理
王和平 副职调研员
兰维新 副职调研员
成海燕 副职调研员

山西汽运集团临汾汽车运输有限公司

常民锋 董事长
孟德生 党委书记、副董事长
高增运 总经理
卫　国 工会主席
张卫政 副总经理
田晓凯 总会计师
郭爱世 副总经理
沈翠玲 副总经理
王合迎 纪委书记、监事会主席
高德福 调研员
王　军 副职调研员
马保平 副职调研员

山西省晋城汽车运输有限责任公司

秦建军 董事长
王和平 党委书记、副董事长
田　锋 总经理
崔永林 副总经理
侯晋灵 副总经理
张宏善 副总经理
申梅芳 纪委书记、监事会主席
祁永恒 总会计师
李军社 副总经理
丁　勇 董事长助理
王　丽 副职调研员
王榕华 副职调研员

山西省长治汽车运输有限责任公司

马瑞峰 董事长
刘海存 党委书记
李晋生 总经理
杜林江 副董事长
梁宝明 工会主席
韩玉平 副总经理
张志斌 总会计师
曹剑文 纪委书记、监事会主席
王文录 副总经理
张学用 副总经理
张留印 副职调研员

山西省阳泉汽车运输有限责任公司

牛天长 董事长(2009.10.12前兼)
张世明 董事长(2009.10.12前任总经理)
王立魁 党委书记
刘广兴 党委副书记、工会主席
马连水 纪委书记、监事会主席
王成喜 副总经理
李建华 副总经理
王丽生 副总经理
何建英 副调研员

山西省汾阳汽车运输有限责任公司

武建军 董事长
王小明 党委书记、副董事长
王　平 党委副书记
陷士为 工会主席
席生喜 纪委书记、监事会主席
邓立齐 副总经理
刘　涛 副总经理

山西汽运集团忻州汽车运输有限公司

常　彪 董事长
王　涛 党委书记、副董事长
张四满 总经理
赵玉生 纪委书记
刘金元 副总经理

阎跃林　副总经理
张俊前　副总经理
白云萍　总会计师
杨俊元　工会主席
李广泰　监事会主席

山西省阳方口汽车运输有限责任公司

李九龙　董事长、总经理
宫承亮　党委书记、副董事长
王　亮　党委副书记
徐全旺　纪委书记、工会主席
周银柱　总经理
包建忠　监事会主席
吕成厚　副总经理
刘建峰　副总经理
张建民　副总经理
王小荣　2009.5 前任副总经理

山西雁北运业有限责任公司

邵龙晓　董事长
张俊贵　党委书记、副董事长
王均国　总经理、副董事长
王明华　党委副书记
名廷信　工会主席
王　平　副总经理
肖正伟　总会计师
白生庆　纪委书记、监事会主席
高建福　副总经理
卢世增　总经理助理

山西汽运集团晋龙捷泰运输贸易有限公司

曹星义　董事长
赵建成　党委书记、副董事长
李保全　总经理
安先珍　党委副书记、纪委书记、监事会主席
胡玉生　工会主席
王慧芳　总会计师
韩　刚　副总经理
田　伟　副总经理
韩建华　副总经理
刘　军　副总经理

山西宇星客车有限公司

张晋华　党委书记、董事长
崔俊文　总经理、总工程师
原建新　党委副书记、工会主席
赵江波　副总经理
解玉环　总会计师
阎效东　纪检书记、监事会主席
赵吉中　副总经理
杨太忠　副总经理
李玉波　副总经理
张培文　调研员(2009.10 去世)

山西迎泽物流有限公司

赵泽华　董事长、总经理
郭思通　党总支书记
王永昌　副总经理
李秀文　副总经理
李凤英　副总经理

山西汽运集团同兴开发有限公司

李　俊　总经理、党总支书记
杨　海　党总支副书记
张旭升　副总经理
霍志波　副总经理

山西汽运集团交通大厦

林　原　总经理、党总支书记
蔺　连　党总支副书记
刘俊峰　副总经理

(时间截至 2009 年 12 月 31 日)